Wirtschaftslehre für Kaufleute im Einzelhandel

von

Dipl.-Hdl. Dipl.-Kfm. **Hartwig Heinemeier**
Dipl.-Hdl. **Peter Limpke**
Dipl.-Hdl. **Hans Jecht**

8., überarbeitete und erweiterte Auflage, 2003

© Winklers Verlag
im Westermann Schulbuchverlag GmbH
Postfach 11 15 52, 64230 Darmstadt
Telefon: 06151 8768-0   Fax: 06151 8768-61
http://www.winklers.de
Druck: westermann druck GmbH, Braunschweig
ISBN 3-8045-**4037**-6

Dieses Werk und einzelne Teile daraus sind urheberrechtlich geschützt. Jede Nutzung – außer in den gesetzlich zugelassenen Fällen – ist nur mit vorheriger schriftlicher Einwilligung des Verlages zulässig.

Vorwort

Der Unterricht in den Einzelhandelsfachklassen soll dazu beitragen, Handlungskompetenz bei Schülerinnen und Schülern zu entwickeln. Sie sollen demzufolge zum selbstständigen Analysieren, Planen, Durchführen und Kontrollieren von Tätigkeiten befähigt werden, um komplexe Problemsituationen lösen zu können.

Diesem Ziel wird am ehesten der handlungsorientierte Unterricht gerecht. Noch stärker als im herkömmlichen Unterricht, in dem fragend-entwickelnde Aktionsformen und der Lehrervortrag dominieren, muss ein nach handlungsorientierten Gesichtspunkten gestalteter Unterricht die Schülerin/den Schüler zum Subjekt der unterrichtlichen Betrachtung machen. In einem solchen Unterricht erfüllt ein Schulbuch unseres Erachtens die Aufgabe einer Informationsquelle, aus der die Schüler Lerninhalte entnehmen, die sie zur Lösung umfangreicher Problemstellungen benötigen.

Damit das Schulbuch als Informationsquelle ohne Hilfe genutzt werden kann, müssen in einem Lehrbuch die notwendigen Informationen leicht verständlich dargestellt werden.

Die übersichtliche Gestaltung der Kapitel, die ausführlichen Erläuterungen der Fachbegriffe, die leicht verständliche Textformulierung und die vielen Beispiele und Abbildungen veranschaulichen die Inhalte ganz besonders, sodass das Lernen wesentlich erleichtert wird.

Das umfangreiche Sachwortverzeichnis am Schluss des Buches soll dem schnellen und gezielten Auffinden wichtiger Inhalte dienen.

Die einzelnen Kapitel dieses umfassenden und verständlichen Schulbuchs sind einheitlich gegliedert:

1. **Einstieg:** Jedes Kapitel beginnt mit einer anschaulichen Fallschilderung oder Darstellung, die auf eine Problemstellung des Kapitels hinweist.
2. **Information:** Es schließt sich ein ausführlicher Informationsteil mit einer großen Anzahl von Beispielen und weiteren Veranschaulichungen an.
3. **Aufgaben:** Die im Aufbau folgenden Lernaufgaben sollen von den Schülern mithilfe des Informationsteils selbstständig gelöst werden.
4. **Zusammenfassung:** Am Kapitelende werden die wesentlichen Lerninhalte in Form einer farblich hervorgehobenen Übersicht zusammengefasst. Die Übersicht eignet sich sehr gut zur Wiederholung des Gelernten.

Frühjahr 1990   Die Verfasser

Vorwort zur 8. Auflage

Das neue Schuldrecht, insbesondere die Schlechtleistung, die Nicht-Rechtzeitig-Lieferung, die Nicht-Rechtzeitig-Zahlung und das Verjährungsrecht, der Fernabsatzhandel, die Veränderungen im Betriebsverfassungsrecht sowie im Einkommensteuerrecht sind in der vorliegenden 8. Auflage berücksichtigt. Der abnehmenden Bedeutung des Eurocheques sowie dem Wegfall der Postanweisung ab 01.04.2002 ist ebenfalls Rechnung getragen.

Herbst 2002   Die Verfasser

Inhaltsverzeichnis

1	Berufsausbildung im Einzelhandel	
1.1	Berufsbildungsgesetz	7
1.2	System der dualen Berufsausbildung	10
1.3	Ausbildungsordnung	11
1.4	Jugendarbeitsschutzgesetz	13

2	Grundlagen des Wirtschaftens	
2.1	Bedürfnisse, Bedarf und Nachfrage	15
2.2	Güter und Dienstleistungen zur Bedürfnisbefriedigung	23
2.3	Ökonomisches Prinzip	26
2.4	Produktionsfaktoren	30
2.5	Arbeitsteilung	34
2.6	Auswirkungen der Arbeitsteilung	39
2.7	Einfacher Wirtschaftskreislauf	43
2.8	Marktarten	45
2.9	Preisbildung	48

3	Aufgabe und Struktur des Einzelhandels	
3.1	Stellung und Aufgaben des Einzelhandels	58
3.2	Betriebsformen des Einzelhandels	62
3.3	Strukturwandel im Einzelhandel	69
3.4	Aufbau von Einzelhandelsbetrieben	76
3.5	Betriebsfaktoren des Einzelhandels	81

4	Warenbeschaffung	
4.1	Beschaffungsplanung	85
4.2	Rechtsgeschäfte	89
4.3	Rechts- und Geschäftsfähigkeit	93
4.4	Nichtigkeit und Anfechtung von Rechtsgeschäften	95
4.5	Die Anfrage	99
4.6	Das Angebot	101
4.7	Inhalt des Angebotes	104
4.8	Bestellung und Bestellungsannahme	109
4.9	Rechte und Pflichten aus dem Kaufvertrag und seine Erfüllung	111
4.10	Eigentum und Besitz	113
4.11	Erfüllungsort und Gerichtsstand	115
4.12	Eigentumsvorbehalt	120
4.13	Vertragsfreiheit	123
4.14	Allgemeine Geschäftsbedingungen	127
4.15	Besondere Arten des Kaufvertrages	134
4.16	Warenannahme im Einzelhandelsbetrieb	140
4.17	Mangelhafte Lieferung (Schlechtleistung)	141
4.18	Lieferungsverzug (Nicht-Rechtzeitig-Lieferung)	175
4.19	Annahmeverzug (Gläubigerverzug)	185
4.20	Zahlungsverzug (Nicht-Rechtzeitig-Zahlung)	189
4.21	Außergerichtliches (kaufmännisches) Mahnverfahren	196

4.22	Gerichtliches Mahnverfahren	201
4.23	Zwangsvollstreckung	204
4.24	Verjährungsrecht	208

5 Zahlungsverkehr

5.1	Eigenschaften und Arten des Geldes	222
5.2	Aufgaben des Geldes	226
5.3	Zahlungsarten	228
5.4	Zahlung mit Bargeld	229
5.5	Halbbare Zahlung	232
5.6	Zahlung mit Schecks und Eurochequekarte	235
5.7	Bargeldlose Zahlung	240
5.8	Zahlung mit Kreditkarten	243

6 Lagerhaltung

6.1	Das Lager und seine Aufgaben	249
6.2	Anforderungen an ein Lager	251
6.3	Der optimale Lagerbestand	253
6.4	Bestandskontrolle im Lager	255
6.5	Lagerkennziffern	258

7 Warenabsatz

7.1	Sortimentspolitik	263
7.2	Preispolitik	266
7.3	Konditionen- und Kundendienstpolitik	271
7.4	Die Werbung im Einzelhandel	273
7.5	Werbearten	280
7.6	Werbemittel und Werbeträger	283
7.7	Die Werbeplanung und Werbedurchführung	288
7.8	Gefahren der Werbung	293
7.9	Marketing und Marktforschung	297
7.10	Gesetzliche Regelungen des Wettbewerbs	302
7.11	Die Preisangabenverordnung (PAngV)	315
7.12	Fernabsatzhandel	320
7.13	Kassensysteme	327
7.14	Packung und Verpackung	330
7.15	Firmeneigene und firmenfremde Zustellung	345
7.16	Güterversand mit der Post	347
7.17	Güterversand mit der Bahn	351

8 Warenwirtschaftssysteme

8.1	Warenwirtschaftssysteme im Einzelhandel	353
8.2	Die artikelgenaue Auszeichnung und Erfassung als grundlegende Voraussetzung für ein EDV-gestütztes Warenwirtschaftssystem	358
8.3	Die technischen Bestandteile eines EDV-gestützten Warenwirtschaftssystems	364
8.4	Der Aufbau eines EDV-gestützten Warenwirtschaftssystems	370
8.5	Möglichkeiten und Leistungen EDV-gestützter Warenwirtschaftssysteme	375

9 Finanzierung und Investition

9.1	Finanzierungs- und Investitionsanlässe, Finanzierungsgrundsätze und -arten	383
9.2	Finanzierung durch Wechselkredit	396
9.3	Sicherung von Bankkrediten	407
9.4	Finanzierung durch Leasing	413

10 Steuern und Versicherungen

10.1	Steuern als Einnahmequellen des Staates	418
10.2	Einkommensteuer und Lohnsteuer	421
10.3	Umsatzsteuer	427
10.4	Gewerbesteuer	430
10.5	Versicherungen im Einzelhandel	433

11 Unternehmung im Einzelhandel

11.1	Voraussetzungen für die Gründung eines Einzelhandelsunternehmens	436
11.2	Firma	438
11.3	Handelsregister	443
11.4	Die Einzelunternehmung	448
11.5	Personengesellschaften	450
11.6	Kapitalgesellschaften	453
11.7	Die Genossenschaft	457
11.8	Vollmachten	460
11.9	Unternehmerische Zielsetzungen	463
11.10	Konzentration im Einzelhandel	466
11.11	Kooperation im Einzelhandel	470
11.12	Krise der Unternehmung	474

12 Berufstätigkeit im Einzelhandel

12.1	Grundlagen für die Einstellung von Mitarbeitern	483
12.2	Individualarbeitsvertrag (Einzelarbeitsvertrag)	488
12.3	Gesetzlicher Arbeitszeitschutz	491
12.4	Bestimmungen des Betriebsverfassungsgesetzes	493
12.5	Der Tarifvertrag	498
12.6	Die Sozialversicherung	502
12.7	Leistungen der gesetzlichen Krankenversicherung	505
12.8	Leistungen der gesetzlichen Rentenversicherung	507
12.9	Leistungen der Arbeitslosenversicherung	510
12.10	Leistungen der gesetzlichen Unfallversicherung	512
12.11	Die Beendigung des Arbeitsverhältnisses	514
12.12	Berufstätigkeit und Persönlichkeitsentwicklung	520

13 Electronic Commerce ... 523

14 Lern- und Arbeitstechniken in Einzelhandelsfachklassen ... 530

Sachwortverzeichnis ... 541

1 Berufsausbildung im Einzelhandel

1.1 Berufsbildungsgesetz

Beurteilen Sie diese Bilder aus dem Alltag von Auszubildenden.

Information

Das **Berufsbildungsgesetz** enthält die wichtigsten Bestimmungen über die Berufsausbildung. Es regelt den Abschluss von Berufsausbildungsverträgen, die Pflichten von Ausbildenden und Auszubildenden, die Dauer der Probezeit sowie Kündigung und Beendigung des Ausbildungsverhältnisses.

Abschluss des Berufsausbildungsvertrages

Der **Ausbildungsvertrag** wird zwischen dem Ausbildenden (= Inhaber des Ausbildungsbetriebes) und dem Auszubildenden abgeschlossen. Ist der Auszubildende noch keine 18 Jahre alt, so muss ein Erziehungsberechtigter (Vater, Mutter oder Vormund) den Ausbildungsvertrag mit unterschreiben. Der abgeschlossene Ausbildungsvertrag wird anschließend der zuständigen Industrie- und Handelskammer (IHK) vorgelegt. Die IHK prüft, ob die Inhalte des Ausbildungsvertrages mit den gesetzlichen Bestimmungen übereinstimmen und trägt das Ausbildungsverhältnis in ein Verzeichnis der Berufsausbildungsverhältnisse ein. Sie wacht darüber, dass ordnungsgemäß ausgebildet wird.

Pflichten des Ausbildenden

1. Ausbildungspflicht	Der Ausbildende muss dafür sorgen, dass dem Auszubildenden die Kenntnisse und Fertigkeiten vermittelt werden, die zum Erreichen des Ausbildungszieles erforderlich sind.
2. Bereitstellung von Ausbildungsmitteln	Der Ausbildende muss Ausbildungsmittel, die für die betriebliche Ausbildung erforderlich sind, kostenlos zur Verfügung stellen.
3. Freistellung für den Berufsschulunterricht	Der Ausbildende muss den Auszubildenden zum Besuch der Berufsschule anhalten und freistellen.
4. Sorgepflicht	Der Ausbildende darf dem Auszubildenden nur Tätigkeiten übertragen, die dem Ausbildungszweck dienen und seinen körperlichen Kräften angemessen sind. Der Auszubildende darf keinen gesundheitlichen und sittlichen Gefahren ausgesetzt werden.
5. Vergütungspflicht	Der Ausbildende muss dem Auszubildenden eine angemessene Vergütung bezahlen.

Pflichten des Auszubildenden

1. Lernpflicht	Der Auszubildende muss sich bemühen die notwendigen Kenntnisse und Fertigkeiten zu erwerben, die erforderlich sind, um das Ausbildungsziel zu erreichen.
2. Befolgung von Weisungen	Der Auszubildende muss die Weisungen befolgen, die ihm im Rahmen der Berufsausbildung vom Ausbildenden, vom Ausbilder oder anderen Weisungsberechtigten (z. B. dem Abteilungsleiter) erteilt werden.
3. Besuch der Berufsschule	Der Auszubildende muss am Berufsschulunterricht teilnehmen.
4. Führen des Berichtsheftes	Der Auszubildende muss ein vorgeschriebenes Berichtsheft führen und regelmäßig vorlegen.
5. Einhalten der Betriebsordnung	Der Auszubildende muss die für die Ausbildungsstätte geltende Ordnung einhalten.
6. Schweigepflicht	Der Auszubildende muss über Betriebs- und Geschäftsgeheimnisse Stillschweigen bewahren.

Probezeit

Das Berufsausbildungsverhältnis beginnt mit der Probezeit. Sie muss mindestens einen Monat und darf höchstens drei Monate betragen.

Kündigung des Berufsausbildungsverhältnisses

Während der Probezeit kann das Berufsausbildungsverhältnis vom Auszubildenden oder vom Ausbildenden ohne Einhaltung einer Kündigungsfrist und ohne Angabe von Gründen gekündigt werden.

Nach Ablauf der Probezeit kann das Berufsausbildungsverhältnis nur gekündigt werden

– aus einem wichtigen Grund ohne Einhaltung einer Kündigungsfrist,

– vom Auszubildenden mit einer Kündigungsfrist von vier Wochen, wenn er die Berufsausbildung aufgeben oder sich für eine andere Berufstätigkeit ausbilden lassen will.

Ende des Berufsausbildungsverhältnisses

Das Berufsausbildungsverhältnis endet mit Ablauf der vorgeschriebenen Ausbildungszeit. Besteht der Auszubildende die Abschlussprüfung vor Ablauf der vereinbarten Ausbildungszeit, so endet das Ausbildungsverhältnis mit dem Bestehen der Abschlussprüfung.

Besteht der Auszubildende die Abschlussprüfung nicht, so verlängert sich das Ausbildungsverhältnis auf Wunsch des Auszubildenden bis zur nächstmöglichen Wiederholungsprüfung.

Wird der Auszubildende im Anschluss an das Berufsausbildungsverhältnis weiterbeschäftigt, ohne dass hierüber ausdrücklich etwas vereinbart wurde, so gilt er als auf unbestimmte Zeit angestellt.

Aufgaben

1. Zwischen welchen Personen wird ein Ausbildungsvertrag abgeschlossen?
2. Wer überwacht die ordnungsgemäße Durchführung der Berufsausbildung?
3. Beurteilen Sie folgende Fälle.
   a) Karin Jäger meint nach zehn Schuljahren genug gelernt zu haben. Sie bittet ihren Ausbilder, sie vom Berufsschulbesuch freizustellen.
   b) Vor seinen Freunden prahlt ein Auszubildender damit, welche Geldbeträge jeden Abend in der Firmenkasse seien.
   c) Ein Einzelhändler untersagt wegen der vielen Arbeit vor Weihnachten seinem Auszubildenden den Berufsschulbesuch.
   d) Herr Adams erklärt sich nach langem Bitten des Ehepaares Meyer bereit, deren Tochter Sabine in seinem Betrieb auszubilden. Da er aber eigentlich keinen Auszubildenden benötigt, will er keine Ausbildungsvergütung bezahlen.
   e) In einem Berufsausbildungsvertrag ist eine Probezeit von drei Monaten vereinbart. Nach zwei Monaten kündigt der Auszubildende fristlos.
   f) Claudia Maier gefällt die Ausbildung zur Kauffrau im Einzelhandel nicht mehr. Sie möchte daher ihr Ausbildungsverhältnis nach nunmehr sechs Monaten fristlos kündigen.
   g) Nach sechs Monaten kündigt ein Ausbildender fristlos mit der Begründung: „Die Leistungen reichen nicht aus."

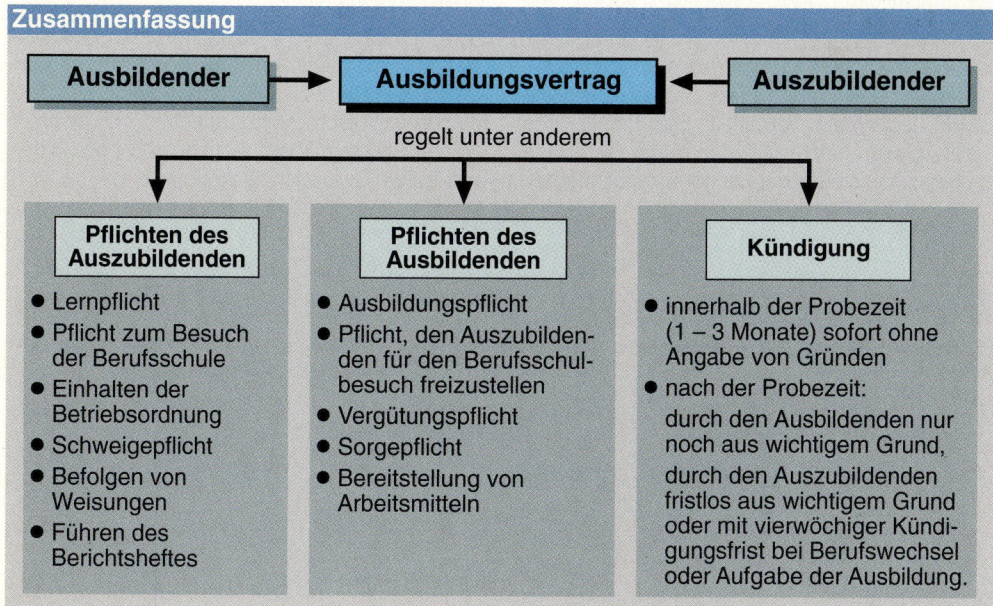

1.2 System der dualen Berufsausbildung

Auszubildende im Büro

Auszubildende im Klassenzimmer der Berufsschule

Warum lernt die Auszubildende an zwei verschiedenen Lernorten?

Information

Auszubildende werden während ihrer Ausbildung an zwei Lernorten ausgebildet: im Ausbildungsbetrieb und in der Berufsschule. Deshalb nennt man das System der Berufsausbildung in der Bundesrepublik Deutschland auch „Duales Berufsausbildungssystem".

Im Ausbildungsbetrieb sollen die Auszubildenden die im Ausbildungsrahmenplan vorgeschriebenen Fähigkeiten und Fertigkeiten lernen und durch praktische Tätigkeit einüben.

In der Berufsschule werden den Auszubildenden allgemein bildende und berufsbezogene theoretische Lerninhalte vermittelt. Die Inhalte des Berufsschulunterrichts werden durch Richtlinien der Kultusministerien der Länder vorgeschrieben.

Der Berufsschulunterricht kann in Form von Teilzeitunterricht oder als Blockunterricht stattfinden.

Wird der Berufsschulunterricht in Teilzeitform erteilt, so besuchen die Auszubildenden im Einzelhandel einmal oder zweimal in der Woche die Berufsschule. An den anderen Arbeitstagen werden die Auszubildenden in ihren Ausbildungsbetrieben ausgebildet.

Beim Blockunterricht besuchen die Auszubildenden an mehreren aufeinander folgenden Tagen die Berufsschule (z. B. zwei oder drei Wochen). Anschließend arbeiten sie mehrere Wochen in ihrem Ausbildungsbetrieb, ohne in dieser Zeit die Berufsschule zu besuchen.

Aufgaben

1. Erläutern Sie das „Duale Berufsausbildungssystem".
2. Wer legt die Inhalte des Berufsschulunterrichts fest?
3. Unterscheiden Sie Teilzeitunterricht und Blockunterricht.
4. Welche berufsbezogenen Unterrichtsfächer werden in der Berufsschule angeboten?
5. Was sollen die Auszubildenden im Ausbildungsbetrieb vor allem lernen?

Zusammenfassung

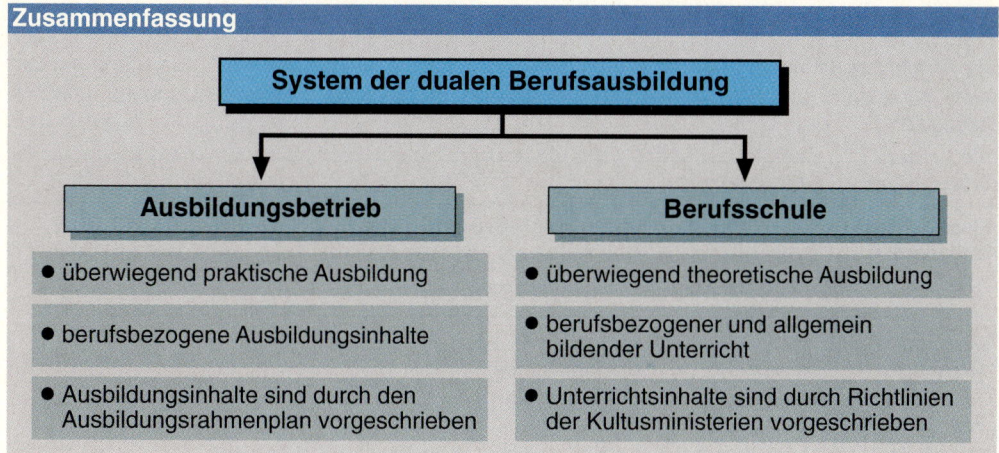

1.3 Ausbildungsordnung

Anja Kruse hat eine Ausbildung zur Kauffrau im Einzelhandel begonnen. Obwohl sie diese Ausbildung erst in drei Jahren abschließen wird, möchte sie sich schon heute über die Prüfungsanforderungen informieren. Dabei interessieren sie vor allem die Anzahl der Prüfungen und die einzelnen Prüfungsfächer, in denen sie geprüft werden wird.

Wo findet sie diese Informationen?

Information

Informationen über die Prüfungen findet man in der Ausbildungsordnung für den Ausbildungsberuf „Kaufmann/Kauffrau im Einzelhandel".

Die Ausbildungsordnung wurde im Jahre 1987 vom Bundesminister für Wirtschaft erlassen. Sie enthält das Ausbildungsberufsbild, den Ausbildungsrahmenplan, Angaben zur Ausbildungsdauer, zur Zwischenprüfung und zur Abschlussprüfung.

Das **Ausbildungsberufsbild** beschreibt die Kenntnisse und Fertigkeiten, die Gegenstand der Berufsausbildung sind.

Der **Ausbildungsrahmenplan** regelt die Inhalte der betrieblichen Berufsausbildung verbindlich.

Die **Ausbildungsdauer** beträgt drei Jahre.

Die **Bestimmungen über die Zwischen- und Abschlussprüfung** regeln Art und Inhalt der einzelnen Prüfungsteile.

1. Zwischenprüfung

Die Zwischenprüfung soll in der Mitte des zweiten Ausbildungsjahres stattfinden. Sie wird schriftlich in folgenden Prüfungsfächern durchgeführt:

– Einzelhandelsbetriebslehre/Rechnungswesen,
– Ware und Verkauf,
– Wirtschafts- und Sozialkunde.

2. Abschlussprüfung

Die Abschlussprüfung wird in den Prüfungsfächern Einzelhandelsbetriebslehre, Ware und Verkauf sowie Wirtschafts- und Sozialkunde schriftlich und im Prüfungsfach Praktische Übungen mündlich durchgeführt.

Prüfungsfach	Prüfungsinhalte
Einzelhandels-betriebslehre	praxisbezogene Aufgaben oder Fälle aus den Gebieten a) Betrieb, Beschaffung, Lagerung b) Rechnungswesen, Warenwirtschaft
Ware und Verkauf	praxisbezogene Aufgaben oder Fälle aus den Gebieten a) Werbung und Verkaufsförderung b) Warensortimente, Beratung und Verkauf
Wirtschafts- und Sozialkunde	praxisbezogene Aufgaben oder Fälle aus der Berufs- und Arbeitswelt
Praktische Übungen	Bearbeitung betriebspraktischer Vorgänge und Problemstellungen insbesondere aus den Bereichen – Kundenberatung, – Gebrauchsnutzen der Ware, – Mängelfeststellung, Reklamation, – Qualitätsbeurteilung, – Lagerung, – Verkaufsförderung und -werbung, – Beschaffung und Warenwirtschaft.

Aufgaben

1. Wie lange dauert normalerweise die Ausbildung zum/zur Kaufmann/Kauffrau im Einzelhandel?
2. Wann müssen die Auszubildenden die Zwischenprüfung ablegen?
3. Was wird in der Zwischenprüfung geprüft?
4. In welchen Prüfungsfächern werden die Auszubildenden am Ende ihrer Ausbildung schriftlich geprüft?
5. Was wird im Rahmen der mündlichen Prüfung geprüft?
6. Welche Teile der Ausbildungsordnung legen die Inhalte der betrieblichen Berufsausbildung fest?

Zusammenfassung

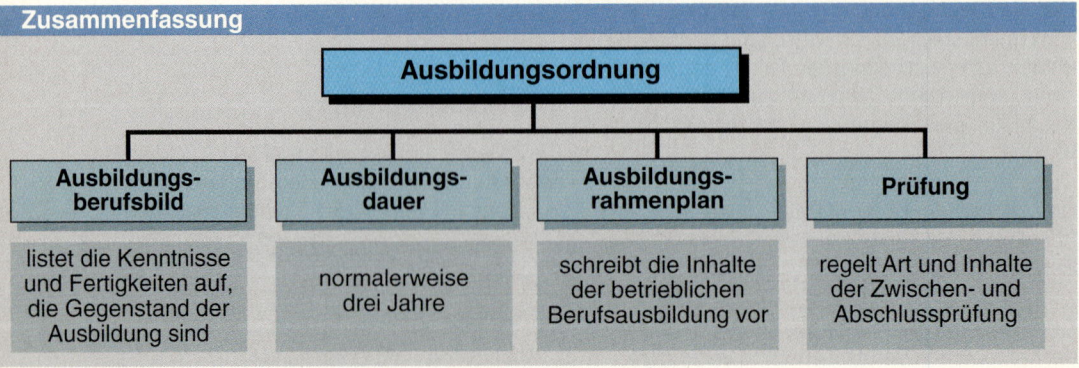

1.4 Jugendarbeitsschutzgesetz

Was soll mit diesen Regelungen bezweckt werden?

Information

Das Jugendarbeitsschutzgesetz (JArbSchG) soll jugendliche Arbeitnehmerinnen, Arbeitnehmer und Auszubildende vor Überforderungen im Berufsleben schützen. Es gilt für 14- bis 17-jährige Personen.

Arbeitszeitregelungen

Die wöchentliche Arbeitszeit darf 40 Stunden pro Woche nicht überschreiten. Jugendliche dürfen nur an fünf Tagen in der Woche beschäftigt werden. Die regelmäßige tägliche Arbeitszeit beträgt 8 Stunden. Sie darf bis 8,5 Stunden erhöht werden, wenn dadurch die wöchentliche Arbeitszeit von 40 Stunden nicht überschritten wird. Jugendliche dürfen frühestens um 6 Uhr mit der Arbeit beginnen und nach 20 Uhr nicht mehr beschäftigt werden.

Ausnahmen von dieser Regelung sind für das Gaststätten- und Schaustellergewerbe, mehrschichtige Betriebe, die Landwirtschaft, Bäckereien und Konditoreien vorgesehen.

In Bäckereien und Konditoreien dürfen über 16-Jährige ab 5 Uhr beschäftigt werden. Über 17-Jährige dürfen in Bäckereien ab 4 Uhr arbeiten.

Jugendliche, die im Einzelhandel beschäftigt sind, sollen an mindestens zwei Samstagen im Monat nicht arbeiten. Da es sich hierbei aber nur um eine Soll-Bestimmung handelt, können Jugendliche auch an diesen Samstagen beschäftigt werden, wenn es die betrieblichen Verhältnisse erfordern.

Pausen

Bei einer täglichen Arbeitszeit von mehr als 4,5 Stunden müssen Jugendlichen mindestens 30 Minuten Pause gewährt werden. Bei mehr als sechs Stunden sind es mindestens 60 Minuten. Die Pausen werden nicht auf die tägliche Arbeitszeit angerechnet. Eine Pause muss mindestens 15 Minuten lang sein. Jugendliche dürfen nicht länger als 4,5 Stunden ohne Ruhepause beschäftigt werden.

Urlaub

15-jährige Jugendliche haben einen Anspruch auf 30 Werktage Urlaub im Jahr. Für 16-jährige Arbeitnehmerinnen, Arbeitnehmer und Auszubildende sieht das Jugendarbeitsschutzgesetz 27 Werktage und für 17-jährige Beschäftigte 25 Werktage Jahresurlaub vor.

Werktage sind alle Wochentage außer Sonntag.

Anrechnung des Berufsschulbesuchs auf die Arbeitszeit

Beginnt der Berufsschulunterricht vor 9 Uhr, dürfen Jugendliche vorher nicht mehr im Ausbildungsbetrieb beschäftigt werden. Dies gilt auch für Personen, die über 18 Jahre alt und noch berufsschulpflichtig sind.

Jugendliche sind an einem Tag in der Woche den ganzen Tag von der Arbeit befreit, wenn sie an diesem Tag mehr als fünf Unterrichtsstunden die Berufsschule besuchen. Dieser Berufsschultag wird mit acht Stunden auf die wöchentliche Arbeitszeit angerechnet. Für einen zweiten Berufsschultag gilt diese Regelung nicht. Dieser zweite Berufsschultag wird auf die wöchentliche Arbeitszeit nur mit den Stunden angerechnet, die der Auszubildende in der Berufsschule verbringen musste (Unterrichtsstunden + Pausen).

Beschäftigungsverbote

Jugendliche unter 15 Jahren dürfen nur in einem Ausbildungsverhältnis beschäftigt werden. Akkordarbeit wird für Jugendliche durch das Jugendarbeitsschutzgesetz untersagt. Außerdem dürfen Jugendliche nicht mit Arbeiten betraut oder an Orten beschäftigt werden, die eine sittliche Gefährdung darstellen. Gesundheitsgefährdende Arbeiten sind für Jugendliche unter 16 Jahren grundsätzlich verboten. Für 16- und 17-jährige Beschäftigte sind gesundheitsgefährdende Arbeiten nur dann erlaubt, wenn im Rahmen der Ausbildung nicht auf sie verzichtet werden kann.

Gesundheitliche Betreuung

Vor Beginn einer Ausbildung müssen alle Jugendlichen von einem Arzt untersucht worden sein. Die Untersuchung darf nicht länger als sechs Monate zurückliegen (Erstuntersuchung).

Nach dem 1. Ausbildungsjahr müssen sich alle Jugendlichen einer 1. Nachuntersuchung unterziehen (Pflichtuntersuchung). Weitere Nachuntersuchungen sind freiwillig.

Aufgaben

1. Für welche Personen gilt das Jugendarbeitsschutzgesetz?
2. Ein Jugendlicher arbeitet 7,5 Stunden am Tag. Wie viel Minuten Pause stehen ihm zu?
3. Wie viel Stunden dürfen Jugendliche täglich höchstens arbeiten?
4. Wie viel Stunden dürfen Jugendliche wöchentlich höchstens arbeiten?
5. Wie viel Werktage Jahresurlaub stehen einer 16-jährigen Auszubildenden nach dem Jugendarbeitsschutzgesetz zu?
6. Eine 17-jährige Auszubildende soll an der Inventur in einem Warenhaus teilnehmen. Bis wie viel Uhr darf sie höchstens im Betrieb beschäftigt werden?
7. Eine 16-jährige Auszubildende besucht an zwei Tagen in der Woche die Berufsschule. Am 1. Berufsschultag werden sechs Unterrichtsstunden in der Zeit von 7:45 Uhr bis 12:45 Uhr erteilt. Am 2. Berufsschultag hat sie von 7:45 Uhr bis 11:00 Uhr vier Unterrichtsstunden. Mit wie viel Stunden wird der Berufsschulbesuch auf die wöchentliche Arbeitszeit angerechnet?
8. Für welche Arbeiten dürfen Jugendliche nicht eingesetzt werden?
9. An wie viel Pflichtuntersuchungen müssen Jugendliche teilnehmen?

Zusammenfassung

Jugendarbeitsschutzgesetz

gilt für 14- bis 17-jährige Jugendliche; enthält Regeln über:

Arbeitszeit und Freizeit	Urlaub	Beschäftigungsverbote und -beschränkungen	gesundheitliche Betreuung
• tägliche Arbeitszeit: bis 8,5 Stunden • wöchentliche Arbeitszeit: 40 Stunden • 5-Tage-Woche • Berufsschule: arbeitsfrei an einem Tag der Woche nach mehr als fünf Unterrichtsstunden • Ruhepausen: 4,5 bis 6 Stunden = 30 Minuten, mehr als 6 Stunden = 60 Minuten • keine Sonntagsarbeit • Samstagsarbeit: mindestens 2 Samstage sollen arbeitsfrei bleiben. • Nachtruhe: normalerweise 20 bis 6 Uhr	• 30 Werktage für 15-Jährige • 27 Werktage für 16-Jährige • 25 Werktage für 17-Jährige	• gesundheitsgefährdende Arbeiten • Akkordarbeit • Arbeiten, die die Leistungsfähigkeit der Jugendlichen überschreiten. • Arbeiten, bei denen Jugendliche sittlichen Gefährdungen ausgesetzt sind.	• Erstuntersuchung • 1. Nachuntersuchung • weitere freiwillige Nachuntersuchungen

2 Grundlagen des Wirtschaftens

2.1 Bedürfnisse, Bedarf und Nachfrage

Worin unterscheidet sich die Situation dieser Menschen hinsichtlich ihrer Wünsche und Sorgen?

Information

Bedürfnisse

Jeder Mensch hat Wünsche, die er erfüllen möchte. Er verlangt nach Nahrung, Kleidung, Bildung, Gesundheit, später nach Wohnung, Freizeit, Reisen und vielem mehr.

In der Volkswirtschaft nennt man diese persönlichen Empfindungen **Bedürfnisse**. Hierunter versteht man ein **Mangelempfinden** an Dingen (Gütern) mit dem Wunsch, diesen Mangel zu beseitigen.

„Ein jeder Wunsch, ist er erfüllt, kriegt augenblicklich Junge." Wilhelm Busch drückt hiermit aus, dass die **Bedürfnisse** der meisten Menschen zahlenmäßig nahezu **unbegrenzt** sind. Sobald nämlich bestimmte Bedürfnisse befriedigt sind, treten weitere und andere Bedürfnisse auf.

Das wichtigste Gesetz in der gesamten politischen Ökonomie ist das Gesetz der Vielfalt der menschlichen Bedürfnisse; jeder Wunsch ist bald befriedigt, und doch gibt es kein Ende der Bedürfnisse.
(The most important law in the whole of political economy is the law of "variety" in human wants; each separate want is soon satisfied, and yet there is no end to wants.)
William Stanley Jevons (1835 – 82), engl. Ökonom und Philosoph; Mitbegründer der Grenznutzen-Theorie

Dabei werden (aus psychologischer Sicht) mehrere **Bedürfnisebenen** unterschieden. Verbreitet ist die Einteilung der Bedürfnisse nach Maslow. Diese Einteilung berücksichtigt einerseits die unterschiedliche Bedeutung von Bedürfnisschichten und andererseits die Rangordnung der Bedürfnisse. Maslow stellt die Bedürfnisschichten in einer Pyramide dar.

Maslow'sche Bedürfnispyramide (Einteilung in 5 Schichten)

5. Entwicklungsbedürfnisse
4. Wertschätzungsbedürfnisse
3. Soziale Bedürfnisse
2. Sicherheitsbedürfnisse
1. Physische Grundbedürfnisse

Bedürfnisebenen

Selbstverwirklichung: Bedürfnisse, die auf **Entfaltungsmöglichkeiten für die eigene Persönlichkeit** (Unabhängigkeit; so leben wie es einen zufrieden macht) hinzielen (persönliche Weiterentwicklung, Individualität).

Bedürfnisse nach Anerkennung und Macht richten sich u. a. auf Prestige, Ansehen, Bestätigung, Aufmerksamkeit, Einfluss und Ernstgenommenwerden durch andere Menschen.

Bedürfnisse, die aus dem Umgang mit anderen Menschen entstehen, wie Wunsch nach Gruppenzugehörigkeit, Freundschaft, Geselligkeit, Zuneigung usw. (Bedürfnisse nach Kontakten).

Bedürfnisse, die darauf ausgerichtet sind, die Befriedigung der Grundbedürfnisse auch für die Zukunft zu sichern, z. B.: soziale Sicherheit, sicherer Arbeitsplatz, Schutz vor Bedrohung und Beraubung (Sicherung der Grundbedürfnisse).

Existenzbedürfnisse wie Essen, Trinken, Schlaf, Luft, Bedürfnis nach Kleidung und Wohnung

Ganz allgemein soll mit der Form der Pyramide nicht nur die unterschiedliche quantitative Bedeutung der Bedürfnisschichten wiedergegeben werden, sondern auch eine Rangordnung in der Bedürfnisbefriedigung der Bedürfnisse: Zunächst werden die physischen Grundbedürfnisse vollständig, dann die Sicherheitsbedürfnisse zumindest zum großen Teil, dann die sozialen Bedürfnisse zumindest teilweise befriedigt usw.

Genauer lassen sich die zentralen Aussagen der Maslow'schen Bedürfnispyramide wie folgt formulieren:

- Der Schwerpunkt der Motivation liegt zunächst eindeutig auf den physischen Bedürfnissen. Die diesem Verhalten zugrunde liegenden Bedürfnisse werden bestimmt von der Notwendigkeit, zunächst einmal die materiellen Anforderungen zu erfüllen bzw. das „notwendige Kleingeld" dafür zu beschaffen. Diese das Verhalten lenkenden Triebkräfte werden jedoch nicht für lange Zeit von den physischen Bedürfnissen beherrscht. Sobald sie erst einmal (zumindest teilweise) befriedigt sind, bilden sie nicht länger den Schwerpunkt.
- Zum Wunsch nach Befriedigung von Bedürfnissen, die auf einer höheren Ebene angesiedelt sind, kommt es immer, je umfassender die jeweils unteren Stufen befriedigt wurden. Solange beispielsweise die Grundbedürfnisse[1] nicht ausreichend befriedigt sind, werden kaum höhere Bedürfnisebenen angestrebt. Dementsprechend hat die Befriedigung der niedrigeren Bedürfnisse eine höhere Priorität als die Befriedigung höher angesiedelter Bedürfnisse.
- Der Mensch bewegt sich in Maslows Hierarchie demnach weiter nach oben, wobei sein Verhalten von der jeweils nächsten Stufe der Bedürfnishierarchie bestimmt wird.
- Dieser Prozess setzt sich fort, bis die Spitze der Hierarchie erreicht ist.
- Solange die Bedürfnisse einer unteren Ebene befriedigt sind, werden die das Verhalten lenkenden Triebkräfte eher ganz oben als ganz unten in der Hierarchie zu finden sein.

Die Menschen werden demnach nicht durch hoch in der Hierarchie angesiedelte Bedürfnisse getrieben, solange weiter unten in der Hierarchie angesiedelte dominieren. Wer hungert, dem ist es zunächst gleichgültig, ob er von anderen Menschen ernst genommen wird. Für ihn ist in dieser Situation die Beschaffung von Nahrung am dringendsten und wichtigsten. Alle anderen Bedürfnisse sind für ihn weniger wichtig.

Auch steigen die Ansprüche an die Befriedigung der jeweiligen Bedürfnisse innerhalb der einzelnen Bedürfnisebenen. Während es zu Beginn noch keine große Rolle spielt, auf welche Art und Weise das Bedürfnis befriedigt wird, werden mit umfassender Befriedigung (insbes. auch im Laufe der menschlichen Entwicklung) die Ansprüche und Mittel sich verändern (steigen), die zur Bedürfnisbefriedigung herangezogen werden.

Beispiel für diesen Prozess

Robinson Crusoe erreicht als Schiffbrüchiger eine einsame Insel. Zuerst macht er sich daran, seine **physischen Bedürfnisse** zu befriedigen, also Nahrung und ein Dach über dem Kopf zu finden. In diesem Stadium hat nichts anderes in Robinsons Kopf Platz.
Sobald diese Bedürfnisse auch nur halbwegs befriedigt sind, wird ihm jedoch schlagartig bewusst, dass er vielleicht nicht lange allein bleiben wird. Sein Schwerpunkt verschiebt sich auf einmal zu dem Bedürfnis, sich vor anderen Lebewesen zu schützen, die seine Sicherheit gefährden könnten. Erst als er seine Festung gebaut hat, die er gegen alle Angreifer verteidigen kann, fängt er ernsthaft an sich zu wünschen, dass wirklich jemand kommen möge.
Nachdem sein **Sicherheitsbedürfnis** gestillt ist, wird er jetzt von seinem Bedürfnis nach Gesellschaft angetrieben, einem **sozialen Bedürfnis**. Er geht dann sogar große Risiken ein, um Freitag zu retten und so sein Bedürfnis zu stillen.
Der Rest der Geschichte zeigt dann ganz klar, wie sich Robinson Crusoe in der Maslow'schen Bedürfnishierarchie nach oben arbeitet. Die Gesellschaft Freitags alleine reicht nicht mehr aus. Angetrieben von seinem **Bedürfnis nach Wertschätzung** macht er sich daran, sich Freitag untertan zu machen. Auch das ist jedoch nicht genug. Als alle Bedürfnisse gestillt sind, fängt er an **sich selbst zu verwirklichen** und Freitag zu erziehen.

---

[1] Bedürfnisse, die in einer fortgeschrittenen Wirtschaft von der größeren Mehrheit der Bevölkerung befriedigt werden können, werden als Grundbedürfnisse bezeichnet. In ihnen sind die Existenzbedürfnisse eingeschlossen.

Wohnzimmer aus den 60er-Jahren

Beispiel

Die Menschen der Steinzeit waren noch mit schlichtem Feuer für die Zubereitung ihrer Mahlzeiten und zum Schutz vor Kälte zufrieden. Unsere Großeltern mussten teilweise noch mit Kohleofen und Petroleumlampe auskommen, während heutzutage kaum ein Haushalt ohne Gas- oder Elektroherd, ohne Strom und ohne Zentralheizung denkbar ist.

Wenn ein Bedürfnis befriedigt ist, hört es auf, handlungsmotivierend zu sein. Je geringer das Einkommen ist, desto größer ist allerdings der Anteil seines Einkommens, den er zur Befriedigung der Existenzbedürfnisse verwenden muss. Andererseits sind heute für viele Menschen immer mehr Güter zur Befriedigung ihrer Bedürfnisse zur Selbstverständlichkeit geworden.

Ein Blick in die deutschen Wohnungen zeigt, dass die Unterschiede zwischen Ost und West in der Ausstattung mit Unterhaltungselektronik und Handys immer geringer werden. Fernseher, Radio und Videorecorder sind in fast allen Haushalten zu finden. Nur bei den schnurlosen Telefonen ist ein großer Unterschied erkennbar: Während im Westen zwei Drittel der Haushalte schnurlos telefonieren, sind es im Osten laut einer Studie der Gesellschaft für Unterhaltungs- und Kommunikationselektronik (gfu) nur 46 Prozent. Andererseits sind TV-Satellitenempfangsanlagen im Osten weiter verbreitet als im Westen. Quelle: Globus

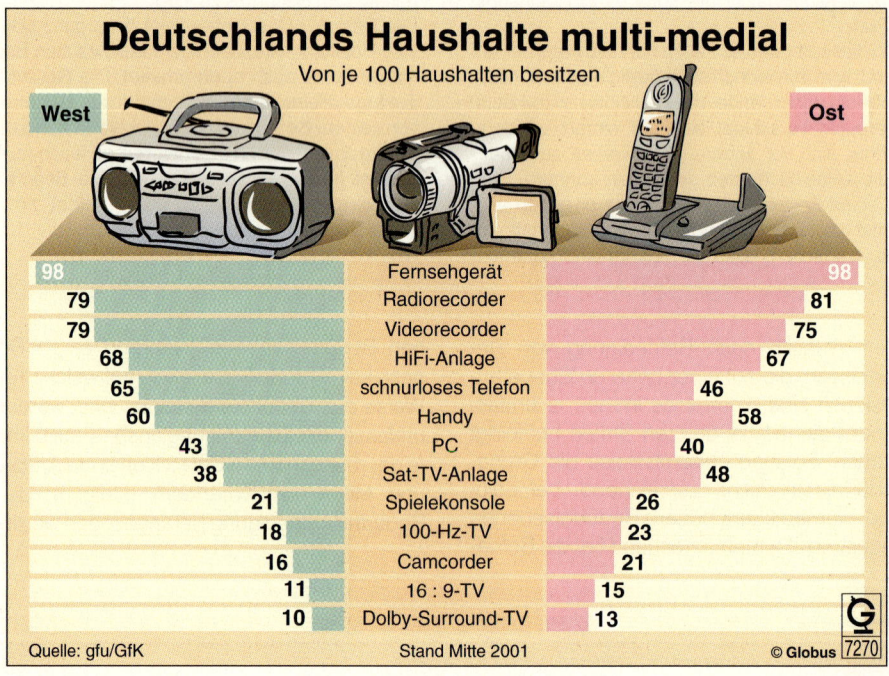

Deutschlands Haushalte multi-medial
Von je 100 Haushalten besitzen

West		Ost
98	Fernsehgerät	98
79	Radiorecorder	81
79	Videorecorder	75
68	HiFi-Anlage	67
65	schnurloses Telefon	46
60	Handy	58
43	PC	40
38	Sat-TV-Anlage	48
21	Spielekonsole	26
18	100-Hz-TV	23
16	Camcorder	21
11	16 : 9-TV	15
10	Dolby-Surround-TV	13

Quelle: gfu/GfK Stand Mitte 2001 © Globus 7270

Die Ausstattung der privaten Haushalte mit **langlebigen technischen Gebrauchsgütern** wird von Jahr zu Jahr reichhaltiger. Viele Dinge, die früher als Luxusgut galten und für die große Mehrheit der Bevölkerung unerschwinglich waren, werden heute als selbstverständlicher Bestandteil der Haushaltseinrichtungen angesehen.

Bei einem Vergleich des Ausstattungsniveaus verschiedener Haushaltstypen zeigt sich, dass die Geräte des „Grundbedarfs" (Kühlschrank, Waschmaschine, Fernseher, Telefon) mehr oder weniger unabhängig vom Einkommen oder vom Alter der Bezugsperson in fast allen Haushalten vorhanden sind. Geht man über diesen Kernbestand hinaus, gibt es aber deutliche **altersabhängige Unterschiede** in der Haushaltsausstattung: Ältere Menschen können oder wollen sich oft keine Geräte mehr zulegen, die hohe Anschaffungskosten verursachen, nur mit Mühe zu bedienen sind oder ihnen schlicht überflüssig erscheinen. So verfügen sie zu einem weit geringeren Grad als die „jüngeren" Haushalte z. B. über Videorekorder und PCs, Faxgeräte und Geschirrspüler und haben auch seltener einen eigenen Pkw vor der Tür. Die früher deutlich ausgeprägten **einkommensabhängigen Ausstattungsunterschiede** fallen heute nicht mehr so stark ins Gewicht. Bei der Ausstattung mit teuren und neuartigen Geräten liegen die besser verdienenden Haushalte zwar vorn, aber die wichtigsten Geräte für Haushaltsführung, Unterhaltung und Kommunikation sind auch in den Haushalten mit niedrigerem Einkommen vorhanden. Abstufungen zwischen den Einkommensgruppen lassen sich dabei eher am Grad der Mehrfachausstattung und am Alter oder der Qualität der vorhandenen Gebrauchsgüter ablesen.

Im Vergleich zwischen West- und Ostdeutschland bestehen bei den gängigen Gebrauchsgütern nur geringe Unterschiede im Ausstattungsgrad. Der immense Nachholbedarf, der nach der deutschen Einigung z. B. bei der Telefonversorgung im Osten bestand, wurde innerhalb weniger Jahre gedeckt.

Darüber hinaus darf nicht übersehen werden, dass einzelne Bedürfnisse und deren Befriedigung Innovationen bewirken, die zur Bereitstellung neuer Güter und zur entsprechenden Bedürfnisbefriedigung führen.

Beispiel

Ein Personalcomputer erzeugt das Bedürfnis nach weiterem, qualitativ höherwertigerem Zubehör oder auch nach vermehrten und verbesserten Kommunikationsmöglichkeiten mittels Internet.

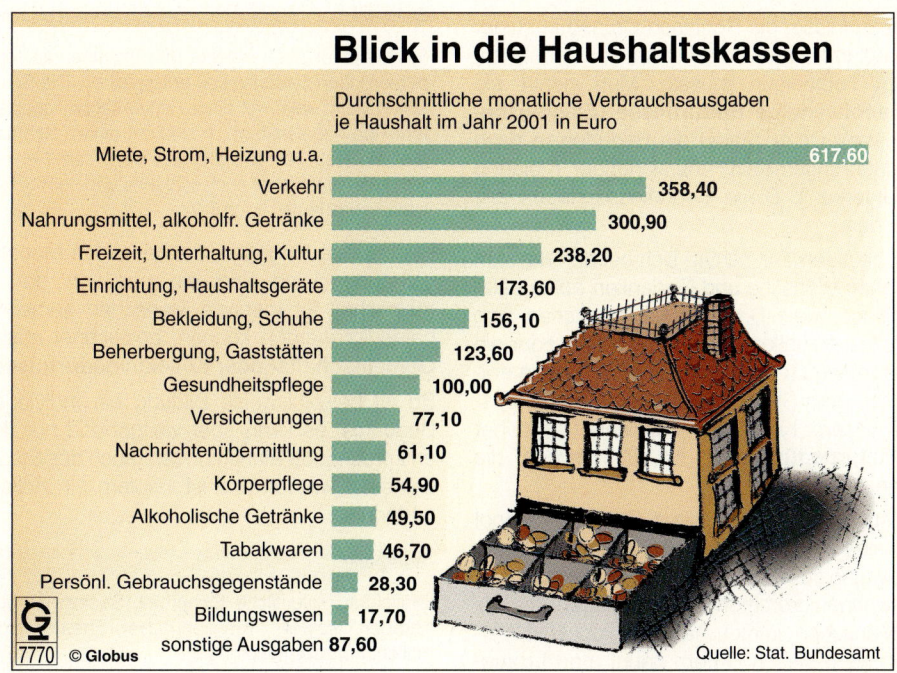

Wie sich der private Verbrauch im Einzelnen zusammensetzt, hängt von vielerlei Faktoren ab. Selbst die elementaren Bedürfnisse sind schon durch unterschiedliche soziale und kulturelle Einflüsse geformt. Ein zweifellos enger Zusammenhang besteht zwischen der Verbrauchsstruktur und der Höhe des Haushaltseinkommens. Reichen die Mittel nur zur Beschaffung des Allernotwendigsten an Nahrung, Kleidung und Wohnung aus, so bleibt für andere Ausgaben kein Raum. Mit steigendem Einkommen kann aber nicht nur der unabdingbare „starre" Grundbedarf gedeckt werden, sondern es besteht zunehmend die Möglichkeit, auch Güter des weniger dringlichen, „elastischen" Bedarfs zu erwerben.

Das zeigt auch die **langfristige Entwicklung der Verbrauchsnachfrage** in Deutschland: Musste ein vierköpfiger Arbeitnehmerhaushalt mit mittlerem Einkommen im früheren Bundesgebiet 1960 noch 45 % seiner Verbrauchsausgaben für Nahrungsmittel aufwenden, so genügten dafür 2001 ganze 19 % des Haushaltsgeldes. Andere Ausgaben – für Wohnung, Heizung, Auto, Bildung und Reisen – fallen heute dafür schwerer ins Gewicht. Langlebige technische Gebrauchsgüter sind auch für Durchschnittsverdiener erschwinglich geworden und gehören wie das Fernsehgerät, die Waschmaschine oder das Auto inzwischen zur Normalausstattung. Da ihre Anschaffung in größeren Abständen erfolgt und gegebenenfalls vorgezogen oder aufgeschoben werden kann, bringen sie eine gewisse Unstetigkeit in die Entwicklung des privaten Verbrauchs.

Auch aus gesamtwirtschaftlicher Sicht hat der **Wandel der Konsumstruktur** somit große Bedeutung, denn die Kauf- und Verbrauchsentscheidungen der einzelnen Haushalte werden auf dem Markt als Nachfrage wirksam und beeinflussen auf diese Weise Stabilität und Wachstum der Wirtschaft.
[http://www.diw-berlin.de]

Die Selbstverwirklichungsbedürfnisse sind laut Maslow Wachstumsbedürfnisse und können nie abschließend befriedigt werden.

Bedürfnisarten

Die Bedürfnisse lassen sich nach folgenden Einteilungsmerkmalen gruppieren:
1. nach der Dringlichkeit
2. nach dem Träger der Bedürfnisbefriedigung
3. nach der Konkretheit
4. nach der Bewusstheit

Bedürfnisse nach der Dringlichkeit

Die Bedürfnisse, die Robinson Crusoe in seiner Not empfand, waren so dringlich, dass er sie unbedingt befriedigen musste. Man nennt sie **lebensnotwendige Bedürfnisse (Existenzbedürfnisse).** Dazu zählen die Bedürfnisse nach Grundnahrungsmitteln, ausreichender Kleidung und Unterkunft. Diese Bedürfnisse haben alle Menschen.

In der heutigen Zeit richten sich bei den meisten Menschen Wünsche und Gedanken auf zusätzliche Dinge, wie z. B. ein Kino zu besuchen, sich geistig weiterzubilden, Bücher zu lesen oder ein Schwimmbad zu benutzen. Diese Wünsche entsprechen dem Stand unserer heutigen Lebensweise, unserer Kultur. Man bezeichnet sie daher als **Kulturbedürfnisse;** sie übersteigen die Existenzbedürfnisse.

Aber auch Bedürfnisse, wie z. B. ein Segelboot oder eine Videokamera zu besitzen, einen Sportwagen zu fahren oder ein Wochenendhaus zu bewohnen, kommen in der heutigen Zeit bei den Menschen immer häufiger vor. Das Verlangen nach diesen Gütern nennt man **Luxusbedürfnisse**. Sie übersteigen Existenz- und Kulturbedürfnisse.

Zwischen Kultur- und Luxusbedürfnissen ist eine genaue Abgrenzung nicht immer möglich.

Bedürfnisse nach dem Träger der Bedürfnisbefriedigung

Hat ein einzelner Mensch ein persönliches Bedürfnis, spricht man von **Individualbedürfnis.**

Beispiel

Ein Marathonläufer möchte Sportschuhe, die seinen persönlichen Bedürfnissen entsprechen. Die Schuhe sollen leicht sein, mit einer Fersenkappe, gepolstertem Sprunggelenkbereich und mit einem Schutz für die Achillessehne ausgestattet sein, damit er beim nächsten Wettkampf noch schneller und dennoch verletzungsfrei laufen kann.

Bedürfnisse hingegen, die bei vielen Menschen vorhanden sind und die nur von der Gemeinschaft für mehrere Menschen gemeinsam befriedigt werden können, bezeichnet man als **Gemeinschafts- oder Kollektivbedürfnisse**.

So ist beispielsweise Bildung ein individuelles Bedürfnis, es kann aber weitgehend nur durch entsprechende Einrichtungen (auch des Staates) befriedigt werden und ist insofern ein Kollektivbedürfnis.

Beispiele

Müllabfuhr, öffentliche Sicherheit, Stromversorgung, Straßen, Schulen, Krankenhäuser, Theater, Sporthallen, Freizeiteinrichtungen.

Auch zwischen Individual- und Kollektivbedürfnissen ist eine genaue Abgrenzung nicht immer möglich. Es ist ein ständiger Wandel zu beobachten, denn was früher Individualbedürfnis war, kann heute Kollektivbedürfnis sein.

> **Beispiele**
>
> Für ihre Fahrt zum Arbeitsplatz benutzen viele Menschen heute anstatt des Autos die Straßenbahn. Anstatt wie früher Selbstjustiz zu üben, vertrauen wir heute auf die Rechtsprechung.

Bedürfnisse nach der Konkretheit

Bei dieser Gruppe der Bedürfnisarten ist zu unterscheiden nach

- materiellen Bedürfnissen,
- immateriellen Bedürfnissen.

Materielle Bedürfnisse zielen auf stoffliche Gegenstände, wie z. B. das Verlangen nach Brot, einem Farbfernseher oder einem Handy.

Immaterielle Bedürfnisse werden dagegen befriedigt im religiösen, ethischen oder geistigen Bereich, z. B. das Verlangen nach gesellschaftlichem Prestige, Macht, Gerechtigkeit, Geborgenheit, ein Theaterbesuch.

Bedürfnisse nach der Bewusstheit

Bedürfnisse, die von uns *konkret verspürt* werden, wie beispielsweise das Verlangen nach Lob oder der Hunger, werden als **bewusste oder offene Bedürfnisse** bezeichnet. Andere, die *unterschwellig empfunden* werden, sind den **latenten oder verdeckten Bedürfnissen** zuzuordnen. Sie schlummern im Verborgenen und können zu offenen Bedürfnissen werden, wenn sie geweckt werden. Dies geschieht sehr häufig durch die Werbung (Bedürfnisweckung).

> **Beispiel**
>
> Michael hatte bislang kein Bedürfnis nach einer Mütze (Cap), bis er einen sehr bekannten und bei den Kids sehr beliebten amerikanischen Tennisstar damit im Werbefernsehen sah. Als dann noch einige seiner Freunde aus seiner Gruppe mit einer derartigen Schirmmütze auftauchten, musste er auch unbedingt so eine Kopfbedeckung haben.

Vom Bedürfnis zur Nachfrage

Die Bedürfnisse – also die Summe aller Wünsche – von Menschen **sind unbegrenzt.** Das Einkommen hingegen ist begrenzt. Deshalb können nicht sämtliche Bedürfnisse sofort befriedigt werden, sodass eine Rangordnung nach der Dringlichkeit aufgestellt werden muss.

> **Beispiel**
>
> Die Schülerin Sibylle kann sich nicht gleichzeitig einen neuen Walkman, ein Paar neue Joggingschuhe, einen neuen Pullover und eine Urlaubsreise nach Spanien leisten.

Der Teil der Bedürfnisse, die ein Mensch mit seinen vorhandenen finanziellen Mitteln (= Kaufkraft) befriedigen kann, wird **Bedarf (= erfüllbarer Wunsch)** genannt.

> **Beispiel**
>
> Sibylle entscheidet sich aufgrund ihrer finanziellen Situation für die Joggingschuhe und die Spanienreise.

Werden die zur Bedürfnisbefriedigung benötigten Dinge wie z. B. die Joggingschuhe durch Kauf erworben, so wird der Bedarf zur **Nachfrage**. Man kann dann auch von einem „in Kaufentscheidungen umgesetzten Bedarf" sprechen (Wirksamwerden des Bedarfs am Markt).

Aufgaben

1. Nennen Sie Bedürfnisse, die heute Kollektivbedürfnisse sind, früher aber noch Individualbedürfnisse waren.

2. Wie ist es zu erklären, dass ein Luxusbedürfnis zu einem Existenz- oder Kulturbedürfnis wird? Geben Sie drei Beispiele.

3. Begründen Sie, warum Individualbedürfnisse häufig so verschieden sind.

4. Worin unterscheiden sich
   a) Grund- und Existenzbedürfnisse,
   b) Bedarf und Nachfrage?

5. Wieso verändern sich Ansprüche und Mittel, die zur Befriedigung der Bedürfnisse dienen?

6. Inwiefern können zwischen den Bedürfnissen einer Person und den Bedürfnissen einer Gemeinschaft Konflikte entstehen?

7. Welche Bedürfnisart befriedigen die deutschen Haushalte durch den Kauf der im Schaubild auf Seite 18 genannten Güter? Begründen Sie Ihre Aussagen.

8. Wovon ist es abhängig, ob ein Bedürfnis als Existenz-, Kultur- oder Luxusbedürfnis einzustufen ist?

9. Wie erklären Sie sich die Änderung des privaten Verbrauchs (siehe Schaubild Seite 19) von 1960 bis 1998?

10. Angenommen, in Ihrem Ausbildungsunternehmen sollen nach der Vorstellung der Geschäftsführung für die Leistungsmotivation und die Führung der Mitarbeiter folgende Möglichkeiten Anwendung finden:
Aufstiegsmöglichkeiten, Gestaltung des Arbeitsplatzes, Mitbestimmung, betriebliche Altersversorgung, Maßnahmen der betrieblichen Weiterbildung, Betriebssport, Zuteilung von Weisungsbefugnissen, Gruppenzugehörigkeit.

Ordnen Sie jeden der erwähnten Gesichtspunkte einer Bedürfnisebene nach Maslow zu (Doppelnennungen sind möglich). Begründen Sie Ihre Zuordnung.

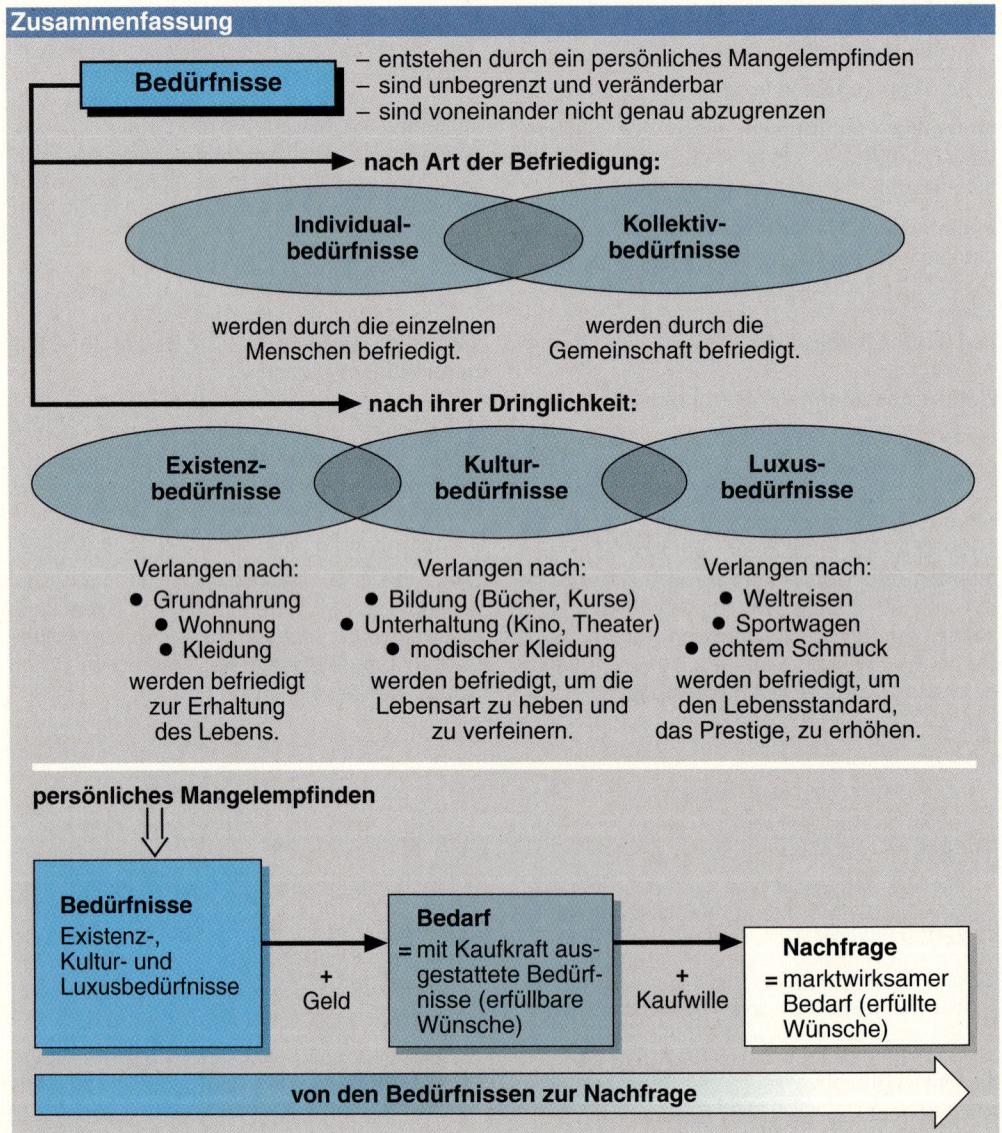

2.2 Güter und Dienstleistungen zur Bedürfnisbefriedigung

Thema der Woche: Smog
Dicke Luft in Hannover

Dicke Luft in Hannover. Im wahrsten Sinne des Wortes. Intensiv wie wohl selten zuvor werden die Nachrichten im Radio verfolgt: Darf ich noch an die „frische" Luft, darf ich noch mein Auto fahren, können wir heute im Betrieb normal arbeiten? Smog – alle reden davon, alle fürchten ihn, aber was steckt wirklich dahinter?

Joachim Prüter, der Chef des Gewerbeaufsichtsamtes und damit Verantwortlicher in der Behörde in Hannover, die bei Smog alle Hilfsmaßnahmen einleiten und kontrollieren muss, hat mit seinen 80 Beamten unruhige Tage hinter sich: Die ungünstige Wetterlage bescherte auch in der Landeshauptstadt Smog-Voralarm.

Die dicke Luft habe sich, so Prüter, gegenüber Hannover am Sonntag zusammengebraut, als bei Temperaturen von 5 Grad in 500 Meter Höhe und von Minusgraden am Boden die Schmutzteilchen in der Luft nicht nach oben entweichen konnten.

Diese Situation sei durchaus nicht erstmalig für Hannover. Nur habe man sie früher nicht so ernst genommen. In Hannover werden die Luftwerte ständig an fünf Messstationen registriert. Sie werden direkt an einen Computer weitergeleitet. „Per Europieper sind wir jederzeit erreichbar", betont Joachim Prüter, „wenn die Schadstoffwerte gefährlich ansteigen."

Zum Fahrverbot musste es in Hannover bisher nicht kommen. Wie notwendig ein derartiges Verbot im Notfall wäre, verdeutlichen diese Zahlen: Laut statistischem Bericht der Stadt Hannover waren zum 30. Juni 1986 hier 201 334 Kraftfahrzeuge angemeldet und zusätzlich im Landkreis 274 333 ...

hek

Noch vor 200 Jahren hätte niemand daran gedacht, jemals für den Verbrauch von Trinkwasser Geld zu bezahlen.

Warum könnte es passieren, dass in naher Zukunft für die Luft ebenfalls ein Preis bezahlt werden muss?

Information

Als Güter werden alle Mittel bezeichnet, mit denen menschliche Bedürfnisse befriedigt werden können. – **Güter stiften Nutzen.**

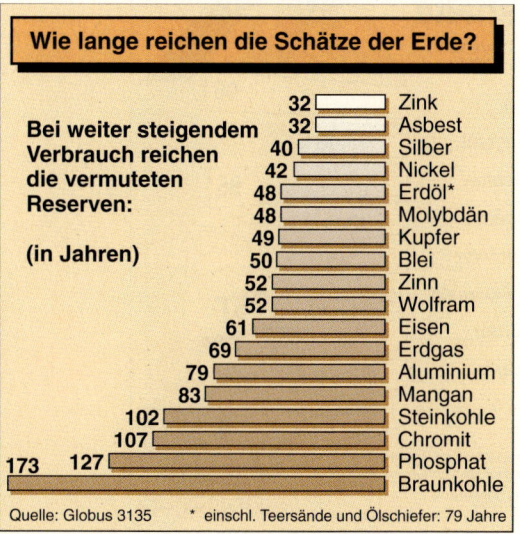

Wie lange reichen die Schätze der Erde?

Bei weiter steigendem Verbrauch reichen die vermuteten Reserven: (in Jahren)

Jahre	Rohstoff
32	Zink
32	Asbest
40	Silber
42	Nickel
48	Erdöl*
48	Molybdän
49	Kupfer
50	Blei
52	Zinn
52	Wolfram
61	Eisen
69	Erdgas
79	Aluminium
83	Mangan
102	Steinkohle
107	Chromit
127	Phosphat
173	Braunkohle

Quelle: Globus 3135   * einschl. Teersände und Ölschiefer: 79 Jahre

Güterknappheit

Heutzutage gibt es nur wenige Güter, die in unbegrenzter Menge zur Verfügung stehen und deren Konsum deshalb kostenlos ist, wie beispielsweise das Atmen der Luft, das Sammeln von Pilzen im Wald oder das Baden im Meerwasser außerhalb von Bade- oder Kurorten. Man bezeichnet sie als **freie Güter.**

Ist die Gütermenge kleiner als die vorhandenen Bedürfnisse, so spricht man von **knappen oder wirtschaftlichen Gütern.**

Güter, die man sofort verbrauchen kann, werden von der Natur aber nur selten zur Verfügung gestellt. Die meisten Güter muss der Mensch erst aus den Rohmaterialien der Natur gewinnen, um seine unbegrenzten Bedürfnisse befriedigen zu können.

Im Laufe der menschlichen Entwicklung sind durch Umweltbelastungen immer mehr freie Güter zu wirtschaftlichen Gütern geworden.

Daher muss das gesamte Wirtschaften darauf konzentriert sein, die Güterknappheit zu mindern, damit die menschlichen Bedürfnisse befriedigt werden können.

Güterarten

Nach der Beschaffenheit können wirtschaftliche Güter eingeteilt werden in **materielle Güter (Sachgüter)**, wie z. B. Lebensmittel, Autos, Büromöbel, und **immaterielle Güter (Dienstleistungen und Rechte)**, wie beispielsweise die Leistungen eines Frisörs oder eines Rechtsanwaltes bzw. die Nutzung einer Mietwohnung, Patente und Urheberrechte.

Betrachtet man die wirtschaftlichen Güter nach der Art ihrer Verwendung, so lassen sie sich in **Konsum- und Produktionsgüter (Investitionsgüter)** einteilen. **Konsumgüter**, wie Textilien oder Möbel, dienen der unmittelbaren Bedürfnisbefriedigung des Endverbrauchers. **Produktionsgüter** werden zur Herstellung wirtschaftlicher Güter benutzt, wie z. B. Werkzeug, Lagerhallen, Maschinen.

Es kann durchaus sein, dass ein wirtschaftliches Gut, z. B. ein Schreibtisch, sowohl Produktions- als auch Konsumgut ist; je nachdem, wozu er verwendet wird, ob im Arbeitszimmer eines Lehrers zu dessen Berufsausübung oder im Wohnzimmer eines Rentnerehepaares zur Erledigung seines privaten Schriftverkehrs.

Teilt man die wirtschaftlichen Güter nach der Nutzungsdauer ein, so spricht man von **Ge- und Verbrauchsgütern. Gebrauchsgüter** können mehrmals verwendet werden, sie sind dauerhaft wie z. B. ein Radiogerät oder eine Registrierkasse.

Verbrauchsgüter hingegen stiften nur einmal Nutzen, da sie verbraucht werden, wie Butter Benzin oder Tinte.

Gebrauchs- und Verbrauchsgüter können sowohl Konsum- als auch Produktionsgüter sein.

Güterwandel

Die Güter, mit denen die Haushalte heute ausgestattet sind, waren den früheren Generationen unbekannt.

Das heißt, die „Welt" der Güter ändert sich auch mit den Bedürfnissen, dem menschlichen Wissensstand, aber auch mit der Rechtsordnung, was in neuester Zeit durch die vielfältigen Überlegungen zum Umweltschutz offensichtlich wird.

Die materiellen Lebensverhältnisse der Arbeitnehmerhaushalte in Deutschland haben sich während der letzten Jahrzehnte erkennbar verbessert. Einen Anhaltspunkt dafür bietet die immer reichhaltigere Ausstattung der Haushalte mit dauerhaften Gütern, die das Leben erleichtern oder den Alltag schöner machen. Haustechnische Geräte wie Kühlschrank, Staubsauger oder Waschmaschine gehören längst zur Standardausrüstung der Haushalte, in nahezu jeder Wohnung steht ein Fernsehgerät und das

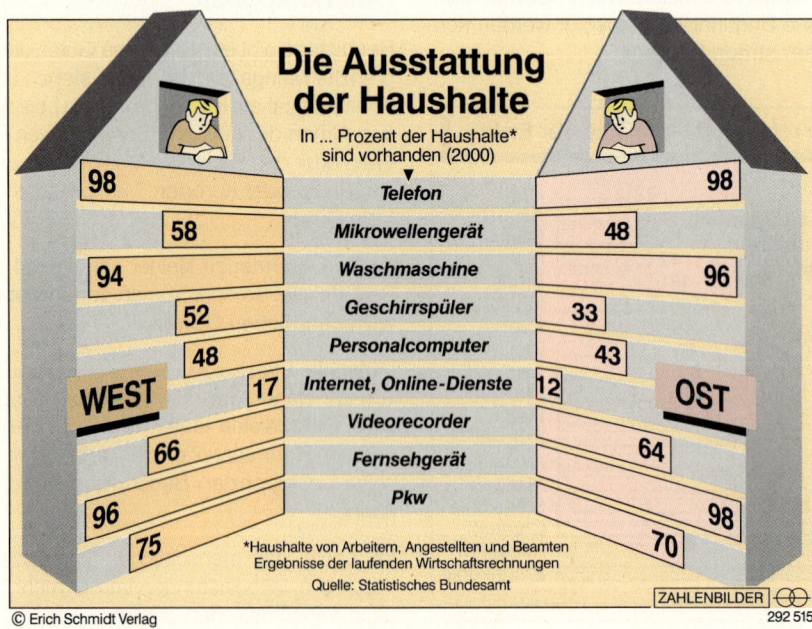

eigene Auto sorgt für eine früher undenkbare Bewegllichkeit.

Farbfernsehgerät, Waschvollautomat, Pkw und wichtige Gebrauchsgüter für die Kommunikation, die Haushaltsführung und die Freizeitgestaltung gab es Ende 2000 in fast sämtlichen westdeutschen Haushalten des Typs 2, das heißt in 4-Personen-Arbeitnehmerhaushalten mittlerer Einkommenslage. Auto und Farbfernseher gehören auch in den neuen Bundesländern zur Ausstattung nahezu aller Haushalte dieses Typs.

Aufgaben

1. Ordnen Sie die genannten Güter der Buchstaben a) bis j) den Güterarten zu.

   Beispiele für wirtschaftliche Güter:
   a) Treibstoff für Privatauto
   b) Leim bei der Möbelherstellung
   c) Boden als Liegewiese
   d) Wasser als Durstlöscher
   e) Coca-Cola im Automat einer Kaufhauskantine
   f) Wohngebäude in der Innenstadt
   g) Verkaufstheke
   h) Öl als Energiequelle im Haushalt
   i) Lagerhalle
   j) Kohle zum Beheizen von Geschäftshäusern

   Güterarten:
   1. Konsumgut als Gebrauchsgut
   2. Konsumgut als Verbrauchsgut
   3. Produktionsgut als Gebrauchsgut
   4. Produktionsgut als Verbrauchsgut

2. Warum wird die Leistung eines Verkäufers (= kundengerechte Beratung) als Gut betrachtet?

3. Erklären Sie, wie ein freies Gut zu einem wirtschaftlichen Gut werden kann.

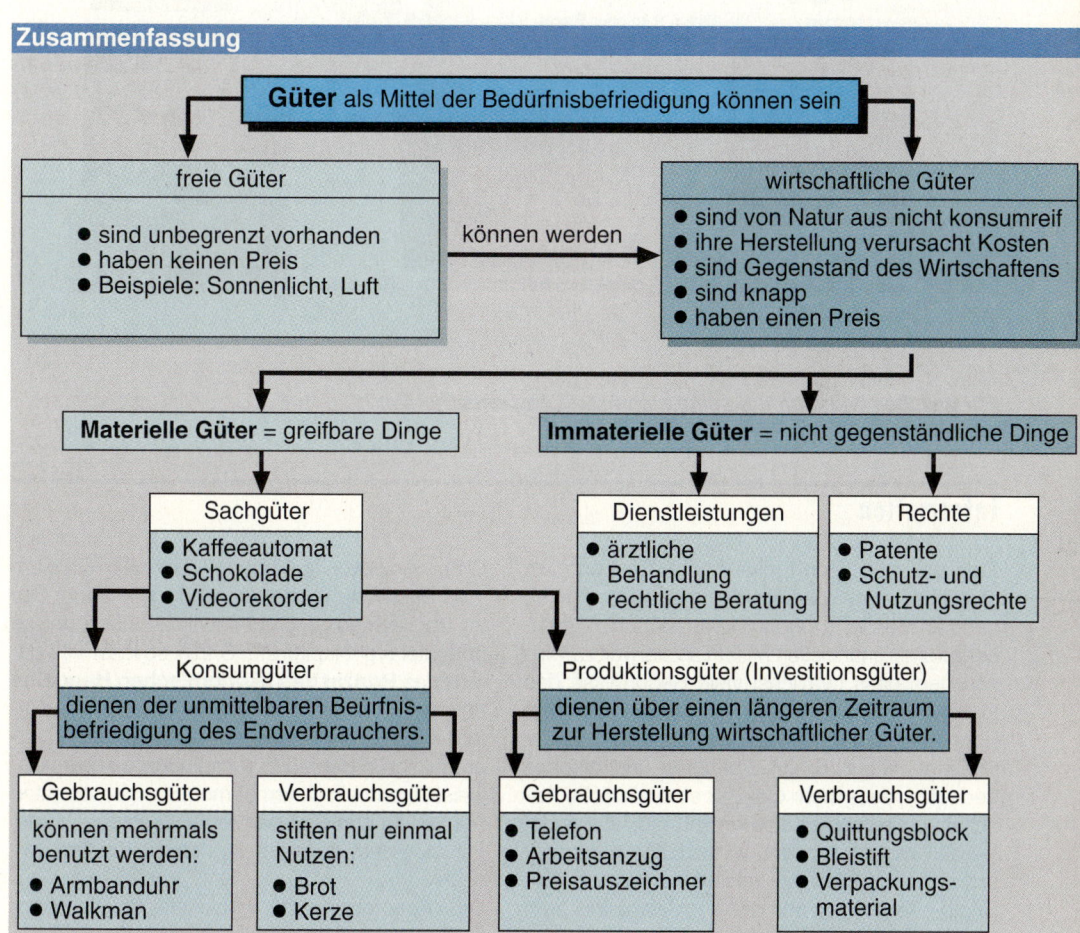

2.3 Ökonomisches Prinzip

Frau Lang versucht zu Hause eine Liste mit den Waren aufzustellen, die sie am dringendsten benötigt. Darunter ist auch eine neue Packung Waschmittel.

Da ihre Bedürfnisse unbegrenzt sind und sie sich daher nicht jeden Wunsch erfüllen kann, aber möglichst viele erfüllen möchte, versucht sie die Dinge des täglichen Bedarfs möglichst preiswert einzukaufen. Sie nimmt u. a. Anpreisungen in der Tageszeitung und Handzettel für die Planung ihrer täglichen Ausgaben zu Hilfe.

Für welches Waschmittel sollte sich Frau Lang entscheiden?

Information

Zum preisgünstigen Einkauf gehört neben dem Qualitäts- auch der Preisvergleich. Vernünftig handeln Menschen, wenn sie versuchen mit ihren begrenzten finanziellen Mitteln so sinnvoll zu wirtschaften, dass möglichst viele Bedürfnisse des täglichen Bedarfs befriedigt werden können. Ebenso kann der planvolle Verzicht auf bestimmte Dinge, wie z. B. auf Zigaretten und Alkohol, bedeuten, dass mehr Geld für eine nützliche Anschaffung, beispielsweise ein Fahrrad, verwendet werden kann. Menschen wirtschaften demnach, um sich möglichst viel leisten zu können. Der Erfolg oder Nutzen soll dabei im Verhältnis zum Einsatz so groß wie möglich ausfallen.

Geht man davon aus, dass Wirtschaften die planvolle Beschaffung und Verwendung knapper Güter zur Befriedigung menschlicher Bedürfnisse bedeutet (vgl. Kapitel 2.2, S. 23), so lässt sich daraus das **Prinzip des ökonomischen Handelns** ableiten. Es ist nicht nur beim Verbrauch von Gütern in Haushalten, sondern auch bei der Güterproduktion in Betrieben vorzufinden, so beispielsweise, wenn ein Unternehmer einen bestimmten Auftrag, für den ein fester Preis vereinbart wurde, mit möglichst geringen Kosten zu erfüllen versucht.

Das ökonomische oder wirtschaftliche Prinzip findet als Minimal- und Maximalprinzip Anwendung.

Minimalprinzip		**Maximalprinzip**
Mit geringstem Mitteleinsatz soll ein bestimmtes Ziel (Erfolg/Zweck) erreicht werden (Sparprinzip).		Mit gegebenen Mitteln soll ein größtmöglicher Erfolg erzielt werden (Haushaltsprinzip).
Kauf eines Geschenkes für möglichst wenig Geld.	Haushalte	Für die bevorstehende Heizperiode kauft Herr Krüger 10 000 Liter Heizöl. Dieser Vorrat soll so lange wie möglich halten.
Ein Lebensmittelhändler benötigt für sein Warensortiment pro Monat 2 000 Becher Müsli-Jogurt. Diese Menge wird er von dem preisgünstigsten Anbieter beziehen.	Unternehmen	Für die Herstellung von Lederschuhen werden möglichst viele Einzelteile aus den Lederlagen ausgestanzt.
Die Aufträge für den Bau des neuen Kreiskrankenhauses erhalten die kostengünstigsten Bauunternehmen.	Staat	500.000,00 € Steuereinnahmen werden so gezielt eingesetzt, dass so viele Fahrradwege wie möglich gebaut werden können.

Das Wirtschaften nach dem ökonomischen Prinzip kann aber auch negative Veränderungen der **Umwelt** zur Folge haben:

Die unbegrenzten Bedürfnisse der Menschen erfordern die ständige Güterproduktion. Dabei werden Rohstoffe, wie z. B. Kohle, Eisen, Zink, Erdöl und Erdgas, immer knapper – sie sind außerdem nicht wiederherzustellen!

Dieses auf Wirtschaftswachstum angelegte Denken kann zu einer starken Belastung unserer Umwelt führen. Das ist unter anderem durch smoghaltige Luft, verseuchte Flüsse, das Aussterben vieler Pflanzen- und Tierarten sowie das Loch in der Ozonschicht sichtbar geworden. Kritisch muss daher über den Bedarf an bestimmten Gütern bzw. über Alternativen nachgedacht werden.

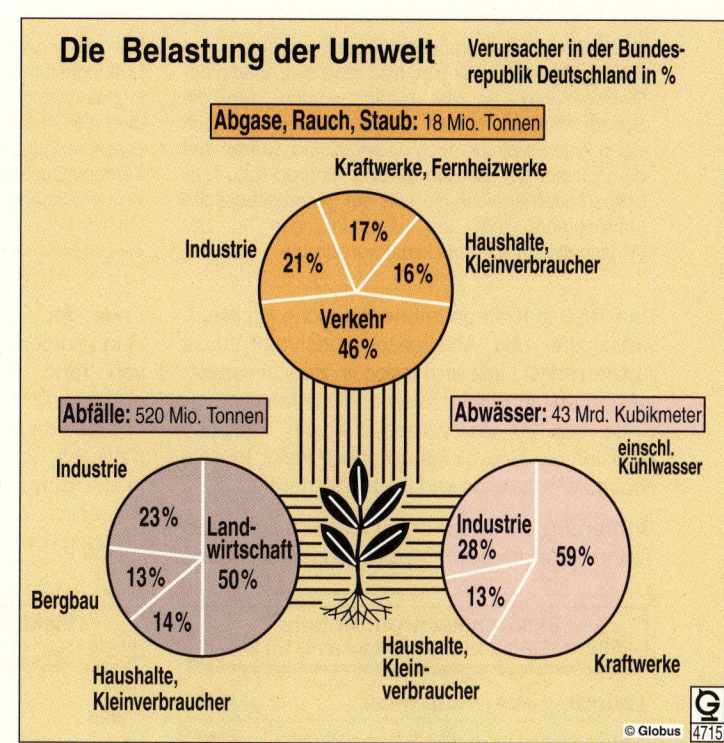

Dieses notwendige Nachdenken betrifft vor allem den Verbrauch der Rohstoffvorräte, die Verringerung der Verschmutzung unserer Umwelt und die Rückgewinnung von Rohstoffen (Recycling).

Lösungsansätze (Beispiele)
Verwendung von Druckbehältern ohne Treibgas, Fahrgemeinschaften, die Benutzung einer Einkaufstasche anstelle von Kunststofftüten, Filter- und Entschwefelungsanlagen für Kohlekraftwerke oder gar Wind- und Solarenergie.

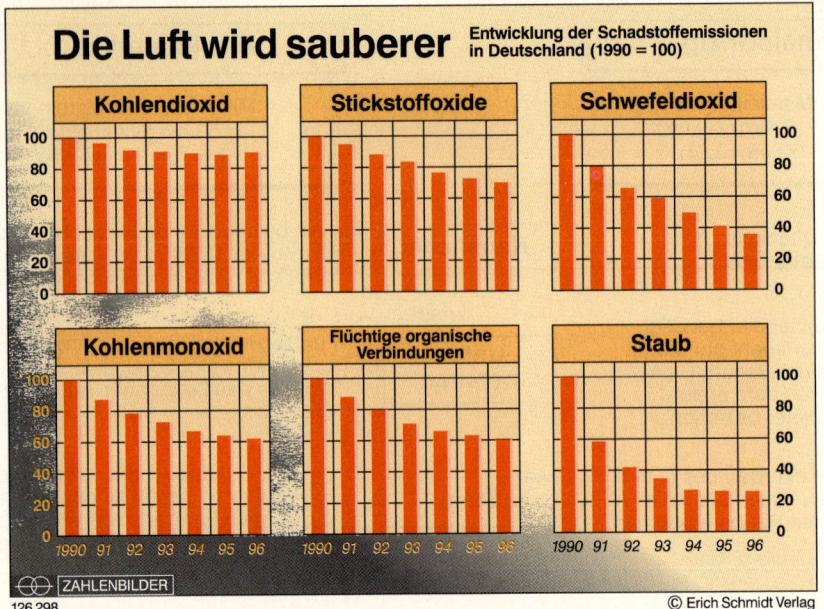

Seit es in der Bundesrepublik Deutschland eine eigenständige Umweltpolitik gibt, also etwa seit Anfang der Siebzigerjahre, ist viel getan worden, um die Schadstoffbelastung der Luft zu reduzieren. Auch wenn viele Probleme noch ungelöst sind, wurden auf dem Gebiet der **Luftreinhaltung** eindrückliche Verbesserungen erreicht, die teils auf gesetzgeberische Maßnahmen, teils auf Veränderungen in der Wirtschaftsstruktur zurückzuführen sind.

Die 1974 erstmals erlassene, 1986 neu gefasste **TA Luft** legte Grenzwerte für den Schadstoffausstoß aus Industrieanlagen fest (von der Mineralölverarbeitung über die Chemie, die Eisen- und Stahlerzeugung, die Glaserzeugung und Nahrungsmittelherstellung bis zur Zementindustrie) und trug so ebenfalls entscheidend zum Rückgang der Luftschadstoffe aus stationären Quellen bei.

[http://www.umweltbundesamt.de/uba-info-]

Das 1996 in Kraft getretene deutsche Kreislaufwirtschafts- und Abfallgesetz bestimmt, dass Abfall in erster Linie vermieden, in zweiter verwertet und erst in dritter Linie beseitigt werden soll. Ende des 20. Jh. verbesserte die deutsche Industrie die Recyclingtauglichkeit vieler Investitionsgüter wie Autos und Haushaltsgeräte.

Sortierung: Der in den gelben Säcken und in den Tonnen gesammelte Verpackungsmüll wurde Ende der 90er-Jahre noch überwiegend von Hand sortiert. Dadurch entstanden 1998 Kosten von rund 800 DM/t Abfall. Die Restmüllentsorgung (Deponierung oder Verbrennung) kostete dagegen nur rund 400 DM/t. Automatische Sortiersysteme waren in Deutschland in der Entwicklungsphase oder im Piloteinsatz. Sie sollen die Sortierkosten in einer Größenordnung von 25 – 30 % senken.[1]

Elektronikschrott: Anteile 1998 in %, Abfallmengen insgesamt: 1,9 Mio. t	
Haushaltsgeräte (Weiße Ware)	44
Unterhaltungselektronik (Braune Ware)	24
Industrie- und Medizintechnik	18
Informations- und Kommunikationstechnik (IT)	14
Quelle: BUND, nach Frankfurter Rundschau, 16. März 1999	

Elektronikschrott: Aufkommen in Mio. t	
1996	1,5
1998	1,9
2006 (Prognose)	4,0
Quelle: IZT/DIW, zitiert nach Frankfurter Rundschau, 16. März 1999	

1 B. Harenberg (Hrsg.), Aktuell 2000, Harenberg Lexikon Verlag, Dortmund 1999, S. 189

Durch die Wiedergewinnung wichtiger Rohstoffe aus Altmaterial oder Produktionsabfällen lässt sich der Einfuhrbedarf zum Teil beträchtlich senken. Nach einer Untersuchung, die im Auftrag des Bundeswirtschaftsministeriums erfolgte, wird der Verbrauch an Edelmetallen und Nichteisenmetallen schon zu über 30 Prozent, teilweise sogar zu 50 Prozent aus zurückgewonnenem Material bestritten. Die meisten Legierungsmetalle weisen Recyclinganteile zwischen 10 und 30 Prozent auf.

Darüber hinaus nimmt die Nachfrage der Wirtschaft nach nachwachsenden Rohstoffen stetig zu. Es werden momentan fast 700 000 Hektar Ackerland mit Pflanzen für industrielle Anwendungen angebaut. Fossile Rohstoffe wie Kohle oder Erdöl sind endlich – nachwachsende Rohstoffe hingegen bilden sich immer wieder neu. Ihre Nutzung ist umweltfreundlich, durch ihre CO_2-Neutralität wirken sie dem Treibhauseffekt entgegen.

Beispiel

Biodiesel wird aus dem Öl der Rapspflanzen gewonnen. Nachwachsende Rohstoffe dienen als Grundlage für die Herstellung von biologisch abbaubaren Schmierstoffen, Verpackungsmaterialien und Waschmitteln. Darüber hinaus sind sie Ausgangsstoffe für Arzneimittel, Textilien und Baustoffe. Für die Landwirte schaffen sie neue Produktions- und Einkommensmöglichkeiten und sichern so Arbeitsplätze auf den Höfen und im inländischen Raum.

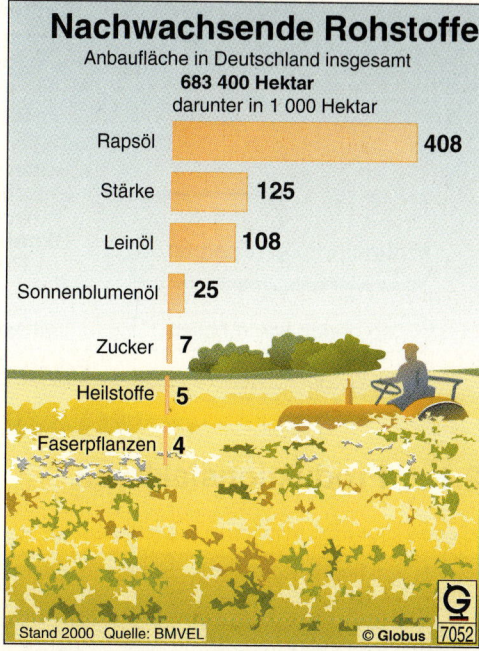

Recycling-Quoten der Verpackungsmaterialien

Anteil der für Recycling gesammelten Verpackungen in %; letztverfügbarer Stand: 1997; Quotenangaben beinhalten keine Aussagen über die tatsächliche stoffliche Wiederverwertung

Papier, Pappe und Karton	93
Glas	89
Aluminium	86
Weißblech	84
Verbundmaterial (z. B. Getränkekartons)	78
Kunststoff	69

Quelle: Duales System Deutschland, nach Globus, 7. Nov. 1998

Nachwachsende Rohstoffe
Anbaufläche in Deutschland insgesamt
683 400 Hektar
darunter in 1 000 Hektar

Rapsöl	408
Stärke	125
Leinöl	108
Sonnenblumenöl	25
Zucker	7
Heilstoffe	5
Faserpflanzen	4

Stand 2000 Quelle: BMVEL © Globus 7052

Aufgaben

1. Entscheiden Sie, ob in den Beispielen das Minimal- oder das Maximalprinzip vorliegt.

   Beispiele

   a) Herr Obermeier hat sich zum Kauf eines Neuwagens von einem bestimmten Hersteller entschieden. Er sucht mehrere Vertragshändler dieses Herstellers auf und erkundigt sich, welchen Preis er für sein „Wunschauto" nach Abzug möglicher Preisnachlässe tatsächlich zu bezahlen hat.

   b) Ein Einzelhändler setzt seine fünf Verkäuferinnen so ein, dass an diesem Tag möglichst viele neu angelieferte Waren in die Regale einsortiert werden können.

   c) Der Obst- und Gemüsehändler Kranz überlegt, wie er die Kosten für die Auslieferung bestimmter, wenig umfangreicher Warensendungen senken kann. Die Ladeflächen der beiden Auslieferungsfahrzeuge waren bisher in solchen Fällen kaum ausgelastet.

   d) Anlässlich eines Kindergeburtstages beabsichtigt eine Mutter, für 20 € Getränke einzukaufen. Sie vergleicht die Preise mehrerer Lebensmittelgeschäfte in der näheren Umgebung.

   e) Ein Ausbilder beauftragt einen Auszubildenden, bei der Post für 24,00 € 60-Cent-Briefmarken zu besorgen.

   f) Der Rat der Stadt Hannover hat beschlossen im Schulzentrum eine weitere Sporthalle errichten zu lassen. Vor Vergabe der anfallenden Erdarbeiten holt das städtische Bauamt verschiedene Angebote von Spezialfirmen ein.

2. Insbesondere beim Kauf von Konsumgütern gehen die Käufer gelegentlich nicht nach dem ökonomischen Prinzip vor. Nennen Sie einige Gründe, die die Konsumenten von ihrem wirtschaftlichen Verhalten abbringen können.

3. Warum muss der Mensch wirtschaften?

4. Nennen Sie Gründe, die für das Rohstoff-Recycling sprechen.

Zusammenfassung

Der offensichtliche Konflikt zwischen knappen Gütern und begrenztem Einkommen einerseits und unbegrenzten Bedürfnissen andererseits zwingt den Menschen zum Wirtschaften.

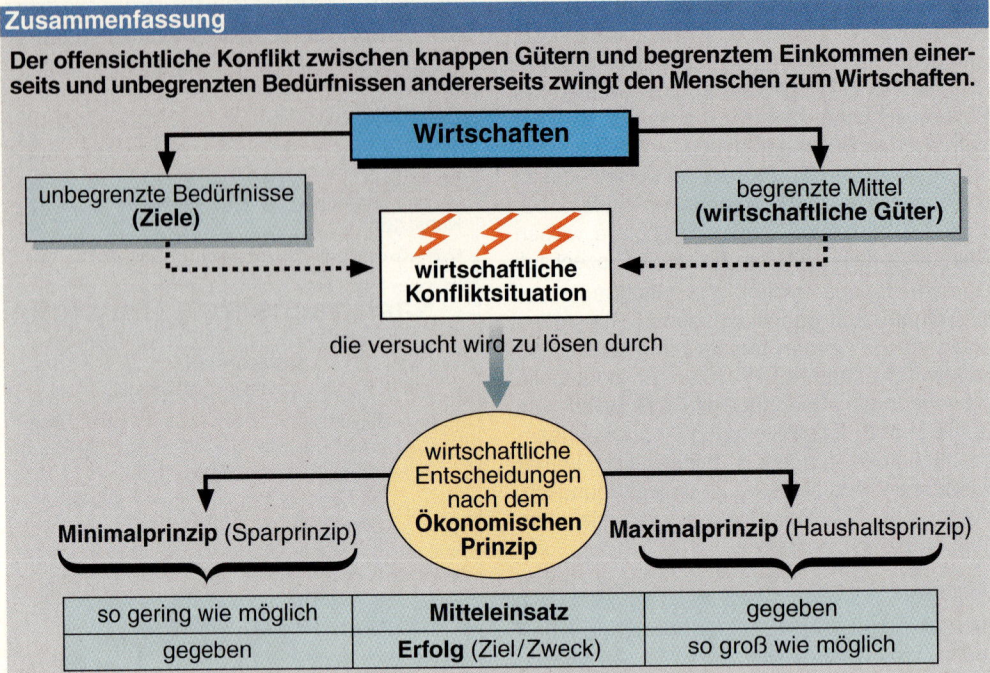

2.4 Produktionsfaktoren

Als gesundheitsbewusste Sportlerin nimmt Sibylle bei ihrem wöchentlichen Lebensmitteleinkauf u. a. auch stets ein Vollkornbrot in ihrem Einkaufskorb mit nach Hause. Bis das Brot zum Konsum „reif" ist, also von Sibylle zum Verbrauch gekauft werden kann, muss zuvor, wie bei den meisten Wirtschaftsgütern, ein längerer „Aufbereitungs"prozess stattfinden. Diesen Vorgang nennt man **Produktion**.

Überlegen Sie mithilfe der abgebildeten Zeichnung, welche ursprünglichen Kräfte und Mittel auf der 1. Produktionsstufe, der Herstellung des Getreides, nötig sind.

aus: Informationsmaterial, hrsg. vom Bundesminister für wirtschaftliche Zusammenarbeit, Ref. Öffentlichkeitsarbeit, Bonn

Information

Wenn man den Produktionsprozess bis zu den selbst nicht mehr produzierbaren Gütern zurückverfolgt, so gelangt man zu den **ursprünglichen (originären) Faktoren** der Produktion

- **Boden (Natur)** und
- **menschliche Arbeit.**

Um Brot herstellen zu können, ist der **Faktor Boden** unentbehrlich. Er wird hier in dreifacher Weise genutzt:

1. Zum Anbau des Naturproduktes Roggen **(= Anbaufaktor).**

Weitere Beispiele
Anbau von Äpfeln, Tomaten, Baumwolle, Holz; Fischzucht; Viehzucht.

2. Zum Abbau von Salzlagerstätten zur Kochsalzgewinnung **(= Abbaufaktor).**

Weitere Beispiele
Förderung von Erdöl, Erdgas, Kohle, Erzen.

3. Als Gebäude für Haus, Stallungen und Scheune des Bauern **(= Standortfaktor).**

Weitere Beispiele
Der Boden als Raum für die Ansiedlung von Handels-, Handwerks-, Industrie- und Dienstleistungsbetrieben.

Die räumliche Lage eines Betriebes kann zwingend sein, so z. B. im Bergbau, mit seiner Abhängigkeit vom Rohstoffvorkommen. Sie kann aber auch abhängig sein von ausreichend vorhandenen Arbeitskräften, den verkehrstechnischen Einrichtungen, Umweltschutzbestimmungen usw.

Zum Begriff Boden gehören auch die Naturkräfte Wasser, Sonnenenergie und Luft sowie das Klima, das die land- und forstwirtschaftliche Nutzung entscheidend beeinflussen kann. Der Produktionsfaktor Boden ist nicht vermehrbar.

Unter dem **Produktionsfaktor Arbeit** ist wirtschaftlich gesehen jede geistige und körperliche Tätigkeit des Menschen zu verstehen, die auf die Erzielung eines Einkommens gerichtet ist.

Beispiele
a) geistige Arbeit: lehren, forschen, planen, entwerfen;
b) körperliche Arbeit: bauen, ernten, bedienen, kochen.

Ohne die menschliche Arbeitskraft ist weder die Güterherstellung, also auch nicht die Nutzung des Bodens, noch technischer Fortschritt möglich. Letztlich ist das Wissen die Voraussetzung für die Neu- und Weiterentwicklung von Gütern und technischen Hilfsmitteln, wie z. B. Traktoren zur Bestellung des Ackers beim Roggenanbau.

Die Produktionsfaktoren Boden und Arbeit sind **ursprüngliche** Kräfte der Produktion. Das Hilfsmittel Traktor musste von den Faktoren Boden und Arbeit geschaffen werden. Der Traktor wird in der Volkswirtschaftslehre als **Sach- oder Realkapital** bezeichnet. Zu diesem **Produktionsfaktor Kapital** werden im volkswirtschaftlichen Sinne sämtliche produzierte Produktionsmittel gezählt, wie z. B. das Verwaltungsgebäude, der Lieferwagen, die Büroschreibmaschine, die Registrierkasse oder im industriellen Bereich die Roboter, Werkzeuge oder Lagerhallen. Sie dienen nicht dem Konsum, sondern werden für die Güterproduktion eingesetzt.

Der Produktionsfaktor Kapital ist, da er nicht ursprünglich vorhanden ist wie Boden und Arbeit, ein **abgeleiteter (derivativer),** unter Einsatz der beiden anderen Produktionsfaktoren hergestellter Faktor.

Die Kapitalbildung erfolgt mit dem Ziel, wirtschaftliche Güter schneller und/oder bequemer produzieren zu können. Die Ausstattung einer Volkswirtschaft mit Produktionsmitteln nennt man **Kapitalausstattung** (= Sach- oder Realkapital). Sie darf nicht gleichgesetzt werden mit Geldkapital.

Geld allein ist kein Produktionsfaktor, sondern lediglich ein Tauschmittel, eine Vorstufe des Sachkapitals.

Produktion als Kombination der Produktionsfaktoren

Mit der Herstellung von oder dem Handel mit Gütern soll ein höchstmöglicher Gewinn (= Erlös – Kosten) erzielt werden. Dazu müssen die drei Produktionsfaktoren nach dem ökonomischen Prinzip im **Betrieb** miteinander kombiniert werden. Welche Faktorenkombination dabei am kostengünstigsten ist, hängt von der Handelsware bzw. der Art der Güterproduktion ab.

Betrieb = Produktionsstätte, in der durch die Kombination der Produktionsfaktoren Produktionsgüter und Dienstleistungen für den Bedarf Dritter und den Eigenbedarf hergestellt werden.

Untereinander sind die drei Produktionsfaktoren in Grenzen austauschbar. So ist im Zuge des technischen Fortschritts eine Änderung der Kombination der Produktionsfaktoren denkbar, um das Verhältnis zwischen Kosten und Ertrag optimal zu gestalten (Minimalkostenkombination: mit geringsten Kosten einen bestimmten Ertrag erzielen).

Am häufigsten wird dabei Arbeit durch Kapital ersetzt.

Dieser ständige Austauschprozess wird als **Substitution (= Ersetzung)** der Produktionsfaktoren bezeichnet.

Beispiel
Früher musste ein Bauer 112 Arbeitsstunden aufbringen, um sein Roggenfeld von einem Hektar Größe abzuernten. Heute braucht er für dieselbe Größe, unter Verwendung eines Mähdreschers, nur noch eine Stunde und 48 Minuten auf dem Feld zu verbringen.

Dieselbe Getreidemenge ist mit einem geringeren Einsatz an menschlicher Arbeit gewonnen worden. Man spricht in diesem Zusammenhang von einer gestiegenen **Arbeitsproduktivität**.

Sie ist ein wichtiger Maßstab für die Leistungsfähigkeit einer Volkswirtschaft. Am **Zuwachs des realen Bruttoinlandsprodukts je Erwerbstätigenstunde** lässt sich die gesamtwirtschaftliche Produktivitätsentwicklung ablesen. Allerdings hängt diese Entwicklung nicht nur vom Grad des technischen Fortschritts ab, der es erlaubt, in einer Arbeitsstunde mehr als vorher zu produzieren, sondern ist auch den Schwankungen der Konjunktur unterworfen.

Langfristig gesehen, hat sich das Tempo des Produktivitätsanstiegs in der westdeutschen Wirtschaft allmählich abgeschwächt (siehe Abb. unten). In der Wiederaufbauphase der Fünfzigerjahre nahm das **Produktionsergebnis je Erwerbstätigenstunde** noch um etwa 6 % im Jahresdurchschnitt zu. In den Sechzigerjahren fiel die Produktivitätsrate auf durchschnittlich 5,3 %, in den Siebzigerjahren auf 3,7 %, in den Achtzigerjahren auf 2,5 % und in den Neunzigerjahren (bezogen auf ganz Deutschland) weiter auf 2 %.

Diese Entwicklung ist – von kurzzeitig wirksamen Konjunktureinflüssen abgesehen – in erster Linie auf die gesamtwirtschaftlichen Strukturveränderungen der letzten Jahrzehnte zurückzuführen. So steht die Verlangsamung des gesamtwirtschaftlichen Produktivitätszuwachses offenbar in engem Zusammenhang mit dem Vordringen des Dienstleistungssektors. Denn dort bestehen in manchen Bereichen nur begrenzte Möglichkeiten, die Arbeitsproduktivität durch Technisierung und Rationalisierung zu steigern. In

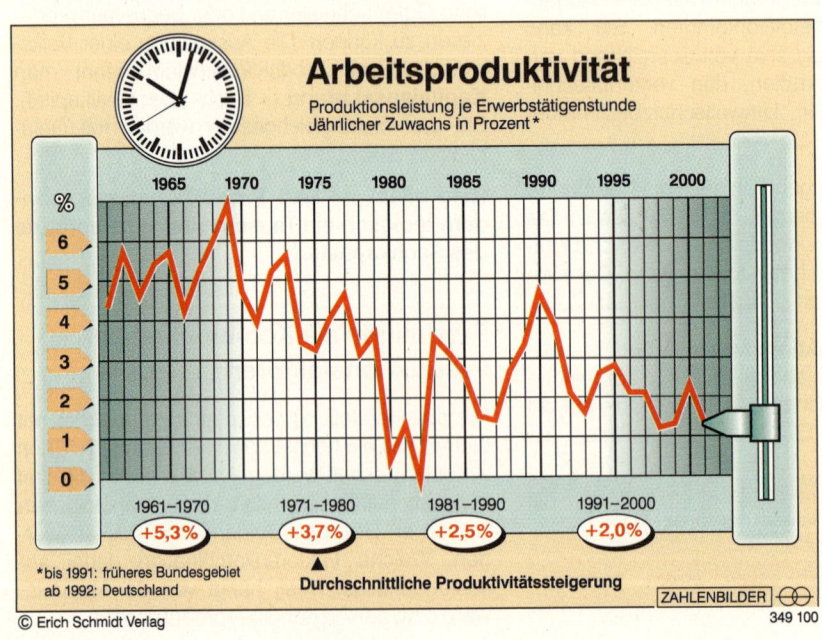

Arbeitsproduktivität – Produktionsleistung je Erwerbstätigenstunde, Jährlicher Zuwachs in Prozent*

1961–1970: +5,3% | 1971–1980: +3,7% | 1981–1990: +2,5% | 1991–2000: +2,0%

Durchschnittliche Produktivitätssteigerung

*bis 1991: früheres Bundesgebiet; ab 1992: Deutschland

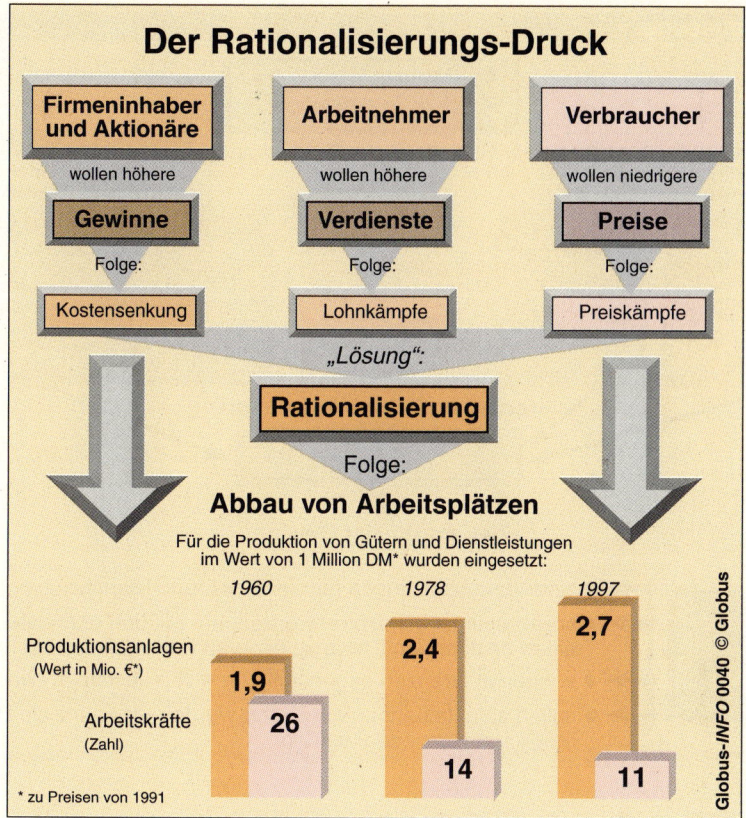

den Neunzigerjahren ist die Leistung pro Stunde nach dem scharfen Rückgang in der Rezession von 1992 aber wieder kräftig gestiegen – eine Folge vor allem der Personaleinsparungen, mit denen Privatwirtschaft und öffentliche Hand auf Gewinnausfälle und wachsende Finanznot reagierten.

Der Vorgang, den Menschen als Produktionsfaktor durch automatische Maschinen zu ersetzen, wird als **Rationalisierung** bezeichnet.

Zu Problemen kann es immer dann kommen, wenn bei der Substitution von Arbeit durch Kapital die Interessen der betroffenen Arbeitnehmer nicht oder nicht ausreichend berücksichtigt werden.

Da mit den gleichen Arbeitskräften mehr produziert werden kann, fordern die Gewerkschaften, dass die Arbeitnehmer am Produktivitätszuwachs teilhaben, z. B. durch Erhöhung der Tariflöhne, Investivlöhne, Arbeitszeitverkürzung.

Aufgaben

1. Welche Nutzungsmöglichkeiten bietet der Produktionsfaktor Boden?
2. Beschreiben Sie am Beispiel der Produktion von Fahrrädern (Kleiderschränken), wie die drei Produktionsfaktoren zum Einsatz kommen können.
3. Was verstehen Sie unter Kapital im volkswirtschaftlichen Sinn?
4. Warum findet Kapitalbildung statt?
5. Welche Auswirkungen hat der technische Fortschritt auf die Faktorkombination?
6. Erklären Sie „substituierbare Produktionsfaktoren".
7. Suchen Sie drei Beispiele, bei denen der Produktionsfaktor Arbeit durch den Produktionsfaktor Kapital ersetzt wurde.
8. Welche wirtschaftliche Gefahren, aber auch Chancen, können mit der steigenden Arbeitsproduktivität verbunden sein?

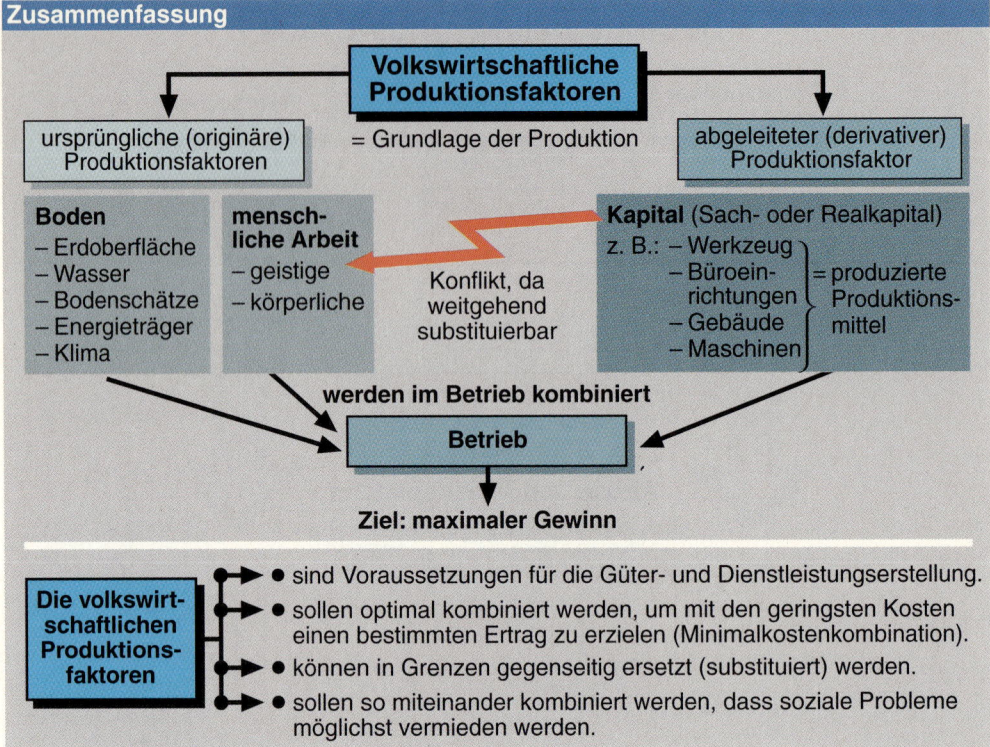

2.5 Arbeitsteilung

Für unsere Filialen im Raum Hannover suchen wir eine(n)

Filialleiter/-in

- **Ihre Aufgabe:** Leitung eines RKA-Marktes. Das heißt insbesondere, Sie disponieren den Warenbedarf Ihrer Filiale und kontrollieren den Wareneingang, garantieren einen verkaufsfördernden Warenaufbau, erledigen die Abrechnungs- und Verwaltungsaufgaben und setzen die Ihnen unterstellten Mitarbeiter so ein, dass ein reibungsloser Verkaufsablauf gewährleistet ist.

- **Kenntnisse:** Sie sollten eine Ausbildung im Einzelhandel und einige Jahre Berufserfahrung mitbringen oder in einem anderen Beruf gezeigt haben, dass Sie Organisationstalent besitzen und Mitarbeiter führen können.

RKA-Markt, Elisenstr. 12, Hannover
Tel. 67 13 49

Für unsere Filialen im Großraum Hannover suchen wir

Verkäufer/-innen

- **Ihre Aufgabe:** Eine abwechslungsreiche Tätigkeit aus Kassieren, Warennachfüllung und der selbstständigen Bearbeitung Ihnen übertragener Aufgabenbereiche.

- **Kenntnisse:** Sie können bei uns alles erlernen, was Sie zur Bewältigung Ihrer Aufgaben benötigen, deshalb müssen Sie keine abgeschlossene Berufsausbildung als Verkäuferin mitbringen. Eine bewährte Mitarbeiterin wird Sie gründlich in Ihr Aufgabengebiet einarbeiten. Sie sollten jedoch durch Zeugnisse belegen können, dass Sie in Ihrer bisherigen beruflichen Tätigkeit gute Leistungen erbracht haben. Auch wenn Sie längere Zeit nicht berufstätig waren, sollten Sie sich bewerben.

RKA-Markt, Elisenstr. 12, Hannover
Tel. 67 13 49

Warum hat die Firma RKA-Markt für ihre Filialen in Hannover zwei unterschiedliche Stellenangebote ausgeschrieben?

Information

Überbetriebliche Arbeitsteilung

Zur überbetrieblichen Arbeitsteilung gehören
- die Berufsbildung und Berufsspaltung sowie
- die gesamtwirtschaftliche Arbeitsteilung.

Berufsbildung und Berufsspaltung

Der Blick in die Stellenanzeigen der Zeitungen zeigt, dass überwiegend Fachleute gesucht werden, wie beispielsweise Sozialversicherungsangestellte, Universalfräser, Einkaufssachbearbeiter oder Sachbearbeiter für den Bereich Antragsbearbeitung und Bestandsverwaltung.

Noch bis ins 11. Jahrhundert waren die Menschen jedoch Selbstversorger und haben alles, was sie zum Leben benötigten, selbst hergestellt. Die älteste und ursprüngliche Aufteilung der Arbeit hat zwischen Mann und Frau stattgefunden. Während die Frauen die Haus- und Feldarbeit sowie die Kinderversorgung übernahmen, gingen die Männer auf die Jagd und waren für die Fischerei zuständig.

Dadurch, dass einige Menschen bei speziellen Arbeiten besonderes Geschick zeigten, konnten sich die ersten handwerklichen Grundberufe bilden. Beispiele: Schneider, Schmied, Schreiner, Töpfer, Jäger, Händler. Diese Spezialisten konnten auf ihrem Gebiet wesentlich mehr und qualitativ höherwertige Güter herstellen als andere Mitglieder der Gemeinschaft. Die **Berufsbildung** hatte stattgefunden.

Spezialisierungen innerhalb der Berufe folgten. Einzelne Arbeitsfelder, wie z. B. das des Kaufmanns, wurden in kleinere Arbeitsgebiete aufgespalten. Man spricht bei dieser Entwicklungsstufe von Berufsspaltung, die sich bis in die heutige Zeit fortsetzt.

> **Beispiel**
>
> Kaufmann → Kaufmann/Kauffrau im Einzelhandel, Groß- und Außenhandelskaufmann, Industriekaufmann, Bankkaufmann, Versicherungskaufmann.

Es erfolgte zugleich die Trennung zwischen körperlicher und geistiger Arbeit.

Gesellschaftliche Arbeitsteilung

Mit zunehmender Spezialisierung bildeten sich die ersten Betriebe. Sie konzentrierten sich lediglich auf einen Abschnitt bei der Herstellung eines Wirtschaftsgutes.

Betrachtet man das Sportrad, so wird deutlich, dass z. B.
- das Aluminium für den Rahmen von den Erzbergwerken der Natur abgewonnen werden musste;

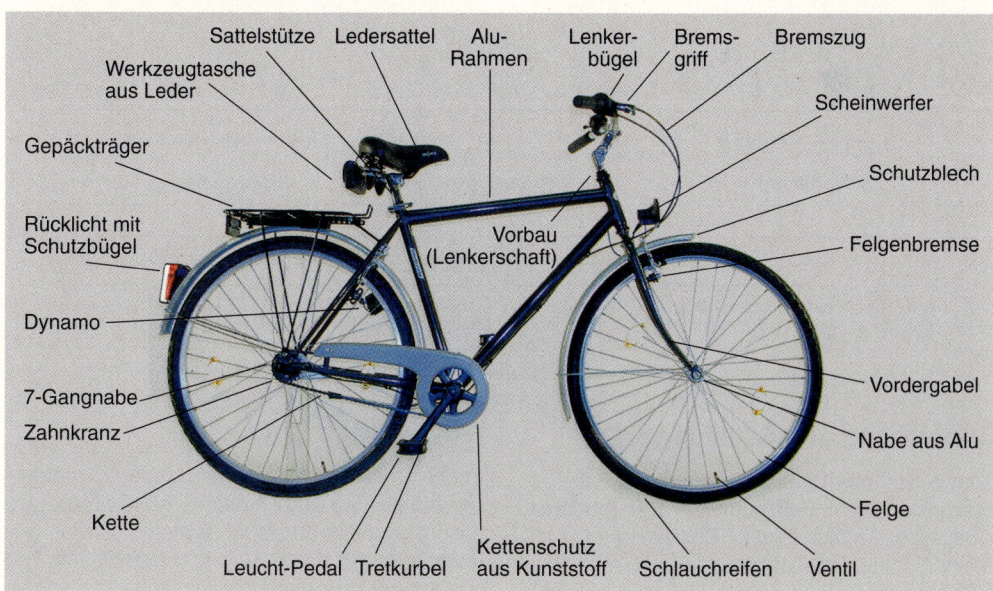

Zulieferer von Aluminiumrahmen bis Zahnkranz

- die Reifen ihren Ursprung auf den Gummiplantagen Malaysias haben;
- die Lackierung nur möglich war, weil Farben u. a. aus Ölen und Harzen gewonnen wurden.

Diese Betriebe auf **der ersten Produktionsstufe** zählt man zur sog. **Urproduktion (primärer Wirtschaftssektor; Primärbereich),** wie Land- und Forstwirtschaft, Fischerei und Bergbau; sie schafft die Voraussetzungen für die Produktion. Die nachgelagerten Betriebe, wie z. B. die des Maschinen- und Fahrzeugbaus, des Textilgewerbes, der Leder- und Mineralölverarbeitung, des Nahrungs- und Genussmittelgewerbes, der Elektrotechnik, des Stahlbaus oder das Handwerk werden der **Weiterverarbeitung (= zweite Produktionsstufe)** zugerechnet. Auf dieser Stufe geschieht die eigentliche Herstellung der Güter **(sekundärer Wirtschaftssektor; Sekundärbereich).**

Zum Endverbraucher gelangt das Fahrrad über den Groß- und Einzelhandel. Diese Betriebe gehören zur **dritten Produktionsstufe, dem Dienstleistungsbereich (tertiärer Wirtschaftssektor; Tertiärbereich).**

> **Beispiele für weitere Dienstleistungsbetriebe**
> Versicherungen, Post, Banken, Deutsche Bahn AG, freie Berufe (Steuerberater, Ärzte, Architekten, Rechtsanwälte), Gaststätten.

Auf der dritten Produktionsstufe werden die Güter verteilt.

Die Gliederung der Gesamtwirtschaft nach den drei Produktionsstufen wird als **vertikale Arbeitsteilung** bezeichnet. Die innerhalb dieser Stufen entstandene Arbeitsteilung heißt **horizontale Arbeitsteilung.** Allgemein wird die Arbeitsteilung zwischen den Betrieben gesellschaftliche Arbeitsteilung genannt.

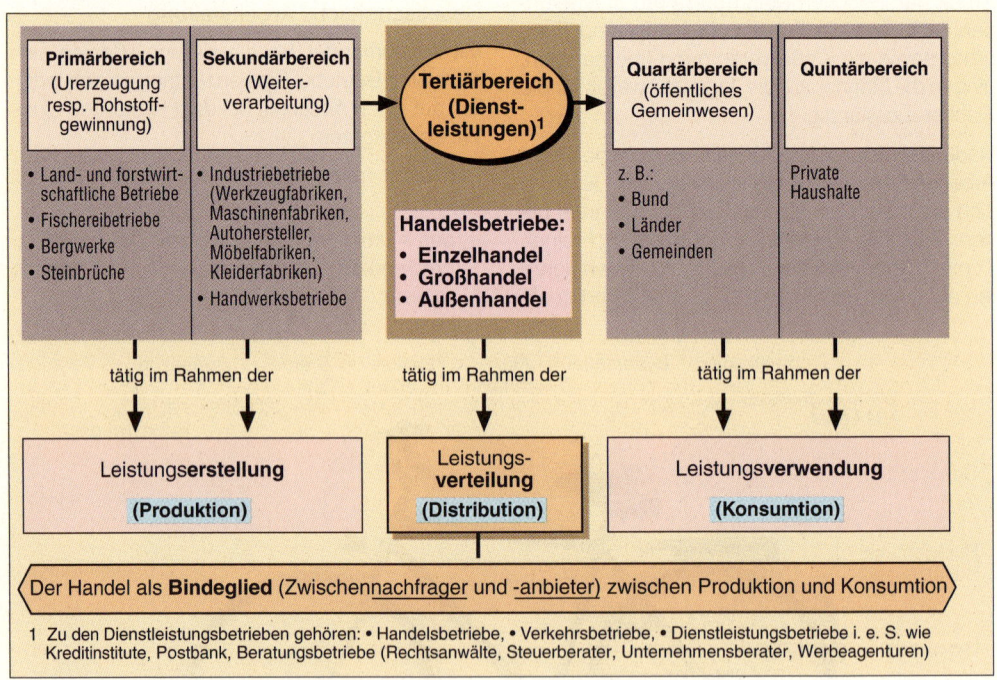

Betriebliche Arbeitsteilung

Aber auch **innerhalb** der Betriebe hat die Arbeitsteilung nicht Halt gemacht. Der moderne, arbeitsteilig wirtschaftende Betrieb ist gekennzeichnet durch die Aufteilung nach Arbeitsbereichen, wie Einkauf, Lager, Rechnungswesen, Verwaltung, Verkauf **(= Abteilungsbildung).**

In den einzelnen Abteilungen wiederum werden die Arbeitsabläufe in mehrere Teilverrichtungen zerlegt, wobei jede dieser Teilverrichtungen getrennt ausgeführt wird. Man spricht in diesem Fall von **Arbeitszerlegung.**

Internationale Arbeitsteilung

Es gibt mehrere Gründe für die **Arbeitsteilung** zwischen **den Staaten:**

1. Die Knappheit von Gütern im Inland, sodass z. B. Gummi, Erdöl oder Gewürze aus dem Ausland bezogen werden müssen (Einfuhr).

2. Wirtschaftlichkeitsüberlegungen:
   a) Güter können im Ausland preisgünstiger eingekauft werden, wie beispielsweise Videogeräte aus Japan.
   b) Güter können im Ausland kostengünstiger hergestellt werden wegen der dort niedrigeren Lohnkosten.

3. Der technische Fortschritt bei der Produktion bestimmter Güter. Er sichert den auf dem Inlandsmarkt produzierten Gütern einen Qualitätsvorteil und fördert den Verkauf an das Ausland (Ausfuhr).

4. Die inländischen Unternehmen können durch den Handel mit dem Ausland ihren Umsatz bzw. Gewinn erhöhen und damit Arbeitsplätze sichern (Ausfuhr).

Die Spezialisierung einer Volkswirtschaft auf die Produktion bestimmter Güter in Verbindung mit den wirtschaftlichen Beziehungen zu anderen Volkswirtschaften hat eine bessere und billigere Güterversorgung sowie die Erhöhung des Lebensstandards zur Folge.

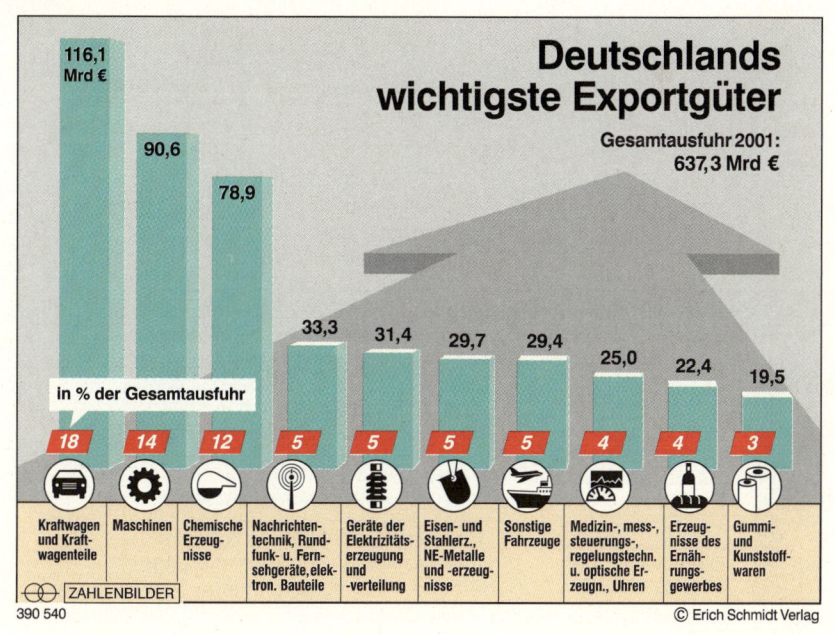

Textilarbeiter sind Sie? Da hätte ich was für Sie in China.

Deutschlands wichtigste Exportgüter

Gesamtausfuhr 2001: 637,3 Mrd €

in % der Gesamtausfuhr

Rang	%	Mrd €	Güter
1	18	116,1	Kraftwagen und Kraftwagenteile
2	14	90,6	Maschinen
3	12	78,9	Chemische Erzeugnisse
4	5	33,3	Nachrichtentechnik, Rundfunk- u. Fernsehgeräte, elektron. Bauteile
5	5	31,4	Geräte der Elektrizitätserzeugung und -verteilung
6	5	29,7	Eisen- und Stahlerz., NE-Metalle und -erzeugnisse
7	5	29,4	Sonstige Fahrzeuge
8	4	25,0	Medizin-, mess-, steuerungs-, regelungstechn. u. optische Erzeugn., Uhren
9	4	22,4	Erzeugnisse des Ernährungsgewerbes
10	3	19,5	Gummi- und Kunststoffwaren

Aufgaben

1. Wie konnte es zur Berufsbildung kommen?
2. Was verstehen Sie unter vertikaler und horizontaler Arbeitsteilung?
3. Warum kommt es durch die Arbeitsteilung zwischen den Betrieben zu gegenseitiger Abhängigkeit? Nennen Sie zwei Beispiele.
4. Worauf ist die internationale Arbeitsteilung zurückzuführen?
5. Welche Betriebe sind aus den Produktionsstufen Urproduktion, Weiterverarbeitung und Dienstleistungen an der Herstellung und dem Verkauf folgender Güter beteiligt:
   - Wollpullover,
   - Wohnzimmerschrank,
   - Automobil,
   - Bleistift?
6. Welche Grundaussage steht hinter der Karikatur auf Seite 37?
7. Welche Vorteile hat die Bundesrepublik Deutschland aufgrund der internationalen Arbeitsteilung?

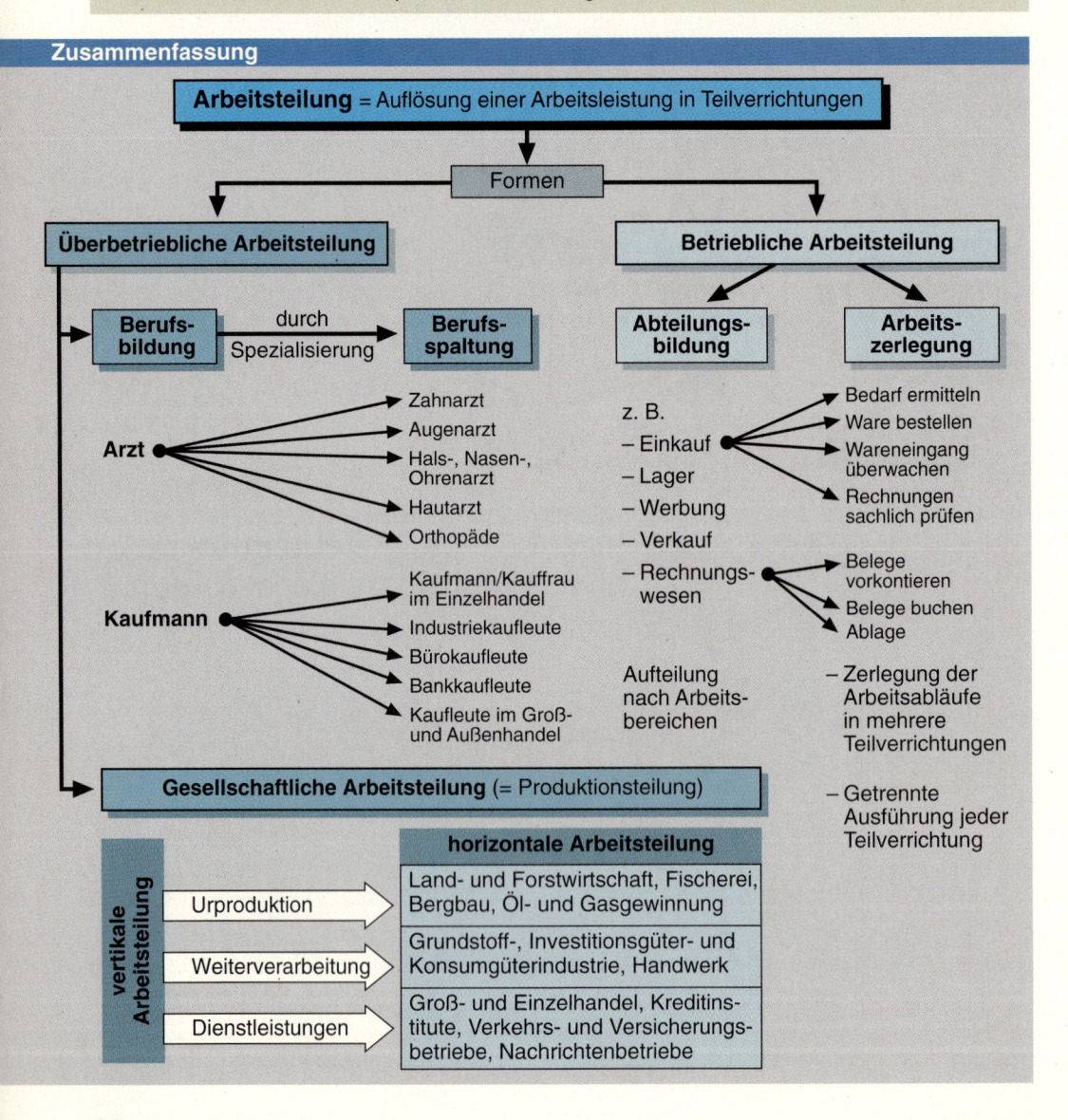

Zusammenfassung

Arbeitsteilung = Auflösung einer Arbeitsleistung in Teilverrichtungen

Formen

Überbetriebliche Arbeitsteilung

- **Berufsbildung** durch Spezialisierung → **Berufsspaltung**

  - Arzt →
    - Zahnarzt
    - Augenarzt
    - Hals-, Nasen-, Ohrenarzt
    - Hautarzt
    - Orthopäde

  - Kaufmann →
    - Kaufmann/Kauffrau im Einzelhandel
    - Industriekaufleute
    - Bürokaufleute
    - Bankkaufleute
    - Kaufleute im Groß- und Außenhandel

Betriebliche Arbeitsteilung

- **Abteilungsbildung**

  z. B.
  - Einkauf
  - Lager
  - Werbung
  - Verkauf
  - Rechnungswesen

  Aufteilung nach Arbeitsbereichen

- **Arbeitszerlegung**
  - Bedarf ermitteln
  - Ware bestellen
  - Wareneingang überwachen
  - Rechnungen sachlich prüfen
  - Belege vorkontieren
  - Belege buchen
  - Ablage

  – Zerlegung der Arbeitsabläufe in mehrere Teilverrichtungen

  – Getrennte Ausführung jeder Teilverrichtung

Gesellschaftliche Arbeitsteilung (= Produktionsteilung)

vertikale Arbeitsteilung / **horizontale Arbeitsteilung**

Urproduktion	Land- und Forstwirtschaft, Fischerei, Bergbau, Öl- und Gasgewinnung
Weiterverarbeitung	Grundstoff-, Investitionsgüter- und Konsumgüterindustrie, Handwerk
Dienstleistungen	Groß- und Einzelhandel, Kreditinstitute, Verkehrs- und Versicherungsbetriebe, Nachrichtenbetriebe

2.6 Auswirkungen der Arbeitsteilung

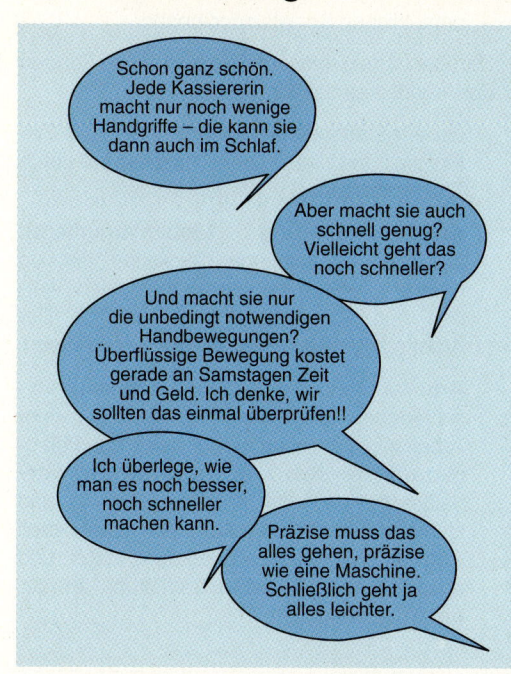

Schon ganz schön. Jede Kassiererin macht nur noch wenige Handgriffe – die kann sie dann auch im Schlaf.

Aber macht sie auch schnell genug? Vielleicht geht das noch schneller?

Und macht sie nur die unbedingt notwendigen Handbewegungen? Überflüssige Bewegung kostet gerade an Samstagen Zeit und Geld. Ich denke, wir sollten das einmal überprüfen!!

Ich überlege, wie man es noch besser, noch schneller machen kann.

Präzise muss das alles gehen, präzise wie eine Maschine. Schließlich geht ja alles leichter.

Mit Schmerzen an der Kasse

BERN, 3. Februar (AP). Rückenschmerzen, Beschwerden im linken Arm, Nervosität und Augenleiden sind nach einer Untersuchung die häufigsten gesundheitlichen Beeinträchtigungen, unter denen das Kassenpersonal in Selbstbedienungsläden leidet. Die Untersuchung des Arbeitsärztlichen Dienst des Schweizer Bundesamts für Industrie, Gewerbe und Arbeit (Biga) über Probleme bei der Kassenarbeit wurde vor kurzem auszugsweise veröffentlicht.

Bei der Untersuchung wurden 469 Kassierende befragt, von denen 93 Prozent Frauen waren. Mehr als die Hälfte, 55 Prozent, litten an Rückenschmerzen und je 43 Prozent an Nervosität und Schmerzen im linken Arm. Augenleiden und Sehstörungen waren für 42 Prozent der teils mündlich, teils schriftlich Befragten ein Problem. Diese Beschwerden kämen beim Kassenpersonal häufiger vor als bei anderen Verkäuferinnen oder beim Durchschnitt der übrigen erwerbstätigen Frauen, heißt es in der Studie. Es wurden eindeutige Zusammenhänge zwischen den gesundheitlichen Beschwerden und den verschiedenen Arbeitsplatzgegebenheiten festgestellt.

Welche Gefahren sind mit der Arbeitsteilung verbunden?

Information

Die Arbeitsteilung hat neben vielen Vorteilen auch nicht zu übersehende Nachteile gebracht. Automaten arbeiten sicherlich schneller, fehlerfreier und kostengünstiger als Menschen. Und dennoch gibt es berechtigte Sorgen, dass der mit der Arbeitsteilung einhergehende technologische Fortschritt nur die eine Seite der Medaille ist. In der nachfolgenden Übersicht (Seite 40) wird das Für und Wider der Arbeitsteilung dargestellt.

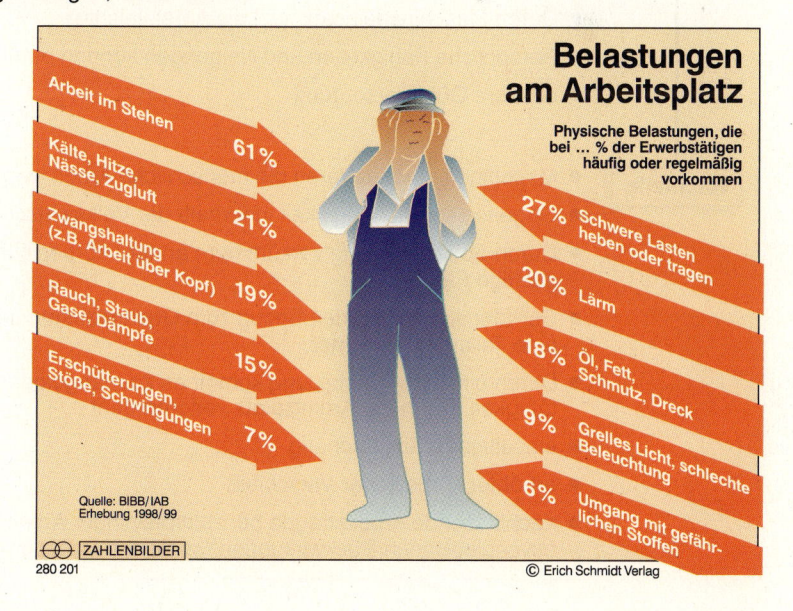

Belastungen am Arbeitsplatz

Physische Belastungen, die bei … % der Erwerbstätigen häufig oder regelmäßig vorkommen

- Arbeit im Stehen — 61%
- Kälte, Hitze, Nässe, Zugluft — 21%
- Zwangshaltung (z.B. Arbeit über Kopf) — 19%
- Rauch, Staub, Gase, Dämpfe — 15%
- Erschütterungen, Stöße, Schwingungen — 7%
- Schwere Lasten heben oder tragen — 27%
- Lärm — 20%
- Öl, Fett, Schmutz, Dreck — 18%
- Grelles Licht, schlechte Beleuchtung — 9%
- Umgang mit gefährlichen Stoffen — 6%

Quelle: BIBB/IAB Erhebung 1998/99

Die Arbeitsteilung bzw. der technische Fortschritt bringt Chancen, aber sie birgt auch Risiken.

„Die Arbeit an die Menschen anpassen und nicht den Menschen an die Arbeit" – so lautet eines der vielen Schlagworte, mit denen **„Humanisierung des Arbeitslebens"** erklärt wird. Dabei stehen im Mittelpunkt

- die Beseitigung und Verhinderung extremer Arbeitsteilung,
- mehr persönliche Mitbestimmung und Entfaltungsmöglichkeiten am Arbeitsplatz sowie
- die Verbesserung des Arbeitsschutzes.

Die Maßnahmen, die auf die **menschengerechtere Gestaltung der Arbeitsbedingungen** (= Humanisierung der Arbeit) abzielen, beginnen bei

- den Arbeitsschutzmaßnahmen, wie Maßnahmen der Unfallverhütung, der Arbeitshygiene und der arbeitsmedizinischen Betreuung,
- der fortschrittlichen Gestaltung des Arbeitsplatzes
- menschenwürdigen Arbeitsräumen und
- betrieblichen Sozialeinrichtungen.

Darüber hinaus umfassen sie auch neue Formen der Arbeitsorganisation:

- **Arbeitsplatzwechsel (Jobrotation):** Die Eintönigkeit und Unlust am Arbeitsplatz soll durch Tätigkeitswechsel verringert werden.
- **Arbeitserweiterung (Jobenlargement):** Nacheinander folgende Tätigkeiten, die von mehreren Personen vollzogen wurden, werden nun von einer Person erledigt. Der Arbeitsumfang erweitert sich für diese Person.
- **Arbeitsbereicherung (Jobenrichment):** Verschiedene Teilarbeiten werden zu einer Arbeitseinheit zusammengefasst. Die Personen müssen sich z. B. selbst um die Materialbeschaffung, die Montage, Kontrolle und kleinere Reparaturen kümmern. Die Arbeit wird für den Einzelnen verantwortungs- und anspruchsvoller – seine Bedeutung am Arbeitsplatz steigt.

Arbeitsteilung

Vorteile
- höheres Einkommen
- durch Routinearbeiten höhere Produktivität der Arbeit
- Spezialmaschinen können eingesetzt werden.
- verkürzte Arbeitszeiten
- Durch Maschineneinsatz wird die Arbeit leichter.
- Persönliche Fähigkeiten und Neigungen können berücksichtigt werden.
- bessere Güterversorgung

Nachteile
- Maschinen rationalisieren die menschliche Arbeit weg.
- Gegenseitige Abhängigkeit innerhalb der Volkswirtschaft wächst.
- Durch Spezialisierung verkümmern andere körperliche und geistige Fähigkeiten.
- Der Mensch verliert den Bezug zum Gesamtzusammenhang, da er nur eine Teilarbeit verrichtet.
- Durch einseitige Ausbildung kommt es zu mangelnder Anpassungsfähigkeit, wenn der Arbeitsplatz verloren geht.
- einseitige Beanspruchung
- erhöhter körperlicher Verschleiß
- nachlassende Arbeitsfreude bei stumpfsinniger Arbeit mit negativen, psychologischen Rückwirkungen (seelische Schäden)

- **Teilautonome (teilweise selbstständige) Arbeitsgruppen:** Eine Gruppe von 3 bis 10 Personen stellt ein komplettes (Teil-)Produkt her. Sie regelt den Arbeitsablauf – auch die Pausen – in eigener Regie. Jeder führt mehr verschiedene Tätigkeiten aus als früher.
- **Leanproduction:** Zu Deutsch: schlanke oder abgespeckte Produktion. Dahinter verbirgt sich ein angewendetes Herstellungssystem, das von allen Produktionsfaktoren weniger braucht als die herkömmliche Massenherstellung: die Hälfte an menschlicher Arbeit und Entwicklungszeit sowie weniger als die Hälfte der Lagerkapazitäten für Vorprodukte und Zulieferteile. Gleichzeitig werden mehr Waren in größerer Vielfalt und besserer Qualität angeboten.

Dieses Konzept wird jetzt auch mehr und mehr in den Büros praktiziert. **Leanadministration** heißt die neue Devise.

Das Konzept der *schlanken Verwaltung* will
- die Qualifikation,
- die Motivation sowie
- den Ideenreichtum

der Mitarbeiter fördern.

Leanadministration lässt sich wie folgt kennzeichnen:
- Produktionsnahe Bürotätigkeiten werden in der Produktion erledigt.

> **Beispiel**
> Teilautonome Gruppen übernehmen z. B. die Materialdisposition oder die Urlaubsplanung.

- Die verbleibenden Verwaltungsaufgaben werden gestrafft, um so die Durchlaufzeiten zu verkürzen.

> **Beispiel**
> Sämtliche mit einem Verwaltungsschritt befassten Abteilungen und Mitarbeiter versuchen Verwaltungsmaßnahmen zu vereinfachen bzw. zu optimieren.

- Das Vorschlagswesen im Büro wird ausgebaut.

> **Beispiel**
> Die Mitarbeiter können Vorschläge einbringen, um so den Arbeitsablauf in ihrem eigenen Sachgebiet zu vereinfachen und zu optimieren.

- Die Befugnisse der Sachbearbeiter werden erweitert. Dadurch werden die Hierarchien in den Verwaltungsetagen flacher und die Flexibilität wird größer.

> **Beispiel**
> Es werden nicht mehr einzelne Arbeitsschritte vorgegeben, sondern ein Ziel. Die Arbeit wird organisiert nach dem Prinzip des Jobenlargements. Da darüber hinaus nicht mehr der Vorgesetzte über die Abwicklung eines Auftrages entscheidet, sondern die Mitarbeiter selbst, findet zugleich die Arbeitsorganisation Jobenrichment Eingang in das Konzept der Leanadministration.

- Mitarbeiter aus Verwaltung und Produktion sitzen an einem Tisch. Designer, Forscher, Techniker, Lagerverwalter, Konstrukteure und Verkäufer planen, kalkulieren und fertigen ein Produkt von der Idee bis zum Verkauf.

Der Erfolg der schlanken Produktion/Verwaltung basiert auf **Teamarbeit.** Durch sämtliche Maßnahmen kann die Arbeitsfreude bei gleicher Leistung erhöht werden. Denn die Mitarbeiter
- werden mit anspruchsvolleren Aufgaben betraut,
- können sich wieder stärker mit ihrer Tätigkeit identifizieren,
- besitzen größere Entscheidungs- und Handlungsspielräume,
- wodurch die Motivation steigt und die Fehlerquote sinkt.

Über das Just-in-time-System[1] werden auch die Zulieferer in die neue Lean-Philosophie einbezogen.

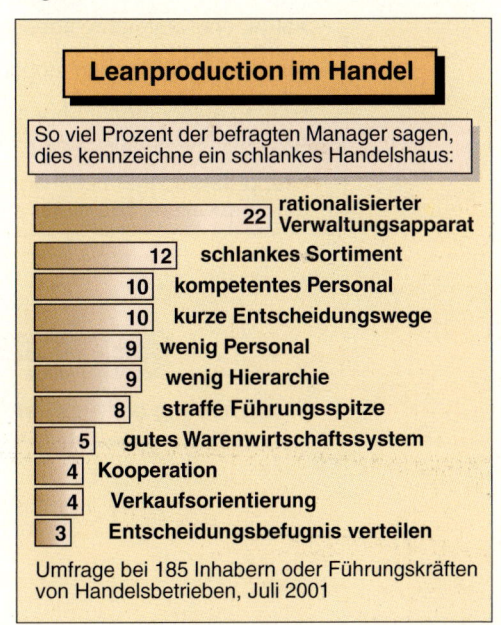

Leanproduction im Handel

So viel Prozent der befragten Manager sagen, dies kennzeichne ein schlankes Handelshaus:

%	Merkmal
22	rationalisierter Verwaltungsapparat
12	schlankes Sortiment
10	kompetentes Personal
10	kurze Entscheidungswege
9	wenig Personal
9	wenig Hierarchie
8	straffe Führungsspitze
5	gutes Warenwirtschaftssystem
4	Kooperation
4	Verkaufsorientierung
3	Entscheidungsbefugnis verteilen

Umfrage bei 185 Inhabern oder Führungskräften von Handelsbetrieben, Juli 2001

---

[1] Güter werden dem Hersteller zur Produktion (bzw. dem Händler zum Weiterverkauf) zeitgerecht zugeführt, sodass keine aufwendige Lagerhaltung erfolgen muss.

Aufgaben

1. **Humanisierung des Arbeitslebens – Neue Technologien werden verstärkt berücksichtigt**
   Der technische Fortschritt verändert den Arbeitsalltag. Er eröffnet Chancen, aber er birgt auch Risiken. Der Bundesminister für Forschung und Technologie und der Bundesminister für Arbeit und Sozialordnung setzen daher das Programm Forschung zur Humanisierung des Arbeitslebens (HdA) dazu ein, um Beiträge für die menschengerechte Gestaltung der Arbeitsbedingungen und einen vorbeugenden Gesundheitsschutz am Arbeitsplatz beim Einsatz neuer Technologien zu leisten.

   a) Erklären Sie, was unter Humanisierung des Arbeitslebens verstanden wird.

   b) Nennen Sie weitere Möglichkeiten zur Humanisierung des Arbeitslebens.

2. Welche negativen Folgen hat die Arbeitsteilung?

Zusammenfassung

Arbeitsteilung birgt Gefahren

Lösung (im Bereich Arbeitszerlegung) z. B. durch

- betriebliche Sozialeinrichtungen
- fortschrittliche Gestaltung des Arbeitsplatzes
- menschenwürdige Arbeitsräume
- Vermeidung von Stresserscheinungen
- Abbau monotoner Arbeitsvorgänge
- Aufgabenwechsel (Jobrotation)
- Aufgabenerweiterung (Jobenlargement)
- Aufgabenbereicherung (Jobenrichment)
- Bildung autonomer Gruppen (Die Gruppen können bestimmte Ziele in einer festgelegten Zeit in eigener Regie erreichen.)
- Leanproduction und Leanadministration („schlanke" Produktion bzw. Verwaltung basierend auf Teamarbeit)

Ziel

Humanisierung der Arbeit

= Erhöhung der Arbeitsfreude bei gleicher Leistung

2.7 Einfacher Wirtschaftskreislauf

Kauf von Joggingschuhen

Woher erhält Sibylle das zum Kauf der Joggingschuhe notwendige Geld?

Die Beziehungen zwischen Haushalten und Unternehmen lassen sich durch folgendes Modell verdeutlichen:

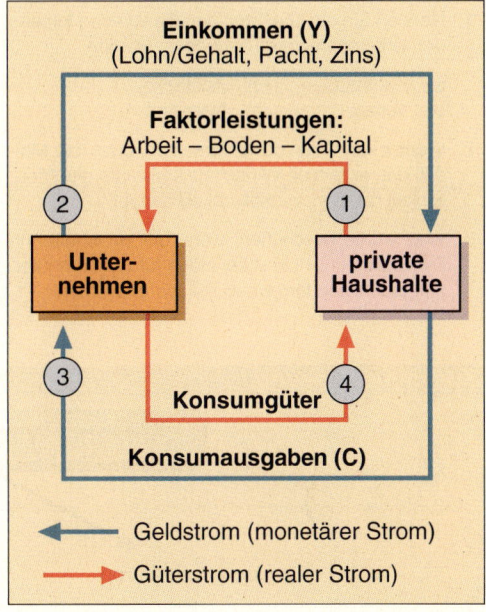

Einkommen (Y)
(Lohn/Gehalt, Pacht, Zins)

Faktorleistungen:
Arbeit – Boden – Kapital

② Unternehmen   ① private Haushalte

③   **Konsumgüter**   ④

Konsumausgaben (C)

⬅ Geldstrom (monetärer Strom)
➡ Güterstrom (realer Strom)

Information

In einer arbeitsteiligen Wirtschaft stehen sich Nachfrager und Anbieter gegenüber. Die Nachfrager erwerben Einkommen, indem sie ihre Arbeitskraft zur Verfügung stellen. Das Einkommen verwenden sie zur planvollen Befriedigung ihrer Bedürfnisse.

Die Nachfrager, man spricht auch von **Haushalten,** erzeugen kaum noch Güter für den eigenen Bedarf. Vielmehr kaufen sie ihre Güter bei den **Unternehmen,** die die Güter erzeugen und bereitstellen.

Unter **Unternehmung** versteht man eine selbstständige rechtliche Wirtschaftseinheit mit eigenem Rechnungswesen, Risiko sowie Vermögen. Sie stellt das finanzielle Fundament des Betriebes[1], die rechtliche Verfassung und die mit dem Markt verbundene Seite des Betriebes dar. Eine Unternehmung kann mehrere Betriebe umfassen.

Erklärung

① Die Haushalte stellen den Unternehmen ihre Arbeitsleistung zur Verfügung. Zudem erhalten die Unternehmen von den Haushalten Grundstücke (Boden) und Geld zur Finanzierung der Produktion (Kapital).

② Die Haushalte erhalten als Gegenleistung Geld von den Unternehmen (Einkommen als Lohn, Pacht oder Zinsen).

③ Die Haushalte verwenden das gesamte Einkommen zum Kauf von Gütern (im Modell nur Konsumgüter).

④ Von den Unternehmen fließen den Haushalten im Tausch mit ihren Geldausgaben Konsumgüter zu.

Die Ausgaben der Haushalte, die den Unternehmen zufließen (vgl. 3), sind für diese Unternehmen Erlöse, die als Einkommen für die Faktorleistungen wieder den Haushalten zukommen. Der Kreislauf beginnt von neuem.

Es findet also zwischen diesen beiden Wirtschaftsbereichen eine ständige Wiederholung von Kauf und Verkauf statt. Dabei steht einer

---
[1] „Betrieb" siehe Seite 32

großen Zahl von Haushalten eine Vielzahl unterschiedlicher Unternehmen, wie z. B. Automobilhersteller, Elektrogerätehersteller, Sportartikelhersteller, Groß- und Einzelhändler, gegenüber.

Es entsteht ein System von Geld- und Güterströmen, der sog. **Wirtschaftskreislauf**.

Im Wirtschaftskreislauf fließt jedem Güterstrom ein wertgleicher Geldstrom entgegen.

Aufgaben

1. Nennen Sie die Konsumgüter, die von den folgenden Unternehmungen angeboten werden:

   a) Kaufhaus,   c) Apotheke,
   b) Verlag,   d) Nerzfarm.

2. Warum kann man davon sprechen, dass das Modell des einfachen Wirtschaftskreislaufs die Wirklichkeit nur stark vereinfacht wiedergibt?

3. Was würde geschehen, wenn die Haushalte ihr Einkommen nicht in voller Höhe für Konsumgüter ausgeben, sondern einen Teil sparen würden?

4. Beschreiben Sie am Modell des einfachen Wirtschaftskreislaufs, welche wirtschaftlichen Auswirkungen eine Arbeitsniederlegung der Arbeitnehmer zur Folge hätte.

5. Wenn man den Wirtschaftsprozess in einer Volkswirtschaft veranschaulichen will, ist man auf eine Modellbetrachtung angewiesen. Der einfache Wirtschaftskreislauf zeigt entgegengesetzt verlaufende Ströme: a) den Geldstrom und b) den Güterstrom.

   Beschreiben Sie ausführlich beide Ströme.

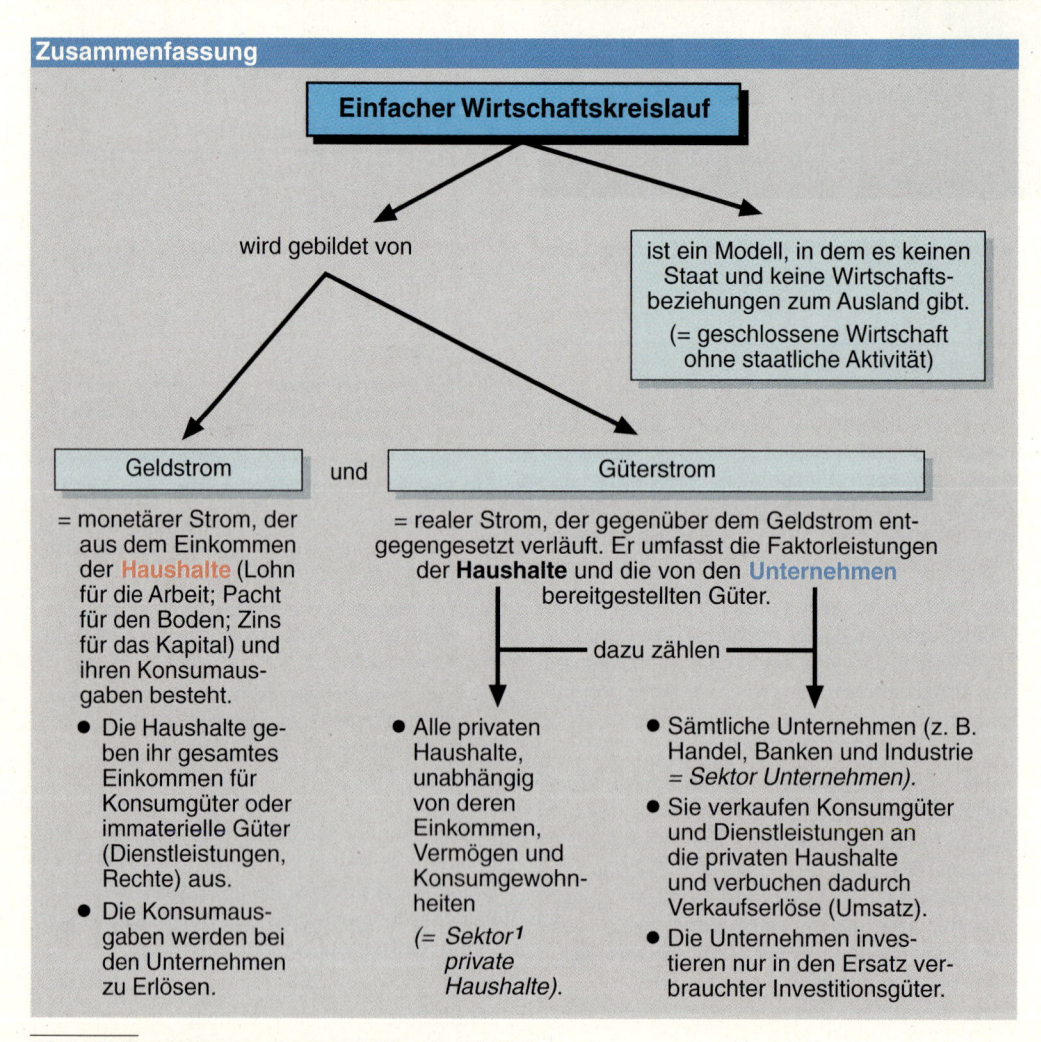

Zusammenfassung

Einfacher Wirtschaftskreislauf

wird gebildet von

ist ein Modell, in dem es keinen Staat und keine Wirtschaftsbeziehungen zum Ausland gibt.
(= geschlossene Wirtschaft ohne staatliche Aktivität)

Geldstrom und **Güterstrom**

= monetärer Strom, der aus dem Einkommen der Haushalte (Lohn für die Arbeit; Pacht für den Boden; Zins für das Kapital) und ihren Konsumausgaben besteht.

- Die Haushalte geben ihr gesamtes Einkommen für Konsumgüter oder immaterielle Güter (Dienstleistungen, Rechte) aus.
- Die Konsumausgaben werden bei den Unternehmen zu Erlösen.

= realer Strom, der gegenüber dem Geldstrom entgegengesetzt verläuft. Er umfasst die Faktorleistungen der **Haushalte** und die von den **Unternehmen** bereitgestellten Güter.

— dazu zählen —

- Alle privaten Haushalte, unabhängig von deren Einkommen, Vermögen und Konsumgewohnheiten
  (= Sektor[1] private Haushalte).

- Sämtliche Unternehmen (z. B. Handel, Banken und Industrie = Sektor Unternehmen).
- Sie verkaufen Konsumgüter und Dienstleistungen an die privaten Haushalte und verbuchen dadurch Verkaufserlöse (Umsatz).
- Die Unternehmen investieren nur in den Ersatz verbrauchter Investitionsgüter.

---

1 Sektor: Die Zusammenfassung von gleichartigen Wirtschaftssubjekten.

2.8 Marktarten

PCs und Netzwerke RAID-Server Reparaturen vom Fachgeschäft
Lieber gleich zu
EDV Vertrieb GmbH
Helfmannstraße 63A/DA
Tel. 06151 8117-0, Fax -44
www.gls-edv.de

Sekretärin
48 Jahre, sucht neuen Wirkungskreis (32 Std. - Vollzeit) in fortschrittlichem Unternehmen im Raum Darmstadt (MS-Office), Rechtschreibung perfekt, Engl.-Kenntnisse). Zuschriften bitte unter ✉ V 40279

Nähe Höchst/Odw.
Baugrdst., 530 m², in ruh., leichter Südhanglage, sof. bebaubar, kpl. erschlossen, € 63.000,-.
Tel. 0170/8855503

Geldmarkt/Kapitalanlagen
Barkredite, auch Zusatzkredite und längere Lfz., Beamtendarl. zu Sonderkond., Hypotheken auch bei Zwangsverst.; Grd.Sch. Darl. ohne Grd.-Buch eintr. vermittelt Büro FIV,

Golfschlägerset v. Dunlop, orig.-verp., Eisen 3-9+PW, Hölzer 1/3/5, Tel.: 0172 8041651 € 295,-.
Kaufe Nachlässe und Haushaltsauflösungen, ☎ 06151 424342
Heu, HD-Ballen, in Balkhausen zu verkaufen. ☎ 06257/5511
Hole kostenlos leicht defekte Fahrräder mit wenig Rost. ☎ 06151 9479196
Liebhaberstück, antiker Schaukelstuhl, FP 1.000,- €. ☎ 06154 800884
Johannisbeeren, Pfund 1,- €. Auch Sauerkirsch. u. Himbeeren, 06154 2946

DACHARBEITEN
- Komplettangebote
- eigener Gerüstbau

Wir sagen Ihnen vorher, was Sie nachher bezahlen.
Top-Bedachungen GmbH
Tel. 06203 892107

HUNDE-ERZIEHUNGSKURSE
im Tierheim Darmstadt.
Infos bei: Hunde-Akademie
Perdita Lübbe, Tel. 06071 42324

Polstermöbel neu beziehen
sehr preiswert vom größten Fachbetrieb. Große Stoffauswahl in Stil und modern. Ein Angebot von uns ist unverbindlich. Wir freuen uns über Ihre Anfrage.
H. Daum GmbH
Lindenfels
Telefon 06255 571 und 2271

Uhren Antik WENTZEL AN + VERKAUF REPARATUREN
Uhrmachermeister Antikuhr-Spezialist
Heinheimer Str. 22 · DA · ☎ 716401

Bayr. Wald
mit Sonderfahrt nach Marienbad
14.09.-17.09.
10.08.-13.08.   30.09.-03.10.
119,-
Leistungen:
- 9 x Halbpension
- Zimmer DU/WC
- 1 x Fahrt nach Marienbad
- 1 x Bayernwaldrundfahrt
Buchung in allen Fröhlich-Reisebüros und unter der Servicenummer 0180 5343598

350 Mercedes
in großer Ausstellungshalle
+ 150 BMW-VW-Audi-Opel etc.
bieten Ihnen seit 22 Jahren eine optimale Auswahl in allen Preislagen. Informieren Sie sich über unser Angebot und unsere Leistung.
Autohaus Winter
direkt an der Autobahnausfahrt A 65 Edenkoben/Pfalz (zwischen Neustadt und Landau)
Tel. 06323 7021 Fax 98 00 95
Faxabruf 06 21 70 00 09 39
Internet: http://www.autohaus-winter.com
Besichtigung: tägl. 9.00 - 18.00 Uhr
Samstag 9.00 - 17.00 Uhr
Sonn-/Feiertag 12.00 - 17.00 Uhr

Flohmarkt
Sa., 01.07.00, 8-14 Uhr
Parkpl. Nähe Heizkraftwerk
(Pallaswiesenstr./Im Tiefen See)
Info: 06195/902812 o. 901304

Riedstadt-Wolfskehlen
freist. 1 Fam.-Haus
mit Carport, Wfl. ca. 120 m² + 55 m² ausgebauter Keller + Garten, überall Fußbodenhzg., Brennwertgerät, Grundstück 268 m², Bj. 98, von Privat, KP € 305.000,-.
Tel. 01 72 / 1 62 99 86

---

1. Wer hat die abgedruckten Anzeigen und Annoncen in Auftrag gegeben?
2. Welchen Zweck verfolgen die Auftraggeber mit der Veröffentlichung?
3. Wo könnte man die angebotenen Güter und Dienstleistungen kaufen?

Information

Sibylle kauft Obst und Gemüse von einem Obsthändler – sie begegnen sich zu einer bestimmten Zeit an einem bestimmten Ort, nämlich auf dem Wochenmarkt; hierbei wird Sibylles Bedarf zur Nachfrage.

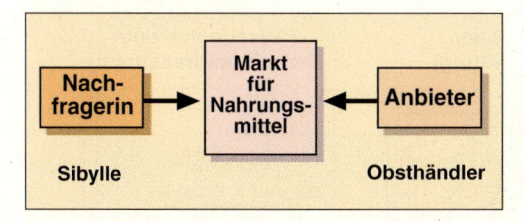

Nach-fragerin (Sibylle) → Markt für Nahrungsmittel ← Anbieter (Obsthändler)

Der Markt, auf dem Sibylle Geld gegen Obst tauscht, ist unmittelbar sichtbar. Genauso verhält es sich z. B. mit der Börse (organisierter Markt für Wertpapiere, Devisen oder Waren, auf dem während der Börsenstunden aufgrund von Kauf- und Verkaufsaufträgen Preise festgelegt werden), Messen (Unternehmen bieten ihre neuesten Güter an, z. B. Internationale Frankfurter Messe, Deutsche Industriemesse in Hannover. In der Kürze der Verkaufsveranstaltung soll sich herausstellen, ob die Neuheiten bei den Wiederverkäufern Anklang finden.) oder Ausstellungen (z. B. Caravan + Boot – Internationale Ausstellung in München, Interschul – Internationale Schulausstellung oder die IAA in Frankfurt).

Dies sind Beispiele für ortsgebundene Märkte, auf denen sich Anbieter und Nachfrager treffen, um wirtschaftliche Güter zu tauschen. Darüber hinaus gibt es Märkte, die nicht ortsgebunden sind, z. B. den Spielwarenmarkt in Hannover. Er umfasst alle Anbieter und Nachfrager von Spielwaren in der Stadt Hannover.

Beschränkt man diesen Markt nicht mehr auf Hannover allein, so kann man auch ganz allgemein vom Spielwarenmarkt sprechen.

In diesem Fall besteht der Markt nicht mehr aus einem bestimmten unmittelbar sichtbaren Ort.

Man müsste vielmehr die miteinander konkurrierenden Anbieter z. B. in der ganzen Bundesrepublik Deutschland oder – beim internationalen Spielwarenmarkt – sogar in der ganzen Welt suchen.

Vernetzte Marktplätze (Online-Marktplätze)

Über das Datennetz kommen Anbieter und Nachfrager aus unterschiedlichen Ländern zusammen, die sich in der realen Welt nie so schnell, mühelos und kostengünstig finden würden. Für diesen Vorteil zahlen die beteiligten Unternehmen Provision oder Standmiete an den Veranstalter des Handelsforums.

Beispiel

Beim Einzelhändler Bräuer e. Kfm. liegt noch ein geringer Rest von Trainingsanzügen der letzten Sommerkollektion auf Lager. Für diese Restmenge selbst Käufer zu suchen wäre für das Sportfachgeschäft völlig unrentabel.

Bislang schrieb das Unternehmen solche Restbestände bis auf einen Euro ab und verschenkte sie. Heute ist es möglich, die überzähligen Textilartikel elegant loszuwerden. Über *TextilTrade.net,* einen Spotmarkt für textile Lagerüberbestände im Internet, verkauft es sie für 39,00 Euro das Stück.

Reihenweise eröffnen neue Branchenmärkte im Cyberspace. Von der Bauindustrie bis zur Werbewirtschaft kann so gut wie jedes Unternehmen seine spezifischen Wünsche und Anforderungen online ausschreiben oder in Katalogsammlungen nach Schnäppchen forschen. Rund 240 virtuelle Marktplätze existieren bereits in den USA. In Deutschland sind es etwa 35. In den kommenden Jahren entstehen nach Schätzungen allein in Deutschland 600 bis 800 Cyber-Börsen:

– Risikokapitalgeber finanzieren Start-ups, z. B. eine Börse für Industriewaren.

– Technologieanbieter entwickeln spezielle Softwarelösungen, z. B. die Dispositionsplattform für Frachtgüter.

– Internet-Auktionshäuser vermitteln auch Geschäfte zwischen Geschäftskunden.

– Softwarehäuser bieten hauseigene Tauschplätze an. Ihr Wahlversprechen: Da die Teilnehmer über die gleichen Programme für die Steuerung ihrer Geschäftsprozesse verfügen, können sie auch problemlos elektronisch miteinander handeln. Schließlich könnten die frisch erworbenen Waren nahtlos vom Warenwirtschaftssystem des Verkäufers in das eigene überspielt werden (neudeutsch: B2B – Business-to-Business).

Unter einem Markt versteht man jedes Zusammentreffen von Angebot und Nachfrage für ein bestimmtes Wirtschaftsgut.

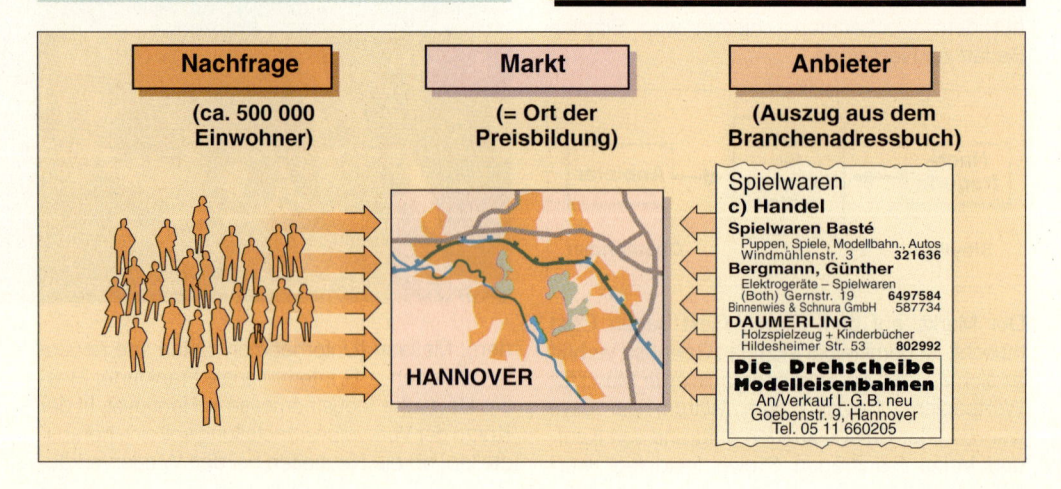

Nachfrage	Markt	Anbieter
(ca. 500 000 Einwohner)	(= Ort der Preisbildung)	(Auszug aus dem Branchenadressbuch)

HANNOVER

Spielwaren
c) Handel
Spielwaren Basté
Puppen, Spiele, Modellbahn., Autos
Windmühlenstr. 3   321636
Bergmann, Günther
Elektrogeräte – Spielwaren
(Both) Gernstr. 19   6497584
Binnenwies & Schnura GmbH   587734
DAUMERLING
Holzspielzeug + Kinderbücher
Hildesheimer Str. 3   802992
**Die Drehscheibe
Modelleisenbahnen**
An/Verkauf L.G.B. neu
Goebenstr. 9, Hannover
Tel. 05 11 660205

Auf einem Markt finden sich die jeweiligen Tauschpartner, z. B. Sibylle als Nachfragerin nach Obst und der Händler als Anbieter dieses wirtschaftlichen Gutes.

Es existieren so viele Märkte, wie Waren bzw. Dienstleistungen vorhanden sind. Dazu gehören selbstverständlich auch Märkte, auf denen man etwas kaufen kann, das dem Verbraucher nicht direkt dient, z. B. Blech für Autos, Fässer oder Maschinen. Um dieses Blech herstellen zu können, benötigt man Eisenerz, das wiederum auf einem bestimmten Markt, dem Rohstoffmarkt, gehandelt wird.

Aufgrund der Vielfalt an Gütern und Dienstleistungen wird eine Grobeinteilung nach **Marktarten** vorgenommen:

Marktarten	Merkmale
1. Faktormärkte	
a) **Arbeitsmarkt**	Arbeitsleistungen werden gegen Arbeitsentgelte gehandelt *Anbieter:* Arbeitswillige *Nachfrager:* Unternehmer, Staat
b) **Immobilienmarkt**	Handel mit Grundstücken und Gebäuden *Anbieter:* Eigentümer von Grundstücken und Gebäuden *Nachfrager:* Wohnraumsuchende, Gewerbetreibende
c) **Kapital- und Geldmarkt**	Vermittlung von z. B. lang- und kurzfristigen Krediten *Anbieter:* Banken und Sparkassen *Nachfrager:* Unternehmer, Konsumenten, Staat
2. Gütermärkte	
a) **Konsumgütermärkte**	Handel mit Konsumgütern; es existiert eine Vielzahl von Märkten, z. B. Kartoffelmarkt, Automobilmarkt *Anbieter:* Unternehmen *Nachfrager:* private Haushalte (Endverbraucher)
b) **Investitionsgütermärkte**	Handel mit Produktionsgütern, z. B. Maschinen, Werkzeugen, Lkw für ein Unternehmen *Anbieter:* Unternehmen *Nachfrager:* Unternehmen

Aufgaben

1. Nennen Sie Anbieter und Nachfrager auf den einzelnen Faktor- bzw. Gütermärkten.
2. Ein Einzelhändler aus Alfeld bestellt Ware bei seinem Großhändler in Hamburg. Die Ware wird drei Wochen später geliefert. Warum kann man davon sprechen, dass sich das Geschäft auf einem Markt abgespielt hat?

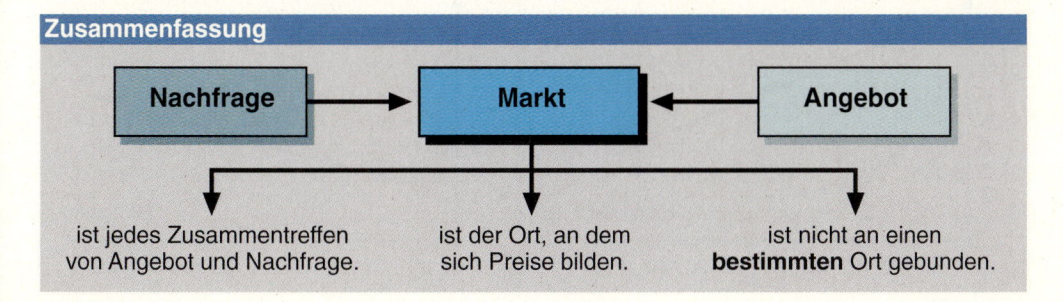

Zusammenfassung

Nachfrage → **Markt** ← **Angebot**

- ist jedes Zusammentreffen von Angebot und Nachfrage.
- ist der Ort, an dem sich Preise bilden.
- ist nicht an einen **bestimmten** Ort gebunden.

2.9 Preisbildung

Durchschnittliche Erzeugerpreise für Speisekartoffeln in €/100 kg (in Hannover)
(Sortengruppe 2 und 3)

2. Oktober 1992	6,90	7. Oktober 1998	5,32
9. März 1993	33,44	24. August 1999	18,97
4. September 1994	6,62	5. Oktober 2000	9,90
5. Oktober 1995	9,91	2. September 2001	5,47
2. September 1996	5,47	14. Oktober 2002	26,30
3. Oktober 1997	8,33		

Wie ist das Auf und Ab der Kartoffelpreise zu erklären?

Information

Preisbildung beim Polypol

Betrachtet werden soll ein Markt mit vielen Anbietern und vielen Nachfragern (= **vollständige Konkurrenz; Marktform des Polypols**).

Zwischen Anbietern und Nachfragern besteht ein Spannungsverhältnis. Die Anbieter wollen ihr Produkt möglichst teuer verkaufen (→ Gewinnmaximierung), die Nachfrager sind dagegen bestrebt, das Produkt möglichst billig zu erwerben (→ Nutzenmaximierung).

Die Preisbildung auf den einzelnen Märkten hängt sowohl vom Umfang des Angebots als auch von der Nachfrage ab.

Zur Verdeutlichung ist es notwendig, das Angebot des Unternehmens und die Nachfrage des privaten Haushaltes am Beispiel eines beliebigen Gutes näher zu betrachten:

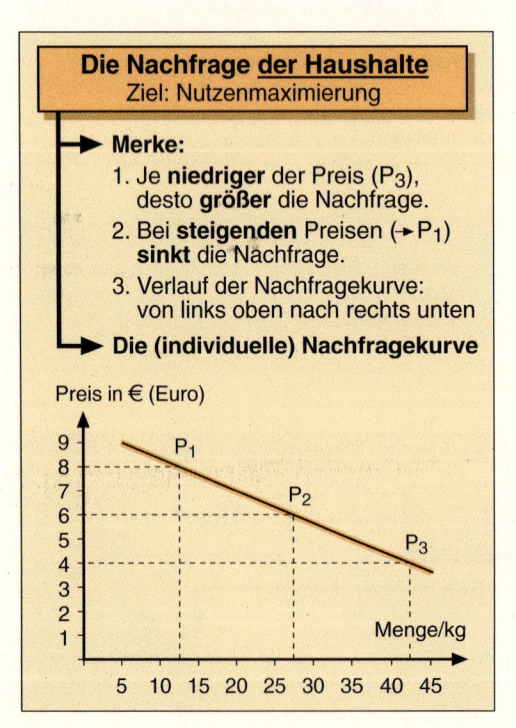

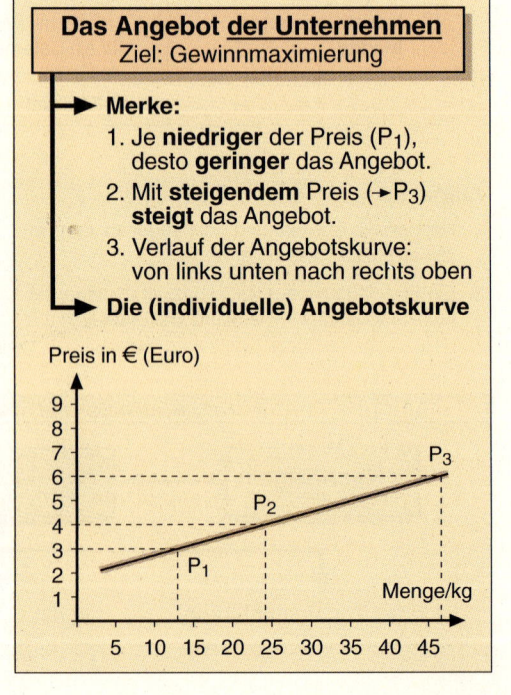

Die Nachfrage der Haushalte
Ziel: Nutzenmaximierung

▶ **Merke:**
1. Je **niedriger** der Preis (P_3), desto **größer** die Nachfrage.
2. Bei **steigenden** Preisen (→P_1) **sinkt** die Nachfrage.
3. Verlauf der Nachfragekurve: von links oben nach rechts unten

▶ **Die (individuelle) Nachfragekurve**

Das Angebot der Unternehmen
Ziel: Gewinnmaximierung

▶ **Merke:**
1. Je **niedriger** der Preis (P_1), desto **geringer** das Angebot.
2. Mit **steigendem** Preis (→P_3) **steigt** das Angebot.
3. Verlauf der Angebotskurve: von links unten nach rechts oben

▶ **Die (individuelle) Angebotskurve**

Überträgt man beide Kurven in ein Koordinatensystem, so ergibt sich die Entstehung des Gleichgewichtspreises wie folgt:

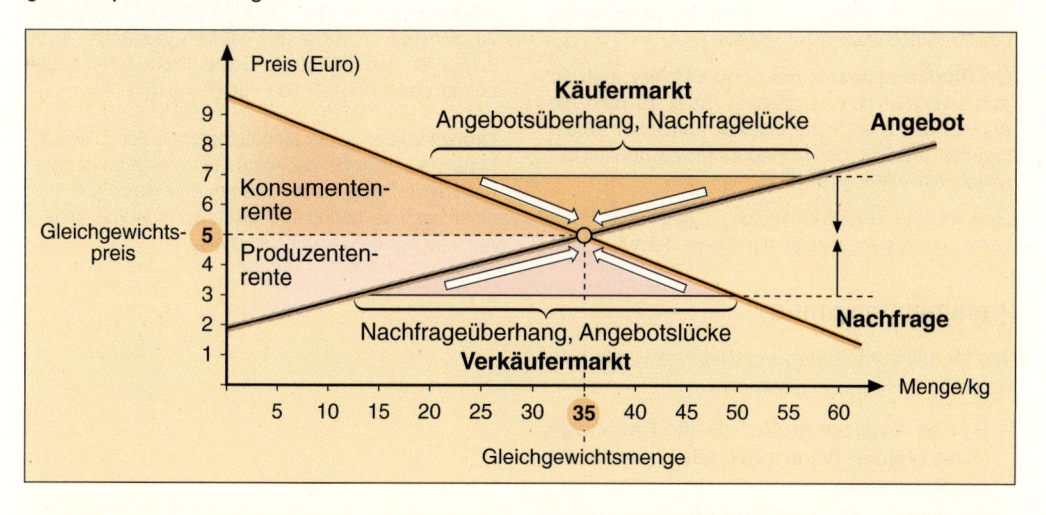

Preis €	Nachfrage Stück	Angebot Stück	Differenz Stück	möglicher Absatz/Stück	Marktlage
2,00	57	3	54	3	Nachfrageüberhang
3,00	50	12	38	12	(= Verkäufermarkt)
5,00	35	35	0	35	**Gleichgewichtspreis**
7,00	20	57	37	20	Angebotsüberhang
8,00	14	68	54	14	(= Käufermarkt)

Erklärung:

Beide Kurven schneiden sich bei einem Preis von 5,00 €/Stück. Bei diesem Preis werden 35 Stück des Gutes angeboten und 35 Stück des Gutes nachgefragt. Lediglich bei diesem Preis stimmen angebotene und nachgefragte Menge überein. Dieser Preis wird daher als **Gleichgewichtspreis** bezeichnet, die Menge nennt man **Gleichgewichtsmenge**.

Der Gleichgewichtspreis ergibt sich durch das Zusammentreffen von Angebot und Nachfrage auf diesem Konsumgütermarkt.

Bei einem Marktpreis von 7,00 € besteht ein Überangebot (Angebot 57 Stück/Nachfrage 20 Stück), die Anbieter können nicht sämtliche Güter absetzen, sie müssen den Preis senken **(= Käufermarkt)**.

Der Marktpreis von 3,00 € hingegen erscheint den Nachfragern so günstig, dass sie 50 Stück erwerben möchten, die Anbieter aber nur 12 Stück anbieten; der Preis wird steigen **(= Verkäufermarkt)**.

In beiden Fällen herrscht kein Gleichgewicht. Die Pfeile verdeutlichen, wie sich in einem ständigen Anpassungsprozess der Preis dem Gleichgewichtspreis nähert.

Alle Anbieter, die bereit sind zum **Gleichgewichtspreis** zu verkaufen, können ihr gesamtes Angebot absetzen. Alle Nachfrager, die bereit sind zum **Gleichgewichtspreis** zu kaufen, können ihre gesamten Wünsche realisieren.

Vom Marktgeschehen ausgeschlossen sind daher all jene Anbieter, die einen höheren Marktpreis erzielen und sämtliche Nachfrager, die ihren Nutzen mittels eines niedrigeren Marktpreises maximieren wollen.

Die **Konsumentenrente** macht die Differenz aus, die sich zwischen dem höheren Betrag, den ein Nachfrager zu zahlen bereit ist, und dem tatsächlichen Marktpreis multipliziert mit der nachgefragten Menge ergibt.

Beispiel: Die Grotex GmbH ist bereit, für einen Jogginganzug der Marke TerraX 180,00 € zu zahlen. Das Unternehmen bestellt 90 Stück und kann letztlich einen Kaufvertrag zum Stückpreis von 155,00 € pro Anzug abschließen. Damit hat es eine Konsumentenrente in Höhe von 2.250,00 € erzielt (25,00 € · 90 Stück).

Grenznachfrager ist der Marktteilnehmer, dessen Konsumentenrente Null beträgt. Der Betrag, den dieser Nachfrager höchstens zu zahlen bereit ist, entspricht dem Marktpreis. Eine noch so geringfügige Erhöhung des Marktpreises hätte ein Ausscheiden des Grenznachfragers zur Folge.

Die **Produzentenrente** macht die Differenz aus, die sich zwischen dem niedrigsten Preis, zu dem ein Anbieter ein bestimmtes Gut noch anbieten würde, und dem tatsächlichen Marktpreis multipliziert mit der angebotenen Menge ergibt.

Beispiel: Die Textilgroßhandlung Grotex GmbH ist bereit, 30 Jogginganzüge der Marke TerraX an die Einzelhändlerin Stephanie Tankink e. Kfr. zum Stückpreis von 210,00 € abzugeben. Der Marktpreis, zu dem der Großhändler letztlich ausliefert, liegt schließlich bei 237,00 €. Seine Produzentenrente beträgt demzufolge 27,00 € · 30 St. = 810,00 €.

Grenzanbieter ist der Marktteilnehmer, der zu einem Marktpreis anbietet, der seine Gesamtkosten gerade noch deckt. Seine Produzentenrente ist gleich Null. Bei einer noch so geringen Preissenkung würde er als Anbieter aus dem Markt ausscheiden.

Preismechanismus

Das Modell zur Bildung des Gleichgewichts zeigt folgende *Gesetzmäßigkeiten*:

1. **Ist das Angebot größer als die Nachfrage, dann bleiben Warenrückstände am Markt, der Preis sinkt.**

   Beispiel

   Aufgrund des milden Klimas reifen große Mengen an Birnen. Das Angebot ist hoch, die Preise sinken.

2. **Änderung der Angebotssituation**

   Erhöhen andererseits die Unternehmen ihr Angebot *bei gleich bleibender Nachfrage*, **verschiebt sich die Angebotskurve nach rechts.** Gründe können z. B. sein, dass die Gewinnerwartungen steigen, dass eine modernere Technik eingeführt wird oder dass die Preise der Produktionsfaktoren sinken. In dem neuen Gleichgewicht ist der Preis gesunken ($p_0 \rightarrow p_1$), die abgesetzte Menge hat zugenommen ($m_0 \rightarrow m_1$). Verringert sich das Angebot, verschiebt sich die Angebotskurve nach links:
   Der Preis steigt, die Menge geht zurück (p_2/m_2).

3. **Ist die Nachfrage größer als das Angebot, dann bleibt ungedeckte Nachfrage, der Preis steigt.**

   Beispiel

   Wegen der kalten Witterung ist das Angebot an Spargel nur gering. Wollen nun vor Pfingsten, wie das erfahrungsgemäß der Fall ist, viele Menschen Spargel essen, dann steigt aufgrund des knapp gewordenen Angebots der Preis. (Der Markt wird geräumt, bevor die Nachfrage gedeckt ist.)

4. **Änderung der Nachfragesituation**

   Gesetzt den Fall, die Nachfrage steigt *bei gleich bleibendem Angebot*, dann **verschiebt sich die Nachfragekurve nach rechts**, es entsteht ein neuer Gleichgewichtspreis p_1.

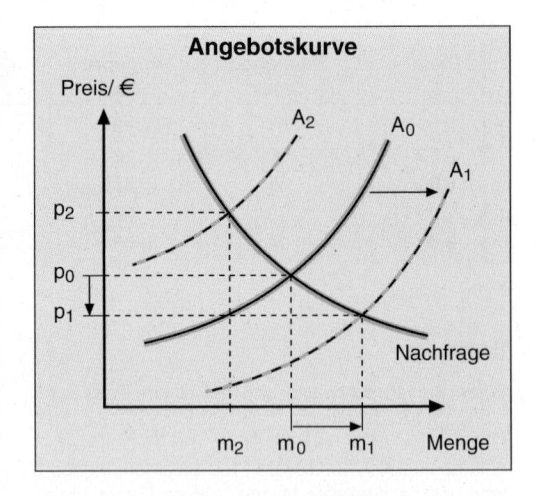

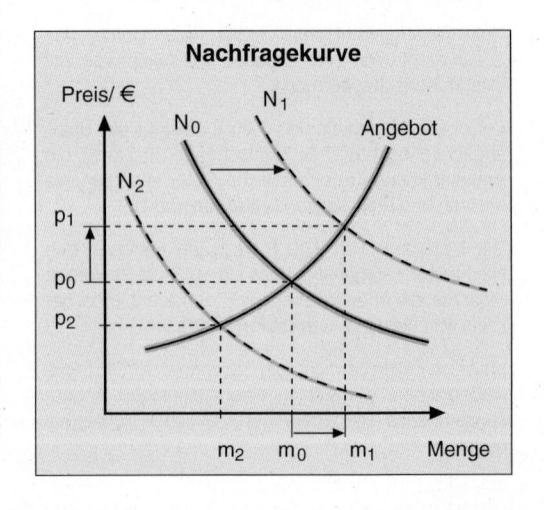

Bei diesem höheren Preis wird mehr abgesetzt (m1).

Bei einem Nachfragerückgang erfolgt die Verschiebung der Nachfragekurve nach links: Der Preis sinkt, die Menge geht zurück (p2/m2).

Gründe für die Nachfragesteigerung können beispielsweise sein: höheres Einkommen, Änderung der Bedarfsstruktur oder die Preise anderer Güter.

5. **Entsprechen sich Angebot und Nachfrage beim Gleichgewichtspreis, dann wird der Markt geräumt.**

Zu diesem Preis ist die Mehrzahl der Anbieter und Nachfrager zu einem Geschäftsabschluss bereit. Es wird die größtmögliche Gütermenge umgesetzt.

Wichtig ist zu unterscheiden zwischen einer Bewegung

- **auf (entlang) der Kurve**. Dies geschieht auf die Fragestellung: „Wie ändert sich die nachgefragte Menge *bei Änderung des Preises des Gutes*?" (Stichwort: Gütermenge)
- **der gesamten Kurve (Verschiebung)**. Diese Verschiebungen sind abhängig von bestimmten Einflussgrößen, denen die Marktteilnehmer bei ihren Entscheidungen unterliegen.

Bestimmungsgründe für Verhaltensänderungen

Welche Größen bestimmen das Verhalten der	
Nachfrager?	**Anbieter?**
• Preis des angebotenen Gutes • Preise anderer Güter • verfügbares Einkommen (Kaufkraft) der Haushalte • Erwartungen über die zukünftige wirtschaftliche Entwicklung • Art der Bedürfnisse und ihrer Dringlichkeit (abhängig von Geschlecht, Alter, Beruf, gesellschaftlichem Umfeld, Ausstattung mit Gütern, Einkommen usw.) • Anzahl der Nachfrager	• Preis des angebotenen Gutes • Gewinnerwartung • Kosten der Produktionsfaktoren (z. B. Arbeitskosten, Kapitalkosten) • Preise anderer Güter • Unternehmensziele (z. B. Gewinnmaximierung, Existenzerhaltung, Vergrößerung des Marktanteils) • Stand der technischen Entwicklung • Wettbewerbssituation • Einschätzung der zukünftigen wirtschaftl. Entwicklung
Ausgewählte Beispiele:	
• Steigen die Preise für Rindfleisch, so nimmt die Nachfrage nach Schweinefleisch zu (die von Rindfleisch ab). • Steigt der Preis von Schuhen, so nimmt unter Umständen nicht nur die Nachfrage nach Schuhen ab, sondern auch die Nachfrage nach Schuhputzmitteln. • Bei niedrigem (hohem) Einkommen wird eine kleine (größere) Menge des Gutes nachgefragt. • Obwohl die Eintrittskarten für ein Popkonzert regulär 20,00 € kosten, ist Kathy bereit den Schwarzmarktpreis von 45,00 € zu bezahlen. • Der sehr durstige Tim bezahlt im Fußballstadion für eine Dose Fanta 1,50 €, obwohl er sie zu Hause für 0,45 € bekommen könnte.	• Technischer Fortschritt senkt die Kosten der Produktion; dies kann zu sinkenden Preisen führen. • Steigende Preise der Produktionsfaktoren, z. B. für Zinsen, führen zu steigenden Kosten und eventuell zu einer Verringerung des Angebots. • Steigt der Preis für Benzin ständig an, wird verstärkt über die Herstellung Benzin sparender Modelle nachgedacht. • Tritt ein neuer Anbieter auf dem Markt auf, werden sich die Altanbieter mittels Preissenkungen wehren.

Angebotsfunktion	Ursachen für Verschiebungen der Angebots- bzw. Nachfragefunktion	Nachfragefunktion
positiv	• Erwartungen über die zukünftige wirtschaftliche Entwicklung	negativ
angebotserhöhend	• Veränderungen der Unternehmensziele	- -
- -	• Haushaltseinkommen	sinkt
sinken	• Kosten der Produktionsfaktoren	- -
- -	• Wertschätzung des Gutes	sinkt
steigt	• Preis eines Substitutionsgutes	sinkt
sinkt	• Preis eines Komplementärgutes	steigt
steigt	• Zahl der Anbieter bzw. Nachfrager	sinkt

⇓   ⇓

Erhöhung des Angebots   **Senkung der Nachfrage**
Verschiebung nach rechts   Verschiebung nach links
[$A_0 \rightarrow A_1$]   [$N_1 \leftarrow N_0$]

⇓   ⇓

Es entsteht ein neuer Gleichgewichtspreis, der **unter** dem ursprünglichen Preis liegt!

Nachfrageverhalten bei Veränderung der Preise anderer Güter

Der Preis eines nachgefragten Gutes wird sich entsprechend verändern, wenn der Preis eines anderen Gutes sich verändert, das zu dem betrachteten Gut in gewisser Abhängigkeit steht.

Die Preisveränderung ist dabei abhängig von der Art des anderen Gutes. Betrachtet werden sollen in diesem Zusammenhang die dem untersuchten Gut zugehörigen Substitutions- und Komplementärgüter.

Substitutionsgüter können sich aufgrund des gleichen Nutzens bzw. Ertrags gegenseitig ersetzen. Da sie bei der Bedürfnisbefriedigung alternativ nachgefragt werden, stehen sie aus der Sicht der Nachfrager in Konkurrenz zueinander.

Komplementärgüter ergänzen sich und werden nur zusammen nachgefragt bzw. nur gemeinsam mit anderen Gütern genutzt. Die Nachfrage nach einem Gut beeinflusst direkt die Nachfrage nach dem Komplementärgut.

- **Substitutionsgüter:** [Butter/Margarine], [Öl/Gas], [Blech/Kunststoff], [Zucker/Süßstoff], [Reis/Nudeln], [Kaffee/Tee], [Rindfleisch/Schweinefleisch]

Preiserhöhungen bei Butter führen zu einer Erhöhung des Margarineabsatzes, wenn die Margarinepreise nicht gleichzeitig angehoben werden.
Die Haushalte substituieren demnach Butter gegen Margarine. Man spricht in diesem Fall von **Kreuzpreiselastizität**.

Bei ansteigenden Personalkosten wird der Produktionsfaktor Arbeit zunehmend durch den Produktionsfaktor Kapital (z. B. Maschinen) ersetzt (substituiert).

- **Komplementärgüter:** [Automobil/Benzin], [CD-ROM/Computer], [Pfeife/Tabak], [Fotoapparat/Film], [Kaffeemaschine/Filterpapier], [Kugelschreiber/Mine]

Steigt der Preis für Computer, dann hat das eine Nachfragesenkung bei PCs zur Folge; gleichzeitig werden auch weniger CDs nachgefragt.

Steigt der Preis für Fotoapparate, werden die Anbieter von Filmen mit einer sinkenden Nachfrage nach Fotoapparten rechnen und ihr Angebot an Filmen ebenfalls reduzieren.

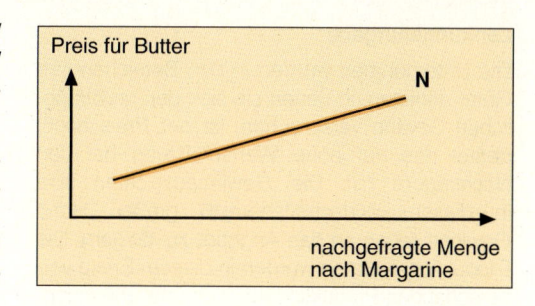

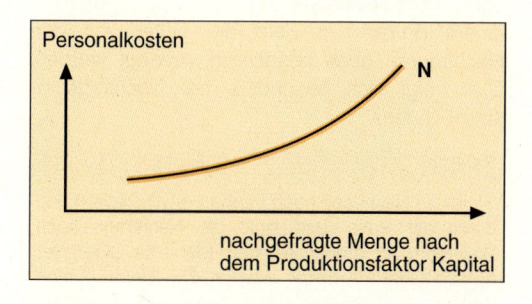

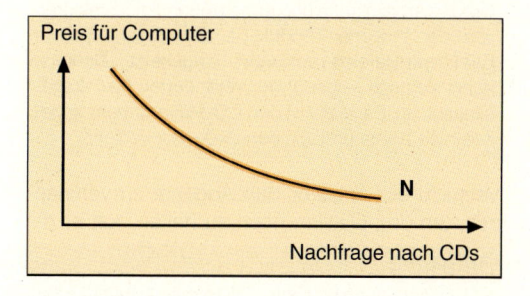

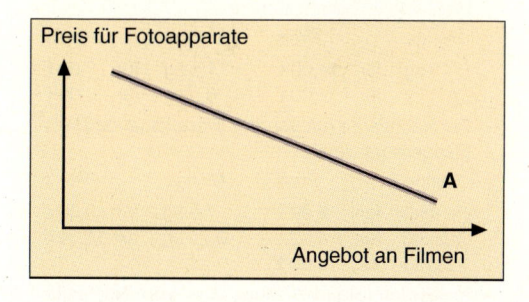

Aufgaben (Funktionen) des Gleichgewichtspreises

Bei polypolistischer Konkurrenz (Modell) hat der Preis folgende Aufgaben:

Informationsaufgabe (Signalfunktion)

Der Preis eines Gutes steigt, wenn a) die Nachfrage bei gleich bleibendem Angebot steigt oder b) sich das Angebot bei gleich bleibender Nachfrage verknappt hat. Lässt z. B. das Interesse der Nachfrager nach einem Gut nach, sinkt dessen Preis. Der Preis zeigt den Marktteilnehmern demzufolge an, wie dringlich der Bedarf einzuschätzen bzw. wie knapp das Gut ist. Ändert sich der Preis, deutet das auf eine veränderte Güterknappheit hin. Damit wird es den Anbietern und Nachfragern ermöglicht, sich möglichst schnell an die veränderte Situation anzupassen. Aus diesem Grund spricht man auch von *Signalfunktion* des Preises.

Lenkungsaufgabe

Die Unternehmen werden in den Bereichen ihre Güter anbieten, in denen sie sich den größtmöglichen Gewinn versprechen. Ist der Preis hoch, deutet das auf hohe Wertschätzung bei den Nachfragern hin. Die Gewinnaussichten sind in diesem Wirtschaftsbereich größer. Hohe Gewinne regen an das Angebot zu steigern. Die Produktionsfaktoren werden in diesem Erfolg versprechenden Produktionsbereich verstärkt eingesetzt (Produktionslenkung durch den Preis), in einem Bereich, in dem die Güter von den Nachfragern auch tatsächlich verlangt werden. Dies zeigt sich besonders bei Nachfrageverschiebungen.

Beispiel

Steigt die Nachfrage nach tragbaren CD-Playern und damit der Preis (und sinkt die Nachfrage nach Walkmen), so können auf dem Markt für CD-Player höhere Gewinne erzielt werden. Die Unternehmen werden die Produktion von CD-Playern erhöhen. Es werden Arbeitskräfte und andere Produktionsfaktoren von der Walkmen-Produktion abgezogen und im CD-Player-Bereich vermehrt eingesetzt. Dadurch passt sich das Angebot der veränderten Nachfragesituation an. Es wird von den CD-Playern mehr angeboten als bisher und von den Walkmen weniger.

Versucht ein Anbieter das Angebot zu verknappen, um den Gewinn hoch zu halten, ruft er die Konkurrenz auf den Plan. Andere werden in die Lücke springen, die Preise lassen sich nicht mehr halten.

Ausgleichsaufgabe (Markträumungsfunktion)

Der Gleichgewichtspreis räumt den Markt. In dieser Situation besteht ein Gleichgewicht zwischen Angebot und Nachfrage. Sämtliche Marktteilnehmer sind zufrieden: Alle von den Anbietern angebotenen Güter werden von den Nachfragern restlos aufgekauft.

Weniger kaufkräftige Nachfrager und nicht konkurrenzfähige Anbieter werden bei dem zustande gekommenen Gleichgewichtspreis vom Markt fern gehalten. Insofern sind Ausgleichs- und Ausleseaufgabe eng verknüpft.

Ausleseaufgabe (Selektionsfunktion)

Nicht wettbewerbsfähig ist ein Anbieter, der mit überhöhten Kosten arbeitet. Er müsste, um wirtschaftlich, d. h. kostendeckend, zu arbeiten, seinen Preis heraufsetzen. Die Folge: Der Anbieter wird vom Markt gedrängt, da er zur Kostendeckung zu hohe Preise verlangt. Auf diese Weise bewirkt die Auslesefunktion des Preises, dass sich die jeweils kostengünstigere Produktionstechnik durchsetzt.

Auf der Seite der Nachfrager wird derjenige vom Markt verdrängt, der zum Gleichgewichtspreis nicht mehr zahlungsfähig oder zahlungswillig ist.

Aufgaben

1. Ein Anbieter bietet seine Ware mit nachstehender Preis-/Mengenvorstellung an:

Menge	Preis	Menge	Preis
3 kg	für 14,00 €	1,5 kg	für 9,00 €
1 kg	für 7,00 €	0,5 kg	für 3,00 €

   Ein Nachfrager hat von der Ware folgende Preis-/Mengenvorstellung:

Menge	Preis	Menge	Preis
4 kg	für 2,00 €	1,5 kg	für 9,00 €
3,25 kg	für 4,00 €	0,75 kg	für 11,00 €
2,5 kg	für 6,00 €		

   a) Stellen Sie den Angebots- und Nachfrageverlauf zeichnerisch dar.
   b) Deuten Sie den Schnittpunkt der beiden Kurven.

2. Der Absatz von Frischkartoffeln geht zurück. Das könne mit der Qualität zusammenhängen, sagt die Ernährungsreferentin. Verzehrte 1997/98 der Bundesbürger pro Kopf und Jahr noch etwa 80,5 Kilogramm Kartoffeln, so waren es 2000/01 nach Angaben der Verbraucherzentrale im Durchschnitt acht Kilogramm weniger.

   a) Stellen Sie fest, ob ein Käufer- oder Verkäufermarkt vorliegt. Begründen Sie Ihr Ergebnis.
   b) Warum könnte sich der Preis verändern, wenn die Anbieter von Kartoffeln wieder qualitativ höherwertige Ware anbieten würden?

3. a) Beschreiben Sie das Nachfrageverhalten, das in den beiden unten abgebildeten Kurven zum Ausdruck kommt.
   b) Worauf ist der unterschiedliche Verlauf der dargestellten Nachfragekurven zurückzuführen?

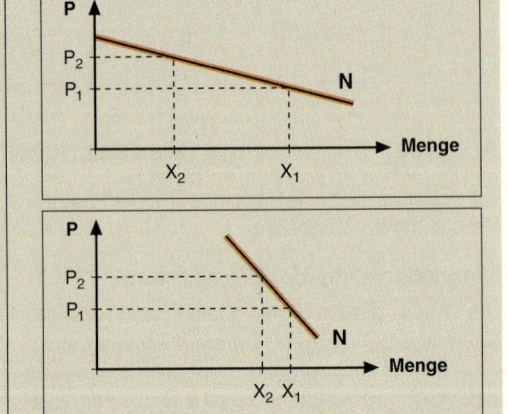

4. Welche Änderung erfolgt beim Preis?
   a) Konstante Nachfrage → Angebot wird größer → Preis?
   b) Konstantes Angebot → Nachfrage wird kleiner → Preis?
   c) Konstante Nachfrage → Angebot wird kleiner → Preis?
   d) Konstantes Angebot → Nachfrage wird größer → Preis?

5. Was verstehen Sie unter der „Markträumungsaufgabe" des Gleichgewichtspreises?

6. Auf dem Urlaubsmarkt übersteigt die Nachfrage nach Amerika-Reisen das Angebot beträchtlich. Erklären Sie in diesem Fall die verschiedenen Aufgaben des Preises.

7. Beschreiben Sie, wie der Preis die Produktionsfaktoren lenkt.

8. In welche Richtung verändert sich
   a) die Nachfrage nach Videokassetten, wenn die Preise für Videorekorder fallen?
      Welche Preisänderung folgt daraufhin bei Videokassetten, wenn das Angebot gleich bleibt?
   b) das Angebot für Computer-Wörterbücher, wenn aufgrund der technischen Entwicklung sehr große Stückzahlen hergestellt werden können?
      Welche Preisänderung ergibt sich, wenn die Nachfrage zunächst konstant bleibt?
   Stellen Sie die Situationen aus den Fällen a) und b) grafisch dar.

9. Welche Ursachen führen zu einer Linksverschiebung der Nachfrage- bzw. der Angebotskurve?

10. Nennen Sie jeweils vier Bestimmungsgrößen, die sich auf das Angebots- bzw. Nachfrageverhalten auswirken.

11. Was verstehen Sie unter
    a) Konsumentenrente,
    b) Grenznachfrager,
    c) Produzentenrente,
    d) Grenzanbieter?

12. Es gilt zu unterscheiden zwischen einer Bewegung
    → **auf der Kurve:**
       a) Bewegung auf der Nachfragekurve nach oben
       b) Bewegung auf der Nachfragekurve nach unten
       c) Bewegung auf der Angebotskurve nach oben
       d) Bewegung auf der Angebotskurve nach unten

    → **der gesamten Kurve:**
       e) Verschiebung der Nachfragekurve nach links
       f) Verschiebung der Nachfragekurve nach rechts
       g) Verschiebung der Angebotskurve nach links
       h) Verschiebung der Angebotskurve nach rechts

    Ordnen Sie die Auswirkungen a) bis h) den folgenden Ursachen 1) bis 13) zu.

    Ursachen:
    1) Der Preis des angebotenen Konsumgutes sinkt.
    2) Das verfügbare Einkommen der Haushalte steigt.
    3) Die Währung des Importlandes ist gegenüber dem € um 5,4 % abgewertet worden.
    4) Der Preis eines Substitutionsgutes steigt.
    5) Aufgrund der gestiegenen Mineralölsteuer geben die Haushalte weniger Geld für den Komsum aus.
    6) Die Preise für komplementäre Güter sinken.
    7) Aufgrund anziehender Preise wird das Angebot vergrößert.
    8) Wegen der drastisch gestiegenen Benzinpreise müssen die Anbieter erheblich höhere Bezugskosten zahlen.
    9) Die Bedarfsstruktur ändert sich zugunsten eines anderen angebotenen Gutes.
    10) Die Erwartungen über die zukünftige Entwicklung der Wirtschaft sind negativ.
    11) Aufgrund neuer Technologien konnte die Produktivität deutlich erhöht und die Angebotspreise dementsprechend gesenkt werden.
    12) Die Wertschätzung eines Gutes steigt bei den Verbrauchern.
    13) Aufgrund der jüngsten Steuerreform geben die Haushalte merklich mehr Geld für den Konsum aus.

13. Legen Sie bei der Beantwortung der nachfolgenden Fragen die unten stehende Abbildung zugrunde.

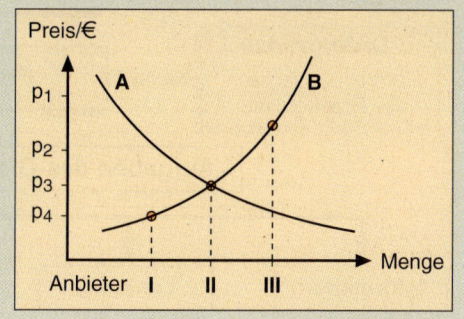

a) Durch welche Kurve (A oder B) wird das Verhalten der Anbieter wiedergegeben?
b) Welcher Anbieter (I/II/III) wird durch den Gleichgewichtspreis vom Markt verdrängt?
c) Welcher Anbieter wird beim vorhandenen Gleichgewichtspreis eine Produzentenrente erzielen?
d) Welcher der Anbieter I, II und III wird als Grenzanbieter bezeichnet?
e) Bei welchem Preis (p1, p2, p3, p4) kann die größtmögliche Warenmenge umgesetzt werden?
f) Bezeichnen Sie den Gleichgewichtspreis.
g) Zeichnen Sie in das Koordinatensystem die Nachfragelücke ein.
h) Bei welcher Preissituation bietet Anbieter I an?
i) Bei welcher Preissituation findet Umsatz statt und die angebotene Menge ist kleiner als die nachgefragte?

14. Welche Art der Nachfrageelastizität liegt bei den folgenden Beispielen vor?
a) Aufgrund einer Preissenkung um 0,50 € auf 3,00 € steigt die Nachfrage von 600 auf 730 Stück an.
b) Nachfrager sind gewillt ein angebotenes Gut zu einem bestimmten Preis in jeder erhältlichen Menge zu kaufen.
c) Die Nachfrage nach einem Gut bleibt konstant, obwohl sich der Preis von 15,00 € auf 12,00 € reduziert hat.
d) Die Nachfrager nach Mietwohnungen bis zu 80 m^2 reagieren auf eine durchschnittliche Erhöhung des Quadratmeterpreises um 15 % nur sehr begrenzt.
e) Der Tagesumsatz eines Gutes beträgt 560 kg bei einem Preis von 12,00 €. Bei einem Preis von 14,04 € geht die verkaufte Menge auf 495 kg zurück.

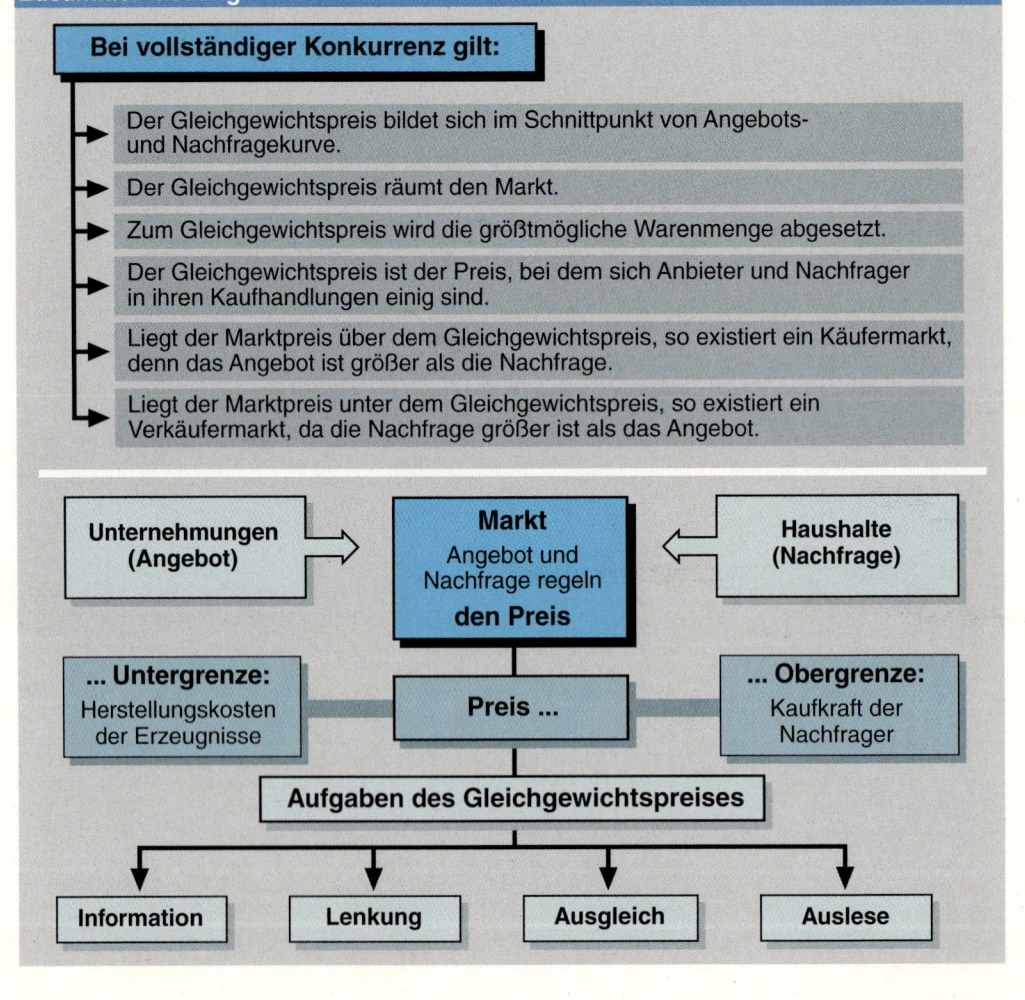

Zusammenfassung

Bei vollständiger Konkurrenz gilt:

- Der Gleichgewichtspreis bildet sich im Schnittpunkt von Angebots- und Nachfragekurve.
- Der Gleichgewichtspreis räumt den Markt.
- Zum Gleichgewichtspreis wird die größtmögliche Warenmenge abgesetzt.
- Der Gleichgewichtspreis ist der Preis, bei dem sich Anbieter und Nachfrager in ihren Kaufhandlungen einig sind.
- Liegt der Marktpreis über dem Gleichgewichtspreis, so existiert ein Käufermarkt, denn das Angebot ist größer als die Nachfrage.
- Liegt der Marktpreis unter dem Gleichgewichtspreis, so existiert ein Verkäufermarkt, da die Nachfrage größer ist als das Angebot.

Unternehmungen (Angebot) → **Markt – Angebot und Nachfrage regeln den Preis** ← **Haushalte (Nachfrage)**

... Untergrenze: Herstellungskosten der Erzeugnisse

Preis ...

... Obergrenze: Kaufkraft der Nachfrager

Aufgaben des Gleichgewichtspreises

- Information
- Lenkung
- Ausgleich
- Auslese

Zusammenfassung

Marktgesetze

1. Ist die Nachfrage größer als das Angebot **(Nachfrageüberhang),** steigt der Marktpreis.

   Beispiel: Aufgrund seiner spektakulären Erfolge wird ein junger Tennisspieler zum Idol. Daraufhin steigt die Nachfrage nach der Marke seines Tennisschlägers ➡ der Hersteller kommt mit der Produktion nicht nach ➡ der Preis steigt (≙ **Verkäufermarkt).**

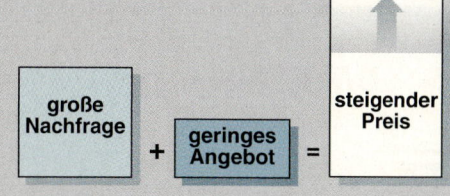

   große Nachfrage + **geringes Angebot** = **steigender Preis**

2. Ist das Angebot größer als die Nachfrage **(Angebotsüberhang),** sinkt der Marktpreis.

   Beispiel: Aufgrund des sehr milden Winters sind die Läger der Textilunternehmen mit Wintergarderobe voll. Das Angebot übersteigt die Nachfrage ➡ die Preise sinken (≙ **Käufermarkt).**

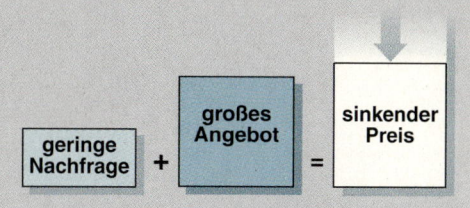

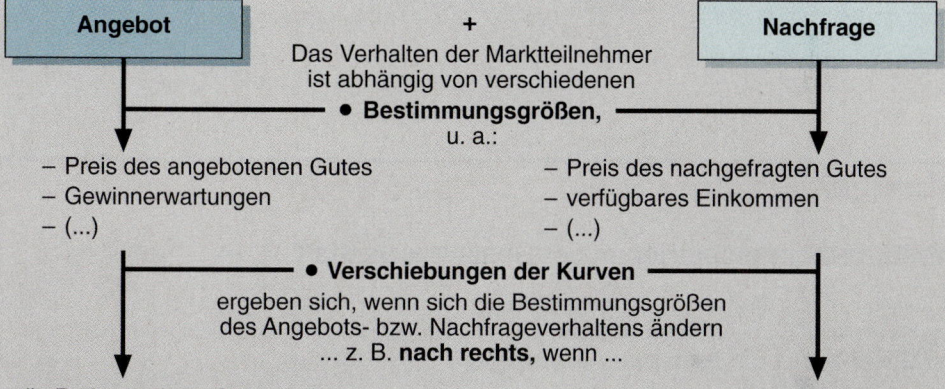

   geringe Nachfrage + **großes Angebot** = **sinkender Preis**

Angebot + **Nachfrage**

Das Verhalten der Marktteilnehmer ist abhängig von verschiedenen
- **Bestimmungsgrößen,**
  u. a.:

- Preis des angebotenen Gutes
- Gewinnerwartungen
- (...)

- Preis des nachgefragten Gutes
- verfügbares Einkommen
- (...)

- **Verschiebungen der Kurven**

ergeben sich, wenn sich die Bestimmungsgrößen des Angebots- bzw. Nachfrageverhaltens ändern
... z. B. **nach rechts,** wenn ...

- die Preise anderer Güter sinken
- die Produktionsfaktoren preisgünstiger werden
- moderne Technologie eingesetzt wird
- die Gewinnerwartungen steigen

- die Preise für ähnliche Güter steigen oder für ergänzende Güter sinken
- die Bedarfsstruktur sich zugunsten des Gutes ändert
- das kaufkräftige Einkommen steigt

(Die Angebots- bzw. Nachfragekurve **verschiebt sich nach links,** wenn sich z. B. das Angebot verringert bzw. die Nachfrage zurückgeht.)

3 Aufgabe und Struktur des Einzelhandels

3.1 Stellung und Aufgaben des Einzelhandels

Aussagen von Kunden eines Warenhauses

WARENHAUS

- ICH WEISS OFT NICHT, WAS ICH KOCHEN SOLL. IM LADEN BEKOMME ICH ANREGUNGEN.
- ICH KANN NICHTS LAGERN. DA IST ES GUT, EIN GESCHÄFT MIT SOLCH EINEM ANGEBOT IN DER NÄHE ZU HABEN. DAS IST DANN MEIN LAGER.
- HIER BEKOMME ICH IMMER FRISCHE WARE.
- ICH BEKOMME HIER FAST ALLES, WAS ICH TÄGLICH SO BRAUCHE: LEBENSMITTEL, KOSMETIKA UND ALLE DIE KLEINEN DINGE...
- ICH BIN ALLEINSTEHEND UND BRAUCHE IMMER NUR KLEINE MENGEN.
- ICH GEHE ZWISCHENDURCH GERNE MAL IN DIE CAFETERIA.

aus: Arbeit = Wirtschaft 8, Schroedel Verlag, Hannover

Mitunter wird behauptet, der Handel verteuere die Waren unnötig und sei deshalb überflüssig.

Welche Nachteile würden sich für Sie als Verbraucher ergeben, wenn es den Einzelhandel nicht gäbe?

Information

Der Einzelhandelsbetrieb in der Gesamtwirtschaft

Im Gegensatz zum **direkten Absatzweg** (Bezug vom Hersteller, z. B. bei Autos oder Blumen, Eiern und Gemüse) tritt beim **indirekten Absatzweg** zwischen Herstellung und Verbrauch der Handel, der dem Hersteller viele Aufgaben abnimmt.

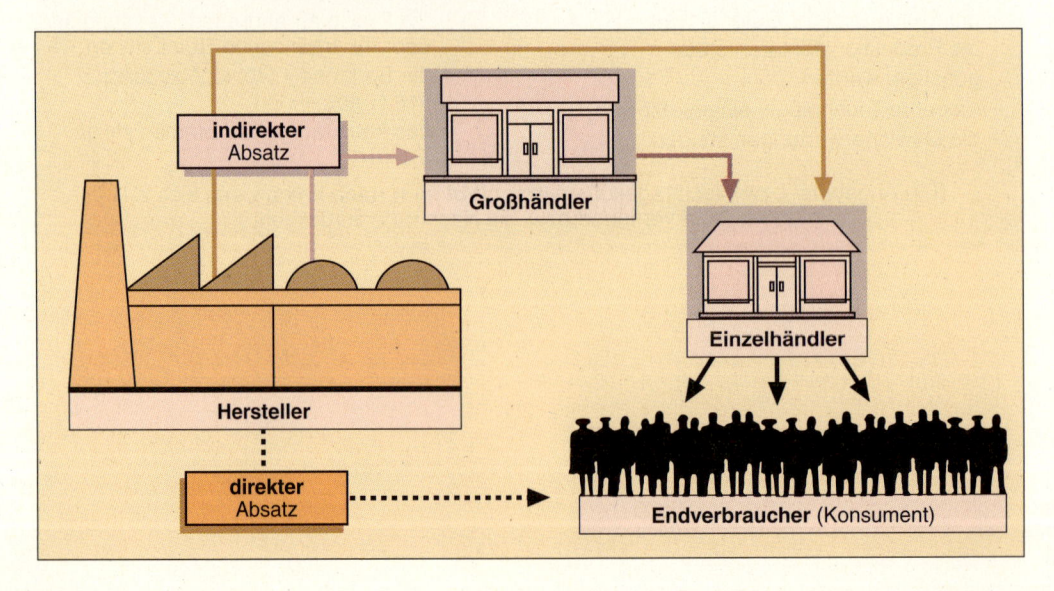

[Diagramm: Hersteller → indirekter Absatz → Großhändler → Einzelhändler → Endverbraucher (Konsument); Hersteller → direkter Absatz → Endverbraucher (Konsument)]

Als wichtiges Bindeglied in der Absatzkette verkauft der Einzelhandel Waren, die er in großen bis mittleren Mengen beim Großhandel oder Hersteller einkauft, unmittelbar an den Endverbraucher weiter.

Wichtigste Aufgabe des Einzelhandels ist also die Nahversorgung der Bevölkerung mit Waren. Darin besteht auch seine volkswirtschaftliche Bedeutung, denn

– der Verbraucher kann nicht sämtliche Waren direkt beim Hersteller beziehen und

– der Hersteller kann nicht sämtliche Waren direkt absetzen.

Der Einzelhandelsbetrieb hält in seinen Verkaufsräumen jederzeit ein qualitativ abgestuftes und dem Bedarf angepasstes Warensortiment bereit, berät die Kunden bei der Auswahl und erbringt vielfach zusätzliche Dienstleistungen, wie Warenanlieferung, Installation, Wartung, Änderung, Reparatur und Ersatzteilhaltung.

Die Aufgaben des Einzelhandels

Der Einzelhandel liefert als letztes Glied der Handelskette die Waren an den Endverbraucher (Haushalte und kleine Unternehmen, wie z. B. Handwerksbetriebe). Dabei erfüllt er folgende Aufgaben:

Raumüberbrückung

Der Einzelhändler nimmt – zusammen mit dem Großhändler – dem Hersteller die Aufgabe ab, die Waren an den Endverbraucher abzusetzen. Er bringt die betreffende Ware unmittelbar an den Wohnort des Verbrauchers.

> **Beispiele**
> – Kabeljau direkt von der Küste nach Hannover;
> – Käse und Wein aus Frankreich;
> – Bananen und Kaffee aus Südamerika;
> – Aprikosen aus Griechenland;
> – Tomaten aus Holland.

Sortimentsbildung

(Sortiment = Die Gesamtheit der in einem Geschäft regelmäßig zum Verkauf angebotenen Waren)

Aus den vielfältigen Angeboten der Lieferanten (z. B. Großhandel und Industrie) wählt der Einzelhändler für seine Kunden die entsprechenden Artikel aus und stellt ein bedarfsgerechtes Angebot zusammen. Die Kunden finden daher beim Einzelhändler eine Vielzahl von Waren, die sich nach Art, Güte und Ausführung unterscheiden. Der Einzelhändler führt aber auch gleiche Waren verschiedener Hersteller. Die Kunden haben die Möglichkeit, die Angebote zu vergleichen und zu prüfen.

Der Einzelhändler ist bestrebt, alle Kundenprobleme zu lösen. Er ist daher nicht produktorientiert, sondern verwendungs- und problemorientiert. Dabei besteht die Gefahr, dass zu viele Waren in das Sortiment aufgenommen werden.

Lagerhaltung

Um ständig verkaufsbereit zu sein, muss der Einzelhändler bestimmte Warenmengen vorrätig haben. Die ständige Vorratshaltung macht es möglich, dass jeder Bedarf der Kunden jederzeit gedeckt werden kann, insbesondere bei Waren, bei denen Herstellung und Verwendung zeitlich nicht übereinstimmen.

> **Beispiele**
> – Der Verbrauch von Honig erfolgt das ganze Jahr über, obwohl er nur zu einer bestimmten Jahreszeit gewonnen werden kann.
> Oder umgekehrt:
> – Die Herstellung von z. B. CD-Playern oder Mikrowellenherden erfolgt gleichmäßig das ganze Jahr über, obwohl der Bedarf Schwankungen unterliegt.

In beiden Fällen überbrückt der Einzelhändler die Zeit zwischen Herstellung und Verbrauch durch Lagerung.

Der zeitliche Ausgleich ist auch dann erforderlich, wenn Herstellung und Verwendung gleichmäßig erfolgen, z. B. bei Papier.

Das Lager vermindert auch Preisschwankungen, indem es in Zeiten geringerer Nachfrage und in Zeiten großer Nachfrage als preisausgleichendes Vorratslager dient.

Kundenberatung

Der Einzelhandelsbetrieb vergrößert durch persönliche Beratung die Marktübersicht, die dem Kunden bei der Vielzahl der angebotenen Waren fehlt, und erleichtert ihm dadurch die Kaufentscheidung.

Beratung ist unerlässlich beim Verkauf z. B. von komplizierten technischen Geräten, wie Personalcomputern, Autofocus-Kameras u. Ä. m.

Fachgerechte Beratung und Information über Beschaffenheit, Pflege und Bedienung tragen zur Umsatzsteigerung bei.

Warenverteilung

Der Einzelhändler kauft Waren in großen bis mittleren Mengen ein und verkauft sie in kleinen haushaltsgerechten Mengen an die Verbraucher (= distributiver [verteilender] Handel).

Kundendienst

Der Kundendienst macht häufig den Verkauf einer Ware erst möglich.

Serviceleistungen, die mit der Ware und dem Verkauf zusammenhängen, können sich beziehen auf

- Wareninformation und -beratung,
- Wartung,
- Installation,
- Umtausch,
- Reparatur,
- Änderung,
- Kreditgewährung,
- Ersatzteilversorgung,
- Zustellung,
- Parkplätze,
- Kinderhorte,
- Verpackung,
- Stellung von Ersatzgeräten.

Markterschließung

Die Probleme der Hersteller beginnen am Ende des Fließbandes, dort, wo die Waren abgesetzt werden müssen. Der Einzelhandel trägt zur Lösung des Problems bei, die Herstellung mit der Nachfrage in Übereinstimmung zu bringen.

Da der Einzelhändler die Wünsche und Vorstellungen seiner Kunden kennt, kann er dem Hersteller helfen, die richtigen Absatzmärkte zu finden und zu erschließen. Seiner Marktkenntnis ist es letztlich zu verdanken, wenn der Hersteller über Nachfrage- und Bedarfsverschiebungen rechtzeitig informiert wird und Absatzmöglichkeiten für neue Waren geschaffen werden.

Aufgaben

1. Welche Aufgaben hat der Einzelhandel im Rahmen der Gesamtwirtschaft zu erfüllen?
2. „... und verkauft in kleinen Mengen an den Verbraucher weiter." Wie muss der erste Teil dieses Satzes lauten, der die Tätigkeit des Einzelhändlers beschreiben will?
3. Beschreiben Sie die Stellung und die Bedeutung des Einzelhandelsbetriebes in der Gesamtwirtschaft.
4. Was verstehen Sie unter direktem Absatz?
5. Warum zählt man den Einzelhandel zu den Dienstleistungsbetrieben?
6. Erklären Sie die Aufgaben des Handels am Beispiel Ihres Ausbildungsbetriebes. Beschreiben Sie möglichst genau, ob und wie der Betrieb die einzelnen Aufgaben erfüllt.
7. Nennen Sie fünf Leistungen eines Einzelhandelsbetriebes, die zu den Serviceleistungen zählen.
8. Worin besteht die „Markterschließungsaufgabe" des Einzelhandels?

Zusammenfassung

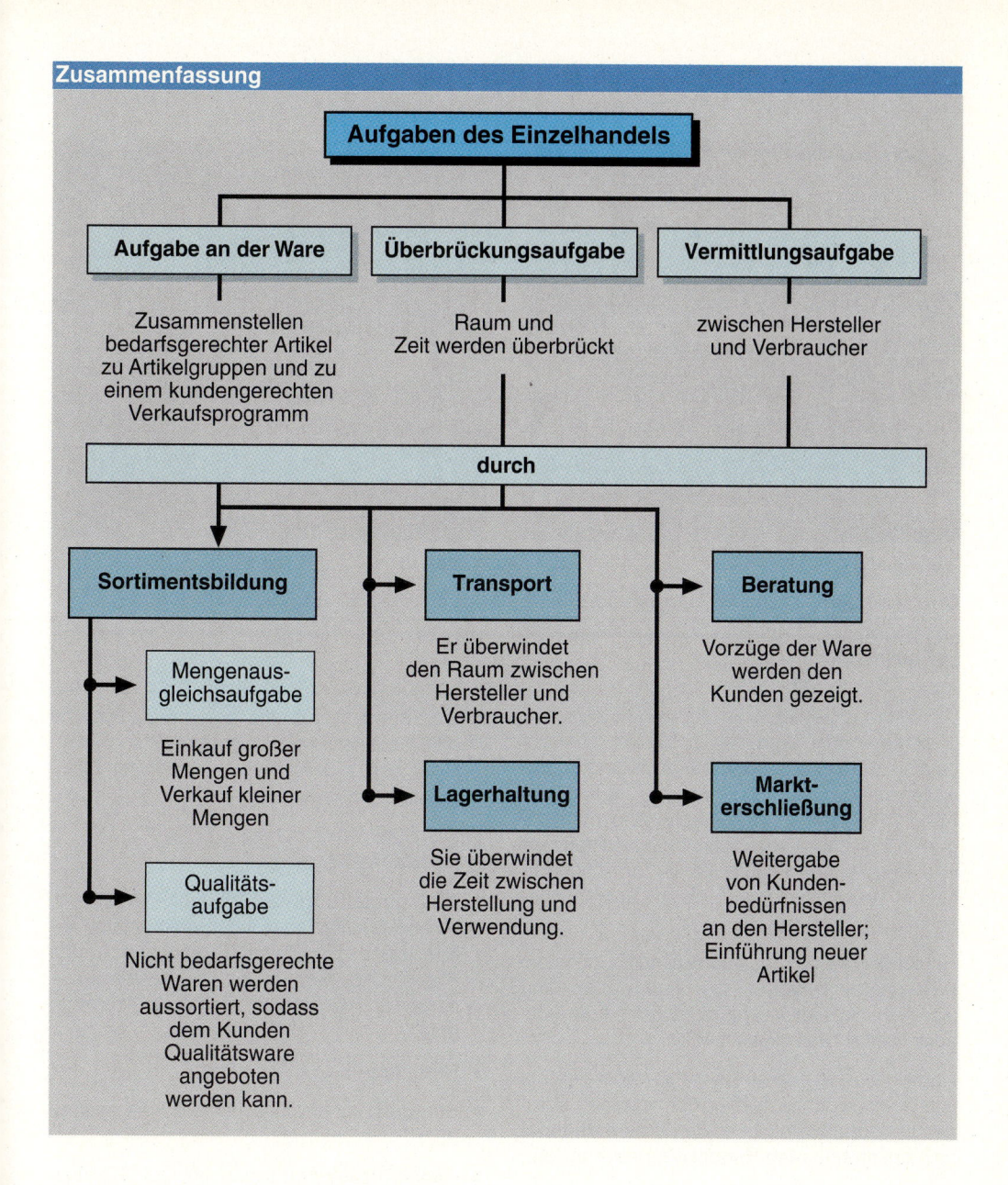

Aufgaben des Einzelhandels

- **Aufgabe an der Ware**
  Zusammenstellen bedarfsgerechter Artikel zu Artikelgruppen und zu einem kundengerechten Verkaufsprogramm

- **Überbrückungsaufgabe**
  Raum und Zeit werden überbrückt

- **Vermittlungsaufgabe**
  zwischen Hersteller und Verbraucher

durch

- **Sortimentsbildung**
  - **Mengenausgleichsaufgabe**
    Einkauf großer Mengen und Verkauf kleiner Mengen
  - **Qualitätsaufgabe**
    Nicht bedarfsgerechte Waren werden aussortiert, sodass dem Kunden Qualitätsware angeboten werden kann.

- **Transport**
  Er überwindet den Raum zwischen Hersteller und Verbraucher.
- **Lagerhaltung**
  Sie überwindet die Zeit zwischen Herstellung und Verwendung.

- **Beratung**
  Vorzüge der Ware werden den Kunden gezeigt.
- **Markterschließung**
  Weitergabe von Kundenbedürfnissen an den Hersteller; Einführung neuer Artikel

3.2 Betriebsformen des Einzelhandels

Fachgeschäft

Warenhaus

Durch welche Merkmale unterscheiden sich das Fachgeschäft und das Warenhaus?

Information

Die Verbraucher haben die Möglichkeit, zwischen verschiedenen Geschäften zu wählen. Da gibt es einmal Geschäfte derselben Art, wie etwa Juwelierfachgeschäfte, die um die Gunst der Kunden werben. Zum anderen kann man die gewünschte Ware aber auch in Geschäften verschiedenster Form kaufen, z. B. Turnschuhe in einem Warenhaus oder einem Sportfachgeschäft.

Heutzutage kann man sogar einkaufen, ohne die Wohnung zu verlassen. Der Verbraucher kann also nicht nur wählen, was er kaufen will, er kann auch wählen, wo er kaufen will.

Dabei hat er die Auswahl zwischen einer Vielzahl von Betriebsformen. Neben der typischen Form des **Ladenhandels** gibt es den **Versandhandel** und den **ambulanten Handel (Wanderhandel).**

Der Ladenhandel

Die meisten Betriebsformen des Einzelhandels gehören zum Ladenhandel, bei dem der Kunde den Verkäufer in seinem Geschäft aufsucht. Zu den bedeutendsten Betriebsformen des Ladenhandels zählen:

Das Fach- und Spezialgeschäft

- **Verkaufsform:** Vorwahl oder Vollbedienung. Inhaber und Verkaufspersonal verfügen über spezielle Fachkenntnisse.

- **Sortiment:** Waren einer bestimmten Branche oder Bedarfsgruppe mit ergänzenden Dienstleistungen, z. B. Textilien, Lebensmittel, Elektrogeräte, Haushaltswaren.

  Das Sortiment ist schmal und tief.
  (vgl. Kapitel 3.5, S. 82)

- **Preisgestaltung:** relativ hohes Preisniveau, zu erklären durch das tiefe Sortiment und die Spezialisierung. Dadurch erhöht sich das Absatzrisiko, was häufig zu Kostensteigerungen und damit zu höheren Verkaufspreisen führt.

- **Betriebsgröße:** klein bis mittel

- **Standort:** innerstädtische Geschäftszentren (City)

- **Geschäftsausstattung:** hochwertig bis luxuriös

Spezialisieren sich Fachgeschäfte auf eine Auswahl von Waren einer Branche, so bezeichnet man sie als Spezialgeschäfte. Sie führen nur einen geringen Teil des Sortiments eines Fachgeschäftes, allerdings in vielen Ausführungen und Qualitäten, z. B. nur modische Herrenkonfektion (= Boutique), nur Feinkost, Kaffee, Tabakwaren, Süßwaren, Pelze, Wolle oder Spirituosen.

Die umgekehrte Tendenz zeigt

Das Gemischtwarengeschäft

- **Verkaufsform:**

  (Voll-)Bedienung; in moderneren Geschäften schon Selbstbedienung

- **Sortiment:** sehr breit und flach. (vgl. Kapitel 3.5, S. 82)

  Das „gemischte" Angebot umfasst normalerweise zahlreiche verschiedenartige Waren des kurz- und mittelfristigen Bedarfs, wie z. B. Lebensmittel, Haushalts-, Eisen- und Schreibwaren, Textilien und Kurzwaren (Gummis, Bänder, Knöpfe). Für modische Artikel finden sich in diesen Geschäften nur geringe Absatzmöglichkeiten

- **Preisgestaltung:** relativ hohes Preisniveau
- **Betriebsgröße:** klein (25 bis 50 m^2 Verkaufsfläche)
- **Standort:** in ländlichen Gegenden; in Kleinstädten
- **Geschäftsausstattung:** einfach

Der Supermarkt

(entstanden aus dem Gemischtwarengeschäft)

- **Verkaufsform:** überwiegend Selbstbedienung
- **Sortiment:** breit und zum Teil tief; Nahrungs- und Genussmittel aller Art und ergänzend Nichtlebensmittel

  Die durchschnittliche Artikelzahl liegt bei ca. 3 000, davon etwa 20 % Waren aus dem Nonfood-Bereich. Der Umsatzanteil der Frischwarenartikel nimmt ständig zu und wird bewusst beschleunigt.

- **Preisgestaltung:** mittleres Preisniveau; Der Supermarkt betreibt eine überwiegend aktive Preispolitik mit einem Kampf-Stammsortiment gegenüber Konkurrenten. Artikel, die nicht in das Preisbewusstsein des Verbrauchers eingehen, werden höher kalkuliert.
- **Betriebsgröße:** mittel bis groß (ab 400 m^2 Verkaufsfläche)
- **Standort:** in den Haupt- und Nebenstraßen der Städte; in Nachbarschaftszentren am Rande der Städte; in Einkaufszentren
- **Geschäftsausstattung:** auf Selbstbedienung ausgerichtet

Das Warenhaus

(z. B. Kaufhof, Karstadt)

- **Verkaufsform:** Bedienung bei erklärungsbedürftigen Artikeln (z. B. Uhren); Vorwahlsystem, z. B. bei Pullovern; Selbstbedienung, z. B. bei Lebensmitteln
- **Sortiment:** breit, aber unterschiedlich tief;

  es führt Waren vieler Branchen in mehreren Stockwerken unter einem Dach und hat einen Umsatz von jährlich mindestens 500.000 €.

  Ein Warenhaus besitzt heute oft Spezialabteilungen, etwa für Nahrungsmittel oder Hausrat, die sich in Angebot und Qualität mit jedem Fachgeschäft messen können. Die Warenangebote aus zahlreichen Branchen (Nahrungs- und Genussmittel, Textilien, Hausrat, Wohnbedarf u. v. m.), untergebracht in besonderen Fachabteilungen, enthalten zwischen 80 000 bis 150 000 Artikel.

- **Preisgestaltung:** mittlere bis gehobene Preislage;

  Vorteil des Großeinkaufs; durch das unterschiedliche Sortiment ist eher ein Risikoausgleich gegeben, z. B. lassen sich rückläufige Umsätze in einer Warengruppe durch erhöhte Umsätze in anderen Bereichen ausgleichen.

- **Betriebsgröße:** Das Warenhaus ist die Großform eines Gemischtwarengeschäftes; ein in Abteilungen gegliederter Großbetrieb des Einzelhandels; die Größe der Verkaufsfläche reicht von 6 000 m^2 bis in Einzelfällen über 30 000 m^2.
- **Standort:** im Zentrum von Großstädten; in den Citys von Mittelstädten; in den Einkaufszentren, wo sie in Konkurrenz zu den Verbrauchermärkten und SB-Warenhäusern treten.

- **Geschäftsausstattung:** mittlere bis gehobene Ausstattung; unterschiedlich, je nach Abteilung.

Das Kaufhaus

(z. B. C & A, Peek & Cloppenburg, Ikea)

- **Verkaufsform:** Vorwahlsystem, z. B. bei Textilien; Bedienung, z. B. bei Elektroartikeln
- **Sortiment:** Kaufhäuser sind den Fachgeschäften verwandt. Sie unterscheiden sich von den Warenhäusern dadurch, dass sie auf eine Branche spezialisiert sind (z. B. Textilien, Möbel, Elektroartikel).
  Kaufhäuser besitzen keine Lebensmittelabteilung.
- **Preisgestaltung:** mittleres, z. T. niedriges Preisniveau
- **Betriebsgröße:** Kaufhäuser sind Groß- und Mittelbetriebe des Fachhandels.
- **Standort:** im Zentrum von Groß- und Mittelstädten; in Einkaufszentren
- **Geschäftsausstattung:** fachgerecht; bequeme Verkehrswege (Rolltreppen, Aufzüge)

Das Kleinpreisgeschäft

(z. B. Multistore, Woolworth)

- **Verkaufsform:** Selbstbedienung und Bedienung ohne besonderen Kundendienst
- **Sortiment:** relativ breit, aber flach (ca. 6 000 Artikel); überwiegend „problemlose" Artikel des kurz- und mittelfristigen Massenbedarfs
- **Preisgestaltung:** niedrige Preise
- **Betriebsgröße:** groß; meist eine Verkaufsetage mit Kellergeschoss
- **Standort:** in Mittel- und Großstädten
- **Geschäftsausstattung:** einfach

Das Discountgeschäft[1]

(z. B. Fielmann [Optiker], Montanus [Bücher], Schlecker [Drogerie], Parfümerien, photo-dose [Foto], Aldi [Lebensmittel]) = moderne Form des Kleinpreisgeschäftes

- **Verkaufsform:** Selbstbedienung

- **Sortiment:** Sortimentsbreite- und -tiefe sind beschränkt; umfasst lediglich 700 bis höchstens 2 500 Artikel; besteht aus problemloser Ware, meistens Nahrungs- und Genussmittel, Textilien, Körperpflegemittel, Haushaltswaren und Elektroartikel; wird schnell umgeschlagen.
- **Preisgestaltung:** besonders niedriges Preisniveau, da Einsparungen an Personal-, Miet-, Einrichtungs- und Lagerkosten; kein Service
- **Betriebsgröße:** mittel bis groß
- **Standort:** häufig in Stadtrandlage, aber auch in den Innenstädten
- **Geschäftsausstattung:** einfache Verkaufsräume

Verbrauchermarkt und SB-Warenhaus

(Der Verbrauchermarkt ist eine Weiterentwicklung des Discountgeschäftes.)

- **Verkaufsform:** überwiegend Selbstbedienung; bei Waren mit besonderen Anforderungen an die Hygiene (Frischfisch, Frischfleisch, Aufschnitt) Bedienung

Marktanteile wichtiger Betriebsformen[1] des Einzelhandels in Deutschland

Schätzung

	1995	2000	2005
Nichtorganisierter Einzelhandel	12,0	11,5	11,3
Unternehmenseigene Handelskooperationen[2]	29,8	22,9	21,5
Privatwirtschaftliche Kooperationen	15,0	14,5	12,5
Groß- u. Massenfilialunternehmen (einschl. Fachmärkte)	22,8	25,0	27,8
Warenhausuntern.	6,4	6,0	5,4
Versandhandelsunternehmen	5,5	5,6	6,0
SB-Warenhaus-/Verbrauchermarktunternehmen[3]	8,5	14,5	15,5

1 Gliederung nach dem Schwerpunktprinzip
2 Einschließlich gruppeneigener Regiebetriebe
3 Unternehmen, die überwiegend SB-Warenhäuser und Verbrauchermärkte betreiben.
Quelle: Berechnungen und Schätzungen des Ifo-Instituts anhand von Unterlagen des Statistischen Bundesamts, Handelskooperationen und -unternehmen

---

[1] (discount = Abschlag)

- **Sortiment:** warenhausähnlich; der Verbrauchermarkt wendet das Discountprinzip im Großen an und verbindet es mit dem Warenhausprinzip. So findet man ein breites, aber wenig tiefes, aus vielen Branchen zusammengesetztes Sortiment, vor allem Nahrungs- und Genussmittel sowie eine weit darüber hinausgehende Palette an Konsum- und Gebrauchsgütern, die sich für Selbstbedienung eignen. Den Schwerpunkt bildet der Lebensmittelbereich; der Anteil des Non-foods erhöht sich allerdings mit steigender Verkaufsfläche; 25 000 bis 30 000 Artikel.

  Des Weiteren verfügt er über eine oder mehrere ergänzende Dienstleistungsabteilungen, z. B. Restaurant, Kindergarten, Schuhreparaturschnelldienst, Tankstelle.

- **Preisgestaltung:** niedrige Preise
- **Betriebsgröße:** weiträumige, meist eingeschossige Verkaufsfläche (mind. 1 000 m^2 beim Verbrauchermarkt; mind. 3 000 m^2 beim SB-Warenhaus)
- **Standort:** in Stadtrandlage (auf der „grünen Wiese"); meistens an verkehrsgünstigen Plätzen mit guten Parkmöglichkeiten für die Kunden
- **Geschäftsausstattung:** einfach, entsprechend der Selbstbedienung

Der Versandhandel

Beim Versandhandel gibt es nicht wie beim Ladenhandel den persönlichen Kontakt zwischen Käufer und Verkäufer im Verkaufsraum. Typisch für den Versandhandel ist vielmehr, dass

– er seine Waren per Katalog, Anzeigen, Prospekte, Funk- und Fernsehwerbung und Internet (Homeshopping) oder über Vertreter (= Direktvertrieb) anbietet,

– der Warenversand per Post oder auf anderen Wegen an den Besteller erfolgt. Mit einem Umsatzvolumen von jährlich fast 12 Mrd. € ist er in der Bundesrepublik Deutschland eine der wichtigsten Vertriebsformen des modernen Handels. Von 15 der großen Versandhäuser in Europa haben allein acht in der Bundesrepublik Deutschland ihren Sitz.

Sortimentsumfang und -zusammensetzung sind beim **Sortiments-Versandhandel** vergleichbar mit dem der Warenhäuser.

Beispiele
Otto-Versand, Neckermann, Schwab, Baur, Bader, Quelle

Der **Katalog-Spezialhandel** hingegen bietet eine bestimmte Ware bzw. eine bestimmte Warengruppe an. Sein Sortiment ist daher zwangsläufig schmal und häufig auch tief.

Beispiele
Sportartikel (Scheck), Möbel (Flötotto), Wäsche (Witt), Wein-Versand, Tee-Versand, Waffen-Versand.

Das gilt auch für den **Vertreter-Versandhandel,** der – gemessen am Sortiment – zum Fachversandhandel zu rechnen ist.

TV-Einkauf revolutioniert den Handel

Beispiele
Direktvertrieb bei Vorwerk oder Avon Cosmetics

Bestellvorgang

Der normale Weg beim Kauf über den Versandhandel ist der über die **schriftliche Bestellung** auf dafür vorgesehenen Bestellformularen (direkt oder über den Sammelbesteller).

Zunehmend gewinnt jedoch die **telefonische Bestellung** an Bedeutung.

Vorteil für den Kunden:

– Er erfährt sofort, ob die von ihm gewünschte Ware vorrätig ist;

– Zeiteinsparung, da keine Verzögerung durch die postalische Zustellung eintritt.

Einen zusätzlichen Service für den Kunden bietet das Angebot im Internet. Der Kunde kann sich dort zu jeder Zeit über das Warenangebot informieren und Bestellungen aufgeben.

Stammte in den Nachkriegsjahren der überwiegende Teil der Kunden aus kleinen, stadtfernen Orten, so wohnen heute mehr als 50 % aller Versandhauskunden in Großstädten.

Die **Standorte** der Versandhäuser befinden sich zumeist in Produktionsorten oder Hafenstädten, wo sie durch Direkteinkauf im Großen oder durch Angliederung von Herstellungsbetrieben günstig einkaufen und auch verkaufen können.

Vorteile für den Verbraucher:

– günstige Preise, die zudem bis zu 1/2 Jahr gültig sein können (preisstabilisierender Einfluss);

– bequeme und ungestörte Auswahl der Ware zu Hause;

– große Auswahl;

– Bezahlung kann auf Raten erfolgen;

– Zeitersparnis, insbesondere für Berufstätige;

– Einsparung des Fahrgeldes für z. T. große Entfernungen zu den Einkaufsstätten;

– Rückgaberecht – meist 14 Tage nach Eintreffen der Ware – ohne Angabe von Gründen.

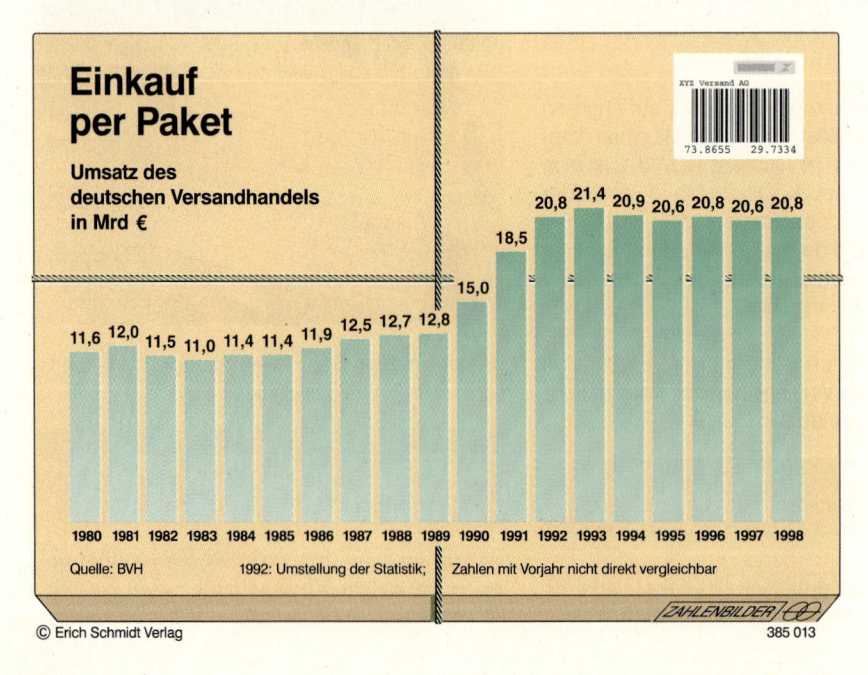

Einkauf per Paket

Umsatz des deutschen Versandhandels in Mrd €

Jahr	Umsatz
1980	11,6
1981	12,0
1982	11,5
1983	11,0
1984	11,4
1985	11,4
1986	11,9
1987	12,5
1988	12,7
1989	12,8
1990	15,0
1991	18,5
1992	20,8
1993	21,4
1994	20,9
1995	20,6
1996	20,8
1997	20,6
1998	20,8

Quelle: BVH   1992: Umstellung der Statistik; Zahlen mit Vorjahr nicht direkt vergleichbar

© Erich Schmidt Verlag

Vorteile für den Versandhandel:

– er benötigt kein geschultes Personal;
– Ladenmiete und -ausstattung entfallen;
– Möglichkeiten zur Rationalisierung durch Einsatz von maschinellen Anlagen, in erster Linie bei der Ausführung der Bestellungen, bei der Verpackung und im Rechnungswesen, sodass die Kosten spürbar gesenkt werden können.

Die Ladengeschäfte der Versandhäuser stellen eine Ergänzung zum Versandgeschäft dar. Dadurch kann der Versandhandel am Saisonschlussverkauf teilnehmen und Restbestände, die der Mode oder Jahreszeit unterworfen sind, noch beizeiten abstoßen. Beim Verkauf ausschließlich über den Katalog wäre das nicht möglich, da so lange geliefert werden muss, wie der Katalog gilt.

Das Ladengeschäft ist daher auch ein Mittel, um die Kosten des Versandgeschäftes zu senken.

Durch Entwicklungen im Einkaufsverhalten der Bevölkerung sowie durch die Anwendungsmöglichkeiten neuer Kommunikationstechniken wird der Versandhandel seine bedeutende wirtschaftliche Stellung beibehalten bzw. in Zukunft eher noch ausbauen können. Dazu trägt auch das steigende Freizeitbedürfnis der Bevölkerung bei.

Der Wanderhandel (ambulanter Handel)

aus: Ralph Schneider, Am Markt sind wir stark, Königsteiner Wirtschaftsverlag GmbH, Königstein/Ts., 1987, S. 110

Die älteste Betriebsform des Einzelhandels ist der Wanderhandel – **ohne festen Standort** –, der in Erscheinung tritt als:

Hausierhandel

Waren, wie Bürsten, Kurzwaren, Seifen und Küchenmesser, werden von so genannten fliegenden Händlern an der Haustür angeboten.

Markthandel

Waren, wie Obst, Gemüse, Blumen usw., werden auf Tages- oder Wochenmärkten verkauft.

Straßenhandel

Waren, wie z. B. Obst, Gemüse, Spielzeug, Haushaltsartikel oder Fische, werden auf der Straße auf provisorischen Verkaufstheken oder aus fahrbaren Verkaufswagen angeboten.

Aufgaben

1. Welche drei typischen Gruppen von Betriebsformen sind im Einzelhandel zu unterscheiden?
2. Nennen Sie die Betriebsformen des Ladenhandels.
3. Welchen Standort bevorzugen die meisten großen Fachgeschäfte für Oberbekleidung?
4. Unterscheiden Sie folgende Betriebsformen:
    a) Fachgeschäft,
    b) Supermarkt,
    c) Verbrauchermarkt,
    d) Kaufhaus und
    e) Warenhaus
5. Welche Vorteile bietet ein Fachgeschäft dem Kunden?
6. Welche Betriebs- und Verkaufsformen sind im Einzelhandel für folgende Warengruppen typisch:
    a) Herrenkleidung,
    b) Feinkostwaren,
    c) Computer,
    d) Armbanduhren?
7. Welche der folgenden sechs Betriebsformen des Einzelhandels sind auf dem Selbstbedienungssystem aufgebaut?
    a) Fachgeschäft,
    b) Discountgeschäft,
    c) Versandgeschäft,
    d) Supermarkt,
    e) Boutique,
    f) Verbrauchermarkt.
8. Bei welcher der folgenden Betriebsformen ist das Sortiment niemals tief?
    – Gemischtwarengeschäft – Spezialgeschäft – Warenhaus – Versandhandel – Kaufhaus – Discountgeschäft – Fachgeschäft
9. Welche Betriebsform ist dadurch gekennzeichnet, dass sie viele Warengruppen unter einem Dach anbietet?
10. Worin besteht der Unterschied zwischen Discount- und Kleinpreisgeschäft?
11. Welche Vorteile bietet der Versandhandel dem Kunden?
12. Würden Sie folgende Waren eher von einem Versandgeschäft beziehen oder lieber in einem Fachgeschäft kaufen? Begründen Sie Ihre Antwort.
    – Abendkleid – Waschmaschine – Videokamera – Tafelservice – Mikrowellenherd – Werkzeug für den Heimwerker – Bettwäsche – Hi-Fi-Anlage – Tennisschläger.

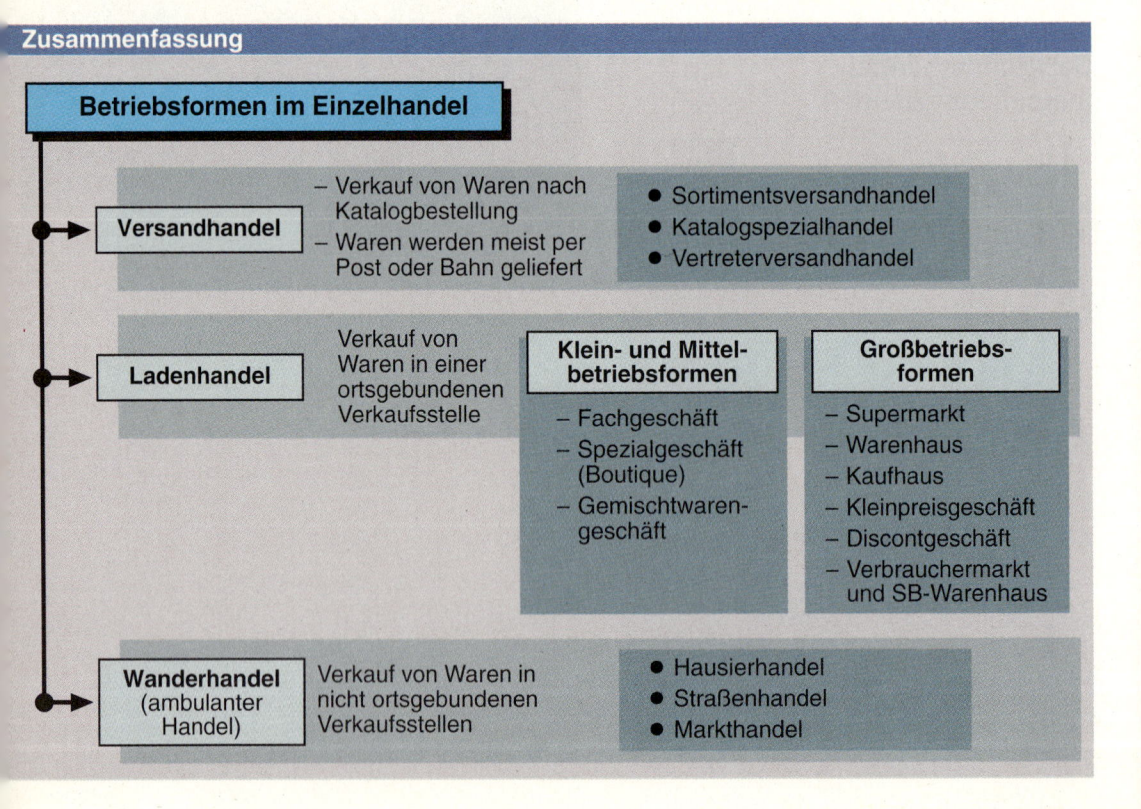

Zusammenfassung

Betriebsformen im Einzelhandel

Versandhandel
- Verkauf von Waren nach Katalogbestellung
- Waren werden meist per Post oder Bahn geliefert
- Sortimentsversandhandel
- Katalogspezialhandel
- Vertreterversandhandel

Ladenhandel
Verkauf von Waren in einer ortsgebundenen Verkaufsstelle

Klein- und Mittelbetriebsformen
- Fachgeschäft
- Spezialgeschäft (Boutique)
- Gemischtwarengeschäft

Großbetriebsformen
- Supermarkt
- Warenhaus
- Kaufhaus
- Kleinpreisgeschäft
- Discontgeschäft
- Verbrauchermarkt und SB-Warenhaus

Wanderhandel (ambulanter Handel)
Verkauf von Waren in nicht ortsgebundenen Verkaufsstellen
- Hausierhandel
- Straßenhandel
- Markthandel

3.3 Strukturwandel im Einzelhandel

Auf welches Problem macht die zeichnerische Darstellung aufmerksam?

ging. Der Lebensmitteleinzelhandel als größte Branche verteidigte seine Position (Umsatzanteil von fast 25 % im Jahr 1998). Dagegen mussten Einzelhandelsunternehmen, die mit Autos handeln, Verluste hinnehmen.

Während sich so mit dem jeweils herrschenden Konsumtrend die Entwicklungsaussichten ganzer Branchen verbessern oder verschlechtern, findet innerhalb der einzelnen Branchen ein intensiver Wettbewerb um die Gunst des Verbrauchers statt. Das gilt besonders für den *Lebensmittelhandel*, in dem die zehn größten Unternehmen bzw. Handelsketten 2001 bereits 85 % des Branchenumsatzes auf sich vereinigten. In den vergangenen 40 Jahren mussten unter dem Druck der scharfen Konkurrenz 2 von 3 Lebensmittelgeschäften schließen. Dem Lebensmitteleinzelhandel machen die sinkenden Preise und der damit verbundene Konkurrenzdruck zu schaffen.

Quer durch alle Branchen sind die am Massenbedarf orientierten, großflächigen Verkaufseinrichtungen immer noch auf dem Vormarsch. Discounter, SB-Warenhäuser und dergl. drängen den klassischen Facheinzelhandel zurück.

Information

Der Wandel im Handel ist durch folgende Entwicklung gekennzeichnet:

Rückgang der Unternehmen im Einzelhandel

Die Zahl der Unternehmen ging von 450 000 (1960) auf rund 314 000 (1998) zurück. Das entspricht einer Abnahme von ca. 30 %.

Dazu ist zu sagen, dass der Bestand an Einzelhandelsunternehmen bis Anfang der 80er-Jahre stark sank, ab da aber Jahr für Jahr gering, jedoch stetig wieder stieg.

Zunehmende Intensität der Unternehmens- und Umsatzkonzentration im Einzelhandel

62 % aller Lebensmittel-Einzelhandelsumsätze wurden im Jahr 2000 von 5 Einzelhandelsunternehmen erzielt.

Einige Einzelhandelssparten haben deutlich an Boden verloren, darunter vor allem der Bereich Möbel, dessen Anteil am Gesamtumsatz des Einzelhandels um 5 % zurück-

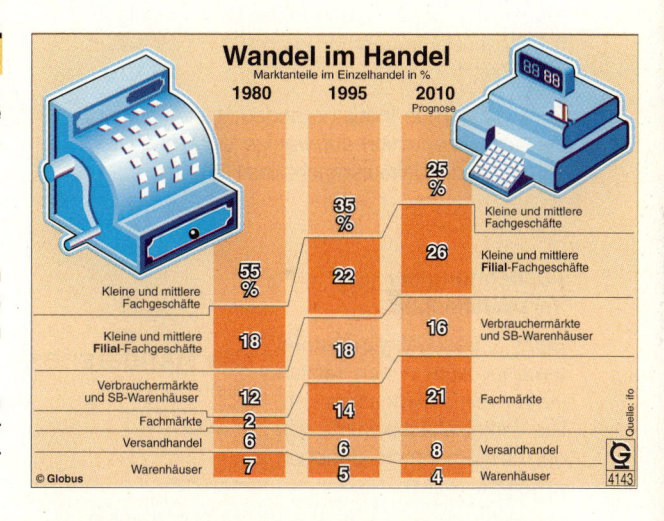

Wandel im Handel
Marktanteile im Einzelhandel in %

	1980	1995	2010 Prognose	
Kleine und mittlere Fachgeschäfte	55	35	25	Kleine und mittlere Fachgeschäfte
Kleine und mittlere Filial-Fachgeschäfte	18	22	26	Kleine und mittlere Filial-Fachgeschäfte
Verbrauchermärkte und SB-Warenhäuser	12	18	16	Verbrauchermärkte und SB-Warenhäuser
Fachmärkte	2	14	21	Fachmärkte
Versandhandel	6	6	8	Versandhandel
Warenhäuser	7	5	4	Warenhäuser

Quelle: ifo

Das Sterben im Lebensmittelhandel setzt sich weiter fort. Seit Anfang der 70er-Jahre bis heute ist die Zahl der Lebensmittelgeschäfte um über 100 000 geschrumpft. Eindeutige Gewinner der Entwicklung im Lebensmitteleinzelhandel werden die kleinen Verbrauchermärkte mit 800 bis 1 500 Quadratmeter Größe und die Discounter sein. Zu den großen Verlierern gehören die Tante-Emma-Läden. Sie bieten zwar häufig persönliche Bedienung. Im Wettbewerb um die Gunst der Verbraucher können sie aber meistens weder im Preis noch in der Angebotsfülle mithalten. Hinzu kommt, dass viele Inhaber kleiner Betriebe keinen Nachfolger finden.

Die größten Zuwachsraten sind für die so genannten Fachmärkte (z. B. Elektro-, Heimwerker-, Drogeriefachmärkte) zu erwarten, deren Marktanteil bis 2010 auf etwa 20,5 % zunehmen dürfte. Starke Einbußen lassen sich dagegen für die kleineren und mittleren Fachgeschäfte absehen, die heute noch weithin das Bild im alten Bundesgebiet bestimmen.

Giganten des Einzelhandels

Kein Hersteller kann am Einzelhandel vorbei – dort, wo sich der Point of Sale befindet. Das ist der Punkt, an dem der Konsument entscheidet. 370 Milliarden € setzte der deutsche Einzelhandel (ohne Tankstellen, Apotheken, Kfz- und Rohstoffhandel) 2000 um.

In den vergangenen Jahren nahm die Konzentration der Handelsunternehmen stark zu. Sie ist inzwischen so weit fortgeschritten, dass allein zehn Prozent der Unternehmen mehr als 73 Prozent des gesamten im Einzelhandel erzielten Umsatzes unter sich ausmachen. Noch extremer ist die Konzentration im Bereich Nahrungsmittel, Getränke und Tabak. Dort vereinigen 0,1 Prozent Unternehmen knapp 60 Prozent aller Umsätze.

Für die liefernde Industrie bedeutet eine solche Umsatzkonzentration auf wenige Unternehmen: zunehmende Einkaufsmacht des Handels.

Ausdehnung der Verkaufsflächen

Beim Beschäftigungsstand zeichnet sich in den letzten Jahren ein Abwärtstrend ab. Die Verkaufsfläche wurde von den Unternehmen dagegen erweitert.

Insgesamt haben die Betriebsformen Zukunft, die sich gegenüber dem Verbraucher in den Bereichen Preise, Frische, Beratung und Handelsmarken profilieren können.

Das bedeutet:

Zuwachs für

– Discounter und SB-Warenhäuser,
– Exklusivläden und den gehobenen Fachhandel,
– Fachmarktformen.

Mischformen, wie Fachmärkte mit Discount-Prinzip, werden als die Betriebsformen mit den besten Zukunftsaussichten angesehen. Überall schießen Baumärkte, Heimwerker- und Hobbymärkte, Drogeriemärkte, Bekleidungsmärkte und Hi-Fi-Märkte aus dem Boden.

Beispiele

Baumärkte: Obi, Asko. Audio-Video: Schauland, Pro, Saturn-Hansa. Gesundheitsfachmärkte: Vitakauf

Handel im Jahr 2010: Discounter auf dem Vormarsch
– Anteil der Discounter am Umsatz in Prozent –

	1995	2010
Unterhaltungselektronik	30 – 33	40
Lebensmittel	30 – 32	40
Computer	27 – 28	35
Drogerie	18 – 20	35
Bau und Heimwerkerbedarf	9 – 10	20
Schuhe	4 – 5	20
Textilien	5 – 7	19
Möbel	5 – 6	19

Lebensmittel: nur Lebensmitteleinzelhandel
Quelle: BBE-Unternehmensberatung
Institut der deutschen Wirtschaft Köln

Die Handelsriesen
Umsatz im deutschen Lebensmittelhandel 2001
in Milliarden Euro (z.T. geschätzt)

Unternehmen	Food-Umsatz	insgesamt
Metro-Gruppe	14,3	32,2
Rewe-Gruppe	19,7	29,3
Edeka/AVA-Gruppe	21,3	25,5
Aldi-Gruppe	17,5	21,6
Schwarz-Gruppe	11,0	13,7
Tengelmann-Gruppe	7,4	12,0
Karstadt	1,3	9,3
SPAR-Gruppe	7,2	7,9
Lekkerland-Tobaccoland	6,0	6,7
Schlecker	4,5	4,8
Globus	1,9	3,4
Dohle-Gruppe	2,4	2,9
Wal-Mart	1,4	2,9
Norma	1,9	2,2
Bartels-Langness	1,7	2,1

Quelle: M+M Eurodata © Globus

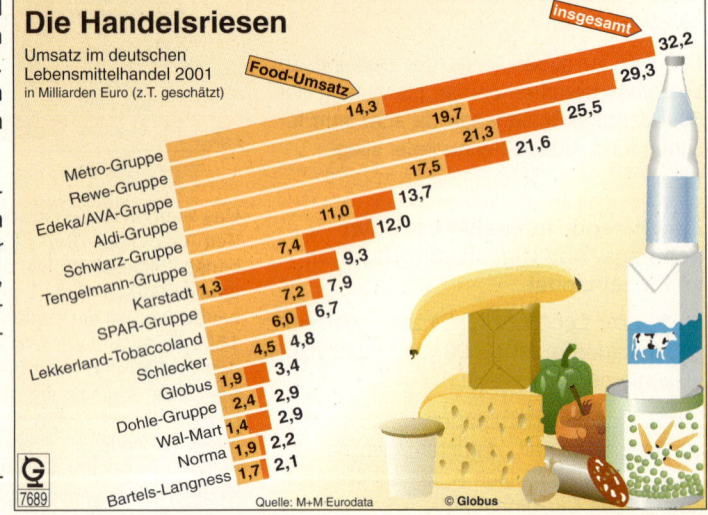

Die Lebensmittelhändler

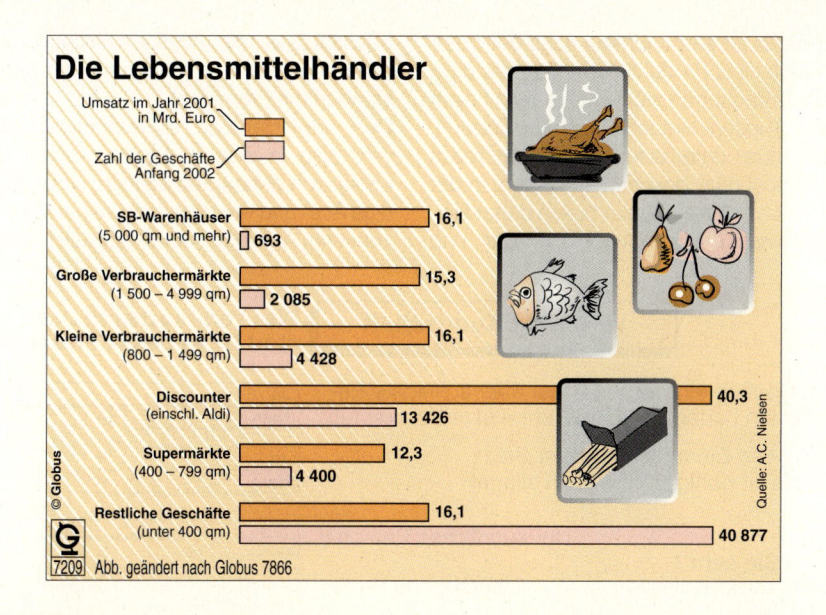

Umsatz im Jahr 2001 in Mrd. Euro
Zahl der Geschäfte Anfang 2002

Kategorie	Umsatz (Mrd. Euro)	Zahl der Geschäfte
SB-Warenhäuser (5 000 qm und mehr)	16,1	693
Große Verbrauchermärkte (1 500 – 4 999 qm)	15,3	2 085
Kleine Verbrauchermärkte (800 – 1 499 qm)	16,1	4 428
Discounter (einschl. Aldi)	40,3	13 426
Supermärkte (400 – 799 qm)	12,3	4 400
Restliche Geschäfte (unter 400 qm)	16,1	40 877

© Globus 7209 Abb. geändert nach Globus 7866 — Quelle: A.C. Nielsen

Die Kleinen müssen weichen

Im deutschen Lebensmittelhandel herrscht ein scharfer Wettbewerb. Mit niedrigen Preisen und mehr Service kämpfen die Händler um Marktanteile. Vor allem die kleinen Geschäfte halten dem Wettbewerbsdruck nicht stand. Heute gibt es nach Berechnungen noch rund 41000 Geschäfte mit einer Fläche unter 400 Quadratmetern. Gemessen an der Zahl der Lebensmittelgeschäfte entspricht dies einem Anteil von 62 Prozent. Vom Umsatzkuchen erhalten sie jedoch nur ein kleines Stück (14 Prozent). Ganz anders die Großen im Lebensmittel-Einzelhandel. So stellen die SB-Warenhäuser zwar nur gerade einmal ein Prozent aller Geschäfte, können aber 14 Prozent des Umsatzes verbuchen.

Quelle: Globus, statist. Angaben: A.C. Nielsen

Im Jahr 2010 werden Discounter voraussichtlich zwischen 20 und 40 Prozent der Einzelhandelsumsätze bestreiten – je nach Branche bis zu viermal so viel wie heute.

Hinzu kommt, dass die Grenzen zwischen globalen und regionalen Absatzmärkten fließend werden: Viele Entfernungen sind auf Null geschrumpft, fast alles ist überall und sofort verfügbar.

Der einzelne Konsument steht im Vordergrund. Wer darauf mit entsprechender Nischenpolitik und dem richtigen Marketing reagieren will, muss wissen, wer dieser Einzelne eigentlich ist. Das aber lässt sich zukünftig nicht mehr so leicht sagen. Die Zielgruppen werden kleiner, die Konsumenten-Typen bunter, die Trends vielfältiger. Eine Auswahl:

Zapping: Der Verbraucher als Chamäleon – er entscheidet nicht über entweder/oder, sondern will sowohl als auch. Folge: Produkte müssen immer komplexer, Absatzstrategien noch ausgefeilter werden.

Cocooning: Rückzug in ein vertrautes Umfeld, ins eigene Heim. Davon profitieren vor allem die Branchen Wohnungsbau, Möbel, Medien – und nicht zuletzt wird Sicherheitstechnik zum Massenartikel.

Ganzheitlicher Lebensstil: Alles, was eine Aura von Frische und Gesundheit ausstrahlt, findet immer mehr Absatz. Die Freizeit- und Sportbranchen boomen, Heilpraktiker, Kosmetiker und Biobauern machen gute Geschäfte.

Service: Der Trend zum „Dienstleistungsverkauf mit integriertem Produkt" wächst. Vor allem die 60-plus-Generation, einziger Wachstumsmarkt für die nächsten 30 Jahre, will Service. Denn viele ältere Menschen haben zwar Geld, ihr Bedarf an traditionellen Produkten wie Autos, Wohnungsausstattung und Urlaubsreisen ist jedoch weitgehend befriedigt.

Singles: Rund 30 Prozent der 25- bis 35-Jährigen werden allein leben. Singles fordern mehr Wohnraum, statt Einkommen und beruflicher Stellung setzen sie auf Lebensqualität. Einkaufen heißt für sie: Bestellung per Telefon, Homeshopping per Computer, schnelle und knappe Information über das Was, Wo und Wie teuer.

Darüber hinaus ist zu beachten, dass der übersättigte Kunde nicht Produktinformation, sondern emotionale Anregungen wünscht. Es reicht nicht mehr, dem Kunden einfach Ware hinzustellen. Der Kunde muss unterhalten werden, es muss ihm eine Atmosphäre geschaffen werden, in der er sich wohl fühlt. Warenhäuser bieten daher kleine „Erlebnisinseln" wie Cappuccino-Bar und Kunstbäume mit Vogelgezwitscher vom Band, belebt von Kulturprogrammen oder Autogrammstunden mit Prominenten u. v. m.

Der selbstständige Einzelhandelsunternehmer wird sich in diesem Strukturwandel nur dann erfolgreich behaupten können, wenn er die ständige Aus- und Weiterbildung seiner Mitarbeiter als zentrales Anliegen seiner Tätigkeit begreift.

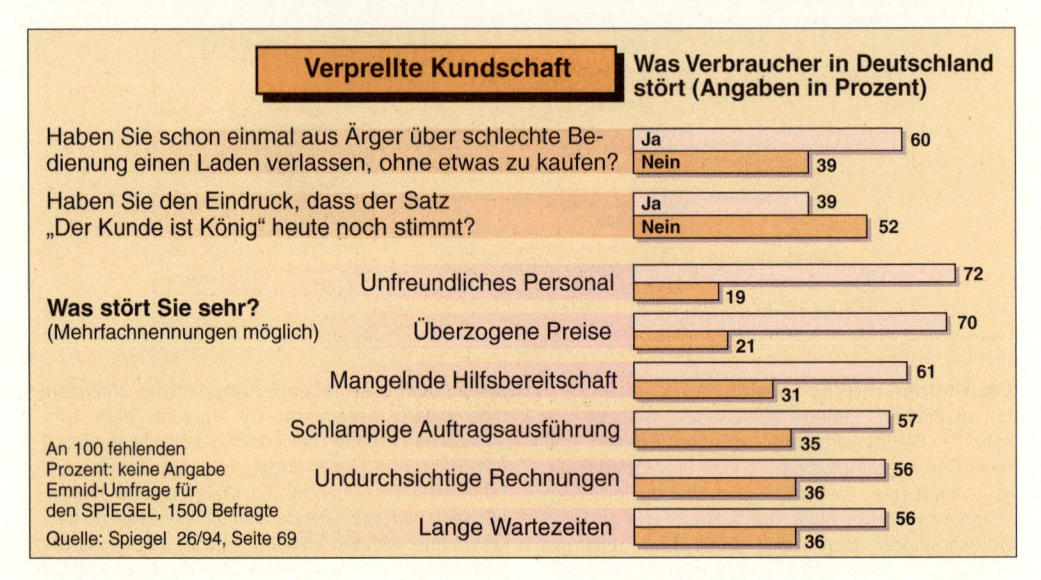

Verprellte Kundschaft
Was Verbraucher in Deutschland stört (Angaben in Prozent)

Haben Sie schon einmal aus Ärger über schlechte Bedienung einen Laden verlassen, ohne etwas zu kaufen?
- Ja: 60
- Nein: 39

Haben Sie den Eindruck, dass der Satz „Der Kunde ist König" heute noch stimmt?
- Ja: 39
- Nein: 52

Was stört Sie sehr? (Mehrfachnennungen möglich)
- Unfreundliches Personal: 72 / 19
- Überzogene Preise: 70 / 21
- Mangelnde Hilfsbereitschaft: 61 / 31
- Schlampige Auftragsausführung: 57 / 35
- Undurchsichtige Rechnungen: 56 / 36
- Lange Wartezeiten: 56 / 36

An 100 fehlenden Prozent: keine Angabe
Emnid-Umfrage für den SPIEGEL, 1500 Befragte
Quelle: Spiegel 26/94, Seite 69

Dieses Mehr an Beratungskompetenz kann neben einer stärkeren Spezialisierung zu höheren Umsätzen und besseren Erträgen führen. Als zentrale Herausforderung muss der Einzelhandel daher neben der Verbesserung des Marketing die Einführung von folgenden Leanelementen sehen (vgl. auch Kap. 2.6, Seite 41, Leanadministration):

- Straffung des Sortiments
- Personalkompetenz. In der verstärkten Mitarbeiterschulung liegt für den Einzelhändler die Chance, Kunden stärker an das eigene Unternehmen zu binden. Freundlichkeit und Fachkompetenz sind die beiden wichtigsten Image-Faktoren für das Einzelhandelsunternehmen.

Neue Einkaufsgewohnheiten und mehr internationale Konkurrenz verändern das Gesicht des deutschen Handels in den kommenden Jahren grundlegend. Die Trennung von Produkt und Dienstleistung ist Vergangenheit – die Zukunft heißt Problemlösung.

Daher wird der Einzelhändler des nächsten Jahrhunderts für die Zukunft neben den bereits genannten Verbesserungen folgende Überlegungen bzw. Strategien berücksichtigen müssen:

- Ansprechende Gestaltung des Verkaufsladens, beginnend beim Schaufenster bis hin zu aufwendigeren Regalflächen.
- Anbieten von nicht alltäglichen Gebrauchsgütern. Neue Konzepte, wie z. B. Vernissagen, müssen die Erlebniswünsche der Konsumenten berücksichtigen.
- Höherwertiges Angebot. Wenn die Qualität, der Service und die Beratung stimmen, dann hat der Preis nicht mehr eine so große Bedeutung für die Kaufentscheidung.
- Ein tiefes Sortiment. Durch die Nutzung von Nischen kann sich der Einzelhändler stärker von seiner Konkurrenz absetzen.

Die stärkere Konzentration auf die Beratung sowie eine größere Spezialisierung geben insbesondere den Fachmärkten und Fachfilialisten in Zukunft gute Marktchancen. Fachmärkte verbuchen inzwischen zweistellige Zuwächse bei Umsatz und Ertrag.

- Die **Preis-Strategie:** Hier bildet der niedrige Preis, die Kostenführerschaft, das entscheidende Marketinginstrument.

- Die **Wohlfühl-Strategie:** Neudeutsch auch Convenience-Strategie genannt, geht es hier um Service, Betreuung und Beratung. Der Handel setzt alles daran, insbesondere Senioren und Wohlhabenden den Einkauf so angenehm wie möglich zu machen.

- Die **Erlebnis-Strategie:** Einkaufen als Fest der Sinne. Vor allem junge Leute wollen nicht nur einfach konsumieren, sie wollen Events und Entertainment – zum Beispiel in der Erlebnis-Gastronomie.

Ein typisches Beispiel dafür, wie neue Typen von Konsumenten das Angebot bereits verändert haben und weiter verändern werden, ist die Tankstelle: Schon heute tanken die Menschen dort längst nicht mehr nur Benzin oder Diesel, sondern auch Getränke, Tabak, Süßwaren und Lebensmittel. „One-stop-shopping", so umschreiben Marketingexperten das Einkaufserlebnis an der Tankstelle der Zukunft. Und die ist für viele Tankshops gesichert: In einer Prognose wird sich der Umsatzanteil von Lebensmitteln bis zum Jahr 2010 auf 12 % versechsfacht haben, bei Non-Food steigt er von 1 auf 12 Prozent. Ähnliche Entwicklungen sind in Bahnhofsläden, Kiosken, Trinkhallen und Kaffeeläden auszumachen. Wer ein Pfund braune Bohnen an die Frau oder den Mann bringen will, bietet so ganz nebenbei auch „Mens Swimwear" an – mit Kaffee allein ist heute genauso wenig ein Geschäft zu machen wie mit der guten alten Badehose.

Insofern steigt auch die Anzahl der **Shopping Center** weiter an. Im Jahre 2002 zählt man in Deutschland 318 Shopping Center mit einer Einzelhandelsfläche von jeweils mindestens 10 000 Quadratmeter. Damit hat sich die Anzahl der großen Einkaufszentren seit 1990 mehr als verdreifacht.

Mit rund 10,3 Millionen Quadratmetern Verkaufsfläche entfallen auf die Einkaufszentren etwa 9,5 % der gesamten Einzelhandelsverkaufsfläche. Dabei sind 38 % der Einkaufszentren in Innenstädten, 41 % in Stadtteilen und 21 % auf der Grünen Wiese angesiedelt.

Aufgrund ihrer Charakteristika wie

– Vielfalt,
– Große Auswahl,
– Veranstaltungen,
– Einheitliche und transparente Ladenöffnungszeiten,
– Sicherheit und Sauberkeit,
– Hinreichender kostenfreier Parkraum,
– Ruhezonen und
– „alles unter einem Dach" (one-stop-shopping)

genießen sie bei den Kunden hohe und steigende Wertschätzung.

Ein Ende dieses Shopping-Center-Booms ist nicht absehbar. Gegenwärtig ist eine verstärkte Ansiedlung von Einkaufszentren in den Innenstädten bzw. am Rand der Innenstädte festzustellen.

Neue Angebotsformen im Einzelhandel

Fachmärkte
Großflächige Einzelhandelsgeschäfte, die ein breites, spezialisiertes Sortiment des niedrigen oder mittleren Preisniveaus anbieten.

Mehrfachmärkte
Fachmärkte, die mehrere Bedarfsfelder abdecken, zum Beispiel Bau und Hobby, Möbel und Geschenke.

Fabrikläden
Verkaufsstellen von Produzenten, die ihre eigenen Erzeugnisse zu Niedrigpreisen direkt an den Endverbraucher verkaufen.

Factory-Outlet-Center
Räumlich integrierte Zusammenfassung verschiedener Fabrikläden zu einem Einkaufszentrum.

Off-Price-Geschäfte
Hier werden Waren der mittleren und hohen Qualitäts- und Preisstufe unter Vermeidung jeder kostenverursachenden Dienstleistung mit hohen Preisabschlägen verkauft.

Partiediscounter
Sie führen kein dauerhaftes Sortiment, sondern bieten je nach Verfügbarkeit Überschussware mehrerer Hersteller zu Sonderangebotsbedingungen an.

Discount-Catalogue-Showroom
Räume, in denen die Kunden nur Warenmuster und Kataloge einsehen, an einer zentralen Theke die Bestellung aufgeben und nach wenigen Minuten ihre Ware erhalten.

Bahnhofshopping
Sie bieten ein neugewonnenes Erlebnis-, Handels- und Dienstleistungsangebot.

Airportshopping
Hier entfallen alleine auf die Duty-free-Läden weltweit Umsätze von rund 16 Mrd. €, in Deutschland 600 Mio. €. Dies ist zugleich nur ein Drittel der Airport-Umsätze. (Zum Vergleich: Das Umsatzvolumen des Einzelhandels beträgt in Deutschland rund 400 Mrd. €, das des Lebensmitteleinzelhandels rund 100 Mrd. €).

Urban Entertainment Center
Deren Bedeutung für die Expansion der Verkaufsflächen und Produktangebote kann heute am Wachstum der Multiplex-Kinos festgemacht werden. Da Deutschland im Freizeitanlagemarkt im internationalen Vergleich noch Nachholbedarf aufweist, wird erwartet, dass internationale Freizeitkonzerne den deutschen Markt mit neuen Konzepten bereichern werden.

Convenience-Shopping
Unter den vielfältigen Formen, so C-Stores, Bäckereien, Kioske, sind heute besonders die Tankstellen-Shops hervorzuheben. Sie erzielen jährliche Umsatzzuwächse von 5 %, und zwar mit einem zunehmend breiten Waren- und auch Dienstleistungsspektrum, und bewegen sich in Richtung „reiner Shop", im Zweifel auch ohne die dazugehörigen Zapfsäulen.

Club-/Event-/Fun-/Fan-Shop (CEFF-Shopping)
Beispiele für diese regelmäßig vernachlässigte Form des Handels sind das Einkaufen von T-Shirts und Accessoires in Szene-Lokalen, von Bekleidung und Merchandising-Artikeln in Freizeitparks, von Overalls oder Blousons am Rande der Formel-1-Pisten und in Fußballstadien, von Handtüchern und Bekleidung in Hotels und Clubs, von Sportartikeln, Körperpflege-Produkten und Getränken in Sport-/Fitness-/Wellness-Clubs usw.

Secondhandshopping
Diese Form kann, entgegen ihrer früheren Bedeutung in unteren Einkommensschichten, heute auch als Ausdruck einer Schnäppchenjäger-Mentalität (Smart Shopping) in Form des Kaufs von Designer-Marken aus zweiter Hand interpretiert werden. Auf der Angebotsseite etablieren sich in diesem Bereich erste Filialisten in Großstädten.

Teleshopping
Waren werden im Rahmen einer TV-Verkaufsschau präsentiert. Während der Sendung kann der Zuschauer die Waren bestellen.

E-Commerce[1]
„Shopping per Mausklick". In einem virtuellen Supermarkt werden die Waren im Internet angeboten und können vom heimischen PC aus bestellt werden.

Für 32,9 % des Einzelhandels in Deutschland ist das „Shopping per Mausklick" bereits Wirklichkeit. Allerdings beschränken sich 58,7 % der Händler auf reine Kunden- und Marketinginformation. Weitere 13,5 % wollen kurzfristig und 30 % langfristig auf diese neue Form des elektronischen Handels umstellen. Der Einzelhandel sieht durchaus die Vorteile von E-Commerce. Kleinere und mittlere Unternehmen versprechen sich von E-Commerce neue Möglichkeiten und halten dies für einen wichtigen Faktor der Kundengewinnung.

---

1 E-Commerce = Electronic Commerce, siehe Kapitel 13

Angebotsformen

Einschätzung der Entwicklung ausgewählter Angebotsformen (Anteil der Manager, die starkes/sehr starkes Wachstum sehen)

Angebotsform	Anteil
Fachmärkte	81,8%
Urban Entertainment Center	67,9%
Shoppingcenter in Bahnhöfen	60,6%
Factory-Outlet-Center	56,7%
Discounter	56,6%
Einkauf an Tankstellen	56,2%
Formen des Electronic Shoppings	55,1%
Convenience-Stores	50,4%
SB-Warenhäuser/Verbrauchermärkte	48,2%
Zustelldienste	46,0%
Shopping-Tourismus	36,5%
Supermärkte	36,0%
landwirtschaftliche Direktvermarktung	32,4%
Fachgeschäfte	27,7%
Abholdienste	26,3%
Fanshopping	25,2%
Secondhandshopping	19,6%
Tante-Emma-Läden	11,6%
Airportshopping	10,6%
Kauf-/Warenhäuser	9,1%

nach: T. Tomczak, Alternative Vertriebswege, Stuttgart 1999

Aufgaben

1. Welche Gefahr sehen Sie darin, dass 62 % aller Lebensmittel-Einzelhandelsumsätze von nur 5 Unternehmen erzielt werden?
2. Beschreiben Sie Vor- und Nachteile von Verbrauchermärkten aus der Sicht des Verbrauchers.
3. Durch welche Entwicklung ist der Wandel im Handel gekennzeichnet?
4. Nennen Sie Beispiele für neuere Betriebsformen im Einzelhandel.
5. Warum zählen die sog. „Tante-Emma-Läden" zu den großen Verlierern im Lebensmittelhandel?

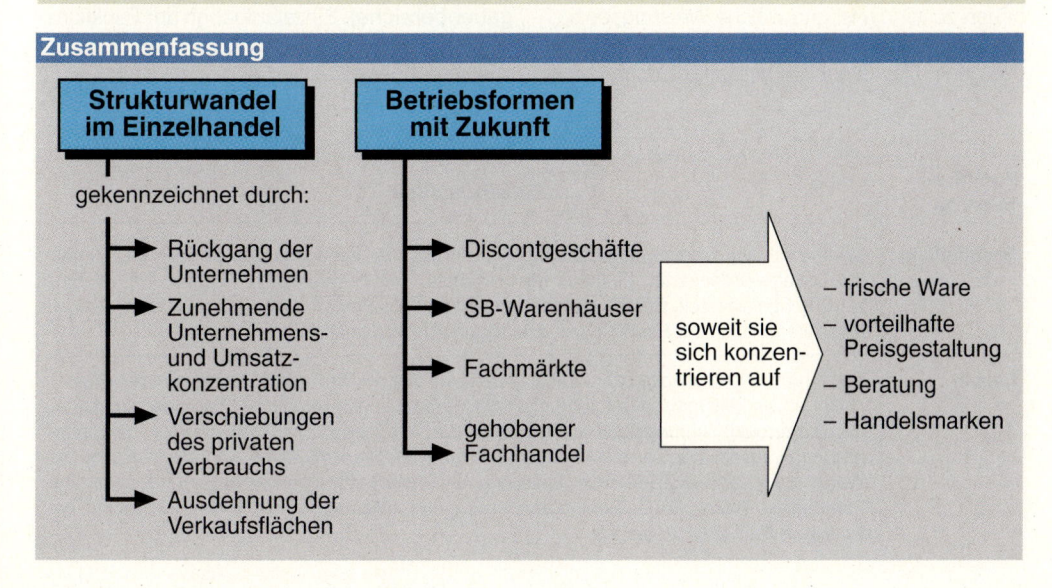

Zusammenfassung

Strukturwandel im Einzelhandel

gekennzeichnet durch:
- Rückgang der Unternehmen
- Zunehmende Unternehmens- und Umsatzkonzentration
- Verschiebungen des privaten Verbrauchs
- Ausdehnung der Verkaufsflächen

Betriebsformen mit Zukunft

- Discontgeschäfte
- SB-Warenhäuser
- Fachmärkte
- gehobener Fachhandel

soweit sie sich konzentrieren auf
- frische Ware
- vorteilhafte Preisgestaltung
- Beratung
- Handelsmarken

3.4 Aufbau von Einzelhandelsbetrieben

Frau Lippert hat eine Boutique für Damenoberbekleidung neu eröffnet. Sie beschäftigt in diesem Geschäft zwei Verkäuferinnen. In den ersten Wochen nach der Geschäftseröffnung haben sich folgende Vorfälle ereignet:

- Die Verkäuferin Frau Adler muss mehrmals Kundinnen wegschicken, weil die von ihnen gewünschten Pullover nur in den Größen 34 und 36, nicht aber in den gefragten Größen 38 – 44 vorrätig sind.
- In Abwesenheit von Frau Lippert ruft die Verkäuferin Frau Adler den ihr bekannten Lieferanten an und bestellt insgesamt 40 Pullover der fehlenden Größen.
- Frau Lippert ist ärgerlich und überrascht zugleich. In ihren Unterlagen befindet sich ein Lieferschein, aus dem hervorgeht, dass die Pullover in den angeblich fehlenden Größen im Geschäft sein müssten. Sie findet anschließend in einem Nebenraum den Karton mit den Pullovern.
- Die Verkäuferin Frau Blume hat Ärger mit ihrer Kollegin Frau Adler. Frau Adler behauptet, nur sie habe Zugang zur Kasse. Frau Blume weiß davon nichts.

Anschließend beschwert sich Frau Blume, dass sich Frau Adler beim Verkauf der Mäntel stets einmische. Frau Adler ist der Meinung, dass sie aufgrund ihrer speziellen Erfahrungen in einem Mantelfachgeschäft gerade für den Verkauf dieser Textilien verantwortlich sei.

Wodurch ist das schlechte Betriebsklima zustande gekommen? Machen Sie Verbesserungsvorschläge.

Information

Jeder Einzelhandelsbetrieb sollte so organisiert sein, dass die betriebliche Tätigkeit reibungslos und mit dem geringstmöglichen Aufwand durchgeführt werden kann. Durch die **Organisation** wird der **Aufbau** des Betriebes und der **Ablauf** der betrieblichen Tätigkeiten festgelegt. Durch sie wird geregelt, wer für die einzelnen Betriebsaufgaben zuständig ist und welche Weisungsbeziehungen zwischen den verschiedenen Bereichen bestehen. Der Organisationsaufbau richtet sich nach der Größe des Einzelhandelsbetriebes. Während in einem Kleinbetrieb der Inhaber sämtliche Aufgaben selbst erfüllt, wird die Organisation in großen Betrieben in mehrere Aufgabenbereiche aufgeteilt. Der Aufbau der einzelnen Einzelhandelsbetriebe ist verschieden. Gleich hingegen sind ihre **Funktionsbereiche (= Aufgabenbereiche).** Einzelaufgaben der Funktionsbereiche sind in der nachfolgenden Übersicht zusammengestellt.

Funktions-bereiche	Einzelaufgaben
Beschaffung	Marktforschung, Sortimentsgestaltung, Feststellung der Bezugsquellen und -wege, Führen der Bezugsquellenkartei, Einholen der Angebote, Angebotsvergleich, Feststellung der Einkaufsmenge und -zeit, Bestellungserteilung, Führen des Bestellbuches, Überwachung der Liefertermine, Prüfen der Rechnungen, Erledigung von Reklamationen.
Lager	Annehmen und Auspacken der Ware (sofern keine eigene Abteilung „Warenannahme" eingerichtet ist), Verkehr mit den Beförderungsstellen, Wareneingangskontrolle, Einordnen der Waren nach Lagerplan, Führung der Wareneingangs- und Ausgangsbücher bzw. -karteien, Eingangs- und Versandmeldungen an die Abteilungen Einkauf oder Verkauf, Verpackung und Versand der Waren (falls keine eigene Versandabteilung eingerichtet ist), Überwachung und Einsatz des Fuhrparkes, Warenpflege, Bestandskontrollen und Meldung an die Einkaufsabteilung bei Erreichen des Meldebestandes.

Vertrieb	Aufstellen des Werbeplanes, Durchführung der Werbung (Schaufensterdekoration, Ladengestaltung, Inneneinrichtung), Werbeerfolgskontrolle; Verkauf über die verschiedenen Verkaufsabteilungen: Zahlung (Kasse), Warenausgangskontrolle (Packtisch), Warenübergabe (Kassenzettel); Verkaufsaufsicht, Kundendienst, Bearbeitung von Anfragen, Ausführung von Sonderbestellungen, Erledigung von Beanstandungen, Kreditverkäufe, Überwachung der Zahlungseingänge.
Rechnungswesen	Buchen der ein- und ausgehenden Belege; Kontrolle der Zahlungsbereitschaft und der Außenstände: periodische Erfolgsermittlung; Verkehr mit den Finanzbehörden (Vorbereitung und Abgabe der Steuererklärungen, Überwachung der Steuertermine); monatliche, vierteljährliche und jährliche Abschlussarbeiten; Aufarbeiten der Unterlagen für die Betriebsabrechnung und Kalkulation, Auswertung der Zahlen für die Betriebsstatistik, Vor- und Nachkalkulation, Aufstellen der verschiedenen Teilpläne.
Verwaltung	Eingehende Post in das Posteingangsbuch eintragen, mit lfd. Nummer und Eingangsstempel versehen; Prüfung durch Abteilungsleiter, Bearbeitung des Schriftwechsels und der Rechnungen hinsichtlich ihrer sachlichen und rechnerischen Richtigkeit; wichtige Durchschläge in Umlaufmappen allen zuständigen Sachbearbeitern zur Kenntnis bringen; Schriftgutablage in der Arbeitsplatz- oder Zentralablage; Bearbeitung von Rechts- und Personalfragen; Telefonzentrale, eventuell Fernschreibdienst.

Die Aufbauorganisation

Durch die Aufbauorganisation wird die Gliederung eines Unternehmens in Abteilungen und Stellen festgelegt. Es werden Zuständigkeiten geordnet.

Abteilungen können nach zwei Gesichtspunkten gebildet werden:

– nach den Tätigkeiten, die im Einzelhandelsbetrieb durchgeführt werden müssen, also nach den **Verrichtungen (Funktionsprinzip),** insbesondere bei kleineren und mittleren Unternehmen (siehe Beispiel 1 auf der folgenden Seite).

– nach **Warengruppen (Objektprinzip),** insbesondere bei Großunternehmen (siehe Beispiel 2 auf der folgenden Seite).

Die objektbezogene Abteilungsbildung ist immer dann besonders vorteilhaft, wenn unterschiedliche Waren Spezialkenntnisse erfordern.

In der Praxis findet man bei der Abteilungsbildung häufig eine Verbindung des Funktions- und Objektprinzips vor.

In jeder Abteilung sind verschiedenartige Aufgaben zu erfüllen, z. B. muss in der Einkaufsabteilung

– der Bedarf festgestellt,
– Bezugsquellen ermittelt,
– Angebote eingeholt und verglichen,
– Ware bestellt,
– der Wareneingang überwacht und
– die Eingangsrechnungen überprüft werden.

Alle ständig wiederkehrenden Teilaufgaben, die eine Person innerhalb einer Abteilung zu erledigen hat, werden zu einer **Stelle** zusammengefasst. Eine Stelle ist daher der Aufgabenbereich einer Person und entspricht seinem Arbeitsplatz. Sie ist die **kleinste organisatorische Einheit** eines Unternehmens. Die Zahl der Stellen in einem Unternehmen hängt von seiner Größe ab.

Erforderlich ist, dass alle Beteiligten, also Stelleninhaber, und die Vorgesetzten genau über die Aufgaben in der betreffenden Stelle informiert sind, d. h., dass das Arbeitsgebiet und die Verantwortung eindeutig abgegrenzt sind.

Deshalb sollten folgende Inhalte **schriftlich** festgelegt werden:

– alle Aufgaben und Befugnisse des Stelleninhabers,
– wer der Vorgesetzte ist,
– wem man selbst „vorgesetzt ist",
– welches Leitziel man verfolgen soll (= Stellenziel),
– wie man selbst und wie der Arbeitsplatz „benannt" wird,
– wen man vertritt und von wem man selbst vertreten wird,
– welche Kenntnisse und Fähigkeiten die Stelle erfordert.

Eine solche Beschreibung des Arbeitsplatzes wird als **Stellenbeschreibung** bezeichnet.

Beispiel 1

```
Unternehmensleitung
        │
  Funktionsbereich
        │
  ┌─────┬─────┬─────┐
Einkauf Lager Verkauf Verwaltung
```

Abteilungen (Teilaufgaben)

Einkauf	Lager	Verkauf	Verwaltung
Bestellwesen	Warenannahme	Auftragsbearbeitung	Rechnungsschreibung
Rechnungsprüfung	Lagerüberwachung	Werbung	Rechnungswesen
	Warenabgabe		Personalwesen
			Finanzwesen
			Ablage

Beispiel 2

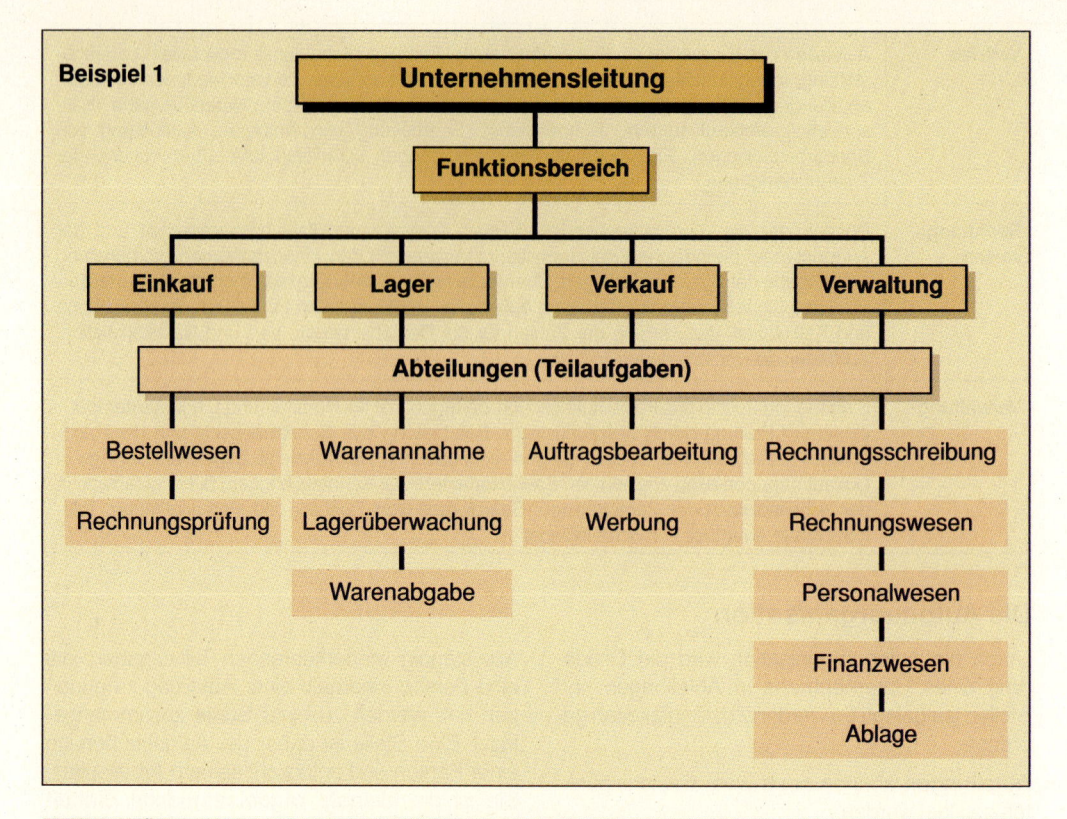

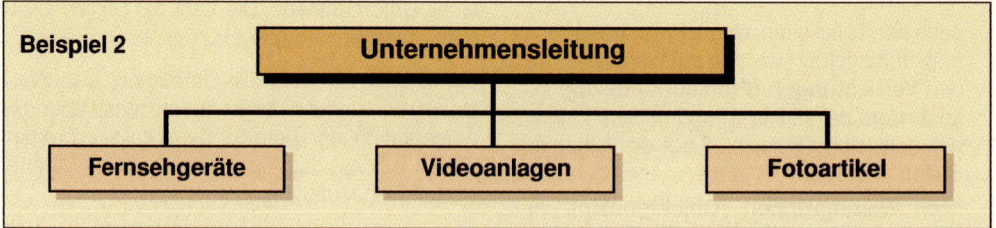

```
       Unternehmensleitung
      ┌────────┼────────┐
Fernsehgeräte  Videoanlagen  Fotoartikel
```

Betriebshierarchie

Eine Abteilung ist die Zusammenfassung mehrerer Stellen unter einer Leitung. Dadurch wird festgelegt, wer **weisungsbefugt** ist. Die Weisungsberechtigung muss auch für die einzelnen Abteilungen untereinander geregelt werden.

Das System der über- und untergeordneten Stellen bezeichnet man als **Hierarchie**. Sie besteht aus den Stellen mit Weisungsbefugnis, den so genannten **Instanzen**. Gleichrangige Stellen bilden in der Hierarchie eine Ebene.

In der Einzelhandelspraxis benutzt man überwiegend zwei Arten von Weisungssystemen:

– das **Liniensystem** und
– das **Stabliniensystem.**

Alle Personen sind in einen einheitlichen Befehlsweg eingegliedert, der von der obersten Instanz bis zur letzten Arbeitskraft reicht. Jeder Mitarbeiter erhält nur von seinem unmittelbaren Vorgesetzten Anweisungen. Ebenso kann er Meldungen und Vorschläge nur bei ihm vorbringen (= **Instanzen- oder Dienstweg**).

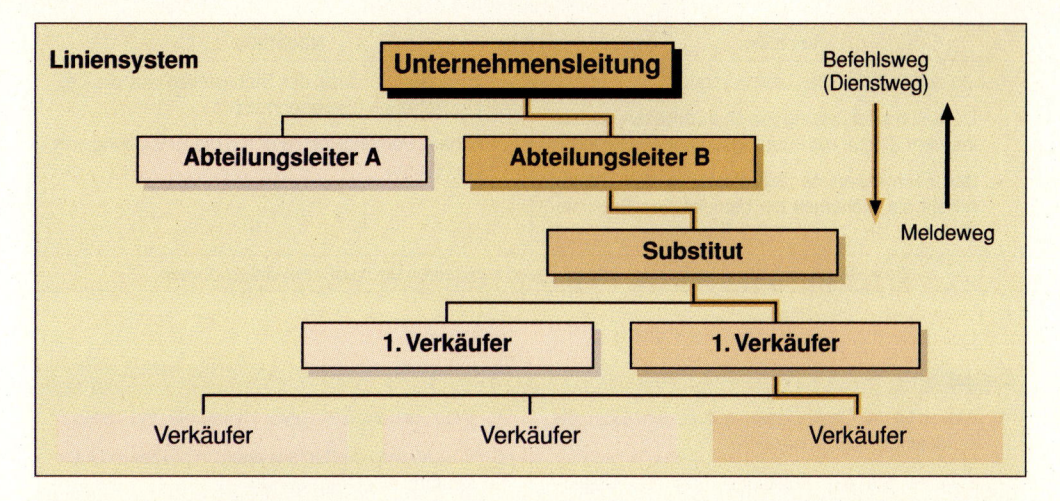

Liniensystem

```
                    Unternehmensleitung
                   /                    \
         Abteilungsleiter A      Abteilungsleiter B
                                         |
                                     Substitut
                                    /        \
                            1. Verkäufer   1. Verkäufer
                           /       |              \
                    Verkäufer   Verkäufer       Verkäufer
```

Befehlsweg (Dienstweg) ↓   Meldeweg ↑

Vorteile	Nachteile
– klare Verantwortungsbereiche;	– durch die langen Dienstwege für Anordnungen und Meldungen sehr schwerfällig;
– eindeutige Regelungen der Weisungszuständigkeiten;	– starke Belastung der oberen Leitungsebenen, weil alle Entscheidungen vom Vorgesetzten getroffen werden müssen. Mit steigender Ranghöhe nimmt die Arbeitsbelastung zu;
– gute Kontrollmöglichkeiten;	– Gefahr von Fehlentscheidungen;
– übersichtlicher organisatorischer Aufbau;	– Spezialisierung wird erschwert.
– einheitliche Leitung.	

Das Liniensystem wird in seiner reinen Form nur noch in kleinen Unternehmen angewendet.

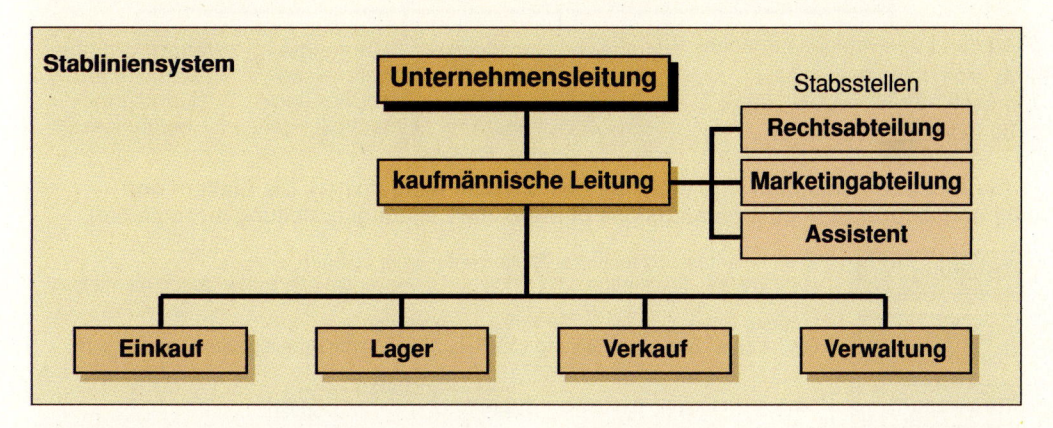

Stabliniensystem

```
                Unternehmensleitung
                        |
                                        Stabsstellen
                                        Rechtsabteilung
                kaufmännische Leitung — Marketingabteilung
                                        Assistent
        /         |          |          \
   Einkauf      Lager     Verkauf     Verwaltung
```

Das Stabliniensystem ist ein Liniensystem, wobei den oberen Leitungsstellen Spezialisten zugeordnet werden. Es werden so genannte **Stabsstellen** gegründet. Ein Stab kann eine eigene Stabsabteilung, aber auch nur eine einzelne Stelle sein, z. B. eine Sekretärin.

Die Mitarbeiter in diesen Stäben können selbst keine Anordnungen erteilen. Notwendige Anweisungen werden durch den obersten Leiter erteilt.

Die Aufgabe der Stabsstellen besteht in der fachkundigen Beratung der Führungskräfte, z. B. in Fragen der Planung, des Rechts, der Organisation, des Marketing oder der Finanzen. Sie sollen die Leitungsstellen entlasten.

Vorteile	Nachteile
neben den Vorteilen des Liniensystems: – Entlastung der Leitung von Detailarbeiten, sodass ihr mehr Zeit für die Führungsaufgaben bleiben; – das Fachwissen der Mitarbeiter in den Stäben erhöht die Sicherheit bei betrieblichen Entscheidungen.	– zu großer Einfluss der Stabsstellen auf die Leitungsebenen (Expertenmacht); – höhere Personalkosten durch die Einstellung von Fachleuten.

Das Stabliniensystem findet man überwiegend in mittleren und größeren Unternehmen.

Aufgaben

1. Wovon ist der Organisationsaufbau eines Einzelhandelsbetriebes abhängig?
2. Erklären Sie das Funktions- und das Objektprinzip.
3. Worin besteht der Unterschied zwischen einer Abteilung und einer Stelle?
4. Warum ist es sinnvoll, eine Stelle möglichst genau zu beschreiben?
5. Was verstehen Sie unter Hierarchie und Instanz?
6. Warum wird das Liniensystem in größeren Unternehmen nicht angewendet?
7. Welche Bedeutung haben Stabsstellen?
8. Welche Vorteile hat das Stabliniensystem gegenüber dem reinen Liniensystem?
9. Nennen Sie Beispiele für Abteilungen, Stellen und Stabsstellen Ihres Ausbildungsbetriebes.

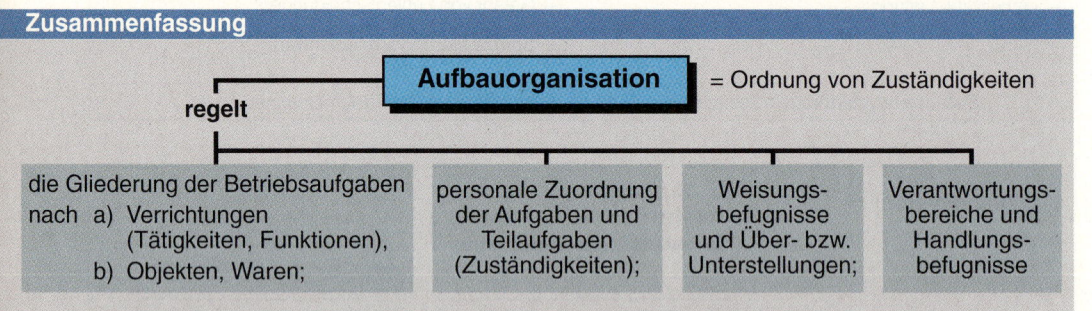

Zusammenfassung

Aufbauorganisation = Ordnung von Zuständigkeiten

regelt

- die Gliederung der Betriebsaufgaben nach
  a) Verrichtungen (Tätigkeiten, Funktionen),
  b) Objekten, Waren;
- personale Zuordnung der Aufgaben und Teilaufgaben (Zuständigkeiten);
- Weisungsbefugnisse und Über- bzw. Unterstellungen;
- Verantwortungsbereiche und Handlungsbefugnisse

Die Aufbauorganisation wird im Organisationsplan festgehalten. Die Stellen- und Abteilungsbildung soll eine reibungslose betriebliche Leistungserstellung ermöglichen.

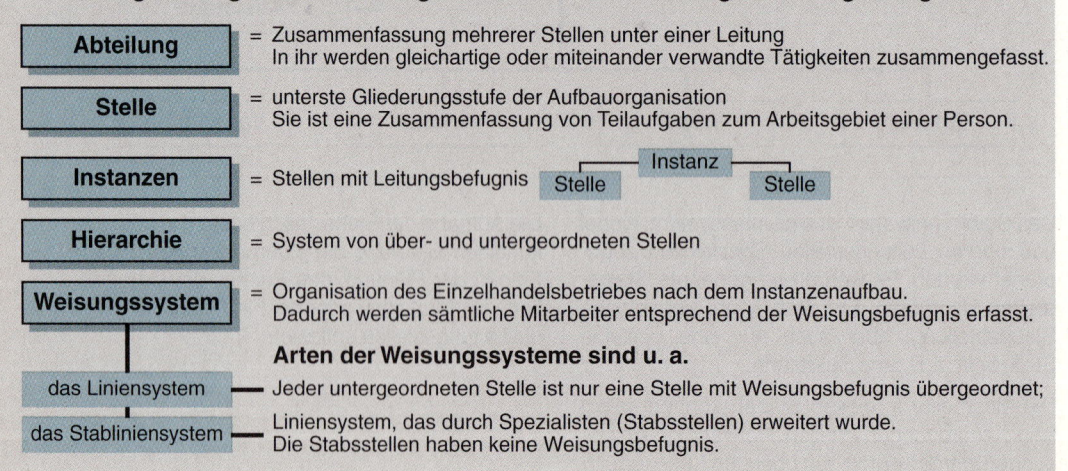

Abteilung = Zusammenfassung mehrerer Stellen unter einer Leitung
In ihr werden gleichartige oder miteinander verwandte Tätigkeiten zusammengefasst.

Stelle = unterste Gliederungsstufe der Aufbauorganisation
Sie ist eine Zusammenfassung von Teilaufgaben zum Arbeitsgebiet einer Person.

Instanzen = Stellen mit Leitungsbefugnis   Stelle — Instanz — Stelle

Hierarchie = System von über- und untergeordneten Stellen

Weisungssystem = Organisation des Einzelhandelsbetriebes nach dem Instanzenaufbau.
Dadurch werden sämtliche Mitarbeiter entsprechend der Weisungsbefugnis erfasst.

Arten der Weisungssysteme sind u. a.

- **das Liniensystem** — Jeder untergeordneten Stelle ist nur eine Stelle mit Weisungsbefugnis übergeordnet;
- **das Stabliniensystem** — Liniensystem, das durch Spezialisten (Stabsstellen) erweitert wurde.
Die Stabsstellen haben keine Weisungsbefugnis.

3.5 Betriebsfaktoren des Einzelhandels

Wir sind ein leistungsstarker Partner des Kfz-Teile-Fachhandels mit Sitz in Hannover und suchen den/die

EINKÄUFER/IN

Gewünscht werden umfassende Warenkenntnisse im Bereich Auto-Ersatz- und -Verschleißteile sowie Erfahrung im Umgang mit der EDV.

Die Position ist entsprechend ihrer Verantwortung gut dotiert.

Ihre Bewerbung mit aussagefähigen Unterlagen, Eintrittstermin und Gehaltswunsch richten Sie an

dohle
Fahrzeugteile

Warum verlangt die Firma dohle von ihrem zukünftigen Einkäufer umfassende Warenkenntnis?

Information

Der Erfolg eines Einzelhandelsbetriebes ist abhängig von

– der richtigen Warenauswahl,
– qualifizierten Mitarbeitern,
– einem günstigen Standort und
– der Ausstattung der Geschäftsräume.

Betriebsfaktor Ware

Jeder Einzelhändler wird bestrebt sein, die Waren in seinem Sortiment zu führen, für die bei seinen Kunden ausreichender Bedarf besteht.

Deshalb muss jeder Mitarbeiter im Einzelhandel gründliche Kenntnisse über die Waren seiner Branche und über den Aufbau des Sortiments seines Betriebes besitzen.

Sortimentsgliederung

Das Handelssortiment ist die Gesamtheit aller Waren und Dienstleistungen, die ein Einzelhändler anbietet. Es besteht aus verschiedenen Sorten, die zu Artikeln und Warengruppen zusammengefasst werden können.

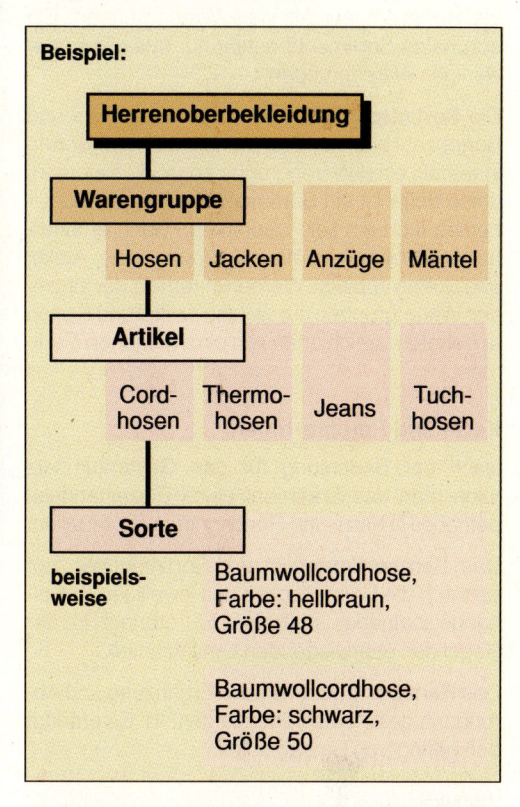

Beispiel:

Herrenoberbekleidung

Warengruppe: Hosen, Jacken, Anzüge, Mäntel

Artikel: Cordhosen, Thermohosen, Jeans, Tuchhosen

Sorte beispielsweise:
Baumwollcordhose, Farbe: hellbraun, Größe 48

Baumwollcordhose, Farbe: schwarz, Größe 50

Die **Sorte** ist die kleinste Einheit des Sortiments. Gleichartige Sorten, die sich nur nach der Menge, Größe, Farbe und Musterung unterscheiden, bilden einen **Artikel**. Verschiedene, aber ähnliche Artikel werden zu **Warengruppen** zusammengefasst.

Beispiel Sortiment	Warengruppen
Lederwaren	Koffer, Geldbörsen, Damentaschen, Herrentaschen
Schuhe	Damenschuhe, Herrenschuhe, Kinderschuhe
Damenoberbekleidung	Röcke, Mäntel, Kleider, Kostüme, Hosen usw.
Lebensmittel	Fleisch, Fisch, Molkereiprodukte usw.

Sortimentsumfang

Der Sortimentsumfang eines Einzelhandelsbetriebes kann mit den Begriffen „Sortimentsbreite" und „Sortimentstiefe" beschrieben werden.

Die **Sortimentsbreite** wird durch die Zahl der Warengruppen bestimmt. Je mehr Warengruppen in einem Einzelhandelsbetrieb angeboten werden, umso **breiter** ist sein Sortiment. Ein breites Sortiment enthält viele Warengruppen. Ein **schmales** Sortiment besteht nur aus einer oder wenigen Warengruppen.

Die **Sortimentstiefe** wird durch die Artikel- und Sortenzahl bestimmt. Je mehr Artikel und Sorten innerhalb einer Warengruppe angeboten werden, umso **tiefer** ist ein Sortiment. Ein Einzelhandelsbetrieb führt ein tiefes Sortiment, wenn er innerhalb der einzelnen Warengruppen viele Artikel und Sorten anbietet. Werden innerhalb der einzelnen Warengruppen nur wenige Artikel und Sorten angeboten, spricht man von einem **flachen** Sortiment.

Kern- und Randsortiment

Nach der Bedeutung für den Gesamtumsatz kann man das Sortiment eines Einzelhandelsbetriebes in Kern- und Randsortiment unterteilen.

Das **Kernsortiment** ist der Sortimentsteil, auf den sich die Haupttätigkeit des jeweiligen Einzelhandelsbetriebes erstreckt. Es erbringt in der Regel den überwiegenden Umsatzanteil.

Das **Randsortiment** wird zur Ergänzung und Abrundung des Kernsortiments geführt. Es erbringt den geringeren Umsatzanteil.

> **Beispiel**
> Zum Kernsortiment eines Lebensmittelgeschäftes gehören u. a. Molkereiprodukte, Nährmittel, Brot- und Backwaren, Obst und Gemüse, Fleisch- und Wurstwaren. Im Randsortiment führt dieses Geschäft Zeitschriften, Strümpfe und Kunststoffgeschirr.

Markenartikel und Handelsmarken

Markenartikel (= Herstellermarke) sind Waren,
– die durch Warenzeichen gekennzeichnet sind,
– die in stets gleicher Art, Aufmachung und Mengenabpackung überall erhältlich sind,
– deren Lieferung in gleich bleibender oder verbesserter Qualität gewährleistet ist.

> **Beispiel**
> Gustin, Odol, Persil, Bahlsen-Keks, Rama, „Nirosta"-Stahl, Trumpf-Schogetten

Die **Marke** enthält

– einen Marken**namen,** der den ansprechbaren Teil der Marke darstellt, und

– ein Marken**zeichen,** z. B. ein Symbol (der Bär von Bärenmarke, die Kuh von Milka, das Krokodil von Lacoste, Mercedes-Stern), eine Grafik, eine bestimmte Farbe oder Schreibweise („4711"), die die Ware optisch im Bewusstsein des Verbrauchers festhält.

Die 10 wertvollsten Marken	
1. Coca-Cola	69 Milliarden Dollar
2. Microsoft	65 Milliarden Dollar
3. IBM	53 Milliarden Dollar
4. General Electric	42 Milliarden Dollar
5. Nokia	35 Milliarden Dollar
6. Intel	35 Milliarden Dollar
7. Disney	33 Milliarden Dollar
8. Ford	30 Milliarden Dollar
9. McDonald's	25 Milliarden Dollar
10. AT&T	23 Milliarden Dollar

Gründe für die Schaffung eines Markenartikels:

1. Nur durch die Markierung lässt sich die Ware aus der Masse der anderen Waren herausheben und sich so von Konkurrenzwaren deutlich abheben.

2. Die mit der Markierung erreichte Kennzeichnung und Herausstellung der Ware ermöglicht eine warenspezifische Werbung, die auf die besonderen Eigenschaften und Vorzüge gezielt gerichtet ist.

3. Nur die Markenbildung bietet die Möglichkeit, für eine Ware ein besonderes Image aufzubauen.

4. Markenartikel ermöglichen es, bei den Kunden eine gewisse Markenbindung und Markentreue zu der entsprechenden Ware aufzubauen.

Konsumverhalten

Die deutschen Verbraucher sind markentreu. Besonders ausgeprägt ist dieses Verhalten bei der Wahl der Zigarette: 87 % der Konsumenten rauchen immer dieselbe Marke. Aber auch bei Waschmitteln (75 %), Hautcreme (73 %), Kaffee (71 %), Bier (71 %) oder Zahncreme (70 %) bevorzugen die Bundesbürger das Vertraute. Die Wirtschaft lässt sich die Förderung der Markenbindung zwischen Kunde und Produkt einiges kosten: Mehr als 29 Mrd. Euro investierten die deutschen Unternehmen nach Angaben des Zentralverbands der Werbewirtschaft (ZAW) 2002 in die Werbung.

Handelsmarken (Haus- oder Gemeinschaftsmarken) sind Warenzeichen der Großbetriebe im Einzelhandel (Warenhäuser, Versandhäuser). Diese Handelsunternehmen sind Eigentümer der Marke.

Beispiel	
„Elite" bei Kaufhof	„jinglers" bei C & A
„Privileg" bei Quelle	„A & P" bei Tengelmann

Die ausführenden Markierungsaufgaben, einschließlich der damit verbundenen produktbezogenen Aktivitäten, werden vielfach an weisungsgebundene Hersteller übertragen. Der Absatz von Handelsmarkenerzeugnissen erfolgt normalerweise nur in Betrieben des Markeneigentümers.

Ein Warenzeichen kann nur mit dem Geschäftsbetrieb oder mit dem Teil des Betriebes, zu dem es gehört, übertragen werden. Wird das Zeichen als Handelsmarke genutzt, genügt es, dass die für ein Handelsunternehmen wesentlichen Unterlagen, wie Kunden- und Lieferantenlisten und Warenmuster, übertragen werden.

Verkauft der Liquidator eines Unternehmens zusammen mit dem Warenzeichen nur eine wertlose Kundenliste, reicht dies für eine rechtswirksame Übertragung nicht aus.

Betriebsfaktor Mensch

Unter menschlicher Arbeit ist der Einsatz der körperlichen und geistigen Fähigkeiten eines Menschen zu verstehen. Unterscheiden muss man dabei zwischen **ausführender** und **leitender** Arbeit.

Leitende Arbeit umfasst die Planung, Leitung, Organisation und Kontrolle des betrieblichen Geschehens. Diese Aufgaben werden grundsätzlich von der Unternehmensleitung wahrgenommen.

Bei **ausführenden** Tätigkeiten werden Arbeitsvorgänge erledigt, jedoch keine Anordnungen erteilt, wie z. B. die Tätigkeit einer Verkäuferin.

Eine optimale Ausnutzung des Leistungsvermögens seiner Mitarbeiter erfordert vom Einzelhändler, jeden Mitarbeiter so zu beschäftigen, dass die auszuführende Tätigkeit möglichst den Anforderungen entspricht, die der Mitarbeiter aufgrund seiner Ausbildung, seinen Neigungen und beruflichen Erfahrungen erfüllen kann.

Der Einzelhändler wird daher Einstellungen niemals ohne die Untersuchung des Leistungsvermögens eines Bewerbers vornehmen. Auch wird er die Anforderungen jedes Arbeitsplatzes genau festlegen.

Die **Personalplanung** umfasst

– die Personalbedarfsplanung,
– die Personalbeschaffung,
– die Personaleinstellung und
– den Personaleinsatz.

Betriebsfaktoren Standort und Ausstattung

Den Ort, an dem sich Einzelhändler mit ihren Betrieben niederlassen, bezeichnet man als betrieblichen **Standort**.

Die Wahl des Standortes ist für den Einzelhändler eine Entscheidung mit langfristiger Wirkung. Sie muss daher stets auch unter Kostengesichtspunkten erfolgen, denn es gibt Kosten, die an verschiedenen Standorten unterschiedlich sind, wie z. B. Transportkosten, Arbeitslöhne, Grundstückspreise, Mieten oder steuerliche Belastungen.

Da jeder Einzelhändler auf lange Sicht gesehen den größtmöglichen Gewinn (= Erträge minus Aufwendungen) erzielen möchte, wird er neben den Kosten besonders die Absatzmöglichkeiten genauestens untersuchen.

Die Wahl des Standortes stellt sich für den Einzelhändler immer als ein Abwägen zwischen Kostenvorteilen und Absatzvorteilen dar.

Die nachfolgende Übersicht zeigt die wesentlichen Größen (= **Standortfaktoren**), die bei der Standortwahl eines **absatzorientierten** Einzelhandelsbetriebes von Bedeutung sind.

Standortfaktoren	
Bedarf und Kaufkraftumfang	– Zahl der Einwohner im Einzugsgebiet – Bevölkerungszusammensetzung (Käuferschicht) – Einkommensverhältnisse – Kaufgewohnheiten
Konkurrenzlage	– Zahl und Marktanteil der Mitbewerber
Erreichbarkeit	– Zugang mit öffentlichen Verkehrsmitteln – Erreichbarkeit für Fußgänger – Parkmöglichkeiten für private Pkw
Straßenlage des Geschäftes Die Straßenlage ist abhängig von der Betriebsform und dem Geschäftszweig.	– Stadtmitte (City) – Stadtrand – großes Wohngebiet – Passantendichte – ergänzende Nachbarschaftsbetriebe – Ausdehnungsmöglichkeiten
Kosten	– Grundstückskosten – Ladenmiete – Gewerbesteuer

Geschäfte, die Waren des täglichen Bedarfs, z. B. Lebensmittel, **anbieten,** meiden die Konkurrenz. Ihr Absatz ist auf ein relativ kleines Gebiet, oft nur auf wenige Straßen oder Häuserblocks beschränkt. Der Gewinn ist gering, hohe Ladenmieten in Citylage können nicht bezahlt werden.

Geschäfte mit Waren, die nicht so häufig gekauft werden, z. B. Schmuck, wählen eher belebte Straßen.

Verbrauchermärkte und Einkaufszentren können aufgrund ihres Warensortiments einen Standort außerhalb der Stadt an verkehrsgünstigen Punkten wählen. Angesichts niedriger Grundstückspreise bzw. Mieten können sie ihre Waren zu günstigen Preisen anbieten. Zudem ersparen sie dem Kunden durch ihr breites Sortiment lange Einkaufswege.

Große Einzelhandelsbetriebe wählen die Hauptgeschäftsstraße zum Standort, obwohl ihnen dort sehr hohe Ladenmieten bzw. Grundstückskosten entstehen. Sie suchen die Kundennähe, denn der Verbraucher will, bevor er sich zum Kauf entschließt, Angebote vergleichen.

Neben der Betriebsform beeinflusst der einmal gewählte Standort wiederum die Größe, Einteilung und die **Ausstattung** der Verkaufsräume. Abhängig vom Sortiment und dem Kundenkreis im Einzugsgebiet des Einzelhandelsbetriebes kann die Ausstattung der Verkaufsräume schlicht und zweckmäßig sein oder gehobenen oder luxuriösen Ansprüchen genügen. Durch eine individuell gestaltete Ausstattung kann man sich von der Konkurrenz abheben, besondere Aufmerksamkeit beim Kunden erzielen und dadurch die eigenen Absatzmöglichkeiten verbessern.

Aufgaben

1. Was versteht man unter einem Sortiment?
2. Fassen Sie folgende Artikel in zwei Warengruppen zusammen: Frischmilch, Früchtejogurt, Weintrauben, Goudakäse, Pfirsiche, Apfelsinen.
3. Wodurch können sich die Sorten folgender Artikel unterscheiden?
   a) Jeans,
   b) Kondensmilch,
   c) Mineralwasser.
4. Beschreiben Sie Tiefe und Breite des folgenden Sortiments:
   Damenschuhe in 30 verschiedenen Formen und Farben, Größe 36 bis 42;
   Herrenschuhe in 20 verschiedenen Formen und Farben, Größe 39 bis 48;
5. Welche der folgenden Artikel gehören zum Kernsortiment eines Schuhgeschäfts?
   Damenschuhe, Stiefel, Ledergürtel, Einlegesohlen, Hausschuhe, Schnürsenkel, Geldbörsen.
6. Welche Betriebsformen des Einzelhandels führen a) ein breites Sortiment? b) ein tiefes Sortiment?
7. Unterscheiden Sie Handelsmarken von Markenartikeln.
8. Woran erkennt man eine Marke?
9. Welche wirtschaftlichen Gründe sprechen für das Vorhandensein von Markenartikeln im Einzelhandel?
10. Nennen Sie Standortfaktoren, die bei der Gründung eines absatzorientierten Einzelhandelsbetriebes zu berücksichtigen sind.
11. Warum müssen Geschäfte, die Waren führen, die nicht so häufig gekauft werden (Juwelen, Fotoartikel), an belebten Straßen liegen?
12. Für welche Betriebe wäre als Standort ein großes Wohngebiet vorteilhaft?
13. Welche Vor- und Nachteile haben Standorte in Citylage?
14. Welche Überlegungen waren ausschlaggebend für den Standort Ihres Ausbildungsbetriebes?

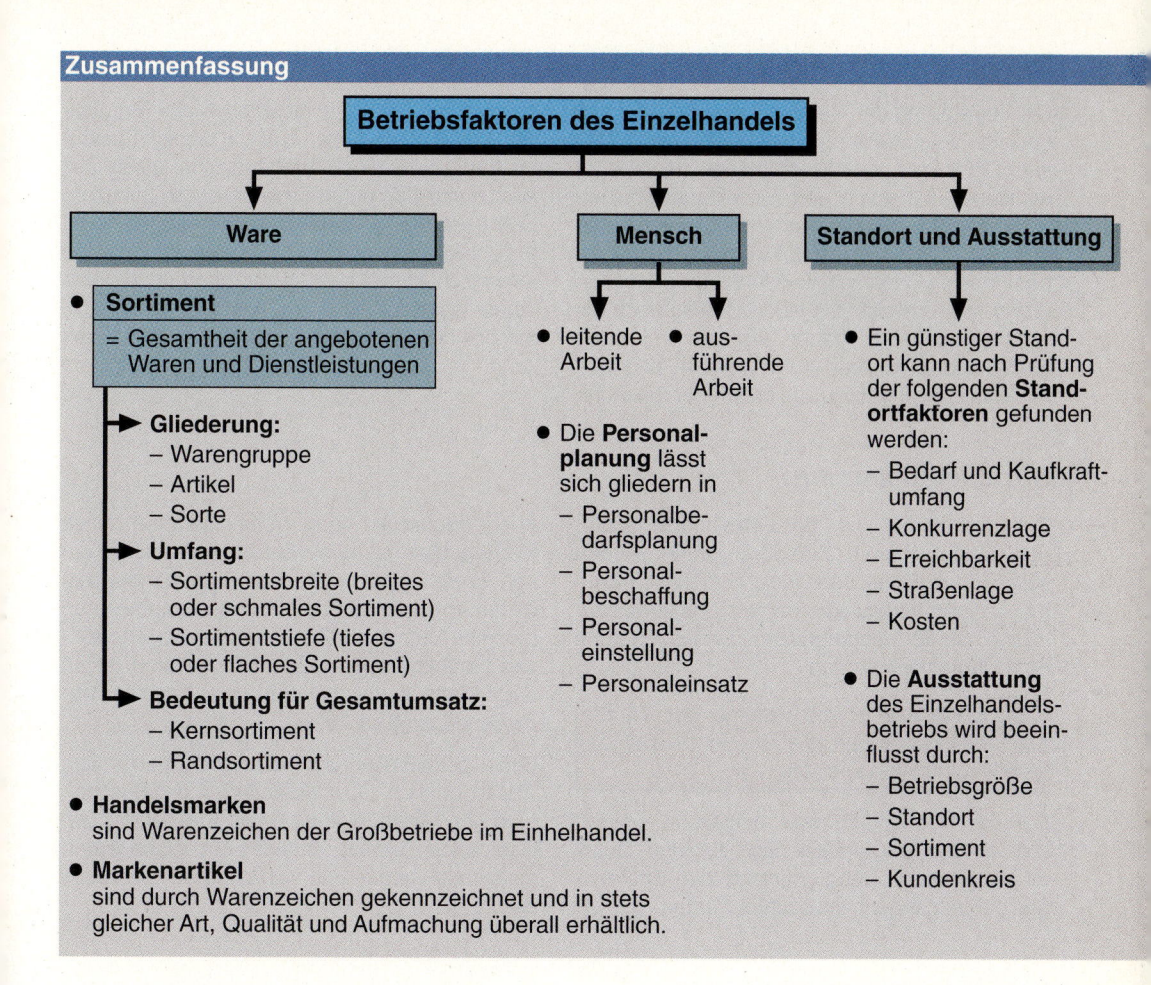

Zusammenfassung

Betriebsfaktoren des Einzelhandels

Ware

- **Sortiment**
  = Gesamtheit der angebotenen Waren und Dienstleistungen
  - **Gliederung:**
    - Warengruppe
    - Artikel
    - Sorte
  - **Umfang:**
    - Sortimentsbreite (breites oder schmales Sortiment)
    - Sortimentstiefe (tiefes oder flaches Sortiment)
  - **Bedeutung für Gesamtumsatz:**
    - Kernsortiment
    - Randsortiment
- **Handelsmarken** sind Warenzeichen der Großbetriebe im Einzelhandel.
- **Markenartikel** sind durch Warenzeichen gekennzeichnet und in stets gleicher Art, Qualität und Aufmachung überall erhältlich.

Mensch

- leitende Arbeit
- ausführende Arbeit
- Die **Personalplanung** lässt sich gliedern in
  - Personalbedarfsplanung
  - Personalbeschaffung
  - Personaleinstellung
  - Personaleinsatz

Standort und Ausstattung

- Ein günstiger Standort kann nach Prüfung der folgenden **Standortfaktoren** gefunden werden:
  - Bedarf und Kaufkraftumfang
  - Konkurrenzlage
  - Erreichbarkeit
  - Straßenlage
  - Kosten
- Die **Ausstattung** des Einzelhandelsbetriebs wird beeinflusst durch:
  - Betriebsgröße
  - Standort
  - Sortiment
  - Kundenkreis

4 Warenbeschaffung

4.1 Beschaffungsplanung

Die kaufmännische Angestellte Martina Hansen soll die Einkaufsabteilung der Müller Feinkost GmbH übernehmen. Ihr Chef macht ihr die Bedeutung dieser Abteilung klar:

„... Schon immer war im Einzelhandel bekannt: In der richtigen Planung des Einkaufs liegt der halbe Gewinn."

Welche Fragen muss Martina Hansen unbedingt vor dem Wareneinkauf klären?

Information

Im Rahmen der Beschaffungsplanung geht es für den Einzelhändler darum, die richtige Ware in der geforderten Menge und Qualität zum richtigen Zeitpunkt und zum günstigsten Preis beim richtigen Lieferer einzukaufen. In diesem Zusammenhang sind zwei Arten von Informationen für Einkaufsentscheidungen von Bedeutung:

- Bedarfsinformationen, aus denen der Einzelhändler Menge, Art und Zeit des Einkaufs ermittelt,
- Informationen, die die Auswahl des günstigsten Lieferers ermöglichen.

Die Bedarfsermittlung

Die Feststellung des Bedarfs ist im Einzelhandel die erste Voraussetzung für einen rationellen Einkauf. Der Bedarf ist die Warenmenge, die in angemessener Zeit durch den Einzelhandelsbetrieb voraussichtlich verkauft werden kann. Auch heute geschieht die Bedarfsfeststellung noch oft mit dem berühmten „Fingerspitzengefühl". Dieses kann richtig sein, erweist sich jedoch häufig auch als völlig irreführend. Daher werden in vielen Einzelhandelsbetrieben sorgfältig Ein- und Verkaufsstatistiken geführt, aus denen der Einkäufer beachtliche Schlüsse hinsichtlich der Entwicklung des Bedarfs ziehen kann. In diesem Zusammenhang wird der Einzelhändler in letzter Zeit auch durch Computerprogramme – so genannte EDV-gestützte Warenwirtschaftssysteme (vgl. Kapitel 8) – unterstützt. Die EDV-gestützten Warenwirtschaftssysteme ermöglichen z. B. eine Verkaufsdatenanalyse (vgl. Kapitel 7.1 und 8.5), mit der der zukünftige Bedarf ermittelt werden kann.

Sortimentsplanung

Zunächst einmal muss der Einzelhändler festlegen, welche Waren überhaupt geführt werden sollen. Er wird versuchen, solche Artikel im Rahmen seines Verkaufsprogramms zusammenzustellen, die der Kunde erwartet. Dadurch kommt es zur Sortimentsbildung.

Das **Sortiment** ist die Summe der Waren und Dienstleistungen, die ein Handelsbetrieb den Verbrauchern anbietet.

Bei der Überlegung, was eingekauft werden soll, werden also Artikel nach Art und Qualität ausgesucht. Dabei müssen die Erfahrungen der Vergangenheit beachtet werden.

Kundenwünsche oder Verkaufserfolge eines Mitbewerbers mit einem bestimmten Artikel können dazu führen, dass der Einzelhändler ein neues Produkt in sein Sortiment aufnehmen möchte. Aber auch Zukunftserwartungen müssen berücksichtigt werden. Hilfen hierzu bieten z. B. Marktuntersuchungen und Berichte von Reisenden und Vertretern.

Schon beim Einkauf der Waren sollte man an den Absatz denken. Obwohl er zeitlich der Beschaffung der Waren folgt, ist er als Endziel das bestimmende Element. Es dürfen nur solche Waren eingekauft werden, die sich auch absetzen lassen.

Die Mengenplanung

Bei der Mengenplanung geht es um die Frage, wie viel eingekauft werden soll. Die exakte Abschätzung des Bedarfsumfangs ist schwierig. Ziel der Mengenplanung ist die Ermittlung der kostengünstigsten Bestellmenge (optimale Bestellmenge). Der Einzelhändler steht bei der Feststellung von Beschaffungsmengen vor zwei grundsätzlichen Möglichkeiten:

– Er beschafft große Mengen in großen Zeitabständen.

– Er beschafft kleine Mengen in kleinen Zeitabständen.

Zwischen diesen beiden extremen Wahlmöglichkeiten hat der Einkäufer eine Fülle von weiteren Möglichkeiten. Zur Bestimmung der optimalen Bestellmenge muss er die Auswirkungen der verschiedenen möglichen Beschaffungsmengen auf die Höhe der Kosten untersuchen. Dabei sind zwei Kostenarten zu unterscheiden:

– **Beschaffungskosten:** Diese fallen z. B. für das Einholen des Angebots, das Schreiben der Bestellung oder die Wareneingangs- und Rechnungsprüfung an. Mit zunehmender Bestellmenge werden die Beschaffungskosten je Wareneinheit geringer. Wird nur einmal innerhalb eines bestimmten Zeitraums bestellt, muss beispielsweise auch nur einmal eine Bestellung geschrieben werden. Bei großen Bestellungen können außerdem mögliche Mengenrabatte in Anspruch genommen werden.

– **Lagerkosten:** Diese nehmen bei einer Erhöhung der Beschaffungsmenge zu. Je mehr Ware bestellt und auf Lager genommen wird, desto mehr fallen z. B. Personalkosten für im Lager beschäftigte Personen an (vgl. Kapitel 6.3).

Die Kosten verlaufen also bei unterschiedlichen Beschaffungsmengen entgegengesetzt. Die Aufgabe der Mengenplanung besteht nun darin, die Beschaffungsmenge zu bestimmen, für die die Summe aus Beschaffungs- und Lagerhaltungskosten möglichst gering ist. Bei der optimalen Bestellmenge gleichen sich sinkende Bestellkosten und steigende Lagerhaltungskosten aus.

> **Beispiel**
>
> In einem Einzelhandelsbetrieb betragen die Beschaffungskosten 35,00 € je Bestellung, unabhängig davon, wie viel bestellt wird. An Lagerkosten fallen 0,25 € je Stück an: Es sollen innerhalb eines bestimmten Zeitraums 1 000 Stück eines Artikels bestellt werden.
>
> | Anzahl der Bestellungen | Bestellmenge | Lagerhaltungskosten in € | Bestellkosten | Gesamtkosten in € |
> |---|---|---|---|---|
> | 1 | 1000 | 250,00 | 35,00 | 285,00 |
> | 2 | 500 | 125,00 | 70,00 | 195,00 |
> | 3 | 333 | 83,25 | 105,00 | 188,25 |
> | 4 | 250 | 62,50 | 140,00 | 202,50 |
> | 5 | 200 | 50,00 | 175,00 | 225,00 |
>
> Die optimale Bestellmenge liegt bei 333 Stück. Dort entstehen Kosten in Höhe von 188,25 €.

Die Höhe der Bestellmenge ist jedoch noch von weiteren Rahmenbedingungen abhängig:

- **Wirtschaftliche Lage:** Ist aufgrund konjunktureller Entwicklungen eine Verknappung von Artikeln zu erwarten, dann sollte sich der Einzelhändler mit größeren Mengen zu einem noch niedrigeren Preis eindecken.
- **Preis:** Auf Märkten, die großen Preisschwankungen unterliegen, sollten bei niedrigen Preisen größere Mengen eingekauft werden.
- **Umsatz:** Bei der Festlegung der Bestellmenge ist auch vom zu erwartenden Absatz auszugehen.

Bei der Planung der Einkaufsmenge wird oft die **Limitrechnung** angewandt. Dies wird gemacht, um die Finanzverhältnisse des Betriebes zu kontrollieren und in Ordnung zu halten. Der Einkauf wird dadurch planbar und überprüfbar. Ein Limit gibt an, für wie viel € in einem bestimmten Zeitabschnitt Waren einer Warengruppe eingekauft werden dürfen. Diese Einkaufsgrenze sollte nicht überschritten werden.

> **Beispiel**
>
> Ein Textileinzelhändler führt mit einem EDV-gestützten Warenwirtschaftssystem eine Limitrechnung für eine bestimmte Warengruppe durch.
>
> – **Limitrechnung** Plan –
>
> | Haus 1 | Abt. 1 | WGR | 1 Plansaison 1 Jahr |
> |---|---|---|---|
> | Umsatz | | | 100.000 |
> | – erzielte Kalk. | | 50,0 % | 50.000 |
> | = Planumsatz EK | | | 50.000 |
> | : Umschlag | | 5,0 | |
> | = Durchschn.-Lager | | | 10.000 |
> | = Saisonlimit | | | 50.000 |
> | – Limitreserve | | 10,0 % | 5.000 |
> | = Freies Limit | | | 45.000 |
> | – Ist-Bestellungen | | | 35.537 |
> | = Restlimit | | | 9.463 |
> | – Freigabe 16. 11. | | | 2.000 |
> | = Restlimit Neu | | | 7.463 |
>
> Plan/Ist-Vergleich? J J/N Speichern Planzahlen? J J/N Umsatzkontrolle? – J/N
>
> Der Einzelhändler strebt aufgrund früherer Umsatzzahlen für die Warengruppe innerhalb des Planungszeitraumes einen Umsatz von 100.000 € an. Er hofft, einen Kalkulationsabschlag (erzielte Kalkulation) von 50 % durchsetzen zu können: Der Bruttogewinn soll also 50.000 € betragen. Für den Wareneinsatz (Planumsatz zu Einstandspreisen) müssen daher 50.000 € eingeplant werden. Als **Saisonlimit** ergibt sich der Betrag von 50.000 €. Dies ist der Gesamtbetrag, der im Planungszeitraum ausgegeben werden darf. Das Saisonlimit wird aufgeteilt in die Limitreserve und das freie Limit. Die **Limitreserve** wird i. d. R. als Prozentsatz ausgedrückt (10 % = 5.000 €) und ist für Sonderfälle – wie z. B. Sonderangebote oder kurzfristige Nachbestellungen – vorgesehen. Das **freie Limit** (45.000 €) ist der Betrag, für den im Rahmen vorsehbarer Bestellungen eingekauft werden darf. Vom freien Limit wird der bisherige Auftragswert (Istbestellung = 35.537 €) abgezogen. Der für Bestellungen noch offene Betrag von 9.463 € ist das so genannte **Restlimit**. In diesem vereinfachten Beispiel bestellt der Einzelhändler Waren für 2.000 €, sodass sich ein neues Restlimit von 7.463 € ergibt.

Zeitplanung

Hat man die Bestellmenge annähernd ermittelt, so tritt für den Einkäufer das nächste Problem auf: **Wann soll eingekauft werden?** Bei der Zeitplanung geht es um den richtigen Zeitpunkt der Bestellung. Der Einzelhändler muss seine Waren so rechtzeitig einkaufen, dass sie zum Verkaufstermin vorhanden sind. Bei Nachbestellungen muss beachtet werden, dass die Ware im Verkauf nicht ausgeht. Um dies zu erreichen, wird häufig das Meldebestandsverfahren (Bestellpunktverfahren) angewandt (vgl. Kapitel 6.4).

Der Zeitpunkt für eine Bestellung hängt weiterhin ab von

— der Beschaffungsdauer: Ist die Ware einen Tag später da, kann man jederzeit nachbestellen.

— der Lagerfähigkeit der Waren: Artikel, die nicht lange gelagert werden können, müssen häufig bestellt werden.

— der Preisentwicklung auf dem Markt.

— der Umsatzgeschwindigkeit.

Die Bezugsquellenermittlung

Der Auswahl der Lieferanten muss besondere Aufmerksamkeit geschenkt werden. Von ihr hängt nämlich ganz entscheidend die Kostensituation des Einzelhandelsunternehmens ab. Grundsätzlich sollte der Einzelhändler dort einkaufen, wo es am günstigsten ist.

Die Auswahl von Erstlieferanten

Können bei Lieferanten, mit denen bereits Geschäftsverbindungen bestehen, bestimmte Artikel nicht bezogen werden, muss sich der Einzelhändler nach neuen Lieferanten umsehen.

Hilfen beim Aufsuchen günstiger Bezugsquellen sind:

— Kataloge, Prospekte, Preislisten. Sie gehören zum grundlegenden Handwerkszeug des Einkäufers.

— Fachzeitschriften: Hier finden sich oft Hinweise auf neue Entwicklungen und Produkte.

— Adressenverzeichnisse wie: „ABC der deutschen Wirtschaft", „Wer liefert was?", „Branchenverzeichnis des Telefonbuchs (Gelbe Seiten)".

— Der Besuch von Messen und Ausstellungen: In diesem Zusammenhang bieten gerade Kataloge von Fachmessen eine fast lückenlose Übersicht.

— Unterlagen von Vertreterbesuchen.

— Recherchen im Internet

Lieferantenauswahl

Obwohl sich der Einzelhändler immer über neue Liefermöglichkeiten informieren sollte, wird er oft auf bereits bestehende Geschäftsverbindungen zurückgreifen. Dazu wertet er die eigenen Einkaufsunterlagen der Vergangenheit aus. Häufig wird eine **Bezugsquellenkartei** geführt, die einen schnellen Überblick über die einmal ermittelten Bezugsquellen gibt. Sie kann als Waren- oder Lieferkartei geführt werden.

— Die **Liefererkartei** ist nach Lieferanten geordnet und enthält Informationen über deren lieferbare Waren.

— Die **Warenkartei** ist nach Waren geordnet und enthält Angaben über die betreffenden Lieferfirmen.

Moderne Einzelhandelsbetriebe speichern die Einkaufsinformationen mithilfe computergestützter Warenwirtschaftssysteme in ihren EDV-Anlagen.

Kann der Einzelhändler einen gewünschten Artikel von mehreren Lieferanten beziehen, muss er diese beurteilen bzw. bewerten. Dazu werden mehrere Beurteilungspunkte herangezogen:

— **Einhaltung der Qualität:** Die Lieferung einwandfreier Qualität ist eine der wesentlichen Voraussetzungen für die Wahl eines Lieferanten. Würde der Einzelhandelsbetrieb mangelhafte Ware verkaufen, könnte der Ruf des Unternehmens beeinträchtigt werden. Dadurch gehen Kunden verloren.

— **Einhaltung der Liefertermine:** Hält der Lieferant die vereinbarten Liefertermine nicht ein, kann es zu Absatzstockungen kommen. Diese verursachen beträchtliche Kosten.

— **Einhaltung der Menge:** Wenn ständig, statt der vereinbarten Gesamtmenge, Teilmengen angeliefert werden, verursacht dies im einkaufenden Unternehmen hohe Kosten.

— **Preis:** Bei der Auswahl von Lieferanten spielt der Preis eine ausschlaggebende Rolle. Bevor jedoch ein Preisvergleich angestellt werden kann, müssen die vorgenannten Beurteilungsmerkmale überprüft werden. Abweichungen in der Qualität, der Menge und dem Liefertermin machen den Bezug selbst bei günstigem Preis unmöglich, wenn beispielsweise der gewünschte Liefertermin nicht eingehalten werden kann.

– **Konditionen:** Beim Preisvergleich sind selbstverständlich die Liefer- und Zahlungsbedingungen zu berücksichtigen.

– **Geografische Lage:** Sie muss insbesondere bei Artikeln beachtet werden, bei denen der Frachtkostenanteil erheblich ist.

Aufgaben

1. Welches Ziel haben die Beschaffungstätigkeiten in einem Einzelhandelsbetrieb?
2. Welche Maßnahmen müssen bei der Einkaufsvorbereitung getroffen werden?
3. Wie wirkt sich eine Erhöhung der Bestellmenge auf die Beschaffungs- oder Lagerkosten aus?
4. 400 Stück eines Artikels sollen bestellt werden. Die Lagerhaltungskosten betragen pro Stück 0,75 €, die Beschaffungskosten pro Bestellung 40,00 €. Ermitteln Sie die optimale Bestellmenge.
5. Welche Informationen enthält eine Bezugsquellenkartei?
6. Entwerfen Sie jeweils ein Muster einer Liefereroder Warenkarteikarte für einen typischen Artikel bzw. Lieferanten Ihres Ausbildungsbetriebes.
7. Wo findet ein Einzelhändler Hinweise auf Lieferanten, die ihm die benötigten Artikel anbieten können?
8. Nach welchen Merkmalen würden Sie einen Lieferanten beurteilen?

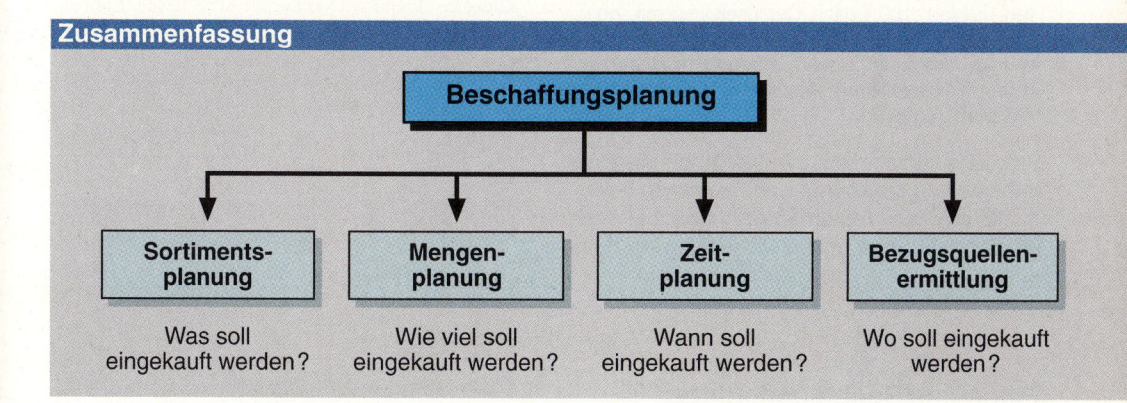

Zusammenfassung

Beschaffungsplanung

Sortimentsplanung	Mengenplanung	Zeitplanung	Bezugsquellenermittlung
Was soll eingekauft werden?	Wie viel soll eingekauft werden?	Wann soll eingekauft werden?	Wo soll eingekauft werden?

4.2 Rechtsgeschäfte

Die Großhandlung Tietz, Hannover, bietet dem Inhaber einer Boutique 50 Jeans zu 15,00 € je Stück an. Der Boutiqueinhaber findet das Angebot günstig und bestellt die angebotene Ware.

Durch welche Erklärungen der beiden Vertragspartner kommt der Vertrag über den Kauf von 50 Jeanshosen zustande?

Information

Willenserklärungen

Rechtsgeschäfte entstehen durch eine oder mehrere Willenserklärungen. Willenserklärungen sind gewollte und zwangsfreie Erklärungen einer Person.

> **Beispiele**
> – Ein Verkäufer bietet einer Kundin eine preisgünstige Kaffeemaschine an. Er **will** der Kundin die Kaffeemaschine verkaufen.
> – Die Geschäftsführerin eines Technikkaufhauses kündigt einem Abteilungsleiter. Sie **will,** dass der Abteilungsleiter nicht mehr in dem Technikkaufhaus arbeitet.

Willenserklärungen werden abgegeben
1. durch ausdrückliche mündliche oder schriftliche Äußerungen,
2. durch bloße Handlungen, aus denen der Wille zu erkennen ist, z. B. Handzeichen bei Versteigerungen, Geldeinwurf in einen Zigarettenautomaten, Einsteigen in ein Taxi,
3. in Ausnahmefällen durch Schweigen.

> **Beispiel**
> Der Großhändler Hahn schickt dem Lebensmitteleinzelhändler Grewe, den er regelmäßig mit Konserven beliefert, 100 Dosen Gemüsekonserven, ohne dass Grewe diese bestellt hat. Wenn sich der Einzelhändler Grewe zu dieser Lieferung nicht äußert, bedeutet dieses Schweigen, dass er mit der Lieferung einverstanden ist.

Schweigen gilt aber nur dann als Annahme einer **unbestellten Lieferung,** wenn zwischen beiden Kaufleuten **ein regelmäßiger Geschäftsverkehr** besteht. Sonst bedeutet das Schweigen Ablehnung der unbestellten Lieferung. Ist der Empfänger der unbestellten Ware eine Privatperson, gilt ihr Schweigen immer als Ablehnung der unbestellten Lieferung.

Der Verbraucher ist auch nicht verpflichtet eine unerwünschte Ware zu bezahlen. Er muss die Ware auch nicht zurücksenden. Er kann sich den lästigen Gang zur Post und das Rücksendeporto sparen. Der Verbraucher ist auch nicht verpflichtet, den Absender davon zu unterrichten, dass er die Ware nicht kaufen möchte. Dies braucht er auch dann nicht zu tun, wenn es in der Sendung zum Beispiel heißt, ein Kaufvertrag gelte als abgeschlossen, wenn nicht binnen bestimmter Frist Einspruch erhoben wird.

> **Unbestellte Ware**
>
> **?** Obwohl ich gar nicht bestellt habe, wurde mir ein Dutzend Weihnachtskarten zugeschickt. Ich werde nicht bezahlen, aber wie lange kann die Firma die Rückgabe der Karten verlangen? Muss ich die Karten verwahren? *Dr. H. P. in Neunkirchen*
>
> **!** Derart angebotene Waren dürfen vom Unternehmer nicht mehr zurückgefordert werden (§ 241 a BGB). Ist der Artikel zwischenzeitlich kaputtgegangen, dürfen die Versender erst recht keinen Schadenersatz verlangen.
> Ausnahme: Es handelt sich – für den Empfänger erkennbar – um eine versehentliche Fehllieferung.

Einseitige Rechtsgeschäfte

Einseitige Rechtsgeschäfte entstehen durch die Willenserklärung nur einer Person. Sie können empfangsbedürftig oder nicht empfangsbedürftig sein.

Empfangsbedürftige Willenserklärungen sind z. B. Kündigungen, Mahnungen, Bürgschaften. Sie sind erst dann wirksam, wenn sie einer anderen Person zugehen.

> Eine per Einschreiben gegen Rückschein abgesandte empfangsbedürftige Willenserklärung wird auch dann nicht wirksam, wenn die bei der Postfiliale niedergelegte Sendung vom Adressaten trotz schriftlicher Mitteilung über die Niederlegung nicht abgeholt wird.
>
> Erhält der Absender also ein Einschreiben gegen Rückschein als unzustellbar von der Post zurück, hat er neben der persönlichen Zustellung gegen Empfangsbestätigung oder in Gegenwart von Zeugen noch die Möglichkeit, den Gerichtsvollzieher mit der Zustellung zu beauftragen. In diesem Falle gilt die Sendung nach schriftlicher Mitteilung über die Niederlegung auch dann als zugestellt, wenn der Adressat sie nicht abholt.
>
> Darüber hinaus ist einer Kündigung per Telefax abzuraten: Die Kündigung eines Mietverhältnisses bedarf der schriftlichen Form, die gemäß § 126 BGB nur gewahrt ist, wenn die Urkunde vom Aussteller eigenhändig durch Namensunterschrift unterzeichnet wird. Folge ist, dass eine Kündigung per Telefax unwirksam ist und damit keine Rechtswirkung entfaltet.

Nicht empfangsbedürftige Willenserklärungen sind z. B. Testamente. Sie sind gültig, ohne dass sie einer anderen Person zugehen.

Mehrseitige Rechtsgeschäfte oder Verträge

Verträge kommen grundsätzlich durch die Abgabe von zwei übereinstimmenden Willenserklärungen zustande. Die 1. Willenserklärung wird als **Antrag**, die 2. Willenserklärung als **Annahme** bezeichnet. Mit der Annahme des Antrags ist ein Vertrag abgeschlossen.

Abschluss des Kaufvertrages

Der Antrag auf Abschluss eines Kaufvertrages kann vom Verkäufer oder vom Käufer einer Sache oder eines Rechts ausgehen.

1. Möglichkeit

Der Verkäufer macht einen Antrag auf Abschluss eines Kaufvertrages, indem er dem Käufer ein **Angebot** unterbreitet. Der Käufer nimmt das Angebot durch eine **Bestellung** an. Ein Kaufvertrag kommt zustande, wenn die Bestellung mit dem Angebot übereinstimmt.

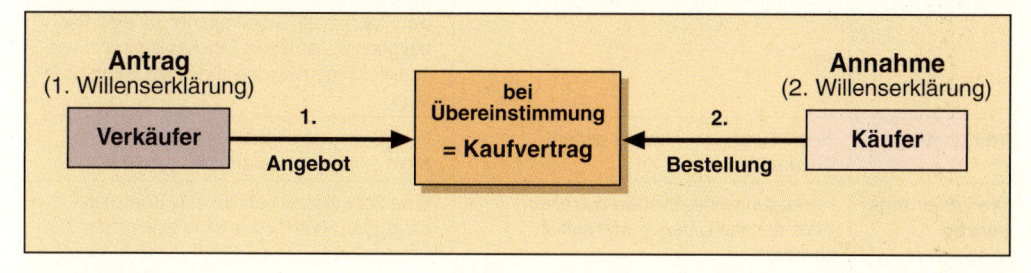

```
     Antrag                                              Annahme
(1. Willenserklärung)                             (2. Willenserklärung)
                              bei
   ┌──────────┐   1.     Übereinstimmung    2.    ┌──────────┐
   │ Verkäufer│ ──────►  = Kaufvertrag   ◄──────  │  Käufer  │
   └──────────┘  Angebot                 Bestellung └────────┘
```

2. Möglichkeit

Der Antrag auf Abschluss eines Kaufvertrages geht vom Käufer aus, wenn der Käufer **bestellt**, ohne dass er ein Angebot erhalten hat. Der Verkäufer nimmt diesen Antrag durch die **sofortige Lieferung** oder die Zusendung einer **Bestellungsannahme (= Auftragsbestätigung)** an.

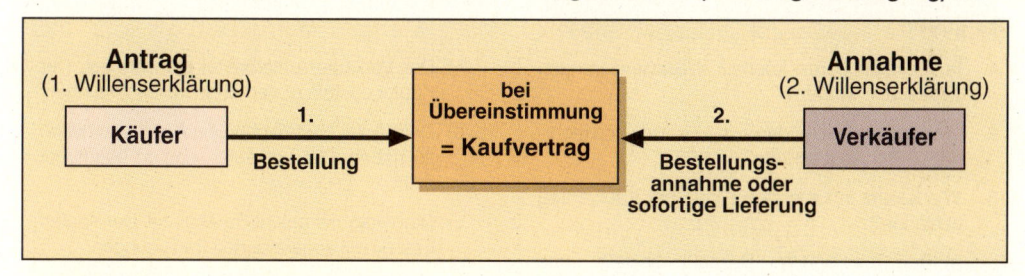

```
     Antrag                                              Annahme
(1. Willenserklärung)                             (2. Willenserklärung)
                              bei
   ┌──────────┐   1.     Übereinstimmung    2.    ┌──────────┐
   │  Käufer  │ ──────►  = Kaufvertrag   ◄──────  │ Verkäufer│
   └──────────┘ Bestellung              Bestellungs- └────────┘
                                        annahme oder
                                        sofortige Lieferung
```

Vertragsarten	Vertragsinhalt	Beispiel
Kaufvertrag	Veräußerung von Sachen und Rechten gegen Bezahlung	Ein Verkäufer verkauft einem Kunden einen Anzug.
Tauschvertrag	Gegenseitige Übereignung von Sachen oder Rechten	Ein Briefmarkensammler gibt einem anderen Briefmarkensammler eine Marke, die er doppelt hat. Als Gegenleistung erhält er eine andere Briefmarke.
Schenkung	Unentgeltliche Vermögensübertragung an andere Personen	Ein junger Mann schenkt seiner Freundin einen Ring.
Mietvertrag	Überlassung einer Sache gegen Zahlung eines vereinbarten Mietpreises	Ein Mieter mietet eine Wohnung. Er erhält das Wohnrecht gegen Zahlung einer monatlichen Miete an den Vermieter.

(Fortsetzung siehe folgende Seite)

Vertragsarten	Vertragsinhalt	Beispiel
Pachtvertrag	Überlassung von Sachen und Rechten zum Gebrauch und zur Nutzung gegen Zahlung eines vereinbarten Pachtzinses	Ein Landwirt pachtet ein Stück Land. Er darf auf diesem Land Ackerbau betreiben. Die Früchte, die er von dem Acker erntet, gehören ihm als Pächter.
Leihvertrag	Überlassung einer Sache zum unentgeltlichen Gebrauch	Jemand leiht in der Stadtbücherei kostenlos ein Buch aus und bringt es nach Ende der Leihfrist wieder zurück.
Darlehensvertrag	Überlassung von Geld oder anderen vertretbaren Sachen zum Verbrauch gegen spätere Rückgabe gleichartiger Sachen	Ein Einzelhändler nimmt bei einer Bank einen Kredit in Höhe von 25.000,00 € auf. Er zahlt diesen Kredit bis zu einem vereinbarten Zeitpunkt an die Bank zurück.
Dienstvertrag	Leistung von Diensten gegen Bezahlung	Durch Abschluss eines Arbeitsvertrages verpflichtet sich ein Arbeitnehmer, für einen Arbeitgeber zu arbeiten. Der Arbeitgeber muss ihm als Gegenleistung Lohn oder Gehalt zahlen.
Werkvertrag	Herstellung eines Werkes gegen Bezahlung	Eine Schneiderin näht für eine Kundin ein Kleid. Die Kundin liefert dazu den Stoff.
Werklieferungsvertrag	Herstellung eines Werkes aus einem Stoff, den der Unternehmer selbst beschafft	Eine Schneiderin näht für eine Kundin ein Kleid. Den Stoff für das Kleid besorgt die Schneiderin.

Aufgaben

1. In welcher Form können Willenserklärungen abgegeben werden?
2. Wodurch unterscheiden sich einseitige und mehrseitige Rechtsgeschäfte?
3. Wie kommt in folgenden Fällen der Kaufvertrag zustande?
   a) Der Einzelhändler Reimann bestellt, ohne dass ihm ein Angebot vorliegt, bei einem Lieferer 100 T-Shirts zum Preis von 3,00 € je Stück. Der Lieferer nimmt die Bestellung an und liefert die Ware.
   b) Eine Kundin lässt sich in einem Textilfachgeschäft von einem Verkäufer Pullover vorlegen. Nach langem Vergleichen entscheidet sie sich für einen Pullover. Sie sagt: „Den nehme ich."
   c) Frau Lange bestellt 1 000 Briefumschläge für 1,50 €. Der Lieferant liefert zwei Tage später.
4. In welchen der folgenden Fälle ist ein Kaufvertrag zustande gekommen? Begründen Sie Ihre Antwort.
   a) Der Verkäufer unterbreitet ein Angebot. Der Käufer bestellt zu den Angebotsbedingungen.
   b) Der Käufer bestellt ohne ein Angebot erhalten zu haben. Der Verkäufer reagiert überhaupt nicht.
   c) Der Verkäufer macht ein Angebot. Der Käufer bestellt mit abgeänderten Bedingungen.
   d) Der Käufer bestellt. Der Verkäufer liefert sofort.
5. Um welche Vertragsarten handelt es sich jeweils in den folgenden Fällen?
   a) Ein Autofahrer lässt in einer Kfz-Werkstatt einen Kotflügel seines Wagens ausbeulen.
   b) Ein Bankkunde leiht bei seiner Bank Geld, das er mit Zinsen zurückzahlen muss.
   c) Ein Verkäufer arbeitet in einem Supermarkt für ein Monatsgehalt von 900,00 €.
   d) Ein Tischler fertigt für einen Kunden einen Einbauschrank an. Das Holz für den Schrank besorgt er selbst.
6. Wodurch unterscheiden sich Mietvertrag und Pachtvertrag?

Zusammenfassung

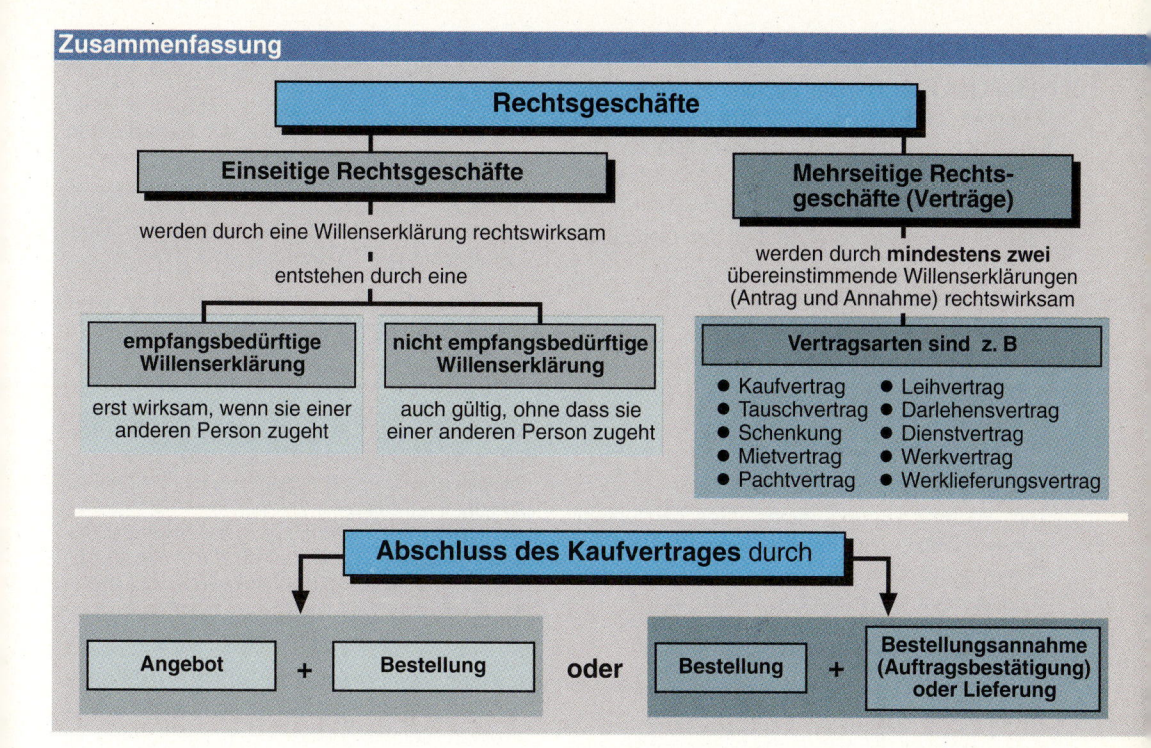

Rechtsgeschäfte

Einseitige Rechtsgeschäfte
werden durch eine Willenserklärung rechtswirksam
entstehen durch eine

- **empfangsbedürftige Willenserklärung**
  erst wirksam, wenn sie einer anderen Person zugeht
- **nicht empfangsbedürftige Willenserklärung**
  auch gültig, ohne dass sie einer anderen Person zugeht

Mehrseitige Rechtsgeschäfte (Verträge)
werden durch **mindestens zwei** übereinstimmende Willenserklärungen (Antrag und Annahme) rechtswirksam

Vertragsarten sind z. B
- Kaufvertrag
- Tauschvertrag
- Schenkung
- Mietvertrag
- Pachtvertrag
- Leihvertrag
- Darlehensvertrag
- Dienstvertrag
- Werkvertrag
- Werklieferungsvertrag

Abschluss des Kaufvertrages durch

Angebot + Bestellung   **oder**   Bestellung + Bestellungsannahme (Auftragsbestätigung) oder Lieferung

4.3 Rechts- und Geschäftsfähigkeit

Die fünfzehnjährige Susanne Hartholz erbt von ihrem Großvater ein Textilfachgeschäft. Sie ist überzeugt, dass sie einen guten modischen Geschmack hat. Deshalb möchte sie in Zukunft das Textilfachgeschäft selbst führen. Ihr Vater will, dass sie erst ihre Ausbildung in einem Textilkaufhaus beendet. Bis dahin will er sich um das Geschäft kümmern.

Darf Susanne Hartholz das geerbte Geschäft gegen den Willen ihres Vaters führen?

Information

Rechtsfähigkeit

Unter Rechtsfähigkeit versteht das Gesetz die Fähigkeit einer Person, Träger von Rechten und Pflichten zu sein. Eine Person hat z. B. das Recht, ein Geschäft zu erben, oder die Pflicht, die Schule zu besuchen.

Rechtsfähig sind nicht nur Menschen (= **natürliche Personen**), sondern auch Personenvereinigungen, z. B. Vereine, Aktiengesellschaften, Gesellschaften mit beschränkter Haftung, Genossenschaften. Sie werden als **juristische Personen** bezeichnet.

Die **Rechtsfähigkeit natürlicher Personen** beginnt mit der Vollendung der Geburt und endet mit ihrem Tod.

Die **Rechtsfähigkeit juristischer Personen** beginnt mit der Gründung (z. B. bei Aktiengesellschaften durch die Eintragung in das Handelsregister) und endet mit ihrer Auflösung (z. B. Löschung der Aktiengesellschaft im Handelsregister).

Geschäftsfähigkeit

Unter Geschäftsfähigkeit versteht das Gesetz die Fähigkeit von Personen, Rechtsgeschäfte rechtswirksam abzuschließen. Eine geschäftsfähige Person kann z. B. Waren einkaufen oder verkaufen, eine Wohnung mieten oder eine Reise buchen.

Man unterscheidet drei Stufen der Geschäftsfähigkeit:
1. Geschäftsunfähigkeit,
2. Beschränkte Geschäftsfähigkeit,
3. Unbeschränkte oder volle Geschäftsfähigkeit.

Geschäftsunfähig sind
– Kinder unter sieben Jahren,
– dauernd geisteskranke Personen.

Die Willenserklärung eines Geschäftsunfähigen ist nichtig, d. h. ungültig. Geschäftsunfähige Personen können also keine Rechtsgeschäfte rechtswirksam abschließen.

Beschränkt geschäftsfähig sind

Personen, die mindestens sieben, aber unter 18 Jahre alt sind.

Eine beschränkt geschäftsfähige Person darf Rechtsgeschäfte normalerweise nur mit **Zustimmung** des gesetzlichen Vertreters (Vater, Mutter, Vormund) abschließen. Rechtsgeschäfte, die sie ohne **vorherige Einwilligung** des gesetzlichen Vertreters abgeschlossen hat, sind schwebend unwirksam. Sie können durch die **nachträgliche Genehmigung** des gesetzlichen Vertreters wirksam werden.

> **Beispiel**
> Der siebzehnjährige Auszubildende Jochen Reinhard kauft einen Videorekorder, ohne dass er seinen Vater vorher gefragt hat. Der Verkäufer des Videorekorders fragt den Vater von Jochen später, ob er mit dem Kauf einverstanden ist. Wenn sich Jochens Vater mit dem Kauf einverstanden erklärt, ist ein Kaufvertrag zustande gekommen. Ist er nicht einverstanden, kommt kein Kaufvertrag zustande.

In **Ausnahmefällen** darf eine beschränkt geschäftsfähige Person Rechtsgeschäfte auch ohne Zustimmung ihres gesetzlichen Vertreters abschließen:

1. Sie darf Willenserklärungen abgeben, die ihr nur rechtliche Vorteile bringen, z. B. ein Geschenk annehmen.
2. Sie darf Verträge abschließen, die sie mit ihrem Taschengeld erfüllen kann.

> **Beispiel**
> Die fünfzehnjährige Sabine Beyer kauft von ihrem Taschengeld eine CD zum Preis von 12,90 €.

3. Sie darf Rechtsgeschäfte im Rahmen eines Arbeitsvertrages abschließen, den sie mit Zustimmung ihres gesetzlichen Vertreters eingegangen ist.

> **Beispiel**
> Ein siebzehnjähriger Verkäufer darf Ware an Kunden verkaufen, ohne vorher seinen gesetzlichen Vertreter zu fragen. Er darf ohne Zustimmung seines gesetzlichen Vertreters Vereinbarungen über Arbeitszeit, Gehalt, Pausen, Urlaub usw. treffen. Er darf das Arbeitsverhältnis, sofern es als Dienstverhältnis anzusehen ist, auch ohne Zustimmung des gesetzlichen Vertreters kündigen.

4. Wenn sie ihr gesetzlicher Vertreter mit Erlaubnis des Vormundschaftsgerichtes ermächtigt, einen selbstständigen Geschäftsbetrieb zu führen, darf sie ohne Zustimmung alle Rechtsgeschäfte abschließen, die dieser Betrieb mit sich bringt.

> **Beispiel**
> Die sechzehnjährige Carmen Freese führt selbstständig einen Jeansshop. Sie darf ohne Zustimmung ihres gesetzlichen Vertreters Ware einkaufen und verkaufen, Rechnungen bezahlen usw. Will sie jedoch privat von ihrem Geld eine teure Stereoanlage kaufen, muss sie ihren gesetzlichen Vertreter um Erlaubnis bitten.

Unbeschränkt geschäftsfähig sind natürliche Personen, die das 18. Lebensjahr vollendet haben. Willenserklärungen unbeschränkt geschäftsfähiger Personen sind voll rechtswirksam. Kann ein Volljähriger seine Angelegenheiten aufgrund einer psychischen Krankheit oder einer körperlichen, geistigen oder seelischen Behinderung ganz oder teilweise nicht erledigen, so bestellt das Vormundschaftsgericht für ihn einen Betreuer, der ihn gerichtlich und außergerichtlich vertritt.

Aufgaben

1. Unterscheiden Sie Rechtsfähigkeit und Geschäftsfähigkeit.
2. Der 17 Jahre alte Hans Vollmer erhält von seinem Vater 500,00 € für eine Hi-Fi-Anlage. Der Händler besteht darauf, dass der Vater ihm gegenüber erklärt, dass er mit dem Kauf einverstanden ist. Warum verlangt der Händler diese Einverständniserklärung?
3. Die vierzehnjährige Sandra und der fünfzehnjährige Thomas kaufen von ihrem Taschengeld einen gebrauchten Plattenspieler für 20,00 €. Ihr Vater will den Kaufvertrag rückgängig machen. Der

Händler weigert sich. Wer hat Recht? Begründen Sie Ihre Meinung.

4. Der neun Jahre alte Jürgen bekommt von seiner Tante einen Walkman geschenkt. Seine Eltern verbieten ihm die Annahme des Geschenks. Sind sie dazu berechtigt? Begründen Sie Ihre Meinung.

5. Die siebzehnjährige Anja Schneider schließt mit Einwilligung ihrer Eltern ein Ausbildungsverhältnis zur Kauffrau im Einzelhandel ab. Welches der folgenden Rechtsgeschäfte darf sie nur mit Zustimmung ihrer Eltern abschließen? Begründen Sie Ihre Meinung.

   a) In ihrem Ausbildungsbetrieb verkauft sie einen Mikrowellenherd an einen Kunden.

   b) Am Wochenende verkauft sie ihre Stereoanlage an eine Freundin.

6. Der 17 Jahre alte Frank Förster führt mit Genehmigung des Vormundschaftsgerichts den Betrieb seines verstorbenen Vaters. Welche der folgenden Rechtsgeschäfte darf er ohne Zustimmung seines gesetzlichen Vertreters abschließen? Begründen Sie Ihre Meinung.

   a) Einkauf einer neuen Maschine für den Betrieb,
   b) Kauf eines Ferienhauses in Griechenland,
   c) Kauf eines Taschenrechners im Wert von 15,00 €,
   d) Einstellen eines neuen Mitarbeiters.

Zusammenfassung

Rechtsfähigkeit

= Fähigkeit einer Person, Träger von Rechten und Pflichten zu sein.

Natürlicher Personen
– beginnt mit Vollendung der Geburt
– endet mit dem Tod

Juristischer Personen
– beginnt mit der Gründung
– endet mit ihrer Auflösung

Geschäftsfähigkeit

= Fähigkeit einer Person, Rechtsgeschäfte rechtswirksam abzuschließen.

Geschäftsunfähigkeit

Willenserklärungen von
– Kindern unter 7 Jahren und
– dauernd geisteskranken Personen
sind **nichtig**.

Beschränkte Geschäftsfähigkeit

Willenserklärungen von Personen, die mindestens sieben Jahre, aber unter 18 Jahre alt sind, sind bis auf bestimmte Ausnahmen **schwebend unwirksam**.

Unbeschränkte Geschäftsfähigkeit

Personen, die das 18. Lebensjahr vollendet haben, können **uneingeschränkt** Rechtsgeschäfte abschließen.

4.4 Nichtigkeit und Anfechtung von Rechtsgeschäften

Durch einen Sturm sind alle Schaufensterscheiben in einem Lebensmittelgeschäft zu Bruch gegangen. Der einzige Glasermeister in der Gegend nutzt die Situation aus und verlangt von einem Lebensmitteleinzelhändler für die neuen Schaufensterscheiben einen weit überhöhten Preis.

Der Großhändler Wagner macht dem Textileinzelhändler Grüner ein Angebot für Herrenhosen. Seine Sekretärin macht beim Schreiben des Angebotsbriefes einen Tippfehler und schreibt 23,00 € je Stück anstatt 32,00 € je Stück.

Prüfen Sie, ob diese Willenserklärungen rechtsgültig sind.

Information

Nichtigkeit

Nichtige Willenserklärungen sind von Anfang an ungültig. Sie haben keine Rechtsfolgen.

Nichtig sind	Beispiel:
1. Willenserklärungen von Geschäftsunfähigen.	Ein sechsjähriger Schüler kauft eine Hörspielkassette.
2. Willenserklärungen, die im Zustand der Bewusstlosigkeit oder vorübergehenden Störung der Geistesfähigkeit abgegeben wurden.	Ein Mann kauft im volltrunkenen Zustand eine Schlafzimmereinrichtung.
3. Willenserklärungen von beschränkt Geschäftsfähigen gegen den Willen des gesetzlichen Vertreters.	Ein siebzehnjähriger Auszubildender kauft ohne Zustimmung seines Vaters ein Motorrad.
4. Willenserklärungen, die gegenüber einer anderen Person, mit deren Einverständnis nur zum Schein abgegeben wurden (= Scheingeschäft).	Ein Gast lässt sich in einem Restaurant von einem Kellner eine Quittung über 75,00 € geben, obwohl er nur 50,00 € bezahlt. Er will die Quittung als Beleg für Geschäftskosten verwenden, um damit Steuern zu sparen.
5. nicht ernst gemeinte Willenserklärungen (= Scherzgeschäfte)	Jemand sagt im Scherz: „Du kannst mein Haus geschenkt haben!"
6. Rechtsgeschäfte, die nicht in der vorgeschriebenen Form abgeschlossen wurden.	Ein Vertrag über einen Hauskauf wurde nur mündlich abgeschlossen.
7. Rechtsgeschäfte, die gegen ein gesetzliches Verbot verstoßen.	Ein Verkäufer verkauft Alkohol an Kinder.
8. Rechtsgeschäfte, die gegen die guten Sitten verstoßen.	Ein Glasermeister nimmt nach einer Sturmkatastrophe überhöhte Preise für seine Glasscheiben (= Wucher).

Anfechtbare Willenserklärungen

Anfechtbare Willenserklärungen können im Nachhinein durch Anfechtung ungültig werden. Bis zur Anfechtung sind sie gültig.

Anfechtungsgründe	Beispiel:
1. Irrtum in der Erklärung: Die Äußerung einer Person entspricht nicht dem, was sie sagen wollte.	Ein Einzelhändler bestellt irrtümlich 53 Mäntel anstatt 35 Mäntel.
2. Irrtum über die Eigenschaft einer Person oder Sache.	Ein Einzelhändler stellt einen Buchhalter ein und erfährt nachträglich, dass dieser wegen Urkundenfälschung vorbestraft ist.
3. Irrtum in der Übermittlung: Die Willenserklärung wurde von der mit der Übermittlung beauftragten Person oder Organisation (z. B. der Post) falsch weitergegeben.	Ein Einzelhändler bittet einen Angestellten, bei einem Großhändler telefonisch 100 A4-Blöcke, rautiert, zu bestellen. Der Angestellte bestellt irrtümlich karierte Blöcke.

Anfechtungsgründe	Beispiel:
4. Widerrechtliche Drohung: Eine Person wird durch eine Drohung zur Abgabe einer Willenserklärung gezwungen.	Ein Zeitschriftenwerber bedroht eine alte Frau, damit sie ein Zeitschriftenabonnement bestellt.
5. Arglistige Täuschung: Eine Person wird durch arglistige Täuschung zur Abgabe einer Willenserklärung veranlasst.	Ein Kunde kauft einen gebrauchten Pkw. Nach Angaben des Verkäufers ist er unfallfrei. Nachträglich stellt sich heraus, dass der Pkw einen Unfallschaden hatte.

Die Anfechtung wegen Irrtums muss unverzüglich nach Entdecken des Irrtums erfolgen. Entsteht durch die Anfechtung ein Schaden, so ist der Anfechtende schadenersatzpflichtig.

Beispiel

Jens K. aus Hildesheim:
Ich habe für 5.500 € einen Gebrauchtwagen gekauft. Noch am selben Tag wollte der Autohändler das Geschäft rückgängig machen. Er habe den Preis versehentlich um 1.500 € zu niedrig angesetzt. Darf ich mein Schnäppchen trotzdem behalten?

Antwort:
Im vorliegenden Fall ist ein wirksamer Kaufvertrag zustande gekommen, sodass Jens K. den Wagen behalten darf. Zwar gilt nach dem BGB, dass Angebote anfechtbar sind, wenn ein Irrtum vorliegt. Allerdings gilt nicht jeder Irrtum als Anfechtungsgrund:

So darf sich niemand auf den so genannten „Berechnungsirrtum" berufen, wenn er sich bei der Preiskalkulation vertan hat.

Wirksam anfechten könnte der Händler sein Angebot, wenn er sich beim Vertragsabschluss nur verschrieben oder sich im Verkaufsgespräch versprochen hätte. In solchen Fällen müsste der Käufer den Wagen zurückgeben. Allerdings bekäme der Kunde die Kosten ersetzt, die durch das Vertrauen auf die Gültigkeit des Geschäfts entstanden sind, etwa weil ihm nachweislich eine andere günstige Kaufchance entgangen ist und er nun teurer kaufen muss.

Aufgaben

Beurteilen Sie folgende Fälle.

1. Eine Ware, die 198,00 € kostet, wird irrtümlich mit 189,00 € angeboten.
2. Ein Kunsthändler verkauft die Kopie eines Bildes als Original.
3. Der sechzehnjährige Frank Schrader kommt stolz mit einem Motorrad nach Hause. Er hat es für 1.250,00 € gekauft. Den Kaufpreis will er in zehn Raten abbezahlen. Sein Vater ist nicht so begeistert und verlangt, dass er das Motorrad zurückbringt.
4. Ein Einzelhändler schließt den Kauf über ein Grundstück mündlich ab.
5. Ein Einzelhändler verrechnet sich bei der Ermittlung des Verkaufspreises für eine Ware. Irrtümlich errechnet er 28,50 € anstatt 32,60 €.
6. Der Kaufpreis eines Hauses war doppelt so hoch wie der durch ein späteres Gutachten ermittelte Wert.

Bei widerrechtlicher Drohung muss die Anfechtung innerhalb eines Jahres, nachdem die Drohung nicht mehr besteht, erfolgen.

Bei arglistiger Täuschung muss die Anfechtung innerhalb eines Jahres, nachdem die Täuschung entdeckt wurde, erfolgen.

Bei der Anfechtung wegen arglistiger Täuschung hat der Anfechtende Schadenersatzanspruch.

Zusammenfassung

Rechtsgeschäfte sind

nichtig
= von Anfang an ungültig

bei

- Willenserklärungen von Geschäftsunfähigen
- Willenserklärungen von beschränkt Geschäftsfähigen gegen den Willen des gesetzlichen Vertreters
- Willenserklärungen, die im Zustand der Bewusstlosigkeit oder vorübergehender Geistesstörung abgegeben wurden
- Scheingeschäft ⟶
- Scherzgeschäft
- sittenwidrigem Rechtsgeschäft
- Fehlen der vorgeschriebenen Form
- Verstoß gegen ein gesetzliches Verbot

anfechtbar
= bis zur Anfechtung gültig

wegen

- Irrtums:
  - in der Erklärung,
  - in der Eigenschaft einer Person oder Sache,
  - in der Übermittlung
- widerrechtlicher Drohung
- arglistiger Täuschung

Schadensersatz!
(nur für den Anfechtenden)

4.5 Die Anfrage

Frau Gerhards betritt das Porzellan- und Glasfachgeschäft von Herrn Lehmann.

Kundin: „Guten Tag. Ich suche ein Teeservice, aber mit englischem Design. Haben Sie so etwas?"

Verkäufer: „Da muss ich einmal nachsehen. Einen kleinen Moment bitte."

Nach kurzer Zeit kommt der Verkäufer mit einem geöffneten Karton zurück.

Verkäufer: „Ich habe noch ein wunderbares Service gefunden."

Kundin: „Oh ja, wirklich sehr schön. Ich wollte aber zunächst nur einmal nachfragen, kaufen möchte ich noch nicht. Vielen Dank."

Frau Gerhards wendet sich ab, um zu gehen.

Verkäufer: „So einfach geht das aber nicht. Ich mache mir die Mühe und hole extra aus dem Lager für Sie die Ware und nun sagen Sie, dass Sie nicht kaufen möchten. Wer fragt, muss auch die Folgen tragen. Sie müssen das Teeservice nun nehmen!"

Kundin: „Warum denn das? Fragen kostet doch nichts, oder?!"

Wer von beiden ist im Recht?

Information

Schriftliche Anfrage: allgemein gehalten

Sporthaus Klaus Kuhlmann
Tennis • Ski • Freizeit • Vereinsbedarf

Sporthaus Klaus Kuhlmann e. Kfm. • Stammstraße 5 • 30457 Hannover

Bernd Grothe & Sohn e. Kfm.
Fabrikation von Sportkleidung
Sonnenstraße 20

38100 Braunschweig

Ihr Zeichen, Ihre Nachricht vom	Unser Zeichen, unsere Nachricht vom	☎ Durchwahl-Nr.	Datum
	di-at	3 25	..-05-23

Vertreterbesuch

Sehr geehrte Damen und Herren,

bei meinem Besuch auf der Internationalen Sportwarenmesse in München bin ich auf Ihren Ausstellungsstand und Ihre Sportanzüge aufmerksam geworden.

Ich würde mich gern über Ihr gesamtes Angebotssortiment ausführlicher informieren. Bitte schicken Sie aus diesem Grund in den nächsten Tagen einen Ihrer Fachberater vorbei.

Mit freundlichen Grüßen

Sporthaus
Klaus Kuhlmann

Dierssen
Dierssen

| Geschäftsräume: Stammstraße 5 30457 Hannover | Telefax 0511 1234-326 | E-Mail service@kuhlmann-wvd.de | Commerzbank Hannover Konto-Nr. 801611051 BLZ 250 400 66 | Postbank Hannover Konto-Nr. 775341607 BLZ 250 100 30 |

Gründe für eine Anfrage

Durch eine Anfrage kann sich ein Käufer, ob Kaufmann oder Privatperson, Informationsmaterial, wie z. B. Warenmuster, einen Katalog oder ein Warenverzeichnis von bestimmten Waren, beschaffen. Er kann außerdem Preise und Beschaffungskonditionen, z. B. Lieferbedingungen, Warenqualität, Preisnachlässe, erfragen. Dadurch wird es für den Käufer möglich, die Leistungsfähigkeit der bisherigen Lieferanten zu überprüfen. Durch eine Anfrage können aber auch neue Geschäftsverbindungen zustande kommen.

Rechtliche Bedeutung

Eine Anfrage ist stets **unverbindlich,** sie verpflichtet den Anfragenden nicht zum Kauf. Um am günstigsten einkaufen zu können, ist die Anfrage nach ein und derselben Ware bei mehreren Lieferanten gleichzeitig sinnvoll.

Form und Arten

Die Anfrage ist an keine bestimmte Form gebunden (= Grundsatz der **Formfreiheit**). Sie kann sowohl mündlich, schriftlich, telefonisch, fernschriftlich oder telegrafisch erfolgen. Bittet der Kunde in seiner Anfrage zunächst nur um einen Katalog, eine Preisliste, ein Muster oder einen Vertreterbesuch, so liegt eine **allgemein gehaltene Anfrage** vor. Wird dagegen z. B. nach dem Preis, der Farbe, der Güte und Beschaffenheit oder den Lieferbedingungen gefragt, so spricht man von einer **bestimmt gehaltenen Anfrage**.

Schriftliche Anfrage: bestimmt gehalten

Sporthaus Klaus Kuhlmann
Tennis • Ski • Freizeit • Vereinsbedarf

Sporthaus Klaus Kuhlmann e. Kfm. • Stammestraße 5 • 30457 Hannover

Bernd Grothe & Sohn e. Kfm.
Fabrikation von Sportkleidung
Sonnenstraße 20

38100 Braunschweig

Ihr Zeichen, Ihre Nachricht vom	Unser Zeichen, unsere Nachricht vom	Durchwahl-Nr.	Datum
	di-at	3 25	..-05-23

Anfrage nach Jogginganzügen

Sehr geehrte Damen und Herren,

bitte senden Sie mir Ihr Angebot über

    Jogginganzüge
    Größe 38 bis 44,
    Farben: silber, marine, rot,
    Obermaterial Tactel-Polyamid,
    Polyester, Gore-tex-Membrane
    mit verstellbarem Beinabschluss,
    in der Taille Kordelzug und Klemmverschluss.

Bei der Preisangabe berücksichtigen Sie zunächst eine Bestellmenge von 150 Anzügen; bei einem zufrieden stellenden Angebot können Sie mit regelmäßigen Bestellungen rechnen.

Infolge neuer Abschlüsse habe ich langfristigen Lieferverpflichtungen in Norddeutschland nachzukommen. Die Lieferzeit darf deshalb nicht länger als 14 Tage betragen, die Lieferungsbedingungen sollten sich frei Haus verstehen.

Mit freundlichen Grüßen
Sporthaus
Klaus Kuhlmann

Dierssen
Dierssen

| Geschäftsräume:
Stammestraße 5
30457 Hannover | Telefax
0511 1234-326 | E-Mail
service@kuhlmann-wvd.de | Commerzbank Hannover
Konto-Nr. B01611051
BLZ 250 400 66 | Postbank Hannover
Konto-Nr. 775341007
BLZ 250 100 30 |

Zusammenfassung

Die Anfrage

→ **allgemein gehalten**

Bitte um:
- Muster
- Katalog
- Preisliste
- Warenverzeichnis
- Vertreterbesuch

→ **bestimmt gehalten**

- Artikel
- Artikelnummer
- Farbe
- Güte und Beschaffenheit
- Warenmenge
- Preis
- Zahlungsbedingungen
- Lieferbedingungen
- Lieferzeit

rechtlich unverbindlich
(Kunde muss die nachgefragte Ware nicht kaufen); kann Geschäftsbeziehungen anbahnen

Form der Anfrage
Die Anfrage ist an keine Form gebunden: mündlich, schriftlich, telefonisch, fernschriftlich, telegrafisch

---

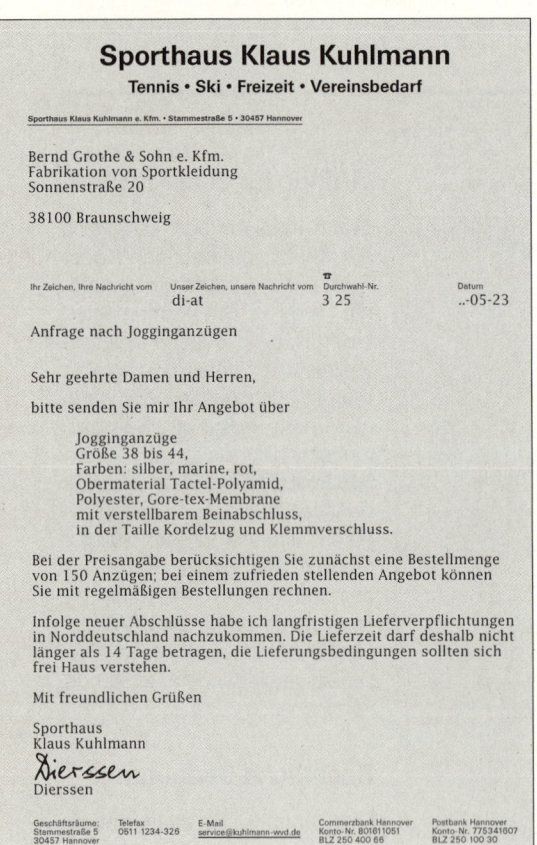

Aufgaben

1. Wodurch unterscheiden sich die beiden schriftlichen Anfragen?
2. Welche Inhalte sollte eine Anfrage nach einer bestimmten Ware enthalten?
3. Wann wird ein Kaufmann lediglich eine allgemein gehaltene Anfrage absenden?
4. Wann wird ein Kaufmann an einen möglichen Lieferer eine Anfrage mit gezielten Fragen nach einer Ware richten?
5. Bei wie viel Lieferern kann ein Kunde anfragen?
6. Welche Bedeutung hat die Anfrage für das Zustandekommen eines Kaufvertrages?
7. In welcher Form kann eine Anfrage an den Lieferer gerichtet werden?

4.6 Das Angebot

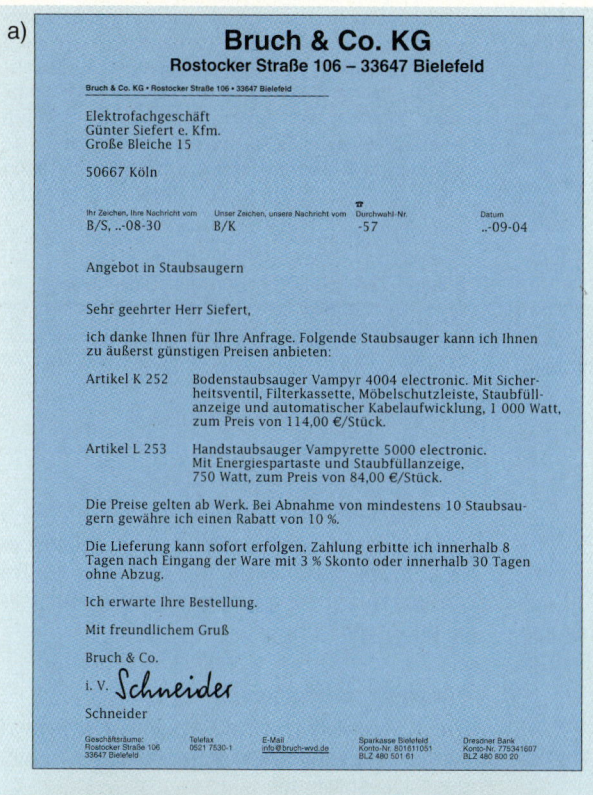

a)

Bruch & Co. KG
Rostocker Straße 106 – 33647 Bielefeld

Bruch & Co. KG • Rostocker Straße 106 • 33647 Bielefeld

Elektrofachgeschäft
Günter Siefert e. Kfm.
Große Bleiche 15

50667 Köln

Ihr Zeichen, Ihre Nachricht vom	Unser Zeichen, unsere Nachricht vom	Durchwahl-Nr.	Datum
B/S, ..-08-30	B/K	-57	..-09-04

Angebot in Staubsaugern

Sehr geehrter Herr Siefert,

ich danke Ihnen für Ihre Anfrage. Folgende Staubsauger kann ich Ihnen zu äußerst günstigen Preisen anbieten:

Artikel K 252   Bodenstaubsauger Vampyr 4004 electronic. Mit Sicherheitsventil, Filterkassette, Möbelschutzleiste, Staubfüllanzeige und automatischer Kabelaufwicklung, 1 000 Watt, zum Preis von 114,00 €/Stück.

Artikel L 253   Handstaubsauger Vampyrette 5000 electronic. Mit Energiespartaste und Staubfüllanzeige. 750 Watt, zum Preis von 84,00 €/Stück.

Die Preise gelten ab Werk. Bei Abnahme von mindestens 10 Staubsaugern gewähre ich einen Rabatt von 10 %.

Die Lieferung kann sofort erfolgen. Zahlung erbitte ich innerhalb 8 Tagen nach Eingang der Ware mit 3 % Skonto oder innerhalb 30 Tagen ohne Abzug.

Ich erwarte Ihre Bestellung.

Mit freundlichem Gruß

Bruch & Co.

i. V. *Schneider*

Schneider

b)

c)

d)

Welche der abgebildeten Preise sind verbindliche Angebotspreise?

Information

Wesen des Angebotes

Ein **Angebot** ist eine Willenserklärung, Waren zu den angegebenen Bedingungen zu verkaufen. Angebote richten sich an eine **genau bestimmte** Person oder Personengruppe.

Deshalb sind Zeitungsanzeigen, Prospekte, Kataloge, Plakate, Werbefernsehen, Werbefunk und Schaufensterauslagen keine Angebote, sondern **Anpreisungen**.

Auch die Präsentation von Waren in Selbstbedienungsgeschäften gilt nicht als Angebot, sondern lediglich als Anpreisung. In Selbstbedienungsgeschäften kommt der Kaufvertrag erst durch das Bringen der Ware zur Kasse und das Kassieren des Kaufpreises zustande. Andererseits gilt die Aufstellung eines Automaten als Angebot an jeden, der die richtige Münze einwirft.

Form des Angebotes

Die Abgabe eines Angebotes ist an keine Formvorschrift gebunden. Sie kann schriftlich (durch Brief, Telegramm, E-Mail oder Fernschreiben), mündlich oder telefonisch erfolgen.

Bindungsfristen

Angebote, die ohne Einschränkungen gemacht wurden, sind grundsätzlich verbindlich.

Gesetzliche Bindungsfrist

Angebote müssen **unverzüglich** angenommen werden, wenn in dem Angebot keine Frist genannt wurde:

– **Mündliche und telefonische Angebote** sind deshalb nur so lange bindend, wie das Gespräch dauert.

– **Schriftliche Angebote** werden in dem Moment verbindlich, in dem sie dem Empfänger zugehen. Der Anbieter ist so lange an dieses Angebot gebunden, wie er unter verkehrsüblichen Bedingungen mit einer Antwort rechnen muss.

Die Bindungsfrist beträgt bei einem Angebotsbrief nach Handelsbrauch gewöhnlich eine Woche. Bei telegrafischen Angeboten beträgt sie 24 Stunden.

Beispiel
Ein Einzelhändler erhält von einem Großhändler am 1. Dez. einen Angebotsbrief. Das Angebot ist nur bis zum 8. Dez. bindend. Der Großhändler muss zu den Angebotsbedingungen nur dann liefern, wenn die Bestellung des Einzelhändlers bis zu diesem Zeitpunkt bei ihm eingetroffen ist.

Ob ein Vertrag schriftlich, per Handschlag oder per Mausklick besiegelt wird, spielt keine Rolle – die Vertragspartner müssen ihn erfüllen. Verträge, die nach dem Gesetz nicht unbedingt schriftlich sein müssen – und das ist bei den meisten Internetgeschäften der Fall –, können also auch per E-Mail geschlossen werden. Der Vertragsschluss per Internet birgt jedoch Probleme: Wenn ein Kunde einem dubiosen Anbieter ins Netz gegangen ist und von ihm zum Beispiel Schadenersatz verlangen will, muss er zunächst beweisen, dass es überhaupt einen Vertrag gibt. Das sicherste Beweismittel in einem Zivilprozess ist immer eine Urkunde, denn daran ist der Richter gebunden. **Der Computerausdruck einer E-Mail ist jedoch lediglich ein so genannter Augenscheinbeweis: Der Richter kann frei entscheiden, ob er den Inhalt glaubt oder nicht.**

In Deutschland gibt es seit dem 1. August 1997 das Gesetz zur Regelung digitaler Signaturen: Danach können Zertifizierungsstellen den Nutzern elektronischer Medien Signaturschlüssel zuweisen, mit denen Nachrichten gekennzeichnet werden. Die digitale Signatur soll den Absender und auch die Echtheit der Daten erkennen lassen.

Vertragliche Bindungsfrist

Wird in einem Angebot eine Frist angegeben (z. B. „gültig bis 31. März 20.."), so muss die Bestellung bis zum Ablauf dieser Frist beim Anbieter eingegangen sein.

Freizeichnungsklauseln

Durch Freizeichnungsklauseln kann die Verbindlichkeit eines Angebotes ganz oder teilweise ausgeschlossen werden.

Beispiel
„Preisänderungen vorbehalten"
➔ Preis ist unverbindlich
„solange Vorrat reicht"
➔ Menge ist unverbindlich
„freibleibend", „unverbindlich", „ohne Obligo"
➔ das ganze Angebot ist unverbindlich

Erlöschen der Bindung

Der Anbieter ist nicht mehr an sein Angebot gebunden, wenn

– der Empfänger das Angebot ablehnt,
– die Bestellung zu spät eintrifft,
– die Bestellung vom Angebot abweicht.

Außerdem erlischt die Bindung an das Angebot, wenn der Anbieter sein Angebot rechtzeitig widerruft. Der **Widerruf** muss möglichst vor, spätestens aber mit dem Angebot beim Empfänger eingetroffen sein.

Aufgaben

1. In welchen der folgenden Fälle liegt ein Angebot vor?
   a) Ein Lebensmitteleinzelhändler lässt Handzettel mit aktuellen Sonderangeboten an die Haushalte in seinem Stadtbezirk verteilen.
   b) Ein Verkäufer bietet einem Kunden in der Elektroabteilung eines Warenhauses einen Staubsauger an.
   c) Ein Möbelhaus lässt seine Kataloge von der Post an alle Haushalte verteilen.
   d) Ein Weinhändler bietet einem Stammkunden telefonisch einen besonders günstigen Posten Rotwein an.

2. Der Textileinzelhändler Gauß macht seiner Stammkundin Frau Lorenzen in seinem Geschäft ein Angebot für ein wertvolles Abendkleid. Frau Lorenzen kann sich jedoch nicht sofort entscheiden. Drei Tage später sucht sie das Geschäft noch einmal auf, um das Abendkleid zu kaufen. Herr Gauß hat das Kleid jedoch mittlerweile verkauft. Warum war er nicht mehr an das Angebot gebunden?

3. Karl Lang, Mainz, macht seinen langjährigen Kunden Fritz Kaiser, Hannover, und Gertrud Meyer, Göttingen, ein schriftliches Angebot über „Margaret Öster" Feuchtigkeitscreme zu 3,00 € je Tube. Der Brief wird von ihm am 20. Mai zur Post gegeben.
   a) Am 22. Mai bestellt Herr Kaiser 40 Tuben zu 2,80 € je Tube. Wie kann Lang auf die Bestellung reagieren?
   b) Am 31. Mai bestellt Frau Meyer 100 Tuben zu 3,00 € je Tube. Warum muss Lang nicht mehr liefern?

4. Erläutern Sie folgende Freizeichnungsklauseln:
   a) „freibleibend",
   b) „solange Vorrat reicht",
   c) „Preis freibleibend".

5. Bis zu welchem Zeitpunkt kann ein schriftliches Angebot widerrufen werden?

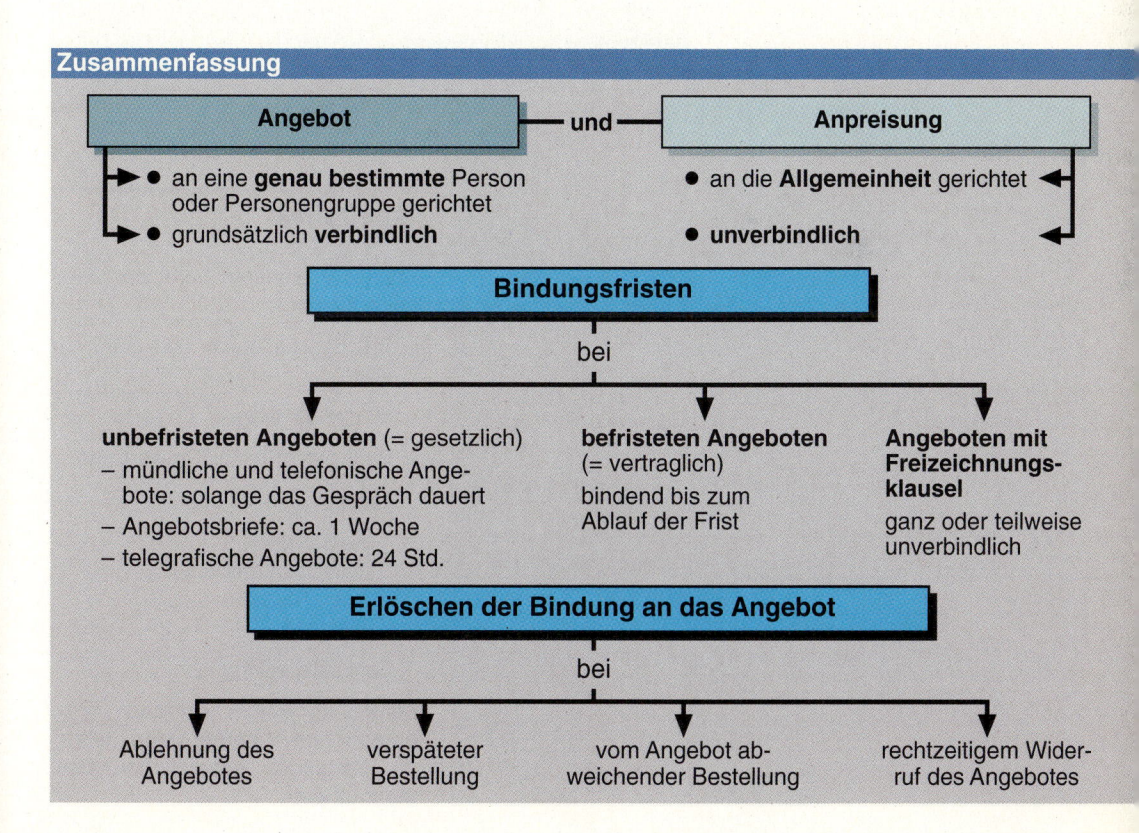

Zusammenfassung

Angebot — und — **Anpreisung**

- an eine **genau bestimmte** Person oder Personengruppe gerichtet
- grundsätzlich **verbindlich**

- an die **Allgemeinheit** gerichtet
- **unverbindlich**

Bindungsfristen

bei

unbefristeten Angeboten (= gesetzlich)
- mündliche und telefonische Angebote: solange das Gespräch dauert
- Angebotsbriefe: ca. 1 Woche
- telegrafische Angebote: 24 Std.

befristeten Angeboten (= vertraglich)
bindend bis zum Ablauf der Frist

Angeboten mit Freizeichnungsklausel
ganz oder teilweise unverbindlich

Erlöschen der Bindung an das Angebot

bei

- Ablehnung des Angebotes
- verspäteter Bestellung
- vom Angebot abweichender Bestellung
- rechtzeitigem Widerruf des Angebotes

4.7 Inhalt des Angebotes

Das Textilkaufhaus Schreiner benötigt 100 Herrenfreizeithemden mit 1/2 Arm. Ihm liegen dazu die folgenden Angebote vor.

Wählen Sie das günstigste Angebot aus.

Spengler & Sohn OHG
Lahnstraße 14 • 35578 Wetzlar

Spengler & Sohn OHG • Lahnstraße 14 • 35578 Wetzlar

Textilkaufhaus
Albert Schreiner e. Kfm.
Waldstraße 25

30629 Hannover

Ihr Zeichen, Ihre Nachricht vom	Unser Zeichen, unsere Nachricht vom	☎ Durchwahl-Nr.	Datum
B/S ..-02-04	O/S	-55	..-02-07

Angebot in Freizeithemden

Sehr geehrter Herr Schreiner,

wir danken Ihnen für Ihre Anfrage. Folgende Freizeithemden können wir Ihnen zu einem äußerst günstigen Preis anbieten:

Bestell-Nr. 4537   Herrenfreizeithemden mit 1/2 Arm, bunt, kariert, 50 % Baumwolle, 50 % Polyester, Gr. 36 bis 45, zum Preis von 8,10 €/Stück einschließlich Verpackung.

Bei Abnahme von mindestens 50 Stück gewähren wir Ihnen einen Mengenrabatt von 15 %.

Bei unserer Lieferung ab Lager Wetzlar stellen wir Ihnen pro Hemd 0,10 € Transportkosten in Rechnung. Die Hemden sind innerhalb 2 Wochen lieferbar.

Ihre Zahlung erbitten wir innerhalb von 4 Wochen ab Rechnungsdatum netto Kasse.

Wir freuen uns auf Ihren Auftrag.

Mit freundlichen Grüßen

Spengler & Sohn
i. V. *Gerhard*
Gerhard

E-Mail	Sparkasse Wetzlar	Deutsche Bank 24
info@spengler-wvd.de	Konto-Nr. 214365877	Konto-Nr. 012398765
	BLZ 515 500 35	BLZ 515 700 24

Leinenmeister GmbH
Obernstraße 8 • 33602 Bielefeld

Leinenmeister GmbH • Obernstraße 8 • 33602 Bielefeld

Textilkaufhaus
Albert Schreiner e. Kfm.
Waldstraße 25

30629 Hannover

Ihr Zeichen, Ihre Nachricht vom	Unser Zeichen, unsere Nachricht vom	☎ Durchwahl-Nr.	Datum
A/S ..-02-04	B/L	-20	..-02-06

Angebot in Freizeithemden

Sehr geehrter Herr Schreiner,

wir danken Ihnen für Ihre Anfrage. Folgende Sonderposten Freizeithemden können wir Ihnen zu einem besonders günstigen Preis anbieten:

Bestell-Nr. 245   Herrenfreizeithemden mit 1/2 Arm, bunt, kariert, 80 % Baumwolle, 20 % Polyester, Gr. 36 bis 45, zum Preis von 7,40 € pro Stück einschließlich Verpackung.

Der Preis gilt frei Haus.

Ihre Zahlung erbitten wir innerhalb von 14 Tagen abzüglich 3 % Skonto oder innerhalb von 30 Tagen ohne Abzug.

Wir freuen uns auf Ihren Auftrag.

Mit freundlichem Gruß

Leinenmeister
i. V. *Baumeister*
Baumeister

Geschäftsräume	Telefax	E-Mail	Sparkasse Bielefeld	Dresdner Bank Bielefeld
Obernstraße 8	0521 884422-21	leinenmeister-wvd@t-online.de	Konto-Nr. 100354977	Konto-Nr. 35354848
33602 Bielefeld			BLZ 460 501 61	BLZ 480 800 20

Information

Angebote können Vereinbarungen enthalten über

– Art, Beschaffenheit und Güte der Ware,
– Menge der Ware,
– Preis der Ware und Preisabzüge,
– Lieferungsbedingungen:
  – Kosten der Versandverpackung,
  – Versandkosten,
  – Lieferzeit,
– Zahlungsbedingungen.

Fehlen in einem Angebot entsprechende Angaben, dann gelten die jeweiligen gesetzlichen Bestimmungen.

Art, Beschaffenheit und Güte der Ware

Die **Art der Ware** wird durch handelsübliche Bezeichnungen gekennzeichnet, d.h. durch den handelsüblichen Namen.

Die **Beschaffenheit (der Zustand)** und **Güte (ausgedrückt durch Güteklassen) der Ware** bezeichnen das Qualitätsniveau der Ware und können gekennzeichnet werden durch:

— Abbildungen und genaue Beschreibungen
— Muster (z.B. bei Textilien, Papier, Tapeten)
— Proben (z.B. bei Lebensmitteln, Chemikalien), Normen (z.B. DIN, EN, ISO)
— Güteklassen zur Angabe von Warenqualitäten (Handelsklassen, z.B. bei Obst, Gemüse)
— Markenzeichen
— Waren- und Gütezeichen
— Herkunft der Ware (z.B. Alkohol, Kaffee, Tabak)
— Jahrgang der Ware (z.B. bei Weinen)
— die Zusammensetzung der Ware (z.B. Wurstwaren und Käse) oder festgelegt nach Augenschein.

Fehlt im Angebot eine Angabe über Beschaffenheit und Güte der Ware, so ist bei einer Gattungsschuld (siehe Kapitel 4.15, Seite 134) eine Ware mittlerer Art und Güte zu liefern (gesetzliche Bestimmung).

Menge der Ware

Normalerweise wird die Menge in handelsüblichen Maßeinheiten angegeben (z.B. kg, m, Stück).

Der Anbieter kann in seinem Angebot Mindestbestellmengen und Höchstbestellmengen festlegen.

Bei Angabe einer **Mindestbestellmenge** werden nur solche Bestellungen ausgeführt, die über diese Mindestmenge oder eine größere Bestellmenge lauten.

Mit der Angabe einer **Höchstbestellmenge** beschränkt der Anbieter die Abgabemenge an einen Besteller.

Preis der Ware

Der Preis ist der in Geld ausgedrückte Wert einer Ware. Er kann sich beziehen auf

— gesetzliche Maßeinheiten (kg, l, m, m^2, m^3) oder
— handelsübliche Bezeichnungen (Stück, Kisten, Ballen usw.).

Preisabzüge

Rabatt

Rabatt ist ein **Preisnachlass.** Er wird gewährt als

— **Mengenrabatt** für Abnahme größerer Mengen,
— **Wiederverkäuferrabatt** für Händler,
— **Sonderrabatt** bei bestimmten Anlässen (z.B. Jubiläum),
— **Personalrabatt** für Betriebsangehörige.

Naturalrabatte sind Rabatte, die in Form von Waren gewährt werden. Sie können als eine Draufgabe oder Dreingabe gewährt werden:

— **Draufgabe:** Es wird eine bestimmte Menge zusätzlich unentgeltlich geliefert (z.B. 50 Stück bestellt, 60 Stück geliefert, 50 Stück berechnet).
— **Dreingabe:** Es wird weniger berechnet, als geliefert wurde (z.B. 50 Stück bestellt, 50 Stück geliefert, 40 Stück berechnet).

Ein **Bonus** ist ein nachträglich gewährter Preisnachlass, der in der Regel am Jahresende gewährt wird, wenn der Kunde einen Mindestumsatz erreicht oder überschritten hat.

Skonto

Skonto ist ein **Preisnachlass für vorzeitige Zahlung.**

Versandkosten

Zu den Versandkosten (Beförderungskosten) gehören

— Hausfracht am Ort des Verkäufers, die durch den Transport von der Geschäftsniederlassung des Verkäufers zur Versandstation (z.B. Versandbahnhof) entsteht,
— Wiege- und Verladekosten,
— Fracht, die für den Transport von der Versandstation bis zur Empfangsstation zu zahlen ist,
— Entladekosten,
— Hausfracht am Ort des Käufers, die durch den Transport von der Empfangsstation bis zur Geschäftsniederlassung des Käufers entsteht.

Gesetzliche Regelung

Wenn zwischen dem Verkäufer und dem Käufer keine besondere Vereinbarung getroffen wurde, trägt der Käufer die Versandkosten. Das bedeutet:

— Beim **Platzkauf,** d.h., wenn Verkäufer und Käufer ihren Geschäftssitz am selben Ort haben, muss der Käufer die Versandkosten ab der Geschäftsniederlassung des Verkäufers bezahlen (siehe auch Seite 116).

- Beim **Versendungskauf,** d. h., wenn Verkäufer und Käufer ihren Geschäftssitz nicht am selben Ort haben, muss der Verkäufer die Versandkosten bis zur Versandstation (= Hausfracht am Versendungsort und Wiegekosten) bezahlen. Die Versandkosten ab Versandstation (Verladekosten, Fracht, Entladekosten, Hausfracht am Bestimmungsort) muss der Käufer bezahlen (Warenschulden sind Holschulden).

> **Beispiel**
> Der Krefelder Textileinzelhändler Jonas bestellt Mäntel bei der Mantelfabrik Meyer in Bielefeld. Die Mantelfabrik schickt die Mäntel mit der Eisenbahn. Für den Transport zum Versandbahnhof Bielefeld entstehen 20,00 € Hausfracht. Die Fracht der Bahn beträgt 200,00 €. Für den Transport von der Empfangsstation Krefeld bis zum Geschäft des Textileinzelhändlers Jonas berechnet der Bahnspediteur 25,00 € Hausfracht. Wenn keine vertragliche Vereinbarung über die Versandkosten erfolgte, muss Jonas die 200,00 € Fracht zuzüglich 25,00 € Hausfracht in Krefeld = 225,00 € bezahlen.

Vertragliche Regelungen

Abweichend von der gesetzlichen Regelung können zwischen Käufer und Verkäufer anders lautende vertragliche Regelungen vereinbart werden.

Beförderungsbedingungen	Verkäufer zahlt	Käufer zahlt
ab Werk, Lager oder Fabrik = **gesetzliche Regelung beim Platzkauf**	keine Versandkosten	alle Versandkosten
unfrei, ab hier, ab Versandstation, ab Bahnhof hier = **gesetzliche Regelung beim Versendungskauf**	Versandkosten bis zur Versandstation (Hausfracht am Versendungsort, Wiegekosten)	Versandkosten ab Versandstation (Verladekosten, Fracht, Entladekosten, Hausfracht am Bestimmungsort)
frachtfrei, frei dort, frei Bahnhof dort, frei	Versandkosten bis zur Empfangsstation (Hausfracht am Versandort, Verladekosten, Fracht),	Versandkosten ab Empfangsstation (Entladekosten, Hausfracht am Empfangsort)
frei Haus, frei Lager	alle Versandkosten	keine Versandkosten

Kosten der Versandverpackung

Gesetzliche Regelung

Wenn zwischen Käufer und Verkäufer keine besonderen Vereinbarungen getroffen wurden, trägt die Kosten der Versandverpackung grundsätzlich der Käufer.

Vertragliche Regelungen

Vertraglich kann vereinbart werden

- **Preis für Reingewicht (= Nettogewicht) einschließlich Verpackung** (netto einschließlich Verpackung): Der Preis wird nur vom Gewicht der Ware (Rein- bzw. Nettogewicht) berechnet. Die Verpackung erhält der Käufer unberechnet.
- **Preis für Reingewicht ausschließlich Verpackung** (netto ausschließlich Verpackung): Der Preis wird vom Reingewicht (Nettogewicht) berechnet. Die Verpackung wird dem Käufer zusätzlich, normalerweise zum Selbstkostenpreis, in Rechnung gestellt (= gesetzliche Regelung).
- **Preis für das Bruttogewicht einschließlich Verpackung** (brutto für netto [b/n; bfn]): Für die Berechnung wird das Bruttogewicht (= Reingewicht + Verpackungsgewicht) zugrunde gelegt. Die Verpackung wird wie die Ware berechnet.

> **Beispiel**
> Das Nettogewicht einer Ware beträgt 20 kg. Das Verpackungsgewicht (Tara) beträgt 2 kg. Der Preis der Ware beträgt 2,00 € je kg. Der Selbstkostenpreis der Verpackung beträgt 1,00 €.
>
> | Vertragliche Regelung | Preis für Ware und Verpackung |
> | --- | --- |
> | Preis einschließlich Verpackung | Nettogewicht 20 kg · 2,00 €
= 40,00 € |
> | Preis zuzüglich 1,00 € Verpackung | Nettogewicht 20 kg · 2,00 €
= 41,00 € |
> | brutto für netto (b/n) | Bruttogewicht 22 kg · 2,00 €
= 44,00 € |

Lieferzeit

Gesetzliche Regelung

Wurde zwischen den Vertragspartnern keine Lieferfrist vereinbart, dann ist der Verkäufer verpflichtet, die Ware unverzüglich zu liefern.

Vertragliche Regelungen

Abweichend von der gesetzlichen Regelung kann vereinbart werden

- Lieferung innerhalb eines bestimmten Zeitraums, z. B. Lieferung innerhalb von 14 Tagen,
- Lieferung bis zu einem bestimmten Termin, z. B. Lieferung bis Ende August,
- Lieferung zu einem genau festgelegten Datum (Fixkauf), z. B. Lieferung am 5. Nov. 20.. fix.

Zahlungsbedingungen

Gesetzliche Regelungen

Der Käufer ist verpflichtet, die Ware unverzüglich bei Lieferung zu bezahlen, wenn zwischen ihm und dem Verkäufer kein anderer Zahlungszeitpunkt vereinbart worden ist.

Die Kosten der Zahlung (z. B. Überweisungsgebühren) muss der Käufer tragen.

Vertragliche Regelungen

Vertraglich kann zwischen Verkäufer und Käufer vereinbart werden:

– **Zahlung vor der Lieferung**
Vor der Lieferung muss ein Teil des Kaufpreises oder der gesamte Kaufpreis bezahlt werden, z. B.
- Anzahlung,
- Vorauszahlung.

– **Zahlung bei Lieferung**
Die Zahlung erfolgt Zug um Zug, d. h., der Verkäufer händigt die Ware aus und der Käufer bezahlt den Kaufpreis, z. B.
- „sofort netto Kasse" = sofortige Zahlung ohne Abzug,
- „gegen Nachnahme" = Aushändigung einer Warensendung nur gegen Zahlung.

– **Zahlung nach der Lieferung**
Der Käufer muss die Ware erst eine bestimmte Zeit nach der Lieferung bezahlen (= Zielkauf), z. B. „Zahlung innerhalb 30 Tagen" oder der Käufer kann den Kaufpreis in Raten begleichen (= Ratenkauf).

Angebotsvergleich

Um das günstigste Angebot für eine Ware zu ermitteln, vergleicht der Einzelhändler die Angebote mehrerer Lieferer. Dabei achtet er nicht nur auf die Preise, Preisabzüge und Bezugskosten (Beförderungskosten und Versandkosten), sondern auch auf die Lieferzeit, die Zahlungsbedingungen und die Qualität der angebotenen Waren.

Beispiel

Das Textilkaufhaus Schreiner hat auf seine Anfrage von zwei verschiedenen Anbietern Angebote über Freizeithemden mit 1/2 Arm erhalten (siehe Seite 104). Da das Unternehmen 100 Stück benötigt, wird der Angebotsvergleich für diese Bestellmenge durchgeführt.

	Artikel	Herrenfreizeithemden Größen 36 – 45			
	Menge	100 Stück			
	Lieferer	Spengler & Sohn, Wetzlar		Leinenmeister, Bielefeld,	
❶	Listenpreis % Rabatt	8,10 €/Stück 15 %	810,00 € 121,50 €	7,40 €/Stück –	740,00 € –
❷ ❸	Zieleinkaufspreis % Skonto	–	688,50 € –	3 % innerhalb 14 Tg.	740,00 € 22,20 €
❹	Bareinkaufspreis + Bezugskosten (Verpackungs- und Versandkosten)		688,50 € 10,00 €	–	717,80 € –
❺	Bezugspreis (= Einstandspreis)		698,50 €		717,80 €
	Qualität	50 % Baumwolle / 50 % Polyester		80 % Baumwolle / 20 % Polyester	
	Lieferzeit	2 Wochen		sofort	
	Zahlungsziel	4 Wochen		30 Tage	

Rechenweg:

① $\text{Rabatt} = \dfrac{\text{Listenpreis} \cdot \text{Rabatt in Prozent}}{100}$

② Zieleinkaufspreis = Listenpreis – Rabatt

③ $\text{Skonto} = \dfrac{\text{Zieleinkaufspreis} \cdot \text{Skonto in Prozent}}{100}$

④ Bareinkaufspreis = Zieleinkaufspreis ./. Skonto

⑤ Bezugspreis = Bareinkaufspreis + Bezugskosten

Aufgaben

1. Was bedeutet das Einräumen eines Zahlungsziels für den einkaufenden Einzelhändler?
2. Welchen Teil der Transportkosten trägt beim Bahnversand der Käufer, wenn im Angebot des Lieferers keine Angabe über die Transportkostenverteilung enthalten ist?
3. Die Lieferungsbedingung lautet „frachtfrei", die Fracht beträgt 50,00 €, die Hausfracht für die An- und Abfuhr je 10,00 €. Wie viel € muss der Käufer für den Transport bezahlen?
4. Wann muss der Käufer zahlen, wenn im Angebot keine Klausel darüber enthalten ist?
5. Wer zahlt die Versandverpackung, wenn im Angebot keine Angabe darüber enthalten ist?
6. Was bedeutet die Zahlungsbedingung „netto Kasse"?
7. Ein Großhändler bietet an: „Beim Kauf von 20 Flaschen erhalten Sie eine Flasche gratis!" Um welchen Rabatt handelt es sich hierbei?
8. Wann muss geliefert werden, wenn im Kaufvertrag keine Lieferfrist vereinbart wurde?
9. Einem Einzelhändler liegen drei Angebote über Pfirsichkonserven (Dose zu 400 g) vor. Für welches dieser Angebote sollte er sich entscheiden, wenn er 100 Dosen in spätestens zwei Wochen benötigt?

Angebot 1: 0,60 € je Dose, netto einschließlich Verpackung, frei Haus, 10 % Rabatt bei Abnahme von 100 Dosen, Lieferung sofort, Zahlung innerhalb von 30 Tagen netto Kasse.

Angebot 2: 0,55 € je Dose, netto ausschließlich Verpackung, Verpackungskosten für 100 Dosen: 2,70 €, Lieferung ab Werk (Transportkosten für 100 Dosen: 4,90 €) innerhalb von 14 Tagen, 15 % Rabatt bei Abnahme von 100 Dosen, Zahlung innerhalb von 30 Tagen netto Kasse.

Angebot 3: 0,50 € je Dose, netto einschließlich Verpackung, Lieferung frei Haus innerhalb von drei Wochen, 15 % Rabatt bei Abnahme von 100 Dosen, Zahlung innerhalb von 14 Tagen abzüglich 3 % Skonto oder innerhalb 30 Tagen netto Kasse.

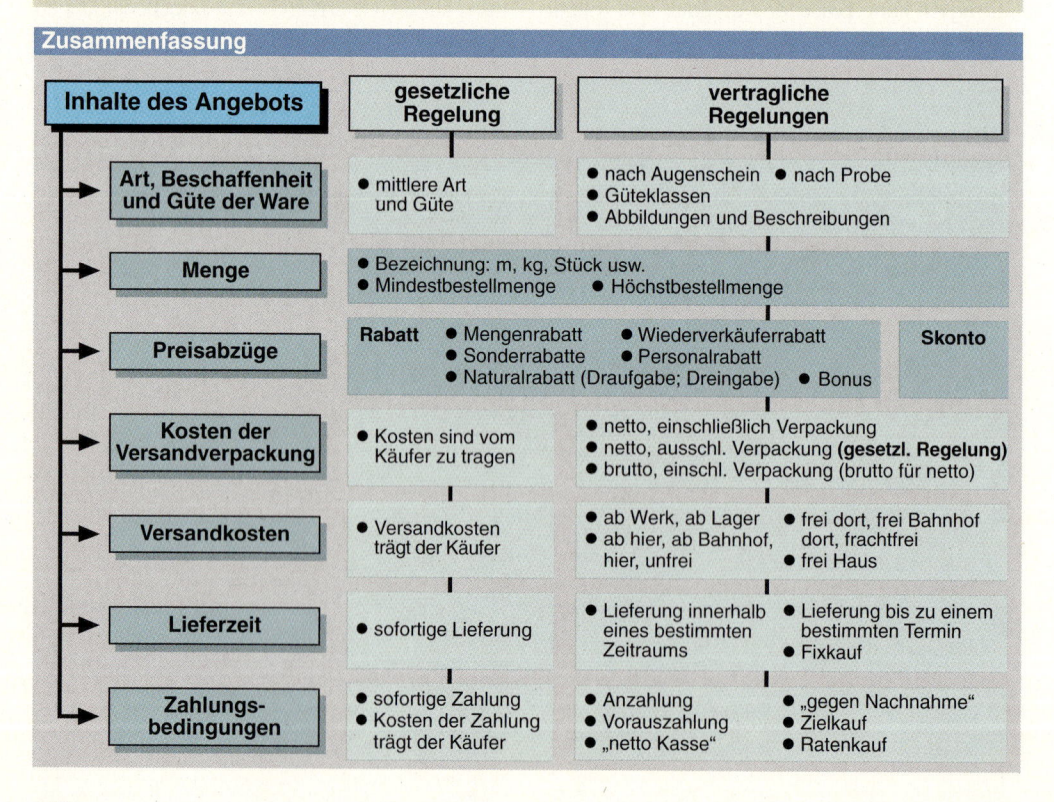

Zusammenfassung

Inhalte des Angebots	gesetzliche Regelung	vertragliche Regelungen	
Art, Beschaffenheit und Güte der Ware	• mittlere Art und Güte	• nach Augenschein • Güteklassen • Abbildungen und Beschreibungen	• nach Probe
Menge	• Bezeichnung: m, kg, Stück usw. • Mindestbestellmenge • Höchstbestellmenge		
Preisabzüge	**Rabatt** • Mengenrabatt • Sonderrabatte • Naturalrabatt (Draufgabe; Dreingabe)	• Wiederverkäuferrabatt • Personalrabatt	**Skonto** • Bonus
Kosten der Versandverpackung	• Kosten sind vom Käufer zu tragen	• netto, einschließlich Verpackung • netto, ausschl. Verpackung (**gesetzl. Regelung**) • brutto, einschl. Verpackung (brutto für netto)	
Versandkosten	• Versandkosten trägt der Käufer	• ab Werk, ab Lager • ab hier, ab Bahnhof, hier, unfrei	• frei dort, frei Bahnhof dort, frachtfrei • frei Haus
Lieferzeit	• sofortige Lieferung	• Lieferung innerhalb eines bestimmten Zeitraums	• Lieferung bis zu einem bestimmten Termin • Fixkauf
Zahlungsbedingungen	• sofortige Zahlung • Kosten der Zahlung trägt der Käufer	• Anzahlung • Vorauszahlung • „netto Kasse"	• „gegen Nachnahme" • Zielkauf • Ratenkauf

4.8 Bestellung und Bestellungsannahme

Aufgrund des Angebotes von Spengler und Sohn vom 7. Febr. ... (siehe Seite 104) schickt das Textilkaufhaus Albert Schreiner die rechts stehende Bestellung:

Information

Bestellung

Eine Bestellung (Auftragserteilung) ist eine Willenserklärung, Ware zu den angegebenen Bedingungen zu kaufen.

Die Abgabe einer Bestellung ist an **keine Formvorschrift** gebunden. Sie kann also ebenso wie ein Angebot schriftlich, mündlich oder telefonisch erfolgen.

Eine Bestellung per Computerfax ist in der Zwischenzeit handelsüblich geworden. Daher ist bei deutschen Gerichten auch ihre Form als Beweis für eine Bestellung nicht mehr fraglich. Ein Computerfax kann deshalb den Beweiswert eines Originalschriftstücks mit Originalunterschrift ersetzen. Richterliche Begründung des technikfreundlichen Beschlusses: Lange anerkannte Kommunikationswege wie Telegramm oder Fernschreiben kommen auch ohne Unterschrift aus.

Eine Bestellung beinhaltet Angaben über

– Art, Beschaffenheit und Güte der Ware,
– Menge,
– Preis und Preisabzüge,
– Lieferbedingungen und
– Zahlungsbedingungen.

Wird in der Bestellung auf ein ausführliches Angebot Bezug genommen, erübrigt sich eine Wiederholung aller Angebotsbedingungen. Es genügt dann die Angabe von Warenart, Bestellmenge und Preis der Ware.

Bestellungen sind grundsätzlich **verbindlich.** Durch **rechtzeitigen Widerruf** erlischt die Bindung an die Bestellung. Ein Widerruf muss spätestens mit der Bestellung beim Lieferer eingetroffen sein. Abweichend davon beträgt bei Verträgen, die zwischen Unternehmen und Verbrauchern unter ausschließlicher Verwendung von Fernkommunikationsmitteln (z. B. Internet, E-Mails, Telefon, Brief) abgeschlossen wurden,

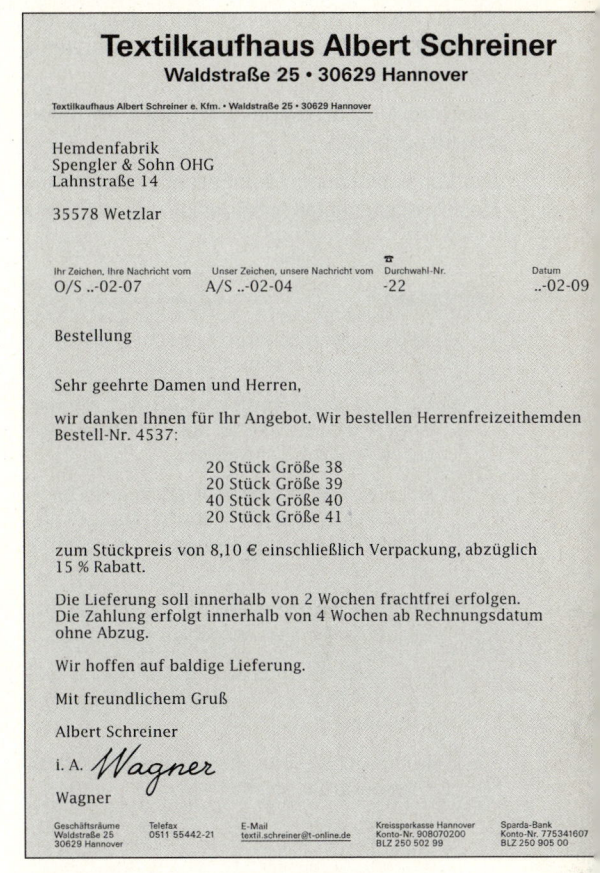

Textilkaufhaus Albert Schreiner
Waldstraße 25 • 30629 Hannover

Textilkaufhaus Albert Schreiner e. Kfm. • Waldstraße 25 • 30629 Hannover

Hemdenfabrik
Spengler & Sohn OHG
Lahnstraße 14

35578 Wetzlar

Ihr Zeichen, Ihre Nachricht vom	Unser Zeichen, unsere Nachricht vom	Durchwahl-Nr.	Datum
O/S ..-02-07	A/S ..-02-04	-22	..-02-09

Bestellung

Sehr geehrte Damen und Herren,

wir danken Ihnen für Ihr Angebot. Wir bestellen Herrenfreizeithemden Bestell-Nr. 4537:

    20 Stück Größe 38
    20 Stück Größe 39
    40 Stück Größe 40
    20 Stück Größe 41

zum Stückpreis von 8,10 € einschließlich Verpackung, abzüglich 15 % Rabatt.

Die Lieferung soll innerhalb von 2 Wochen frachtfrei erfolgen.
Die Zahlung erfolgt innerhalb von 4 Wochen ab Rechnungsdatum ohne Abzug.

Wir hoffen auf baldige Lieferung.

Mit freundlichem Gruß

Albert Schreiner

i. A. *Wagner*
Wagner

Geschäftsräume	Telefax	E-Mail	Kreissparkasse Hannover	Sparda-Bank
Waldstraße 25	0511 55442-21	textil.schreiner@t-online.de	Konto-Nr. 908070200	Konto-Nr. 775341607
30629 Hannover			BLZ 250 502 99	BLZ 250 905 00

Warum ist durch diese Bestellung kein Kaufvertrag zustande gekommen?

die Widerrufsfrist gemäß § 312 d BGB 14 Tage nach Erhalt der Ware.

Bestellt ein Käufer aufgrund eines verbindlichen Angebotes rechtzeitig zu den angegebenen Angebotsbedingungen, so kommt ein Kaufvertrag zustande.

Bestellt ein Käufer, ohne dass ihm ein verbindliches Angebot vorliegt, so gilt diese Bestellung als Antrag auf Abschluss eines Kaufvertrages.

Bestellungsannahme

Für das Zustandekommen eines Kaufvertrages ist eine Bestellungsannahme **notwendig,** wenn der Bestellung kein Angebot vorausging oder wenn sie aufgrund eines freibleibenden Angebotes erfolgte. Auch wenn die Bestellung vom vorausgehenden Angebot abweicht, kommt der Kaufvertrag erst durch eine Bestellungsannahme zustande.

Die Bestellungsannahme ist an **keine Formvorschrift** gebunden.

Der Verkäufer kann in den Fällen, in denen eine Bestellungsannahme erforderlich ist, auch auf eine ausdrückliche Auftragsbestätigung verzichten und sofort liefern. In diesem Fall gilt die Lieferung als Annahme der Bestellung (= schlüssige Handlung).

Bestellt ein Käufer aufgrund eines Angebotes rechtzeitig zu den angegebenen Angebotsbedingungen, so ist eine Bestellungsannahme für das Zustandekommen des Kaufvertrages nicht erforderlich.

Aufgaben

1. In welchen der folgenden Fälle kommt durch die Bestellung ein Kaufvertrag zustande?
   a) Ein Einzelhändler bestellt am 17. Juli .. aufgrund eines Angebotes vom 15. Juli .. zu den angegebenen Angebotsbedingungen.
   b) Ein Einzelhändler bestellt aufgrund eines Angebotes vom 10. August .. am 12. August ... Er ändert die Lieferungsbedingung „ab Werk" in „unfrei" ab.
   c) Ein Einzelhändler bestellt am 7. März .. aufgrund eines freibleibenden Angebotes vom 4. März ...
   d) Ein Einzelhändler bestellt am 4. April .. telefonisch aufgrund eines schriftlichen Angebotes vom 2. April ...

2. Welche Angaben sollte eine ausführliche schriftliche Bestellung enthalten?

3. In welchen der folgenden Fälle ist eine Bestellungsannahme für das Zustandekommen eines Kaufvertrages erforderlich?
   a) Der Verkäufer macht ein freibleibendes Angebot. Der Käufer bestellt.
   b) Der Verkäufer unterbreitet ein schriftliches Angebot. Der Käufer bestellt rechtzeitig.
   c) Der Verkäufer macht ein schriftliches Angebot. Der Käufer bestellt rechtzeitig mit abgeänderten Bedingungen.
   d) Der Verkäufer macht ein telefonisches Angebot. Der Käufer bestellt am folgenden Tag schriftlich zu den während des Telefongesprächs vereinbarten Bedingungen.

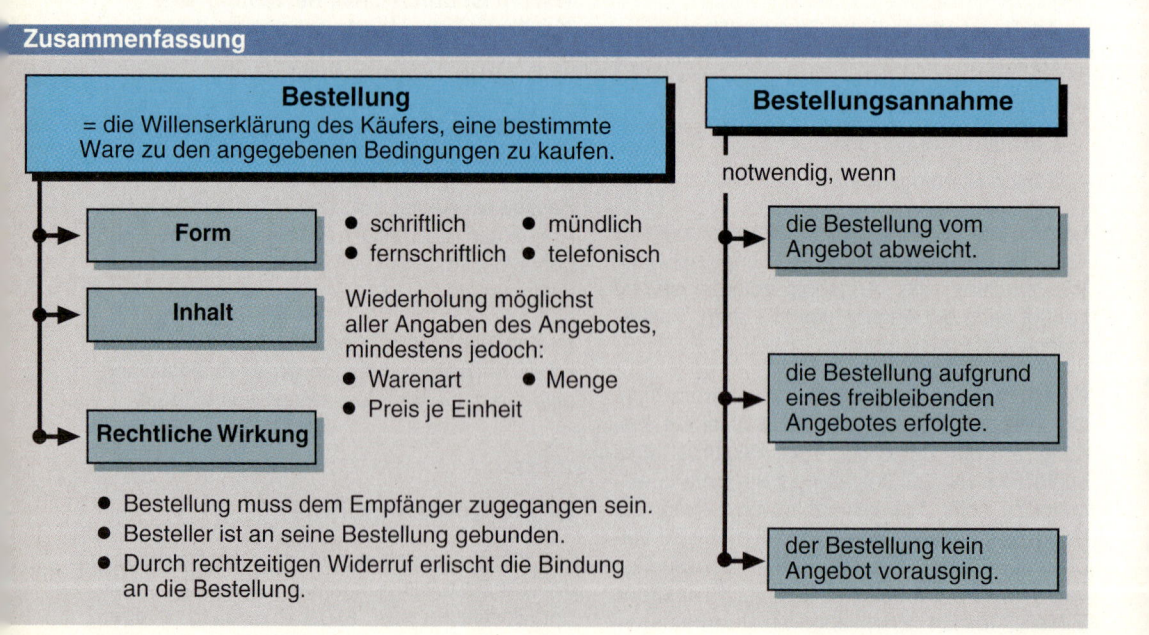

Zusammenfassung

Bestellung
= die Willenserklärung des Käufers, eine bestimmte Ware zu den angegebenen Bedingungen zu kaufen.

- **Form**
  - schriftlich
  - mündlich
  - fernschriftlich
  - telefonisch

- **Inhalt**
  - Wiederholung möglichst aller Angaben des Angebotes, mindestens jedoch:
    - Warenart
    - Menge
    - Preis je Einheit

- **Rechtliche Wirkung**
  - Bestellung muss dem Empfänger zugegangen sein.
  - Besteller ist an seine Bestellung gebunden.
  - Durch rechtzeitigen Widerruf erlischt die Bindung an die Bestellung.

Bestellungsannahme

notwendig, wenn
- die Bestellung vom Angebot abweicht.
- die Bestellung aufgrund eines freibleibenden Angebotes erfolgte.
- der Bestellung kein Angebot vorausging.

4.9 Rechte und Pflichten aus dem Kaufvertrag und seine Erfüllung

In der Textil-Abteilung eines Warenhauses

Ich kann Ihnen diese strapazierfähige und preiswerte Stretch-Cordhose für 45,00 € empfehlen.

Ja, das ist genau das, was ich suche. Die nehme ich.

Welche Pflichten haben die Verkäuferin und die Käuferin aufgrund des zustande gekommenen Kaufvertrages übernommen?

Information

Beim Zustandekommen eines Kaufvertrages durch Antrag und Annahme übernehmen Verkäufer und Käufer bestimmte Verpflichtungen; man spricht vom sog. **Verpflichtungsgeschäft**.

§ 433 BGB [Grundpflichten des Verkäufers und des Käufers]

(1) Durch den Kaufvertrag wird der Verkäufer einer Sache verpflichtet, dem Käufer die Sache zu übergeben und das Eigentum an der Sache zu verschaffen. Der Verkäufer hat dem Käufer die Sache frei von Sach- und Rechtsmängeln zu verschaffen.

(2) Der Käufer ist verpflichtet dem Verkäufer den vereinbarten Kaufpreis zu zahlen und die gekaufte Sache abzunehmen.

Die Ware wird mangelfrei übergeben.	Die Verkäuferin übergibt die Cordhose an der Warenausgabe.
Die Lieferung erfolgt rechtzeitig.	Das geschieht noch im selben Moment.
Die Übergabe der Ware erfolgt am vereinbarten Ort.	Die Hose wird in den Verkaufsräumen des Warenhauses ausgehändigt.
Der vereinbarte Kaufpreis wird rechtzeitig bezahlt.	Die Kundin bezahlt die Hose an der Kasse bar.
Die Ware wird abgenommen.	Die Kundin nimmt die Cordhose in Empfang.
Die Ware geht in das Eigentum des Käufers über.	Die Kundin kann nun frei über die Hose verfügen.

Im weiteren Verlauf geht die Kundin Sibylle zur Kasse und bezahlt die Cordhose. Die Verkäuferin händigt die verpackte Hose aus und verabschiedet die Kundin.

An diesem Beispiel lässt sich zeigen, wie ein Kaufvertrag ordnungsgemäß **erfüllt** wird.

Durch diese Handlungen haben Verkäufer und Käufer ihre **Pflichten** aus dem Kaufvertrag **erfüllt (= Erfüllungsgeschäft)**. Die Erfüllung der Pflichten aus dem Kaufvertrag ist rechtlich immer unabhängig vom eigentlichen Verpflichtungsgeschäft.

Zeitlich können zwischen dem Abschluss (Verpflichtungsgeschäft) und der Erfüllung (Erfüllungsgeschäft) Wochen oder sogar Monate liegen.

Beispiel

Ein Kunde kauft in einem Elektrofachgeschäft einen Videorekorder. Das Gerät ist erst in sechs Wochen lieferbar. Da der Kunde den Rekorder kaufen möchte und der Verkäufer bereit ist ihn zu verkaufen, ist der Kaufvertrag und damit das Verpflichtungsgeschäft zustande gekommen. Erfüllt ist der Kaufvertrag hingegen erst, wenn der Videorekorder nach sechs Wochen geliefert wird, der Kunde ihn angenommen und bezahlt hat. Zwischen Abschluss und Erfüllung des Kaufvertrages liegen in diesem Beispiel sechs Wochen.

Verpflichtungs- und Erfüllungsgeschäft fallen allerdings zeitlich zusammen bei sog. **Handkäufen in Ladengeschäften.** Darunter sind Geschäfte des täglichen Lebens, also Barkäufe, zu verstehen. Die Ware wird bar bezahlt und gleich mitgenommen. Dabei wird das Verpflichtungsgeschäft i. d. R. mündlich abgeschlossen, während das Erfüllungsgeschäft in der gleichzeitigen Übergabe des Eigentums bzw. des Geldes zu sehen ist (wie in der Textilabteilung eines Warenhauses im Eingangsbeispiel).

Aufgaben

1. Eine Verkäuferin des Mantelhauses Grunder verkauft an eine Kundin ein Sommerkostüm zum Preis von 148,00 €. Die Kundin leistet eine Anzahlung in Höhe von 50,00 € und nimmt das Kostüm gleich mit nach Hause.

   Beim Abschluss des Kaufvertrages wurde zwischen der Verkäuferin und der Kundin vereinbart: „Das Mantelhaus behält sich bis zur vollständigen Zahlung des Kaufpreises das Eigentum an der Ware vor!"

   a) Welche Pflichten aus dem Kaufvertrag haben Käufer und Verkäufer bisher erfüllt?

   b) Wodurch wird der Kaufvertrag erst vollständig erfüllt?

2. Worin besteht die Leistung des Verkäufers bzw. die Gegenleistung des Käufers beim Erfüllungsgeschäft?

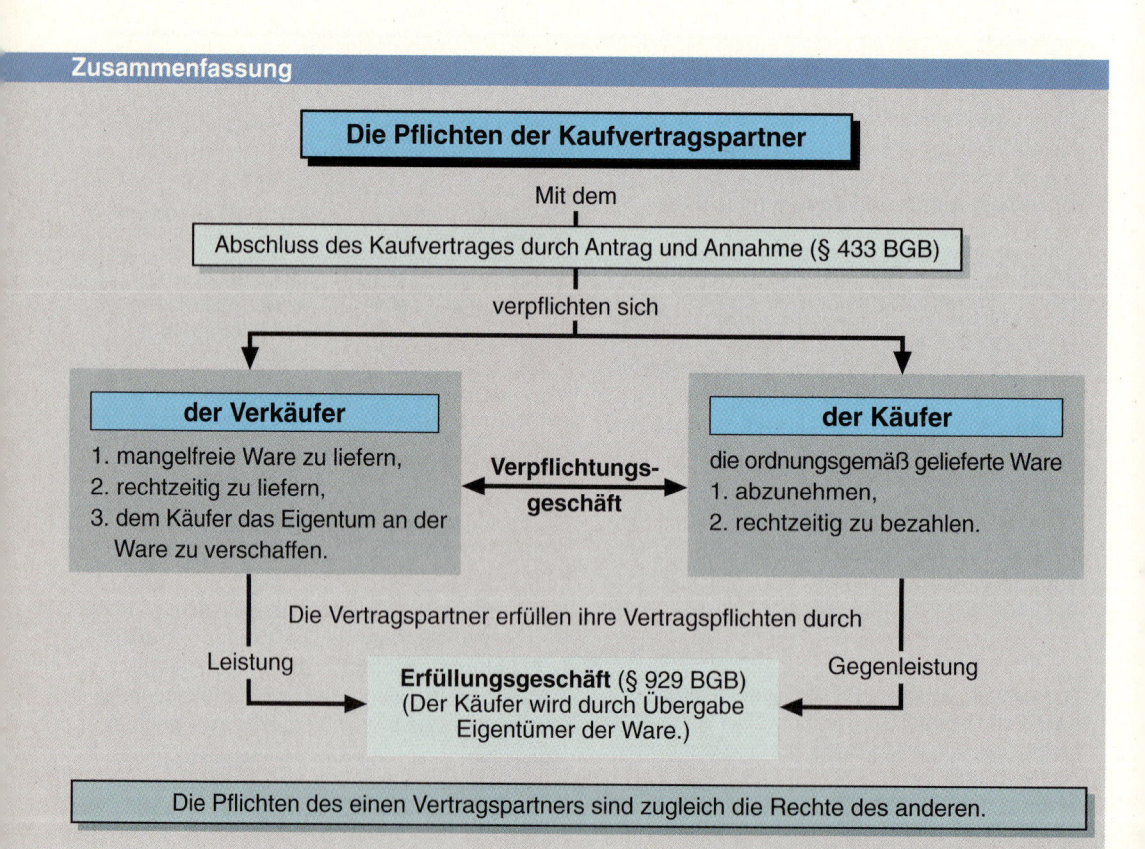

Zusammenfassung

Die Pflichten der Kaufvertragspartner

Mit dem Abschluss des Kaufvertrages durch Antrag und Annahme (§ 433 BGB) verpflichten sich

der Verkäufer
1. mangelfreie Ware zu liefern,
2. rechtzeitig zu liefern,
3. dem Käufer das Eigentum an der Ware zu verschaffen.

Verpflichtungsgeschäft

der Käufer
die ordnungsgemäß gelieferte Ware
1. abzunehmen,
2. rechtzeitig zu bezahlen.

Die Vertragspartner erfüllen ihre Vertragspflichten durch

Leistung → **Erfüllungsgeschäft** (§ 929 BGB) ← Gegenleistung
(Der Käufer wird durch Übergabe Eigentümer der Ware.)

Die Pflichten des einen Vertragspartners sind zugleich die Rechte des anderen.

4.10 Eigentum und Besitz

Der Auszubildende Uwe Wagner hat zum Geburtstag einen MP3-Player geschenkt bekommen und will nun sein bisheriges Gerät für 50,00 € verkaufen. Sein Sitznachbar in der Berufsschule, Jacob Fengler, interessiert sich für das Modell. Uwe leiht ihm den Walkman, damit Jacob ihn ausprobieren und sich leichter entscheiden kann.
Nach 14 Tagen, der Walkman ist noch bei Jacob, bietet Uwe das Gerät dem Nachbarn der Familie Wagner für 65,00 € zum Kauf an. Der Nachbar nimmt an.

1. Warum ist der Kaufvertrag gültig?
2. Wer hat die tatsächliche und wer die rechtliche Verfügungsgewalt über den Walkman?

Information

Die Eigentumsverhältnisse ändern sich durch die Erfüllung des Kaufvertrages. Durch Einigung und Übergabe gelangt der Käufer rechtmäßig an sein Eigentum. Dabei ist der Eigentumsübergang nicht davon abhängig, ob der Käufer die Ware bezahlt hat oder nicht.

Eigentümer ist derjenige, dem eine Sache gehört. Er hat die **rechtliche (= unsichtbare) Herrschaft** über sie.

Beispiele
Jacob hat zwar augenblicklich den Walkman bei sich zu Hause, doch hat Uwe die rechtliche Herrschaft über das Gerät behalten. Da ihm der Walkman noch gehört, kann er ihn auch an den Nachbarn verkaufen.

Erst wenn Sibylle Eigentümerin der Cordhose geworden ist, kann sie damit machen, was sie will, z. B. sie verschenken, verändern, vernichten oder verleihen.

Der **Besitzer** einer Sache hingegen hat die **tatsächliche (= sichtbare) Herrschaft** über eine Sache, er **hat** die Sache augenblicklich.

Beispiel
Sibylle, als Käuferin der Cordhose, ist demnach sowohl Eigentümerin als auch Besitzerin. Erst wenn sie die Hose ihrer Freundin Hilde leiht, wird Hilde Besitzerin, Sibylle aber bleibt Eigentümerin der Hose.

Hilde ist rechtmäßige Besitzerin geworden, denn Sibylle hat ihr die Hose freiwillig überlassen. Sie hat nun das Recht, die Hose zu tragen, muss diese aber sorgfältig behandeln und verwahren.

Eine Person kann auch Besitzer einer Sache werden, die sie unrechtmäßig erworben hat, z. B. durch Raub, Plünderung oder Hehlerei. Ein Dieb ist also ebenfalls Besitzer, aber niemals Eigentümer der Sache.

Der Besitz einer Sache kann enden durch freiwillige Aufgabe (z. B. Rückgabe der Hose; Lösung des Mietverhältnisses) oder durch Verlust.

Die Übertragung von Besitz und Eigentum geschieht nach vertraglicher Einigung wie folgt:

Übertragung	bei beweglichen Sachen (Mobilien)	bei unbeweglichen Sachen (Immobilien, z. B. Gebäuden)
von Eigentum	durch Übergabe	durch Eintragung des Eigentümerwechsels ins Grundbuch
von Besitz	durch Übergabe	durch Überlassung

Bei unbeweglichen Sachen wird die Einigung zwischen dem Verkäufer und dem Käufer **Auflassung** genannt.

Beispiel für die Eigentumsübertragung bei unbeweglichen Sachen:
Der kaufmännische Angestellte Frank Bruns kauft von dem Kaufmann Erhard Grünhage ein kleines Landhaus. Der Kaufvertrag wird bei einem Notar rechtmäßig abgeschlossen. In diesem Vertrag erklären beide übereinstimmend den Eigentümerwechsel (Auflassung ≙ Einigung). Daraufhin wird Frank Bruns als neuer Eigentümer in das Grundbuch beim zuständigen Amtsgericht eingetragen (Eintragung ≙ Übergabe).

Ist der Käufer einer beweglichen Sache bereits im Besitz der Sache, so genügt die Einigung der Vertragspartner darüber, dass die betreffende Sache den Eigentümer wechseln soll.

Beispiel
Ein Kunde kauft in einem Fernsehgeschäft einen Farbfernseher. Kunde und Verkäufer vereinbaren eine Probezeit von 14 Tagen. Nach Ablauf der Frist entschließt sich der Kunde, den Apparat zu behalten. Da die Übergabe bereits 14 Tage zuvor erfolgt war, bedarf es jetzt nur noch der Einigung.

Aufgaben

1. Herr Weißenbach pachtet eine Gaststätte; der Sportler Hurtig kauft eine Stoppuhr; der Schüler Peter D. leiht sich von seinem Sitznachbarn einen Bleistift; Anke M. holt beim Kostümverleih eine originelle Maske für den Fasching ab.
   a) Welche Rechte haben diese Personen an den von ihnen erworbenen Gegenständen?
   b) Anke M. übermalt die Gesichtsmaske mit poppig-grüner Farbe; der Sportler Hurtig verschenkt die gerade erworbene Uhr an einen Freund. Wie beurteilen Sie diese Maßnahmen?

2. Wie kommt die Eigentumsübertragung zustande?
   a) Ein Hobbyläufer möchte ein paar Langlaufschuhe kaufen. Nach dem Anprobieren mehrerer Modelle entscheidet er sich für ein Paar Trainingsschuhe mit besonderen Dämpfungseigenschaften. An der Kasse erhält er nach Zahlung des Kaufpreises die Schuhe ausgehändigt.
   b) Der sehr vermögende Herr Schwarzenberger verkauft eine seiner drei Eigentumswohnungen an Herrn Bertram. Beide waren sich beim Notar darüber einig, dass der Eigentümerwechsel im Grundbuch festgehalten werden müsse. Die Wohnung wurde daraufhin durch das Grundbuchamt des Amtsgerichtes auf den Erwerber Herrn Bertram umgeschrieben.

3. Was darf der Eigentümer einer Sache alles mit ihr machen?
4. Warum wird bei Immobilien die Übergabe durch die Eintragung ersetzt?
5. Herr Mertens hat das Angebot von Fernseh-Knuth angenommen und sich für zehn Tage kostenlos ein Videogerät zum Ausprobieren nach Hause bringen lassen. Nach Ablauf der Frist teilt er Fernseh-Knuth telefonisch mit, dass er mit dem Gerät sehr zufrieden sei und es behalten möchte. Der Händler stimmt zu.
   a) Wer ist vor dem Telefonat Eigentümer und wer Besitzer des Videogerätes?
   b) Wie findet der Eigentumsübergang statt?
6. Stefan und Thomas, beide volljährig, treffen sich zufällig eines Abends in der Disco „Bel Air" und schließen in gemütlicher Runde einen Kaufvertrag. Stefan verkauft seine Alpinskier „Arrow" an Thomas für 90,00 €. Übergabe soll am nächsten Tag erfolgen, die Bezahlung aber erst in 14 Tagen. Wann wird Thomas Eigentümer der Ski?
7. Wodurch endet der rechtmäßige Besitz einer Sache?
8. Welche Herrschaft übt ein Dieb über das von ihm gestohlene Fahrrad aus?

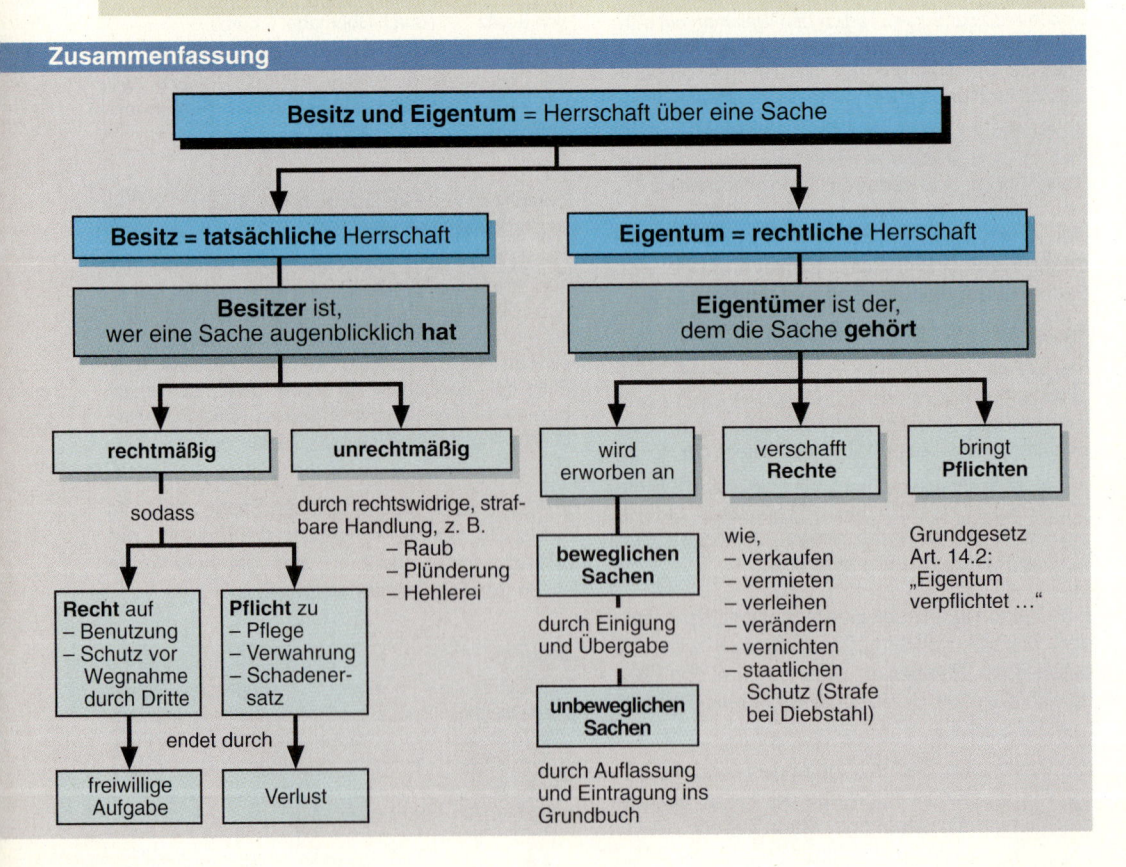

Zusammenfassung

Besitz und Eigentum = Herrschaft über eine Sache

Besitz = **tatsächliche** Herrschaft

Besitzer ist, wer eine Sache augenblicklich **hat**

- **rechtmäßig**
  - sodass
    - **Recht** auf
      - Benutzung
      - Schutz vor Wegnahme durch Dritte
    - **Pflicht** zu
      - Pflege
      - Verwahrung
      - Schadenersatz
  - endet durch
    - freiwillige Aufgabe
    - Verlust
- **unrechtmäßig**
  - durch rechtswidrige, strafbare Handlung, z. B.
    - Raub
    - Plünderung
    - Hehlerei

Eigentum = **rechtliche** Herrschaft

Eigentümer ist der, dem die Sache **gehört**

- wird erworben an
  - **beweglichen Sachen**
    - durch Einigung und Übergabe
  - **unbeweglichen Sachen**
    - durch Auflassung und Eintragung ins Grundbuch
- verschafft **Rechte**
  - wie,
  - verkaufen
  - vermieten
  - verleihen
  - verändern
  - vernichten
  - staatlichen Schutz (Strafe bei Diebstahl)
- bringt **Pflichten**
  - Grundgesetz Art. 14.2: „Eigentum verpflichtet …"

4.11 Erfüllungsort und Gerichtsstand

Der Textileinzelhändler Heine, Hannover, bestellt bei der Herrenbekleidungsfabrik Gliessmann in Bremen 30 Herrenanzüge. In seiner Bestellung weist Heine nur darauf hin, dass er die Anzüge am 15. des Monats fest benötige. Weitere Vereinbarungen über die Übergabe der Ware werden nicht getroffen.

Am 16. des Monats sind die Anzüge bei Heine in Hannover immer noch nicht eingetroffen.

Heine ist der Auffassung, dass die Anzüge spätestens am 15. des Monats in Hannover eingetroffen sein müssten.

In der Firma Gliessmann vertritt man jedoch die Meinung, dass die Herrenanzüge bis zum 15. des Monats nur ordnungsgemäß in Bremen zur Abholung bereitgestellt werden müssten.

An welchem Ort muss der Verkäufer dem Käufer die Ware zur Verfügung stellen?

Information

Aufgrund eines Kaufvertrages verpflichten sich beide Vertragspartner, bestimmte Leistungen zu erbringen. Der Verkäufer muss rechtzeitig liefern und das Eigentum übertragen. Der Käufer muss die Ware annehmen und rechtzeitig den Kaufpreis bezahlen. Der Ort, an dem diese Leistungen zu erbringen sind, nennt man **Erfüllungsort (Leistungsort)**. Der Ort, an dem der **Leistungserfolg eintritt**, wird als **Erfolgsort** bezeichnet (§§ 270 u. 362 BGB).

Gesetzlicher Erfüllungsort

Ist im Kaufvertrag kein Ort genannt, so tritt die gesetzliche Regelung in Kraft:

§ 269 BGB:
Die Leistung muss an dem Ort erfolgen, an dem der Schuldner zur Zeit der Entstehung des Schuldverhältnisses seinen Wohnsitz hatte.

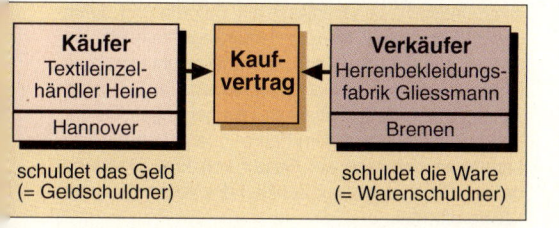

Käufer		Verkäufer
Textileinzelhändler Heine	Kaufvertrag	Herrenbekleidungsfabrik Gliessmann
Hannover		Bremen
schuldet das Geld (= Geldschuldner)		schuldet die Ware (= Warenschuldner)

Bei einem Kaufvertrag sind stets beide Vertragspartner Schuldner: Der Käufer schuldet das Geld, der Verkäufer schuldet die Ware. Daher gibt es auch stets zwei (gesetzliche) Erfüllungsorte (wenn beide nicht gerade im selben Ort ansässig sind).

- Der **Erfüllungsort für die Zahlung** ist der Wohn- oder Geschäftssitz des Käufers (im vorliegenden Beispiel Hannover). Es ist jedoch gesetzlich geregelt, dass der Käufer seine Zahlungsverpflichtung erst dann erfüllt hat, wenn er das Geld fristgemäß an seinem (Erfüllungs-)Ort an den Verkäufer abgeschickt hat.

Der Geschäftssitz des Geldgläubigers (im Beispiel Bremen) ist dann der Ort, an dem der Leistungserfolg eintritt.

Beispiel

Die von Verkäufer Gliessmann an Käufer Heine verkaufte Ware sollte vereinbarungsgemäß bis zum 30. Juni bezahlt werden. Als die Geldsumme am 3. Juli bei Gliessmann in Bremen (= Erfolgsort) eingeht, stellt das Unternehmen dem säumigen Zahler aufgrund der Fristüberschreitung Verzugszinsen in Rechnung.

Allerdings unberechtigt, denn Heine hatte am 30. Juni einen Verrechnungsscheck per Post an Gliessmann abgeschickt und war damit rechtzeitig vor Fristablauf seiner Zahlungspflicht nachgekommen.

Maßgeblich für den fristgerechten Zahlungsverzug ist der Zeitpunkt, in dem der Brief mit dem Scheck in den Postbriefkasten eingeworfen wurde (Erfüllungsort = Hannover) und nicht der Zugang des Schecks beim Gläubiger Gliessmann in Bremen (Erfolgsort). Gliessmann als Geldgläubiger trägt daher die weitere **Verzögerungsgefahr**, wenn die Vertragsparteien keine abweichenden Vereinbarungen getroffen haben. Die **Leistungs(verlust)gefahr** muss allerdings von Heine getragen werden.

Geldschulden sind Schickschulden.

- Der **Erfüllungsort für die Warenlieferung** ist der Wohn- oder Geschäftssitz des Verkäufers (in unserem Beispiel Bremen). Der Verkäufer braucht die Ware demnach lediglich an seinem Wohn- oder Geschäftssitz zur Abholung bereitzuhalten. Der Käufer muss sie dort abholen.

Warenschulden sind Holschulden.

Die Bedeutung des Erfüllungsortes für die Warenschuld

Der Erfüllungsort ist besonders bedeutsam für den **Gefahrenübergang** und die **Kostenübernahme** beim Warenversand:

Mit der Übergabe der verkauften Ware am Erfüllungsort geht die Gefahr des zufälligen Untergangs und einer zufälligen Verschlechterung (z. B. Transportunfall, Diebstahl, Brand) auf den Käufer über.

Das bedeutet, dass die Ware auf Gefahr des Käufers reist. Der Käufer muss das Transportrisiko tragen, nicht der Verkäufer.

Dabei muss man zwischen drei Arten des Kaufs unterscheiden:
- dem Handkauf (= Ladenkauf),
- dem Platzkauf und
- dem Versendungskauf.

Handkauf (= Ladenkauf)

Beim Hand- oder Ladenkauf findet die Warenübergabe im Geschäft des Verkäufers statt. Die Gefahr geht mit der **Übergabe** der Ware auf den Käufer über.

Da Warenschulden nach der gesetzlichen Regelung Holschulden sind, muss der Käufer auch die Kosten für die Abholung der Ware tragen.

Platzkauf

Die Gefahr geht mit der **Übergabe** an den Käufer über. Die Übergabe kann erfolgen:
- an den Käufer in dessen Wohnung,
- an einen Transportbeauftragten, wie z. B. Post oder Spediteur.

Die Transportkosten sind generell vom Käufer zu tragen (Warenschulden = Holschulden). Lediglich wenn vereinbart wird, dass die Übergabe in der Wohnung des Käufers stattfinden soll, kommt der Verkäufer für die Kosten des Versandes auf (siehe auch Seite 105).

> **Beispiel**
>
> Frau Dormann hat in ihrem Wohnort im Lampenfachgeschäft Schürmann & Co. eine Tiffany-Lampe gekauft. Sie vereinbart mit dem Inhaber, dass die Lampe um 16:00 Uhr zu ihrer Wohnung gebracht werden soll. Durch ein Missgeschick beschädigt der hauseigene Bote die kunstvolle Lampe während des Transports.
> Da die Gefahr noch nicht auf Frau Dormann übergegangen ist – das Unternehmen Schürmann & Co. hatte die Lampe noch nicht übergeben – muss der Inhaber des Lampengeschäftes den Schaden tragen. Die Kosten für den Transport sind in diesem Fall ohnehin von Schürmann und Co. zu übernehmen.

Versendungskauf

Generell sind Warenschulden Holschulden. Das bedeutet, dass der Verkäufer die Ware zur Abholung an seinem Wohnort **bereitstellen** muss.

> **Beispiel**
>
> Das Unternehmen Gliessmann, Bremen, muss die Herrenanzüge in Bremen ordnungsgemäß und rechtzeitig zur Verfügung stellen und das Unternehmen Heine, Hannover, hat sie dort abzuholen.

Derartige Praktiken würden aber den Handelsverkehr zwischen den Unternehmen sehr erschweren, denn Käufer und Verkäufer wohnen meistens an verschiedenen Orten. Daher ist in der Praxis der Versendungskauf üblich.

Versendungskauf bedeutet, dass der Verkäufer die Ware auf Verlangen des Käufers an einen anderen Ort als den Erfüllungsort versendet, etwa durch Übergabe an ein Transportunternehmen wie Bahn oder Spedition.

Aufgrund der handelsbräuchlichen Regelung ist die Warenschuld zur Schickschuld geworden. Der Erfüllungsort bleibt jedoch der Ort des Verkäufers. Die Gefahr der Beschädigung, Verschlechterung oder des zufälligen Untergangs geht mit der Übergabe an der Versandstation auf den Käufer über.

> **Beispiel**
>
> Angenommen, das Lampengeschäft Schürmann & Co. hätte seinen Geschäftssitz in Hildesheim. Der Inhaber des Geschäftes übernimmt auf Wunsch von Frau Dormann die Versendung der Tiffany-Lampe von Hildesheim (dem Erfüllungsort) nach Hannover (dem Bestimmungsort). Er veranlasst die Beförderung durch den United Parcel Service. Unterwegs zerbricht die Lampe aus Gründen, die das Transportunternehmen nicht zu vertreten hat. Den Schaden hat Frau Dormann zu tragen. Die Gefahr ist auf sie übergegangen, als der Verkäufer die Lampe dem Fahrer übergeben hat. Die Lampe ist demnach auf Gefahr von Frau Dormann gereist. Sie ist sogar zur Zahlung des vollen Kaufpreises verpflichtet.
> Dem Inhaber des Unternehmens Schürmann & Co. entsteht aus der Übernahme des Versandes kein Nachteil.

Wird die Ware mit einem dem Verkäufer gehörenden Transporter versandt, so geht die Gefahr erst **mit der Warenübergabe** auf den Käufer über.

Da das Abholen der Ware beim **gesetzlichen Erfüllungsort** zu den Pflichten des Käufers gehört, muss dieser auch die Abnahme- und Versendungskosten (= Transportkosten) ab Versandstation des Verkäufers tragen.

Die Übergabekosten, z. B. für das Wiegen oder Messen trägt der Verkäufer.

Durch Festlegen des Erfüllungsortes wird bestimmt, wer die Transportkosten tragen muss, vorausgesetzt, es wurden keine besonderen Abmachungen darüber getroffen.

> Sollten die Versandkosten von den Geschäftspartnern vertraglich geregelt werden, so wirkt sich diese Abmachung nicht auf den Erfüllungsort aus.

Wird die Ware **vor der Übergabe** zufällig beschädigt oder vernichtet, so werden die Vertragspartner von ihren Leistungspflichten befreit.

Die Bedeutung des Erfüllungsortes für die Geldschuld

Der gesetzliche Erfüllungsort für Geldschulden ist der Ort des Käufers. Der Käufer (= Schuldner der Zahlung) muss allerdings gemäß § 270 BGB das Geld auf seine Kosten und seine Leistungs-(Verlust)gefahr an den **Wohnort des Verkäufers** (= Gläubiger der Zahlung) schicken. Geldschulden sind daher Schickschulden.

Das Besondere dieser gesetzlichen Regelung liegt darin, dass Schickschulden wie Bringschulden behandelt werden: Der Käufer ist zur Geldübermittlung **verpflichtet!** Das Geld reist auf Kosten und Gefahr des Käufers.

Würde das Geld demnach bei Übermittlung, z. B. durch einen hauseigenen Boten, verloren gehen, so müsste der Käufer noch einmal zahlen.

Der Erfüllungsort ist bei Geldschulden nicht identisch mit dem Ort des Gefahrenübergangs.

Für die **fristgerechte Zahlung** ist allerdings der Zeitpunkt entscheidend, zu dem das Geld abgesandt wurde. Für Verzögerungen, die durch die Zahlungsübermittlung entstehen, z. B. durch die Kreditinstitute oder die Post, haftet der Käufer nicht.

> **Beispiel**
>
> Das Unternehmen Heine, Hannover, überweist am 6. Juni den am 7. Juni fälligen Rechnungsbetrag für die Herrenanzüge in Höhe von 10.500,00 €. Am 9. Juni wird der Betrag dem Konto der Firma Gliessmann in Bremen gutgeschrieben.

> Das Unternehmen Heine hat damit fristgerecht und am rechten Ort seine Zahlungsverpflichtungen erfüllt. Für die zeitliche Verzögerung muss es nicht haften.

Eine Zahlung per Überweisung ist rechtzeitig geleistet, wenn der ordnungsgemäß ausgefüllte Überweisungsauftrag fristgerecht bei der Bank abgegeben wurde.

Bei der Zahlung per Scheck auf dem Postweg ist der Poststempel (im Falle Heine der 7. Juni) für die **fristgerechte** Zahlung maßgebend.

Ein Käufer darf ferner bei rechtzeitiger Absendung eines Zahlungsschecks auch dann den vereinbarten Skonto vom Kaufpreis abziehen, wenn der Scheck erst nach Ablauf der festgelegten Frist beim Verkäufer eingeht.

Zwar muss der Schuldner den Scheck auf seine Gefahr und Kosten zum Gläubiger befördern. Zur Wahrung der Skontofrist genügt es jedoch, den Scheck rechtzeitig zur Post zu geben.

> **Beispiel**
>
> Käuferin und Verkäufer haben für ein Geschäft folgende Klausel vereinbart: „Zahlbar innerhalb von 40 Tagen bzw. 45 Tagen mit 3 Prozent Skonto." Der Verrechnungsscheck der Käuferin, auf dem der Skonto bereits abgezogen war, ging aber erst nach dieser Frist ein. Nach dem Gesetz ist der „Leistungsort" der Wohnsitz des Schuldners. Zu klären ist lediglich, ob der Scheck tatsächlich innerhalb der Frist abgeschickt wurde.

Seine **Zahlungspflicht** hat der Zahlungsschuldner in allen Fällen aber erst erfüllt, wenn der Gläubiger den Betrag erhalten hat.

Vertraglicher Erfüllungsort

Im Allgemeinen wird der Erfüllungsort von den Vertragsparteien frei vereinbart. So kann der Wohnort des Verkäufers, der Wohnort des Käufers oder ein anderer Ort als Erfüllungsort festgelegt werden **(vertraglicher Erfüllungsort)**.

In der Praxis wird meistens der Wohnsitz des Verkäufers zum Erfüllungsort erklärt.

Im Unterschied zum gesetzlichen Erfüllungsort gibt es bei der vertraglichen Regelung nur **einen** Erfüllungsort.

> **Beispiel**
>
> Das Unternehmen Heine in Hannover und das Unternehmen Gliessmann in Bremen vereinbaren schriftlich: „Erfüllungsort ist für beide Teile Bremen."

Die Bedeutung des Erfüllungsortes für den Gerichtsstand

Der Erfüllungsort bestimmt auch das Gericht (Amts- oder Landgericht), das vom Gläubiger angerufen werden kann, wenn der Vertragspartner seine Verpflichtungen aus dem Kaufvertrag nicht ordnungsgemäß erfüllt hat. Verhandelt wird vor dem Gericht, in dessen Bereich der Erfüllungsort liegt (Gerichtsstand). Diese Regelung gilt jedoch nur dann, wenn im Kaufvertrag keine Vereinbarung über den Erfüllungsort und damit über das zuständige Gericht bei Streitigkeiten getroffen wurde (= gesetzlicher Gerichtsstand). Für Warenschulden ist dann das zuständige Gericht der Wohnort des Verkäufers, für Geldschulden ist es der Wohnort des Käufers.

Sind die Vertragspartner Kaufleute, dann kann, abweichend von der gesetzlichen Regelung, der Gerichtsstand frei vereinbart werden (= vertraglicher Gerichtsstand). Denkbar wäre z. B. „Erfüllungsort und Gerichtsstand sind für beide Teile Bremen." Jeder Prozess würde dann vor einem Bremer Gericht verhandelt werden. Die Firma Gliessmann könnte bei dieser Vertragsgestaltung Zeit und Kosten sparen.

Ist einer *der Vertragspartner eine Privatperson*, so gilt die gesetzliche Regelung. Der Gerichtsstand für Geldschulden ist in diesem Fall **immer** der Wohnort des Käufers.

Beispiel
Der Textileinzelhändler Heine, Hannover, schließt mit der Herrenbekleidungsfabrik Gliessmann, Bremen, einen Kaufvertrag ab. Der Erfüllungsort wurde nicht vereinbart. Als Heine in Zahlungsverzug gerät, muss Gliessmann vor dem Landgericht in Hannover klagen.

Hätte umgekehrt das Unternehmen Gliessmann z. B. mangelhafte Anzüge geliefert, müsste das gerichtliche Verfahren in Bremen, am Ort des Verkäufers, stattfinden.

Beispiel
Herr Richter aus Alfeld ist unerwartet arbeitslos geworden. Er kann die beiden letzten Raten für das neue Auto nicht mehr bezahlen. Der Inhaber des Autosalons Münzer in Göttingen muss beim Gericht in Alfeld klagen.

Hiermit will der Gesetzgeber den Verbraucher als den wirtschaftlich Schwächeren schützen.

Aufgaben

1. Erklären Sie
   a) Warenschulden sind Holschulden.
   b) Geldschulden sind Schickschulden.
2. Warum sind im Geschäftsverkehr zwischen Kaufleuten Warenschulden meistens Schickschulden?
3. Wer muss den Schaden tragen?
   a) Ein Kunde kauft ein Fernsehgerät und bezahlt bar. Der Verkäufer vereinbart kostenfreie Zustellung und Aufstellung in der Wohnung des Kunden. Durch einen vom Fahrer nicht verschuldeten Autounfall wird das Gerät bei der Zustellung stark beschädigt.
   b) Eine Kundin kauft in einem Antiquitätengeschäft eine Porzellanschüssel. Während sie an der Kasse bezahlt, stellt der Verkäufer die Schüssel auf die Ladentheke. Noch bevor die Kundin erscheint, stößt ein anderer Kunde die Schüssel aus Versehen von der Theke – das antiquarische Stück zerbricht.
   c) Ein Lebensmittelhändler aus Goslar überweist einen Rechnungsbetrag an einen Großhändler nach Hildesheim. Fällig war der Rechnungsbetrag am 12. September, die Überweisung wurde in Goslar am 11. September veranlasst. Das Geld ist dem Lebensmittelgroßhändler am 13. September gutgeschrieben worden. Zugrunde lag ein Kaufvertrag mit der Vereinbarung „Erfüllungsort für beide Parteien ist Hildesheim."
4. Der Möbeleinzelhändler Düsterhöft aus Kassel kauft Ware bei seinem Großhändler in Frankfurt.
   a) Wo ist der gesetzliche Erfüllungsort und Gerichtsstand
      – für die Warenlieferung und
      – für die Zahlung?
   b) Wo könnte der vertragliche Erfüllungsort und Gerichtsstand festgelegt werden?
5. Die Haushaltswarengroßhandlung Faber in Lüneburg liefert an den Einzelhändler Oltmanns in Hamburg Waren im Werte von 10.000,00 €. Unterwegs verunglückt der beauftragte Spediteur schuldlos, die Ware wird dabei vernichtet.
   Wie ist die Rechtslage, wenn
   a) über den Erfüllungsort nichts vereinbart wurde,
   b) der vereinbarte Erfüllungsort Hamburg war?
6. Wie wäre die Rechtslage, wenn Oltmanns die Ware aus Lüneburg selbst abholt und auf dem Rückweg nach Hamburg auf der Autobahn verunglückt?

Zusammenfassung

Der Erfüllungsort

- Ort, an dem der **Schuldner** seine Leistungen zu erbringen hat **(Leistungsort)**.
- Ort, an dem die Gefahr des zufälligen Untergangs und der zufälligen Verschlechterung der Ware auf den Vertragspartner übergeht **(Ort des Gefahrenübergangs)**.
- Ort, an dem bei Streitigkeiten aus dem Kaufvertrag die Klage eingereicht wird **(Klageort)**.

Gesetzlicher Erfüllungsort
(gültig, wenn keine vertraglichen Absprachen vorliegen)

zwei Vertragsparteien/**zwei** Erfüllungsorte

Erfüllungsort für die Warenlieferung
↓
Wohnsitz des Verkäufers (**Waren**schuldner)

- Verkäufer muss die Ware fristgerecht an seinem Wohnort bereitstellen. (Erfüllungsort = Erfolgsort)
- Käufer trägt Kosten und Gefahr des Transports
  a) ab Übergabe bei Holschulden
  b) ab Versandstation bei Schickschulden
  (Warenschulden = Hol- bzw. Schickschulden)

Erfüllungsort für die Geldzahlung
↓
Wohnsitz des Käufers (**Geld**schuldner)

- Käufer muss das Geld fristgerecht an seinem Erfüllungsort abschicken.
- Käufer trägt Kosten und Verlustgefahr der Geldübermittlung bis Wohnort (Erfolgsort) des Verkäufers
  (Geldschulden = Schick- bzw. Bringschulden)
- Verkäufer trägt die Verzögerungsgefahr

Der Erfüllungsort bestimmt den Gerichtsstand:

Wohnsitz des Verkäufers | Wohnsitz des Käufers

Vertraglicher Erfüllungsort
(kann von den Vertragspartnern vereinbart werden)

zwei Vertragsparteien/**ein** Erfüllungsort

meistens der Wohnsitz des Verkäufers

Gerichtsstand:
meistens der Wohnsitz des Verkäufers

Vertragliche Vereinbarung nur unter Kaufleuten möglich; bei Abzahlungsgeschäften ist der Gerichtsstand immer am Wohnsitz des Käufers.

4.12 Eigentumsvorbehalt

Familie Rudolph kauft eine neue Kücheneinrichtung für 10.000,00 €. Mit dem Inhaber des Möbelgeschäftes, Herrn Ludwig, wird Ratenzahlung vereinbart: pro Quartal 2.500,00 €. Im Kaufvertrag ist u. a. zu lesen:

> (...)
>
> 4. Eigentumsvorbehalt
> Der Lieferer behält sich das Eigentum an dem Liefergegenstand bis zum Eingang aller Zahlungen aus dem Kaufvertrag vor.
> Der Käufer darf den Liefergegenstand nicht veräußern noch verpfänden.
> Bei vertragswidrigem Verhalten des Käufers, insbesondere bei Zahlungsverzug ist der Lieferer zur Rücknahme nach Mahnung berechtigt und der Käufer zur Herausgabe verpflichtet.
>
> (...)

Welche rechtliche Bedeutung hat dieser Vertragspunkt für Käufer und Verkäufer?

Information

Eine der wichtigsten Formen der Sicherung von Forderungen aus Warenlieferungen ist der Eigentumsvorbehalt (= Mittel der Kreditsicherung).

Durch den Eigentumsvorbehalt wird der Käufer zunächst lediglich Besitzer der Sache, Eigentümer bleibt der Verkäufer bis zur vollständigen Bezahlung des Kaufpreises (§ 455 BGB); man spricht vom **einfachen Eigentumsvorbehalt**.

Der zwischen Käufer und Verkäufer formlos vereinbarte Eigentumsvorbehalt bringt dem Verkäufer den Vorteil, dass er

– die Ware zurücknehmen kann, falls der Kunde den Kaufpreis nicht bezahlt,

– die Freigabe der Ware verlangen kann, falls sie durch den Gerichtsvollzieher gepfändet wurde,

– die Ware aus der Insolvenzmasse aussondern lassen kann, sollte gegen den Käufer ein Insolvenzverfahren eingeleitet worden sein (§ 47 InsO).

Der Eigentumsvorbehalt erlischt bei vollständiger Bezahlung des Kaufpreises.

Nicht übersehen darf man aber, dass der Eigentumsvorbehalt auch Schwachstellen hat. Er wird nämlich unwirksam, wenn die bewegliche Sache vom Käufer verarbeitet bzw. verbraucht, vernichtet oder mit einer anderen Sache fest verbunden wird (§§ 946, 950 BGB). Dies gilt auch, wenn, wie im Wirtschaftsleben üblich, die unter Eigentumsvorbehalt gelieferte Ware weiterverkauft wird (§ 932 BGB).

> **Beispiel**
>
> Ein Einzelhändler erwirbt Waren von einem Großhändler unter Eigentumsvorbehalt. Er verkauft diese noch nicht bezahlten Waren vier Tage später, denn der Ein- und Verkauf gehört zu seinen täglichen Geschäften. Eine Vereinbarung, die ihm den Verkauf der Ware verbieten würde, wäre unzweckmäßig und wenig sinnvoll.

Möchte der Verkäufer seine Waren auch oder gerade beim Weiterverkauf durch den Käufer sichern, so kann ein **verlängerter Eigentumsvorbehalt** vereinbart werden.

Der Käufer darf nun die von ihm unter Eigentumsvorbehalt gekaufte Ware weiterverkaufen, muss aber seine Kaufpreisforderung gegen seinen Kunden im Voraus an seinen Verkäufer abtreten (siehe Schaubild auf der folgenden Seite).

Eine dritte Form des Eigentumsvorbehaltes ist der **erweiterte Eigentumsvorbehalt.** Er liegt vor, wenn der Verkäufer nicht nur die Forderung aus einer Warenlieferung sichert, sondern wenn **sämtliche** Lieferungen an einen Käufer geschützt werden sollen.

Beispiel

Ein Verkäufer hat zehn verschiedene Warenlieferungen im Laufe der letzten sechs Monate an einen Käufer vorgenommen. Das Eigentum auch der letzten Lieferung geht erst dann auf den Käufer über, wenn **alle** zehn Lieferungen vollständig bezahlt sind.

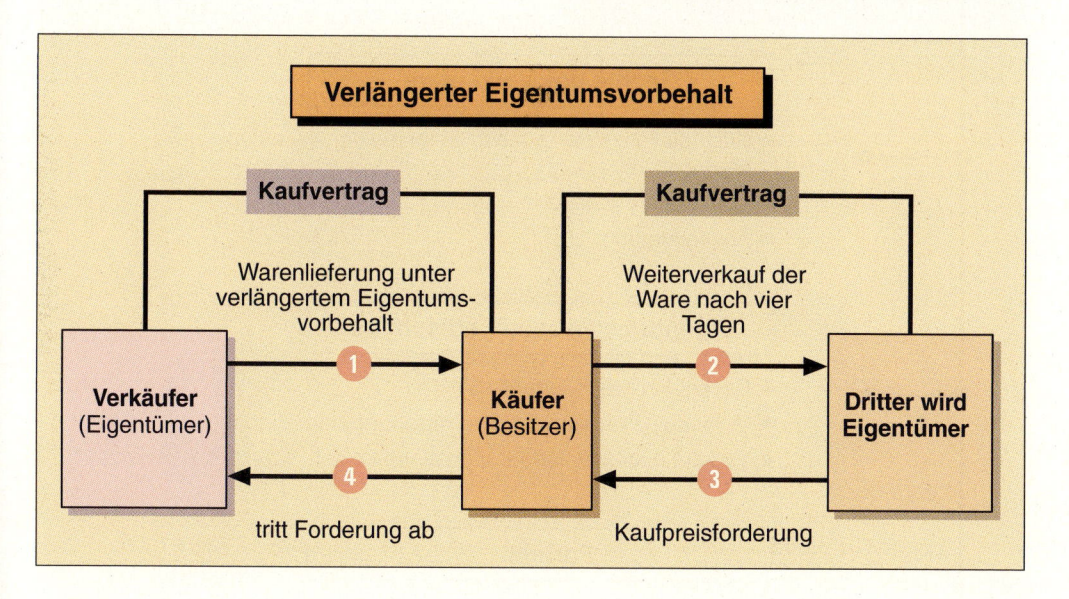

Verlängerter Eigentumsvorbehalt

- Kaufvertrag zwischen Verkäufer (Eigentümer) und Käufer (Besitzer)
- ① Warenlieferung unter verlängertem Eigentumsvorbehalt
- Kaufvertrag zwischen Käufer und Drittem
- ② Weiterverkauf der Ware nach vier Tagen → Dritter wird Eigentümer
- ③ Kaufpreisforderung
- ④ tritt Forderung ab

Aufgaben

1. Warum wird im Kaufvertrag Eigentumsvorbehalt vereinbart?
2. Welche Rechte hat der Verkäufer beim Eigentumsvorbehalt?
3. Warum wäre es nicht sinnvoll, Lebensmittel unter Eigentumsvorbehalt zu liefern?
4. Wodurch erlischt der einfache Eigentumsvorbehalt?
5. Wie kann ein Unternehmer das Erlöschen des Eigentumsvorbehalts verhindern?
6. Die Unternehmung Hansen & Co., Textilfabrik, verzichtet darauf, in ihren Kaufverträgen mit den direkt belieferten Einzelhändlern (Boutiquen und Kaufhäuser) den Eigentumsvorbehalt aufzunehmen.

   a) Welcher Grund wird wohl ausschlaggebend sein auf diese Sicherheitsmaßnahme zu verzichten?

   b) Wie kann die Textilfabrik ihre Waren dennoch sichern?

7. Das Fachgeschäft für Berufskleidung Werner Münchmeyer hat an die Arztpraxis von Dr. Zimmermann 10 Berufskittel unter Eigentumsvorbehalt geliefert. Noch bevor der Kaufpreis in Höhe von 225,00 € bezahlt ist, erfährt Herr Münchmeyer, dass der Gerichtsvollzieher das Vermögen des Arztes gepfändet hat.

   Was kann der Einzelhändler Münchmeyer tun, um seine Forderung zu sichern?

Zusammenfassung

Eigentumsvorbehalt

= Vereinbarung zwischen Verkäufer und Käufer, dass das Eigentumsrecht erst mit der vollständigen Bezahlung auf den Käufer übergeht.

Rechte des Verkäufers

- Rücktritt vom Vertrag (nach Setzen einer Nachfrist) bei Nichtzahlung
- Antrag auf Freigabe
- Aussonderung

Eigentumsvorbehalt erlischt bei

- Bezahlung des Kaufpreises
- Verbrauch, Verarbeitung, Vermischung oder Einbau
- Verkauf oder Verpfändung an einen Dritten

Formen

- einfacher Eigentumsvorbehalt
- verlängerter Eigentumsvorbehalt
  Die aus dem Weiterverkauf entstandene Forderung an einen Dritten wird an den Lieferanten weitergegeben.
- erweiterter Eigentumsvorbehalt
  Die Eigentumsrechte beziehen sich auf alle Lieferungen an denselben Kunden, bis sie vollständig bezahlt sind.

4.13 Vertragsfreiheit

Im Regal des Porzellan- und Glasfachgeschäftes von Herrn Schreiber stehen neben dem üblichen Sortiment zwei Karaffen aus Kristallglas. Beide Gefäße sind von gleicher Güte und Beschaffenheit und sollen pro Stück 136,00 € kosten.

Nacheinander betreten drei Kunden das Geschäft von Herrn Schreiber, denen gegenüber er sich unterschiedlich verhält.

Bild 1: "Es tut mir leid, aber die Karaffe verkaufe ich nur an seriöse Kunden."

Bild 2: "Sie haben eine gute Wahl getroffen. 136 Euro ist zudem äußerst preiswert. Selbstverständlich sende ich Ihnen die Karaffe auch zu."

Bild 3: "Mein Herr, diese Karaffe ist inzwischen mein einziges Stück, das ich Ihnen unter 150 Euro nicht verkaufen kann." – "In Ordnung, die nehme ich!"

Wie beurteilen Sie das Verhalten des Geschäftsinhabers Schreiber?

Information

Wesen der Vertragsfreiheit

Art. 2 (1) GG

„Jeder hat das Recht auf die freie Entfaltung seiner Persönlichkeit, soweit er nicht die Rechte anderer verletzt und nicht gegen die verfassungsmäßige Ordnung oder das Sittengesetz verstößt."

Diese „freie Entfaltung" findet im Handelsgesetzbuch (HGB) und im Bürgerlichen Gesetzbuch (BGB) ihren Ausdruck in der **Vertragsfreiheit.** Vertragsfreiheit bedeutet,

– dass in der Bundesrepublik Deutschland niemand dazu gezwungen werden kann, mit jemandem ein Rechtsgeschäft abzuschließen; es besteht **Abschlussfreiheit.**

– Auch dürfen zwischen den Vertragspartnern die Inhalte der Rechtsgeschäfte frei vereinbart werden; es besteht **Inhalts- oder Vertragsgestaltungsfreiheit.** Lediglich wenn die Vertragspartner keine besonderen Abmachungen getroffen haben, gilt die gesetzliche Regelung.

– Bis auf einige Ausnahmen wird durch Gesetze keine bestimmte Form vorgeschrieben; es besteht **Formfreiheit.**

Folglich können Verträge mündlich, schriftlich, fernmündlich oder durch bloßes Handeln (Handheben auf einer Auktion, Kopfnicken) geschlossen werden.

Grenzen der Vertragsfreiheit

Das Prinzip der Vertragsfreiheit gilt dann nicht, wenn
- Abschlusszwang (= Kontrahierungszwang) besteht,
- ein wirtschaftlich schwächerer Vertragspartner durch besondere Formvorschriften geschützt werden soll.

Abschlusszwang

Kraft Gesetzes kann niemand gezwungen werden eine Willenserklärung abzugeben. Doch sind die öffentlichen Versorgungsunternehmen wie Gas-, Elektrizitäts- und Wasserwerke sowie Krankenhäuser, die Deutsche Post AG und die Deutsche Bahn AG aufgrund ihrer monopolistischen Marktstellung verpflichtet Verträge mit jedem Antragsteller zu schließen. Sie unterliegen einem Abschlusszwang. Die Abschlussfreiheit wird damit weitgehend eingeschränkt.

Formvorschriften (Formzwang)

Die Grenzen der Vertragsfreiheit sind vom Gesetzgeber weiterhin dort gezogen worden, wo die Gefahr besteht, dass der sozial und wirtschaftlich schwächere Vertragspartner benachteiligt wird. Daher besteht die Regelung der Rechts- und Geschäftsfähigkeit und die Forderung nach Einhaltung gesetzlicher Formvorschriften bei bestimmten Rechtsgeschäften.

Das Gesetz kennt folgende Formvorschriften:
- Schriftform
- öffentliche Beglaubigung
- notarielle Beurkundung

Die Schriftform (§ 126 BGB)

Die schriftliche Vertragsform ist z. B. gesetzlich vorgeschrieben für
- Miet- und Pachtverträge, die länger als ein Jahr gültig sind (§ 566 BGB),
- Bürgschaftserklärungen von Nichtkaufleuten (§ 766 BGB),
- Schuldanerkenntnisse (§ 781 BGB),
- handschriftliche Testamente,
- Schuldversprechen (§ 780 BGB),
- Verträge über Ratenzahlung,
- Ausbildungsverträge,
- Vereinbarungen eines vertraglichen Wettbewerbsverbots (§ 74 HGB).

Wer ein Testament allein (ohne Notar) errichten will, muss den gesamten Text handschriftlich anfertigen und eigenhändig unterschreiben. In allen anderen Beispielen genügt die eigenhändige Unterschrift der (des) Aussteller(s).

Die öffentliche Beglaubigung (§ 129 BGB)

Sie ist gesetzlich vorgeschrieben z. B. bei
- der Anmeldung eines Vereins ins Vereinsregister (§ 77 BGB),
- Handelsregister- und Grundbucheintragungen (§ 12 HGB),
- maschinenschriftlichen Testamenten,
- Forderungsabtretungen (§ 403 BGB),
- Gehaltsabtretungen (§ 411 BGB),
- Anträgen auf Eintragung ins Güterrechtsregister (§ 1560 BGB).

Hierbei muss der Aussteller die schriftliche Erklärung vor einem Notar unterschreiben. Die Echtheit der Unterschrift wird anschließend vom Notar beglaubigt.

Die notarielle Beurkundung (§ 128 BGB)

Sie wird in einigen Fällen vom Gesetz verlangt, z. B. für
- Kaufverträge bei Grundstücken (Käufe und Verkäufe),
- Schenkungsversprechen (§ 518 I BGB),
- Erbverträge,
- Hauptversammlungsbeschlüsse einer Aktiengesellschaft (§ 130 AktG),
- Eheverträge sowie
- bei Eintragung einer Hypothek oder Grundschuld ins Grundbuch und
- bei der Gründung einer Aktiengesellschaft.

Durch seine Unterschrift beurkundet der Notar bzw. die Behörde den Wahrheitsgehalt der Unterschrift(en) **und** den gesamten protokollierten Vorgang, also den Inhalt.

Die notarielle Beurkundung ist die strengste Form des Formzwanges. Sie soll – wie auch die anderen Formvorschriften – die Vertragspartner vor unüberlegtem und zu schnellem Handeln bewahren, beispielsweise dadurch, dass beim Grundstückskauf ein Notar eingeschaltet werden muss, der bei irgendwelchen Bedenken juristischen Rat geben kann.

Wird die gesetzlich vorgeschriebene Form nicht beachtet, so ist das Rechtsgeschäft nichtig.

Verbrauchsgüterkauf (gem. § 474 BGB)

Für den gesamten Bereich des Verbrauchsgüterkaufs ist die Vertragsfreiheit weitgehend außer Kraft gesetzt. Das bedeutet, dass fast sämtliche

den Käufer bevorzugenden Regelungen vertraglich nicht geändert werden dürfen (siehe Ausführungen zum Kaufrecht in Kapitel 2.8). Dies gilt insbesondere für
- die Wahlfreiheit des Käufers bei Mängelrechten,
- die Beweislastumkehr innerhalb der ersten sechs Monate und
- die Verjährungsfrist von zwei Jahren für Mängel der Kaufsache (§ 475 BGB).

So sind insbesondere Vereinbarungen unwirksam, mit denen versucht wird, den Käufer auf eine bestimmte Form des Nacherfüllungsrechts zu begrenzen oder den Rücktritt vom Vertrag oder die Minderung von zusätzlichen Bedingungen abhängig zu machen, die das Gesetz nicht vorsieht.

Aufgaben

1. Was verstehen Sie unter dem Prinzip der Vertragsfreiheit?
2. Was bezweckt der Gesetzgeber mit dem so genannten Formzwang?
3. Rechtsgeschäfte, für die der Gesetzgeber keine Formvorschriften vorschreibt, sind formfrei. Welche Folgen hätte es, wenn für alle denkbaren Rechtsgeschäfte eine notarielle Beurkundung notwendig wäre?
4. Worin liegt der Unterschied zwischen öffentlicher Beglaubigung und notarieller Beurkundung?
5. Welche Formvorschrift (formfrei; Schriftform; öffentliche Beglaubigung; notarielle Beurkundung) ist in den folgenden Fällen vorgeschrieben?
   a) 25 Sportinteressierte wollen einen Hockeyclub gründen,
   b) Kauf eines Pkw für 22.000,00 €,
   c) Verkauf eines Gartengrundstücks für nur 4.000,00 €,
   d) Herr Sander mietet auf einem Campingplatz für zwei Jahre einen Standplatz für seinen Wohnanhänger,
   e) Buchung einer Luxusferienreise für 9.000,00 €.
6. Beurteilen Sie folgende Sachverhalte unter dem Gesichtspunkt der Vertragsfreiheit:
   a) Der eher konservative Frisörmeister G. Stein weigert sich einem Punker die Haare zu waschen.
   b) Der Apotheker Wilhelm ist nicht bereit seinem Nachbarn Herrn Gerhold ein dringend benötigtes Medikament zu verkaufen, weil dieser ihn in der Vergangenheit mehrfach beleidigt hat.
   c) Malermeister Krüger lehnt es ab, bei Familie Wentritt das Wohnzimmer zu tapezieren.

Zusammenfassung

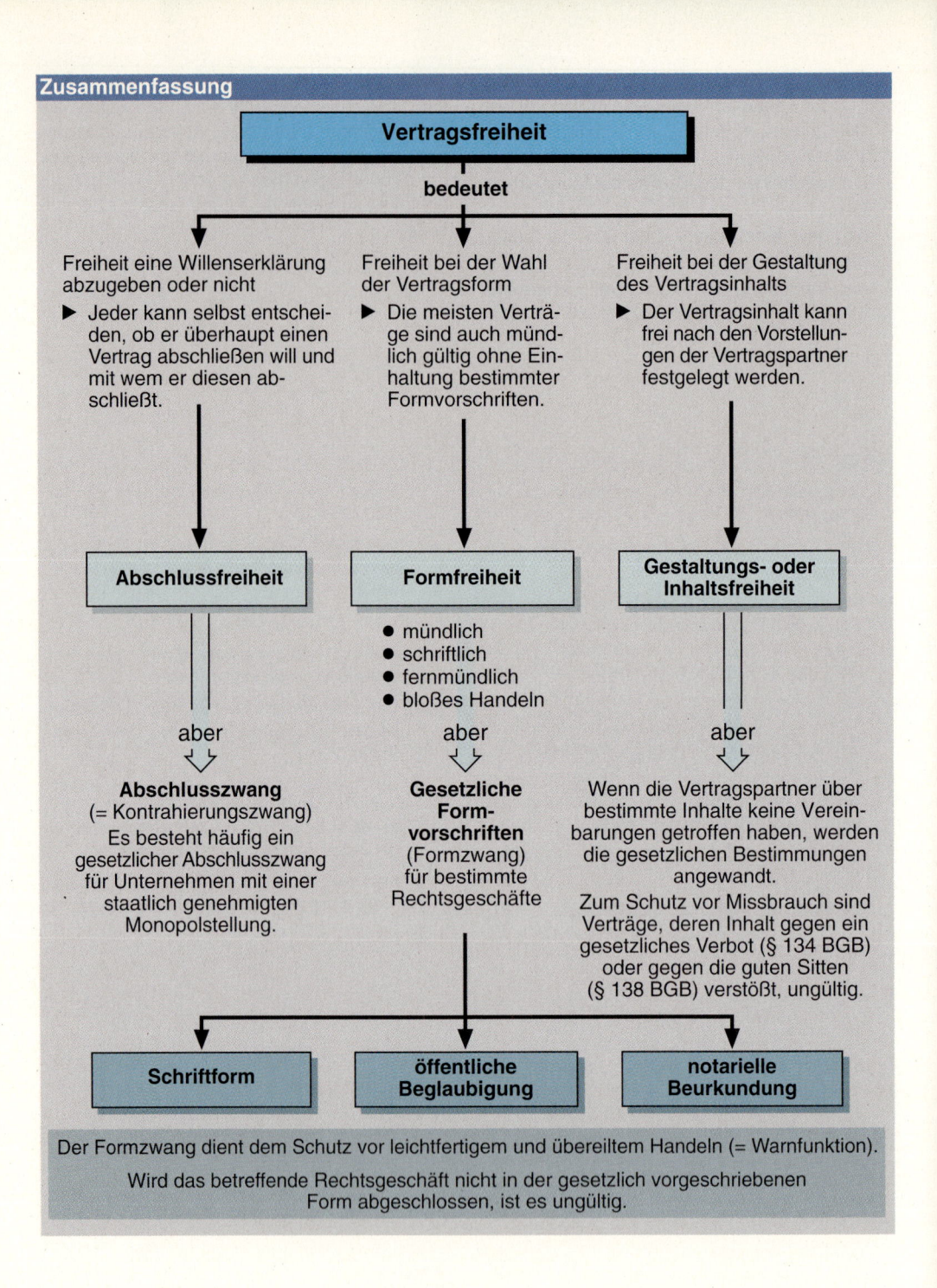

Vertragsfreiheit

bedeutet

- Freiheit eine Willenserklärung abzugeben oder nicht
  ▶ Jeder kann selbst entscheiden, ob er überhaupt einen Vertrag abschließen will und mit wem er diesen abschließt.

- Freiheit bei der Wahl der Vertragsform
  ▶ Die meisten Verträge sind auch mündlich gültig ohne Einhaltung bestimmter Formvorschriften.

- Freiheit bei der Gestaltung des Vertragsinhalts
  ▶ Der Vertragsinhalt kann frei nach den Vorstellungen der Vertragspartner festgelegt werden.

Abschlussfreiheit | **Formfreiheit** | **Gestaltungs- oder Inhaltsfreiheit**

Formfreiheit:
- mündlich
- schriftlich
- fernmündlich
- bloßes Handeln

aber ⇩

Abschlusszwang
(= Kontrahierungszwang)
Es besteht häufig ein gesetzlicher Abschlusszwang für Unternehmen mit einer staatlich genehmigten Monopolstellung.

aber ⇩

Gesetzliche Formvorschriften
(Formzwang) für bestimmte Rechtsgeschäfte

aber ⇩

Wenn die Vertragspartner über bestimmte Inhalte keine Vereinbarungen getroffen haben, werden die gesetzlichen Bestimmungen angewandt.
Zum Schutz vor Missbrauch sind Verträge, deren Inhalt gegen ein gesetzliches Verbot (§ 134 BGB) oder gegen die guten Sitten (§ 138 BGB) verstößt, ungültig.

Schriftform | **öffentliche Beglaubigung** | **notarielle Beurkundung**

Der Formzwang dient dem Schutz vor leichtfertigem und übereiltem Handeln (= Warnfunktion). Wird das betreffende Rechtsgeschäft nicht in der gesetzlich vorgeschriebenen Form abgeschlossen, ist es ungültig.

4.14 Allgemeine Geschäftsbedingungen

... versichert gegen Feuerschäden jeder Art; ausgenommen sind lediglich Schäden durch a) Brand, b) Blitzschlag, c) Explosion und durch d) Anprall oder Absturz eines bemannten Flugkörpers. Gebäude, Einrichtungsgegenstände, Warenvorräte, Maschinen und Fahrzeuge fallen nicht unter feuerversicherte Objekte dieses Versicherungsvertrages ...

Welche Auswirkungen haben die Bedingungen dieser Feuerversicherung für das betreffende Unternehmen?

Information

Notwendigkeit, Anwendungsgebiete und Inhalt der Allgemeinen Geschäftsbedingungen

Heutzutage kommt es in vielen Handelsbetrieben täglich zu einer Vielzahl von Vertragsabschlüssen. Dies hat dazu geführt, dass die dabei verwendeten vertraglichen Bedingungen vereinheitlicht wurden. Beim Abschluss eines Kaufvertrages werden die Vertragsinhalte nicht mehr jedes Mal neu ausgehandelt und formuliert. Es werden vielmehr, im Interesse eines reibungslosen und nicht zu zeitaufwendigen Geschäftsablaufs, Vertragsbedingungen einheitlich **vorformuliert.**

Diese **Allgemeinen Geschäftsbedingungen** (AGB) – so werden die vorformulierten Klauseln genannt – sind heute aus dem Wirtschaftsleben nicht mehr wegzudenken. Sie haben eine **Rationalisierungsaufgabe,** denn sie helfen Kosten und Arbeit zu sparen. Insbesondere Hersteller und Händler nutzen die Vertragsfreiheit zu ihren Gunsten. Sie haben AGB ausgearbeitet und auf typische, regelmäßig wiederkehrende Probleme des Geschäftsverkehrs abgestimmt, wie z. B.

– Liefer- und Zahlungsbedingungen,
– Erfüllungsort und Gerichtsstand,
– Lieferzeit,
– Eigentumsvorbehalt,
– Gefahrenübergang,
– Verpackungs- und Beförderungskosten.

Damit haben sie sich eine Art Modellvertrag geschaffen, der jederzeit neu verwendbar ist. Die AGB liegen meist in klein gedruckter Form vor, z. B. auf der Rückseite von Angeboten – man bezeichnet sie deshalb auch als das „Kleingedruckte".

Vorzufinden sind entsprechende AGB in fast jedem Wirtschaftszweig: Banken, Versicherungen, Groß- und Einzelhandel, Reiseveranstalter, Spediteure, Industriebetriebe u. v. m. Die im Verkehr befindlichen AGB werden auf mindestens 20 000 geschätzt.

Gefahren durch die AGB

Die sehr häufig umfangreichen Vertragsbedingungen des Verkäufers werden mit dem Käufer nicht mehr einzeln ausgehandelt, sondern sollen von ihm von vornherein als Ganzes akzeptiert werden.

Da im deutschen Recht Vertragsfreiheit herrscht, gelten stets die AGB, wenn sie Bestandteil eines Vertrages geworden sind, und nicht die Regelungen des HGB und BGB. Die gesetzlichen Bestimmungen sind nur dann wirksam, wenn die Vertragspartner keine besonderen vertraglichen Vereinbarungen getroffen haben.

So zeigte sich bald eine häufig einseitige Verlagerung von Risiken auf den AGB-unterworfenen Käufer, der sich der Gegenmacht nicht erwehren konnte. Die im BGB enthaltenen Schranken der Vertragsfreiheit erwiesen sich als unzulänglich gegenüber dem „Kleingedruckten", das ja nicht ausgehandelt wurde. Der Käufer wurde in seinen gesetzlichen Rechten eingeschränkt. Mitunter wurden Preiserhöhungsmöglichkeiten für den Verkäufer willkürlich eingeräumt, berechtigte Reklamationsrechte oder die Haftung bei grobem Verschulden ausgeschlossen. Sehr häufig wird auch das „Kleingedruckte" vom Käufer nicht gelesen, übersehen oder aufgrund komplizierter Formulierungen nicht verstanden.

Gesetzliche Regelungen

Um Benachteiligungen des wirtschaftlich Schwächeren durch vorformulierte Vertragsbedingungen zu verhindern, um mehr Rechtssicherheit und Gerechtigkeit zu schaffen, ist am 1. April 1977 das „Gesetz zur Regelung des Rechts der Allgemeinen Geschäftsbedingungen" (AGB-Gesetz) in Kraft getreten, das mit Wirkung zum 1. Januar 2002 in das BGB integriert wurde (§§ 305 ff. BGB). Der Verbraucherschutz wird damit zum tragenden Prinzip des Gesetzes.

Im Einzelnen wird zum Schutz von Nichtkaufleuten (= einseitiger Handelskauf) ausgeführt:

- „Kleingedrucktes" gehört nicht automatisch zum Vertrag (§ 305 BGB), sondern nur, wenn

  a) der Käufer ausdrücklich auf die AGB hingewiesen wurde: Üblicherweise finden sich bei schriftlichen Angeboten des Verkäufers AGB auf der Rückseite des Vertrages. Hierbei ist aber erforderlich, dass sich auf der Vorderseite ein deutlicher Hinweis auf die auf der Rückseite abgedruckten Bedingungen erkennen lässt.

  Fehlt ein solcher Hinweis ganz oder ist er undeutlich und unter dem Unterschriftenfeld abgedruckt, werden die AGB nicht Bestandteil des Vertrages. Es gelten dann automatisch die BGB-Regelungen;

  b) der Wortlaut der AGB für den Käufer leicht erreichbar ist, also z. B. im Verkaufsraum aushängt oder auf dem Vertragsformular abgedruckt ist;

  c) die AGB (auch ohne Lupe) mühelos lesbar und verständlich sind;

  d) der Käufer mit den AGB einverstanden ist. Beim Vertragsabschluss kann der Käufer das „Kleingedruckte" insgesamt oder auch nur bestimmte Klauseln durchstreichen und auf Geltung der BGB-Regelungen drängen.

Dadurch sind die AGB ganz oder teilweise nicht Bestandteil des Vertrages geworden mit der Folge, dass

– der Vertrag wirksam bleibt;

– der Vertrag sich nach den gesetzlichen Vorschriften richtet. Dies gilt auch für die Teile des Vertrages, die AGB enthalten, die unwirksam sind, und weitere Unwirksamkeitsregelungen (§ 306 BGB).

<u>Aber:</u> Der Vertrag ist insgesamt unwirksam, wenn die nötigen Änderungen der unwirksamen Bestandteile für eine Vertragspartei eine unzumutbare Härte darstellen würde.

Ist der Verkäufer unter diesen Umständen nicht mehr zum Vertragsabschluss bereit, steht es dem Käufer frei, sich einen anderen Verkäufer zu suchen. In den meisten, wirtschaftlich bedeutsamen Bereichen besteht diese Möglichkeit der Vertragsfreiheit für den Käufer jedoch nicht, denn sämtliche Verkäufer verwenden AGB, zum Teil sogar über Empfehlungen der jeweiligen Verbände (Automobile, Banken, Versicherungen, Reisen u. v. m.). Für Verträge im Telekommunikationsbereich, für Beförderungsverträge durch den Einwurf von Postsendungen in Briefkästen, für die Beförderung in öffentlichen Verkehrsmitteln usw. gelten die AGB allerdings auch ohne die Einhaltung der Erfordernisse a) bis d).

- Persönliche Absprachen haben Vorrang vor den AGB (§ 305 b BGB).

Beispiel

Auf der Vorderseite des Vertrages steht die zwischen Verkäufer und Käufer ausgehandelte Vertragsbedingung „Zahlbar innerhalb von 14 Tagen mit 2 % Skonto". Auf der Rückseite ist in den AGB des Verkäufers aber die Klausel „Zahlbar innerhalb von 10 Tagen ohne Abzug" zu lesen. Nach dem AGB-Gesetz muss sich der Verkäufer nach der Zahlungsweise mit Skontoabzug richten.

Grundsätzlich gilt das auch für mündliche Absprachen, doch ist im Streitfall der Beweis schwierig.

- Die AGB dürfen keine „überraschenden" Klauseln enthalten (§ 305 c BGB). Beispielsweise darf der Käufer einer bestimmten Möbelgarnitur bei Lieferschwierigkeiten nicht zur Abnahme einer anderen Ausführung verpflichtet werden. Oder mit dem Kauf einer Ware darf nicht der Kauf einer anderen Ware oder Leistung verbunden werden.

Das BGB enthält aber auch einen ganzen Katalog von **verbotenen** und damit **unwirksamen Klauseln** bei Verbrauchergeschäften (§§ 308, 309 BGB):

- **Nachträgliche Preiserhöhungen** für Waren oder Leistungen, die innerhalb von 4 Monaten nach Vertragsschluss geliefert oder erbracht werden.
- Eine **Verkürzung der gesetzlichen Gewährleistungsfrist** bei mangelhafter Lieferung (nach BGB mindestens zwei Jahre)
- **Ausschluss der Haftung** bei grobem Verschulden des Verkäufers
- **Ausschluss von Reklamationsrechten**
- **Ausschluss des Rücktritts vom Vertrag** bzw. des Rechts auf Schadensersatz, wenn der Verwender der AGB seine Leistung nicht oder nicht in der vereinbarten Form erbringen kann.
- Das **Leistungsverweigerungsrecht**, das nach § 320 BGB vorsieht, dass eine vertragsmäßige Leistung bis zur Erbringung der Gegenleistung verweigert werden kann, darf nicht eingeschränkt werden.

- **Aufrechnungsverbot**, d. h., dass eine Mindestleistung des Verwenders der AGB in einem Fall mit der unbestrittenen Forderung in einem anderen Fall verrechnet wird.
- **Mahnungen und Fristsetzungen** dürfen von dem Verwender der AGB nicht ausgeschlossen werden, d. h. beispielsweise bei einem Zahlungsverzug nicht sofort ohne Mahnung eine Zwangsvollstreckung betrieben werden kann.
- **Änderungsvorbehalt**, d. h. Vereinbarungen, nach denen der Verwender der AGB von der vereinbarten Leistung in einer für den Vertragspartner unzumutbaren Weise abweichen kann.

> **Beispiel**
> Anstatt der bestellten Rattanmöbel mit dezent grün besetztem Saum werden Möbel in knalliger blauer Farbe geliefert. Der Möbelhöndler besteht auf die Abnahme.

- Abwicklung von Verträgen im Falle von Vertragsrücktritten mit unangemessen hohen Forderungen für den Ersatz von Aufwendungen.
- **Rücktrittsvorbehalt**, d. h., dass der Verwender der AGB das Recht in Anspruch zu nehmen versucht, sich ohne sachlich gerechtfertigten Grund von seiner Leistungspflicht zu lösen.

> **Beispiel**
> Der Lieferer hat stets das Recht, innerhalb von vier Wochen nach Vertragsabschluss vom Vertrag zurückzutreten.

Weitere Beispiele für unwirksame AGB-Klauseln:
Unwirksam sind u. a. folgende „Verkaufs- und Lieferungsbedingungen"

- von Möbelhandelsunternehmen:
  - „Änderungen oder Ergänzungen bedürfen der Schriftform" (= unangemessene Benachteiligung des Kunden)
  - „Der Verkäufer kann in schriftlicher Erklärung vom Vertrag zurücktreten, wenn der Käufer seine Zahlungen einstellt oder ein Moratorium beantragt."
  - „Bei Annahme oder Behandlung von Beipack übernimmt der Verkäufer keine Haftung für Beschädigung oder Verlust." (Haftung bei grobem Verschulden darf nicht ausgesschlossen werden!)
- von Textilreinigungsunternehemen:
  - „Für Schäden haften wir nur bis zum 15-fachen des Reinigungspreises."
- von Einzelhändlern:
  - „Sonderangebot! Verkauf erfolgt unter Ausschluss jeglicher Gewährleistung."

Insgesamt darf niemand durch das „Kleingedruckte" unangemessen benachteiligt werden (§ 307 BGB; Inhaltskontrolle). In diesem Fall sind die Bestimmungen in den AGB **unwirksam**. Bei der Frage der „unangemessenen Benachteiligung" sind auch die den Vertragsabschluss begleitenden Umstände zu berücksichtigen. Das heißt, es muss im Einzelfall geprüft werden, ob Klauseln der jeweiligen AGB in Ordnung sind oder nicht.

> **Beispiel**
>
> „Das Aufreißen von Verpackungen verpflichtet nicht automatisch zum Kauf des Inhalts. Wer beispielsweise eine elektrische Zahnbürste aus ihrem Karton reißt, muss diese nicht bezahlen. Solange die Ware noch verkäuflich ist, darf der Händler lediglich Schadenersatz für die Verpackung fordern.
>
> Anders lautende Klauseln in den Allgemeinen Geschäftsbedingungen oder Schilder in Verkaufsräumen sind unwirksam, weil sie den Kunden unangemessen benachteiligen."
>
> Eine AGB-Klausel in einem Fitness-Studio lautete: „Der Beitrag bei einem längerfristigen Vertrag ist auch dann regelmäßig zu zahlen, wenn ein Mitglied die Einrichtungen wegen einer Krankheit oder einer Verletzung auf Dauer nicht nutzen kann."
>
> Diese Klausel ist unwirksam, weil sie den Vertragspartner unangemessen benachteiligt.

Durch diese rechtlichen Bestimmungen wird der wirtschaftlich Schwächere vor einseitig vorformulierten Vertragsbedingungen geschützt.

Es stärkt und verbessert bei der Vertragsgestaltung gleichzeitig entscheidend die Stellung des Käufers. Die im BGB eingeräumte Vertragsfreiheit wurde somit erfolgreich gezähmt.

Dennoch darf aber nicht übersehen werden, dass trotz dieser Vorschriften des BGB durch die Verwendung Allgemeiner Geschäftsbedingungen die Käuferrechte, wie sie ansonsten das Bürgerliche Gesetzbuch vorsieht, eingeschränkt werden.

Trifft ein Käufer im Geschäftsverkehr auf fragwürdige Allgemeine Geschäftsbedingungen, so sollte er diese den **Verbraucherberatungsstellen und -zentralen** mitteilen. Erst die konsequente Verfolgung unzulässiger AGB-Bestimmungen verhilft nämlich dem AGB-Gesetz letztlich zu seiner Durchsetzung in der Alltagspraxis und damit den Verbrauchern zu größerem Schutz vor den Tücken des „Kleingedruckten".

Darüber hinaus sollte der Käufer sämtliche Möglichkeiten in Anspruch nehmen, AGB-Bestimmungen aus Verträgen zu verdrängen und an ihre Stelle die Bestimmungen des BGB treten zu lassen.

Die Schutzbestimmungen haben vorwiegend Bedeutung für Verbrauchsgüterkäufe (Geschäfte mit privaten Käufern), weniger für zweiseitige Handelskäufe (Geschäfte zwischen Kaufleuten).

Allgemeine Geschäftsbedingungen (AGB) der Exclusiv Spirit GmbH für den Online-Versand des Exclusiv Shops

Der Exclusiv-Online-Shop ist ein von der Exclusiv Spirit GmbH, Goethestraße 11, 72770 Reutlingen, gemeinsam mit der KMV Speth GmbH, Braunstieg Nr. 6, 22119 Hamburg, angebotener Dienst, über den die angebotenen Produkte bezogen werden können.

Sofern nachfolgend Ansprüche von oder gegen den Exclusiv Shop genannt werden, so sind diese Ansprüche von bzw. gegenüber der KMV Speth GmbH (Amtsgericht Hamburg, HRB 46197) geltend zu machen. Auch sind sämtliche Beanstandungen im Rahmen der Lieferbeziehungen an die KMV Speth GmbH unter oben genannter Anschrift zu richten.

Geltungsbereich

Für die Geschäftsbeziehung zwischen dem Exclusiv Shop und dem Besteller gelten ausschließlich die folgenden Vertragsbedingungen. Anders lautende Bedingungen erkennen wir nicht an, es sei denn, wir hätten ausdrücklich schriftlich ihrer Geltung zugestimmt.

Vertragsabschluss und Rücktritt

Die vom Besteller vorgenommene Bestellung ist ein bindendes Angebot. Wir behalten uns das Recht vor, Bestellungen nicht auszuführen, wenn das bestellte Produkt nicht lieferbar ist. Auch behalten wir uns geringfügige Artikeländerungen vor.

Wir sind berechtigt, dieses Angebot innerhalb von 4 Wochen nach Eingang durch Zusendung einer Auftragsbestätigung, per E-Mail, schriftlich oder durch Zusendung des bestellten Produktes anzunehmen. Erst mit der Auftragsbestätigung oder der Zusendung der Ware kommt ein Vertrag zustande. Die automatisch erstellte Eingangsbestätigung stellt noch keine Annahme der Bestellung dar.

In Fällen von offensichtlichen Schreib-, Druck- oder Rechenfehlern auf den Webseiten sind wir zum Rücktritt berechtigt.

Zahlungsbedingungen, Fälligkeit und Verzug

Es gelten die Preise der im Zeitpunkt der Bestellung gültigen Webseiten. Die gesetzliche Mehrwertsteuer ist im Preis enthalten.

Für Porto und Verpackung berechnen wir bei Versendung innerhalb Deutschlands eine Pauschale in Höhe von 5,00 €, bei Versendung ins europäische Ausland 13,00 € und ins außereuropäische Ausland 25,00 €. Bestellungen innerhalb Deutschlands, die 125,00 EUR übersteigen, sind versandkostenfrei.

Der Besteller im Inland kann den Kaufpreis per Nachnahme (zuzüglich 5,50 €), per vom Exclusiv Shop akzeptierter Kreditkarte oder per Lastschriftverfahren bezahlen.

Der Besteller im Ausland kann den Kaufpreis nur per vom Exclusiv Shop akzeptierter Kreditkarte bezahlen. Bei Bestellungen aus dem Ausland können gesondert Zollgebühren anfallen, die vom Besteller zu zahlen sind.

Der Kaufpreis ist mit Annahme der Bestellung ohne Abzug zur Zahlung fällig. Kommt der Besteller in Zahlungsverzug, so sind wir berechtigt, Verzugszinsen in Höhe von 4 % über dem Basiszinssatz der Europäischen Zentralbank pro Jahr zu fordern. Falls wir in der Lage sind einen höheren Verzugsschaden nachzuweisen, sind wir berechtigt diesen geltend zu machen. Der Besteller ist jedoch berechtigt uns nachzuweisen, dass uns als Folge des Zahlungsverzugs kein oder ein wesentlich geringerer Schaden entstanden ist.

Lieferung

Die Lieferung erfolgt ab Lager an die vom Besteller angegebene Adresse. Teillieferungen sind zulässig.

Die Gefahr des zufälligen Untergangs oder der Verschlechterung der Ware geht auf den Besteller über, sobald die Bestellung unser Lager verlassen hat. Dies gilt auch für Teillieferungen.

Angaben bezüglich der Lieferzeiten sind unverbindlich, es sei denn, der Liefertermin wurde verbindlich zugesagt.

Widerrufs- und Rückgaberecht

Der Besteller hat das Recht, seine Bestellung innerhalb von zwei Wochen schriftlich, auf einem anderen dauerhaften Datenträger oder durch Rücksendung der Ware gegenüber uns zu widerrufen. Der Widerruf muss nicht begründet werden. Die Widerrufsfrist beginnt mit der Belehrung über das Widerrufsrecht und der Erfüllung aller sonstigen uns obliegenden Informationspflichten, frühestens jedoch mit dem Erhalt der bestellten Ware. Das Widerrufsrecht erlischt spätestens drei Monate nach Erhalt der Ware.

Nach Eingang des Widerrufs sind wir verpflichtet eventuelle Zahlungen zurückzuerstatten und der Besteller ist verpflichtet unsere Lieferung auf unsere Kosten und Gefahr zurückzusenden. Die Rücksendekosten bei einer Bestellung bis zu 40,00 EUR trägt der Besteller.

Von Widerrufsrecht ausgenommen sind

- Audio- oder Videoaufzeichnungen und Software, sofern die gelieferten Datenträger vom Besteller entsiegelt worden sind.
- Zeitungen, Zeitschriften und Illustrierte.

Mängelgewährleistung

Soweit ein von uns zu vertretender Mangel der Kaufsache vorliegt, sind wir nach Absprache wahlweise zur Mangelbeseitigung oder zur Ersatzlieferung berechtigt. Im Falle der Mangelbeseitigung sind wir verpflichtet alle zum Zwecke der Mangelbeseitigung erforderlichen Aufwendungen, insbesondere Transport- Wege-, Arbeits- und Materialkosten, zu tragen, soweit diese sich nicht dadurch erhöhen, dass die Kaufsache nach einem anderen Ort als den Erfüllungsort verbracht wurde.

Schlägt die Mangelbeseitigung oder Ersatzlieferung fehl, so ist der Besteller nach seiner Wahl berechtigt, Rückgängigmachung des Vertrages (Wandlung) oder eine entsprechende Herabsetzung des Kaufpreises (Minderung) zu verlangen. Soweit der Kaufsache eine zugesicherte Eigenschaft fehlt, haften wir nach den gesetzlichen Bestimmungen der §§ 463, 480 Abs. 2 BGB auf Schadensersatz wegen Nichterfüllung.

Wir haften nach den gesetzlichen Bestimmungen, soweit der Schaden von uns vorsätzlich oder grob fahrlässig verursacht wurde. Soweit uns keine vorsätzliche Vertragsverletzung nachgewiesen wird, ist der Schadensersatz auf den vorhersehbaren, typischerweise eintretenden Schaden begrenzt.

Wir haften nach den gesetzlichen Bestimmungen, sofern wir schuldhaft eine wesentliche Vertragspflicht verletzen; in diesem Fall ist aber die Schadensersatzhaftung auf den vorhersehbaren, typisch erweise eintretenden Schaden begrenzt.

Im Übrigen ist die Schadensersatzhaftung ausgeschlossen; insoweit haften wir insbesondere nicht für Schäden, die nicht an der Kaufsache selbst entstanden sind.

Die zwingenden Bestimmungen des Produkthaftungsgesetzes bleiben unberührt.

Die Gewährleistungspflicht beträgt 24 Monate, gerechnet ab Gefahrenübergang. Die Frist ist eine Verjährungsfrist und gilt auch für Ansprüche auf Ersatz von Mangelfolgeschäden, soweit keine Ansprüche aus unerlaubter Handlung geltend gemacht werden; für diese gilt die gesetzliche Verjährungsfrist von drei Jahren.

Soweit die Schadensersatzhaftung uns gegenüber ausgeschlossen oder eingeschränkt ist, gilt dies auch im Hinblick auf die persönliche Schadensersatzhaftung unserer Angestellten, Arbeitnehmer, Mitarbeiter, Vertreter und Erfüllungsgehilfen.

Wir haften nicht für Schäden, die aufgrund des Herunterladens von Daten der Webseiten von Exclusiv Shop entstehen können.

Wir haften nicht für Schäden, die sich aus Störungen oder der Unmöglichkeit der Nutzung der Webseiten von Exclusiv Shop ergeben können. Insbesondere haften wir nicht für Kosten, die im Zusammenhang mit erworbenen Daten oder dem unerlaubten Zugang zu oder der Veränderung der Eingaben oder Daten des Bestellers oder in sonstigem Zusammenhang mit Exclusiv Shop stehen.

Eigentumsvorbehalt
Die Kaufsache verbleibt bis zur vollständigen Begleichung aller bestehenden Ansprüche gegen den Besteller in unserem Eigentum. Bei vertragswidrigem Verhalten des Bestellers sind wir berechtigt die Kaufsache zurückzunehmen. In der Zurücknahme sowie in der Pfändung der unter Vorbehalt gelieferten Kaufsache durch uns liegt stets ein Rücktritt vom Vertrag.

Der Besteller ist verpflichtet die Kaufsache pfleglich zu behandeln.

Datenschutz
Die persönlichen Daten des Bestellers wie Name, Anschrift und Telefonnummer werden gespeichert. Sie werden von uns vertraulich behandelt. Insbesondere werden die Daten nicht an Dritte weitergeleitet, solange dies nicht für die Bestellung und dessen Abwicklung notwendig ist.

Mit der Bestellung stimmt der Besteller der Speicherung seiner persönlichen Daten zu. Falls die Speicherung der Daten nicht gewünscht wird, bitte kurze Mitteilung per E-mail an shop@exclusiv.com schicken.

Anwendbares Recht und Gerichtsstand
Es gilt deutsches Recht unter Ausschluss des UN-Kaufrechts.

Sofern der Besteller Vollkaufmann ist, ist Hannover Erfüllungsort und alleiniger Gerichtsstand; wir sind jedoch berechtigt den Besteller, der Vollkaufmann ist, auch an seinem Wohnsitz zu verklagen.

Ist der Besteller kein Vollkaufmann, ist Hannover jedenfalls dann Gerichtsstand, wenn der Besteller nach Vertragsschluss seinen Wohnsitz oder gewöhnlichen Aufenthaltsort aus dem Geltungsbereich der Bundesrepublik Deutschland verlegt. Dies gilt auch, falls der Wohnsitz oder gewöhnliche Aufenthalt des Bestellers im Zeitpunkt der Klageerhebung nicht bekannt sind.

Aufgaben

1. Welche wirtschaftliche Bedeutung haben AGB für den Verkäufer?
2. Warum haben AGB Vorrang vor gesetzlichen Regelungen?
3. Was beabsichtigen die §§ 305 – 310 BGB?
4. Welche Mindestanforderungen müssen erfüllt sein, damit die AGB Bestandteil eines Vertrages werden?
5. Entscheiden Sie mithilfe des BGB, ob und warum in den folgenden Beispielen die gesetzlichen Bestimmungen befolgt oder verletzt wurden.

   a) AGB-Klauseln von verschiedenen Unternehmen:
   – Wir sind berechtigt den Pkw auch in einer anderen als der bestellten Farbe zu liefern.
   – Sollten es die wirtschaftlichen Umstände erfordern, so können nachträglich jederzeit die Verkaufspreise entsprechend erhöht werden.
   – Reklamationen sind nur innerhalb von acht Tagen nach Warenempfang möglich; bei einer nicht mehr möglichen Nachbesserung einer mangelhaften Ware wird eine Rücktrittserklärung bzw. eine Preisherabsetzung ausgeschlossen.
   – Grundsätzlich gelten die AGB, schriftlich oder mündlich getroffene Vereinbarungen sind unwirksam.
   – Die gelieferten Waren bleiben bis zur völligen Bezahlung des Kaufpreises Eigentum des Verkäufers.
   – Erfüllungsort und Gerichtsstand ist der Wohnsitz des Verkäufers.
   – Mit dem Kauf des Fernsehgerätes verpflichtet sich der Käufer, alle notwendigen Reparaturen in der Werkstatt des Verkäufers durchführen zu lassen.
   – Im Falle des Zahlungsverzugs ist eine Vertragsstrafe von 25 % des Kaufpreises zu zahlen.
   – Der Käufer ist nicht berechtigt, auch bei rechtzeitiger und begründeter Rüge oder aus anderen Gründen, vereinbarte Zahlungen zurückzuhalten oder zu kürzen.

Aufgaben

b) Herr Denzin hat für die bevorstehende Heizperiode 6 000 Liter Öl bestellt. Durch grobes Verschulden des Lieferanten, der beim Einfüllen des Öls achtlos eine Zigarette weggeworfen hat, brennt das gesamte Untergeschoss aus. Der Lieferer weigert sich für den Schaden aufzukommen, da in den AGB eine Haftung grundsätzlich ausgeschlossen wird.

6. Herr Reinhardt bestellt in einem Fachgeschäft telefonisch einen Kühlschrank. Die Inhaberin des Geschäftes, Frau Bruns, bestätigt den Kauf und teilt Herrn Reinhardt mit, dass ihre Allgemeinen Geschäftsbedingungen Bestandteil des Kaufvertrages sind und diese in ihren Geschäftsräumen ausliegen. Nachdem der Kühlschrank geliefert wurde, findet Herr Reinhardt auf der Rückseite des Lieferscheins die AGB des Fachgeschäftes. Sind die AGB des Geschäftes Bestandteil des Kaufvertrages geworden? Begründen Sie Ihre Antwort.

Zusammenfassung

Allgemeine Geschäftsbedingungen

Definition: AGB
- sind alle für eine Vielzahl von Verträgen vorformulierten Vertragsbedingungen,
- die eine Vertragspartei der anderen Vertragspartei **einseitig** stellt,
- ohne dass die Klauseln im Einzelnen ausgehandelt worden sind;
- können von einzelnen Unternehmen bzw. für Wirtschaftsbereiche formuliert werden: z. B. AGB bei Banken, Transportunternehmen, Reiseveranstaltern, Groß- und Einzelhandel.

Bedeutung im Wirtschaftsleben
- vereinfachen den Abschluss von Massenverträgen (Rationalisierungsaufgabe)
- **begrenzen das Risiko des Verkäufers durch die Einschränkung seiner Vertragspflichten**
- **stärken die Stellung des Verkäufers und schränken die Rechte des Käufers ein**

Schutz des Verbrauchers gegenüber AGB durch

Inhalte
z. B. Vereinbarungen über:
- Gefahrenübergang
- Erfüllungsort
- Gerichtsstand
- Zahlungsweise
- Eigentumsvorbehalt
- Gewährleistungsansprüche bei Mängeln
- Verpackungs- und Beförderungskosten

Gestaltung rechtsgeschäftlicher Schuldverhältnisse durch

- Kleingedrucktes gehört nicht automatisch zum Vertrag; Mindestvoraussetzungen:
  a) ausdrücklicher Hinweis des Verkäufers auf seine AGB,
  b) AGB müssen für den Käufer leicht erreichbar und mühelos lesbar sein,
  c) Käufer muss den AGB zustimmen.
- Persönliche Absprachen haben Vorrang vor abweichenden AGB; dies gilt auch für mündliche Absprachen, **aber Vorsicht:** der Beweis ist schwierig!
- Überraschende Klauseln werden nicht Bestandteil des Vertrages – sie sind unwirksam.
- Einzelverbote, z. B.
  a) Ausschluss oder Einschränkung von Reklamationsrechten,
  b) unangemessen lange oder ungenau bestimmte Nachfrist,
  c) Beschneidung von Rechten bei zu später Lieferung,
  d) nachträgliche Preiserhöhung (innerhalb von vier Monaten),
  e) Ausschluss oder Beschränkung der Haftung bei grobem Verschulden u. Ä. m.

} **Vorschriften des BGB, die den Käufer schützen, können nicht durch Bestimmungen der AGB umgangen werden (§ 306 a BGB).**

oberster Grundsatz

Der Verbraucher darf nicht unangemessen benachteiligt werden (§ 307 BGB).

4.15 Besondere Arten des Kaufvertrages

Kaufvereinbarung

Die Firma Brandes & Markgraf KG, verkauft an Frau Krüger,
Fernseh – Video – Hi-Fi, Rathfeld 7, 30163 Hannover Hauptstraße 7, 31036 Eime

den Videorekorder: Modell De Luxe NR. 760 m. Funkstörungsschutz gem. EU-Vorschriften 76/889/EG

Ausstattung: Frontladesystem, Infrarotfernbed., Speicher, „One-Touch", Einzelbildwiedergabe

Kaufpreis: 890,00 €

Der Verkäufer überlässt dem Käufer das Gerät ab dem Tag der Übergabe für 14 Tage zur kostenlosen Ansicht. Erfolgt nach Ablauf der Frist kein Widerruf durch den Käufer, so gilt der Kauf als abgeschlossen.

Die Garantie beginnt mit dem Tag nach Ablauf der Probezeit und bezieht sich auf das Gerät mit sämtlichen Einzelteilen.

Zahlungs-
bedingungen: Der Kaufpreis ist in Teilbeträgen zu entrichten. Anzahlung bei endgültiger Übernahme: 390,00 €, den Rest in fünf Raten zu je 100,00 €, jeweils am 1. März/1. April/1. Mai/1. Juni und 1. Juli .. Der Kunde erwirbt das Eigentum an dem Gerät erst nach Zahlung der letzten Rate. Der Kunde ist verpflichtet das ihm auf Probe überlassene Gerät sorgfältig zu behandeln.

Hannover, 4. Februar ..

Brandes & Markgraf, Hannover

Altmann _Frauke Krüger_
(Verkäufer: Altmann) (Käuferin: Frauke Krüger)

Durch welche Merkmale unterscheidet sich dieser Kauf von den üblichen Käufen?

Information

Kaufverträge lassen sich unterscheiden nach:

1. Art und Beschaffenheit der Ware,
2. der Lieferzeit,
3. dem Zeitpunkt der Zahlung,
4. der rechtlichen Stellung der Vertragspartner,
5. dem Leistungsort (Erfüllungsort).

Unterscheidung der Kaufverträge nach Art und Beschaffenheit der Ware

Kauf auf Probe (Kauf auf Besichtigung; § 454 f. BGB)

Der Käufer hat das Recht, den Kaufgegenstand innerhalb einer vereinbarten Frist zu prüfen und auszuprobieren. Sollte ihm die Ware nicht gefallen, so kann er sie innerhalb der Frist zurückgeben, ohne dass dies für ihn nachteilige rechtliche Folgen hat – ein Kaufvertrag ist nicht zustande gekommen (Kauf mit Rückgaberecht).

Meldet sich der Käufer allerdings während der Probezeit nicht, so gilt sein Verhalten als Annahme des Angebots. Nach Ablauf der Frist ist ein rechtsgültiger Kaufvertrag zustande gekommen.

Kauf nach Probe

Beim Kauf nach Probe liefert der Verkäufer die Ware aufgrund einer vorher vorgelegten oder übergebenen Probe oder eines Musters. Der Verkäufer muss sich bei seiner späteren Lieferung ganz genau an sein Probeexemplar halten.

Beispiele im Groß- und Einzelhandel
Der Kauf von Stoffen, Tapeten, Leder, Papier, Lebensmitteln oder Tabak.

Kauf zur Probe

Möchte beispielsweise ein Einzelhändler eine neue Ware in sein Sortiment aufnehmen, so wird er zunächst eine geringe Menge bestellen, lediglich um sie zu testen. Bei seiner Bestellung kann er die Nachbestellung größerer Mengen in Aussicht stellen.

Sollte ihm die Ware nicht zusagen, so geht er bei der bezogenen kleinen Menge kein großes wirtschaftliches Risiko ein. Kommt die Ware hingegen beim Kunden gut an, so kann er später immer noch eine größere Bestellung aufgeben. Das Recht zur Rückgabe der Ware besteht beim Kauf zur Probe nicht.

Gattungskauf

Von einem Gattungskauf spricht man, wenn im Kaufvertrag die Ware nur der Art oder Klasse nach (nach allgemeinen Merkmalen) bestimmt ist. Ist nichts Näheres zwischen Verkäufer und Käufer vereinbart, so ist eine Ware mittlerer Art und Güte zu liefern.

> **Beispiel**
> - Frau Krüger möchte den Videorekorder Modell „De Luxe" NR 760. Ob es der fünfte oder sechste in der Verkaufsreihe oder einer aus dem Lager ist, ist ihr gleichgültig.
> - Kauf einer bestimmten Menge Soja,
> - Kauf eines fabrikneuen Pkw,
> - Kauf von Heizöl, Brot oder eines Herrenanzuges „von der Stange" (Konfektionsware).

Die Kaufgegenstände sind also stets **gleichartige (= vertretbare) Sachen.** Vertretbare Sachen sind Sachen von gleicher Beschaffenheit, die nach Maß, Zahl oder Gewicht bestimmt werden. Eine vertretbare Sache kann durch eine andere, gleiche Sache ersetzt werden (z. B. Getreide, Obst, Bier, Geld, Aktien oder Serienmöbel).

Stückkauf

Der Stückkauf betrifft eine nicht nur der Gattung nach, sondern vom Käufer auch persönlich bestimmte Ware.

> **Beispiel**
> - Frau Krüger besteht beim Kauf des Videorekorders auf die Aushändigung eines ganz bestimmten Gerätes. Sie zeigt mit dem Finger auf den Rekorder. Dieses Gerät möchte sie haben und kein anderes baugleiches Modell.
> - Kauf eines Maßanzuges, eines gebrauchten Pkw, eines Originalgemäldes von Picasso,
> - Kauf eines Grundstückes.

Kaufgegenstände sind in diesen Fällen **genau bestimmte (= nicht vertretbare) Sachen.**

Bei Mängeln an einer nicht vertretbaren Sache kann der Käufer nicht die Neulieferung einer fehlerfreien Ware verlangen.

Bestimmungskauf (Spezifikationskauf; § 375 HGB)

Der Käufer legt beim Vertragsabschluss lediglich die Warenart und die Gesamtmenge fest. Er behält sich das Recht vor, innerhalb einer festgelegten Frist die Ware genauer zu bestimmen (zu spezifizieren), z. B. nach Maß, Form, Farbe, Stück u. v. m. Sollte der Käufer die vereinbarte Frist versäumen, so kann der Verkäufer die genauere Bestimmung vornehmen. Beim Bestimmungskauf handelt es sich stets um den Kauf einer Gattungsware.

Ramschkauf (Kauf „en bloc" bzw. „in Bausch und Bogen")

Ein Käufer kauft eine bestimmte Warenmenge und vereinbart mit dem Verkäufer einen Gesamtpreis (= Pauschalpreis). Besonderes Merkmal beim Ramschkauf ist, dass für die einzelnen Stücke keine bestimmte Qualität zugesichert wird; ausschlaggebend ist die Beschaffenheit der Gesamtmenge.

> **Beispiel**
> Aufgrund der Insolvenz eines Sportfachgeschäftes wird der gesamte Warenbestand zum Pauschalpreis von 120.000,00 € von einem Warenhaus ersteigert.

Unterscheidung der Kaufverträge nach der Lieferzeit

Sofortkauf (Tageskauf)

Der Verkäufer muss die Ware unmittelbar nach Abschluss des Kaufvertrages liefern. Die vertragliche Klausel lautet: „Lieferung sofort."

Terminkauf

Man spricht von einem Terminkauf, wenn zwischen Käufer und Verkäufer vereinbart wird, dass die Ware zu einem bestimmten Termin oder innerhalb einer festgelegten Frist geliefert werden soll.

> **Beispiele für Vereinbarungen**
> Lieferung innerhalb der Zeit vom 1. bis 6. Juni; Lieferung Anfang Mai d. J.; Lieferung am Ende des folgenden Monats; Lieferung innerhalb eines Monats nach Bestellung; Lieferung bis 14 Tage nach der Ernte.

Fixkauf (§ 323 II BGB) oder Fixhandelsgeschäft (§ 376 HGB)

Wird zwischen Käufer und Verkäufer ein Fixkauf vereinbart, so muss der Verkäufer die bestellte Ware zu einem genau festgelegten Zeitpunkt liefern. Versäumt der Verkäufer diesen Termin, so hat er den Vertrag nicht erfüllt und gerät automatisch in Lieferungsverzug. Die Einhaltung des vereinbarten Liefertermins ist wesentlicher Bestandteil dieses Vertrages. Eine nachträgliche Leistung kann nicht mehr als Erfüllung des Vertrages angesehen werden.

> **Beispiele für Vereinbarungen**
> Lieferung am 30. September 20 .. fix (bestimmt, exakt, präzise); Lieferung bis 15. Februar 20 .., 17:00 Uhr, fest; Lieferung genau am 10. Juni.

Man spricht in diesem Zusammenhang auch von **Zweckkauf,** da eine nachträgliche Vertragserfüllung keinen Sinn mehr machen würde.

Kauf auf Abruf

Der Verkäufer liefert die bestellte Ware später, erst wenn der Käufer sie abruft. Vereinbart wird dabei ein Zeitpunkt innerhalb einer angemessenen Frist, zu dem der Käufer die Ware als Ganzes oder in Teilmengen geliefert haben möchte.

> **Beispiel**
> Der Inhaber einer gut gehenden Pizzeria kauft 500 kg Mehl, das er in Teilmengen liefern lässt.
>
> Vorteil: Durch die Abnahme einer größeren Menge erhält er Mengenrabatt und kann gleichzeitig Lagerkosten einsparen.

Unterscheidung der Kaufverträge nach dem Zeitpunkt der Zahlung

Kauf gegen Anzahlung

Der Käufer muss vor der Warenlieferung eine Teilsumme bezahlen. Verkäufer verlangen diese Zahlungsweise häufig dann, wenn über die Zahlungsfähigkeit eines Kunden (= Bonität) keine zuverlässigen Angaben vorliegen.

Barkauf

Ein Barkauf liegt vor, wenn der Käufer die Ware sofort nach der Übergabe der Ware zahlen muss (Zug-um-Zug-Geschäft).

Kommissionskauf

Beim Kommissionskauf schließt z. B. ein Einzelhändler mit dem Lieferanten einen Kommissionsvertrag. Danach soll der Einzelhändler Ware vom Lieferanten erhalten und sie für ihn, aber in eigenem Namen verkaufen, sodass der Lieferant selbst unbekannt bleiben kann. Der Einzelhändler muss die Ware erst bezahlen, wenn er sie weiterverkauft hat. Bis zum Verkauf an den Endverbraucher bleibt der Lieferant Eigentümer der Kommissionsware, danach geht das Eigentum auf den Verbraucher über.

Der Einzelhändler rechnet die verkaufte Kommissionsware mit dem Lieferanten ab, indem er den Rechnungsbetrag abzüglich der Verkaufskosten und der ihm zustehenden Provision überweist. Nicht verkaufte Ware kann er ohne Nachteile an den Lieferanten zurückgeben.

Kommissionsgeschäfte können für den Einzelhändler von Vorteil sein, wenn er z. B. neue oder/und modische Waren einführen will. Denn einerseits trägt der Lieferant das Absatzrisiko alleine und andererseits ist der Kapitalbedarf für den Einzelhändler gering bei gleichzeitig breitem und/oder tiefem Sortiment. Kommissionsgeschäfte sind von Bedeutung im Buch-, Schmuck-, Gebrauchtwagen-, Möbel- und Elektrohandel.

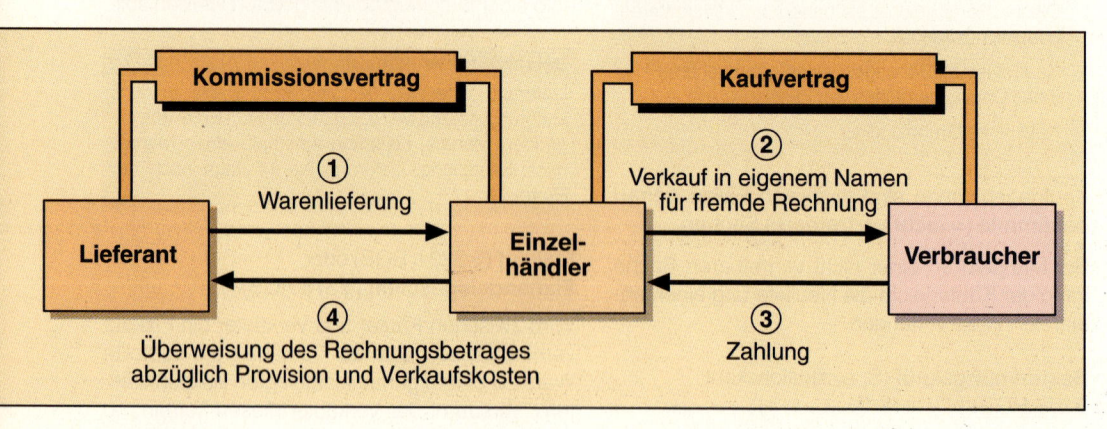

Kommissionsvertrag

① Warenlieferung

Lieferant → **Einzelhändler**

④ Überweisung des Rechnungsbetrages abzüglich Provision und Verkaufskosten

Kaufvertrag

② Verkauf in eigenem Namen für fremde Rechnung

Einzelhändler → **Verbraucher**

③ Zahlung

Zielkauf

Wird zwischen Käufer und Lieferant vereinbart, dass die Zahlung des Kaufpreises erst einige Zeit nach der Lieferung der Ware erfolgen soll, z. B. 30 Tage, so handelt es sich um einen Zielkauf.

Abzahlungskauf (Ratenkauf)

Kann vom Käufer der Kaufpreis nicht sofort in voller Höhe bezahlt werden, so kann der Verkäufer mit ihm vereinbaren, den Kaufpreis in gleich bleibenden Teilbeträgen zu begleichen, die Zahlung also über einen längeren Zeitraum zu verteilen. Man spricht dann von einem Abzahlungs- oder Ratenkauf, wenn der Kaufpreis in mindestens zwei Raten bezahlt wird. Der Verkäufer kann sich bis zur vollständigen Bezahlung des Kaufpreises das Eigentum an der Kaufsache vorbehalten. Erst mit der Zahlung der letzten Rate geht das Eigentum an der Sache auf den Käufer über.

Ist der Käufer kein Kaufmann, so wird ein Abzahlungskauf nur wirksam, wenn bestimmte Mindestanforderungen eingehalten werden. Erforderlich ist die **Schriftform** des Vertrages mit folgenden Inhalten:

– Barzahlungspreis,
– Teilzahlungspreis,
– Betrag, Zahl und Fälligkeit der Teilzahlungsraten, z. B. erste Rate bei Lieferung, 17 weitere Raten von je 184,00 €, fällig jeweils am 15. eines Monats.
– Effektiver Jahreszins.

Die Gegenüberstellung von Bar- und Teilzahlungspreis soll dem Käufer deutlich machen, welchen Aufpreis er bezahlen muss; der effektive Jahreszins gibt hierüber Aufschluss.

Darüber hinaus räumt das BGB dem Käufer ein **Widerrufsrecht** ein, das er innerhalb von zwei Wochen nach Aushändigung des schriftlichen Kaufvertrages ohne Angaben von Gründen wahrnehmen kann (§ 495 BGB in Verbindung mit § 355 BGB). Der Kaufvertrag muss eine schriftliche Belehrung über das Widerrufsrecht enthalten, die vom Abzahlungskäufer gesondert unterschrieben werden muss. Der Kaufvertrag wird erst wirksam, wenn der Käufer nicht von seinem Widerrufsrecht Gebrauch macht.

Sollte der Käufer mit seinen Ratenzahlungen in Verzug geraten, ist der Lieferer ohne vorherige Fristsetzung zum Rücktritt vom Kaufvertrag berechtigt. Jede Vertragspartei ist dann verpflichtet der anderen die bereits empfangenen Leistungen zurückzuerstatten. Kommt es über ein Abzahlungsgeschäft zum Rechtsstreit, ist das Gericht am Wohnsitz des Käufers zuständig.

Unterscheidung der Kaufverträge nach der rechtlichen Stellung der Vertragspartner

Am Zustandekommen eines Kaufvertrages können Kaufleute und Privatpersonen (= Nichtkaufleute) beteiligt sein.

Zweiseitiger Handelskauf

Beide Vertragspartner sind Kaufleute, die im Rahmen ihres Handelsgewerbes ein Geschäft abschließen (= Handelsgeschäft).

> **Beispiel**
> Eine Holzgroßhandlung verkauft Spanplatten an einen Tischler. Da Käufer und Verkäufer mit dem Holz aus geschäftlichen Gründen handeln, ist das Geschäft für beide ein Handelsgeschäft.

Einseitiger Handelskauf (§ 345 HGB)

Mindestens ein Vertragspartner handelt als Kaufmann. Für ihn ist das Geschäft ein Handelsgeschäft, sodass die Bestimmungen über den Handelskauf zutreffen. Der andere Partner kann eine Privatperson oder ein Kaufmann sein, der den **Kauf für private Zwecke** abschließt.

Es ist daher stets entscheidend, ob jemand als Kaufmann **handelt,** nicht, ob er Kaufmann ist.

> **Beispiel**
> – Ein Einzelhändler kauft in einem Kaufhaus einen Taschenrechner, den er ausschließlich für den privaten Gebrauch benötigt.
> – Jens Schrader kauft in einem Fachgeschäft eine Videokassette.

Ist der Käufer kein Kaufmann, sondern Verbraucher, liegt ein **Verbrauchsgüterkauf** vor, der in den §§ 474 ff. BGB und 346 ff. BGB geregelt wird (Siehe Kapitel 4.17, Seite 155 ff.).

Bürgerlicher Kauf (Privatkauf; § 433 ff. BGB)

Beide Vertragspartner sind Nichtkaufleute, für beide ist das Geschäft kein Handelsgeschäft. Für den bürgerlichen Kauf gelten die Bestimmungen des Bürgerlichen Gesetzbuches.

> **Beispiel**
> – Martina kauft das gebrauchte Surfbrett ihrer Freundin Patty.
> – Der Lebensmitteleinzelhändler Breves kauft aufgrund einer Zeitungsanzeige von einer Privatperson einen Tennisschläger.

Unterscheidung der Kaufverträge nach dem Leistungsort (Erfüllungsort)[1]

Handkauf

Der Kauf findet in den Geschäftsräumen des Verkäufers statt. Verpflichtungs- und Erfüllungsgeschäft fallen zeitlich zusammen.

> **Beispiel**
> – Verbraucher Jörg L. kauft eine Vase in einem Kaufhaus.
> – Marion kauft sich ein neues Schulheft am Kiosk.

Mit der Warenübergabe geht die Gefahr auf den Kunden über.

Platzkauf[2]

Beim Platzkauf haben Verkäufer und Käufer ihren Geschäftssitz am **selben** Ort und die Ware wird zum Käufer geschickt. Die Gefahr des zufälligen Untergangs und einer zufälligen Verschlechterung geht bei diesem Kauf mit der Übergabe der Ware an den Käufer über.

Versendungskauf

Geschäftssitze von Verkäufer und Käufer befinden sich an verschiedenen Orten; wobei der Ort des Verkäufers der Erfüllungsort ist.

Beim Versendungskauf muss der Verkäufer die Ware auf Verlangen des Käufers an einen anderen Ort als den Erfüllungsort versenden. Die Gefahr der Beschädigung, Verschlechterung oder des zufälligen Untergangs geht bei diesem Kauf mit der Übergabe an der Versandstation auf den Käufer über.

> **Beispiel**
> Eine Göttinger Textilgroßhandlung vereinbart mit der Textileinzelhandlung Schreiber OHG in Hannover „Erfüllungsort und Gerichtsstand ist für beide Teile Göttingen". Die Schreiber OHG bittet um Zusendung der bestellten Ware.

Fernkauf

Geschäftssitze von Verkäufer und Käufer befinden sich an verschiedenen Orten, wobei der Ort des Verkäufers nicht der Erfüllungsort ist. Der Verkäufer übergibt die Ware dem Käufer auf dessen Gefahr am vertraglich vereinbarten Erfüllungsort.

Aufgaben

1. Bestimmen Sie, welche Kaufvertragsarten mit den folgenden Beispielen bzw. Aussagen angesprochen werden.

    a) Die Firma Sander & Sohn erhält eine Warensendung mit folgendem Begleitschreiben (Auszug): „Aufgrund Ihrer schriftlichen Anfrage vom 18. Juni erhalten Sie das gewünschte Gerät mit Rückgaberecht innerhalb von 14 Tagen."

    b) Ein Kaufmann bezieht eine geringe Menge einer Ware und gibt dem Lieferer zu erkennen, dass später weitere Bestellungen folgen werden, wenn die gelieferte Ware seinen Erwartungen entspricht.

    c) Ein Kaufmann nimmt aufgrund einer Probe einen Artikel in sein Warensortiment neu auf.

    d) Ein Einzelhändler kauft bei seinem Großhändler eine vertretbare Sache, z. B. Mehl.

    e) Der Zeitpunkt der Lieferung ist in das Ermessen des Käufers gestellt.

    f) Kauf einer Ware, bei dem nähere Einzelheiten innerhalb einer Frist noch angegeben werden.

    g) Der Käufer erwirbt eine größere Menge Ware „wie sie steht und liegt", ohne dass der Verkäufer bestimmte Eigenschaften zusichert.

    h) Die Lieferung hat sofort nach der Bestellung zu erfolgen.

    i) Der Käufer einer Ware muss erst nach Ablauf einer Frist bezahlen.

    j) Die Lieferung muss zu einem genau bestimmten Zeitpunkt oder innerhalb des vereinbarten Zeitraums erfolgen; dies ist ein wesentlicher Bestandteil des Vertrages.

    k) Ein Einzelhändler möchte Lagerraum und damit Lagerkosten einsparen, trotzdem aber die Einkaufsvorteile für größere Bestellmengen in Anspruch nehmen.

    l) Ein Einzelhändler lässt sich eine Ansichtssendung mit Weinen verschiedener Jahrgänge und Qualitäten zusenden. Danach bestellt er „wie gehabt" verschiedene Weine in unterschiedlichen Bestellmengen.

    m) Der Käufer hat das Recht auf Prüfung der Ware innerhalb einer bestimmten Frist ohne Kaufzwang.

    n) Im Kaufvertrag wurde vereinbart „Lieferung Anfang Oktober d. J."

    o) Ein Einzelhändler verkauft Ware in eigenem Namen, aber für fremde Rechnung.

---

[1] Zum Handkauf (Ladenkauf), Platz- und Versendungskauf siehe auch Kapitel 4.11
[2] Beim Platzkauf wird häufig der Sitz des Käufers als Erfüllungsort vereinbart.

2. Welchen Vorteil hat der Kauf auf Abruf für den Käufer?
3. Welchen Vorteil bietet der „Kauf auf Probe"?
4. Nennen Sie verschiedene Vorteile, die das Kommissionsgeschäft für
   a) den Einzelhändler,
   b) den Auftraggeber bringt.
5. Welche Geschäfte führen zu einem
   – einseitigen Handelskauf,
   – zweiseitigen Handelskauf,
   – bürgerlichen Kauf?
   a) Frau Weiß ist Inhaberin eines Blumengeschäftes. Sie kauft von einem Autohändler einen Kleintransporter für ihr Geschäft.
   b) Frau Weiß kauft sich im Modehaus „Lafontaine" ein Kostüm.
   c) Die Hausfrau Bruns kauft einen Staubsauger in einem Warenhaus.
   d) Der Geschäftsführer eines Unternehmens kauft für private Zwecke einen Pkw von einem Gebrauchtwagenhändler.
   e) Der Geschäftsführer eines Unternehmens schließt einen Kaufvertrag über den Bezug von Stoffen für die Produktion.
   f) Der Bäckermeister Gravenkamp entnimmt Backwaren aus seinem Laden für private Zwecke.
   g) Peter verkauft seine Briefmarkensammlung an seinen Freund Jens.
6. Herr Koch leistet bei Vertragsabschluss über den Kauf einer Couchgarnitur eine Anzahlung und vereinbart mit dem Verkäufer, dass der Rest bei Lieferung gezahlt wird. Seine zurzeit bettlägerige Frau ist mit diesem Kauf nicht einverstanden – ihr gefällt das Design nicht. Herr Koch beruft sich auf das BGB und widerruft daraufhin noch am selben Tag telefonisch den abgeschlossenen Kaufvertrag. Das Unternehmen weigert sich jedoch den Widerruf anzuerkennen. Über welche rechtlichen Bestimmungen war Herr Koch nicht informiert?
7. Herr Arnold hat am 5. August einen Diaprojektor auf Raten gekauft. Der Vertragstext ist von ihm unterschrieben (1. Unterschrift) und eine Durchschrift ordnungsgemäß ausgehändigt worden.

   Am 25. August, Herr Arnold hat zu diesem Zeitpunkt den Projektor längst noch nicht vollständig bezahlt, erklärt er ohne Angaben von Gründen den Widerruf des Kaufvertrages.

   Einige Tage später erhält Herr Arnold ein Schreiben des Verkäufers. Hierin weigert er sich – unter Hinweis auf die bereits abgelaufene Zweiwochenfrist – das Schreiben anzuerkennen. Herr Arnold sei folglich an den rechtsgültig abgeschlossenen Kaufvertrag gebunden und zur ordnungsgemäßen Zahlung verpflichtet.

   Warum sind in diesem Fall die Einwände des Verkäufers rechtlich nicht haltbar?

Zusammenfassung

Kaufvertragsarten

Unterscheidung nach

Art und Beschaffenheit der Ware	der Lieferzeit	dem Leistungsort (Erfüllungsort)	dem Zahlungszeitpunkt	der rechtlichen Stellung der Vertragspartner

• Kauf auf Probe (Kauf auf Besichtigung)
• Kauf nach Probe
• Kauf zur Probe
• Gattungskauf
• Stückkauf
• Bestimmungskauf (Spezifikationskauf)
• Ramschkauf (Kauf „en bloc" bzw. „in Bausch und Bogen")
	• Sofortkauf (Tageskauf)
	• Terminkauf
	• Fixkauf oder Fixhandelsgeschäft
	• Kauf auf Abruf
		• Handkauf
		• Platzkauf
		• Versendungskauf
		• Fernkauf
			• Kauf gegen Anzahlung
			• Barkauf
			• Kommissionskauf
			• Zielkauf
			• Abzahlungskauf (Ratenkauf)
				• Handelskauf
				  – zweiseitiger Handelskauf
				  – einseitiger Handelskauf
				  – Verbrauchsgüterkauf
				• Bürgerlicher Kauf (Privatkauf)

4.16 Die Warenannahme im Einzelhandelsbetrieb

Was muss der Einzelhändler bei der Annahme der Ware beachten?

Information

Bestellte Waren werden dem Einzelhandelsbetrieb durch die Post oder die Eisenbahn, durch Boten, Paketdienste oder Speditionsunternehmer zugestellt. Vertragsgemäß gelieferte Ware muss abgenommen werden. Nicht immer jedoch ist die Lieferung einwandfrei. Die Ware kann Mängel aufweisen, die entweder der Hersteller zu verantworten hat oder die durch den Transporteur verursacht wurden. Damit das Einzelhandelsunternehmen als Käufer nicht das Recht zur Reklamation verliert, müssen beim Wareneingang verschiedene Prüfungen vorgenommen werden.

Es wird sofort – also auf der Stelle – mithilfe der Warenbegleitpapiere die **Berechtigung der Lieferung** kontrolliert. Bei der Ware könnte es sich ja um Irrläufer handeln oder um unverlangte Gegenstände. Irrläufer erkennt man meist schon an der falschen Adresse. Unverlangte Sendungen sind zu erkennen, wenn die Warenannahme im Betrieb (z. B. durch die Einkaufsabteilung) rechtzeitig über jeden zu erwartenden Eingang unterrichtet ist.

Auch die **Verpackung** muss sofort überprüft werden. Noch in Gegenwart des Überbringers ist festzustellen, ob die Verpackung in irgendeiner Weise beschädigt ist. Bei Artikeln, die nicht verpackt sind, ist das Äußere der Ware auf Mängel hin zu untersuchen. Anschließend wird eine **Mengenprüfung** vorgenommen. Es wird geklärt, ob die Anzahl bzw. das Gewicht der Versandstücke mit den Versandpapieren übereinstimmt.

Ergeben sich bei den drei genannten Kontrollen Mängel, verlangt der Mitarbeiter des Einzelhandelsbetriebes eine Tatbestandsaufnahme. Tatbestandsaufnahme bedeutet, dass der Transporteur die festgestellten Mängel schriftlich bestätigt. Der Einzelhändler ist dann berechtigt, die Abnahme der Ware zu verweigern oder die Ware nur unter Vorbehalt anzunehmen.

Weiterhin muss der **Zustand der Waren** untersucht werden. Nach dem Auspacken der Ware ist zu prüfen, ob die gelieferten Artikel den im Kaufvertrag vereinbarten Eigenschaften entsprechen. Eine genaue Kontrolle lässt sich aus zeitlichen Gründen nicht immer sofort bei der Übergabe der Ware durchführen. Sie muss aber „unverzüglich" erfolgen. Unverzüglich bedeutet, die Prüfung darf ohne wichtigen Grund nicht verzögert werden. Die Ware muss zum nächstmöglichen Zeitpunkt auf eventuelle Mängel hin untersucht werden.

Stellt der Einzelhändler fest, dass die Ware beispielsweise beschädigt ist, teilt er dies dem Lieferanten mit. Die fehlerhafte Ware wird mit dieser „Mängelrüge" beanstandet, damit der Einzelhändler seine Ansprüche nicht verliert.

Ist die Ware einwandfrei, wird sie ins Lager oder in die Verkaufsräume gebracht. Gleichzeitig wird der Einkaufsabteilung und der Buchhaltung gemeldet, dass die bestellte Ware eingetroffen ist.

Aufgaben

1. Warum muss der Einzelhändler bei der Annahme von Waren bestimmte Kontrollen vornehmen?
2. Erklären Sie den Unterschied zwischen einer sofortigen und einer unverzüglichen Prüfung.
3. Welche Kontrollen müssen beim Wareneingang sofort vorgenommen werden?
4. Was kann unverzüglich kontrolliert werden?
5. Welche Maßnahmen hat der Einzelhändler bei Beanstandungen zu ergreifen?

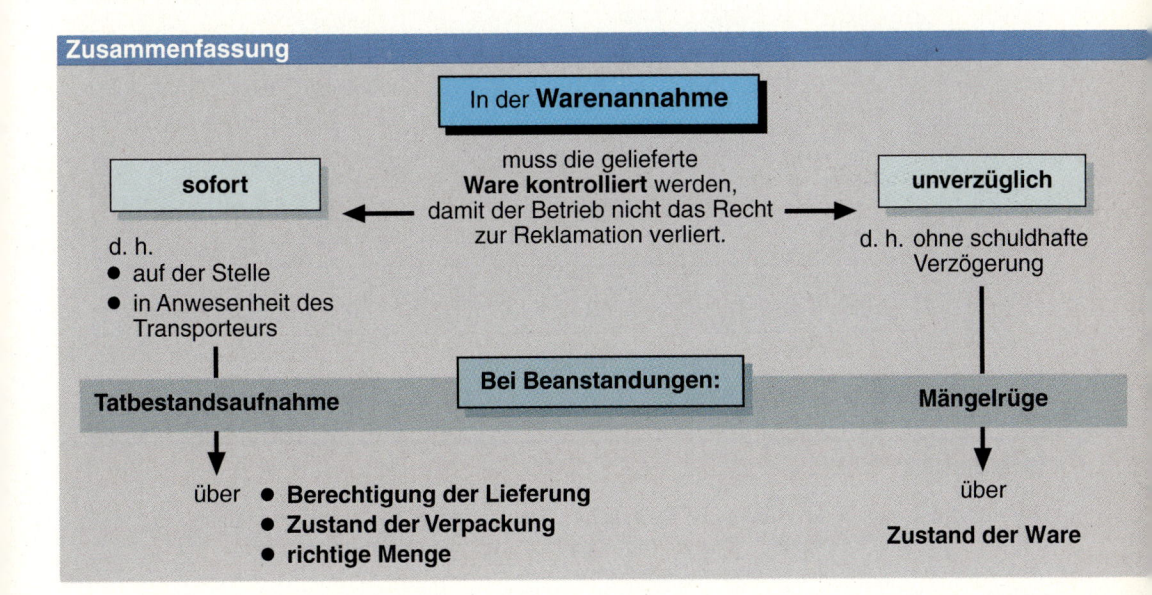

Zusammenfassung

In der **Warenannahme** muss die gelieferte **Ware kontrolliert** werden, damit der Betrieb nicht das Recht zur Reklamation verliert.

sofort
d. h.
- auf der Stelle
- in Anwesenheit des Transporteurs

Tatbestandsaufnahme
über
- Berechtigung der Lieferung
- Zustand der Verpackung
- richtige Menge

unverzüglich
d. h. ohne schuldhafte Verzögerung

Mängelrüge
über
Zustand der Ware

Bei Beanstandungen:

4.17 Mangelhafte Lieferung (Schlechtleistung)

Herr Deppe, Leiter der Einkaufsabteilung im Sporthaus Klaus Kuhlmann, Hannover, bestellt bei der Firma Bernd Grothe & Sohn OHG, Braunschweig

- 100 Stück Grothe Prestige, Jogginganzüge, Farbe Marine, Obermaterial Tactel-Polyamid, Polyester, Klimamembrane für absolute Wasserdichtheit, verstellbarer Beinabschluss, in der Taille Kordelzug und Klemmverschluss, Größe 44
- 50 Stück Grothe Prestige, Größe 38

Eine Woche später trifft die bestellte Ware im Sportgeschäft Kuhlmann ein.

Beim Eingang der Anzüge werden bei der Überprüfung der Lieferung einige Mängel festgestellt. Daraufhin erhält Herr Deppe von einem Mitarbeiter des Wareneingangs folgende schriftliche Mitteilung:

Wareneingang: 20..-06-07				Lieferer: Firma Bernd Grothe & Sohn Fabrikation von Sportkleidung Sonnenstraße 20 38100 Braunschweig

Fehlermeldung

Ware	Best.-Nr.	gelieferte Anzahl	fehlerhafte Anzahl	Beanstandung
Jogginganzüge Grothe Prestige Größe 44	17649	99	3	1 Anzug wurde zu wenig geliefert. 1 Anzug weist unsaubere Nähte auf. 2 Anzüge mit Rissen im Oberstoff.
Grothe Prestige Größe 38	17647	–	–	Es wurden 50 Anzüge Grothe Sierra geliefert.

geprüft: *Schramm*   Datum: 20..-06-07

Welche Rechte kann der Einkaufsleiter, Herr Deppe, in Anspruch nehmen?

Information

Der Verkäufer muss dem Käufer die Kaufsache frei von Mängeln übergeben. Dabei trägt der Verkäufer das Risiko des zufälligen Untergangs oder der zufälligen Verschlechterung der Ware bis **zum Zeitpunkt der Übergabe (Gefahrenübergang).**

Die Ware muss mit der Bestellung übereinstimmen und zum Zeitpunkt des Gefahrenübergangs am Erfüllungsort mängelfrei sein. Für sämtliche Fehler bis zum Zeitpunkt der Übergabe muss der Verkäufer haften **unabhängig davon, ob ihn ein Verschulden trifft oder nicht.**

> Der Verkäufer hat dem Käufer die Sache **frei von Sach- und Rechtsmängeln** zu übergeben (§ 433 I, 2 BGB) und ihm das Eigentum daran zu verschaffen.

Ob eine Ware *frei von einem Mangel* ist, ist abhängig von folgenden Prüfungsmerkmalen:
▶ Vereinbarung über die Beschaffenheit,
▶ Einigung für die gewöhnliche Verwendung,
▶ Beschaffenheit der Sachen der gleichen Art,
▶ Öffentliche Äußerungen, insbesondere Werbung,
▶ Montage,
▶ Lieferung einer anderen Sache oder einer nicht vereinbarten Menge.

Begriff des Sachmangels (§ 434 BGB)

● **Ausdrückliche Liefervereinbarung** (§ 434 Abs. 1 S. 1 BGB)

> Die gekaufte Sache gilt als **mangelfrei,** wenn sie **bei Gefahrenübergang** (meist Übergabe der Ware) die **vereinbarte Beschaffenheit** aufweist.

Beispiel
Die Textileinzelhandlung A. Tang e. Kfm. verkauft Sporttrikots mit leichten Verfärbungen am unteren Saum **unter Hinweis auf diesen Mangel** mit einem Preisnachlass an einen Kunden.

In diesem Fall liegt **kein Sachmangel** vor und dem Kunden stehen keine weiteren Rechte zu.

Notiert ein Gebrauchtwagenhändler bei allen Baugruppen pauschal „schadhaft" oder „Wagen zum Ausschlachten", so kann der Käufer nichts reklamieren. Ein Auto gilt jetzt als mängelfrei, wenn es die „vereinbarte Beschaffenheit" hat.

Auf offensichtliche Mängel wie beispielsweise eine Beule müssen Händler nicht hinweisen. Zwar haben private Kunden keine Prüfungspflicht. Wer Schäden aber grob fahrlässig übersieht, hat nur Rechte, wenn der Händler ausdrücklich haften will („garantiert keine Beulen!").

Bringt ein Käufer im Verkaufsgespräch seine Vorstellungen mit ein, so können diese zur vertragsgemäßen Beschaffenheit werden.

> **Beispiel**
> Ein Kunde verlangt eine Sportuhr, die auch für den Bade- und Schnorchelurlaub geeignet sein soll. In diesem Fall wird das Qualitätsmerkmal „wasserdicht" zur vertragsgemäßen Beschaffenheit.
> – Die Ware soll genau der Probe oder einer vorherigen Lieferung entsprechen.
> – Die gekaufte Tapete soll wasserfest sein.

- **Einigung für die gewöhnliche Verwendung** (§ 434 Abs. 1 S. 2 Ziff. 1 BGB)

> Wurde im Kaufvertrag keine Beschaffenheit vereinbart,[1] dann ist die Sache frei von Mängeln, wenn sie sich für die nach dem Vertrag vorausgesetzte Verwendung eignet (= Eignung für die gewöhnliche Verwendung).

> **Beispiele**
> – Eine Uhr muss die Zeit präzise angeben.
> – Ein CD-Player muss zum Abspielen von CDs geeignet sein.
> – Ein Geländewagen muss tauglich für schweres Gelände sein.
> – Rollerblades müssen fahrtüchtig sein.

- **Beschaffenheit bei Sachen gleicher Art** (§ 434 Abs. 2 Ziff. 2 BGB)

> ▶ Wurde zwischen den Vertragsparteien keine ausdrückliche Vereinbarung über die Beschaffenheit getroffen und
> ▶ lässt sich auch die Eignung für die gewöhnliche Verwendung nicht ermitteln,
> ▶ so ist die Sache frei von Mängeln, wenn sie eine Beschaffenheit aufweist, die bei Sachen der gleichen Art **üblich** ist und die der Käufer nach Art der Sache **erwarten** kann.

In diesem Fall kommt es daher darauf an, welche Eigenschaften der Durchschnittskunde anhand der „Art der Sache" erwarten darf, was insbesondere bei gebrauchten Sachen zu Schwierigkeiten führen kann.

> **Beispiel**
> Ein gebrauchter Pkw ist nicht von der *gleichen Art* wie ein neues Auto desselben Typs und darf daher auch nicht mit diesem verglichen werden. Die Erwartungen des Käufers beim Kauf eines Gebrauchtwagens werden u. a. beeinflusst vom Alter und den aktuell gefahrenen Kilometern, was beim Neuwagenkauf keine Rolle spielt.
> Ist also der vom Kunden beanstandete Mangel (z. B. beim Auto) angesichts von Alter und Laufleistung eine typische Verschleißerscheinung (z. B. bei Kupplung, Wasserpumpe, Lichtmaschine oder Radlager), kann der Kunde nicht reklamieren.
> Erwartet werden darf aber auch beim Kauf eines gebrauchten Autos, dass sicherheitsrelevante Mängel nicht vorhanden sind.

Problematisch ist ferner, dass man an ein Billigprodukt nicht die gleichen Qualitätserwartungen knüpfen kann wie an eine qualitativ höherwertige Ware.

- **Öffentliche Äußerungen**

Zur Beschaffenheit (gemäß § 434 I 3 BGB) gehören auch öffentliche Äußerungen, insbesondere **Werbeaussagen** des Verkäufers, des Herstellers (§ 4 Abs. 1 und 2 des ProdHaftG) oder seines Gehilfen.

Äußerungen in der Werbung, die beim Kunden entsprechende Erwartungen wecken, binden das werbende Unternehmen. Es gilt der schlichte Grundsatz: Was man verspricht, muss man halten. Eine Werbeaussage, die nicht erfüllt werden kann, ist demzufolge nicht nur irreführend (i. S. v. § 3 UWG), sondern löst beim Kunden unmittelbar Ansprüche wegen eines Sachmangels aus.

> **Beispiel**
> – Ein Hersteller von Markenpullovern wirbt für seine Waren mit *hautfreundlich, weil schadstoffgeprüft* analog den Kriterien des „Ökotex Standard 100", obwohl sich seine Textilien nicht von den übrigen nicht zertifizierten Produkten am Markt unterscheiden. In diesem Fall haben die Pullover einen Mangel, obwohl sie ansonsten der Produktbeschreibung entsprechen und qualitativ einwandfrei sind.
> – Ein neuer Kühlschrank darf nicht mehr Energie verbrauchen als die Werbung verspricht. Sagt der Verkäufer zu, dass eine Flasche Limonade darin in einer Stunde eiskalt wird, muss der Kühlschrank sogar das leisten (bei mündlichen Absprachen allerdings Problem des Beweises).
> – „*Auf dieser CD-ROM finden Sie die gesamte Rechtsprechung des Bundesfinanzhofs ab 1985!*" Das ist eine konkrete Aussage, die voll nachprüfbar ist. Stellt sich heraus, dass dies nicht stimmt, stehen dem Kunden die Rechte aus § 437 f. BGB zu.

---

[1] Je alltäglicher ein Geschäft ist, umso häufiger fehlt es an einer Vereinbarung über die Beschaffenheit einer Sache.

Welche Beschaffenheit erwartet werden kann, bestimmt sich nach dem Erwartungshorizont eines Durchschnittskäufers. Es kommt darauf an, wie ein durchschnittlicher „vernünftiger" Käufer die Äußerungen vom Verkäufer bzw. Hersteller bei Werbeaussagen im Hinblick auf konkrete Eigenschaften auffassen durfte. Das kann allerdings je nach Produkt oder Adressatenkreis der Werbung variieren.

In der Praxis ist die Abgrenzung zwischen eigenschaftsbezogener Werbung und übertriebener Werbung darüber hinaus ein Problem.
Da nicht nur die Werbung des Einzelhändlers eine Rolle spielt, sondern auch öffentliche Äußerungen vom „Hersteller" und seinem Gehilfen[1], ist nicht ausgeschlossen, dass Produkte durch *unbedachte Werbung* mangelhaft werden, ohne dass der Einzelhändler dies beeinflussen kann.

- **Montagefehler des Verkäufers**

Ein Sachmangel liegt auch bei **unsachgemäßer Montage** durch den Verkäufer oder einen von ihm beauftragten Dritten vor, auch wenn die Kaufsache ursprünglich mangelfrei war **(Montagefehler = Sachmangel).** Voraussetzung ist allerdings, dass der Verkäufer zur Montage verpflichtet war (§ 434 II 1 BGB).

> **Beispiel**
> Die angelieferte vollautomatische Hebebühne für das Lager wird infolge fehlerhaften Anschlusses durch den Verkäufer beschädigt, sodass die Sicherheitsbeleuchtung dieser Anlage nicht mehr funktioniert.
>
> → Eine zunächst mangelfrei gelieferte Ware ist dadurch mangelhaft geworden, dass der Verkäufer sie unsachgemäß montiert bzw. beim Käufer aufgestellt hat.

Erfasst werden auch alle Fälle, in denen **allein die Montage selbst fehlerhaft** ist, ohne dass dies zu einer Beeinträchtigung der Beschaffenheit der verkauften Sache führt.

> **Beispiel**
> Arbeiter der Tischlerei Melchers stellen in den Schauräumen des Sporthauses Kuhlmann mehrere neue Regalwände auf, wobei allerdings zwei durch die Handwerker schief montiert werden.
>
> Obwohl diese zwei Regalwände frei von Mängeln sind und ohne Beeinträchtigung ihrer Beschaffenheit vom Händler genutzt werden können, liegt durch die fehlerhafte Montage ein Mangel im Sinne des Gesetzes vor.

Hiernach stellt auch die **fehlerhafte bzw. fehlende Montageanleitung** (z. B. für den Zusammenbau eines Möbelstückes) einen Sachmangel dar, vorausgesetzt der Kunde besitzt keine eigenen Sachkenntnisse (§ 434 II 2 BGB; sog. *IKEA-Klausel*).

- **Falsch- und Minderlieferungen**
  (§ 434 Abs. 3 BGB)

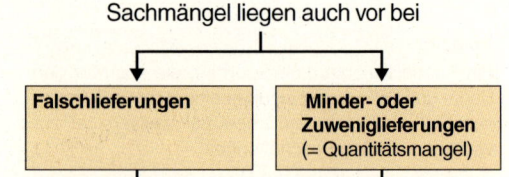

Sachmängel liegen auch vor bei

Falschlieferungen	Minder- oder Zuweniglieferungen (= Quantitätsmangel)
– Beim Gattungskauf wird eine andere Gattung geliefert: a) der gelieferte Gegenstand weicht erheblich von der Bestellung ab, z. B. anstatt des Sony DVD-Players XP60 wird der Akai Power GT geliefert, b) die Lieferung entspricht nicht genau der vereinbarten Kaufsache, z. B. wenn anstatt der vereinbarten Dosenmilch light mit 4 % Fettgehalt 15 %ige Milch geliefert wird. – Beim Stückkauf wird nicht das bestellte Stück geliefert.	– Eine Warensendung enthält weniger Stücke oder eine geringere Menge als die vereinbarte. – Die Ware weist zu geringe Abmessungen auf, z. B. statt eines Lampendurchmessers von 35 cm wird einer mit nur 30 cm geliefert.

Nicht gesetzlich geregelt sind *Zuviellieferungen*. In derartigen Fällen sind die Grundsätze der ungerechtfertigten Bereicherung anzuwenden. Die Waren müssen demzufolge vom Käufer zurückgegeben werden, der Verkäufer hat keinen Anspruch auf den Kaufpreis.

Begriff des Rechtsmangels
(§ 435 BGB)

Frei von Rechtsmängeln bedeutet, dass die Sache **frei von Rechten Dritter** sein muss. Ein typischer Rechtsmangel liegt beispielsweise vor, wenn der Verkäufer einer Sache nicht ihr Eigentümer ist oder eine andere Person Nutzungsrechte gegen den Käufer geltend machen kann, von denen er bei Abschluss des Vertrages nichts wusste.

---

[1] Das Gesetz grenzt den Begriff nicht ein.

> **Beispiele für Rechtsmängel:**
> – Ein Einzelhändler von Elektroartikeln kann einem Kunden kein Eigentum an gestohlenen Handys verschaffen.
> – Eine Textileinzelhandlung kann eine Kollektion von Damenkostümen nicht weiterverkaufen wegen der Rechte des Designers.

Im Falle von Rechtsmängeln stehen dem Käufer die gleichen Rechte zu wie bei Sachmängeln.

Ausschlussgründe

Ein Sach- oder Rechtsmangel liegt auch dann vor, wenn der Käufer den Mangel bei Vertragsschluss kennt (§ 442 I 1 BGB). In diesem Fall können aber grundsätzlich **keine Rechte** daraus abgeleitet werden.

Ist dem Käufer **ein Mangel infolge grober Fahrlässigkeit unbekannt** geblieben, kann er nur dann Rechte geltend machen, wenn der Verkäufer den Mangel **arglistig verschwiegen** oder eine Garantie für die Beschaffenheit übernommen hat (§ 442 I 2 BGB).
<u>Ausnahme:</u> Ein im Grundbuch eingetragenes Recht Dritter hat der Verkäufer auch dann zu beseitigen, wenn der Käufer davon Kenntnis hat (§ 442 II BGB).

Die Haftung für einen Mangel kann ausgeschlossen oder beschränkt werden (§ 444 BGB). Auf eine solche Abrede kann sich der Verkäufer jedoch nicht berufen, wenn er den Mangel arglistig verschwiegen oder eine Garantie für die Beschaffenheit der Ware übernommen hat.

Die Mangelrüge

Der Käufer hat die Pflicht, die gelieferte Ware zu prüfen und etwaige Mängel aufzunehmen, ggf. sind Stichproben zu entnehmen, deren Anzahl sich an der Menge und der Art der Ware orientiert; z. B. 5 von 2 400 Pilzkonserven genügen.

Die Mitteilung an den Verkäufer über die vorgefundenen Warenmängel ist grundsätzlich formfrei, sofern sich aus dem Handelsbrauch nichts anderes ergibt. Versucht der Käufer mehrfach erfolglos den Verkäufer telefonisch zu erreichen, muss er danach – unverzüglich – schriftlich rügen. Es genügt die rechtzeitige Absendung der Rüge durch ein zuverlässiges Beförderungsmittel. Verzögerungen bei der Übermittlung gehen zulasten des Verkäufers. Die Beweislast für den Zugang und die Verlustgefahr liegen allerdings beim Käufer. Aus Gründen der Beweissicherung ist es daher immer empfehlenswert, schriftlich zu reklamieren und dabei die festgestellten Mängel so genau wie möglich zu beschreiben. Die Rüge kann auch durch Telefax erfolgen.

Welche Reklamationsfrist (Rügefrist) dabei eingehalten werden muss, ist u. a. abhängig von der Erkennbarkeit des Mangels.

Sachmängel im Hinblick auf die Erkennbarkeit

Offene Mängel

sind bei der Prüfung der Ware sofort zu erkennen, z. B. eine beschädigte Tischoberfläche, überschrittenes Verfallsdatum.

Versteckte (verdeckte) Mängel

sind trotz gewissenhafter Prüfung der Ware nicht gleich sichtbar, sondern zeigen sich erst später, z. B.: verdorbene Konserven, Materialfehler bei einem Auto, defekte Disketten.

Arglistig verschwiegene Mängel

sind versteckte (verdeckte) Mängel, die der Verkäufer absichtlich verheimlicht hat, um sich einen Vorteil zu verschaffen (z. B. der Verkauf eines angeblich unfallfreien Pkw, obwohl es ein Unfallwagen ist).

Reklamationsfristen (Rügefristen)
(§§ 377, 378 HGB)

Der Käufer muss bestimmte Reklamationsfristen einhalten.

Sie sind beim Verbrauchsgüterkauf und zweiseitigen Handelskauf unterschiedlich.

Art des Kaufs (Vertragspartner) Reklamationsfristen bei	zweiseitiger Handelskauf Käufer und Verkäufer sind Kaufleute (für beide Seiten ist das Geschäft ein Handelsgeschäft; § 377 HGB)	einseitiger Handelskauf (bei beweglichen Gütern: Verbrauchsgüterkauf): Käufer handelt als Privatperson und Verkäufer als Unternehmer (nur für eine Seite ist das Geschäft ein Handelsgeschäft)
offenen Mängeln	**unverzüglich** (= ohne schuldhaftes Verzögern) **nach Entdeckung** des Schadens bei der Eingangsprüfung	keine unverzügliche Prüfung der gelieferten Ware nötig; bei **neuen** Sachen innerhalb von **zwei Jahren** nach Ablieferung (gesetzliche Gewährleistungsfrist), §§ 437, 1 u. 2 sowie 475 BGB; bei **gebrauchten Sachen** haftet der Verkäufer innerhalb der Frist für Sachmängelhaftung von **einem Jahr** (§ 475 BGB)
versteckten (verdeckten) Mängeln	**unverzüglich nach Entdeckung,** jedoch spätestens innerhalb der Frist für Sachmängelhaftung (gem. BGB 2 Jahre); eine Frist für Sachmängelhaftung kann generell ausgeschlossen werden; § 377 (2, 3) HGB.	
arglistig verschwiegenen Mängeln	nach Kenntnis innerhalb von 3 Jahren (§ 195 BGB)	

Beim *Platzkauf* kann der Käufer die Annahme der mangelhaften Lieferung verweigern. Beim *Distanzkauf* muss er die mangelhafte Ware zunächst annehmen und lagern (§ 379 HGB).

Kommt beim zweiseitigen Handelskauf ein Käufer seiner Reklamationspflicht nicht fristgerecht nach, verliert er seine Rechte aus der mangelhaften Lieferung. Die Ware gilt dann als genehmigt, es sei denn, es handelt sich um einen „nicht erkennbaren" Mangel.

Durch Schweigen verliert also der Käufer seine Gewährleistungsansprüche. Dies gilt sogar, wenn der Verkäufer ihm eine andere als die vereinbarte Ware geliefert hat.

Die Vorschrift soll dazu beitragen, Handelsgeschäfte zügig abzuwickeln. Der Verkäufer soll voraussehen und berechnen können, was im Geschäftsverkehr mit anderen Unternehmen auf ihn zukommt.

Beispiel

Die Jogginganzüge (vgl. Einstiegsbeispiel) ohne offensichtliche Mängel werden im Laufe der nächsten drei Wochen verkauft. Vierzehn Tage später beschweren sich zwei Kunden beim Textileinzelhändler. Die Kunden reklamieren, dass sie in ihren Jogginganzügen nass geworden sind.

Versehentlich meldet der Einkaufsleiter, Herr Deppe den versteckten Mangel bei der Firma Bernd Grothe & Sohn OHG, Braunschweig, erst sieben Monate nach der Lieferung. Er hat nun z. B. kein Recht mehr auf Rückgabe, sondern muss die mangelhafte Ware bezahlen.

Aufbewahrungspflicht beim zweiseitigen Handelskauf

Der Käufer ist beim *Distanzkauf* dazu verpflichtet, die mangelhafte Ware – auf Kosten des Verkäufers – selbst aufzubewahren bzw. die Einlagerung bei einem Dritten zu veranlassen, bis ihm der Verkäufer mitteilt, wie er weiterhin mit ihr verfahren will (§ 379 HGB). Beim *Platzkauf* kann der Käufer die Annahme der mangelhaften Ware verweigern bzw. die Ware zurückschicken.

Bei verderblicher Ware hat der Käufer das Recht, die mangelhafte Ware öffentlich versteigern zu lassen oder, falls sie einen Markt- oder Börsenpreis hat, sie durch einen öffentlich ermächtigten Handelsmakler verkaufen zu lassen (= Notverkauf; § 379 HGB).

Rechte des Käufers bei Lieferung mangelhafter Ware[1] (§ 437 BGB)

Vorraussetzungen

Mängelansprüche besitzt der Käufer nur, wenn die gekaufte Ware bei Gefahrenübergang auch wirklich einen Mangel hatte. Tritt nach relativ kurzer Zeit ein Mangel auf, der bei vergleichbarer Ware zu diesem Zeitpunkt typischerweise noch nicht auftritt, **so wird vermutet, dass die Kaufsache nicht die übliche Qualität hatte.**

Danach kann der Käufer bei Mängeln je nach Sach- und Interessenlage fünf Rechte geltend machen. Es liegt beim Käufer, welches der folgenden Rechte er in Anspruch nehmen möchte:

– Nacherfüllung,
– Rücktritt vom Kaufvertrag,
– Minderung des Kaufpreises,
– Schadensersatz,
– Aufwendungsersatz.

Hat der Käufer einen festgestellten und **behebbaren** Mangel rechtzeitig gemeldet und ist kein Ausschlussgrund ersichtlich, so hat er einen Anspruch auf **Nacherfüllung** (§ 439 BGB). Die **Nacherfüllung** ist grundsätzlich **vorrangig**, was auch dadurch deutlich wird, dass für alle anderen Gewährleistungsrechte eine Frist gesetzt werden muss.

<u>Begründung:</u> In den meisten Fällen ist der Käufer immer noch an der Sache interessiert. Er möchte sie aber mangelfrei erhalten. In diesem Fall kommt es dann aber **nicht auf das Verschulden des Verkäufers** an.

● **Nacherfüllung**

▶ Der Käufer kann als Nacherfüllung **wahlweise** verlangen (§ 439 I BGB):

   ● **Nachbesserung** (Beseitigung des Mangels z. B. durch Reparatur) oder
   ● **Ersatz-(Neu-)Lieferung** (Lieferung einer mangelfreien Sache).

Grundsätzlich darf der Käufer entscheiden, ob er die alte Sache behalten möchte und lediglich der Mangel behoben werden soll (z. B. durch eine Reparatur), oder ob er eine ganz neue Sache haben möchte.

---

[1] Unter den Begriff der leistungsbezogenen Pflichtverletzung fallen nicht nur die Verletzungen von **Hauptpflichten** wie der Lieferung mangelhafter Ware, sondern auch die von leistungsbezogenen **Nebenpflichten**. Derartige Nebenpflichtverletzungen können z. B. darin bestehen, dass fehlerhafte Informationen über die Nutzung des Kaufgegenstandes erteilt werden.
Hiervon abzugrenzen ist die **Verletzung von nicht leistungsbezogenen Nebenpflichten** (§ 241 II BGB), auf die im Rahmen dieser Ausführungen nicht näher eingegangen werden soll.

▶ Die im Zusammenhang mit der Nacherfüllung anfallenden Aufwendungen, insbesondere Transport-, Wege-, Arbeits- und Materialkosten sind vom Verkäufer zu tragen (§ 439 II BGB).

> **Beispiele für Nacherfüllungsansprüche**
> ● Anstatt des vereinbarten Druckers KRA Laserjet VI wird versehentlich der Monitor LV 234 R geliefert (Falschlieferung).
> **Nacherfüllungsanspruch des Käufers:** Lieferung des vertraglich vereinbarten Druckers. Der Monitor wird auf Kosten des Verkäufers zurückgeschickt.
> ● Die Kiehl OHG hat 15 Jogginganzüge der Marke *TOUGH* bestellt, vom Großhändler aber nur 13 Anzüge erhalten (Zuweniglieferung).
> **Nacherfüllungsanspruch** der Kiehl OHG: Nachlieferung der fehlenden zwei Sportanzüge.
> ● Ein Sanitäreinzelhändler stellt bei 500 Fliesen der Marke „Elegantia" fest, dass 25 Stück geringfügige Farbabweichungen aufweisen.
> **Nacherfüllungsanspruch des Einzelhändlers:** Komplett neue Lieferung aus einer Serie (Ausnahmeregelung).
> ● Ein Einzelhändler kauft in einem Technikhaus eine digitale Videokamera für interne Schulungen. Die Kamera ist bereits nach wenigen Betriebsstunden aufgrund eines Fertigungsfehlers gebrauchsunfähig.
> **Nacherfüllungsanspruch des Einzelhändlers:** Reparatur des Schadens. Die anfallenden Kosten muss das Technikhaus tragen.

▶ Liefert der Verkäufer auf Verlangen des Käufers (neue) mangelfreie Ware, so muss der Käufer die **mangelhafte Sache zurückgeben** (§ 439 IV BGB Anspruch auf Wertersatz, siehe unter „Rücktritt", Seite 148 f.).

▶ Eine vertragliche **Einschränkung des Wahlrechts** des Käufers im Rahmen der Nacherfüllung ist **gegenüber Verbrauchern** und innerhalb der Lieferkette für einen Verbrauchsgüterkauf **nicht zulässig** (siehe Verbrauchsgüterkauf, Seite 155 ff.).

Selbst wenn also ein Einzelhändler beispielsweise nachweisen kann, dass bei ihm eine Beseitigung des Warenmangels durch sein Kundendienstnetz erheblich kostengünstiger und daher die Lieferung einer mangelfreien Ware unverhältnismäßig ist, darf von dem Wahlrecht auch durch Allgemeine Geschäftsbedingungen nicht zum Nachteil des Verbrauchers abgewichen werden (§ 474 Abs. 1 BGB).

Gegenüber Geschäftsleuten kann der Verkäufer im Vertrag allerdings die Klausel aufnehmen, dass er selbst die Wahl hat zwischen Mängelbeseitigung oder Neulieferung.

▶ Ist eine der beiden vom Käufer gewählten Formen der **Nacherfüllung unmöglich,** dann kann er – soweit dies überhaupt noch möglich ist – den jeweils anderen Nacherfüllungsanspruch wählen (vgl. § 275 I BGB).

> **Beispiel**
> – Eine **Ersatzlieferung** ist nicht möglich bei einer gebrauchten Sache oder einer Stückware, z. B. einer seltenen Briefmarke.
> – Eine **Nachbesserung** kann nicht durchgeführt werden, wenn der Mangel an der Ware zum Totalverlust geführt hat.

▶ Ist die Nacherfüllung zwar noch möglich, aber nur mit **unverhältnismäßig hohen Kosten** durchzuführen, so kann der Verkäufer die vom Käufer gewählte Form der **Nacherfüllung verweigern** (§ 439 III BGB). In diesem Fall muss der Käufer auf die andere Art der Nacherfüllung ausweichen, vorausgesetzt sie ist nicht ebenfalls unmöglich oder unverhältnismäßig.

Wann eine Maßnahme als unverhältnismäßig anzusehen ist, ist abhängig
– vom Wert der mangelhaften Sache,
– von der Bedeutung des Mangels und davon,
– ob auf die andere Art der Nacherfüllung ohne erhebliche Nachteile für den Käufer zurückgegriffen werden kann.

Ist auch diese Art mit unverhältnismäßig hohen Kosten verbunden, kann der Verkäufer die Nacherfüllung insgesamt verweigern (§ 439 III 3).

> **Beispiel**
> Durch das Auswechseln des zu schwachen Lüfters in einem Computer durch einen leistungsstärkeren kann der Mangel des *Funktionsausfalls durch Überhitzen* behoben werden. Eine vom Käufer verlangte Lieferung eines neuen PCs kann vom Verkäufer wegen damit verbundener unverhältnismäßiger Kosten verweigert werden.

Bei geringwertigen Sachen des Alltags, wie beschreibbare CDs, Bürobedarf oder Taschenrechner, wird in der Regel nur Ersatzlieferung infrage kommen. Nachbesserung wäre in diesen Fällen als unverhältnismäßig anzusehen, da eine Reparatur meist ein Mehrfaches des Neuwertes der Sache beträgt.

Da wegen unverhältnismäßiger Kosten der Verkäufer beide Varianten der Nacherfüllung verweigern kann und auch *Schadensersatz statt der ganzen Leistung* und der *Rücktritt bei unerheblichen Mängeln* ausscheiden, sind die **Ansprüche des Käufers bei geringwertigen Gütern** letztlich **erheblich eingeschränkt**. Sie werden sich vielfach auf eine *Minderung oder den Schadensersatz neben der Leistung* beschränken (vgl. Seite 150 ff.).

Der Käufer ist bei *behebbaren* Mängeln zur **Fristsetzung** und zum Abwarten des Fristablaufs verpflichtet, bevor er weitere Rechte geltend machen kann (vgl. § 440 BGB).

Die Länge der Frist hängt von der Situation ab. Wer beispielsweise einen Monat auf sein Auto gewartet hat, kann keine Ersatzlieferung binnen drei Tagen verlangen. Andererseits sollte bei billigen Massenprodukten, von denen mehrere vorhanden sind, der sofortige Austausch selbstverständlich sein.

Die **Fristsetzung** ist **nicht erforderlich,** wenn der Mangel nicht behebbar ist. Es kann dann unmittelbar auf die nachfolgend aufgeführten Rechte zurückgegriffen werden.

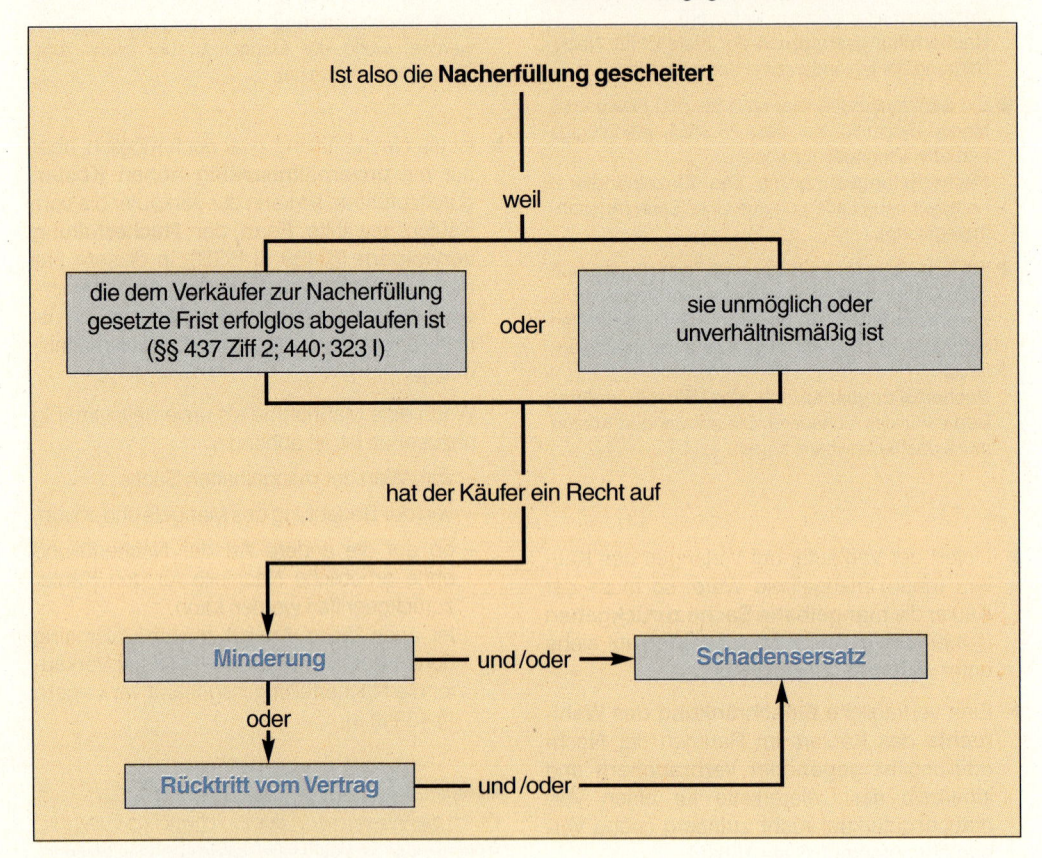

Ist also die **Nacherfüllung gescheitert**

weil

- die dem Verkäufer zur Nacherfüllung gesetzte Frist erfolglos abgelaufen ist (§§ 437 Ziff 2; 440; 323 I)

oder

- sie unmöglich oder unverhältnismäßig ist

hat der Käufer ein Recht auf

Minderung — und/oder → **Schadensersatz**

oder

Rücktritt vom Vertrag — und/oder —

- **Rücktritt vom Vertrag** (§ 323 BGB)

Für den **Rücktritt vom Vertrag** müssen die folgenden **Voraussetzungen** vorliegen:

1. Die Sache muss mangelhaft sein (§§ 437, Ziff. 2, 434, 435 BGB).
2. Der Käufer muss dem Verkäufer eine angemessene Frist zur Leistung oder Nacherfüllung eingeräumt haben.
3. Die Nachfrist muss erfolglos abgelaufen sein (§ 323, Abs. 1 BGB) bzw. bei Entbehrlichkeit.
4. Der Mangel muss **erheblich** sein; der Rücktritt ist daher nicht bei einem geringfügigen Mangel möglich (§ 323 V 2 BGB).

Das **Rücktrittsrecht** besteht immer und ist **unabhängig vom Verschulden** (Vertretenmüssens) des Lieferers (§ 323 BGB). Der Rücktritt erfolgt **durch Erklärung** gegenüber dem Verkäufer (§ 349 BGB).

Beispiel

Ein Einzelhandelsunternehmen setzte einem Technikhaus wegen des Schadens an der digitalen Videokamera eine Frist von 14 Tagen. Das Technikhaus behebt den Kameraschaden innerhalb von 10 Tagen durch Austausch eines Halbleiters. Drei Tage später ist die Kamera erneut defekt. Deshalb tauscht das Technikhaus das gesamte elektronische Modul gegen ein neues aus, das allerdings wiederum nur eine Woche hält. Daraufhin teilt das Einzelhandelsunternehmen dem Technikhaus mit, dass es vom Vertrag zurücktritt.

Der Rücktritt vom Kaufvertrag kann bei einem behebbaren Mangel ausnahmsweise auch **ohne Fristsetzung** erfolgen, wenn

▶ der Verkäufer ernsthaft und endgültig die Leistung verweigert (§§ 437 Ziff. 2, 440, 281 Abs. 2, 323 Abs. 2 Ziff.1 BGB);

▶ der Verkäufer beide dem Käufer zustehenden Arten der Nacherfüllung wegen unverhältnismäßig hoher Kosten verweigert (§§ 439 III, 440 S.1 BGB);

▶ die dem Käufer zustehende Nacherfüllung fehlgeschlagen ist, was in der Regel **nach zwei Fehlversuchen** anzunehmen ist (§ 440 S.1 BGB);

▶ die Nacherfüllung für den Käufer unzumutbar ist (§ 440 S.1 BGB);

▶ besondere Umstände vorliegen, die unter Abwägung der beiderseitigen Interessen den sofortigen Rücktritt rechtfertigen (§§ 437 Ziff. 2, 440, 281 Abs 2, 323 Abs. 2 Ziff. 3 BGB);

▶ ein Fixgeschäft bzw. Zweckkauf vorliegt (§§ 440 S.1 i. V. m. 323 II Nr. 2 BGB).

Rechtsfolgen des Rücktritts (§ 346 ff. BGB)

Bei der Inanspruchnahme des Rücktrittsrechts wird der **Kaufvertrag rückgängig gemacht,** und zwar unter Rückabwicklung der jeweils empfangenen Leistungen (Rückgewährschuldverhältnis). Für den Käufer bedeutet das, dass er die mangelhafte Ware herausgeben muss. In diesem Fall sowie im Falle der Lieferung einer mangelfreien Ware (➔ Ersatzlieferung im Rahmen der Nacherfüllung) hat der Verkäufer **Anspruch auf Wertersatz,** d. h., er kann Ersatz für die Nutzung verlangen (§ 346 Abs. 1 BGB). Dazu gehören auch die Vorteile, die der Käufer durch den Gebrauch der Ware erzielen konnte (§ 100 BGB).

Software muss auf Deutsch erklärt werden

Frage von K. Bodenstein aus Erfurt:
Ich habe mir gerade einen Flugsimulator auf CD-ROM gekauft, laut Packung eine „erweiterte deutsche Version". Trotzdem fehlt eine deutsche Bedienungsanleitung. Kann ich die Software nun zurückgeben?

Antwort:
Wenn die deutsche Anleitung nicht nachgereicht wird: Ja. Erklärungsbedürftige Produkte müssen grundsätzlich durch Gebrauchsanleitungen erläutert werden. Das gilt auch für Computer und Software. Das Oberlandesgericht Köln (Az.19 U 205/ 96) hat das Aushändigen einer schriftlichen Bedienungsanleitung beim Kauf von Hard- und Software als „Hauptpflicht" des Verkäufers bezeichnet und sich dabei auf die gleich lautende Rechtsprechung des Bundesgerichtshofs berufen.

Wird ein Programm auf CD-ROM verkauft, kann die Anleitung statt in einem Handbuch sicher ebenso auf CD-ROM mitgeliefert werden. Fehlen darf die Erläuterung aber nicht. Sonst darf die Software reklamiert werden.

Seit dem 1. Januar 2002 müssen Sie dem Händler aber zunächst die Möglichkeit geben nachzubessern. Das heißt, dass Sie ihm anbieten müssen eine verständliche Bedienungsanleitung in deutscher Sprache nachzureichen. Erst wenn er ihnen das verweigert, dürfen Sie das Spiel zurückgeben.

> **Beispiel**
> Wegen eines Mangels an seinem gekauften neuen Auto tritt der Käufer nach einem Jahr vom Kaufvertrag zurück. Er hat dann dem Verkäufer die „Vorteile herauszugeben", die er durch die Benutzung des Pkw gezogen hat.
> Dasselbe gilt für den Käufer, der infolge der Nachlieferung ein neues Auto erhält und seinen mangelhaften Wagen zurückgibt.

Den Rücktritt wird der Käufer dann wählen, wenn das Geschäft sich im Nachhinein als ungünstig herausstellt und er froh ist, davon loszukommen – beispielsweise, wenn er anderswo günstiger einkaufen kann.

Durch den Rücktritt wird das Recht auf Schadensersatz bzw. Aufwendungsersatz nicht ausgeschlossen (§ 325 BGB).
Keinen Anspruch auf Rücktritt hat der Käufer, wenn die Lieferung der **mangelhaften Ware unerheblich** ist (§§ 437 Ziff. 2, 323 Abs. 5 Satz 2 BGB). Dann bleibt ihm der Anspruch auf Minderung (Rücktritt und Minderung können daher **nur alternativ** geltend gemacht werden).

- **Minderung (Preisnachlass)**

Bei der Minderung bleibt – anders als beim Rücktritt – **der Kaufvertrag bestehen und wird abgewickelt.**

Das Recht des Käufers auf Minderung des Kaufpreises besteht unter denselben Bedingungen wie das Rücktrittsrecht. Das bedeutet, dass der Käufer dem Verkäufer die Gelegenheit zur Nacherfüllung gewährt und eine gesetzte Nachfrist erfolglos abgelaufen sein muss.
Allerdings ist auch bei der Minderung zu unterscheiden, ob der Mangel *behebbar* oder *unbehebbar* ist. Im ersten Fall hat eine Fristsetzung Sinn, da noch nacherfüllt werden kann, im zweiten Fall entfällt die Nacherfüllungsmöglichkeit. Daher kann man sofort mindern.
Darüber hinaus gilt:

- Minderung kann **auch bei unerheblichem (geringfügigem) Mangel** verlangt werden (§ 441 I 2 BGB).
- Erklärung der Minderung gegenüber dem Verkäufer (§ 349 BGB).

Rechtsfolgen der Minderung:

▶ Beim Recht auf Minderung hat der Käufer das Recht, den Kaufpreis entsprechend des vorhandenen Mangels zu reduzieren.

▶ Falls der Käufer bereits mehr als den geminderten Kaufpreis bezahlt hat, hat er Anspruch auf Rückerstattung des zu viel Gezahlten (§ 441 IV BGB).

▶ Zusätzlich kann Schadensersatz bzw. Aufwendungsersatz verlangt werden.

Minderung ist nur **statt** des Rücktritts möglich. Auf Minderung wird der Käufer bestehen, wenn er die mangelhafte Ware zwar behalten will (er kann die Ware trotz des Mangels wirtschaftlich verwerten), aber nur weniger dafür zu zahlen bereit ist. Die Minderung ist ein *Gestaltungsrecht:* Der Käufer kann mindern, ist dazu aber nicht verpflichtet.

- **Schadensersatz**

Der Käufer hat bei mangelhafter Lieferung **Anspruch auf Schadensersatz,** der entweder zusammen mit dem Rücktritt oder der Minderung geltend gemacht werden kann (§ 325 BGB). Hat er statt der Leistung Schadensersatz verlangt, so ist allerdings der Anspruch auf die Lieferung der Ware ausgeschlossen (§ 281 IV BGB).
Die zentrale Anspruchsgrundlage für Schadensersatz ist der § 280 BGB.

> **Schadensersatz wegen Pflichtverletzung**
> Liefert der Verkäufer **schuldhaft** die Ware nicht so wie vereinbart, dann hat der dem Käufer den dadurch entstandenen Schaden zu ersetzen. Dabei fallen unter „Pflichtverletzung" die Nichtleistung (Unmöglichkeit), die Schlechtleistung und die Spätleistung (Verzug).

Voraussetzungen für den Anspruch auf Schadensersatz nach § 280 I BGB:

- Bestehen eines Kaufvertrages,
- Pflichtverletzung des Verkäufers aus dem Kaufvertrag (§ 280 I 1 BGB),
- durch die Pflichtverletzung muss ein Schaden entstanden sein,
- subjektives **Verschulden**: Der Warenschuldner hat den Mangel zu vertreten
  - bei Kenntnis des Mangels,
  - bei Übernahme einer Garantie für die Mangelfreiheit,
  - bei Vorsatz sowie **grober und leichter** Fahrlässigkeit (§ 276 BGB).
    Die Sorgfaltspflichten des Verkäufers sind dabei im Zusammenhang mit der Art und dem Wert der Ware, der Sachkunde des Verkäufers und der Zumutbarkeit der Untersuchung zu sehen.

> **Beispiele**
> – Industrielle Massenartikel, wie beispielsweise Taschenrechner, müssen vom Großhandelsbetrieb nicht auf ihre Konstruktions- und Funktionsfähigkeit untersucht werden.
> – Bei hochwertigen Waren, wie z. B. Fotokopiergeräte, werden dagegen höhere Maßstäbe an die Sorgfaltspflicht angelegt.

Systematisch lassen sich folgende Schadensersatzansprüche unterscheiden:

Vorgesehen ist zunächst ein Anspruch des Käufers auf Ersatz des Schadens, der aus der *Mangelhaftigkeit* der Sache selbst entsteht.

▶ **Schadensersatz wegen des eigentlichen Mangels** (§§ 280 I, III i. V. m. 281 I 1 BGB). Für den Ersatz des Schadens, der im **Mangel der Sache selbst** eingetreten ist, müssen zunächst die Voraussetzungen des § 280 BGB erfüllt sein.

Außerdem muss dem Verkäufer durch **Setzung einer angemessenen Nachfrist** Gelegenheit gegeben werden, die geschuldete Leistung doch noch (vollständig) zu erbringen (Entbehrlichkeitsgründe siehe unter Rücktritt). Erst wenn diese Frist ergebnislos verstrichen ist, besteht Anspruch auf Schadensersatz.

✓ **Mangelschaden** (kleiner Schadensersatz; Schadensersatz **neben** der Leistung)
Der Anspruch ist in der Regel auf **Ersatz der Kosten** gerichtet, die erforderlich sind um den Mangel zu beseitigen (allgemeine Vermögensschäden).

Dazu zählen z. B.:
– Ersatz des reinen Minderwertes (entspricht im Ergebnis der Minderung),
– Ersatz der Kosten für die Mangelbeseitigung,
– Ersatz der Vermögensschäden, die in unmittelbarem Zusammenhang mit der Mangelhaftigkeit der Sache stehen, z. B. mangelbedingter Nutzungsausfall, entgangener Gewinn.

Kleiner Schadensersatz: Der Käufer akzeptiert die mangelhaft gelieferte Ware und behält sie. Er bekommt *zusätzlich* seinen durch die mangelhafte Lieferung entstandenen Schaden vom Verkäufer ersetzt (Schadensersatz für die Nichterfüllung).

Nicht immer können Mängel aber ohne Schwierigkeiten behoben werden. Insbesondere bei umfangreichen Mängeln wird deshalb der kleine Schadensersatz dem Leistungsinteresse des Käufers nicht entsprechen. Für diesen Fall besteht daher die Möglichkeit, dass der Käufer auf den großen *Schadensersatz* zurückgreifen kann.

✓ **Schadensersatz statt der ganzen Leistung** (großer Schadensersatz)
Es handelt sich um einen Schadensersatzanspruch, der **an die Stelle der ursprünglichen Primärleistung** tritt. Der Käufer **gibt die Ware zurück** und der Verkäufer ersetzt den Schaden, der nicht nur durch den Mangel, sondern durch die insgesamt ausgebliebene mangelfreie Warenlieferung entstanden ist (§ 281 I 2 und 3 BGB).

> **Beispiele zu Schadensersatzansprüchen**
>
> Der Inhaber eines Geschäftes für Malereibedarf bestellt aufgrund eines ihm zuvor zugeschickten Musters 100 Rollen abwaschbare Tapeten mit einem besonders interessanten, modischen Design direkt beim Hersteller. Nach 14 Tagen ist zwar der gesamte Tapetenvorrat verkauft, aber dann beginnt auch der Ärger. Zwei langjährige Kunden reklamieren die Ware. Von „abwaschbar" kann nicht im Geringsten die Rede sein, denn der Hersteller hatte die entsprechende Sonderbeschichtung vergessen.
> Die verärgerten Kunden ist der Händler daraufhin für immer los. Es entsteht ihm ein Schaden, da weitere Verkäufe an diese Kunden nun nicht mehr möglich sind. Für den dadurch entstandenen Schaden (= entgangener Gewinn) muss der Tapetenhersteller haften.
>
> Ein Textileinzelhändler erhält von einem seiner Lieferanten nur einen Teil der Sommerkollektion. Der Einzelhändler begnügt sich mit dieser Teillieferung. Die Ware kann zwar verkauft werden, aber es entsteht eine Umsatz- und Gewinneinbuße. Dieser Schaden muss vom Lieferanten ersetzt werden („kleiner Schadensersatz").
>
> Der Einzelhändler könnte aber auch die gesamte Lieferung zurückweisen, weil er sich lieber bei einem anderen Lieferanten vollständig eindecken möchte. Muss das Einzelhandelsunternehmen in diesem Fall einen höheren Preis entrichten, so besteht *Schadensersatz statt der ganzen Leistung* („großer Schadensersatz"). Dieser Anspruch steht dem Textileinzelhändler aber nur zu, wenn er an der Teillieferung kein Interesse mehr hat. Dies könnte im vorliegenden Fall zutreffen, wenn eine Ersatzbeschaffung nur bei größeren Bestellungen möglich wäre oder die Führung von zwei verschiedenen Sortimenten für das Einzelhandelsunternehmen zu aufwendig wäre.
>
> Ein Möbelfachgeschäft hat *am gesamten Kauf* einer bestimmten Esstischgruppe im italienischen Design kein Interesse mehr, weil der Möbelgroßhändler anstatt der vereinbarten sechs Stühle nur vier liefert.

Die mangelhafte Lieferung (Schlechtleistung) des Großhändlers ist daher **erheblich**. Somit kann der Einzelhändler Schadensersatz statt der gesamten Leistung, verlangen. Das bereits gelieferte Mobiliar erhält der Großhändler zurück (§ 281 i. V. m. 346 I BGB).

Der „große Schadensersatz" ist allerdings ausgeschlossen bei **unerheblichen Mängeln** (§ 281 I 3 BGB).

Beispiel
Eineinhalb Jahre nach dem Verkauf eines Mohairmantels nimmt ein Einzelhändler einen nur bei intensivem Hinsehen erkennbaren Webfehler zum Anlass für einen *Schadensersatz statt der ganzen Leistung*.
In diesem Falle wird der Schadensersatzanspruch daran scheitern, weil der *Mangel unerheblich* ist.

Die Geltendmachung des Schadensersatzes statt der Ware verlangt neben Fälligkeit und Verschulden (Vorsatz und Fahrlässigkeit) eine **erfolglose Fristsetzung.** Die Fristsetzung ist u. a. entbehrlich, wenn der Schuldner die Leistung ernsthaft und endgültig verweigert.

Ob der Käufer den „kleinen" oder den „großen" Schadensersatz wählt, kommt immer auf den individuellen Sachverhalt an. Die zentrale Frage lautet: Hat der Anspruchsteller noch Interesse an der Ware?

Will er die gelieferte Ware behalten, dann wird wohl eher der „kleine Schadensersatz" infrage kommen. Sollte er an der Lieferung kein Interesse mehr haben, wird er den „großen Schadensersatz" wählen, wobei aber der Mangel erheblich sein muss.

Wird *Schadensersatz statt der ganzen Leistung* verlangt, müssen bereits erbrachte Teilleistungen zurückgegeben werden.

✓ **Schadensersatz wegen Mangelfolgeschäden**

Der Käufer hat einen Anspruch auf Schadensersatz, wenn aufgrund einer (schuldhaft) mangelhaft gelieferten Ware ein Schaden an anderen Rechtsgütern als der Kaufsache selbst eintritt, wie Körper- und Vermögensschäden (z. B. Gesundheit, Krankenhauskosten; §§ 437 Nr. 3, 280 I BGB).

Beispiel
Ein Möbelgroßhändler liefert fahrlässig holzwurmbefallene Möbelstücke an einen Einzelhändler aus. Daraufhin werden weitere Möbel des Einzelhändlers befallen und damit verkaufsunfähig.
Der Großhändler muss dem Einzelhändler diesen so genannten Mangelfolgeschaden ersetzen.

Eine *vorherige ergebnislose Nacherfüllung* durch den Großhändler ist in diesem Fall nicht erforderlich, da – im Unterschied zum eigentlichen Mangelschaden – nicht Schadensersatz statt der Ware verlangt wird.

Darüber hinaus kann dieser Schadensersatz unabhängig davon gefordert werden, ob hinsichtlich des Mangels ein Schadensersatzanspruch geltend gemacht wurde.

▶ **Schadensersatz wegen Unmöglichkeit des Nacherfüllungsanspruchs**

Der Mangel ist nicht behebbar. Bei der anfänglichen und der nachträglichen Unmöglichkeit kann der Gläubiger *Schadensersatz statt der Leistung* verlangen (§ 311 a II bzw. §§ 280 I, III i. V. m. 283). Eine Fristsetzung zur Nacherfüllung ist daher grundsätzlich nicht notwendig. Der Käufer kann den Mangelschaden (Differenz zwischen Wert des mangelhaften Gegenstandes und dem zu zahlenden Kaufpreis; sog. kleiner Schadensersatz) geltend machen.

Beispiel
Ein Großhändler und ein Einzelhändler (Musikinstrumentenhandel) haben einen Kaufvertrag über eine gebrauchte Gitarre mit Originalautogramm von John Lennon abgeschlossen. Die Gitarre wird nach Vertragsschluss, aber vor Lieferung, zerstört.
Der Großhändler wird gem. § 275 BGB **von seiner Leistungspflicht** (Lieferung § 433 I 1 BGB) **frei,** muss aber nach §§ 280 I, III i. V. m. 283 Schadensersatz leisten. Auch der Einzelhändler wird von seiner Leistungspflicht, der Zahlung des Kaufpreises (§ 433 III), **befreit** – dies regelt § 326 I 1 BGB.

Falls der Einzelhändler die Gitarre bereits bezahlt hat, kann er das Geleistete zurückfordern. Dieser Anspruch richtet sich gem. § 326 IV BGB nach den Rücktrittsregeln der §§ 346 – 348 BGB.

▶ **Schadensersatz wegen schuldhafter Verzögerung der Nacherfüllung**

Der Käufer kann weiter den **Ersatz des Verzögerungsschadens** verlangen, wenn der Verkäufer schuldhaft die Pflicht zur mangelfreien Lieferung oder zur fristgemäßen Nacherfüllung verzögert. Als Verzögerungsschaden kommen z. B. mangelbedingter Nutzungsausfall (z. B. verspätete Inbetriebnahme der Kaufsache, sodass Gewinn wegen Umsatzausfalls entgeht) oder Rechtsverfolgungskosten in Betracht.

- **Ersatz vergeblicher Aufwendungen**
(§§ 281 I, III i. V. m. 281 I 1 i. V. m. 284 BGB)

Anstelle des Schadensersatzes kann der Käufer den Ersatz der Aufwendungen verlangen, die ihm im Zusammenhang mit der erwarteten mangelfreien Warenlieferung entstanden sind. Hierunter fallen auch die Vertragskosten.

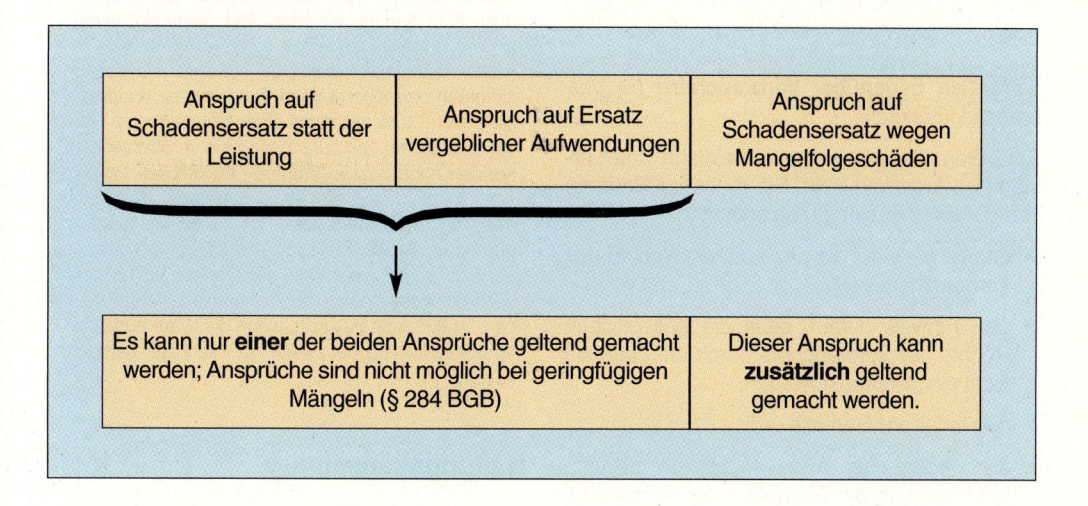

Anspruch auf Schadensersatz statt der Leistung	Anspruch auf Ersatz vergeblicher Aufwendungen	Anspruch auf Schadensersatz wegen Mangelfolgeschäden
Es kann nur **einer** der beiden Ansprüche geltend gemacht werden; Ansprüche sind nicht möglich bei geringfügigen Mängeln (§ 284 BGB)		Dieser Anspruch kann **zusätzlich** geltend gemacht werden.

Die dargestellten Rechte des Käufers können ihm unterschiedliche Vorteile bringen, je nach Gestaltung des konkreten Falles. Er muss sich daher vor dem Hintergrund der gesetzlichen Voraussetzungen genauestens überlegen, welcher Anspruch sich für ihn wirtschaftlich am günstigsten auswirkt.

Zu beachten ist allerdings, dass die **Rechte** des Käufers wegen eines Mangels **ausgeschlossen** sind, wenn er den Mangel bei Vertragsschluss kannte. Blieb ihm der Mangel infolge seiner *eigenen groben Fahrlässigkeit* unbekannt, kann er seine Rechte aus mangelhafter Warenlieferung nur geltend machen, wenn ihm der Mangel arglistig verschwiegen wurde oder wenn der Verkäufer eine *Garantie* für die Beschaffenheit der Sache übernommen hat (§ 442 BGB).

- **Garantie** (§ 443 BGB)

Unter einer **Garantie** (Beschaffenheits- und/oder Haltbarkeitsgarantie) ist zu verstehen, dass
– der Garantiegeber dem Begünstigten
– einen Anspruch einräumt,
– der über die gesetzlichen Rechte hinausgeht
 (= freiwillige Zusatzleistung des Verkäufers).

So übernehmen Hersteller, um die Qualität ihrer Ware zu unterstreichen und damit ihre Absatzchancen im Wettbewerb um die Kunden zu erhöhen, sehr häufig die Zusicherung dafür, dass die Ware während eines bestimmten Zeitraums oder für eine bestimmte Nutzungsdauer nicht durch Verschleiß oder Abnutzung beeinträchtigt wird.

Treten innerhalb einer bestimmten Frist Schäden auf, garantiert der Hersteller kostenlose Nachbesserung, es gibt aber normalerweise weder Preisminderung noch Rücktritt.

Wird eine Garantie angeboten, hat der Käufer die Wahl, ob er bei Auftreten eines Mangels seine Rechte aus der Garantie oder aus der gesetzlichen Sachmangelhaftung in Anspruch nimmt. Die Garantie sieht lediglich vor, dass der Kunde die Beseitigung des Mangels verlangen, nicht jedoch vom Vertrag zurücktreten kann. Dafür sorgt aber die Sachmangelhaftung. Schlagen die Garantiereparaturen fehl, hat der Käufer per Gesetz ein Rücktrittsrecht. Darauf muss der Verkäufer übrigens in seinen Geschäftsbedingungen ausdrücklich hinweisen.

Der Käufer hat letztlich jedoch zu beweisen, dass eine Garantie gegeben worden und der Mangel während der Garantiefrist aufgetreten ist. Er braucht dagegen nicht zu beweisen, dass der Mangel von Anfang an bestanden hat und er nicht auf einer unsachgemäßen Behandlung der Sache durch den Käufer beruht.

Nach den Bestimmungen über die Beschaffenheits- und Haltbarkeitsgarantie bezieht sich die Garantieaussage sowohl auf die **schriftlichen Inhalte** als auch auf die vom Garantiegeber gemachten **Äußerungen** zur Garantie **in der Werbung**.

Garantien gegenüber Verbrauchern (→ Verbrauchsgüterkauf)

Eine Garantieerklärung muss einfach und verständlich formuliert sein. Sie muss im Rahmen von Verbrauchsgüterkäufen enthalten:

▶ den Hinweis auf die gesetzlichen Rechte des Verbrauchers sowie

▶ den Hinweis darauf, dass die gesetzlichen Rechte des Verbrauchers durch die Garantie nicht eingeschränkt werden,

▶ den Inhalt der Garantie und

▶ alle wesentlichen Angaben, die für die Geltendmachung der Garantie erforderlich sind, insbesondere Dauer und den räumlichen Geltungsbereich des Garantieschutzes sowie Namen und Anschrift des Garantiegebers (§ 477 BGB).

Darüber hinaus kann der Verbraucher verlangen, dass ihm die Garantie schriftlich oder auf einem anderen dauerhaften Datenträger zur Verfügung gestellt wird. Diese Sonderregelung für Garantien finden **zwischen Unternehmern keine Anwendung**.

Werden die oben genannten Anforderungen an eine Garantie nicht eingehalten, so werden damit diese Sonderbestimmungen aber nicht unwirksam. Es kann sich im Gegenteil daraus ein Schadensersatzanspruch wegen Pflichtverletzung ergeben (§ 280 BGB).

Macht demnach der Käufer seine Rechte aus dem Kaufvertrag nicht geltend, weil er darüber im Rahmen einer Garantie nicht informiert worden ist, können Schadensersatzansprüche geltend gemacht werden.

Im Gegensatz zu Herstellergarantien sind Garantien im Handel allerdings die Ausnahme.

Umtausch?

Häufig lese ich in den Schaufenstern: „Sonderangebote werden nicht umgetauscht." Gilt das auch, wenn ich hinterher einen Fehler an der Ware entdecke?
E. L., Wuppertal

Grundsätzlich gilt:

Ein Geschäftsinhaber ist gesetzlich nicht verpflichtet eine gekaufte Ware umzutauschen, weder zu normalen Zeiten noch während Schluss- oder Sonderverkäufen.

Meistens jedoch zeigen sich die Geschäftsleute kulant, wenn ein Kunde, zum Beispiel, weil ein Hemd doch nicht zum Jackett passt, eine Ware gegen eine andere umtauschen will. Im Zweifel sollte sich der Käufer die Umtauschzusage auf dem Kassenbon schriftlich bestätigen lassen. Entdeckt der Kunde am gekauften Stück allerdings einen Fehler erst zu Hause, dann ist der Verkäufer gesetzlich verpflichtet dem Kunden nach dessen Wahl ein makelloses Produkt anzubieten, den Preis zurückzuerstatten oder eine Preisminderung auszuhandeln. Das gilt in jedem Fall, gleich, ob die Ware regulär gekauft wurde oder aus Schluss- oder Sonderverkäufen stammt. Ein Hinweis, dass Sonderangebote nicht reklamiert werden können, ist nur dann zulässig, wenn die Ware ausdrücklich als fehlerhaft oder zweite Wahl kenntlich gemacht wurde.

Haftungsausschluss

● **Vertraglicher Haftungsausschluss**

▶ Beim Verbrauchsgüterkauf ist – mit Ausnahme bei Schadensersatzansprüchen (siehe Ausführungen zum Verbrauchsgüterkauf Seite 155 ff.) – ein vertraglicher Ausschluss der Haftung nicht möglich.

▶ Bei Kaufverträgen zwischen Unternehmen sind die vertraglichen Gestaltungsmöglichkeiten größer. Hier darf der Verkäufer seine Haftung per Vertrag beliebig verkürzen oder sogar ausschließen. Für Allgemeine Geschäftsbedingungen gelten Sonderregelungen:

– Bei neuen Sachen ist eine Befristung nur auf ein Jahr erlaubt,

– bei gebrauchten Sachen auch auf weniger als ein Jahr.

<u>Ausnahme:</u> Die fünfjährige Frist für Baumaterialien (§ 438 Abs. 1 Nr. 2 BGB) kann auch durch AGB nicht reduziert werden (zum Verjährungsrecht siehe Kapitel 4.24).

● **Haftungsausschluss bei Kenntnis oder grob fahrlässiger Unkenntnis** (§ 442 BGB)

Der Käufer kann keine Rechte wegen eines Mangels mehr geltend machen, wenn

▶ er bei Vertragsschluss den Mangel der Kaufsache bereits kannte bzw.

▶ ihm aufgrund **grober Fahrlässigkeit** der Mangel unbekannt geblieben ist.

Grobe Fahrlässigkeit liegt vor, wenn die Unkenntnis auf einer besonders schweren Vernachlässigung der im Verkehr erforderlichen Sorgfalt beruht.

Hinsichtlich der Bestimmung, dass grob fahrlässige Unkenntnis die Rechte des Käufers ausschließt, gibt es zwei Ausnahmen, in denen dennoch die Rechte wegen eines Mangels geltend gemacht werden können:
Im Falle, dass der Verkäufer

- den Mangel arglistig verschwiegen hat,
- eine Garantie für die Beschaffenheit der Ware übernommen hat. Der Käufer soll sich in diesem Fall auf die Garantie verlassen und trotz grober Fahrlässigkeit die Gewährleistungsansprüche beanspruchen können.

● **Haftungsausschluss bei Verletzung der Rügepflicht beim Handelskauf**

Ein besonderer Haftungsausschluss folgt aus der Untersuchungs- und Rügepflicht des Käufers beim Handelskauf (§ 377 HGB). Danach ist der Unternehmer zur *unverzüglichen Untersuchung* der eingegangenen Ware verpflichtet. Kommt er dieser Verpflichtung nicht nach, gilt die Ware als genehmigt. Nur bei *versteckten Mängeln,* die bei der Wareneingangskontrolle unentdeckt geblieben sind, bleiben die Gewährleistungsansprüche bestehen.

● **Haftungsausschluss bei unerheblichen Mängeln**

Bei unerheblichen Mängeln steht dem Käufer **kein Recht** auf

- Rücktritt vom Kaufvertrag und
- Schadensersatz statt der Ware zu.

Die übrigen Gewährleistungsrechte des Käufers bleiben unberührt.

Verbrauchsgüterkauf
(§§ 474 – 479 BGB)

> Von einem **Verbrauchsgüterkauf** spricht man, wenn
> ▶ ein **Verbraucher**[1] von einem **Unternehmer**[2]
> ▶ eine **bewegliche Sache** kauft.

Insofern gelten die Regeln zum Verbrauchsgüterkauf nicht
- bei Verträgen zwischen Unternehmern und zwischen Verbrauchern und
- wenn der Verkäufer Verbraucher und der Käufer Unternehmer ist.

Ausgenommen sind auch öffentliche Versteigerungen.

Auf den Kauf von Verbrauchsgütern sind grundsätzlich die allgemeinen Regeln des Kaufvertragsrechts anwendbar. Ergänzend gelten aber die folgenden Sonderregelungen:

● **Eingeschränkte Vertragsfreiheit**

Sämtliche **Bestimmungen** über die grundlegenden Pflichten der Vertragsparteien, über Mängel und Mängelansprüche **sind zwingend** – von ihnen kann weder durch Allgemeine Geschäftsbedingungen noch durch individuelle Vereinbarungen zum Nachteil des Verbrauchers abgewichen werden (§ 475 I BGB), wie z. B. mit Formulierungen wie „unter Ausschluss jeglicher Gewährleistung" oder „gekauft wie besehen".

Das gilt insbesondere für

- die Wahlfreiheit des Verkäufers bei Mängelrechten (siehe Seite 146);
- die Beweislastumkehr innerhalb der ersten sechs Monate (siehe Seite 156);
- die Verjährungsfrist von zwei Jahren bei neuen Sachen (zu „Verjährung der Mängelansprüche" siehe Kapitel 4.24),
Ausnahme: Verjährung bei **gebrauchter Ware.** In diesem Fall darf der Verkäufer von den zwingenden gesetzlichen Vorschriften abweichen und die Sachmängelhaftung (Gewährleistungsfrist) **bis zu einem Jahr** verkürzen (der Ausschluss jeglicher Gewährleistung ist demnach also nicht möglich). Fehlt eine derartige Vereinbarung, gilt die Zweijahresfrist;
- den vertraglichen Ausschluss der Haftung bei Schäden,
Ausnahme: Schadensersatzansprüche. Sie können in den Grenzen des Rechts der Allgemeinen Geschäftsbedingungen ausgeschlossen werden (§ 305 ff. BGB), soweit sich der Haftungsausschluss nicht auch auf Schäden aus der Verletzung des Lebens, des Körpers oder der Gesundheit erstreckt.

---

1 **Verbraucher** ist, jede natürliche Person, die ein Rechtsgeschäft zu einem Zweck abschließt, die weder ihrer gewerblichen noch ihrer selbstständigen beruflichen Tätigkeit zugerechnet werden kann (§ 13 BGB).
2 **Unternehmer** ist, wer bei Abschluss eines Rechtsgeschäfts in Ausübung seiner gewerblichen oder selbstständigen Tätigkeit handelt (§ 14 BGB).

Es wäre demnach rechtens, wenn ein Verkäufer nicht für Schäden haften will, die er, sein gesetzlicher Vertreter oder Erfüllungsgehilfe durch einfache Fahrlässigkeit verursacht hat.

Durch diese Bestimmungen soll ein unabdingbarer Mindestschutz des Verbrauchers gewährleistet werden.

Händler müssen nicht für einen Mangel haften, den sie zuvor benannt haben. Mängellisten müssen deshalb vom Käufer unbedingt in Ruhe an der Ware überprüft werden.

- Gefahrübergang beim Versendungskauf

Normalerweise geht die Gefahr auf den Käufer bei einem Versendungskauf mit Auslieferung an den Frachtführer/Spediteur über (§ 447 BGB). Dies gilt beim Verbrauchsgüterkauf nicht. Vielmehr geht die Gefahr erst **bei Eintreffen der Sache beim Käufer** über; die Ware reist also stets auf Gefahr des Verkäufers (§ 474 II BGB). Der Verbraucher muss deshalb die Kaufsache nicht bezahlen, wenn sie auf dem Weg zu ihm zerstört wird.

- Beweislastumkehr (§ 476 BGB)

Grundsätzlich trägt der Käufer die Beweislast für den Mangel der Kaufsache. Er muss beweisen, dass der Mangel bereits beim Kauf bzw. zum Zeitpunkt des Gefahrenübergangs vorhanden war und nicht erst später entstanden ist.

Für den Verbrauchsgüterkauf hingegen gilt beim Vorliegen eines Sachmangels, der im **Laufe der ersten sechs Monate seit Gefahrübergang** (meist nach Lieferung, d. h. Übergabe der Ware[1]) aufgetreten ist, die **Beweislastumkehr**. Insofern wird zugunsten des Käufers unterstellt (gesetzlich vermutet), dass die Sache bereits bei Übergabe mangelhaft war, d. h., dass der Fehler von Anfang an da war. Der Verkäufer muss im Zweifel demnach das Gegenteil beweisen, womit die Beweislast zugunsten des Verbrauchers umgekehrt wird.

Diese gesetzliche Vermutung kann natürlich vom Verkäufer widerlegt werden, wenn er beispielsweise nachweisen kann, dass der Mangel an der Kaufsache *durch unsachgemäße Behandlung durch den Verbraucher* entstanden ist.

Diesen Beweis muss er in den **ersten sechs Monaten** erbringen, danach trifft die Beweislast den Käufer.

Beispiel
Ein Reifen eines Autos platzt – ab Kaufdatum – nach fünf Monaten. Dass er nach dieser Zeit nicht wegen normaler Abnutzung, sondern wegen eines Fabrikationsfehlers geplatzt ist, ist vom Käufer schwer nachzuweisen. Deshalb wird davon ausgegangen, dass der Fehler von Anfang an vorhanden war. Ist der Verkäufer anderer Ansicht, muss er belegen, dass mit dem Reifen beim Kauf noch alles in Ordnung war.

Sieben Monate nach der Übergabe eines neuen Autos funktioniert die automatische Türverriegelung nicht mehr ordnungsgemäß. Jetzt muss der Kunde beispielsweise durch einen Kfz-Sachverständigen belegen, dass schon bei der Fahrzeugübergabe dieser Defekt vorhanden war.

Die gesetzliche Vermutung gilt dann nicht, wenn sie **mit der Art der Ware nicht vereinbar** ist, wie z. B. bei schnell verderblicher Ware (Lebensmittel) oder bei gebrauchten Gütern.

Beispiel
Wird ein acht Jahre alter Pkw verkauft, darf er nur solche Mängel nicht haben, die ein Auto dieses Alters üblicherweise nicht aufweist. Nur bei Fehlern, die dem Alter und dem Nutzungsgrad **nicht** entsprechen, hat der Käufer – wenn nicht besondere Vereinbarungen vorliegen – weitere Rechte.

Der Verkäufer gebrauchter Sachen haftet daher nicht für die Neuwertigkeit der Sache, sondern schuldet lediglich die Ware in ihrem gebrauchten Zustand.

Beim Verkauf gebrauchter Sachen im Verhältnis Unternehmer zu Unternehmer gibt es keine Einschränkung der Vertragsfreiheit.

- Sonderbestimmungen für Garantien

Eine Garantieerklärung muss einfach und verständlich abgefasst sein und bestimmte Angaben enthalten (§ 477 BGB; siehe Ausführungen hierzu unter „Garantie" im vorherigen Abschnitt, Seite 153 f).

- Eigentumsvorbehalt

Aufgrund eines Eigentumsvorbehalts darf der Verkäufer die Sache nur herausverlangen, wenn er vom Vertrag zurückgetreten ist. Um einen Herausgabeanspruch geltend machen zu können, reicht es nicht, dass sich der Schuldner in Zahlungsverzug befindet. Vielmehr müssen zunächst

---

[1] Wenn der Käufer die Ware nicht entgegennimmt, sich also im Annahmeverzug befindet, geht die Gefahr bereits vor Übergabe an den Käufer über.

alle <u>Anforderungen für einen Rücktritt erfüllt werden</u>, bevor der Gläubiger die Herausgabe der Sache verlangen kann. Abweichende Vereinbarungen in AGBs sind unwirksam.

Anders als die Bezeichnung „Verbrauchsgüterkauf" erwarten lässt, beschränkt sich die Regelung aber keineswegs nur auf Verbrauchsgüter.

> **Beispiele für Verbrauchsgüter i. S. d. Gesetzes:**
> – Verbraucher Wolf kauft eine Betonmischmaschine, die üblicherweise nur von Bauunternehmen verwendet wird.
> – Lehrerin Buchholtz kauft eine Büroschreibtischlampe zu privaten Zwecken.
> – Gärtner Klaus Richard, Inhaber einer Landschaftsgärtnerei, kauft eine Heckenschere für den privaten Gebrauch.

Die Beispiele zeigen darüber hinaus, dass wegen der fehlenden Erkennbarkeit der Verbrauchereigenschaft eine Abgrenzung zwischen Verbraucher und Unternehmer aus Sicht des Verkäufers schwer vorzunehmen ist.

Mit geschützt durch die Regelungen über den Verbrauchsgüterkauf werden daher diejenigen, die einen Kaufgegenstand auch zu beruflichen Zwecken nutzen.

Ließe in diesem Zusammenhang der Verkäufer den Käufer beispielsweise eine Erklärung unterschreiben, wonach er die Ware zu gewerblichen Zwecken erwirbt, hätte dies keine Auswirkungen auf die zwingende Geltung des Verbrauchsgüterkaufrechts (§ 475 BGB).

Unternehmerrückgriff

(Rückgriffsanspruch des Händlers gegenüber dem Vorlieferanten; §§ 478, 479 BGB)

Oftmals hat der Mangel an der Sache nicht der Letztverkäufer (Einzelhändler) zu vertreten, sondern er ist auf einen Fehler im Herstellungsprozess zurückzuführen. Macht aber ein Verbraucher seine Gewährleistungsrechte geltend, so muss der Unternehmer (Verkäufer) die Kaufsache zurücknehmen.

Damit der Verkäufer durch die Beweislastumkehr nicht übermäßig hart getroffen wird, wird das Rückgriffsrecht dieses Unternehmers gegenüber seinem Lieferanten gesetzlich geregelt (§ 478 BGB).

Er hat dann, wie jeder andere Käufer auch, **Mängelgewährleistungsansprüche gegen seinen Lieferanten.**

Voraussetzung für den Rückgriff des Händlers

➢ Es darf sich nicht um gebrauchte Waren handeln (nur verkaufte **neu** hergestellte Produkte).

➢ Die **Sache** musste bereits **bei Übergabe (Gefahrübergang) durch den Lieferanten fehlerhaft** sein. Die **Vermutung**, dass ein sich binnen sechs Monaten zeigender Mangel schon bei Gefahrübergang vorhanden war, gilt auch gegenüber dem Lieferanten (§ 478 III BGB).

➢ Der Händler musste die mangelhafte **Ware zurücknehmen** wegen
  – Ersatzlieferung,
  – Rücktritt oder
  – Inanspruchnahme von *Schadensersatz statt der ganzen Leistung* oder

➢ er musste wegen des Mangels der Ware den Kaufpreis mindern (Beseitigung des Mangels oder Schadensersatz sind nicht genannt).

➢ Die Haftung im Verhältnis Letztverkäufer zu Unternehmer darf nicht ausgeschlossen sein.

Eine Voraussetzung, wonach der Unternehmerrückgriff nur bei Produkten angewendet werden kann, die typischerweise an Verbraucher verkauft werden, gibt es nicht. Insofern müssen auch Hersteller, die keine typischen Verbrauchsgüter produzieren, die Besonderheiten des gesetzlichen Unternehmerrückgriffs beachten.

Erleichterungen zugunsten des Letztverkäufers

Es gibt insgesamt drei Erleichterungen zugunsten des Letztverkäufers (Einzelhändlers):
– Nacherfüllungsverlangen entfällt,
– Anwendung der Beweislastumkehr,
– Ablaufhemmung der Verjährung.

- **Entfallen des üblichen Anspruchs auf Nacherfüllung**

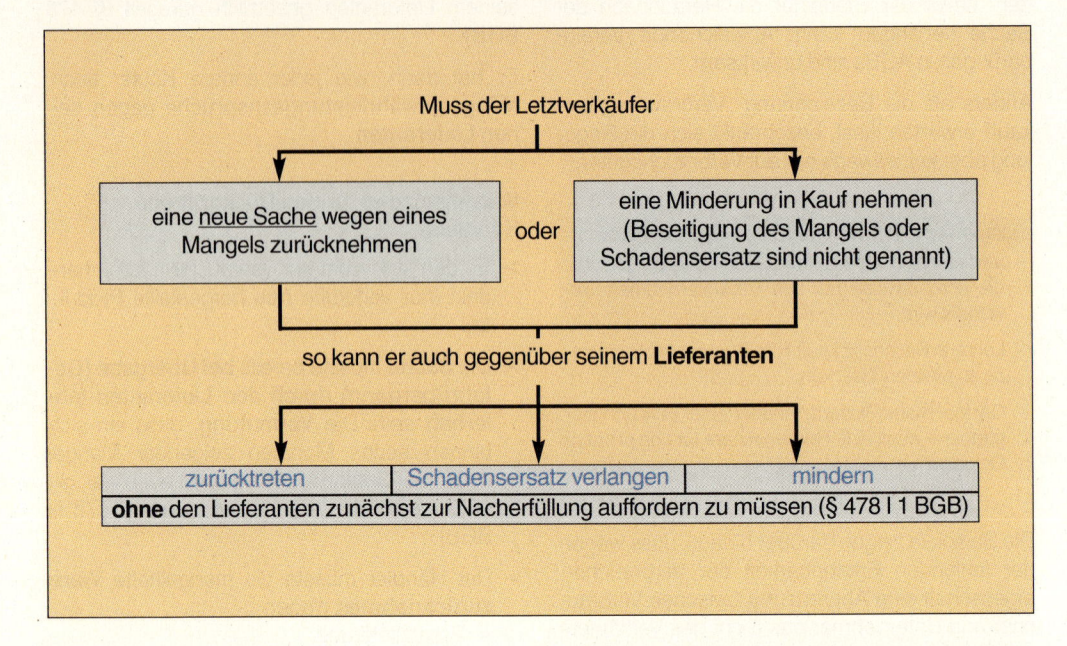

```
                    Muss der Letztverkäufer
                    ↓                    ↓
  ┌──────────────────────────┐      ┌──────────────────────────────────┐
  │ eine neue Sache wegen    │ oder │ eine Minderung in Kauf nehmen    │
  │ eines Mangels zurück-    │      │ (Beseitigung des Mangels oder    │
  │ nehmen                   │      │ Schadensersatz sind nicht genannt)│
  └──────────────────────────┘      └──────────────────────────────────┘
                    so kann er auch gegenüber seinem Lieferanten
        ↓                       ↓                        ↓
  zurücktreten        Schadensersatz verlangen         mindern
  ohne den Lieferanten zunächst zur Nacherfüllung auffordern zu müssen (§ 478 I 1 BGB)
```

- **Beweislastumkehr**

Die Beweislastumkehr zugunsten des Verbrauchers gem. § 476 BGB ist im gleichen Umfang auf den Letztverkäufer im Verhältnis zu seinem Vorlieferanten anzuwenden.

Dabei beginnt die sechsmonatige Frist erst mit dem Weiterverkauf der Waren an den Verbraucher zu laufen. Der Rückgriffsanspruch besteht aber nur, wenn die Kaufsache bei Gefahrübergang (i. d. R. also bei Übergabe) vom Lieferanten an den Letztverkäufer bereits mangelhaft war.

Da für den Verkäufer meistens nur mit hohem Aufwand feststellbar ist, ob die Ware tatsächlich mangelhaft ist oder ob der Kunde nur einen Vorwand zur Rückabwicklung des Vertrags sucht, ob dem aufgetretenen Mangel nicht doch ein Bedienungs- oder Wartungsfehler zugrunde liegt usw., erfolgt in der Praxis eine Rücknahme häufig ohne nähere Untersuchung aus Kulanzgründen. In diesen Fällen ist ein Regress unter Bezugnahme auf § 478 BGB nicht ohne weiteres gewährleistet.

Beispiel
Ein Einzelhändler für Haushaltsgeräte erhält 15 Mikrowellen von seinem Lieferanten, einem Großhandelsunternehmen, und lagert diese ein. Eines der Geräte wird nach sechsmonatiger Lagerdauer an einen Verbraucher weiterverkauft. Der Verbraucher macht einige Tage vor Ablauf seiner zweijährigen Verjährungsfrist Mängelansprüche wegen eines Defekts an der Abstellautomatik beim Einzelhändler geltend.
Die Ansprüche des Einzelhändlers gegen den Großhändler sind damit aber keinesfalls verjährt, da er jetzt noch zwei Monate nach Erfüllung der Ansprüche des Verbrauchers Zeit hat, seine eigenen Rückgriffsansprüche gegen den Lieferanten geltend zu machen.

Die Obergrenze für die Ablaufhemmung beträgt fünf Jahre. Spätestens zu diesem Zeitpunkt tritt – sollten keine anderen Gründe entgegenstehen wie z. B. die Hemmung durch ein gerichtliches Verfahren – die Verjährung ein. Dabei ist es unabhängig, ob später noch Aufwendungen des Unternehmers gegenüber dem Verbraucher entstehen sollten.

- **Ablaufhemmung** (§ 479 BGB)

Die Mängelansprüche des Unternehmers gegen seinen Lieferanten verjähren frühestens **zwei Monate** nach dem Zeitpunkt, in dem der Unternehmer die Ansprüche des Verbrauchers erfüllt hat.

- **Ersatz von Aufwendungen** (§ 478 II BGB)

Der Letztverkäufer hat Anspruch auf Ersatz der Aufwendungen, die er zur Nacherfüllung gegenüber dem Verbraucher erbringen musste, insbesondere Transport-, Wege-, Arbeits- und Materialkosten (§ 439 II BGB).

Fallen darüber hinaus – etwa zur Kundenpflege – weitere Kosten an, kann deren Ersatz vom Lieferanten nicht verlangt werden.

Auch für diesen Aufwendungsersatzanspruch gilt die Beweislastumkehr entsprechend (§ 478 III BGB), ebenso verjährt er in zwei Jahren (§ 479 I BGB) und unterliegt der Ablaufhemmung (§ 479 III BGB).

- **Abweichende vertragliche Vereinbarung über das Rückgriffsrecht**
(§ 478 IV Satz 1 BGB)
Eine Vereinbarung zum Nachteil des Rückgriffsgläubigers ist unwirksam, sofern kein *gleichwertiger Ausgleich* eingeräumt wird.

Insgesamt gelten die Ausführungen zum Unternehmerrückgriff auch für die übrigen Verträge einer Lieferkette bis der Hersteller erreicht ist (§ 478 Abs. 5 BGB). Dadurch soll erreicht werden, dass die Nachteile aus der Mangelhaftigkeit einer Sache letztlich der zu tragen hat, in dessen Bereich der Mangel entstanden ist. Lediglich der Anspruch des Letztverkäufers gegen seinen Lieferanten auf Ersatz der Aufwendungen, die er gegenüber dem Verbraucher zu tragen hat, stellt eine eigene Anspruchsgrundlage dar.

Zulieferer des Herstellers sind von diesen rechtlichen Bestimmungen ausgenommen. Ein erhöhtes Risiko trifft auch Importeure, wenn der Rückgriffsanspruch nicht im Vertrag mit dem ausländischen Lieferanten vereinbart ist.

Die für den **Handelskauf** geltende Untersuchungs- und Rügepflicht der §§ 377 und 378 HGB entfällt auch für den Fall nicht, wenn am Ende der Verkaufskette ein Verbrauchsgüterkauf steht. Ein Verstoß gegen die Rügepflichten führt daher zum Verlust der Mängelrechte (§ 478 VI BGB).

Sporthaus Klaus Kuhlmann
Tennis • Ski • Freizeit • Vereinsbedarf

Sporthaus Klaus Kuhlmann e. Kfm. • Stammestraße 5 • 30457 Hannover

Bernd Grothe & Sohn OHG
Fabrikation von Sportkleidung
Sonnenstraße 20

38100 Braunschweig

Ihr Zeichen, Ihre Nachricht vom	Unser Zeichen, unsere Nachricht vom	Durchwahl-Nr.	Datum
di-at ..-08-16	3 25		..-09-02

Mangelhafte Lieferung

Sehr geehrte Damen und Herren,

bei der Überprüfung der von Ihnen am 1. September gelieferten Ware mussten wir leider feststellen, dass Sie unsere Bestellung SL 28/12/53 vom 16. August nicht zufrieden stellend ausgeführt haben.

Anstelle von	50 Jogginganzügen Grothe-Prestige, Gr. 38,
sandten Sie uns	50 Jogginganzüge Grothe-Sierra, Gr. 38.

Von den gelieferten Jogginganzügen Grothe-Prestige, Gr. 44, haben zwei Anzüge Risse im Oberstoff, sodass sie nicht mehr verwendet werden können.

Wir stellen Ihnen diese Anzüge zur Verfügung, da sie auch mit einem Preisnachlass nicht mehr zu verkaufen sind. Für die 50 falsch gelieferten Sportanzüge bitten wir um sofortige Ersatzlieferung gemäß dem zwischen uns abgeschlossenen Kaufvertrag.

Mit freundlichen Grüßen

K. Kuhlmann
Sporthaus Kuhlmann

Geschäftsräume:	Telefax	E-Mail	Commerzbank Hannover	Postbank Hannover
Stammestraße 5	0511 1234-326	service@kuhlmann-wvd.de	Konto-Nr. 801611051	Konto-Nr. 775341607
30457 Hannover			BLZ 250 400 66	BLZ 250 100 30

Barbara Thiele
Amselweg 15
30559 Hannover

Hannover, 20.02. ..

Firma
Miethe Electronic GmbH
Goethestraße 5

30457 Hannover

Kauf eines Plattenspielers

Sehr geehrte Damen und Herren,

am 12. Februar d. J. kaufte ich bei Ihnen den Plattenspieler "DUNA 66V" zum Preis von 730,00 Euro. Vorgestern, also am 18. Februar, teilte ich Ihnen mit, dass sich die automatische Endabschaltung während des Betriebes immer wieder abschaltet. Diese Funktionsstörung stellt einen erheblichen Fehler dar, der mich berechtigt auf Lieferung eines typengleichen neuen Plattenspielers zu bestehen.

Sie lehnten eine Ersatzlieferung jedoch mit einem Hinweis auf Ihre Allgemeinen Geschäftsbedingungen ab, in denen Sie sich eine Nachbesserung solcher Fehler vorbehalten hätten. Sie seien deshalb nur bereit, das Gerät zu reparieren.

Eine solche Reparatur lehne ich jedoch ab. Die von Ihnen angeführten Allgemeinen Geschäftsbedingungen sind nicht Gegenstand des zwischen uns geschlossenen Kaufvertrages geworden. Denn Sie haben auf diese Bedingungen vor Vertragsabschluss weder hingewiesen noch mir Gelegenheit gegeben, sie zustimmend zur Kenntnis zu nehmen. Beides ist jedoch nach § 305 BGB Voraussetzung dafür, dass AGB zum Vertragsinhalt werden.

Somit kann ich uneingeschränkt die gesetzlichen Kaufrechte des Bürgerlichen Gesetzbuches geltend machen.

Ich fordere Sie deshalb auf, mir ein typengleiches neues Gerät gegen Rückgabe des fehlerhaften zu liefern. Sollte ich nicht bis zum 28. Februar einen positiven Bescheid von Ihnen erhalten, sehe ich mich gezwungen die Hilfe des Gerichts in Anspruch zu nehmen.

Mit freundlichen Grüßen

Barbara Thiele

Produkthaftungsrecht

Seit dem 1. Jan. 1990 muss der Hersteller nach dem **Produkthaftungsgesetz** (Gesetz über die Haftung für fehlerhafte Produkte; **ProdHG**) für Schäden haften, die dem privaten Verbraucher aus der Benutzung seines Produktes entstehen. Dies gilt sowohl für Personen- als auch für Sachschäden, die dem Verbraucher bei bestimmungsgemäßem Gebrauch infolge eines Produktfehlers entstanden sind. Das Gesetz steht neben dem § 823 BGB, der die bisherige Produkthaftung regelt.

Beispiele
- nicht ausreichend tragfähige Leiter
- ungenügend gesicherte Kindersitze
- defekte Skibindung
- platzende Mineralwasserflaschen

Generell erfasst das Produkthaftungsrecht

- typische **Massenprodukte** wie Kraftfahrzeuge, Werkzeuge, elektrische Geräte, Computerprogramme, Mineralwasserflaschen;
- **Einzelprodukte** wie individuell erstellte Maschinen und Bauteile, durch Tuning veränderte Pkws und Einbauteile.

Haftungstatbestand

▶ Zur Abgrenzung der Verbraucherrechte aus Gewährleistung und zu Mangelfolgeschäden muss beachtet werden, dass die Produkthaftung nur auf solche Fälle anzuwenden ist, in denen der Schaden nicht an dem Produkt selbst, sondern **an einer anderen Sache** entstanden ist. Die **Haftung** tritt sodann **ohne**

Nachweis eines Verschuldens ein (Grundsatz der verschuldensunabhängigen Haftung gem. § 1 I ProdHaftG). Das heißt, der Warenhersteller muss letztlich beweisen, dass er den Fehler nicht verschuldet hat (Beweislastumkehr).

▶ *Ungeschriebenes Merkmal* des § 1 I ProdHaftG ist ferner, dass der Hersteller **das Produkt in den Verkehr gebracht** haben muss. Das ist der Fall, wenn das Produkt in die Verteilungskette gegeben wurde, also wenn es der Hersteller einer anderen Person außerhalb seiner Herstellersphäre übergeben hat.

▶ Ein Produkt kann **jede bewegliche Sache** sein, auch wenn sie Teil einer anderen beweglichen oder unbeweglichen Sache bildet, ohne dass es auf eine spezifische Gefährlichkeit oder einen besonderen Verwendungszweck ankäme (§ 2 I ProdHaftG).

Fehlerbegriff

Ein Produkt hat einen Fehler, wenn es nicht die Sicherheit bietet, die unter Berücksichtigung aller Umstände berechtigterweise (vom durchschnittlichen Produktbenutzer) erwartet werden kann (§ 3 ProdHaftG).

Bei der Beurteilung der Produktsicherheit sind alle Umstände des Einzelfalls zu berücksichtigen, insbesondere
– die *Darbietung* des Produkts,
– der *Gebrauch*, mit dem *billigerweise gerechnet* werden kann,
– der *Zeitpunkt*, in dem es in den *Verkehr* gebracht wurde.

● **Zeitpunkt,** in dem das Produkt in den **Verkehr gebracht** wurde
Der entscheidende Zeitpunkt für die Beurteilung der Fehlerhaftigkeit ist der Augenblick, in dem das Produkt in den Verkehr gebracht wurde. Ein Produkt, das zu diesem Zeitpunkt den üblichen Sicherheitserwartungen entsprach, wird nicht später fehlerhaft, weil sich die Erwartungen an das Maß der Sicherheit verschärfen.

Beispiel

Ein Airbagsystem gehört wohl heute noch nicht zum Sicherheitsstandard eines normalen Mittelklassewagens. Sollten Airbags in einigen Jahren zur Serienausstattung gehören wie heute etwa die Sicherheitsgurte, werden dadurch die Alt-Pkws nicht fehlerhaft.

● **Darbietung** des Produkts
Des Weiteren ist auf die **Produktdarbietung, -gestaltung, -bezeichnung, -werbung** abzustellen, die in erheblichem Maße die Sicherheitserwartungen des angesprochenen Verbraucher- bzw. Benutzerkreises bestimmen können.

Beispiele

– An Produkte, die als „absolut feuerfest, bruchsicher usw." bezeichnet werden, dürfen entsprechend hohe Anforderungen gestellt werden.

– Ein allradgetriebener Pkw, der in der Fernsehwerbung eine verschneite Skisprungschanze hinauffährt, muss sich auch im Alltag als überdurchschnittlich wintertauglich erweisen.

● **Üblicher Gebrauch**

Der Gebrauch, *mit dem billigerweise gerechnet werden kann,* ist der **bestimmungsgemäße,** aber auch der nicht ganz fern liegende bestimmungswidrige **Gebrauch des Produkts,** also auch der zumindest vorhersehbare Fehlgebrauch. Nicht berücksichtigen muss der Hersteller dagegen den **missbräuchlichen Produkt(fehl)gebrauch.**

Beispiel

Kinder nehmen Holzspielzeug oft in den Mund. Dies ist zwar nicht bestimmungsgemäß, aber üblich und deshalb für den Hersteller zu erwarten. Er darf deshalb bei diesen (und vergleichbaren) Produkten keine giftigen Anstrichfarben verwenden. In diesem Fall genügt kein schriftlicher Hinweis, etwa mittels Beipackzettel, denn die Warnung der Kinder ist damit noch nicht sichergestellt. Der Hersteller muss daher gefahrlose Farben verwenden oder ungefärbte Produkte verkaufen.

Bei der erforderlichen Gesamtbeurteilung können schließlich auch Hinweise auf DIN-Normen, Sicherheitstests und der Preis eine Rolle spielen. Von dem billigsten Produkt wird man nicht die höchstmögliche Sicherheit bei extremer Beanspruchung erwarten können; doch muss in jedem Fall die am Gebrauchszweck orientierte Basissicherheit gewährleistet sein.

Konkret können Hersteller auf Schadensersatz verklagt werden, wenn ihr Produkt einen Schaden verursacht hat aufgrund eines

– Konstruktionsfehlers,
– Fabrikationsfehlers,
– Instruktionsfehlers.

- **Konstruktionsfehler**

> **Beispiele**
> – fehlerhaftes Bremssystem beim Pkw
> – Riss des Seils eines Förderkorbes
> – arterienunverträgliches Narkosemittel
> – platzendes Schauglas eines Kühlautomaten
> – mangelhafte Befestigung eines Ölabflussrohres

- **Fabrikationsfehler**

> **Beispiel**
> – Materialschwäche bei einer Fahrradgabel
> – durch Bakterien verunreinigter Impfstoff
> – defekte Dichtung einer Propangasflasche
> – fehlerhafte Lenkvorrichtung beim Motorroller

- **Instruktionsfehler**

(Instruktionsfehler fallen unter den Begriff Darbietung)
Sie bestehen in **mangelhafter Gebrauchsanweisung** und/oder nicht ausreichender Warnung vor Gefahr bringenden Eigenschaften, die in der Wesensart der als solcher fehlerfreien Sache begründet sind. Alle technischen Produkte werden in Deutschland mit einer ausführlichen Beschreibung ausgeliefert. Der Käufer soll nicht nur erfahren, wie das jeweilige Produkt zu benutzen ist, er soll auch vor möglichen Gefahren gewarnt werden. Die Instruktionen müssen deshalb deutlich, vollständig und ausreichend sein, d. h., die Art der drohenden Gefahr ist deutlich herauszustellen. Außerdem ist bei erheblichen Gesundheitsschäden infolge Fehlanwendung anzugeben, warum das Produkt gefährlich werden kann. Dies gelingt nicht immer, wie viele Beispiele gerade fernöstlicher Produkte zeigen:

> **Beispiele für die Bedienungsanleitung einer Luftmatratze:**
> „Wenn das Wetter kalt ist, wird die Puffunterlage sich langsam puffen. Entrollen die Puffunterlage und liegen auf ihr, dann wird sie von der Wärme sich Inflationen bekommen."

Schlimmer wird es für die Hersteller, wenn aufgrund fehlender oder falscher Anweisungen Menschen zu Schaden kommen. Das ProdHaftG erlaubt es, den Hersteller auch wegen einer unzureichenden Bedienungsanleitung zur Rechenschaft zu ziehen. Dies gilt auch dann, wenn das Produkt selber allen Sicherheitsvorschriften genügt.

> **Beispiele**
> – unterbliebene Hinweise auf Unverträglichkeit von Narkosemitteln
> – fehlender Hinweis auf Unverträglichkeit bei gleichzeitiger Anwendung verschiedener Pflanzenschutzmittel
> – Feuergefährlichkeit von Rostschutzmitteln, von Grundierungsmitteln, Klebemitteln

Darüber hinaus treffen den Hersteller aber auch so genannte **Produktbeobachtungspflichten,** d. h., er muss vor eventuellen Gefahren warnen, dass diese erst später, nachdem das Produkt in den Verkehr gebracht wurde, aufgetaucht sind. Zu beobachten ist auf mögliche Konstruktions- und Fabrikationsfehler hin, und zwar durch Test der Konstruktionsmodelle und Qualitätssicherung der Fertigung.

Lassen sich erkennbare Gefahren anders nicht beseitigen, müssen notfalls auch **Warnaktionen** über Medien wie Presse, Funk und Fernsehen mit mehrfachen Wiederholungen durchgeführt werden. Hierbei muss konkret auf Gefahrenlagen hingewiesen und mitgeteilt werden, wie sich diese vermeiden oder beheben lassen.

Rückrufe von Produkten sind erforderlich, wenn aufgetretene Gefahrenlagen anders nicht zu beseitigen sind, insbesondere Warnungen und Gebrauchshinweise nicht ausreichen.

Umfang der Haftung

In den Schutzbereich der verschuldensunabhängigen Haftung fällt die körperliche Integrität, also **Leben und Gesundheit** des Menschen unabhägig davon, ob der Geschädigte ein gewerblicher Käufer, ein mit dem Produkt beschäftigter Arbeitnehmer, ein privater Endverbraucher oder ein unbeteiligter Dritter ist. Für Sachschäden gelten folgende Einschränkungen:

- Es wird nur für Sachschäden des privaten Endverbrauchers gehaftet, nicht für Sachschäden im gewerblichen Bereich (z. B. Haftung für den Kühlschrank zu Hause, nicht für den im Unternehmen) (§ 1 I Satz 2 ProdHaftG).
- Der Schutz erstreckt sich nur auf **andere Sachen als das fehlerhafte Produkt selbst;** Schäden daran werden nicht erfasst.

Reine Vermögensschäden sind von dem Ersatz ebenso ausgenommen wie das Schmerzensgeld. Für Letzteres bleibt es bei der verschuldensabhängigen Produzentenhaftung (§§ 823, 847 BGB).

Als weitere wesentliche Einschränkung zulasten des privaten Verbrauchers ist der **Selbstbehalt von 500 Euro** zu sehen, d. h. ersetzt werden nur gravierendere Schäden. Schließlich hat die Bundesrepublik von der Möglichkeit Gebrauch gemacht, die **Haftung für Personenschäden** der Höhe nach **auf 85 Mio. €** für jeden Schadensfall zu begrenzen (§ 10 I ProdHaftG).

Welche Rechte der Käufer aufgrund der Produkthaftung besitzt, soll die folgende Grafik klarmachen. Sie ermöglicht letztlich alle Personen- und Sachschäden ersetzt zu verlangen, die von fehlerhaften Produkten verursacht werden.

Der Fall:
Defekter Fernseher setzt Wohnung in Brand. Der Geräteeigentümer muss mit einer schweren Rauchvergiftung ins Krankenhaus.

Wenn der Eigentümer des Fernsehgeräts vom Hersteller Geld haben will, darf der Apparat nicht älter als zehn Jahre sein. Der Kläger muss vor Gericht nachweisen, dass sein TV-Gerät bereits ab Werk fehlerhaft geliefert wurde. Zudem muss er beweisen, dass der Schaden eindeutig vom fehlerhaften Produkt verursacht wurde (kausaler Zusammenhang).

Sachschaden
Hersteller mit Sitz in EU-Ländern haften bei Schäden ab 500,00 €, unabhängig davon, ob sie ein Verschulden trifft.

(Der Verbraucher muss also Sachschäden bis zu einer Höhe von 500,00 € selbst tragen.)

Nach dem ProdHG gelten auch
- Importeure (wenn Ware aus Drittländern in die EU eingeführt wird) und
- Einzelhändler (wenn Hersteller und Importeur unbekannt sind) als Hersteller.

Unfallkosten:
Arzt und Krankenhaus bezahlt nach wie vor die Krankenkasse. Sie kann sich aber ...

Personenschaden
Für ein Produkt oder gleiche Produkte mit demselben Fehler, die zu Personenschäden führen, **haftet der Hersteller bis 85 Mio. €**

Tod: Beerdigungskosten erstattet der Hersteller.

Arbeitsausfall/Rente:
Arbeitgeber zahlt nach wie vor sechs Wochen den vollen Lohn. Danach überweist die Krankenkasse einen Teil des Gehalts (Krankengeld). Der Produzent muss die Differenz zum vollen Lohn zahlen. Und bei Erwerbsunfähigkeit auch die Rente. Der Arbeitgeber kann sich dann aber ...

... das Geld vom Produzenten zurückholen.

Schmerzensgeld
Der Hersteller (nicht der Importeur oder Händler) muss Schmerzensgeld zahlen.

Es sei denn, er weist vor Gericht nach, dass er alles Mögliche getan hat, um den Fehler zu vermeiden, ihn also kein Verschulden trifft.

Situation:
Zwei Freunde besuchen die Düsseldorfer Filiale einer Fastfoodkette. Beim Verzehr eines Hamburgers spürte einer von beiden plötzlich einen starken und stechenden Schmerz und verschluckte daraufhin vor Schreck den Bissen. Da die Beschwerden im Laufe des Tages immer unerträglicher wurden, suchte er anschließend einen Zahnarzt auf. Der Arzt stellte fest, dass der linke Backenzahn des Jugendlichen durch den Biss auf Knochenreste im Hackfleisch gesplittert war. Der Zahn musste gezogen und durch ein Implantat ersetzt werden. Die Eltern des Jugendlichen klagten daraufhin auf Schadensersatz.

Ausgang:
Die Fastfoodkette musste nach dem Produkthaftungsgesetz die Zahnersatzkosten komplett bezahlen. Die Zeugenaussagen des Freundes und die Angaben des behandelnden Zahnarztes waren letztlich für dieses Urteil ausschlaggebend.

Weitere Beispiele für Ersatzansprüche
- **Bei Personenschäden:**
  - Unfall mit Klappfahrrad durch Bruch eines Gabelschaftes;
  - schwere Augenverletzung durch Feuerwerkskörper;
  - Verletzung durch explodierenden Kondenstopf.

Haftungshöchstsumme: für Tod und Körperverletzung 85 Mio. €. Diese Begrenzung kann bei EU-weit auftretenden Serienschäden schnell erreicht sein, etwa bei Lebensmitteln, Personenkraftwagen oder Küchenmaschinen. Dann müssen sich alle die Höchstsumme teilen, sodass sie keinesfalls voll entschädigt werden.

Beispiel aus der Vergangenheit:

Gesüßter Kindertee zerstörte bei mehr als 10 000 deutschen Kleinkindern zuerst den Zahnschmelz der Schneidezähne, dann faulten die Milchzähne ab und Zahnfleisch sowie Kieferknochen begannen zu eitern. Die durch Kindertee verursachten Personenschäden lagen um ein Vielfaches über 85 Mio. €.

- **Bei Sachschäden:**
  - Verwendung von Fertigbauteilen, die mit Konstruktions- oder Fabrikationsfehlern behaftet sind;
  - nicht ausreichend festes Kellermauerwerk durch fehlerhaft arbeitenden Betonmischer;
  - Neuverlegen von Platten wegen eines mangelhaften Kontaktklebers;
  - Verkauf eines Pkws mit für diesen nicht zugelassenen Reifen.

Haftungsmindestsumme: Das ProdHaftG erfasst nur Sachschäden über 500 €. Über das Gesetz einklagbar ist damit nur eine diese Mindestsumme überschießende Differenz.

Beispiel:

Sachschaden:	5.000,00 €
Selbstbeteiligung:	500,00 €
Einklagbare Summe:	4.500,00 €

Die Vorschriften des ProdHaftG sind **zwingendes Recht** und können auch nicht durch Allgemeine Geschäftsbedingungen oder individualvertraglich ausgeschlossen oder beschränkt werden. Sollten solche Haftungsausschlüsse oder Freizeichnungsklauseln angewandt werden, sind sie nichtig.
Diese Regelung gilt nur im Verhältnis des geschädigten Verbrauchers zum Hersteller. In die Dispositionsfreiheit der Hersteller untereinander wird nicht eingegriffen, hier sind Freizeichnungsklauseln möglich.

Haftungsadressat (Kreis der haftenden Personen)

Der geschädigte Verbraucher kann seinen Schadensersatzanspruch nicht nur gegen den Hersteller des Endprodukts, sondern in gleicher Weise auch gegen den Zulieferer, Importeur und unter besonderen Voraussetzungen auch gegen den Händler geltend machen (§ 4). Sein Vorteil ist, dass er sich u. U. den finanziell potenteren Anspruchsgegner heraussuchen kann. Im Einzelnen haften folgende Personen als Hersteller:

- **Der Hersteller des Endprodukts**
- **Der Hersteller eines Grundstoffs oder Teilprodukts:** Das sind alle Zulieferer. Ihre Haftung setzt voraus, dass die von ihnen gelieferten Teilprodukte für sich genommen fehlerhaft sind.
- **Der Quasi-Hersteller:** Wer sich als Hersteller ausgibt, indem er seinen **Namen, sein Warenzeichen** oder ein anderes Erkennungszeichen auf dem Produkt anbringt, haftet wie der Hersteller. Von dieser Regelung sind insbesondere **Versandhäuser** und **Handelsketten** betroffen, die Konsumgüter von nach außen nicht in Erscheinung tretenden Herstellern produzieren lassen und unter ihrem Namen auf den Markt bringen. Bei **Franchise-Konstellationen** wird in den meisten Fällen der Franchisenehmer zur Haftung als Quasi-Hersteller herangezogen.
- **Der Importeur:** Ohne Verschulden haftet auch derjenige, der Waren **aus Drittstaaten** in den Bereich der EU zum Zwecke des Vertriebs einführt.

Beispiel

Kauft ein Kunde z. B. einen Fernseher, der außerhalb der EU hergestellt und eingeführt wurde (z. B. aus Hongkong), kann er entweder den Importeur oder den Händler (wenn der Hersteller unbekannt ist) haftbar machen.
Die originäre Haftung des Importeurs dient dem Schutz des Verbrauchers, da eine Rechtsverfolgung in Hongkong (China) dem Geschädigten häufig kaum möglich ist.

- **Der Händler:** Die verschuldensunabhängige Haftung des Händlers gilt für den Fall, dass der Hersteller nicht festgestellt werden kann.

Grundsätzlich haftet der Händler nicht nach dem ProdHaftG, das in erster Linie allein an die *Herstellung,* nicht an den Vertrieb knüpft. Ist der primär haftende Hersteller aber nicht identifizierbar, trifft den Händler die „Auffanghaftung" (§ 4 III ProdHaftG). Die Vorschrift soll der Verschleierung der Herstellerhaftung durch Vertrieb von anonymen („No-Name"-) Produkten entgegenwirken.

Der Händler kann sich durch Dokumentation und Offenlegung der Vertriebskette entlasten. Benennt er innerhalb eines Monats nach Zugang der Aufforderung des Kunden seinen Vorlieferanten, ist er frei und der Vorlieferant haftet, soweit dieser nicht seinerseits die Spur zum Hersteller weiterverfolgen hilft. Die Regelung gilt entsprechend für Importware, wenn sich der Importeur nicht feststellen lässt.

- Im Einzelfall kann sogar ein **Privatmann** für das Abgeben eines gefährlichen Produktes haftbar gemacht werden.
- Sind mehrere Hersteller nebeneinander zum Schadensersatz verpflichtet, so haften sie als **Gesamtschuldner**, d. h., der Verbraucher kann denjenigen aus der Produktions- und Verteilerkette in Anspruch nehmen, von dem aufgrund seiner wirtschaftlichen Verhältnisse am ehesten und schnellsten Ersatz des vollen Schadens zu erwarten ist. Im Innenverhältnis hängt die Ausgleichspflicht der Hersteller untereinander davon ab, inwieweit der Schaden vorwiegend von dem einen oder anderen Teil verursacht worden ist (§ 254 BGB).

Ausschluss der Haftung durch Entlastung des Herstellers

Das ProdHaftG sieht folgende Ausnahmen vor, die den Hersteller von seiner Haftung befreien (er muss allerdings das Vorliegen dieser Entlastungstatsachen beweisen):

- Keine Haftung für nicht in den Verkehr gebrachte Produkte
 Die Ersatzpflicht ist ausgeschlossen, wenn der Hersteller beweist, dass er das Produkt nicht in den Verkehr gebracht hat (etwa weil es ihm gestohlen worden ist).
- Fehlerentstehung nach dem Inverkehrbringen
 Kann der Hersteller beweisen, dass der für den Schaden ursächliche Fehler nicht vorlag, als das Produkt von ihm in den Verkehr gebracht wurde (dass der **Fehler also nach diesem Zeitpunkt** entstanden ist), so ist er von der Haftung frei.

- Entlastung durch zwingende Rechtsvorschriften
 Der Hersteller haftet ferner nicht, wenn das Produkt zum Zeitpunkt des Inverkehrbringens zwingenden Rechtsvorschriften entsprochen hat. Zwingendes Recht liegt nur vor, wenn ein Gesetz oder eine Verordnung die verbindliche Detailregelung enthält, wie ein Produkt beschaffen sein muss. Keine Rechtsqualität haben etwa DIN- oder VDE-Normen.
- Besondere Enthaftung des Zulieferers
 – Der Zulieferer haftet nicht, wenn er nachweist, dass der Fehler durch die Konstruktion des Produkts, in das das Teilprodukt eingebaut wurde, verursacht worden ist.
 – Er haftet ferner nicht, wenn der Fehler durch die **Anleitungen** des Herstellers des Produkts verursacht worden ist. Die Regelung stellt sicher, dass der Teilproduzent dann nicht haftet, wenn das Produkt nur deshalb Schäden verursacht, weil der Endprodukthersteller z. B. Zulieferteile nachlässig einbaut, nicht passende Teilprodukte bestellt oder konstruktive Besonderheiten des Endprodukts nicht berücksichtigt (häufiger Fall: Der Endprodukthersteller liefert falsche Konstruktionspläne).
- Keine Haftung für Entwicklungsfehler
 Von der Haftung befreit ist der Hersteller bei so genannten **Entwicklungsfehlern.** Das heißt, der Hersteller muss für Fehler, die zum Zeitpunkt der Produktion (nach dem allgemeinen Stand der Wissenschaft und Technik) keiner kennen konnte, nicht haften. Unter den Begriff „keiner" fallen sowohl der Konkurrent, die gesamte Branche, z. B. die Elektroindustrie, als auch wissenschaftliche Institute; diese Regelung ist keineswegs nur auf Europa bezogen, sondern gilt weltweit (mit Ausnahme der Arzneimittelproduzenten, hier gilt weiterhin das deutsche Arzneimittelgesetz).
- Darüber hinaus gilt das ProdHaftG nicht für „unverarbeitete Naturprodukte", wie beispielsweise Obst, Gemüse und Getreide.
- Eine weitere Einschränkung ist darin zu sehen, dass eine Haftung für Schmerzensgeld grundsätzlich ausgeschlossen ist.

Beispiel
Platzt eine Mineralwasserflasche und der Kunde verliert sein Augenlicht, bekommt er nach dem ProdHaftG keinen Cent Schmerzensgeld. Nur wenn den Hersteller ein Verschulden trifft, erhält er eine finanzielle Entschädigung.

Verjährung und Erlöschen von Ansprüchen

Alle Ansprüche unterliegen der Verjährung. Der **Ersatzanspruch nach § 1 I** ProdHaftG verjährt in **drei Jahren** von dem Zeitpunkt, in dem der Berechtigte von dem Schaden, dem Fehler und von der Person des Ersatzpflichtigen Kenntnis erlangt hat oder hätte erlangen können (§ 12 I ProdHaftG).

Der **Schadensersatzanspruch** erlischt **zehn Jahre** nach dem Zeitpunkt, in dem der Hersteller das Produkt, das den Schaden verursacht hat, in den Verkehr gebracht hat.

Darüber hinaus sind die Vorschriften über die Verjährung des BGB anzuwenden (vgl. Kapitel 4.24).

Aufgaben

1. Herr Vogel, Inhaber eines Feinkostgeschäftes, kauft von einem Händler einen neuen Lieferwagen. Schon eine Woche nach dem Kauf kann der Transporter trotz sachgemäßer Behandlung wegen eines Lenkungsschadens zwei Tage lang nicht eingesetzt werden. Welche Rechte kann Herr Vogel gegenüber dem Autohändler geltend machen?

2. Björn Brehme, Inhaber eines Einzelhandelsgeschäftes, kauft für seine Buchhaltung einen neuen leistungsfähigen Scanner, um seine Idee eines papierlosen Büros zu verwirklichen. Bei der Installation wird von einem Mitarbeiter festgestellt, dass das Gehäuse einige leichte Kratzer aufweist, die bis dahin anscheinend niemandem aufgefallen waren. Welches Recht kann Herr Brehme geltend machen?

3. Frau Neumeier erhält am 15.08. die von ihr beim Schreiner Fehring bestellte Schrankwand, speziell nach den Maßen ihres Schlafzimmers angefertigt. Als ein Geselle das Möbelstück aufstellt, stellt er fest, dass
   - die Schrankwand 7 cm zu kurz ist und
   - der dazugehörige Einbauspiegel leicht zerkratzt ist.

   a) Welche Rechte kann Frau Neumeier in Anspruch nehmen?

   b) Wann muss Frau Neumeier reklamieren, damit sie ihre gesetzlichen Gewährleistungsrechte nicht verliert?

4. Unter welcher Voraussetzung hat der Käufer auch das Recht auf Schadensersatz?

5. Welche Gewährleistungsansprüche räumt das BGB dem Käufer beim Verbrauchsgüterkauf ein?

6. Wie ist die in den Garantie- und Gewährleistungsbedingungen eines Händlers formulierte Klausel „... gewähren wir Ihnen eine Garantie von drei Monaten" rechtlich zu beurteilen?

7. Wann muss ein Einzelhändler beim Auspacken festgestellte offene Mängel beim Lieferer beanstanden?

8. Welche Vorschriften gelten für die Beanstandung von Falschlieferungen?

9. Der Einzelhändler Pforte ersteigert einen größeren Posten Campingzelte. Bei der noch am Abend vorgenommenen Prüfung stellen sich erhebliche Qualitätsmängel an einigen Zelten heraus.
   Welche Rechte kann Pforte geltend machen?

10. Was geschieht mit mangelhafter Ware?

11. Eine Einzelhändlerin möchte 20 orangefarbene Pullover, die sie vor zwei Tagen beim Textilgroßhändler gekauft hatte, umtauschen, weil die Farbe unverkäuflich ist. Ist die Großhandlung zum Umtausch verpflichtet? Begründen Sie Ihre Antwort.

12. Eine Kundin kauft im Schlussverkauf ein Paar Schuhe. Zu Hause stellt sie an der Ware einen Mangel fest. Wie ist die Rechtslage?

13. Der Elektroeinzelhändler Sonnemann, Braunstraße 14, 27749 Delmenhorst, erhält am 15. Dezember von der Fernsehgerätefabrik Globus, Braunschweiger Straße 178, 31061 Alfeld/Leine, 8 von ihm bestellte Farbfernsehgeräte. Bei der unverzüglichen Prüfung der Warensendung stellt ein Mitarbeiter fest, dass drei der Geräte kleine Kratzer am Gehäuse aufweisen und ein Gerät funktionsunfähig ist.
    Schreiben Sie an die Fernsehgerätefabrik Globus. Machen Sie in dieser Mängelrüge Ihre Ansprüche geltend.

14. Ein Großhändler verkauft an einen Elektro-Einzelhändler ein technisches Gerät für 100 €. Ein mangelfreies Gerät dieser Art ist aber 50 € wert. Der Großhändler hat demnach ein gutes Geschäft gemacht. Allerdings stellt sich heraus, dass das Gerät einen Mangel hat. Es ist daher nur 25 € wert. Um wie viel Euro kann der Einzelhändler mindern?

15. Wann kann man Ersatz für vergebliche Aufwendungen verlangen?

16. Was ist die Rechtsnatur des Rücktritts?

17. Was sind die Rechtsfolgen des Rücktritts?

18. Was passiert, wenn eine Sache, die zurückgewährt werden muss, zuvor zerstört wird?

19. Wann ist das Rücktrittsrecht ausgeschlossen?

20. Was passiert mit dem Anspruch auf Gegenleistung, wenn die Pflicht zur Leistung unmöglich wird?

21. Ein Buchhändler kauft telefonisch von einem Großhändler 25 von einer kürzlich verstorbenen deutschen Künstlerin signierte Bücher. Die Bücher wurden vor dem Telefongespräch jedoch gestohlen. Von diesem Diebstahl wusste der Großhändler zum Zeitpunkt des Verkaufs nichts. Der Buchhändler hätte die Bücher für das Doppelte des Preises weiterverkaufen können. Welche Ansprüche hat der Groß- bzw. Buchhändler?

22. In welchen Fällen bleibt der Anspruch auf Gegenleistung bestehen, obwohl der Schuldner wegen Unmöglichkeit von der Pflicht zur Leistung frei wird?

23. Welche Rechte kann der Käufer bei Mangelhaftigkeit der Kaufsache geltend machen?

24. Welches Gewährleistungsrecht ist im Falle mangelhafter Lieferung vorrangig?

25. Wann liegt ein Sachmangel vor?

26. Wie werden Sachmängel und Rechtsmängel unterschiedlich behandelt?

27. Was verstehen Sie unter „Ikea-Klausel"?

28. Zwischen welchen Mängeln ist zu unterscheiden für die Frage, ob eine Frist gesetzt werden muss?

29. Kann auch bei unerheblichen Mängeln Minderung oder/und Rücktritt verlangt werden? Wie ist die Rechtslage?

30. Wann geht beim Versendungskauf die Gefahr auf den Verbraucher über?

31. Der Waschsalonbetreiber Manfred Nietschke e. Kfm. kauft bei einem Großhändler eine Waschmaschine. Infolge eines fahrlässigen Montagefehlers des Großhändlers ist die Tür der Maschine undicht, sodass Wasser ausläuft, das den Teppichboden seines Salons zerstört. Herr Nietschke fordert daraufhin den Großhändler auf, ihm eine neue Waschmaschine zu liefern. Dieser meint, es müsse nur die Dichtung ausgewechselt werden. Nietschke könne doch nicht deshalb gleich eine neue Maschine verlangen. Manfred Nietschke setzt dem Großhändler eine Frist zur Abdichtung der Tür, die der Großhändler verstreichen lässt. Nun will der Waschsalonbetreiber die Maschine nicht mehr, verlangt Rückzahlung des Kaufpreises, entgangenen Gewinn und Ersatz für den beschädigten Teppich. Fordert Herr Nietschke dies zu Recht?

32. Der Einzelhändler Aust (A) kauft bei einem Großhändler für Verpackungsmaschinen, der Firma Maltex GmbH (M), eine universelle Verpackungsmaschine für Kleinpakete jeder Art. M versichert, die Maschine sei für sämtliche Arten von Paketen geeignet. Als A die Maschine ausprobiert, stellt er fest, dass sie zwar funktioniert, man sie aber nicht für Kleinpakete mit Sondermaßen verwenden kann. M hätte das erkennen können. A will die Maschine behalten, aber weniger bezahlen. Er verlangt einen Nachlass auf den Kaufpreis. M verlangt von A aber den vollen Kaufpreis.
Wie ist die Rechtslage?

33. Die äußerst umweltbewusste und sparsame Frau Kaune kauft von einem Einzelhändler einen neuen Kühlschrank, der mit dem Qualitätsmerkmal „Höchste Energiesparstufe 10" beworben wird. Diese Werbebotschaft ist darüber hinaus unübersehbar an der Tür des Kühlschranks in Form eines Aufklebers angebracht. Bereits nach einigen Tagen stellt Frau Kaune jedoch fest, dass eher das Gegenteil der Fall ist und der „Neue" ein regelrechter Stromfresser ist.
Wie schätzen Sie die Situation ein?

34. Ein Einzelhandelsunternehmen kauft von einem Computerfachgeschäft einen Universaltisch für PC, Drucker, Scanner, Monitor und integriertem Ablagesystem. Das Möbelstück ist besonders preiswert, da es für den Selbstaufbau angeboten wurde. Die hauseigenen Arbeiter montieren allerdings den Tisch aufgrund einer fehlerhaften Montageanleitung falsch, sodass u. a. die Wand in der Versandabteilung durch unnötige Bohrlöcher beschädigt wurde.
Welche Rechte kann das Einzelhandelsunternehmen geltend machen?

35. Der Einzelhändler Schrader kauft als Privatperson von einem Einzelhändler eine digitale Kamera für 450 €. Vier Monate nach dem Kauf funktioniert das Typenrad für die Funktionseinstellungen nicht mehr. Ob dieser Mangel aufgrund eines Materialfehlers bereits bei der Übergabe der Kamera vorhanden war oder auf die fehlerhafte Bedienung durch Herrn Schrader zurückzuführen ist, kann nicht festgestellt werden. Welche Rechte kann Herr Schrader gegenüber dem Fotoeinzelhändler geltend machen?

36. Der 18-jährige Bernd K. erfüllt sich seinen lang ersehnten Wunsch: Er kauft sich ein paar Rollerblades, neuestes Modell aus der Serie „Lightning Speed". Der Händler hatte das Sportgerät noch nicht aus seinem Angebot herausgenommen, obwohl ihm bekannt war, dass es bei dieser Neuentwicklung immer wieder zu Reklamationen hinsichtlich der Radaufhängungen gab. Am folgenden Wochenende, als Bernd die Rollerblades ausprobiert, bricht eine der Rollen aus der Fassung. Bernd, der sich aufgrund der

Geschwindigkeit nicht mehr abfangen konnte, stürzt und bricht sich den linken Unterarm. Welche Rechte kann Bernd K. geltend machen?

37. Geschäftsführer Spindler von der Franz Schenke GmbH erwirbt vom einem Computerfachgeschäft den Organizer *Palm ChallengerXL* mit dem brandneuen Spracherkennungssystem *Remote-Voice* für 1.030 €. Der Inhaber des Computergeschäftes, Herr Flies, hatte zunächst lediglich ein Einzelstück dieses auf der letzten Computermesse Cebit in Hannover erstmals vorgestellten Gerätes auf Lager, das er vor 14 Tagen von einer Geschäftsreise in den USA selbst mitgebracht hatte.
Einen Tag später, nach der ersten Funktionsüberprüfung, stellt Herr Spindler fest, dass die Spracherkennung leider nicht funktioniert. Bei der anschließenden Fehlersuche in den Geschäftsräumen des Computerfachgeschäftes wird festgestellt, dass der Mangel auf einen Wackelkontakt des Mikrofons zurückzuführen ist.
Herr Flies verspricht Geschäftsführer Spindler daraufhin, den Schaden durch die umgehende Reparatur zu beseitigen, womit sich Herr Spindler allerdings nicht zufrieden geben will. Spindler will ein neues Gerät, da er dem Reparaturangebot misstraut und darüber hinaus weitere Folgeschäden (an diesem „Montagsgerät" wie er meint) befürchtet. Herr Flies zeigt seinen guten Willen und versucht aus den USA einen neuen Organizer zu bekommen. Dabei muss er schließlich erfahren, dass der Verkaufspreis mittlerweile aufgrund der starken Nachfrage von 1.030 € auf 1.190 € angestiegen ist. Daraufhin teilt er Herrn Spindler mit, dass eine Neulieferung nicht möglich sei, da er nicht bereit sei im vorliegenden Fall einen geschäftlichen Verlust hinzunehmen. Kann Geschäftsführer Spindler vom Inhaber des Computerfachgeschäftes einen neuen Organizer verlangen?

38. Einzelhändler Doormann kauft vom Autohaus Riemer einen gebrauchten Kleintransporter mit einer montierten aerodynamischen Energiesparvorrichtung auf dem Fahrerhaus – Kaufpreis 8.000 € anstatt 8.700 €, was ein derartiges Fahrzeug normalerweise kosten würde. Zum Zeitpunkt der Auslieferung an Herrn Doormann fehlt allerdings die Frontvorrichtung, die das Autohaus abmontiert und an einen anderen Kunden verkauft hat. Der Transporter ist ohne das durchaus nützliche Zusatzteil objektiv 8.000 € wert. Daraufhin setzt ihm Einzelhändler Doormann eine Frist zur Montage eines Frontspoilers, die das Autohaus verstreichen lässt. Der Einzelhändler möchte das Fahrzeug zwar behalten, fordert aber einen Preisnachlass für die fehlende Vorrichtung.
Wie beurteilen Sie die Rechtslage?

39. Die Textileinzelhandlung GraFiTex OHG kauft von einem Fotohaus für die eigene digitale Fotografie die Camera Cyber-Shot MFN-CD215 mit CD-R-/RW Ø 8 cm und 2,11 Mio. Chip für 1.150 €. Der Verkäufer des Fachgeschäftes versichert, dass die Digitalkamera erst vor zwei Tagen brandneu aus Japan eingetroffen sei. Nach zwei Monaten hat die GraFiTex OHG anlässlich einer Präsentation die Kamera erstmalig eingesetzt und dabei aufgrund eines dummen Zufalls herausgefunden, dass die Kamera bereits gebraucht und dies dem Verkäufer des Fotohauses bekannt war. In der Textilhandlung ist man hierüber verständlicherweise äußerst aufgebracht. Jedenfalls will man unbedingt eine neue Kamera haben, wobei allerdings mittlerweile aufgrund von eingetretenen Preissteigerungen bei den Chips 250 € mehr bezahlt werden muss. Diese 250 € will die Textileinzelhandlung nun vom Fotohändler ersetzt bekommen.
Wird diese Forderung zu Recht erhoben?

40. Wilfried Bodenstein, kaufmännischer Angestellter und begeisterter Hobbysportler sowie Fitnessstudio-Besucher, hat sich für zu Hause den Leichtlauftrainer *Buffalo* mit Laufband, Stepper, Heimtrainer (drei Geräte in einem) einschließlich Sensor-Handpulsmessung und Computer zugelegt. Der Kaufvertrag wurde am 18. Juni mit dem Sporthaus Jung & Co. KG abgeschlossen; Lieferung des Trainingssystems mit Bauanleitung zum Selbstaufbau.
Nach erfolgter Übergabe muss Sportler Bodenstein überrascht feststellen, dass die Anleitung aus einem fortlaufenden Text von 18 Seiten ohne Zeichnungen besteht. Für den Kaufmann ist die komplizierte fachtechnische Sprache ein Buch mit sieben Siegeln, sodass er nach zwei Stunden vergeblicher Mühe schließlich resigniert aufgibt.
Auf seine Bitte, ihm eine verständliche Montageanleitung zukommen zu lassen, schickt ihm das Sporthaus eine andere Anleitung, die aber ähnlich kompliziert formuliert ist. Trotz einer erhaltenen dritten Vorlage kann Herr Bodenstein die Fitness-Station nicht montieren. Als er sich deshalb erneut beschwert, reagiert das Sporthaus verärgert und führt die Fehlversuche beim Zusammenbau auf sein mangelndes unterdurchschnittlich ausgeprägtes Technikverständnis zurück. Daraufhin reicht es Herrn Bodenstein endgültig; er will sein Geld zurück.
Wie beurteilen Sie die Rechtslage?

41. Frau Baumers kauft bei Elektrohändler Wimmer einen neuen Elektroherd mit Mehrfach-Heizsystem für 420 €, um ihn in ihrer neu zu beziehenden Wohnung aufzustellen. Der Elektrohändler hat mit Frau Baumers vereinbart, dass jegliche Gewährleistungsrechte ausgeschlossen

sein sollen. Bis allerdings die Renovierungsarbeiten in ihrer neuen Wohnung abgeschlossen sind, lagert sie den Elektro-Standherd bei ihrem Freund in der Garage. Als sie nach drei Wochen in ihre frisch renovierte Altbauwohnung einzieht, muss sie beim Anschluss des Herdes durch einen Elektriker feststellen, dass die Automatik-Funktion für den Backofen nicht funktioniert. Ob dies nun letztlich auf einen Fabrikationsfehler des Herstellers oder etwa auf den nicht ganz trockenen Lagerplatz in der Garage ihres Freundes zurückzuführen ist, lässt sich nicht sagen. Jedenfalls gibt Frau Baumers den Herd an den Elektrohändler zurück und verlangt von ihm den Kaufpreis in Höhe von 420 € zurück. Inhaber Wimmer ist jedoch weder zur Reparatur noch zur Neulieferung bereit, insofern erhält Frau Baumers auch keinen Cent zurückerstattet.

Verlangt Frau Baumers zu Recht die Rückzahlung der 420 €?

42. Frau Besten, kaufmänische Angestellte in der Einkaufsabteilung der Kiehl OHG, kauft im Auftrag ihres Arbeitgebers beim Bürogerätehändler Stresemann OHG 25 neue Eurorechner PIA HR–98, u. a. mit 2-Farbendruck und grüner Digitronanzeige für 58,30 € pro Rechenmaschine. Die Verkäuferin der Stresemann OHG weiß, dass Frau Besten in einer Textileinzelhandlung als kaufmännische Sachbearbeiterin arbeitet, dass aber die Rechner für die Kiehl OHG angeschafft werden, geht aus dem Kaufverhalten von Frau Besten nicht hervor.
Leider drucken die Geräte die Rechenergebnisse nur in schwarzer Farbe aus. Der 2-Farbendruck, im vorliegenden Fall der Druck der roten Farbe, ist defekt. Die Reparatur scheint aber kein großes Problem zu sein.
Frau Besten bringt die Rechner daraufhin zum Bürogerätehändler zurück und verlangt neue, funktionsfähige Eurorechner bzw. alternativ die Reparatur der 25 Stück. Die Stresemann OHG lehnt dies ab. Man will ganz offensichtlich von diesem Geschäft aus welchen Gründen auch immer abrücken.

Kann die Kiehl OHG von der Stresemann OHG daraufhin Schadensersatz verlangen? Begründen Sie Ihre Stellungnahme.

43. Das Sporthaus Weiner & Sohn e. Kfr. verkauft u. a. Sportgarderobe der höheren Preisklasse. Der Einzelhändler kauft am 15. Mai vom Textilgroßhändler Grotex GmbH orange Sporttrikots und Hosen der Marke „Reebok", die angeblich aus einer Versteigerung stammen, zu einem sehr günstigen Preis.
Leider muss er nach kurzer Zeit feststellen, dass „Reebok" gar keine Sportgarderobe in dieser Farbe herstellt. Die Textilien wurden täuschend echt imitiert; es handelt sich bei den Hemden und Hosen um von Produktpiraten hergestellte Fälschungen aus der asiatischen Region. Der Einzelhändler, der Angst hat, dass ihm der Hersteller den Verkauf der Sportgarderobe untersagt, schickt der Grotex GmbH die Hemden sofort zurück mit der Bitte um Rückerstattung des Kaufpreises. Die Grotex GmbH beteuert wahrheitsgemäß, man habe von alledem nichts gewusst.

Muss die Textilgroßhandlung Grotex GmbH dennoch den Kaufpreis an das Sporthaus Weiner & Sohn e. Kfr. zurückzahlen?

(*Hinweis: § 14 II, III, V Markengesetz gibt dem Markeninhaber den Anspruch, den Verkauf von Produkten zu verbieten, auf denen eine ähnliche Marke angebracht ist.*)

44. Schäden können an verschiedenen Stellen auftreten. Entscheiden Sie in den folgenden Schadensfällen, ob eine Haftung nach dem ProdHaftG gegeben ist.

Schaden:
a) am Produkt selbst, z. B. defekter Haartrockner;
b) an Teilen einer Sache, z. B. umgebauter Motorkolben, Bremszug oder Reifen eines Kfz;
c) an anderen Sachen als dem Produkt, z. B. Schaden am anderen Pkw beim Auffahren durch Bremsversagen;
d) an Leben und Gesundheit eines Menschen.

45. Welchen Nachweis muss der Verbraucher erbringen, wenn ihm ein Schaden nach dem Produkthaftungsgesetz entstanden ist und welchen Beweis muss er nicht erbringen?

46. Nennen Sie drei Fehlerquellen, durch die ein Produkt einen Schaden verursachen kann und demzufolge der Hersteller haften muss.

47. Wie ist die Haftungsgrenze bei Personen und Sachschäden festgelegt?

48. Was verstehen Sie unter „Produktbeobachtungspflicht" der Hersteller?

49. Erklären Sie, was Sie im Rahmen des Verbrauchsgüterkaufs unter Beweislastumkehr verstehen.

50. Was verstehen Sie unter einer Garantie?

51. Welche rechtlichen Bestimmungen gibt es hinsichtlich Garantien gegenüber Verbrauchern (Verbrauchsgüterkauf)?

Zusammenfassung

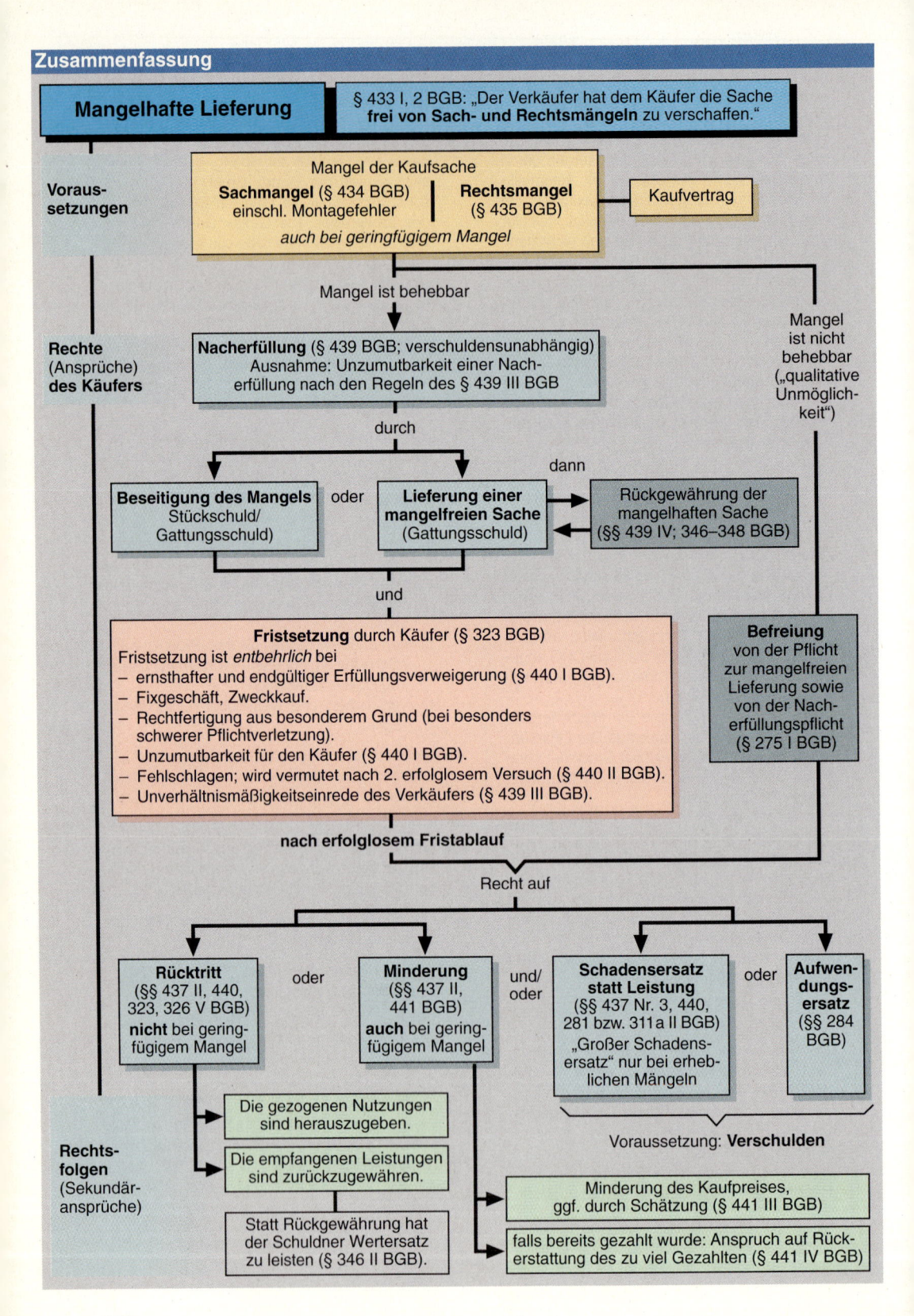

Mangelhafte Lieferung — § 433 I, 2 BGB: „Der Verkäufer hat dem Käufer die Sache **frei von Sach- und Rechtsmängeln** zu verschaffen."

Voraussetzungen

Mangel der Kaufsache
- **Sachmangel** (§ 434 BGB) einschl. Montagefehler
- **Rechtsmangel** (§ 435 BGB)
- Kaufvertrag

auch bei geringfügigem Mangel

Mangel ist behebbar →

Rechte (Ansprüche) des Käufers

Nacherfüllung (§ 439 BGB; verschuldensunabhängig)
Ausnahme: Unzumutbarkeit einer Nacherfüllung nach den Regeln des § 439 III BGB

durch

- **Beseitigung des Mangels** (Stückschuld/Gattungsschuld) **oder**
- **Lieferung einer mangelfreien Sache** (Gattungsschuld) → dann **Rückgewährung der mangelhaften Sache** (§§ 439 IV; 346–348 BGB)

und

Fristsetzung durch Käufer (§ 323 BGB)
Fristsetzung ist *entbehrlich* bei
- ernsthafter und endgültiger Erfüllungsverweigerung (§ 440 I BGB).
- Fixgeschäft, Zweckkauf.
- Rechtfertigung aus besonderem Grund (bei besonders schwerer Pflichtverletzung).
- Unzumutbarkeit für den Käufer (§ 440 I BGB).
- Fehlschlagen; wird vermutet nach 2. erfolglosem Versuch (§ 440 II BGB).
- Unverhältnismäßigkeitseinrede des Verkäufers (§ 439 III BGB).

Mangel ist nicht behebbar („qualitative Unmöglichkeit") → **Befreiung** von der Pflicht zur mangelfreien Lieferung sowie von der Nacherfüllungspflicht (§ 275 I BGB)

nach erfolglosem Fristablauf

Recht auf

- **Rücktritt** (§§ 437 II, 440, 323, 326 V BGB) **nicht** bei geringfügigem Mangel
- **oder**
- **Minderung** (§§ 437 II, 441 BGB) **auch** bei geringfügigem Mangel
- **und/oder**
- **Schadensersatz statt Leistung** (§§ 437 Nr. 3, 440, 281 bzw. 311a II BGB) „Großer Schadensersatz" nur bei erheblichen Mängeln
- **oder**
- **Aufwendungsersatz** (§§ 284 BGB)

Voraussetzung: **Verschulden**

Rechtsfolgen (Sekundäransprüche)

- Die gezogenen Nutzungen sind herauszugeben.
- Die empfangenen Leistungen sind zurückzugewähren.
- Statt Rückgewährung hat der Schuldner Wertersatz zu leisten (§ 346 II BGB).
- Minderung des Kaufpreises, ggf. durch Schätzung (§ 441 III BGB)
- falls bereits gezahlt wurde: Anspruch auf Rückerstattung des zu viel Gezahlten (§ 441 IV BGB)

Zusammenfassung

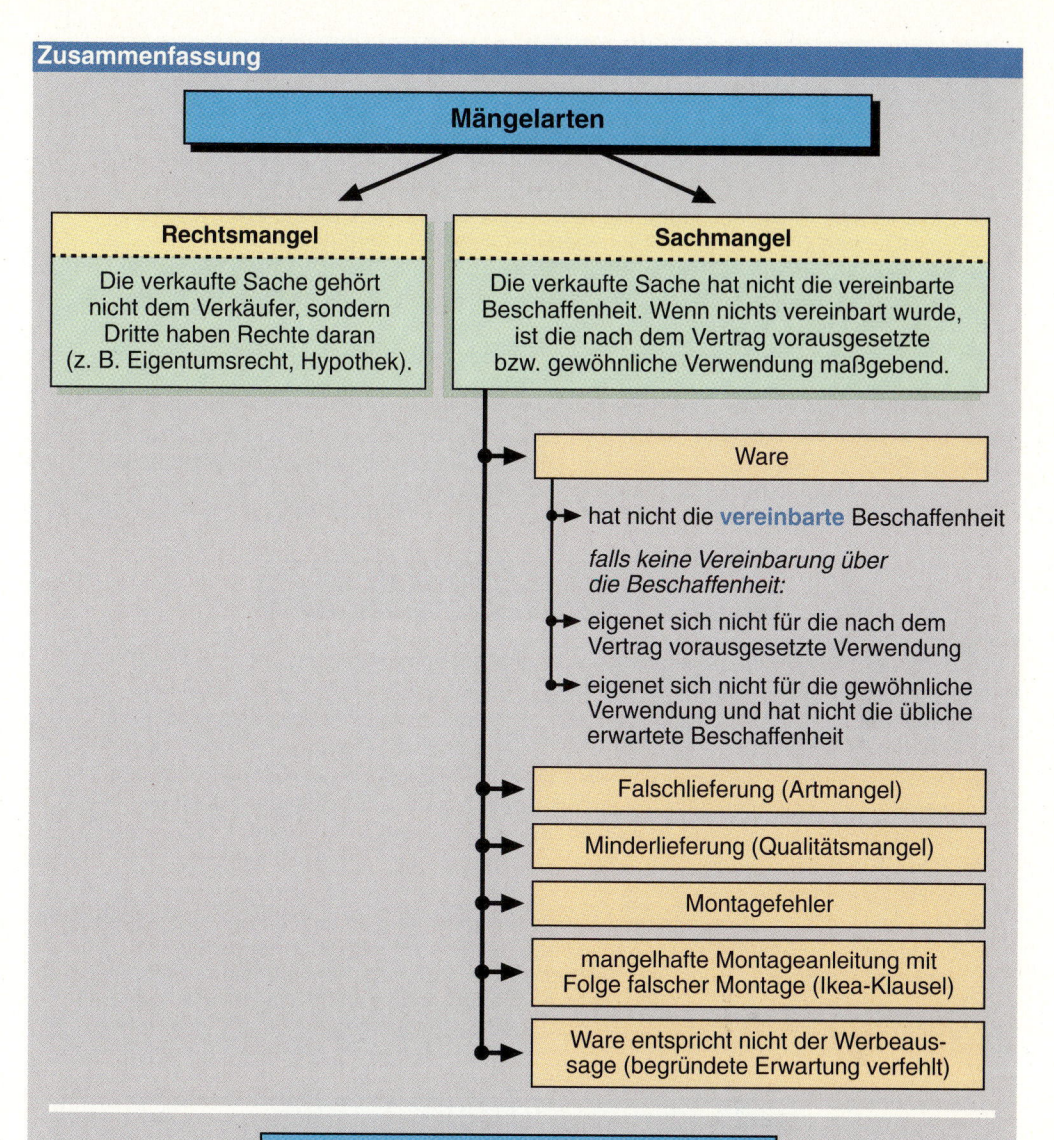

Mängelarten

Rechtsmangel
Die verkaufte Sache gehört nicht dem Verkäufer, sondern Dritte haben Rechte daran (z. B. Eigentumsrecht, Hypothek).

Sachmangel
Die verkaufte Sache hat nicht die vereinbarte Beschaffenheit. Wenn nichts vereinbart wurde, ist die nach dem Vertrag vorausgesetzte bzw. gewöhnliche Verwendung maßgebend.

Ware
- hat nicht die *vereinbarte* Beschaffenheit

falls keine Vereinbarung über die Beschaffenheit:
- eignet sich nicht für die nach dem Vertrag vorausgesetzte Verwendung
- eignet sich nicht für die gewöhnliche Verwendung und hat nicht die übliche erwartete Beschaffenheit

- Falschlieferung (Artmangel)
- Minderlieferung (Qualitätsmangel)
- Montagefehler
- mangelhafte Montageanleitung mit Folge falscher Montage (Ikea-Klausel)
- Ware entspricht nicht der Werbeaussage (begründete Erwartung verfehlt)

Wichtiges in Kürze

- Die Sache ist frei von Sachmängeln, wenn sie die **vereinbarte Beschaffenheit** hat.
  - Ist die Beschaffenheit nicht vereinbart, so wird darauf abgestellt, ob sich die Sache für die nach dem Vertrag **vorausgesetzte Verwendung** eignet.
  - Ansonsten kommt es auf die Eignung für die **gewöhnliche Verwendung** und die Beschaffenheit an, die bei Sachen der gleichen Art üblich ist und **die der Käufer** nach der Art der Sache **erwarten kann**.
  Bei den Erwartungen des Käufers sind auch **Werbeaussagen** und **Aussagen bei der Kennzeichnung** der Ware zu berücksichtigen, die vom Verkäufer, vom Hersteller oder seinem Gehilfen gemacht worden sind.
- Schließlich liegt ein Sachmangel auch dann vor, wenn die vereinbarte **Montage** durch den Verkäufer **unsachgemäß** durchgeführt worden ist bzw. wenn die **Montageanleitung** mangelhaft ist.
- Auch die **Falschlieferung** und die **Zuweniglieferung** sind als Sachmängel anzusehen.

- Neue Gewährleistungsfrist: **2 Jahre**! Die Gewährleistung beginnt, wenn die Sache geliefert ist.
- Verkäufer haften während der Gewährleistungsfrist nicht für den unsachgemäßen Gebrauch oder die unbegrenzte Haltbarkeit der Sache. Auch für den natürlichen Verschleiß oder die gewöhnliche Abnutzung der Kaufsache wird nicht gehaftet.
- Der Verkäufer muss auch für **falsche Werbeaussagen** des Herstellers einstehen. Er hat jedoch ein Rückgriffsrecht gegenüber seinem Lieferanten.
- **Beweislastumkehr**: Innerhalb der ersten sechs Monate nach dem Kauf einer Sache hat nicht der Käufer zu beweisen, dass sie mangelhaft ist, sondern der Verkäufer die Fehlerfreiheit nachzuweisen.
- Für den **Gebrauchtwarenhandel** ist ein Ausschluss jeglicher Gewährleistung nicht möglich. Gebrauchtwarenhändler dürfen die Gewährleistung auf höchstens zwölf Monate verkürzen. Bei Geschäften zwischen Privatpersonen kann sie dagegen völlig ausgeschlossen werden.
- Der **Rücktritt** ist nicht von einem Verschulden des Schuldners abhängig und schließt die Geltendmachung von Schadensersatz nicht aus.

Verbrauchsgüterkauf

Für Verbrauchsgüterkäufe gelten die folgenden Sonderregelungen:
- Von bestimmten kaufvertraglichen Regelungen zugunsten des Käufers darf in Verbrauchsgüterkaufverträgen zum Nachteil des Verbrauchers **nicht abgewichen** werden (§ 475 BGB).
- Bei Sachmängeln, die innerhalb von 6 Monaten nach Lieferung der Sache offenbar werden, wird vermutet, dass die Sache bereits bei der Lieferung mangelhaft war. Damit wird die **Beweislast** zugunsten des Verbrauchers **umgekehrt** (§ 476 BGB).
- Eine **Garantieerklärung** muss einfach und verständlich abgefasst sein und bestimmte Angaben enthalten (§ 477 BGB).
- Ein Letztverkäufer, der wegen der Mangelhaftigkeit der verkauften Sache von einem Verbraucher in Anspruch genommen wird, hat einen **Rückgriffsanspruch** gegen einen oder mehrere Glieder der **Vertriebskette**, also insbesondere gegen Hersteller oder Großhändler (§ 478 BGB). Diese Ansprüche verjähren grundsätzlich in 2 Jahren nach Ablieferung der Sache (§ 479 Abs. 1 BGB; Ausnahmen in Abs. 2).

Vertragsgestaltung – gesetzliche Vorschriften

	Allgemeines Kaufrecht	**Verbrauchsgüterkauf**
Gesetzliche Vorschriften gelten für:	• bürgerlicher Kauf • zweiseitiger Handelskauf • einseitiger Handelskauf, wenn Unternehmer von Privatperson kauft	wenn Verbraucher eine bewegliche Sache von einem Unternehmer kauft; einseitiger Handelskauf
Vertragliche Änderungen von Gewährleistungsrechten und Fristen	**generell möglich** für • Fristen und Rechte • Nacherfüllung, Rücktritt, Minderung, Schadensersatz; Völliger Haftungsausschluss ist aber nicht möglich!	**nicht möglich** Ausnahme: Schadensersatz

Unternehmerregress beim Verbrauchsgüterkauf
(§§ 478, 479 BGB)

- Der wegen eines Mangels durch den Verbraucher in Anspruch genommene Letztverkäufer einer neu hergestellten Sache hat einen Rückgriffsanspruch gegenüber seinem Lieferanten.
- Der Einzelhändler hat insofern nicht allein die Nachteile des Verbraucherschutzes zu tragen.
- Die gleiche Interessenlage besteht in einer mehrstufigen Liefererkette: Der Regress geht innerhalb der Verkäuferkette bis hin zum Hersteller, sofern alle Lieferanten Unternehmer sind.
- Beweislastumkehr gilt auch in der Lieferantenkette, wobei die 6-monatige Frist mit Gefahrübergang auf den Verbraucher beginnt.

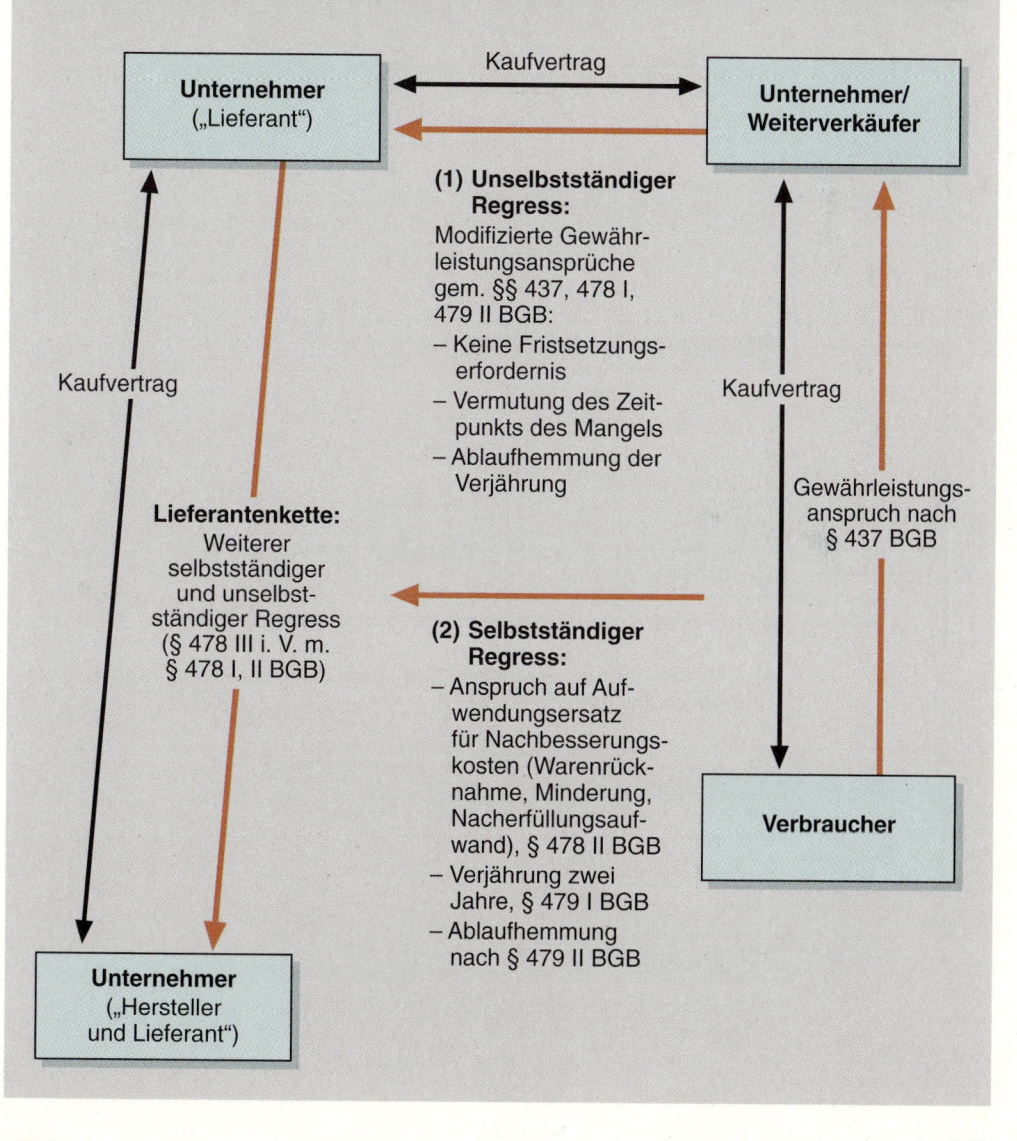

Unternehmer („Lieferant") ←— Kaufvertrag —→ **Unternehmer/Weiterverkäufer**

(1) Unselbstständiger Regress:
Modifizierte Gewährleistungsansprüche gem. §§ 437, 478 I, 479 II BGB:
– Keine Fristsetzungserfordernis
– Vermutung des Zeitpunkts des Mangels
– Ablaufhemmung der Verjährung

Kaufvertrag

Gewährleistungsanspruch nach § 437 BGB

Lieferantenkette:
Weiterer selbstständiger und unselbstständiger Regress (§ 478 III i. V. m. § 478 I, II BGB)

(2) Selbstständiger Regress:
– Anspruch auf Aufwendungsersatz für Nachbesserungskosten (Warenrücknahme, Minderung, Nacherfüllungsaufwand), § 478 II BGB
– Verjährung zwei Jahre, § 479 I BGB
– Ablaufhemmung nach § 479 II BGB

Verbraucher

Unternehmer („Hersteller und Lieferant")

Produkthaftung

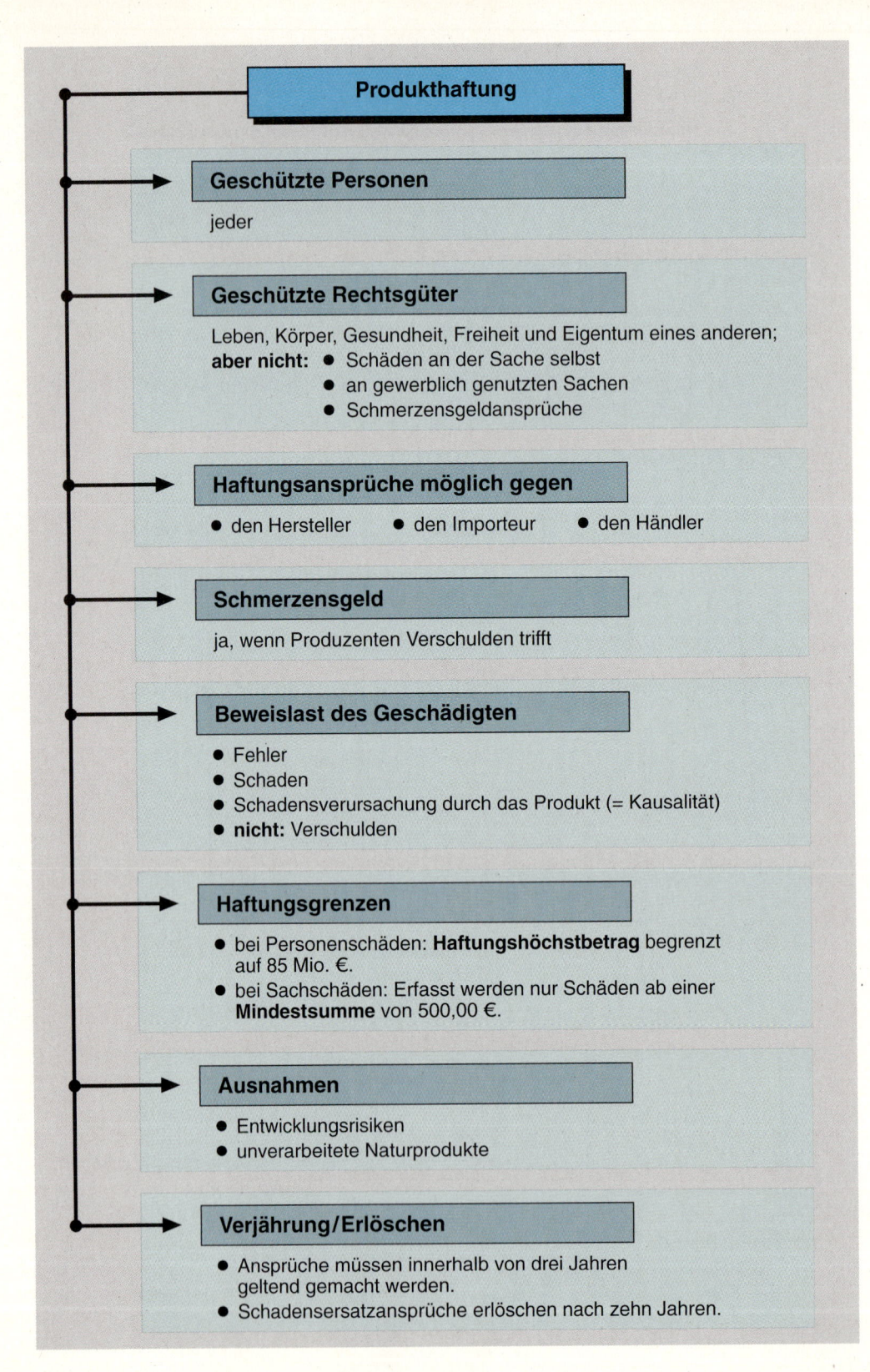

Geschützte Personen
jeder

Geschützte Rechtsgüter
Leben, Körper, Gesundheit, Freiheit und Eigentum eines anderen;
aber nicht:
- Schäden an der Sache selbst
- an gewerblich genutzten Sachen
- Schmerzensgeldansprüche

Haftungsansprüche möglich gegen
- den Hersteller
- den Importeur
- den Händler

Schmerzensgeld
ja, wenn Produzenten Verschulden trifft

Beweislast des Geschädigten
- Fehler
- Schaden
- Schadensverursachung durch das Produkt (= Kausalität)
- **nicht:** Verschulden

Haftungsgrenzen
- bei Personenschäden: **Haftungshöchstbetrag** begrenzt auf 85 Mio. €.
- bei Sachschäden: Erfasst werden nur Schäden ab einer **Mindestsumme** von 500,00 €.

Ausnahmen
- Entwicklungsrisiken
- unverarbeitete Naturprodukte

Verjährung/Erlöschen
- Ansprüche müssen innerhalb von drei Jahren geltend gemacht werden.
- Schadensersatzansprüche erlöschen nach zehn Jahren.

4.18 Lieferungsverzug (Nicht-Rechtzeitig-Lieferung)

Frau Deskau, Inhaberin einer gut gehenden Boutique in der Innenstadt von Hannover, will zum 2. Mai in der Südstadt ein Fachgeschäft eröffnen, in dem sie vornehmlich junge Mode anbieten möchte.

Die Einrichtung des Verkaufsraumes wird nach Frau Deskaus ganz speziellen Wünschen bei dem Tischler Hans G. Blühm e. Kfm. aus Hannover am 16. März in Auftrag gegeben.

Im Kaufvertrag wird „Lieferung Mitte April" vereinbart.

Als am 21. April die Spezialeinrichtung immer noch nicht eingetroffen ist, wird Frau Deskau unruhig. Aufgrund eines Telefonats erfährt sie schließlich, dass die Tischlerei wegen Arbeitsüberlastung den Auftrag nicht bis zum vereinbarten Termin fertig stellen kann.

Was kann Frau Deskau tun?

Information

Mit Abschluss des Kaufvertrages verpflichtet sich der Verkäufer, die **bestellte Ware zur rechten Zeit am richtigen Ort zu übergeben** (§ 433 I BGB). Ist eine Zeit für die Lieferung weder festgelegt noch aus den Umständen zu entnehmen, kann der Käufer sie sofort verlangen (§ 271 BGB). Ist aber eine konkrete Zeit für die Lieferung vereinbart, so kann der Käufer die Lieferung nicht vorher verlangen. Liefert der Verkäufer nicht rechtzeitig, kann er sich im **Lieferungsverzug** befinden.

Voraussetzungen für den Eintritt des Lieferungsverzugs

Da beim Vorliegen des Lieferungsverzuges der Käufer weitgehende Rechte gegenüber dem Verkäufer hat, sind **bestimmte Voraussetzungen für den Eintritt des Lieferungsverzuges** gesetzlich festgelegt (§§ 286 I, 286 IV BGB):

➢ Nichtleistung (-lieferung),
➢ Fälligkeit der Lieferung (sofort, falls keine besondere Vereinbarung besteht),
➢ Mahnung durch den Käufer (bzw. Fristsetzung),
➢ Für Schadensersatz: Verschulden des Verkäufers (der Schuldner hat den Verzug zu vertreten; Vorsatz und Fahrlässigkeit).

Beispiel

Die Tischlerei hat die Lieferung der Einrichtungsgegenstände zwar nicht absichtlich (vorsätzlich) verzögert, aber sie hat die im Verkehr erforderliche Sorgfalt außer Acht gelassen (Fahrlässigkeit). Der Tischlermeister hätte die Annahme des Auftrages von Frau Deskau nach seinen betrieblichen Möglichkeiten sorgfältiger planen müssen.

Diese Verschuldensvoraussetzung ist wichtig für andere Ansprüche während des Verzugs, insbesondere hinsichtlich der Haftungsverschärfung (siehe Seite 178) und Verzugszinsen (§ 288 BGB).

- **Nichtleistung**
Sie ist im vorliegenden Fall gegeben, da die Tischlerei erklärt hat, dass sie nicht leisten kann.

- **Verschulden des Verkäufers**
(Vertretenmüssen; 286 IV BGB)
Ein Verschulden liegt immer dann vor, wenn der Verkäufer **fahrlässig** oder **vorsätzlich** handelt. Fahrlässig handelt, wer die im Verkehr erforderliche Sorgfalt außer Acht lässt (§§ 276 – 278 BGB).

Jeder Anspruch auf Schadensersatz setzt Verschulden voraus (§§ 280 I, II; 286 IV BGB).

Das Vertretenmüssen für Vorsatz und Fahrlässigkeit kann nicht ausgeschlossen werden (§ 276 BGB). Verschärfungen sind allerdings möglich, wie z. B. „Der Lieferant übernimmt jede Haftung einschließlich der für höhere Gewalt".

Unverschuldeter Lieferungsverzug

Voraussetzung für den Verzug sind Nichtleistung, Fälligkeit, Mahnung und Verschulden. Liegt **kein Verschulden** (Vertretenmüssen) des Lieferers vor, hat der Kunde keinen Anspruch auf Schadensersatz; auch greift die Bestimmung über die Haftungsverschärfung nicht.

> **Beispiel**
>
> Der Vertrag zwischen der Tischlerei Blühm und Frau Deskau weist als Liefertermin „Mitte April" aus. Die Tischlerei hat bei Bestellungseingang ihrerseits unverzüglich das benötigte Holz bei einem Sägewerk bestellt.
>
> Da der Holzlieferant Lieferschwierigkeiten hat, erhält die Tischlerei das Rohmaterial erst am 23. April, also vier Wochen später als vereinbart. Die Spezialeinrichtung kann daraufhin nicht mehr termingerecht für die Boutique für Frau Deskau fertig gestellt werden.

Dem Gläubiger bleibt jetzt nur noch das **Recht auf Rücktritt** vom Vertrag, da

- eine erhebliche Pflichtverletzung vorliegt (nicht eingehaltener Liefertermin) und
- Verschulden beim Rücktritt keine Rolle spielt.

Voraussetzung für den Rücktritt ist allerdings, dass dem Schuldner erfolglos eine angemessene Nachfrist gesetzt wurde (siehe Seite 177 f.).

- **Fälligkeit der Lieferung und Mahnung durch den Käufer**

  ➢ Wird der Liefertermin (Leistungszeit) **kalendermäßig nicht genau festgelegt,** z. B.
    - Lieferung ab Anfang Juni,
    - frühestens am 10. Juni,
    - lieferbar ab Juli,
    - Lieferung sofort,
    - Lieferung so schnell wie möglich,
    - Lieferung innerhalb von ca. drei Wochen ab Bestelleingang,

  so muss der Käufer die **Lieferung** beim Verkäufer **anmahnen.** Erst wenn er die Ware nochmals ausdrücklich verlangt, gerät der Verkäufer (Schuldner) in Verzug (§ 286 I, 1 BGB).

  Die Mahnung hat den rechtlichen Stellenwert einer Klage auf die Lieferung und den der Zustellung eines Mahnbescheids im Mahnverfahren. Sie ist **formfrei** und kann daher auch mündlich erfolgen. Um die dann eintretenden Beweisschwierigkeiten zu vermeiden, sollte man immer schriftlich mahnen. Die Mahnung kann erst nach Fälligkeit der Lieferung erfolgen (§ 286 I, 1 BGB). Eine „sicherheitshalber" geschriebene Mahnung vor Fälligkeit der Lieferung ist rechtlich nicht wirksam. Der Lieferungsverzug beginnt **ab Zugang** der Mahnung!

> **„Baldigst" bedeutet höchstens acht Wochen**
>
> München (AP) Steht im Bestellformular, dass ein Neuwagen „baldigst" geliefert werden soll, braucht sich der Käufer – nach einer Entscheidung des Oberlandesgerichts Nürnberg – auf Lieferfristen von mehr als acht Wochen nicht einzulassen.
> Ist in der Auftragsbestätigung eine längere Lieferfrist angegeben, so ist der Käufer an seine Bestellung nicht mehr gebunden, entschieden die Richter nach Mitteilung des ADAC in München am Donnerstag.

  ➢ Darüber hinaus muss vom Käufer bei einem kalendermäßig nicht genau bestimmten bzw. bestimmbaren Termin eine **angemessene Nachfrist gesetzt** werden (schon mit der ersten Mahnung möglich).

  Die Nachfrist ist stets dann angemessen, wenn es dem Lieferer möglich ist, die Leistung (Ware) während dieser Zeit zu erbringen (zu liefern), ohne jedoch die Kaufsache erst bei einem anderen Lieferer beschaffen oder selbst anfertigen zu müssen.

  ➢ Steht der Liefertermin (Leistungszeit) **kalendermäßig genau fest** (sog. Kalendergeschäfte ➜ für die Lieferung ist eine Zeit nach dem Kalender bestimmt; Vereinbarung eines genau bestimmten Zeitpunktes oder eines begrenzten Zeitraumes) oder ist er **kalendermäßig genau nach einem vorausgehenden Ereignis zu berechnen,** so kommt der Verkäufer **ohne Mahnung** in Verzug. Es wird dem Grundsatz gefolgt: „Der Tag mahnt anstelle des Menschen". Formulierungen wie „exakt", „genau" oder „prompt" weisen darüber hinaus auf ein Fixgeschäft hin (Fixklauseln).

> **Beispiele**
>
> – Lieferung bis spätestens 6. Juni, ⎫
> – Lieferung am 21. September, ⎪
> – Lieferung 30 Tage ab heute, ⎪
> – Lieferung bis Ende März, ⎪
> – Lieferung innerhalb 30 Tage ab Bestelldatum, ⎬ **Termingeschäft**
> – Lieferung zwischen 10. und 13. Oktober, ⎪ (kalendermäßig be-
> – Lieferung im Mai, ⎪ stimmt bzw.
> – Lieferung innerhalb von 10 Werktagen nach Abruf, ⎪ bestimmbar)
> – Lieferung Anfang September, ⎪
> – Lieferung 14 Tage nach Zugang der Rechnung ⎭
>
> oder
>
> – Lieferung 15. November **fest,** ⎫ **Fix-**
> – Lieferung bis 10. Juni **fix.** ⎭ **geschäft**

Ferner ist **die Mahnung nicht notwendig,** wenn
- der Verkäufer nicht liefern will oder liefern kann, weil er z. B. die für die Ausführung der Bestellung erforderlichen Materialien nicht rechtzeitig erhalten hat. Mit seiner Weigerung setzt er sich selbst in Verzug (**Selbstinverzugsetzung** = ernsthafte und endgültige Leistungsverweigerung), oder
- besondere Umstände vorliegen, die den sofortigen Eintritt des Verzugs rechtfertigen. Dies ist beispielsweise der Fall bei besonderer Eilbedürftigkeit, z. B. bei Reparatur eines ausgefallenen Servers oder bei einem Wasserrohrbruch.

Haftungsverschärfung

Ist die **verspätete Lieferung** auf **höhere Gewalt** zurückzuführen (z. B. Brand, Sturm, Streik), so kommt der Verkäufer nicht in Lieferungsverzug, da er unschuldig ist.
Befindet sich der Verkäufer bereits im Lieferungsverzug, so haftet er auch für Zufall und leichte Fahrlässigkeit, soweit der Schaden nicht auch bei rechtzeitiger Lieferung eingetreten wäre (= Haftungsverschärfung § 287 BGB).

> **Beispiel**
>
> Angenommen Frau Deskau setzt der Tischlerei Blühm eine Nachfrist von 14 Tagen, innerhalb derer die Sonderanfertigung auch angefertigt wird. Am Tag vor der Auslieferung brennt der Lagerraum der Tischlerei mitsamt der Möbelstücke für die Boutique aufgrund der Unachtsamkeit einer der Gesellen ab. Da die Tischlerei Hans G. Blühm sich bereits im Verzug befindet und da der Schaden nicht eingetreten wäre, wenn der Auftrag termingerecht Mitte März ausgeführt worden wäre, haftet der Inhaber der Tischlerei.

Rechte des Käufers (Gläubigers)

Die Vorschriften über den Lieferungsverzug regeln die Fälle, in denen der Verkäufer (Schuldner) zu spät liefert. Dabei kann der Käufer
- trotz der Verspätung noch an der Lieferung interessiert sein oder
- infolge der Verspätung sein Interesse verloren haben.
  Beide Fälle unterscheiden sich in der Rechtsfolge.

Liegen die Voraussetzungen für den Eintritt des Lieferungsverzuges vor, so stehen dem Käufer nach erfolglosem Ablauf der Nachfrist **wahlweise** folgende Rechte zu:

- **Auf die Lieferung weiterhin bestehen**
  und – wenn nachweisbar – außerdem

- **Schadensersatz wegen verspäteter Lieferung**

  verlangen (sog. Verzugs- oder Verzögerungsschaden gem. § 280 I + II i. V. m. § 286 BGB). Voraussetzung ist allerdings das **Verschulden** (Vertretenmüssen) des Lieferers und eine Mahnung des Käufers (Gläubigers) bzw. eine Klageerhebung oder die Zustellung eines Mahnbescheids nach Fälligkeit des Anspruchs.

Mögliche Gründe für das Verlangen auf Vertragserfüllung können sein:
- Bei der Ware handelt es sich um eine Sonderanfertigung,
- die Beschaffung der Ware ist woanders nicht möglich,
- die Ware ist bei anderen Verkäufern teurer,
- andere Verkäufer haben längere Lieferfristen.

> **Beispiel**
>
> Frau Deskau kann kurzfristig keine ihren Vorstellungen entsprechende Einrichtung von einer anderen Tischlerei bekommen, sodass sie auf Erfüllung des Kaufvertrages bestehen. Die Eröffnung der Verkaufsräume kann daraufhin erst 14 Tage später als angekündigt erfolgen. Den entstandenen Schaden (**Ersatz des Verzugsschadens**) wie Kosten für die erneute Anzeigenkampagne, Telefonate, Porto, entgangener Gewinn usw. will sie von dem Tischlermeister Blühm ersetzt haben.

- **Rücktritt vom Vertrag**
  (§§ 323, 346 ff. BGB)

Voraussetzung für den Rücktritt ist
- die erhebliche Pflichtverletzung des Lieferers (§ 323 V i. V. m. § 241 BGB),
- die Fälligkeit und
- grundsätzlich der erfolglose Ablauf einer **angemessenen Frist.** Ist dieser Termin verstrichen, kann der Käufer vom Vertrag zurücktreten.

Die **Nachfristsetzung ist nicht erforderlich** (§ 281 II BGB),
- wenn der Schuldner die Leistung ernsthaft und endgültig verweigert (**Selbstinverzugsetzung** = Lieferungsverweigerung),
- **beim Fixkauf** (als Handelskauf gem. § 376 HGB) bzw. Zweckkauf:

  Mit der Einhaltung des festgelegten Termins steht oder fällt der Vertrag bzw. der Gläubiger hat bei Terminüberschreitung kein Interesse mehr an der Lieferung.

Der Verkäufer gerät mit dem Überschreiten des vereinbarten Liefertermins automatisch in Verzug, auch wenn kein Verschulden vorliegt.

Beispiel Zweckkauf

Ein Zweckkauf liegt vor, wenn eine Ware für einen ganz bestimmten Zweck bestellt wurde, beispielsweise ein schwarzer Anzug anlässlich einer Hochzeit. Kommt die Ware erst nach der Feier, hat sie ihren Zweck verfehlt, sie ist für den Käufer uninteressant geworden.

Der Käufer kann
- ohne Mahnung vom Vertrag zurücktreten,
- auf Lieferung bestehen, muss dies aber dem Verkäufer unverzüglich (**sofort nach dem Stichtag**) mitteilen,
- Schadensersatz wegen Nichterfüllung (statt der Lieferung) verlangen. Dann ist aber Voraussetzung das Verschulden des Verkäufers;
➢ wenn besondere Umstände vorliegen, die den sofortigen Rücktritt bzw. die sofortige Geltendmachung des Schadensersatzanspruchs auch ohne vorherige Fristsetzung rechtfertigen; dies ist z. B. bei Just-in-time-Geschäften gegeben.

Das Rücktrittsrecht setzt, im Gegensatz zum Schadensersatzanspruch, kein Verschulden (zu vertretende Lieferungsverzögerung) voraus; **es gilt auch bei unverschuldetem Lieferungsverzug.**

Der Rücktritt ist allerdings ausgeschlossen (§ 323 VI BGB), wenn der Käufer (Gläubiger) für den Lieferungsverzug allein oder weit überwiegend verantwortlich ist, wenn er sich im Annahmeverzug befunden hat oder die Pflichtverletzung unerheblich ist.

In dem Fall, dass der Lieferer nur einen **Teil der Ware** pünktlich geliefert hat, kann der Käufer zurücktreten und Schadensersatz statt der ganzen Leistung („großer Schadensersatz") verlangen, wenn die **Pflichtverletzung des Lieferers erheblich** ist (§ 281 I 3 BGB) und er nachweisen kann, dass er an der Teillieferung kein Interesse mehr hat (§ 281 I 2 BGB).

Der Rücktritt erfolgt **durch Erklärung** gegenüber dem Verkäufer (§ 349 BGB).

Von seinem Rücktrittsrecht wird der Käufer Gebrauch machen, wenn er die gleiche Ware inzwischen preisgünstiger und dennoch termingerecht einkaufen kann. Durch den Rücktritt wird das Recht auf Schadensersatz bzw. Aufwendungsersatz nicht ausgeschlossen.

- **Schadensersatz statt der ganzen Lieferung**
  (wegen Nichterfüllung; §§ 280 I + III i. V. m. 281 BGB)

Die Geltendmachung des Schadensersatzes statt der Lieferung verlangt neben
- Fälligkeit und
- Verschulden (Vorsatz und Fahrlässigkeit) ebenfalls
- eine erfolglose Fristsetzung oder die Entbehrlichkeit der Fristsetzung. Die unter „Rücktritt vom Vertrag" genannten Entbehrlichkeitsgründe für die Nachfrist gelten – mit Ausnahme des Fixhandelskaufs – auch hier (vgl. § 281 II BGB).

Von dem Recht auf Schadensersatz, das **parallel bzw. kumulativ** mit dem Rücktrittsrecht geltend gemacht werden kann (§ 325 BGB), wird der Käufer bei einem Deckungskauf Gebrauch machen.

Beispiel

Frau Deskau will den Eröffnungstag ihrer Boutique verständlicherweise nicht weiter verschieben. Nach Ablauf der gesetzten Nachfrist (z. B. zwei Wochen, Lieferung bis zum 5. Mai) bestellt sie bei der Konkurrenz eine fast gleichwertige Einrichtung (Deckungskauf). Der neue Handwerksbetrieb liefert zwar pünktlich, doch muss das Einzelhandelsunternehmen nun 2.000,00 Euro mehr bezahlen als bei der Tischlerei Blühm. Den Preisunterschied muss der in Lieferungsverzug geratene Tischlermeister bezahlen.

Verlangt der Käufer *Schadensersatz statt der Lieferung,* ist der **Anspruch auf die Lieferung ausgeschlossen** (§ 281 IV BGB).

- Anstelle des *Schadensersatzes statt der Lieferung* ist der **Ersatz vergeblicher Aufwendungen,** die der Käufer im Vertrauen auf den pünktlichen Erhalt der Ware gemacht hat, möglich (§ 284 BGB; gleiche Voraussetzungen wie bei „Schadensersatz statt der ganzen Lieferung").

Beispiel

Das Konkurrenzunternehmen kann Frau Deskau eine gleichwertige Einrichtung zu einem sogar preisgünstigeren Preis liefern. Bei ihren Verhandlungen präsentiert der Geschäftsführer dieses Möbel- und Designerunternehmens aber eine Lösung, die Frau Deskau nun besser gefällt als die ursprünglich geplante Variante von ihr.
Allerdings sind Anfang April von Frau Deskau bereits spezielle Umbauarbeiten in den Geschäftsräumen vorgenommen worden, die auf die „alte" Einrichtung zugeschnitten waren.

Da die Tischlerei Hans G. Blühm e. Kfm. innerhalb der Nachfrist nicht geliefert hat, kann die Boutiqueinhaberin vom Vertrag zurücktreten und die Kosten für die Umbauarbeiten verlangen.

- Der zusätzliche **Ersatz des Verzugsschadens** ist – nach erfolglos verstrichenem Termin zur Lieferung und bei Verschulden des Verkäufers – **immer möglich** (siehe Beispiel auf Seite 178, linke Spalte).

Berechnung des Schadens beim Lieferungsverzug

Das BGB sieht vor, dass der Verkäufer dem Käufer den durch den Lieferungsverzug entstandenen Schaden ersetzen muss.

Von **konkreten** Schäden spricht man, wenn sie sich genau nachweisen lassen, z. B. die Mehrkosten beim Deckungskauf, Anwaltsgebühren, Mahnkosten, Telefonkosten.

> **Beispiel**
>
> Das Spielzeugwarenfachgeschäft Ackermann & Lange hat zum bevorstehenden Weihnachtsgeschäft beim Hersteller, der Weinmann OHG in Hildesheim, 50 Minimodelleisenbahnen zum Preis von 30,00 Euro/Stück bestellt – Liefertermin 10. Dezember fix.
>
> Als die Ware am 10. Dezember nicht eintrifft, kauft Herr Lange die Eisenbahnen bei einem anderen Lieferanten in Hamburg zum allerdings höheren Preis von 34,00 Euro/Stück.
>
> Die Mehrkosten dieses Deckungskaufs in Höhe von 200,00 Euro für die Eisenbahnen zuzüglich der Kosten für Telefonate und den Transport (von Hamburg) in Höhe von 62,80 Euro stellt er der in Lieferungsverzug geratenen Weinmann OHG in Rechnung.

Beispiel eines abstrakten Schadensfalles

Ines Deskau • Fachgeschäft für young fashion
Bandelstraße 7 • 30171 Hannover

Ines Deskau • Bandelstraße 7 • 30171 Hannover

Einschreiben

Tischlerei
Hans G. Bluhm e. Kfm.
Zeißstraße 84

30519 Hannover

Ihr Zeichen, Ihre Nachricht vom	Unser Zeichen, unsere Nachricht vom	☎ Durchwahl-Nr.	Datum
bl-ji ..-03-12	de-ko ..-03-16	753022	..-04-21

Lieferungsverzug

Sehr geehrter Herr Bluhm,

das von mir am 16. März bestellte Mobiliar für meine Geschäftsräume in der Südstadt ist bis heute nicht bei mir eingetroffen, obwohl ich um Lieferung ab Mitte April gebeten hatte.

Da die aufwendige Werbekampagne zur Neueröffnung des Geschäfts bereits abgeschlossen ist, ist es unumgänglich notwendig, dass die Einrichtungsgegenstände unverzüglich eintreffen.

Ich setze Ihnen nunmehr eine Nachfrist von sieben Tagen und erwarte daher die Anlieferung am 28. April.

Sollte wider Erwarten die Eröffnung meiner Boutique durch Ihre Lieferungsverzögerung nicht zum 2. Mai erfolgen können, werde ich den Auftrag an die Konkurrenz vergeben. Der Mehrpreis geht zu Ihren Lasten.

Außerdem werde ich wegen des entgangenen Gewinns ab 2. Mai für jeden Tag Schadensersatz fordern. Er kann für Sie erheblich werden, weil zusammen mit dem Eröffnungstermin am 2. Mai in der Südstadt ein Stadtteilfest stattfinden wird.

Ich hoffe, dass Sie Ihrer Lieferungsverpflichtung rechtzeitig nachkommen werden.

Hochachtungsvoll

Deskau
Deskau

Geschäftsräume:	Telefax	E-Mail	Kreissparkasse Hannover	Postbank Hannover
Bandelstraße 7	0511 753035	inesdeskau-wvd@t-online.de	Konto-Nr. 801611333	Konto-Nr. 757575757
30171 Hannover			BLZ 250 502 99	BLZ 250 100 30

Abstrakte Schäden liegen immer dann vor, wenn sie nur geschätzt werden können oder schwer zu beweisen sind.

> **Beispiel**
>
> Der entgangene Gewinn des Käufers:
> Ihm sind beispielsweise Kundenaufträge verloren gegangen, weil er durch die verzögerte Warenlieferung seinen Kunden gegenüber nicht lieferfähig war.

Kommt der Warengläubiger durch die Lieferungsverzögerung selbst in Lieferungsverzug, so muss der säumige Lieferant auch diesen Schaden übernehmen.

Da derartige Probleme bei der Schadensberechnung häufig zu gerichtlichen Auseinandersetzungen führen, sollte der Käufer schon bei Vertragsabschluss eine **Konventionalstrafe** (= Vertragsstrafe) vereinbaren. Sie ist zu zahlen, sobald der Verkäufer in Lieferungsverzug gerät. Neben der Konventionalstrafe kann der Käufer weiterhin auf Lieferung bestehen.

Die Unmöglichkeit der Lieferung

Befindet sich der Lieferer im Lieferungsverzug, so bedeutet dies, dass er zwar zum vereinbarten Termin nicht liefern kann, doch später seine Leistung ohne weiteres erbringen könnte.

Ist die Lieferung allerdings auch später nicht mehr möglich, also nicht mehr nachholbar, so spricht man von **Unmöglichkeit** der Lieferung. Dabei gilt es zu unterscheiden zwischen

- **anfänglicher Unmöglichkeit:** Der Schuldner kann die Lieferung nicht erbringen, weil diese nie erbracht werden konnte, und
- **nachträglicher Unmöglichkeit:** Der Schuldner kann die Lieferung nach Vertragsschluss und vor dem Liefertermin nicht mehr erbringen (= Pflichtverletzung).

> **Beispiel**
>
> Der Kunstsammler Schobel kauft von einem Antiquitätenhändler ein Bild von einem bekannten Künstler. Die Übergabe des Gemäldes soll am darauf folgenden Tag erfolgen. In der Nacht wird das Gemälde gestohlen. Die Lieferung ist für den Verkäufer nicht mehr nachholbar, d. h., es ist für ihn unmöglich geworden, die Ware zu liefern *(= nachträgliche Unmöglichkeit).*
>
> V und K schließen einen Kaufvertrag über ein goldenes Armband. Durch Unachtsamkeit fällt V einen Tag vor der vereinbarten Übergabe das Armband auf einer Hochsee-Angeltour auf der Nordsee ins Meer. Da nun feststeht, dass A nicht leisten wird, weil er nicht leisten kann, steht auch die (nachträgliche) *Unmöglichkeit* fest.
>
> Frau Looks und Herr Pohl schließen einen Kaufvertrag über ein Grundstück auf einer karibischen Insel ab. Frau Looks weiß, dass dieses Grundstück nie existiert hat.

→ Anspruchsgrundlage: §§ 311 a II, 275 BGB *anfängliche Unmöglichkeit;* Rechtsfolge: Schadensersatz statt der Lieferung oder Aufwendungsersatz.

Bei jeglicher Art von Unmöglichkeit **entfällt der vertragliche Anspruch auf Lieferung** (§ 275 I BGB), und zwar unabhängig davon, ob es sich um eine anfängliche oder nachträgliche Unmöglichkeit handelt. Auch die Frage des Verschuldens (Vertretens der Unmöglichkeit) spielt in diesem Zusammenhang keine Rolle. Der Lieferer wird damit von der Lieferung frei.

Bei **nachträglicher Unmöglichkeit,** die also nach Vertragsschluss eingetreten ist, haftet der Lieferer (Schuldner) dem Käufer (Gläubiger) auf *Schadensersatz statt der Lieferung* nach den §§ 280 I und III, 283 BGB, was ein (vermutetes) Vertretenmüssen voraussetzt (§ 280 I 2 BGB).

Keine Verletzung der Leistungspflicht stellt der Fall der **anfänglichen Unmöglichkeit** dar. Da hier von Anfang an keine Pflichtverletzung entsteht, kann der Schuldner diese auch nicht verletzen. Es existiert ein **Leistungshindernis;** der Schuldner kann und konnte die Leistung nie erbringen (es besteht zwar ein wirksamer Vertrag, aber keine Primärleistungspflicht!).

Der Gläubiger kann dann anstelle der vereinbarten Leistung nach seiner Wahl entweder *Schadensersatz* oder *Aufwendungsersatz* verlangen (§ 311 a II BGB). Dies gilt nicht, wenn der Schuldner bei Vertragsschluss den Grund für die Unmöglichkeit nicht kannte und seine Unkenntnis auch nicht zu vertreten hat.

In besonderen Fällen kann der Gläubiger auch den *Rücktritt* wählen (§ 326 V BGB), wobei die ansonsten für den Rücktritt erforderliche **Fristsetzung entfällt,** da sie bei einer unmöglich gewordenen Lieferung keinen Sinn macht.

In der Praxis ist eine Fristsetzung allerdings dann zu empfehlen, wenn für den Käufer unklar ist, aus welchem Grund der Lieferer nicht liefert. Nach ergebnislosem Ablauf der Frist kann der Käufer dann zurücktreten, auch wenn die Nichtlieferung auf Unmöglichkeit beruht. Das Rücktrittsrecht kann mit dem Schadensersatzrecht **kombiniert** geltend gemacht werden.

Aufgaben

1. Herr Kaufmann, Einzelhändler für Feinkostwaren, bestellt am 15. August bei dem Käsegroßhändler Bernd Wolf e. Kfm. 200 kg französischen Camembert, zum Preis von 6,20 Euro pro kg. Die Lieferung soll unverzüglich erfolgen.

   Nach vier Wochen ist der Käse immer noch nicht bei Kaufmann eingetroffen, weil in der Großhandlung Wolf ein Mitarbeiter den Auftrag versehentlich als erledigt abgelegt hatte.

   a) Befindet sich der Käsegroßhändler Wolf in Lieferungsverzug? Begründen Sie Ihre Antwort.
   b) Was sollte Herr Kaufmann unternehmen, wenn der Preis dieses Käses inzwischen um 17 % gestiegen ist?
   c) Welche Voraussetzungen müssen für den Eintritt des Lieferungsverzuges im Allgemeinen vorliegen?

2. Welches der ihm zustehenden Rechte wird der Käufer beim Lieferungsverzug geltend machen?

3. Wie wird die Höhe eines Schadens berechnet?

4. Nach einer Ware besteht unerwartet große Nachfrage. Der Einzelhändler verkauft die erste Sendung innerhalb von nur vier Tagen restlos. Daraufhin bestellt er weitere Sendungen beim Großhändler zur Lieferung „sobald wie möglich". Diese Sendung trifft jedoch später ein als üblich. Zwischenzeitlich hätte der Einzelhändler einen großen Teil der Ware verkaufen und einen erheblichen Gewinn machen können.

   Welches Recht kann er gegenüber dem Großhändler geltend machen?

5. Ein Lieferer der Einzelhandlung Paul Münch e. Kfm. befindet sich bereits im Lieferungsverzug (Nicht-Rechtzeitig-Lieferung). Daraufhin fordert der Einzelhändler Ersatz des Verzögerungsschadens und besteht aber weiterhin auf die Lieferung (Erfüllung). In welchen Fällen könnte Herr Münch auf eine Mahnung als Voraussetzung für die Nicht-Rechtzeitig-Lieferung verzichten?

6. Nennen Sie drei Kaufvertragsvereinbarungen, bei denen der Verkäufer bei Nichterfüllung ohne Mahnung in Verzug gerät.

7. Wann kommt der Verkäufer bei folgenden Lieferterminen in Verzug?
   a) am 22. August 20..
   b) lieferbar ab Januar
   c) heute in vier Monaten
   d) im Laufe der zweiten Novemberhälfte
   e) bis 30. November 20..
   f) 23. September 20.. fix
   g) drei Wochen nach Abruf
   h) sofort

8. Ein Hotelier bestellt am 12. September bei einem Supermarkt 120 Flaschen Rotwein, Liefertermin 26. September. Der Einzelhändler hat die Bestellung daraufhin unverzüglich an seinen Lieferanten weitergeleitet. Aufgrund unvorhergesehener Zwischenfälle erhält der Supermarkt den Rotwein erst drei Tage später, nämlich am 29. September.

   Welche Rechte hat der Hotelier gegenüber dem Supermarkt?

9. Die Spielwareneinzelhandlung Mönckemeyer OHG, Gartenstraße 26, 82481 Mittenwald, bestellt am 15. November 20.. bei der Großhandlung Schroeder GmbH, Illingstraße 131, 81379 München, 100 Modelleisenbahn-Grundkästen „Tandem" für das Weihnachtsgeschäft.

   Großhändler Schroeder sagt die Lieferung bis Ende November zu. Am 2. Dezember sind die Kästen in der Spielwareneinzelhandlung Mönckemeyer immer noch nicht eingetroffen.

   Schreiben Sie für den Einzelhändler Mönckemeyer an den Großhändler Schroeder.

10. Die Textileinzelhandlung Kiehl OHG bestellt am 6. Juni für ihre internen Verkäuferschulungen ein neues Videosystem bei der ViTeMa GmbH. Es wird vertraglich festgelegt, dass die komplette Anlage bis zum 20. Juni geliefert werden soll, da am 21.06. eine groß geplante Schulungsveranstaltung stattfindet, an der auch Personal von diversen Filialen teilnehmen wird.

    Als Frau Morgen von der Kiehl OHG am Morgen des 20.06. bei ViTeMa anruft, teilt ihr der Verkaufschef mit, dass die Bestellung irrtümlicherweise von einem Mitarbeiter falsch einkuvertiert wurde und insofern den eigenen Lieferanten erst am 18.06. erreicht hat. Die Anlage sei daher erst Ende Juni lieferbar. Damit die Schulung dennoch stattfinden kann, mietet die Kiehl OHG nun bei einem Fachgeschäft für Elektronik eine technisch vergleichbare Anlage zum Mietpreis von 250 Euro für den Schulungstag.

    a) Überprüfen Sie, ob sich die ViTeMa GmbH bereits in Lieferungsverzug befindet.
    b) Kann die Kiehl OHG Ersatz der Kosten für das ersatzweise Mieten der anderen Anlage von der ViTeMa GmbH verlangen?

11. Die in Aufgabe 10 von der Kiehl OHG bestellte Videoanlage wird – wie vom Hersteller zugesichert – am 29. Juni bei der ViTeMa GmbH angeliefert. Während der firmeneigenen Auslieferung am nächsten Tag verunglückt der Transporter auf dem Weg zur Kiehl OHG wegen einer Ölspur auf der Bundesstraße. Die ViTeMa GmbH kann die gleiche Anlage nun nicht mehr beschaffen, da der Hersteller nur eine begrenzte Auflage angeboten hatte. Wie beurteilen Sie die Rechtslage?

12. Die in Aufgabe 10 von der Kiehl OHG bestellte Videoanlage kann lt. Aussage der ViTeMa GmbH aufgrund von Produktionsengpässen beim Hersteller vorläufig nicht geliefert werden. Man glaubt

allerdings, die Anlage in vier bis fünf Wochen nachliefern zu können. Da man in der Kiehl OHG verständlicherweise nicht so lange warten möchte, soll eine technisch baugleiche Kompaktanlage bei einem anderen Händler gekauft werden. Zuvor wird der ViTeMa GmbH eine Nachfrist von 14 Tagen (bis zum 5. Juli) zur Lieferung der am 6. Juni bestellten Videoanlage gesetzt. Als nach Ablauf der Frist die Anlage nicht eingetroffen ist, wird die Alternativanlage zu einem allerdings 210 Euro höheren Preis gekauft.

Anschließend teilt die Kiehl OHG der ViTeMa GmbH mit, dass man auf die weitere Lieferung verzichtet und den bezahlten Mehrpreis erstattet haben möchte. Die ViTeMa GmbH weigert sich mit Hinweis auf die Regelungen des Schuldrechts. Wie ist die Rechtslage?

13. Ein Einzelhändler tritt aufgrund der verspäteten Lieferung vom Kaufvertrag zurück und verlangt darüber hinaus Schadensersatz statt der Lieferung. In welchen Fällen kann er auf das Setzen einer angemessenen Nachfrist verzichten?

14. Aufgrund der bevorstehenden Modemesse wurde zunächst auf die Festlegung eines Liefertermins verzichtet. Als einige Tage später der Preis für Merinowolle auf dem Weltmarkt ansteigt, weigert sich die Strickwarenfabrik, die Sendung zu den ausgehandelten Konditionen auszuliefern. Welche Rechte hat ein Kunde gegenüber der Strickwarenfabrik?

15. Eine Lebensmitteleinzelhandlung vereinbare am 12. Mai mit einem Großhändler für russischen Kaviar die Lieferung von 10 Kartons bis spätestens 27. Mai. Als am 28. Mai die Sendung immer noch nicht eingetroffen ist, deckt sich der Einzelhändler zwei Tage später bei einem anderen Lieferanten zu einem darüber hinaus wesentlich preisgünstigeren Preis mit Kaviar ein und verzichtet auf die weitere Erfüllung des Vertrages.

Der Kaviarlieferant wird hierüber noch am gleichen Tag telefonisch informiert, wobei dieser allerdings unmissverständlich auf die Abnahme der bestellten 10 Kartons zum ursprünglich vereinbarten Preis besteht. Wie beurteilen Sie den Sachverhalt?

16. Tim Schwarz und Herr Himmler schließen am 28. April einen Leihvertrag über einen Smoking für den bevorstehenden Frühlingsball am 07.05. Vor der vereinbarten Übergabe am 06.05. wird der Anzug durch einen Brand im Lager von Herrn Himmler vernichtet. Der Brand, hervorgerufen durch einen Kurzschluss, wurde von Herrn Himmler selbst leicht fahrlässig verursacht. Daraufhin muss sich Tim Schwarz nun für den Abschlussball einen Smoking für 150 Euro bei einem anderen Verleiher mieten. Wenige Tage nach dem Ball verlangt Tim diesen Betrag von Herrn Himmler. Hat er Aussicht, die 150 Euro ersetzt zu bekommen? Begründen Sie Ihre Stellungnahme.

17. Manfred Kühnast, Buchhändler in Leipzig, verkauft u. a. an Berufsschüler neben den Wirtschaftslehrebüchern auch das Prüfungsvorbereitungsbuch für den Kaufmann/-frau zum Einzelhandel aus dem Winklers Verlag Darmstadt. Mit dem Winklers Verlag wird generell die Vereinbarung getroffen, dass Bestellungen innerhalb von drei Tagen nach Eingang in Darmstadt ausgeliefert werden. Drei Monate vor der Sommerabschlussprüfung hat Herr Kühnast eine besonders große Nachfrage nach der Vorbereitungslektüre, sodass eine Nachbestellung von 150 Exemplaren notwendig wurde. Der Verlag, bei dem weitere Großbestellungen zu diesem Zeitpunkt eingehen, beliefert wegen des Auslieferungsengpasses zunächst die größeren Buchhandlungen. Buchhändler Kühnast erhält die bestellten 150 Exemplare daher erst nach 14 Tagen. Die Folge war der Verlust von mindestens 60 potenziellen Kunden (Berufsschülern), die sich zwischenzeitlich das Buch bei der Konkurrenz besorgt haben. Herr Kühnast will den Schaden vom Winklers Verlag verständlicherweise ersetzt haben. Aus Darmstadt erhält er daraufhin die Antwort, dass man diesen Verkaufserfolg des Buches nicht vorhersehen konnte. Darüber hinaus wurde von diesem Buch schon eine deutlich höhere Auflage gedruckt als es bei anderen Lehrbüchern der Fall sei.

Wie beurteilen Sie unter Berücksichtigung der Einwendungen des Winklers Verlages die Möglichkeit von Herrn Kühnast, sich mit seiner Forderung durchzusetzen?

18. Frau Hansen, Einzelhändlerin in Rostock, und der Dekorateur R. Clemens schließen am 14. April einen Kaufvertrag über diverse Dekorationsstücke für die Einweihung der neuen Geschäftsräume am 02.05. ab. Vereinbart wird, dass Clemens die Kunstbäume, Banderolen, Ständer usw. zum 30. April liefert. Frau Hansen, Inhaberin des Geschäftes, weist ihn darauf hin, dass das Material für die Neueröffnung am 02.05. unbedingt an diesem Tag benötigt wird, da eine Anlieferung wegen des arbeitsfreien 1. Mai ja wegfällt.

Herr Clemens liefert letztlich aber weder am 30.04. noch am 02.05.

Daraufhin setzt ihm Frau Hansen eine Frist bis zum 10. Mai, da wegen einiger Schwierigkeiten mit der Tischlerei, die für die Inneneinrichtung verantwortlich war, die Neueröffnung ohnehin auf den 12.05. verschoben werden musste.

Clemens lässt aber auch bis zu diesem Termin nichts von sich hören. Als er schließlich am 22. Mai liefern will, lehnt Frau Hansen dies ab: Die Einzelhändlerin habe sich die notwendigen Ausrüstungsgegenstände für die Eröffnung inzwischen bei einem anderen Dekorationsunternehmen besorgen müssen, was das Unternehmen 120 Euro mehr gekostet habe, die Clemens nun ersetzen solle. Dekorateur Clemens beruft sich darauf, dass nicht er die Lieferung des Dekomaterials vergessen habe, sondern sein Angestellter Franz Lein.

a) Muss das Dekorationsunternehmen R. Clemens e. Kfm. die geforderten 120 Euro ersetzen?

b) Kann Einzelhändlerin Hansen Schadensersatz verlangen, wenn sie zuvor vom Vertrag zurückgetreten ist?

19. Ein Lebensmitteleinzelhändler bestellt bei einem Großhändler 40 Flaschen Rotwein Paul Masson Burgundy Carlifornia für 288 €. Der Großhändler soll vereinbarungsgemäß am 12. September liefern, doch die Sendung bleibt aus. Daraufhin tritt der Einzelhändler vom Vertrag zurück und kauft den Wein, der mittlerweile aufgrund des stärker gewordenen Euro billiger geworden ist, bei einem anderen Spirituosengroßhändler für nur 244,80 € ein.

Am 14.09. liefert der ursprüngliche Großhändler die 40 Flaschen Rotwein und besteht auf Begleichung der Rechnung in Hohe von 288 €. Wird er sein Geld bekommen?

Zusammenfassung

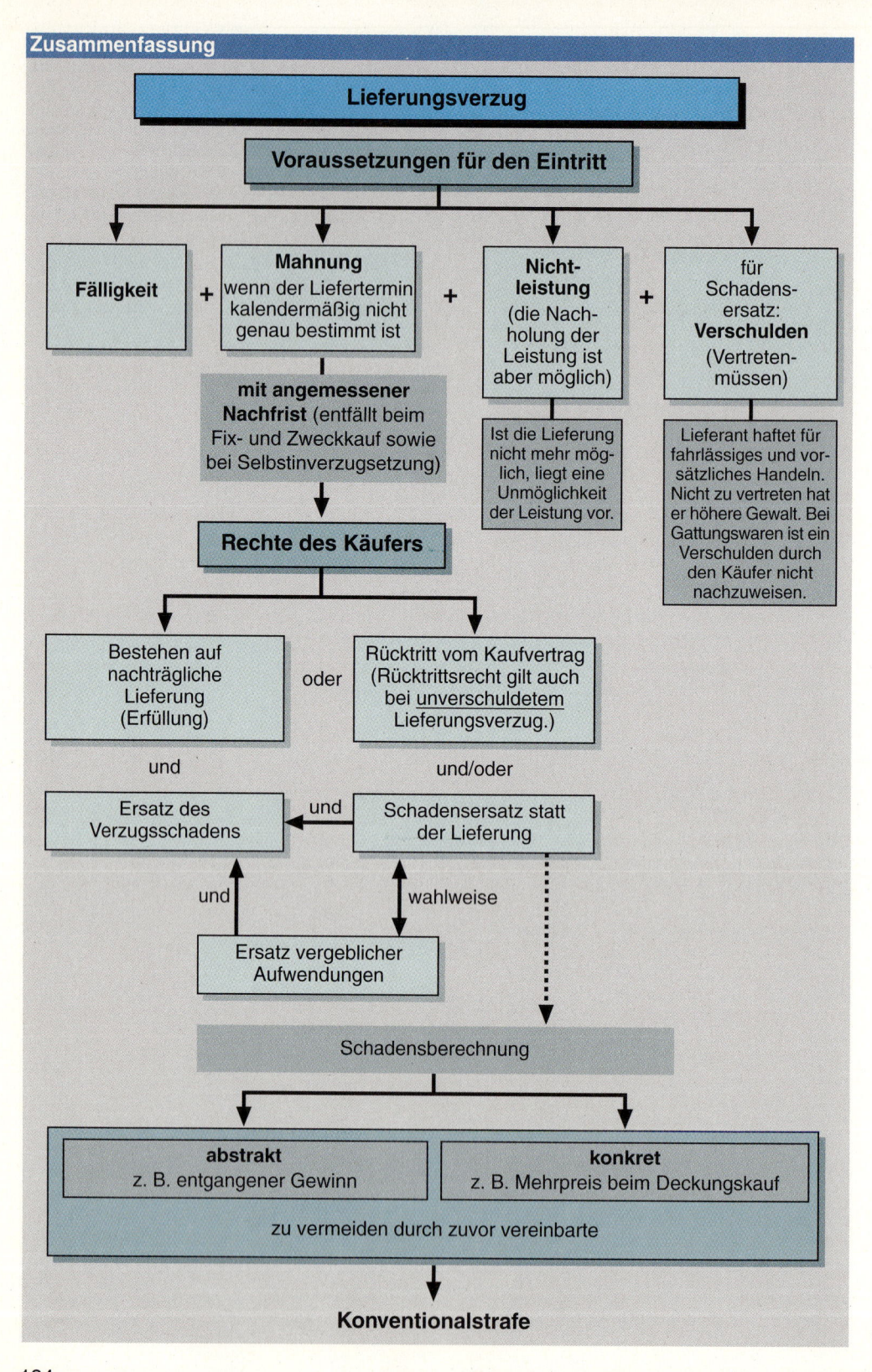

Lieferungsverzug

Voraussetzungen für den Eintritt

- **Fälligkeit**
- **+**
- **Mahnung** wenn der Liefertermin kalendermäßig nicht genau bestimmt ist
  - **mit angemessener Nachfrist** (entfällt beim Fix- und Zweckkauf sowie bei Selbstinverzugsetzung)
- **+**
- **Nichtleistung** (die Nachholung der Leistung ist aber möglich)
  - Ist die Lieferung nicht mehr möglich, liegt eine Unmöglichkeit der Leistung vor.
- **+**
- für Schadensersatz: **Verschulden** (Vertretenmüssen)
  - Lieferant haftet für fahrlässiges und vorsätzliches Handeln. Nicht zu vertreten hat er höhere Gewalt. Bei Gattungswaren ist ein Verschulden durch den Käufer nicht nachzuweisen.

Rechte des Käufers

- Bestehen auf nachträgliche Lieferung (Erfüllung)
- oder
- Rücktritt vom Kaufvertrag (Rücktrittsrecht gilt auch bei <u>unverschuldetem</u> Lieferungsverzug.)

und / und/oder

- Ersatz des Verzugsschadens ← und — Schadensersatz statt der Lieferung
- und ↕ wahlweise
- Ersatz vergeblicher Aufwendungen

Schadensberechnung

- **abstrakt** z. B. entgangener Gewinn
- **konkret** z. B. Mehrpreis beim Deckungskauf

zu vermeiden durch zuvor vereinbarte

Konventionalstrafe

4.19 Annahmeverzug (Gläubigerverzug)

Die Großhandlung Caulmanns & Co., Hannover, liefert ordnungsgemäß 50 Kisten Ceylontee an einen langjährigen Kunden, den Einzelhändler Hans Körbel in Berlin. Vereinbart war zwischen den Vertragspartnern im Kaufvertrag vom 13. August „Lieferung in vier Wochen".

Auf der Fahrt wird der LKW jedoch durch einen Stau unvorhergesehen lange aufgehalten, sodass er mit der Ware einen Tag verspätet erst am 14. September in Berlin ankommt.

Daraufhin weigert sich Hans Körbel, den Tee abzunehmen mit dem Hinweis, dass Caulmanns & Co. zu spät geliefert habe. Ausschlaggebend war dabei, dass zwischenzeitlich die Teepreise gesunken sind und Hans Körbel die gleiche Ware von einem anderen Verkäufer nun preisgünstiger einkaufen kann.

Nach telefonischer Rücksprache mit seinem Chef in Hannover fährt der LKW-Fahrer die Wagenladung Tee vorerst zur Einlagerung in die Berliner Lagerhaus AG. Zu allem Unglück werden dabei zehn Kisten Tee durch einen Unfall, an dem der hannoversche Fahrer schuldlos war, vernichtet.

Prüfen Sie,

a) ob Hans Körbel die Annahme des Tees verweigern durfte und
b) wer für den Schaden an der Ware haften muss.

Information

Der Käufer kommt in **Annahmeverzug,** wenn er die ihm ordnungsgemäß gelieferte Ware nicht annimmt (§ 293 BGB).

Anders als beim Lieferungsverzug, bei dem es sich um eine Pflichtverletzung des Verkäufers (= Schuldner) handelt, liegt beim Annahmeverzug eine Pflichtverletzung durch den Käufer (= Gläubiger) vor. Man spricht daher auch vom Gläubigerverzug.

Voraussetzungen für den Eintritt des Annahmeverzugs

- **Fälligkeit der Lieferung**
  Damit der Annahmeverzug eintritt, muss die Lieferung fällig sein.

- **Tatsächliches Angebot der Lieferung**

Der Verkäufer muss dem Käufer die Ware tatsächlich liefern, und zwar zur richtigen Zeit, am richtigen Ort und in der vereinbarten Art und Weise (Art, Güte, Menge). (§ 294 BGB)

- **Nichtannahme**

Der Käufer muss die ordnungsgemäß gelieferte Ware nicht angenommen haben.

Der Annahmeverzug setzt **kein Verschulden** voraus. Es ist daher gleichgültig, ob der Käufer an der Nichtannahme schuldlos ist oder nicht.

> **Beispiel**
> Aufgrund eines Hundebisses fährt der Elektroeinzelhändler Held unverzüglich ins Krankenhaus und muss sich dort mehrere Stunden aufhalten. In der Zwischenzeit liefert der Großhändler Schwerdtfeger per Lkw ordnungsgemäß zehn bestellte Farbfernseher an. Er trifft niemanden an – Held gerät in Annahmeverzug.

Folgen des Annahmeverzugs

Nach Eintritt des Annahmeverzugs haftet der Verkäufer nur noch für Vorsatz und grobe Fahrlässigkeit (§ 300 I BGB).

Bei Gattungswaren trägt der Käufer die Gefahr für die Ware vom Zeitpunkt der Annahmeverweigerung. Er haftet nun nicht nur für leichte Fahrlässigkeit, sondern auch für Schäden, die durch Zufall, z. B. höhere Gewalt, eintreten (§ 300 II BGB).

> **Beispiel**
> Der Käufer hat die Annahme der Ware verweigert. Daraufhin lagert der Verkäufer sie bei sich ein. Durch leichte Fahrlässigkeit eines Lagerarbeiters wird die Ware durch Brand vernichtet. Der Käufer muss dennoch den Warenpreis zahlen. Anspruch auf die Ware hat er nicht mehr.

Rechte des Verkäufers

Liegen die Voraussetzungen für den Eintritt des Annahmeverzugs vor, so stehen dem Verkäufer wahlweise folgende Rechte zu:

- **Rücktritt vom Kaufvertrag**
  Der Verkäufer tritt vom Kaufvertrag zurück. Der Rücktritt ist nicht von einem Verschulden des Käufers abhängig und schließt nicht die Geltendmachung von Schadensersatz aus.
  Von seinem Recht auf Rücktritt wird der Verkäufer Gebrauch machen, wenn
  - er die Ware anderweitig verkaufen kann,
  - die Verkaufspreise zwischenzeitlich gestiegen sind,
  - er es mit einem guten Kunden zu tun hat (Kulanz),
  - es sich um einen geringfügigen Rechnungsbetrag handelt.

- **Bestehen auf Erfüllung des Kaufvertrages** (siehe Kapitel 4.9)
  Bis zur endgültigen Klärung der Sachlage muss er dafür sorgen, dass die Ware aufbewahrt wird, z. B. in einem öffentlichen Lagerhaus oder in seinem eigenen Lager (= Hinterlegungsrecht; § 373 HGB). Die Kosten der Lagerung und die Haftung für die Ware trägt der Käufer. Der Aufbewahrungsort muss dem Käufer unverzüglich mitgeteilt werden (§§ 374, 381 BGB).

  Gleichzeitig kann der Verkäufer *wahlweise* folgende Rechte in Anspruch nehmen:

  - **Bestehen auf Abnahme der Ware**
    Der Verkäufer verklagt den Käufer auf Abnahme der Ware. Er wird dies in Erwägung ziehen, wenn er die Ware anderweitig nicht mehr oder nur mit Verlust verkaufen kann. Nachteile des Klageweges: Er ist sehr zeitraubend, gefährdet die Geschäftsbeziehung und erhöht die Lager- und Gerichtskosten.

  - **Selbsthilfeverkauf**
    Um eine Klage zu umgehen, kann der Verkäufer die eingelagerte und hinterlegte Ware im Selbsthilfeverkauf verkaufen, und zwar
    – in einer öffentlichen Versteigerung, z. B. durch einen Gerichtsvollzieher,
    – oder im freihändigen Verkauf, z. B. durch einen anerkannten Handelsmakler, vorausgesetzt die Ware hat einen Börsen- oder Marktpreis (z.B. Kaffee, Getreide, Tee, Kupfer) (§ 383 ff. BGB; § 373 HGB).

Die Durchführung des Selbsthilfeverkaufs (für Rechnung des Käufers) ist zum Schutz des Käufers an **bestimmte Voraussetzungen** gebunden. Der Verkäufer muss

– dem Käufer den Selbsthilfeverkauf androhen und ihm eine angemessene Nachfrist zur Abnahme der Ware setzen;
  Ausnahme: Bei leicht verderblichen Waren, wie z. B. Gemüse, Schnittblumen, Obst **(Notverkauf)** (§ 384 I BGB);
– ihm rechtzeitig mitteilen, wo und wann der Selbsthilfeverkauf stattfinden wird, damit er selbst mitbieten kann (§ 384 II BGB);
– ihn nach abgeschlossenem Selbsthilfeverkauf unverzüglich unterrichten und ihm die Abrechnung übersenden.

Den Mindererlös (= Differenz zwischen Preis und Erlös) sowie die Kosten des Selbsthilfeverkaufs muss der Käufer tragen; ein etwaiger Mehrerlös ist an den Käufer auszuzahlen, denn die Versteigerung erfolgt auf Kosten und Gefahr des Käufers (§ 304 BGB).

An Kosten können anfallen:

– für die Benachrichtigung des Schuldners (eingeschriebener Brief mit Rückschein),
– für den Transport, die Versicherung und die Lagerung der Ware,
– für den Auktionator.

Caulmanns & Co. KG · Teeimporteur
Sedanstraße 135 – 30161 Hannover

Caulmanns & Co. KG • Sedanstraße 135 • 30161 Hannover

Teetruhe
Körbel & Hansen
Goltzstraße 33

10781 Berlin

Ihr Zeichen, Ihre Nachricht vom	Unser Zeichen, unsere Nachricht vom	Durchwahl-Nr.	Datum
Kö-Fa ..-08-11	Ca-Bo ..-08-13	442560	..-09-15

Annahmeverweigerung

Sehr geehrte Damen und Herren,

wie mir unser Lkw-Fahrer, Herr Ludwig, gestern telefonisch mitteilte, haben Sie die Annahme der ordnungsgemäß am 14. September gelieferten 50 Kisten Ceylontee mit dem Hinweis verweigert, dass verspätet geliefert worden sei.

Da die rechtlichen Voraussetzungen für einen Lieferungsverzug nicht vorliegen, ist Ihre Annahmeverweigerung unbegründet.

Der Tee befindet sich mittlerweile bei der Berliner Lagerhaus AG und wird dort bis zum 21. September auf Ihre Kosten und Gefahr eingelagert. Sollte ich bis zu diesem Zeitpunkt keine Nachricht von Ihnen erhalten haben, wird der Tee am 23. September in den Lagerräumen der Lagerhaus AG öffentlich versteigert.

Den Zeitpunkt der Versteigerung werde ich Ihnen rechtzeitig mitteilen.

Ich hoffe, dass Sie bei nochmaliger Überprüfung der Rechtslage die 50 Kisten Tee annehmen werden.

Hochachtungsvoll

Caulmanns
Caulmanns, Geschäftsführer

Geschäftsräume:	Telefax	E-Mail	Kreissparkasse Hannover	Sparda-Bank Hannover eG
Sedanstraße 135	0511 442570	caulmanns-wvd@t-online.de	Konto-Nr. 808070605	Konto-Nr. 100200330
30161 Hannover			BLZ 250 502 99	BLZ 250 905 00

Aufgaben

1. Die Annahme einer bestellten und ordnungsgemäß gelieferten Ware wird vom Käufer ohne Angabe von Gründen abgelehnt. Wie verhält sich der Verkäufer richtig?
2. Welche Rechte hat der Verkäufer beim Annahmeverzug?
3. Welche Haftungsfolgen ergeben sich für den Verkäufer durch den Annahmeverzug?
4. Bei einer Versteigerung wird im Rahmen eines Selbsthilfeverkaufs für die Ware ein höherer Preis erzielt als die Vertragspartner im Kaufvertrag vereinbart hatten. Wie beurteilen Sie die Rechtslage?
5. Unter welchen Voraussetzungen tritt Annahmeverzug ein?
6. Welche Vorschriften sind bei der Durchführung des Selbsthilfeverkaufs vom Verkäufer zu beachten?
7. Unter welchen Umständen braucht die vorherige Androhung des Selbsthilfeverkaufs nicht zu erfolgen?

8. Wodurch unterscheidet sich der freihändige Verkauf vom Notverkauf?
9. Nennen Sie jeweils drei Warenarten, die beim freihändigen Verkauf bzw. beim Notverkauf gehandelt werden.
10. Welche Überlegungen können den Verkäufer veranlassen von seinem Rücktrittsrecht Gebrauch zu machen?

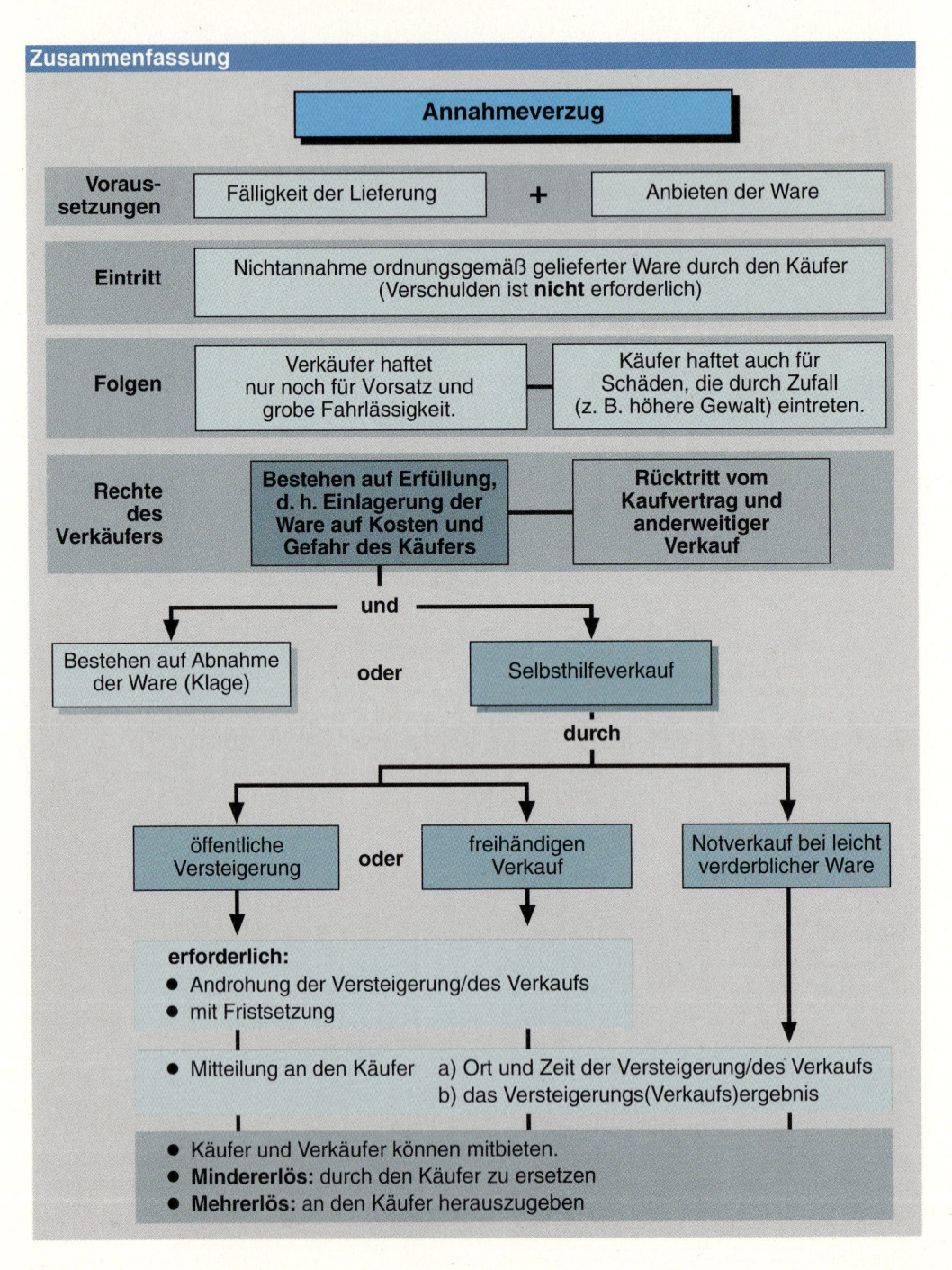

Zusammenfassung

Annahmeverzug

Voraussetzungen: Fälligkeit der Lieferung + Anbieten der Ware

Eintritt: Nichtannahme ordnungsgemäß gelieferter Ware durch den Käufer (Verschulden ist **nicht** erforderlich)

Folgen:
- Verkäufer haftet nur noch für Vorsatz und grobe Fahrlässigkeit.
- Käufer haftet auch für Schäden, die durch Zufall (z. B. höhere Gewalt) eintreten.

Rechte des Verkäufers:
- Bestehen auf Erfüllung, d. h. Einlagerung der Ware auf Kosten und Gefahr des Käufers
- Rücktritt vom Kaufvertrag und anderweitiger Verkauf

und

- Bestehen auf Abnahme der Ware (Klage)

oder

- Selbsthilfeverkauf

durch

- öffentliche Versteigerung
- oder freihändigen Verkauf
- Notverkauf bei leicht verderblicher Ware

erforderlich:
- Androhung der Versteigerung/des Verkaufs
- mit Fristsetzung
- Mitteilung an den Käufer
  a) Ort und Zeit der Versteigerung/des Verkaufs
  b) das Versteigerungs(Verkaufs)ergebnis

- Käufer und Verkäufer können mitbieten.
- **Mindererlös:** durch den Käufer zu ersetzen
- **Mehrerlös:** an den Käufer herauszugeben

4.20 Zahlungsverzug (Nicht-Rechtzeitig-Zahlung)

Nach der Rückkehr aus seinem Urlaub am 8. April lässt sich der Abteilungsleiter des Rechnungswesens des Schuhhauses Gustav Schrei OHG durch das EDV-gestützte Warenwirtschaftssystem die Liste der demnächst fälligen Eingangsrechnungen ausdrucken:

```
FÄLLIGKEITSLISTE           STAND  ALLE           DATUM: ..-03-28        SEITE:1
HAUS LIEF   NAME     RE-NR.   RE-DATUM   BEL-NR.   WE-DATUM   FÄLLIG   ART   BRUTTO   SKONTO    NETTO
1    700 000 SCHUH-    1/HH    ..-04-05   123 456   ..-04-01   ..-04-15        570,00    22,80   547,20
             MACHEREI 12/HH    ..-02-22   123 361   ..-02-28   ..-03-24      1.300,00    24,00 1.276,00
             RADTKE  123/HH    ..-02-15   123 920   ..-03-05   ..-03-30        228,00     4,56   223,44
```

Der Ausdruck zeigt bei dem Lieferanten Radtke eine am 24. März fällig gewesene Rechnung. Der Betrag in Höhe von 1.300,00 € wurde durch die Unachtsamkeit eines Mitarbeiters der Schuhmacherei Radtke nicht überwiesen.

Welche Folgen könnte das Überschreiten des Fälligkeitstages für das Schuhhaus Schrei haben?
Schlagen Sie Maßnahmen vor, die der Abteilungsleiter ergreifen sollte.

Information

Der Käufer hat die Pflicht, den vereinbarten Kaufpreis rechtzeitig zu bezahlen (§ 433 II BGB). Ist eine Zeit für die Zahlung weder festgelegt noch aus den Umständen zu entnehmen, kann der Verkäufer (Gläubiger) sie sofort verlangen: Zug-um-Zug (Ware gegen Geld) ist die gesetzliche Regelung (§ 271 BGB). Zahlt er nicht oder nicht rechtzeitig, kann er in Zahlungsverzug geraten. Da der Käufer als Geldschuldner mit der Erfüllung seiner Pflicht im Verzug ist, spricht man auch von *Schuldnerverzug*.

Gründe für den Käufer, die Zahlung zu verzögern, können sein:
- Zahlungsunfähigkeit
- Zahlungsunwilligkeit
- Vergesslichkeit bzw. Unaufmerksamkeit

Voraussetzungen für den Zahlungsverzug

- **Nicht rechtzeitige oder nicht vollständige Zahlung**
- **Die Zahlung muss fällig sein.** Die Zahlung hat sofort zu erfolgen, falls keine besondere Vereinbarung getroffen wurde (§ 271 BGB).
- **Der Verkäufer muss den Käufer mahnen** (§ 286 I BGB), wenn der Zeitpunkt der Zahlung im Kaufvertrag kalendermäßig nicht genau vereinbart ist oder sich kalendermäßig nicht berechnen lässt, z. B. „Zahlung sofort" oder „Zahlbar ab März ...".
- **Verschulden** (Vertretenmüssen) des Zahlungsverzugs durch den Käufer (Schuldner) (§ 286 IV BGB).

Eintritt

Durch die Mahnung gerät der Käufer in Zahlungsverzug (ab Zugang; § 286 I BGB).

Ohne Mahnung tritt der Zahlungsverzug ein (§ 286 II Nr. 1 bis 4 BGB)

- wenn **ein nach dem Kalender genau bestimmter** bzw. **bestimmbarer Zahlungstermin** vereinbart wurde. Der Käufer gerät in Verzug, sobald der Zahlungstermin abgelaufen ist (§ 286 II S. 1 BGB).

Demnach kann z. B. eine Vertragsbestimmung, wonach der Kaufpreis „14 Tage nach Rechnungserhalt" zu zahlen ist, einen **Zahlungsverzug** nach ergebnislosem Ablauf dieser Zahlungsfrist **ohne eine Mahnung** herbeiführen. Begründung: Dem Zeitpunkt der Zahlung geht ein bestimmtes Ereignis voraus; die Leistungszeit lässt sich insofern kalendermäßig von diesem Ereignis an berechnen;

> **Weitere Beispiele**
> Folgende Formulierungen gelten als genau bestimmte bzw. bestimmbare Termine:
> – „Zahlung am 20. April 20.."
> – „Zahlbar bis 20. Januar 20.."
> – „Zahlung Mitte Mai 20.."
> – „Zahlbar bis Ende Oktober"
> – „20 Tage nach Kündigung";

- **spätestens 30 Tage nach Fälligkeit und Zugang einer Rechnung** oder gleichwertigen Zahlungsaufstellung (§ 286 III Satz 1 BGB).

Der Sinn dieser Regelung besteht darin, dass eine Mahnung aufgrund der Rechnungserstellung überflüssig ist, weil aus dieser für den Käufer (Schuldner) bereits ersichtlich ist, wie viel er wofür zahlen soll. Insofern reicht es aus, ihm eine Frist zur Überprüfung der Rechnung zuzubilligen, nach deren Ablauf er auch ohne zusätzliche Mahnung in Verzug gerät.

Es besteht allerdings die Möglichkeit, bereits vor Ablauf der 30-Tage-Frist durch eine Mahnung oder durch eine kalendermäßige Bestimmung der Fälligkeit den säumigen Schuldner in Verzug zu setzen.

Die o. g. Regelung gilt bei einem Kaufvertrag mit einem **Verbraucher** als Zahlungsschuldner nur dann, wenn er hierauf schriftlich (in der Rechnung oder Zahlungsaufstellung) besonders hingewiesen wurde.

Im Geschäftsverkehr (also bei **Unternehmen,** wenn der Schuldner kein Verbraucher ist) beginnt die 30-Tage-Frist mit **Erhalt der Ware** (= Gegenleistung), wenn der Erhalt der Rechnung nicht sicher bestimmbar (beweisbar) ist bzw. bestritten wird (§ 286 III Satz 2 BGB). Auch hier gilt, dass der Gläubiger unmittelbar nach Übergabe der Ware den Schuldner durch Mahnung ohne ein Abwarten der 30-Tage-Frist in Verzug setzen kann. Die Parteien können andere Regelungen für den Eintritt des Verzugs vereinbaren. So kann beispielsweise beschlossen werden, dass der Verzug *nach* 30 Tagen eintreten soll;

- bei ernsthafter und endgültiger Zahlungsverweigerung des Käufers;

- aus besonderen Gründen, die im beiderseitigen Interesse der Vertragsparteien liegen. Dies ist beispielsweise der Fall, wenn der Schuldner die Zahlung zu einem bestimmten Datum ankündigt (sog. Selbstmahnung) und sich damit der Mahnung des Gläubigers entzieht.

Kein Zahlungsverzug liegt vor, wenn ein Verrechnungsscheck rechtzeitig mit einem einfachen Brief abgesandt wurde, d. h. am letzten Tag der Zahlungsfrist zur Post gebracht wurde. Das gilt für alle Schulden, insbes. auch beim Skonto-Abzug (hier ist es ebenfalls ausreichend, wenn der Schuldner den Verrechnungsscheck innerhalb der Skontofrist per Brief an den Gläubiger absendet) und für Schuldner bei öffentlichen Stellen – mit Ausnahme der Finanzämter.

Ein Unternehmen gerät daher in Zahlungsverzug, wenn es seine Umsatzsteuer-Vorauszahlung (Zahllast) an das Finanzamt spätestens am 10. eines Monats zu leisten hat, einen Verrechnungsscheck aber erst am letzten Tag der Frist abschickt. Bei den Finanzämtern kommt es als Ausnahmeregelung ausdrücklich auf den Eingang des Geldes an.

Rechte des Verkäufers

Zur Wahrung seiner ihm zustehenden Rechte muss der Verkäufer dem Käufer (Geldschuldner) **eine angemessene Nachfrist setzen.**

Die **Fristsetzung kann entfallen** (§ 281 II BGB), wenn

– der Schuldner die Zahlung ernsthaft und endgültig verweigert hat **(Selbstinverzugsetzung)** oder – wie erwähnt –
– der Zahlungstermin kalendermäßig genau bestimmt bzw. bestimmbar ist oder
– besondere Umstände die sofortige Geltendmachung des Schadensersatzanspruches auch ohne vorherige Fristsetzung rechtfertigen.

Befindet sich der Käufer in Zahlungsverzug, stehen dem Verkäufer **nach Ablauf der Nachfrist** – soweit sie nicht entbehrlich ist – folgende Rechte zu:

- **Zahlung verlangen** (der Gläubiger kann durchaus auch noch nach Ablauf der Frist ein berechtigtes Interesse an einer Leistungserbringung haben; dies gilt z. B. dann, wenn der Schuldner insolvent geworden ist und ein Schadensersatzanspruch dem Gläubiger wenig nutzen würde) und ggf. den Käufer auf Zahlung verklagen **und**

- **Ersatz des Verzugs-(Verzögerungs-)Schadens** (§ 280 I und II i. V. m. 286 BGB)

Der Verzugsschaden kann demnach **neben** der Erfüllung des Zahlungsanspruchs verlangt werden. Voraussetzung ist allerdings das **Verschulden** (Vertretenmüssen: Vorsatz/Fahrlässigkeit) des Käufers (§ 280 I Satz 2 und § 286 IV BGB).

Für verspätete Zahlungen kann der Verkäufer **Verzugszinsen fordern** (§ 288 BGB). Der Verzugszinssatz beträgt beim Privatkauf und einseitigen Handelskauf fünf Prozent pro Jahr über dem *Basiszinssatz*[1].

Bei Rechtsgeschäften, an denen kein Verbraucher beteiligt ist (zweiseitiger Handelskauf), beträgt der Zinssatz acht Prozentpunkte über dem Basiszinssatz. Höhere Zinsen können ausdrücklich oder in den Allgemeinen Geschäftsbedingungen vereinbart und ein höherer Zinsschaden geltend gemacht werden (§ 288 III und IV BGB). Zinseszinsen dürfen nicht berechnet werden (§ 289 BGB). Außerdem kann der Gläubiger neben den Verzugszinsen weitere Schadensersatzforderungen stellen.

- **Rücktritt vom Kaufvertrag** (§§ 323, 346 ff. BGB)

Der Rücktritt setzt voraus
- Fälligkeit,
- erhebliche Pflichtverletzung und
- den erfolglosen Ablauf einer angemessenen Frist oder die Entbehrlichkeit der Fristsetzung,
- aber **kein Verschulden** des Käufers.

Vom Rücktrittsrecht Gebrauch zu machen, wäre sinnvoll, wenn sich der Käufer in ernsthaften Zahlungsschwierigkeiten befindet und die Ware unter Eigentumsvorbehalt geliefert wurde. Die Ware muss dann vom Käufer zurückgegeben werden. Ausgeschlossen ist das Rücktrittsrecht, wenn der Gläubiger (Lieferer) für den Umstand des Zahlungsverzugs allein oder weit überwiegend verantwortlich ist;

und/oder

- **Schadensersatz statt der Zahlung** (Nichterfüllungsschaden bzw. „großer Schadensersatz"; § 280 I und III i. V. m. § 281 BGB). Die **Kombination mit dem Rücktritt ist daher möglich** (§ 325 BGB).

Für die Geltendmachung des *Schadensersatzes statt der Zahlung* wird neben
- der Fälligkeit und
- einer erfolglosen Fristsetzung oder der Entbehrlichkeit der Fristsetzung
- das **Verschulden** (schuldhafte Pflichtverletzung; Vorsatz und Fahrlässigkeit) des Käufers **vorausgesetzt** (§ 280 I Satz 2 und § 286 IV BGB).

Die auf Seite 177 aufgeführten Entbehrlichkeitsgründe für das Entfallen einer Nachfrist gelten sowohl hier wie auch beim Rücktritt.

Hat der Verkäufer „Schadensersatz statt der Zahlung" verlangt, erlischt allerdings sein Anspruch auf die Zahlung (Erfüllungsanspruch; § 281 IV BGB).

Denkbar wäre die kombinierte Inanspruchnahme dieser beiden Rechte auch, wenn der Verkäufer die nicht bezahlte Ware an einen anderen Kunden – zu einem niedrigeren Preis – verkaufen kann. Den Differenzbetrag zwischen zuvor vereinbartem und nun tatsächlich erzieltem Preis kann er als Schadensersatz verlangen.

Darüber hinaus kann er Ersatz für die Wertminderung der Ware und Rücknahmekosten verlangen. Da der Nachweis über den entgangenen Gewinn nur ungern geführt wird, kann unter Kaufleuten eine Konventionalstrafe vereinbart werden.

- Anstelle des *Schadensersatzes statt der Zahlung* kann der Gläubiger gleichzeitig mit seinem Rücktritt vom Vertrag den **Ersatz vergeblicher Aufwendungen** verlangen. Hierzu sind die Kosten für die Mahnung, Porti, einen Bankkredit, Telefon- oder Fernschreibgebühren, Anwaltsgebühren, Vertragskosten usw. zu rechnen (§ 284 BGB).

---

[1] Der Basiszinssatz beträgt zurzeit 2,47 %. Er verändert sich zum 01.01. und 01.07. eines jeden Jahres. Bezugsgröße ist der Zinssatz für die jüngste Hauptrefinanzierungsoperation der Europäischen Zentralbank von dem ersten Kalendertag des betreffenden Halbjahres (§ 247 BGB). Der jeweils aktuelle Zinssatz kann im Internet unter www.bundesbank.de abgerufen werden.

- Darüber hinaus besteht das Recht auf **Ersatz des Verzugsschadens** (siehe Seite 191). Dieser zusätzliche Ersatz des Verzugsschadens ist – nach erfolglos verstrichenem Termin zur Zahlung und bei Verschulden des Käufers – **immer möglich.**

Die Anwendung der Zinsrechnung beim Zahlungsverzug

Die Schuhmacherei Radtke überweist den am 24. März fälligen Rechnungsbetrag erst am 18. April. Für das Überschreiten des Zahlungsziels um 24 Tage berechnet das Schuhhaus Schrei Herrn Radtke Verzugszinsen.

Ermittlung der Verzugszinsen:

Gegeben sind:
- das Kapital 1.300,00 €
- der Zinssatz 10,57 % (gem. §§ 247, 288 BGB)
- die Zeit 24 Tage (Fälligkeitstag: 24. März; Überweisungstag: 18. April)

Für die Berechnung der Zinstage gilt in Deutschland:
- Das Jahr wird mit 360 Tagen gerechnet.
- Jeder Monat wird mit 30 Tagen gerechnet, auch solche mit 31 Tagen oder weniger als 30 Tagen im Falle des Februars.
- Endet der Zinszeitraum „Ende Februar", werden die Tage genau ermittelt, d. h., es werden 28 oder 29 Tage zugrunde gelegt.
- Beim Errechnen der Zinstage wird der erste Tag des Zeitraumes nicht mitgezählt.

Gesucht werden: – die Zinsen (Z)

$$Z = \frac{\text{Kapital (K)} \cdot \text{Zinssatz (p)} \cdot \text{Tage (t)}}{100 \cdot 360} = \frac{1.300 \cdot 10{,}57 \cdot 24}{100 \cdot 360} = \underline{9{,}16 \text{ € Zinsen für 24 Tage}}$$

Die Schuhmacherei Radtke muss für die verspätete Zahlung der Eingangsrechnung 9,16 € Zinsen für 24 Tage zahlen.

Darüber hinaus ist der Schuhmacherei ein Skontobetrag in Höhe von 26,00 € verloren gegangen. Hätte die Mitarbeiterin der Schuhmacherei Radtke den Rechnungsbetrag innerhalb des vom Schuhhaus Schrei eingeräumten Skontozeitraums von 10 Tagen überwiesen, hätte ein Skontosatz von 2 % abgezogen werden können (Zahlungsbedingung: „Zahlbar innerhalb von 10 Tagen mit 2 % Skonto oder innerhalb von 30 Tagen ohne Abzug").

Aufgaben

1. In einem Kaufvertrag war Zahlung bis zum 15. Juli .. vereinbart. Die Zahlung ist bis zu diesem Termin nicht eingegangen.
   a) Ist in diesem Fall eine Mahnung mit Fristsetzung erforderlich, um den Schuldner in Verzug zu setzen? Begründen Sie Ihre Antwort.
   b) Von welchem Tag an besteht Zahlungsverzug?

2. Die Firma Michaelis & Brunotte GmbH schickt einem säumigen Kunden eine nochmalige Rechnung mit dem Stempelaufdruck „Zweitrechnung" (vereinbart war ein Zahlungsziel von 30 Tagen ab Rechnungserhalt).
   Warum ist der Kunde damit noch nicht in Zahlungsverzug geraten?

3. Die Kundin eines Einzelhändlers kaufte am 29. Mai Waren für 235,00 €. Es wurde vereinbart, den Betrag innerhalb von vier Wochen zu bezahlen. Am 10. Juli ist der Rechnungsbetrag beim Einzelhändler immer noch nicht eingetroffen.
   Befindet sich die Kundin bereits im Zahlungsverzug? Begründen Sie Ihre Antwort.

4. Wann tritt der Zahlungsverzug ein
   a) bei einem kalendermäßig genau festgelegten Zahlungstermin?
   b) bei einem kalendermäßig nicht genau festgelegten Zahlungstermin?

5. Welche Rechte stehen dem Gläubiger im Falle des Zahlungsverzugs zu und welche Voraussetzungen sind dabei zu beachten?

6. Um den Käufer in Zahlungsverzug zu setzen, ist häufig eine Mahnung erforderlich (zweckmäßig). Bei welchem der folgenden Zahlungstermine

kann auf die Mahnung verzichtet werden bzw. kommt der Geldschuldner mit Ablauf des Zahlungstermins in Verzug?

a) „Zahlbar bis 25. November 20.."

b) „Zahlbar sofort"

c) „Zahlbar 4 Wochen ab heute"

d) „Zahlbar 6 Wochen nach Rechnungsdatum"

e) „Zahlbar am 6. Juni 20.."

f) „Zahlbar 14 Tage nach Erhalt der Rechnung"

g) „Zahlbar 3 Wochen nach Erhalt der Lieferung"

7. Das Modefachgeschäft für Damengarderobe Helen Villanueva e. Kfr. schuldet der Grotex GmbH seit dem 4. Juni einen Betrag über 12.000,00 €. Die Grotex GmbH berechnet Verzugszinsen in Höhe von 12,00 %, Porti 4,50 € und Mahngebühren in Höhe von 23,70 €.

Wie viel Euro hat die Inhaberin Frau Villanueva am 15. Oktober insgesamt auf das Konto der Noris Bank des Textilgroßhändlers überwiesen?

8. Herr Maurer kauft beim Computerfachgeschäft Jordan OHG die Webcamera „QuickCam Web" für 56,00 €. Da man sich gut kennt, wird die Zahlung bei Rechnungserhalt vereinbart. Herr Maurer erhält daraufhin sieben Tage später, am 17. August, die Rechnung per Post. Zu diesem Zeitpunkt befindet er sich allerdings bereits im Urlaub und kehrt erst am 15. September zurück. Befindet sich Herr Maurer bereits in Zahlungsverzug, wenn über die weitere Zahlungsabwicklung zwischen Privatmann Maurer und dem Händler weiter nichts vereinbart wurde? Begründen Sie Ihre Stellungnahme.

9. Ein Großhandelsunternehmen liefert an einen Einzelhändler 15 italienische Deckenlampen der Marke „Sunshine". Der Einzelhändler erhält die entsprechende Rechnung zwei Tage später am 18. April.

a) Vereinbart wurde zwischen den Vertragsparteien das Zahlungsziel „Zahlbar bis Ende April".
Ab wann befindet sich der Einzelhändler in Zahlungsverzug?

b) Angenommen auf der Rechnung ist kein Zahlungsziel angegeben. Ab wann befindet sich der Einzelhändler in Zahlungsverzug?

c) Es soll angenommen werden, dass die Rechnung kein Zahlungsziel enthält, der Großhändler den Einzelhändler aber am 2. Mai schriftlich gemahnt hat und die Mahnung postalisch am 4. Mai zugegangen ist. Ab wann befindet sich der Einzelhändler in Verzug?

10. Die Textileinzelhandlung Schünemann KG bestellt am 06.05. bei der Yson OHG 120 Basketballhemden mit V-Ausschnitt in glänzender Optik, 1.278,00 € und am gleichen Tag bei der Karl Jens KG 75 Zweiteiler (Shirt und Hose, hellblau) in pflegeleichter Crinkle-Qualität, 2.625,00 €. Die Lieferungen sollen unfrei in 14 Tagen, am 20. Mai, erfolgen, was von den beiden Unternehmen noch am Tag der Bestellung schriftlich bestätigt wird. Vereinbarte Zahlungsbedingungen:

– Yson OHG: zahlbar innerhalb von 4 Wochen ab Rechnungserhalt;

– Karl Jens KG: keine Angabe eines Zahlungstermins.

Am 20.05. treffen beide Warensendungen vereinbarungsgemäß bei der Schünemann KG in Mainz ein. Die Rechnung von der Yson OHG lag der Warensendung bei, die der Karl Jens KG trifft zwei Tage später per Post, am 22.05., ein.

Wann muss die Schünemann KG die bezogenen Waren bezahlen?

11. Aufgrund unglücklicher Umstände (in der Buchhaltung der Schünemann KG ist die langjährige Sachbearbeiterin altersbedingt ausgeschieden) werden die beiden Rechnungen (siehe Aufgabe Nr. 11) der Yson OHG und die der Karl Jens KG in den nächsten Wochen nicht bezahlt. Dies fällt den Verantwortlichen im Einzelhandelsgeschäft allerdings erst am 21.08. auf, als von den beiden Lieferern schriftliche Mahnungen eintreffen, die an die Zahlung erinnern.

Befindet sich die Schünemann KG damit bereits im Zahlungsverzug? Begründen Sie Ihre Antwort.

12. Angenommen, die Schünemann KG bestreitet im Falle der Karl Jens KG, die Rechnung auf postalischem Wege erhalten zu haben (siehe Aufgaben Nr. 11 + 12).
Wie ist die Rechtslage?

13. Der Inhaber der Karl Jens KG will die an die Schünemann KG gelieferten 75 Zweiteiler zurückhaben (siehe Aufgaben Nr. 11 + 12), da er für die Textilien in der Zwischenzeit eine alternative Verwendungsmöglichkeit gefunden hat.
Welche Rechte kann die Karl Jens KG in Anspruch nehmen?

Zusammenfassung

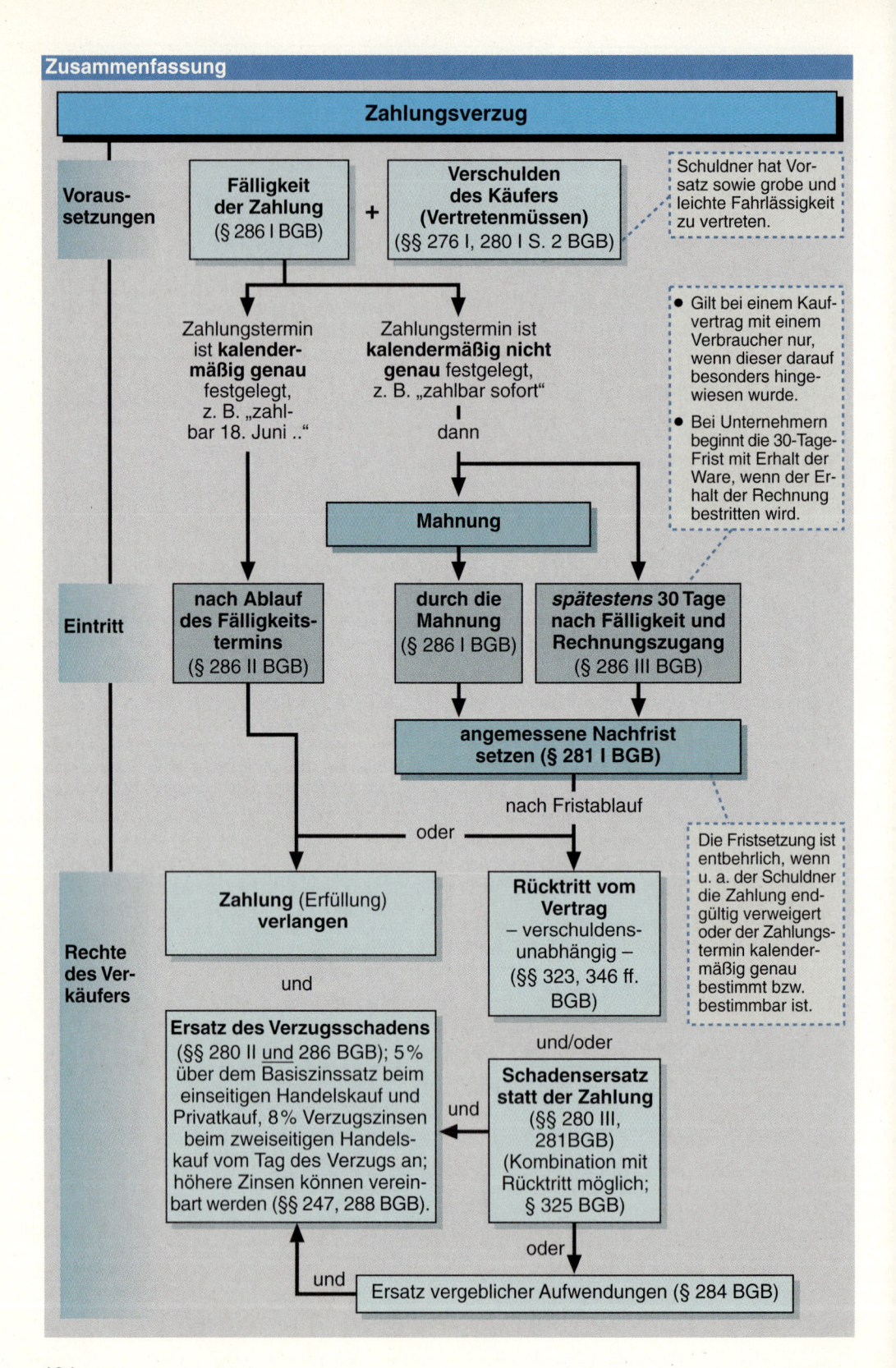

Zahlungsverzug

Voraussetzungen:

Fälligkeit der Zahlung (§ 286 I BGB) **+** **Verschulden des Käufers (Vertretenmüssen)** (§§ 276 I, 280 I S. 2 BGB)

> Schuldner hat Vorsatz sowie grobe und leichte Fahrlässigkeit zu vertreten.

Zahlungstermin ist **kalendermäßig genau** festgelegt, z. B. „zahlbar 18. Juni .."

Zahlungstermin ist **kalendermäßig nicht genau** festgelegt, z. B. „zahlbar sofort"

dann

Mahnung

> - Gilt bei einem Kaufvertrag mit einem Verbraucher nur, wenn dieser darauf besonders hingewiesen wurde.
> - Bei Unternehmern beginnt die 30-Tage-Frist mit Erhalt der Ware, wenn der Erhalt der Rechnung bestritten wird.

Eintritt:

- **nach Ablauf des Fälligkeitstermins** (§ 286 II BGB)
- **durch die Mahnung** (§ 286 I BGB)
- **spätestens 30 Tage nach Fälligkeit und Rechnungszugang** (§ 286 III BGB)

angemessene Nachfrist setzen (§ 281 I BGB)

nach Fristablauf

oder

Rechte des Verkäufers:

Zahlung (Erfüllung) verlangen

und

Rücktritt vom Vertrag – verschuldensunabhängig – (§§ 323, 346 ff. BGB)

> Die Fristsetzung ist entbehrlich, wenn u. a. der Schuldner die Zahlung endgültig verweigert oder der Zahlungstermin kalendermäßig genau bestimmt bzw. bestimmbar ist.

und/oder

Ersatz des Verzugsschadens (§§ 280 II und 286 BGB); 5 % über dem Basiszinssatz beim einseitigen Handelskauf und Privatkauf, 8 % Verzugszinsen beim zweiseitigen Handelskauf vom Tag des Verzugs an; höhere Zinsen können vereinbart werden (§§ 247, 288 BGB).

und

Schadensersatz statt der Zahlung (§§ 280 III, 281 BGB) (Kombination mit Rücktritt möglich; § 325 BGB)

oder

Ersatz vergeblicher Aufwendungen (§ 284 BGB)

Zusammenfassung

Gesetzliche Verzugszinsen (Stand: 1. Juli 2002)

Kaufverträge nach der rechtlichen Stellung der Vertragspartner	Vertragspartner	mögliche Verzugszinsen
Bürgerlicher Kauf (Privatkauf)	Verbraucher kauft bei Verbraucher	5,00 % gem. § 288 II BGB + 2,47 % gem. § 247 I BGB = 7,47 %
Einseitiger Handelskauf (u. a. Verbrauchsgüterkauf)	Verbraucher kauft bei Unternehmer	
Zweiseitiger Handelskauf	Unternehmer kauft bei Unternehmer	8,00 % gem. § 288 II BGB + 2,47 % gem. § 247 I BGB = 10,47 %

Unternehmer
Natürliche oder juristische Person oder eine rechtsfähige Personengesellschaft, die bei Abschluss eines Rechtsgeschäfts in Ausübung ihrer gewerblichen oder selbstständigen beruflichen Tätigkeit handelt (§ 14 BGB).

Verbraucher
Jede natürliche Person, die ein Rechtsgeschäft zu einem Zweck abschließt, der weder ihrer gewerblichen noch ihrer selbstständigen beruflichen Tätigkeit zugerechnet werden kann (§ 13 BGB).

4.21 Außergerichtliches (kaufmännisches) Mahnverfahren

Da das Schuhhaus Schrei – ein langjähriger und guter Kunde der Schuhmacherei Radtke, Hannover – seine Rechnung nicht termingerecht bezahlt hat, schreibt der Geschäftsführer des Unternehmens Radtke folgenden Brief:

Schuhmacherei Jacob Radtke e. Kfm.
Lange Straße 4 · 30559 Hannover

Schuhmacherei Jacob Radtke e. Kfm. · Lange Straße 4 · 30559 Hannover

Schuhhaus
Gustav Schrei OHG
Rathausplatz 43

29227 Celle

Ihr Zeichen, Ihre Nachricht vom	Unser Zeichen, unsere Nachricht vom	Durchwahl-Nr.	Datum
	r-l ..-02-22	7530-60	..-04-08

Zahlungserinnerung

Sehr geehrte Damen und Herren,

auf Ihrem Konto steht der Betrag unserer Rechnung vom 22. Februar von

1.300,00 €

noch offen.

Bei einem Ziel von 30 Tagen war dieser Rechnungsbetrag bereits am 24. März d. J. fällig.

Um nicht selbst in Zahlungsschwierigkeiten zu geraten und um die Aufnahme teurer Bankkredite zu vermeiden, müssen wir auf den pünktlichen Eingang unserer Forderungen ganz besonderen Wert legen.

Kein Kaufmann kann sich heutzutage die Geschäftsbeziehung mit Kunden leisten, die längst fällig gewordenen Rechnungsbeträge erst mehrere Wochen nach Fälligkeit zu begleichen.

Sollten Sie den oben genannten Betrag zuzüglich 8,42 % Verzugszinsen nicht bis zum 15. April auf unser Konto überwiesen haben, werden wir gerichtlich gegen Sie vorgehen.

Hochachtungsvoll

Strahler
Strahler

Geschäftsräume:	Telefax	E-Mail	Volksbank Hannover	Postbank Hannover
Lange Straße 4	0511 7530-80	service@radtke-wvd.de	Konto-Nr. 801603209	Konto-Nr. 64626040
30559 Hannover			BLZ 251 900 01	BLZ 250 100 30

Warum ist es nicht ratsam, einen Kunden möglichst schnell und in einem derart scharfen Ton zu mahnen?

Information

Ein Kaufmann muss auf den pünktlichen Zahlungseingang seiner Forderungen achten, weil Zahlungsverzug u. U. für ihn bedeutet:

- Verringerung der eigenen finanziellen Mittel,
- Aufnahme teurer Bankkredite,
- Erschwerung der Skontoausnutzung,
- Erhöhung der Verlustgefahr, da sich die finanzielle Lage des Käufers verschlechtern kann und die Verjährung der Forderung droht.

Kein Kaufmann will sich solchen Gefahren und deren möglichen wirtschaftlichen Folgen aussetzen.

Zahlungsmoral in Deutschland

Umfrage im 1. Quartal 2002, Vergleich zum 3. Quartal 2001

Private Schuldner
- West: besser 4%, schlechter 56, unverändert 40
- Ost: besser 1%, schlechter 60, unverändert 39

Gewerbliche Schuldner
- West: besser 4%, schlechter 61, unverändert 35
- Ost: besser 2%, schlechter 65, unverändert 33

Warum gewerbliche Schuldner offene Rechnungen nicht bezahlen
- schlechte Auftragslage: 78 %
- momentaner Engpass: 73
- zu wenig Eigenkapital: 71
- Ausnutzen von Lieferantenkrediten: 46
- Vorsatz: 20

Mehrfachnennungen

Warum private Schuldner offene Rechnungen nicht bezahlen
- Überschuldung: 94 %
- Arbeitslosigkeit: 73
- momentaner Engpass: 48
- Vorsatz: 40
- Vergesslichkeit: 1

Mehrfachnennungen

Quelle: BDIU

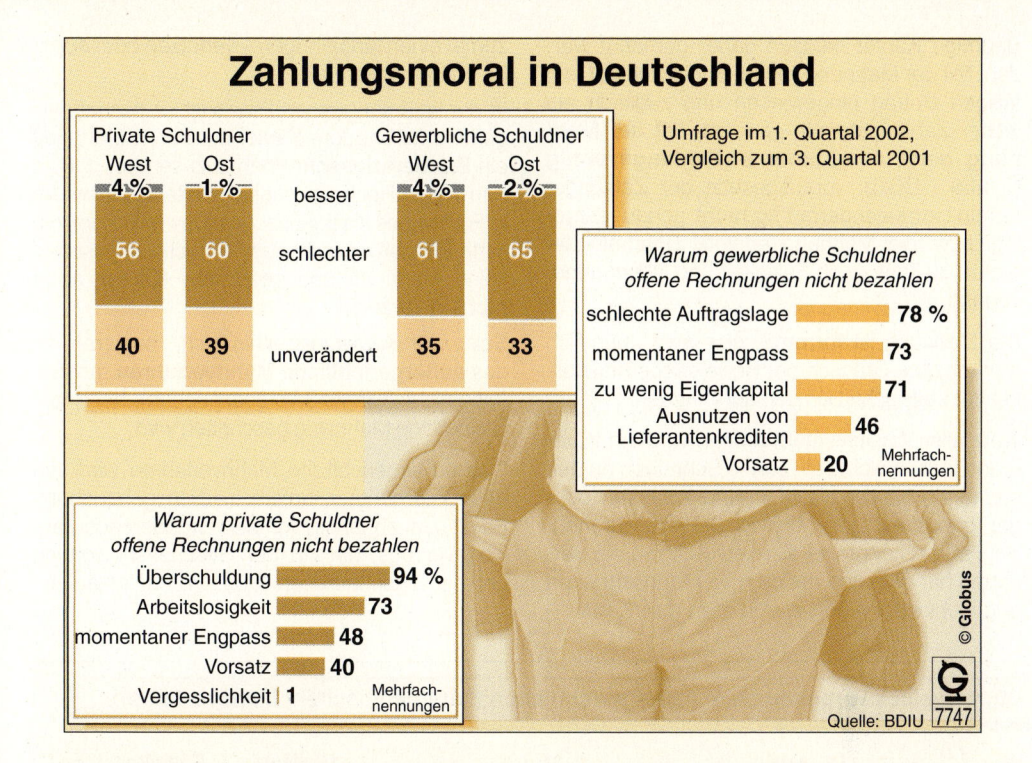

Mit der Zahlungsmoral steht es in Deutschland nicht zum Besten. Zwischen 56 und 60 Prozent der west- und ostdeutschen Unternehmen beklagen eine Verschlechterung der Zahlungsmoral bei *privaten* Schuldnern. Noch negativer fällt die Beurteilung des Verhaltens der *gewerblichen* Schuldner aus.

Bei den *privaten* Schuldnern können fällige Rechnungen meistens nicht bezahlt werden wegen Arbeitslosigkeit und Überschuldung. Im *gewerblichen* Bereich ist insbesondere die schlechte Auftragslage ein Grund dafür, warum Unternehmen ihre Rechnungen unbezahlt liegen lassen. Darüber hinaus spielen auch ein vorübergehender Engpass oder eine unzureichende Eigenkapitalausstattung eine nicht zu übersehende Rolle für die schlechte Zahlungsmoral.

Säumige Käufer müssen daher gemahnt werden. Mit der Mahnung wird ausdrücklich auf den fälligen Betrag hingewiesen und zugleich ein letzter Zahlungstermin genannt. **Mit der Mahnung gerät der Käufer in Zahlungsverzug** (§ 286 I BGB), vorausgesetzt der Zahlungstermin war kalendermäßig **nicht** genau festgelegt bzw. die Mahnung erfolgte innerhalb der ersten 30 Tage nach Fälligkeit und Rechnungszugang.

Die Mahnung ist **formfrei,** also auch mündlich möglich. Aus Gründen der Beweissicherung sollte aber stets schriftlich gemahnt werden.

Trotz aller Vorsichtsmaßnahmen wird ein Kaufmann jedoch nicht sein erstes Schreiben an den säumigen Käufer als Mahnung abfassen oder gar gleich mit gerichtlichen Schritten drohen. Schließlich könnte es sich lediglich um ein Versehen handeln und mit dem im Mahnschreiben angeschlagenen Ton würde man den Käufer – zumal einen langjährigen – verletzen oder sogar für immer verlieren.

In der kaufmännischen Praxis ist es deshalb allgemein üblich, dem Käufer vor der 1. Mahnung ein **Erinnerungsschreiben** zuzusenden, z. B. in Form einer Rechnungskopie mit Zahlschein oder in Form eines Kontoauszuges. Das höflich formulierte Erinnerungsschreiben ist rechtlich gesehen keine Mahnung und **setzt den Käufer auch nicht in Verzug.**

Sollte der Käufer daraufhin nicht reagieren, ist das **außergerichtliche Mahnverfahren** möglich (also nicht zwingend vorgeschrieben), bevor der gerichtliche Mahnweg beschritten wird.

Das außergerichtliche Mahnverfahren wird von den Unternehmen unterschiedlich gehandhabt. Es ist u. a. abhängig von den Gründen des Zahlungsverzugs, der Art der Geschäftsbeziehung und der wirtschaftlichen Situation des Verkäufers.

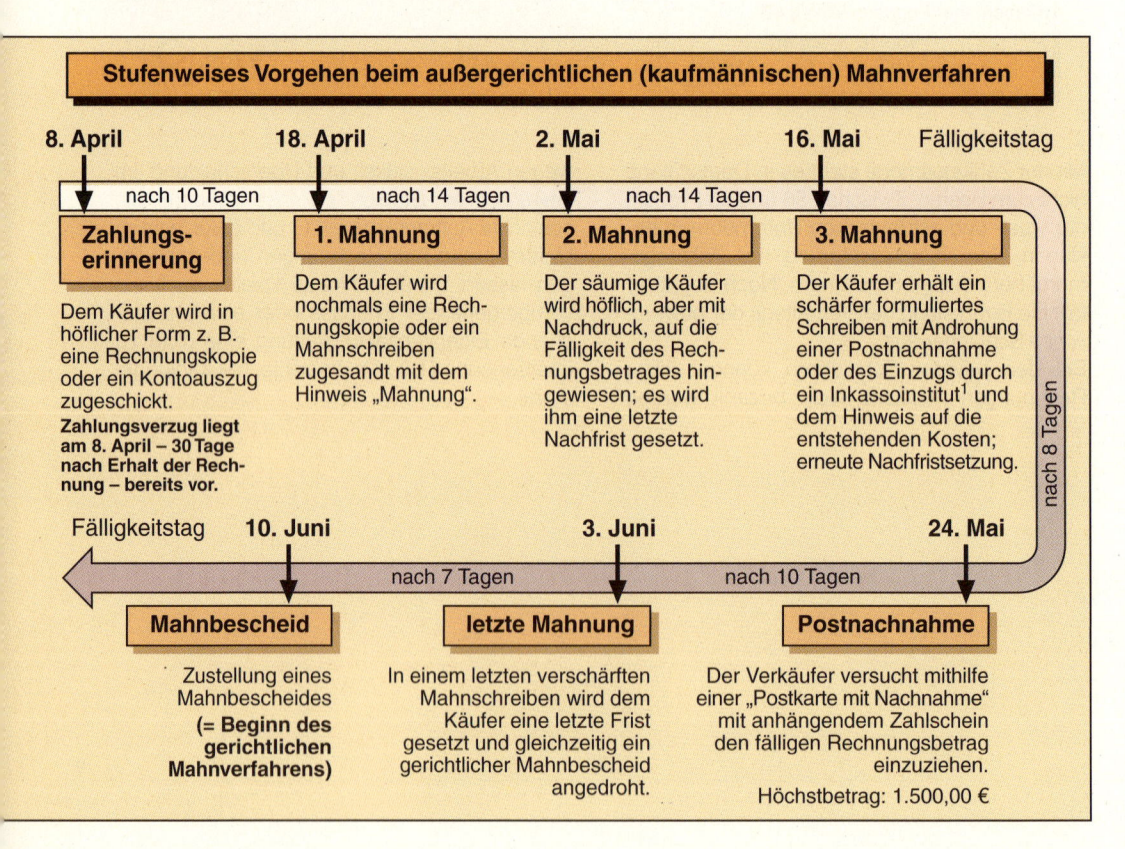

Stufenweises Vorgehen beim außergerichtlichen (kaufmännischen) Mahnverfahren

8. April → nach 10 Tagen → **18. April** → nach 14 Tagen → **2. Mai** → nach 14 Tagen → **16. Mai** Fälligkeitstag

Zahlungserinnerung
Dem Käufer wird in höflicher Form z. B. eine Rechnungskopie oder ein Kontoauszug zugeschickt.
Zahlungsverzug liegt am 8. April – 30 Tage nach Erhalt der Rechnung – bereits vor.

1. Mahnung
Dem Käufer wird nochmals eine Rechnungskopie oder ein Mahnschreiben zugesandt mit dem Hinweis „Mahnung".

2. Mahnung
Der säumige Käufer wird höflich, aber mit Nachdruck, auf die Fälligkeit des Rechnungsbetrages hingewiesen; es wird ihm eine letzte Nachfrist gesetzt.

3. Mahnung
Der Käufer erhält ein schärfer formuliertes Schreiben mit Androhung einer Postnachnahme oder des Einzugs durch ein Inkassoinstitut[1] und dem Hinweis auf die entstehenden Kosten; erneute Nachfristsetzung.

nach 8 Tagen

Fälligkeitstag ← **10. Juni** ← nach 7 Tagen ← **3. Juni** ← nach 10 Tagen ← **24. Mai**

Mahnbescheid
Zustellung eines Mahnbescheides (= Beginn des gerichtlichen Mahnverfahrens)

letzte Mahnung
In einem letzten verschärften Mahnschreiben wird dem Käufer eine letzte Frist gesetzt und gleichzeitig ein gerichtlicher Mahnbescheid angedroht.

Postnachnahme
Der Verkäufer versucht mithilfe einer „Postkarte mit Nachnahme" mit anhängendem Zahlschein den fälligen Rechnungsbetrag einzuziehen.
Höchstbetrag: 1.500,00 €

---

[1] Inkassoinstitute übernehmen gewerbsmäßig den Einzug von fremden Forderungen bei Geldschulden. Der Gläubiger hat den Vorteil, dass er die Kosten für die Überwachung der Zahlungseingänge sparen kann, beispielsweise für die Mahnabteilung oder für die Kreditkontrolle. Er muss allerdings eine Inkassogebühr entrichten, die jedoch als Verzugszinsen gegenüber dem säumigen Schuldner geltend gemacht werden kann.

Schuhmacherei Jacob Radtke e. Kfm.
Lange Straße 4 · 30559 Hannover

Schuhmacherei Jacob Radtke e. Kfm. • Lange Straße 4 • 30559 Hannover

Schuhhaus
Gustav Schrei OHG
Rathausplatz 43

29227 Celle

Bankverbindung:
Noris Bank Hannover
Konto-Nr. 800 621 900
(BLZ 250 204 00)

1. Mahnung

Kunden-Nr.	Datum
280930	..-04-18

Bitte bei Zahlung und Schriftverkehr unbedingt angeben.

Seite 1

Zur Abstimmung erhalten Sie nachstehend eine Aufstellung der offenen Posten. Sollten darin bereits fällige Beträge enthalten sein, so betrachten Sie bitte diesen Auszug als Erinnerung.

Wir bitten um baldigen Ausgleich.

Beleg-Nr.	Belegdatum	BA	Fälligkeitsdatum	Buchungstext	Offene Posten	Fälliger Betrag	Mahnstufe
HH 060652	22. Febr.	04	24. März	Rechnung	1.300,00 1.300,00*	1.300,00 1.300,00*	1

Zahlungseingang berücksichtigt bis 15. April ..

Schuhmacherei Jacob Radtke e. Kfm.
Lange Straße 4 · 30559 Hannover

Schuhmacherei Jacob Radtke e. Kfm. • Lange Straße 4 • 30559 Hannover

Schuhhaus
Gustav Schrei OHG
Rathausplatz 43

29227 Celle

Ihr Zeichen, Ihre Nachricht vom	Unser Zeichen, unsere Nachricht vom	☎ Durchwahl-Nr.	Datum
	r-l ..-05-28	7530-60	..-06-07

Letzte Mahnung

Sehr geehrte Damen und Herren,

Sie haben trotz mehrfacher Aufforderung unsere Rechnung vom 22. Februar .., fällig am 24. März .., noch nicht beglichen.

Ihr Verhalten ist uns unverständlich. Da unsere Preise sehr knapp kalkuliert sind, können wir Ihnen ein Zahlungsziel, wie es jetzt von Ihnen in Anspruch genommen wird, nicht länger einräumen. Kein Kaufmann kann heutzutage tatenlos zusehen, wie die Zinsverluste bei seinen Außenständen seine Gewinne aufzehren.

Sie zwingen uns leider dazu, unsere Forderungen gerichtlich durchzusetzen.

Wir werden deshalb am 14. Juni gegen Sie den Erlass eines Mahnbescheides über 1.300,00 € zuzüglich Verzugszinsen und Mahnkosten erwirken.

In Anbetracht unserer langjährigen Geschäftsbeziehungen setzen wir Ihnen eine letzte Zahlungsfrist bis zum 12. Juni.

Mit freundlichen Grüßen

Strahler
Strahler

Geschäftsräume:	Telefax	E-Mail	Volksbank Hannover	Postbank Hannover
Lange Straße 4	0511 7530-60	service@radtke-wvd.de	Konto-Nr. 801603209	Konto-Nr. 64626040
30559 Hannover			BLZ 251 900 01	BLZ 250 100 30

Forderungseinzug durch Postnachnahme

Mithilfe der Postnachnahme können durch den Postboten vom säumigen Käufer Forderungen eingezogen werden (vgl. Kap. 7.16). Der Nachnahme ist ein Zahlschein angeheftet. Auf dem Zahlschein erscheint der um die Zahlscheingebühr verminderte Nachnahmebetrag.

Aufgaben

1. Warum wird ein Kaufmann auf den pünktlichen Eingang seiner Forderungen achten?
2. Wovon wird es abhängen, in welcher Form und wie oft ein Verkäufer einen Käufer mahnt?
3. Welchen Zweck hat das außergerichtliche Mahnverfahren?
4. Sie sind unterschriftsbevollmächtigter Mitarbeiter des Modehauses Bachmann, Kurze Straße 18, 30629 Hannover.

   Konten:
   Postbank Hannover,   Sparda-Bank Hannover e. G.
   BLZ 250 100 30   BLZ 250 905 00
   Konto-Nr. 275 942-305   Konto-Nr. 154 032

   a) Das Modehaus Bachmann hat an das Textilfachgeschäft Bernd Krellwitz, Goethestr. 124, 31135 Hildesheim, Waren im Wert von 2.100,00 € geliefert, Ziel 20 Tage. Bernd Krellwitz hat die Rechnung vom 7. Sept., eingegangen am 10. Sept., nicht fristgemäß bezahlt. Eine Erinnerung vom 30. Sept. und eine Mahnung vom 11. Okt. 20.. mit beigefügtem ausgefülltem Zahlschein blieben ohne Erfolg.

   Aufgabe: Schreiben Sie mit Datum 18. Okt. eine Mahnung an Bernd Krellwitz. Berücksichtigen Sie die obige Sachlage. Drohen Sie bei Nichtzahlung den Geldeinzug durch Postnachnahme an. Weisen Sie auf die dadurch entstehenden Kosten hin.

   b) Bernd Krellwitz hat auch die ihm inzwischen zugestellte Postnachnahme nicht eingelöst.

   Aufgabe: Schreiben Sie mit Datum vom 3. Nov. eine letzte Mahnung mit einer angemessenen Nachfrist. Drohen Sie bei Nichtbeachtung gerichtliche Schritte an.

5. Welche Vorgehensweise schlagen Sie vor, wenn ein guter Kunde eine fällige Rechnung nicht unverzüglich begleicht?
6. Aus welchen Gründen ist eine Mahnung erfolgreich?

Zusammenfassung

Das außergerichtliche (kaufmännische) Mahnverfahren

Zweck: Einzug von fälligen Forderungen ohne gerichtliche Maßnahmen

Verfahren:
- **Grundsatz:** Zunächst vorsichtig mahnen!
- **mögliche Stufen:**

  Zahlungserinnerung
  ↓
  evtl. drei Mahnungen
  ↓
  Postnachnahme/Inkassoinstitut
  ↓
  4. Mahnung
  ↓
  Mahnbescheid (= Beginn des gerichtlichen Mahnverfahrens)

  Steigerung von „sehr höflich" über „energische Aufforderung" bis „Androhung gerichtlicher Schritte"

  Ein allgemein gültiges Ablaufschema gibt es nicht.

Bedeutung:
- Mit der laufenden Überwachung der Fälligkeitstermine und dem pünktlichen Eingang der Forderungen kann der Verkäufer
  – seine Liquidität erhöhen,
  – Kreditkosten vermeiden,
  – Skonti seiner Lieferer in Anspruch nehmen,
  – günstige Angebote wahrnehmen,
  – seine eigene Kreditwürdigkeit durch pünktliche Zahlungen verbessern,
  – das Forderungsrisiko (Zahlungsunfähigkeit des Käufers; Verjährung) verringern.

4.22 Gerichtliches Mahnverfahren

Der letzte Mahnbrief vom 3. Juni 20.. der Schuhmacherei Jacob Radtke an das Schuhhaus Schrei bleibt unbeantwortet, der längst fällige Rechnungsbetrag wird nicht überwiesen.

Der Inhaber der Schuhmacherei, Herr Radtke, kann das Schuhhaus Schrei nun mithilfe des Gerichts auf Zahlung verklagen oder beim Gericht den Erlass eines Mahnbescheides beantragen.

Da Herr Radtke glaubt, durch das gerichtliche Mahnverfahren schneller und Kosten sparender zu seinem Geld zu kommen, beantragt er einen Mahnbescheid.

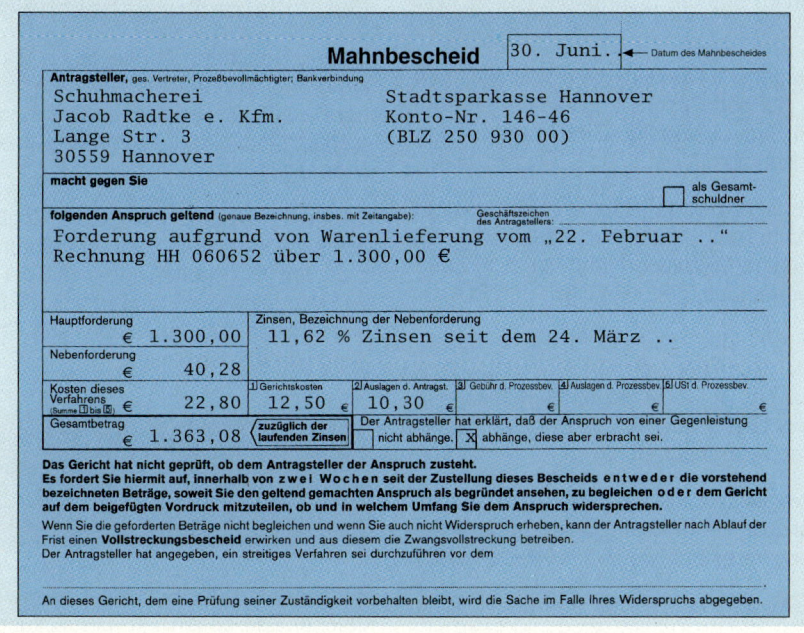

```
                    Mahnbescheid      30. Juni.    ◄─ Datum des Mahnbescheides
Antragsteller, ges. Vertreter, Prozeßbevollmächtigter; Bankverbindung
  Schuhmacherei                    Stadtsparkasse Hannover
  Jacob Radtke e. Kfm.             Konto-Nr. 146-46
  Lange Str. 3                     (BLZ 250 930 00)
  30559 Hannover
macht gegen Sie                                              □ als Gesamt-
                                                                schuldner
folgenden Anspruch geltend (genaue Bezeichnung, insbes. mit Zeitangabe):  Geschäftszeichen
                                                           des Antragstellers
  Forderung aufgrund von Warenlieferung vom „22. Februar .."
  Rechnung HH 060652 über 1.300,00 €

Hauptforderung         Zinsen, Bezeichnung der Nebenforderung
     € 1.300,00        11,62 % Zinsen seit dem 24. März ..
Nebenforderung
     €    40,28
Kosten dieses   |1|Gerichtskosten |2|Auslagen d. Antragst. |3|Gebühr d. Prozessbev. |4|Auslagen d. Prozessbev. |5|USt d. Prozessbev.
Verfahrens
(Summe 1 bis 5)
     €    22,80    12,50 €    10,30 €          €              €              €
Gesamtbetrag    zuzüglich der   Der Antragsteller hat erklärt, daß der Anspruch von einer Gegenleistung
                laufenden Zinsen □ nicht abhänge.  ☒ abhänge, diese aber erbracht sei.
     € 1.363,08
```

Das Gericht hat nicht geprüft, ob dem Antragsteller der Anspruch zusteht.
Es fordert Sie hiermit auf, innerhalb von zwei **Wochen** seit der Zustellung dieses Bescheids **entweder** die vorstehend bezeichneten Beträge, soweit Sie den geltend gemachten Anspruch als begründet ansehen, zu begleichen **oder** dem Gericht auf dem beigefügten Vordruck mitzuteilen, ob und in welchem Umfang Sie dem Anspruch widersprechen.
Wenn Sie die geforderten Beträge nicht begleichen und wenn Sie auch nicht Widerspruch erheben, kann der Antragsteller nach Ablauf der Frist einen **Vollstreckungsbescheid** erwirken und aus diesem die Zwangsvollstreckung betreiben.
Der Antragsteller hat angegeben, ein streitiges Verfahren sei durchzuführen vor dem

An dieses Gericht, dem eine Prüfung seiner Zuständigkeit vorbehalten bleibt, wird die Sache im Falle Ihres Widerspruchs abgegeben.

Welche Folgen kann der Mahnbescheid für das Schuhhaus Schrei haben?

Information

Führt die außergerichtliche Mahnung nicht zur Begleichung des fälligen Rechnungsbetrages, so wird der Gläubiger (= Antragsteller) das gerichtliche Mahnverfahren einleiten, die schärfste und nachdrücklichste Form der Mahnung.

Der Mahnbescheid

Der Mahnbescheid wird ohne Rücksicht auf die Höhe der Forderung beim Amtsgericht des Gläubigers *beantragt* (§ 689 II ZPO).

Für das gerichtliche Mahnverfahren gilt **Formularzwang.** Der Formularsatz, erhältlich z. B. in Schreibwarengeschäften, muss vom Antragsteller selbst ausgefüllt werden.

Ist ein Mahnbescheid lückenhaft ausgefüllt, kann er erst nach zeitraubenden Rückfragen erlassen werden (§ 690 ZPO).

Das Gericht stellt dem Schuldner (Antragsgegner) nach Bezahlung der Gerichtskosten den Mahnbescheid zu (§ 693 I ZPO).

Eine Prüfung, ob die Forderung zu Recht besteht, findet nicht statt.

> Der **Mahnbescheid** ist eine Aufforderung an den Schuldner, entweder innerhalb einer gegebenen Frist den geschuldeten Betrag zuzüglich Zinsen und entstandenen Kosten zu zahlen oder sich zu verteidigen.

Nach der Zustellung des Mahnbescheides hat der Antragsgegner folgende Möglichkeiten:

– Er bezahlt: Das gerichtliche Mahnverfahren ist beendet.
– Er legt Widerspruch ein.
– Er schweigt.

Der Schuldner (Antragsgegner) legt Widerspruch ein

Mit dem Mahnbescheid muss sich der Schuldner nicht abfinden. Wenn er die Forderung nicht anerkennt, muss er innerhalb von 14 Tagen gegen den Mahnbescheid Widerspruch beim im Mahnbescheid angegebenen Amtsgericht[1] einlegen, entweder mündlich dem Beamten der Mahnabteilung gegenüber oder schriftlich. Der Widerspruch braucht nicht begründet zu werden.

Das Amtsgericht, das den Mahnbescheid erlassen hat, gibt den Rechtsstreit von Amts wegen an das **örtlich** zuständige Gericht (Amts- oder Landgericht) ab.

Sachlich ist bei einem Streitwert bis 5.112,92 Euro immer das Amtsgericht zuständig. Bei einem höheren Streitwert wird vor dem Landgericht verhandelt (§ 23 GVG; § 12 ff. ZPO).

Zuständig ist das Prozessgericht, in dessen Bezirk der Schuldner seinen Geschäfts- bzw. Wohnsitz hat (= gesetzlicher Gerichtsstand). Das Gericht benachrichtigt die Parteien, sobald es die Sache abgegeben hat.

Bei Verträgen unter Kaufleuten (= zweiseitige Handelskäufe) kann vertraglich ein anderer Gerichtsstand vereinbart werden (§§ 29, 38 ZPO).

Anschließend kommt es auf Antrag von Gläubiger oder Schuldner zu einem ordentlichen Gerichtsverfahren, in dem geklärt wird, ob die Forderung begründet ist. Der Gläubiger – jetzt Kläger – muss seinen Anspruch vor Gericht begründen, der Schuldner muss dem Gericht vortragen, warum er den Anspruch für unbegründet hält. Im Rahmen einer Beweisaufnahme klärt der Richter den Sachverhalt und beendet das Verfahren mit einem **Urteil**. Ist das Urteil rechtskräftig, kann der Gläubiger seine Forderung durch den Gerichtsvollzieher pfänden lassen.

Der Schuldner (Antragsgegner) schweigt

Falls der Schuldner auf den Mahnbescheid nicht reagiert, kann der Gläubiger

– frühestens nach dem Ende der Widerspruchsfrist,
– spätestens nach einer Frist von sechs Monaten

bei demselben Amtsgericht den Erlass eines Vollstreckungsbescheides beantragen, der dem Schuldner dann zugestellt wird.

Wird der Antrag nicht innerhalb der sechsmonatigen Frist, beginnend mit der Zustellung des Mahnbescheides, erhoben, verjähren die Rechte aus dem Mahnbescheid.

Der Vollstreckungsbescheid

Dieser Bescheid ist die letzte Zahlungsaufforderung des Gerichts. **Schweigt der Schuldner** daraufhin, wird der Vollstreckungsbescheid rechtskräftig, er hat die Wirkung eines gerichtlichen Urteils.

Dadurch hat der Gläubiger die Möglichkeit, die Zwangsvollstreckung zu betreiben. Er kann z. B. den Gerichtsvollzieher mit der Pfändung und Versteigerung von Sachen des Schuldners beauftragen oder eine Lohn- und Gehaltspfändung vornehmen lassen.

> **Vollstreckungsbescheid** = „Vollstreckbarer Titel" mit dem Recht, gegen den Schuldner die Zwangsvollstreckung einzuleiten. (§ 794 II, Ziff. 4 ZPO)

Zunächst hat der Schuldner aber wieder zwei Wochen Zeit, gegen den Vollstreckungsbescheid – ab Zustellung – **Einspruch einzulegen.** Der Einspruch muss an das Amtsgericht – mündlich oder schriftlich – gerichtet werden, das den Vollstreckungsbescheid erlassen hat. Der Rechtsstreit wird dann ohne besonderen Antrag von Amts wegen an das zuständige Gericht zur Prüfung gegeben (gleiches Verfahren wie oben beschrieben).

Der Einspruch gegen den Vollstreckungsbescheid verhindert die Zwangsvollstreckung nicht, d. h., der Gläubiger hat das Recht, bis zur Klärung gegen den Schuldner die Zwangsvollstreckung zu betreiben. Das Gericht kann allerdings auf Antrag des Schuldners die Vollstreckung vorerst einstellen.

Die Kosten des gerichtlichen Mahn- und Vollstreckungsverfahrens muss der unterliegende Vertragspartner zahlen.

---

[1] Gericht, das den Mahnbescheid erlassen hat

Aufgaben

1. Die Firma Berger & Co. KG in Hannover hat an die Simpex GmbH in Lüneburg eine fällige Warenforderung in Höhe von 3.170,00 €. Berger & Co. wollen nach vergeblichem außergerichtlichen Mahnverfahren einen Antrag auf Erlass eines Mahnbescheides stellen.
   a) Welches Gericht ist zuständig?
   b) Was bewirken Widerspruch und Einspruch des Schuldners während des Verfahrens?
   c) Wie kann die Simpex GmbH nach Zustellung des Vollstreckungsbescheides die Zwangsvollstreckung noch verhindern?
2. Warum überprüft das zuständige Gericht beim Erlass eines Mahnbescheides nicht, ob der Anspruch des Gläubigers zu Recht besteht?
3. In welcher Reihenfolge laufen die Phasen des gerichtlichen Mahnverfahrens ab? Ordnen Sie folgerichtig.
4. Wie kann sich der Schuldner nach Zustellung des Mahnbescheides verhalten?
5. Wie kann sich der Schuldner nach Zustellung des Vollstreckungsbescheids verhalten?
6. Was ist ein Vollstreckungsbescheid?
7. Wie ist ein Mahnbescheid zu beantragen?
8. Der Antrag auf Erlass eines Mahnbescheides kann ohne vorherige Ankündigung gestellt werden. Zu welchem Zeitpunkt ist dies frühestens möglich?
9. Ein Schuldner, wohnhaft in Hannover, legt gegen einen vom Gläubiger, wohnhaft in München, beantragten Mahnbescheid Widerspruch ein – Streitwert 1.250,00 €. Welches Gericht ist hierfür zunächst zuständig?

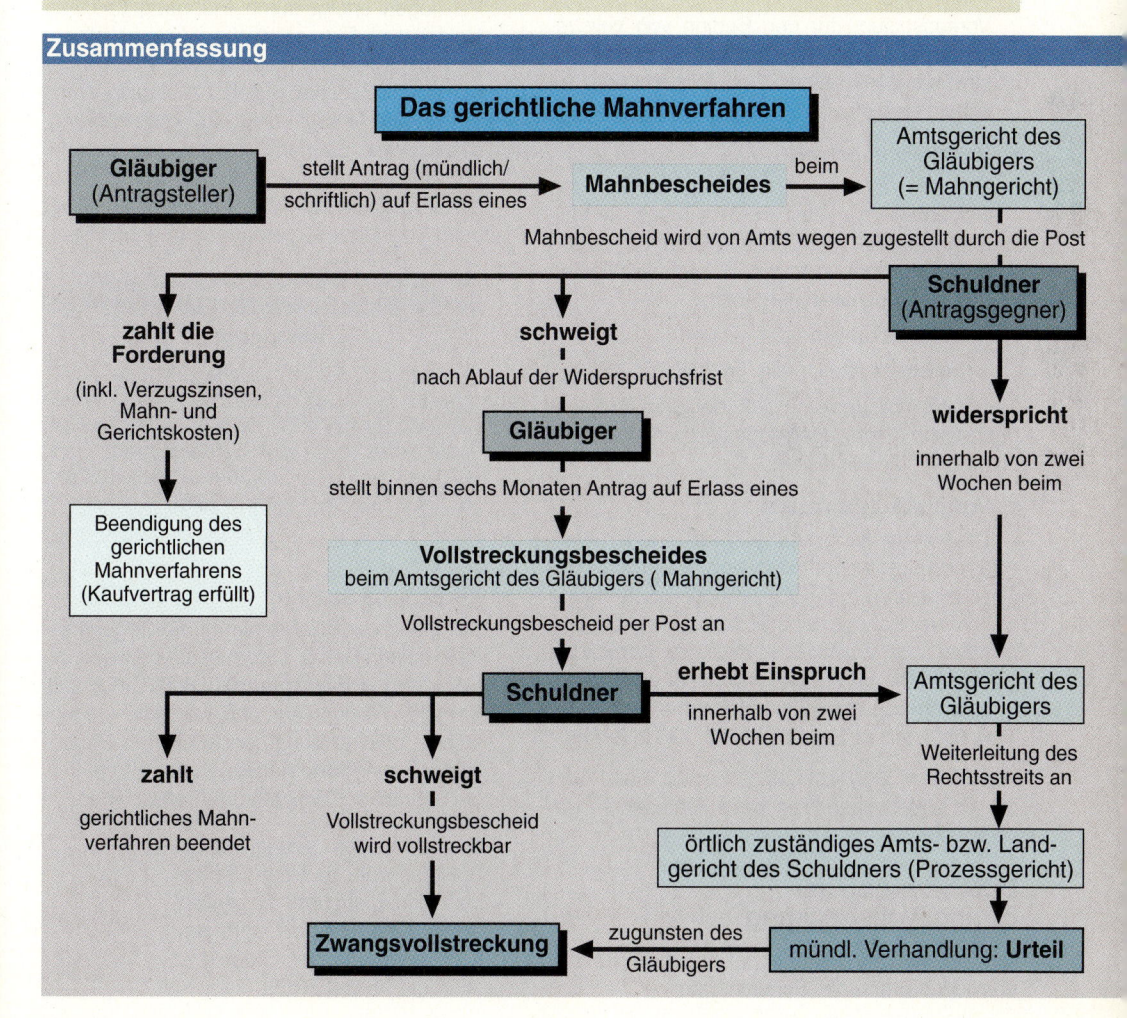

Zusammenfassung

Das gerichtliche Mahnverfahren

Gläubiger (Antragsteller) stellt Antrag (mündlich/schriftlich) auf Erlass eines **Mahnbescheides** beim **Amtsgericht des Gläubigers (= Mahngericht)**

Mahnbescheid wird von Amts wegen zugestellt durch die Post an **Schuldner (Antragsgegner)**

Der Schuldner kann:

- **zahlt die Forderung** (inkl. Verzugszinsen, Mahn- und Gerichtskosten) → Beendigung des gerichtlichen Mahnverfahrens (Kaufvertrag erfüllt)
- **schweigt** – nach Ablauf der Widerspruchsfrist stellt **Gläubiger** binnen sechs Monaten Antrag auf Erlass eines **Vollstreckungsbescheides** beim Amtsgericht des Gläubigers (Mahngericht). Vollstreckungsbescheid per Post an **Schuldner**
- **widerspricht** innerhalb von zwei Wochen beim **Amtsgericht des Gläubigers** → Weiterleitung des Rechtsstreits an örtlich zuständiges Amts- bzw. Landgericht des Schuldners (Prozessgericht) → mündl. Verhandlung: **Urteil** → **Zwangsvollstreckung** zugunsten des Gläubigers

Nach Erhalt des Vollstreckungsbescheides kann der Schuldner:
- **zahlt** → gerichtliches Mahnverfahren beendet
- **schweigt** → Vollstreckungsbescheid wird vollstreckbar → **Zwangsvollstreckung**
- **erhebt Einspruch** innerhalb von zwei Wochen beim **Amtsgericht des Gläubigers** → Weiterleitung des Rechtsstreits an örtlich zuständiges Amts- bzw. Landgericht des Schuldners (Prozessgericht) → mündl. Verhandlung: **Urteil**

4.23 Zwangsvollstreckung

Die Schuhmacherei J. Radtke hat, da das Schuhhaus Schrei nicht reagierte, am 6. Juli einen Vollstreckungsbescheid beantragt. Dieser Bescheid ist dem Schuhhaus vom Gericht zugestellt worden.

Als am 16. Juli .. der ausstehende Geldbetrag immer noch nicht eingegangen ist, glaubt der Geschäftsführer der Schuhmacherei, Herr Strahler, an die endgültige Zahlungsunwilligkeit der Firma Schrei. Daraufhin will er die Zwangsvollstreckung durch den Gerichtsvollzieher veranlassen. Doch der von ihm beauftragte Gerichtsvollzieher winkt ab.

Aus welchem Grund kann er nicht tätig werden?

Information

Voraussetzungen der Zwangsvollstreckung

- **Zustellung**
Voraussetzung für den Beginn von Vollstreckungsmaßnahmen ist die Zustellung des Vollstreckungsbescheides. Der Vollstreckungsbescheid stellt einen Vollstreckungstitel dar.

- **Vollstreckungstitel**
Soll die Zwangsvollstreckung gegen den Schuldner veranlasst werden, muss ein Vollstreckungstitel (= öffentliche Urkunde) gegen den Schuldner vorliegen. Zu den wichtigsten Vollstreckungstiteln gehören
  - Vollstreckungsbescheide und
  - vollstreckbare Urteile (§§ 704, 794 ZPO).

Mit einem Vollstreckungstitel, der dem Antragsgegner von Amts wegen zugestellt wird, kann der Gläubiger pfänden lassen.

- **Vollstreckungsklausel**
Die Vollstreckungsklausel muss in jedem Vollstreckungstitel enthalten sein (= amtliche Bescheinigung), z. B. „Vorstehende Ausfertigung wird der Schuhmacherei Jacob Radtke, Hannover, zum Zwecke der Zwangsvollstreckung erteilt." Die Vollstreckungsklausel wird grundsätzlich von dem Urkundsbeamten des Gerichts erteilt (z. B. § 724 f., 750, 796 ff. ZPO).

Wenn diese Voraussetzungen erfüllt sind, kann der Vollstreckungsantrag beim Amtsgericht gestellt werden.

Durchführung der Zwangsvollstreckung

Die Zwangsvollstreckung bezieht sich auf alle Vermögenswerte des Schuldners:

1. Die Zwangsvollstreckung in das bewegliche Vermögen

Die Zwangsvollstreckung in das bewegliche Vermögen erfolgt durch Pfändung und Versteigerung. Für sämtliche Zwangsvollstreckungsmaßnahmen in das bewegliche Vermögen ist der Gerichtsvollzieher zuständig. Wenn er – nur auf Antrag – tätig wird, kann er grundsätzlich nur Sachen pfänden, die sich im unmittelbaren Besitz des Schuldners befinden. Er prüft dabei nicht, wer Eigentümer der beim Schuldner vorgefundenen Sachen ist.

Zwangsversteigerungen

Versteigerung

Am Mittwoch, dem 19. Oktober.., 12 Uhr versteigere ich meistbietend gegen bar: 1 Pkw Renault 25 GTS, Baujahr 1998, 58 000 km. Der Pkw ist untergestellt und wird versteigert auf dem Gelände der Fa. Renault-Ahrens, Bremer Straße 53, 30827 Garbsen. Plinke, Gerichtsvollzieher in Neustadt

---

- **Körperliche Sachen**
Der Gerichtsvollzieher nimmt die Gegenstände in seinen Besitz, indem er sie entweder an sich nimmt (**= Faustpfand**) (§ 808 I ZPO), z. B. Bargeld, Wertpapiere und wertvolle Gegenstände, oder er bringt, bei schweren Gegenständen, ein **Pfandsiegel** („Kuckuck") an, z. B. bei Schränken, Tiefkühltruhen, Maschinen.

Nachdem das Siegel angebracht wurde, darf der Gepfändete nicht mehr über die gepfändeten Gegenstände verfügen. Die Entfernung des Siegels ist strafbar (§ 808 II ZPO).

Die Pfandsachen werden nach einer bestimmten Frist (frühestens nach sieben Tagen) öffentlich versteigert. Der Erlös wird – nach Abzug der Vollstreckungskosten – an den Gläubiger abgeführt (§ 814 ZPO). Wertpapiere mit einem Börsen- oder Marktpreis (z. B. Aktien) verkauft der Gerichtsvollzieher freihändig zum Tageskurs (§ 821 ZPO).

Der Schuldner erhält eine Abrechnung (und einen evtl. erzielten Überschuss).

Aus sozialen Gründen (Sicherung der wirtschaftlichen Existenz; Erhalt einer bescheidenen Lebensführung) sind zahlreiche bewegliche Sachen nicht pfändbar. Hierzu gehören insbesondere Sachen, die für eine bescheidene Lebens- und Haushaltsführung und die Berufsausübung notwendig sind, z. B. Lebensmittelvorräte für vier Wochen, Kleidungsstücke, Betten, Wäsche, Rundfunk- und Fernsehgeräte einfacher Ausführung, Haus- und Küchengeräte (z. B. eine Nähmaschine), notwendige Arbeitsgeräte (z. B. LKW eines Bierverlegers; Auto eines Architekten) usw. (§ 811 ZPO).

Eine klare und einheitliche Regelung lässt sich aber nicht finden, da es keinen „Einheitsschuldner" gibt.

> **Beispiel**
> Kühlschrank: Er wird weitgehend als unpfändbar angesehen, aber nicht einhellig. Zum Teil wird darauf abgestellt, ob dem Schuldner zugemutet werden kann, täglich einzukaufen. Auch bei einem Haushalt mit kleinen Kindern ist daher der Kühlschrank pfändbar.
> Waschmaschine: Entscheidend ist die Größe der Familie. Bei einem Zweipersonenhaushalt ist sie entbehrlich, nicht jedoch bei einem älteren Ehepaar.

Eine Möglichkeit, doch verhältnismäßig wertvolle, aber unpfändbare Sachen zu pfänden, bietet die sog. **Austauschpfändung** (§§ 811 a und 811 b ZPO).

Gehört dem Schuldner z. B. ein wertvolles Farbfernsehgerät, so kann es dennoch gepfändet werden, wenn der Gläubiger dem Schuldner zugleich ein betriebsfähiges Gerät von geringerem Wert zur Verfügung stellt.

- **Geldforderungen und andere Rechte**

  Hierzu zählen z. B. das Arbeitseinkommen, Bankguthaben, Kreditforderungen, Leistungen aus Lebensversicherungen, Mietforderungen.

  Die Pfändung einer Geldforderung erfolgt – auf Antrag des Gläubigers – durch einen Pfändungsbeschluss des Gerichts.

- Weihnachtsvergütungen sind künftig bis max. 500,00 € (bzw. max. bis zur Hälfte des monatlichen Arbeitseinkommens) unpfändbar.

- Allein Lebende: Bis Netto-Lohn von monatlich 939,99 € ist keine Pfändung möglich (bisher:

Beispiele für die Pfändungsfreigrenzen:

Nettolohn monatlich			Vom Einkommen dürfen gepfändet werden bei Unterhaltspflicht für ... Angehörige					
			0	1	2	3	4	ab 5
Euro bis		939,99						
940	bis	949,99	7,00					
1.000	bis	1.009,99	49,00					
1.100	bis	1.109,99	119,00					
1.200	bis	1.209,99	189,00					
1.300	bis	1.309,99	259,00	10,00				
1.400	bis	1.409,99	329,00	60,00				
1.500	bis	1.509,99	399,00	110,00	10,00			
1.600	bis	1.609,99	469,00	160,00	50,00			
1.700	bis	1.709,99	539,00	210,00	90,00	9,00		
1.800	bis	1.809,99	609,00	260,00	130,00	39,00		
1.900	bis	1.909,99	679,00	310,00	170,00	69,00	7,00	
2.000	bis	2.009,99	749,00	360,00	210,00	99,00	27,00	
2.100	bis	2.109,99	819,00	410,00	250,00	129,00	47,00	4,00
2.200	bis	2.209,99	889,00	460,00	290,00	159,00	67,00	14,00
2.300	bis	2.309,99	959,00	510,00	330,00	189,00	87,00	24,00
2.400	bis	2.409,99	1.029,00	560,00	370,00	219,00	107,00	34,00
2.500	bis	2.509,99	1.099,00	610,00	410,00	249,00	127,00	44,00
2.600	bis	2.609,99	1.169,00	660,00	450,00	279,00	147,00	54,00
2.700	bis	2.709,99	1.239,00	710,00	490,00	309,00	167,00	64,00
2.800	bis	2.809,99	1.309,00	760,00	530,00	339,00	187,00	74,00
2.850	bis	2.851,99	1.344,00	785,00	550,00	354,00	197,00	79,00

Zu beachten ist, dass der Teil des Arbeitseinkommens ab 2.851,00 € monatlich voll pfändbar ist.

rd. 636 €). Bei Unterhaltspflicht für eine Person erhöht sich der Betrag auf 1.289,99 €.

Liegt z. B. ein Lohnpfändungsbeschluss vor, so wird der Arbeitgeber des Schuldners verpflichtet, vom Lohn/Gehalt des Schuldners den pfändbaren Teil einzubehalten. Der gepfändete Betrag ist stattdessen an den Gläubiger zu überweisen.

Damit der Lebensunterhalt des Gepfändeten gesichert bleibt, ist ein Teil des Einkommens unpfändbar (§ 850 c ZPO). Siehe Tab. S. 205.

Für die Berechnung des pfändbaren Teils des Arbeitseinkommens ist das *Nettoeinkommen* maßgebend (§ 850 e ZPO). Die Höhe des unpfändbaren Betrags wird durch Gesetz bestimmt und in gewissen Zeitabständen den gestiegenen Lebenshaltungskosten angepasst. Bei der Ermittlung der Pfändungsgrenze sind ferner die Unterhaltszahlungen des Schuldners an seinen Ehegatten, seinen früheren Ehegatten, einen Verwandten oder an die Mutter eines nichtehelichen Kindes zu berücksichtigen (§§ 1615 l, 1615 n BGB).

Zu beachten ist, dass der Teil des Arbeitseinkommens, der 2.851,00 € monatlich übersteigt, voll pfändbar ist (vgl. Beispiele auf S. 205).

2. **Die Zwangsvollstreckung in das unbewegliche Vermögen**

   Zum unbeweglichen Vermögen zählen Grundstücke und Gebäude. Es soll auf zwei Arten der Zwangsvollstreckung in das unbewegliche Vermögen eingegangen werden:

   - **Zwangsversteigerung**
     Der Schuldner verliert durch die Versteigerung sein Eigentum. Den Erlös erhält der Gläubiger zum Ausgleich seiner – meist sehr hohen – Forderung (z. B. §§ 15, 35 ZVG).

   - **Zwangsverwaltung**
     Durch die vom Gericht auf Antrag des Gläubigers angeordnete Zwangsverwaltung werden das Grundstück und die Erträge aus dem Grundstück, z. B. Miet- und Pachteinnahmen, beschlagnahmt. Der Schuldner bleibt zwar Eigentümer des Grundstücks, doch erhält der Gläubiger die Einnahmen (z. B. § 148 ff. ZVG).

3. **Pfandverwertung**

   Der Gerichtsvollzieher bestimmt zur Versteigerung der gepfändeten Gegenstände eine Versteigerungstermin und führt die Versteigerung durch, sofern der Schuldner nicht vorher zahlt oder der Gläubiger die Aufhebung des Versteigerungstermins beantragt. Nach Abzug der Versteigerungskosten überweist der Gerichtsvollzieher den verbleibenden Erlös an den Gläubiger.

Erfolglose Durchführung der Zwangsvollstreckung

Führen die Zwangsvollstreckungsmaßnahmen nicht zum Erfolg, kann der Schuldner – auf Antrag des Gläubigers beim zuständigen Amtsgericht – zur Abgabe einer **eidesstattlichen Versicherung** (früher: „Offenbarungseid") über seine Vermögensverhältnisse gezwungen werden. Er bestätigt damit die Richtigkeit und Vollständigkeit seiner Aufstellung. Falsche Angaben gelten als Meineid und werden mit Freiheitsstrafe geahndet.

Anschließend wird er in das für jedermann zugängliche **Schuldnerverzeichnis** des Vollstreckungsgerichts (sog. schwarze Liste) eingetragen. Sinn und Zweck des Verzeichnisses ist der Schutz Dritter; die Auskunft ist kostenlos.

Verweigert der Schuldner die eidesstattliche Versicherung, kann er auf Antrag des Gläubigers bis zu sechs Monate in Erzwingungshaft genommen werden (Beugehaft). Die Haftkosten sind vom Gläubiger zu tragen und monatlich im Voraus zu entrichten.

Ist der Schuldner völlig ohne Mittel und das gerichtliche Mahn- und Vollstreckungsverfahren erfolglos geblieben, bleiben die Ansprüche des Gläubigers noch 30 Jahre lang bestehen (§ 197 BGB).

Aufgaben

1. Wie wird sich der Gerichtsvollzieher beim Vorfinden folgender Sachen verhalten:
   - Farbenvorrat eines Malermeisters,
   - Aktien,
   - Pelzmantel im Wert von 6.000,00 €,
   - Schreibtisch eines Rechtsanwalts,
   - wertvolles Gemälde,
   - größere Geldsumme,
   - Pkw eines Handelsvertreters,
   - Wochenendhaus eines leitenden Angestellten am Bodensee,
   - Stereoanlage im Wert von 3.000,00 €,
   - Radiogerät,
   - Waschmaschine einer vierköpfigen Familie,
   - antiker Bauernschrank.

2. Beschreiben Sie die Pfändung von Forderungen.

3. Nennen Sie die Voraussetzungen der Zwangsvollstreckung.
4. Welche Arten der Zwangsvollstreckung gibt es?
5. Beschreiben Sie die Zwangsvollstreckung in
   a) das bewegliche Vermögen,
   b) das unbewegliche Vermögen des Schuldners.
6. Was ist eine eidesstattliche Versicherung?
7. Warum sollte der Gläubiger mit der Zwangsvollstreckung warten, bis die Einspruchsfrist abgelaufen ist?
8. Beachtet der Schuldner den Vollstreckungsbescheid nicht, kann der Gläubiger die Zwangsvollstreckung erwirken.
   a) Wer führt die Zwangsvollstreckung durch?
   b) Wie wird die Zwangsvollstreckung durchgeführt?
9. Wie werden gepfändete Sachen verwertet?
10. Was verstehen Sie unter einer Austauschpfändung?
11. Erklären Sie die Aussage: „Der Gerichtsvollzieher pfändet aufgrund eines Titels."
12. Dem Rentner Wolff droht eine Pfändung. Da er aber mit seiner Rente unter der Pfändungsgrenze bleibt, glaubt er sich vor dem Zugriff des Gerichtsvollziehers sicher. Wolff hat eine Lebensversicherung über 50.000,00 €, die in zwei Jahren ausbezahlt wird.
    Können die Gläubiger die Zwangsvollstreckung in die Lebensversicherung beantragen? Begründen Sie Ihre Antwort.
13. Was verstehen Sie unter „Faustpfand"?
14. Wo ist zu erfahren, ob ein Schuldner eine eidesstattliche Versicherung geleistet hat und ob ein Haftbefehl vorliegt?
15. Was kann der Gläubiger bei erfolgloser Pfändung unternehmen?

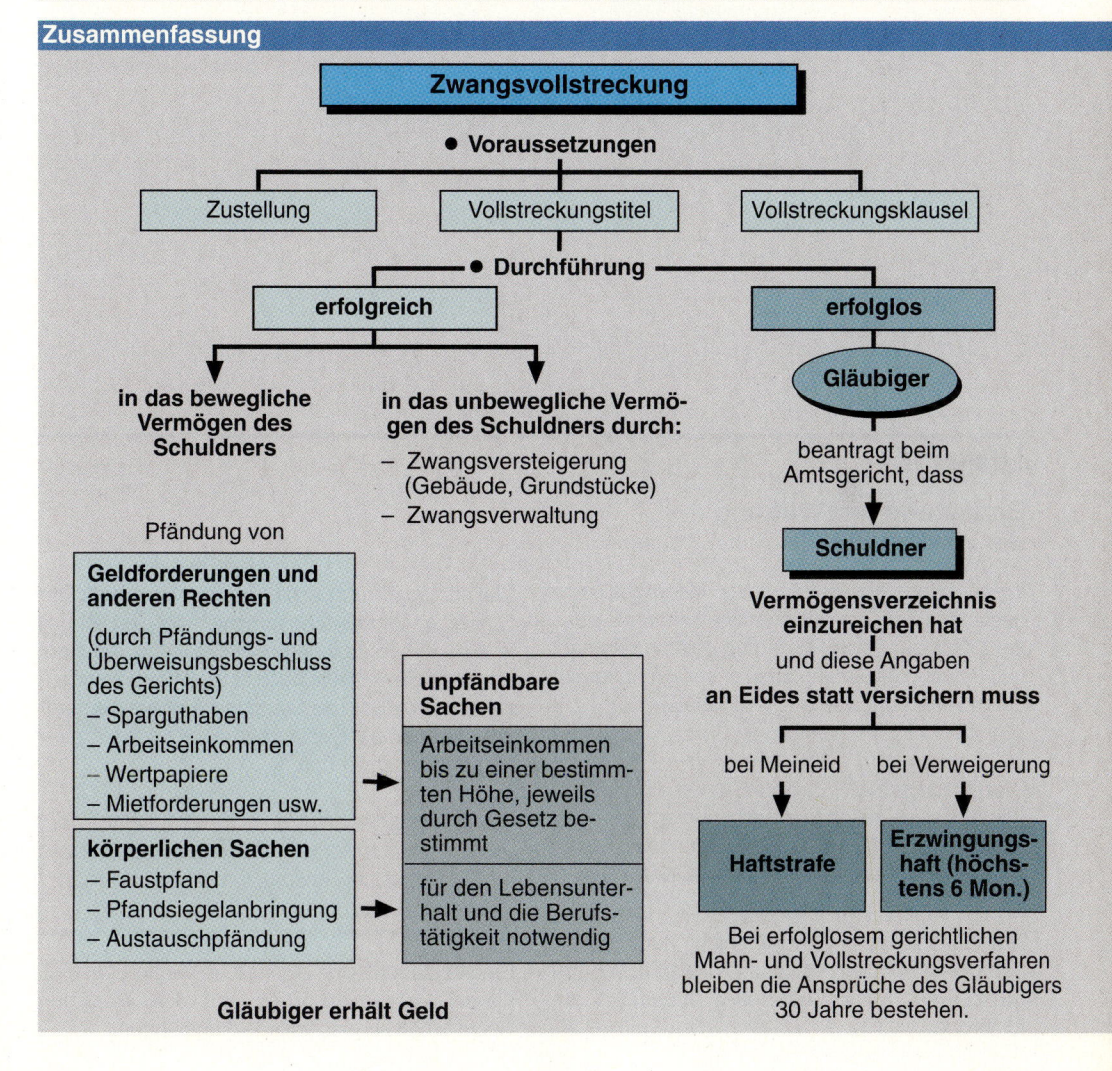

Zusammenfassung

Zwangsvollstreckung

● **Voraussetzungen**

- Zustellung
- Vollstreckungstitel
- Vollstreckungsklausel

● **Durchführung**

erfolgreich

- in das bewegliche Vermögen des Schuldners
- in das unbewegliche Vermögen des Schuldners durch:
  – Zwangsversteigerung (Gebäude, Grundstücke)
  – Zwangsverwaltung

Pfändung von

Geldforderungen und anderen Rechten
(durch Pfändungs- und Überweisungsbeschluss des Gerichts)
– Sparguthaben
– Arbeitseinkommen
– Wertpapiere
– Mietforderungen usw.

körperlichen Sachen
– Faustpfand
– Pfandsiegelanbringung
– Austauschpfändung

unpfändbare Sachen
Arbeitseinkommen bis zu einer bestimmten Höhe, jeweils durch Gesetz bestimmt
für den Lebensunterhalt und die Berufstätigkeit notwendig

Gläubiger erhält Geld

erfolglos

Gläubiger

beantragt beim Amtsgericht, dass

Schuldner

Vermögensverzeichnis einzureichen hat
und diese Angaben
an Eides statt versichern muss

bei Meineid → **Haftstrafe**

bei Verweigerung → **Erzwingungshaft (höchstens 6 Mon.)**

Bei erfolglosem gerichtlichen Mahn- und Vollstreckungsverfahren bleiben die Ansprüche des Gläubigers 30 Jahre bestehen.

4.24 Verjährungsrecht

Das Schuhhaus Gustav Schrei OHG in Celle erhielt von der Schuhmacherei Jacob Radtke e. Kfm. in Hannover am 22. Febr. 2002 verschiedene Schuhmodelle auf Probe; die Zahlungsbedingungen lauteten „Zahlbar innerhalb von 7 Tagen mit 2 % Skonto oder innerhalb von 4 Wochen netto". Am 8. April des gleichen Jahres erinnert die Firma Radtke ihren Schuldner an den noch ausstehenden Rechnungsbetrag in Höhe von 1.300,00 € (fällig am 24. März d. J.). Da diese Erinnerung unbeantwortet bleibt, versendet die Schuhmacherei am 18. April des gleichen Jahres die erste Mahnung.

Versehentlich unterbleiben weitere Mahnungen im laufenden Jahr. Dieses Versehen stellt der Geschäftsführer, Herr Strahler, erst im April des neuen Jahres fest.

Prüfen Sie, ob die Forderung in Höhe von 1.300,00 € gegen das Schuhhaus Schrei noch berechtigt ist.

Information

Bedeutung und Wirkung der Verjährung

Wenn nach Abschluss eines Vertrages eine bestimmte Zeitspanne verstrichen ist, ohne dass der Gläubiger seine Forderung geltend gemacht hat, besteht die Gefahr, dass er seinen Anspruch durch Verjährung verliert (§ 194 BGB).

Verjährungsfrist = Zeitraum, innerhalb dessen ein Anspruch geltend gemacht und ggf. gerichtlich durchzusetzen versucht werden kann.

Der Verjährung unterliegen nicht nur Geldforderungen, sondern auch z. B. Ansprüche aufgrund einer Mängelrüge oder Ansprüche auf Lieferung.

Ziel der Verjährung ist die **Rechtssicherheit.** Der Gläubiger soll seine Ansprüche möglichst schnell in einer überschaubaren Zeit geltend machen, damit die Beweislage noch einigermaßen eindeutig feststellbar ist. Der Schuldner hingegen soll vor unzumutbaren Beweisforderungen nach längerer Zeit geschützt werden.

Verjährung bedeutet, dass der Gläubiger einer Leistung nach Ablauf einer bestimmten zeitlichen Frist seinen Anspruch nicht mehr gerichtlich durchsetzen kann.

Es gibt jedoch keine einheitliche Verjährungsfrist, sondern unterschiedliche, auf den jeweiligen Sachverhalt zugeschnittene Regelungen.

Allgemeines Verjährungsrecht

Durch die Verjährungsfrist wird dem Gläubiger ein zeitlicher Rahmen gesetzt, innerhalb dessen er seine Ansprüche gelten machen kann.

- **Verjährungsfristen**
    - ➢ **Zehnjährige Verjährungsfrist** (§ 196 BGB) Sie gilt für Rechte an Grundstücken und beginnt mit der Entstehung des Anspruchs (§ 200 BGB).
    - ➢ **Dreißigjährige Verjährungsfrist** (§ 197 BGB) Sie gilt u. a. für:

Herausgabeansprüche aus dinglichen Rechten (Eigentum)	beginnt mit der Entstehung des Anspruchs
familien- und erbrechtliche Ansprüche (Urteil)	
rechtskräftig festgestellte Ansprüche	beginnt mit der Rechtskraft der Entscheidung
Ansprüche aus vollstreckbaren Vergleichen oder vollstreckbaren Urkunden (Vollstreckungsbescheid)	beginnt mit der Errichtung des vollstreckbaren Titels
Ansprüche, die durch die im Insolvenzverfahren erfolgte Feststellung vollstreckbar geworden sind	beginnt mit der Feststellung im Insolvenzverfahren

Für alle anderen Ansprüche (mit Ausnahme der Mängelansprüche aus Werk- und Kaufverträgen) gilt grundsätzlich die *regelmäßige Verjährungsfrist*.

➢ Die **regelmäßige Verjährungsfrist** beträgt **drei Jahre** (§ 195 BGB). Die Verjährung beginnt mit dem **Schluss des Jahres**[1],
- in dem der **Anspruch entstanden** ist (§ 199 I Nr. 1), **und**
- in dem der Gläubiger **Kenntnis** davon **erlangt** hat oder hätte erlangen müssen (ohne grobe Fahrlässigkeit), dass ihm der Anspruch zusteht und wer der Schuldner ist (§ 199 I Nr. 2 BGB) *[= relative Verjährungsfrist]*.

In dieser 3-Jahres-Frist ist demnach nicht die Zeit eingerechnet, die der Gläubiger braucht, um von den Voraussetzungen seines Anspruchs Kenntnis zu erlangen!

Dem Gläubiger darf nicht grobfahrlässige Unkenntnis vorgeworfen werden. **Grobe Fahrlässigkeit** liegt vor, wenn die im Verkehr erforderliche Sorgfalt in ungewöhnlich großem Maße verletzt worden ist, ganz nahe liegende Überlegungen nicht angestellt oder beiseite geschoben wurden und dasjenige unbeachtet geblieben ist, was im gegebenen Fall jedem hätte einleuchten müssen. Dabei sind an Verbraucher andere Anforderungen zu stellen als an Unternehmer. Ist der Gläubiger beschränkt geschäftsfähig oder geschäftsunfähig, so ist die Kenntnis seines gesetzlichen Vertreters maßgeblich.

Die Frist beginnt also noch nicht, solange die Unkenntnis des Gläubigers lediglich auf **leichter Fahrlässigkeit** beruht. Diese im Interesse des Gläubigers vorhandene Voraussetzung soll sicherstellen, dass der Anspruch nicht bereits verjährt sein soll, bevor der Gläubiger von den maßgeblichen Umständen Kenntnis hat. Allerdings kann sich andererseits der Eintritt der Verjährung erheblich über den Zeitraum von 3 Jahren hinaus verlängern.

---

1 Gem. § 199 I beginnt die Verjährung der Ansprüche, die der regelmäßigen Verjährungsfrist unterliegen, nicht mit dem „normalen" Verjährungsbeginn, sondern erst mit dem Schluss des jeweiligen Jahres. Sinn dieser Regelung ist es, den Betroffenen eine dauernde Kontrolle des Fristablaufes zu ersparen. Bei den „anderen" Verjährungsfristen (also bei allen außer der regelmäßigen Verjährungsfrist) beginnt die Verjährung mit der **Entstehung** des Anspruchs (soweit nicht ein anderer Verjährungsbeginn bestimmt ist; § 200 BGB).

Beispiel bei regelmäßiger Verjährungsfrist von drei Jahren

Dem 18-jährigen Uwe werden am 6. Juni 2002 von seinem Klassenkameraden Tim ein Paar Sportschuhe gestohlen. Uwe, der eine ganze Kollektion von Sportschuhen besitzt, bemerkt den Verlust nicht. Nach über 40 Jahren, am 27. Juli 2042, kommt die Tat heraus. Der nunmehr 58-jährige Uwe verlangt von Tim Schadensersatz für die Schuhe. Tim erhebt die Einrede der Verjährung.

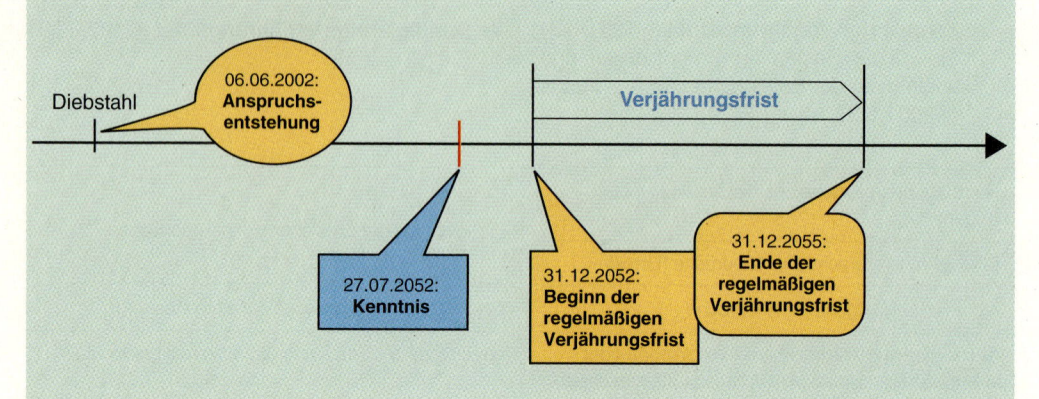

Zeitstrahl:
- Diebstahl
- 06.06.2002: Anspruchsentstehung
- 27.07.2052: Kenntnis
- 31.12.2052: Beginn der regelmäßigen Verjährungsfrist
- Verjährungsfrist
- 31.12.2055: Ende der regelmäßigen Verjährungsfrist

Nach der gesetzlichen Regelung könnte Uwe, der nach 40 Jahren plötzlich von einem Anspruch erfährt, diesen noch drei Jahre lang geltend machen. 43 Jahre nach Entstehen des Anspruchs würde es zum Prozess kommen.

Da der Beginn der regelmäßigen Verjährung **von der Kenntnis des Gläubigers** abhängt, würde es für den Schuldner nie Rechtssicherheit geben, da auch noch Jahrzehnte später ein Anspruch auf ihn zukommen könnte. Irgendwann muss aber einmal Schluss sein. Der Schuldner muss sich darauf berufen können, dass der Gläubiger mit seinem Anspruchbegehren zu spät kommt.

Aus diesem Grunde gibt es bei der *regelmäßigen Verjährung* **Höchstfristen,** die ohne Rücksicht auf die Kenntnis oder grob fahrlässige Unkenntnis des Gläubigers beginnen *(= absolute Verjährungsfristen).*

Es verjähren:

- **Schadensersatzansprüche** wegen Verletzung des Lebens, des Körpers, der Gesundheit oder Freiheit **nach 30 Jahren** (z. B. Ansprüche aus Arzthaftung, Arzneimittelhaftung, Vergewaltigung). Dies gilt ab der Begehung der Handlung, der Pflichtverletzung oder dem den Schaden auslösenden Ereignis (§ 199 II BGB);

Beispiel

Herr Brehme wurde von Anton Vollmer von hinten auf den Kopf geschlagen. Er hatte eine große Platzwunde und musste einige Tage im Krankenhaus zubringen. Vollmer konnte unerkannt fliehen. Nach 22 Jahren wird die Tat aufgeklärt. Brehme verlangt Schadensersatz.

Brehme hätte gem. § 199 I BGB nun drei Jahre Zeit, um seinen Anspruch geltend zu machen. Diese Zeit ist verstrichen.
Allerdings greift die Ausnahme in § 199 II BGB: Da Brehme an der Gesundheit verletzt wurde, beträgt die Verjährungsfrist dreißig Jahre unabhängig von der Kenntnis der anspruchsbegründenden Umstände. Indem Brehme seinen Anspruch nach 22 Jahren geltend macht, bleibt er unter der Grenze von dreißig Jahren und kann daher von Vollmer Schadensersatz verlangen.

- **sonstige Schadensersatzansprüche,** etwa aus Verletzung des Eigentums oder des Vermögens

  – **in 10 Jahren** von ihrer Entstehung an, wenn die Kenntnis des Gläubigers von dem Anspruch fehlt (z. B. Ansprüche wegen Falschberatung, Kaufpreis, Handwerkerrechnung), und

  – **spätestens in 30 Jahren** vom schadensauslösenden Ereignis an.

Beispiele

(Fortsetzung des Beispiels von Seite 210)

Uwe kann keinen Schadensersatz mehr für die von Tim entwendeten Sportschuhe verlangen, da er innerhalb von 10 Jahren nicht von den anspruchsbegründenden Umständen erfahren hat, sondern erst viel später.

Dem Gläubiger Schuckert wird erst im Jahre 2018 bekannt, wer im Jahre 2003 den schweren Schaden an seinem Gartenhaus zu verantworten hat. Daraufhin erhebt er unverzüglich Klage.
Lösung: Sein Anspruch ist verjährt. Zwar sind die Fristen der §§ 195 und 199 BGB noch nicht abgelaufen. Verjährung ist aber wegen des Ablaufs der 10-Jahres-Frist (§ 199 II BGB) eingetreten.

Bei einem Brand im Jahr 2003, den Karen Böcker schuldhaft verursacht hatte, wird Michael Jacob leicht verletzt. Es entsteht Sachschaden in Höhe von 1,2 Mio. €. Erst im Jahre 2018 erfährt Herr Jacob, dass K. Böcker den Brand schuldhaft herbeigeführt hatte. Er erhebt Klage.
Lösung: Mit Ablauf der 10-Jahres-Frist ist der Anspruch auf Schadensersatz verjährt. Nicht verjährt ist allerdings die leichte Körperverletzung, die erst nach 30 Jahren verjährt.

In den beiden zuletzt dargestellten Fällen läuft eine doppelte Maximalfrist mit unterschiedlichem Beginn.

Weitere Verjährungsfristen sind auf der nächsten Seite in der Übersicht dargestellt.

Der Lauf der dort dargestellten Verjährungsfristen kann unter bestimmten Umständen **gehemmt** werden oder die Verjährung kann von **neuem zu laufen** beginnen. Dies ist dann der Fall, wenn

– der Gläubiger Handlungen vornimmt, die auf eine Durchsetzung seines Anspruchs zielen, oder
– wenn der Schuldner das Bestehen des Anspruchs anerkennt.

● **Hemmung der Verjährung**

Bei der **Hemmung** der Verjährung **wird der Lauf der Verjährungsfrist angehalten; während der Zeit der Hemmung ruht die Verjährungsfrist** (§ 209 BGB). Sie beginnt erst wieder zu laufen, wenn der Hemmungsgrund beseitigt ist. Ab diesem Zeitpunkt läuft die bereits begonnene Verjährungsfrist weiter. Die vor und nach der Hemmung abgelaufenen Verjährungsfristen werden zusammengerechnet. Die Verjährung tritt ein, wenn die Summe der Abschnitte der Verjährungsfrist der gesetzlichen Verjährungsfrist entspricht.

> Unter der **Hemmung der Verjährung** versteht man einen Zeitraum, der nicht in die Verjährungsfrist eingerechnet wird (§ 209 BGB). Fällt der hemmende Umstand weg, läuft die Verjährung dort weiter, wo sie gehemmt worden war.

Das Gesetz regelt eine Vielzahl von Hemmungsgründen (§§ 203 – 208 BGB). Beginn und Ende der Hemmung ist in diesen Paragrafen sehr fallbezogen geregelt.

Als **Hemmungsgründe** kommen in Betracht (die wichtigsten Tatbestände):

➢ **Verhandlungen** über den Anspruch: Solange der Schuldner und der Gläubiger miteinander über den Anspruch oder die den Anspruch begründenden Umstände verhandeln, ist die Verjährung gehemmt (§ 203 BGB), bis der eine oder der andere Teil die Verhandlung abbricht. Die Hemmung endet frühestens *drei Monate* nach Ende der Verhandlungen.

➢ **Hemmung durch Rechtsverfolgung:**
- Klageerhebung, § 204 I Nr. 1 BGB,
- Zustellung des Mahnbescheids im gerichtlichen Mahnverfahren, § 204 I Nr. 3 BGB,
- Geltendmachung der Aufrechnung im Prozess, § 204 I Nr. 5 BGB,
- Zustellung eines Antrags auf einstweilige Verfügung, § 204 I Nr. 9 BGB,
- Anmeldung des Anspruchs im Insolvenzverfahren, § 204 I Nr. 10 BGB,
- Beginn eines schiedsrichterlichen Verfahrens,
- Gesuch um Prozesskostenhilfe, § 204 I Nr. 14 BGB.

Die Hemmung endet **sechs Monate** nach der rechtskräftigen Entscheidung und beginnt erneut, wenn eine Partei das Verfahren weiter betreibt.

➢ **Leistungsverweigerungsrecht** des Schuldners (§ 205 BGB). Unter dem Leistungsverweigerungsrecht ist hier eine Vereinbarung zwischen Gläubiger und Schuldner zu verstehen, die den Schuldner vorübergehend zur Verweigerung der Leistung berechtigt, also eine **Stundung.**

➢ **Höhere Gewalt** (§ 206 BGB). Die Verjährung ist gehemmt, solange der Gläubiger innerhalb der letzten sechs Monate der Verjährungsfrist durch höhere Gewalt an der Rechtsverfolgung gehindert ist, z. B. aufgrund von Naturkatastrophen oder Krieg.

	Regelmäßige Verjährungsfrist 3 Jahre (§ 195 BGB)	Besondere Verjährungsfristen		
		2 Jahre (§ 438 BGB)	5 Jahre	10 Jahre (§ 196 BGB)	30 Jahre (§ 197 BGB)
Gültigkeit bei:	allen fälligen Ansprüchen mit Kenntnis, für die keine besonderen Fristen festgelegt sind (§ 195 BGB), insbesondere: * Schadensersatz aus unerlaubter Handlung, Gefährdungshaftung und Pflichtverletzung aus einem Schuldverhältnis (z. B. bei Lieferungs-, Zahlungs- und Annahmeverzug); * Ansprüche wegen arglistig verschwiegener Sachmängel * Ansprüche auf regelmäßig wiederkehrende Leistungen	**Ansprüche bei Mängeln an der Kaufsache** (hierunter fallen die üblichen Ansprüche aus Sachmängeln wie Nacherfüllung, Schadensersatz und Ersatz der Aufwendungen) = **regelmäßige Verjährungsfrist für Mängel im Kaufrecht** (Rücktritt und Minderung sind Gestaltungsrechte, die keiner Verjährung unterliegen)	Ansprüche bei Mängeln bei – Bauwerken und – Sachen für Bauwerke, d. h. wenn die Sache für ein Bauwerk verwendet wurde (Baustoffe) und dessen Mangelhaftigkeit verursacht hat	* Rechte an einem Grundstück; * wenn die Kenntnis fehlt (siehe Voraussetzung für die dreijährige Verjährungsfrist), dann ist dies die Maximalfrist für alle sonstigen Schadensersatzansprüche (§ 199 III 1 BGB)	* Herausgabeansprüche aus Eigentum und anderen dinglichen Rechten * Familien- und erbrechtliche Ansprüche * rechtskräftig festgestellte Ansprüche und Ansprüche aus Urteilen * Ansprüche aus vollstreckbaren Vergleichen oder vollstreckbaren Urkunden * rechtskräftig festgestellte Ansprüche im Rahmen eines Insolvenzverfahrens * Ansprüche aus Körper-, Lebens-, Gesundheits- und Freiheitsverletzungen sowie aus Verletzung einer Pflicht aus einem Schuldverhältnis, z. B. Kauf- oder Werkvertrag (die Grenze bei dreijähriger Verjährungsfrist) (§ 199 Abs. 2 BGB)
Beginn der Verjährungsfrist: (§ 199 BGB)	– mit Ablauf des Jahres, in dem der **Anspruch** entstanden ist **und** – der Gläubiger Kenntnis erlangt von • den anspruchsbegründenden Umständen und • der Person des Schuldners	– ab Ablieferung der Sache (§ 438 I Nr.3); bei Grundstücken: Übergabe (§ 438 II) – ab Abnahme des Werkes (§ 634 a II)	ab Übergabe bzw. Ablieferung	ab Fälligkeit = Entstehung des Anspruchs (soweit nichts anderes bestimmt wurde; § 200 BGB)	– ab Fälligkeit = Entstehung des Anspruchs (Nr. 1 u. 2) – ab Urteil (Nr. 3) – ab Errichtung des vollstreckbaren Titels (Nr. 4) – ab Feststellung (Nr. 5) – ab Begehung der Handlung bzw. ab Pflichtverletzung (Nr. 6)
Bemerkungen:	– mit der Kenntnis wird grob fahrlässige Unkenntnis des Gläubigers gleich gesetzt; versäumt es der Gläubiger schuldhaft von dem Schadenseintritt Kenntnis zu nehmen, beginnt daher trotzdem die Verjährungsfrist zu laufen. – Absolute Grenzen: siehe 10- und 30jährige Verjährungsfristen.	– bei **gebrauchten** Sachen im Rahmen des Verbrauchsgüterkaufs **ein Jahr** beginnend mit der Ablieferung; – Rücktritt und Minderung sind Gestaltungsrechte, die keiner Verjährung unterliegen; – **bei Arglist** gilt die regelmäßige Verjährungsfrist, § 199 BGB	gilt im Baustoffhandel		

Die Verjährung beginnt grundsätzlich zum Zeitpunkt des Gefahrenübergangs, d.h. bei Sachen mit der Ablieferung und bei Grundstücken mit der Übergabe (§ 438 Abs. 2 BGB). Ob der Käufer seinen Anspruch kennt oder nicht, spielt keine Rolle. Werden daher verborgene Mängel beispielsweise erst nach Ablauf der Verjährungsfrist sichtbar, sind sie verjährt, bevor der Käufer seine Rechte aus dem Mangel der Kaufsache geltend machen konnte.

Ausnahme: Arglistig verschwiegene Mängel. Die Verjährungsfrist beginnt in diesem Fall erst dann zu laufen, wenn der Käufer Kenntnis vom Anspruch und der Person des Schuldners hat. Der Verkäufer haftet demzufolge bis zu 30 Jahren.

➤ Ansprüche, bei denen zwischen Schuldnern und Gläubigern bestimmte familienrechtliche Verhältnisse bestehen, § 207 S.1 BGB.

➤ Ansprüche wegen Verletzung der sexuellen Selbstbestimmung bis zur Vollendung des 21. Lebensjahres des Gläubigers, § 208 BGB.

Beispiele

Fall 1:

Die Schuhmacherei Jacob Radtke e. Kfm. in Hannover hat nach ihrem Versehen im Jahre 2002 am 30. April 2003 ein weiteres Mal gemahnt. Gleichzeitig bietet sie in diesem Mahnschreiben dem Schuhhaus Schrei eine Stundung des Rechnungsbetrages von zwei Monaten an.

– Die Zeit vor der Hemmung wird berücksichtigt (31. Dez. 2002 bis 30. April 2003 = 4 Monate).

– Vom Tage der Hemmung (30. April 2003) ruht die Verjährungsfrist für die Zeit der Hemmung (= 2 Monate, d. h. bis zum 30. Juni 2003).

– Die Verjährungsfrist läuft, nachdem der Hemmungsgrund (hier: Stundung) weggefallen ist, weiter (ab 30. Juni 2003).

– Die Hemmungszeit wird nach Ende der Hemmung der Verjährungsfrist hinzugezählt (31. Dez. 2005 + 2 Monate Stundung).

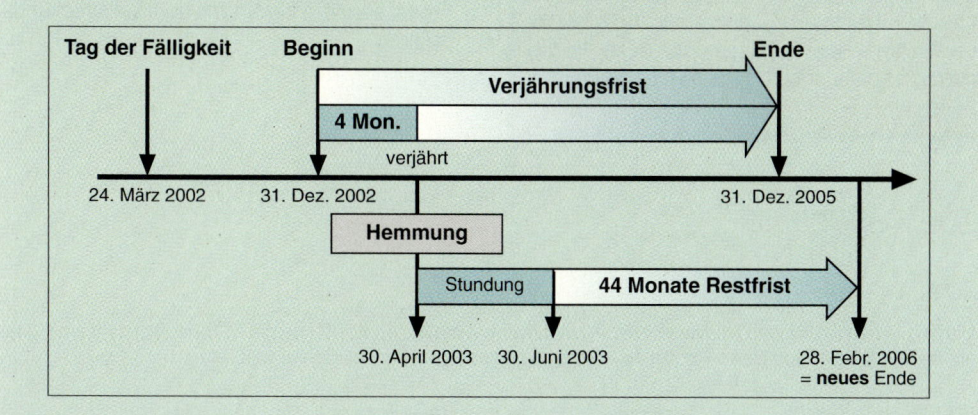

Tag der Fälligkeit: 24. März 2002
Beginn: 31. Dez. 2002
Verjährungsfrist (4 Mon. verjährt)
Ende: 31. Dez. 2005
Hemmung: 30. April 2003
Stundung bis 30. Juni 2003
44 Monate Restfrist
28. Febr. 2006 = **neues** Ende

Fall 2:

Die Verjährung würde regulär am 1. Juli eintreten. Den ganzen Januar über verhandelten die Parteien über den Anspruch, bis der Schuldner am 31. Januar die Fortsetzung der Verhandlungen verweigerte.

Gem. § 203 BGB ist die Verjährung für den Zeitraum der Verhandlungen (1. bis 31. Januar) gehemmt. Die Verjährung tritt deshalb nicht am 1. Juli, sondern erst am 1. August ein.

Im Geschäftsleben wird hin und wieder der Trick angewendet den Schuldner mit einer höheren als der tatsächlich bestehenden Forderung anzumahnen; beispielsweise statt 1.570,00 € den Forderungsbetrag von 2.570,00 €. Wenn der Schuldner sich nun hierauf schriftlich meldet und bemerkt, dass er nur 1.570,00 € schulde und nicht 2.570,00 €, so liegt eine Schuldanerkenntnis vor. Hiergegen ist zwar rechtlich nichts einzuwenden, moralisch ist diese Methode allerdings nicht unbedingt vertretbar.

• **Ablaufhemmung**

Die *Hemmung der Verjährung* darf nicht verwechselt werden mit der Ablaufhemmung. Eine **Ablaufhemmung** bewirkt, dass eine an sich eintretende Verjährung nicht sofort in Kraft tritt, sondern erst, wenn bestimmte Umstände hinzukommen.

Der für die Wirtschaft wichtigste Fall ist die Ablaufhemmung bei Regressansprüchen des Letztverkäufers beim Verbrauchsgüterkauf (vgl. Ausführungen Seite 158).

- **Neubeginn der Verjährung** (§ 212 BGB)

Auch die Möglichkeit des Neubeginns der Verjährung dient dem Schutz des Gläubigers. Will der Gläubiger den Eintritt der Verjährung verhindern, so muss er rechtzeitig geeignete Maßnahmen für einen Neubeginn einleiten. Anders als bei der Hemmung hat das zur Folge, dass **die bis dahin verstrichene Zeit unberücksichtigt** bleibt und die Verjährungsfrist in voller Länge neu zu laufen beginnt. Die neue Frist beginnt immer vom Ende der Unterbrechung an zu laufen und nicht erst ab dem darauf folgenden Jahresende.

> Beim **Neubeginn der Verjährung** endet der Lauf der bisherigen Verjährungsfrist; die bislang verstrichene Zeit wird ignoriert. Die Verjährungsfrist beginnt sofort in voller Länge neu zu laufen.

Der **Neubeginn** kann erreicht werden, wenn

➢ der Schuldner den **Anspruch anerkennt** durch Abschlagzahlung, Zinszahlung, Sicherheitsleistung, Bitte um Stundung, Anerkennung von Mangelansprüchen durch Mangelbeseitigung (Nachbesserung) oder in anderer Weise (§ 212 I Nr. 1 BGB);

➢ **gerichtliche** oder **behördliche Vollstreckungshandlungen** vorgenommen werden (§ 212 I Nr. 2 BGB);

➢ gerichtliche oder behördliche Vollstreckungshandlungen beantragt werden (§ 212 I Nr. 2 BGB). Der Neubeginn läuft hier nicht erst mit Abschluss des Zwangsvollstreckungsverfahrens, sondern bereits mit dem Vollstreckungsantrag.

Die Schuhmacherei Jacob Radtke e. Kfm. in Hannover hat am 30. April 2003 gemahnt. Daraufhin geht am 6. Mai auf dem Bankkonto von Herrn Radtke eine Teilzahlung des Schuhhauses Schrei OHG ein.

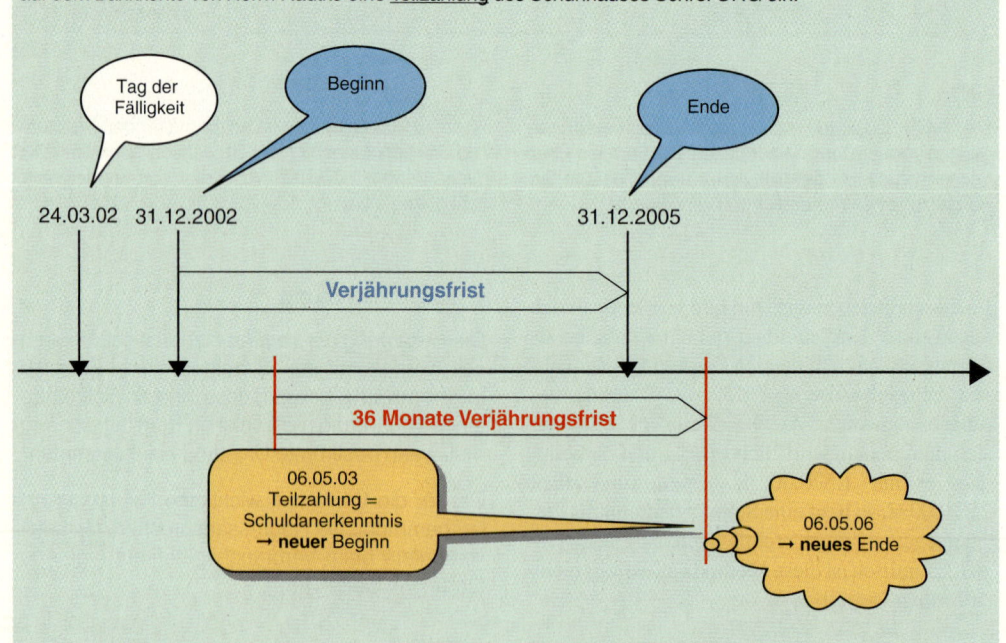

Tag der Fälligkeit: 24.03.02
Beginn: 31.12.2002
Ende: 31.12.2005

Verjährungsfrist

36 Monate Verjährungsfrist

06.05.03
Teilzahlung =
Schuldanerkenntnis
→ **neuer** Beginn

06.05.06
→ **neues** Ende

- Die Zeit vor dem Schuldanerkenntnis (31. Dez. 2002 bis 6. Mai 2003) wird nicht mitgezählt.
- Die Verjährungsfrist von drei Jahren beginnt vom 6. Mai 2003 an **von neuem** zu laufen und endet 36 Monate später mit Ablauf des 6. Mai 2006.

Der Regelfall ist die Hemmung der Verjährung, der Neubeginn ist die Ausnahme.

Das kaufmännische Mahnverfahren hat keinen Einfluss auf die Verjährungsfrist. Es bewirkt daher auch keine Hemmung oder einen Neubeginn.

Verjährung von Mängelansprüchen
(Gewährleistungsfristen gem. § 438 BGB)

Für das *Kaufrecht* gibt es besondere Verjährungsfristen (siehe auch Übersicht Seite 212). Nach Ablauf der Frist kann der Verkäufer mangelbedingte Ansprüche (Gewährleistungsansprüche) auf Nacherfüllung, Schadensersatz oder Aufwendungsersatz aus **Kaufverträgen** verweigern.

Die beiden wichtigsten Fälle sind

➤ die regelmäßige Verjährungsfrist für Mängel der Kaufsache und

➤ die besondere Verjährung beim Kauf von Bauwerken und Baustoffen.

- **Regelmäßige kaufrechtliche Verjährungsfrist für Mängel**

Die *regelmäßige Verjährungsfrist für Mängelansprüche bei neuen beweglichen Sachen* (ob Auto, Computer, Maschinen, Sportgeräte oder Spielzeug) beträgt **zwei Jahre, beginnend mit der Ablieferung der Sache** (§ 438 I 3 BGB).

Aufgrund der Bestimmungen über den **Verbrauchsgüterkauf** dürfen Verkäufer oder Werkunternehmer, die einen Vertrag mit einem Verbraucher geschlossen haben, vertraglich die Gewährleistungsfristen nicht einschränken oder verringern (→ bei neuen Sachen besteht also eine **Mindestgewährleistung** von zwei Jahren). Eine längere Gewährleistungsfrist (Höchstfrist 30 Jahre) kann natürlich vereinbart werden, da sie dem Verbraucher zugute kommt.

Die zweijährige Gewährleistungsfrist kann unter bestimmten Voraussetzungen dennoch verkürzt werden:

➤ Beim „normalen Kauf" (z. B. Unternehmer als Kunde) darf der Verkäufer seine Haftung beliebig verkürzen oder sogar ganz ausschließen. Es gelten lediglich die Einschränkungen, dass die Gewährleistungsfrist bei neuen Sachen mittels AGB höchstens auf ein Jahr, bei gebrauchten Sachen auch auf weniger als ein Jahr verkürzt (§ 309 Nr. 8 b ff. BGB) und im Übrigen die Haftung wegen Vorsatzes und grob fahrlässiger Pflichtverletzung nicht ausgeschlossen werden darf (§ 202 BGB). Eine derartige Vereinbarung ist unzulässig und nichtig.

➤ Beim **Verbrauchsgüterkauf** darf die Gewährleistungsfrist nur bei gebrauchten Sachen und dann auch nur auf **ein Jahr** verkürzt werden, beginnend mit der Ablieferung (§ 475 II BGB). Die häufig in der Vergangenheit vorgefundene Klausel „Gekauft, wie besichtigt, unter Ausschluss jeder Gewährleistung" ist daher zukünftig nicht mehr verwendbar.

Folge für Unternehmen: Da es bei gebrauchten Sachen auf die „vertragsgemäße Beschaffenheit" ankommt, sollten Unternehmen, die gebrauchte Sachen verkaufen, beim Verkauf den Zustand der Ware im Vertrag genau beschreiben und vorhandene Mängel exakt dokumentieren (konkrete Beschaffenheitsvereinbarung nach § 434 I 1 BGB). Nur so sind sie in der Lage, ihre Haftung zumindest teilweise zu begrenzen bzw. zu Unrecht behauptete Mängel zurückzuweisen.

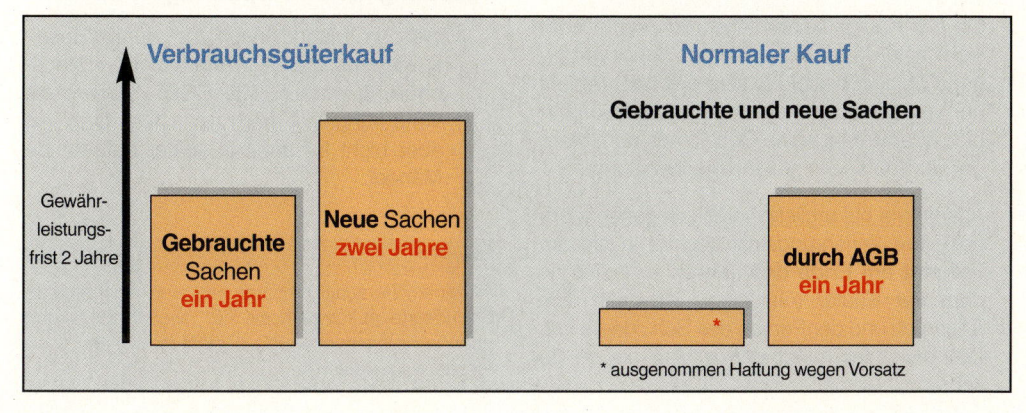

Verbrauchsgüterkauf	Normaler Kauf
Gewährleistungsfrist 2 Jahre: Gebrauchte Sachen **ein Jahr**, Neue Sachen **zwei Jahre**	Gebrauchte und neue Sachen: durch AGB **ein Jahr** *

* ausgenommen Haftung wegen Vorsatz

➤ Der **Handel zwischen Privatpersonen** ist davon nicht erfasst. Auch Verkäufe zwischen Gewerbetreibenden untereinander gelten nicht als Verbrauchsgüterkauf, bei dem der Verbraucher besonders geschützt werden muss. In beiden Fällen können **andere Gewährleistungsrechte** vereinbart werden; auch kann die Gewährleistung ganz ausgeschlossen werden.

- **Verjährung bei Bauwerken und Baustoffen**

  Der Baustoffhandel haftet bei Vorliegen bestimmter Voraussetzungen **fünf Jahre** für ein fehlerhaftes Bauwerk, **beginnend mit Übergabe bzw. Ablieferung** (§ 438 I Nr. 2 BGB).

  Diese Verjährungsfrist gilt sowohl für Ansprüche der Bauhandwerker gegen Lieferanten als auch für Zwischenhändler gegenüber einem weiteren Zwischenhändler oder gegenüber einem Hersteller von Baumaterialien.

  Beispiele

  Der Bauunternehmer Goetting erhält Fenster von seinem Lieferanten Lampe geliefert und baut diese in ein neues Bürogebäude ein. Nach drei Jahren stellt sich heraus, dass die Fenster undicht sind, da Zugluft und Nässe in die Büroräume dringen. Eine Überprüfung ergibt schließlich, dass eine Dichtung von vornherein fehlerhaft war.

  Nach der Rechtslage haftet der Bauunternehmer Goetting nach wie vor gegenüber seinem Auftraggeber (die Verjährungsfrist beträgt fünf Jahre). Goetting kann jedoch seinerseits den Ersatz des ihm entstandenen Aufwandes von Lampe ersetzt verlangen, weil die Verjährungsfrist auch im Verhältnis Unternehmer (Goetting) zu Lieferant (Lampe) fünf Jahre beträgt (§ 438 I Nr. 2 b BGB).

● **Besondere Verjährungsfristen**

Mangel bei	Gewährleistungsfristen
Sachen, wenn Mangel arglistig verschwiegen wurde	3 Jahre, beginnend mit Ablieferung
Sachen, wenn die Person des Schuldners unbekannt ist	10 Jahre ab Fälligkeit des Anspruchs
dinglichen Rechten, z. B. Pfandrecht, das zur Herausgabe der Sache berechtigt, und Rechten im Grundbuch	30 Jahre, beginnend mit Übergabe (Erlangung des Rechts)

- **Beginn und Hemmung der Verjährung**

  Die **Verjährung beginnt** grundsätzlich zum Zeitpunkt des Gefahrübergangs, d. h. **bei Sachen mit der Ablieferung** und **bei Grundstücken mit der Übergabe** (§ 438 Abs. 2 BGB).

  Ob der Käufer seinen Anspruch kennt oder nicht, spielt keine Rolle. Werden daher verborgene Mängel beispielsweise erst nach Ablauf der Verjährungsfrist sichtbar, sind sie verjährt bevor der Käufer seine Rechte aus dem Mangel der Kaufsache geltend machen konnte.

  Ausnahme bei arglistig verschwiegenen Mängeln: Die Verjährungsfrist beginnt in diesem Fall **erst am Ende des Jahres** zu laufen, in dem der Käufer (Gläubiger) Kenntnis vom Anspruch und der Person des Schuldners hat. Der Verkäufer haftet demzufolge bis zu 30 Jahren.

  Eine Verlängerung tritt ebenfalls durch die **Hemmung der Verjährung** ein (siehe Ausführungen Seite 211 ff.); einer der vielen Hemmungsgründe ist die *Verhandlung über Mängelansprüche*.

- **Neubeginn der Verjährung**

  ➤ Werden Mängelansprüche durch Beseitigung des Mangels anerkannt (→ Nacherfüllung gem. § 439 BGB), beginnt die Verjährungsfrist neu zu laufen. Dies gilt aber nicht für andere, später auftretende Mängel.

  Beispiel

  An einem Personalcomputer wird eine mangelhafte Soundkarte ausgewechselt. Für diese Karte, nicht aber für den gesamten PC, beginnt die Verjährungsfrist erneut zu laufen.

Beweislast

Der **Schuldner** trägt die Beweislast für die Verjährungsfrist und den Verjährungsbeginn, d.h. auch die Kenntnis bzw. grob fahrlässige Unkenntnis des Gläubigers. Der **Gläubiger** trägt die Beweislast für die Hemmung der Verjährung, die Ablaufhemmung und den Neubeginn.

Rechtsfolgen der Verjährung

Ein Anspruch ist verjährt. Sodann gilt (§§ 214 bis 218 BGB):

- Der Schuldner kann die Leistung verweigern. Er hat demnach die **Einrede gegenüber dem verjährten Anspruch** (dauerndes Leistungsverweigerungsrecht gem. § 214 BGB).

  Macht er von dieser Einrede Gebrauch, bleibt zwar der gegen ihn gerichtete Anspruch des Gläubigers bestehen, aber er wird kraftlos. Der Gläubiger kann seine Forderung nicht mehr einklagen.

- Bezahlt der Schuldner eine bereits verjährte Forderung (oder hat er Sicherheiten geleistet), so kann er das einmal **Geleistete nicht mehr zurückverlangen**.

  Dies geht auch dann nicht, wenn er in Unkenntnis der Verjährung geleistet hat.

- Die **Aufrechnung** mit einem verjährten Anspruch ist zulässig, wenn der Anspruch in dem Zeitpunkt noch nicht verjährt war, in dem erstmals aufgerechnet oder die Zahlung verweigert werden konnte (§ 215 BGB).

Aufgaben

1. Wie lange ist die regelmäßige Verjährungsfrist und wann beginnt die Verjährungsfrist grundsätzlich zu laufen?
2. Welche Wirkung hat der Eintritt der Verjährung auf eine Forderung?
3. Herr Siewert hat am 17. Aug. eine längst fällige Schuld bezahlt. Danach erfährt er, dass die Forderung verjährt war. Was kann er tun?
4. Welche Folgen haben Hemmung und Neubeginn auf die Verjährungsfrist?
5. Was verstehen Sie unter dem Recht der Einrede der Verjährung?
6. Ein Großhändler schickte am 4. Nov. 2001 eine Rechnung an die Einzelhandels OHG. Am 12. Jan. 2002 wurde eine Zahlungserinnerung geschickt. Erst am 24. Nov. 2002 stellt ein Mitarbeiter in der Buchhaltung fest, dass die Rechnung immer noch nicht bezahlt ist.
   Ist die Forderung inzwischen verjährt? Begründen Sie Ihre Antwort.
7. Stellen Sie fest, ob es sich in den folgenden Beispielen um Hemmung oder Neubeginn handelt, und bestimmen Sie den Tag der Verjährung.
   Mitte Juni hat der Gas- und Wasserinstallateurmeister Huber das Rohrleitungssystem bei Herrn Schmidt repariert. Die Rechnung über 256,00 € war am 1. Juni 2002 fällig.

   a) Nach drei schriftlichen Mahnungen leistet Herr Schmidt am 15. Jan. 2003 eine Anzahlung in Höhe von 50,00 €.
   b) Herr Huber stundet ihm die Restschuld in Höhe von 206,00 € am 1. März 2003 für ein halbes Jahr.
   c) Da Herr Schmidt nach Ablauf der Stundung immer noch nicht gezahlt hat, beantragt Herr Huber am 15. Febr. 2004 beim Amtsgericht den Antrag auf Erlass eines Mahnbescheides.

8. Die Grotex GmbH in Hannover lieferte dem Textileinzelhändler Robert Mayer e. Kfm. in Rostock Sport- und Freizeitgarderobe mit Rechnung vom 20. April 2002, Rechnungsbetrag 6.200,00 €.

   a) Wann verjährt diese Forderung?
   b) Welche Folgen hat die Verjährung für die Grotex GmbH als Gläubiger?
   c) Welche Maßnahmen muss die Grotex GmbH ergreifen, um die Verjährung der Forderung von Anfang an neu laufen zu lassen?

9. Wann verjähren grundsätzlich Ansprüche mit Ausnahme von Schadensersatzansprüchen unabhängig von der Kenntnis oder dem Kennenmüssen des Gläubigers?
10. Nennen Sie die Ansprüche, die ohne Rücksicht auf die Kenntnis oder das Kennenmüssen nach 10 Jahren nicht verjährt sind.
11. Wann verjähren kaufrechtliche Gewährleistungsansprüche?
12. Wann verjähren Mängel an Bauwerken?
13. Was ist der Grundsatz: Hemmung oder Neubeginn der Verjährung?
14. In welchen Fällen beginnt die Verjährung neu zu laufen?
15. Ein Einzelhändler für Garten- und Hobbybedarf kauft von einem Großhändler am 18. Juni 2002 zehn automatische Heckenscheren, von denen ein Gerät aufgrund eines nicht zu behebenden technischen Fehlers nicht funktioniert. Die Fehlerhaftigkeit wurde aber erst neun Monate später, am 13. März 2003, festgestellt. Daraufhin verlangt der Einzelhändler unter Berufung auf die Verjährungsfrist die Lieferung einer neuen Heckenschere. Besteht diese Argumentation zu Recht?
16. Bestimmen Sie in den folgenden Fällen, wann der Anspruch durch Verjährung verloren geht:

    a) Frau Volmer, Inhaberin eines Reinigungsbetriebes, kauft am 28. September 2002 zwei neue Caravans für das Unternehmen.
    b) Die Gerhard-Altmann & Schmitz GbR kauft von Herrn Franz ein Grundstück für 175.000 €, zahlbar am 26. November 2002.

17. Die Elmex GmbH lässt am 12. Juli 2001 die Außenfassade ihres Verwaltungsgebäudes in Bad Münder mit einer ganz neu auf den Markt gekommenen sog. „Langzeitfarbe" neu streichen. Am 15. Juli 2006 stellt man allerdings fest, dass an den Hausseiten des Verwaltungsgebäudes, die besonders dem Regen und Wind ausgesetzt sind, die Farbe abbröckelt.
    Grund: Die Facharbeiter des Malereibetriebes hatten, bedingt durch ihre mangelnde Erfahrung mit dem neuen Farbanstrich, grundlegende Fehler beim Auftragen des Streichmittels auf die Außenwände gemacht.
    Wie sieht die Rechtslage aus vor dem Hintergrund der Verjährung?
18. Ein Großhändler hat gegenüber einem Einzelhändler noch eine ausstehende Forderung in Höhe von 4.546,00 €, fällig am 23. März 2002. Als auch am 27. September 2003 die Zahlung immer noch nicht eingegangen ist, erhebt der Großhändler am 02. Oktober 2003 Klage. Da keine weiteren Reaktionen vom Einzelhändler zu vernehmen waren, wird er am 14. Januar 2004 rechtskräftig verurteilt. Wann ist der Anspruch des Großhändlers auf den noch ausstehenden Betrag verjährt?

19. Der Einzelhändler Hinrichs kauft von der Maschinenfabrik Eppmann GmbH einen Gabelstapler für das Hochregal. Das Fahrzeug, das am 12. August 2001 geliefert wird, weist allerdings einen Mangel bei der Hebeautomatik auf, der regelmäßig ab einer bestimmten Anzahl von Einsatzstunden auftritt und den Eppmann arglistig verschweigt. Im Einzelhandelsunternehmen tritt dieser Mangelschaden am 7. September 2004 erstmalig und nachhaltig auf, sodass das Fahrzeug im Lager nicht mehr eingesetzt werden kann. Kann Einzelhändler Hinrichs noch seine Gewährleistungsansprüche geltend machen?

20. Familie Huber kauft vom Gebrauchtwagenhändler Beck am 2. April 2002 einen BMW 318, ein Jahr alt. Im Kaufvertrag wird u. a. vereinbart, dass

    – die Gewährleistungsfrist auf ein Jahr verkürzt wird und

    – die Übergabe eine Woche später am 09.04.02 stattfinden soll.

    Als am 05.04.2003 ein Schaden an der Einspritzautomatik festgestellt wird, will Herr Huber seine gesetzlichen Rechte aufgrund von mangelhafter Lieferung geltend machen. Prüfen Sie, ob dies noch möglich ist.

21. Das Spezialmaschinenunternehmen Illner AG liefert am 24. Januar 2002 an das Textileinzelhandelsunternehmen Vox KG eine automatische Hebebühne für das Lager; Kaufpreiszahlung 10 Tage später am 03.02.2002. Am 01.12.2005 hat das Einzelhandelsunternehmen die längst überfällige Rechnung immer noch nicht bezahlt – aus guten Gründen, wie man meint.
    Daraufhin beginnen noch am 03.12.05 diverse Verhandlungen zwischen den Vertragspartnern über den von der Illner AG gemachten Anspruch auf Rechnungsausgleich. Die Gespräche erweisen sich jedoch als äußerst schwierig und die Gegenargumente von der Vox KG sind für die Verantwortlichen der Illner AG nicht akzeptabel. Die Verhandlungen werden daraufhin zwei Monate später, am 3. Februar 2006, abgebrochen mit der definitiven Aufforderung an die Vox KG, unverzüglich die Rechnung zu begleichen.
    Da man in der Vox KG der Ansicht ist, dass die (regelmäßige) Verjährungsfrist von drei Jahren mittlerweile abgelaufen sei, verweigert man die Zahlung.
    Handelte die Einzelhandlung zu Recht?

22. Ein Großhändler und ein Einzelhändler haben am 17. Juli 2002 einen Kaufvertrag über neue schnurlose Wasserkocher geschlossen. Der Großhändler liefert nicht.
    Ab wann (genaues Datum) kann sich der Großhändler auf die Verjährung berufen?

23. Bauunternehmer Klingebiel baut Familie Prinzen nach deren besonderen Vorstellungen ein Einfamilienhaus am Steinhuder Meer. Der Vertrag wurde am 01.03.2002 geschlossen. Fertigstellung des Hauses ist am 15.11.2002. Herr Prinzen nimmt das Haus am 01.12.2002 zusammen mit seiner Frau ab.
    Nachdem die Familie zunächst glücklich über ihr neues Zuhause ist, beginnt der Ärger wenig später, indem Wasser in zwei der Kellerräume festgestellt wird.
    Kann sich Bauunternehmer Klingebiel auf die Verjährung berufen, wenn Herr Prinzen eine entsprechende Klage erhebt am

    a) 02.03.2005,

    b) 02.11.2007,

    c) 02.12.2007,

    d) 31.12.2007?

24. Verkäufer Seelig und Käuferin Neumann schließen am 12. Dezember 2002 einen Kaufvertrag über einen neuen Power Edition Evolution Bodenstaubsauger.
    Der Staubsauger wird vereinbarungsgemäß am 20. Dezember 2002 bei Frau Neumann abgeliefert. Am 12. Juli 2004 stellt Frau Neumann einen schweren Konstruktionsfehler an der elektronischen Saugkraftregulierung fest und verklagt umgehend den Lieferanten.

    a) Kann sich Verkäufer Seelig auf die Einrede der Verjährung berufen?

    b) Würde sich etwas ändern, wenn Frau Neumann den Schaden am 20.12.2004 feststellt?

    c) Würde sich etwas ändern, wenn Frau Neumann den Schaden am 21.12.2004 feststellt?

    d) Würde sich etwas ändern, wenn Seelig vom Schaden wusste und diesen verschwiegen hat?

    Ändert sich dann etwas an der Beurteilung der Sachverhalte b) und c)?

    Zusatzfrage zu d): Kann sich Seelig am 21. Dezember 2005 auf die Verjährung berufen?

Zusammenfassung

Die Verjährung von Ansprüchen

dient dem Rechtsfrieden

tritt ein nach:

3 Jahren (= regelmäßige Verjährungsfrist)

Beginn: Mit dem **Schluss des Jahres**, in dem
- der Anspruch **entstanden** ist, **und**
- der Gläubiger die Umstände, die seinen Anspruch begründen, und
- die Person des Schuldners **kannte** oder (ohne grobe Fahrlässigkeit) hätte kennen können

... *aber* allerhöchstens 30 Jahre ab Begehung (bei Schadensersatz wegen Tötung, Körperverletzung, Freiheitsberaubung)
... *aber* allerhöchstens 10 Jahre ab Entstehung des Anspruchs (bei allen sonstigen Ansprüchen)

10 Jahren
- Rechte an einem Grundstück
- beginnt mit der Entstehung des Anspruchs

30 Jahren
- Herausgabeansprüche des Eigentümers
- Rechtskräftige Ansprüche – Familien- und erbrechtliche Ansprüche (aber nur 3 Jahre bei wiederkehrenden Zahlungen wie monatlichem Unterhalt)
- Beginn ist fallbezogen, d. h. abhängig von den jeweils geltend zu machenden Ansprüchen

Dauer der Verjährung bei **Gewährleistung:** 2 Jahre, 3 Jahre, 5 Jahre, 30 Jahre

Die *kaufrechtlichen Gewährleistungsfristen* beginnen regelmäßig mit der **Übergabe** bzw. **Ablieferung**.
Ausnahme: In Arglistfällen gilt anstelle der 2- und 5-jährigen Gewährleistungsfristen die regelmäßige Verjährungsfrist. Die Verjährung beginnt deshalb erst,
- wenn der Anspruch fällig ist und
- der Gläubiger von den Umständen, die den Anspruch begründen, und der Person des Schuldners Kenntnis erlangt oder ohne grobe Fahrlässigkeit hätte erlangen müssen.

bedeutet:
- Der Schuldner kann die Zahlung verweigern (Einrede der Verjährung = Leistungsverweigerungsrecht).
- Keine Rückforderung geleisteter verjährter Ansprüche möglich.
- Der Gläubiger kann die Forderung nicht mehr einklagen.

wird beeinflusst durch:

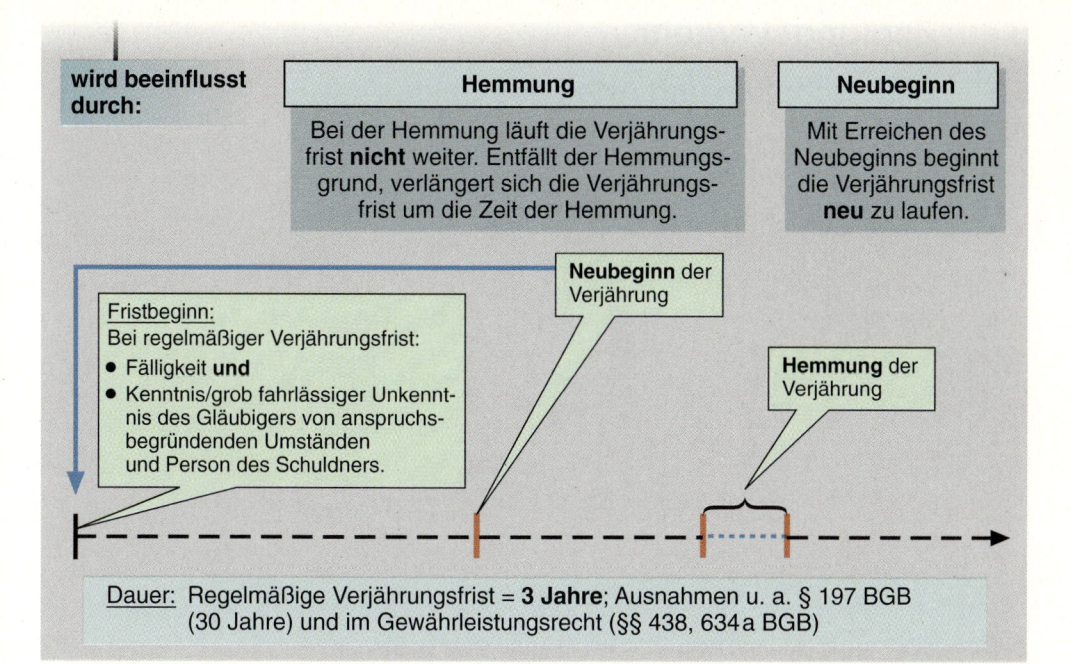

Hemmung	Neubeginn
Bei der Hemmung läuft die Verjährungsfrist **nicht** weiter. Entfällt der Hemmungsgrund, verlängert sich die Verjährungsfrist um die Zeit der Hemmung.	Mit Erreichen des Neubeginns beginnt die Verjährungsfrist **neu** zu laufen.

Fristbeginn:
Bei regelmäßiger Verjährungsfrist:
- Fälligkeit **und**
- Kenntnis/grob fahrlässiger Unkenntnis des Gläubigers von anspruchsbegründenden Umständen und Person des Schuldners.

Neubeginn der Verjährung

Hemmung der Verjährung

Dauer: Regelmäßige Verjährungsfrist = **3 Jahre**; Ausnahmen u. a. § 197 BGB (30 Jahre) und im Gewährleistungsrecht (§§ 438, 634a BGB)

Verjährung der Rechte bei mangelhafter Lieferung (Gewährleistungsfristen)

Mangel an:	Allgemeines Kaufrecht (es findet Anwendung auf alle Kauf-, Tausch- und Werklieferungsverträge)	Verbrauchsgüterkauf (= Kaufverträge, bei denen ein Verbraucher von einem Unternehmer eine bewegliche Sache kauft)	
neuen Sachen	2 Jahre, beginnend mit der Ablieferung der Sache	2 Jahre, beginnend mit der Ablieferung	Beweislastumkehr: Innerhalb der ersten sechs Monate wird angenommen, der Mangel habe bereits bei Übergabe bestanden.
gebrauchten Sachen		1 Jahr, beginnend mit der Ablieferung	
Sachen, wenn der Verkäufer den Mangel arglistig verschwiegen hat (§ 438 III BGB)	3 Jahre, beginnend am Schluss des Jahres, in dem der Gläubiger Kenntnis erlangte (§ 195 BGB)		
Bauwerken (§ 634a BGB) oder wenn die Sache für ein Bauwerk verwendet worden ist und dessen Mangel verursacht hat (§ 438 BGB)	5 Jahre, beginnend mit der Ablieferung bzw. Abnahme des Werkes		

5 Zahlungsverkehr

5.1 Eigenschaften und Arten des Geldes

„Er verlangt Geld. Was ist das?"

Beschreiben Sie mit eigenen Worten, was Sie unter Geld verstehen?

Information

Beispiel

Nach Beendigung des Zweiten Weltkrieges waren die meisten Städte und Fabriken zerstört. Die überwiegende Zahl der Menschen hatte keine Arbeit und war in unvorstellbarer Not. Es konnten nur vereinzelt Güter produziert werden und deshalb tauschten die Menschen Waren aus, die sie über den Krieg hinweggerettet hatten.

Der Hunger trieb die Bevölkerung dazu, den Bauern ihre Habe zum Tausch gegen Lebensmittel anzubieten.

So wurden Teppiche, Schmuck, silberne Bestecke, Porzellan, Wäsche und Ähnliches gegen Kartoffeln, Rüben, aus denen Sirup gekocht wurde, Mehl, Speck, Wurst und Schinken eingetauscht. Bei den Bauern waren Arzneimittel von Apothekern und Zigaretten besonders begehrt.

In den Städten bildeten sich regelrechte Tauschringe, da nicht alle Bewohner in die Dörfer fahren konnten.

So wurden an Bretterwänden oder noch ganzen Schaufensterscheiben Zettel mit Tauschgesuchen angehängt.

Herr Müller versuchte einen Kinderwagen und Babysachen gegen Kinderbekleidung einzutauschen. Unter anderem stand er vor folgendem Schaufenster:

Kolonialwaren – Fritz Kaufmann

Suche: Kinderbett
Biete: Kinderkleidung
E. Dietrich, Querallee 1

Biete: Kinderbett;
Suche: Fahrrad
Maier, F., Niddaweg 14

Tausche **elektrische Eisenbahn** gegen **Schreibmaschine** – Alfred Maaß, Parkstr. 7

Suche: Herrenmantel 48/52
Biete: Fahrrad
Heinz Schumacher,
Goetheallee 84

Tausche:
Brennholz gegen
2 VW-Autoreifen
Dr. Gebhard im
Stadtkrankenhaus

Suche: Spirituskocher und Kochgeschirr, **Biete:** Wolle

Biete: Damenkleidung
gegen Zigaretten
A. Ahlheit
Am Kirchplatz 7

Biete: Goethe
Gesamtausgabe
(neuwertig). **Suche:**
2 Autoreifen DKW-FS

Biete: Schreib-
maschine gegen
Lebensmittel
Max Müller
Uferstraße 33

Biete: Gasherd
Suche: Kleiderstoff
Erna Kramer
Unter den Linden 84 a

Biete: Herrenmantel, Gr. 50
Suche: Kinderwagen und
Babysachen
Gustav Schüler, Schillerstraße 10

222

An diesem Beispiel wird deutlich, dass Herr Müller, um den Kinderwagen und die Babysachen gegen Kinderbekleidung eintauschen zu können – also Ware gegen Ware (= Naturaltausch) – einen umständlich langen Tauschweg hätte gehen müssen. Denn es ist nicht immer leicht, einen Tauschpartner zu finden, der das eigene Gut gerade benötigt und anbietet, was man selbst braucht. Dies erschwert den Tausch erheblich.

Hierzu können noch weitere Schwierigkeiten kommen, wie die Beschaffung der benötigten Tauschgüter, unterschiedliche Bewertung, Transport, zudem Verderblichkeit und Unteilbarkeit mancher Güter.

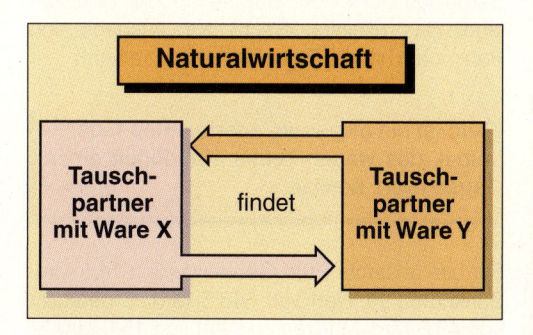

Genau diese Probleme führten schon vor Jahrtausenden dazu, dass der damalige Naturaltausch abgelöst wurde durch die Verwendung bestimmter Waren als Tauschmittel, also durch Waren, die jeder begehrte, weil sie knapp waren. Verwendet wurden Waffen, Muscheln, Perlen, Pfeilspitzen, Salz, Vieh, Felle, Tabak u. v. m. Man bezeichnet als Tauschmittel bevorzugte Sachgüter als **Warengeld**.

Warengeld wurde nicht genommen, weil man es selbst benötigte, sondern nur, um es wieder gegen eine andere Ware einzutauschen.

> Man tauschte also:
> Eigene Ware gegen **Tauschmittel**
> **Tauschmittel** gegen die erstrebte Ware.

aus: Von Tauschern zu Täuschern, SOAK Verlag, Wunstorf 1974

Im Laufe der Zeit (ca. Mitte des 7. Jh. v. Chr.) setzten sich Edelmetalle, vor allem Gold und Silber, aber auch Kupfer durch, die schließlich zu Münzen geprägt wurden. Bei ihnen wurde durch ein Prägesiegel ein bestimmtes Gewicht und ein bestimmter Edelmetallgehalt garantiert.

Dieses Münzgeld hatte bestimmte Vorteile, denn es war

- teilbar,
- allgemein anerkannt,
- wegen seiner Seltenheit knapp und daher
- allgemein begehrt,
- leicht transportierbar,
- gut aufzubewahren (haltbar) und
- staatlich geschützt.

Durch **Münzgeld** wurde der direkte Warentausch abgelöst – es entstand die **Geldwirtschaft**.

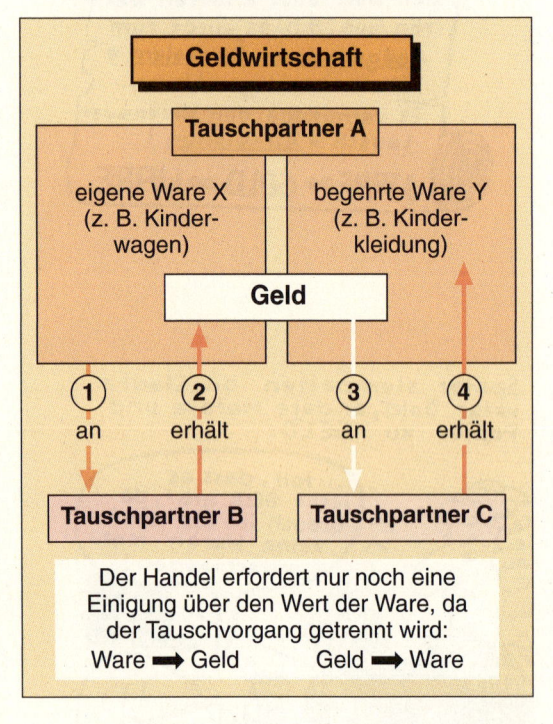

Beispiel

1-, 2-, 5-, 10-, 20- und 50-Cent-Münzen bestehen aus Stahl mit Kupfer und Kupfer-Zink-Legierung. 1- und 2-Euro-Münzen sind aus Kupfer, Nickel und Messing gefertigt.

Die Ausweitung des Handels machte es erforderlich, das schwere Münzgeld durch eine bequemere Zahlungsart zu ersetzen bzw. zu ergänzen.

Es war nur noch eine Frage der Zeit, bis das **Papiergeld** (= Banknoten im 14. Jh.) und schließlich das **Buch- oder Giralgeld** eingeführt wurde. Unter Buchgeld versteht man alle Guthaben oder Kredite bei Kreditinstituten, über die jederzeit durch Scheck oder Überweisung frei verfügt werden kann. Den Namen Buchgeld (= stoffwertloses Geld) hat es bekommen, weil es nur noch als Aufzeichnung auf den Kontenblättern oder auf Datenträgern einer EDV-Anlage des Kreditinstitutes vorhanden ist.

Ein Schuldner zahlt demnach mit Buchgeld durch das Umbuchen des zu zahlenden Betrages von seinem Konto auf das Konto des Gläubigers. In der Bundesrepublik Deutschland werden bis zu 90 % aller Umsätze zahlungsmäßig durch Umschreibung auf Bankkonten abgewickelt.

Während das Papiergeld auch aus Sicherheitsgründen entstanden ist, wurde das Buchgeld geschaffen, um Zahlungen schneller und einfacher abwickeln zu können.

Banknoten und (Scheide-)Münzen bilden den Bargeldumlauf in der Bundesrepublik Deutschland. Das alleinige Recht zur Ausgabe von Banknoten hat die Europäische Zentralbank.

Geldwirtschaft

Tauschpartner A
- eigene Ware X (z. B. Kinderwagen)
- begehrte Ware Y (z. B. Kinderkleidung)

Geld

① an → Tauschpartner B
② erhält
③ an → Tauschpartner C
④ erhält

Der Handel erfordert nur noch eine Einigung über den Wert der Ware, da der Tauschvorgang getrennt wird:
Ware ➡ Geld   Geld ➡ Ware

Geld ist ein allgemein anerkanntes Tauschmittel, das wegen seiner Knappheit einen Tauschwert besitzt.

Für das gesamte Euro-Gebiet wurden 14,5 Mrd. Banknoten im Wert von 648,5 Mrd. € gedruckt und 49,8 Mrd. Münzen im Wert von 15,6 Mrd. € geprägt. Deutschland erhält davon mehr als ein Drittel. Nicht alle Euros werden in Umlauf gebracht, ein Teil wird als Reserve zurückgehalten.

Bei den Münzen ist zu unterscheiden zwischen

- **Kurantmünzen** = vollwertige Münzen, bei denen der Metallwert exakt dem aufgeprägten Nennwert entspricht, und
- **Scheidemünzen** = unterwertige Münzen, bei denen der Metallwert unter dem auf der Münze aufgeprägten Nennwert liegt (Kaufkraft ist höher als Metallwert).

Das neue Bargeld für Deutschland

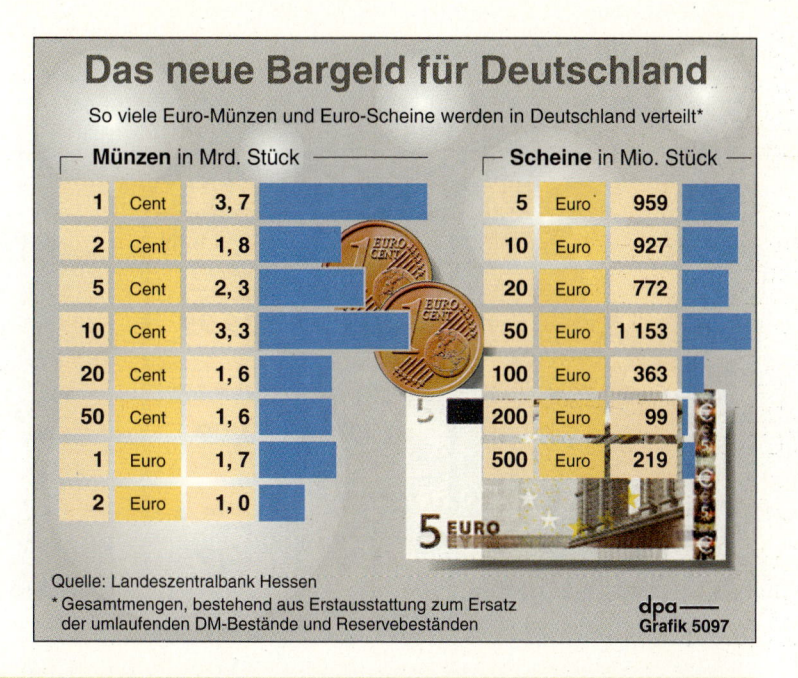

So viele Euro-Münzen und Euro-Scheine werden in Deutschland verteilt*

Münzen in Mrd. Stück

1	Cent	3,7
2	Cent	1,8
5	Cent	2,3
10	Cent	3,3
20	Cent	1,6
50	Cent	1,6
1	Euro	1,7
2	Euro	1,0

Scheine in Mio. Stück

5	Euro	959
10	Euro	927
20	Euro	772
50	Euro	1 153
100	Euro	363
200	Euro	99
500	Euro	219

Quelle: Landeszentralbank Hessen
* Gesamtmengen, bestehend aus Erstausstattung zum Ersatz der umlaufenden DM-Bestände und Reservebeständen

dpa Grafik 5097

Aufgaben

1. Welche Geldart spielt in einer hoch entwickelten Volkswirtschaft die größte Rolle?
2. Welcher Unterschied besteht zwischen Kurant- und Scheidemünzen?
3. In welchem Fall spricht man von einer Zahlung mit Buchgeld?
4. Wie bezeichnet man eine Wirtschaft, in der Ware gegen Ware getauscht wird?
5. Nennen Sie die Eigenschaften des Geldes.

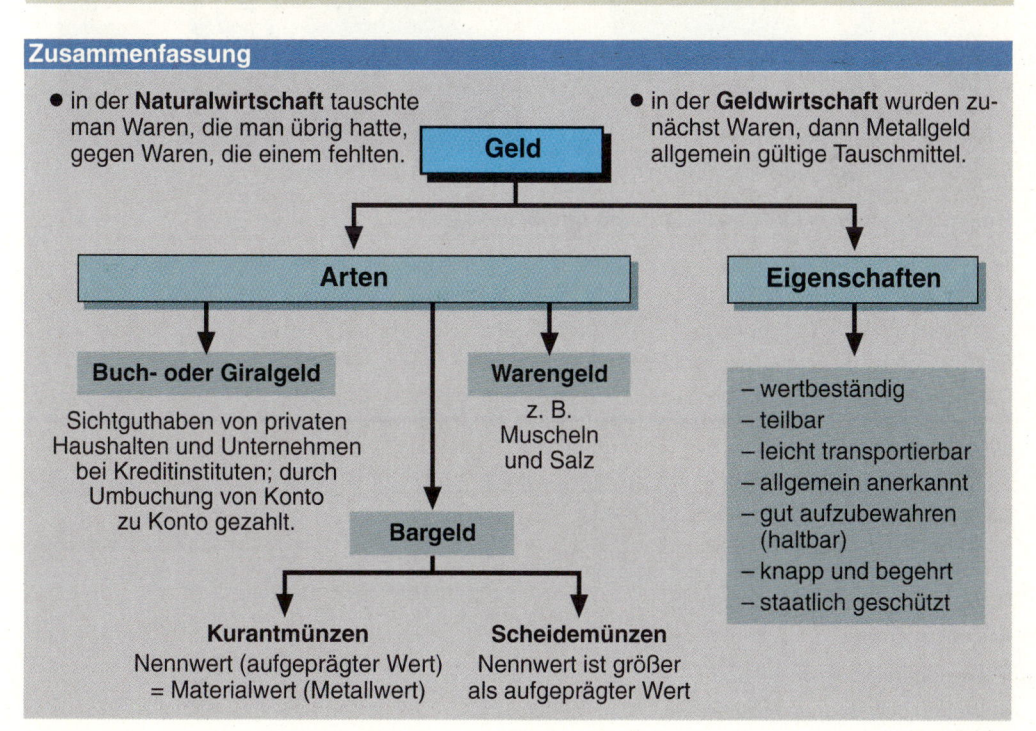

Zusammenfassung

- in der **Naturalwirtschaft** tauschte man Waren, die man übrig hatte, gegen Waren, die einem fehlten.
- in der **Geldwirtschaft** wurden zunächst Waren, dann Metallgeld allgemein gültige Tauschmittel.

Geld

Arten

Buch- oder Giralgeld
Sichtguthaben von privaten Haushalten und Unternehmen bei Kreditinstituten; durch Umbuchung von Konto zu Konto gezahlt.

Warengeld
z. B. Muscheln und Salz

Bargeld

Kurantmünzen
Nennwert (aufgeprägter Wert) = Materialwert (Metallwert)

Scheidemünzen
Nennwert ist größer als aufgeprägter Wert

Eigenschaften

– wertbeständig
– teilbar
– leicht transportierbar
– allgemein anerkannt
– gut aufzubewahren (haltbar)
– knapp und begehrt
– staatlich geschützt

5.2 Aufgaben des Geldes

Welche Aufgaben erfüllt das Geld in den fünf Beispielen?

Information

Aufgrund seiner beschriebenen Eigenschaften erfüllt das Geld in einer arbeitsteiligen Wirtschaft folgende fünf Aufgaben (Funktionen). Geld ist

- Tauschmittel,
- Wertmesser und Recheneinheit,
- Zahlungsmittel,
- Wertübertragungsmittel und
- Wertaufbewahrungsmittel.

Tauschmittel

Geld ermöglicht den An- und Verkauf von Waren und Dienstleistungen. Waren werden gegen Geld getauscht, mit dem wieder andere Waren gekauft werden können.

Wertmesser und Recheneinheit

Durch das Geld können Waren und Dienstleistungen in Preisen ausgedrückt und somit verschiedene Angebote vergleichbar gemacht werden.

Aber auch Löhne und Gehälter, Verluste und Gewinne, Umsätze und Kosten verschiedener Jahre, Marktanteile, Leistungen einer Volkswirtschaft u. v. m. können wertmäßig erfasst, in Zahlen ausgedrückt und verglichen werden.

Zahlungsmittel

Die genannten Aufgaben kann Geld nur erfüllen, wenn es allgemein anerkannt ist. Seine Aufgabe als Zahlungsmittel erfüllt das Geld, indem jeder Gläubiger verpflichtet ist Münzen und Banknoten anzunehmen (= Geld als gesetzliches Zahlungsmittel mit schuldenbefreiender Wirkung!).

Auch beim Euro-Bargeld kann mit Münzen nur begrenzt bezahlt werden. Laut § 3 des neuen Münzgesetzes ist niemand verpflichtet bei einer Zahlung mehr als 50 Münzen im Gesamtbetrag von mehr als 100 Euro zu akzeptieren. Selbstverständlich können aber Cent- und Euro-Münzen in unbegrenzter Höhe bei den Bundeskassen und der Deutschen Bundesbank in Banknoten umgetauscht werden.

Wertübertragungsmittel

Geld ermöglicht (einseitige) Wertübertragungen.

Beispiele

- Harald bekommt von seiner Mutter sein monatliches Taschengeld in Höhe von 25,00 €.
- Der Großvater schenkt seiner Enkeltochter einen bestimmten Geldbetrag zum Geburtstag.
- Frau Mehrwald erhält von ihrer Bank das gewährte Darlehen in Höhe von 5.000,00 € ausgezahlt.

In allen drei Beispielen werden bestimmte Werte (= Kaufkraft) übertragen.

Wertaufbewahrungsmittel

Als Wertaufbewahrungsmittel kann Geld aufgehoben und erst zu einem späteren Zeitpunkt gegen Waren getauscht werden (= Sparmittel).

Geld ist, was alle Aufgaben erfüllt.

Es ist das „Schmiermittel" der Wirtschaft und ermöglicht einen reibungslosen Zahlungsverkehr, einen funktionsfähigen Wirtschaftskreislauf, die Steigerung der Produktion, des Wohlstands und der Sicherheit und damit der Lebensqualität.

Aufgaben

1. Was versteht man unter gesetzlichen Zahlungsmitteln?
2. Welche Aufgaben (Funktionen) erfüllt das Geld in den folgenden Beispielen?
   a) Jens Krüger spart monatlich 50,00 € für eine Stereoanlage.
   b) Klaus W. erhält von seiner Mutter sein wöchentliches Taschengeld.
   c) Der Einzelhändler Grundstedt überweist dem Finanzamt die fällige Steuer.
   d) Frau Schütte kauft einen Kühlschrank und bezahlt mit Bargeld.
   e) Der Unternehmer Krause erhält von einem Installationsmeister einen Kostenvoranschlag für Umbaumaßnahmen.
   f) Familie Münch will sich einen neuen Pkw kaufen und erhält von ihrer Bank das erforderliche Geld zur Verfügung gestellt.
   g) Der Einzelhändler Bruns errechnet seine Tageseinnahme und vergleicht die Summe mit der Einnahme des Vortages.

Zusammenfassung

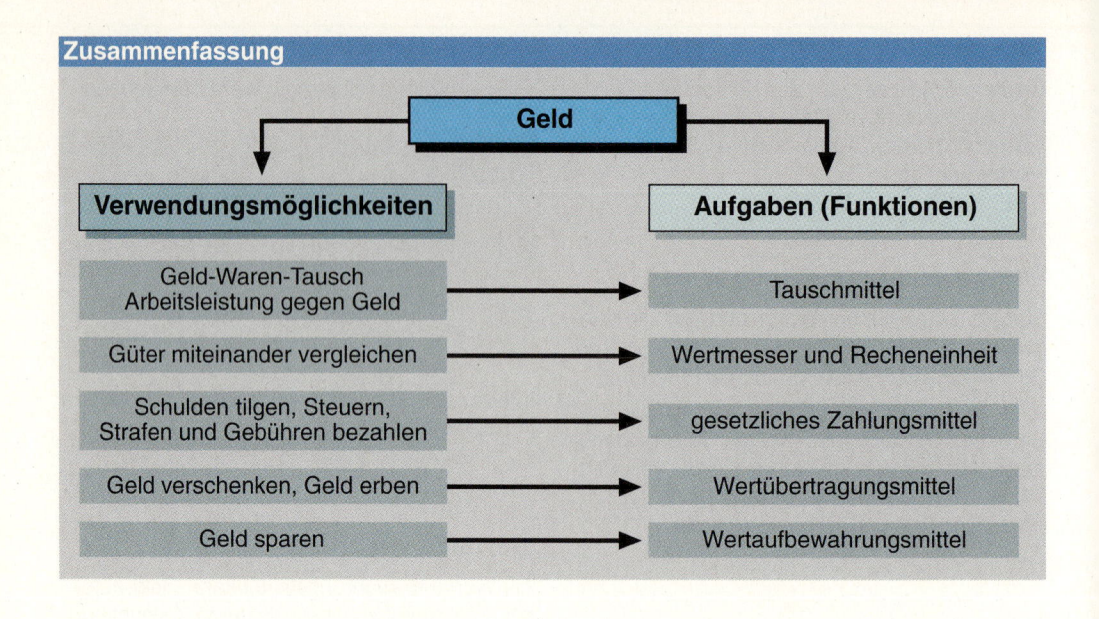

Geld

Verwendungsmöglichkeiten → Aufgaben (Funktionen)

Verwendungsmöglichkeiten	Aufgaben (Funktionen)
Geld-Waren-Tausch, Arbeitsleistung gegen Geld	Tauschmittel
Güter miteinander vergleichen	Wertmesser und Recheneinheit
Schulden tilgen, Steuern, Strafen und Gebühren bezahlen	gesetzliches Zahlungsmittel
Geld verschenken, Geld erben	Wertübertragungsmittel
Geld sparen	Wertaufbewahrungsmittel

5.3 Zahlungsarten

Es gibt verschiedene Möglichkeiten, etwas zu bezahlen. Beim Zahlungsverkehr unterscheidet man deshalb nach Zahlungs**arten.** Die Übersicht zeigt die verschiedenen Arten.

Zahlungsart	Zahlender (Schuldner) zahlt durch	Zahlungsempfänger (Gläubiger) erhält	Zahlung von Hand zu Hand (persönlich/ durch Boten)	Zahlung vermittelt durch Post und Postbank	Zahlung vermittelt durch Banken und Sparkassen	Konto
Barzahlung	Bargeld (Banknoten und Münzen)	Bargeld	Geldübergabe	Minutenservice Expressbrief	–	keiner
Halbbare Zahlung	Bargeld	Gutschrift auf Konto	–	Zahlschein	Zahlschein	einer
	Lastschrift auf Konto	Bargeld	–	Postbarscheck	Barscheck	einer
Bargeldlose Zahlung	Lastschrift auf Konto	Gutschrift auf Konto	–	Postverrechnungsscheck, Postbanküberweisung	Verrechnungsscheck, Überweisung	beide

5.4 Zahlung mit Bargeld

Montag (1. Juni): "Ich bin mit der Arbeit fertig. Wenn Sie gleich bar bezahlen, ist es für Sie günstiger!" – "Stimmt genau! 60 €. Danke." – "Bitte. Auf Wiedersehen!"

Freitag (5. Juni): RECHNUNG FÜR REPARATURARBEITEN BERECHNEN WIR 60 € SOFORT ZAHLB. – "Wieso denn das? Ich habe doch gleich bezahlt!" – "Haben wir einen Beweis?"

Zeichnung: M. Forget

Was hätte am Montag geschehen müssen, damit es am Freitag keinen Ärger gegeben hätte?

Information

Barzahlung liegt vor, wenn

- Geld (Banknoten und Münzen) vom Schuldner an den Gläubiger persönlich oder durch einen Boten übermittelt wird und
- für die Zahlung keine eigenen Konten verwendet werden.

Barzahlung von Hand zu Hand (= unmittelbare Zahlung)

Nach wie vor ist die Zahlung mit Bargeld im Verkehrsgewerbe (z. B. Bus und Bahn) und im Einzelhandel beim Kauf über den Ladentisch üblich. Da es hier nur um kleinere Warenmengen geht, die an eine Vielzahl von Kunden abgegeben werden, wäre es umständlich und unwirtschaftlich, würde der Einzelhändler dem Kunden stattdessen einen Kredit einräumen, der nur einmal im Monat bezahlt zu werden brauchte. Der Verwaltungsaufwand für die Überwachung der Außenstände wäre zu groß. Hinzu kommt, dass viele Kunden unbekannt sind. Und Unbekannten gibt niemand Ware ohne sofortige Bezahlung.

Wer bar bezahlt, ob der Schuldner persönlich oder ein Handlungsgehilfe (Bote), sollte sich immer eine **Quittung** ausstellen lassen – er hat das Recht darauf:

> **§ 368 [Quittung] BGB.** Der Gläubiger hat gegen Empfang der Leistung auf Verlangen ein schriftliches Empfangsbekenntnis (Quittung) zu erteilen.

Bei zweiseitigen Handelsgeschäften im Werte von 102,26 € und mehr hat der Käufer Anspruch darauf, dass die Mehrwertsteuer gesondert ausgewiesen wird.

Die Quittung beweist die Übergabe von Bargeld. Als Quittung gelten Kassenbons, Kassenzettel und quittierte Rechnungen („Betrag dankend erhalten"/Unterschrift).

Es gibt aber auch Vordrucke, die man nur auszufüllen braucht. Jede Quittung sollte folgende Angaben enthalten:

- Zahlungsbetrag (in Ziffern und Buchstaben),
- Name des Zahlers,
- Grund der Zahlung,
- Empfangsbestätigung,
- Ort und Tag der Ausstellung,
- Unterschrift des Zahlungsempfängers (= Ausstellers).

Netto	€	ct		
+ % USt	€	ct	**Quittung**	
Gesamt	€ 37	ct 40	Nr. 123	

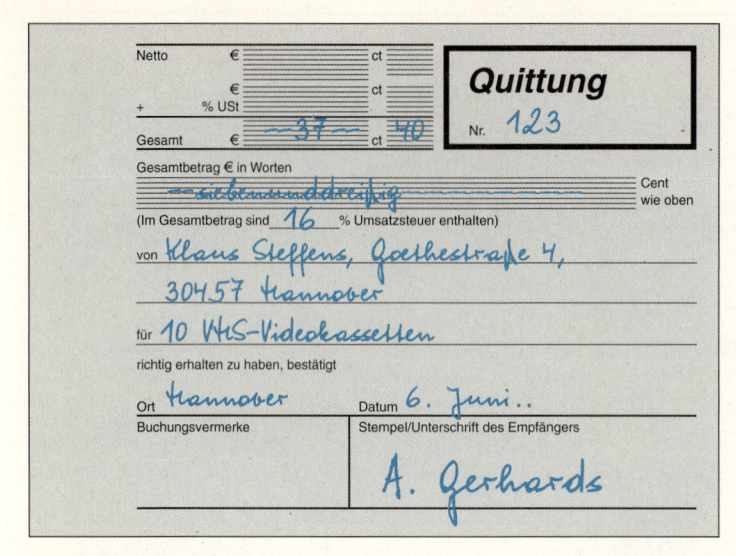

Gesamtbetrag € in Worten

~~siebenunddreißig~~   Cent wie oben

(Im Gesamtbetrag sind 16 % Umsatzsteuer enthalten)

von Klaus Steffens, Goethestraße 4,
      30457 Hannover

für 10 VHS-Videokassetten

richtig erhalten zu haben, bestätigt

Ort Hannover   Datum 6. Juni

Buchungsvermerke | Stempel/Unterschrift des Empfängers

A. Gerhards

RAUMANN
DROGERIEMÄRKTE

```
2.79    4
1.99    1
4.49    1
0.99    4
10.26   ZS
10.26   SU
20.31   BA
10.05   ZU

6608
011001
..-10-08
```

Barzahlung durch den Minutenservice der Postbank

Die Postbank hat die Postanweisung im Inland durch den Geldtransfer **Minutenservice** ersetzt. Damit reagierte sie auf das Kundenverhalten der letzten Jahre. Immer weniger Kunden nutzten die traditionelle Postanweisung, um Bargeld innerhalb Deutschlands von einem Ort zum anderen zu übermitteln. Dafür zeichnete sich ein stark ansteigender Trend zum wesentlich schnelleren Postbank-Minutenservice ab.

Man zahlt das Bargeld am Postschalter ein. Der Empfänger kann das Geld dann schon wenig später in einer Filiale der Deutschen Post AG oder in einer Western Union Agentur (= Vertragspartner der Deutschen Post) entgegennehmen.

So kann Bargeld innerhalb Deutschlands und in 191 Länder der Welt übermittelt werden. Die Auszahlung erfolgt grundsätzlich in der Landeswährung des Empfängerlandes, vereinzelt auch in US-Dollar.

- Der Postbank-Minutenservice im Inland und EuroLand:
  - Minutenschneller Bargeldtransfer – innerhalb Deutschlands und in alle EuroLänder.
  - Bequeme Auftragsannahme – am Schalter oder per Telefon.
  - Der überwiesene Betrag kann in Deutschland an allen größeren Postschaltern, im europäischen Ausland bei einer Western Union Agentur bar abgeholt werden.
  - Es wird ein Entgelt von 4 % – mindestens 20 €, maximal 200 € – berechnet.

- Der Postbank-Minutenservice im außereuropäischen Ausland:
  - Der Betrag kann bei einer der ca. 100 000 Agenturen der Western Union bar entgegengenommen werden.
  - Für Bargeldtransfer ins außereuropäische Ausland wird ein Entgelt von 5 % – mindestens 20 €, maximal 200 € – berechnet.

Aufträge im Rahmen des Postbank-Minutenservice werden – sowohl am Schalter als auch telefonisch – montags bis freitags zwischen 07:15 Uhr und 18:00 Uhr und samstags zwischen 08:00 Uhr und 12:00 Uhr entgegengenommen.

Ablauf

- Einzahlung des Bargeldes
- Ausfüllen des Auftragsvordrucks für den Minutenservice
- Die Postbank teilt daraufhin mit: die Auftragsnummer, die so genannte Money Transfer Control Number (MTCN), die zur internen Identifikation des Auftrags dient.
- Einzahler ruft Empfänger im Ausland an und übermittelt ihm: die Auftragsnummer, den Vor- und Nachnamen des Auftraggebers und dass das Geld zur Abholung bei einer Western Union Agentur bereitliegt.
- Bei der Abholung des Bargeldes muss sich der Empfänger durch seinen gültigen Ausweis legitimieren.

Darüber hinaus gibt es nach wie vor die Geldanweisung über den Zusteller im Rahmen der üblichen Briefzustellung, die direkt an den Empfänger ausgezahlt wird.

Barzahlung durch Express-Brief

Die Barzahlung durch Express-Brief ist eine Serviceleistung der Deutschen Post AG.

Express-Briefe werden am nächsten Werktag zugestellt.

Bei der Versendung von Geld, Scheck-, Kreditkarten oder anderen Zahlungsmitteln, Edelmetallen, Edelsteinen, Kunstgegenständen, Schmuck oder anderen wertvollen Gegenständen in Briefen ist zu beachten, dass dies nur mit einer Transportversicherung zulässig ist.

Eigenhändig: Auslieferung nur an Empfänger persönlich oder an einen besonders Bevollmächtigten.

Für eine Briefsendung mit **Wert International** besteht die Möglichkeit der länderindividuellen Höherversicherung (+ 2,05 €); nicht für alle Länder möglich.

Preise		Gewicht pro Express-Brief	€
		bis 50 g	6,39
		bis 1 000 g	7,16
		bis 2 000 g	8,18
Mit zusätzlichen Extras kann der Express-Brief schneller und sicherer gemacht werden (zzgl. zum Beförderungsentgelt):			
Service Schnell	Frühzustellung (Montag – Samstag)	– vor 9 Uhr – vor 10 Uhr – vor 12 Uhr	+ 15,34 + 7,67 + 2,56
	Sonderzustellung	– Sonn- und Feiertagszustellung – Samstagszustellung	+ 30,68 ohne Aufpreis
Service Sicher	Transportversicherung	– Wert bis 2.500,00 € – Wert bis 25.000,00 €	+ 2,56 + 10,23
	–> zulässige Inhalte	– Eigenhändig – Rückschein – Zustellung gegen Unterschrift	+ 8,18 + 1,79 + 2,05

Bedeutung der Barzahlung

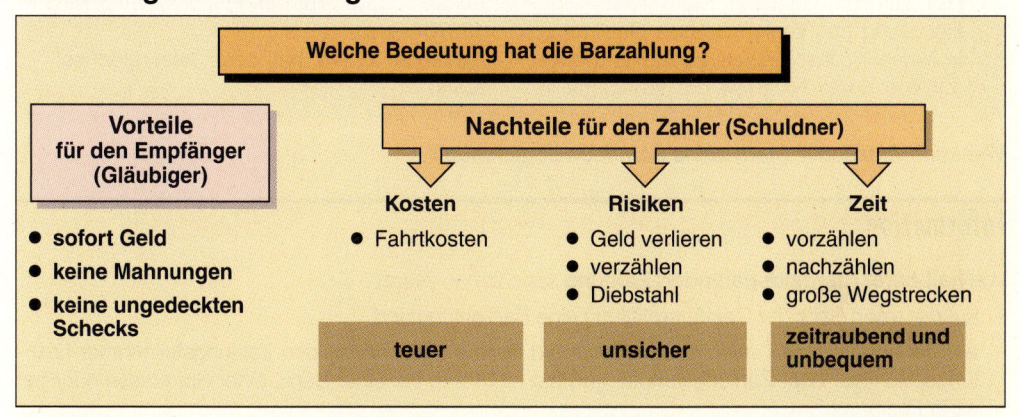

Welche Bedeutung hat die Barzahlung?

Vorteile für den Empfänger (Gläubiger)
- sofort Geld
- keine Mahnungen
- keine ungedeckten Schecks

Nachteile für den Zahler (Schuldner)

Kosten
- Fahrtkosten

teuer

Risiken
- Geld verlieren
- verzählen
- Diebstahl

unsicher

Zeit
- vorzählen
- nachzählen
- große Wegstrecken

zeitraubend und unbequem

Aufgaben

1. Was versteht man unter Barzahlung?
2. Welche Formen der Barzahlung unterscheidet man?
3. Welche Angaben muss eine Quittung enthalten, um eine beweiskräftige Urkunde für die Zahlung zu sein?
4. Welche Bedeutung hat eine rechtsgültige Quittung für den Zahler?
5. Erklären Sie den Minutenservice der Post.
6. Welche Nachteile hat der Zahler bei Barzahlung?
7. Manfred Nagel, Hornweg 17 a, 30457 Hannover, schuldet dem Steuerberater Dr. Voßwinkel, Siemensstr. 153, 30173 Hannover, für Beratung 136,00 €. Die Rechnung vom 15. Juni zahlt Herr Nagel am 22. Juni im Büro des Steuerberaters. Als die Sekretärin die Zahlung quittieren will, stellt Herr Nagel fest, dass er die Rechnung nicht dabei hat. Da im Sekretariat des Steuerberaters keine Quittungsformulare vorhanden sind, muss eine Quittung von Hand ausgeschrieben werden.
   a) Schreiben Sie die Quittung.
   b) Warum ist die Sekretärin verpflichtet Herrn Nagel eine Quittung auszustellen?
   c) Prüfen Sie, ob Herr Nagel sich weigern kann die Rechnung zu bezahlen, wenn die Sekretärin keine Quittung ausstellt.

Zusammenfassung

Barzahlung

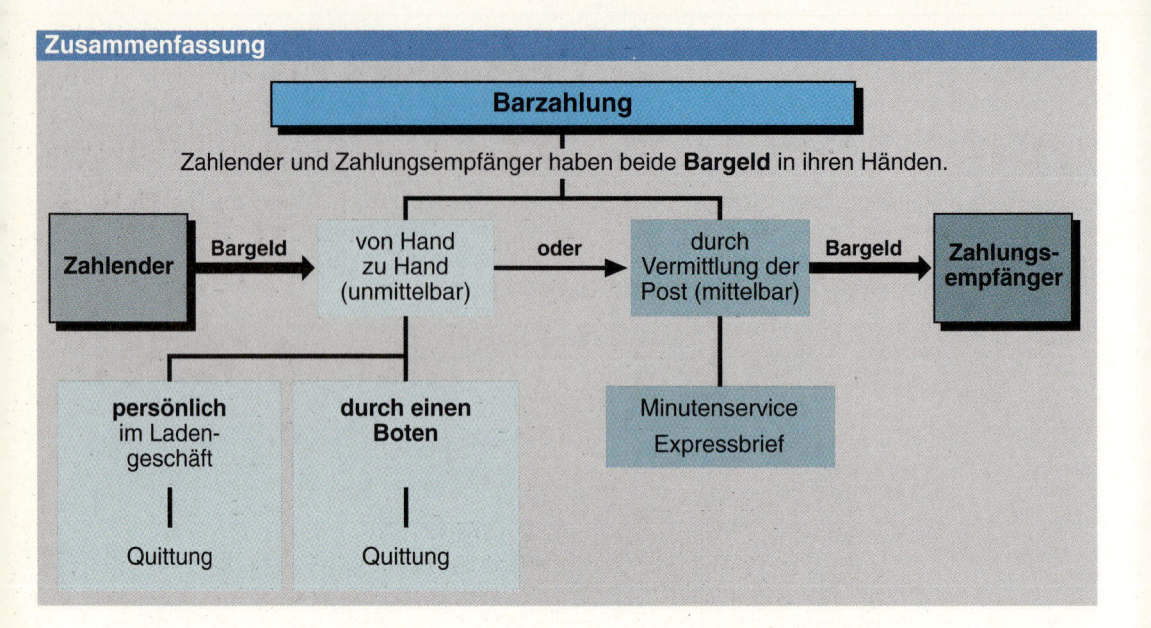

Zahlender und Zahlungsempfänger haben beide **Bargeld** in ihren Händen.

Zahlender —Bargeld→ von Hand zu Hand (unmittelbar) oder durch Vermittlung der Post (mittelbar) —Bargeld→ Zahlungsempfänger

- persönlich im Ladengeschäft → Quittung
- durch einen Boten → Quittung
- Minutenservice, Expressbrief

5.5 Halbbare Zahlung

Der Schüler Alexander Stern erhält eine Rechnung des Versandhauses Quellmann in Augsburg über 79,00 €, zahlbar entweder auf das Konto Nr. 8704 der Volksbank in Augsburg oder auf das Postbankkonto Nr. 133704-303.
Alexander Stern hat noch kein eigenes Konto.

Wie kann Alexander Stern seine Schulden begleichen?

Information

Von **halbbarer (bargeldsparender) Zahlung** spricht man, wenn
- auf der einen Seite der Geldübermittlung eine Barzahlung und
- auf der anderen Seite eine Buchung steht, d. h., nur einer der beiden Zahlungsteilnehmer (Zahlungspflichtiger oder Zahlungsempfänger) hat ein Konto bei einer Bank, einer Sparkasse oder bei einer Postbank.

Nur der Zahlungsempfänger hat ein Konto

Hat der Zahlungsempfänger ein Konto bei einer Bank, Sparkasse oder Postbank, kann der Zahler mit einem **Zahlschein** zahlen.

Bei der Zahlung mit Zahlschein bei der Post oder bei Kreditinstituten zahlt der Zahlungspflichtige Bargeld mit dem Auftrag ein, dem Zahlungsempfänger den entsprechenden Betrag auf seinem Postbank- oder Bankkonto gutzuschreiben.

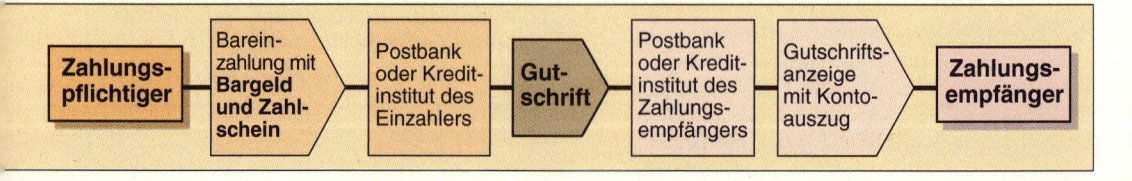

Zahlungspflichtiger → Bareinzahlung mit **Bargeld und Zahlschein** → Postbank oder Kreditinstitut des Einzahlers → **Gutschrift** → Postbank oder Kreditinstitut des Zahlungsempfängers → Gutschriftsanzeige mit Kontoauszug → Zahlungsempfänger

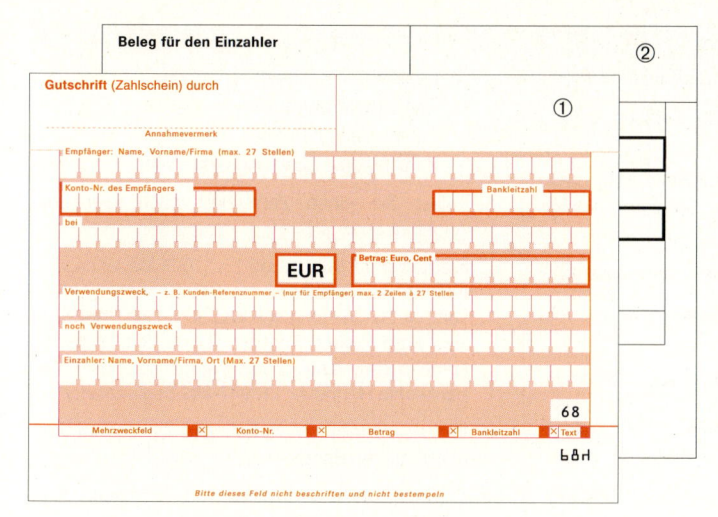

Original (Blatt 1):

Gutschriftsabschnitt, der zusammen mit dem Kontoauszug dem Zahlungsempfänger zugeschickt wird.

Durchschrift (Blatt 2)

Beleg für den Einzahler (Quittung)

Mit Zahlscheinen können Beträge in beliebiger Höhe übermittelt werden. Ihre Benutzung ist gebührenpflichtig.

Nur der Zahlungspflichtige hat ein Konto

Hat nur der Zahlungspflichtige ein Konto, während der Zahlungsempfänger über kein Konto verfügt, dann kann der Zahler folgende Zahlungsmittel verwenden:

– Zahlungsanweisung der Postbank,
– Barschecks von Geldinstituten (Banken, Sparkassen, Postbank).

Mit der **Zahlungsanweisung** ist es dem Inhaber eines Postbankkontos möglich, von seinem Konto einen bestimmten Geldbetrag abbuchen und dem Zahlungsempfänger **bar auszahlen** zu lassen. Die Höhe des Betrages ist unbegrenzt.

Mit der **Zahlungsanweisung** kann sich der Inhaber eines Postbankkontos auch Geld vom eigenen Konto per Postboten ins Haus bringen lassen.

Wegen ihrer besonderen Bedeutung für den Zahlungsverkehr werden die Schecks als Zahlungsmittel der halbbaren Zahlung in einem besonderen Kapitel behandelt.

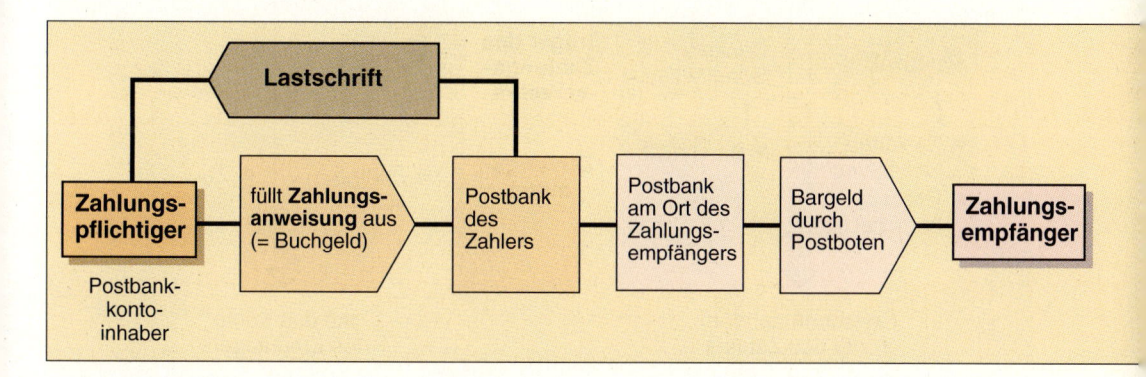

Bedeutung der halbbaren Zahlung

Im Vergleich mit der Barzahlung hat die halbbare Zahlung Vorteile, denn sie ist

– weniger zeitraubend und bequemer,
– sicherer (geringe Diebstahlsgefahr, kein Transportrisiko),
– billiger als Zahlung von Hand zu Hand (keine Fahrtkosten) oder durch Postanweisung.

Aufgaben

1. Was versteht man unter halbbarer Zahlung?
2. Welche Formen der halbbaren Zahlung unterscheidet man?
3. Welches ist die günstigste halbbare Zahlungsmöglichkeit, wenn Ihr Gläubiger ein Postbankkonto besitzt?
4. Wer besitzt bei Zahlung mit Zahlschein ein Konto?
5. Beschreiben Sie den Zahlungsvorgang bei der Zahlung mit Zahlschein.
6. Sie wollen eine Rechnung begleichen. Während Sie ein Postbankkonto besitzen, hat der Zahlungsempfänger kein Konto. Welches Zahlungsmittel müssen Sie verwenden?
7. Welche der angegebenen Zahlungsarten gehören nicht zur halbbaren Zahlung?
   – Persönliche Zahlung
   – Zahlung mit Zahlschein
   – Zahlung durch Boten
   – Zahlung durch Zahlungsanweisung
8. Füllen Sie einen Zahlschein nach folgenden Angaben aus:

   Klaus Wentritt, Amselweg 15, 31094 Marienhagen, möchte die Rechnung Nr. 345-87 vom 27. November 20.. in Höhe von 485,36 € des Handwerkers Fred Kunert, Postfach 34 62, 31061 Alfeld/Leine mittels eines Zahlscheines auf das Postbankkonto Hannover 118947-242 begleichen.
9. Welche Vorteile hat die halbbare Zahlung im Vergleich mit der Barzahlung?
10. Worin besteht der Unterschied zwischen Zahlschein und Zahlungsanweisung?

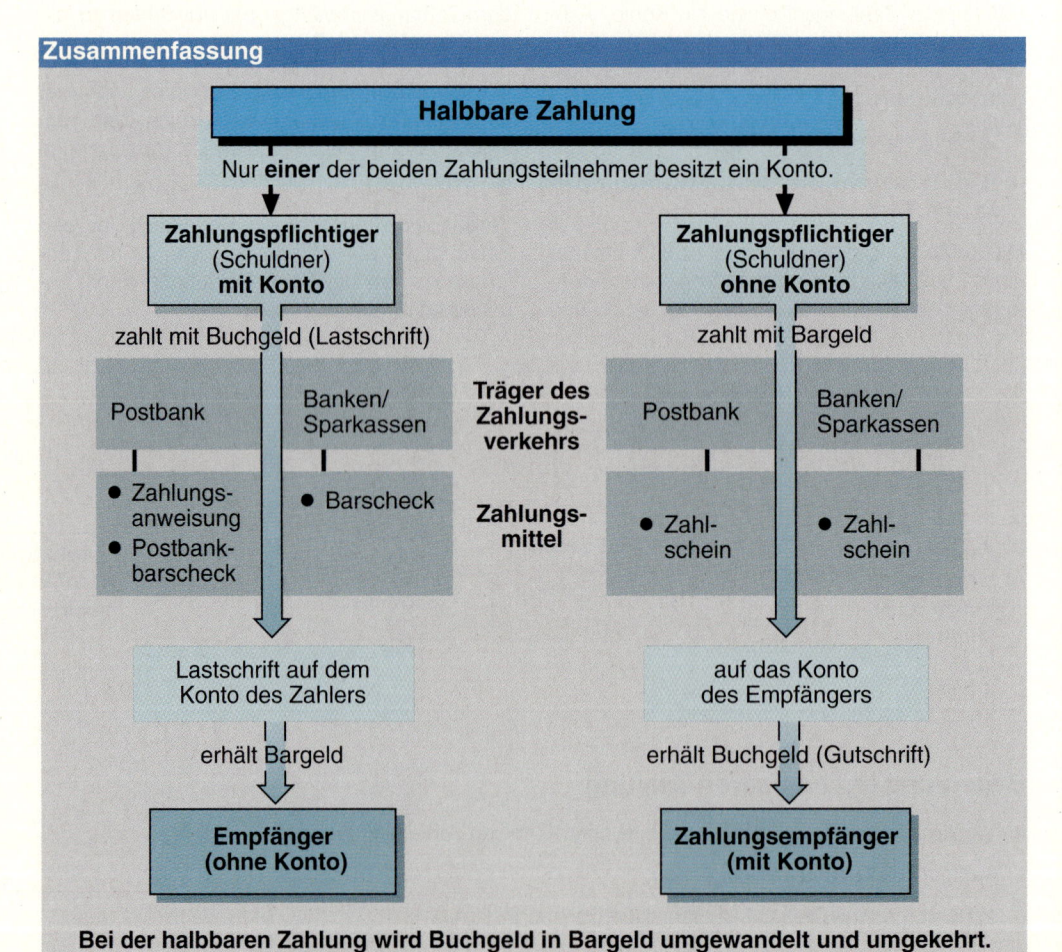

Zusammenfassung

Halbbare Zahlung

Nur **einer** der beiden Zahlungsteilnehmer besitzt ein Konto.

Zahlungspflichtiger (Schuldner) mit Konto

zahlt mit Buchgeld (Lastschrift)

Träger des Zahlungsverkehrs:
- Postbank
  - Zahlungsanweisung
  - Postbankbarscheck
- Banken/Sparkassen
  - Barscheck

Zahlungsmittel

Lastschrift auf dem Konto des Zahlers

erhält Bargeld

Empfänger (ohne Konto)

Zahlungspflichtiger (Schuldner) ohne Konto

zahlt mit Bargeld

Träger des Zahlungsverkehrs:
- Postbank
  - Zahlschein
- Banken/Sparkassen
  - Zahlschein

auf das Konto des Empfängers

erhält Buchgeld (Gutschrift)

Zahlungsempfänger (mit Konto)

Bei der halbbaren Zahlung wird Buchgeld in Bargeld umgewandelt und umgekehrt.

5.6 Zahlung mit Schecks und Eurochequekarte

Herr Fischer möchte in einem Eisenwarenfachgeschäft eine Rechnung über 360,00 € mit einem Barscheck bezahlen. Der Geschäftsinhaber lehnt den Scheck ab, weil er Herrn Fischer nicht kennt.

Warum kann er den Scheck nicht bedenkenlos annehmen?

Information

Der Begriff „Scheck"

Der Scheck ist eine Anweisung an ein Geldinstitut, bei Vorlage einen bestimmten Geldbetrag zulasten des Scheckausstellers auszuzahlen.

Voraussetzungen für das Ausstellen eines Schecks

Der Aussteller eines Schecks muss ein Konto haben. Er darf einen Scheck nur ausstellen, wenn

- sein Konto ein Guthaben über den Scheckbetrag aufweist oder
- das kontoführende Geldinstitut dem Aussteller einen entsprechenden Kredit (= Dispositionskredit) eingeräumt hat.

Die Bestandteile des Schecks

Gemäß Scheckgesetz muss ein Scheck sechs gesetzliche Bestandteile enthalten:

① die Bezeichnung „Scheck" im Text der Urkunde,
② die unbedingte Anweisung, eine bestimmte Geldsumme zu zahlen,
③ den Namen dessen, der zahlen soll (= bezogenes Geldinstitut),
④ Zahlungsort (= Geschäftssitz des Geldinstitutes),
⑤ Ort und Tag der Ausstellung,
⑥ die Unterschrift des Ausstellers.

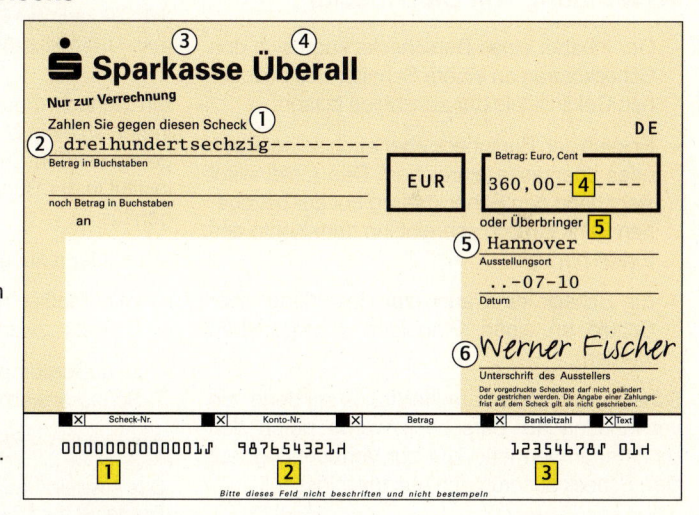

Fehlt **einer** dieser gesetzlichen Bestandteile, so ist der Scheck ungültig.

Die übrigen Bestandteile des abgebildeten Schecks sind **kaufmännische Bestandteile**. Sie sollen den Geldinstituten die Scheckbearbeitung erleichtern.

1 Schecknummer,
2 Kontonummer,
3 Bankleitzahl,
4 Betrag in Ziffern,
5 Überbringerklausel

Weicht in einem Scheck der in Buchstaben angegebene Geldbetrag von dem Betrag in Ziffern ab, ist der Scheck trotzdem gültig. Es gilt dann der in Buchstaben angegebene Geldbetrag.

Inhaberscheck

Die von den Geldinstituten ausgegebenen Scheckformulare tragen den Zusatz „oder Überbringer". Dies macht den Scheck zu einem Inhaberpapier. Das bezogene Geldinstitut zahlt an jede Person, die den Scheck vorlegt. Eine Streichung dieser Überbringerklausel wird von dem Geldinstitut nicht anerkannt, d. h., es zahlt auch dann an den Überbringer des Schecks. Die Angabe des Zahlungsempfängers ist deshalb bei einem Inhaberscheck nicht erforderlich.

Namensscheck

Er wird nur in besonderen Fällen (z. B. bei hohen Scheckbeträgen) verwendet. Er enthält den Namen des Zahlungsempfängers, aber keine Überbringerklausel. Das Geldinstitut zahlt den Scheckbetrag nur an den Zahlungsempfänger oder eine dritte Person aus, auf die der Namensscheck durch einen schriftlichen Übergabevermerk auf dem Scheck oder eine schriftliche Abtretung übertragen wurde.

Verwendung von Barschecks

- Der Inhaber eines Barschecks kann sich den Scheckbetrag an einem Schalter des bezogenen Geldinstituts bar auszahlen lassen.
- Er kann den Barscheck aber auch seiner Bank oder Sparkasse einreichen. Das Geldinstitut zieht dann den Scheckbetrag bei der bezogenen Bank ein und schreibt ihn dem Konto des Einreichers gut.
- Ein Scheck kann auch zur Bezahlung einer Schuld an einen Gläubiger weitergegeben werden.

Schecks sind stets Barschecks, es sei denn, die Verwendung als Barscheck wurde durch den schriftlichen Vermerk „Nur zur Verrechnung" auf dem Scheck ausdrücklich ausgeschlossen.

Verrechnungsscheck

Bei einem Verrechnungsscheck wird dem Überbringer des Schecks der Scheckbetrag nicht bar ausgezahlt, sondern seinem Konto gutgeschrieben. Verrechnungsschecks sind deshalb sicherer als Barschecks. Wenn z. B. ein Verrechnungsscheck gestohlen würde, könnte der Dieb nur an das Geld kommen, wenn er den Scheck seinem Konto gutschreiben ließe. Dazu müsste er aber seinen Namen angeben.

Aus Sicherheitsgründen kann man erhaltene Barschecks in Verrechnungsschecks umwandeln. Dazu muss man auf den Scheck nur den Vermerk „Nur zur Verrechnung" schreiben. Umgekehrt kann ein Verrechnungsscheck jedoch nicht durch Streichung des Vermerks „Nur zur Verrechnung" in einen Barscheck umgewandelt werden.

Die Scheckeinlösung

Ein Scheck ist bei Sicht zahlbar. Der Scheckinhaber kann einen Scheck also unmittelbar, nachdem er ihn erhalten hat, dem bezogenen Geldinstitut zur Einlösung vorlegen. Dies gilt auch für Schecks, in die als Ausstellungsdatum erst ein Tag in der Zukunft eingetragen wurde. Diese vordatierten Schecks können schon vor dem Ausstellungsdatum vorgelegt und eingelöst werden.

> **Beispiel**
>
> Ein Einzelhändler erhält am 1. Juli 20.. einen Scheck mit dem Ausstellungsdatum 10. Juli 20.. . Der Einzelhändler kann den Scheck schon am 1. Juli einlösen. Er muss nicht bis zum 10. Juli warten.

Ein Scheck muss dem bezogenen Geldinstitut innerhalb einer bestimmten Frist zur Zahlung vorgelegt werden. Die Vorlegefristen bei einem Geldinstitut in der Bundesrepublik Deutschland betragen für

- im Inland ausgestellte Schecks: acht Tage,
- im europäischen Ausland ausgestellte Schecks: zwanzig Tage,
- im außereuropäischen Ausland ausgestellte Schecks: siebzig Tage ab Ausstellungsdatum.

> **Beispiel**
>
> Das Ausstellungsdatum auf dem Scheck des Kunden Fischer ist der 10. Juli 20.. . Damit die Vorlegefrist eingehalten wird, muss der Scheck der Sparkasse Überall bis zum 18. Juli 20.. zur Einlösung vorgelegt werden.

Wenn ein Scheck erst nach Ablauf der Vorlegefrist vorgelegt wird, darf ihn das bezogene Geldinstitut noch einlösen, sofern er bis dahin vom Aussteller nicht gesperrt (widerrufen) wurde. Gesperrte Schecks dürfen von dem bezogenen Geldinstitut nicht eingelöst werden.

Löst das bezogene Kreditinstitut dennoch einen widerrufenen Scheck ein, muss es dem Kunden den Scheckbetrag wertstellungsgleich wieder gutschreiben und macht sich unter Umständen darüber hinaus schadensersatzpflichtig.

Weigert sich das bezogene Geldinstitut nach Ablauf der Vorlegefrist, den Scheck einzulösen, so hat der Inhaber des Schecks kein Rückgriffsrecht mehr gegenüber dem Aussteller.

Das Rückgriffsrecht besagt, dass der Scheckinhaber vom Aussteller die Schecksumme und eventuell anfallende Auslagen verlangen kann, wenn das bezogene Geldinstitut den vorgelegten Scheck nicht einlöst. Voraussetzung für das Rückgriffsrecht ist, dass

– der Scheck vor Ablauf der Vorlegefrist vorgelegt wurde und

– die Verweigerung der Zahlung festgestellt wurde (z. B. durch einen schriftlichen Vermerk des bezogenen Geldinstituts auf dem Scheck).

Electronic Cash

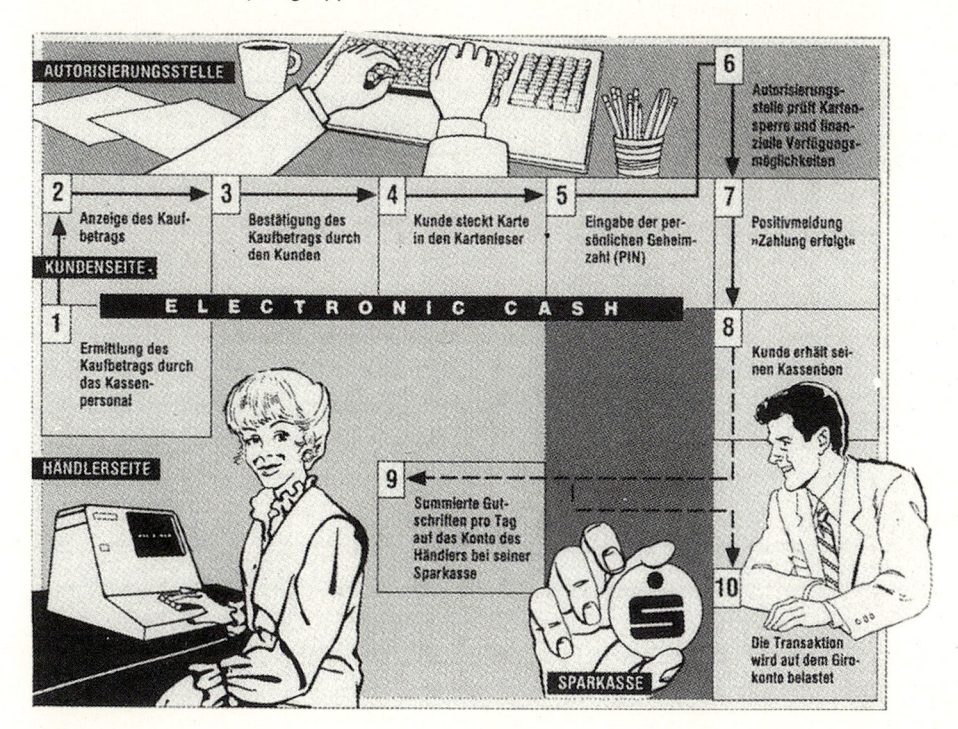

Electronic Cash lautet das Schlagwort, von dem sich Einzelhändler und Kreditinstitute Vorteile versprechen und das dem Kunden ein grenzenloses Einkaufsvergnügen garantieren soll. Unter Electronic Cash wird das bargeldlose Zahlen *nur mit der Eurochequekarte* verstanden. Sobald der zu zahlende Betrag feststeht, schiebt der Kunde seine Eurochequekarte in das bereitstehende elektronische Lesegerät und bestätigt den angezeigten Betrag per Tastendruck. Als Nächstes wird die persönliche Geheimnummer PIN (Personal Identification Number) eingetippt. Damit ist der Zahlungsvorgang für den Kunden abgeschlossen, eine Unterschrift ist nicht erforderlich. Die Abwicklung ist schnell, denn es entfällt bei Electronic Cash das zeitaufwendige Ausfüllen eines Eurochequeformulars bzw. das Wechseln von Bargeld. Für das Unternehmen verringert sich wegen des geringeren Bargeldbestandes das Beraubungsrisiko, auch Kassenfehlbeträge sind mit Electronic Cash weitgehend ausgeschlossen. Um die hohen Sicherheitsanforderungen zu erfüllen, sind alle electronic-cash-fähigen Datenkassen online mit Netzknotenrechnern privater Betreibergesellschaften verbunden, die den elektronischen Zahlungsverkehr abwickeln. Sobald also ein Zahlungsvorgang eingeleitet wird, erfolgt innerhalb weniger Sekunden – für Händler und Kunden unbemerkbar – eine Autorisierungsanfrage, die über den Netzknotenrechner an den jeweiligen Zentralrechner der Bankengruppe weitergeleitet wird. Dort wird dann je nach individueller Programmierung der Zahlungsvorgang unmittelbar untersucht oder noch mal weitergeleitet zum Computer des kontoführenden Institutes. Geprüft wird u. a. die richtige Eingabe der Geheimnummer sowie eine eventuelle Sperre der Karte. Das ebenso überwachte Ausgabenlimit kann von jeder Bankengruppe individuell vorgegeben werden. Möglich ist sowohl die Festlegung eines bestimmten Höchstbetrages (z. B. 1.000,00 € pro Woche) wie auch der unmittelbare Zugriff auf das Kundenkonto und das darin gespeicherte Guthaben bzw. Kreditlimit.

Untersuchungen haben gezeigt, dass mit Electronic Cash die Höhe der einzelnen Einkäufe und die Zahl der Spontankäufe deutlich zunimmt. Zudem kann eine höhere Kundenbindung erreicht werden.

Verbraucherschutzverbände weisen in diesem Zusammenhang auf folgende Probleme hin:

– Jeder Kauf mit der Eurochequekarte kostet den Kunden Geld. Für jede Kontenbewegung berechnen die Banken eine Postengebühr.

– Electronic Cash kann zu einer „Entsinnlichung" des Zahlens führen. Die Kunden verlieren den Überblick über ihre Käufe. Es besteht eine größere Neigung sich zu verschulden.

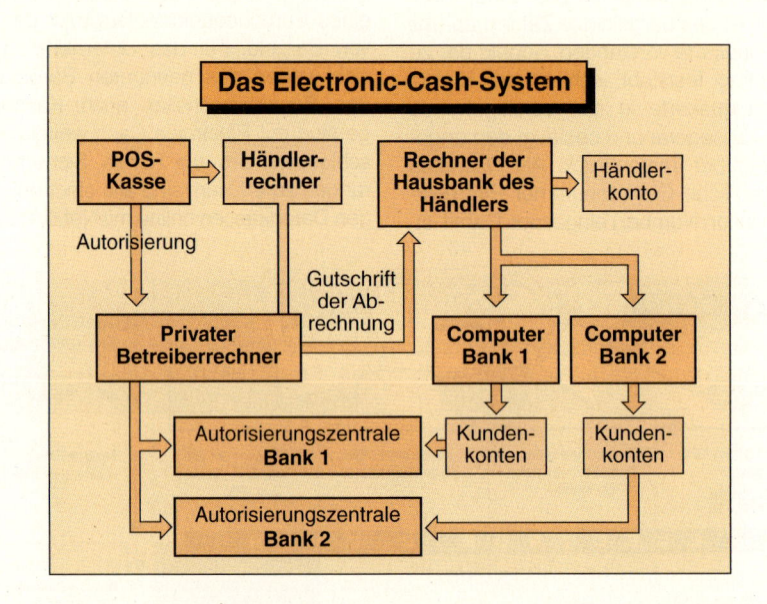

Das Electronic-Cash-System

POS-Kasse → Händlerrechner
Autorisierung ↓
Privater Betreiberrechner
Gutschrift der Abrechnung →
Rechner der Hausbank des Händlers → Händlerkonto
Computer Bank 1 → Kundenkonten
Computer Bank 2 → Kundenkonten
Autorisierungszentrale Bank 1
Autorisierungszentrale Bank 2

Lastschriftverfahren

Die mit Electronic Cash verbundenen Kosten für die Händler (Bankgebühren, Leitungskosten, Hardwareausstattung) führten dazu, dass einige experimentierfreudige Händler Alternativen entwickelten. Bei dem von verschiedenen Einzelhändlern angewandten Lastschriftverfahren benötigt der Kunde nur seine Scheckkarte, mithilfe derer über einen Magnetstreifenleser Kontonummer und Bankleitzahl ermittelt sowie ein Lastschriftbeleg erstellt werden. Mit seiner Unterschrift auf dieser Einzugsermächtigung bevollmächtigt der Kunde den Händler, den Zahlbetrag von seinem Konto einzuziehen. Es findet dabei keine Prüfung der persönlichen Identifikationsnummer statt. Die Unternehmen sparen Kosten, da keine Gebühren für eine Verbindung zu einer Autorisierungszentrale anfallen. Das Unternehmen trägt jedoch das volle Risiko für die Zahlbeträge.

Zahlungskomfort

Für die rund 38 Millionen Inhaber von Eurochequekarten ist der Zahlungskomfort auf Auslandsreisen weiter verbessert worden. Der noch junge edc-Service (edc steht für electronic debit card) steht jetzt in 18 Ländern zur Verfügung. Damit hat sich die Zahl der beteiligten Staaten seit 1995 verdoppelt. Ähnlich wie beim Electroniccashverfahren in Deutschland können Besitzer von Eurochequekarten auch im europäischen Ausland an elektronischen Kassen von Tankstellen, Geschäften, Warenhäusern, Hotels und Restaurants ohne Bargeld bezahlen; eine gültige ec-Karte genügt. Der Rechnungsbetrag wird dann direkt vom Konto abgebucht. Die meisten der fast 450 000 edc-Terminals finden Reisende in den südlichen Ferienländern Spanien, Italien und Portugal. Das Bezahlen per edc lohnt: Denn die Umsätze werden mit dem günstigeren Devisenbriefkurs und nicht mit dem beim Bargeldumtausch maßgeblichen Sortenkurs umgerechnet.

edc-Terminals

Land	Anzahl	Land	Anzahl
Belgien	20 000	Portugal	41 000
Frankreich	3 000	Schweden	15 000
Griechenland	9 000	Schweiz	2 000
Island	2 200	Slowakien	200
Italien	47 000	Spanien	275 000
Lettland	1 000	Tschechien	300
Luxemburg	300	Türkei	19 010
Malta	1 900	Ungarn	2 000
Österreich	2 560	Zypern	1 900
		Gesamt	**443 370**

Aufgaben

1. Wozu dienen die kaufmännischen Bestandteile eines Schecks?
2. Wodurch unterscheiden sich Inhaberscheck und Namensscheck?
3. Welcher Scheck gehört zur bargeldlosen Zahlung?
4. Woran erkennt man einen Verrechnungsscheck?
5. Was kann der Scheckempfänger mit einem Barscheck tun?
6. Ein Scheck wurde im Inland am 3. August 20.. mit dem Ausstellungsdatum 5. August 20.. ausgestellt.
   a) Wann darf dieser Scheck dem bezogenen Geldinstitut frühestens zur Einlösung vorgelegt werden?
   b) Bis zu welchem Tag muss dieser Scheck dem bezogenen Geldinstitut spätestens zur Einlösung vorgelegt werden?
7. Ein gesperrter Scheck wird von der Bank des Ausstellers eingelöst. Wer trägt den Schaden?
8. Welche Vorteile hat Electroniccash für Einzelhandelsbetriebe?

Zusammenfassung

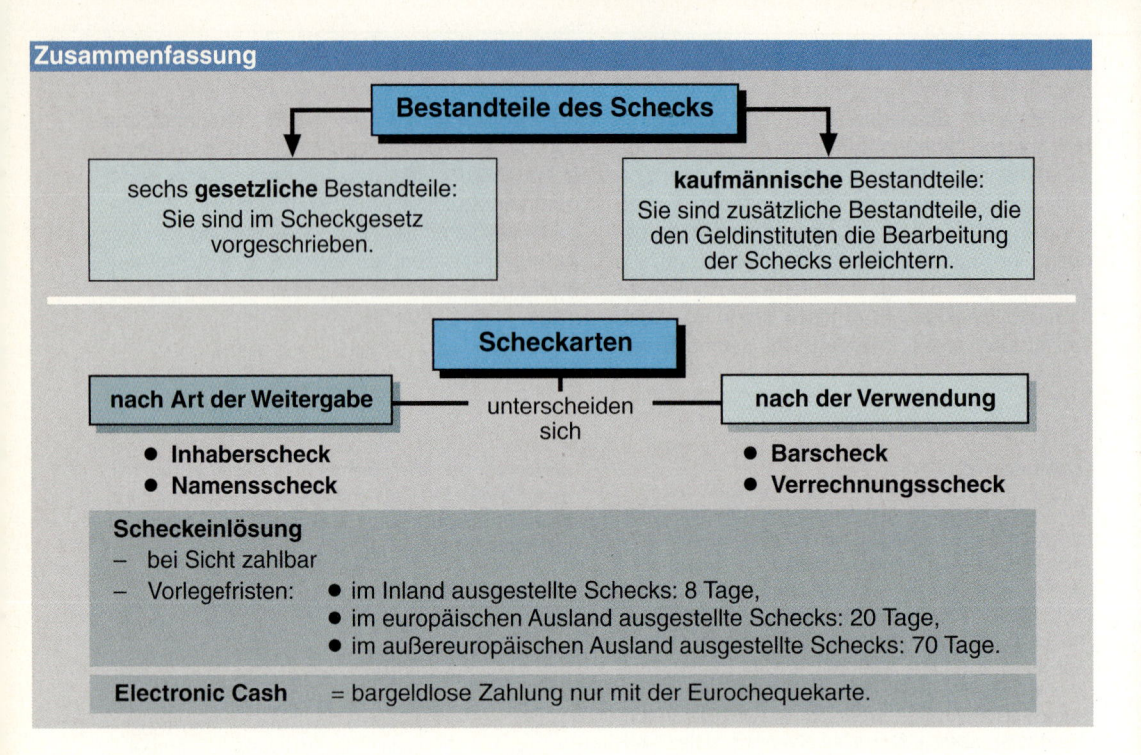

Bestandteile des Schecks

- **sechs gesetzliche Bestandteile:** Sie sind im Scheckgesetz vorgeschrieben.
- **kaufmännische Bestandteile:** Sie sind zusätzliche Bestandteile, die den Geldinstituten die Bearbeitung der Schecks erleichtern.

Scheckarten unterscheiden sich

- **nach Art der Weitergabe**
  - Inhaberscheck
  - Namensscheck
- **nach der Verwendung**
  - Barscheck
  - Verrechnungsscheck

Scheckeinlösung
- bei Sicht zahlbar
- Vorlegefristen:
  - im Inland ausgestellte Schecks: 8 Tage,
  - im europäischen Ausland ausgestellte Schecks: 20 Tage,
  - im außereuropäischen Ausland ausgestellte Schecks: 70 Tage.

Electronic Cash = bargeldlose Zahlung nur mit der Eurochequekarte.

5.7 Bargeldlose Zahlung

Das Textilfachgeschäft Brinkmann erhält von der Großhandlung Beyer & Co. folgende Rechnung (Auszug):

Rechnung

Ihr Zeichen/Ihr Datum	Unser Zeichen/Rechn.-Nr.		Datum
L/B 18. Juni ..	E/B 1020/88		2. Juli ..

Pos.	Lieferung/Leistung	Menge	Preis je E.	Gesamtpreis
1	Geschirrtücher Artikelnummer 112/2	500 Stück	1,50 €	75,00 €
2	Walkfrottiertücher Artikelnummer 156/3	500 Stück	4,50 €	225,00 €
				300,00 €
			+ 16 % USt	48,00 €
				348,00 €

Zahlung:
innerhalb von 10 Tagen abzüglich 2 % Skonto,
innerhalb von 30 Tagen netto Kasse

Kontoverbindung:
Postbank Hannover, Konto-Nr. 954 33 102 · BLZ 250 100 30
Deutsche Bank, Zweigstelle Hannover, Konto-Nr. 12 345 678 · BLZ 250 500 40

Wie kann Brinkmann die Rechnung am schnellsten und bequemsten begleichen?

Information

Mit Überweisungen werden Geldbeträge von einem Konto auf ein anderes Konto umgebucht. Der Überweisungsbetrag wird vom Konto des Zahlers abgezogen. Man sagt dazu auch: „Der Betrag wird abgebucht" oder „Das Konto wird belastet." Der Betrag wird dem Konto des Zahlungsempfängers gutgeschrieben, d. h., sein Konto wird um den Überweisungsbetrag erhöht.

Überweisungen werden von Banken, Sparkassen und Postbanken ausgeführt.

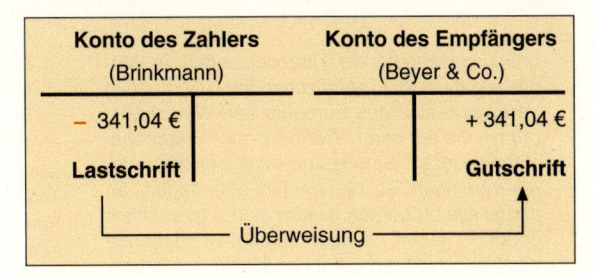

Konto des Zahlers (Brinkmann)	Konto des Empfängers (Beyer & Co.)
− 341,04 €	+ 341,04 €
Lastschrift	**Gutschrift**

Überweisung

Die Überweisung

Mit einem Überweisungsauftrag können Beträge auf Girokonten der Banken, Sparkassen und Postbank überwiesen werden.

Wird ein Überweisungsauftrag erteilt, wird das Konto des Auftraggebers noch am selben Tag belastet. Hat der Zahlungsempfänger sein Konto bei demselben Geldinstitut, erfolgt die Gutschrift meist schon am selben Geschäftstag. Bei Überweisungen auf Konten anderer Geldinstitute kann es einige Tage dauern, bis der Überweisungsbetrag gutgeschrieben wird (siehe S. 242 „Überweisungsfristen").

Die Überweisungsformulare der Banken und Sparkassen sind einheitlich. Es sind Durchschreibeformulare, die aus zwei Teilen bestehen:

- Überweisungsauftrag für die kontoführende Bank oder Sparkasse,
- Durchschrift für den Auftraggeber.

In den Überweisungsauftrag muss der Zahler

- den Namen des Empfängers,
- Kontonummer und Geldinstitut des Empfängers (mit Bankleitzahl),
- den Überweisungsbetrag,
- seinen Namen und seine Kontonummer,
- das Ausstellungsdatum und
- seine Unterschrift

eintragen.

Außerdem sollte er den Verwendungszweck angeben (z. B. Rechnungsnummer), damit der Empfänger daraus ersehen kann, wofür er das Geld erhält.

Eine Überweisung kann auch mit dem kombinierten Formblatt „Zahlschein/Überweisung" erfolgen. Die kombinierten Formblätter werden häufig einer Rechnung beigefügt. Sie können als Zahlschein für Bareinzahlungen oder für Überweisungen auf das Girokonto des Zahlungsempfängers benutzt werden. Soll das Formblatt als Überweisung verwendet werden, muss der Zahler seinen Namen, seine Kontonummer, Name und Sitz des beauftragten Kreditinstituts (mit Bankleitzahl) und das Ausstellungsdatum eintragen und den Überweisungsauftrag unterschreiben.

Überweisungsfristen

Soweit keine anderen Fristen vereinbart werden, sind Überweisungen im Rahmen der gesetzlichen Fristen gem. § 676 a Abs. 2 BGB durchzuführen.

Es sind
1. grenzüberschreitende Überweisungen in Mitgliedstaaten der Europäischen Union und in Vertragsstaaten des Europäischen Wirtschaftsraums, die auf deren Währung oder Währungseinheit oder auf Euro lauten, soweit nichts anderes vereinbart ist, binnen fünf Werktagen, an denen alle beteiligten Kreditinstitute gewöhnlich geöffnet haben, ausgenommen Sonnabende (Bankgeschäftstage) auf das Konto des Kreditinstituts des Begünstigten,
2. inländische Überweisungen in Inlandswährung längstens binnen drei Bankgeschäftstagen auf das Konto des Kreditinstituts des Begünstigten und
3. Überweisungen in Inlandswährung innerhalb einer Haupt- oder einer Zweigstelle eines Kreditinstituts längstens binnen eines Bankgeschäftstags, andere institutsinterne Überweisungen längstens binnen zwei Bankgeschäftstagen auf das Konto des Begünstigten

zu bewirken (Ausführungsfrist). Die Frist beginnt, soweit nichts anderes vereinbart ist, mit Ablauf des Tages, an dem der Name des Begünstigten, sein Konto, sein Kreditinstitut und die sonst zur Ausführung der Überweisung erforderlichen Angaben dem überweisenden Kreditinstitut vorliegen und ein zur Ausführung der Überweisung ausreichendes Guthaben vorhanden oder ein ausreichender Kredit eingeräumt ist.

Sammelüberweisungsauftrag

Inhaber von Girokonten können mehrere Überweisungsaufträge an verschiedene Zahlungsempfänger in einem Sammelüberweisungsauftrag zusammenfassen. Sammelüberweisungsaufträge sind Zeit und Kosten sparend. Mit einem einzigen ordnungsgemäß unterschriebenen Sammelüberweisungsauftrag können beliebig viele zusammengefasste Überweisungen zum Preis einer einzigen Buchung durchgeführt werden. In den Sammelüberweisungsauftrag wird nur die Gesamtsumme der Überweisungen eingetragen. Für jeden Zahlungsempfänger muss ein Überweisungsträger ausgestellt werden. Die dafür notwendigen Endlosformulare erhält der Auftraggeber bei seiner Bank, Sparkasse oder seiner Postbank.

Dauerauftrag

Mit einem Dauerauftrag beauftragt ein Kontoinhaber sein Geldinstitut, regelmäßig zu einem bestimmten Termin einen bestimmten Betrag auf das Konto des Zahlungsempfängers zu überweisen. Daueraufträge eignen sich für regelmäßig wiederkehrende Zahlungen in derselben Höhe (z. B. Miete, Versicherungsprämien).

Lastschriftverfahren

Beim Lastschriftverfahren erlaubt der Zahlungspflichtige dem Zahlungsempfänger, Zahlungen für einen bestimmten Zweck von seinem Girokonto abzubuchen. Dazu kann er dem Zahlungsempfänger eine Einzugsermächtigung (= **Einzugsermächtigungsverfahren**) oder seinem

Geldinstitut einen Abbuchungsauftrag (= **Abbuchungsverfahren**) erteilen.

Das **Einzugsermächtigungsverfahren** bietet sich bei regelmäßigen Zahlungen von Beträgen in unterschiedlicher Höhe an (z. B. Telefongebühren, Strom-, Gas- und Wasserkosten).

Im Rahmen des Einzugsermächtigungsverfahrens kann der Zahlungspflichtige gegen eine ungerechtfertigte Belastung jederzeit bei seinem kontoführenden Geldinstitut Widerspruch einlegen. Der belastete Betrag wird dann sofort wieder gutgeschrieben.

Das **Abbuchungsverfahren** findet vornehmlich Anwendung beim Einzug von größeren Beträgen, z. B. bei Zahlungen der Bauträger an ihre Subunternehmen.

Beim Abbuchungsverfahren ist eine Aufhebung der Belastung nicht möglich.

Der bargeldlose Zahlungsverkehr hat in den letzten Jahrzehnten ständig an Umfang gewonnen. 1970 wurden die von „Nichtbanken" (Unternehmen, Privatleuten usw.) im damaligen Bundesgebiet gehaltenen Konten mittels Überweisungen, Lastschriften und Scheckverrechnungen um umgerechnet 2,3 Billionen € belastet; 1991 waren es in ganz Deutschland schon 14,0 Billionen €, die bargeldlos umgeschlagen wurden – ein Betrag, der sich bis 2001 noch einmal mehr als verdoppelte (auf 28,3 Billionen €). Um die Flut der Zahlungsvorgänge bewältigen zu können, hat die Kreditwirtschaft den Zahlungsverkehr ständig weiter rationalisiert und automatisiert. Seit 1998 wird die Verrechnung zwischen den Banken vollständig elektronisch und beleglos abgewickelt.

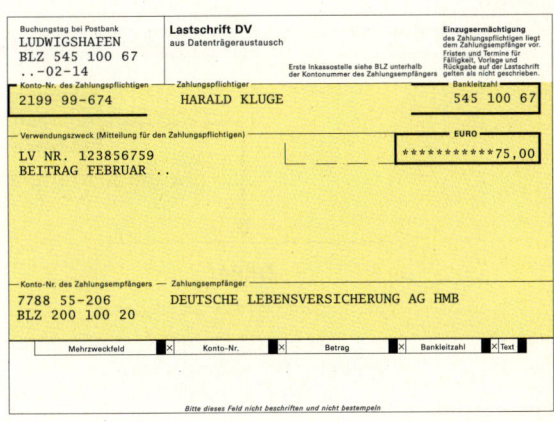

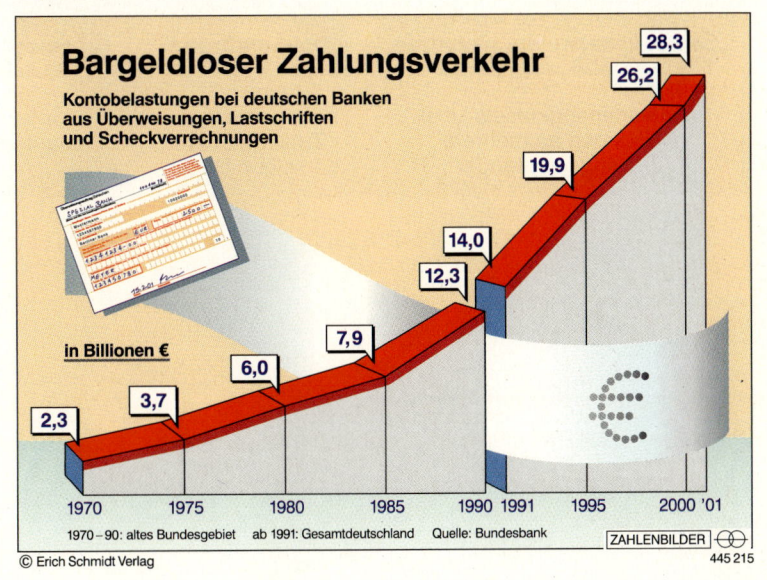

Aufgaben

1. Welche Vorteile bietet eine Überweisung
   a) dem Zahler?
   b) dem Zahlungsempfänger?
2. Wie kann ein Zahler nachweisen, dass er seiner Bank einen Überweisungsauftrag erteilt hat?
3. Welche besonderen Formen der Überweisung würden Sie in folgenden Fällen jeweils wählen? Begründen Sie Ihre Meinung.
   a) Zahlung der Fernsprechgebühren,
   b) Zahlung des IHK-Beitrags,
   c) Zahlung von Mitgliedsbeiträgen (Partei, Sportverein),
   d) Zahlungen an mehrere Zahlungsempfänger,
   e) Zahlung der Miete,
   f) Zahlung der Stromrechnung,
   g) Zahlung der Gehälter an die Angestellten des Betriebes.
4. Die Rechnung auf der Seite 240 soll durch eine Überweisung beglichen werden. Füllen Sie den Überweisungsauftrag für das Textilfachgeschäft Brinkmann aus. Konto des Textilfachgeschäftes Brinkmann:

Darmstädter Volksbank eG
Konto-Nr. 10 046 722
Bankleitzahl 508 900 00

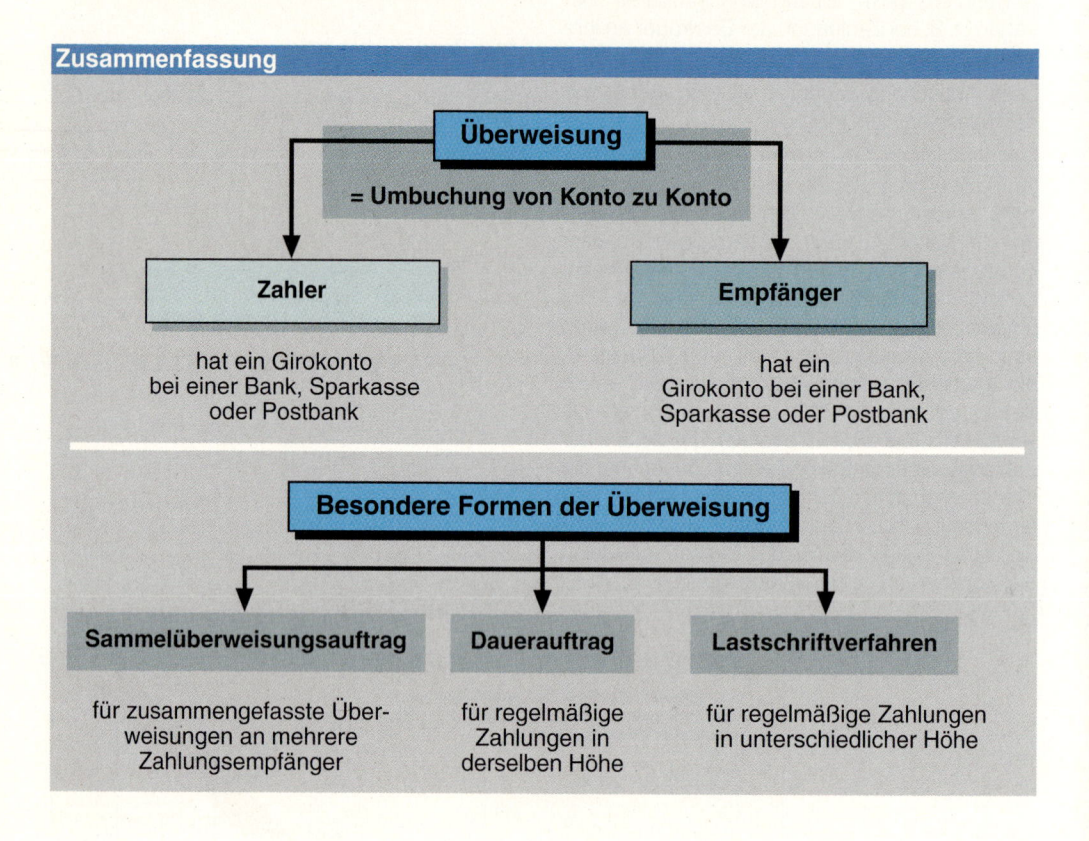

Zusammenfassung

Überweisung
= Umbuchung von Konto zu Konto

Zahler
hat ein Girokonto bei einer Bank, Sparkasse oder Postbank

Empfänger
hat ein Girokonto bei einer Bank, Sparkasse oder Postbank

Besondere Formen der Überweisung

Sammelüberweisungsauftrag	Dauerauftrag	Lastschriftverfahren
für zusammengefasste Überweisungen an mehrere Zahlungsempfänger	für regelmäßige Zahlungen in derselben Höhe	für regelmäßige Zahlungen in unterschiedlicher Höhe

5.8 Zahlung mit Kreditkarten

Plastikgeld im Trend

Plastikgeld ist auf dem Vormarsch. Immer mehr Menschen in Europa nutzen die Möglichkeit des bargeldlosen Einkaufens. Während die Kreditkarten-Pioniere American Express und Diners Club in Europa kaum Fuß fassen konnten, sind die Master-/Eurocard sowie Visa kaum zu bremsen. In vielen Läden und Restaurants werden sie mittlerweile anstandslos akzeptiert. Auch im Internet sind sie – trotz aller Sicherheitsbedenken – als Zahlungsmittel weit verbreitet.

Quelle: Münchner Merkur vom 30. März 2000

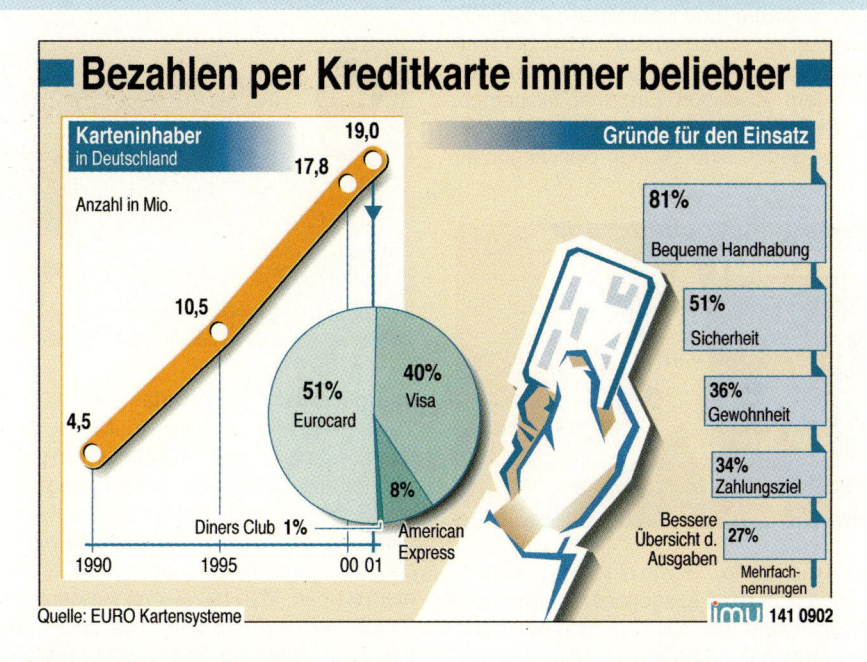

Bezahlen per Kreditkarte immer beliebter

Karteninhaber in Deutschland (Anzahl in Mio.)
- 1990: 4,5
- 1995: 10,5
- 00: 17,8
- 01: 19,0

Marktanteile:
- Eurocard: 51%
- Visa: 40%
- American Express: 8%
- Diners Club: 1%

Gründe für den Einsatz
- 81% Bequeme Handhabung
- 51% Sicherheit
- 36% Gewohnheit
- 34% Zahlungsziel
- 27% Bessere Übersicht d. Ausgaben

Mehrfachnennungen

Quelle: EURO Kartensysteme

Eurocard-Umsatz im Inland leicht rückläufig

Frankfurt (kdo). Kreditkartenanbieter bekommen die Konkurrenz durch andere bargeldlose Zahlungsmittel zu spüren. Zwar bewährt sich die weltweit einsetzbare Karte vor allem bei Auslandsreisen, im Inland dagegen schwächt sich das Wachstum der vergangenen Jahre deutlich ab. Dies liegt vor allem daran, dass die Ec-Karte inzwischen von immer mehr Geschäften und Restaurants direkt akzeptiert wird. Das hat für die Unternehmen gegenüber den Kreditkarten den Vorteil, dass keine hohen Gebühren fällig werden.

Beim Kreditkartenmarktführer Eurocard kam es bei den Inlandsumsätzen der deutschen Karteninhaber 1999 sogar zu einem leichten Minus. Dennoch baute Eurocard seine Marktführerschaft in Deutschland weiter aus. Wie die Gesellschaft Euro Kartensysteme am Donnerstag in Frankfurt mitteilte, besitzen mittlerweile 8,8 Millionen der insgesamt 16,5 Millionen deutschen Kreditkartennutzer eine Eurocard. Dies entspreche einem Marktanteil von 53 Prozent. Im Inland waren die Umsätze um 0,1 Prozent auf 11 Milliarden € rückläufig. Jenseits der Grenzen zückten Touristen und Geschäftsleute mit Wohnsitz in Deutschland häufiger ihre Eurocard. Das ließ die Auslandsumsätze um knapp 16 Prozent auf 5,7 Mrd. € steigen.

Bezahlt hätten die deutschen Eurocard-Besitzer 1999 mit ihrer Karte rund 191 Millionen Mal, was einer Zunahme von 2,9 Prozent entspreche. Pro Transaktion hätten die deutschen Eurocard-Besitzer im Schnitt 87 € und damit 1,5 € mehr als 1998 über ihre Karte abgerechnet.

Quelle: Hannoversche Allgemeine Zeitung vom 3. März 2000

Welche Vor- und Nachteile bietet die Kreditkarte dem Karteninhaber?

Information

Kreditkartenarten

In der Bundesrepublik Deutschland werden Kreditkarten von Einzelhandelsbetrieben in eigener Regie oder von Kreditkartenorganisationen und Banken ausgegeben.

Die Kreditkarten, die einzelne Einzelhandelsbetriebe (meist Waren- und Kaufhäuser) kreditwürdigen Kunden auf Antrag ausstellen (so genannte **Kundenkarten**), berechtigen zum Kauf auf Kredit in dem jeweiligen Einzelhandelsbetrieb. Die Kundenkarten werden an die Kunden kostenlos oder gegen eine geringe Servicegebühr abgegeben.

Mit einer **Kreditkarte,** die von einer Kreditkartenorganisation oder Bank ausgegeben wurde, kann der Karteninhaber bei allen in- und ausländischen Vertragsunternehmen des Kreditkartenherausgebers Waren oder Dienstleistungen bis zu einer bestimmten Höchstsumme auf Kredit erhalten. Zur Bezahlung muss er nur seine Kreditkarte vorlegen und auf der Rechnung unterschreiben. Für die von Kreditkartenorganisationen und Banken ausgegebenen Kreditkarten muss der Inhaber in der Regel einen festen Jahresbeitrag bezahlen.

Die wichtigsten Kreditkartenorganisationen auf dem deutschen Markt sind zurzeit Eurocard, American Express, Diners Club und Visa.

Vertragsunternehmen sind hauptsächlich Einzelhandelsbetriebe, Hotels und Gaststätten, aber auch Banken, Tankstellen, Reisebüros und Fluggesellschaften.

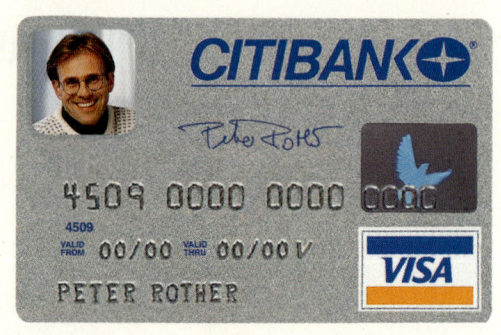

chargecards: Diese Karten haben eine reine Zahlungsfunktion. Einmal im Monat (vereinzelt auch 14-tägig) werden alle Zahlungen gesammelt und dem Karteninhaber in Rechnung gestellt. In der Regel wird der Betrag per Lastschrift vom Girokonto eingezogen. Teilweise ist ein monatliches Ausgabelimit vorgesehen. Sollzinsen fallen hier nicht an. Man hat also einen geringen Zinsvorteil, weil man die Ware erst später bezahlen muss. Zu dieser Kartenart zählen American Express, Diners Club und die meisten Eurocards.

creditcards: Der Karteninhaber hat hier die Möglichkeit, seine Monatsrechnung in Raten (gegen Darlehenszinsen) abzubezahlen. Der Rückzahlungsvorgang kann vom Karteninhaber i. d. R. selbst gesteuert werden; vorgegeben ist nur ein Mindestbetrag, der gleich gezahlt werden muss (z. B. 5 oder 10 % der Gesamtsumme). Zu dieser Kartenart zählen die meisten Visa-Karten, aber auch einige Eurocards.

Co-Branding-Karte: Viele Unternehmen aus den Bereichen Handel, Dienstleistungen und Industrie bieten ihren Kunden eine eigene Kreditkarte an, zusammen mit einem Kartenemittenten (eine Bank oder Kartenorganisation). Neben dem Logo des Emittenten erscheint auf der Vorderseite der Karte auch das Unternehmenssignet. Vorteil der Co-Branding-Karten ist der weltweite Einsatz einer Kreditkarte verbunden mit speziellen Leistungen des eigenen Unternehmens – mit entsprechender Kundenbindung.

Abwicklung der Zahlung mit Kreditkarte

Der Karteninhaber legt beim Kauf seine Kreditkarte vor. Auf dieser Plastikkarte sind der Name des Karteninhabers und verschiedene Nummerierungen (u. a. Kartennummer und Verfalldatum) in erhabenem Druck eingeprägt.

Der Verkäufer stellt die Kreditkartenrechnung aus und lässt sie von dem Kreditkarteninhaber unterschreiben.

Das Ausfüllen der Kreditkartenrechnung wird durch einen Handdrucker erleichtert: Der Verkäufer legt die Kreditkarte in den Handdrucker, der eine zweite Plastikkarte mit der Kontonummer und Anschrift des Vertragsunternehmers enthält. Über beide Karten legt er dann die Kreditkartenrechnung. Durch die Betätigung des Handdruckers werden die Daten beider Plastikkarten auf die Rechnung übertragen. Der Verkäufer trägt dann nur noch den Rechnungsbetrag in die Rechnung ein und lässt sie anschließend vom Kreditkarteninhaber unterschreiben.

Das Rechnungsformular besteht aus mehreren im Durchschreibeverfahren hergestellten Kopien. Eine Kopie wird dem Karteninhaber ausgehändigt. Eine zweite Kopie behält der Vertragsunternehmer (z.B. Einzelhändler) als Beleg. Die dritte Kopie schickt er zum Rechnungsausgleich an den Kreditkartenherausgeber. Der Kreditkartenherausgeber begleicht dann diese Rechnung innerhalb einer vertraglich festgesetzten Frist. Von der Rechnungssumme behält er eine ebenfalls vertraglich vereinbarte Umsatzprovision (zurzeit zwischen 3 bis 6 % des Rechnungsbetrages) ein. Dafür trägt er das volle Kreditrisiko, d. h., wenn der Karteninhaber seine Rechnungen nicht begleicht, geht dies zulasten des Kreditkartenherausgebers.

Der Kreditkartenherausgeber verlangt meist einmal monatlich von dem Karteninhaber die Bezahlung aller Rechnungen. Sofern der Karteninhaber eine Einzugsermächtigung erteilt hat, lässt der Kreditkartenherausgeber den Betrag vom Konto des Karteninhabers durch Lastschrift einziehen. Der Karteninhaber braucht keine Zuschläge auf die von ihm unterschriebenen Rechnungen zu zahlen.

Kreditkartenrechnungen können auch von Datenkassen erstellt werden. Nachdem der Kassierer die Zahlungsartentaste „Kreditkarte" gedrückt und die Kartennummer eingegeben hat, erstellt die Datenkasse den Kreditkartenbeleg.

Vor- und Nachteile der Kreditkarte

Vorteile für den Kreditkarteninhaber	Nachteile für den Kreditkarteninhaber
– Zinsfreier Kredit bis zum Fälligkeitsdatum der Monatsrechnung, – übersichtliche Abrechnung: exakte und detaillierte Aufstellung aller Zahlungen mit Kreditkarte während eines Monats, – bequemes Zahlungsmittel: Zahlung mit Karte und Unterschrift, – sicheres Zahlungsmittel: Anstelle größerer Geldmengen braucht man nur eine Kreditkarte zum Einkauf mitzunehmen. Das Verlustrisiko wird dadurch erheblich vermindert.	– Jahresgebühr bei Kreditkarten, die von Kreditkartenorganisationen und Banken ausgegeben werden, – Einkauf mit Kreditkarte nur bei Vertragsunternehmen, – Gefahr, mehr einzukaufen, als wenn mit Bargeld bezahlt würde, – Offenlegen persönlicher Daten: Im Kreditkartenantrag werden u. a. Angaben über Familienstand, Monatseinkommen und Arbeitgeber verlangt.

Vorteile für das Vertragsunternehmen	Nachteile für das Vertragsunternehmen
– Steigerung des Umsatzes: Kreditkarten können zu Mehreinkäufen führen, – kein Kreditrisiko, wenn der Kunde mit Kreditkarte zahlt, die von einer Kreditkartenorganisation oder Bank herausgegeben wurde, – Einsatz der Kreditkarte im Electroniccash.	– Höhere Kosten: Der Kreditkartenherausgeber behält von den Kreditkartenumsätzen eine Umsatzprovision ein, – größerer Verwaltungsaufwand durch Abwicklungsformalitäten.

Aufgaben

1. Welche Unterschiede bestehen zwischen Kreditkarten, die von Kreditkartenorganisationen herausgegeben werden, und Kundenkarten einzelner Einzelhandelsbetriebe?
2. Weshalb geben Einzelhändler an ihre Kunden Kundenkarten aus?
3. Ein Kunde will in einem Fachgeschäft mit Kreditkarte bezahlen. Wie verhält sich der Verkäufer, wenn das Fachgeschäft Vertragsunternehmen des Kreditkartenherausgebers ist?
4. Wer trägt die Kosten, die bei der Zahlung mit Kreditkarte entstehen?
5. Weshalb ist der Anteil der Kunden, die mit Kreditkarte bezahlen, in der Bundesrepublik Deutschland noch sehr klein?
6. Ein Einzelhändler entschließt sich, Vertragsunternehmer einer Kreditkartenorganisation zu werden. Welche Vorteile verspricht er sich davon?
7. Wie kann eine Kreditkartenrechnung erstellt werden?
8. Wie kann sich ein Kreditkarteninhaber gegen Kreditkartenmissbrauch schützen?

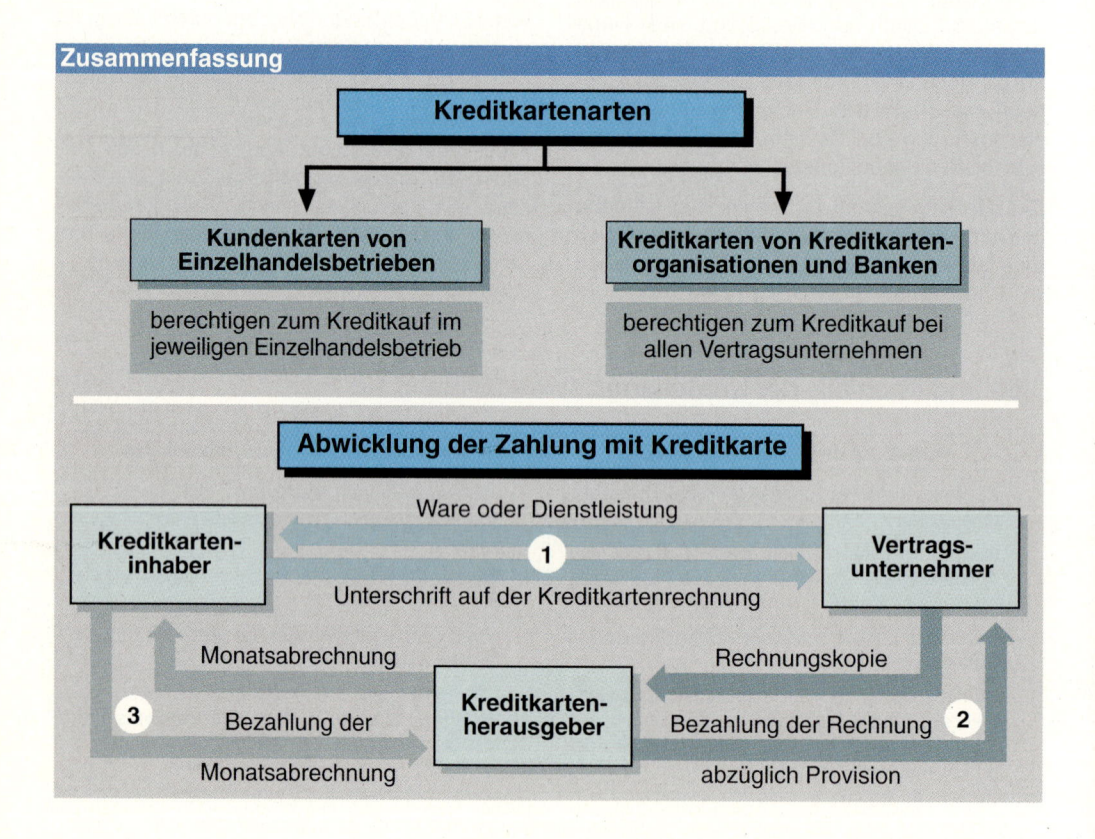

Zusammenfassung

Kreditkartenarten

- **Kundenkarten von Einzelhandelsbetrieben**
  berechtigen zum Kreditkauf im jeweiligen Einzelhandelsbetrieb
- **Kreditkarten von Kreditkartenorganisationen und Banken**
  berechtigen zum Kreditkauf bei allen Vertragsunternehmen

Abwicklung der Zahlung mit Kreditkarte

Kreditkarteninhaber ⇄ Vertragsunternehmer
1. Ware oder Dienstleistung / Unterschrift auf der Kreditkartenrechnung

Vertragsunternehmer → Kreditkartenherausgeber: Rechnungskopie
Kreditkartenherausgeber → Vertragsunternehmer: Bezahlung der Rechnung abzüglich Provision (2)

Kreditkartenherausgeber → Kreditkarteninhaber: Monatsabrechnung
Kreditkarteninhaber → Kreditkartenherausgeber: Bezahlung der Monatsabrechnung (3)

6 Lagerhaltung

6.1 Das Lager und seine Aufgaben

Gabriele Winkelmann ist im Rahmen ihrer Ausbildung seit kurzem im Lager eingesetzt.

Welche Aufgaben muss sie dort erfüllen?

Information

Die Lagerhaltung

Unter einem Lager versteht man den Ort, an dem die Ware auf Vorrat aufbewahrt wird.

Kaum ein Einzelhändler ist in der glücklichen Lage, jede gerade gelieferte Ware sofort wieder verkaufen zu können. Da der Einzelhändler die Nachfrage der Verbraucher nicht vorhersehen kann, ist es nahezu unmöglich, die Beschaffung und den Absatz von Waren zeitlich und mengenmäßig genau aufeinander abzustimmen. Es gelingt einem Einzelhandelsbetrieb fast nie, nur so viel einzukaufen, wie für den Verkauf gerade benötigt wird. Daraus ergibt sich die Notwendigkeit der Lagerhaltung, die Spannungen zwischen Wareneinkauf und -verkauf möglichst vermeiden soll.

Lagerarten

Lager findet man im Einzelhandel in unterschiedlichen Formen und Größen. Grundsätzlich kann man aber zwei Arten von Lagern unterscheiden:
– das Verkaufslager und
– das Reservelager.

Die meiste Ware wird dort gelagert, wo sie dem Kunden angeboten wird. Jeder Einzelhandelsbetrieb benutzt also seine Verkaufsräume als sog. **Verkaufslager.** Hier werden die Artikel verkaufsbereit gehalten. In Geschäften mit Vorwahl oder Selbstbedienung ermöglicht das Verkaufslager dem Verbraucher sogar einen unmittelbaren Zugriff auf die Ware. Die Anordnung der Artikel im Verkaufslager hat nach den Gesichtspunkten der Werbung zu erfolgen, da gerade hier der Kunde mit der Ware in engen Kontakt kommt.

Ein **Reservelager** findet man meist in der Nähe der Verkaufsräume. Hauptaufgabe dieser Lagerart ist die schnelle Ergänzung der Bestände im Verkaufslager. Hier werden aber auch Arbeiten durchgeführt, die den Verkauf stören würden: Die Ware wird angenommen, ausgepackt, geprüft, ausgezeichnet und gelagert, bis sie im Verkaufslager benötigt wird.

Aufgaben der Lagerhaltung

Hauptziel der Lagerhaltung ist der Ausgleich zwischen Beschaffung und Absatz von Waren. In diesem Zusammenhang erfüllt das Lager verschiedene Aufgaben.

Sicherung der Verkaufsbereitschaft

Waren werden im Lager bereitgehalten, um die Verbraucher sofort und bedarfsgerecht versorgen zu können. Das Lager soll also einerseits verhindern, dass Schwierigkeiten bei der Beschaffung von Waren (wie z. B. Lieferverzögerungen oder Transportschwierigkeiten) die Verkaufsbereitschaft stören. Andererseits werden aber auch Artikel auf Vorrat gehalten, um Nachfrageschwankungen abzufangen. Solche Unregelmäßigkeiten im Verkauf können aus modischen, saisonalen oder konjunkturellen Gründen auftreten.

Ausnutzung von Preisvorteilen

Das Lager ermöglicht Preis- und Kostenvorteile wahrzunehmen, die der Beschaffungsmarkt bietet. Sehr oft liegen die Preise der Lieferer niedriger, wenn die Nachfrage zu bestimmten Zeiten nicht so groß ist. Dann empfiehlt es sich für den Einzelhandel, die Waren günstig einzukaufen und auf Vorrat zu nehmen. Aber auch die Vorteile des Großeinkaufs kann man durch ein Lager nutzen. Die Einkaufspreise können sich erheblich verringern durch Mengenrabatte, die dem Einzelhandel gewährt werden. Oft erreicht man überdies durch den Einkauf größerer Mengen, dass die Verpackungs- oder Beförderungskosten sinken oder ganz vom Lieferanten übernommen werden.

Pflege, Umformung und Veredelung

Eine weitere Aufgabe der Lagerhaltung ist die zweckmäßige Behandlung und Pflege der Ware, durch die deren Gebrauchsfähigkeit erhalten wird. Darüber hinaus wird im Lager oft noch nicht verwendungsfähige Ware in einen verkaufsfähigen Zustand gebracht. Hier finden Umpack-, Umfüll-, Misch- und Sortiervorgänge statt. Um den Kunden beispielsweise eine große Auswahl zu bieten, wird die Ware in den vom Verbraucher gewünschten Mengen bereitgestellt.

In seltenen Fällen soll im Lager eine qualitative Veränderung der Ware bewirkt werden. So wird dort Obst aufbewahrt, um zu reifen. Wein gewinnt an Wert, wenn er sorgsam gelagert wird.

Aufgaben

1. Warum sind Lager im Einzelhandel notwendig?
2. Was versteht man unter einem Lager?
3. Welche Lagerarten unterscheidet man im Einzelhandel?
4. Welche Aufgaben erfüllt das Lager im Einzelhandel?
5. In welcher Form hat Ihr Ausbildungsbetrieb Verkaufs- und Reservelager?
6. Erläutern Sie, ob bzw. wie in Ihrem Ausbildungsbetrieb Ware behandelt oder veredelt wird.
7. Finden Sie Beispiele für Umpack-, Umfüll-, Misch- und Sortiervorgänge in Einzelhandelsunternehmen.

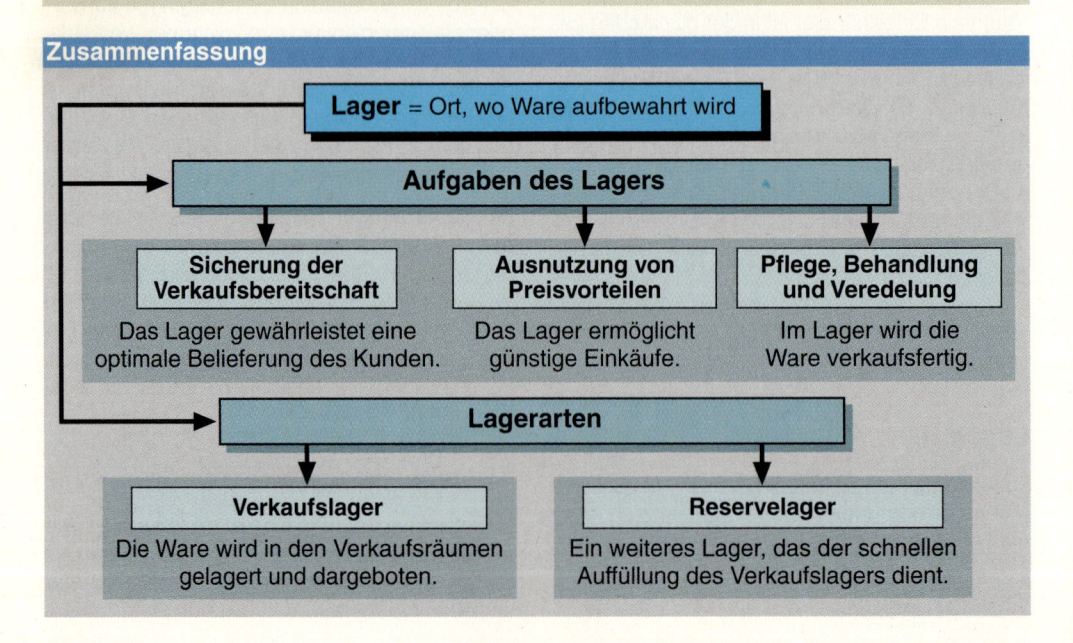

Zusammenfassung

Lager = Ort, wo Ware aufbewahrt wird

Aufgaben des Lagers

Sicherung der Verkaufsbereitschaft	Ausnutzung von Preisvorteilen	Pflege, Behandlung und Veredelung
Das Lager gewährleistet eine optimale Belieferung des Kunden.	Das Lager ermöglicht günstige Einkäufe.	Im Lager wird die Ware verkaufsfertig.

Lagerarten

Verkaufslager	Reservelager
Die Ware wird in den Verkaufsräumen gelagert und dargeboten.	Ein weiteres Lager, das der schnellen Auffüllung des Verkaufslagers dient.

6.2 Anforderungen an ein Lager

Lagerleiter Hintermeier berichtet Gabriele Winkelmann aus der Gründungszeit des Unternehmens:

„Damals hatten wir einige Schwierigkeiten. Unser Lager war zunächst einmal sehr klein. Ein Teil der Ware musste in den Kellerräumen eines anderen Gebäudes untergebracht werden. Auf der ungesicherten Kellertreppe kam es zu zwei Arbeitsunfällen. Oft musste Ware gesucht werden, weil wir nicht wussten, wo benötigte Artikel standen. Wertvolle Ware wurde offen in den Regalen aufbewahrt ..."

Welche Gesichtspunkte müssen bei der Lagerung von Waren beachtet werden?

Information

Damit die Aufgaben der Lagerhaltung optimal erfüllt werden können, müssen bei der Einrichtung des Lagers bestimmte allgemein gültige Grundsätze beachtet werden.

Geräumigkeit

Das Lager sollte groß genug sein. Im Einzelhandel werden dort Waren angenommen, ausgepackt und geprüft. Anschließend sollen die Waren eventuell noch sortiert, abgepackt, umgefüllt oder abgewogen werden. Schließlich müssen die Artikel mühelos entnommen und transportiert werden können. Für all diese Arbeiten wird ausreichend Platz benötigt. Ein zu enges oder zu kleines Lager würde zusätzliche Kosten durch Zeitverlust verursachen. Außerdem wäre der rationelle Einsatz von maschinellen Hilfsmitteln wie z. B. Gabelstaplern nicht möglich.

Übersichtlichkeit

Oft können im Einzelhandel Vorteile, die beim Einkauf der Ware gewonnen wurden, durch eine unübersichtliche Lagerung wieder verloren werden. Wird in solchen Lagern ohne vorgeplante Lagerordnung gearbeitet, entsteht oft ein erhebliches Durcheinander. Das Lager sollte so gestaltet werden, dass die Ware schnell und sicher aufgefunden werden kann. Erreicht werden kann dies durch eine systematische Wareneinordnung. Zunächst einmal wird die Ware nach dem Prinzip des Transportminimums eingelagert. Das bedeutet, dass möglichst kurze Lagerwege angestrebt werden für Artikel, die häufig verlangt werden. Es sollte weiterhin ein übersichtliches und leicht kontrollierbares Lagersystem eingeführt werden. Das Lager wird dabei in verschiedene Zonen aufgeteilt, die z. B. bestimmten Warengruppen entsprechen. Dadurch werden Sucharbeiten sowie Warenverluste durch schlecht einsehbare Ecken und überfüllte Regale ausgeschlossen. Am Lagerort sollte die Ware schließlich gruppenweise und griffbereit aufbewahrt werden, da dies das Aufsuchen des Lagergutes sowie die Inventur erleichtert. Stets sollte der Einzelhandel das Prinzip „first in – first out" beachten, um Ladenhüter zu vermeiden. Das bedeutet, dass die Artikel, die beispielsweise zuerst in ein Regal eingelagert wurden, nach Möglichkeit auch wieder zuerst den Lagerplatz verlassen sollen.

Artgemäße Lagerung

Oft kommt es zu erheblichen Lagerverlusten, weil die Ware nicht immer sachgerecht behandelt wird. Einige Waren haben bestimmte Eigenschaften, auf die man bei der Lagerung Rücksicht nehmen muss. Sind die Lagerbedingungen den Eigenschaften der Ware angepasst, dann wird ihr Alterungsprozess verzögert. Deshalb muss die Ware – je nach ihrer Beschaffenheit – geschützt werden vor:

– **Licht:** z. B. bei Papieren, Büchern, bestimmten Nahrungsmitteln, Gummierzeugnissen, bunten Geweben,

– **Schädlingen,**

– **Geschmacksverlust oder -übertragung:** Käse, Wurst, Butter, Tee, Kaffee, Kakao,

– **Wärme:** z. B. verschiedene Lebensmittel,

– **Feuchtigkeit:** Bücher, Papiere, Leder, Metall- und Holzartikel sowie bestimmte Lebensmittel,

– **Austrocknung:** Artikel wie Käse, Tabak, Gummi, Wolle usw.

Sachgerechte Lagereinrichtung

Eine grundlegende Aufgabe des Lagers besteht darin, alle Artikel so aufzubewahren, dass sie nicht beschädigt werden und dass alle Lagertätigkeiten reibungslos und wirtschaftlich ausgeführt werden können. Zu diesem Zweck ist jedes Lager mit verschiedenen Einrichtungen ausgestattet. Unter Lagereinrichtungen werden alle Hilfsmittel verstanden, die zum Aufbewahren der Artikel dienen. Jeder Einzelhändler weiß, dass die Wirtschaftlichkeit der Lagereinrichtung weniger von den Anschaffungskosten abhängig ist als vielmehr von der zweckmäßigen Planung, der leichten Bedienbarkeit und der Möglichkeit zum Umbauen.

Sicherheit

Durch bestimmte Vorsorge- und Sicherungsmaßnahmen kann im Lager die Gefahr eines Brandes, eines Diebstahls oder eines Unfalls vermindert werden.

Jeder Brand im Lager würde einen erheblichen wirtschaftlichen Verlust verursachen, weil gerade dort große Warenmengen gelagert sind. Aus diesem Grund ist die Feuersicherung eine wichtige Aufgabe. Die Mehrzahl der Brandursachen lässt sich völlig beseitigen, wenn die geltenden Brandschutzvorschriften genau eingehalten werden. Darüber hinaus können auch technische Brandschutzvorrichtungen wie Feuerlöscher, Sprinkler- und Alarmanlagen die Brandgefahr vermindern.

Einbrüche und Diebstähle werden erschwert, indem das Lager beispielsweise durch Schlösser und Stahltüren besonders gesichert wird. Weiterhin empfehlen sich Kontrollen und Überwachungsmaßnahmen (im Verkaufslager z. B. Fernsehanlagen und Spiegel). Besonders ist darauf zu achten, dass außer dem Lagerpersonal niemand das Reservelager betritt.

Die Arbeitsbedingungen im Lager müssen den Vorschriften des Arbeitsschutzes entsprechen. Die Mitarbeiter des Lagers müssen so weitgehend wie möglich vor Einflüssen geschützt werden, die schädlich für ihre Gesundheit sind oder sie anderweitig gefährden können.

Aufgaben

1. Warum sollte ein Lager geräumig sein?
2. Wie kann ein übersichtliches Lager erreicht werden?
3. Was versteht man unter einer artgemäßen Lagerung von Waren?
4. Wovor müssen die nachstehenden Waren geschützt werden?
   a) Papier
   b) Leder
   c) Käse
   d) Obst
   e) Tabak
   f) Filme
   g) Holz
5. Welche Maßnahmen unterstützen die Sicherheit im Lager?

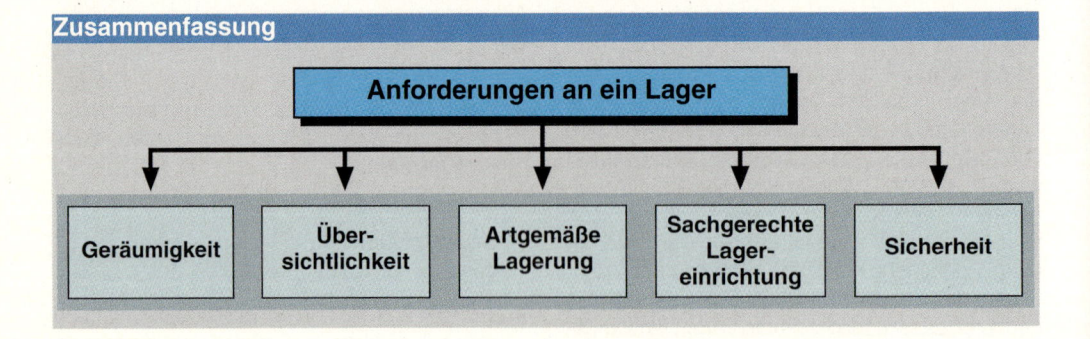

Zusammenfassung

Anforderungen an ein Lager
- Geräumigkeit
- Übersichtlichkeit
- Artgemäße Lagerung
- Sachgerechte Lagereinrichtung
- Sicherheit

6.3 Der optimale Lagerbestand

Der Lagerleiter, Herr Hintermeier, und der Leiter der Einkaufsabteilung, Herr Schneider, sind unterschiedlicher Meinung:

Herr Schneider: „Aufgrund des vorhergesagten schönen Wetters ist mit einer verstärkten Nachfrage der Verbraucher zu rechnen. Wir wollen jeden möglichen Gewinn mitnehmen. Deshalb haben wir erheblich mehr als üblich bestellt."

Herr Hintermeier: „Aber wir haben keinen Platz mehr im Lager. Wo soll ich die Ware unterbringen?"

Herr Schneider: „In der Nachbarschaft ist doch ein Lagerraum frei."

Herr Hintermeier: „Das bedeutet aber zusätzliche Kosten."

Wer von beiden hat Recht?

Information

Der optimale Lagerbestand

Das Hauptproblem im Rahmen der Lagerhaltung ist die Ermittlung des optimalen Lagerbestandes. Darunter versteht man den für den Einzelhandelsbetrieb günstigsten Lagervorrat. Dieser muss einerseits aus Kostengründen so klein wie möglich gehalten werden. Andererseits muss er aber auch groß genug sein, um die Lieferbereitschaft aufrechterhalten zu können. Optimal ist ein Lagerbestand dann, wenn die Nachteile eines zu großen sowie die eines zu niedrigen Lagerbestandes vermieden werden können.

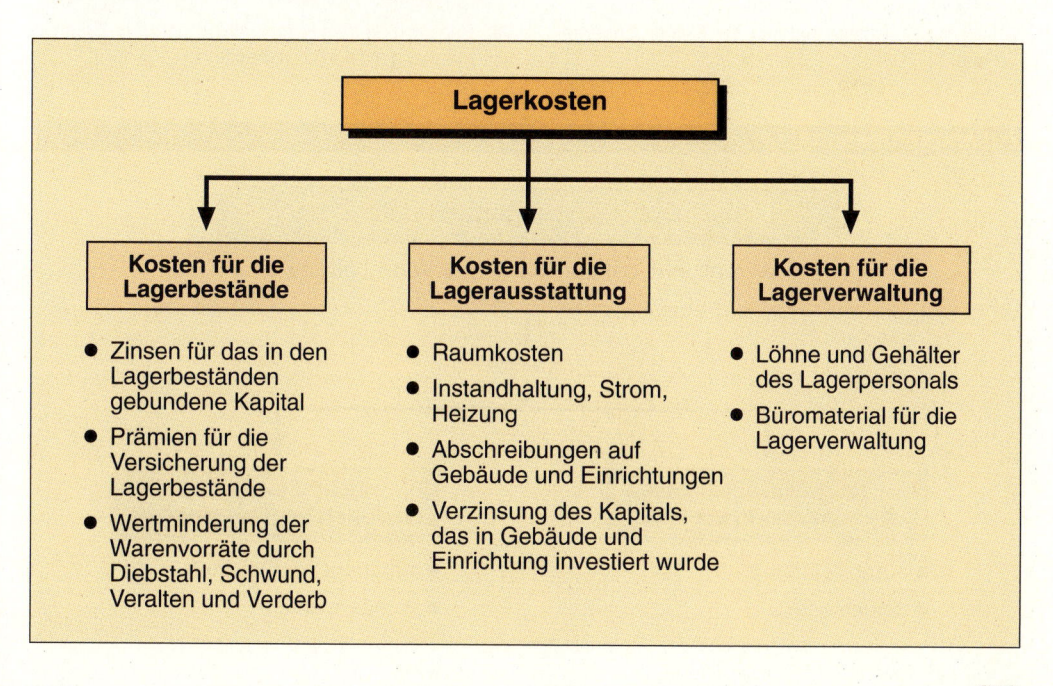

Lagerkosten

- **Kosten für die Lagerbestände**
  - Zinsen für das in den Lagerbeständen gebundene Kapital
  - Prämien für die Versicherung der Lagerbestände
  - Wertminderung der Warenvorräte durch Diebstahl, Schwund, Veralten und Verderb

- **Kosten für die Lagerausstattung**
  - Raumkosten
  - Instandhaltung, Strom, Heizung
  - Abschreibungen auf Gebäude und Einrichtungen
  - Verzinsung des Kapitals, das in Gebäude und Einrichtung investiert wurde

- **Kosten für die Lagerverwaltung**
  - Löhne und Gehälter des Lagerpersonals
  - Büromaterial für die Lagerverwaltung

Nachteile eines zu großen oder zu niedrigen Lagerbestandes

Ein zu großer Lagerbestand würde zu unnötig hohen Lagerkosten führen. Eventuell müssten neue Lagerräume angemietet werden, neues Personal wäre einzustellen. Darüber hinaus besteht die Gefahr einer Wertminderung der Bestände. Liegt die Ware zu lange auf Lager, kann sie veralten, unmodern werden oder verderben. Auch darf der Einzelhändler nicht übersehen, dass er in den hohen Warenvorrat Geld angelegt hat, das er anderswo im Betrieb hätte besser gebrauchen können. Da er dieses gebundene Kapital („totes Kapital") überdies nicht Gewinn bringend bei einer Bank anlegen kann, entgehen ihm mögliche Zinseinnahmen.

Bei einem zu kleinen Lagerbestand könnte der Fall eintreten, dass der Kunde Waren, die er benötigt, nicht kaufen kann. Abgesehen von dem entgangenen Gewinn besteht für den Betrieb die Gefahr, dass der Kunde in Zukunft andere Unternehmen bevorzugt. Ein weiterer möglicher Nachteil eines zu kleinen Lagerbestandes sind höhere Kosten beim Bezug kleinerer Mengen. Kauft ein Einzelhändler nur eine geringe Stückzahl eines Artikels, muss er eventuell auf Mengenrabatt verzichten.

Der Einzelhändler und der optimale Lagerbestand

Der optimale, d. h. den gegebenen Umständen nach „beste" Lagervorrat ist abhängig von der Marktlage, den Transportverhältnissen und auch von der Leistungsfähigkeit des Lieferanten. Je besser diese Voraussetzungen sind, umso kleiner kann der Lagerbestand sein, da ja jederzeit nachgekauft werden kann. Der optimale Lagerbestand lässt sich nicht eindeutig berechnen, weil der Einzelhändler die Nachfrage der Verbraucher nicht voraussehen kann. Er wird aber immer versuchen im Lager so wirtschaftlich wie möglich zu planen und sich damit weitgehend dem optimalen Lagerbestand anzunähern. Dazu müssen jedoch die Bestände ständig kontrolliert (vgl. 6.4) und Lagerkennzahlen (vgl. 6.5) gebildet werden.

Aufgaben

1. Was versteht man unter dem optimalen Lagerbestand?
2. Welche Nachteile hat ein zu großer Lagerbestand?
3. Welche Nachteile hat ein zu kleiner Lagerbestand?
4. Nennen Sie Beispiele für Lagerkosten.
5. Warum lässt sich der optimale Lagerbestand nicht eindeutig ermitteln?
6. Erläutern Sie den Begriff „totes Kapital" in Zusammenhang mit den Lagerbeständen.

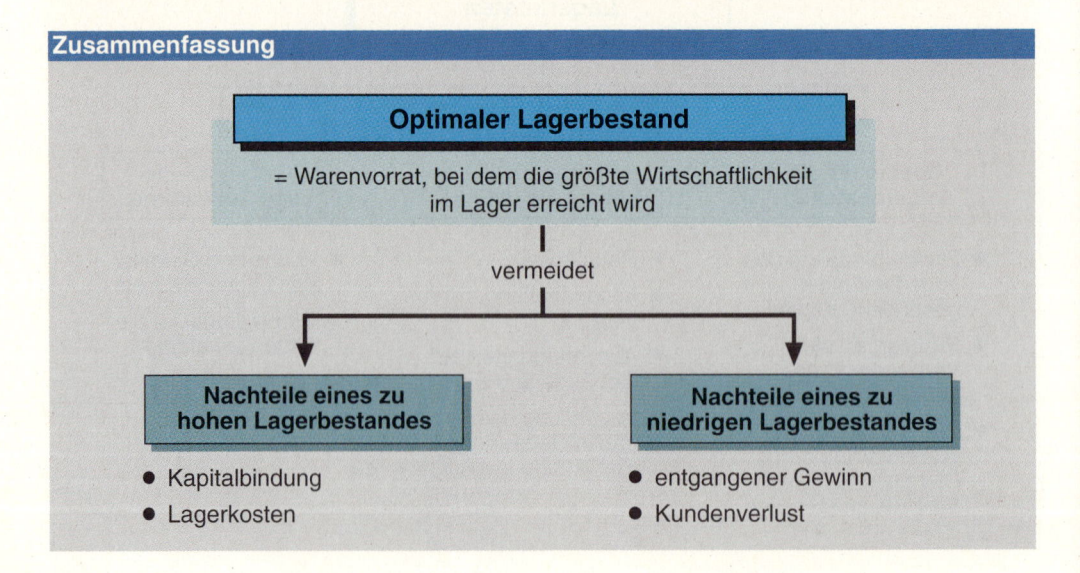

Zusammenfassung

Optimaler Lagerbestand
= Warenvorrat, bei dem die größte Wirtschaftlichkeit im Lager erreicht wird

vermeidet

Nachteile eines zu hohen Lagerbestandes
- Kapitalbindung
- Lagerkosten

Nachteile eines zu niedrigen Lagerbestandes
- entgangener Gewinn
- Kundenverlust

6.4 Bestandskontrolle im Lager

> Gabriele Winkelmann erfährt in einem Gespräch mit dem Lagerleiter Hintermeier: „Seitdem wir unsere Lagervorräte systematisch kontrollieren, haben sie sich um ungefähr ein Drittel verringert. Dadurch konnte das im Lager gebundene Kapital erheblich gesenkt werden. Das bringt Liquidität und macht Mittel frei für andere Dinge, die wichtig sind. ..."

Wie könnte eine systematische Bestandskontrolle im Lager aussehen?

Information

Die rechtzeitige und mengenmäßig richtige Lagerergänzung ist eines der schwierigsten Probleme in einem Einzelhandelsbetrieb. Um einen angemessenen und wirtschaftlichen Lagervorrat zu erreichen, müssen die Bestände ständig überwacht werden. Die dazu notwendige Bestandskontrolle kann sowohl körperlich als auch buchmäßig mithilfe von Listen, Karteien und Bildschirmanzeigen erfolgen. Ziel der Bestandskontrolle ist eine möglichst genaue Ergänzung der Warenvorräte.

Aus Kostengründen soll nur so viel Ware gelagert werden, wie in absehbarer Zeit benötigt wird. Um dies zu erreichen, wird die Ware oft erst dann bestellt, wenn der Vorrat eines Artikels unter einen vorher festgelegten Bestand gesunken ist. Bei diesem häufig angewandten Verfahren sind verschiedene Bestandsarten zu unterscheiden.

Der Mindestbestand

Jeder Einzelhandelsbetrieb sollte immer über einen Reservebestand an Ware verfügen, der einen störungsfreien Ablauf der Betriebstätigkeit ermöglicht. Dieser Bestand wird oft auch **Mindestbestand** oder **eiserner Bestand** genannt. Er darf – mit Zustimmung der Geschäftsleitung – nur dann angetastet werden, wenn die Verkaufsbereitschaft gefährdet ist. Dies kann der Fall sein, wenn

– der tatsächliche Absatz der Waren größer ist als der geplante Absatz,

– aus nicht vorhersehbaren Gründen die Beschaffung von Waren länger dauert als geplant. Hervorgerufen werden können solche Lieferstörungen beispielsweise durch Streiks oder schlechte Witterungsverhältnisse.

Der Mindestbestand wird aufgrund von Erfahrungswerten festgelegt. Der Einzelhändler sollte ihn jedoch nicht zu hoch ansetzen. Zu viel in der Ware gebundenes Kapital wäre praktisch stillgelegt und würde zudem Zinsen kosten.

Inventurliste		Tag der Inventur:					Blatt			
Abteilung:	Lagerort: Lager	Aufgenommen am: 4. Jan. durch: Huhn/Lottermann				Preise einges.:	Ausgerechnet:		Nachgerechnet:	
V	Nr.	Artikel	Größe	Anzahl	Einheit	Einzelpreis € | ct	Gesamtpreis Verkaufswert € | ct	Kalk.-Abschl. %	Inventurwert € | ct	Bemerkungen
		Messer		14						
		Schrauben		2	Pck.					
		Dübel, 6 mm		1	Pck.					
		Hammer		17						
		Zange		5						

Auszug aus einer Inventurliste

Der Meldebestand

Neben dem Mindestbestand muss auch die Warenmenge berücksichtigt werden, die ausreicht, die Zeitspanne zwischen Bestellung und Auslieferung einer Ware zu überbrücken. Bei Erreichen des sog. **Meldebestandes** muss der Einzelhändler sofort nachbestellen. Zwar verkauft er während der Beschaffungszeit weiterhin Ware, bei einem pünktlichen Eintreffen der bestellten Artikel wird das Lager jedoch rechtzeitig wieder aufgefüllt. Der Mindestbestand muss also nicht angegriffen werden. Der Meldebestand entspricht dem geplanten Verkauf der Beschaffungszeit. Er lässt sich folgendermaßen berechnen:

Meldebestand
= (täglicher Absatz · Lieferzeit) + Mindestbestand

Beispiel

Ein Einzelhandelsbetrieb verkauft täglich durchschnittlich 40 Stück eines bestimmten Artikels. Die Lieferzeit für diesen Artikel beträgt zehn Tage. Als Mindestbestand wurden von der Unternehmensleitung 100 Stück festgelegt.

Meldebestand = (40 · 10) + 100 = 500 Stück

Ist der Lagerbestand auf 500 Stück gesunken, muss bestellt werden. Es wäre falsch, erst zu ordern, wenn der Artikel ausgegangen ist. Da der Artikel dann wegen der Lieferzeit zehn Tage nicht vorrätig wäre, würden die Kunden verärgert das Geschäft verlassen und bei der Konkurrenz kaufen.

Der Höchstbestand

Durch die Festlegung eines Höchstbestandes soll ein überhöhter Lagervorrat vermieden werden, der zu einer extremen Steigerung der Lagerkosten führen würde. Der Höchstbestand gibt an, welche Menge von Artikeln insgesamt auf Lager sein darf, ohne dass dem Betrieb unnötige Lagerkosten entstehen.

Der Höchstbestand ist abhängig von den Lagermöglichkeiten, die zur Verfügung stehen. Da er meist nach dem Eingang der bestellten Menge erreicht wird, lässt sich der Höchstbestand auch berechnen.

Höchstbestand
= Mindestbestand + Bestellmenge

Beispiel

Nach Erreichen eines Mindestbestandes von 100 Stück werden 3 000 Stück neu bestellt. Nach zehn Tagen trifft die Ware ein.

Höchstbestand = 100 + 3 000 = 3 100

Bestandskontrolle und Bestellzeitpunkt

Für die Bestandskontrolle ist eine aktuelle und richtige Bestandsfortschreibung sehr wichtig. Dadurch wird auch eine Zeitplanung ermöglicht, mit der man den Bestellzeitpunkt für Waren optimal festlegen kann. Der Bestellzeitpunkt ist der Tag, an dem der Meldebestand erreicht wird.

Beispiel

Ein Einzelhandelsbetrieb hat einen Artikel im Sortiment, von dem täglich durchschnittlich 20 Stück verkauft werden. Die Lieferzeit für diesen Artikel beträgt fünf Tage. Es soll ständig ein Mindestbestand von 40 Stück gehalten werden. Der Höchstbestand beträgt 400 Stück.

Erläuterung zu folgendem Schaubild:

Am Morgen des ersten Arbeitstages hat der Warenvorrat noch den Höchstbestand von 400 Stück (1). Setzt der Einzelhandelsbetrieb durchschnittlich 20 Stück pro Tag ab, dann befinden sich am Ende des 1. Tages nur noch 380 Stück auf Lager (2). Am Abend des 13. Tages wird der Meldebestand von 140 Stück erreicht (3). Dieser Tag ist der Bestellzeitpunkt. Innerhalb der Lieferfrist von fünf Tagen verkauft der Einzelhandelsbetrieb weitere 100 Stück der Ware, sodass am Ende des 18. Tages nur noch 40 Stück auf Lager liegen (4). Diese 40 Stück stellen den Mindestbestand dar, der unter normalen Umständen nicht unterschritten werden darf. Der Bestellzeitpunkt (bzw. Meldebestand) ist so gewählt, dass an dem Tag, an dem der Mindestbestand erreicht wird, neue Ware geliefert wird. Am Abend des 18. Tages – dem Lieferzeitpunkt – befinden sich wieder 400 Stück auf Lager (5).

Die Bedingungen des Beispiels sind vereinfacht. In der Praxis sind solche Fälle nur selten anzutreffen. Bei vielen Artikeln im Einzelhandel kommt es nämlich zu stark schwankenden Umsätzen, wodurch die Arbeit des Einkäufers erschwert wird. Dieser muss seine Entscheidungen bei Unterschreiten des Meldebestandes oft überdenken oder diesen auch neu festlegen.

Aufgaben

1. Welche Aufgabe hat die Bestandskontrolle?
2. In welchen Fällen kann die Verkaufsbereitschaft gefährdet sein?
3. Wozu dient der Mindestbestand?
4. Welche Bedeutung hat der Meldebestand?
5. In einem Fachgeschäft werden täglich durchschnittlich 120 Stück eines bestimmten Artikels verkauft. Die Lieferzeit beträgt 20 Tage. Als Mindestbestand wurden 200 Stück festgelegt.
   Wie hoch ist der Meldebestand?

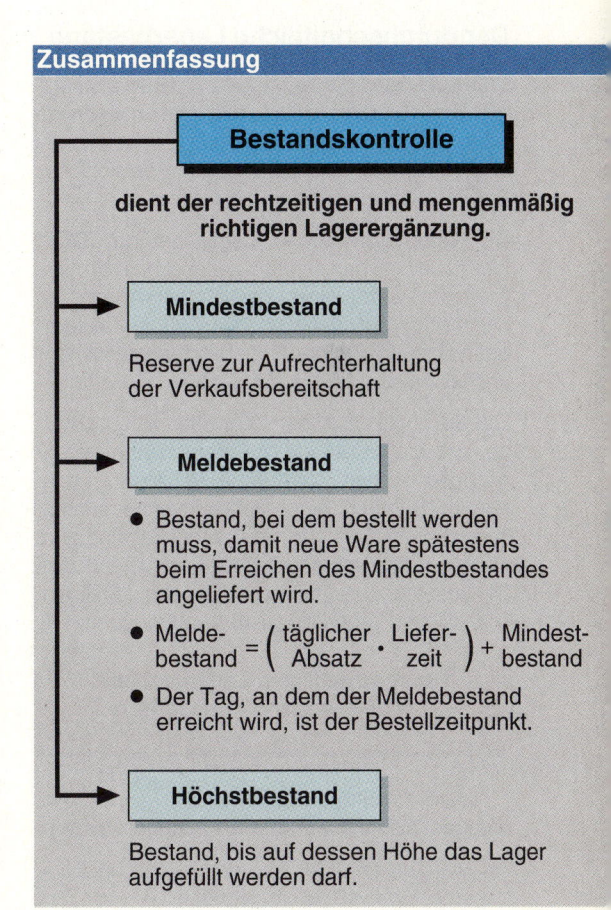

Zusammenfassung

Bestandskontrolle
dient der rechtzeitigen und mengenmäßig richtigen Lagerergänzung.

Mindestbestand
Reserve zur Aufrechterhaltung der Verkaufsbereitschaft

Meldebestand
- Bestand, bei dem bestellt werden muss, damit neue Ware spätestens beim Erreichen des Mindestbestandes angeliefert wird.
- Meldebestand = (täglicher Absatz · Lieferzeit) + Mindestbestand
- Der Tag, an dem der Meldebestand erreicht wird, ist der Bestellzeitpunkt.

Höchstbestand
Bestand, bis auf dessen Höhe das Lager aufgefüllt werden darf.

6.5 Lagerkennziffern

Herr Hintermeier, der Lagerleiter, liest in einer Fachzeitschrift, dass in Unternehmen seiner Branche ein Artikel durchschnittlich 25 Tage auf Lager liegt. Herr Hintermeier untersucht daraufhin die Situation in seinem Lager. Die durchschnittliche Lagerdauer eines Produkts beträgt hier 32 Tage.

Welche Aussagen lassen solche Kennzahlen zu?

Information

Ein Artikel verursacht umso mehr Lagerkosten, je länger er auf Lager liegt. Der Einzelhändler wird also versuchen die Lagerdauer der Ware so kurz wie möglich zu halten. Um die Wirtschaftlichkeit der Vorratshaltung kontrollieren zu können, werden in der Praxis regelmäßig Lagerkennziffern errechnet.

Der durchschnittliche Lagerbestand

Während eines ganzen Jahres ergeben sich aufgrund von Lagerzu- oder -abgängen unterschiedliche, zum Teil stark voneinander abweichende Lagerbestände. Deshalb wird zur Übersicht aus Einzelwerten ein Mittelwert errechnet.

Der **durchschnittliche Lagerbestand (DLB)** gibt für einen bestimmten Zeitabschnitt an, wie groß der Vorrat eines bestimmten Artikels im Durchschnitt ist. Zur Ausschaltung von Zufallsergebnissen wird in der Regel vom durchschnittlichen Jahresbestand ausgegangen.

Die Genauigkeit dieser Kennziffer hängt davon ab, wie viel Bestände zur Berechnung herangezogen werden. Werden die Vorräte im Lager nur im Rahmen einer Jahresinventur kontrolliert, dann stehen nur der Anfangsbestand zum 1. Januar des Jahres und der Endbestand zum 31. Dezember des Jahres zur Bildung des durchschnittlichen Lagerbestandes zur Verfügung:

$$\text{Durchschnittlicher Lagerbestand} = \frac{\text{Anfangsbestand} + \text{Endbestand}}{2}$$

Der durchschnittliche Lagerbestand kann sowohl mengen- als auch wertmäßig errechnet werden.

Als Mengenkennziffer wird der durchschnittliche Lagerbestand in Stück angegeben.

Beispiel

Ein Schreibwarengeschäft vertreibt u. a. auch Aktenordner. Am Anfang des Jahres hatte der Betrieb einen Vorrat von 520 Stück; am Ende des Jahres betrug der Bestand 800 Stück.

Als durchschnittlicher Lagerbestand werden 660 Stück ermittelt.

$$\text{DLB} = \frac{800 + 520}{2} = 660 \text{ Stück}$$

Der durchschnittliche Lagerbestand als Wertkennziffer sagt dagegen aus, in welcher Höhe Kapital durch die Lagervorräte im Durchschnitt gebunden ist.

Beispiel

Am 1. Januar eines Jahres hat ein Einzelhandelsbetrieb Batterien im Wert von 4.200,00 € auf Lager. Am 31. Dezember wird ein Bestand in Höhe von 2.800,00 € ermittelt.

$$\text{DLB} = \frac{4.200 + 2.800}{2} = 3.500,00 \text{ €}$$

Es befinden sich also durchschnittlich Batterien im Wert von 3.500,00 € auf Lager.

Genauer und empfehlenswerter ist die Berechnung des durchschnittlichen Lagerbestandes auf der Grundlage der 12 Monatswerte. Die Formel für den durchschnittlichen Lagerbestand lautet dann:

Durchschnittlicher Lagerbestand
= $\dfrac{\text{Jahresanf.-Best. + 12 Monatsendbest.}}{13}$

Beispiel

Im Sortiment eines Einzelhandelsbetriebes befinden sich auch Musikkassetten. Aus der Lagerkartei ergaben sich während des Jahres folgende Bestände:

Anfangsbestand am 1. Januar: 220 Stück

Monatsendbestände:

Januar:	450	Mai:	180	September:	228
Februar:	212	Juni:	352	Oktober:	245
März:	311	Juli:	413	November:	196
April:	298	August:	381	Dezember:	284

DLB = (220 + 450 + 212 + 311 + 298 + 180 + 352 + 413 + 381 + 228 + 245 + 196 + 284) : 13

= $\dfrac{3770}{13}$ = 290 Stück

Durchschnittlich lagen 290 Stück auf Lager.

Durchschnittlicher Lagerbestand =
$\dfrac{\text{Wareneinsatz}}{\text{Umschlagshäufigkeit}}$

Artikel: Musikkassetten Gutton 90

Meldebestand: 210   **Höchstbestand: 480**

Tag	Eingang	Ausgang	Bestand
1. Januar			220
7. Januar	230		450
3. Februar		100	350
17. Februar		138	212
9. März		20	192
23. März	150		342
25. März		31	311
7. April		13	298
20. Mai		118	180
25. Juni	180		360
28. Juni		8	352
15. Juli	100		452
21. Juli		39	413
28. August		32	381
2. September		153	228
5. Oktober		50	178
23. Oktober	67		245
11. November		49	196
1. Dezember	150		346
15. Dezember		62	284

Die Umschlagshäufigkeit

Die Umschlagshäufigkeit gibt an, wie oft der Lagerbestand eines Artikels innerhalb eines Jahres erneuert wird. Wurde der durchschnittliche Lagerbestand mengenmäßig ermittelt, dann lässt sich die Umschlagshäufigkeit nach folgender Formel berechnen:

Umschlagshäufigkeit =
$\dfrac{\text{Jahresabsatz}}{\text{Durchschnittlicher Lagerbestand}}$

Beispiel

Ein Einzelhandelsbetrieb hat während eines Jahres von einem Artikel 2 320 Stück verkauft. Der durchschnittliche Lagerbestand dieser Ware betrug 290 Stück.

Umschlagshäufigkeit = $\dfrac{2320}{290}$ = 8

Die Umschlagshäufigkeit dieses Produkts beträgt 8. Achtmal wurde der durchschnittliche Lagerbestand innerhalb eines Jahres verkauft und ersetzt.

Liegt der durchschnittliche Lagerbestand wertmäßig vor, wird die Umschlagshäufigkeit in dieser Form ermittelt:

Umschlagshäufigkeit =
$\dfrac{\text{Wareneinsatz}}{\text{Durchschnittlicher Lagerbestand zu Einstandspreisen}}$

Beispiel

Der Wareneinsatz eines Supermarktes für eine Warengruppe betrug 450.000,00 €. Der durchschnittliche Lagerbestand lag bei 75.000,00 €.

Umschlagshäufigkeit = $\dfrac{450.000}{75.000}$ = 6

Der Warenvorrat dieser Warengruppe wurde also sechsmal im Jahr umgesetzt.

Die durchschnittliche Lagerdauer

Kennt man die Umschlagshäufigkeit eines Artikels, kann man auch dessen durchschnittliche Lagerdauer angeben. Diese Kennziffer zeigt, wie lange Ware durchschnittlich bevorratet wird. Sie misst die Zeitspanne zwischen der Ankunft der Ware im Lager und der Ausgabe bzw. dem Verkauf.

> **Durchschnittliche Lagerdauer =** $\dfrac{360}{\text{Umschlagshäufigkeit}}$

Beispiel 1

Ein bestimmter Artikel hat eine Umschlagshäufigkeit von 8.

Durchschnittliche Lagerdauer = $\dfrac{360}{8}$ = 45 Tage

Es ergibt sich eine durchschnittliche Lagerdauer von 45 Tagen.

Beispiel 2

Die Umschlagshäufigkeit wurde von 8 auf 10 erhöht.

Durchschnittliche Lagerdauer = $\dfrac{360}{10}$ = 36 Tage

Wenn die Ware jetzt zehnmal im Jahr umgesetzt wird, liegt sie nur noch durchschnittlich 36 Tage auf Lager.

Eine Erhöhung der Umschlagshäufigkeit bewirkt eine Verkürzung der durchschnittlichen Lagerdauer.

Lagerzinssatz

Eine ebenfalls häufig verwendete Lagerkennziffer ist der Lagerzinssatz. Dies ist eine Kennzahl, mit der die Zinskosten erfasst werden, die durch die Investition in Warenvorräte entstehen. Der Lagerzinssatz gibt somit Auskunft über das in den Lagerbeständen angelegte Kapital. Das dort gebundene, tote Kapital würde bei den Geschäftsbanken Zinsen erbringen.

> **Lagerzinssatz**
>
> a) = $\dfrac{\text{Jahreszinssatz}}{\text{Umschlagshäufigkeit}}$ oder
>
> b) = $\dfrac{\text{Jahreszinssatz} \cdot \text{Durchschnittliche Lagerdauer}}{360}$
>
> c) = $\dfrac{\text{Jahreszinssatz} \cdot \text{Durchschnittlicher Lagerbestand}}{\text{Wareneinsatz}}$

Beispiel

Ein Einzelhandelsunternehmen hat einen Wareneinsatz von 1.350.000,00 €. Der durchschnittliche Lagerbestand beträgt 180.000,00 €. Der Jahreszinssatz der Banken liegt bei 9 %.

Berechnung der Umschlagshäufigkeit:

$$\dfrac{1.350.000}{180.000} = 7,5$$

Berechnung der durchschnittlichen Lagerdauer:

$$\dfrac{360}{7,5} = 48 \text{ Tage}$$

Berechnung des Lagerzinssatzes nach Formel

a) $\dfrac{9}{7,5}$ = 1,2 % oder b) = $\dfrac{9 \cdot 48}{360}$ = 1,2 %

Je höher der Lagerzinssatz, desto größer ist der Zinsverlust infolge auf Lager liegender Ware.

Mithilfe des Lagerzinssatzes und des durchschnittlichen Lagerbestandes können die Lagerzinsen ermittelt werden. Sie betragen 1,2 % von 180.000,00 €.

$$\text{Lagerzinsen} = \dfrac{180.000 \cdot 1,2}{100} = 2.160,00 \text{ €}$$

Für die 180.000,00 €, die der Einzelhändler in Ware investierte, bekäme er Zinsen in Höhe von 2.160,00 €, wenn er den Geldbetrag bei einer Bank zu 9 % anlegen würde.

Bedeutung der Lagerkennziffer

Für den Einzelhändler sind die Lagerkennziffern von besonderer Bedeutung. Im Zeitvergleich zeigen sie zunächst Entwicklungstendenzen des Betriebes, einer Warengruppe oder eines Artikels auf.

Beispiel

Die durchschnittliche Lagerdauer für eine Warengruppe betrug im Vorjahr 45 Tage; in diesem Jahr liegt sie bei 50 Tagen.

Der Einzelhändler erkennt, dass sich die durchschnittliche Lagerdauer dieser Warengruppe verschlechtert hat. Er wird untersuchen, wie es zu dieser negativen Entwicklung kommen konnte und eventuell Maßnahmen ergreifen.

Aber auch im überbetrieblichen Vergleich lassen sich interessante Erkenntnisse gewinnen. So wird für fast alle Branchen eine typische Umschlagshäufigkeit ermittelt, anhand der man die Wirtschaftlichkeit eines Betriebes beurteilen kann.

Beispiel

Als Lagerumschlagshäufigkeit einer Branche wurde die Kennzahl 12 ermittelt. Ein Einzelhandelsbetrieb dieser Branche hat die Umschlagshäufigkeit 8. Dieser Betrieb weist ein schlechteres Ergebnis als der Durchschnitt aller Unternehmen dieser Branche auf. Es müssen nun die Ursachen für diese Abweichung erforscht werden. Diese könnten u. a. liegen

– in einer schlechten Bestellorganisation,
– an zu hohen Mindestbeständen,
– an Ladenhütern,
– an einer Sortimentszusammensetzung, die sich vom Durchschnitt in der Branche unterscheidet.

Der Einzelhändler sollte immer versuchen eine hohe Umschlagshäufigkeit zu erzielen. Diese bewirkt nämlich, dass der Einsatz von Kapital für den Warenvorrat geringer wird.

Beispiel

Zwei vergleichbare Betriebe einer Branche haben in einer Warengruppe einen Wareneinsatz von je 200.000,00 €. Für den ersten Betrieb wurde eine Umschlagshäufigkeit von 10, für den zweiten eine von 4 ermittelt.

1. Betrieb:

$$\text{Umschlagshäufigkeit} = \frac{\text{Wareneinsatz}}{\text{Durchschnittl. Lagerbestand}}$$

$$10 = \frac{200.000}{\text{DLB}} \qquad \text{DLB} = \frac{200.000}{10} = 20.000\ €$$

2. Betrieb:

$$4 = \frac{200.000}{\text{DLB}} \qquad \text{DLB} = \frac{200.000}{4} = 50.000\ €$$

Beim ersten Betrieb waren im Lager durchschnittlich nur 20.000,00 € gebunden, beim zweiten aber 50.000,00 €. Obwohl er im Jahr dieselbe Menge an Waren verkaufte, hat der erste Betrieb im Gegensatz zu seinem Mitbewerber 30.000,00 € Kapital zusätzlich frei für andere Zwecke.

Da durch eine höhere Umschlagshäufigkeit das in die Artikel investierte Kapital in kürzeren Abständen zurückfließt, werden auch die Lagerkosten geringer. Dies wirkt sich positiv auf die Gewinnsituation des Betriebes aus.

Beispiel

Der erste Einzelhandelsbetrieb mit dem durchschnittlichen Lagerbestand von 20.000,00 € braucht für seine Warenvorräte weniger Verderb und Schwund zu fürchten als das zweite Unternehmen (mit durchschnittlichen 50.000,00 € auf Lager). Er wird auch weniger Lagerraum und Lagerpersonal benötigen.

Eine Erhöhung der Umschlagshäufigkeit bzw. eine Verkürzung der durchschnittlichen Lagerdauer kann u. a. erreicht werden durch

– eine permanente Lagerbestandsüberwachung,
– Festlegung von Höchstbeständen,
– Straffung des Warenangebots,
– Kauf auf Abruf.

Aufgaben

1. Was versteht man unter dem durchschnittlichen Lagerbestand?
2. Worüber gibt die Lagerumschlagshäufigkeit Auskunft?
3. Wie wird die durchschnittliche Lagerdauer errechnet?
4. Aus der Lagerkartei des Textilfachgeschäftes „Erwin Lottermann" ergaben sich für Herrenanzüge einer bestimmten Größe während des Jahres folgende Bestände:

Anfangsbestand: 130 Stück

Monatsendbestände:

Januar:	55	Mai:	34	September:	27
Februar:	12	Juni:	37	Oktober:	28
März:	40	Juli:	32	November:	88
April:	27	August:	11	Dezember:	21

Der Jahresabsatz betrug 170 Stück.

Berechnen Sie:
a) den durchschnittlichen Lagerbestand
b) die Lagerumschlagshäufigkeit
c) die durchschnittliche Lagerdauer

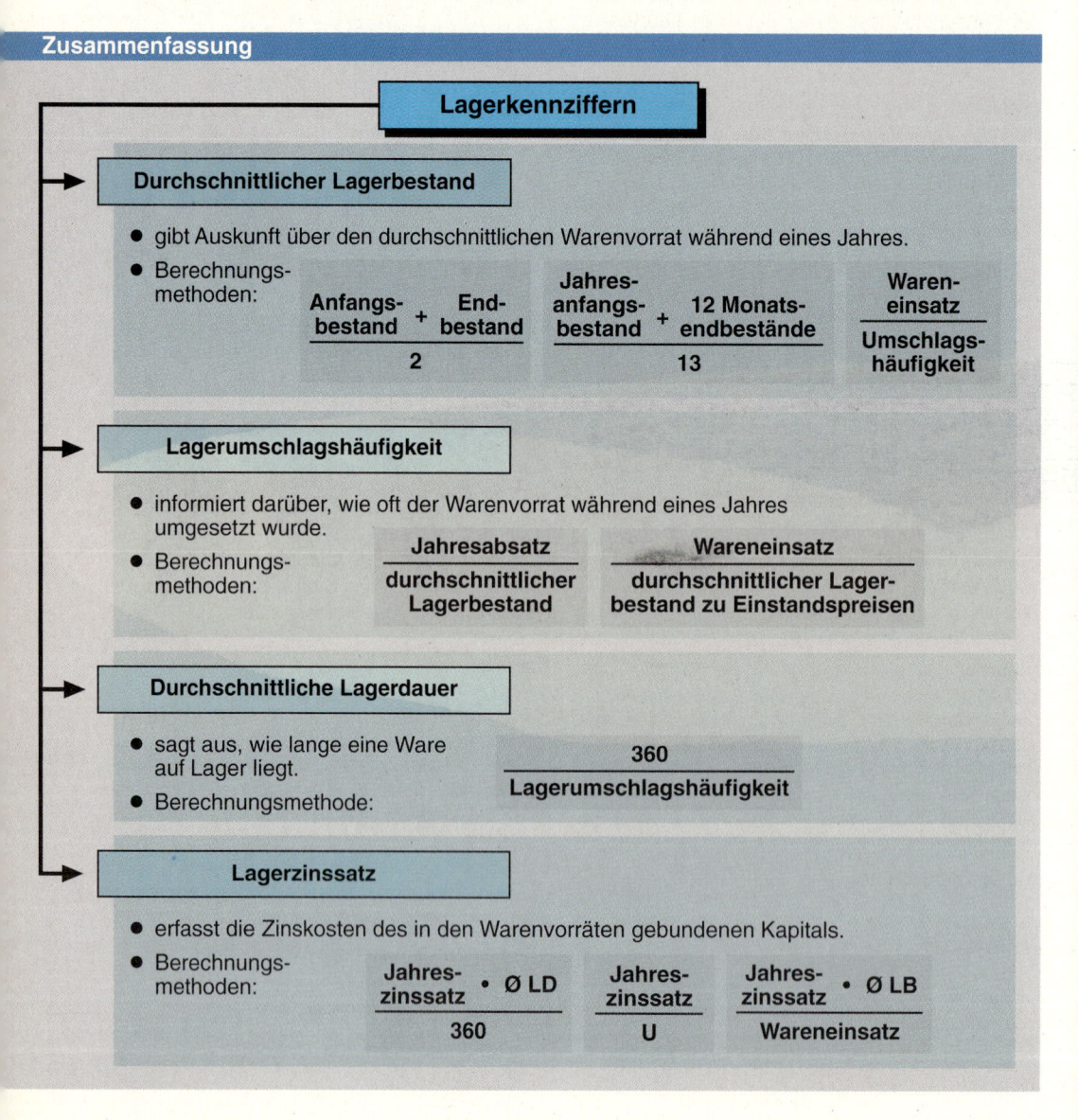

Zusammenfassung

Lagerkennziffern

Durchschnittlicher Lagerbestand

- gibt Auskunft über den durchschnittlichen Warenvorrat während eines Jahres.
- Berechnungsmethoden:

$$\frac{\text{Anfangsbestand} + \text{Endbestand}}{2} \qquad \frac{\text{Jahresanfangsbestand} + \text{12 Monatsendbestände}}{13} \qquad \frac{\text{Wareneinsatz}}{\text{Umschlagshäufigkeit}}$$

Lagerumschlagshäufigkeit

- informiert darüber, wie oft der Warenvorrat während eines Jahres umgesetzt wurde.
- Berechnungsmethoden:

$$\frac{\text{Jahresabsatz}}{\text{durchschnittlicher Lagerbestand}} \qquad \frac{\text{Wareneinsatz}}{\text{durchschnittlicher Lagerbestand zu Einstandspreisen}}$$

Durchschnittliche Lagerdauer

- sagt aus, wie lange eine Ware auf Lager liegt.
- Berechnungsmethode:

$$\frac{360}{\text{Lagerumschlagshäufigkeit}}$$

Lagerzinssatz

- erfasst die Zinskosten des in den Warenvorräten gebundenen Kapitals.
- Berechnungsmethoden:

$$\frac{\text{Jahreszinssatz} \cdot \varnothing \text{LD}}{360} \qquad \frac{\text{Jahreszinssatz}}{U} \qquad \frac{\text{Jahreszinssatz} \cdot \varnothing \text{LB}}{\text{Wareneinsatz}}$$

7 Warenabsatz

7.1 Sortimentspolitik

Der Artikelbericht des Supermarktes Freese dient dem Marktleiter als Unterlage für die Kontrolle seines Sortiments.

```
Artikelbericht (Auszug)
     ART.-BERICHT VON  6. FEBRUAR BIS 12. FEBRUAR ..      FILIALE: 001
WARENGRUPPE   1 ***** LEBENSMITTEL *****
ARTIKEL-NR.   BEZEICHNUNG  VK-PREIS  VK-ST.   BESTAND VK  UMSATZ   LAG. %  LUG.
INTERNE NR.                EK-PREIS  BESTAND  BESTAND EK  GEWINN   ERZ. %

    4020514   SENF 100 ML    1,39      23        93,94     31,97    26,32   12
    10001                    0,899     77        69,22      9,86    30,85
400011510051  PFEFFER        1,99      19        54,25     37,81    29,77   19
    10004                    1,229     31        38,10     12,83    33,92
400052821203  QUARKFEIN      1,04       8        83,72      8,32    28,02    4
    20001                    0,655     92        60,26      2,70    32,48
401330002939  LOTUS TEA      3,49       5        58,14     17,45    23,04    8
    10002                    2,355     19        44,75      4,84    27,76

WARENGRUPPE   2 ***** MOLKEREIPROD. *****
ARTIKEL-NR.   BEZEICHNUNG  VK-PREIS  VK-ST.   BESTAND VK  UMSATZ   LAG. %  LUG.
INTERNE NR.                EK-PREIS  BESTAND  BESTAND EK  GEWINN   ERZ. %

   40363707   MAGERQUARK     1,39      22        49,40     30,58    24,23   18
    30001                    0,985     38        37,43      7,41    24,23
570466113328  FRISCHKÄSE     0,89       1        46,02      0,89    23,71    1
    30003                    0,595     59        35,11      0,25    28,32
```

Welche Entscheidungen kann er auf der Grundlage dieses Berichtes treffen?

Information

Bestimmungsgrößen der Sortimentspolitik

Sortimentspolitik ist die bewusste, planmäßige Zusammenstellung des Sortiments. Ziel der Sortimentspolitik ist es, Inhalt und Umfang des Sortiments so zu gestalten, dass die geplanten Umsätze und Gewinne erreicht werden.

Die Sortimentspolitik eines Einzelhandelsbetriebes wird durch verschiedene Einflussgrößen bestimmt.

Die **Branche** (Geschäftszweig), in der der Einzelhandelsbetrieb tätig ist, bestimmt den Rahmen des Sortimentsinhalts. Innerhalb einer Branche kann die Sortimentszusammensetzung jedoch sehr unterschiedlich sein. Branchen lassen sich in herkunfts- oder stofforientierte Branchen (z. B. Eisenwaren, Textilien, Lederwaren, Glas und Porzellan, Papierwaren) und bedarfsorientierte Branchen (z. B. Sportartikel, Haushaltswaren, Fotobedarf, „Do it yourself", Bekleidung, Alles für das Kind) unterscheiden.

Durch die gewählte **Betriebsform** wird die Sortimentsbreite und -tiefe eines Einzelhandelsbetriebes bestimmt (siehe Kapitel 3.5).

Die zur Verfügung stehende **Verkaufsfläche** und die **Lagerfläche** begrenzen die Zahl der in einem Sortiment geführten Warengruppen, Artikel und Sorten.

Zu einer Begrenzung des Sortimentsumfangs kann ebenfalls das zur Verfügung stehende **Kapital** führen.

Der **Standort** des Einzelhandelsbetriebes beeinflusst den Sortimentsinhalt. Die Zusammensetzung des Sortiments muss sich am Bedarf und der Kaufkraft der im Einzugsgebiet lebenden Menschen orientieren.

Der **Bedarf des angesprochenen Kundenkreises** ist eine wesentliche Einflussgröße für die Sortimentsgestaltung.

Wenn Einzelhandelsbetriebe keine Umsatz- und Gewinneinbußen erleiden wollen, müssen sie ihr Sortiment an Änderungen des Kundenbedarfs, der Kaufgewohnheiten und der Einkommensverhältnisse ihrer Kunden anpassen.

Bei der Sortimentsgestaltung muss der Einzelhändler auch die Zusammensetzung der **Sortimente der Konkurrenz** beachten.

Sortimentskontrolle

Durch eine ständige Kontrolle des Sortiments sollen Informationen über Sortimentslücken und nicht oder nur schwer verkäufliche Warengruppen, Artikel und Sorten gewonnen werden. Dazu können insbesondere folgende Methoden angewendet werden:

– **Fehl- und Nichtverkaufskontrolle**

Von **Fehlverkäufen** wird gesprochen, wenn eine Ware, die grundsätzlich im Sortiment geführt wird, zum Zeitpunkt der Nachfrage durch den Kunden nicht auf Lager war.

Von **Nichtverkäufen** spricht man, wenn Kunden eine Ware nachfragen, die im bestehenden Sortiment nicht geführt wird.

– **Sortimentskontrolle durch die kurzfristige Erfolgsrechnung**

Die kurzfristige Erfolgsrechnung (KER) ist ein Teilgebiet des handelsbetrieblichen Rechnungswesens. Sie kann manuell oder mithilfe der elektronischen Datenverarbeitung (EDV) durchgeführt werden. Die mithilfe der EDV durchgeführte kurzfristige Erfolgsrechnung

liefert u. a. warengruppen- und artikelgenaue Informationen über den Umsatz, Lagerbestand, Lagerumschlagshäufigkeit und Roherträge (siehe Kapitel 8.5).

Die Auswertung der kurzfristigen Erfolgsrechnung hilft, wirtschaftliche und unwirtschaftliche Artikel im Sortiment aufzuspüren.

Beispiel

Aus dem Artikelbericht des Lebensmittelsupermarktes Freese kann der Marktleiter für jeden Artikel den Verkaufspreis (Vk-Preis) und Einkaufspreis (Ek-Preis) pro Stück, die in der Zeit vom 6. Febr. bis 12. Febr. verkauften Stück (Vk-Stück), den Lagerbestand in Stück (Bestand), den Lagerbestand bewertet zu Verkaufspreisen (Bestand Vk) und zu Einkaufspreisen (Bestand Ek), den Umsatz in der Zeit vom 6. Febr. bis 12. Febr., den Rohertrag in € (Gewinn) und in Prozent (ERZ %) sowie die Lagerumschlagshäufigkeit (LUG) entnehmen.

Aus dem Artikelbericht lässt sich eine Renner- und eine Pennerliste erstellen. Die Rennerliste enthält alle Artikel aus dem Artikelbericht, die gut verkauft wurden. Die Pennerliste listet die Artikel auf, die wenig verkauft wurden.

```
RENNER-PENNER-BERICHT                               FILIALE:   001
WARENGRUPPE 1 ***** LEBENSMITTEL ***** ARTIKEL MIT VK-ST. GROESSER     10
ARTIKEL-NR.   BEZEICHNUNG   VK-PREIS   VK-ST.      BESTAND VK   UMSATZ    LAG.%   LUG
INTERNE NR.                 EK-PREIS   BESTAND     BESTAND EK   GEWINN    ERZ.%
     4020514  SENF 100 ML     1.39       23          93.94      31.97    26.32    12
       10001                  0.899      77          69.22       9.86    30.85
 400011510051 PFEFFER         1.99       19          54.25      37.81    29.77    19
       10004                  1.229      31          38.10      12.83    33.92
BERICHTSENDE
-----------------------------------------------------------------------------
RENNER-PENNER-BERICHT                               FILIALE:   001
WARENGRUPPE 1 ***** LEBENSMITTEL ***** ARTIKEL MIT VK-ST. KLEINER      10
ARTIKEL-NR.   BEZEICHNUNG   VK-PREIS   VK-ST.      BESTAND VK   UMSATZ    LAG.%   LUG
INTERNE NR.                 EK-PREIS   BESTAND     BESTAND EK   GEWINN    ERZ.%
 400052821203 QUARKFEIN       1.04        8          83.72       8.32    28.02     4
       20001                  0.655      92          60.26       2.70    32.48
 401330002939 LOTUS TEA       3.49        5          58.14      17.45    23.04     8
       10002                  2.355      19          44.75       4.84    27.76
BERICHTSENDE
```

Möglichkeiten der Sortimentsveränderung

Sortimentsveränderungen sind notwendig, wenn durch die Sortimentskontrolle Sortimentslücken oder nicht bzw. schwer verkäufliche Artikel festgestellt werden. Durch Bereinigung und Erweiterung versuchen Einzelhandelsbetriebe, ihr Sortiment an das veränderte Nachfrageverhalten der Kunden anzupassen. Dadurch soll die Leistungsfähigkeit des Einzelhandelsbetriebes erhöht werden.

Bei der **Sortimentsbereinigung** werden bestimmte Artikel und Sorten aus dem Sortiment gestrichen. Dadurch wird der Sortimentsumfang verringert.

Bei der **Sortimentserweiterung** werden zusätzliche Artikel und Sorten in das Sortiment aufgenommen. Die Aufnahme zusätzlicher Artikel und Sorten in schon bestehende Warengruppen führt zu einer **Vertiefung des Sortiments.** Die Aufnahme zusätzlicher Warengruppen führt zu einer **Sortimentsverbreiterung.**

Eine Sonderform der Sortimentserweiterung ist die **Diversifikation.** Sie liegt vor, wenn ein Einzelhandelsbetrieb Warengruppen neu in sein Sortiment aufnimmt, die mit seinem bisherigen Sortiment keine oder nur geringe Verwandtschaft aufweisen.

Beispiel
- Ein Lebensmittelgeschäft nimmt Blumen in sein Sortiment auf.
- Ein Fachgeschäft für Damenoberbekleidung nimmt Schuhe in sein Sortiment auf.

Die Erweiterung, Vertiefung und/oder qualitative Anhebung des Sortiments (z. B. durch größere Auswahl, höheres Qualitäts- und Preisniveau, umfangreichere Dienstleistungen, anspruchsvollere Geschäftsausstattung) wird als **Trading-up** bezeichnet.

Aufgaben

1. Durch welche Größen wird die Gestaltung eines Sortiments beeinflusst?
2. Unterscheiden Sie Fehlverkäufe und Nichtverkäufe.
3. Welche Hilfe bietet die kurzfristige Erfolgsrechnung bei der Sortimentskontrolle?
4. Welche Maßnahmen würden Sie nach Auswertung der Artikelliste des Supermarktes Freese durchführen?
5. Welches Ziel verfolgt ein Einzelhändler durch eine Sortimentsbereinigung?
6. Welche Sortimentserweiterung wird als Diversifikation bezeichnet?
7. Warum führen Einzelhandelsbetriebe Sortimentserweiterungen durch?
8. Nennen Sie Gründe für Trading-up.

Zusammenfassung

Sortimentsgestaltung

Bestimmungsgrößen
- Branche
- Betriebsform
- Verkaufsfläche und Lagerfläche
- Kapital
- Bedarf des Kundenkreises
- Sortiment der Konkurrenz

Sortimentskontrolle

durch:
- Fehl- und Nichtverkaufskontrolle
- Kurzfristige Erfolgrechnung

Sortimentsveränderungen
- Sortimentsbereinigung: Aufgabe einzelner Artikel und Sorten
- Sortimentserweiterung: Aufnahme zusätzlicher Artikel und Sorten
- Diversifikation: Aufnahme von Warengruppen, die mit dem bisherigen Sortiment keine oder nur geringe Verwandtschaft aufweisen

7.2 Preispolitik

Ein Lebensmitteleinzelhändler bezieht Excellent-Weinbrandbohnen zum Einstandspreis von 6,50 € je 400-g-Packung. Auf den gelieferten Packungen findet er folgende Etiketten.

11,80
431 D 47
unverbindliche Preisempfehlung

Welchen Einfluss haben Einstandspreis und Preisempfehlung auf den Verkaufspreis des Einzelhändlers?

Information

Einflussgrößen der Preispolitik

Bei der Festlegung der Verkaufspreise muss die **Kostensituation** des Einzelhandelsbetriebes berücksichtigt werden. Grundsätzlich müssen die Verkaufspreise langfristig die Gesamtkosten (Einstandspreise zuzüglich Handlungskosten) decken.

Bei der Preisgestaltung muss der Einzelhändler neben seiner innerbetrieblichen Kostensituation eine Reihe außerbetrieblicher Einflussgrößen beachten. Dazu gehören besonders

- die Marktstruktur,
- das verfügbare Einkommen der Kunden,
- das Verhalten der Kunden,
- Preisempfehlungen der Hersteller und
- gesetzliche Bestimmungen.

Die **Marktstruktur** ist durch die Anzahl der Anbieter (= Einzelhandelsbetriebe) und Nachfrager (= Verbraucher) gekennzeichnet.

Auf einem Markt können Waren von
- vielen,
- wenigen oder
- nur einem **Anbieter**

angeboten und von
- vielen,
- wenigen oder
- nur einem **Nachfrager** nachgefragt werden.

Die Kombination der drei Möglichkeiten der Nachfrage- und Angebotsseite ergibt folgendes **Marktformenschema.**

Nachfrager \ Anbieter	viele	wenige	einer
viele	vollständige Konkurrenz (Polypol)	Angebots-oligopol	Angebots-monopol
wenige	Nachfrage-oligopol	zweiseitiges Oligopol	beschränktes Angebotsmonopol
einer	Nachfrage-monopol	beschränktes Nachfrage-monopol	zweiseitiges Monopol

Typische Marktformen für den Einzelhandel sind die vollständige Konkurrenz und das Angebotsoligopol. Bei der vollständigen Konkurrenz ist der Einfluss des einzelnen Einzelhandelsbetriebes auf das Zustandekommen des Marktpreises so gering, dass von ihm vorgenommene Preisänderungen keine Auswirkungen auf die Mitwettbewerber haben.

Beim Angebotsoligopol ist der Marktanteil eines Anbieters so groß, dass seine preispolitischen Maßnahmen den Absatz der Mitanbieter fühlbar beeinflussen. In diesem Fall muss der Einzelhändler damit rechnen, dass seine Mitanbieter seine preispolitischen Maßnahmen mit Gegenmaßnahmen (z. B. ebenfalls mit Preissenkungen) beantworten.

Das **verfügbare Einkommen der Kunden** beeinflusst die Preislagenabstufung eines Einzelhandelsbetriebes. Wenn der Kundenkreis eines Einzelhandelsbetriebes nur über ein geringes Einkommen verfügt, wird der Einzelhandelsbetrieb in erster Linie Waren der unteren Preislage führen.

Das **Verhalten der Kunden auf Preisänderungen** ist abhängig von der Art der Waren. Bei Waren des Grund- oder Gewohnheitsbedarfs (z. B. Fleisch, Gemüse, Milch) reagieren Kunden wesentlich stärker auf Preisänderungen als bei Prestigewaren (z. B. Schmuck, Pelzwaren) oder Waren des Hobbybedarfs. Damit eignen sich gängige Waren eher für Preisaktionen als Prestige- oder Luxusprodukte.

Preisempfehlungen des Herstellers sind unverbindliche Empfehlungen an den Einzelhandel, zu diesen Preisen zu verkaufen. Der Einzelhändler ist an diese Empfehlung nicht gebunden. Unverbindliche Preisempfehlungen sind gesetzlich zulässig. Eine **verbindliche Preisbindung** durch den Hersteller ist gesetzlich nur noch bei Verlags- und Pharmaerzeugnissen erlaubt.

Gesetzliche Bestimmungen, die die Preispolitik des Einzelhändlers beeinflussen, sind z. B. das Gesetz gegen den unlauteren Wettbewerb (UWG) und die Preisangabenverordnung (siehe Kapitel 7.10 und 7.11).

Die Mischkalkulation

Die Marktsituation (Preise der Konkurrenz, Kundenverhalten) zwingt den Einzelhändler, Artikel seines Sortiments mit unterschiedlichen Handelsspannen zu kalkulieren:

- einige Artikel mit einer Handelsspanne, die nicht zur Deckung der Handelskosten und zur Erwirtschaftung eines angemessenen Gewinns ausreicht (Ausgleichsnehmer),
- andere Artikel mit einer überdurchschnittlich hohen Handelsspanne zum Ausgleich der Ausgleichsnehmer (Ausgleichsträger).

Dieses Verfahren nennt man Misch- oder Ausgleichskalkulation.

Ausgleichsnehmer sind häufig Artikel, bei denen sich die Käufer sehr preisbewusst verhalten, z. B. Waren des lebensnotwendigen und täglichen Bedarfs und Artikel mit aufgedruckten Preisempfehlungen, durch deren Unterbietung der Einzelhandelsbetrieb seine Preiswürdigkeit verdeutlichen kann.

Als Ausgleichsträger eignen sich besonders Artikel, bei denen sich die Kunden weniger preisbewusst verhalten, weil sie bei ihnen nur einen geringen Marktüberblick haben. Dies ist häufig bei Waren des aperiodischen und gehobenen Bedarfs der Fall, z. B. bei Wohnzimmereinrichtungen, hochwertiger Kleidung.

Sonderangebote

Während bei der Mischkalkulation bestimmte Artikel langfristig mit geringen Spannen kalkuliert werden, bietet man bei Sonderangeboten einzelne normal kalkulierte Waren für kurze Zeit zu vergleichsweise niedrigen Preisen an. Sie werden im Verkaufsraum besonders platziert und in der Werbung des Einzelhandelsbetriebes besonders hervorgehoben.

Sonderangebote dienen dazu,

– die Preiswürdigkeit des Sortiments eines Einzelhandelsbetriebes zu verdeutlichen,

– den Verkauf von möglichen Ladenhütern zu beschleunigen und damit zusätzliche Kosten (Lagerkosten, Kapitalbindung, Verderb) zu vermeiden.

Gelegentlich werden Sonderangebote auch dazu benutzt, die Liquiditätslage des Einzelhandelsbetriebes kurzfristig zu verbessern.

Das Gesetz gegen den unlauteren Wettbewerb erlaubt Sonderangebote nur, wenn sie

– sich auf einzelne nach Güte und Preis gekennzeichnete Waren beziehen und

– sich in den regelmäßigen Geschäftsbetrieb des Unternehmens einfügen.

Sonderangebote, die sich nicht nur auf einzelne Waren, sondern auf eine oder mehrere Warengruppen beziehen, stellen verbotene Sonderveranstaltungen dar.

> **Beispiel**
> „Mäntel und Kostüme" bilden schon eine Warengruppe, die auf eine unzulässige Sonderveranstaltung hindeutet.

Als zeitlich begrenzte Sonderveranstaltungen sind saisonale Schlussverkäufe, Räumungs- und Jubiläumsverkäufe zulässig. Diese Sonderveranstaltungen unterliegen genauen gesetzlichen Regelungen (siehe Kapitel 7.10).

Sonderangebote dürfen zwar mittlerweile befristet werden. Das heißt aber nicht, dass nun jede noch so knappe zeitliche Begrenzung zulässig wäre. Die Grenze liegt vielmehr da, wo die Frist zu unbedachten bzw. übereilten Entscheidungen verleitet. Der Gesetzgeber hat bereits klargestellt, dass sehr kurze Zeiträume zu einem gem. § 1 UWG unzulässigen übertriebenen Anlocken führen können. Einem Textilhändler wurde deshalb zu Sonderangeboten der Hinweis „Nur heute" verboten.

Welche Frist im Einzelfall als noch zulässig gelten kann, hängt vor allem vom Produkt und den Gepflogenheiten der jeweiligen Branche ab. Beschränkungen auf einen Tag oder gar auf wenige Stunden sind allenfalls bei besonders leicht verderblicher Ware erlaubt. Wer Sonderangebote befristen will, sollte ferner bedenken, dass man für die genannte Frist auf jeden Fall einen ausreichenden Warenvorrat haben muss.

Die Preisdifferenzierung

Preisdifferenzierung liegt vor, wenn ein Unternehmen die gleiche Ware oder Dienstleistung zu unterschiedlichen Preisen anbietet. Ziel der Preisdifferenzierung ist es, sich mit der Preisstellung den Marktgegebenheiten genau anzupassen.

Formen der Preisdifferenzierung sind

– die räumliche Preisdifferenzierung,

– die personelle Preisdifferenzierung,

– die zeitliche Preisdifferenzierung,

– die mengenmäßige Preisdifferenzierung.

Bei der **räumlichen Preisdifferenzierung** wird die gleiche Ware an verschiedenen Orten zu verschiedenen Preisen angeboten.

> **Beispiel**
> Ein Filialunternehmen bietet seine Waren an Orten mit vielen Konkurrenzbetrieben günstiger an als an Orten ohne Konkurrenzbetriebe.

Bei der **personellen Preisdifferenzierung** wird die gleiche Ware unterschiedlichen Kundengruppen zu unterschiedlichen Preisen angeboten.

> **Beispiel**
> Ein Einzelhändler gibt Ware an Handwerker billiger ab als an andere Kunden.

Bei der **zeitlichen Preisdifferenzierung** wird die gleiche Ware oder Dienstleistung zu verschiedenen Zeiten zu unterschiedlichen Preisen angeboten.

> **Beispiel**
> Zur zeitlichen Preisdifferenzierung gehören
> – verbilligte Angebote von Saisonwaren außerhalb der Saison (z. B. günstigere Preise für Kohle und Heizöl im Sommer),
> – Sommer- und Winterschlussverkäufe.

Bei der **mengenmäßigen Preisdifferenzierung** werden größere Mengen einer Ware zu günstigeren Preisen abgegeben.

Rabattgewährung

Der einmal von einem Einzelhändler festgelegte Preis für eine Ware kann durch die Gewährung von Rabatten verändert werden. Rabatte sind Nachlässe von einheitlich festgelegten Bruttopreisen. Im Einzelhandel spielt der **Mengenrabatt** die größte Rolle.

Psychologische Preisfestsetzung

Im Einzelhandel geht man häufig davon aus, dass Kunden positiver auf Preise reagieren,

– die mit einer gebrochenen Zahl enden, z. B. 12,85 €, oder

– die unmittelbar unterhalb einer runden Zahl liegen, z. B. 0,99 € statt 1,00 € oder 198,00 € statt 200,00 €.

Aufgaben

1. Von welchen Größen wird die Festsetzung der Verkaufspreise eines Einzelhandelsbetriebes beeinflusst?
2. Welche Marktformen liegen in folgenden Fällen vor?
   a) In einer Stadt werben zwei Sportfachgeschäfte um Kunden für ihre Tennisschläger.
   b) Die Telekom bietet allen Interessenten Telefonanschlüsse an.
   c) Die Verbraucher können in der Innenstadt einer Großstadt an vielen Ständen Blumen kaufen.
3. Bei welchen der folgenden Waren verhalten sich Kunden beim Einkauf besonders preisbewusst? Begründen Sie Ihre Meinung.
   a) Polstergarnitur
   b) modische Kleidung
   c) Brot
   d) Waschmittel
   e) Schmuck
   f) Pkw
4. a) Was versteht man unter Mischkalkulation?
   b) Warum wenden Einzelhandelsbetriebe bei der Preisgestaltung die Mischkalkulation an?
5. Welche Ziele verfolgen Einzelhandelsbetriebe mit Sonderangeboten?
6. Wodurch unterscheiden sich Sonderangebote und Sonderveranstaltungen?
7. Welche der folgenden Sonderangebotsankündigungen verstoßen gegen das Wettbewerbsrecht?
   a) „Alles 20 % billiger"
   b) „Inventurpreise bis 40 % herabgesetzt"
   c) „Eine Fülle von Sonderangeboten"
8. Um welche Formen der Preisdifferenzierung handelt es sich in den folgenden Fällen?
   a) Ski werden im Sommer zu günstigeren Preisen angeboten als zur Weihnachtszeit.
   b) Der Preis für eine Normalpackung beträgt 2,58 €. Der Preis für eine Doppelpackung beträgt nur 4,98 €.
   c) In einem Fachgeschäft für Berufskleidung erhalten Kunden, die Inhaber eines Betriebes sind, auf alle Waren einen Nachlass von 10 %.
9. Warum zeichnen Einzelhändler ihre Waren häufig mit gebrochenen Preisen aus?

Zusammenfassung

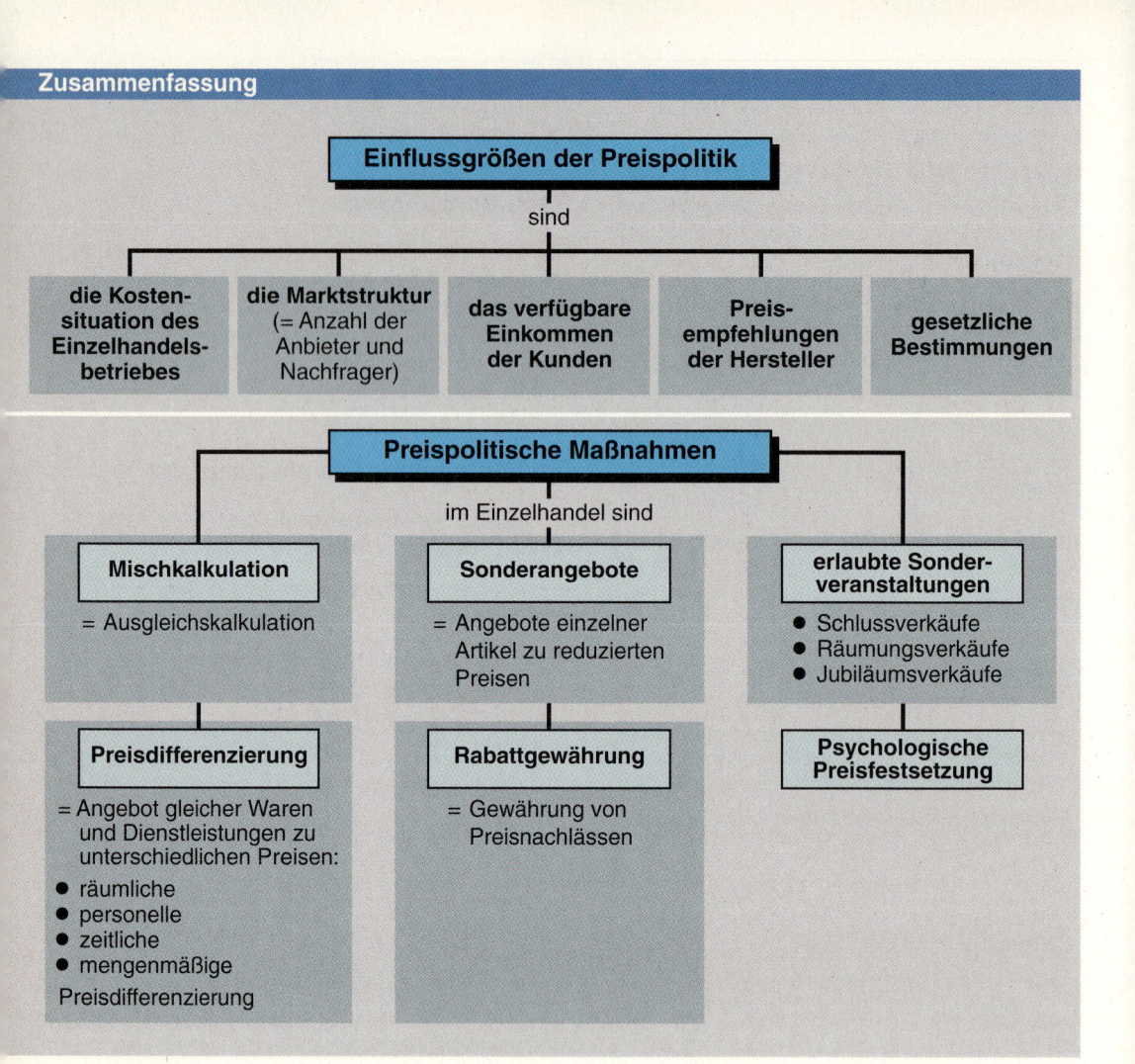

Einflussgrößen der Preispolitik

sind

- die Kostensituation des Einzelhandelsbetriebes
- die Marktstruktur (= Anzahl der Anbieter und Nachfrager)
- das verfügbare Einkommen der Kunden
- Preisempfehlungen der Hersteller
- gesetzliche Bestimmungen

Preispolitische Maßnahmen

im Einzelhandel sind

Mischkalkulation
= Ausgleichskalkulation

Sonderangebote
= Angebote einzelner Artikel zu reduzierten Preisen

erlaubte Sonderveranstaltungen
- Schlussverkäufe
- Räumungsverkäufe
- Jubiläumsverkäufe

Preisdifferenzierung
= Angebot gleicher Waren und Dienstleistungen zu unterschiedlichen Preisen:
- räumliche
- personelle
- zeitliche
- mengenmäßige

Preisdifferenzierung

Rabattgewährung
= Gewährung von Preisnachlässen

Psychologische Preisfestsetzung

7.3 Konditionen- und Kundendienstpolitik

Zeitungsanzeige eines Technikkaufhauses (Ausschnitt)

Sicher ist sicher.
Wir bieten Ihnen Qualität. Nicht irgendeine, sondern Markenqualität, die für erstklassige Technik bürgt – mit Qualität.

Gesagt, getan.
Wir liefern bis 50 km ohne Aufpreis, sorgen für fachgerechten, preisgünstigen Geräteanschluss und nehmen das Verpackungsmaterial mit sowie nach vorheriger Vereinbarung auch das Altgerät.

Gelernt ist gelernt.
Unsere Verkäufer/-innen halten sich in Seminaren technisch auf dem Laufenden. Sie tun das gern, weil Neues immer interessant ist und weil es Freude macht, Kunden kompetent zu beraten.

Gewusst wie.
Wenns mal nicht so läuft, wies laufen sollte, helfen Ihnen unsere preisgünstigen Fachwerkstätten für Rundfunk/Fernsehen, Computer, Fahrräder.

Geschirrspülautomat SMS 2021

399,00 €

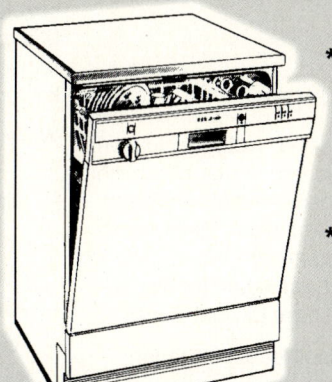

* **LEICHTKAUFPREIS:**
404,50 € effektiver Jahreszins 2,88 %

* **LEICHTKAUFRATE:**
6,00 € monatlich für die ersten 5 Monate

*LEICHTKAUF:
Für Angebote ab 150,00 € keine Anzahlung. Einmalige Bearbeitungsgebühr 1,39 %, effektiver Jahreszins 2,88 %. Sie zahlen 5 Raten von 1,5 % des Kaufpreises und erst in 6 Monaten die Restsumme. Oder langfristige Finanzierung bei anderen Zinskonditionen. Finanzierungen ohne viele Formalitäten durch eine Bank.

Durch welche besonderen Leistungen versucht das Technikkaufhaus sich am Markt gegenüber seinen Konkurrenten Vorteile zu verschaffen?

Information

Einzelhandelsbetriebe bieten Kundendienstleistung und kundenfreundliche Konditionen an, um

- neue Kunden zu gewinnen,
- Kunden dauerhaft als Stammkunden zu erhalten und
- den Absatz bei gleich bleibendem Kundenkreis zu erhöhen.

Konditionenpolitik

Konditionen sind die Lieferungs- und Zahlungsbedingungen, die zwischen Verkäufer und Käufer vereinbart werden.

Absatzfördernde Lieferungs- und Zahlungsbedingungen sind

- das schnelle und kostenfreie Zustellen der gekauften Ware mit betriebseigenen oder betriebsfremden Fahrzeugen, mit der Post oder mit der Bahn;
- das Einräumen von Zahlungsbedingungen, die dem Kunden eine nachträgliche Bezahlung der Ware erlauben, z. B.
  - Teilzahlungsverkäufe,
  - Zielverkäufe,
  - Zahlung durch Kreditkarte.

Beim **Teilzahlungsverkauf** wird eine ratenweise Bezahlung der Ware vereinbart. Höhe und Fälligkeit der einzelnen Raten werden bei Abschluss des Teilzahlungsvertrages vereinbart.

Beim **Zielverkauf** wird dem Kunden eine Frist für die Bezahlung der Rechnung eingeräumt; z. B. „Zahlung innerhalb von 14 Tagen netto Kasse".

Bei der **Zahlung durch Kreditkarte** begleichen Kunden Rechnungen durch Vorlage einer Kreditkarte bei solchen Einzelhandelsbetrieben, die einer Kreditkartenorganisation angeschlossen sind (siehe Kapitel 5.8).

Kundendienstleistungen

Kundendienstleistungen sind Nebenleistungen eines Einzelhandelsbetriebes, die er zusätzlich zu seiner Hauptleistung, dem Verkauf von Waren, erbringt. Dazu gehören Leistungen, die in unmittelbarem Zusammenhang mit der Ware stehen, und warenunabhängige Leistungen, die der Bequemlichkeit des Kunden beim Einkauf dienen.

Warenabhängige Kundendienstleistungen sind z. B.

- Aufstellen von technischen Geräten (Waschmaschinen, Fernsehgeräte, Videorekorder usw.),
- Reparaturservice (z. B. für technische Geräte, Uhren, Schuhe),
- Inspektions- und Wartungsservice (z. B. bei Kraftfahrzeugen und Büromaschinen),
- Änderungsservice bei Bekleidung,
- Auswahlsendungen,
- Geschenkverpackung,
- Garantiegewährung,
- Umtausch von Waren bei Nichtgefallen.

Der Umtausch von Waren bei Nichtgefallen ist eine freiwillige Leistung des Einzelhändlers, da er gesetzlich nur zum Umtausch fehlerhafter Ware verpflichtet ist. Ein solches Verhalten des Einzelhändlers wird als **Kulanz** (= Entgegenkommen) bezeichnet. Kulanz liegt auch dann vor, wenn Mängel an einer gekauften Ware von dem Einzelhandelsbetrieb nach Ablauf der Garantiefrist kostenlos behoben werden.

Warenunabhängige Kundendienstleistungen sind z. B.

- telefonischer Bestellservice,
- Kinderhort,
- Aufbewahrungsraum für Gepäck,
- Parkplätze,
- Restaurant, Imbissecke, Cafeteria,
- Sitzplätze und Sitzecken.

Bei Kundendienstleistungen kann es sich um kostenlose oder kostenpflichtige Leistungen handeln.

Kostenlose Kundendienstleistungen sind z. B. Parkplätze und Kinderhorte. Reparaturdienste und Änderungen an Waren werden normalerweise nur gegen Bezahlung angeboten.

Aufgaben

1. Welche Kundendienstleistungen erwarten Kunden beim Kauf von
   a) Möbeln,
   b) Waschmaschinen,
   c) Teppichböden,
   d) Anzügen,
   e) Präsentkörben,
   f) Gardinen,
   g) Pkws,
   h) Tapeten?

2. In welchen Branchen kaufen Kunden Waren häufig auf Kredit?

3. Weshalb bieten Einzelhändler ihren Kunden die Möglichkeit des Teilzahlungskaufs an?

4. Warum schreiben Einzelhändler nur bei Stammkunden an?

5. Welche Vor- und Nachteile hat die kostenfreie Warenzustellung an den Kunden für den Einzelhändler?

6. Welche warenunabhängigen Kundendienstleistungen bieten Warenhäuser ihren Kunden an?

7. Welche Kundendienstleistungen werden normalerweise unentgeltlich angeboten?

8. Welche Betriebsformen des Einzelhandels verzichten weitgehend auf Kundendienstleistungen?

9. In welchen Fällen handelt es sich um Kulanz?
   a) Ein Kunde tauscht ein Paar Schuhe um, weil sie ihm nicht passen.
   b) Eine Kundin tauscht ein vor einer Woche gekauftes Kleid um, weil eine Naht aufgegangen ist.
   c) Ein vor sieben Monaten gekaufter Videorekorder ist defekt. Der Händler führt die notwendige Reparatur kostenlos aus.

Zusammenfassung

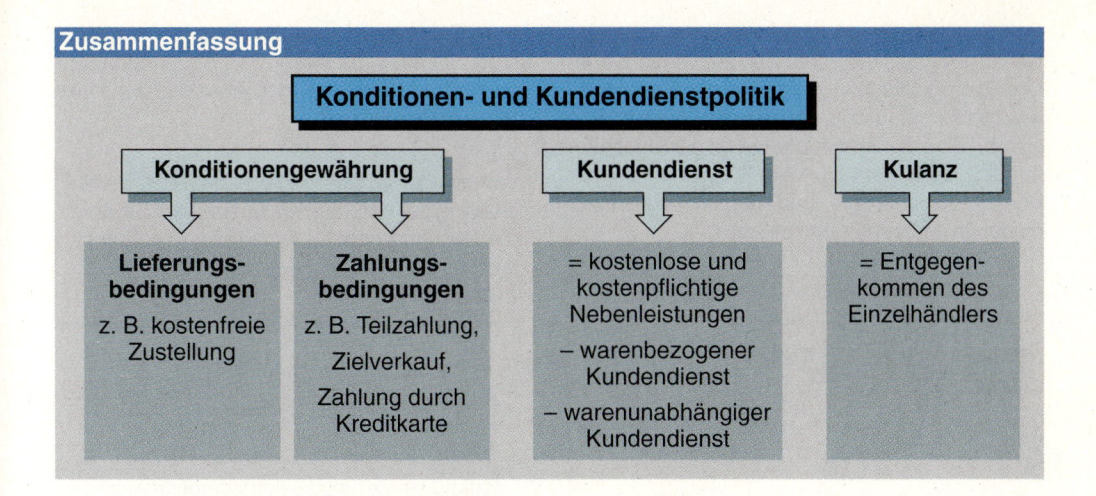

Konditionen- und Kundendienstpolitik

Konditionengewährung

- **Lieferungsbedingungen**
  z. B. kostenfreie Zustellung
- **Zahlungsbedingungen**
  z. B. Teilzahlung, Zielverkauf, Zahlung durch Kreditkarte

Kundendienst
= kostenlose und kostenpflichtige Nebenleistungen
– warenbezogener Kundendienst
– warenunabhängiger Kundendienst

Kulanz
= Entgegenkommen des Einzelhändlers

7.4 Die Werbung im Einzelhandel

Also, Jungs, wir haben von unserem Sponsor[1] strikte Order, nur entlang der Frischkäs-Bande zu stürmen

RAHMY-FRISCHKÄSE

Erik Liebermann

Warum wirbt der Einzelhändler für seine Waren?

Information

Aufgabe der Werbung ist es, die Ware den Verbrauchern so nahe zu bringen, dass sie sie schließlich auch kaufen.

Die Werbung stellt die Verbindung her zwischen Hersteller bzw. Einzelhändler und Verbraucher.

Ohne Werbung, die die Masse der Verbraucher über das breite Warenangebot unterrichtet, gäbe es keinen Massenabsatz und damit keine Massenproduktion.

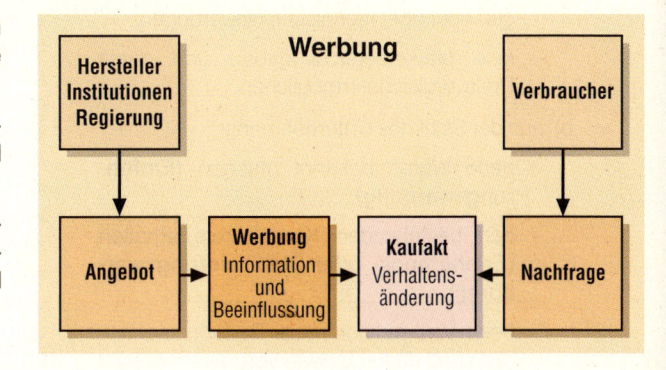

Werbung

Hersteller Institutionen Regierung → Angebot → **Werbung** Information und Beeinflussung → Kaufakt Verhaltensänderung ← Nachfrage ← Verbraucher

---

[1] Sponsoring beruht auf dem Prinzip von Leistung und Gegenleistung. Der Sponsor stellt dem Gesponserten Geld und/oder Sachmittel zur Verfügung und erhält eine Gegenleistung, die zur Erreichung der Marketingziele beitragen soll. Sponsoring ist in allen Bereichen der Kommunikationspolitik möglich.

Im Wirtschaftsleben hängt von den Verbrauchern viel ab. Fragen sie längere Zeit nur wenig Waren und Dienstleistungen nach, dann gerät wegen des Nachfrageausfalls die gesamte Wirtschaft in Gefahr. Sind die Verbraucher hingegen ausgabefreudig, dann geht es dem Einzelhandel, der Konsumgüterindustrie und den Wirtschaftsbetrieben in anderen Branchen gut.

Zeichnung: M. Forget

Aus diesem Grund setzen die Unternehmen alles daran, das Verbraucherverhalten zu erforschen und zu beeinflussen. Dabei spielt die **Werbung als absatzpolitisches Instrument** eine wichtige Rolle.

Sie ist für Hersteller wie Einzelhändler notwendig, um in einer auf Wettbewerb ausgerichteten Wirtschaft überleben zu können.

Die **Wirtschaftswerbung** soll

a) aus der Sicht des Verbrauchers

- über Konsumgüter informieren und aufklären, wie z. B. über die Eigenschaften, Verwendungsmöglichkeiten, Verbesserungen oder über technische Neuerungen;
- eine Marktübersicht geben und damit Preisvergleiche ermöglichen;

b) aus der Sicht des Unternehmens

- neue Waren bekannt machen **(Einführungswerbung)**;
- den bestehenden Kundenkreis erhalten **(Erinnerungs- oder Stabilisierungswerbung)**;
- beim Verbraucher neue Bedürfnisse wecken und dadurch neue Verbraucher hinzu oder ehemalige Verbraucher zurückgewinnen **(Expansionswerbung)**.

Diese Teilziele dienen dem Hauptziel der Wirtschaftswerbung, nämlich der Anbahnung, Erhaltung und Förderung des Absatzes zur Maximierung des Gewinns.

> Wirtschaftswerbung ist die planmäßige Beeinflussung der Verbraucher, um den Absatz bzw. die Nachfrage nach einer Ware oder Dienstleistung zu fördern, anzuregen oder hervorzurufen.

Die Wirtschaftswerbung umfasst:

- Öffentlichkeitsarbeit (Publicrelations),
- Absatzwerbung,
- Verkaufsförderung (Salespromotion) und
- Reklame.

Nach Marktbeobachtungen rückten unter den Branchen mit dem höchsten Werbeaufwand erstmals die Massenmedien selbst – mit 1,7 Mrd. € – an die Spitze. In diesem Wirtschaftszweig wird schon seit Jahren ein erbitterter Wettlauf um Leser, Hörer, Zuschauer und nicht zuletzt um die Aufträge der übrigen werbetreibenden Wirtschaft ausgetragen.

Den zweiten Rang nahm der Automarkt ein, dessen Werbeinvestitionen mit knapp 1,6 Mrd. € allerdings etwas geringer ausfiel als im Vorjahr. Dahinter schob sich der Bereich Telekommunikation, der schon in den Vorjahren mit hohen Zuwachsraten für Furore gesorgt hatte, mit einem Werbeetat von 1,4 Mrd. € bereits auf den dritten Rang vor.

Intensive Werbeanstrengungen unternahmen auch die Handelsorganisationen, die mit Ausgaben von fast 1,2 Mrd. € ihren Anteil am erhofften Aufschwung des privaten Verbrauchs sichern wollten. Vergleichsweise niedrige Zuwachsraten verzeichneten dagegen die Werbung für Schokolade und Süßwaren und die Publikumswerbung der Arzneimittelindustrie. Dazwischen reihten sich die Banken und Sparkassen mit einem Werbeetat von fast 0,6 Mrd. € ein. Überdurchschnittlich entwickelten sich die Werbeinvestitionen für Finanzanlagen und Vermögensberatung (seit 1999 ein Plus von 172 %) und für die Selbstdarstellung und Vertrauenswerbung von Unternehmen (+ 60 %).

Werbung – wofür?

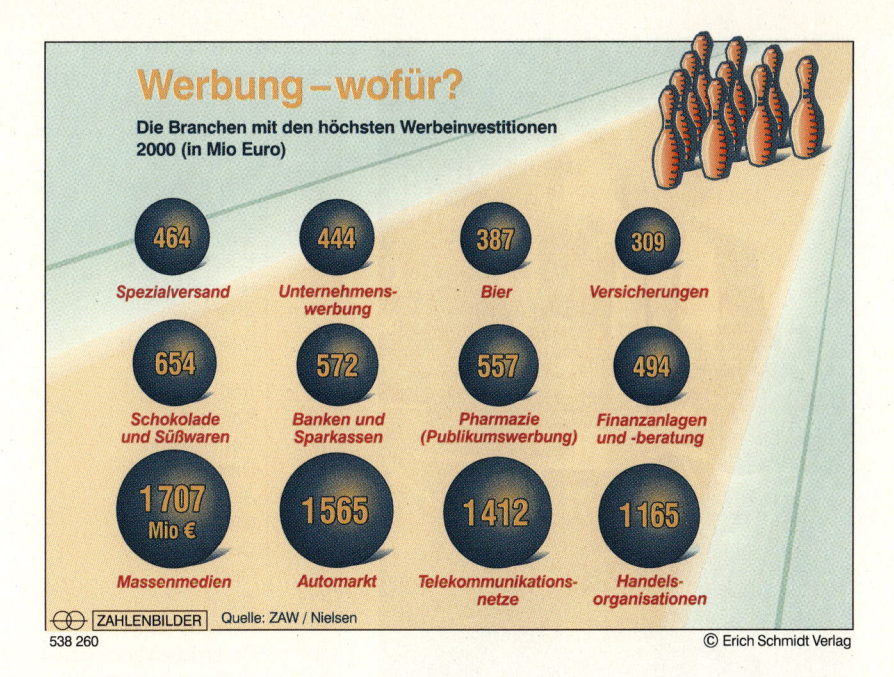

Die Branchen mit den höchsten Werbeinvestitionen 2000 (in Mio Euro)

- 464 Spezialversand
- 444 Unternehmenswerbung
- 387 Bier
- 309 Versicherungen
- 654 Schokolade und Süßwaren
- 572 Banken und Sparkassen
- 557 Pharmazie (Publikumswerbung)
- 494 Finanzanlagen und -beratung
- 1 707 Mio € Massenmedien
- 1 565 Automarkt
- 1 412 Telekommunikationsnetze
- 1 165 Handelsorganisationen

ZAHLENBILDER 538 260 Quelle: ZAW / Nielsen © Erich Schmidt Verlag

Öffentlichkeitsarbeit (Publicrelations)

Was ist PR ...

„Wenn ein junger Mann ein junges Mädchen kennen lernt und ihr sagt, was für ein großartiger Kerl er ist, so ist das Reklame. Wenn er ihr sagt, wie reizend sie aussieht, so ist das Werbung. Aber wenn das Mädchen sich für ihn entscheidet, weil sie von anderen gehört hat, was für ein feiner Mensch er sei, dann ist das Publicrelations."

Alwin Münchmeyer, Privatbankier

Bezieht sich die Wirtschaftswerbung nicht auf eine bestimmte Ware, sondern auf das Unternehmen als Ganzes, so spricht man von **Öffentlichkeitsarbeit.**

Unter Öffentlichkeitsarbeit sind sämtliche Maßnahmen zu verstehen, die ein Unternehmen ergreift, um sein **Ansehen in der Öffentlichkeit zu pflegen oder zu verbessern.** Man nennt diese entsprechenden Maßnahmen auch **Imagepflege.**

Angesprochen werden sollen mithilfe der Öffentlichkeitsarbeit nicht nur die Verbraucher, sondern alle, die in irgendeiner Verbindung zum Unternehmen stehen, wie z. B. Geschäftspartner, Kapitalgeber, Behörden, Parteien, Regierungen, Gewerkschaften, Massenmedien usw.

Weitere Mittel der Publicrelationspolitik sind u. a.

- Geschäftsberichte,
- Wettbewerbe,
- Informationsabende,
- Einladungen an Hausfrauen und Verbraucherverbände,
- Mitwirkung des Unternehmers in Vereinen und Verbänden,
- Förderung des Gemeinwohls, z. B. durch Spenden,
- Sponsoring:

Sponsoring bietet die Gelegenheit, durch Förderung geeigneter Personen oder Institutionen den Bekanntheitsgrad des Unternehmens zu steigern sowie die Produkt- und/oder Imageziele des Unternehmens zu gestalten.

Beispiele für Sponsoringbereiche

Kultursponsoring:	Musikveranstaltungen, Kunstausstellungen, Tourneen von Musikgruppen
Sportsponsoring:	Sportvereine, Sportler, Mannschaften
Sozialsponsoring:	Bildung, Wissenschaft, karitative Einrichtungen
Umweltsponsoring:	ökologische Aktionen, Stiftungen u. Vereine

Geschäftsführer Spindler gemeinsam mit einer Politikerin bei der Einweihung eines neuen Kindergartens in Hannover, bei dessen Finanzierung die Grotex GmbH maßgeblich beteiligt war.

Ein entsprechender Bericht mit Foto erschien in der lokalen Presse sowie in der Verbandszeitschrift des Groß- und Außenhandels.

Voraussetzung für erfolgreiche PR-Maßnahmen ist eine klare **Corporate Identity** (CI). Die CI-Politik hat die Aufgabe, die verschiedenen Kommunikationsmöglichkeiten im Sinne einer unternehmensspezifischen Identität (= einheitliches, unverwechselbares Unternehmensbild) zu koordinieren.

Aus dem Unternehmen selbst wird ein unverwechselbarer Markenartikel. CI wendet sich sowohl an Mitarbeiter und Gesellschafter als auch an Kunden, Absatzmittler, Banken, politische Gruppen, Vereine, Gewerkschaften usw.

Gestaltungsmöglichkeiten sind: Corporate Design (Firmenlogo, Farbe, Schrift), Corporate Communications (z. B. Image-Slogans und Corporate Behavior (Führung, Konferenzstil, Umgangston).

Öffentlichkeitsarbeit wird nicht nur von einzelnen Unternehmen, sondern ebenso für einzelne Wirtschaftszweige insgesamt betrieben, z. B. von den Großhandelsverbänden oder der chemischen Industrie.

Imagestärkste Unternehmen
(maximal erreichbare Punkte = 700)

Rang	Unternehmen	Ruf	Vorjahr
1	BMW	603	(610)
2	Deutsche Bank	566	(595)
3	Coca-Cola	563	(–)
4	Siemens	458	(578)
5	Bosch	547	(549)
6	Henkel	544	(559)
7	Audi	542	(583)
8	Bosch-Siemens Hausgeräte	541	(537)
9	Aral	540	(507)
10	Karstadt	539	(510)
11	Bertelsmann	538	(530)
12	Dresdner Bank	538	(551)
13	ALDI	538	(518)
14	Otto Versand	533	(523)
15	Commerzbank	532	(533)
16	Opel	529	(54+)
17	C & A	527	(517)
18	Mercedes-Benz	526	(–)
19	Bayerische Vereinsbank	523	(509)
20	Philipp Holzmann	520	(515

nach: manager magazin

Eine Erfolgskontrolle ist nur im Hinblick auf außerökonomische Ziele möglich (vgl. Werbeerfolgskontrolle Seite 290).

– Betriebsbesichtigung („Tag der offenen Tür")

Unter „Events" versteht man Veranstaltungen oder Ereignisse, die von Unternehmen gezielt zur Kommunikation eingesetzt werden. Imagegewinn heißt das Ziel, das Unternehmen mit diesen Veranstaltungen verknüpfen. Über Publikumsaktionen, Ausstellungen, Konzerte, Shows, Modeschauen oder Volksfeste sollen die eigenen Produkte oder Dienstleistungen sowie der Firmenname bei den Gästen nachhaltig in Erinnerung bleiben.

Events ersetzen klassische Werbung und Publicrelations nicht. Sie sind vielmehr als komplementäre Elemente im Kommunikationsmix eines Unternehmens anzusehen.

Öffentlichkeitsarbeit wird nicht nur von einzelnen Unternehmen, sondern ebenso für den Wirtschaftszweig Einzelhandel insgesamt betrieben, z. B. von den Einzelhandelsverbänden.

Verkaufsförderung gehen über die eigentliche Absatzwerbung hinaus, da sie z. B. auch Elemente wie Preispolitik und Service enthalten.

Zu nennen sind z. B.

- Preisausschreiben,
- Centaktion,
- Aktion mit Prominenz,
- Gutscheinaktionen,
- Ballonwettflug,
- erlaubte Zugaben,
- Sonderangebote,
- Displaymaterial, wie werbewirksame Ständer oder Schütten, Regalstopper und Regalaufkleber,
- günstige Warenplatzierung,

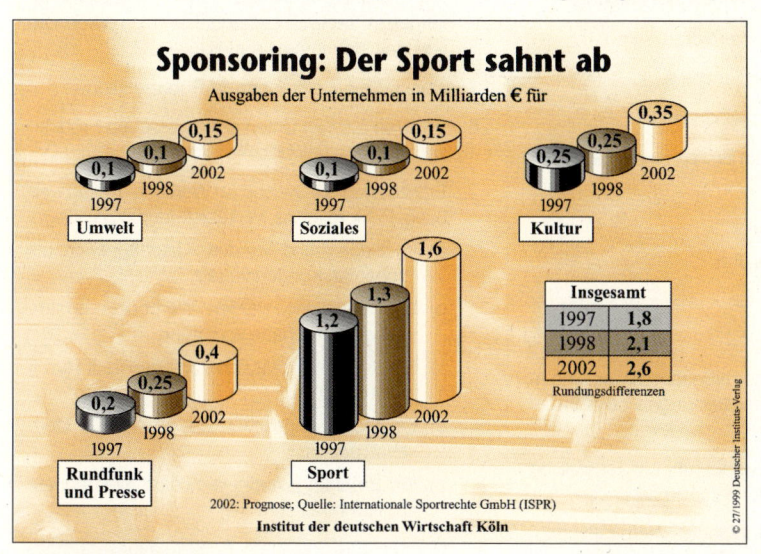

Sponsoring: Der Sport sahnt ab
Ausgaben der Unternehmen in Milliarden € für

Umwelt	1997: 0,1	1998: 0,1	2002: 0,15
Soziales	1997: 0,1	1998: 0,1	2002: 0,15
Kultur	1997: 0,25	1998: 0,25	2002: 0,35
Rundfunk und Presse	1997: 0,2	1998: 0,25	2002: 0,4
Sport	1997: 1,2	1998: 1,3	2002: 1,6

Insgesamt	
1997	1,8
1998	2,1
2002	2,6

Rundungsdifferenzen

2002: Prognose; Quelle: Internationale Sportrechte GmbH (ISPR)
Institut der deutschen Wirtschaft Köln
© 27/1999 Deutscher Instituts-Verlag

Absatzwerbung

Die wichtigste Form der Wirtschaftswerbung ist die Absatzwerbung. Mit ihrer Hilfe bemühen sich Unternehmen, Waren und Dienstleistungen abzusetzen. Verschiedene Werbemittel, z. B. Zeitungsanzeigen, unterstützen sie dabei. Die Absatzwerbung soll bestimmte Waren des Einzelhändlers bekannt und begehrenswert machen. Sie hat ihr Ziel erreicht, wenn der Kunde die Ware gekauft hat.

Verkaufsförderung (Salespromotion)

Unter Verkaufsförderung sind alle Maßnahmen des Einzelhändlers zu verstehen, die seine Absatzbemühungen unterstützen. Maßnahmen der

- ansprechende Gestaltung der Verkaufsräume und Schaufenster,
- eigene Verkäuferschulungen, z. B. Schulung der Verkaufstechnik und Vermittlung von Fachwissen bei beratungsintensiven Waren, z. B. Computern,
- Suchaktionen,
- Kostprobenverteilung (Samplingaktionen) und
- Selfliquidating offers (z. B. Verkauf von Büchern zum Selbstkostenpreis bei Kaffeegeschäften; durch das Angebot eines Zweitartikels wird die Nachfrage nach Röstkaffee erhöht).

Durch derartige Maßnahmen lässt sich der Warenverkauf allgemein nachhaltig beeinflussen. Stets soll zum **Impulskauf** angeregt werden. Er kann dazu beitragen, den Umsatz zu steigern und die Marktposition des Einzelhändlers zu verbessern.

Reklame

Reklame ist die übertriebene und z. T. unseriöse Form der Massenwerbung für Waren und Dienstleistungen.

Aufgaben

1. Was verstehen Sie unter Wirtschaftswerbung?
2. Welche Aufgabe hat die Werbung
   a) aus der Sicht des Verbrauchers,
   b) aus der Sicht des Einzelhändlers?
3. Ordnen Sie jeweils nur ein Beispiel den absatzpolitischen Zielen
   a) Erinnerungswerbung,
   b) Einführungswerbung und
   c) Expansionswerbung zu.

   Beispiele:

   (1) Umfangreiche Werbemaßnahmen, um neue Waren und/oder Dienstleistungen bekannt zu machen.
   (2) Verstärkte Werbemaßnahmen, um zusätzliche Käufer (von der Konkurrenz) zu gewinnen.
   (3) Gelegentlich durchgeführte Werbeaktionen, um Leistungen eines Unternehmens bei bestehendem Kundenkreis und früheren Kunden im Bewusstsein zu erhalten.
4. Wann hat die Werbung ihr Ziel erreicht?
5. Welches vorrangige Ziel verfolgt die Absatzwerbung?
   a) Absatzwerbung soll ein Unternehmen in der Öffentlichkeit bekannt machen.
   b) Absatzwerbung soll das Ansehen des Unternehmens verbessern.
   c) Durch Absatzwerbung sollen Waren und Dienstleistungen eines Unternehmens bekannt und begehrenswert gemacht werden.
   d) Ziel der Absatzwerbung ist es, den Kunden zu beraten und zu informieren.
6. Ein Absatzgroßhändler führt Verkäuferschulungen für seine Einzelhandelskunden durch. Um welches Instrument handelt es sich?
7. Nennen Sie Zielgruppen für Publicrelations.
8. Erklären Sie den Unterschied zwischen Produktwerbung und Öffentlichkeitsarbeit.
9. Entscheiden Sie, welche Art Werbung (Absatzwerbung, Publicrelations, Verkaufsförderung) vorliegt.
   a) Im Supermarkt werden Käsehäppchen als Proben an Kunden verteilt.
   b) Im Centralkino werden Werbedias ortsansässiger Geschäfte vorgeführt.
   c) Ein Supermarkt lässt in der Innenstadt Handzettel verteilen.
   d) Ein Modefachgeschäft lädt zu einer Modenschau ein.
   e) Ein Bräunungsstudio verschickt Werbebriefe an Stammkunden.
10. Nennen Sie geeignete Publicrelationsmaßnahmen für folgende Zielgruppen:
    a) Kinder,
    b) Lieferanten,
    c) Kunden,
    d) Publikum allgemein,
    e) Sportinteressenten,
    f) Kindergärten.
11. Nennen Sie fünf mögliche Mittel der Publicrelations.
12. Welche Bedeutung hat der Impulskauf für den Einzelhändler?
13. Suchen Sie aus Zeitungen und Zeitschriften jeweils zwei Beispiele für Öffentlichkeitsarbeit, Absatzwerbung, Verkaufsförderung (Salespromotion) und Reklame.

Zusammenfassung

Wirtschaftswerbung soll
– neue Waren bekannt machen und
– ihren Absatz sichern und steigern.

umfasst

	Werbegegenstand	Ziel	Werbemittel (Beispiele)
Öffentlichkeitsarbeit (Publicrelations)	das ganze Unternehmen	das Ansehen in der Öffentlichkeit zu pflegen oder zu verbessern	persönliche Ansprache im Geschäft; Betriebsbesichtigungen; Förderung des Gemeinwohls
Absatzwerbung	Waren und Dienstleistungen	Waren bekannt und begehrenswert machen	Zeitungsannoncen; Handzettel
Verkaufsförderung (Salespromotion)	(zusätzliche) Maßnahmen, die die Absatzwerbung unterstützen	zum Impulskauf anregen; Umsatz steigern	Gutscheinaktionen; Displaymaterial; Kostprobenverteilung
Reklame	Waren und Dienstleistungen	Bedürfnisweckung; schnelle und kurzfristige Absatzsteigerung	Massenwerbung durch z. B. unseriöse Annoncen

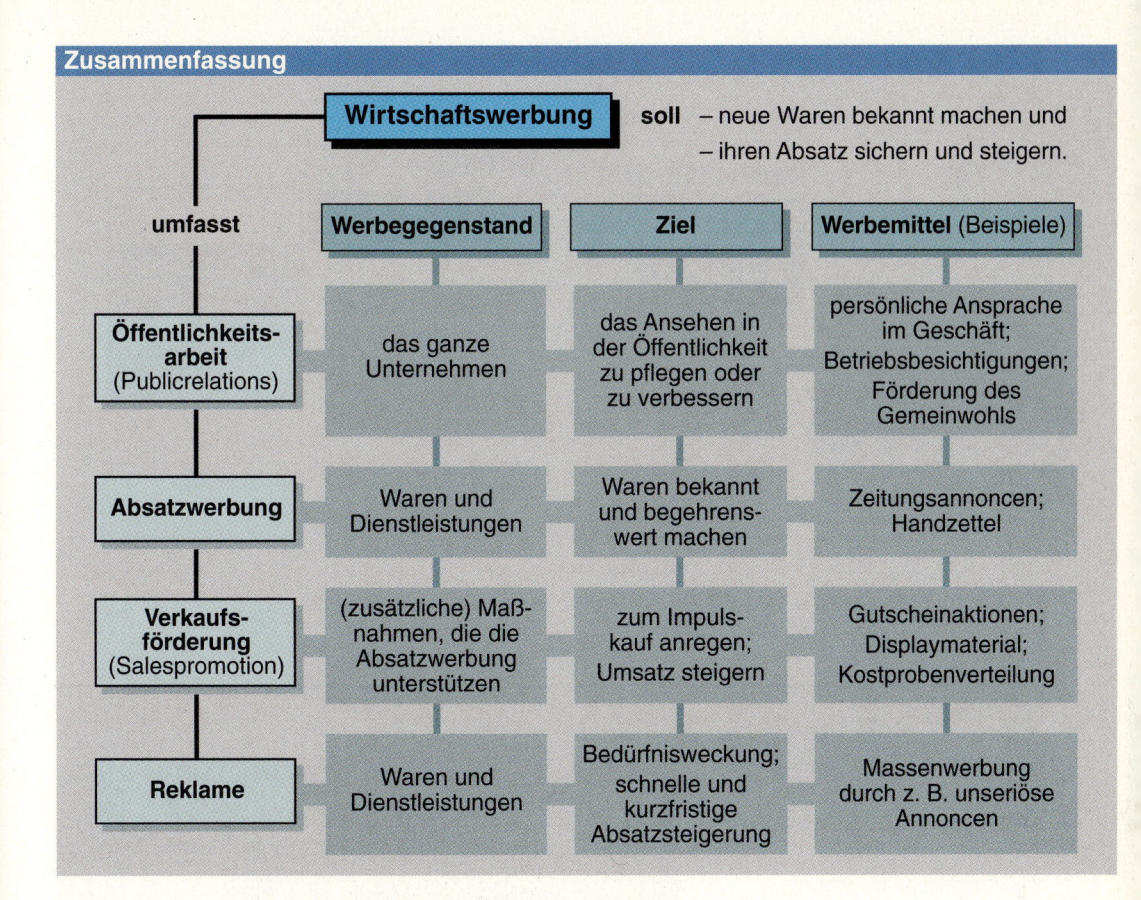

7.5 Werbearten

Beispiel 1

Deutschlands reiner*Quell: **Bier**

Seit vielen hundert Jahren brauen Deutschlands Brauer Bier nach dem Reinheitsgebot. Rein – das heißt: Hopfen, Malz, Hefe, Wasser und sonst nichts. Darum können wir sagen:
Im Bier ist die Reinheit.

Die deutschen Brauer

*Ohne chemische Zusätze, ohne Aromastoffe, ohne künstliche Farbstoffe.

Beispiel 2

BLUE NOTE
LPs · CDs – WAHNSINN
VERLEIH + VERKAUF
Kommandanturstr. 7
30169 Hannover
Tel. 13 15 73

Wodurch unterscheiden sich die beiden abgebildeten Werbeanzeigen?

Information

Nach der Zahl der **Werbenden** unterscheidet man
– Alleinwerbung (Individualwerbung),
– Gemeinschaftswerbung,
– Sammelwerbung.

Alleinwerbung (Individualwerbung)

Von Alleinwerbung spricht man, wenn die Werbung von einem Unternehmen allein durchgeführt wird. Firmenname und Ware sind aus der Werbung ersichtlich (siehe Beispiel 2).

Gemeinschaftswerbung

Ein Fachverband oder mehrere Unternehmen einer Branche werben gemeinsam ohne Namensnennung für ihre Branche (siehe Beispiel 1 und nebenstehendes Foto).

Damit sich die Gemeinschaftswerbung für den einzelnen Einzelhändler absatzfördernd auswirkt, muss er versuchen, die Werbeaussage mit seinem Unternehmen zu verbinden.

Jeder hat das Recht auf seine Tapete
Vertreibt die alten, kalten, kahlen, öden, blöden, blassen Wände mit den neuen, munteren, bunten, wundervollen, tollen Tapeten! Gleich nächsten Samstag. Es ist ganz einfach.
Die Deutsche Tapeten-Gemeinschaft

Sammelwerbung

Sammelwerbung liegt vor, wenn sich mehrere Unternehmen verschiedener Branchen, z. B. aus derselben Einkaufsstraße oder eines Stadtteils, zusammenschließen und unter Namensnennung gemeinsam für ihre Leistungen werben.

Der Einzelhändler wird sich für die Sammelwerbung entschließen, weil er dadurch preisgünstig und noch dazu zusätzlich werben kann.

Allerdings kann und sollte die Sammelwerbung die Alleinwerbung nicht ersetzen.

Wirtschaftliche Bedeutung

Jegliche Art von Werbekooperationen ermöglicht es den Einzelhändlern, durch die Zusammenfassung mehrerer einzelner – zumeist relativ kleiner – Werbeetats zu einem großen, Vorteile zu erzielen. So kann durch Sammelwerbung beispielsweise

- ein gemeinsamer, einprägsamer Slogan und ein einheitliches Symbol entwickelt und benutzt werden;
- anhaltend gleich bleibende Werbung mit hohem Wiedererkennungswert erreicht werden, auch durch umfangreiche, für den einzelnen Händler preiswerte Serien von Kleinanzeigen;
- ein Werbe-Profi (z. B. Betriebswirtschaftliche Beratungsstelle für den Einzelhandel) eingesetzt werden;
- an größeren Aktionen mit hoher Durchschlagskraft teilgenommen werden;
- den massiven Kampagnen der Großbetriebe begegnet, Verbrauchermärkte werblich abgewehrt und
- bei der Werbung durch Fachverbände eine gewisse Exklusivität für einen kleinen Kreis erreicht werden.

Nach der Zahl der **Umworbenen** teilt man die Wirtschaftswerbung ein in

- Einzelwerbung (Direktwerbung) und
- Massenwerbung.

Einzelwerbung (Direktwerbung)

Bei der Einzelwerbung werden bestimmte Personen oder Unternehmen durch Gespräche, Werbebriefe, Warenproben oder Zusendung von Preislisten **direkt angesprochen.** Zwar entstehen dadurch höhere Werbungskosten, meist ist aber der wirtschaftliche Erfolg auch größer.

Massenwerbung

Die Werbung richtet sich an eine Vielzahl möglicher Kunden. Die Werbung ist unpersönlich gehalten.

Soll die Wirtschaftswerbung sehr breite, nicht abgrenzbare Schichten der Bevölkerung erreichen, so spricht man von **gestreuter Massenwerbung (= Allgemeinwerbung).**

> **Beispiel**
> 1. Fernsehwerbespot,
> 2. Postwurfsendungen,
> 3. Werbesendung im ZDF „Schaufenster am Donnerstag".

Wendet sich die Wirtschaftswerbung hingegen an einen bestimmten Personenkreis, z. B. an eine Berufs-, Alters- oder Geschlechtsgruppe, so liegt **gezielte Massenwerbung (= Gruppenwerbung)** vor.

> **Beispiel**
> 1. Schulbuchwerbung an Lehrer gerichtet;
> 2. Die Bewohner eines Stadtteils erhalten von dem neuen Pächter der Tankstelle „Sopex" einen an sie gerichteten Werbebrief;
> 3. Anzeigen von Kosmetik-, Bekleidungs- und Plattenfirmen in der Zeitschrift „Mädchen".

Aufgaben

1. Um welche Art der Werbung handelt es sich bei dem Werbeslogan „Esst mehr Obst – und ihr bleibt gesund."?
2. Welche Werbeart liegt bei folgendem Text auf einem Handzettel vor: „Hannover, Oktoberfest auf dem Schützenplatz, Freitag: Riesenfeuerwerk, Mittwoch: Familientag. 23. September bis 2. Oktober 20.."?
3. Was ist unter Einzelwerbung zu verstehen?
4. Was versteht man unter Gemeinschaftswerbung?
5. Worin besteht der Unterschied zwischen Alleinwerbung und Einzelwerbung?
6. Welcher Unterschied besteht zwischen den Beispielen 1 und 2?

    Beispiel 1: Werbespot im ZDF kurz vor den heute-Nachrichten;

    Beispiel 2: In der Südstadt einer Großstadt erhalten die Bewohner einen an sie gerichteten Werbebrief des Inhabers einer neuen Vollkornbäckerei.

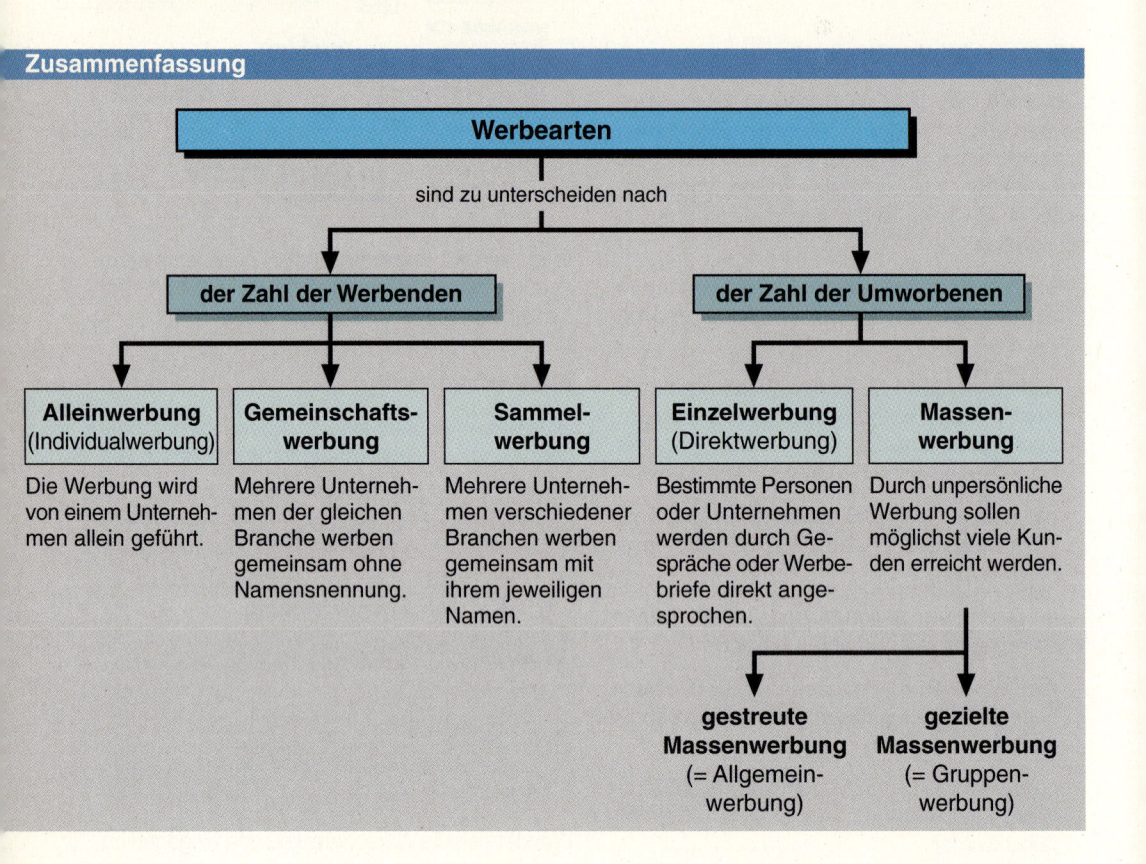

Zusammenfassung

Werbearten sind zu unterscheiden nach

der Zahl der Werbenden:

- **Alleinwerbung** (Individualwerbung): Die Werbung wird von einem Unternehmen allein geführt.
- **Gemeinschaftswerbung**: Mehrere Unternehmen der gleichen Branche werben gemeinsam ohne Namensnennung.
- **Sammelwerbung**: Mehrere Unternehmen verschiedener Branchen werben gemeinsam mit ihrem jeweiligen Namen.

der Zahl der Umworbenen:

- **Einzelwerbung** (Direktwerbung): Bestimmte Personen oder Unternehmen werden durch Gespräche oder Werbebriefe direkt angesprochen.
- **Massenwerbung**: Durch unpersönliche Werbung sollen möglichst viele Kunden erreicht werden.
    - **gestreute Massenwerbung** (= Allgemeinwerbung)
    - **gezielte Massenwerbung** (= Gruppenwerbung)

7.6 Werbemittel und Werbeträger

Warum ist die Werbefläche für die Werbung so wichtig?

Nennen Sie weitere Möglichkeiten, wie durch Werbung neue Waren bekannt gemacht werden können.

Information

Damit der Einzelhändler mit seiner Werbung die Umworbenen auch erreicht, muss er **Werbemittel** erarbeiten und im nächsten Schritt für diese Werbemittel geeignete **Werbeträger** finden.

Während das Werbemittel die **Werbebotschaft** darstellt bzw. beinhaltet, z. B. das Plakat, die Zeitungsanzeige, Aufschriften auf Straßenbahnen und Omnibussen, ausgestellte Waren im Schaufenster, ist der Werbeträger gewissermaßen das **Transportmittel** für das Werbemittel, z. B. die Litfaßsäule, die Zeitschrift, Straßenbahnen und Omnibusse, das Schaufenster sowie, obwohl nur als Randerscheinung, die Diskette. Werbeträger sind alle Personen oder Dinge, die Werbemittel und den umworbenen Verbraucher herantragen.

Werbemittel innerhalb des Einzelhandelsbetriebes

Warenpräsentation im Schaufenster

Mit das wichtigste Werbemittel im Einzelhandel ist die Gestaltung der Waren im Schaufenster. Das Schaufenster ist die Visitenkarte des Einzelhändlers.

Es stellt die unmittelbare Verbindung zu seinem Geschäft her und gibt diesem ein werbewirksames Aussehen. Ein gut gestaltetes Schaufenster zieht die Kunden an und veranlasst Vorübergehende zum Stehenbleiben. Die Kunden können sich jederzeit unverbindlich und ungehindert über das Sortiment informieren, sich anregen lassen und eventuell schon eine Vorauswahl treffen.

Die wirkungsvolle Warenauslage trägt mit dazu bei, dass Kunden das Geschäft überhaupt betreten, um die angebotene Ware zu kaufen.

Insofern sind gerade die **Gestaltung und der Aufbau der Waren im Schaufenster** die wichtigste Voraussetzung für die Anziehungskraft bzw. Werbewirksamkeit des Schaufensters.

Das Verkaufsgespräch

Neben der Warenpräsentation im Schaufenster ist das **Verkaufsgespräch das wichtigste Werbemittel im Einzelhandel.** Es ist eines der besten und preisgünstigsten Werbemittel des Einzelhändlers.

Warenpräsentation im Verkaufsraum

Der Kunde soll sich im Verkaufsraum wohl fühlen; er soll zum Kaufen angeregt werden. Zu einer angenehmen Kaufatmosphäre mit dem Ziel einer Umsatzsteigerung kann insbesondere die **Warenanordnung in den Regalen und auf den Verkaufstischen** beitragen (siehe Kap. 7.8, S. 293).

Die Packung der Ware

Schon lange hat die Packung für den Einzelhändler mehr als nur eine Schutzfunktion für Transport und Lagerung. Ihre wirtschaftliche Bedeutung liegt heutzutage vielmehr darin, den **Kunden – durch unterschiedliche Aufmachung und Gestaltung – zum Kauf anzuregen** (siehe Kap. 7.13).

Werbemittel außerhalb des Einzelhandelsbetriebes

Leuchtmittel

Ihr Einsatz soll die Kunden auffordern das Geschäft zu betreten.

Vitrinen

Vitrinen sind nicht an den Standort des Einzelhandelsgeschäfts gebunden. Sie sollten dort aufgestellt werden, wo der Passantenstrom besonders groß ist.

Zeitungsanzeigen

Die Zeitungsanzeige ist für den Einzelhändler sehr bedeutsam. Der kleine und mittlere Einzelhandel wird aus Kostengründen und um Streuverluste zu vermeiden, regionale und örtliche Blätter bevorzugen.

> **Beispiel**
> Ein Einzelhändler, der sein Geschäft in einer Gemeinde nahe einer Großstadt hat, wird kaum erwarten können, dass Leser anderer Städte, anderer Gemeinden oder die der Großstadt zum Einkaufen in sein Geschäft kommen.

Neben der Zeitungsanzeige bedienen sich Einzelhändler mit größerem Geschäft zur Bekanntmachung ihrer Waren des Prospekts, den man farbig gestaltet als Beilage in den Tageszeitungen findet.

Der Handzettel

Für den Einzelhändler mit kleinerem Geschäft ist aus Kostengründen eher der Handzettel geeignet. Er wird meist als einseitig bedrucktes oder – häufig selbst – vervielfältigtes Werbeblatt auf der Straße, im Geschäft oder durch Austräger verteilt. Der Handzettel ist ein wichtiges Werbemittel bei Verbrauchern, die keine Tageszeitung lesen.

Der Werbebrief

Neben dem Verkaufsgespräch ist der Werbebrief das persönlichste Werbemittel des Einzelhändlers. Mit seiner Hilfe kann der Händler einen bestimmten Kundenkreis ganz gezielt und persönlich ansprechen.

Anlässe für das Versenden von Werbebriefen können z. B. Sonderverkäufe, die Einrichtung neuer Abteilungen oder die Aufnahme neuer Artikel in das Sortiment sein.

Weitere Werbemittel außerhalb der Geschäftsräume sind:

- Werbebotschaften auf Geschäftsfahrzeugen, Straßenbahnen, Omnibussen, Plakat- und Häuserwänden, Telefonzellen, Litfaßsäulen, Tragetaschen, Außenaufsteller, Sandwichmen (Plakatträger), Hostessen usw.,
- Werbebotschaften im Zusammenhang mit erlaubten Zugaben, wie z. B. auf Kugelschreibern, Fähnchen, Taschenkalendern, Kostproben, Ansteckern, Türklebern usw.,
- Kinowerbung,
- Rundfunkwerbung und
- Fernsehwerbung (für den Einzelhändler ohne Filialgeschäfte unzweckmäßig),
- Werbung im Internet (siehe Kap. 7.10, Seite 302 f.),
- Telefonwerbung: Sie ist nur mit dem ausdrücklichen Einverständnis des Angerufenen zulässig. Begründet wird dies durch die Gerichte damit, dass die Telefonwerbung eine besonders schwer wiegende Beeinträchtigung der durch das Grundgesetz geschützten Privatsphäre und einen groben Missbrauch des privaten Telefonanschlusses darstellt. Das Einverständnis zur Telefonwerbung kann sich daher ein Unternehmen nur durch individuelle Vereinbarung einholen.

Bei der Überlegung, ob der Einzelhändler lieber relativ viel Geld für einige Werbemittel ausgeben sollte oder besser weniger Geld für viele einzelne, ist Folgendes zu bedenken:

Die **Chance,** jeweils neue Käufer zu erreichen, nimmt mit der Anzahl der Werbemittel ab, da es in einem solchen Fall immer häufiger vorkommt, dass mit den letzten Werbemitteln keine neuen Käufer erreicht werden, sondern genau dieselben Verbraucher wie mit den ersten. Es scheint grundsätzlich besser, eine bestimmte Geldsumme für **wenige** Werbemittel auszugeben, als sie über viele Werbemittel zu verteilen.

Beeinflusst wird die Auswahl vor allem von:

- dem Werbeziel,
- der anzusprechenden Zielgruppe,
- der Höhe der Geldsumme, die für die Werbung ausgegeben werden kann,
- dem Image des Geschäftes,
- der Werbung der Konkurrenten,
- der möglichen Aufmerksamkeitswirkung des einzelnen Werbemittels in der anzusprechenden Zielgruppe.

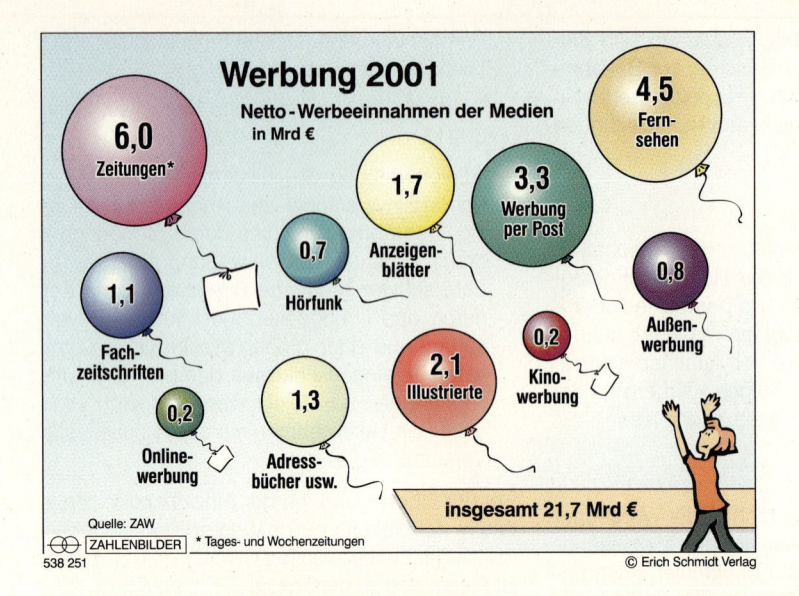

Werbung 2001
Netto-Werbeeinnahmen der Medien in Mrd €

- Zeitungen*: 6,0
- Fernsehen: 4,5
- Werbung per Post: 3,3
- Illustrierte: 2,1
- Anzeigenblätter: 1,7
- Adressbücher usw.: 1,3
- Fachzeitschriften: 1,1
- Außenwerbung: 0,8
- Hörfunk: 0,7
- Kinowerbung: 0,2
- Onlinewerbung: 0,2

insgesamt 21,7 Mrd €

Quelle: ZAW
* Tages- und Wochenzeitungen
© Erich Schmidt Verlag

Wichtigster **Werbeträger** ist nach wie vor die Presse, auch wenn ihr Anteil an den gesamten Nettowerbeeinnahmen weiter zurückging. Einen scharfen Rückschlag gab es vor allem für die *Tageszeitungen,* deren Anzeigenumfang um 11 % schrumpfte und deren Werbeeinnahmen sogar um 14 % auf 5,6 Mrd. € sanken. Hinzu kamen 0,4 Mrd. € für *Wochenzeitungen* und *Zeitungssupplemente.* Die kostenlos verteilten *Anzeigenblätter* verbuchten 1,7 Mrd. €. Auf die *Publikumszeitschriften,* die mit dem Fernsehen in scharfer Konkurrenz um die überregionale Markenartikelwerbung stehen, entfielen 2,1 Mrd. € (– 7%).

Aber auch die *Fernsehsender* blieben 2001 nicht ungeschoren: Ihre Werbeeinnahmen sanken um 5 % auf 4,5 Mrd. €. Führend im TV-Werbegeschäft blieb *RTL* mit Einnahmen von knapp 1,3 Mrd. € vor *Pro Sieben* und *SAT. 1* mit jeweils 0,9 Mrd. €.

Hohe Zuwachsraten verzeichneten wieder die *Onlinemedien:* Deren Werbeumsätze stiegen von bescheidenen 2,5 Mio. € (1996) auf mittlerweile 185 Mio. € (2001).

Aufgaben

1. Welcher Unterschied besteht zwischen Werbemittel und Werbeträger?
2. Nennen Sie verschiedene Werbeträger.
3. Ein Einzelhändler möchte eine neue Warengruppe einführen. Welche Werbemöglichkeiten sind für diesen Zweck geeignet?
4. Ordnen Sie drei Werbemittel den Werbeträgern zu: a) Zeitung, b) Litfaßsäule und c) Kinoleinwand. Werbemittel: Plakat – Modenschau – Werbedia – Werbegeschenk – Inserat – Katalog.
5. Welcher Werbeträger ist für die PR-Werbung des Einzelhändlers am besten geeignet?
6. Welche Bedeutung hat das Verkaufsgespräch für den Einzelhandel, insbesondere für Fachgeschäfte?
7. Nennen Sie Werbemittel außerhalb des Einzelhandelsbetriebes.
8. Ein Einzelhandelskaufmann in einer Kleinstadt möchte seine Stammkunden auf die Eröffnung seines Erweiterungsbaues aufmerksam machen. Welches Werbemittel ist hierfür besonders geeignet?
9. Welches Werbemittel hat für den Einzelhändler die größte wirtschaftliche Bedeutung?
10. Warum wird ein Einzelhandelskaufmann ohne Filialgeschäfte für seine Anzeigenwerbung regionale und örtliche Blätter bevorzugen?
11. Aus welchen Anlässen können Werbebriefe versandt werden?
12. Welches Werbemittel hat die größte, welches die zweitgrößte Werbewirkung usw. Stellen Sie eine Rangfolge auf.
   Werbemittel: Werbebrief – Zeitungsanzeige – Schaufenster – Plakat – Prospekt – Handzettel.

Zusammenfassung

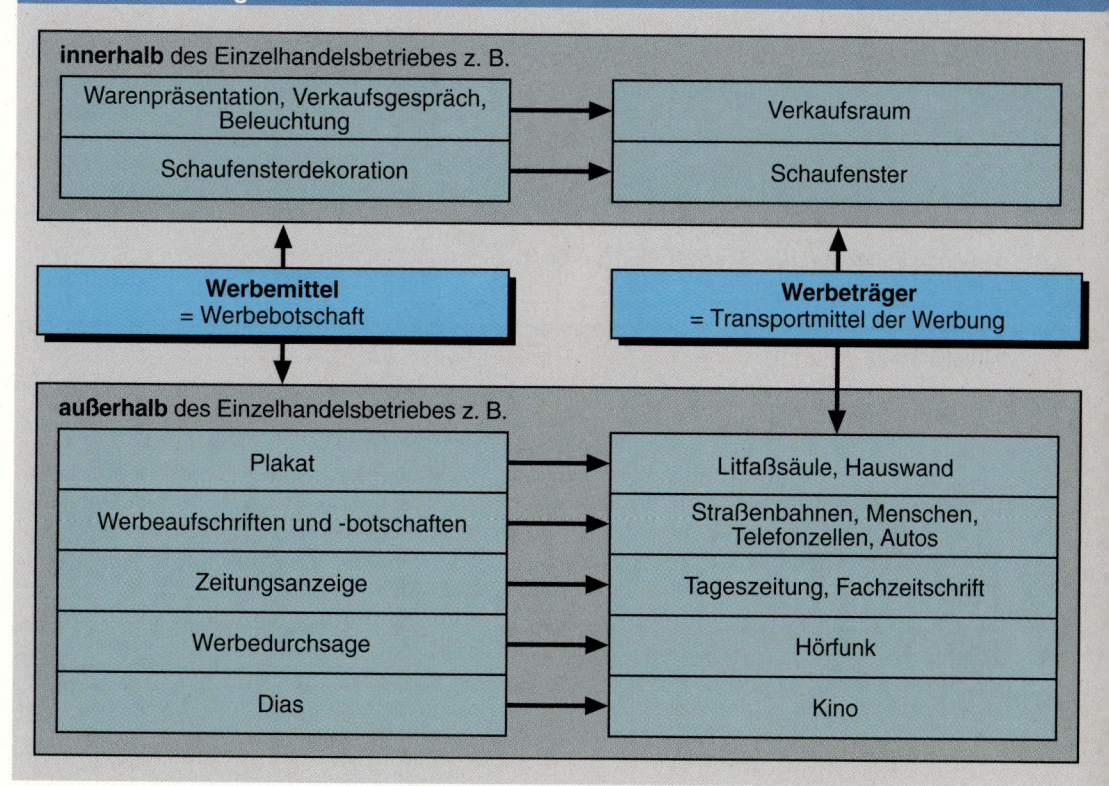

innerhalb des Einzelhandelsbetriebes z. B.

Werbemittel	→	Werbeträger
Warenpräsentation, Verkaufsgespräch, Beleuchtung	→	Verkaufsraum
Schaufensterdekoration	→	Schaufenster

Werbemittel = Werbebotschaft ↕ **Werbeträger** = Transportmittel der Werbung

außerhalb des Einzelhandelsbetriebes z. B.

Werbemittel	→	Werbeträger
Plakat	→	Litfaßsäule, Hauswand
Werbeaufschriften und -botschaften	→	Straßenbahnen, Menschen, Telefonzellen, Autos
Zeitungsanzeige	→	Tageszeitung, Fachzeitschrift
Werbedurchsage	→	Hörfunk
Dias	→	Kino

7.7 Die Werbeplanung und Werbedurchführung

Das Mantelhaus König will seine Werbung durchschlagskräftiger gestalten. Der Geschäftsführer verspricht sich von der Anzeigenwerbung in der regionalen Tageszeitung eine nennenswerte Umsatzsteigerung. Die Anzeigen werden regelmäßig und ganzseitig auf der letzten Seite abgedruckt. Insgesamt wird hierfür drei Viertel der für Werbezwecke zur Verfügung stehenden Geldsumme ausgegeben. Für andere Werbemaßnahmen – auch für die am Standort – bleiben daher nur noch geringe finanzielle Mittel übrig.

Welchen Fehler hat der Geschäftsführer des Mantelhauses König begangen?

Information

Die Werbeplanung

Grundsätzlich gilt, dass die Werbung die Vorzüge der Ware bekannt machen und herausstellen muss, damit der Verbraucher ihren Nutzen für sich erkennen kann. Ziel der Werbung ist es, Ware verkaufen zu helfen. Damit dieses Ziel erreicht werden kann, muss Werbung **planmäßig** betrieben werden.

Ein **Werbeplan** muss die Einzelheiten für die Durchführung der Werbung festlegen. Dabei sind sieben Bereiche vom Einzelhändler selbst oder von einer von ihm beauftragten Werbeagentur festzulegen.

Bereich	zentrale Fragestellung	Beispiele
Werbeziel	**WAS** soll mit den Werbemaßnahmen erreicht werden?	– Erweiterung des Absatzmarktes aller oder bestimmter Waren; – Erhaltung des bereits gewonnenen Kundenstammes; Einführung neuer Waren.
Werbeetat	**WIE VIEL** Geld steht für die Werbung zur Verfügung?	– Vorjahresbetrag (evtl. plus Zuschlag); – gleicher Prozentsatz vom Planumsatz wie in der Branche im Durchschnitt; – geschätzte Ausgabesumme eines direkten Konkurrenten (plus Zuschlag). (Je mehr Personen angesprochen werden sollen, desto höher sind die Werbekosten.)
Zielgruppe (= Streukreis)	**WER** soll mit der Werbung angesprochen werden?	Personen oder Personenkreise, wie z. B. Autofahrer, Eltern von Kleinkindern, Jugendliche im Alter von 14 bis 20 Jahren, Heimwerker.
Streugebiet	**WO** soll geworben werden?	An oder im Geschäft, in der Nachbarschaft, im Stadtteil, in der Region.
Werbemittel und Werbeträger (= Streuweg)	**WOMIT** soll geworben werden?	Anzeigen, Prospekte, Werbegeschenke, Schaufenster u. a.
Werbemittelgestaltung	**WIE** können die Werbeziele umgesetzt werden, sodass sie von der Zielgruppe verstanden und angenommen werden?	Klarheit der Aussagen; Farben; Formen u. a.
Streuzeit	**WANN** soll geworben werden?	Jeden Samstag in der örtlichen Tageszeitung; in bestimmten Abständen; zu bestimmten Anlässen wie Muttertag, Theatersaison, Frühjahrshausputz, Badesaison, WSV u. a.

(Zielgruppe, Streugebiet, Werbemittel und Werbeträger: bestimmen die Reichweite der Werbemaßnahmen)

Die Werbedurchführung

Im Anschluss an die Werbeplanung folgt die **Durchführung.** Da der Einsatz von Werbeträgern bzw. Werbemitteln bei den Verbrauchern eine möglichst große Werbewirkung erzielen soll, müssen folgende **Werbegrundsätze** beachtet werden:

Wahrheit

Werbung muss frei sein von unzutreffenden Behauptungen, Übertreibungen und Entstellungen von Tatsachen. Durch unwahre Aussagen über Beschaffenheit, Verwendbarkeit und Preise der angebotenen Waren wird

- der Kunde irregeführt und verärgert,
- gegen das Gesetz gegen den unlauteren Wettbewerb (UWG) verstoßen.

Deshalb sollten auch Steigerungsformen wie „unerreicht", „einmalig", „unübertrefflich", „das Allerbeste" möglichst vermieden werden. Ein Zuviel an Lob stellt die Glaubwürdigkeit der Werbung infrage.

Wirksamkeit

Um Aufmerksamkeit zu erreichen, muss die Werbung ideenreich sein. Die Werbemaßnahmen sollen sich von denen der Konkurrenz deutlich abheben (**Originalität** der Werbung). Hinzu kommen die Wahl geeigneter Werbemittel und die Einprägsamkeit.

Je wirksamer eine Werbemaßnahme ist, desto sicherer kann das Hauptziel „Absatzförderung" erreicht werden. Wie die Werbung auf den Verbraucher wirkt, bevor er seine Kaufentscheidung trifft, lässt sich vereinfacht in einem stufenartigen Zusammenhang darstellen (sog. AIDA-Formel):

A	I	D	A
Attention = Die Werbebotschaft soll Aufmerksamkeit erzielen.	**I**nterest = Interesse wecken. Dadurch soll die Werbebotschaft im Gedächtnis des Umworbenen bleiben (= länger anhaltende Aufmerksamkeit).	**D**esire = Drang, Kaufwunsch auslösen. Dem Umworbenen soll eine angenehme Gefühls- oder Erlebniswelt vermittelt werden, sodass er die Ware besitzen möchte.	**A**ction = Aktion, Kauf bewirken. Der Umworbene kauft die Ware.
Beispiele: durch Lautsprecherdurchsage, Schlagzeile, Melodien, Blickfang, Farbgestaltung	**Beispiele:** durch den Aufbau eines positiven Gesamtbildes (Image) mittels Wiederholungen (Erkennungsmelodie, Fernsehspots), Beleuchtung	**Beispiele:** durch ein Bild, Demonstrationen, Kostproben werden die Vorzüge der Ware herausgestellt, wird der Verbraucher von den Vorteilen der Ware überzeugt – es entsteht ein Kaufmotiv. (= Steigerung des Interesses; starkes Verlangen)	**Beispiele:** durch Zeitungsanzeigen oder Prospekte mit Bestellschein und Werbepräsent bei Bestellung; Befristung des Angebots
Aber: Botschaft hören heißt noch lange nicht Interesse haben.	**Aber:** Interesse heißt noch lange nicht Kaufwunsch haben.	**Aber:** Kaufwunsch haben heißt noch lange nicht kaufen.	**Aber:** Kaufen heißt noch lange nicht Produkttreue.

Um Wirksamkeit zu erzielen, muss der Einzelhändler daher auch auf **Stetigkeit** achten. Denn einmalige Werbemaßnahmen haben erfahrungsgemäß nur bescheidenen Erfolg; sie müssen über einen längeren Zeitraum erfolgen.

Klarheit

Die Werbebotschaft sollte schnell erfassbar, leicht verständlich und übersichtlich sein.

Wirtschaftlichkeit

Das Ziel des Einzelhändlers muss es sein, mit möglichst geringen Kosten seinen Umsatz zu steigern. Er muss daher sehr genau prüfen, ob die durch die Werbung erzielte Wirkung in einem angemessenen Verhältnis zu den Werbekosten steht (= Werbeerfolgskontrolle).

> **Beispiel**
> Ein Textileinzelhändler hat nach Abschluss einer Werbemaßnahme einen Umsatzzuwachs (= Werbeertrag) von 255.000 €. Für die Werbemittel (Zeitungsanzeige, Handzettel und Rundfunkspot) musste er insgesamt 102.000 € bezahlen. Sein Werbeerfolg war positiv, er betrug 2,5.

Nur theoretisch lässt sich aber so der Werbeerfolg ermitteln. Praktisch treten Schwierigkeiten auf, da

- sich häufig die Werbekosten nicht genau von den anderen Kosten im Unternehmen abgrenzen lassen,
- sich andere Absatzmaßnahmen und Faktoren – neben der eingesetzten Werbemaßnahme – ebenfalls und gleichzeitig auf den Umsatz auswirken können, beispielsweise die Produktgestaltung, Bedarfsverschiebungen (Mode), Preisänderungen bei der Konkurrenz, Konjunktureinflüsse und anderes mehr,
- eine zeitliche Abgrenzung der Werbeerträge häufig unmöglich ist. Eine Werbemaßnahme kann z. B. schon längst abgeschlossen sein, ihre absatzfördernde Wirkung kann aber unvermutet und unerkannt noch über einen längeren Zeitraum wirken.

Außerdem liegt der wirtschaftliche Werbeerfolg nicht nur im Verkauf der verlangten Ware, sondern auch im Verkauf zusätzlicher Ware. Für den Einzelhändler ist es daher sehr schwer, diesen Erfolg festzustellen.

Ist das Ziel die Erhaltung des bisherigen Umsatzes, so sind die Schwierigkeiten einer Erfolgskontrolle darin zu sehen, dass der Händler nicht sagen kann, um wie viel sein Umsatz zurückgegangen wäre, wenn er die Werbemaßnahme nicht durchgeführt hätte.

Ermittlung des außerökonomischen Werbeerfolgs

Von außerökonomischen Werbeerfolgen spricht man, wenn es dem Unternehmer gelingt,

- die Kundenkontakte zu erhöhen,
- den Bekanntheitsgrad seines Unternehmens zu steigern,
- die Erinnerungsfähigkeit der Kunden an sein Geschäft zu erhöhen,
- das Image des Unternehmens zu verbessern.

Die Erfolgskontrolle muss sich dabei über einen längeren Zeitraum erstrecken. Mittel zur außerökonomischen Werbeerfolgskontrolle sind

- Meinungsumfragen und
- Image-Analysen.

Die Werbeerfolgskontrolle

Ermittlung des ökonomischen Werbeerfolgs

Die Beurteilung des Werbeerfolgs hängt von der Zielsetzung ab, die der Einzelhändler mit einer Werbemaßnahme erreichen will.

Steht die Umsatzsteigerung im Vordergrund, so muss er überprüfen, ob durch die Werbemaßnahme eine Steigerung seines Umsatzes erreicht wurde.

$$\text{Werbeerfolg} = \frac{\text{Umsatzsteigerung}}{\text{Werbekosten}}$$

Wirtschaftlich ist der Werbeeinsatz immer bei einem Ergebnis größer 1.

Aufgaben

1. Warum muss Werbung planmäßig betrieben werden?
2. Wie bezeichnet man die Gruppe, die durch die Werbung angesprochen werden soll?
3. Was versteht man in der Werbung unter Streuzeit?
4. Erläutern Sie den Begriff Streugebiet.
5. Ordnen Sie zwei von den fünf Beispielen den Werbefachbegriffen a) Streuzeit und b) Streugebiet zu.

   Beispiele:

   a) Das Jeansgeschäft einer Kreisstadt eröffnet eine Filiale in Marienhagen.
   b) Die neue Einkaufsmöglichkeit soll 14 Tage vor bis 14 Tage nach der Eröffnung bekannt und populär gemacht werden.
   c) Es sollen die männlichen und weiblichen Jugendlichen im Alter von 12–25 Jahren angesprochen werden.
   d) Es sollen Marienhagen und die unmittelbare Umgebung abgedeckt werden.
   e) Es sollen Kosten für verschiedene Werbemittel/Werbeträger miteinander verglichen werden.

6. Prüfen Sie die folgenden Beispiele und entscheiden Sie, ob für die genannte Zielgruppe ein geeigneter Werbeträger ausgewählt wurde. Begründen Sie Ihre Antworten.

   a) In einer Jugendzeitschrift wird für Ferienreisen in die Karibik geworben.
   b) In einem Managermagazin wird zum Kauf von ausländischen Wertpapieren mit einer besonders hohen Rendite geraten.
   c) Kurz vor einer Schulfunksendung im Radio wird für Autos geworben.
   d) Im Kino wird vor Beginn des Hauptfilmes ein Spot für Erfrischungsgetränke gezeigt.

7. Nennen Sie die zentralen Fragestellungen der Werbeplanung.
8. Welche Zielgruppen sollen mit den folgenden Werbeaktionen angesprochen werden?

   – Bergsportzentrale Münzer setzt auf Zeltkomfort.
   – Alles für den Hobbybastler.
   – Exklusive Mode für die selbstbewusste Frau von heute.
   – Ihr Verbrauchermarkt – Ihre günstige Einkaufsstätte.
   – Die neue Skimode für alle, denen Qualität und Design etwas bedeuten.

9. Welcher Streuweg wäre bei folgenden Werbemaßnahmen für den Einzelhandelskaufmann der beste?

   – Ein Uhrenfachgeschäft wirbt in der unmittelbaren Umgebung des Geschäftes.
   – Ein großer Getränkehersteller wirbt für sein neues „light"-Produkt.
   – Ein Fotogeschäft bringt sich bei ihm bekannten Kunden in Erinnerung.
   – Die Einzelhändler des Stadtteils Linden werben alle 14 Tage gemeinsam.
   – Ein Discountgeschäft startet zweimal im Monat eine größere Werbeaktion mit vielen verschiedenen preisgünstigen Waren aus dem Gesamtsortiment.

10. Ordnen Sie die Grundsätze der Werbung (Wirtschaftlichkeit, Wahrheit, Klarheit, Originalität, Wirksamkeit) den folgenden Beispielen zu:

    Beispiele:

    a) Eine Erhöhung der Aufmerksamkeit durch eine originelle Werbung führt zu einer klaren Abgrenzung von der Konkurrenz.
    b) Die Werbewirkung bei einzelnen oder gezielt ausgewählten Kundengruppen sollte, trotz aller damit verbundenen Schwierigkeiten, fortlaufend überprüft werden.
    c) Übertreibungen in der Werbung wie auch bewusst falsche Aussagen führen zu einem Vertrauensschwund und zum Verlust an Glaubwürdigkeit und Umsatzeinbußen für den Einzelhändler.
    d) Besonders eingängige, klare und leicht verständliche Aussagen bewirken die erwünschte Aufmerksamkeit und Aufnahme der Werbebotschaft.
    e) Das Verhältnis zwischen dem Aufwand der Kosten für die Werbung und dem Ertrag muss wirtschaftlich zu rechtfertigen sein.

11. Erklären Sie die AIDA-Formel.
12. Was verstehen Sie unter einem Werbeetat?
13. Wie nennt man die Gesamtheit der Maßnahmen zur Überwachung der Wirtschaftlichkeit der gesamten oder einzelnen Werbemaßnahmen?
14. Wie wird der Werbeerfolg festgestellt?
15. Beschreiben Sie die Problematik der Werbeerfolgskontrolle.
16. Wann spricht man von außerökonomischem Werbeerfolg?

Zusammenfassung

Werbeplanung

Im Einzelnen sind vom Unternehmer und/oder einer beauftragten Werbeagentur festzulegen:

- **Werbeziele**
- **Werbeetat** = Geldmittel, die für eine bestimmte Werbekampagne zur Verfügung stehen
- **Streukreis** = umworbener Personenkreis
- **Streugebiet** = Einsatzgebiet der Werbung
- **Streuweg** = Werbemittel und Werbeträger, mit denen die Umworbenen erreicht werden sollen
- **Streuzeit** = zeitlicher Einsatz der Werbung

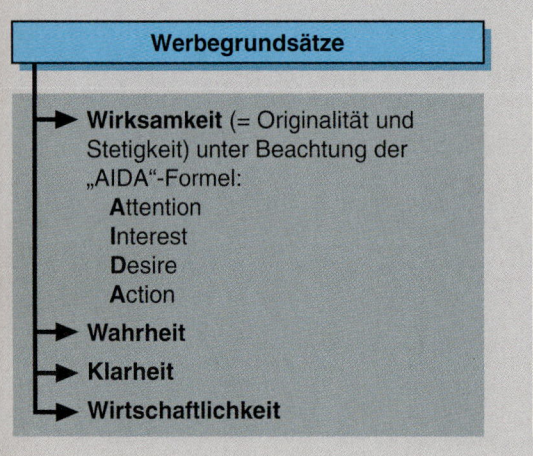

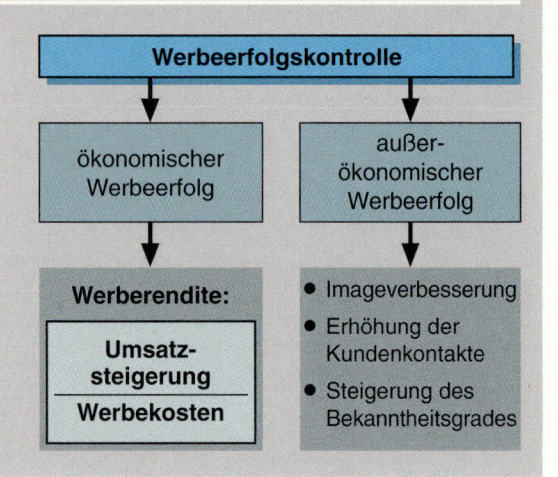

Werbegrundsätze

- **Wirksamkeit** (= Originalität und Stetigkeit) unter Beachtung der „AIDA"-Formel:
  - **A**ttention
  - **I**nterest
  - **D**esire
  - **A**ction
- **Wahrheit**
- **Klarheit**
- **Wirtschaftlichkeit**

Werbeerfolgskontrolle

- ökonomischer Werbeerfolg
  - Werberendite:
    - Umsatzsteigerung
    - Werbekosten
- außerökonomischer Werbeerfolg
  - Imageverbesserung
  - Erhöhung der Kundenkontakte
  - Steigerung des Bekanntheitsgrades

7.8 Gefahren der Werbung

aus: „Von Tauschern zu Täuschern", SOAK Verlag, Wunstorf

Welche Problematik wird mit dem Comic angesprochen?

Information

Die Werbung hat neben der Aufgabe, über Waren und Dienstleistungen zu informieren, auch eine **Motivationsfunktion.**

Menschliche Entscheidungen erfolgen nur zu einem geringen Teil (ca. 25 %) über den Verstand. Überwiegend sind Entscheidungen von den Gefühlen (Emotionen) beeinflusst. Am Anfang steht dabei der Mensch mit seinen Träumen, Hoffnungen und Wünschen, die zu bestimmten Begierden werden können. Der Wunsch wird zur Motivation, konkretisiert sich dann im Bedarf und wird schließlich in den Kauf umgesetzt.

Werbung, die den Verstand übergeht und die Gefühle anspricht, **gaukelt** dem Verbraucher vor, dass er mit der bestimmten Ware z. B. Ansehen erwirbt, dass er mit ihr zu den besonderen Menschen gehört. Oder sie versucht ihm **einzureden,** dass derjenige, der diese Ware besitzt, besondere Eigenschaften hat. Er wird bewundert, ist attraktiv, sportlich oder weltgewandt. Besonders stark wirken Werbebotschaften, die an die sexuellen Triebwünsche gerichtet sind. Sichtbares Zeichen dafür sind die häufig in der Werbung erscheinenden attraktiven Frauen.

Werbung, die darauf abzielt, dass der Verbraucher mit der Ware bestimmte Vorstellungen verbindet, die mit den Eigenschaften der Ware in keinem Zusammenhang stehen, bezeichnet man als **suggestive Werbung** (suggestiv = seelisch beeinflussend; etwas einredend; zu etwas überredend).

> **Beispiele für emotionale Werbebotschaften**
> - Freiheit an den Füßen
> - Sicherheit und Erfolg durch elegante Kleidung
> - Das Gefühl von Freiheit in Jeans und Jacketts von ...
> - Behaglichkeit und Wärme – Wohnmöbel von ...
> - Ein Hauch von Zärtlichkeit – Die Nachtwäsche von ...
> - Sorglos schlafen – sicher geweckt – durch unsere ... uhren.

Der Verbraucher soll davon überzeugt werden, dass die Ware ihm einen Vorteil/Nutzen bringt, der über ihren üblichen Gebrauchswert hinausgeht. Die Werbebotschaft für ein Aftershave „Mit diesem Duft kann Dir alles passieren" verspricht Attraktivität, Aufregendsein, Schönheit und Exklusivität, und zwar für **jeden** Mann, der dieses Aftershave kauft.

Die Gefahr für den Verbraucher besteht darin, dass er sich nicht klar macht, dass man Derartiges nicht mit einem Kosmetikartikel kaufen kann und dass er unterbewusst Ware und Werbebotschaft gleichsetzt. Hier soll eine Kaufentscheidung fallen aufgrund **gefühlsmäßiger (emotionaler) Beeinflussung.**

Zur suggestiven Werbung gehört auch die **„Leitbildwerbung",** bei der bekannte Persönlichkeiten für Waren werben. So sieht man beispielsweise Sportler, die für ein Getränk werben, das sie selbst gar nicht trinken, oder Schauspieler machen Werbung für einen Kosmetikartikel, den sie privat nicht benutzen. Die Leitbildwerbung verfolgt den Zweck, dass sich bestimmte Verbraucher oder Verbrauchergruppen mit diesen „Vorbildern" identifizieren und ihnen nacheifern, um mit ihnen etwas gemeinsam zu haben.

Soll die Werbung sich überwiegend an den Verstand wenden, so muss sie logisch aufgebaut sein und überzeugen können.

Man spricht dann von **informierender (sachlicher) Werbung.**

In letzter Zeit werden immer öfter Markenartikel, ob Autos, Schuhe, Uhren oder Zigaretten – als Requisiten getarnt – so geschickt in einen Film eingebaut (z. B. bei „Dallas"), dass der Zuschauer die werbende Absicht nicht mehr erkennt. **„Productplacement"** nennen es die Werbefachleute.

Aus den genannten Gründen hört man sehr häufig, dass die Werbung, indem sie den Verbrauchern einredet, mit der Ware/Dienstleistung gleichzeitig ein bestimmtes Gefühl zu erwerben, **manipuliert,** d. h., dass man Dinge kauft, die man bewusst und überlegt so nicht gekauft hätte.

In diesem Zusammenhang sei auf die **Warenplatzierung** im Lebensmitteleinzelhandel hingewiesen, wo – vornehmlich in SB-Läden – folgende Grundsätze angewendet werden:

Internet ohne PC – so einfach wie Fernsehen!

Internet? Oh ja, gerne.
Fernseher? Haben Sie.
Telefonanschluß? Natürlich.
Computer? Brauchen Sie nicht – es gibt doch die Surfstation!

Und so funktioniert es:
- schließen Sie die MC Surfstation mittels des mitgelieferten SCART-Kabels einfach an Ihren Fernseher an
- Stecken Sie das Telefonkabel in die Telefondose
- Schalten Sie die Surfstation an und drücken Sie auf Start, den Rest erledigen wir für Sie
- Sounds und Grafiken aus dem Internet werden über Ihren Fernseher dargestellt

Ihre Vorteile:
- keine Computerkenntnisse erforderlich
- keine Änderungen an Ihrem Fernseher
- kein Mindestumsatz – keine Onlinegebühren
- Verbindungspreise zum Ortstarif der Telekom

Sie erhalten:
- die Surfstation im Wert von 499,- (Kaufpreis, ohne Laufzeit)
- eine Infrarot-Tastatur inkl. Mausfunktionalität
- Ihre eigene E-Mail-Adresse

Mtl. Nutzungsgebühr nur

29,90

oder einfach kaufen zum Preis von

jetzt nur noch

499,-

Fernseher: nur Deko (haben Sie ja sowieso)

1. In den Eingang gehören „Stopper" durch Sonderangebote und Impulsartikel.

2. Anordnung der Waren und Regale in der Form, dass der Kunde
   - an möglichst allen Waren vorbeigeführt wird,
   - immer wieder zum Stehenbleiben veranlasst wird.

   Grund: Der Kunde soll dazu verleitet werden, mehr zu kaufen, als er ursprünglich vorhatte (**Impulskäufe**).

3. Gut kalkulierte Artikel und Neuheiten sollen am Rand des Regals aufgebaut werden, da sie vom Kunden besonders beachtet werden.

4. Suchartikel und Artikel des täglichen Bedarfs gehören in die Regalmitte.

5. Dabei liegen die Mussartikel, wie Brot, Milch, Zucker, Salz usw., also Artikel, die der Kunde unbedingt benötigt, unten oder oben (in der Bück- oder Reckzone). Man benötigt sie, also wird sich jeder bücken oder recken.

6. Impuls-, Zusatz- und teuere Artikel sind am besten in der Greif- und Sichtzone zu platzieren (0,80 m – 1,60 m), zudem auf der rechten Seite. Untersuchungen haben ergeben, dass Kunden bevorzugt nach rechts schauen, außerdem sind die meisten Rechtshänder. Der Händler geht davon aus, dass ein und derselbe Artikel, der in Augenhöhe 100-mal verkauft wird, in Hüfthöhe nur noch 70-mal, in Kniehöhe sogar nur 30-mal verkauft wird.

7. Aufstellen von sog. Schütten. Durch geplante Unordnung soll der Kunde Lust zum Kauf am Wühltisch gewinnen. Er soll gleichzeitig den Eindruck bekommen: Diese Ware ist so billig, dass man sich erst gar nicht die Arbeit machen konnte, sie ordentlich aufzubauen oder zu stapeln.

8. Platzierung der umsatzstärksten Artikelgruppen, wie Frischfleisch und Käse, im hinteren Teil des Geschäfts (dem Eingang entgegengesetzt), damit der Kunde auf dem Weg dorthin an möglichst vielen Waren vorbeigeführt wird. Je länger er nämlich im Laden bleibt, desto mehr kauft er.

9. Aufbau insbesondere von Süßwaren in der Kassenzone, sodass sie besonders Kinder zu einem schnellen Zugriff animieren können.

Reckzone
über 1,60 m;
weniger verkaufsaktiv

Sichtzone
1,20 – 1,60 m;
sehr verkaufsintensiv

Greifzone
0,80 – 1,20 m;
durchschnittlich verkaufsintensiv

Bückzone
bis 0,80 m;
weniger verkaufsaktiv

Die Beeinflussbarkeit des Menschen hat jedoch auch ihre Grenzen. Der Verbraucher kann nicht beliebig zum Kauf von irgendwelchen Waren verführt werden, weil

- es eine Vielzahl von Konkurrenzwaren gibt,
- er häufig Markentreue beweist und
- er immer häufiger jeder Werbebotschaft kritisch gegenübersteht.

Jeder Verbraucher sollte sich bewusst machen, dass die Werbung das Ziel hat, den Warenabsatz des Händlers zu steigern. Er sollte sich daher von gefühlsmäßigen Käufen freimachen und vielmehr verstandesmäßig kaufen.

Er sollte

- Informationsmöglichkeiten nutzen durch die Tagespresse, Funk- und Fernsehsendungen, Fachzeitschriften, die Schriften des Bundesausschusses für volkswirtschaftliche Aufklärung, die Verbraucherberatungsstellen und die Zeitschrift der Stiftung „Warentest".
- bedenken, dass in der Werbung der Werbende nur seine beste Seite zeigt. Niemand ist verpflichtet auf Nachteile seines Angebotes aufmerksam zu machen.
- sich bewusst machen, welche seiner Gefühle und Neigungen in der Werbung angesprochen werden sollen. Gefühlsreaktionen können weitgehend unwirksam werden, wenn man sich klarmacht, was damit beabsichtigt ist.
- die Werbung nicht so ernst nehmen.

Eine Übersicht über die Argumente der Befürworter und Gegner der Wirtschaftswerbung zeigt die folgende Darstellung:

Werbung	
PRO	**KONTRA**
Werbung – informiert den Kunden über neue Waren, – kann dazu beitragen, den Absatz zu steigern, – lässt durch erhöhte Produktion die Stückkosten sinken und damit die Preise, – schafft Arbeitsplätze, – erhöht den Gewinn, – hilft, die eigenen Waren von denen der Konkurrenz abzugrenzen, – fördert die Konkurrenz, weil sie die Marktübersicht erhöht, – steigert die Lebensqualität, – belebt das Straßenbild.	Werbung – verleitet den Menschen zu Handlungen, für die er sich sonst nicht entscheiden würde (sie manipuliert), – treibt häufig gefühlsmäßige Beeinflussung (Suggestion), – vermittelt nur positive Informationen über die Ware, – es wird eine heile Welt vorgegaukelt, – verursacht zu hohe Kosten und erhöht damit die Preise, – steigert die Suchtgefahren (Tabak, Alkohol, Tabletten), – gefährdet den Wettbewerb, weil sich nur finanzstarke Unternehmen aufwändige Werbemaßnahmen leisten können.

Aufgaben

1. Werbung hat u. a. suggestive Wirkung. Was verstehen Sie darunter?
2. Welches Beispiel würden Sie der informativen Werbung zuordnen?
   Beispiele für Geschirrspülmittel:
   a) Der knallgelbe Kraftspüler
   b) Ein Liter nur 0,69 €
   c) Jetzt ist Wasch dran
   d) Wasch ist toll
   e) Das schafft nur Wasch: Kräftige Apfelsinenfrische bringt frischen Wind in Ihr Geschirr
3. Erklären Sie die Aussage „Werbung manipuliert".
4. Sammeln Sie je fünf verschiedene Schlagworte für suggestive Werbung, wenn
   a) die sexuellen Wünsche,
   b) Sorge, Angst, Schuldgefühle,
   c) Prestige, Ansehen, Statusgefühl angesprochen werden sollen.
5. Beschreiben Sie die „Leitbildwerbung".

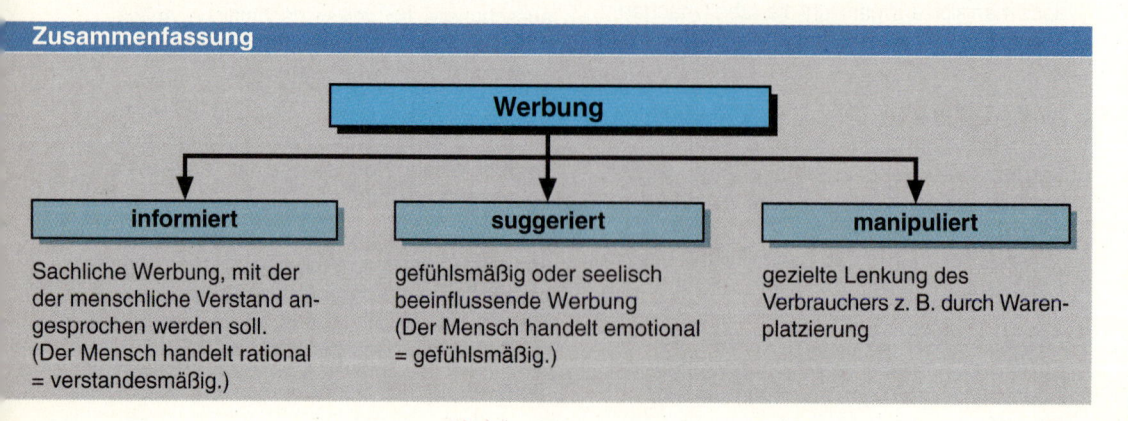

Zusammenfassung

Werbung

- **informiert**: Sachliche Werbung, mit der der menschliche Verstand angesprochen werden soll. (Der Mensch handelt rational = verstandesmäßig.)
- **suggeriert**: gefühlsmäßig oder seelisch beeinflussende Werbung (Der Mensch handelt emotional = gefühlsmäßig.)
- **manipuliert**: gezielte Lenkung des Verbrauchers z. B. durch Warenplatzierung

7.9 Marketing und Marktforschung

Ergebnisse einer Untersuchung bei 300 Besuchern von Fachgeschäften je zur Hälfte Männer und Frauen

Anteil der Frauen bzw. Männer, die mit „trifft zu/trifft voll und ganz zu" geantwortet haben

Statement	Frauen %	Männer %
Qualität ist nicht nur Strapazierfähigkeit, hier spielt auch das edle Aussehen (eines Kleidungsstücks) eine große Rolle.	77	76
Ich wäre enttäuscht, wenn man, nur um den Preis zu halten, die Stoffqualität und Verarbeitungsqualität senkt.	86	83
Lieber etwas mehr Geld ausgeben und dafür ein gutes (Kleidungsstück) bekommen.	83	80
In der schnelllebigen Zeit ist die Qualität eines Kleidungsstücks nicht mehr so wichtig, wie das früher der Fall war.	25	24
Für mich ist wichtig, dass das Kleidungsstück in Passform und Farbe gefällt, das Material spielt nur eine untergeordnete Rolle.	35	32
In (Kleidung) aus reiner Schurwolle ist man immer gut angezogen.	62	69
Das Material (eines Kleidungsstücks) hat für mich keine große Bedeutung, wichtiger ist es, dass man es in der Waschmaschine waschen kann.	24	21
Das Material, aus dem ein (Kleidungsstück) hergestellt ist, ist für mich wichtiger als die Marke des Herstellers.	86	81

Welche Bedeutung können die Ergebnisse der Untersuchung für den Einzelhändler haben?

Information

Marktuntersuchung als Instrument des Marketing

Sämtliche Maßnahmen, die darauf abzielen, den Absatz zu fördern, nennt man **Marketing** (engl. = auf den Markt bringen).

Dabei orientiert sich ein marketingbewusster Unternehmer mit all seinen Aktivitäten zielbewusst, planmäßig und organisatorisch an den Problemen, Wünschen und Bedürfnissen ausgewählter Kundengruppen.
Nicht das Produkt oder die Produktion steht im Mittelpunkt. Vielmehr wird das Unternehmen vom Absatz her geführt, sodass sämtliche unternehmerischen Maßnahmen durch das „Denken-vom-Markt-her" geprägt sind.
Zum Marketing gehören u. a. Markterkundung und Marktforschung (= Marktuntersuchung), mit ihren Teilbereichen Marktanalyse und Marktbeobachtung, Marktprognose, aber auch die absatzpolitischen Instrumente Kundenservice, Preispolitik, Werbung, Sortimentspolitik und Konditionenpolitik (vgl. Kapitel 7.1 bis 7.4).

Ein Kaufmann, der im Einzelhandel erfolgreich sein will, muss seinen Markt genau kennen. Dazu gehört nicht nur, dass er ein attraktives Sortiment anbietet und weiß, wo man es möglichst günstig einkaufen kann. Er muss auch die Wünsche der Verbraucher kennen und außerdem wissen, ob die Kunden mit seinem Geschäft und den angebotenen Leistungen zufrieden sind.

Genauso wichtig ist, dass er möglichst umfassend über die absatzfördernden Maßnahmen seiner Konkurrenten Bescheid weiß. Denn sein Ziel sollte es sein, sich von ihnen möglichst abzusetzen und auf ihre Stärke Rücksicht zu nehmen oder ihre Schwäche auszunutzen.

Damit die vorgeschriebenen Marktinformationen beschafft und verarbeitet werden können, muss das Unternehmen den *Markt* zuvor *untersuchen*.

Marktuntersuchung ist die Beschaffung notwendiger Informationen über die abhängigen Märkte des Unternehmens. Hierunter fallen alle Aktivitäten zur Sammlung und Analyse von Informationen für Marketingentscheidungen. Bezogen auf den Absatzmarkt sind dies insbesondere Informationen über:
- Verhaltensweisen und Einstellungen der Nachfrager und
- Produkte und Marktstrukturen (Marktteilnehmer).

Beispiel „Trend-Scout":

Markenfirmen bezahlen Trend-Scouts in allen großen Städten. Diese teilen ihre Beobachtungen aus der Szene der Zentrale mit. Auf dieser Grundlage werden neue Schuhtypen erzeugt und in einigen firmeneigenen Schuhgeschäften probeweise zum Kauf angeboten. Die Registrierkassen in den Filialen sind vernetzt. Im Zentralcomputer wird daher rasch erkennbar, wie die Szene auf das Bild reagiert, das sich die Firma von ihr gemacht hat. Steigen die Verkaufszahlen eines Typs, geht er groß in Produktion. Selbst wenn die Firma sich geirrt hat, entsteht damit eine neue Wahrheit.

In Sekundenschnelle findet die Bauanleitung ihren Weg durchs Internet nach Asien, wenige Wochen später ist der Schuh in Europa lieferbar. Konkurrenten wittern einen Trend und beginnen mit dem Kopieren. Ist die erste Kopie auf dem Markt, ist das Original schon ein Stück origineller geworden.

Der Ursprung einer neuen Form ist kreisförmig. Eine Kettenreaktion von Nachahmungen beginnt, in die sich Abweichungen einschleichen. Überlagerungen, Kombinationen, Zufälle und Missverständnisse spielen die gleiche Rolle wie die mitspielenden Akteure. So wie ein Raver den anderen nachahmt, kopiert eine Schuhfirma die andere und alle gemeinsam kopieren sie die Szene, die nichts anderes ist als die Gesamtheit dieser Kopiervorgänge.

Wird die Markuntersuchung gelegentlich, d. h. unsystematisch, durchgeführt, so spricht man von *Markterkundung,* erfolgt sie hingegen systematisch, so liegt *Marktforschung* vor.

Marktuntersuchung

Markterkundung
Unsystematisches

Sammeln von Informationen:
- sporadische Gespräche mit Kunden
- Berichte des Verkaufspersonals, besonders von Reisenden und Vertretern
- Marktberichte in Fachzeitschriften
- Messebericht
- Konjunkturdaten und -prognosen
- wirtschaftspolitische Maßnahmen der Regierung und der Zentralbank

ergänzend

Marktforschung
Systematisches

Sammeln von Informationen zur Einschätzung und Beeinflussung des potenziellen Absatzmarktes mit wissenschaftlichen Methoden vorbereitet und vom Unternehmen selbst oder von Marktforschungsinstituten durchgeführt.

Die Marktforschung soll den Markt transparent machen.

Dies kann erzielt werden entweder

fortlaufend durch — und/oder — einmalig durch

Marktbeobachtung — Marktanalyse

Ergebnis: Marktprognose

Insbesondere der kleinere Einzelhändler ist aus Kostengründen auf die eigene, unsystematische Markterkundung angewiesen. Diese sollte aber durchaus ausreichend sein, da sein Absatzmarkt i. d. R. nicht so umfangreich und deshalb überschaubar ist.

Die **systematische Absatzmarktforschung** soll insbesondere Informationen bereitstellen über:
- die eigene Stellung am Markt (**Absatzforschung**), d. h. Erforschung der eigenen Marktstellung und der Wirkung der absatzpolitischen Maßnahmen (Planung und Kontrolle des Einsatzes der marketingpolitischen Instrumente wie z. B. Werbung, Absatzorgane [Filialen, Reisende, Handelsvertreter], Sortimentspolitik),
- die Konkurrenz und die Entwicklung der Branche (**Konkurrenz- bzw. Wettbewerbsforschung**), d. h. Erforschung von Konkurrenten (Zahl und Stärke), Konkurrenzprodukten (Preis und Qualität) und Konkurrenzverhalten (Preisänderungen, neue Werbemaßnahmen usw.),
- die tatsächlichen und möglichen Nachfrager (**Bedarfsforschung**), d. h. Erforschung von Marktgröße und Aufnahmefähigkeit des Marktes, Kaufkraft und Kaufkraftveränderungen, Zusammensetzung der Nachfrager sowie Käufergewohnheiten, Kaufmotive und Käuferreaktionen (auf Änderung der Qualität, Preise, Produktgestaltung, Verpackung sowie des Kundendienstes); die Bedarfsforschung kann eingeteilt werden in die <u>Tatsachenforschung</u> (objektive Daten über den Markt) und die <u>Meinungs- und Motivforschung</u> (Meinung des Kunden über Produkte und Konkurrenzprodukte; Gründe für die Kaufentscheidung),
- allgemeinwirtschaftliche Verhältnisse, wie die volkswirtschaftliche Entwicklung (Kaufkraft Preise, Lohnniveau usw.) und den Einfluss der allgemeinen Wirtschaftspolitik und der Konjunkturbewegungen.

> **Marktforschung** ist die **systematische** Beschaffung, Auswertung und Interpretation von Informationen über
> - jetzige und zukünftige Marktsituationen und -entscheidungen eines Unternehmens (z. B. über Konkurrenten, allgemeine Marktdaten [Kaufkraft, Preise, Lohnniveau] oder darüber,
> - wie die Waren beim Kunden ankommen und
> - wie der zukünftige Bedarf aussehen wird.

Methoden der Marktforschung

Werden **eigene** Befragungen (schriftlich mit Fragebögen; telefonisch; mündlich durch Interviews), Beobachtungen (z. B. die Laufrichtung der Kunden im Geschäft) und Experimente (mit Versuchsgruppen, die sich z. B. auf die Packung oder den Geschmack der Ware beziehen) durchgeführt, so spricht man von **Primärforschung** (Fieldresearch).

Wird **bereits vorhandenes Zahlenmaterial** (z. B. amtliche Statistiken, Zeitungen und Zeitschriften, Messeberichte, Mitteilungen von Instituten, Verbänden und Organisationen, innerbetriebliches Informationsmaterial: Vertreterberichte, Zahlen aus der Buchhaltung, Reklamationen) ausgewertet, so handelt es sich um **Sekundärforschung** (Deskresearch).

Bereiche der Marktforschung

Die Marktanalyse ist die **einmalige** Untersuchung des Marktes zu einem bestimmten Zeitpunkt, beispielsweise die Feststellung des tatsächlichen Absatzes einer neu auf den Markt gebrachten Damenstrumpfhose (= **Zeitpunkt**untersuchung).

Die Marktbeobachtung ist eine **laufende** Beobachtung des Marktes über einen längeren Zeitraum hinweg (= Kette von Marktanalysen), z. B. die Beobachtung der Absatzentwicklung einer alkoholfreien Biermarke im Zeitablauf (= **Zeitraum**untersuchung).

Die Ergebnisse der Marktbeobachtung bzw. der Marktanalyse werden zur **Marktprognose** (= Voraussage der Marktentwicklung) verarbeitet. Mit ihr wird versucht die **zukünftige Marktentwicklung** abzuschätzen und vorauszuberechnen. Die Marktprognose ist Grundlage für die absatzpolitischen Entscheidungen des Unternehmers.

Marketingmix (Mischung)

Das Warenangebot, aus dem der Kunde seine Wahl treffen kann, wird zunehmend größer. Das bedeutet aber auch, dass der Einzelhandel sich stärker am Bedarf des Konsumenten orientieren muss.

Hierzu müssen eine ganze Reihe von Einflussgrößen berücksichtigt werden, die sich gegenseitig bedingen oder ergänzen. Das Zusammenwirken der absatzpolitischen Instrumente wird als **Marketingmix** bezeichnet.

Es geht hauptsächlich um folgende Bereiche:
- Preispolitik,
- Sortimentspolitik,
- Konditionenpolitik,
- Kundendienstpolitik,
- Werbung in den Medien (Zeitung, Zeitschrift, Rundfunk, Fernsehen, Außenwerbung, Direktwerbung, Mund-zu-Mund-Werbung),
- Verkaufsförderung,
- Publicrelations (Werbung um Vertrauen in der Öffentlichkeit).

Werbung ist also nur eine Größe im gesamten Marketinggeschehen!

> **Marketingmix** ist die von einem Unternehmen zu einem bestimmten Zeitpunkt eingesetzte optimale **Kombination von marketingpolitischen Instrumenten,** um das Marketingziel erreichen zu können.

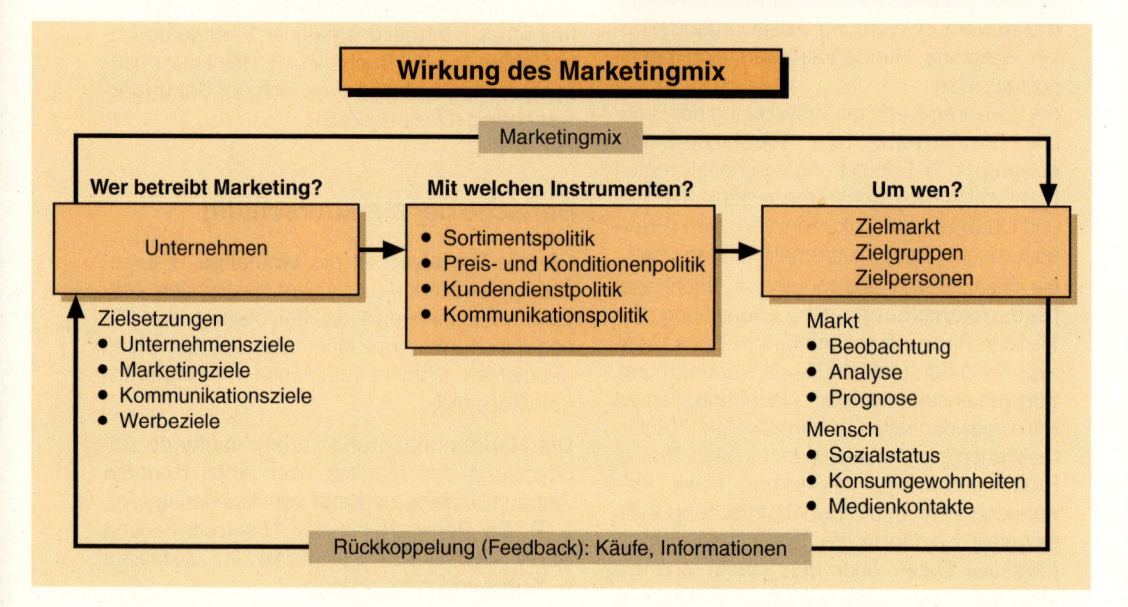

Wirkung des Marketingmix

Marketingmix

Wer betreibt Marketing?
Unternehmen

Zielsetzungen
- Unternehmensziele
- Marketingziele
- Kommunikationsziele
- Werbeziele

Mit welchen Instrumenten?
- Sortimentspolitik
- Preis- und Konditionenpolitik
- Kundendienstpolitik
- Kommunikationspolitik

Um wen?
Zielmarkt
Zielgruppen
Zielpersonen

Markt
- Beobachtung
- Analyse
- Prognose

Mensch
- Sozialstatus
- Konsumgewohnheiten
- Medienkontakte

Rückkoppelung (Feedback): Käufe, Informationen

Aufgaben

1. Worin besteht der Unterschied zwischen Marketing und Marktforschung?
2. Nennen Sie das Ziel der Marktforschung.
3. Das Sporthaus Winkler will sein Angebot an spezieller Ausrüstung für Hochgebirgswanderer ausweiten. Um ganz sicherzugehen, dass die Ware auch ihre Abnehmer finden wird, will der Inhaber, Herr Winkler jun., den Markt untersuchen lassen.

    Auf welche Informationen wird er dabei besonderen Wert legen?
4. Wie kann die Primärforschung durchgeführt werden und welchem Zweck soll sie dienen?
5. Unterscheiden Sie zwischen Marktanalyse und Marktbeobachtung.
6. Welche wirtschaftlichen Vorteile kann ein Unternehmer gegenüber seinen Konkurrenten aufgrund einer richtig erstellten Marktprognose haben?
7. Welche drei Aussagen können den Begriffen a) Marktprognose, b) Marktanalyse und c) Marktbeobachtung zugeordnet werden?

Aussagen:
1) Sie versuchen durch den Vergleich von betrieblichen Kennziffern den Absatz zu beeinflussen.
2) Sie untersuchen die Struktur von Angebot und Nachfrage zu einem bestimmten Zeitpunkt.
3) Sie sind die in Abständen von einigen Jahren immer regelmäßig wiederkehrenden Wellenbewegungen der Wirtschaft.
4) Sie sind bemüht die zukünftige Marktentwicklung richtig abzuschätzen und vorauszubestimmen.
5) Sie verfolgen laufend die Marktentwicklung.
6) Sie sind langfristige Veränderungen der Wirtschaftsentwicklung.

Zusammenfassung

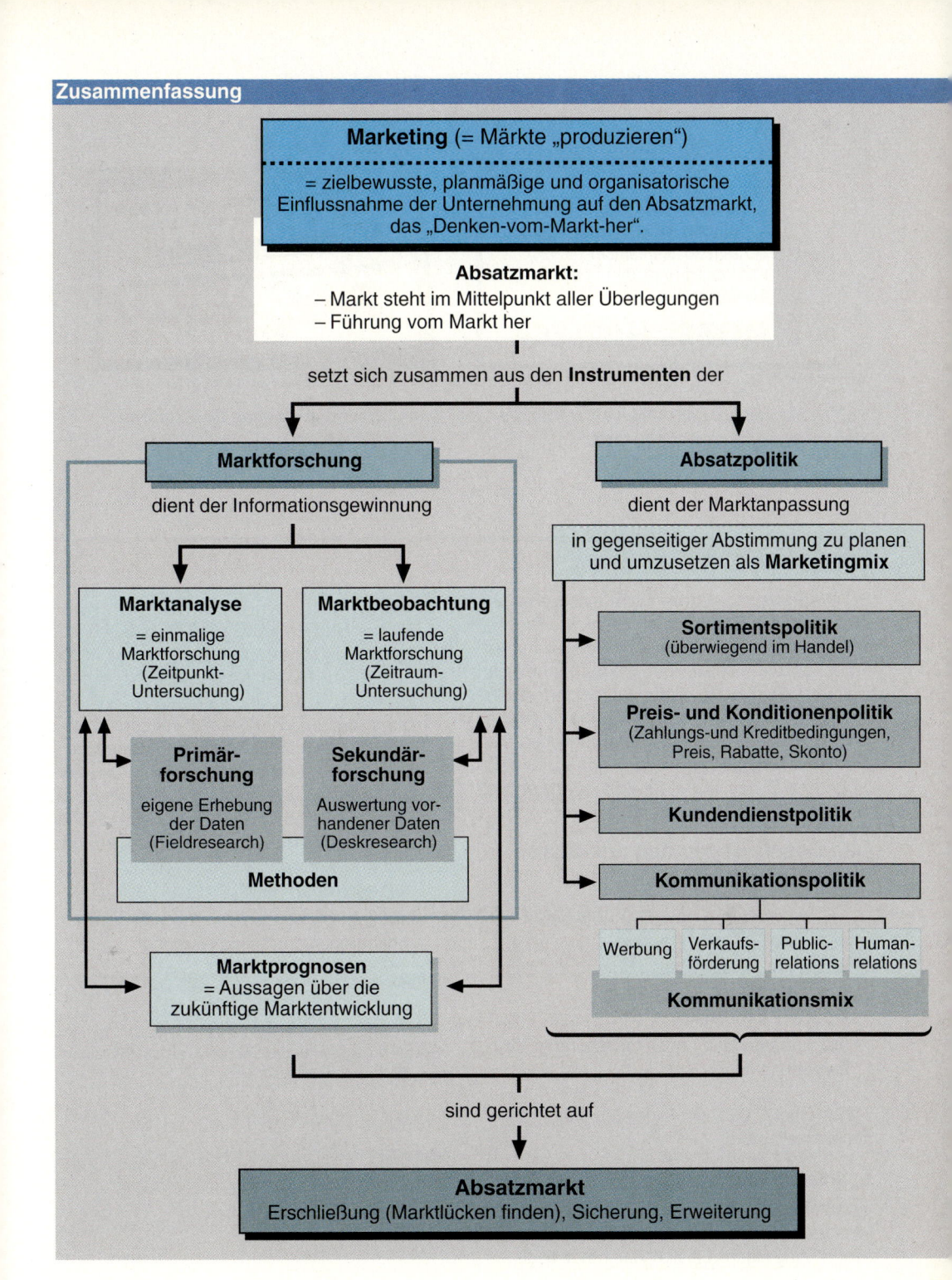

Marketing (= Märkte „produzieren")

= zielbewusste, planmäßige und organisatorische Einflussnahme der Unternehmung auf den Absatzmarkt, das „Denken-vom-Markt-her".

Absatzmarkt:
- Markt steht im Mittelpunkt aller Überlegungen
- Führung vom Markt her

setzt sich zusammen aus den **Instrumenten** der

Marktforschung
dient der Informationsgewinnung

Marktanalyse
= einmalige Marktforschung (Zeitpunkt-Untersuchung)

Marktbeobachtung
= laufende Marktforschung (Zeitraum-Untersuchung)

Primärforschung
eigene Erhebung der Daten (Fieldresearch)

Sekundärforschung
Auswertung vorhandener Daten (Deskresearch)

Methoden

Marktprognosen
= Aussagen über die zukünftige Marktentwicklung

Absatzpolitik
dient der Marktanpassung

in gegenseitiger Abstimmung zu planen und umzusetzen als **Marketingmix**

Sortimentspolitik
(überwiegend im Handel)

Preis- und Konditionenpolitik
(Zahlungs-und Kreditbedingungen, Preis, Rabatte, Skonto)

Kundendienstpolitik

Kommunikationspolitik
- Werbung
- Verkaufsförderung
- Public-relations
- Human-relations

Kommunikationsmix

sind gerichtet auf

Absatzmarkt
Erschließung (Marktlücken finden), Sicherung, Erweiterung

7.10 Gesetzliche Regelungen des Wettbewerbs

Anschlag desselben Geschäftes:

Wir verkleinern!
Sonderverkauf am laufenden Band.
Nutzen Sie die **einmalige** Chance bis zum 30. September.
Alles muss raus, darum einmalige **Sonderpreise**
MÖBEL NIEMECK

Prüfen Sie, warum dem Möbeleinzelhändler der Räumungsverkauf wegen Geschäftsverkleinerung nicht gestattet wurde.

Information

Ein Wettbewerbsrecht in Form eines einzigen Wettbewerbsgesetzes gibt es nicht. Die gesetzlichen Bestimmungen zum Schutz der Verbraucher und Mitbewerber untereinander sind vielmehr in vielen Spezialgesetzen und Verordnungen zu finden. Sie legen allgemeine Grundsätze fest, z. B. über die Irreführung des Verbrauchers, enthalten aber auch genaue Werbeverbote, z. B. das Verbot für Zigarettenwerbung in Rundfunk und Fernsehen.

Das Gesetz gegen den unlauteren Wettbewerb (UWG)

§ 1 (Generalklausel) des UWG verbietet
– alle Handlungen zu Zwecken des Wettbewerbs im geschäftlichen Verkehr, die gegen die „guten Sitten" verstoßen.

§ 3 des UWG verbietet
– alle irreführenden[1] oder täuschenden Werbemaßnahmen.

Danach verstoßen die folgenden Maßnahmen gegen das UWG:

1. Unlauterer Kundenfang

Unlauter sind Handlungen, die Mitbewerber vom Wettbewerb ausschließen oder behindern und denen keine eigene Leistung zugrunde liegt,

z. B. durch

– psychologischen Kaufzwang, z. B. durch Gewinnspiele: Gewinnspiele sind zwar nicht von vornherein verboten, sie sind jedoch u. a. dann unzulässig, wenn der Verbraucher zur Teilnahme am Gewinnspiel gezwungen ist, das Geschäft des Einzelhändlers aufzusuchen. Darüber hinaus sind Unternehmen, die Werbemitteilungen über angebliche Gewinne (z. B. Geldgewinne oder Reisen) an Verbraucher senden und den Eindruck erwecken, er habe einen Preis gewonnen, dazu verpflichtet, den Preis auch auszuhändigen (§ 661 a BGB).

– Anlocken von Kunden durch geschmacklose, aufdringliche oder lästige Werbung.

Beispiele
Telefonanruf im privaten Bereich zu Werbezwecken; Zusendung unbestellter Ware; Werbung für ein Bestattungsunternehmen durch Werbeaufdruck auf den Trikots von Fußballspielern.

– gefühlsbetonte Werbung.

Beispiel
Werbeanzeige eines Schnellimbissrestaurants: „McHappy-Tag ist Spendentag". Der Erlös dieser Spendenaktion soll an das Deutsche Kinderhilfswerk abgeführt werden.

---

1 Maßstab: „verständiger Verbraucher"
Für das Verständnis einer Werbeaussage ist der Eindruck maßgebend, den sie auf die angesprochenen Gruppen macht. Auf die subjektive Absicht des Werbenden kommt es nicht an.

Mit der Spendenaktion sollte der Gewinn gesteigert werden. Die Werbung sollte auf das Restaurant aufmerksam machen und ihm ein positives Image verleihen. Gefördert wurde nicht nur der Umsatz der von der Spendenaktion betroffenen „Hamburger", sondern das gesamte Angebot.

2. Preisspaltung

Es ist verboten, für die gleiche Ware in demselben Geschäftslokal zur gleichen Zeit unterschiedliche Preise zu verlangen.

> **Beispiel**
> Es ist unzulässig, identische Ware am Sonderangebotstisch zu einem niedrigeren Preis anzubieten als am regulären Platz im Regal.

Im stationären Einzelhandel liegt jedoch keine verbotene Preisspaltung vor, wenn ein Filialunternehmen an verschiedenen Standorten in derselben Stadt für die gleiche Ware zur gleichen Zeit unterschiedliche Preise verlangt.

Dem Versandhandel ist es jedoch untersagt, für die gleiche Ware zur gleichen Zeit in verschiedenen Katalogen unterschiedliche Preise zu verlangen.

3. Lockvogelwerbung

Die Werbung mit preisgünstigen Angeboten soll als Lockvogel dazu dienen, Kunden in das eigene Geschäft zu locken, um ihnen vor allem andere, weniger preisgünstige Waren zu verkaufen.

Der Einzelhändler kann eine derartige Irreführung vermeiden, indem er deutlich macht, dass das Angebot eine Ausnahme ist und von der übrigen allgemeinen Preisgestaltung abweicht, z. B. durch den Hinweis **„Sonderangebot"**.

Zudem darf ein Prospekt nicht höherwertige Ware anpreisen, wenn der Anbieter nur die Standardausführung auf Lager hat.

Unzulässig ist auch die Werbung mit Niedrigpreisen, wenn erhebliche Teile des Sortiments dauerhaft **unter dem Selbstkosten- oder Einstandspreis verkauft** werden (= ruinöser Wettbewerb). Der Verkauf zu Verlustpreisen kann zur Verdrängung von Mitbewerbern führen, wodurch der Wettbewerb auf einem bestimmten Markt ganz oder zumindest weitgehend aufgehoben werden kann.

> **Beispiel**
> Ein Warenhaus bietet Foto-, Filmkameras sowie Zubehör laufend zu Preisen an, die um 5 bis 10 % unter den Einstandspreisen liegen. Die Verluste können durch Gewinne im übrigen Sortiment ausgeglichen werden. Die ortsansässigen Fotofachhändler, die über diese Möglichkeit nicht verfügen, werden in ihrer Existenz gefährdet.

Solange nur die Absicht besteht, das eigene Unternehmen zu fördern, sind Preisunterbietungen nicht wettbewerbswidrig. Zeitlich begrenzte oder nur gelegentlich erfolgende Preisunterbietungen sind in der Regel unbedenklich. Dass Mitbewerber dabei Umsatzeinbußen erleiden und ihrerseits entsprechend reagieren müssen, macht ein solches Verhalten nicht wettbewerbswidrig.

Daher ist auch die Werbung mit „Preissenkung" oder „Preisherabsenkung" grundsätzlich zulässig, wenn sie wahr ist und nicht irreführt (§ 3 UWG).

Werden einzelne Artikel vorübergehend unter Einstandspreisen angeboten oder arbeitet das Unternehmen während der Anlaufphase oder in einer Krisensituation mit nicht kostendeckenden Preisen, um eine bessere Auslastung durch genügend Aufträge zu erhalten, ist dies nicht wettbewerbswidrig.

Das Wettbewerbsrecht gewährt keinen Schutz für einen bestimmten Preis. Das Unterbieten der Konkurrenz ist für sich genommen keine unbillige Behinderung, sondern bildet ein wesentliches Element eines gesunden Wettbewerbs.

Eine andere Form der unlauteren Lockvogelwerbung ist die Werbung mit irreführenden Angaben über die Vorratsmenge.

4. Werbung mit irreführenden Angaben über die Vorratsmenge (§ 3 UWG)

Sie liegt vor, wenn einzelne, aus dem gesamten Angebot hervorgehobene, besonders preisgünstige Waren in der Werbung angepriesen werden, die dann im Geschäft nicht oder nicht in ausreichender Menge vorhanden sind oder nur zu einem höheren Preis verkauft werden.

Will der Einzelhändler nicht gegen das UWG verstoßen, so muss er die angebotene, preisgünstige Ware am ersten Verkaufstag nach der Werbung mindestens 20 Minuten lang zur sofortigen Mitnahme vorrätig haben. Es muss sichergestellt sein, dass die aufgrund einer Anzeige normalerweise zu erwartende Nachfrage gedeckt ist.

Damit soll verhindert werden, dass Kunden, wenn die angekündigte Ware nicht mehr vorhanden ist, verleitet werden andere Waren zu kaufen. Für welchen Zeitraum der Vorrat ausreichen muss, kann man nicht pauschal sagen. Grundsätzlich muss ein Angebot am Tag, der dem Erscheinungsdatum der Anzeige folgt, noch vorrätig sein; normalerweise sogar für drei Tage reichen. Denn viele Berufstätige lesen die Anzeige erst nach Feierabend und etlichen bleibt die Werbung noch zwei Tage im Gedächtnis. So genannte Schnäppchen, die in

Beispiele

- „Abgabe maximal zehn Stück je Kunde."
- „Abgabe nur in haushaltsüblichen Mengen."
- Ein Warenhaus hatte in seinem Prospekt 0,75-Liter-Flaschen eines Orangensaftes zu einem sehr günstigen Preis angepriesen. Im Verkaufsraum hing neben der Ware ein Schild „Mengenbegrenzung 12 Flaschen". Ein Verbraucherschutzverein hatte dagegen geklagt wegen „irreführender Werbung", da im Prospekt keine Mengenbegrenzung angegeben war.

  Das Oberlandesgericht Karlsruhe (AZ.: 4 U 124/98) urteilte dazu: Ein Verkäufer darf den Verkauf seiner Sonderangebote auf kleinere Mengen begrenzen, auch wenn in seinem Werbeprospekt eine Höchstabgabe nicht angegeben ist. Der Werbeprospekt im vorliegenden Falle wecke beim Konsumenten nicht die Vorstellung, dass der angepriesene Saft in größeren Mengen gekauft werden könne.

5. **Irreführende Angaben** beispielsweise über

   - sich selbst oder die eigenen geschäftlichen Verhältnisse, wie z. B. über Größe und Bedeutung des eigenen Unternehmens: Größe der Verkaufsfläche, Höhe des Umsatzes, Zahl der Mitarbeiter;
   - die Ware oder Leistung, wie z. B. die Beschaffenheit, den Zustand, die Echtheit, die Wirkung, den Ursprung oder die Herstellungsart (§§ 3 und 4 UWG).

   Unzulässig wäre es, z. B. Kunstseide als Seide zu verkaufen oder Schlafzimmer und Betten im Prospekt abzubilden, die komplett einschließlich Bettzeug ausgestattet sind, während der dazu angegebene Preis nur für den leeren Bettrahmen gilt.

   Der Zusatz „echt" oder „Original" ist nur zulässig, wenn es auch unechte oder nachgeahmte Waren dieser Art gibt; die Bezeichnung „echte Zuchtperlen" oder „echte Kunstseide" ist daher nicht erlaubt.

6. **Bestechung von Angestellten anderer Unternehmen (§ 12 UWG)**

7. **Benutzung fremder Firmen- oder Geschäftsbezeichnungen**

Beispiel

Ein Einzelhändler wählt absichtlich den geschützten Firmennamen eines Mitbewerbers an demselben Ort. Durch die beabsichtigte Verwechslungsgefahr möchte er vom guten Ruf seines Konkurrenten profitieren.

Zeichnung: M. Forget

Prospekten oder Anzeigen beworben werden, müssen sogar eine Woche im Geschäft noch erhältlich sein. Insgesamt hängt es aber von den Besonderheiten der Ware und der Werbung ab, was Verbraucher (vernünftigerweise) erwarten bzw. erwarten dürfen.

Beispiel

Was als „Lockvogel" dient, muss stets in ausreichender Zahl vorhanden sein. Standardprodukte (z. B. Drucker, Scanner oder Monitore) müssen dann vorrätig sein, wenn sie in der Werbung herausgestellt werden. Bei Artikeln, die erst nach Kundenwünschen zusammengestellt werden, genügt es, wenn sie mühelos kurzfristig zu beschaffen sind.

In der Werbung einzelne Angebote mengenmäßig zu beschränken ist zulässig.

8. Verrat von Geschäftsgeheimnissen (§ 17 UWG)

Beispiel

Ein Angestellter gibt betriebsinterne Daten der Preisberechnung an den Geschäftsführer eines Konkurrenzunternehmens weiter.

9. Geschäftsschädigende Behauptungen (§ 15 UWG)

Durch üble Nachrede oder Verleumdung soll der Konkurrent nachhaltig geschädigt werden.

Beispiel

Ein Textileinzelhändler behauptet wider besseren Wissen, dass der Inhaber des Modehauses Fischer sehr hoch verschuldet sei.

Auch wenn die Behauptung der Wahrheit entspricht, kann unlauterer Wettbewerb vorliegen, sofern sie gegen die guten Sitten verstößt.

(**Üble Nachrede** = etwas über einen Mitbewerber verbreiten, ohne es beweisen zu können;

Verleumdung = wider besseren Wissen etwas Geschäftsschädigendes über einen anderen behaupten.)

10. Vergleichende Werbung

Vergleichende Werbung ist jede Werbung, die unmittelbar oder mittelbar einen Mitbewerber oder die Erzeugnisse oder Dienstleistungen, die von einem Mitbewerber angeboten werden, erkennbar macht (§ 2 UWG).

Kritisierend-vergleichende Werbung ist grundsätzlich zulässig, darf aber u. a.

– nicht irreführend, herabsetzend oder verunglimpfend sein;
– nur Waren und Dienstleistungen gleichen Bedarfs oder Zweckbestimmung vergleichen (kein Vergleich von „Äpfeln" mit „Birnen");
– nur wesentliche, wichtige, nachprüfbare (für den Verbraucher) und typische Eigenschaften – dazu kann auch der Preis gehören – in objektiver[1] Weise vergleichen.

Bei einem werblichen Vergleich sollten daher die Vor- u. Nachteile der vergleichenden Waren oder Leistungen in *sachlicher Weise* gegenübergestellt werden. Es sollten auf keinen Fall einseitig nur die Vorteile der eigenen Ware und die Nachteile des Konkurrenzartikels herausgestellt werden. Das Verschweigen von Mängeln des eigenen Angebots ist unzulässig, wenn hierdurch ein falscher oder irreführender Gesamteindruck entsteht. Die Grenze des Erlaubten ist auch dann überschritten, wenn das Konkurrenzangebot gegenüber dem eigenen als minderwertig herausgestellt wird.

Beispiele unzulässiger vergleichender Werbung

– Eine Krankenkasse wirbt mit einem Fragebogen, in dem die Versicherungsnehmer aufgefordert werden, neben den abgedruckten eigenen Kassenleistungen die der Konkurrenz einzutragen und beide miteinander zu vergleichen.

→ Mit dem Fragebogen lässt sich das Angebot des Wettbewerbers nur unzureichend erfassen, sodass ein unzutreffendes Gesamtbild der vergleichenden Versicherungsleistungen entsteht.

– „Billige Composite Rackets (Graphite-Fiberglas) muten wir Ihnen nicht zu."

→ Mit dieser vergleichenden Werbeaussage eines Händlers für Tenniszubehör bezieht er sich unmittelbar auf die (minderwertige) Qualität seiner Mitbewerber. Daraus folgt: Die Anpreisung der eigenen Leistung ist durchaus statthaft, nicht jedoch die Hervorhebung des eigenen Angebots durch *Herabsetzung oder Verunglimpfung anderer*.

11. Preisvergleiche

Die Werbung mit Preisgegenüberstellungen ist grundsätzlich erlaubt.

---

[1] Die sachliche Information muss im Vordergrund stehen, Wertungen sind jedoch erlaubt.

Zulässige Werbung mit Preisgegenüberstellungen:

> **Beispiele**
> – „Seidenblusen zum halben Preis, statt 59,00 € nur noch 29,50 €"
> – „Mountainbikes, um 75,00 € reduziert"

Auch der Werbevergleich nicht identischer, nur verwendungs- bzw. funktionsähnlicher Waren ist zulässig. Allerdings besteht die Gefahr, dass der Preisvergleich dann nicht die Markttransparenz verbessert, sondern im Gegenteil den Verbraucher nur verwirrt.

Irreführende Preisgegenüberstellungen sind daher verboten (Art. 3 a Abs. 1 Lit. C RL). Unzulässig ist Werbung mit Preisgegenüberstellungen z. B. dann, wenn

– in der Werbung der Eindruck erweckt wird, bei dem früheren Preis handele es sich um den eigenen Preis. Tatsächlich handelt es sich aber um eine unverbindliche Preisempfehlung des Herstellers.

– der Anbieter den früheren Preis künstlich so hoch gesetzt hat, dass von einer ernsthaften Preisbemessung nicht mehr gesprochen werden kann (so genannter „Mondpreis").

– sich die Preise auf unterschiedliche Waren beziehen.

> **Beispiel**
> Ein Möbelhändler wirbt:
> „Wohnzimmerschränke bis zu 30 % reduziert".
> Bei den Schränken handelt es sich jedoch nicht um Neuware, sondern um Ausstellungsstücke.
> Wenn der Werbende nicht mit einem deutlichen Zusatz darauf hingewiesen hat, dass es sich um Ausstellungsstücke handelt, ist die Werbung irreführend.

Ein Qualitätsvergleich wird häufig herabsetzend sein, ein Preisvergleich dann, wenn er den Eindruck vermittelt, dass das Angebot der Konkurrenz übertewert sei.

Rücktrittsrecht der Verbraucher (§ 13 a UWG)

Ist ein Kaufvertrag zwischen Einzelhändler und Verbraucher aufgrund unwahrer und zur Irreführung geeigneter Werbemaßnahmen zustande gekommen, so hat der das Recht, innerhalb von sechs Monaten vom Kaufvertrag zurückzutreten. Der Einzelhändler haftet auch für irreführende Angaben in Prospekten der Hersteller, sofern er die Unwahrheit der Werbeangabe kannte oder kennen musste.

Internet und Werbung

Für die Werbung im Internet gelten vor allem die allgemeinen Vorschriften des Wettbewerbsrechts sowie das Marken- und das Urheberrecht. Soweit deutsches Recht anzuwenden ist, sind vor allem die §§ 1 und 3 UWG, die Bestimmungen des Markenrechts (§§ 4, 5, 14, 15 MarkenG) und das Urheberrechtsgesetz zu beachten.

Zwei der zentralen Probleme sind zurzeit das Überfluten von Newsgroups mit Werbung (Flooding) und die unaufgefordert massenhaft versandten **E-Mails zu Werbezwecken.** Die Werbung per E-Mail ist preisgünstig, einfach und schnell. Andererseits bedeuten E-Mails für die Empfänger eine erhebliche Belästigung.

Das unaufgeforderte Versenden von Werbe-E-Mails (Spamming) gilt vorläufig nach herrschender Meinung unter dem Gesichtspunkt der Belästigung als Verstoß gegen § 1 UWG. Für den Einzelnen ergeben sich darüber hinaus Unterlassungsansprüche aus einer entsprechenden Anwendung der §§ 1004 und 823 I BGB.

Des Weiteren lassen sich durch **Hyperlinks** beliebige Verknüpfungen zu den Homepages anderer Anbieter herstellen. Dies kann dann allerdings eine unzulässige Bezugnahme sein (§ 14 MarkenG und § 1 UWG). Darüber hinaus kann in diesen Links ein Urheberrechtsverstoß begründet sein sowie, bei fehlenden Schutzrechten, eine nach § 1 UWG unzulässige Leistungsübernahme.

Liegt eine ausdrückliche Zustimmung des anderen Unternehmens vor, so ist die Situation unproblematisch. Problematisch wird es, wenn ein Unternehmen aus unterschiedlichen Gründen ein nachhaltiges Interesse daran hat, mit bestimmten Unternehmen nicht in Verbindung gebracht zu werden. Der Aspekt der Rufausbeutung bzw. Rufschädigung wäre dabei an erster Stelle zu nennen.

Eindeutig unzulässig ist es, das eigene Angebot mit dem eines anderen ohne dessen Einverständnis zu verknüpfen bzw. dieses einzubinden und damit eine nicht bestehende Geschäftsbeziehung vorzutäuschen. Dies kann unzulässig sein (§ 14 Abs. 2 Nr. 3 MarkenG), wenn fremde Marken benutzt werden und ist im Übrigen ein wettbewerbswidriges Anlehnen (§ 1 UWG). Werden fremde Angebote in das eigene eingebunden und ist überhaupt nicht mehr sichtbar, dass die

Adresse gewechselt hat und Text und/oder Grafik von einem anderen Anbieter stammen, ist dies überwiegend eine Urheberrechtsverletzung. Daneben und unabhängig davon wird beim Ausbeuten fremder Leistungen regelmäßig ein Verstoß gegen § 1 UWG vorliegen.

Werbebeschränkungen und -verbote im Bereich der Arznei- und Heilmittelwerbung gelten auch für das Internet.

Durchführung von Sonderveranstaltungen

Weiterhin ist im UWG die Durchführung von Sonderveranstaltungen geregelt.

Während das einzelne Sonderangebot zulässig ist, sind Sonderveranstaltungen grundsätzlich verboten.

Um eine unzulässige Sonderveranstaltung handelt es sich, wenn nicht nur einzelne Artikel, sondern ganze Artikelgruppen oder Sortimentsteile als Sonderangebote beworben werden (siehe Kapitel 7.2, Seite 266).

Unter Sonderveranstaltungen versteht man Verkaufsveranstaltungen im Einzelhandel,

– die außerhalb des regelmäßigen Geschäftsverkehrs stattfinden,
– der Beschleunigung des Warenabsatzes dienen und den Eindruck hervorrufen, dass Kaufvorteile gewährt werden.

Erlaubte Ausnahmen vom Sonderveranstaltungsverbot sind:

– Winter- und Sommerschlussverkäufe,
– Jubiläumsverkäufe und
– Räumungsverkäufe.

Winter- und Sommerschlussverkäufe (§ 7 UWG)

Winter- und Sommerschlussverkäufe sind ohne besondere Genehmigung zugelassen. Sie dauern zwei Wochen bzw. zwölf Werktage und beginnen jeweils am letzten Montag

– im Monat Januar (WSV),
– im Monat Juli (SSV).

In diesen Saisonschlussverkäufen dürfen Schuhwaren, (sämtliche) Lederwaren, Sportartikel, Bekleidungsgegenstände und Textilien verkauft werden.

Als Abgrenzung zu anderen Verkaufsveranstaltungen sollte der Einzelhändler in seiner Werbung stets auf den Schlussverkauf hinweisen, wobei „Schlussverkauf", aber auch „WSV", „SSV" ausreichen. Deutlich muss der Tag des Beginns angegeben sein. Ein Kaufmann handelt wettbewerbswidrig, wenn er beim Käufer aufgrund der Gestaltung seiner Anzeige oder seiner Schaufensterdekoration den Eindruck erweckt, der Schlussverkauf beginne bei ihm zu einem früheren Zeitpunkt.

Es steht zwar in keinem Gesetz, entspricht aber kaufmännischer Verkehrsauffassung, dass vor Beginn des Saisonschlussverkaufs eine sog. **Karenzzeit** von zwei Wochen zu beachten ist. Innerhalb dieser Frist sollte keine Werbung mit besonders herausgestellten Sonderangeboten gemacht werden (Vorwegnahme des Schlussverkaufs).

Das Vor- und Nachschieben von Waren während des Schlussverkaufs ist erlaubt.

Vorschieben von Waren bedeutet, dass die betreffenden Waren eigens für den Schlussverkauf angeschafft wurden.

Nachschieben von Waren bedeutet, dass während des Schlussverkaufs noch dafür bestimmte Waren hinzugekauft werden.

Jubiläumsverkäufe (§ 7 UWG)

Jubiläumsverkäufe sind

– zur Feier des Bestehens eines Unternehmens,
– im selben Geschäftszweig,
– nach Ablauf von jeweils 25 Jahren,
– für die Dauer von zwölf Werktagen

zulässig.

Der Wechsel des Firmennamens oder des Geschäftsinhabers ist ohne Bedeutung.

Jubiläumsverkäufe müssen in dem Monat beginnen, in den der Jubiläumstag fällt. Entscheidend ist dabei der **Beginn** der Veranstaltung.

> **Beispiel**
>
> Das Betriebsjubiläum eines Einzelhändlers findet am 1. März statt. Die Sonderveranstaltung darf noch am 31. März beginnen und damit in den April hineinreichen.

Unzulässig, da es sich nicht um ein Firmenjubiläum handelt, sondern um das Jubiläum einer Betriebsabteilung:

> *Einladung* zur Jubiläumsausstellung.
>
> Aus Anlass des 25-jährigen Bestehens unserer Orientteppich-Abteilung zeigen wir Ihnen die ganze Vielfalt orientalischer Teppichknüpfkunst.
>
> Lassen Sie sich überraschen, was Maier auf allen Teppichmärkten der Welt für Sie eingekauft hat.
>
> Bis bald ...
> Ihr Teppich-Maier
>
> Ihr 1. Partner für gute Orientteppiche
> **Sonntag von 14–18 Uhr geöffnet
> (kein Verkauf)**

Das Nachschieben von Waren ist erlaubt. Zweigniederlassungen dürfen an der Veranstaltung teilnehmen, auch wenn sie nicht so lange bestehen. Eigene Jubiläumsverkäufe dieser Zweigstellen sind nicht statthaft.

Räumungsverkäufe (§ 8 UWG)

Räumungsverkäufe können stattfinden bei

- **einem Schaden infolge „höherer Gewalt"** (Feuer, Wasser, Sturm u. Ä.)

    Dauer: Höchstens zwölf Werktage.

    Anzeigefrist: Spätestens eine Woche vor ihrer erstmaligen Ankündigung bei der zuständigen Industrie- und Handelskammer (IHK).

    Erforderliche Angaben und Unterlagen: Schadensursache und Schadensumfang.

- **genehmigungspflichtigen Umbaumaßnahmen**

    Voraussetzung:
    Vorlage eines anzeige- oder genehmigungspflichtigen Umbauvorhabens, wie Änderung, Abbruch oder Beseitigung baulicher Anlagen.

    Dauer: Höchstens zwölf Werktage.

    Anzeigefrist: Spätestens zwei Wochen vor der erstmaligen Ankündigung bei der zuständigen IHK.

    Erforderliche Angaben und Unterlagen:
    Baupläne, Baubeschreibungen, Umfang und zeitlicher Ablauf der Umbaumaßnahmen.

- **Aufgabe des gesamten Geschäftsbetriebes
    Voraussetzungen:**
    - Der gesamte Geschäftsbetrieb muss aufgegeben werden, d. h., jegliche geschäftliche Tätigkeit des Unternehmens muss eingestellt werden.
    - Der Geschäftsinhaber darf mindestens drei Jahre vor Beginn des Räumungsverkaufs keinen Räumungsverkauf wegen Geschäftsaufgabe in der gleichen Branche durchgeführt haben.

    Dauer: Höchstens 24 Werktage.

    Anzeigefrist: Spätestens zwei Wochen vor der erstmaligen Ankündigung bei der zuständigen IHK.

    Rechtsfolgen: Dem Geschäftsinhaber, seinem Ehegatten oder nahen Angehörigen ist es verboten, den Geschäftsbetrieb fortzusetzen. Darüber hinaus darf er nach Beendigung des Räumungsverkaufs am gleichen Ort oder in den benachbarten Gemeinden vor Ablauf von zwei Jahren keinen neuen Handel mit den gleichen Warengattungen eröffnen.

In allen Fällen ist der Anzeige bei der IHK ein vollständiges, gegliedertes Verzeichnis der Räumungsverkaufsware beizufügen. Damit soll erreicht werden, dass der Einzelhändler nur Waren in den Räumungsverkauf einbeziehen kann, die sich bei normalem Geschäftsverlauf in den Verkaufsräumen befinden. Ein Vor- und Nachschieben von Waren ist verboten.

Bei der Ankündigung eines Räumungsverkaufs, z. B. durch Anzeigen, Plakate, Handzettel oder im Schaufenster, sind der Grund und der Beginn der Veranstaltung anzugeben.

Erlaubt ist die Werbung für einen Räumungsverkauf nur in der zulässigen und angezeigten Dauer.

Ausdrücklich **unzulässig** sind Räumungsverkäufe wegen Aufgabe einer Verkaufsstelle, wegen Umzug oder Verkleinerung der Geschäftsräume, wegen Aufgabe einer Warengattung oder Aufgabe einer selbstständigen Zweigniederlassung.

Die Gewährung von Zugaben und Rabatten

Mit Wirkung zum 25. Juli 2001 sind Rabattgesetz und Zugabeverordnung ersatzlos aufgehoben worden. Aber auch nach der Aufhebung können Zugaben und Rabatte, die jetzt als eigenständiges Werbemittel neben Produktqualität und Preisfestsetzung treten, nicht grenzenlos gewährt werden.

Das Gewähren von Rabatten und Zugaben wird nun seine Grenzen insbesondere an den Vorschriften des *Gesetzes gegen den unlauteren Wettbewerb* (UWG) und des *Gesetzes gegen Wettbewerbsbeschränkungen* (GWB) finden.

Zugaben

Unter einer Zugabe versteht man jede Ware oder Leistung, die neben einer anderen unentgeltlich angeboten wird und nur zusammen mit dieser zu bekommen ist.

Zugaben sind für alle Unternehmen grundsätzlich erlaubt und nur in besonderen Fällen wettbewerbswidrig. Gestattet werden damit nicht nur höherwertige Zugaben, Sammel- oder Gutscheinzugaben sowie befristete Umtausch- bzw. Rückgaberechte und Garantien, sondern auch das Ankündigen von Gesamtangeboten ohne konkreten Sachzusammenhang.

Allerdings werden auch diese und andere Werbeformen nicht ausnahmslos zulässig sein. Vielmehr werden sich diese nunmehr an den unverändert gebliebenen wettbewerbsrechtlichen Vorschriften, insbesondere an der **Generalklausel des § 1 und § 3 UWG,** messen lassen müssen.

- Künftiger Beurteilungsmaßstab für eine potenzielle Beschränkung der Zugabeverordnung wird vorrangig § 1 UWG mit der Fallgruppe des **übertriebenen Anlockens** sein. Ein übertriebenes Anlocken ist dann anzunehmen, wenn von der Vergünstigung eine solch starke Anziehungskraft ausgeht, dass der Umworbene sich mit den Angeboten der Konkurrenz nicht mehr weiter befasst und von der Vergünstigung gleichsam magnetisch angezogen wird.

Beispiele

... für nicht übertriebenes Anlocken

- Vertrieb von Mobiltelefonen und Netzkartenverträgen, wobei die Mobiltelefone nur noch zu einem Bruchteil ihres tatsächlichen Werts angeboten und verkauft werden.
  Begründung: Der *mündige Verbraucher* weiß, dass es beim Angebot billiger Mobiltelefone nicht um das Verteilen von Geschenken geht, sondern dass ihm dadurch lediglich ein Anreiz zum Abschluss eines längerfristigen Netzkartenvertrags gegeben werden soll, mit dem der Händler seinen Gewinn macht.
- Gewährung eines Umwelt-Bonus von 500,00 € durch die örtlichen Stadtwerke.
  Begründung: Der angesprochene Hauseigentümer wird sich nicht allein oder wesentlich von der in Aussicht gestellten Geldzuweisung leiten lassen. Stattdessen wird er sich über Vor- und Nachteile der unterschiedlichen Energieträger unterrichten.
- Kopplung eines Stromlieferungsvertrages mit dem Erwerb eines Fernsehgeräts für 0,50 € durch einen Stromanbieter.
  Begründung: Durch die Angabe des Preises sowohl für den Fernseher als auch im Hinblick auf die offen gelegten Tarifstrukturen für den Strom

wird dem Verbraucher ein Preisvergleich ermöglicht. Darüber hinaus stellt die Kopplung eines Stromvertrages mit einem (austauschbaren) Elektrogerät aus Sicht des Verbrauchers eine sinnvolle Einheit dar.

... für übertriebenes Anlocken
- Treueprämien im Rahmen eines Abonnements = Verstoß gegen § 1 UWG, da von ihnen eine übertriebene Anlockwirkung ausgeht, die den *Durchschnittskunden* zu einer überdurchschnittlichen Inanspruchnahme einer bestimmten Leistung zwingt, wenn er die Prämie erreichen will.
- Werbung eines Möbelhauses, das beim Kauf einer Küche oder eines Schlaf- oder Wohnzimmers eine „Gratis-Traumreise" von „einer Woche Türkei in einem 4-Sterne-Hotel" versprach. Begründung: Da mit einer wertvoll erscheinenden Nebenleistung geworben wurde, deren tatsächlicher Wert für den Interessenten nicht bestimmbar ist, etwa im Hinblick auf den konkreten Zielort, muss der Wert der Nebenleistung in diesem Fall transparent gemacht werden, um den Verbraucher vor unsachlicher Beeinflussung zu schützen.

Entscheidend ist stets, inwieweit dem Verbraucher **im Rahmen einer Werbeaktion wichtige Informationen** gegeben werden, die er seinerseits nicht in Erfahrung bringen kann. Das Wettbewerbsrecht soll in diesem Zusammenhang vor allem gewährleisten, dass der Verbraucher eine selbstverantwortliche und informierte Erwerbsentscheidung treffen kann, nicht aber länger von dem Gedanken getragen sein, den Verbraucher vor sich selbst schützen zu müssen.

Verbraucherleitbild (Verkehrsauffassung): Verbraucher sind heute im Allgemeinen hinreichend, teilweise sogar sehr gut informiert, mit den Marktgegebenheiten vertraut und damit in der Lage, sich mit Angeboten entsprechend kritisch auseinander zu setzen. Sie wissen, dass Kaufleute nichts zu verschenken haben. Scheinbar „kostenlose" Nebenleistungen werden über den Preis der Hauptleistung mitbezahlt. Die Wahrscheinlichkeit, dass eine Zugabe zu vorschnellen Entscheidungen verführt, wird deshalb heute gemeinhin für eher gering gehalten.

Nicht zu beanstanden sind daher auch die verstärkt praktizierten **Umtausch- und Rückgaberechte,** wenn die Voraussetzungen und Folgen ihrer Inanspruchnahme dem Verbraucher offen gelegt werden.

Ansonsten werden Vergünstigungen, die **ein Drittel** oder gar die **Hälfte des Werts** der Hauptsache erreichen, ja nach Einzelfall für rechtlich zulässig gehalten.

- Um dem **Preisverschleierungsverbot** des § 1 UWG Rechnung tragen zu können, muss der Unternehmer die **wertqualifizierenden Merkmale der Vergünstigung** in einer für den Verbraucher erkennbaren Weise offen legen und ihm somit ermöglichen, den Wert der Zugabe realistisch einschätzen zu können.

Rabatte

Die **Rabattgewährung ist in weitem Maße grundsätzlich erlaubt.** Dies bedeutet,
- dass neben individuellen und generellen Rabatten von über 3 % und unabhängig von einer Barzahlung auch Mengenrabatte angekündigt und gewährt werden würden, die in Art und Umfang über das orts- und handelsübliche Maß hinausgehen, oder aber,
- dass bestimmte Kunden oder Verbrauchergruppen durch Sonderaktionen oder Sonderpreise bevorzugt werden können.
- Ebenso zulässig sind ferner Rabattsysteme, bei denen sich der Rabatt am Gesamtumsatz orientiert oder
- die Einlösung von Rabatten erst bei Erreichen einer bestimmten Höhe durch direkte oder indirekte Auszahlung erfolgt.
- Gleiches gilt auch für die Möglichkeit, einem Kunden, der das Produkt bei einem Konkurrenten zu einem günstigeren Preis gesehen hat, den Differenzbetrag zu erstatten oder ihm den Kaufpreis über den bislang erlaubten Zeitraum von zwei bis drei Monaten hinaus zu stunden.

Feilscher (Anteil der Kunden, die Rabatt aushandeln, in Prozent)	Produkte	Rabatte (durchschnittlicher Preisnachlass, in Prozent)
29,9	Auto	12,6
27,7	Fernseh-, Video-, Hi-Fi-Geräte	17,7
19,3	Haushaltsgeräte	16,4
18,3	Möbel (außer Küchen)	14,7
12,5	Kleidung	32,6
10,9	Computer und Zubehör	19,1
8,6	Teppiche	26,4
6,0	Einbauküchen, Küchenmöbel	14,7
9,3	sonstige	39,5

Als wettbewerbsrechtlich unzulässig werden diese Formen der Rabattgewährung nur noch dann bewertet, wenn sie gegen die *Maßstäbe des UWG* und der *Preisangabenverordnung* verstoßen.

- **Übertriebenes Anlocken** (§ 1 UWG)

  Der Einsatz von Rabatten wird nur selten bewirken, dass der Umworbene in übertriebener Weise angelockt wird. Zwar ist ein niedriger Preis besonders geeignet, Kunden grundsätzlich anzulocken und sie so in ihrer Kaufentscheidung zu beeinflussen. Darin allein liegt jedoch noch keine unsachliche Beeinflussung, weil eine Preisreduzierung ebenso wie der ursprüngliche Normalpreis und die Qualität der Ware Bestandteile des Leistungswettbewerbs darstellen.

  Übertriebenes Anlocken kann aber in der **zeitlichen Befristung** von Angeboten gesehen werden. Unzulässig wäre eine solche zeitliche Beschränkung dann, wenn es sich um ein übersteigert zeitgebundenes Angebot handelt, das gegenüber dem Kunden dem Ziel dienen soll, ihn zu einer schnellen und unüberlegten, d. h. ohne vorherigen Preisvergleich mit den Konkurrenzangeboten, Kaufentscheidung zu veranlassen.

  Wochen-, Tages- oder gar Stundenangebote bergen daher das Risiko, als unzulässiges Lockmittel angesehen zu werden.

  Diese Überlegungen gelten auch, soweit sich die Preisnachlässe nicht auf einzelne Warensortimente beschränken, sondern den gesamten bzw. nahezu gesamten Warenbestand erfassen.

  Allgemeine Verkaufsaktionen wie „20 % Rabatt auf das Sortiment" werden als unzulässige Sonderveranstaltung eingestuft. In einem solchen Fall würde das sog. Sonderveranstaltungsverbot nach § 7 UWG eingreifen, wenn die Verkaufsveranstaltung außerhalb der zulässigen Sommer-, Winter- oder Jubiläumsverkäufe stattfindet. Denn Kern einer solchen Werbung ist kein konkreter individueller Rabatt, sondern vielmehr eine pauschale Preisherabsetzung mit Aktionscharakter.

- **Verkauf unter Einstandspreis** (§ 1 UWG)

  Jeder Wettbewerber kann seine Ware so billig wie möglich anbieten, mag dies auch die Konkurrenz stören oder gar ihren Marktaustritt zur Konsequenz haben. Die Preisunterbietung ist von daher grundsätzlich erlaubt.

  Eine andere wettbewerbsrechtliche Beurteilung ist danach nur dann gerechtfertigt, wenn neben dem niedrigen Preis weitere Umstände hinzutreten.

  – Dies ist etwa dann der Fall, wenn die Preisbildung auf einem Gesetzesverstoß oder Vertragsbruch beruht oder in der Absicht geschieht, konkrete Mitbewerber zu schädigen, zu verdrängen oder zu vernichten.

  – Ebenfalls wettbewerbswidrig ist der Verkauf unter Einstandspreis dann, wenn die Gefahr besteht, dass Mitbewerber die Preispolitik nachnahmen und dadurch der Wettbewerb auf diesem Markt nahezu vollständig zum Erliegen kommt.

- **Kundendiskriminierung** (§ 1 UWG)

  Unternehmer können für ein und dieselbe Ware unterschiedliche Preise fordern und Rabatte gewähren. Insofern kann die Festsetzung von Rabatten auch willkürlich und insbesondere nur zugunsten bestimmter Verbrauchergruppen erfolgen. Es können sogar sachliche Gründe gegeben sein, die eine diskriminierende Ungleichbehandlung rechtfertigen können.

> **Beispiel:**
>
> Die Gründe, warum ein Verbraucher sich nicht auf Preisverhandlungen einlassen will, können vielgestaltig sein. Denkbar sind durchaus mangelnde intellektuelle Fähigkeiten; der Grund kann aber auch darin liegen, dass der Betreffende aus Mangel an Zeit oder Interesse hiervon absieht.

- **Irreführung durch Werbung mit Rabatten** (§ 3 UWG)

  Auch die Werbung mit Rabatten ist grundsätzlich frei.

  – Unzulässig ist es nach dieser Vorschrift hingegen, mit **Rabatten auf Normalpreisen** zu werben, die der Unternehmer nicht, nicht über längere Zeit oder nicht in letzter Zeit verlangt hat. Im Vordergrund dieser Bewertung steht insofern der Normalpreis, auf dessen Basis der Rabatt ermittelt wird. Normalpreis ist dabei der angekündigte Preis, den der Unternehmer entweder dem Letztverbraucher als seinen Preis zu erkennen gibt, oder der allgemein geforderte Preis, den der Unternehmer regelmäßig verlangt.

  Wird dieser Normalpreis zunächst künstlich sehr hoch gesetzt („Mondpreis"), nur um dadurch einen Gestaltungsspielraum für die Rabattgewährung zu gewinnen, so kann hierin eine Irreführung des Verbrauchers über die Bemessung des Preises liegen.

> **Beispiele:**
>
> – Eine sog. Mondpreisbildung wird im Teppichhandel für den Fall angenommen, in dem der angebliche Ausgangspreis den Durchschnittspreis im Verbreitungsgebiet um mehr als 30 % überschreitet und somit mangels Wettbewerbsfähigkeit nur dem Zweck dient, eine günstige Rabattgewährung bloß vorzutäuschen.
>
> – Gleiches gilt auch für eine Werbung mit 50 %-igen Preisnachlässen auf Orientteppichen, wenn nicht zuvor mindestens sechs Monate lang für die gleiche Ware Verkaufspreise verlangt wurden, die den herabgesetzten Preis um 100 % überstiegen haben.

  – Als unzulässig werden auch die Fälle der sog. **Preisschaukel** behandelt, mit denen der Versuch unternommen wird, durch kurzzeitiges willkürliches Herauf- und Herabsetzen der Preise besondere Preisvorteile gegenüber dem Kunden vorzutäuschen.

- **Rabatte in preisgebundenen Bereichen**

  Einige Produkte und Dienstleistungen unterliegen einer Preisbindung. Die Preisbindung kann entweder *auf Gesetz* oder *Vertrag* beruhen.

  Eine *gesetzliche Preisbindung* besteht z. B. für Arzneimittel und Tabakwaren. Für die Dienste freier Berufe wie z. B. Rechtsanwälte und Ärzte gelten gesetzliche Gebührenordnungen.

  Eine *vertragliche Preisbindung* existiert für Verlagserzeugnisse wie Bücher, Zeitungen und Zeitschriften. Auch der Tankstellenpächter, der als Vertreter der Mineralölgesellschaft agiert, ist von der Preisfestsetzung durch die Mineralölgesellschaft abhängig. Gleiches gilt für das Reisebüro, das Reisen zu den Katalogpreisen dritter Veranstalter vermittelt.

  Die Preisbindung dieser Waren und Dienstleistungen darf nicht durch die Gewährung von Rabatten umgangen werden. Wo eine gesetzliche Preisbindung existiert, wäre dies ein Wettbewerbsverstoß.

Mögliche Rechtsfolgen bei Wettbewerbsverstößen

Unterlassungsanspruch

Bei Verstoß eines Konkurrenten gegen die wettbewerbsrechtlichen Bestimmungen kann der Einzelhändler auf Unterlassung klagen.

Anspruch auf Schadensersatz

Bei schuldhaften Verstößen gegen die Vorschriften der Wettbewerbsordnung kann der klagende Händler Schadensersatz fordern.

Strafrechtliche Verfolgung

Übertretungen der Gesetze und Verordnungen werden von Amts wegen, d. h. von der Staatsanwaltschaft, verfolgt, entweder automatisch oder auf besonderen Antrag. Schwere Verstöße können mit Geld- und Freiheitsstrafen bis zu einem Jahr geahndet werden.

Zuständig für Streitigkeiten sind zunächst aber die **Einigungsstellen** bei den Industrie- und Handelskammern. Sie sollen Wettbewerbsstreitigkeiten durch gütliche Vergleiche regeln und damit hohe Prozesskosten aufgrund gerichtlicher Auseinandersetzungen vermeiden.

Aufgaben

1. Wie beurteilen Sie die folgenden Aussagen vor dem Hintergrund der UWG?
   a) Der Inhaber eines Teppichgeschäftes kündigt einen größeren Warenposten an: „Greifen Sie zu, nur noch wenige Exemplare."
   b) Ein Fotofachhändler inseriert: „Jeder Kunde erhält ein Geschenk im Wert von 7,50 €."
   c) In einer Werbekampagne stellt ein Kaufhaus seinen Kundenservice besonders heraus.
   d) Zur Ankurbelung des schleppenden Absatzes kündigt ein Einzelhändler einen „Räumungsverkauf" an.
   e) Auf einem Handzettel, der in der Innenstadt verteilt wird, steht: „... ist mein Sortiment umfangreicher und preisgünstiger als das vom Uhrengeschäft Liebermann. Vergleichen Sie genau!"
   f) Ein Verbrauchermarkt gewährt jedem Kunden beim Kauf einen Barzahlungsrabatt von 4 %.

2. Bei welchen Beispielen handelt es sich um unerlaubte Werbung?
   a) Der Einzelhändler Schulz erzählt dem Großhändler Schneider, Feinkosthändler Adler sei pleite. Heute wäre der Insolvenzantrag gestellt worden.
   b) Der Einzelhändler Petsch lässt seine Briefbögen mit einem Foto bedrucken, das eine Großhandlung mit demselben Namen zeigt.
   c) Bei seiner Geschäftseröffnung schenkt ein Textileinzelhändler den ersten zehn Kunden ein Kleidungsstück im Wert von 50,00 €.
   d) Anzeige: „Bei Barzahlung gewähren wir 3 % Rabatt!"

3. Ein Einzelhändler erfährt, dass ein Mitbewerber mit Sonderrabatten für Berufsanfänger wirbt. Wie sollte sich der Einzelhändler verhalten?

4. Was verstehen Sie unter Lockvogelwerbung?

5. Nennen Sie vier Beispiele für irreführende Angaben in der Werbung.

6. Ein Kaufvertrag ist aufgrund unwahrer und irreführender Werbemaßnahmen zustande gekommen. Welches Recht haben Sie als Verbraucher?

7. In welchem der folgenden Beispiele wird der Antrag auf Genehmigung eines Räumungsverkaufs keinen Erfolg haben?
   a) Der Verkaufsraum ist durch Sturm erheblich beschädigt worden.
   b) Der Einzelhändler hat zu hohe Lagerbestände und möchte diese abbauen.
   c) Der Inhaber gibt sein Geschäft auf (in den letzten drei Jahren hatte er keinen Räumungsverkauf durchgeführt).
   d) Eine Warengruppe soll aus dem Sortiment herausgenommen werden.
   e) Die Geschäftsräume sollen verkleinert werden.

8. Wann beginnen WSV und SSV?

9. Wie lange dauern die Schlussverkäufe?

10. Welche Artikel dürfen im Winterschlussverkauf reduziert werden?

11. Nennen Sie Sonderveranstaltungen nach dem UWG.

12. Ein Einzelhändler hat im Jahr 1970 sein Geschäft eröffnet. Wann konnte er zum ersten Mal einen Jubiläumsverkauf durchführen?

13. Der Einzelhändlerr Hischer gewährt seinem Personal 20 % Rabatt. Üblich sind in der Branche jedoch nur 15 %. Ist diese Regelung zulässig?

14. Mantelhaus Bode gewährt neuerdings seinen Kunden bei Barzahlung 3 % Rabatt. Der aufmerksame Konkurrent Mantelhaus Dettmer hat jedoch feststellen müssen, dass bei Bode kurz zuvor die Preise um durchschnittlich 8 % erhöht wurden. Was kann Herr Dettmer unternehmen?

15. Wer ist zunächst für Streitigkeiten bei Übertretungen der Gesetze und Verordnungen zuständig?

16. Was verstehen Sie unter Karenzzeit?

17. Welche Ziele hat das Gesetz gegen den unlauteren Wettbewerb?

18. Welche Folgen können Verstöße gegen das Gesetz gegen den unlauteren Wettbewerb haben?

Zusammenfassung

Gesetz gegen den unlauteren Wettbewerb (UWG)
zum Schutz der Verbraucher und Mitbewerber untereinander

Grundsätzlich **verboten:**
- unlauterer Kundenfang
- Preisspaltung
- Lockvogelwerbung
- irreführende Angaben
- Bestechung von Angestellten anderer Unternehmen
- Benutzung fremder Firmen- oder Geschäftsbezeichnungen
- Verrat von Geschäftsgeheimnissen
- geschäftsschädigende Behauptungen
- vergleichende Werbung
- Preisvergleiche
- **Sonderveranstaltungen**

Ausnahmen:

Winter- und Sommerschlussverkäufe ab letztem Montag
- im Monat Januar (WSV)
- im Monat Juli (SSV)

Jubiläumsverkäufe nach Ablauf von jeweils 25 Jahren

Räumungsverkäufe gestattet bei:
- einem Schaden infolge „höherer Gewalt"
- genehmigungspflichtigen Umbauten
- vollständiger Geschäftsaufgabe

Rechtsfolgen bei Wettbewerbsverstößen

privatrechtliche Ansprüche auf
- Unterlassung
- Schadensersatz

strafrechtliche Verfolgung durch Behörden
- Geldstrafen
- Freiheitsstrafen

Einigungsstellen bei der IHK sollen Wettbewerbsstreitigkeiten durch gütliche Vergleiche regeln.

7.11 Die Preisangabenverordnung (PAngV)[1]

Dirk Teuber hat ein Einzelhandelsgeschäft eröffnet. Einige Wochen nach Geschäftseröffnung startet er eine Werbekampagne und lässt Handzettel mit folgendem Inhalt verteilen:

> **Achtung: Ihr Vorteil!**
> Ich zeichne die Ware nicht mehr einzeln mit Preisen aus. Das bedeutet für mich Kosten- und Zeitersparnis und für Sie:
> **absolute Niedrigpreise**
> Am Eingang links:
> Handtaschen aus echtem Leder
> nur 32,95 €
> + 16 % Umsatzsteuer.
>
> Auf dem gleichen Tisch:
> Handtaschen aus hochwertigem Kunststoff – von echtem Leder nicht zu unterscheiden – jedoch
> **viel billiger!**
> Hinten im Laden in einer Gondel:
> Echte Ledergürtel in unterschiedlichen Längen
> von 4,25 € bis 19,00 €

Warum sind derartige Preisangaben unzulässig? Argumentieren Sie aus der Sicht eines Verbrauchers.

Information

Die Vielfalt der angebotenen Waren und Dienstleistungen nimmt ständig zu. Für den Verbraucher wird es dadurch zunehmend schwieriger, sich einen Marktüberblick zu verschaffen. Aus diesem Grund ist es wichtig und notwendig, dass die Waren mit Preisen ausgezeichnet werden.

Durch die **Verordnung zur Regelung der Preisangaben**[1] ist der Einzelhändler zur Preisauszeichnung seiner Waren verpflichtet. Diese Vorschrift gilt für alle Waren, die in Schaufenstern, Schaukästen, innerhalb oder außerhalb des Verkaufsraumes für den Kunden sichtbar ausgestellt sind oder die vom Verbraucher unmittelbar entnommen werden können (Selbstbedienung).

Im Interesse der **Preisklarheit** und **Preiswahrheit** müssen die Preise dem Angebot oder der Werbung eindeutig zugeordnet, leicht erkennbar und deutlich lesbar sein.

Durch die Pflicht zur Preisauszeichnung soll die Möglichkeit eines optimalen Preisvergleichs für die Verbraucher geschaffen werden. Gute Preisvergleichsmöglichkeiten sind eine entscheidende Voraussetzung für das Funktionieren der marktwirtschaftlichen Ordnung. Zusätzlich fördert die PAngV daher den Wettbewerb.

Grundvorschriften

– Wer Letztverbrauchern gewerbsmäßig Waren oder Leistungen anbietet, muss diese mit Preisen versehen, die einschließlich der Umsatzsteuer und sonstiger Preisbestandteile unabhängig von einer Rabattgewährung zu zahlen sind (**Endpreise**).

– Eine Pfandforderung ist gesondert anzugeben.

– Bestehen für Waren oder Leistungen Liefer- oder Leistungsfristen von mehr als vier Monaten, so können Preise mit einem Änderungsvorbehalt angegeben werden.

– Bei Leistungen können auch Stunden-, Kilometer- und andere Verrechnungssätze angegeben werden, die alle Leistungselemente einschließlich der anteiligen Umsatzsteuer enthalten.

Angaben auf dem Preisschild

a) gesetzlich vorgeschrieben:

– **Ausgabe des Endpreises**

– **Mengeneinheit** (z. B. 5 Stück; 3 m; 0,7 l; 1 kg). Unbestimmte Mengenangaben wie z. B. „300 g bis 350 g" oder „ca. 10 Stück" sind unzulässig.

---

[1] Neue Preisangabenverordnung (PAngV) gültig seit 1. September 2000.

– **Grundpreis bei Fertigpackungen,** offenen Packungen und Verkaufseinheiten ohne Umhüllung.

Bei Waren mit sog. krummen Mengen sind Doppelauszeichnungen notwendig. Es muss gleichzeitig der Preis für z. B. 1 kg oder 1 Liter (= Grundpreis) der Ware in unmittelbarer Nähe zum Endpreis angegeben werden. Bei Waren, deren Nenngewicht oder Nennvolumen 250 Gramm oder Milliliter nicht übersteigt, dürfen als Mengeneinheit für den Grundpreis 100 Gramm oder 100 Milliliter verwendet werden. Der Grundpreis ist ebenfalls einschließlich der Umsatzsteuer und sonstiger Preisbestandteile unabhängig von einer Rabattgewährung auszuweisen.

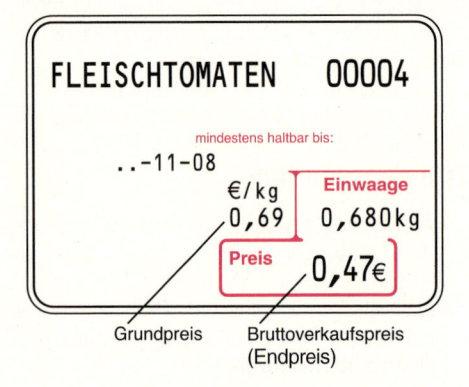

```
FLEISCHTOMATEN       00004
           mindestens haltbar bis:
           ..-11-08
                €/kg      Einwaage
                0,69      0,680 kg
                Preis
                          0,47 €

   Grundpreis   Bruttoverkaufspreis
                (Endpreis)
```

Bei Haushaltswaschmitteln sowie bei Wasch- und Reinigungsmitteln kann als Mengeneinheit für den Grundpreis eine übliche Anwendung verwendet werden.

Bei diesen Waren ist Gewicht ungeeignet, da es nicht mit der Ergiebigkeit der Produkte korrespondiert und einer umweltgerechten Handhabung entgegenwirken würde. Die Hersteller geben auf den Packungen freiwillig eine Reichweitenangabe in Form von Messbecherfüllungen an.

Aber nicht nur für diese Waren wird die Preistransparenz erhöht, sondern auch für Elektrizität, Gas, Fernwärme und Wasser wird eine ausdrückliche Pflicht zur Angabe der verbrauchsabhängigen und -unabhängigen Preise geregelt und der Liberalisierung auf diesen Märkten Rechnung getragen (§ 3 PAngV). Ähnliche Vorschriften gibt es für Kredite (§ 6 PAngV), Tankstellen und Parkplätze (§ 8 PAngV).

– **Handelsübliche Gütebezeichnung/Warenbezeichnung**

Damit ist die Benennung der Ware gemeint, wie z. B. „Deutsche Markenbutter", „Gewürzgurken", „Vollkornschnitten-Roggenschrotbrot" oder „ . . . Handelsklasse Ia". Fantasienamen, wie z. B. „Pusta-Salat", dürfen allein nicht benutzt werden, da sie keinen genauen Rückschluss auf den Inhalt ermöglichen.

Bei Textilien sind Namen und Prozentsätze der verwendeten Fasern (aber nicht die Pflegekennzeichen) vorgeschrieben, bei Lebensmitteln das Verbrauchsdatum. Ist das Verbrauchsdatum abgelaufen, darf das betreffende Lebensmittel nicht mehr in den Verkehr gebracht werden.

b) freiwillig: (aus Gründen der innerbetrieblichen Organisation)

– **Eingangsdatum**
  zur Kontrolle der Lagerdauer;
– **Lieferantennummer**
  für Nachbestellungen; Mängelrügen;
– **Artikel- und Lagernummer;**
– **Einkaufspreis**
  zur Erleichterung der Inventur.

Durchführung

Ladenhandel

– gut lesbare Preisschilder oder Etiketten an jeder einzelnen Ware;
– besteht an den Waren selbst keine Auszeichnungsmöglichkeit, sind die Behälter oder Regale, in denen sich die Ware befindet, mit Preisschildern zu versehen;
– Beschriftung der Ware selbst;
– Waren, die nach Musterbüchern angeboten werden, z. B. Tapeten, Gardinen, Stoffe oder Teppichfliesen, sind mit Preisen auf den Mustern zu versehen oder in Preisverzeichnissen aufzuführen.

Dienstleistungs- und handwerkliche Betriebe

Dienstleistungsbetriebe wie Frisöre, Hotels, Tankstellen u. a. sowie handwerkliche Einzelhandelsbetriebe wie Bäckereien, Fleischereien u. a. müssen gut sichtbare Preisschilder oder Preisverzeichnisse in ihrem Geschäftslokal anbringen (§ 5 PAngV).

Gaststättenbetriebe haben Preisverzeichnisse für Speisen und Getränke aufzustellen und auf den Tischen zu verteilen oder jedem Gast vor Entgegennahme von Bestellungen und auf Verlangen bei Abrechnung vorzulegen oder gut lesbar anzubringen (§ 7 PAngV). Neben dem Eingang der

Gaststätte ist ein Preisverzeichnis anzubringen. In Beherbergungsbetrieben ist in jedem Zimmer ein Preisverzeichnis anzubringen, aus dem der Zimmerpreis und ggf. Frühstückspreis ersichtlich sind. Die in den Preisverzeichnissen aufgeführten Preise müssen das Bedienungsgeld und sonstige Zuschläge enthalten.

Versandhandel

Waren, die nach Katalogen angeboten werden, sind ebenfalls auszuzeichnen. Die Preise müssen neben den Warenabbildungen oder Warenbeschreibungen, in Anmerkungen oder in einem Preisverzeichnis angegeben werden.

Ausnahmen (§ 9 PAngV)

Die Auszeichnungspflicht entfällt bei:
- Kunstgegenständen, Sammlerstücken und Antiquitäten;
- Waren, die in Werbevorführungen angeboten werden, sofern der Preis der jeweiligen Ware bei deren Vorführung und unmittelbar vor Abschluss des Kaufvertrages genannt wird;
- Blumen und Pflanzen, die unmittelbar vom Freiland, Treibbeet oder Treibhaus verkauft werden;
- Waren, die ein Unternehmer Letztverbrauchern ausschließlich im Namen und für Rechnung anderer Gewerbetreibender anbietet, die diese Waren nicht vorrätig haben und aus diesem Grund die Letztverbraucher an den Unternehmer verweisen;
- Waren, die ausschließlich solchen Letztverbrauchern angeboten werden, die die Waren in ihrer beruflichen Tätigkeit verwerten (z. B. Schneiderinnen);
- Waren bei Versteigerungen.

Die Angabe eines Grundpreises wird nicht gefordert für Waren,
- die über ein Nenngewicht oder -volumen von weniger als 10 Gramm oder Milliliter verfügen;
- die verschiedenartige Erzeugnisse enthalten, die nicht miteinander vermischt oder vermengt sind;
- die von kleinen Einzelhandelsgeschäften angeboten werden, bei denen überwiegend bedient wird (Ausnahme: Franchisebetriebe);
- die in Getränke- und Verpflegungsautomaten angeboten werden.

Des Weiteren kann auf einen Grundpreis verzichtet werden bei
- Kau- und Schnupftabak mit einem Nenngewicht bis 25 Gramm;
- kosmetischen Färbemitteln für Haut, Haare oder Nägel;
- Parfüms und parfümierten Duftwässern;
- leicht verderblichen Lebensmitteln, wenn der geforderte Endpreis wegen einer drohenden Gefahr des Verderbs herabgesetzt wird.

Vorteile der Preisauszeichnung

a) für den Verbraucher
- Preisinformation und -vergleich bereits bei Waren im Schaufenster;
- Preisvergleiche sind leichter und schneller möglich;
- Preiskontrolle beim Bezahlen an der Kasse.

b) für den Einzelhändler
- Die Ware wird nicht zu einem anderen Preis als dem vorgesehenen verkauft;
- bei Nachbestellungen sind alle wichtigen Daten schnell zur Hand;
- anhand des Eingangsdatums leichteres Erkennen von Ladenhütern;
- informative Etiketten können die Beratung durch einen Verkäufer ersetzen;
- durch den verschlüsselten Einkaufspreis kann der Inventurwert bei Bestandsaufnahme schnell ermittelt werden.

c) für den Mitarbeiter im Handel
- schnelle Einarbeitung, da nicht sämtliche Preise auswendig gelernt werden müssen;
- kein Handeln mit dem Kunden;
- die Auszeichnung gibt nützliche Hinweise für die Kundenberatung (Größe, Qualität, Material u. v. m.).

Ordnungswidrigkeiten

Die Einhaltung der Preisangabenverordnung wird vom Gewerbeaufsichtsamt überwacht. Vorsätzliche oder fahrlässige Verstöße werden mit Bußgeldern geahndet; es können Strafen bis zur Höhe von 25.564,59 € ausgesprochen werden.

Etikettenarten

a) **nach der Art der Beschriftung**
   - handgeschriebenes Etikett,
   - gestempeltes Etikett,
   - maschinegeschriebenes Etikett,
   - mit Auszeichnungsmaschine bedrucktes Etikett.

b) **nach Art der Befestigung**
   - Stecketikett,
   - Nadeletikett,
   - Hängeetikett,
   - Klebeetikett,
   - Stelletikett.

```
HL-MARKT 537    DA-KRANICHSTEIN
BIRNEN
ESP. HKL. 1
mindestens
haltbar bis: XX.XX.XX        2 410008 001769
Preis/kg:    Gewicht:        Betrag:
1,99 €/kg    00,442 kg       0,88 €
```

c) **nach Art der Verwendung**
   - Einfachetikett (einteilig)
   - Mehrfachetikett (mehrteilig)

Das Einfachetikett wird lediglich für die Preisauszeichnung verwendet, während das Mehrfachetikett im Betrieb organisatorischen Zwecken dient, z. B. als Kassenzettel.

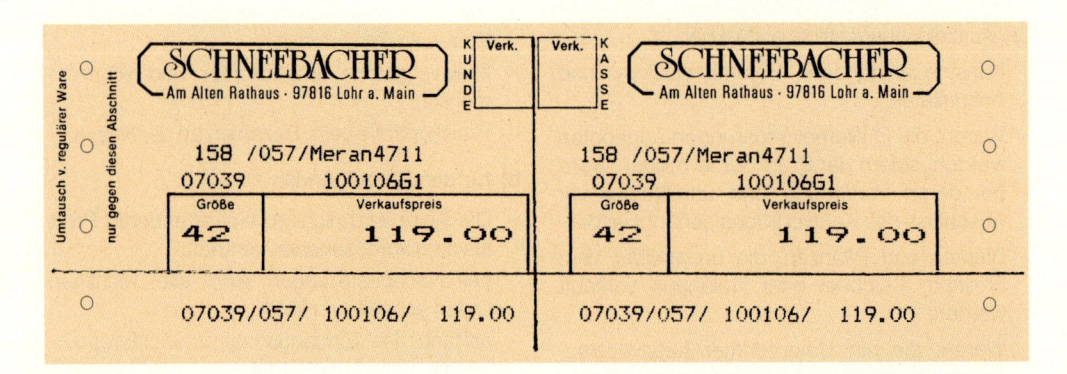

```
SCHNEEBACHER                          SCHNEEBACHER
Am Alten Rathaus · 97816 Lohr a. Main     Am Alten Rathaus · 97816 Lohr a. Main
    158 /057/Meran4711                158 /057/Meran4711
    07039     1001061                 07039     1001061
    Größe    Verkaufspreis             Größe    Verkaufspreis
     42        119.00                   42        119.00
  07039/057/ 100106/ 119.00         07039/057/ 100106/ 119.00
```

Sonstiges

- Ein niedriger Preis darf mit einem höheren Preis überklebt werden und umgekehrt. Der gültige Preis muss aber auf jeden Fall deutlich erkennbar sein.
- Übernimmt der Einzelhändler einen unverbindlich empfohlenen Preis unverändert, gilt der aufgedruckte Preis als Preisangabe. Der Händler kann aber auch mehr oder weniger fordern. Er muss die Ware aber dann neu auszeichnen.
- Dekorationsstücke sind keine Waren. Dagegen unterliegen Attrappen der Preisangabepflicht.
- In einem Selbstbedienungsgeschäft kommt der Kaufvertrag erst an der Kasse zustande. Insofern kann dort ein höherer Preis verlangt werden als der, der z. B. am Regal angebracht war. Das Gleiche gilt, wenn zwei Preisschilder mit unterschiedlichen Preisen auf der Ware kleben. Aber auch in diesem Fall wird vorsätzliches Handeln bestraft.

Aufgaben

1. Welche Bedeutung hat die Preisangabenverordnung für den Verbraucher?
2. Welche gesetzlich vorgeschriebenen Angaben muss ein Preisschild enthalten?
3. Welche Angaben werden häufig aus betrieblich-organisatorischen Gründen in Ihrem Ausbildungsunternehmen zusätzlich aufgenommen?
4. Welche Waren sind gänzlich von der Preisangabenpflicht ausgenommen?
5. Ihre Eltern bitten Sie einen Weihnachtsbaum für das Weihnachtsfest zu besorgen. In die engere Wahl ist eine Edeltanne gekommen, weil die ihre Nadeln nicht so schnell verliert.
   Warum könnten Sie Schwierigkeiten beim Preisvergleich bekommen?
6. Was verstehen Sie unter einem Grundpreis?

Zusammenfassung

Preisangabenverordnung

Grundsatz:
Der Einzelhändler ist gesetzlich verpflichtet seine Waren bzw. Leistungen mit Preisen auszuzeichnen.

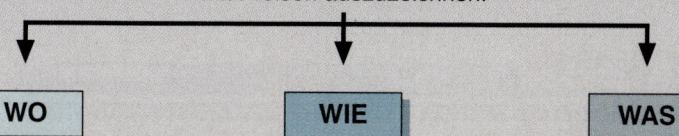

WO
muss die Ware mit Preisen versehen werden?

– Schaufenster/Schaukästen
– Regale, Ständer usw.
– innerhalb und außerhalb des Verkaufsraumes

<u>Bei Dienstleistungs- und handwerklichen Betrieben in Form von:</u>
– Preisverzeichnissen
– Preisschildern

<u>Im Versandhandel:</u>
– neben den Warenabbildungen oder Warenbeschreibungen
– in Anmerkungen
– in einem Preisverzeichnis

<u>Ausnahmen von der generellen Auszeichnungspflicht u. a.:</u>
– Kunstgegenstände
– Sammlerstücke
– Antiquitäten
– Waren bei Werbevorführungen
– Blumen und Pflanzen aus Freilandverkauf

WIE
sollen die Preise angebracht sein?

– leicht erkennbar
– deutlich lesbar
– dem Angebot eindeutig zugeordnet

WAS
für Angaben müssen gemacht werden?

gesetzlich vorgeschrieben:

– Endpreis
– Grundpreis bei Fertigpackungen, offenen Packungen und Verkaufseinheiten ohne Umhüllung
– handelsübliche Gütebezeichnung/ Warenbezeichnung

freiwillig:

– Eingangsdatum
– Lieferantennummer
– Artikel- und Lagernummer
– Einkaufsdatum

Im Interesse der

Preiswahrheit + Preisklarheit

mit dem Ziel,
– die Möglichkeit eines optimalen Preisvergleichs für den Verbraucher zu schaffen,
– den Wettbewerb zu fördern.

7.12 Fernabsatzhandel

Herr Gerhards bestellt online einen Bohrhammer der Marke Breaker für 156,00 €. Bereits 4 Wochen nach Erhalt der Ware (benutzt hatte er die Maschine noch nicht) will er aber vom Vertrag wieder zurücktreten, da ihm sein Sohn zum Geburtstag ein wesentlich exklusiveres Modell geschenkt hat.

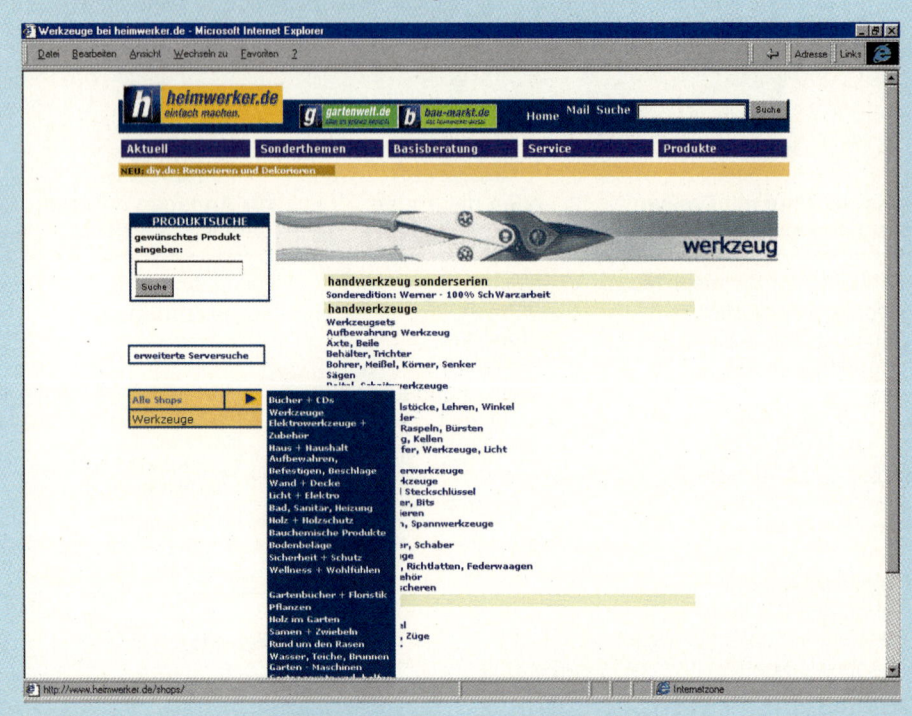

Bei Durchsicht der Vertragsunterlagen wie auch beim nochmaligen Ansehen der Homepage des Lieferers kann Herr Gerhards aber keinen Hinweis auf das Widerrufs- und Rückgaberecht finden.

Daraufhin versucht der rechtsunkundige Hobbybastler „sein Glück", wie er meint, und schickt den Bohrhammer einfach ohne Angabe von Gründen an den Lieferer zurück mit der Bitte um Rückerstattung des Kaufpreises.

Muss der Lieferer des Bohrhammers das Gerät zurücknehmen und Herrn Gerhards den Kaufpreis erstatten?

Information

Geltungsbereich

Die Bestimmungen zum Fernabsatz von Waren oder Dienstleistungen (§§ 312 b-d BGB) sollen die Verbraucherrechte beim so genannten Fernabsatz verbessern. Als Fernabsatz gilt der Handel mit Waren und Dienstleistungen, bei dem sich *Verbraucher* (i. S. d. § 13 BGB) und *Unternehmer* (i. S. d. § 14 BGB) nicht unmittelbar gegenüberstehen – der Vertragsschluss erfolgt daher unter ausschließlicher Verwendung von Fernkommunikationsmitteln wie Internet, E-Mails, Telefon, Brief, Katalog sowie Rundfunk, Tele- und Mediendienste (Voice-Mail-System, Teleshopping, Telefax usw.; § 312 b BGB).

Der Handyboom in Deutschland hält an. Seit 1998 hat sich der Anteil der Haushalte mit Mobiltelefon mehr als verfünffacht. Inzwischen besitzen 56 Prozent ein Handy. Fast alle sind zudem mit einem stationären Telefon ausgestattet. Auch die indirekte Kommunikation via Anrufbeantworter gehört zum Alltag – rund 40 Prozent der Haushalte sind mit diesem Gerät ausgestattet. Der heimische Computer breitet sich ebenfalls in deutschen Arbeits- und Kinderzimmern aus. 53 von 100 Haushalten geben an einen PC zu haben. 22 Prozent besitzen dazu ein Modem, rund 27 Prozent nutzen Internet- und Onlinedienste – viermal so viele wie 1998.

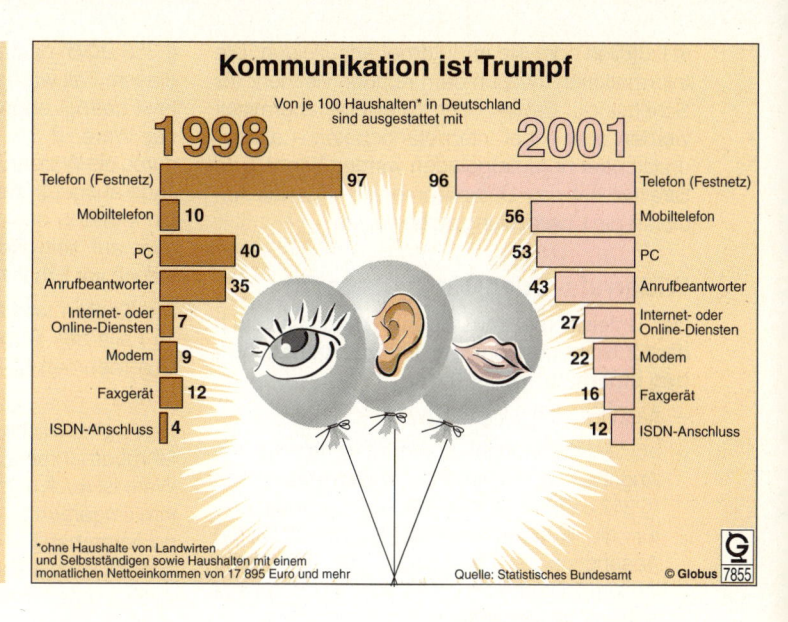

Kommunikation ist Trumpf

Von je 100 Haushalten* in Deutschland sind ausgestattet mit

	1998	2001	
Telefon (Festnetz)	97	96	Telefon (Festnetz)
Mobiltelefon	10	56	Mobiltelefon
PC	40	53	PC
Anrufbeantworter	35	43	Anrufbeantworter
Internet- oder Online-Diensten	7	27	Internet- oder Online-Diensten
Modem	9	22	Modem
Faxgerät	12	16	Faxgerät
ISDN-Anschluss	4	12	ISDN-Anschluss

*ohne Haushalte von Landwirten und Selbstständigen sowie Haushalten mit einem monatlichen Nettoeinkommen von 17 895 Euro und mehr

Quelle: Statistisches Bundesamt © Globus 7855

Informationspflichten (§ 312 c BGB)[1]

Kern der Bestimmungen des **BGB** zum Fernabsatz ist eine umfangreiche **Informationspflicht** des Anbieters. Zum Schutz des Verbrauchers (Bestellers; Fernkunden) vor irreführenden und aggressiven Ver-kaufsmethoden im Fernabsatz muss der Anbieter dem Kunden rechtzeitig vor Abschluss des Vertrages klar und verständlich seine **Identität** und den **geschäftlichen Zweck** nennen.

> **Beispiel**
>
> Ein Internetangebot muss den Geschäftszweck, wie z. B. Versandverkauf, und die Identität des Unternehmens, d. h. die komplette Angabe der Rechtsform und der Adresse, enthalten. Bei Telefonmarketingangeboten sind diese Daten dem Kunden vorab mitzuteilen.

Bei Telefongesprächen müssen Identität und Geschäftszweck zu Beginn des Gesprächs ausdrücklich offen gelegt werden. Der Unternehmer muss den Verbraucher darüber hinaus vor Abschluss eines Fernabsatzvertrags in einer dem eingesetzten Fernkommunikationsmittel entsprechenden Weise klar und verständlich informieren über:

– die wesentlichen Eigenschaften der angebotenen Waren oder Dienstleistungen, **insbesondere über den Kundendienst sowie Gewährleistungs- und Garantiebedingungen,**

– **Vertragslaufzeit bei Dauerschuldverhältnis,**

– **Bestehen und Bedingungen des Widerrufs- oder Rückgaberechts,**

– die Zahlungs- und Lieferbedingungen,

– den Endpreis der Ware oder Dienstleistung einschließlich aller Bestandteile, wie anfallende Steuer, Liefer- und Versandkosten,

– Kosten, die dem Kunden durch die Nutzung der Fernkommunikationsmittel entstehen, sofern sie über die üblichen Grundtarife hinausgehen,

– im Falle ihrer Nichtverfügbarkeit den Vorbehalt, eine andere gleichwertige Leistung oder keine zu erbringen und

– bei befristeten Angeboten die Gültigkeitsdauer, insbesondere hinsichtlich des Preises.

Werbebotschaften müssen eindeutig als solche gekennzeichnet werden.

Ein Teil dieser Informationen (wie im obigen Text durch Fettdruck gekennzeichnet) muss in einer besonders hervorgehobenen Form dem Verbraucher zur Kenntnis gebracht werden. Dabei reicht es nicht aus, die Informationen lediglich mündlich

---

[1] Die beim Fernabsatz bestehenden Informationspflichten sind im BGB nur in den Grundzügen geregelt. Die Einzelheiten finden sich nunmehr in der „Verordnung über Informationspflichten nach Bürgerlichem Recht". Dabei handelt es sich um die frühere „Verordnung über Informationspflichten von Reiseveranstaltern", die um die Infomationspflichten bei Verbraucherverträgen (Fernabsatzverträge und Teilzeit-Wohnrechteverträge), bei Verträgen im elektronischen Geschäftsverkehr und um die Informationspflichten von Kreditinstituten erweitert wurde.

mitzuteilen oder sie im Internet anzuzeigen. Die Informationen müssen dem Kunden vielmehr als Schriftstück, E-Mail oder CD-ROM übermittelt werden oder – bei Internetangeboten – ausgedruckt oder heruntergeladen werden können. Im Streitfall hat das Unternehmen (der Online-Anbieter) die Übermittlung zu beweisen.

Widerrufs- oder Rückgaberecht

Der Unternehmer muss den Verbraucher auch darauf hinweisen, dass er **jeden erteilten Auftrag innerhalb von 14 Tagen**
- nach Erhalt der Ware bzw.
- bei Dienstleistungen ab Vertragsschluss ohne Angabe von Gründen **widerrufen** kann (§ 312 d BGB i. V. m. § 355 BGB). Maßgebend für die Fristwahrung ist die (rechtzeitige) Absendung des Widerrufs. Die schriftliche Widerrufsbelehrung muss vom Kunden nicht unterschrieben werden.

Fehlt beim Kauf der Hinweis auf das Widerrufsrecht, beginnt die Frist erst mit Erfüllung der Informationspflicht. Es erlischt jedoch bei Waren spätestens **sechs Monate nach Eingang** beim Empfänger (Der Kunde kann die Ware also innerhalb von sechs Monaten nach Erhalt an den Absender zurückschicken; § 355 III BGB).

Bei Dienstleistungen erlischt das Widerrufsrecht **vier Monate nach Vertragsschluss** oder wenn die Ausführungen der Dienstleistungen mit Zustimmung des Verbrauchers vor Ende der Frist von zwei Wochen begonnen hat.

Das Widerrufsrecht ist ausgeschlossen bei
- speziellen Kundenanforderungen,
- Waren, die aufgrund ihrer Beschaffenheit für eine Rücksendung nicht geeignet sind,
- Waren, die schnell verderben können oder deren Verfalldatum überschritten würde,
- Audio-, Videoaufzeichnungen oder Software, sofern sie entsiegelt wurden,
- Zeitungen, Zeitschriften und Illustrierten,
- Wett- und Lotterie-Dienstleistungen und
- Versteigerungen (§ 156 BGB), insbesondere im World Wide Web (www),[1] was sicherlich gerechtfertigt ist, da ansonsten der Unternehmer das Spekulationsrisiko des Verbrauchers tragen würde.

Statt des Rechts auf Widerruf können Anbieter aber auch ein Rückgaberecht (§ 312 BGB i. V. m. § 356 BGB) nach erfolgter Lieferung anbieten. In diesem Fall wäre ein Widerruf nicht möglich. Die Frist beträgt ebenfalls zwei Wochen nach Erhalt der Ware, d. h., das Rückgaberecht kann nur durch die Warenrücksendung innerhalb dieser 14 Tage ausgeübt werden. Die Zweiwochenfrist beginnt erst in dem Moment, in dem der Verbraucher auf sein Recht hingewiesen wurde, nicht jedoch vor Erhalt der Ware.

Die **Kosten und Gefahr der Rücksendung** hat im Falle des *Rückgaberechts* ausnahmslos das Unternehmen (z. B. der Online-Verkäufer) zu tragen.

Diese gesetzliche Regelung der Kosten- und Gefahrübernahme für pflichtgemäß zurückgesandte Ware ist auch anzuwenden, wenn der Kunde das ihm eingeräumte *Widerrufsrecht* in Anspruch genommen hat. Er muss allerdings dann die Rücksendekosten selbst tragen, wenn der Warenwert 40 Euro oder weniger beträgt (§ 357 II BGB).

Entspricht die gelieferte Ware nicht der Bestellung, hat der Verkäufer die Versandkosten für die Rücksendung unabhängig vom Warenwert zu tragen. Für die Nutzung bzw. Überlassung oder den Untergang der Ware bis zum Widerruf bzw. Rückgabe hat der Käufer allerdings dem Unternehmer die entsprechende Wertminderung oder den Wert zu ersetzen. Abweichende vertragliche Regelungen zum Nachteil des Verbrauchers sind unwirksam (§ 312 f. BGB).

Der Widerruf für eine bestellte Ware oder Leistung schließt auch den Widerruf eines damit ggf. verbundenen Vertrages (z. B. Verbraucherdarlehen) ein (§ 358 BGB).

Ausnahmen beim Fernabsatz
(§ 312 b III BGB)

Von den Bestimmungen des BGB zum Fernabsatz nicht erfasst werden u. a.
- die Direktgeschäfte der Banken und Versicherungen,
- Immobiliengeschäfte,
- Dienstleistungsverträge in den Bereichen Unterbringung, Beförderung und Freizeitgestaltung (z. B. Reisebuchungen, eine Reisebuchung per Internet ist erst dann verbindlich, wenn der Online-Anbieter dem Kunden die Buchung bestätigt hat),

---

1 Hierbei handelt es sich um so genannte „echte" Versteigerungen, bei denen der Zuschlag an den Bieter sofort verbindlich erfolgt (wie z. B. bei Internet-Versteigerern wie Andsold, Ricardo und Ebay). Die Bestimmungen des BGB zum Fernabsatz finden allerdings Anwendung, wenn es sich um unverbindliche Käufe gegen Höchstgebot handelt. Dabei erteilt der Versteigerer zwar zunächst den Zuschlag. Gleichzeitig behält er sich aber vor das Gebot nachträglich doch noch abzulehnen.

- Verträge über Fernunterricht und
- die Lieferung von Lebensmitteln, Getränken, Zeitschriften und sonstigen Haushaltsgegenständen des täglichen Bedarfs am Wohnsitz des Verbrauchers (z. B. Pizzabringdienst).

Dennoch ist mit den §§ 312 b ff. BGB EU-weit ein hohes Kundenschutzniveau hergestellt und damit das Vertrauen der (Online-)Kunden insbesondere auch im elektronischen Geschäftsverkehr gestärkt worden. Besonders durch die Informationspflicht bestehen für den Verbraucher künftig weniger Risiken. Das Widerrufs- bzw. Rückgaberecht gibt ihm sozusagen die Möglichkeit eines Kaufs auf Probe.

Beispiel eines Chip-Lieferanten

Informationen über Ihr Rücktritts- und Widerrufsrecht nach Fernabsatzgesetz

Laut Gesetzgeber sind wir verpflichtet, Sie vor einem Kauf über Ihr Widerrufsrecht und Ihre Rücksendepflicht gemäß § 361a BGB zu belehren.

Die folgenden Rechte gelten nur für private Verbraucher, d.h. jede natürliche Person, die ein Rechtsgeschäft zu einem Zweck abschließt, der weder ihrer gewerblichen noch ihrer selbstständigen beruflichen Tätigkeit zugerechnet werden kann. Für Kaufleute, Firmen und öffentliche Einrichtungen gelten die Regelungen des Handelsgesetzbuches (HGB).

Rücktrittsrecht

Sie haben das Recht, jederzeit bis zur Auslieferung Ihrer Bestellungen vom Kauf zurückzutreten, sofern nicht schriftlich etwas anderes vereinbart ist. Eine Begründung für den Rücktritt ist nicht erforderlich. Falls Sie eine Bestellung stornieren möchten genügt ein Anruf unter 0800 / 971804 oder eine E-Mail an info@cpu.de mit Angabe Ihres Namens und des Produktes. Falls Sie bereits gezahlt haben (bei Vorkasse), erhalten Sie den gezahlten Betrag zurückerstattet (siehe Rückerstattungen).

WIDERRUF
REGELUNGEN FÜR DEN WIDERRUF

Das Rückgaberecht kann nicht bei versiegelter Ware (DVD, Software auf Datenträgern aller Art, Bücher, Batterien, Akkus, Tinte, Toner etc.) angewandt werden, wenn die versiegelte Verpackung geöffnet bzw. beschädigt wurde. Des weiteren besteht KEIN Rückgaberecht bei individuell bestellten Rechnern, Systeme/Produkte, die auf Kundenwunsch erstellt bzw. bestellt wurden. Ebenso sind angepasste Soft- und Hardware und Dienstleistungen von dieser Regelung ausgeschlossen. Es ist zu beachten, dass Bundles, Pakete und sonstige Zusammenstellungen von Soft- und Hardware immer nur zusammen und komplett zurückgesandt werden dürfen.

Bitte berücksichtigen Sie, dass eine Rücksendung nur im Originalzustand mit unbeschädigter Original-/Verkaufspackung erfolgt. Bei wesentlichen Verschlechterungen (z. B.: Verschmutzung, Beschädigungen, Gebrauchsspuren, beschädigter Verkaufspackung, beschädigter Dokumentation, unvollständiger Rückgabe) behalten wir uns vor, Ersatz zu verlangen.

Ebenfalls ist der Wert von Gebrauchsüberlassung bis zur Rücksendung zu vergüten zum Beispiel bei Verbrauchsmaterialien wie Tinte, Toner, Papier, Datenträgern aller Art, Batterien etc. Dies kann Ihre Verpflichtung zur Zahlung des vollen Kaufpreises begründen. Ersatzansprüche erheben wir insbesondere bei Prozessoren, Speicherbausteinen, Festplatten und weiteren PC-Artikeln mindestens in der Höhe des Preisverfalles, zumal diese Artikel einem ständigen Preisverfall unterliegen. Auf eine tatsächliche Benutzung kommt es nicht an.

Ersatzansprüche unsererseits treffen Sie natürlich auch bei Verlust der Ware, sofern dies nicht auf dem Transportweg geschieht. Bewahren Sie in jedem Fall alle Nachweise einer ordnungsgemäßen Rücksendung auf.

UNFREI eingesandte Rücksendungen werden nicht angenommen. Wir erstatten Ihnen nach Eingang der Ware umgehend den Kaufpreis unter Berücksichtigung der vorgenannten Punkte. Kosten für den Einsatz eines anderen Verkehrsträgers als die Post können nicht übernommen werden. Bitte frankieren Sie die Rücksendung ordnungsgemäß.

Speicher senden Sie bitte in der gelieferten Verpackung mit 0,66 Cent Porto frankiert und dem Vermerk Warensendung an uns zurück.

14 Tage Widerrufsrecht

Sie sind an Ihre Erklärung zum Abschluss eines Kaufvertrages nicht mehr gebunden, wenn Sie sie binnen einer Frist von 2 Wochen nach Eingang der ersten Sendung widerrufen. Der Widerruf muss schriftlich, auf einem anderen dauerhaften Datenträger erfolgen. Eine Begründung des Widerrufs ist nicht erforderlich. Zur Wahrung der Frist genügt die rechtzeitige Absendung des Widerrufs an die unten aufgeführte Adresse:

Sie können Ihren Widerruf schriftlich anzeigen. Geben Sie bitte immer Ihren Namen, Ihre Kundennummer und die Rechnungsnummer an und als Fehlermeldung: „Rücksendung laut FAG".

Rückerstattungen

Im Fall von Rückerstattungen werden Vorauskassen auf das jeweilige Konto gutschrieben. Ihre Rücktritts- und Widerrufsrechte sind rechtlich in unseren AGBs verankert.

Garantiebedingungen

Der Käufer hat zunächst nur Anspruch auf Beseitigung von Fehlern und durch sie an den anderen Teilen des Kaufgegenstands verursachten Schäden (Nachbesserung).

Sofern die Nachbesserung fehlschlägt kann der Käufer anstelle der Nachbesserung Wandlung (Rückgängigmachung des Vertrages) oder Minderung (Herabsetzung der Vergütung) verlangen. Ein Anspruch auf Ersatzlieferung besteht nicht.

Für Nachbesserung gilt folgendes:

a) Offensichtliche Mängel hat der Käufer spätestens innerhalb 2 Wochen bei dem Verkäufer entweder schriftlich anzuzeigen oder von ihm aufnehmen zu lassen.

b) Gewährleistungsverpflichtungen bestehen nicht, wenn der aufgetretene Fehler in ursächlichem Zusammenhang damit steht, dass der Kaufgegenstand unsachgemäß behandelt oder überbeansprucht worden ist oder in den Kaufgegenstand Teile eingebaut worden sind, deren Verwendung der Verkäufer nicht genehmigt hat oder der Kaufgegenstand in einer vom Verkäufer nicht genehmigten Weise verändert worden ist oder der Käufer die Vorschriften über die Behandlung, Wartung und Pflege des Kaufgegenstandes (z.B. Betriebsanleitung) nicht befolgt hat. Auf AMD-Prozessoren erhalten Sie 6 Monate Garantie. Natürlicher Verschleiß ist von der Gewährleistung ausgeschlossen.

Reklamation

Bei einer Reklamation sind folgende Punkte zu beachten:

Im Falle einer unberechtigten Beanstandung, kein Fehler feststellbar, Bedienungsfehler, Ware nicht von CPU-Deutschland bezogen oder keine nachvollziehbare Fehlerbeschreibung angegeben, wird die Ware gegen eine Bearbeitungsgebühr von 25,00 € zuzüglich Versandkosten zurückgesendet.

Wichtige Informationen zur Reklamation von Prozessoren

Es kommt zurzeit vermehrt zu Reklamationen bei denen durch unsachgemäße Handhabung (z.B. verkannten des Kühlers) der CPU-Chip beschädigt wird. Es ist nicht möglich eine derart beschädigte CPU auf Garantie zu reklamieren. Solche Beschädigungen, wie abgerissene oder angebrochene Kanten durch unsachgemäße Behandlung sind nicht zulässig.

Bitte prüfen Sie, ob die CPU beschädigt ist. Bei Beschädigung liegt leider kein Garantiefall vor. Falls die CPU nicht beschädigt ist, können Sie diese zu uns einschicken.

Transportschäden

Transportschäden von versicherten Paketen werden nicht von CPU-Deutschland, sondern vom zuständigen Transportunternehmen bearbeitet. Im Falle eines Transportschadens setzen Sie sich bitte umgehend mit uns in Verbindung.

E-Commerce

Die Bestimmungen über den elektronischen Geschäftsverkehr sollen neben der Rechtssicherheit für die Anbieter auch einen effektiveren Schutz für die Kunden gewährleisten, die auf elektronischem Weg angebotene Waren und Dienstleistungen bestellen.

Künftig regelt § 312 e BGB die Vertragspflichten beim elektronischen Geschäftsverkehr, allerdings auch nur in Grundzügen, da sich hier die weiteren Ausführungen auch in der noch zu erlassenden „Verordnung über Informationspflichten nach Bürgerlichem Recht" finden werden.

Nach den „Pflichten im elektronischen Geschäftsverkehr", die im Unterschied zu den Bestimmungen über den Fernabsatz nicht nur im Verhältnis von Unternehmen zu Verbrauchern, sondern auch für reine Unternehmensbeziehungen gilt, sind im elektronischen Geschäftsverkehr besondere Informationspflichten zu beachten:

- Dazu gehört, dass Allgemeine Geschäftsbedingungen so zur Verfügung gestellt werden, dass sie der Kunde speichern und wieder abrufen kann.

- Wer elektronische Bestellungen entgegennimmt, hat technische Mittel zur Eingabefehlererkennung und -beseitigung vor Abgabe der Bestellung bereitzustellen und muss den Eingang einer Bestellung unverzüglich auf elektronischem Wege bestätigen.

Die Unabdingbarkeit dieser Vorschriften ergibt sich aus § 312 f. BGB.

Bei einem Online-Kauf in Nicht-EU-Ländern ist allerdings weiterhin Vorsicht geboten.

Online-Bestellungen im Ausland

Beim elektronischen Vertragsabschluss über Landesgrenzen hinweg können die Vertragspartner grundsätzlich frei entscheiden, welches nationale Recht gelten soll. Haben die Vertragsparteien dagegen bei Abschluss eines Online-Vertrages ausdrücklich oder stillschweigend keine Rechtswahl getroffen, gilt das Recht des Staates, mit dem die Vereinbarung inhaltlich am engsten verknüpft ist. Bei Kaufverträgen über das Internet ist dies in der Regel das Recht des Verkäufers (Herkunftslandprinzip).

Ergänzendes Beispiel

Ein Kunde bestellt bei einem britischen Internet-Händler in deutscher Sprache Musik-CDs. In diesem Fall gilt ergänzend das deutsche Verbraucherschutzrecht.

Wer über das Internet Waren oder Dienstleistungen ausländischer Unternehmen bestellt, kann sich immer dann auf deutsche Verbraucherschutzbestimmungen berufen, wenn der ausländische Unternehmer bewusst das deutsche Publikum – z. B. durch Werbung in deutschen Medien oder über eine deutschsprachige Homepage – anspricht.

Andererseits muss sich ein Online-Kunde – ebenso wie ein Reisender, der im Ausland Warengeschäfte tätigt – an die jeweils geltenden Rechtsvorschriften des Landes halten, in dem das Internet-Kaufhaus seinen Sitz hat.

Umgekehrt kann ein deutscher Kunde, der bei einem deutschen Internet-Buchhändler Ware bestellt, nicht gezwungen werden einen Vertrag nach holllländischem Recht zu akzeptieren, wenn keine Verbindung zur Rechtsordnung von Holland existiert. Selbst wenn der Verkäufer – z. B. in seinen Allgemeinen Geschäftsbedingungen – eine Vereinbarung mit dem Kunden getroffen hätte, wonach holländisches Recht gelten solle, wäre diese Vereinbarung unwirksam.

Internet-Kaufhäuser können diese Vorschrift auch nicht dadurch umgehen, dass sie im Rahmen des Vertragsabschlusses einen Internet-Server einschalten, der sich in einem Drittstaat befindet.

Kommen im Streit um die Domain mehrere Personen als berechtigte Namensträger in Betracht, so gilt gem. Rechtsprechung (BGH, Az.: IZR 138/99) in erster Linie das Gerechtigkeitsprinzip „Wer zuerst kommt, mahlt zuerst." Diesen Grundsatz muss auch der bekanntere Namensträger anerkennen; darüber hinaus besteht kein Vorrang geschäftlicher vor privaten Interessen.

Aufgaben

1. Für welche Geschäfte gelten die Bestimmungen des BGB zum Fernabsatzhandel?
2. Was kann einem E-Commerce-Unternehmer passieren, wenn er die Informationspflicht der Bestimmungen zum Fernabsatzhandel nicht beachtet?
3. Was passiert mit einem E-Commerce-Vertrag, wenn der Vertrag vom Verbraucher widerrufen wird?
4. Wie lauten die Bestimmungen über den Widerruf im Fernabsatzhandel?
5. Welches sind die Rechtsfolgen des Widerrufs?
6. Welche Rechte hat der Verbraucher im Rahmen der Bestimmungen über den Fernabsatz?

Zusammenfassung

Geschäfte im Fernabsatzhandel
Verträge über Warenlieferungen oder Dienstleistungen, abgeschlossen per Brief, Katalog, Fax, Telefon, E-Mail oder online

Geltungsbereich

– Verträge über
  - die Lieferung von Waren oder Erbringung von Dienstleistungen,
  - zwischen einem Unternehmer und einem Verbraucher
  - unter ausschließlicher Verwendung von Fernkommunikationsmitteln.

Pflichten des Unternehmers

– Vor Vertragsabschluss u. a. informieren über
  - den geschäftlichen Zweck des Vertrages,
  - Zeitpunkt des Zustandekommens des Vertrages,
  - seine Identität und Anschrift,
  - wesentliche Merkmale der Ware bzw. Leistung,
  - Bestehen und Bedingungen des Widerrufs- oder Rückgaberechts,
  - Preis, einschl. aller Bestandteile der Ware,
  - Liefer- und Versandkosten,
  - Zahlungs- und Lieferungsbedingungen,
  - Gültigkeitsdauer bei befristeten Angeboten,
  - Mindestlaufzeit des Vertrages,
  - Lieferungsvorbehalte.

Die Informationen sind dem Verbraucher spätestens mit der Lieferung der Ware bzw. Erfüllung des Vertrages auf einem „dauerhaften Datenträger" zu bestätigen.

– Übernahme der Transportkosten bei Rückgabe im Falle des
  - Rückgaberechts,
  - Widerrufsrechts; Ausnahme: Bei Warenwert ≤ 40,00 € muss der Verbraucher die Rücksendekosten tragen.

Rechte des Verbrauchers

– Zwei Wochen Widerrufsrecht
  - Beginn: mit Erfüllung der Informationspflicht, nicht aber vor Erhalt der Ware
  - Ende: spätestens sechs Monate nach Eingang der Ware beim Empfänger bzw. nach Vertragsabschluss bei Dienstleistungen

– Das Widerrufsrecht gilt nicht bei bestimmten Verträgen.

– Zwei Wochen Rückgaberecht
  - Beginn und Ende wie bei Widerrufsrecht

– Schriftliche Widerrufsbelehrung muss nicht unterschrieben werden.

Bedeutung

– Die Verbraucher
  - sind geringeren Risiken insbesondere beim Onlinekauf ausgesetzt,
  - werden umfassend informiert,
  - haben die Möglichkeit zum Kauf auf Probe.

7.13 Kassensysteme

Welche wirtschaftliche Bedeutung haben Kassen für den Verkauf?

Information

Neben der Warenübergabe und der Verabschiedung des Kunden steht die Bezahlung der Ware am Abschluss der Verkaufshandlung. Zur Abwicklung des Zahlungsvorganges verwenden die Einzelhandelsbetriebe Kassensysteme. Diese haben zwei Hauptaufgaben zu erfüllen:

1. Kassieren: Die Kassen sollen das schnelle und fehlerfreie Kassieren des Kaufbetrages ermöglichen: An den Kassenplätzen findet der Tausch „Ware gegen Geld" mit der Vereinnahmung der Kaufbeträge statt. Die Kassen dienen also zunächst als Abwicklungs- und Kontrollstelle für den Geldein- und -ausgang.

2. Verkaufsdatenerfassung: Da am Warenausgang – dem Standort der Kassen – wesentliche Daten anfallen, werden Kassensysteme zunehmend zu Datenerfassungsstationen. Sie liefern Daten über Waren, Zahlungsmittel, Kunden und Personal, die später von einer EDV-Anlage ausgewertet werden können. Auf diese Aufgabe der Kassen als Informationsinstrument für den Einzelhändler wird noch später im Kapitel über Warenwirtschaftssysteme näher eingegangen.

Kassenarten

Im Einzelhandel werden verschiedene Kassenarten verwendet. Sie erfüllen die an sie gestellten Anforderungen in unterschiedlicher Weise.

Offene Ladenkassen

Eine offene Ladenkasse ist im Einzelhandel kaum noch anzutreffen. Sie besteht aus einer einfachen Schublade, in die der eingenommene Kaufbetrag gelegt wird. Sie erfüllt die Aufgaben, die heute an Kassensysteme gestellt werden, nur unzureichend: Eine Kontrolle der eingenommenen Beträge ist kaum möglich, da kein Kassenbeleg schriftlich erstellt wird. Der jeweilige Kassenbestand kann nur nach Geschäftsschluss durch einen sog. Kassensturz – also durch Zählen – festgestellt werden.

Mechanische Registrierkassen

Mechanische Registrierkassen mit Schiebe- oder Tipptasten, einem Rechenwerk und einer gesicherten, in Fächern unterteilten Geldablage sind nach wie vor noch anzutreffen. Im Gegensatz zu den offenen Ladenkassen erleichtern sie die Abwicklung des Zahlungsverkehrs. Über die Tastatur werden die Preise eines Verkaufsvorganges eingegeben, die im Rechenwerk auf mechanische Weise zusammengezählt werden. Die Rechnung wird auf einem Papierstreifen festgehalten. Informationen über Warenbewegungen sind jedoch nur über mühsames Zählen der Artikelbestände unter Berücksichtigung der Zu- und Abgänge erhältlich.

Elektromechanische Kassen

Eine elektromechanische Kasse ist eine Weiterentwicklung der mechanischen Registrierkasse. Sie bietet erheblich mehr Komfort als diese (z. B. geringere Lautstärke, automatisches Öffnen der Kasse, Funktionstasten). Als Informationsinstrument für die Geschäftsleitung eignet sie sich wie die vorhergenannten Kassenarten nicht.

Elektronische Registrierkassen

Die elektronischen Registrierkassen sind, wenn auch vollkommen anders gebaut (elektronische Bauteile!), ihrer Idee nach ein Ersatz für die mechanischen und elektromechanischen Kassen. Darüber hinaus erleichtern die elektronischen Registrierkassen den Geldverkehr durch Rückgeldrechner und evtl. den Anschluss eines automatischen Wechselgeldgebers. Sie erfassen und speichern auch schon bestimmte Informationen (in der Regel auf Warengruppenebene). Die elektronischen Registrierkassen sind aber nicht systemfähig: Sie können also nicht zu einer Datenerfassung mithilfe von Disketten bzw. Kassetten benutzt werden, die über ihre direkte Speicherkapazität hinausgeht. Daher sind sie auch nicht an EDV-Anlagen anschließbar.

Datenkassen

Datenkassen erfassen die Warenabgänge sogar artikelgenau. Wesentliches Merkmal der Datenkassen ist, dass sie in Verbindung mit einer EDV-Anlage stehen. Dieser Computer verarbeitet die von der Datenkasse erfassten Verkaufsdaten zu beliebig verdichteten Informationen für den Einzelhändler. Der eigentliche Nutzen einer Datenkasse ist also in Verbindung mit einem EDV-gestützten Warenwirtschaftssystem zu sehen. Auskunft darüber (und über die Unterteilung der Datenkassen in Stand-alone-Kassen und Kassen im Verbundsystem) gibt das Kapitel Warenwirtschaftssysteme.

Aufbau der Kassen

Alle elektronischen Registrierkassen und Datenkassen haben in etwa denselben Aufbau. Diese Kassen sind in Modulbauweise erstellt, d. h., sie setzen sich aus bestimmten technischen Bausteinen zusammen.

Die **Tastatur** dient der Dateneingabe. Die Eingabe erfolgt bei allen Modellen über eine internationale Zehnertastatur und Funktionstasten. Bei der internationalen Zehnertastatur ist die Anordnung der einzelnen Ziffern genormt. Dadurch ergibt sich für das Kassenpersonal eine leichte und sichere Bedienbarkeit. Aufgaben der Funktionstasten ist es, der Kasse mitzuteilen, welcher Teil des Kassiervorganges als nächster folgt. Soll z. B. die Verkäufernummer erfasst werden, wird die entsprechende Funktionstaste gedrückt und die dazugehörige Nummer über die Zehnertastatur eingegeben. Einige Funktionstasten dienen auch der Unterteilung des Geldverkehrs (z. B. in bar, Schecks, Kredit usw.).

Aufgabe der **Bedieneranzeige** ist es, dem Kassenpersonal eine Kontrolle der eingegebenen Daten zu ermöglichen. Eingabefehler können in dieser Phase noch sofort korrigiert werden, da die Eingabedaten nicht unmittelbar verarbeitet werden. Sie befinden sich zunächst in einem Zwischenspeicher und werden erst mit der Folgeeingabe endgültig abgespeichert.

Die **Führungsanzeige,** die oft zusammen mit der Bedieneranzeige installiert ist, gibt dem Kassenpersonal Hilfestellungen beim Ablauf des Kassiervorgangs. Durch die Vielzahl und den Umfang möglicher Erfassungsvorgänge wird die Bedienung von Datenkassen erschwert. Um das Kassenpersonal nicht zu überfordern, werden daher bei fast allen Modellen die einzelnen folgenden Eingabeschritte oder die jeweils letzte gültige Buchung angezeigt. Der Bediener einer Kasse wird mithilfe der Führungsanzeige gerade auch durch selten vorkommende Vorgangsabläufe sicher geführt. Dies kann entweder durch das Aufleuchten von Symbolen oder von Textanweisungen geschehen. Neben den Bedienungshinweisen werden auch Fehlerursachen und deren Korrekturmöglichkeit mitgeteilt.

Die **Kundenanzeige** informiert den Käufer sowohl über jeden registrierten Artikelpreis als auch über die zu zahlende Gesamtsumme. Sie kann bei sehr vielen Modellen aus der Kasse herausgelöst werden. Damit besteht die Möglichkeit, sie an einer besonders für den Kunden gut sichtbaren Stelle aufzustellen.

Kundenanzeige

Die Kundenanzeige dient der Information des Verbrauchers.

Jede Datenkasse bzw. elektronische Registrierkasse hat zumindest ein **Druckwerk,** das Bons, Quittungen und Tagesberichte ausdrucken kann. Weiter gehören zu einer Kasse die **Zentraleinheit,** in der die eingegebenen Daten verarbeitet werden, und die **Kassenschublade.**

Die Kassenanordnung

In den verschiedenen Geschäften des Einzelhandels können Kassensysteme unterschiedlich angeordnet werden. Angestrebt wird mit der jeweils gewählten Platzierung der Kassen zunächst ein für den Kunden günstiger Kassenweg. Gleichzeitig soll aber auch erreicht werden, dass der Verbraucher auf dem Weg zur Kasse zu Impulskäufen angeregt wird.

Bei der **zentralen** Kassenanordnung befinden sich die Kassen in der Nähe der Ausgänge. Fast alle Selbstbedienungsgeschäfte platzieren auf diese Weise ihre Kassen. Die zentrale Kassenanordnung wird oft auch Checkout genannt.

Wenn die Kassen im ganzen Geschäft verteilt sind, spricht man von einer **dezentralen** Kassenanordnung. Jede Kasse ist für einen bestimmten Bereich – z. B. eine Warengruppe – zuständig. Die dezentrale Kassenanordnung wird von Kaufhäusern und Warenhäusern bevorzugt.

Arbeitsabläufe an der Kasse

Der Kassiervorgang erfolgt in mehreren Schritten. Um Missverständnisse beim Kunden zu vermeiden, wird immer eine bestimmte Reihenfolge eingehalten:

1. Das Kassenpersonal erfasst den Preis (bzw. bei Datenkassen die Artikelnummer) der verkauften Ware.
2. Die Kasse errechnet die endgültige Kaufsumme, die das Kassenpersonal dem Kunden deutlich mitteilt.
3. Das Geld des Kunden wird entgegengenommen und neben die Kasse bzw. auf eine dafür vorgesehene Ablage auf der Kasse gelegt. Der Mitarbeiter an der Kasse nennt bei der Übergabe des Geldscheins bzw. Geldstücks den Wert und tippt den entgegengenommenen Betrag in die Kasse ein.
4. Die Kasse errechnet das Rückgeld, das aus der Kasse genommen wird. Das Rückgeld wird dem Kunden vorgezählt.
5. Das Geld des Kunden wird in die Kasse eingeordnet.
6. Die Ware und der Kassenbon werden dem Kunden übergeben.

Aufgaben

1. Welche Aufgaben haben Kassen im Einzelhandel?
2. Wodurch unterscheiden sich die verschiedenen Kassenarten?
3. Welche Bauteile sind bei jeder Kasse zu finden?
4. Auf welche Weise können Kassen im Geschäft angeordnet werden?
5. Wie erfolgt der Kassiervorgang?
6. Welche Kassenart wird in Ihrem Betrieb verwendet?
7. Wodurch unterscheiden sich die Arbeiten an herkömmlichen Registrierkassen von denen an Datenkassen?

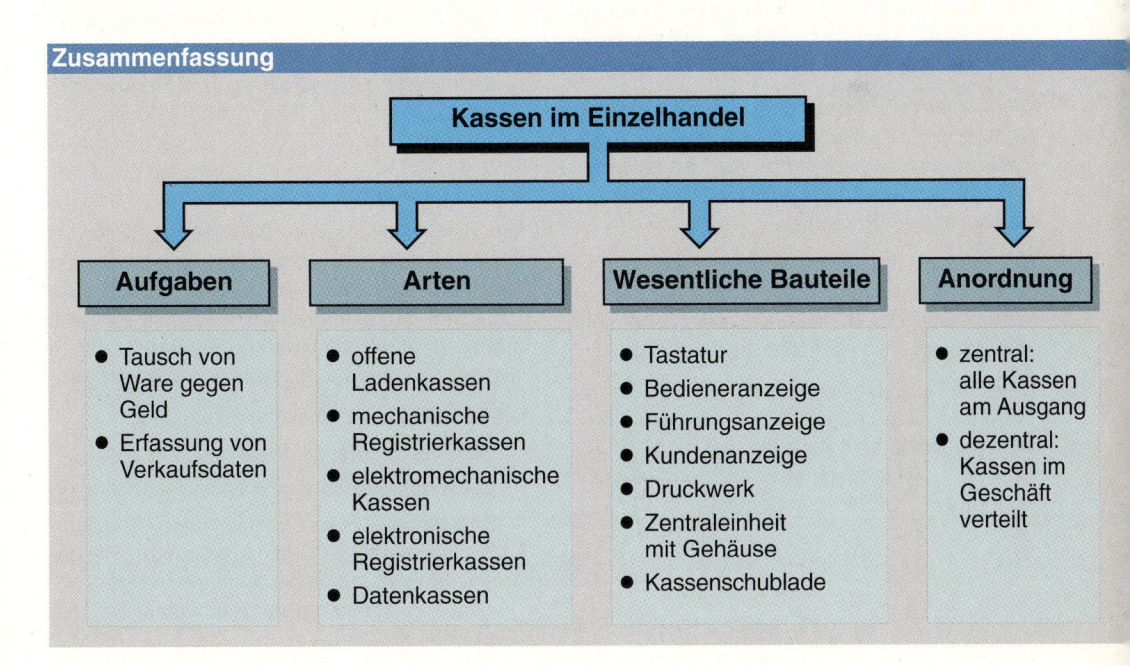

Zusammenfassung

Kassen im Einzelhandel

Aufgaben
- Tausch von Ware gegen Geld
- Erfassung von Verkaufsdaten

Arten
- offene Ladenkassen
- mechanische Registrierkassen
- elektromechanische Kassen
- elektronische Registrierkassen
- Datenkassen

Wesentliche Bauteile
- Tastatur
- Bedieneranzeige
- Führungsanzeige
- Kundenanzeige
- Druckwerk
- Zentraleinheit mit Gehäuse
- Kassenschublade

Anordnung
- zentral: alle Kassen am Ausgang
- dezentral: Kassen im Geschäft verteilt

7.14 Packung und Verpackung

Frau Biermann beim Wochenendeinkauf. Im Supermarkt fällt ihr eine neue Kaffeesorte auf. Die Packung sieht recht einladend aus. Neugierig greift sie nach dem Kaffee, der neuen Marke mit der schön leuchtend weiß-rot-grünen Bemalung auf schwarzem Untergrund.

Zu Hause angekommen, öffnet sie die Packung. Sie reißt zunächst die verklebte äußere Hülle auf. Anschließend schneidet sie den verschweißten Innenbeutel aus Pliofilm auf, der den Kaffee vor Frische- und Aromaverlust schützen soll.

Nach dem Umfüllen des Kaffees in eine Dose wirft sie die Packung in den Mülleimer.

Warum wurde der Kaffee so verpackt?

Information

Packung und Verpackung

Die Umhüllung der Ware aus Gründen der Zweckmäßigkeit nennt man **Verpackung.**

Die ursprüngliche Aufgabe der Verpackung war der Schutz der Ware vor äußeren Einflüssen, Feuchtigkeit und schädlichen Temperaturen, Druck und Stoß.

Wenn eine Verpackung über das Zweckmäßige hinaus einen verkaufsfördernden, werblichen Zusatznutzen aufweist, der als Verkaufsanreiz und Umsatzsteigerung genutzt wird, so wird die Verpackung zur **Packung.**

Die Packung bietet die Ware in einprägsamer Form, wirksam durch Text, Bild und Farbe, oft auch sichtbar durch Glas und glasähnliche Stoffe, zum Kauf an – sie wirbt also für ihren Inhalt.

Neue Entwicklungstendenzen im Bereich des Warenabsatzes und die Wandlung der Verbrauchergewohnheiten haben die ursprüngliche Aufgabe der Verpackung erweitert und sie zum Werbemittel, zur Packung gemacht.

Aufgaben der Packung

Aus der Sicht des Verbrauchers muss die Packung bestimmten Ansprüchen gerecht werden.

Sie sollte

– über die Ware informieren (Informationsfunktion) und
– bestmögliche Handhabung und Bequemlichkeit gewährleisten (Gebrauchs- und Servicefunktion).

Informationsfunktion der Packung

Mit dem Aufkommen der Selbstbedienungsgeschäfte fällt der Warenpackung in verstärktem Maße eine Verkaufsfunktion zu, d. h., **die Packung muss verkaufen helfen;** sie ersetzt gewissermaßen das Verkaufsgespräch. Dadurch wird sie zu einem wichtigen **Informationsträger.**

Die Packung muss Auskunft geben über

– Warensorte, Menge, Preis und Herkunft,
– Verwendungszweck (von der Ware abhängig),
– Bestandteile, Zusammensetzung, Zusatzstoffe, Haltbarkeit, Behandlungsverfahren, Pflegeanleitungen und Gebrauchsanweisungen, soweit dies gesetzlich vorgeschrieben ist bzw. sinnvoll erscheint.

Gebrauchs- und Servicefunktion der Packung

Die Packung kann den **Umgang mit der Ware erleichtern,** wenn sie berücksichtigt:
- gute Handhabung,
- den Hygienestandard,
- problemloses Öffnen,
- leichtes Entleeren,
- Standfestigkeit (für die Vorratshaltung) und
- Verschließbarkeit, insbesondere bei Reinigungsmitteln und Medikamenten, bei denen ein kindersicherer (Wieder-)Verschluss besonders wichtig ist.

Vor noch gar nicht so langer Zeit verbrachte eine Hausfrau mit einer Familie von vier Personen durchschnittlich 5,5 Stunden mit der Vorbereitung des Abendessens, kurz nachdem sie das Geschirr vom Mittagessen weggeräumt hatte. Heutzutage kann die Hausfrau/der Hausmann in 90 Minuten oder noch kürzerer Zeit drei Mahlzeiten pro Tag zubereiten. Insofern erfüllt die Packung in zunehmendem Maße auch eine **Servicefunktion,** z. B. durch

- die Möglichkeit für den Verbraucher, Lebensmittel in der Packung zuzubereiten.

> **Beispiel**
> Kochbeutel ermöglichen es, eine Reihe von verschiedenen Gemüsen zur selben Zeit in ein und demselben Topf zu kochen. Jedes Mitglied der Familie kann sich dann seine Gerichte selbst wählen, ohne dass dies dem „Koch" Extramühen und Schwierigkeiten bereitet.

- die Möglichkeit, Menüs in der Originalpackung auf dem Tisch zu servieren,
- die Bildung von sog. Bedürfniseinheiten: Menü-Schnelllieferdienste servieren z. B. ein komplettes Frühstück mit Brot, Butter, Käse, Kuchen usw. oder auch ein warmes Essen.
- die Bildung von Sammelgebinden, wie Getränke in Sechser-, Achter- oder Zehnerpackungen.

Aus Sicht des Einzelhändlers bringt die Packung folgende Vorteile:

1. Das Abpacken entfällt

Der Vergangenheit gehören die Tage der Heringstonne und des Gemischtwarenladens an. Verpackung bestand damals im Wesentlichen aus Behältern, aus denen der Einzelhändler seine Waren abgab.

Heute wird das Abpacken vom Hersteller oder Großhändler mithilfe moderner Verpackungs- und Abfüllanlagen übernommen.

2. Selbstbedienung ist möglich

Spätestens mit der zunehmenden Verbreitung der Selbstbedienungsläden wurde die Verkaufstätigkeit unpersönlicher.

Das Verkaufsgespräch wird mehr und mehr durch „den Trend zur Packung" ersetzt. Man geht dazu über, Waren, die früher erst im Beisein des Kunden verkaufsfertig zubereitet, gewogen und verpackt wurden, **vorzuverpacken.**

Heute ist ein Verkauf im SB-Laden nur noch möglich, wenn die Waren abgepackt und in verbrauchergerechten Mengen angeboten werden. Für nahezu den gesamten Haushalts- und Familienbedarf trifft das zu: für Kuchen, Kekse, Konfekt, Gemüse, Früchte, Öl, Drogeriewaren, Bolzen, Muttern und Nägel: Was man nur will.

Kaufhäuser, Filialunternehmen, Einkaufsgenossenschaften und Großhändler beginnen, Waren der Lebensmittelindustrie und der Landwirtschaft, die lose angeliefert werden, im eigenen Haus oder durch Abpackungsbetriebe verpacken zu lassen. Der Einzelhändler hat den Wert vorverpackter Waren längst erkannt, denn sie erleichtern ihm die Arbeit im Stoßgeschäft und schaffen durch einen Aufdruck auf der Packung eine zusätzliche Werbemöglichkeit.

Hier treffen sich die Wünsche des Handels mit denen des Kunden. Der Kunde will sich möglichst schnell und vollständig informieren (Packungsbeschriftung) und dem Lebensmittelhändler liegt viel daran, das Gespräch zwischen Kunden und Ladenpersonal einzuschränken, den Verkaufsvorgang zu beschleunigen und damit Kosten zu sparen.

3. Regalgerechte Lagerung ist möglich

Von ganz besonderer Bedeutung ist die Stapelfähigkeit der Einzelpackung. Im Großraumladen gewinnt der Massenstapel, frei stehend oder an den Regalenden, eine zunehmende Bedeutung. Ein Massenverkauf, z. B. von Konserven, ist kaum noch anders denkbar.

4. Die Packung fördert den Absatz

Vor allem der Trend zur Selbstbedienung verlangt, dass die Packung selbst zum **perfekten Verkäufer** wird.

In zunehmendem Maße muss sich daher heute eine Ware selbst verkaufen, da mehr und mehr die Packung das Verkaufsgespräch ersetzt.

Die Fülle der miteinander konkurrierenden Waren zwingt die Hersteller, ihre Waren aus der Menge der Konkurrenzerzeugnisse herauszuheben, um dadurch die Verkaufsfähigkeit zu steigern. Hersteller und Händler haben erkannt, dass dabei Formgebung und äußere Gestaltung entscheidend für den Absatz sind.

War die Verpackung früher eine aus Gründen des Warenschutzes und der Zweckmäßigkeit angefertigte Hülle, wird die Packung nun zum Werbemittel und -träger zugleich. Sie soll die Kunden auf die Ware aufmerksam machen und zum Kauf anregen. Dabei soll sie nicht nur zum einmaligen Kauf anreizen, sondern auch den wiederholten Kauf fördern und schließlich zur Markentreue erziehen. Form und Ausstattung müssen so viele Merkwerte und Erinnerungsstützen enthalten und so unverwechselbar sein, dass sie sich bewusst oder unbewusst einprägen. Eine Ware muss daher aus der anonymen Masse herausgehoben werden und ein bestimmtes unverwechselbares Aussehen erhalten. Man kann sagen, dass die „Persönlichkeit" einer Ware durch die Packung geprägt wird.

Neben der Selbstbedienung hat der Trend hin zur verpackten Ware und die Gedankenverbindung Warenqualität – Packung den Markengedanken gefördert (Markenartikeleinsatz). Der Käufer sieht in der Packung eine Garantie; vor allem die Marke, die Markierung, das gleich bleibende Bild der Umhüllung sind ihm Kennzeichen für die Beständigkeit der Warengüte.

Gestaltungselemente der Packung

„Sie müssen eine Verpackung haben, von der die Frau wie von einer vor ihren Augen auf- und niedertanzenden Taschenlampe gefesselt und fasziniert wird."

Gerald Stahl, geschäftsführender Vizepräsident, Package Council

aus: Vance Packard, „Die geheimen Verführer", Verlag Ullstein GmbH, Frankfurt – Berlin – Wien, o. J., Seite 79

Jede Farbe, jede farbige und gestalterische Kombination einschließlich Dekor (Druckbild) **soll beim Kunden optische und psychische Reaktionen hervorrufen,** soll in ihm Kaufwünsche wecken und ihn schließlich zum Kauf bewegen. Insbesondere bei Gütern, die völlig gleichartig sind, wie Wasch- und Putzmittel, Grundnahrungsmittel u. v. m. ist die Packungsgestaltung von herausragender Bedeutung.

Selbst Zucker, Salz oder Geschirrspülmittel werden heute vom Hersteller mit Firmenaufdruck oder Markenbezeichnungen in Packungen geliefert, die sich durch Form, Farbe, Größe, grafische Gestaltung und Material bzw. Charakter (Glasflaschen, Kunststoffflaschen, Aluminiumdosen, Tuben, Faltschachteln, Tüten, Beutel, Zylinder mit kreisrunder oder ovaler Grundfläche usw.) von Packungen der Konkurrenz unterscheiden.

Gerade die Farbe ist weniger ein Appell an die Vernunft, als vielmehr ein **Anruf an das Gefühl,** an das Unbewusste. Sie soll bei den Käufern bestimmte Vorstellungen hervorrufen.

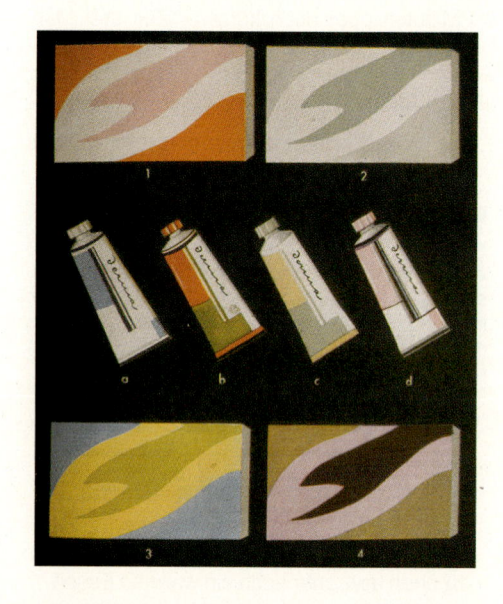

Packungen, deren Farbgebung einen bestimmten Inhalt suggeriert.

1 = süß, 2 = salzig, 3 = sauer, 4 = bitter.

Die Tuben a, b, c, d enthalten eine Salbe oder Creme, deren Bestimmung durch die Farbgebung wie folgt suggeriert wird:

a) Zahnputzmittel, mechanische Reinigung; frisch, aber nicht parfümiert;

b) aktive Vitamincreme, stimulierende und aktivierende Salbe im pharmazeutischen, weniger im kosmetischen Bereich;

c) lindernde, zarte Wirkung, auch hautpflegend, schmerzlindernd;

d) „Schönheitscreme", parfümiert, kosmetisches Produkt, hygienisch.

Seit langem verbinden wir bestimmte Farben mit dem Geschmack z. B. bestimmter Getränke: braun mit Coca-Cola, grün mit Pfefferminz, gelb mit Zitrone usw. Ein Kunde verlangt „Kaugummi in einer gelben Packung" und erwartet, dass es nach Zitrone schmeckt oder er verlangt eine grüne Packung und erwartet Minzgeschmack, doch er verlangt Kaffee in grünen oder roten Paketen. Blau fördert den Verkauf von Eisenwaren, weil wir die Farbe mit hochwertigem Stahl verbinden. Rosa ordnen wir kosmetischen Artikeln zu. Bestimmte Farbtöne hindern oder fördern den Verkauf: Blau für Teepackungen gibt uns den Eindruck einer schwachen, rot aber einer zu starken Sorte.

Bei einheitlicher Verpackungsart wie bei Arzneimitteln in Tuben oder Döschen, Wein und Likören in Flaschen oder Marmeladen in Gläsern ist das **Etikett** das wesentliche Merkmal der Unterscheidung. Ihm kommt deshalb gerade in manchen Wirtschaftszweigen die Bedeutung zu, die man der Packung allgemein zumisst. Im Selbstbedienungsladen wird das aufklärende Etikett selbst zum aktiven Verkäufer. Es fördert den planmäßigen wie auch den **Impulskauf**.

Einen weiteren Anspruch, den Handel und Verbraucher gemeinsam an die Packung stellen, ist der **Schutz der Ware** (= Schutzfunktion).

Damit ist zweierlei gemeint:

1. Die Packung soll die Ware bis zum Ge- oder Verbrauch vor Transport- und Lagerschäden (Erschütterungen, Druck) schützen sowie vor sämtlichen Fremdeinflüssen, wie Schmutz, Staub, Feuchtigkeit und Austrocknung. Darüber hinaus hat sie die Aufgabe, Gärungsprozesse z. B. bei Sekt (Flaschengärung) zu ermöglichen.

2. Die Packung muss einen Beitrag zum **Umweltschutz** leisten.

   In der Bundesrepublik Deutschland werden je Einwohner und Jahr 374 kg Hausmüll produziert. Alle Einwohner zusammen genommen bringen es auf fast 30 Millionen Tonnen häuslicher Abfälle.

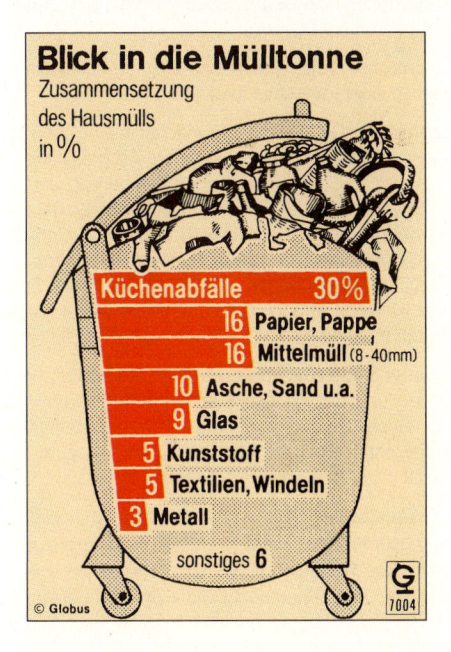

Blick in die Mülltonne
Zusammensetzung des Hausmülls in %

- Küchenabfälle 30%
- 16 Papier, Pappe
- 16 Mittelmüll (8-40mm)
- 10 Asche, Sand u.a.
- 9 Glas
- 5 Kunststoff
- 5 Textilien, Windeln
- 3 Metall
- sonstiges 6

© Globus 7004

Von Hamburg bis Peking würde der Güterzug reichen, der mit diesem jährlichen Abfall beladen ist. Daran beträgt der Anteil des Packungsmaterials über ein Drittel, ca. zehn Millionen Tonnen, mit steigender Tendenz.

Hier zahlt der Verbraucher einmal mehr für die Packung, nämlich bei der Müllabfuhr. Denn je mehr Müll anfällt, desto höher sind auch die **Kosten** für dessen Beseitigung. Zwei Drittel der Packungen, die auf den Deponien landen, sind überflüssig. Das ist die Kehrseite der Medaille.

Viele Waren sind aufwändig oder sogar mehrfach verpackt und verursachen dadurch eine zusätzliche Abfallbelastung.

Beispiele

Margarine: Eine Papphülle wird zusätzlich über den Kunststofftopf verwendet (95 % Werbezweck und nur 5 % Informationszweck).

Fischkonserven: Die stabile Blechdose steckt oft noch in einer Pappschachtel.

Zahnpasta: Die Ware wird zunächst in eine Tube verpackt, die bedruckt oder auf andere Art gekennzeichnet worden ist, um ihre Besonderheit hervorzuheben. Dann wird jede Tube in einen Karton gelegt, der wieder bedruckt oder markiert wird; und eine Anzahl solcher Bündel wird in einem Behälter versandt. Die Versandbehälter werden wiederum mit Band, Draht oder Klebstoff verschlossen und eventuell auf Stapelplatten montiert.

Diverse Blisterpackungen: Oben Kunststoff, unten Pappe und dazwischen alle möglichen Waren, die man auch lose kaufen könnte – vom Lippenstift über Kugelschreiberminen, Mundspray bis hin zum Klebestift.

Herrenhemden: „Die Kunststoffhülle ist noch das geringste Problem, die wird einfach heruntergezogen. Doch was nun folgt, lässt den Adrenalinspiegel so mancher Konsumenten in die Höhe schnellen: Zig Stecknadeln – immer dort, wo man sie gerade nicht vermutet – müssen aus dem Hemd ‚gefisselt' werden. Und schließlich heißt es noch, Karton und Kragenunterlage zu entfernen ... Wozu also diese aufwändige Verpackung, die nicht nur Kosten verursacht – was ja letztlich vom Konsumenten beim Hemdenkauf mitbezahlt werden muss –, sondern auch zum Müllproblem beiträgt!"

Mehr Müll entsteht auch durch Kunststoffflaschen und andere Behälter für Flüssigprodukte. Bislang gibt es kaum Möglichkeiten, diese stabilen Packungen dem Recycling[1] zuzuführen oder sie nachfüllen zu lassen.

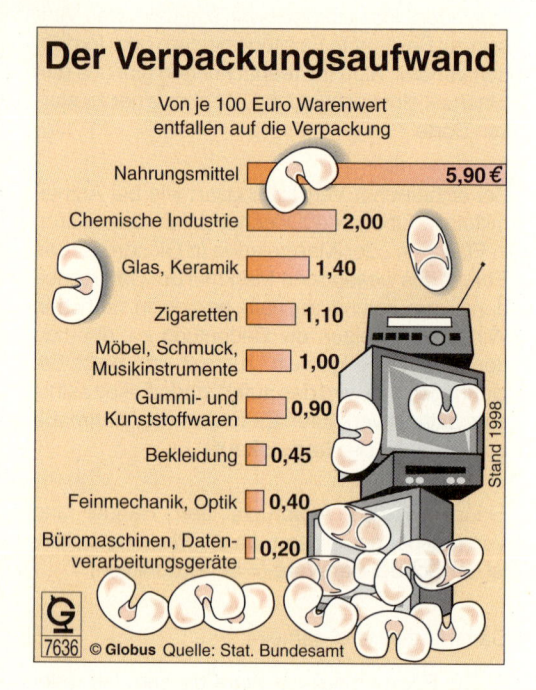

Der Verpackungsaufwand

Von je 100 Euro Warenwert entfallen auf die Verpackung

Nahrungsmittel	5,90 €
Chemische Industrie	2,00
Glas, Keramik	1,40
Zigaretten	1,10
Möbel, Schmuck, Musikinstrumente	1,00
Gummi- und Kunststoffwaren	0,90
Bekleidung	0,45
Feinmechanik, Optik	0,40
Büromaschinen, Datenverarbeitungsgeräte	0,20

Stand 1998

7636 © Globus Quelle: Stat. Bundesamt

Weniger Verpackungen – das ist nicht nur ökologisch, sondern auch ökonomisch sinnvoll. Denn Verpackungen haben ihren Preis. Am höchsten ist der Verpackungsaufwand im Ernährungsgewerbe. Bei Nahrungsmitteln entfallen von je 100 € Warenwert 5,90 € oder 5,9 % auf die Verpackung. Andere Industriezweige kommen günstiger davon. So liegen die Kosten für Verpackungsmaterial bei Büromaschinen und Datenverarbeitungsgeräten bei nur 0,2 % des Warenwertes, bei Kleidung sind es zum Beispiel 0,45 %.
Quelle: Globus

---

[1] „Cycle" engl.: Kreis. Recycling bedeutet dann sinngemäß „etwas in den Kreislauf zurückführen" bzw. wieder aufbereiten.

Die Nachteile für unsere Umwelt sind nicht zu übersehen. Glas verrottet nicht. Bei der Verbrennung von Kunststoff entstehen giftige Abgase. Jede überflüssige Packung muss als Umweltbelastung, aber auch als Verschwendung der nur begrenzt zur Verfügung stehenden Rohstoffe verurteilt werden.

> **Beispiele**
>
> Aus Sand und Kalk entsteht Glas,
> aus Holz entsteht Papier,
> aus Erdöl entstehen Kunststoffe,
> aus Zinn und Bauxit entstehen Weißblech und Aluminium.

Aus diesen Feststellungen ergeben sich Forderungen nach einer umweltfreundlichen Packungsgestaltung. An Rohstoffen und Müll lässt sich viel sparen, wenn anstatt Einweg- verstärkt Mehrwegpackungen eingesetzt werden. So zirkuliert z. B. die 1-Liter-Flasche aus Glas zwischen Hersteller und Verbraucher 20-mal, verpackte Getränkemenge also 20 Liter.

Insofern bestand Handlungsbedarf als am 21. Juni 1991 die **Verordnung über die Vermeidung von Verpackungsabfällen (VerpackV)** in Kraft getreten ist.

Die Verordnung hat folgende Zielsetzungen:
– Die Verpackungsflut soll durch Vermeidung und Wiederverwertung vermindert werden;
– Hersteller und Vertreiber (u. a. auch der Einzelhandel) von Verpackungen sollen in die Verantwortung für ihr Produkt eingebunden werden;
– die Kommunen sollen hinsichtlich ihrer Entsorgungspflichten entlastet werden;
– Mehrwegverpackungen sowie die stoffliche Wiederverwertung (Recycling) sollen nachhaltig gefördert werden.

Die Verordnung zwingt letztlich die Verursacher, d. h. Industrie und Handel, möglichst auf Verpackungen zu verzichten und in den Bereichen, in denen man auf sie nicht verzichten kann, konkrete Verwertungsmöglichkeiten aufzubauen. Pro Jahr werden dadurch die Verpackungsabfälle um 6,8 Mio. Tonnen vermindert.

Im Einzelnen enthält die Verpackungsverordnung folgende Bestimmungen:
– Die Hersteller und Vertreiber müssen seit 1. Dezember 1991 **Transportverpackungen** zurücknehmen und einer stofflichen Verwertung zuführen.

Kreislaufwirtschaft

Beim Verkauf zählt die Verpackung, bei den meisten Verbrauchern das Umweltbewusstsein. Heute landet kaum noch Abfall unbedacht in der Mülltonne, alles wird säuberlich getrennt und gesammelt. Verpackungsmaterialien enden im gelben Sack oder in der gelben Tonne und werden später in besonderen Aufbereitungsanlagen weiterverarbeitet. Glas und Papier werden gesammelt und der Wiederverwertung zugeführt. Zwar werden heute immer noch nicht alle Verpackungsabfälle auch tatsächlich verwertet, aber der Verwertungsanteil ist seit 1991 schon enorm gestiegen. Während 1991 nur 34 Prozent der gesammelten Büchsen und Dosen verwertet wurden, waren es im Jahr 2000 schon 84 Prozent. Papier endet heute nur noch zu 14 Prozent auf der Deponie, 86 Prozent kehren in Form von neuen Zeitungen und Klopapier wieder zum Verbraucher zurück.

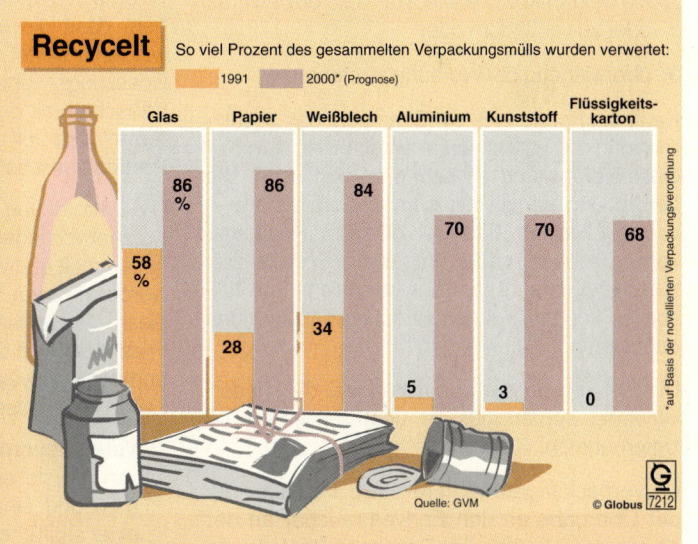

Recycelt
So viel Prozent des gesammelten Verpackungsmülls wurden verwertet:
1991 / 2000* (Prognose)

	Glas	Papier	Weißblech	Aluminium	Kunststoff	Flüssigkeitskarton
1991	58 %	28	34	5	3	0
2000*	86 %	86	84	70	70	68

*auf Basis der novellierten Verpackungsverordnung

Quelle: GVM
© Globus 7212

Quelle: Globus

Transportverpackungen sind Fässer, Kanister, Kisten, Säcke, einschließlich Paletten, Kartonagen, geschäumte Schalen, Schrumpffolien und ähnliche Umhüllungen, die Bestandteil von Transportverpackungen sind und die dazu dienen, Waren auf dem Weg vom Hersteller bis zum Vertreiber vor Schäden zu bewahren, oder die aus Gründen der Sicherheit des Transports verwendet werden (z. B. Beschädigungen von Personen oder Sachen durch Herabfallen, Umstürzen usw. der verpackten Ware).

Beispiele für Transportverpackungen
a) **beim privaten Endverbraucher** – Karton um Elektroherd, Kühlschrank
b) **beim gewerblichen Endverbraucher** – Folie um Verkaufstheke für Ladengeschäft – Holzkiste für Druckmaschine

– **Umverpackungen** können seit 1. April 1992 im Laden zurückgelassen werden; der Vertreiber hat sie einer erneuten Verwendung oder einer stofflichen Verwertung zuzuführen.

Umverpackungen sind Blister, Folien, Kartonagen oder ähnliche Umhüllungen, die dazu bestimmt sind, als zusätzliche Verpackung um Verkaufsverpackungen

1. die Abgabe von Waren im Wege der Selbstbedienung zu ermöglichen oder
2. die Möglichkeit des Diebstahls zu erschweren oder zu verhindern oder
3. überwiegend der Werbung zu dienen.

Kauft ein Kunde z. B. ein Shampoo, das zusätzlich in einer Faltschachtel verstaut ist, kann er diese Verpackung im Laden zurücklassen. Die Verordnung verpflichtet sämtliche Geschäfte – von der kleinen Bäckerei bis zum Kaufhauskonzern –, in den Läden gut sichtbar Behälter aufzustellen. Getrennt nach den verschiedenen Müllsorten, können Kunden dort Umverpackungen deponieren.

Die Entsorgung der Verpackungen, die wiederverwertet werden müssen, übernehmen private Unternehmen.

Umverpackungen verlieren ihre Funktion bei der Übergabe an den Endverbraucher an der Kasse des Vertreibers. Es kann allenfalls die Werbefunktion darüber hinaus im Interesse des Warenherstellers im Einzelfall fortbestehen.

Beispiele für Umverpackungen
– Karton/Folie um Whiskey-Flasche (z. B. auch als Geschenkverpackung), Parfümfläschchen oder Badeöl;
– Karton um Margarinebecher, Kunststoffeisbecher, Fischdose;
– Karton um Zahnpastatube, Marmeladenglas;
– Klarsichtfolie um zwei einzeln verpackte Schokoladenriegel;

Die Verpackungsverordnung schreibt zwar vor, dass Handel und Hersteller ihre Verpackungen kostenfrei für den Kunden zurücknehmen müssen. Sie können sich von der Rücknahmepflicht im Laden allerdings unter bestimmten Voraussetzungen befreien: Sie müssen ein System für das Einsammeln von Verpackungen beim Endverbraucher aufbauen. Und sie müssen dafür sorgen, dass die eingesammelten Verpackungen wiederverwertet („recycelt") werden. Ein solches Erfassungs- und Verwertungssystem hat die Wirtschaft mit der Gründung des **„Dualen Systems"** und mit der Einführung des **„Grünen Punkts"** geschaffen.

Die Verordnung legt eindeutig fest, wie viel Prozent von jeder Art des Verpackungsmülls eingesammelt und wie viel Prozent wiederverwertet werden müssen. Versagt das System und werden diese Prozentsätze nicht erreicht, wird die Freistellung von der Rücknahmepflicht widerrufen und der Kunde kann seinen Verpackungsmüll im Laden hinterlassen.

– **Verkaufsverpackungen** sind seit 1. Jan. 1993 von Hersteller und Vertreiber zurückzunehmen und einer erneuten Verwendung oder einer stofflichen Verwertung zuzuführen.

Zu den Verkaufsverpackungen zählen geschlossene oder offene Behältnisse und Umhüllungen von Waren, wie Becher, Beutel,

Die Sache mit dem Grünen Punkt

„Duales System Deutschland" vergibt **grüne Punkte** an Verpackungshersteller	Verpackungshersteller zahlen dafür eine Gebühr an das „Duale System"	Mit den Gebühren wird ein zweites Entsorgungs- und Verwertungssystem neben der öffentlichen Müllabfuhr aufgebaut

ZIELE
- Weniger Verpackung
- Mehr Recycling
- Kleinere Müllberge

Verbraucher sortieren vor
- Gläser und Flaschen in ▶ Glascontainer
- Pappe und Papier in ▶ Papiercontainer
- übrige Verpackungen mit grünem Punkt in ▶ „Wertstoff-Tonne" (neu, für jeden Haushalt)

Abfuhrunternehmen holen ab

Verwertungsunternehmen sortieren: Glas, Papier, Kunststoffe, Aluminium, Weißblech, Verbundverpackungen

Recyclingunternehmen verwerten zurückgewonnene Stoffe

Nichtverwertbares in den Müll
Unsortierbares in den Müll

Blister, Dosen, Eimer, Fässer, Flaschen, Kanister, Kartonagen, Schachteln, Säcke, Schalen, Tragetaschen oder ähnliche Umhüllungen, die vom Endverbraucher zum Transport oder bis zum Verbrauch der Waren verwendet werden. Verkaufsverpackungen sind auch Einweggeschirr und Einwegbesteck.

Verkaufsverpackungen dienen dazu, dass der Endverbraucher die erworbene Ware transportieren oder die Ware überhaupt verbrauchen bzw. in Gebrauch nehmen kann. Sie verlieren ihre Funktion erst beim Endverbraucher.

– Seit 1. Jan. 1993 gibt es darüber hinaus für **Getränkeverpackungen** mit einem Füllvolumen von 0,2 l ein Pflichtpfand in Höhe von mindestens 0,25 €, ab einem Füllvolumen von 1,5 l in Höhe von mindestens 0,50 €. Gleiches gilt für Verpackungen für Wasch- und Reinigungsmittel.

Für Verpackungen von **Dispersionsfarben** mit einem Füllvolumen ab 2 kg beträgt das Pfand 1,00 €. Durch diese Pfandregelung wurde ein weiterer Anreiz für die Verbraucher geschaffen diese Verpackungen zurückzugeben.

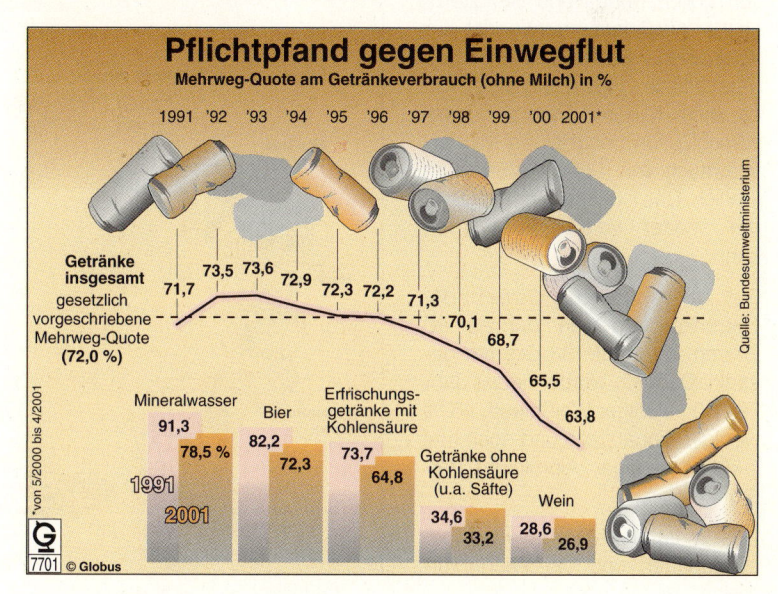

Pflichtpfand gegen Einwegflut
Mehrweg-Quote am Getränkeverbrauch (ohne Milch) in %

Getränke insgesamt:
- 1991: 71,7
- '92: 73,5
- '93: 73,6
- '94: 72,9
- '95: (—)
- '96: 72,3
- '97: 72,2
- '98: 71,3
- '99: 70,1
- '00: 68,7
- 2001*: 65,5 / 63,8

gesetzlich vorgeschriebene Mehrweg-Quote (72,0 %)

1991 / 2001:
- Mineralwasser: 91,3 / 78,5
- Bier: 82,2 / 72,3
- Erfrischungsgetränke mit Kohlensäure: 73,7 / 64,8
- Getränke ohne Kohlensäure (u.a. Säfte): 34,6 / 33,2
- Wein: 28,6 / 26,9

*von 5/2000 bis 4/2001
Quelle: Bundesumweltministerium
© Globus

Ein großer Teil des Hausmülls besteht aus Getränkeverpackungen. Plastikschläuche, Pappkartons mit Folienbeschichtung, Dosen und jede Menge Glasbehältnisse landen auf den Müllbergen. Es sind vor allem Verpackungen von Milch, Wein und Fruchtsäften. Viel besser steht es bei Mineralwässern und Bier; für diese werden überwiegend Pfandflaschen und -kästen verwendet. Diese Mehrwegflaschen will das Umweltministerium für alle Getränke durchsetzen. Die Pfandflaschen sollen die Einwegverpackungen weitestgehend ersetzen. Falls sich dieses Ziel nicht realisieren lässt, droht das Umweltministerium mit einem Pflichtpfand für Einwegverpackungen. Verpackung ist Rohstoff und Rohstoff ist wertvoll, also zu schade für den Müll. Ein Weg in die richtige Richtung ist das **Recycling** (vgl. auch S. 26 ff.).

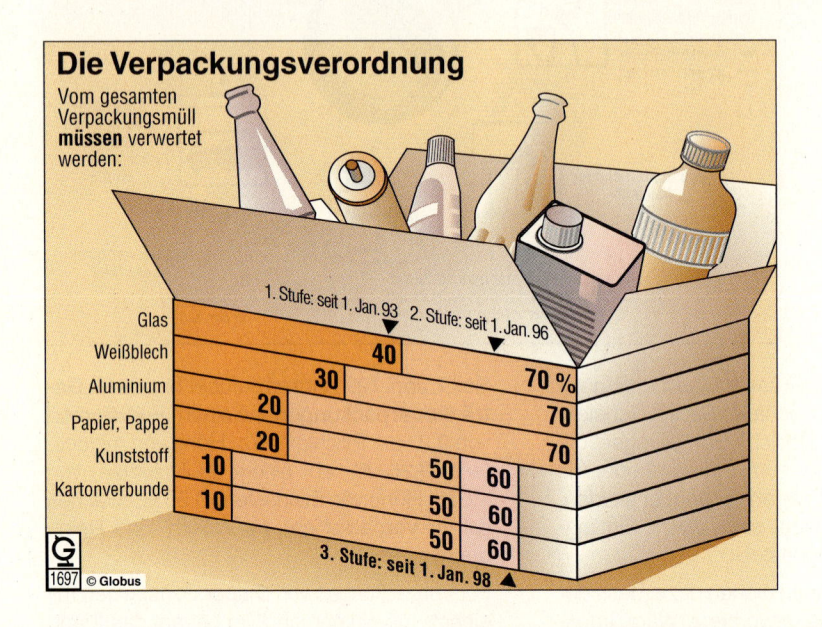

Die Verpackungsverordnung

Vom gesamten Verpackungsmüll **müssen** verwertet werden:

	1. Stufe: seit 1. Jan. 93	2. Stufe: seit 1. Jan. 96	3. Stufe: seit 1. Jan. 98
Glas		40	70 %
Weißblech	30		70
Aluminium	20		70
Papier, Pappe	20		70
Kunststoff	10	50	60
Kartonverbunde	10	50	60
		50	60

© Globus

Papier und Glas kann recycelt werden, ebenso Aluminium, bekannt von Folien, Tuben und Behältern, sowie Weißblech, verwendet für Konserven, Dosen, Deckel und Verschlüsse. Das Recycling von ca. einer Milliarde Pfandflaschenverschlüssen bringt einen Minderverbrauch von 1 500 t Aluminium jährlich. Das ist wertvoller Rohstoff, der wieder verarbeitet werden kann.

Seit 1974 wurde das Gewicht der Getränkedosen von damals 86 Gramm auf heute 33 Gramm gesenkt. Dadurch wurden jedes Jahr 78 000 t weniger Weißblech, 48 % weniger Zinnauflage und noch mal 1 500 t weniger Aluminium verbraucht.

Das vorhandene Mehrwegsystem auszubauen und die Wiederver-

Der Recyclingkreislauf bei Eierverpackungen aus Altpapier

Altpapier → Altpapieraufbereitung/De-Inkingverfahren (Farbentzug) → Formpressung → Trockenprozess → Bedruckung → Abpacken und sortieren der Eier → Lebensmittelhandel → Haushalt → Altpapiercontainer → Altpapier

wertung von Packungsmaterial zu steigern, ist ein wichtiger Beitrag zum Umweltschutz. Dabei darf die Wiederverwertung aber immer nur Ergänzung, nicht aber Ersatz für den sparsamen Umgang mit Packungen sein.

So kann z. B. der Mülleimer weitgehend entlastet werden, wenn einige Grundsätze beachtet werden:

- Zum Einkaufen immer Netz, Korb oder Tasche mitnehmen.
- Obst, Gemüse, Wurst, Brot und Käse sollten dort gekauft werden, wo die Ware lose angeboten wird und die Packung gering bleibt.
- Die Weiterverwendung von Packungen für andere Zwecke sollte auch in anderen Bereichen genutzt werden – z. B. bei Senfgläsern.
- Bei Wasch-, Reinigungs- und Körperpflegemitteln sollten möglichst ergiebige Konzentrate bevorzugt werden, die sich zudem sparsam dosieren lassen (z. B. kleine Öffnung bei Geschirrspülmitteln).
- Wo sich Packungen nicht völlig vermeiden lassen, sollten solche Materialien gewählt werden, die sich am besten wiederverwerten lassen, also häufig Papier und Glas. Verzichtet werden sollte auf nicht wiederverwertbare Verbundstoffe, die zum Beispiel aus Kunststoff/Aluminium bestehen.

Die getrennte Müllsammlung und Aussortierung von verwertbaren Abfällen erleichtern das Recycling und sind ein Beitrag zum Umweltschutz.

Verbreitung finden können umweltfreundliche Waren allerdings nur, wenn der Handel bereit ist, sie in sein Sortiment aufzunehmen oder sie sogar vom Hersteller zu fordern.

Der Händler hat weitere Mittel, um den Umweltschutzgedanken zu fördern. Er kann z. B. den Gebrauch der Einkaufstüten kostenpflichtig machen oder auch umweltfreundliche Waren durch gute Platzierung fördern und damit das Umweltbewusstsein von Verbrauchern und Herstellern verstärken.

Außerdem ermöglichen umweltfreundliche Waren zusätzliche Werbeaktionen, die so dem Handel und der Umwelt dienen.

Gedacht ist das **Umweltzeichen** für Waren, die gegenüber anderen Waren dieser Art umweltfreundlicher sind. Dabei wird ihre Gebrauchstauglichkeit nicht wesentlich verschlechtert oder ihre Sicherheit beeinträchtigt.

Das Umweltzeichen wird auf Antrag des Herstellers durch das Deutsche Institut für Gütesicherung und Kennzeichen (RAL) vergeben.

Ziel dieser Verleihung soll es sein, Wirtschaft und öffentlicher Hand Anreize zu geben, sich umweltfreundlich zu verhalten.

Das verliehene Umweltzeichen enthält einen Zusatz, weshalb die jeweilige Ware konkret „umweltfreundlich" ist. Es handelt sich daher stets um eine „relative Umweltfreundlichkeit", da man davon ausgehen kann, dass eine Ware nie in jeder Hinsicht umweltfreundlich, d. h. ihre Herstellung oder Verwendung nie ohne Belastung für die Umwelt ist.

Das Umweltzeichen wird damit für Waren verliehen, die **relativ umweltfreundlich** sind, also die Umwelt weniger als vergleichbare Waren belasten.

Da jedoch über die Begriffe „umweltfreundlich", „umweltschonend" oder „bio" weitgehend Unklarheit herrscht, ist die Gefahr der Irreführung im Bereich umweltbezogener Werbung besonders groß.

Daran müssen Händler denken, wenn sie mit dem „Blauen Umweltengel" werben wollen: Sie sollten dem Kunden erklären, warum Waren diese Auszeichnung erhalten haben.

Jede Verwendung des Umweltzeichens ohne die Angabe des Grundes für die Verleihung ist irreführend im Sinne des § 3 UWG und damit unzulässig.

Bis vor wenigen Jahren war es das Hauptanliegen der bundesdeutschen Abfallpolitik, die wachsende Abfallflut in geordnete Bahnen zu lenken und möglichst schadlos zu beseitigen. Weil auf Dauer aber nicht immer mehr Rohstoffe verarbeitet, verbraucht und dann als Abfall weggeworfen werden können, setzt das **Kreislaufwirtschaft- und Abfallgesetz** – in Kraft seit 7. Oktober 1996 – grundlegend andere Prioritäten. Mit dem Ziel, die natürlichen Ressourcen zu schonen, will es schon möglichst früh, bei der Entstehung von Abfällen, eingreifen.

Das Gesetz legt in einer dreistufigen Rangfolge die Pflichten im Umgang mit Abfällen fest. Oberstes Gebot ist die **Vermeidung von Abfällen.** Sie soll unter anderem erreicht werden durch die anlageninterne Kreislaufführung von Stoffen (also z. B. die Weiterverarbeitung von Metallresten oder chemischen Nebenprodukten im gleichen Betrieb), durch abfallarme Produktgestaltung und durch ein Konsumverhalten, das abfall- und schadstoffarmen Produkten den Vorzug gibt.

An zweiter Stelle steht die **Verwertung** der Abfälle, die sich nicht vermeiden lassen. Dabei können die Abfälle entweder stofflich verwertet oder aber als Brennstoff zur Energiegewinnung eingesetzt werden; Vorrang hat jeweils die umweltverträglichere Art der Verwertung. Um eine stoffliche Verwertung handelt es sich, wenn Rohstoffe durch Recyclingmaterial ersetzt werden und wenn die stoffliche Beschaffenheit der Abfälle entweder für den ursprünglichen Zweck (z. B. gereinigtes Öl als Schmiermittel) oder für einen anderen Zweck (z. B. Pflanzenabfälle als Kompost) genutzt wird. Wenn eine Verwertung nicht infrage kommt, hat in dritter Linie die schadlose **Beseitigung** der Abfälle zu erfolgen. Um die Menge des Abfalls zu verringern, verwertbare Stoffe herauszuziehen und schädliche Bestandteile zu zerstören, umzuwandeln oder abzutrennen, ist zunächst eine Behandlung des Abfalls erforderlich. Als Möglichkeit dafür kommt vor allem die Müllverbrennung infrage. Die verbleibenden Mengen sind schließlich dauerhaft abzulagern. Das Gesetz verlangt im Übrigen, dass die Abfälle im Inland beseitigt werden.

Zur Durchsetzung einer abfallarmen Kreislaufwirtschaft werden Hersteller und Handel besonders in die Pflicht genommen. Sie tragen die **Produktverantwortung,** die sich über den gesamten Lebenszyklus eines Produkts erstreckt, und haben folglich dafür zu sorgen, dass bei dessen Herstellung und Gebrauch möglichst wenig Abfälle entstehen und dass es nach Gebrauch umweltverträglich verwertet und beseitigt werden kann.

Kosten der Packung

Durch das Verpacken von Waren entstehen **Kosten,** die letztlich der Endverbraucher bezahlen muss.

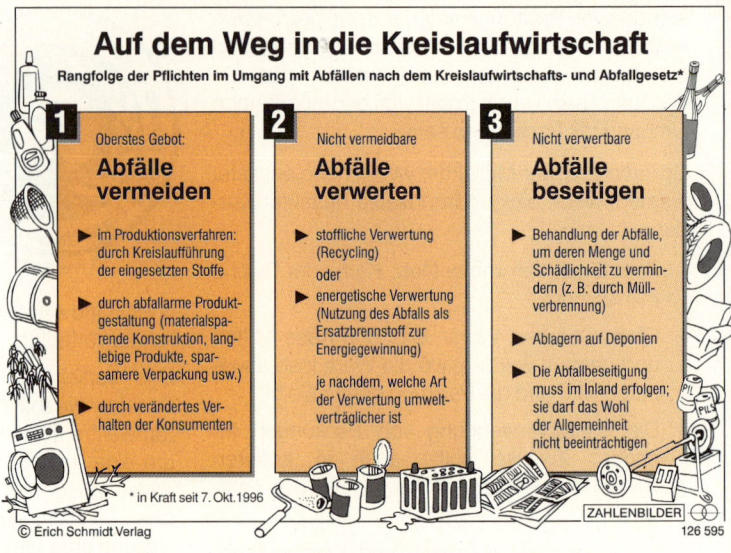

Auf dem Weg in die Kreislaufwirtschaft
Rangfolge der Pflichten im Umgang mit Abfällen nach dem Kreislaufwirtschafts- und Abfallgesetz*

1 Oberstes Gebot: **Abfälle vermeiden**
- im Produktionsverfahren: durch Kreislaufführung der eingesetzten Stoffe
- durch abfallarme Produktgestaltung (materialsparende Konstruktion, langlebige Produkte, sparsamere Verpackung usw.)
- durch verändertes Verhalten der Konsumenten

2 Nicht vermeidbare **Abfälle verwerten**
- stoffliche Verwertung (Recycling) oder
- energetische Verwertung (Nutzung des Abfalls als Ersatzbrennstoff zur Energiegewinnung)

je nachdem, welche Art der Verwertung umweltverträglicher ist

3 Nicht verwertbare **Abfälle beseitigen**
- Behandlung der Abfälle, um deren Menge und Schädlichkeit zu vermindern (z. B. durch Müllverbrennung)
- Ablagern auf Deponien
- Die Abfallbeseitigung muss im Inland erfolgen; sie darf das Wohl der Allgemeinheit nicht beeinträchtigen

* in Kraft seit 7. Okt. 1996
© Erich Schmidt Verlag

Zu den **Verpackungskosten** gehören:
- Aufwand für Packstoffe, Packmittel und die Kosten des Verpackens (Personal- und Maschinenkosten);
- Beschaffungskosten;
- Lagerkosten (für das Verpackungsmaterial);
- Kapitalbindungskosten;
- anteilige Raumkosten;
- anteilige innerbetriebliche Transportkosten u. v. a.

Stets sollten Warenwert und Packungskosten in einem vertretbaren Verhältnis zueinander stehen. Dabei muss allerdings berücksichtigt werden, dass die Leistungsausstattung (Gestaltung, Grafik, Farbe, Form, Zusatznutzen) von Packungen verschieden ist, dass sich die Packgüter in ihrer Empfindlichkeit unterscheiden und auch sehr verschiedene Warenwerte aufweisen. So wird man bei Elektrogeräten mit 3–8 % der Selbstkosten für die Packung auskommen, während man bei Lebensmitteln oft mit 30 % rechnen muss.

Daher sind stets Maßnahmen zu begrüßen, die zum Ziel haben, die Verpackung und damit auch die Verpackungskosten zu minimieren.

Neueste Entwicklungen gehen nun sogar in die Richtung, dass zukünftig essbare und umweltfreundliche Schutzhüllen für Lebensmittel hergestellt werden sollen. Die neuartige, geschmacksneutrale Verpackungshülle, zusammengestellt aus Weizenproteinen und Stärkemehl, soll sich wie eine Glasur um die Frucht oder den Salat schmiegen. Dadurch würde die heute noch gängige Plastikverpackung überflüssig, das Obst und Gemüse wäre aber ebenso geschützt.

Nichtsdestoweniger gilt:

Je aufwändiger die Warenpackung, desto teurer ist sie. Hierbei muss man sich die Frage stellen, ob nicht zu häufig von den Packungsgestaltern zu viel des Guten getan wird und ob nicht ein Weniger gleichzeitig ein Mehr bedeuten könnte.

> **Beispiele zur Rolle der Packung bei der Preisgestaltung**
>
> - 100 Gramm sehr gute Pralinen sind unverpackt für 2,25 € zu bekommen. Dieselbe Menge kann in schöner Packung bis zu 3,90 € kosten.
> - 100 Gramm Schokolade gleicher Qualität können weniger als 0,50 € oder auch mehr als 1,50 € kosten. Für weniger als 0,50 € bekommt der Verbraucher eine 100-g-Tafel gute Schokolade; für mehr als 1,50 € erhält er zwar ebenfalls 100 Gramm gute Schokolade, aber er bezahlt fast 1,00 € mehr für die Form eines Weihnachtsmannes oder eines Osterhasen.
> - Für eine einzelne Flasche Parfüm, die im Kaufhaus 1,49 € kostet, muss der Verbraucher in der „vornehmen Geschenkpackung" mit zusätzlich sechs Briefumschlägen, Ton in Ton mit Plastikfolie und Papierschleife schon 5,99 € bezahlen. 4,50 € zusätzlich für Packmaterial, das später sowieso im Mülleimer landet.

Typenwirrwarr belastet das Produktionsprogramm, erschwert die Lagerhaltung und führt bei minimalen Umsatzanteilen der verschiedenen Sorten zu hohen Kosten, Unwirtschaftlichkeit und letzten Endes zur Verteuerung der Waren.

Die Entstehung dieser sinnlosen Vielfalt ist häufig darin zu sehen, dass manche Hersteller durch die Wahl von ständig neuen Zwischengrößen die Preisoptik ihrer Waren verbessern wollen. Weitere Ursachen sind im Wettbewerb zu sehen, der viele Unternehmen dazu verleitet, mit immer neuen Variationen, mit immer neuen Riesen- und Kleinstmengen ihrer verpackten Waren eine Erweiterung oder ein Halten des Marktanteils anzustreben.

Sowohl eine **Bereinigung des Sortiments** als auch eine **Begrenzung der Packungsgrößen** dürften wesentlich dazu beitragen, den Wettbewerb auf seine wichtigsten Größen, nämlich Preis und Qualität, zu konzentrieren. Den Verbrauchern würde eine bessere Marktübersicht geboten und die Bedarfsbefriedigung erleichtert. Darüber hinaus kann eine wesentliche Kostensenkung erreicht werden, die auch eine Senkung der Verbraucherpreise zur Folge haben müsste.

Des Weiteren werden durch nicht praktiziertes Recycling die Rohstoffe knapper, mit der Folge, dass sich die Waren bzw. Packungen verteuern.

Nicht zu übersehen ist allerdings, dass erst durch den Effekt der Absatzförderung durch marktgerechte Packungen Massenfertigung möglich ist.

Vorverpackung und Packung fördern die Nachfrage, Nachfrage schafft höhere Produktion, höhere Produktion führt zu niedrigeren Preisen. Denn je mehr hergestellt wird, desto rationeller und billiger kann produziert werden. Die Rationalisierungsersparnisse bei der Verpackung können sodann an den Verbraucher weitergegeben werden.

Gefahren durch Packungen

Die Packung soll einladend und vielversprechend aussehen, um den Verbraucher zum Kauf anzuregen. Das kann dazu führen, dass sie viel mehr verspricht, als die Ware hält. Das gilt auch für die Warenmenge.

Mogelpackungen

Warenbehältnisse, die beim Käufer den Eindruck einer größeren als tatsächlich vorhandenen Füllmenge erwecken – im Volksmund „Mogelpackung" genannt –, verstoßen gegen das Eichgesetz und sind damit wettbewerbswidrig.

Mogelpackungen täuschen eine größere Warenmenge vor, z. B. durch Hohlböden, doppelte Wandungen oder übermäßig hohe Verschlusskappen.

Es gibt auch Packungen, deren Inhalt fast unmerklich verringert wird, z. B. bei Flaschen, die von drei Liter auf zwei Liter verkleinert wurden, und das so geschickt, dass man es ihnen äußerlich kaum oder gar nicht ansieht. Der Preis allerdings veränderte sich nur wenig.

Beispiel einer „Mogelpackung"; Schnitt durch einen Becher:

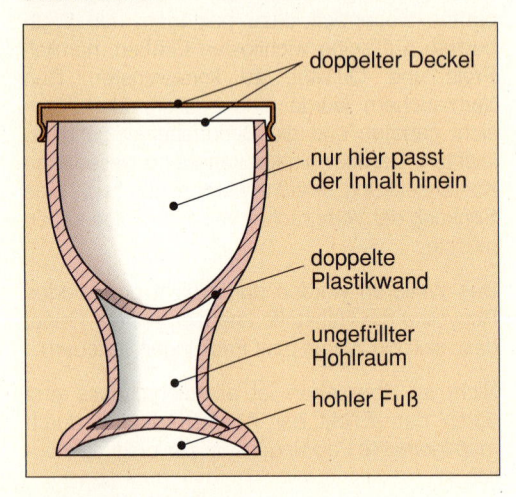

- doppelter Deckel
- nur hier passt der Inhalt hinein
- doppelte Plastikwand
- ungefüllter Hohlraum
- hohler Fuß

Dazu das Eichgesetz § 17 a:

Fertigpackungen müssen so gestaltet sein, dass sie keine größere Füllmenge vortäuschen, als in ihnen enthalten ist.

Vorsicht „Mogelpackung"!
Von je 100 kontrollierten abgepackten Waren unterschritten die vorgesehene Füllmenge

- Garne 17
- Watte 14
- Gemüsekonserven 12
- Speiseöl 10
- Pflegemittel 10
- Lacke, Farben 10
- Torf, Erde, Streu 10
- Spirituosen 9
- Würz-, Salatsoßen 9
- Süßwaren 9
- Leim, Klebstoff 9
- Wursterzeugnisse 8

Erlaubt, also nicht als täuschend betrachtet, ist ein Verhältnis zwischen Packungsvolumen und Füllgewicht von 6 ml/1 g.

Doch diese Bestimmungen gelten für einige Kosmetika nicht. Weder für Parfüm noch für Mittel zum Färben und Verschönern (z. B. Make-up, Dauerwellenpräparate, Nagellack) bestehen feste Regelungen für die Verpackungsgröße.

Unehrliche Packungen

Sie täuschen durch äußeren Schmuck wie „Wertsiegel" bei Schokolade und Pralinen, „Hauswappen" oder goldene oder silberne Dekors einen hohen Wert vor, obwohl die Packung in keinem angemessenen wertmäßigen Verhältnis zum Inhalt steht.

Unprüfbare Packungen

Derartige Packungen sollen beim Verbraucher unbewusste Reflexe und Gefühle auslösen, die dann zum Kauf der Ware reizen (sog. „unterschwellige Lockvögel"). Denn den Ladenbesucher von heute leitet im SB-Geschäft mehr und mehr der Gedanke: Wenn eine Ware irgendwie meine Aufmerksamkeit fesselt und aus irgendeinem Grunde besonders gut aussieht, **will ich sie haben.**

Beispiele

- „Greif-mich-Packung": Packungen mit Henkel und Griffen;
- Waren, die mit gefärbten und glänzenden Folien überzogen sind, um die Ware im Aussehen positiv zu verändern: grün für Äpfel, rosa-orange für Karotten, glänzend für Pralinen;
- diverse Gestaltungsmöglichkeiten mittels Farbe, Form, Bild, Textversprechen und -aufforderung (z. B. „Nimm Zwei") und erotische Symbole.

Die Packung muss ins Auge fallen, denn häufig ist sie in Material, Format und Preis den Packungen der Konkurrenz ähnlich. Die aktive Packung sagt ihren Namen klar und unmissverständlich; er muss prägnant sein, um behalten zu werden. Der grafische Gesamteindruck ist entscheidend für die Augenblicke, in denen das Auge zwischen Verweilen und Weitereilen verharrt. Die Farben sollen kräftig und leuchtend, die Kontraste deutlich sein. Der Werbewert einer Zigarettenpackung z. B. hängt weniger vom Gebrauch bestimmter Farben und Farbstellungen ab als von der Anordnung dieser Farben im Gesamtbild. Es ist der Name, der eine Zigarettenmarke „macht", sein Klang, der in die gewünschte Richtung weist.

Packungen, die zum Mehrverbrauch verleiten

Der Verbraucher wird zum Mehrverbrauch gezwungen durch Packungen, die

- nicht oder schlecht verschließbar sind und daher sofort verbraucht werden müssen;
- keine Dosierungsvorrichtung haben, wie Spül- oder Haarwaschmittel;
- größere Mengen beinhalten, als man kaufen möchte.

Dabei müssen „Großtuben" oder „Familienpackungen" nicht immer preiswerter sein als kleine Mengen. Manche „Großtube zum Sparpreis" entpuppt sich schließlich als „Tube zum Verdienstpreis" für den Hersteller bzw. Händler, da die größere Menge vergleichsweise teurer ist.

Die Packung ist ein getreuer Spiegel des Wandels der Konsumgewohnheiten. Sie muss appetitanregend und informierend sein, leicht zu handhaben, leicht zu lagern, zu öffnen, zu gebrauchen, zu verschließen und leicht zu beseitigen. Der moderne Konsument kauft und kocht schneller.

Die Packung schafft die Voraussetzungen für neue Waren, neue Käufer, neue Lebensgewohnheiten. Ihre ursprüngliche Schutzfunktion ist ganz wesentlich perfektioniert worden. Und noch mehr: Die passive Rolle der Packung ist immer bewusster aktiviert worden zum souverän genutzten Mittel der Absatzförderung.

Bei der Schaffung einer optimalen Packung sind viele Gesichtspunkte zu berücksichtigen, wie

- die Verkaufsförderung,
- die Attraktivität,
- die Zweckmäßigkeit,
- die Kosten für das Verpackungsmaterial,
- Umweltfreundlichkeit und
- gesetzliche Bestimmungen.

Der Handel sollte im Rahmen seiner Möglichkeiten mit dafür sorgen, dass Fehlentwicklungen im Bereich der Warenpackung vermieden werden.

Aufgaben

1. Worin besteht der Unterschied zwischen Packung und Verpackung?
2. Welche Aufgaben hat die Packung
    a) für den Verbraucher und
    b) für den Einzelhändler bzw. Hersteller?
3. Welche wirtschaftliche Bedeutung hat das Vorverpacken der Ware für den Handel?
4. Was verstehen Sie unter „verkaufsaktiver Packung"?
5. Warum ist es von besonderer Bedeutung, dass die Packung eine Umweltschutzfunktion erfüllt?
6. Nennen Sie Maßnahmen von Verbrauchern und Einzelhandel bzw. Herstellern, die geeignet sind, Fehlentwicklungen im Packungswesen zu vermeiden.
7. Welche Bedeutung bzw. Auswirkungen haben die Packungskosten auf die Verbraucherpreise?
8. Erklären Sie, wie es möglich ist, dass durch fortschrittliche Packungen die Verkaufspreise gesenkt werden können.
9. Nennen und erklären Sie die Gefahren, die von bestimmten Packungstypen ausgehen.
10. Nennen Sie Maßnahmen, bei denen es sich um Recycling handelt.

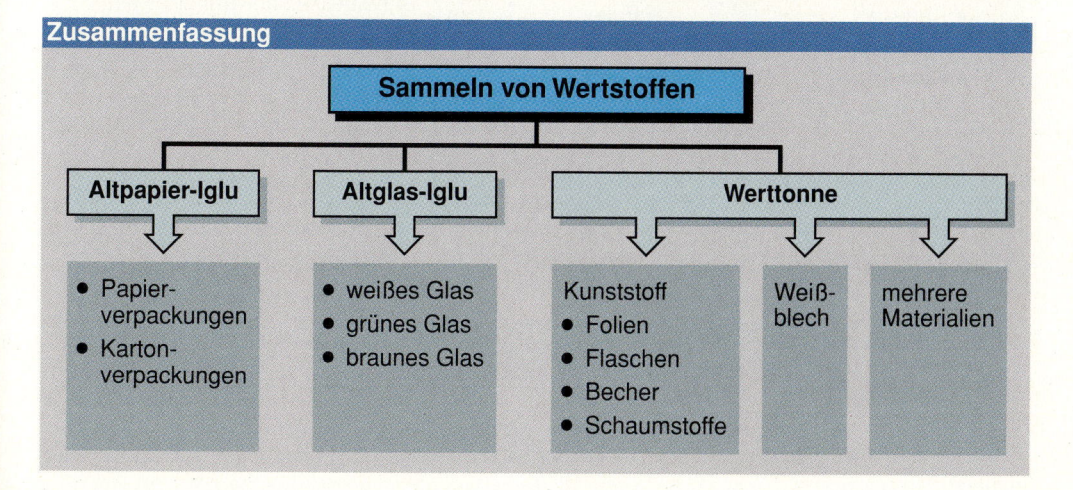

Zusammenfassung

Sammeln von Wertstoffen

- **Altpapier-Iglu**
  - Papierverpackungen
  - Kartonverpackungen

- **Altglas-Iglu**
  - weißes Glas
  - grünes Glas
  - braunes Glas

- **Werttonne**
  - Kunststoff
    - Folien
    - Flaschen
    - Becher
    - Schaumstoffe
  - Weißblech
  - mehrere Materialien

Zusammenfassung

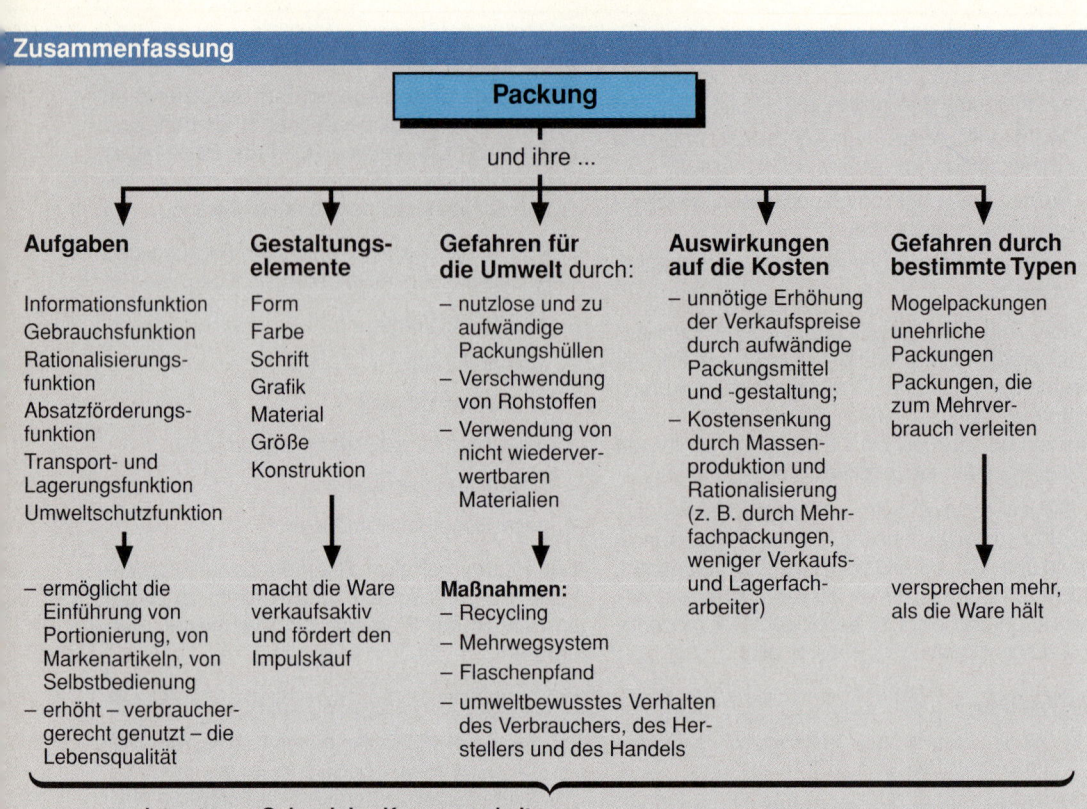

Packung
und ihre ...

Aufgaben
- Informationsfunktion
- Gebrauchsfunktion
- Rationalisierungsfunktion
- Absatzförderungsfunktion
- Transport- und Lagerungsfunktion
- Umweltschutzfunktion

– ermöglicht die Einführung von Portionierung, von Markenartikeln, von Selbstbedienung
– erhöht – verbrauchergerecht genutzt – die Lebensqualität

Gestaltungselemente
- Form
- Farbe
- Schrift
- Grafik
- Material
- Größe
- Konstruktion

macht die Ware verkaufsaktiv und fördert den Impulskauf

Gefahren für die Umwelt durch:
– nutzlose und zu aufwändige Packungshüllen
– Verschwendung von Rohstoffen
– Verwendung von nicht wiederverwertbaren Materialien

Maßnahmen:
– Recycling
– Mehrwegsystem
– Flaschenpfand
– umweltbewusstes Verhalten des Verbrauchers, des Herstellers und des Handels

Auswirkungen auf die Kosten
– unnötige Erhöhung der Verkaufspreise durch aufwändige Packungsmittel und -gestaltung;
– Kostensenkung durch Massenproduktion und Rationalisierung (z. B. durch Mehrfachpackungen, weniger Verkaufs- und Lagerfacharbeiter)

Gefahren durch bestimmte Typen
- Mogelpackungen
- unehrliche Packungen
- Packungen, die zum Mehrverbrauch verleiten

versprechen mehr, als die Ware hält

- ist getreuer Spiegel des Konsumverhaltens.
- schafft Voraussetzungen für neue Ware, neue Käufer und neue Lebensgewohnheiten.
- ist die Voraussetzung u. a. für die Rationalisierung im Einzelhandel.
- ist Werbeträger und zugleich Werbemittel für Hersteller und Händler.

Rücknahmepflichten in der Verpackungsverordnung
(Verordnung über die Vermeidung von Verpackungsabfällen)

Transportverpackung
- Fässer
- Kanister
- Kisten
- Säcke
- Paletten

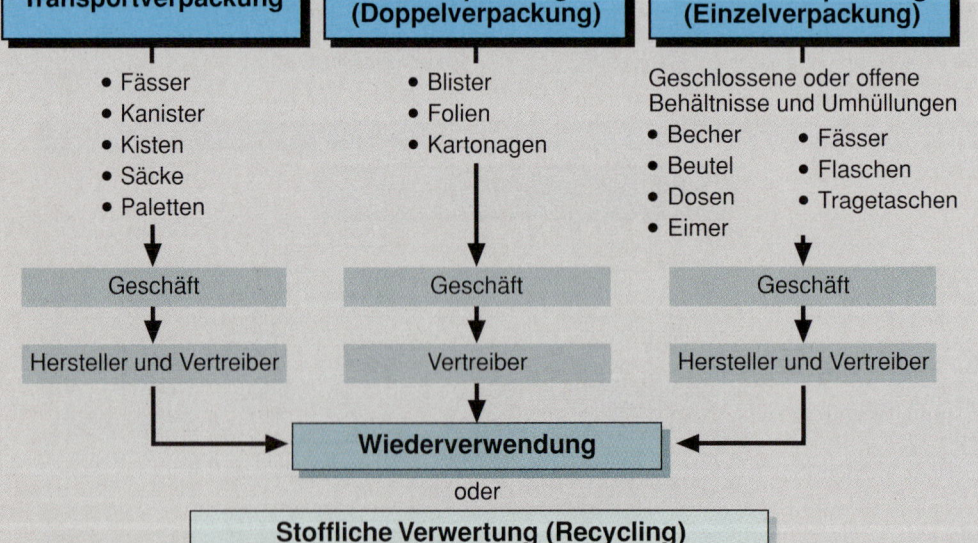

Geschäft → Hersteller und Vertreiber

Umverpackung (Doppelverpackung)
- Blister
- Folien
- Kartonagen

Geschäft → Vertreiber

Verkaufsverpackung (Einzelverpackung)
Geschlossene oder offene Behältnisse und Umhüllungen
- Becher
- Beutel
- Dosen
- Eimer
- Fässer
- Flaschen
- Tragetaschen

Geschäft → Hersteller und Vertreiber

Wiederverwendung oder **Stoffliche Verwertung (Recycling)**

Zusammenfassung

Duales System

Gebrauchte Verpackungen werden beim Endverbraucher gesammelt und der stofflichen Verwertung **(Recycling)** zugeführt.

Grüner Punkt

Hersteller, die sich am dualen System beteiligen, kennzeichnen ihre Produkte mit dem **grünen Punkt.** Verpackungen mit dem grünen Punkt sollen nicht mehr Abfall, sondern zu Rohstoff für neue Produkte oder zu neuen Verpackungen werden.

7.15 Firmeneigene und firmenfremde Zustellung

Herr Gebhard möchte in einem Spielwarengeschäft für seinen Sohn einen Ökoumwelttestkasten kaufen. Die Testkästen sind in dem Geschäft zurzeit nicht vorrätig. Sie sind jedoch beim Hersteller bestellt und werden mit der nächsten Lieferung erwartet. Die Inhaberin des Spielwarengeschäftes vereinbart mit Herrn Gebhard, dass sie ihm den Testkasten zukommen lässt, sobald die neue Lieferung bei ihr eingetroffen ist. Herr Gebhard wohnt fünf km von dem Spielwarengeschäft entfernt.

Welche Möglichkeiten hat die Inhaberin des Spielwarengeschäftes, Herrn Gebhard den Umwelttestkasten zuzustellen?

Information

Die firmeneigene Zustellung

In kleineren Einzelhandelsbetrieben wird die Ware an Kunden, die in der Nähe wohnen, häufig durch einen Boten oder den Einzelhändler selbst zugestellt. Mittlere und große Einzelhandelsbetriebe besitzen normalerweise eigene Fahrzeuge, mit denen sie die Ware an ihre Kunden meist in einem Umkreis von 50 km ausliefern.

Die Ware wird von dem Boten oder dem Auslieferungsfahrer mit einem Lieferschein ausgehändigt.

Der Kunde bescheinigt auf einer Durchschrift des Lieferscheins mit seiner Unterschrift, dass die Ware ordnungsgemäß zugestellt wurde.

Wenn die Ware an einen Kunden durch ein firmeneigenes Fahrzeug oder Boten des Einzelhandelsbetriebes zugestellt wird, haftet der Einzelhändler für Verlust und Beschädigung der Ware bis zur Übergabe an den Kunden.

Vorteile der Warenzustellung mit eigenen Fahrzeugen

– Der Kundendienst (Aufstellen, Anschließen usw.) kann mit eigenen Fahrern besser durchgeführt werden.

– Liefertermine können zuverlässiger eingehalten werden.

– Der eigene Fuhrpark gewährleistet eine stetige Lieferbereitschaft.

– Der Fahrer kann den Kaufpreis kassieren, wenn der Kunde die Ware zuvor noch nicht bezahlt hatte.

– Die Fahrzeuge können als Werbeträger genutzt werden.

Die firmenfremde Zustellung

Wenn der Einzelhändler die Ware nicht selbst zustellen kann oder will, kann er sie an die Kunden durch die Post oder durch einen Frachtführer ausliefern lassen.

Frachtführer sind selbstständige Kaufleute, die gewerbsmäßig Güter befördern. Zu ihnen zählen

- die Eisenbahnen,
- Unternehmen der Binnenschifffahrt,
- Luftverkehrsgesellschaften, sofern sie Güter befördern,
- Paketdienste, z. B. UPS (= United Parcel Service) oder DPD (= Deutscher Paketdienst),
- Unternehmen des gewerblichen Güterkraftverkehrs.

Einzelhändler können bei der Warenzustellung auch die Hilfe von Spediteuren in Anspruch nehmen.

Spediteure sind selbstständige Kaufleute, die auf Rechnung des Versenders, aber in ihrem Namen, die Güterversendung durch Frachtführer besorgen. Aufgrund seiner Berufserfahrung kennt der Spediteur die günstigsten Verkehrsverbindungen und Frachtsätze. Er wählt das günstigste Beförderungsmittel aus, beauftragt einen oder mehrere Frachtführer mit dem Gütertransport und kümmert sich, soweit es notwendig ist, um Verpackung, Versicherung, Umladung und Zwischenlagerung der Gütersendung. Spediteure transportieren die Gütersendungen nicht selbst. Sie sind nur Transportvermittler. Vielfach ist ihnen jedoch ein Unternehmen des gewerblichen Güterkraftverkehrs angegliedert.

Aufgaben

1. Welches Begleitpapier muss der Einzelhändler einer Warensendung beifügen, wenn er sie durch ein eigenes Fahrzeug zustellen lässt?
2. Wie kann ein Bote nachweisen, dass er eine Ware an einen Kunden ordnungsgemäß ausgehändigt hat?
3. Eine von einem Boten zugestellte Ware wird während des Transports beschädigt. Wer trägt den Schaden?
4. Welche Vorteile hat die Warenzustellung mit eigenen Fahrzeugen für den Einzelhandelsbetrieb?
5. Wen kann der Einzelhändler mit der Zustellung beauftragen, wenn er die Ware nicht mit eigenen Fahrzeugen ausliefern kann?
6. Welche Aufgaben kann ein Spediteur für den Einzelhändler übernehmen?
7. Unterscheiden Sie Frachtführer und Spediteur.

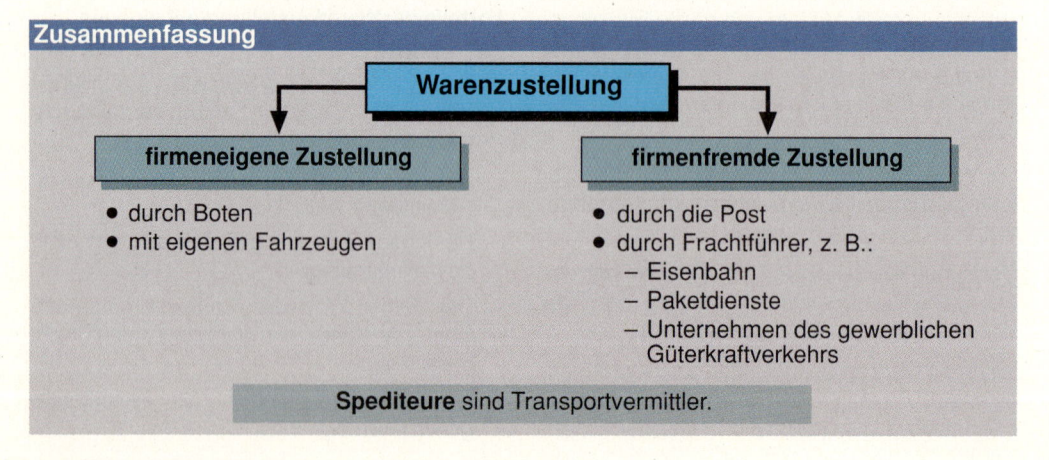

Zusammenfassung

Warenzustellung

firmeneigene Zustellung
- durch Boten
- mit eigenen Fahrzeugen

firmenfremde Zustellung
- durch die Post
- durch Frachtführer, z. B.:
  - Eisenbahn
  - Paketdienste
  - Unternehmen des gewerblichen Güterkraftverkehrs

Spediteure sind Transportvermittler.

7.16 Güterversand mit der Post

Frau Freese hat in einem Fachgeschäft für Haushaltswaren eine Küchenmaschine gekauft. Der Geschäftsinhaber erklärt sich bereit ihr die Küchenmaschine (Gewicht 8 kg) kostenfrei mit der Post zuzuschicken. Er beauftragt den Auszubildenden Frank Förster, die Küchenmaschine bei der Post aufzugeben.

a) Mit welcher Sendungsart muss er die Küchenmaschine bei der Post aufgeben?
b) Welche Tätigkeiten müssen zur Vorbereitung des Versandes dieser Ware durchgeführt werden?

Information

Sendungsarten der Post

Postpakete

In einem Paket kann man Gegenstände aller Art und Mitteilungen an jeden Ort in der Bundesrepublik Deutschland bis zu einem **Höchstgewicht von 20 kg** versenden.

Pakete müssen mit Paketschein bei der Postfiliale eingeliefert werden. Auf ihm müssen Anschrift des Empfängers, Absenderangabe und gegebenenfalls Vermerke über Extras (z. B. Nachnahme) eingetragen werden.

Die **Gebühr** für ein Paket ist abhängig vom Gewicht und der Abmessung bzw. Sperrigkeit.

Die Paketgebühr kann vom Absender bei der Einlieferung bezahlt werden. Es ist aber auch möglich, den Empfänger die Paketgebühr bezahlen zu lassen. Dann wird das Paket unfrei (= nicht freigemacht) verschickt. Für jedes unfrei versandte Paket muss vom Empfänger neben der Paketgebühr eine Einziehungsgebühr bezahlt werden.

Päckchen

Gegenstände aller Art und briefliche Mitteilungen können bis zum **Höchstgewicht von zwei kg** als Päckchen verschickt werden. Päckchen müssen den Vermerk „Päckchen" tragen. Ihre Einlieferung wird nicht bescheinigt. Sie werden mit der Paketpost befördert. Gegenüber Paketen haben sie Gebührenvorteile. Für Päckchen im Inland wird von der Post eine Einheitsgebühr von 3,68 € (Stand: November 2002) erhoben.

Warensendung

Als Warensendungen können Proben, Muster oder kleine Gegenstände (z. B. Tonbänder, Schallplatten, Kassetten, Filme) bis zu einem **Höchstgewicht von 500 g** verschickt werden. Man darf der Warensendung kurze Angaben, die sich auf den Inhalt beziehen, Drucksachen und eine Rechnung beifügen.

Brief

Briefe werden im Inland bis zu einem **Höchstgewicht von 1 000 g** befördert. Briefe in das Ausland sind bis zum Höchstgewicht von 2 000 g zulässig.

Infobrief

Als Infobrief können mindestens 50 inhaltsgleiche Sendungen preisgünstig versandt werden.

Infopost

An einen größeren Empfängerkreis können Briefe auch als Infopost preisgünstig verschickt werden. Es müssen gleichzeitig eingeliefert werden:
- mindestens 4 000 Stück oder
- mindestens 250 Stück für dieselbe Leitregion (d. h., die ersten zwei Ziffern der Postleitzahl stimmen überein) oder
- mindestens 50 Stück für den Leitbereich der Einlieferungsstelle (d. h., die ersten drei Ziffern der Postleitzahl stimmen mit der Postleitzahl der Einlieferungsstelle überein).

Büchersendung

Bücher, Broschüren, Notenblätter und Landkarten können bis zum **Höchstgewicht von 1 000 g** zu einer ermäßigten Gebühr als Büchersendung versandt werden.

Postwurfsendung

Postwurfsendungen sind Schreiben oder Warensendungen gleichen Inhalts, die ohne Anschrift an alle Haushalte eines beliebig großen Gebiets oder alle Briefabholer (Postfachinhaber) eines Postamts verteilt werden.

Das **Höchstgewicht** für Wurfsendungen an Haushalte beträgt 250 g. Wurfsendungen an Briefabholer dürfen höchstens 1 000 g wiegen.

Express-Brief

Express-Briefe werden am Tag nach der Einlieferung zugestellt (an Sonn- und Feiertagen gegen Aufpreis von 30,68 €).

Besondere Versendungsformen

Einschreiben

Briefe und Postkarten können als Einschreiben verschickt werden. Der Absender erhält bei der Einlieferung der Sendung eine Bescheinigung, mit der er beweisen kann, wann er die Sendung abgeschickt hat. Es gibt zwei Varianten des Einschreibens: das Einschreiben und das Einschreiben Einwurf.

Beim **Einschreiben** händigt der Postzusteller die Einschreibesendung nur gegen Empfangsbestätigung aus.

Beim **Einschreiben Einwurf** wirft die Mitarbeiterin oder der Mitarbeiter der Post die Sendung entweder in den Briefkasten oder in das Postfach des Empfängers. Den Einwurf bestätigt sie oder er dann auf dem Auslieferungsbeleg.

Transportversicherung

Pakete und Express-Briefe können mit Transportversicherung verschickt werden. Bei der Einlieferung der Sendung erhält der Absender eine Bescheinigung, mit der er die Einlieferung der Sendung beweisen kann. Die Post garantiert eine besonders sichere Übermittlung zum Empfänger. Eine Sendung mit Transportversicherung wird nur gegen Empfangsbestätigung an bestimmte Empfangsberechtigte ausgeliefert.

Der Betrag der Transportversicherung darf maximal 25.000,00 € betragen.

Eigenhändig

Mit der Versendungsform „Eigenhändig" können Übergabe-Einschreiben, Nachnahmesendungen, Express-Briefe und Pakete versandt werden.

Diese Sendungen werden dann nur dem Empfänger persönlich oder einer von ihm besonders bevollmächtigten Person ausgehändigt.

Rückschein

Übergabe-Einschreiben, Nachnahmesendungen, Express-Briefe und Pakete können mit einem Rückschein versandt werden. Die Post schickt diesen Rückschein an den Absender zurück, nachdem der Empfänger auf ihm den Empfang der Sendung bestätigt hat. Aus dem Rückschein kann der Absender ersehen, wann und an wen seine Sendung ausgehändigt wurde.

Nachnahme

Mit Nachnahmesendungen kann man Geldbeträge durch die Post einziehen lassen. Sie sind zulässig bei Briefen, Postkarten und Paketen. Der Nachnahmebetrag kann bei Briefen und Postkarten höchstens 1.534,88 € und bei Paketen maximal 3.500,00 € betragen. Eine Nachnahmesendung wird dem Empfänger nur ausgehändigt, wenn er den Nachnahmebetrag bezahlt.

Nachnahmesendungen müssen vom Absender mit einem Zahlschein eingeliefert werden, damit der eingezogene Betrag auf das von ihm angegebene Konto überwiesen werden kann. In den Zahlschein muss der Absender den um die Zahlscheingebühr verminderten Nachnahmebetrag eintragen.

Beispiel
Die Franke KG, Lister Meile 45, 30161 Hannover, schickt am 15. Okt. 20.. an ihren Kunden Klaus Glaser, Wollenweberstr. 17, 31134 Hildesheim, eine Ware in einem Nachnahmepaket. Das Paket wiegt 8 kg. Der Warenwert beträgt 900,00 €. Der Zahlscheinbetrag soll auf das Postbank-Girokonto 902 20-756 bei der Postbank Hannover überwiesen werden. Die Paketzustellgebühr wird vom Absender im Voraus bezahlt.

Ermittlung des Zahlscheinbetrages und des Nachnahmebetrages:	
Warenwert:	900,00 €
+ Paketgebühr:	6,39 €
+ Einzugsgebühr:	3,58 €
+ Übermittlungsgebühr:	1,53 €
= Nachnahmebetrag	911,50 €

Wenn der Empfänger den Nachnahmebetrag nicht sofort bezahlen kann, hat er die Möglichkeit, die Nachnahmesendung innerhalb einer Frist von sieben Tagen bei der Zustellfiliale einzulösen.

Werbeantwort

Absender von Werbesendungen, Katalogen usw. können dem Empfänger ihrer Sendung das Bestellen von Waren erleichtern, wenn sie der Sendung eine vorbereitete Antwortkarte oder einen Briefumschlag im Standardbriefformat beifügen, die der Empfänger portofrei an den Absender zurückschicken kann. Als Werbeantworten sind Briefe und Postkarten zugelassen.

Express-Service

Mit Express-Service beförderte Pakete werden dem Empfänger am Tag nach der Einlieferung zugestellt (an Sonn- und Feiertagen gegen Aufpreis von 39,88 €).

Haftung der Post

Bei Verlust oder Beschädigung eines **gewöhnlichen Paketes** ersetzt die Post den unmittelbaren Schaden bis zum **Höchstbetrag von 500,00 €** je Paket.

Beim Verlust von **Einschreiben** zahlt sie **25,56 €**, bei **Einschreiben Einwurf 20,45 €**.

Wenn eine **Sendung mit Transportversicherung** verloren geht oder beschädigt wird, zahlt die Post den entstandenen Schaden bis zur **Höhe der Transportversicherung**.

Bei Verlust oder Beschädigung einer **Nachnahmesendung** während der Beförderung haftet die Post bei Paketen in derselben Weise wie bei der entsprechenden Sendung ohne Nachnahme, bei Briefen und briefähnlichen Sendungen mit **25,56 €**.

Zusätzlich haftet die Post dafür, dass der Nachnahmebetrag ordnungsgemäß eingezogen und überwiesen wird.

Ersatz für Beschädigung und Verlust leistet die Post an den Absender.

Die Post haftet nicht, wenn
- der Schaden auf der natürlichen Beschaffenheit der Sendung beruht,
- der Schaden überwiegend durch den Absender verursacht wurde, z. B. durch unsachgemäße Verpackung,
- der Empfänger Schäden nicht unmittelbar nach Entdecken bei der Postfiliale anmeldet.

Die Post haftet auch nicht bei Beschädigung oder Verlust von Briefen und Päckchen.

Aufgaben

1. Vergleichen Sie die Sendungsart „Postpaket" mit den Sendungsarten „Päckchen", „Postpaket mit Transportversicherung" und „Nachnahmepaket" hinsichtlich Gebühren und Sicherheit.

   Besorgen Sie sich dazu als zusätzliche Informationsquelle die aktuelle Serviceinformation der Post AG.

2. Eine Uhr, Gewicht 15 kg, Wert 350,00 €, soll von Bielefeld nach Münster verschickt werden. Welche Sendungsart sollte der Absender wählen?

3. Eine dem Geschäftsinhaber bekannte auswärtige Kundin hat beim Einkauf einen Pullover, Gewicht 550 g, Wert 28,00 €, liegen lassen. Mit welcher Sendungsart kann er ihr den Pullover am billigsten nachsenden?

4. Der Inhaber eines Teeladens will seinen Kunden vor dem Weihnachtsfest kleine Teeproben möglichst schnell zusenden. Wie kann er das am billigsten tun?

5. Ein Kunde hat bei einem Versandhaus eine Kaffeemaschine, Gewicht 3 kg, Wert 40,00 €, bestellt. Er will erst bei Erhalt der Ware bezahlen. Welche Versendungsform wird das Versandhaus wählen?

6. Ein Versandhaus legt seinen Katalogen Bestellkarten bei, mit denen die Kunden gebührenfrei bestellen können. Um welche Versendungsform handelt es sich hierbei?

7. Durch welche Versendungsform kann der Absender nachweisen, dass er einen Brief aufgegeben hat?

8. Ein Einschreibebrief, Wert 15,00 €, geht verloren. Wie viel Euro Schadenersatz leistet die Post?

9. Ein Päckchen mit Glaswaren im Wert von 35,00 € kommt beschädigt an. Wie viel Euro Schadensersatz bezahlt die Post?

10. Der Textileinzelhändler Beyer möchte 100 Werbebriefe an seine Stammkunden verschicken. Welches ist die für ihn preisgünstigste Sendungsart der Post?

Zusammenfassung

Sendungsart	Höchstgewicht	Zulässige Versendungsformen	Haftung der Post
Postpaket	20 kg	Transportversicherung Nachnahme Eigenhändig und Rückschein Express-Service	– Paket **ohne** Transportversicherung bei Verlust oder Beschädigung bis 500,00 € – Paket **mit** Transportversicherung bei Verlust oder Beschädigung bis Wertangabe (höchstens 25.000,00 €)
Päckchen	2 kg	–	keine
Warensendung	500 g	–	keine
Brief	1 000 g	Einwurf- und Übergabe-Einschreiben Eigenhändig und Rückschein beim Übergabe-Einschreiben Nachnahme Werbeantwort	– Übergabe-Einschreiben 25,56 € bei Verlust – Einwurf-Einschreiben 20,45 € bei Verlust
Infobrief	1 000 g	–	keine
Infopost	1 000 g	–	keine
Büchersendung	1 000 g	–	keine
Postwurfsendung	an alle Haushalte: 250 g an Briefabholer: 1 000 g	–	keine
Express-Brief	2 000 g	Eigenhändig Rückschein Zustellung gegen Unterschrift Transportversicherung	Express-Brief **mit** Transportversicherung bei Verlust oder Beschädigung bis Wertangabe (höchstens 25.000,00 €)

7.17 Güterversand mit der Bahn

Die Fahrradhandlung Gerke will ein Fahrrad mit der Bahn an einen Kunden in Nienburg schicken.

Mit welcher Versandart kann die Fahrradhandlung das Fahrrad nach Nienburg transportieren lassen?

Information

Güterverkehrsarten

Kleingutverkehr

Einzelstücke, z. B. Kisten, Fässer, Ballen und Pakete werden als Kleingut versandt. Um Verpackungs- und Umladekosten zu sparen, können Kleincontainer (Fassungsvermögen 1–3 m^3) Collicos (zusammenklappbare Kleinbehälter aus Leichtmetall) oder Paletten (= Transportplatten) von der Eisenbahn gemietet werden. Der Kleingutverkehr wird durch die Bahntrans GmbH, einer Gründung der Deutschen Bahn AG und der Thyssen Haniel Logistic, gemeinsam abgewickelt.

Die Bahntrans GmbH arbeitet unabhängig von der Deutschen Bahn AG als Sammelspediteur mit eigenen Vertrags- und Geschäftsbedingungen.

Ein **Sammelspediteur** verschickt Einzelstücke mehrerer Versender zusammen als Wagenladung an einen Empfangsspediteur (Sammelladung). Dieser Empfangsspediteur liefert die Einzelstücke an die verschiedenen Empfänger weiter.

Wagenladungsverkehr

Diese Güterverkehrsart wird beim Versand großer Warenmengen gewählt. Sie eignet sich vor allem für Massengüter (Holz, Kohle, Öl, Erze usw.). Die Verladung erfolgt durch den Absender auf Freiladegleisen des Güterbahnhofs oder auf eigenen Anschlussgleisen. Der Wagenladungsverkehr wird von der DB Cargo abgewickelt. Versandpapier ist der Frachtbrief.

IC-Kuriergut

Besonders eilige handliche Sendungen bis 20 kg können mit Intercityzügen als IC-Kuriergut befördert werden. Die Sendungen können bis 30 Minuten vor Abfahrt des Intercityzuges am Gepäckschalter abgegeben werden. Der Absender kann die Sendung aber auch unmittelbar am Zug abliefern. Als Versandpapier muss er eine IC-Kuriergutkarte kaufen und ausfüllen.

Der Frachtbrief

Der Eisenbahnfrachtbrief besteht aus vier Teilen:

– Empfangsblatt (erhält der Bestimmungsbahnhof),
– Frachtbrief (für den Empfänger; begleitet die Sendung),
– Versandblatt (verbleibt beim Versandbahnhof),
– Frachtbriefdoppel (erhält der Absender).

Er wird vom Absender ausgefüllt. Bezahlt der Absender die Fracht, wird im Frachtbrief der Vermerk „frei" eingetragen. Soll die Fracht durch den Empfänger bezahlt werden, wird in den Frachtbrief kein Vermerk oder der Vermerk „unfrei" geschrieben.

Der Frachtbrief beweist, dass der Absender die Sendung zur Beförderung ausgeliefert hat. Der Absender kann noch nachträglich Verfügungen über die aufgegebene Sendung treffen (z. B. zurückrufen oder an einen anderen Empfänger umleiten), wenn er das Frachtbriefdoppel vorlegt. Dieses nachträgliche Verfügungsrecht erlischt, sobald der Empfänger den Frachtbrief angenommen hat oder die Sendung bei ihm abgeliefert worden ist.

Die Haftung der Bahn

Nach § 425 HGB haftet die Bahn – auch ohne Verschulden – für Verlust, Beschädigung und Überschreiten der Lieferfrist.

Sie haftet nicht bei

— Schäden, die durch unabwendbare Ereignisse verursacht wurden,

— Schäden, die sich aus der natürlichen Beschaffenheit des Gutes ergeben (z. B. Rost, Verderb, Schwund),

— ungenügender Verpackung durch den Absender,

— ungenügender Kennzeichnung der Frachtstücke durch den Absender,

— mangelhafter Behandlung, Verladung oder Entladung des Guts durch den Absender oder Empfänger.

Aufgaben

1. Der Textileinzelhändler Otto Wagner will aus seinem Lager in Hannover Strickwolle (Gesamtgewicht 40 kg) an seine Filiale in Göttingen verschicken.
   a) Welche Versandart sollte Wagner wählen, wenn die Lieferung nicht sehr eilig ist?
   b) Wie sollte er die Wolle verpacken?
   c) Welches Versandpapier muss er ausfüllen?

2. Frau Schröder will ein Päckchen (Gewicht: 4 kg) auf dem schnellsten Wege nach Bremen schicken. Das Päckchen muss in zwei Stunden in Bremen sein.
   a) Welche Versandart wird sie wählen?
   b) Wo muss sie das Päckchen abgeben?

3. In welchen Fällen haftet die Bahn?
   a) Ein ordnungsgemäß verpacktes Paket wird beim Bahntransport beschädigt.
   b) In einer Holzkiste verpackte Gläser werden beim Umladen durch Bahnarbeiter beschädigt. Sie tragen keinen Aufkleber „Vorsicht Glas".
   c) Ein Güterzug, der leicht verderbliche Waren befördert, bleibt in einer Schneewehe stecken.
   d) Ein als IC-Kuriergut aufgegebenes Päckchen kommt nicht am Zielort an.

4. Der Absender einer mit einem Frachtbrief aufgegebenen Sendung möchte die Sendung an einen anderen Empfänger umleiten. Was muss er tun?

5. Welche Bedeutung hat der Vermerk „frei" auf einem Frachtbrief?

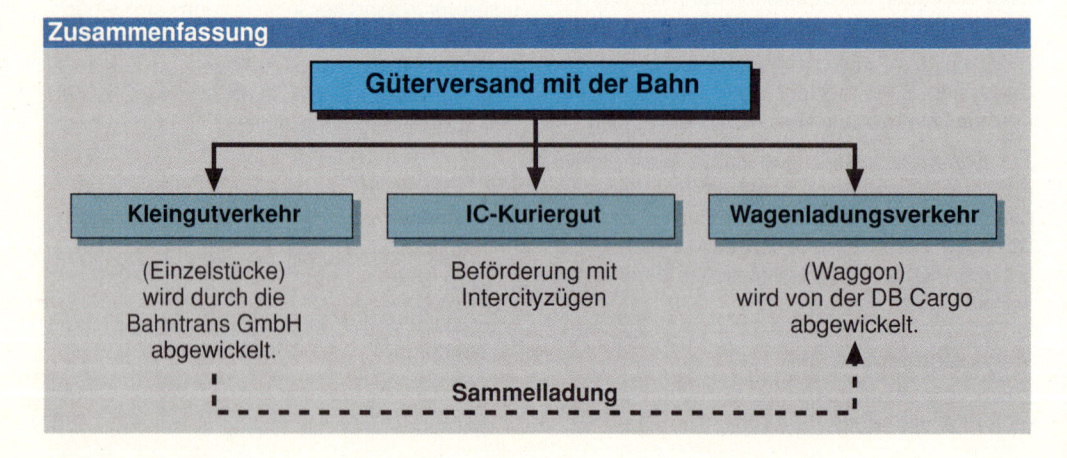

Zusammenfassung

Güterversand mit der Bahn

- **Kleingutverkehr**
  (Einzelstücke)
  wird durch die
  Bahntrans GmbH
  abgewickelt.

- **IC-Kuriergut**
  Beförderung mit
  Intercityzügen

- **Wagenladungsverkehr**
  (Waggon)
  wird von der DB Cargo
  abgewickelt.

Sammelladung

8 Warenwirtschaftssysteme

8.1 Warenwirtschaftssysteme im Einzelhandel

Am 8. September 1995 macht sich der Feinkostverkäufer Mathias Fuhrmann selbstständig mit einem kleinen Eckgeschäft, 200 m² in zentraler Lage, ausgestattet mit einer mechanischen Registrierkasse.

Am 2. Januar 1997 beginnt für Mathias Fuhrmann eine neue Geschäftsära: Das Weihnachtsgeschäft lief gut und der Laden nebenan (280 m² mit 100 m² Kellerraum) wird frei. Feinkost Fuhrmann stellt auf Selbstbedienung um. Damit die Kunden schnell durch den Checkout (= Kassenzone) kommen, schafft Fuhrmann vier Datenkassen an.

3. April 1999: Fuhrmann erkennt angesichts der starken Konkurrenz: Er muss seine Warenwirtschaft besser in den Griff bekommen, um sich langfristig am Markt halten zu können. Er schließt seine Datenkassen an eine EDV-Anlage an.

Frühjahr 2001: Das EDV-gestützte Warenwirtschaftssystem hat sich bezahlt gemacht. Fuhrmann hat sich inzwischen mit einem Partner zusammengetan und sogar einen neuen Laden aufgemacht. Das ausgeweitete Sortiment kann er nur noch mit einem Computer steuern.

Was ist überhaupt ein EDV-gestütztes Warenwirtschaftssystem?

Information

Die erfolgreiche Nutzung rechtzeitig aufgefundener oder bereitgestellter Informationen beeinflusst heute in immer stärkerem Maße die Wettbewerbsfähigkeit eines Einzelhandelsunternehmens. Informationen über Geschäftsvorgänge schnell zu erfassen und richtig zu deuten, wird aber durch bestimmte Entwicklungstendenzen im Handel erschwert:

– Die Wünsche der Verbraucher werden anspruchsvoller und wechseln äußerst schnell. Dies zwingt den Handel zu einer Ausweitung des Warenangebots. Die Sortimente werden breiter und tiefer.

– Immer weitere Teile des Sortiments werden einem ausgeprägten modischen Wechsel unterworfen.

– Der Einkaufsmarkt wird in zunehmendem Maße international und damit breiter und umfangreicher: Die Marktübersicht wird für den Einkäufer erschwert.

– Der Konkurrenzdruck wächst. Neue Betriebsformen des Einzelhandels drängen auf den Markt. Dadurch müssen die bereits bestehenden Unternehmen u. a. knapper kalkulieren und verstärkt verkaufsfördernde Maßnahmen durchführen.

Um als Unternehmen auf einem solchen unübersichtlichen und schwierigen Markt bestehen zu können, müssen sich die betrieblichen Entscheidungen als richtig erweisen: Je mehr Informationen einer Unternehmung zur Verfügung stehen – und je besser diese sind –, desto höher wird die Qualität der Entscheidungen im Handel sein.

Vor diesem Hintergrund hat die Einzelhandelspraxis die Notwendigkeit von aktuellen und zuverlässigen Informationen erkannt. Sie fordert daher leistungsfähige Informations- und Steuerungssysteme in den Unternehmen. Das Hauptaugenmerk wird dabei auf den Kernbereich des Handelsbetriebes gerichtet: den Bereich der Ware.

Die Warenwirtschaft

Der Warenbereich der Einzelhandelsunternehmung wird sehr oft auch „Warenwirtschaft" genannt.

Die **Warenwirtschaft** umfasst sämtliche Tätigkeiten, die mit der Beschaffung, der Lagerung und dem Absatz der Handelswaren verbunden sind.

Die Entscheidung, Waren zu erwerben, löst in der Warenwirtschaft des Betriebes eine Reihe voneinander abhängiger Vorgänge aus: Die Ware muss bestellt, geliefert, geprüft, ausgezeichnet und verteilt werden, bevor sie zur Auslage kommen und verkauft werden kann. Im Unternehmen findet in der Regel folgender Waren- und Informationskreislauf statt:

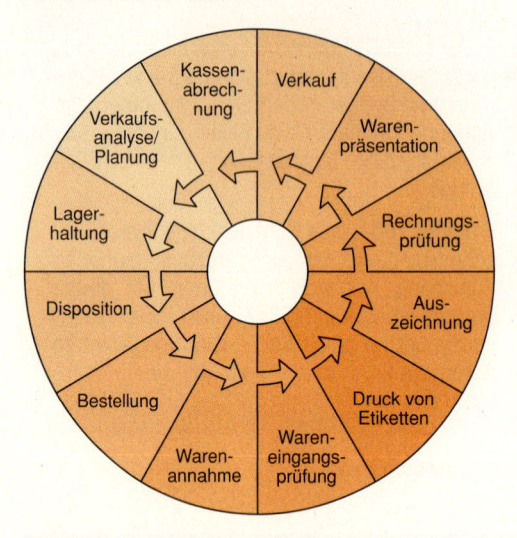

Kreislauf: Kassenabrechnung – Verkauf – Warenpräsentation – Rechnungsprüfung – Auszeichnung – Druck von Etiketten – Wareneingangsprüfung – Warenannahme – Bestellung – Disposition – Lagerhaltung – Verkaufsanalyse/Planung

Die Ware ist die wichtigste und meist die größte Investition in der Handelsunternehmung. Da die Ware in der Regel nur kurzfristig geordert werden kann, können Fehler im Bereich der Ware den Bestand der Unternehmung direkt und relativ kurzfristig gefährden.

In der Warenwirtschaft geht das Bestreben des Handelsbetriebes dahin,

– die richtige Ware,
– zur rechten Zeit,
– zum richtigen Preis,
– in der richtigen Menge und
– am richtigen Ort

vorrätig zu haben. Sobald eine dieser Forderungen nicht erfüllt ist, entstehen der Unternehmung zusätzliche Kosten bzw. es entgeht Gewinn. Ist die Ware z. B. zu früh oder in zu großen Mengen am Lager und in den Verkaufsräumen, so entstehen unnötige Lagerkosten und evtl. anderswo dringend benötigtes Kapital wird gebunden. Im umgekehrten Fall – wenn z. B. die Nachfrage nach einem Artikel das Angebot übersteigt – steht der kaufwillige Kunde vor leeren Regalen und das Unternehmen kann wegen der ausbleibenden Verkäufe keinen Gewinn machen. Die gleichen Feststellungen können gemacht werden, sobald im Sortiment die nachgefragte Ware nicht enthalten oder nicht zum richtigen Preis angeboten wird.

Das Warenwirtschaftssystem

Damit die Ware möglichst rationell vom Hersteller zum Kunden gebracht wird, arbeitet der Einzelhandelsbetrieb mit einem Warenwirtschaftssystem.

> Ein **Warenwirtschaftssystem** ist das Steuerungs- und Informationssystem in der Warenwirtschaft des Handelsbetriebes. Es soll den gesamten Weg der Ware, angefangen vom Lieferanten durch das Einzelhandelsunternehmen bis hin zum Käufer, abbilden und durch warenbezogene Auswertungen kontrollieren.

Diese warenbezogenen Informationen können dem Einzelhändler helfen, optimale Entscheidungen im Warenbereich zu treffen. Ein Warenwirtschaftssystem unterstützt alle Tätigkeiten, die notwendig sind, damit die richtige Ware zur rechten Zeit, zum richtigen Preis, in der richtigen Menge und am richtigen Ort zum Verkauf bereitliegt.

Ein rationell arbeitendes Warenwirtschaftssystem, das den Warenkreislauf steuert und kontrolliert, kann wesentlich zum Unternehmenserfolg beitragen. Es hilft dem Einzelhändler vor allem bei der Lösung von Konflikten zwischen den beiden grundlegenden Zielen der Warenwirtschaft: Die Beschaffung und Bereitstellung aller Artikel sollte möglichst wenig Kapital binden und Kosten verursachen.

Der Lagerbestand ist daher so weit wie möglich zu verringern. Gleichzeitig strebt der Handel aus Service- und Imagegründen die permanente, sofortige Erfüllung aller Kaufwünsche der Verbraucher an.

Warenwirtschaftssysteme sind so alt wie der Handel. Schon immer versuchten nämlich Handelsunternehmen, den Fluss der Ware im Betrieb zu planen, zu steuern und zu kontrollieren. Alle Handelsbetriebe arbeiten daher mit Warenwirtschaftssystemen, auch wenn sie nicht so genannt werden. Diese unterscheiden sich aber bezüglich Umfang, Methoden und Instrumentarium. Die Hauptgründe dafür sind zu sehen in:

– den verschiedenen Betriebsformen im Einzelhandel,
– der unterschiedlichen Größe der Einzelhandelsbetriebe,
– branchentypischen Besonderheiten,
– dem unterschiedlichen Ausstattungsgrad mit elektronischer Datenverarbeitung.

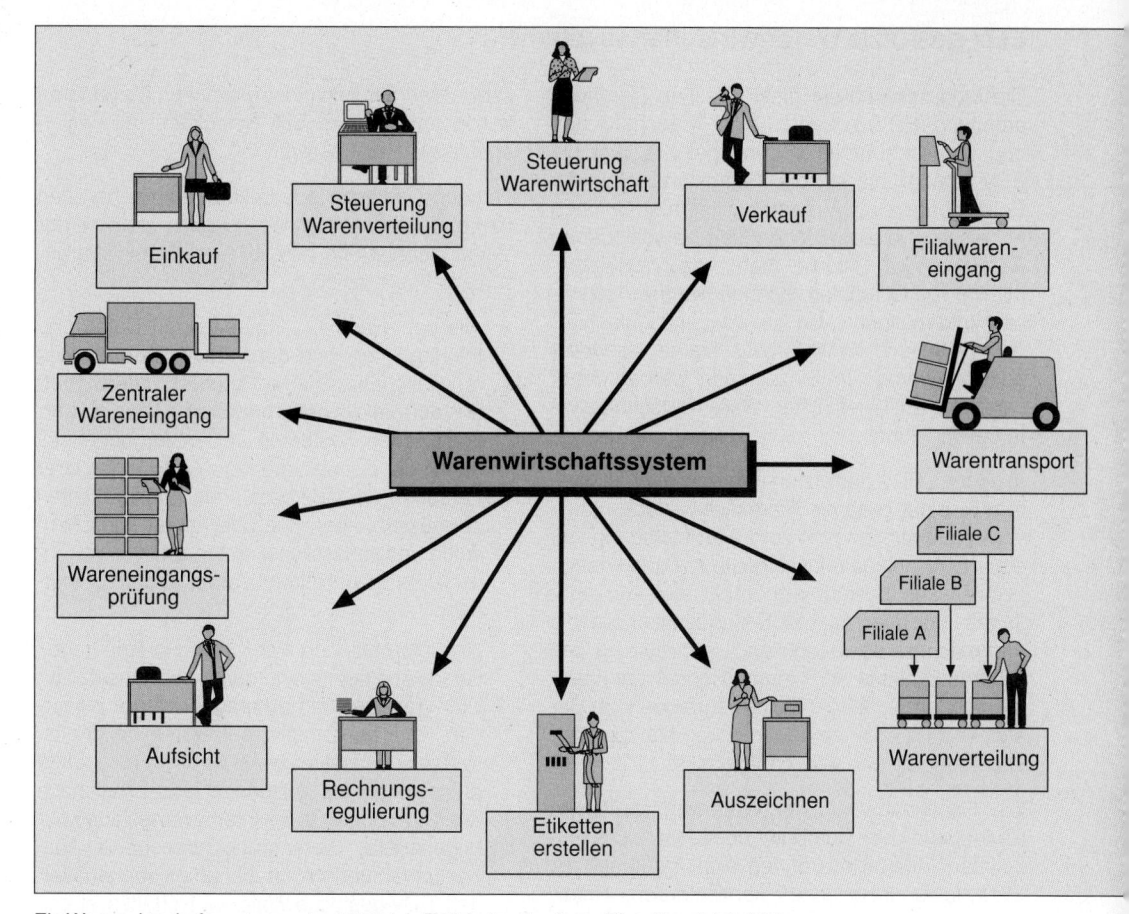

Ein Warenwirtschaftssystem unterstützt viele Tätigkeiten in einem Einzelhandelsbetrieb.

Herkömmliche Warenwirtschaftssysteme

Die herkömmlichen Warenwirtschaftssysteme werden oft auch manuelle (= mit der Hand) Warenwirtschaftssysteme genannt. Sie listen alle Informationen über Warenbewegungen in Form von „handerstellten" **Belegen** (Listen, Karteikarten, Rechnungen usw.) auf. Um den Warenfluss in den Griff zu bekommen, wird im Betrieb eine Vielzahl von gleichen Informationen benötigt, die in unterschiedlichen Karteien gespeichert werden. Es kommt zu einer anwachsenden Papierflut im Unternehmen. Ein einziger Beleg, wie z. B. eine Bestellung, wird vervielfältigt und an mehrere Arbeitsplätze wie Warenannahme, Lager usw. geschickt. Auf diesem Weg werden laufend Daten hinzugefügt und übertragen. Falsches Ablesen und Unlesbarkeit können vorkommen. Verschiedene Mitarbeiter besitzen verschiedene Informationsausschnitte, anstatt dass jeder mit denselben Informationen arbeitet. Das mehrfache Bearbeiten der Belege und der begrenzte Datenumfang an einem Arbeitsplatz hat zur Folge, dass die von herkömmlichen Warenwirtschaftssystemen zur Verfügung gestellten Informationen von der Einzelhandelspraxis als zu ungenau angesehen werden.

Manuelle Warenwirtschaftssysteme – und seien sie noch so geschickt aufgezogen – laufen daher Gefahr, überfordert zu werden. Angesichts der Sortimentserweiterungen und des gestiegenen Informationsbedarfs im Handel erscheint ein herkömmliches Erfassen sämtlicher Artikelbewegungen in der Praxis als kaum lösbar.

EDV-gestützte Warenwirtschaftssysteme

Die Möglichkeiten der elektronischen Datenverarbeitung (EDV) haben zu einer wirtschaftlichen und überschaubaren Lösung geführt. Erst die EDV ermöglichte es, die Zeitabstände von der Entstehung bis zur Auswertung der Informationen – beispielsweise zwischen den verschiedenen Bereichen im Unternehmen – zu verkürzen. Mithilfe von Computern können warenwirtschaftliche Informationen also schneller und fehlerfreier verarbeitet und damit Arbeitsabläufe rationeller gestaltet werden. Im Einzelhandel werden daher verstärkt EDV-gestützte Warenwirtschaftssysteme eingeführt.

In einem EDV-gestützten Warenwirtschaftssystem wird der gesamte Warenfluss – lückenlos – vom Wareneingang bis zum Warenausgang von einer EDV-Anlage erfasst, gesteuert und kontrolliert. Dieses System ermöglicht also zu jeder Tages- und Nachtzeit in Sekundenschnelle die Informationsaufbereitung und -verarbeitung des Warendurchlaufs in einem Handelsunternehmen, indem es alle Artikelbewegungen vom Bestellvorgang über die Lagerhaltung bis zum Verkauf mengen- und wertmäßig erfasst.

Die Routinearbeit in der Warenwirtschaft wird weitgehend dem Computer überlassen. Die entlasteten Mitarbeiter können sich mehr auf die Entscheidungsprozesse konzentrieren. Informiert das EDV-gestützte Warenwirtschaftssystem beispielsweise darüber, dass ein bestimmter Artikel kaum verkauft wurde, muss der Mitarbeiter nur noch eine Entscheidung darüber treffen, ob bzw. wie der Absatz des Artikels angekurbelt wird. Als Maßnahme stehen ihm u. a. eine verstärkte Werbung oder eine Preisherabsetzung zur Verfügung. In bestimmten Zeitabständen wird anschließend der Erfolg der gewählten Maßnahme wieder mithilfe des EDV-gestützten Warenwirtschaftssystems überprüft.

Folgende Unterschiede bestehen zwischen den herkömmlichen Warenwirtschaftssystemen der Vergangenheit und den EDV-gestützten Warenwirtschaftssystemen:

– Alle den Warenfluss betreffenden Daten und Informationen sind durch EDV-gestützte Warenwirtschaftssysteme **leichter zugänglich** und **schneller verfügbar**. Statt, wie es bei herkömmlichen Systemen in der Vergangenheit häufig der Fall war, mehrere Abteilungen oder Personen um eine bestimmte Auskunft bitten zu müssen, kann nun über einen Bildschirm sofort und verlässlich eine Vielzahl von warenwirtschaftlichen Informationen abgefragt werden.

– Die Informationen über das Sortiment des Handelsbetriebes sind durch den Einsatz von EDV **genauer** und **aussagekräftiger** geworden. Die herkömmlichen Warenwirtschaftssysteme erfassten zwar die Wareneingänge artikelgenau, die Ausgänge jedoch nur nach Warengruppen. So konnten zwangsläufig nur ungenauere, warengruppenbezogene Auswertungen und Informationen gewonnen werden. EDV-gestützte Warenwirtschaftssysteme ermöglichen dagegen eine artikelgenaue Beobachtung des Warenflusses bis zum Verkauf. Beispielsweise war der Einzelhändler bei herkömmlichen Warenwirtschaftssystemen nur darüber informiert, ob der Umsatz insgesamt positiv oder negativ verlief. Was er aber nicht wusste bzw. erst nach sehr aufwändigen Untersuchungen erfahren konnte, war, wie viel jeder einzelne Artikel z. B. zum Umsatz beigetragen hat. Erst durch solche von EDV-gestützten Warenwirtschaftssystemen bereitgestellten Informationen können schnelle und zuverlässige sortimentspolitische Maßnahmen eingeleitet werden.

– Bei EDV-gestützten Warenwirtschaftssystemen kommt es zu einem Fortfall zeitraubender, ständig wiederkehrender Routinearbeiten im Bereich der Warenwirtschaft wie z. B. Belegerstellung und -ablage, Verbrauchsrechnungen usw. Das bedeutet mehr Zeit für Entscheidungsprozesse bzw. für kundenbezogene Tätigkeiten wie Beratung und Verkauf.

Informationsfluss
• im herkömmlichen ----→
• im EDV-gestützten ⟶
Warenwirtschaftssystem

Die am weitesten ausgebaute Form EDV-gestützter Warenwirtschaftssysteme nennt man **geschlossene** Warenwirtschaftssysteme. Alle Aufgaben der Warenwirtschaft werden hier mithilfe eines Computers gelöst. Die EDV-Anlage begleitet den gesamten Warendurchlauf durch das Unternehmen.

Von einem **offenen** Warenwirtschaftssystem spricht man, wenn nur ein Teil der warenwirtschaftlichen Arbeiten mithilfe des Computers erfolgt. Die übrigen Aufgaben werden manuell gelöst.

Aufgaben

1. Welche Bedeutung haben Informationen für eine Einzelhandelsunternehmung?
2. Was versteht man unter dem Begriff „Warenwirtschaft"?
3. Warum wird der Warenwirtschaft im Einzelhandel sehr große Aufmerksamkeit geschenkt?
4. Was ist ein Warenwirtschaftssystem?
5. Welcher Zielkonflikt tritt in der Warenwirtschaft auf?
6. Durch welche Merkmale sind herkömmliche Warenwirtschaftssysteme gekennzeichnet?
7. Was ist ein EDV-gestütztes Warenwirtschaftssystem?
8. Welche Vorteile haben EDV-gestützte Warenwirtschaftssysteme gegenüber den herkömmlichen?
9. Wodurch unterscheiden sich offene und geschlossene Warenwirtschaftssysteme?
10. Experten bezeichnen die EDV-gestützten Warenwirtschaftssysteme als „neue Lösung für alte Probleme". Begründen Sie diese Ansicht.
11. Warum unterscheiden sich die Warenwirtschaftssysteme im Einzelhandel hinsichtlich Umfang, Methoden und Instrumentarium?
12. Welche Art von Warenwirtschaftssystem wird in Ihrem Betrieb verwendet?

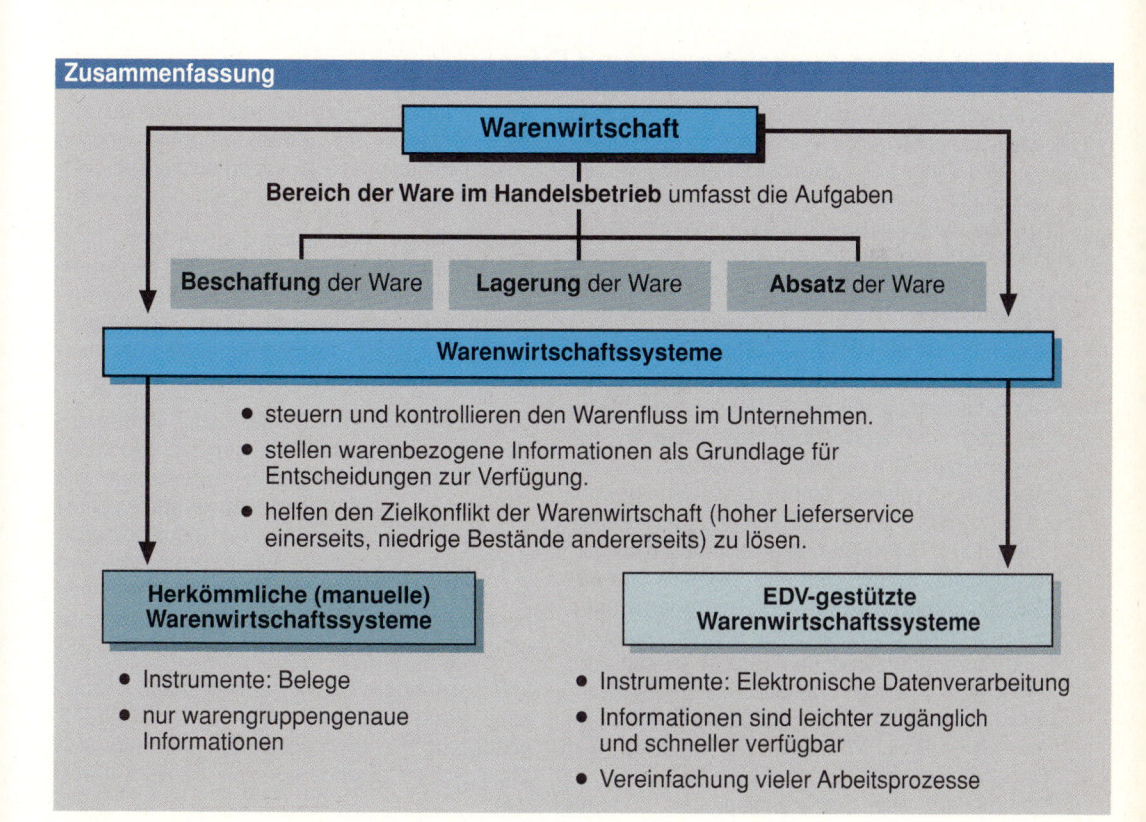

Zusammenfassung

Warenwirtschaft

Bereich der Ware im Handelsbetrieb umfasst die Aufgaben

- **Beschaffung** der Ware
- **Lagerung** der Ware
- **Absatz** der Ware

Warenwirtschaftssysteme

- steuern und kontrollieren den Warenfluss im Unternehmen.
- stellen warenbezogene Informationen als Grundlage für Entscheidungen zur Verfügung.
- helfen den Zielkonflikt der Warenwirtschaft (hoher Lieferservice einerseits, niedrige Bestände andererseits) zu lösen.

Herkömmliche (manuelle) Warenwirtschaftssysteme
- Instrumente: Belege
- nur warengruppengenaue Informationen

EDV-gestützte Warenwirtschaftssysteme
- Instrumente: Elektronische Datenverarbeitung
- Informationen sind leichter zugänglich und schneller verfügbar
- Vereinfachung vieler Arbeitsprozesse

8.2 Die artikelgenaue Auszeichnung und Erfassung als grundlegende Voraussetzung für ein EDV-gestütztes Warenwirtschaftssystem

Welche Bedeutung haben die Strichmarkierungen für ein EDV-gestütztes Warenwirtschaftssystem?

Information

Artikelgenaue Auszeichnung und Erfassung der Ware

Eine wesentliche Voraussetzung für die Nutzung eines EDV-gestützten Warenwirtschaftssystems ist die Vergabe von Artikelnummern für jeden im Sortiment enthaltenen Artikel. Damit wird das Ziel verfolgt, die Verkäufe vollständig und artikelgenau zu jenem Zeitpunkt zu erfassen, zu denen sie getätigt werden, nämlich bei Bezahlung der Ware an der Kasse.

Bei herkömmlichen Warenwirtschaftssystemen gibt es in der Regel noch keine artikelgenaue Verkaufsdatenerfassung an der Kasse, weil hierzu oft noch die technischen Möglichkeiten der Datenverarbeitung fehlen. Ein Überblick über die Verkäufe einzelner Artikel kann nur dann gewonnen werden, wenn die vorhandenen Lagerbestände z. B. im Rahmen einer Inventur körperlich gezählt wurden und das Ergebnis von der jeweils eingekauften Menge abgezogen wurde. Es ist offenkundig, dass dieser Methode aus Zeit- und Kostengründen enge Grenzen gesetzt sind: So kann u. a. infolge des erforderlichen Aufwandes nicht beliebig häufig gezählt werden. Es stehen also z. B. nur vierteljährliche Verkaufszahlen für einen bestimmten Artikel zur Verfügung. Das ist aber für viele Sortimentsbereiche ungenügend. Erkennt der Einzelhändler Ladenhüter erst nach längerer Zeit, entstehen ihm unnötige Kosten, beobachtet er nicht den Ausverkauf einer stark nachgefragten Ware, entgeht ihm Gewinn.

Herkömmliche Warenwirtschaftssysteme sind also nicht genau genug: Werden die Wareneingänge zwar artikelgenau erfasst, die Verkäufe jedoch nur nach Warengruppen, so können zwangsläufig nur warengruppengenaue Auswertungen und Informationen gewonnen werden.

Das Grundkonzept EDV-gestützter Warenwirtschaftssysteme besteht dagegen darin, auch den Warenausgang artikelgenau zu erfassen. Die Verkaufsdaten für bestimmte Artikel stehen damit **sofort** als Grundlage für sortimentspolitische Entscheidungen zur Verfügung. Ermöglicht wird die artikelgenaue Erfassung der Verkäufe durch bestimmte technische Verfahren, die später noch näher beschrieben werden.

Welche Vorteile eine artikelgenaue Erfassung des Umsatzes im Rahmen eines EDV-gestützten Warenwirtschaftssystems mit sich bringt, soll im folgenden Beispiel dargestellt werden:

Ein herkömmliches Warenwirtschaftssystem zeigt den Umsatz einer Warengruppe in einem bestimmten Monat:

Umsatz April	90.000,00 €
Umsatz April (Vorjahr)	96.000,00 €

Die Warengruppe hat also – im Vergleich zum Vorjahr – einen Umsatzrückgang um 6.000,00 € zu verzeichnen gehabt. Diese Aussage zeigt zwar ein eindeutig negatives Ergebnis, gibt aber keinerlei Hinweise, wo der Hebel für künftige Verbesserungen anzusetzen ist. Dafür wird ein EDV-gestütztes Warenwirtschaftssystem benötigt, das uns die Umsätze der Artikel der Warengruppe einzeln auflistet:

Warengruppe Spirituosen	Umsatz April	Umsatz April (Vorjahr)
Artikel Eierlikör	10.000,00	11.000,00
Artikel Rum	7.000,00	7.000,00
Artikel Gin	14.000,00	13.000,00
Artikel Wodka	21.000,00	20.000,00
Artikel Cognac	6.000,00	14.000,00
Artikel Korn	12.000,00	11.000,00
Artikel Apfelkorn	20.000,00	20.000,00
Gesamt	90.000,00	96.000,00

Deutlich wird, dass der Umsatzrückgang von 6.000,00 € für die Warengruppe hauptsächlich auf den Artikel Cognac mit einem Minus von 8.000,00 € zurückzuführen ist. Der Einzelhändler würde nun nach den Ursachen (evtl. falsche Kalkulation/falsche Präsentation) forschen und dann entsprechende Maßnahmen einleiten. Je genauer die Aussagen über die Zusammensetzung des Gesamtumsatzes sind, desto vielfältiger sind die Möglichkeiten, im Unternehmen gezielte Änderungen und Verbesserungen vorzunehmen.

Hauseigene Artikelnummern

Grundsätzlich spielt es keine Rolle, ob die Artikelnummer – die die artikelgenaue Erfassung der Ware im EDV-gestützten Warenwirtschaftssystem erst ermöglicht – vom Hersteller der Ware oder aber von dem betreffenden Einzelhandelsunternehmen selbst vergeben werden. Bei einer hauseigenen Vergabe der Artikelnummern kann jeder Betrieb versuchen, sein Artikelnummernsystem an den besonderen betrieblichen Belangen auszurichten. Sehr viele Handels- und Industrieunternehmen kamen allerdings zu der Erkenntnis, dass im Warenverkehr zwischen Handel und Industrie hauseigene Artikelnummern nutzlos und z. T. sogar störend sind. Die EDV-Anlagen der Firmen, die miteinander im Geschäftsverkehr stehen, können so lange nicht miteinander verkehren, wie jede Anlage unter ihren Artikelnummern etwas anderes versteht. Da auch nicht übersehen wurde, dass die internationale Verflechtung des Warenverkehrs schon weit fortgeschritten ist, entstand die Idee, ein europäisches Nummerierungssystem zur Standardisierung zu entwickeln.

Die Europäische Artikelnummerierung

Dreizehn europäische Länder hatten sich ursprünglich mit den USA, Kanada und Japan zusammengeschlossen und mit der so genannten „Europäischen Artikelnummerierung" (EAN) ein einheitliches Kennzeichnungssystem geschaffen. Mittlerweile haben sich über 33 Länder diesem System angeschlossen. Jede handelsübliche Mengen- oder Verpackungseinheit erhält beim Hersteller eine eigene Nummer zugeordnet, die den Artikel bis zum Endverbraucher begleitet. Sie ermöglicht auf allen Handelsstufen eine artikelbezogene Datenverarbeitung. Die aus 13 Ziffern bestehende EAN ist folgendermaßen aufgebaut:

Länderkennzeichen	international location number					individuelle Artikelnummer des Herstellers					Prüfziffer
4 0	1	2	3	4	5	0	0	3	1	5	4
Zentrale für Coorganisation für die Bundesrepublik Deutschland	FRANZ SCHUSTER KG Travestraße 20 23570 Lübeck					Lübecker Edelmarzipan Geschenkpackung 100 g					99 % Sicherheit

Die ersten beiden Stellen dieser EAN (– 40 –) nehmen das **Länderkennzeichen** auf. In jedem Land, das sich der EAN-Organisation angeschlossen hat, gibt es eine Gesellschaft, der eines oder mehrere solcher Kennzeichen zugeteilt wurden. In Deutschland ist dies die Centrale für Coorganisation (CCG) in Köln, eine vom Handel und der Konsumgüterindustrie gleichermaßen getragene Einrichtung. Sie verfügt über die Länderkennzeichen 40, 41, 42, 43.

Die nächsten fünf Ziffern (– 12345 –) stellen die **„International location number"** dar. Jeder Hersteller bzw. Lieferant erhält diese Betriebsnummer von der Centrale für Coorganisation zugewiesen. Diese identifiziert das Unternehmen eindeutig.

Die folgenden fünf Ziffern (– 00315 –) kennzeichnen die **interne Artikelnummer** des Herstellers. Für diese Artikelnummer kann der Hersteller seine eigene Artikelnummer benutzen, wenn sie nicht mehr als fünf Stellen lang ist. Normalerweise kann man davon ausgehen, dass die Kapazität (das Aufnahmevermögen) der fünfstelligen Nummer (von 00000 – 99999 = 100 000 Artikel) ausreicht, um alle Artikel eines Herstellers zu nummerieren. Führt ein Hersteller mehr als 100 000 Artikel in seinem Sortiment, kann er eine weitere Betriebsnummer ausschließlich für die Zwecke der Artikelnummerierung bei der Centrale für Coorganisation beantragen.

Die letzte Ziffer der EAN (– 4 –) stellt eine **Prüfziffer** dar. Bei der Erfassung eines Artikels mit EAN an der Kasse kann es zu Fehlern kommen, gleichgültig ob die Eingabe über die Tastatur oder maschinell über einen Lesestift vorgenommen wird. Die Kasse bzw. der mit der Kasse verbundene Computer melden sich, wenn sich die eingegebene EAN und ihre Prüfziffer – z. B. wegen einer falsch eingelesenen Stelle – nicht über eine einprogrammierte Proberechnung miteinander verbinden lassen.

> Die EAN kennzeichnet jeden einzelnen Artikel im Sortiment des Handelsbetriebes genau und eindeutig durch die Kombination der Betriebsnummer des Herstellers mit einer vom Industriebetrieb selbst festzulegenden Artikelnummer. Die für Hersteller und Handel einheitliche Artikelnummer führt zu einer Erleichterung der Identifikation der Ware auf Preislisten, Belegen, im Regal und auf dem Artikel selbst sowohl beim Hersteller als auch im Groß- und Einzelhandel.

Die Codierung der Artikelnummer

Eine Artikelnummer kann natürlich auch von Hand an der Kasse eingegeben werden. Dieses Vorgehen ist aber aus folgenden Gründen häufig unzweckmäßig:

Wird die Anzahl der Kassen nämlich beibehalten, entstehen durch die zusätzliche Erfassung der Artikelnummern längere Wartezeiten, was die Kunden verärgert. Eine Erhöhung der Kassenzahl würde aber unmittelbar die Kosten in der Unternehmung ansteigen lassen. Daher wurden automatische Kassensysteme entwickelt, mit denen an den Kassen schneller und billiger gearbeitet werden kann. Wenn die Ware an der Kasse vorgelegt wird, liest ein mit der Kasse verbundenes Lesegerät automatisch die Artikelnummer. Diese ist entweder bereits von der Industrie als EAN bei der Herstellung des Verpackungsmaterials oder aber als hauseigene Artikelnummer durch Aufkleben eines Etiketts an der Ware angebracht.

Damit die am Verkaufspunkt zu erfassenden Daten automatisch gelesen werden können, müssen sie in einer maschinenlesbaren, computergerechten Form vorliegen. Soll eine Artikelnummer also erfasst werden, muss sie so verschlüsselt sein, dass sie vom Lesegerät „verstanden" und gelesen werden kann. Dies geschieht durch bestimmte Codesysteme.

Der Strichcode

Strichcodes verschlüsseln die Artikelnummer als Strichmarkierungen unterschiedlicher Breite, die bei der Eingabe optisch aufgrund von Hell-Dunkel-Kontrasten erkannt werden. Zwar können auch hauseigene Artikelnummern durch Strichmarkierungen maschinenlesbar gemacht werden, hauptsächlich findet der Strichcode jedoch Anwendung im Zusammenhang mit EAN.

EAN-Normalsymbol, 13-stellig

`4 012345 003154`

Der EAN-Strichcode wird bereits vom Hersteller am Artikel angebracht. Er hat eine Größe von ca. 10 cm² in der Normalversion. In bestimmten Grenzen sind je nach Druck und Papierqualität

00 – 09	USA (und Kanada)	70	Norwegen
10 – 19	Reserve	64	Finnland
20 – 29	Interne Nummerierungen	73	Schweden
30 – 37	Frankreich	76	Schweiz
40 – 43	Bundesrepublik Deutschland	80 – 81	Italien
49	Japan	84	Spanien
50	Großbritannien	87	Niederlande
54	Belgien	90 – 91	Österreich
57	Dänemark		

Länderkennzeichen im EAN-System

Vergrößerungen und Verkleinerungen möglich. Der Strichcode soll möglichst in der linken unteren Ecke oder auf dem natürlichen Boden eines Artikels vom Hersteller bei der Packmittelherstellung angebracht werden. Die Strichmarkierungen können in den meisten der auf den Artikelverpackungen verwendeten Farben gedruckt werden. Von den Lesegeräten kann der Strichcode richtungsunabhängig gelesen werden. Da er nur maschinenlesbar ist, wird noch eine Klarschriftzeile am unteren Rand des Strichcodes angebracht.

Für einige besonders kleine Artikel ist die normale 13-stellige EAN und die für deren Codierung benötigte Fläche von 10 cm^2 zu groß. In diesen zahlenmäßig begrenzten Fällen ist es möglich, den Strichcode in noch kleinerer Form (6 cm^2; bei allergünstigsten Druck- und Papierqualitäten 4 cm^2) zu drucken. Für dieses verkürzte Lesesymbol ist auch eine auf acht Stellen verkürzte EAN erforderlich.

EAN-Kurzsymbol, 8-stellig

Der OCR-Code

Der OCR-Code ist ein sowohl vom menschlichen Auge als auch von einem Datenerfassungsgerät lesbarer Code. Er besteht aus normierten Schriftzeichen für die maschinelle Erkennung. Bekannt geworden ist er durch die Eurochequevordrucke, die z. B. die Kontonummer und andere Daten in OCR-Schrift enthielten.

Im Einzelhandel dient der OCR-Code hauptsächlich der Verschlüsselung hauseigener Artikelnummern. In selteneren Fällen wird jedoch auch die EAN, die normalerweise im Strichcode angegeben ist, damit maschinenlesbar gemacht. Im Gegensatz zum Strichcode kann die OCR-Schrift nur richtungsabhängig (von links nach rechts) gelesen werden.

Die Anwendung des EAN- bzw. OCR-Codes

Welches der beiden Codierungssysteme in einem Einzelhandelsunternehmen angewandt wird, hängt von den betrieblichen Gegebenheiten ab. Als wesentliche Vorteile der EAN-Codierung sind folgende Punkte anzusehen:

– Schnelles und fehlerfreies Erfassen des Warenausgangs, da der Strichcode schneller gelesen werden kann als z. B. die OCR-Schrift.

– Die Auszeichnung der Artikel entfällt für den Handel in den meisten Fällen, da der Hersteller die EAN-Nummer vergibt und sie am Produkt anbringt.

Die OCR-Schrift hat folgende Vorteile:

– Durch die Möglichkeit, Etiketten an die Ware anzuhängen, anzukleben, anzustecken usw. ist die Gefahr einer Verunstaltung der Verpackung geringer als beim EAN-Code.

– Das Etikett im OCR-Code hat eine hohe Aussagekraft, da es auch vom Menschen gelesen werden kann. Es ist somit kundenfreundlicher als der EAN-Code.

– Etiketten im OCR-Code können in Abhängigkeit vom Informationsbedarf weitere Daten enthalten, die ebenfalls automatisch gelesen werden können.

Die EAN-Codierung hat sich bereits in der Lebensmittelbranche und in beträchtlichen Teilen des Hartwarensortiments durchgesetzt und bewährt. Im Lebensmittelbereich liegt der Auszeichnungsgrad mit EAN durch die Industrie bei über 90 % aller Nahrungsmittel. Der modisch orientierte Textilhandel bedarf dagegen zur Kennzeichnung der vielfältigen Kombinationen von Größen, Materialien und Farben sehr oft mehr als fünf Stellen für die interne Artikelnummer des Herstellers. Deshalb sind in der Textilbranche sehr häufig der OCR-Code und eine hauseigene Artikelnummer vorzufinden.

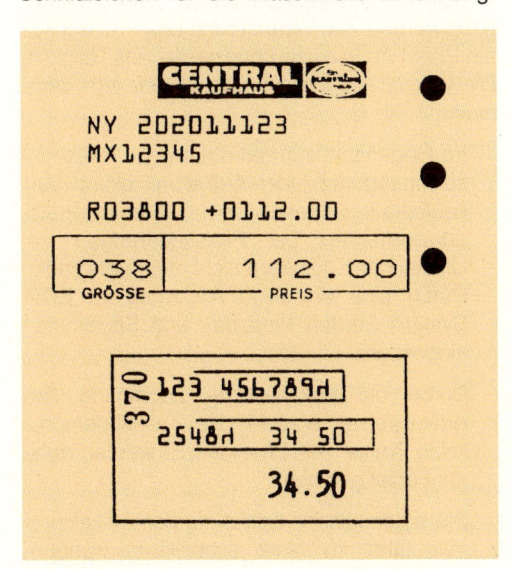

Hauseigene Artikelnummern auf OCR-Etiketten

Weil vor allem Warenhäuser auf eine Vereinheitlichung der Techniken bei der Auszeichnung und beim Kassieren drängen, wird sich wahrscheinlich der EAN-Code langfristig auch im Textilbereich durchsetzen. Das Problem, dass hier extrem viele Artikelnummern benötigt werden, kann auf zwei Arten gelöst werden.

1. Im Bedarfsfall werden einem Hersteller mehr als eine Betriebsnummer zugewiesen.
2. Die EAN benennt nur den Artikel (z. B. Herrenhose, Jeansstoff, schwarz). Die Größe wird auf einem eigens erstellten Etikett im Strichcode verschlüsselt.

Das Preisabrufverfahren

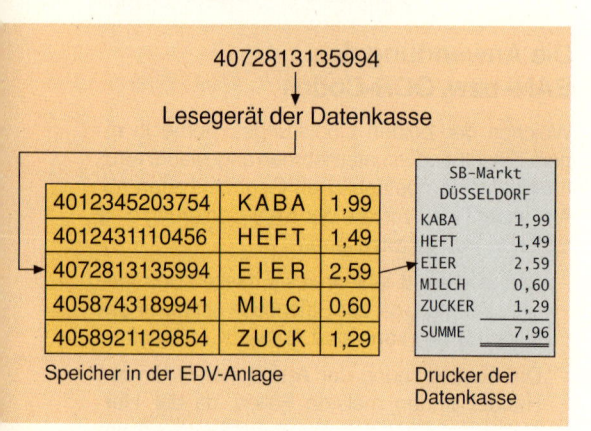

Das Preisabrufverfahren

Um im Rahmen des Warenwirtschaftssystems die Verkäufe vollständig und artikelgenau zu erfassen, wird jeweils die Artikelnummer der gekauften Ware mithilfe von Lesegeräten in die Kasse eingelesen. Eine Angabe des Preises auf dem einzelnen Produkt erübrigt sich dann, wenn das so genannte Preisabrufverfahren (Price-Look-Up-Verfahren [PLU]) Verwendung findet:

Die an der Kasse erfasste EAN sagt noch nichts über den Preis der Ware aus. Deshalb wird der EAN aus dem Speicher des angeschlossenen Computers in Bruchteilen von Sekunden der dazugehörende Preis und die Artikelbezeichnung zugeordnet und an die Kasse zurückgegeben. Beide Angaben werden im Klartext auf den „sprechenden Kassenbon" gedruckt.

Durch das Zuordnen des aktuell gültigen Preises zu einer bestimmten Artikelnummer kann die Einzelpreisauszeichnung völlig wegfallen. Es erfolgt nur noch **eine** Auszeichnung am Regal zur Kundeninformation. Die Preise können vom Datenspeicher aus jederzeit herauf- oder herabgesetzt werden. Die Veränderung des Preisschilds am Regal ist die einzig übrig gebliebene Tätigkeit. Die Vorteile des Preisabrufverfahrens sind demnach:

– Im Gegensatz zur herkömmlichen Preisauszeichnung, wo jeder Artikel mit einem Verkaufspreis versehen wird, ist beim Preisabrufverfahren bei Preisänderungen ein Umzeichnen der Ware nicht mehr notwendig. Durch eine einmalige Änderung im EDV-System werden Personal- und Sachkosten eingespart.

– Durch die automatische Zuordnung des Artikelpreises braucht das Kassenpersonal keine Preise mehr zu lernen. Es werden weniger Fehler gemacht.

– Die automatische Erfassung der Artikelnummer führt zu einer schnelleren Kundenabfertigung.

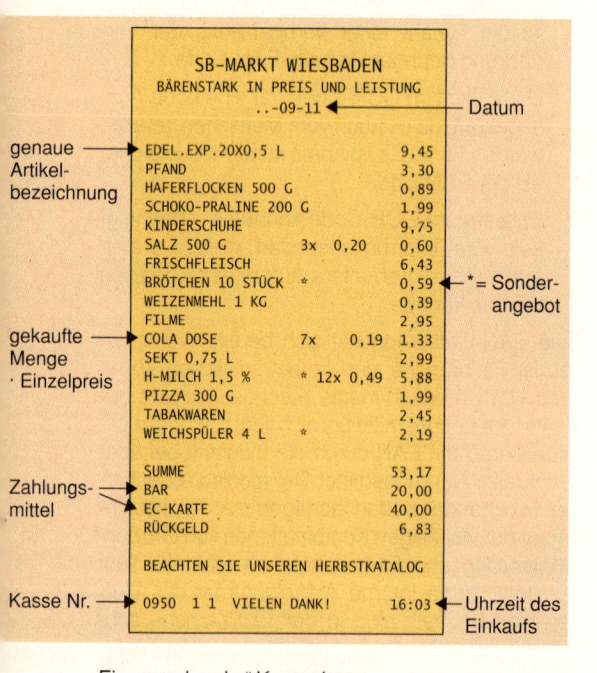

Ein „sprechender" Kassenbon

Aufgaben

1. Warum muss im Rahmen eines EDV-gestützten Warenwirtschaftssystems jeder Artikel des Sortiments mit einer Artikelnummer versehen werden?
2. Nennen Sie jeweils einen Vorteil und einen Nachteil der Vergabe hauseigener Artikelnummern.
3. Wie ist eine EAN-Nummer aufgebaut?
4. Wie viel verschiedene Artikel kann ein Hersteller mit EAN-Nummern versehen?
5. Warum müssen die Artikelnummern codiert werden?
6. Wodurch unterscheiden sich Strichcode und OCR-Code?
7. Warum enthält der EAN-Code nicht den Preis der Ware?
8. Was versteht man unter dem Preisabrufverfahren?

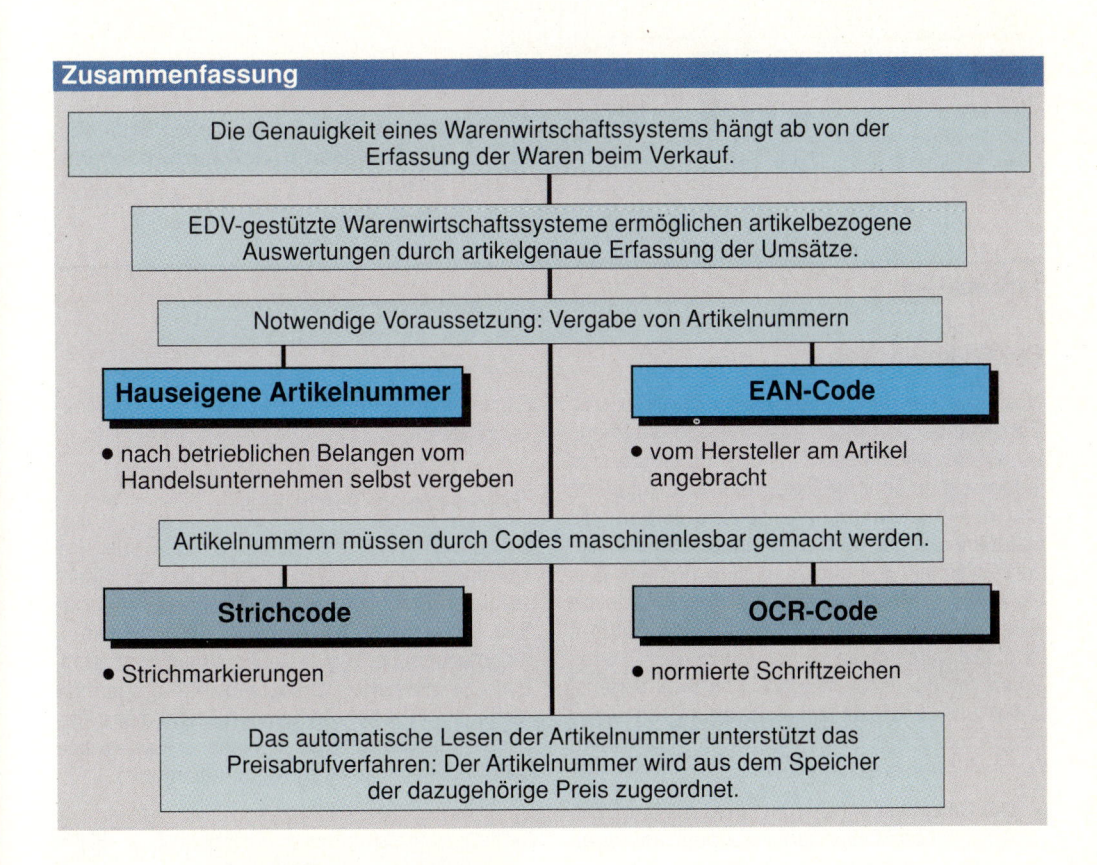

Zusammenfassung

Die Genauigkeit eines Warenwirtschaftssystems hängt ab von der Erfassung der Waren beim Verkauf.

EDV-gestützte Warenwirtschaftssysteme ermöglichen artikelbezogene Auswertungen durch artikelgenaue Erfassung der Umsätze.

Notwendige Voraussetzung: Vergabe von Artikelnummern

Hauseigene Artikelnummer
- nach betrieblichen Belangen vom Handelsunternehmen selbst vergeben

EAN-Code
- vom Hersteller am Artikel angebracht

Artikelnummern müssen durch Codes maschinenlesbar gemacht werden.

Strichcode
- Strichmarkierungen

OCR-Code
- normierte Schriftzeichen

Das automatische Lesen der Artikelnummer unterstützt das Preisabrufverfahren: Der Artikelnummer wird aus dem Speicher der dazugehörige Preis zugeordnet.

8.3 Die technischen Bestandteile eines EDV-gestützten Warenwirtschaftssystems

Aus welchen Bestandteilen besteht ein EDV-gestütztes Warenwirtschaftssystem?

Information

Die Datenkassen

Noch vor wenigen Jahren wurde die Praxis im Einzelhandel von mechanischen oder elektronischen Registrierkassen beherrscht. Heute sind jedoch schon sehr oft Datenkassen anzutreffen. Mit den herkömmlichen Kassen haben die Datenkassen nur noch die grundsätzlichen Kassenfunktionen und das Aussehen gemein. Das wesentliche Merkmal der Datenkassen besteht darin, dass sie an eine EDV-Anlage anschließbar sind. Die Datenkassen erheben also am Ort des Verkaufs die notwendigen Warenwirtschaftsdaten und leiten sie zur Auswertung an einen angeschlossenen Computer weiter. Dies kann auf zwei Arten geschehen:

- Die Datenkasse, die nicht direkt mit der EDV-Anlage über Leitungen verbunden ist, speichert die erfassten Verkaufsdaten zunächst auf Diskette oder Magnetbandkassette. Erst anschließend, z. B. nach Geschäftsschluss, werden diese Datenträger zur weiteren Auswertung zu einer EDV-Anlage gebracht. Diese Art der Verbindung zwischen Datenkasse und Rechner nennt man Offlineverbindung.
- Eine Onlineverbindung liegt dagegen vor, wenn die Daten direkt und sofort über Leitungen an den Computer weitergegeben werden.

Abhängig von der Art der Verbindung zwischen Datenkassen und Rechner unterscheidet man Stand-alone-Terminals und Datenkassen im Verbundsystem.

Stand-alone-Terminals

Stand-alone-Kassenterminals arbeiten als frei stehende Datenkassen unabhängig von einem zentralen Steuer- oder Kontrollrechner, also **offline.** Sie besitzen aber eine eigene datenverarbeitungstechnische Logik, die es ihnen ermöglicht, auch komplizierte Verkaufsabläufe programmgesteuert vorzunehmen. In den Stand-alone-Terminals befindet sich also ein Rechner, der bei einigen Modellen sogar frei programmierbar ist.

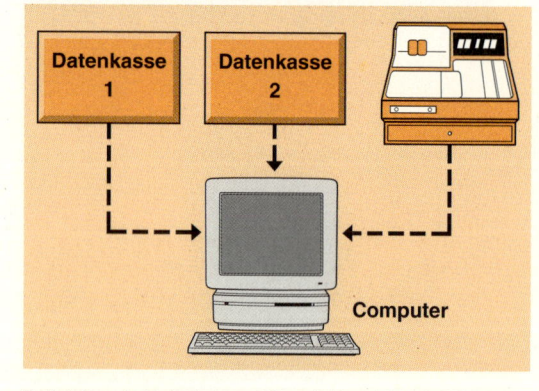

Frei stehende Datenkassen (Stand-alone-Terminals) mit Magnetbandkassetten

Die eingegebenen Daten werden einmal im Speicher der Kassen erfasst, zum anderen auf angeschlossenen Datenträgern (Magnetbandkassetten oder Disketten) aufgezeichnet. Mithilfe dieser Datenträger können die Verkaufsdaten anschließend nach beliebigen Merkmalen von der EDV ausgewertet werden.

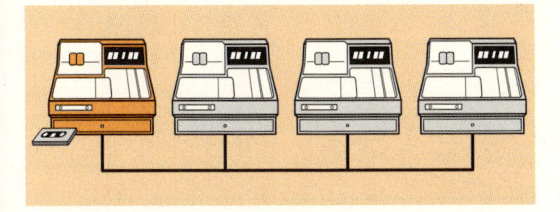

Das Master-Slave-Verfahren: Eine übergeordnete „Meister"-Kasse sammelt und verdichtet die Daten von drei „Sklaven"-Kassen.

Einige Modelle können auch im **Master-Slave-Verfahren** eingesetzt werden. Das bedeutet, dass eine Kasse den anderen übergeordnet wird und deren Daten sammelt und verdichtet. Eine Hauptkasse (master) versorgt also mehrere Nebenkassen (slaves) mit Rechenleistung und Daten. Diese Einsatzweise ist besonders für die integrierte Erstellung eines Kassenabschlusses geeignet. Von der Hauptkasse können die Zustände aller anderen Kassen abgefragt und so der Tagesumsatz festgestellt werden.

Stand-alone-Terminals verlieren in Zusammenhang mit Warenwirtschaftssystemen an Bedeutung, weil sie – jeweils im Vergleich zu Datenkassen im Verbundsystem – nur über eine begrenzte Speicherfähigkeit verfügen und wegen der Offlineübertragung der Verkaufsdaten an die EDV den Aktualitätsanforderungen nicht immer entsprechen können.

Datenkassen im Verbundsystem

Derartige Kassen stehen in einer direkten Verbindung (online) mit einer EDV-Anlage, durch die sie gesteuert und kontrolliert werden. Die Datenkassen im Verbundsystem verfügen grundsätzlich über die gleichen Funktionselemente wie Stand-alone-Terminals. Sie besitzen jedoch nur eine beschränkte datenverarbeitungstechnische Logik, weil ihr Betriebsablauf vom Leitrechner aus geführt wird. Über die EDV-Anlagen im Hintergrund verfügen die Datenkassen im Verbundsystem über einen (fast) beliebig großen Speicher mit beliebig vielen Informationsmöglichkeiten.

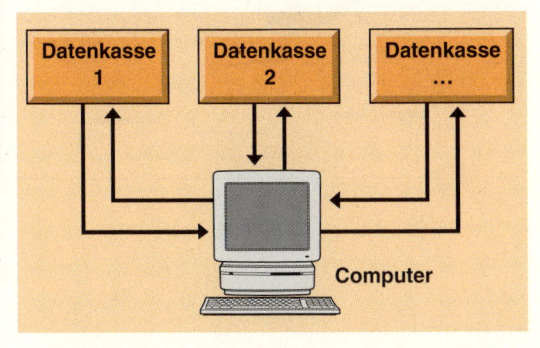

Datenkassen im Verbundsystem: direkte Verbindung zwischen Datenkasse und Computer

Lesegeräte

Die Artikelerfassung an der Kasse erfolgt automatisch: Die Verkaufsdaten werden maschinell gelesen. In diesem Zusammenhang spricht man statt von Datenkassen sehr oft auch von Scannerkassen, weil hier ein *Scanning* (vom engl. „to scan" = mit Licht abtasten) genanntes Verfahren angewandt wird. Beim Scanning werden mittels optischer Lesegeräte auf oder an der Ware angebrachte, maschinenlesbare Daten durch Reflexion gelesen. Das Lesegerät wirft z. B. auf den EAN-Code einen Lichtstrahl, der von den Strichen und den Lücken zwischen den Strichen unterschiedlich zurückgeworfen wird. Dadurch kann das Lesegerät die Daten entschlüsseln und an die Datenkasse weitergeben. Als Lesegerät stehen dem Einzelhändler Lesepistolen, Lesestifte und Scanner zur Verfügung.

Scanner sind stationäre (feststehende), meist in die Kassentische eingebaute Lesegeräte. Sie erkennen nur den EAN-Code. **Lesestift** und **Lesepistole** sind beweglich und durch ein Kabel mit der Datenkasse verbunden. Ein grundsätzlicher Unterschied zwischen einem Lesestift und einer Lesepistole besteht darin, dass man mit dem Lesestift direkt über die Codierung streichen muss, während man die Lesepistole in einem

Abstand über die Codierung führen kann. Lesestifte erfassen nur Strichcodes wie den EAN-Code, die Lesepistolen lesen den OCR-Code, z. T. auch Strichcodes.

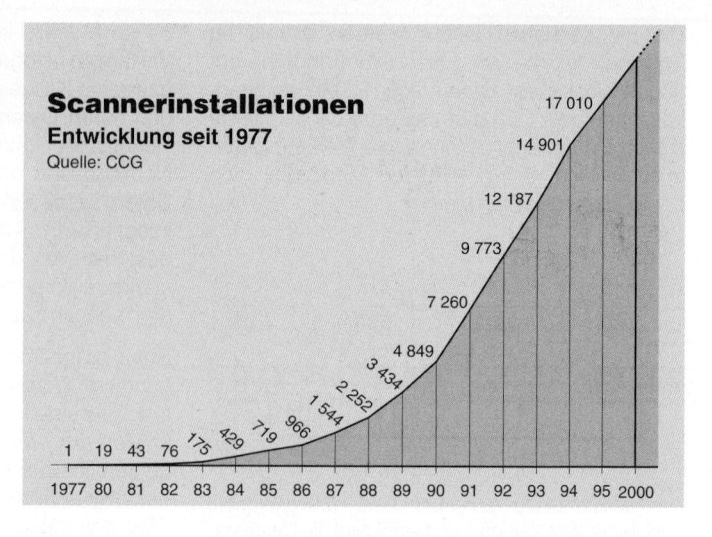

Scannerinstallationen
Entwicklung seit 1977
Quelle: CCG

1977: 1; 80: 19; 81: 43; 82: 76; 83: 175; 84: 429; 85: 719; 86: 966; 87: 1 544; 88: 2 252; 89: 3 434; 90: 4 849; 91: 7 260; 92: 9 773; 93: 12 187; 94: 14 901; 95: 17 010; 2000

Sowohl Strichcodelesestifte als auch Scanner in der Datenkasse arbeiten nach dem gleichen Prinzip: Zunächst wird ein feiner Lichtstrahl über den Strichcode, der sich auf der Ware befindet, bewegt. Die schwarzen Linien des Balkencodes reflektieren das Licht weniger gut als die weißen Flächen. Das vom Strichcode zurückgeworfene Licht ist also unterschiedlich hell. Die Helligkeitsunterschiede des reflektierten Lichts werden in elektronische Signale umgewandelt, die an den Computer gesandt werden.

In dem Lesestift befindet sich eine Lichtquelle, die LED genannt wird. Das ist die englische Abkürzung für „light emitting diode" und bedeutet so viel wie „Licht aussendende Diode". Das Licht der LED wird durch eine Linse auf den Strichcode geführt, wenn der Lesestift über den Code geführt wird. Das vom Code zurückgeworfene Licht trifft auf einen Fotodetektor, der abhängig von der Helligkeit ein bestimmtes elektronisches Signal erzeugt. Dieses Signal wird an den Computer weitergeleitet.

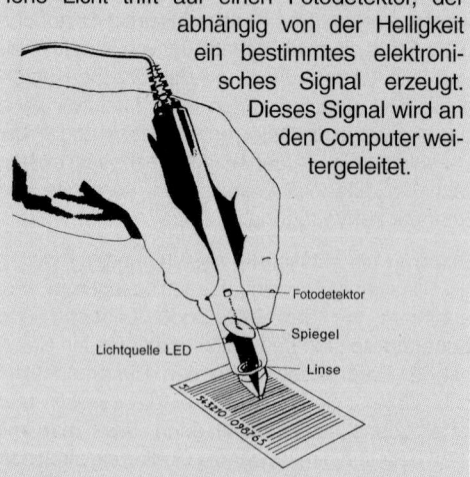

Bei dem in der Datenkasse fest eingebauten Scanner erzeugt ein Laser einen Lichtstrahl, der auf verschiedene sich bewegende Spiegel trifft. Von dem dadurch erzeugten Muster von Lichtstrahlen fällt mindestens ein Strahl auf den Strichcode der Verpackung, die über die Scanneröffnung gehalten wird. Das dann vom Strichcode zurückgeworfene Licht wird durch den Spiegel auf einen Fotodetektor gelenkt, der es in ein elektronisches Signal an den Computer verwandelt.

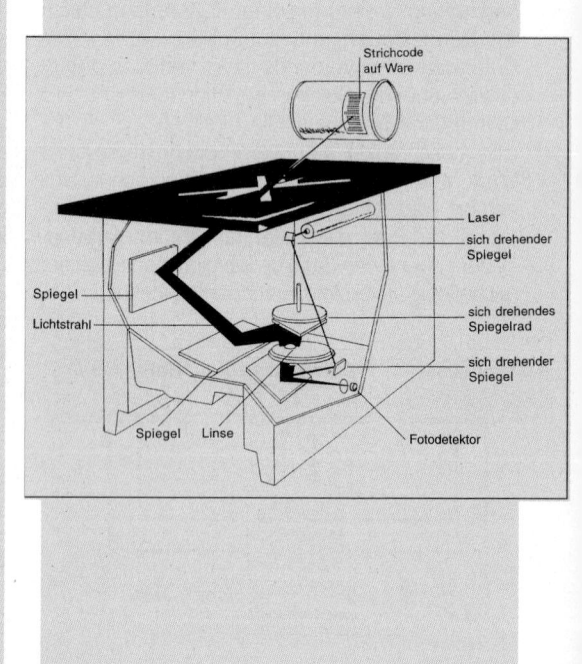

Mobile Datenerfassungsgeräte (MDE)

Für EDV-gestützte Warenwirtschaftssysteme bedeutsam werden auch mobile (bewegliche) Datenerfassungsgeräte. Dies sind kleine, taschenrechnerähnliche Geräte, mit denen an den Einsatzorten Lager, Wareneingang und Verkauf Daten in computergerechter Form gesammelt, gespeichert und an eine EDV-Anlage weitergeleitet werden. Bei diesen netz- und ortsunabhängigen Datenerfassungsgeräten wird die Mobilität durch ein geringes Volumen und Gewicht sowie durch den Einsatz von Batterien bzw. Akkus zur Energieversorgung gewährleistet. Die Eingabe der Daten kann entweder manuell (per Hand) über eine Tastatur oder optisch mithilfe eines Lesestiftes erfolgen, wofür die Daten jedoch in Form eines Strichcodes vorliegen müssen.

Mobiles Datenerfassungsgerät

Die mobile Datenerfassung kommt in mehreren Bereichen der Warenwirtschaft zum Einsatz. Im Bereich des Lagers benutzt man die Geräte für die Erfassung von Warenbestandsdaten im Rahmen der Inventur. Die erfassten Daten lassen sich dann direkt – also zeit- und kosten sparend – in die EDV einspielen.

Im Bestellwesen wird die Abwicklung der Bestellungen zwischen Handelsbetrieben bzw. zwischen Handel und Industrie erleichtert. Die Bestelldaten werden dabei vom bestellenden Handelsbetrieb vor Ort, z. T. sogar am Regal, in das Erfassungsgerät eingegeben. Zur Übertragung der dezentral erfassten Daten kann die Vielzahl der Übertragungsnetze, die z. B. die Deutsche Telekom zur Verfügung stellt, genutzt werden. Im größeren Umfang wird die Datenfernübertragung z. B. auch im öffentlichen Fernsprechwählnetz angewandt. Verschiedene Geräte ermöglichen in diesem Zusammenhang die Umwandlung der in den Erfassungsgeräten gespeicherten Daten in eine Form, die wie das gesprochene Wort über die Telefonleitungen übertragen werden kann. Auf der Empfangsseite erfolgt eine Rückumsetzung, damit die Daten in die EDV-Anlage eingegeben werden können.

Die Auswirkungen der mobilen Datenerfassung auf die Warenwirtschaft liegen in einer Effizienzsteigerung und in einer Beschleunigung der Informations- und Kommunikationsprozesse im Vergleich zu den herkömmlichen Möglichkeiten (Brief/Telefon/Telex). So mussten z. B. Bestellungen bisher entweder langsam über Papiermedien oder aufwändig abgewickelt werden. Durch die mobile Datenerfassung ergeben sich daher mehrere Vorteile. Die schnellen Bestellungen ermöglichen kürzere Lieferzeiten, die Datenerfassungs- und Datenübermittlungskosten sinken usw.

MDE-Einsatzbereiche

Filialanwendung

- Auftragsdatenerfassung
- Artikelstammpflege
- Bestellabwicklung mit allen Sonderfunktionen
- Inventurerfassung
- Wareneingangskontrolle z. B. mit EAN-Überprüfung
- Speichern von historischen Daten (Vortages-, Vorwochenbestellung)

Außendienstanwendung

- Tourenplanung
- Wegeoptimierung
- Speichern individueller Kundenstammdaten
- Unterstützung der Konditionsfindung
- Überprüfung des lagermäßig lieferbaren Sortiments während der Datenkommunikation
- Spesenberichte

Einsatzbereiche mobiler Datenerfassungsgeräte

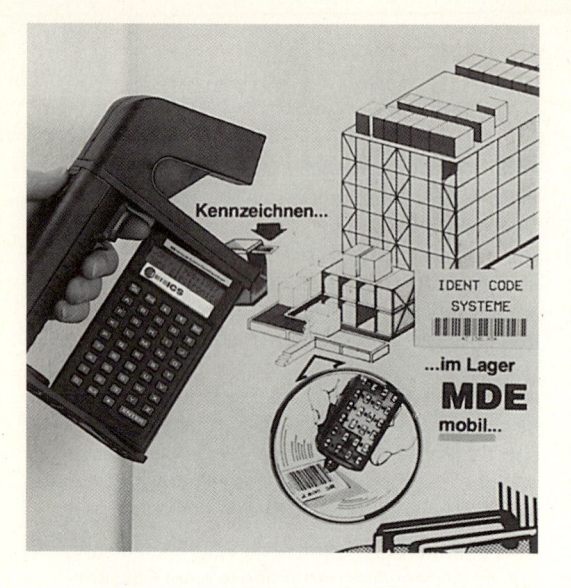

Identkartengeräte

Bisher waren neben Bargeld Eurocheques die üblichen Zahlungsmittel an der Kasse. Diese Zahlungsmittel führten aber zu Problemen beim Handel. Bargeld verursacht nämlich den überwiegenden Teil der Kosten, die im Zusammenhang mit der Bezahlung einer Ware entstehen. Es stellte sich überdies heraus, dass die bestehenden unbaren und beleggebundenen (Scheckvordrucke!) Zahlungsmittel ebenfalls zu kostenintensiv waren und damit für einen weiteren und verstärkten Ausbau des bargeldlosen Zahlungsverkehrs nicht geeignet sein würden.

Im Zusammenhang mit Warenwirtschaftssystemen und Datenkassen wird daher die neue Technologie der elektronischen Zahlung im Einzelhandel in Zukunft immer häufiger anzutreffen sein. Dadurch wird die Zahlungsabwicklung wesentlich vereinfacht. Der Kunde entrichtet den zu zahlenden Betrag nicht mehr bar, sondern steckt nur noch seine Identkarte (Kunden-, Kredit- oder Scheckkarte) in ein an der Kasse angeschlossenes Zusatzgerät, auch Identkartengerät (ID-Unit) genannt. Hat der Kunde seine Geheimzahl eingetippt, wird diese zusammen mit den auf der Karte gespeicherten Daten durch das Identkartengerät an die EDV-Anlage weitergeleitet. Da die EDV-Anlage über Direktverbindung mit den Banken verbunden ist, wird der Einkaufsbetrag sofort vom Konto des Kunden auf das Konto des Händlers überwiesen.

Bedeutsam werden Identkartengeräte für Warenwirtschaftssysteme, weil damit Waren **unmittelbar** dem Kunden zugeordnet werden können. Das war bei der sonst üblichen Barzahlung im Einzelhandel nicht der Fall. Zusammen mit Identkartengeräten ermöglichen Warenwirtschaftssysteme somit auch **kundenbezogene** Verkaufsanalysen, die einen Einblick in das Einkaufsverhalten der Verbraucher bewirken.

Beinhalten die kundenbezogenen Daten nur Vorname, Name und Anschrift, so kann das Warenwirtschaftssystem bereits das Einzugsgebiet aus der Anschrift und das Geschlecht der Käufer aus dem Vornamen ermitteln. Weitere Merkmale lassen sich gewinnen und mit Warenwirtschaftssystemen verarbeiten, wenn z. B. bei der erstmaligen Ausgabe von Kreditkarten zusätzliche personenbezogene Daten erfasst werden. Denkbare Informationen – falls die Kunden sich auskunftsbereit zeigen – sind beispielsweise Angaben über Geburtstermine, Beruf, Familienstand usw. Aus diesen Daten kann ein EDV-gestütztes Warenwirtschaftssystem ermitteln,

– wer – was – wie viel – wann – wo – wie

gekauft hat. Auf dieser Analyse des Käuferverhaltens aufbauend, kann der Einzelhändler begründetere Entscheidungen treffen, als er es früher konnte.

Das Verbundsystem Waage/Kasse

Das Verbundsystem Waage/Kasse schließt im Lebensmitteleinzelhandel die Lücke im Warenwirtschaftssystem durch Einbeziehung von noch nicht verpackter Ware der Frischabteilungen. Darüber hinaus wird auch eine **kundenaktive** Selbstbedienung ermöglicht. Der Kunde verpackt die Ware, wiegt sie aus und drückt ein entsprechendes Symbol an der Waage. Die elektronische Waage, die an den Preisspeicher der EDV-Anlage angeschlossen ist, druckt nach dem Wiegevorgang ein Strichcodeetikett aus, das der Kunde auf die Verpackung klebt. Der mit der Waage verbundene Computer registriert die Veränderungen im Bestand.

Die EDV-Anlage

Der Einsatz der elektronischen Datenverarbeitung nimmt in der Warenwirtschaft seit einigen Jahren stark zu. Programme, die die Warenwirtschaft in Einzelhandelsbetrieben unterstützen, werden angeboten für EDV-Anlagen jeder Größe: Angefangen von Großrechenanlagen der Warenhauskonzerne bis zu den Personalcomputern kleinerer Fachgeschäfte. Die Auswirkungen dieser Rechner auf die Warenwirtschaft sind zweifacher Natur. Die Computer führen zu Produktivitätssteigerungen. Viele Einsatzmöglichkeiten lassen sich darüber hinaus überhaupt erst durch den EDV-Einsatz wirtschaftlich realisieren.

Jede EDV-Anlage besteht grundsätzlich aus zwei Komponenten: Die Zentraleinheit – als Kernstück jeder EDV-Anlage – sorgt für die Durchführung der einzelnen Befehle des Programms für die Warenwirtschaft. Als Peripheriegeräte bezeichnet man alle Geräte zur Eingabe, Ausgabe und Speicherung, die die „Umgebung" der Zentraleinheit bilden. Ausgabegeräte sind vor allem Drucker und Bildschirm. Auf dem Bildschirm erscheinen warenwirtschaftliche Daten, die zur unmittelbaren Kenntnisnahme durch den Einzelhändler bestimmt sind. Der Drucker gibt dagegen Zahlen und Texte auf Listen und Formularen aus, die aufbewahrt werden können und jederzeit wieder einzusehen sind. Zur längerfristigen Speicherung von warenwirtschaftlichen Daten dienen externe Speicher. Das sind Speicher außerhalb der Zentraleinheit wie Disketten oder Magnetplatten. Vor allem die Kunden-, Lieferanten- und Artikeldaten werden in externen Speichern aufbewahrt, da sie der Speicher der Zentraleinheit nur in begrenztem Umfang aufnehmen kann. Die Daten werden erst im konkreten Verarbeitungsfall in den Speicher der Zentraleinheit übertragen und danach sofort wieder zurückgegeben. Als Eingabegeräte für Daten dienen im Bereich der Warenwirtschaftssysteme hauptsächlich Datenkassen, aber auch mobile Datenerfassungsgeräte, elektronische Waagen und die Tastatur der EDV-Anlage.

Allen EDV-Anlagen ist gemeinsam, dass sie warenwirtschaftliche Daten und Informationen aus allen Abteilungen der Unternehmung empfangen und diese auswerten. Dadurch, dass der Rechner Zugriff zu sämtlichen überhaupt vorhandenen Daten hat, ist er in der Lage, über entsprechende Programme alle nötigen Informationen für die Sachbearbeiter herauszusuchen und zur Verfügung zu stellen.

Aufgaben

1. Durch welche Merkmale sind Datenkassen gekennzeichnet?
2. Wodurch unterscheiden sich Datenkassen im Verbundsystem von Stand-alone-Terminals?
3. Was versteht man unter dem Master-Slave-Verfahren?
4. Wodurch unterscheiden sich Scanner, Lesestift und Lesepistole?
5. In welchen Bereichen werden mobile Datenerfassungsgeräte im Betrieb angewandt?
6. Welche Bedeutung haben Identkartengeräte für Warenwirtschaftssysteme?

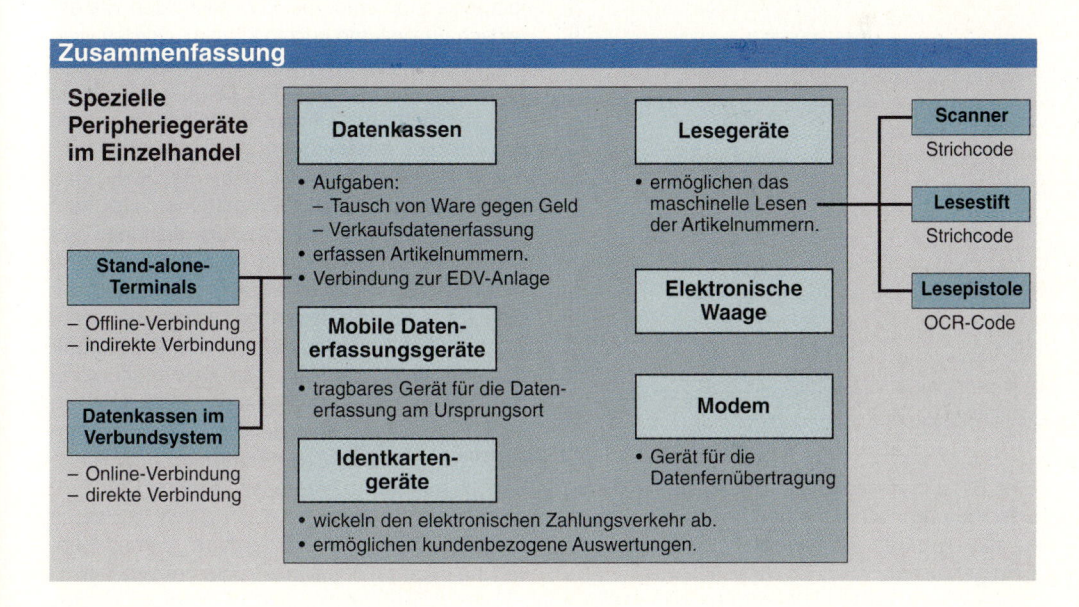

Zusammenfassung

Spezielle Peripheriegeräte im Einzelhandel

Stand-alone-Terminals
- Offline-Verbindung
- indirekte Verbindung

Datenkassen im Verbundsystem
- Online-Verbindung
- direkte Verbindung

Datenkassen
- Aufgaben:
  - Tausch von Ware gegen Geld
  - Verkaufsdatenerfassung
- erfassen Artikelnummern.
- Verbindung zur EDV-Anlage

Mobile Datenerfassungsgeräte
- tragbares Gerät für die Datenerfassung am Ursprungsort

Identkartengeräte
- wickeln den elektronischen Zahlungsverkehr ab.
- ermöglichen kundenbezogene Auswertungen.

Lesegeräte
- ermöglichen das maschinelle Lesen der Artikelnummern.

Elektronische Waage

Modem
- Gerät für die Datenfernübertragung

Scanner – Strichcode
Lesestift – Strichcode
Lesepistole – OCR-Code

8.4 Der Aufbau eines EDV-gestützten Warenwirtschaftssystems

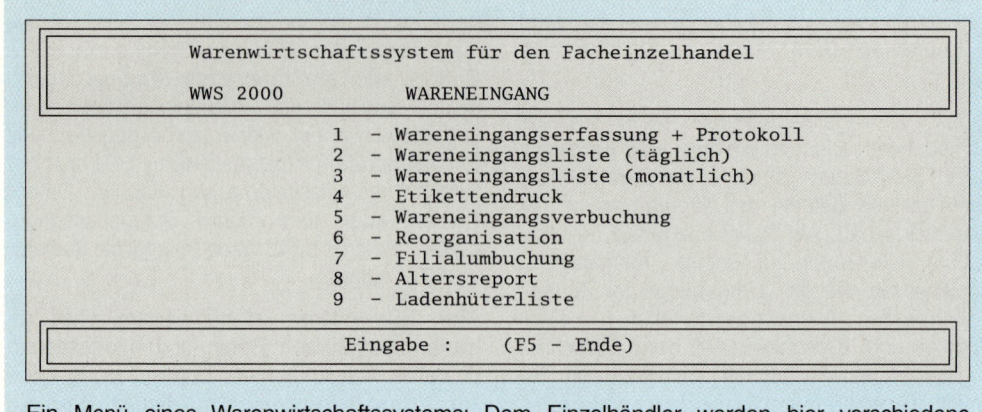

```
        Warenwirtschaftssystem für den Facheinzelhandel
    WWS 2000                WARENEINGANG

             1  - Wareneingangserfassung + Protokoll
             2  - Wareneingangsliste (täglich)
             3  - Wareneingangsliste (monatlich)
             4  - Etikettendruck
             5  - Wareneingangsverbuchung
             6  - Reorganisation
             7  - Filialumbuchung
             8  - Altersreport
             9  - Ladenhüterliste

                 Eingabe :     (F5 - Ende)
```

Ein Menü eines Warenwirtschaftssystems: Dem Einzelhändler werden hier verschiedene Leistungen zur Auswahl angeboten.

Wie ist ein EDV-gestütztes Warenwirtschaftssystem aufgebaut?

Information

```
L010LIE  LIEFERANTEN-DATEI  AKTION            DATUM: ./ ./

01 LIE-NR.      :        14 MINDEST-AUFTRAG   :
02 BBN          :        15 FRACHTFREI AB     :
03 NAME         :        16 WE-WERT LFD.JAHR  :
04 STRASSE      :        17 WE-WERT VORJAHR   :
05 PLZ/ORT      :        18 RECHNUNGSABZUG    :
06 TELEFON      :        19 RABATT            :
07 STATUS       :        20 SKONTO/TAGE -1    :     /
08 WARE/KOST    :        21 SKONTO/TAGE -2    :     /
09 LETZTER WE   :        22 SKONTO/TAGE -3    :     /
10 LETZT.BEST  :
11 NAECH.BEST  :
12 BEST-RHYTHM:
13 BEST-FORMEL:

         VORGANG  (E=ENDE/W=WEITER/K=KORREKTUR)
```

Eine Bildschirmmaske für die Lieferantenpflege: Das Warenwirtschaftssystem gibt dem Einzelhändler genau an, wo er welche Lieferantendaten einzugeben hat.

Für fast alle Branchen des Einzelhandels gibt es mittlerweile sehr viele Programmpakete, die die Warenwirtschaft eines Betriebes unterstützen. Damit auch Einzelhändler, die keine Computerspezialisten sind, die EDV-gestützten Warenwirtschaftssysteme nutzen können, wurden viele Programme so entworfen, dass sie den Bediener führen und anleiten können. Um die Benutzung zu erleichtern, erfragt das Programm die jeweils notwendigen Maßnahmen, die zu ergreifen sind, durch einen Dialog mit dem Benutzer. Das Leistungsangebot des Programms wird dem Einzelhändler in Form von Auswahlfragen am Bildschirm vorgestellt und er trifft dann seine Wahl. Ähnlich wie in einem Restaurant stellt der Benutzer seine „Speisenfolge" zusammen, weswegen diese Programmiertechnik **Menütechnik** genannt wird. Ebenfalls der Bedienerführung dient die so genannte **Maskentechnik.** Masken sind „Formularen" vergleichbar und sollen dem Benutzer bei der Datenerfassung oder beim Dialog mit dem Programm helfen. Der Einzelhändler bekommt praktisch durch ein leeres Eingabeformular am Bildschirm vorgegeben, welche Informationen das Programm benötigt.

Der Aufbau eines EDV-gestützten Warenwirtschaftssystems

Programmpakete für den Bereich der Warenwirtschaft werden angeboten für EDV-Anlagen jeder Art, sowohl für größere Rechenanlagen als auch für kleinere Personalcomputer. Zwar unterscheiden sich die Programmpakete hinsichtlich des Leistungsumfangs, sie haben aber alle in etwa denselben Aufbau. Jedes EDV-gestützte Warenwirtschaftssystem besteht im Prinzip immer aus mindestens vier Modulen. (Module sind Unterprogramme im Rahmen eines Gesamtprogramms, die bestimmte Aufgaben selbstständig bearbeiten.) Die vier Module lehnen sich direkt an den Ablauf der Warenwirtschaft an. Obwohl diese z. T. anders benannt sind, treten also immer in irgendeiner Form vier Teilbereiche auf:

– Wareneingangssystem,
– Lagerwirtschaftssystem,
– Warenausgangssystem,
– Einkaufssystem.

Warenwirtschaftssysteme helfen beim Wareneinkauf. Will man eine bestimmte Ware ordern, können alle Lieferanten ausgedruckt werden, von denen diese Ware schon einmal bezogen wurde bzw. die diese Ware schon einmal angeboten hatten.

Für die Auswahl von Lieferanten sind auch die Konditionen zu beachten. Warenwirtschaftssysteme informieren sofort und umfassend über diesen Bereich.

```
           KONDITIONSKONTROLLE
Lieferant:  76923    KUPFER      Datum: ..-07-31

EINKAUFSKONDITIONEN:  Rechnungsrabatt    3,00 %
                      Bonus              5,00 %
                      Verpackung         NEIN
                      Fracht             NEIN
                      Rollgeld           JA
                      Versicherung       NEIN
                      Zoll               NEIN
BEMERK. gute langjährige Geschäftsbeziehung

ZAHLUNGSKONDITIONEN:  Valuta            20 Tage

      Zahlungsziel 1  Frist             14 Tage
                      Skonto             3,0 %

      Zahlungsziel 2  Frist             30 Tage
                      Skonto             2,5 %

                      Nettofrist        50 Tage
BEMERK. legt Wert auf pünktliche Zahlung

LIEFERUNG:            Bedingung          2
                      Lieferzeit         1 Woche
                      Bestellrhythmus   10 Tage
```

Das Einkaufssystem

Das Modul Einkaufssystem besteht aus den drei Teilbereichen

– Angebotsverwaltung und Rechnungskontrolle,
– Bestellwesen,
– Disposition.

Der Teilbereich **Angebotsverwaltung und Rechnungskontrolle** nimmt hauptsächlich Informationserfassungs- und Verwaltungsaufgaben sowie Kontrollaufgaben wahr. Hier werden die Angebote der verschiedenen Lieferanten systematisch nach Preisen, Konditionen und Mindestbestellmengen gesammelt und für Dispositions- und Liefererauswahlentscheidungen bereitgehalten.

```
                   LIEFERANTENAUSWAHL        Seite 1
                                         Datum ..-08-08
Komponente    RELAIS

LIEFERANT     EK-PREIS  NETTOKALK.  DATUM LETZTE(R)   LIEF.-MINDEST-
NR. Kurzname  1. Bezug  1. Anfr.    Bezug     Anfrage ZEIT  MENGE

13567 RIEK      68,00     74,20    03-03-02  03-07-07   3    10,00
43729 SCHALT    65,20     67,30    03-07-06  03-08-04   3    50,00
63752 PFLÜGER   75,00     80,50    02-12-14  03-07-07   1     1,00
76489 ELEKMOT   60,20     71,10    01-06-04  03-07-07   2     5,00
86356 OSKAR     66,70     68,00    03-06-23  03-07-07   1    10,00
```

Im Teilbereich **Disposition** werden Artikeldateien, insbesondere auf der Ebene des Verkaufs und des Lagers, geführt. Aus der Überwachung der mengenmäßigen Umsatz- und Lagerentwicklung des Sortiments kann der Einzelhändler ermitteln, welche Artikel benötigt und beschafft werden sollen. Diese Informationen kann der Einzelhändler also für eine Bedarfsanalyse nutzen. Ein weiterer Aufgabenkomplex im Teilbereich Disposition ist die Ermittlung der Bestellzeitpunkte und -mengen. Der Einfluss EDV-gesteuerter Warenwirtschaftssysteme wird am deutlichsten in automatischen Bestellsystemen und Bestellvorschlagssystemen:

– Automatischen Bestellsystemen liegen folgende Überlegungen zugrunde: Sobald der Bestand einer Ware unter eine festgelegte Mindestmenge sinkt, wird vom Programm aufgrund vorgegebener Dispositionsanweisungen automatisch eine neue Bestellung beim entsprechenden Lieferanten veranlasst. Da Sortimente in vielen Fällen starken Wandlungen unterliegen (z. B. im Textileinzelhandel, der hochmodische Textilien nur begrenzt und für jeweils eine Saison ordert), werden automatische Bestellsysteme im Rahmen der EDV-gestützten Warenwirtschaftssysteme nur noch selten angewandt.

– Viele Programme bieten dagegen Bestellvorschlagssysteme an. Das EDV-gestützte Warenwirtschaftssystem löst nicht unmittelbar eine Bestellung aus, sondern gibt nur einen Bestellvorschlag zu Dispositionszwecken ab. Dadurch wird das Wissen des Einkäufers vertieft, ohne ihm seine eigentliche Aufgabe, das Treffen von Verbrauchsvorhersagen und Dispositionsentscheidungen abzunehmen.

Der dritte Teilbereich des Einkaufssystems, das **Bestellwesen,** nimmt die verwaltenden Aufgaben wahr, die mit einer Bestellung verbunden sind. Hierzu zählen u. a. das Schreiben der Bestellungen, die Verwaltung des Bestellbestands sowie die Überwachung der Liefertermineinhaltung.

```
        OFFENE BESTELLUNGEN              Seite 1
                                   Datum: ..-08-01

LF. DATUM   LIEFERANT        BESTELLUNG      LETZTE
GEWÜNSCHT   Nr. Kurzname     Nr. Datum       BST.-MAHN.

..-08-13    13567  RIEK       1   ..-07-12   ..-..-..

..-08-25    93267  SCHWALM   10   ..-07-17   ..-..-..
```

Im Rahmen des Warenwirtschaftssystems wird oft überprüft, ob noch Bestellungen offen sind.

Das Wareneingangssystem

Der Schwerpunkt der Informations- und Entscheidungsprozesse liegt in der **Warenannahme und -kontrolle.** Grundlage für die Annahme und Kontrolle der Waren sind die Warenbegleitpapiere. Wird auch das Bestellwesen (Modul Einkaufssystem!) vom EDV-gestützten Warenwirtschaftssystem gesteuert, dann reduziert sich der Erfassungsaufwand im Wareneingang erheblich: Da z. B. die Lieferantendaten, der Liefertermin und die Lieferzusammensetzung schon bei der Bestellung automatisch gespeichert wurden, stehen sie beim Eingang der Sendung schon in computergerechter Form zur Verfügung. In diesem Fall werden über Bildschirm oder in Form von Listen die Bestelldaten lediglich abgerufen und mit den Wareneingangspapieren verglichen. Treten Differenzen auf, sind nur noch diese Bestellabweichungen nachzuerfassen. Untersuchungen haben gezeigt, dass dadurch der Zeitbedarf wesentlich geringer ist als bei einer manuellen Kontrolle. Darüber hinaus steigt gleichzeitig die Erfassungsqualität, da nur noch ein geringes Datenvolumen in den Datenbestand neu einzubringen ist.

Das Lagerwirtschaftssystem

Hauptbestandteil des Lagerwirtschaftssystems ist die **permanente Lagerbestandsführung.** Die artikelgenaue Warenausgangserfassung mit Datenkassen macht es den computergestützten Warenwirtschaftssystemen möglich, die Veränderungen der Lagerbestände aller Artikel ständig zu verfolgen. Dadurch können viele Programme auch Lagerkennzahlen anbieten, mit denen dem Einzelhändler Entscheidungshilfen im Zielkonflikt zwischen Lagerreduktion und Lieferservice zur Verfügung stehen.

Der Teilbereich **Inventur** vereinfacht die Jahresabschlussinventur. Die EDV-gestützten Warenwirtschaftssysteme können aus der permanenten Lagerbestandsfortschreibung heraus Inventurlisten erstellen. Sie enthalten die Sollbestände und sind somit die Grundlage für die Erfassung der Inventurdifferenzen. Verwendet man sogar mobile Datenerfassungsgeräte, die die codierten Artikel im Lager und in den Verkaufsräumen direkt erfassen, vergleicht das Programm die festgestellten Istbestände automatisch mit den gespeicherten Sollbeständen. Aus diesen Informationen werden mögliche Bestanddifferenzen ermittelt und daraus eine Inventurdifferenzstatistik erstellt.

Der Teilbereich **Warenauszeichnung** lenkt und kontrolliert die Warenauszeichnungsaufgaben, die im Einzelhandelsbetrieb anfallen. Hier werden Etiketten für die Ware bzw. das Regal erstellt.

```
------------------------------------
     A U S Z E I C H N U N G
------------------------------------

     Etikettentyp              (3)


     Wareneingangsnr.          (53533)
     Lieferantennr.            (150)
     Saison                    (1)
     Artikelnummer             (Hemd 235)
     Warengruppe               (2010)
     Größe                     (40)
     Datum                     (016)
     VK-Preis                  (68)
     EK-Preis                  (36)

     Anzahl                    (2)
```

Eine Bildschirmmaske für die Warenauszeichnung. Das Warenwirtschaftssystem erfragt die Daten, die später auf den Etiketten erscheinen sollen.

```
      MODEHAUS HEINZ KASULZE OHG
WGR Gr. Lief. Sais. Artikel  Datum We.-Nr.  Preis
2010 40  150   1   Hemd 235   016  53533    68.00
EK-Schlüssel:  6399
Barcode
‖‖‖‖‖‖‖‖‖‖‖‖‖‖‖‖‖‖‖‖‖‖‖‖‖‖‖‖
 2010  1500  4001  61800  68004
```

```
      MODEHAUS HEINZ KASULZE OHG
WGR Gr. Lief. Sais. Artikel  Datum We.-Nr.  Preis
2010 40  150   1   Hemd 235   016  53533    68.00
EK-Schlüssel:  6399
Barcode
‖‖‖‖‖‖‖‖‖‖‖‖‖‖‖‖‖‖‖‖‖‖‖‖‖‖‖‖
 2010  1500  4001  61800  68004
```

In größeren Einzelhandelsunternehmungen sind häufig Zentrallager vorzufinden. Hier verfügen die EDV-gestützten Warenwirtschaftssysteme über zwei weitere Teilbereiche. Im Teilbereich **Lagerplatzverwaltung** erfolgt die Vergabe des Lagerplatzes maschinell. Das Programm gibt an, welche Ware wo gelagert werden soll. Der Teilbereich **innerbetrieblicher Transport** führt eine Optimierung innerbetrieblicher Transportvorgänge durch. Dieser Teilbereich steuert den Einsatz der vollautomatischen Transportmittel (Flurförderzeuge) in vollautomatischen Lagern.

Das Warenausgangssystem

Grundlage des Warenausgangssystems ist der Teilbereich **Warenausgangserfassung.** Durch das maschinelle Lesen ist, unabhängig von der Codierungsform, gewährleistet, dass die Artikel schnell und fehlerfrei erfasst werden können.

Der Teilbereich **Zahlungsverkehr** ist eng verknüpft mit der Warenausgangserfassung. Beim Kauf durch Scheck schreibt das Programm automatisch den Scheckbetrag, Kaufsumme, Kaufdatum, Bankkonto und Anschrift des Einzelhandelbetriebes auf das Scheckformular. Der Kunde braucht dann nur noch den Scheck zu unterschreiben. Auch die bargeldlose elektronische Zahlung mithilfe von Eurocheque- oder Kreditkarten kann z. T. durch diesen Programmteil geregelt werden. Unmittelbar beim Kauf wird auf das Konto des Kunden zugegriffen.

Der Teilbereich **Warenabflussanalyse** zeigt, inwieweit mit dem vorhandenen Sortiment der eintretenden Nachfrage entsprochen werden kann.

Solche Umsatzstatistiken liefern in Abhängigkeit von den besonderen Branchenerfordernissen genaueste Informationen über die Gängigkeit der Artikel, aufgegliedert

– nach einzelnen Artikeln,

– nach Preislagen,

– nach Zeitpunkten (welcher Artikel wird wann besonders nachgefragt?),

– nach einzelnen Lieferanten usw.

Der möglichen Vielfalt derartiger Statistiken im Rahmen eines EDV-gestützten Warenwirtschaftssystems ist kaum eine Grenze gesetzt. Bei leistungsfähigen Programmen kann der Einzelhändler sogar frei entscheiden, welche Informationen ihm das Warenwirtschaftssystem in welcher Form bereitstellen soll.

```
L010ST/01.01.02 Statistik    TAGESBERICHT EBENEN  DATUM ..-11-29
WGR ............: 81  ABT ....: 92
................:      ........:  BEZEICHNUNG: KONSERVEN
                       TAG        LFD.WOCHE   2-WOCHEN    LFD.MONAT
UMSATZ .........:      425,48     14.260,91   24.445,60   38.383,72
SPANNE .........:       18,12 %    0,00 %      0,00 %      0,00 %
UMSATZANTEIL ...:       29,82 %    4,79 %      4,62 %      4,47 %
ERTRAGSANTEIL ..:       22,92 %    0,00 %      0,00 %      0,00 %

SA-UMSATZ ......:       67,74
SA-UMSATZ ......:       18,12 %
SA-UMS.ANTEIL ..:       15,92 %
SA-ERTR.ANTEIL :        15,92 %
```

Die gespeicherten Artikeldaten lassen sich durch ein Warenwirtschaftssystem auch zu Daten auf Warengruppen- oder Abteilungsebene verdichten. In diesem Fall informiert das Warenwirtschaftssystem über den Umsatz der Warengruppe 81 (Konserven). Der Einzelhändler kann z. B. prüfen, ob die Warengruppe unter einem von ihm vorgegebenen Umsatz liegt und ggf. Maßnahmen einleiten.

Aufgaben

1. Welche Techniken ermöglichen es einem Einzelhändler, der über keine größeren EDV-Kenntnisse verfügt, mit einem computergestützten Warenwirtschaftssystem zu arbeiten?
2. Nach welchem Prinzip sind die EDV-gestützten Warenwirtschaftssysteme aufgebaut?
3. Aus welchen Teilbereichen besteht ein leistungsfähiges Warenwirtschaftssystem?
4. Welcher Unterschied besteht zwischen automatischen Bestellsystemen und Bestellvorschlagssystemen?
5. Wie vereinfacht ein EDV-gestütztes Warenwirtschaftssystem die Inventur?
6. Nach welchen Merkmalen kann ein computergestütztes Warenwirtschaftssystem Umsatzstatistiken erstellen?

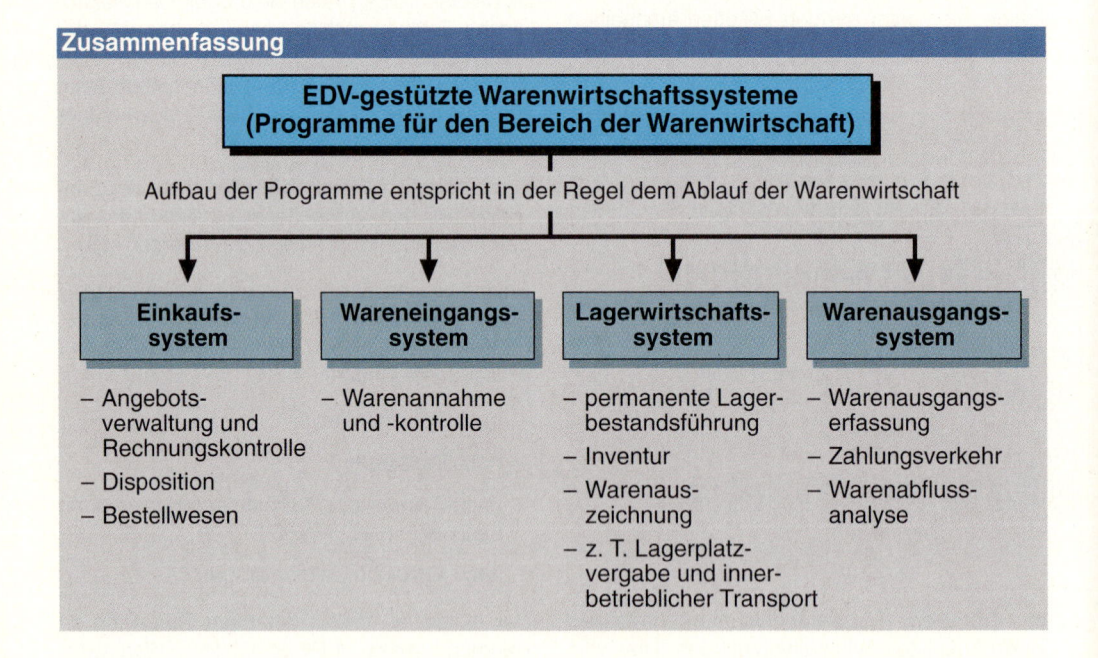

Zusammenfassung

EDV-gestützte Warenwirtschaftssysteme
(Programme für den Bereich der Warenwirtschaft)

Aufbau der Programme entspricht in der Regel dem Ablauf der Warenwirtschaft

Einkaufssystem
- Angebotsverwaltung und Rechnungskontrolle
- Disposition
- Bestellwesen

Wareneingangssystem
- Warenannahme und -kontrolle

Lagerwirtschaftssystem
- permanente Lagerbestandsführung
- Inventur
- Warenauszeichnung
- z. T. Lagerplatzvergabe und innerbetrieblicher Transport

Warenausgangssystem
- Warenausgangserfassung
- Zahlungsverkehr
- Warenabflussanalyse

8.5 Möglichkeiten und Leistungen EDV-gestützter Warenwirtschaftssysteme

in Nöten: Die Daten hab ich wohl, allein mir fehlt der Durchblick.

(Zeichnung: Friedrich Streich)

Welche Leistungen bieten EDV-gestützte Warenwirtschaftssysteme?

Information

Jedes EDV-gestützte Warenwirtschaftssystem hat grundsätzlich zwei Aufgaben zu erfüllen:

- Es soll den Warenfluss in einem Handelsbetrieb abbilden, steuern und regeln. Durch den Einsatz der computergestützten Warenwirtschaftssysteme werden – im Vergleich zu früher – nahezu sämtliche Funktionsabläufe, die im Zusammenhang mit Warenbewegungen und der mit ihnen verbundenen Tätigkeiten stehen, rationalisiert. Der Warendurchlauf über verschiedene Stufen hinweg wird eindeutig verbessert.

- Es soll Informationen aus dem Bereich der Warenwirtschaft – z. B. in Form von betriebswirtschaftlichen Kennzahlen – bereitstellen, um die Qualität der Entscheidungen im Handelsbetrieb zu verbessern. Je mehr und je genauere Informationen zur Verfügung stehen, desto besser wird die Qualität der Entscheidungen im Betrieb sein.

Ursprünglich richtete sich das Interesse der Praxis bei der Einführung von Warenwirtschaftssystemen auf die so genannten **Hardsavings**. Unter Hardsavings (frei übersetzt: harte Ersparnisse) werden genau messbare, zuverlässig nachweisbare Einsparungen und Vorteile verstanden. In diesem Zusammenhang sorgen EDV-gestützte Warenwirtschaftssysteme in der Regel für die rationellere Gestaltung von Funktionsabläufen in Einzelhandelsunternehmen.

Doch neuerdings treten darüber hinaus die strategischen Vorteile der so genannten **Softsavings** (etwa: weiche Ersparnisse) in den Vordergrund: Es geht hierbei um den Nutzen, den aktuellere und ausführlichere Informationen aus der Warenwirtschaft für die Kontrolle und Steuerung der betrieblichen Entscheidungsprozesse bringen. Die Vorteile der wertmäßig nicht genau bestimmbaren Softsavings werden von der Praxis mittlerweile eindeutig als wichtiger angesehen als die der Hardsavings.

Verschiedene Untersuchungen zeigen, dass der Nutzen durch computergestützte Warenwirtschaftssysteme den erforderlichen Aufwand für Datenkassen, EDV-Anlagen und Programme spürbar übersteigt. Danach steht einem Bruttonutzen von etwa 1,75 % vom Umsatz ein Aufwand von ca. 0,75 % vom Umsatz (für Computer, Programme und Wartung) gegenüber. Es ergibt sich ein zusätzlicher Gewinn in Höhe von 1 % des Umsatzes. Bedenkt man, dass der gesamte Einzelhandel pro Jahr etwa 358 Milliarden € umsetzt, ergeben sich hier für die Unternehmen interessante Aussichten auf zusätzliche Erträge. Durch den Preisverfall im EDV-Bereich einerseits und durch konsequenteres Ausnutzen der Möglichkeiten computergestützter Warenwirtschaftssysteme wird der zusätzliche Gewinn für die Betriebe in Zukunft eher noch weiter steigen.

Hardsavings

Als wichtigste Leistungen eines EDV-gestützten Warenwirtschaftssystems im Bereich der Hardsavings sind zu nennen:

– Wegfall der Artikelauszeichnung,
– Beschleunigung und Erleichterung des Kassiervorganges,
– Einmalspeicherung von Daten,
– Bereitstellung von Formularen.

Wegfall der Artikelauszeichnung

Bei der Arbeit mit dem Preisabrufverfahren kann der Einzelhändler auf eine arbeitsintensive Artikelauszeichnung verzichten. Der Preis muss lediglich am Regal angebracht und in den Speicher eingegeben werden. Preisveränderungen können darüber hinaus häufiger, genauer und billiger durchgeführt werden. Als weiterer Vorteil entfällt die Schulung des Kassenpersonals hinsichtlich der Kenntnis der aktuellen Preise.

Beschleunigung und Erleichterung des Kassiervorganges

Durch den Wegfall der gesamten manuellen Dateneingabe verringert sich deutlich die Zeit des Registrierens der Waren. Verschiedene Messungen ergaben eine Verbesserung des Kassendurchsatzes von ca. 25–30 %. Dadurch wird die Einsparung von Kassenplätzen ermöglicht. Das maschinelle Lesen gewährleistet eine hohe Eingabesicherheit und erschwert Manipulationen am Warenausgang: Es kommt zu einer Minderung der Inventurdifferenzen.

Einnahmen werden getrennt nach Zahlungsarten sowie Kassierpersonal erfasst. Durch Führung eines Kontos für jede Kassiererin ist die Ablösung und ein häufiger Platzwechsel ohne zeitraubende Zwischenabrechnung möglich. Die Aufzeichnung sämtlicher Kassenvorgänge erlaubt deren genaue Kontrolle. Bei der Kassenabrechnung fallen zeitraubende Schreib- und Übertragungsarbeiten fort.

Einmalspeicherung der Daten

Als Grundlage für die Aktivitäten in der Warenwirtschaft sind zahlreiche Angaben über die einzelnen Artikel erforderlich. Bisher wurden bestimmte, artikelbezogene Daten in den verschiedenen Funktionsbereichen eines Einzelhandelsunternehmens mehrfach, d. h. kostspielig, erfasst. Es mussten verschiedene Belege, wie z. B. Bestellung, Wareneingangspapiere, Lagerkarteikarten usw. mit z. T. denselben Angaben über die Artikel, erstellt werden. Computergestützte Warenwirtschaftssysteme sollen dagegen auch den Zweck erfüllen, dass Daten nur einmal gespeichert werden und viele Anwender – aus allen betrieblichen Funktionen – hierauf zugreifen können. Dies ergibt eine sehr große Arbeitsersparnis sowie einen einfachen Änderungsdienst. Darüber hinaus kommt es dadurch zu einem Zusammenwachsen der einzelnen Unternehmensbereiche.

Bereitstellung von Formularen

Anhand der Artikelnummer als Ordnungs- und Identifikationsbegriff stehen die Artikelstammdaten allen Benutzern schnell und im direkten Zugriff zur Verfügung. In diesem Zusammenhang ermöglichen Warenwirtschaftssysteme je nach Anforderung auch die Zusammenstellung und den Druck von Formularen jeder Art aus dem Bereich der Warenwirtschaft. Dies können z. B. Bestellungen oder Inventurlisten sein, die mithilfe der Maskentechnik erstellt werden. Formulare, Tabellen und Erfassungsvordrucke können damit schnell und vielseitig auf dem Bildschirm gestaltet und anschließend ausgedruckt werden.

```
L060INV 01-01-01                                              DATUM    ..-09-21   SEITE 20
                    I N V E N T U R A U F N A H M E L I S T E          VON        197 SEITEN

ZE  ERFASSUNGS-NR   ARTIKELBEZEICHNUNG   VK-EINHEIT   VK-PREIS   INVENTUR-VK   BESTAENDE   BESTAENDE   TOTAL
01  4023300490117   BIENENHONIG ZAEHFL   1            2,65       ..........    ..........  ..........  ..........
02  4023300490216   BIENENHONIG          1            3,60       ..........    ..........  ..........  ..........
03  4023300492135   HONIG FEINCREMIG     1            2,90       ..........    ..........  ..........  ..........
04  4023300493026   WALDHONIG 250 G      1            2,98       ..........    ..........  ..........  ..........
05  4023300493040   B WALDHONIG 500      1            4,80       ..........    ..........  ..........  ..........
06  4023300493521   AKAZIENHONIG 500     1            3,20       ..........    ..........  ..........  ..........
```

Zur Erleichterung der Inventur stellen viele Warenwirtschaftssysteme Inventurlisten bereit.

Softsavings

EDV-gestützte Warenwirtschaftssysteme liefern aktuelle, vollständige sowie genaue Informationen über den Einsatz der Ware in der Einzelhandelsunternehmung. Damit lassen sich Entscheidungen begründen, die weit über die bloße Steuerung des Betriebsfaktors Ware hinausgehen. Im Einzelnen unterstützen computergestützte Warenwirtschaftssysteme durch Bereitstellung von Daten

– Sortimentsentscheidungen,
– preispolitische Entscheidungen,
– absatzpolitische Entscheidungen,
– personalpolitische Entscheidungen.

Unterstützung sortimentspolitischer Entscheidungen

Die Sortimentszusammenstellung ist die grundlegende Leistung eines Handelsbetriebes. Das Unternehmen versucht durch eine geeignete Auswahl des Warenangebots größtmögliche Anziehungskraft auf die Käufer auszuüben. Im Rahmen der Sortimentspolitik muss dabei aber immer der Zielkonflikt zwischen Lieferservice und Lagerreduktion gelöst werden. Einerseits strebt der Einzelhändler eine hohe Lieferbereitschaft (große Auswahl, ständiges Angebot) an, damit ihm kein möglicher Gewinn entgeht. Andererseits versucht er sein Sortiment bzw. seine Lagerbestände so klein wie möglich zu halten, da jeder Artikel Lagerkosten verursacht, benötigtes Kapital bindet und eventuell wertvolle Verkaufsfläche besetzt. Den richtigen Weg zwischen den beiden konkurrierenden Zielen kann ein EDV-gestütztes Warenwirtschaftssystem zeigen.

Grundsätzlich spiegelt ein computergestütztes Warenwirtschaftssystem das Sortiment artikelgenau in Form von betriebswirtschaftlichen Kennzahlen wider. So informiert das Warenwirtschaftssystem im Rahmen einer Umsatzanalyse – in der Einzelhandelspraxis **kurzfristige Erfolgsrechnung (KER)** genannt – ständig warengruppen- und artikelgenau u. a. über folgende Größen:

– Umsatzentwicklung,
– Wareneingang,
– Lagerbestände,
– Lagerumschlagsgeschwindigkeit,
– Preisänderungen,
– erzielte Handelsspanne,
– Rohertrag.

Damit wird eine Reihe von Anhaltspunkten für die Sortimentspflege und -kontrolle geliefert.

Warenwirtschaftssysteme können praktisch auf Knopfdruck für jeden Artikel betriebswirtschaftliche Kennziffern zur Verfügung stellen.

Das Warenwirtschaftssystem kann aus den Ergebnissen der Umsatzanalyse so genannte „**Renner- und Pennerlisten**" erstellen. Eine Pennerliste enthält alle Artikel (die „Langsamdreher"), die in einem bestimmten Zeitraum kaum verkauft wurden, für den Betrieb daher unrentabel sind. Der Einzelhändler kann damit also die Artikel entdecken, deren Umsatz bzw. Ertrag nicht die Kosten der Lagerung decken. Anschließend muss der Einzelhändler nach dem Grund forschen, der zu der mangelhaften Umsatz- und Ertragssituation des Artikels geführt hat. Lag die Ursache z. B. in einer zu hohen Kalkulation, einer mangelhaften Werbung oder einer Präsentation

```
ART: 1030000000000008 BLUSEN FESTLICH    ****************************
LANR: MADRID                                  *UMSAETZE    FILIALE 01*
LIEF: 001135 BRUESTLE          WGR: 1030  ****************************

GROESSEN:        36       38       40       42       44      TOT
8 ROT             0        1        1        0        0        2
9 BEIGE           4        1        0        1        3        9
1 WEISS           0        2        0        1        2        5
6 GRUEN           0        0        1        1        2        4
TOTAL             4        4        2        3        7       20
```

```
ART: 1030000000000008 BLUSEN FESTLICH    ****************************
LANR: MADRID                                  *LAGERBESTAND FILIALE 01*
LIEF: 001135 BRUESTLE          WGR: 1030  ****************************

GROESSEN:        36       38       40       42       44      TOT
8 ROT             5        4        4        5        5       23
9 BEIGE           6        4       10        9        7       36
1 WEISS           5        3        5        4        3       20
6 GRUEN           3        3        2        2        1       11
TOTAL            19       14       21       20       16       90
```

```
ART: 1030000000000008 BLUSEN FESTLICH    ****************************
LANR: MADRID                                  *ABVERK.-QUOTE FILIALE 01*
LIEF: 001135 BRUESTLE          WGR: 1030  ****************************

GROESSEN:        36       38       40       42       44      TOT
8 ROT            0,0     20,0     20,0      0,0      0,0      8,0
9 BEIGE         40,0     20,0      0,0     10,0     30,0     20,0
1 WEISS          0,0     40,0      0,0     20,0     40,0     20,0
6 GRUEN          0,0      0,0     33,3     33,3     66,7     26,7
TOTAL           17,4     22,2      8,7     13,0     30,4     18,2
```

des Artikels an einem verkaufsunwirksamen Standort, wird versucht die Fehler durch entsprechende Maßnahmen zu beseitigen. Haben diese Maßnahmen keinen Erfolg (was wiederum durch das Warenwirtschaftssystem gezeigt wird), empfiehlt es sich, den Artikel aus dem Sortiment zu nehmen und ihn nicht mehr zu bestellen: Der Artikel würde sonst nur die Kostensituation des Betriebes verschlechtern.

Rennerlisten erfassen alle Artikel, die sich sehr gut verkaufen lassen. Auch diese so genannten „Schnelldreher" müssen genau kontrolliert werden. Gerade bei solchen Artikeln ist die Gefahr sehr groß, dass sich bei falscher Kalkulation (zu niedrig kalkulierte Verkaufspreise, die keinen Gewinn erbringen) die Fehler multiplizieren und zu erheblichen Verlusten führen. Eine artikelgenaue Überwachung der Renner lässt Fehlkalkulationen oder mögliche Ausverkäufe rasch erkennen und rechtzeitige Maßnahmen ergreifen.

Mit computergestützten Warenwirtschaftssystemen können auch fundierte **Entscheidungen** für oder gegen die Aufnahme neuer Artikel ins Sortiment getroffen werden. Jedes Jahr werden dem Einzelhandel von der Industrie zigtausende neue Artikel zur Aufnahme in das Sortiment angeboten. Diesem Herstellerangebot stehen jedoch aufseiten des Handels nur geringe zusätzliche Verkaufsflächen zur Verfügung. Daher muss jeder Einzelhändler untersuchen, welche der Neuheiten in das Sortiment aufzunehmen sind und dort bleiben sollen. Der Umsatz des neuen Artikels und der daraus errechnete Bruttogewinn geben Hinweise auf den Erfolg. Auch der Umsatz der vergleichbaren Artikel ist in die Überlegungen mit einzubeziehen, da jeder neue Artikel einen Einfluss auf das „ältere" Sortiment hat.

Durch EDV-gestützte Warenwirtschaftssysteme besteht die Möglichkeit festzustellen,

– wer (welcher Lieferant)

– was (welchen Artikel)

– wie viel

– zu welchen Bedingungen (Preis/Konditionen)

– wann (Zeitpunkt)

– wohin (Zentrale/Filiale)

geliefert hat oder zu liefern bereit war. Besonders vorteilhaft erweisen sich diese Informationen bei Einkaufsgesprächen. Aufgrund der **Lieferantenkennzahlen** – auch über deren Umsätze – ist es dem Einkäufer praktisch auf Knopfdruck möglich, Stellenwert und Gewicht des Lieferanten in Erfahrung zu bringen. Die Verhandlungsposition des Einzelhändlers wird verstärkt.

```
LIEFERANTEN-              28 05                 PROGR-NR STALI030
STATISTIK
LIEFERANT      100 438  A. NEUBERT GMBH
WARENGRUPPE        310  STRICKWAREN
FILIALE             02
                                    SPANNEN                    ANTEILE
        UMSATZ              WE    LB    GEW    %     %     %           %
          €       ST  €/ST  SP    SP    SP    UMS   LB    GEW    PV  PRAEND
MONAT   14.378   239    60  39,4  34,6  36,1   1,1   1,2   1,8   0,2    4,3
SAISON  56.104   907    62  40,2  36,1  39,7   1,3   1,1   1,9   0,1    4,7
JAHR   158.139  2 629   60  39,3  35,2  37,4   1,2   1,0   1,6   0,2    4,4

            WARENEINGANG
              €/ST      ST                    SM/EK      ST
MONAT           0        0   LAGERBESTAND     4 035     134
SAISON     44.358    1 500   BBESTAND VO         0       0     NAECHSTER SATZ (NL)
JAHR       76.888    2 600   BBESTAND NO         0       0     NEUER ORD.-BEGR.N
                             BBESTAND FS     66 000   2.000    FNDE ABFRAGE E*
```

Lieferantenstatistiken im Rahmen eines Warenwirtschaftssystems erfüllen zwei Zielsetzungen: Einerseits wird die Leistungsfähigkeit eines Lieferanten – insbesondere sein Beitrag zu Umsatz, Gewinn und Lagerumschlag – analysiert. Eine Lieferantenstatistik kann aber auch als Dispositionshilfe dienen.

Viele Einzelhandelsbetriebe geben ihren Einkäufern bestimmte Einkaufsbeträge vor, die den Rahmen aufzeigen, innerhalb dessen selbstständig Warendispositionen getroffen werden können.

Die auch **Limits** genannten Einkaufsbeträge zwingen den Einkäufer zu intensiver, streng am Markt orientierter Auseinandersetzung mit den Dispositionsalternativen. Eine solche Vorgehensweise ist unerlässlich, um eine unnötige Kapitalbindung durch zu große Lagerbestände zu vermeiden und um die Finanzen und Liquiditätsverhältnisse des Betriebes in Ordnung zu halten.

Die geplanten Limits beruhen u. a. auf Schätzwerten für den Umsatz, die das Warenwirtschaftssystem aus den Verkäufen vergangener Perioden errechnet. In der laufenden Periode prüft das Warenwirtschaftssystem dann, ob das geplante Limit von der Einkaufsabteilung auch eingehalten wird. Das noch freie Restlimit wird unter Berücksichtigung der bereits getätigten Bestellungen an die tatsächliche Umsatzentwicklung angepasst.

Unterstützung absatzpolitischer Entscheidungen

Mit der gezielten Überwachung des Verkaufs einzelner Artikel durch computergestützte Warenwirtschaftssysteme ergeben sich zahlreiche Informationen zur Beurteilung absatzpolitischer Maßnahmen im Einzelhandelsbetrieb.

Trotz erheblicher Flächenexpansion im Handel stellt der zur Verfügung stehende Verkaufsraum in der Regel einen Engpassfaktor dar. Es muss daher ständig nach Lösungsmöglichkeiten gesucht werden, wie sich die Verkaufsflächenanteile eines Einzelhandelsbetriebes in möglichst optimaler Weise den einzelnen Artikeln, Warengruppen bzw. Verkaufsabteilungen zuordnen lassen. Es kann folglich mithilfe eines Warenwirtschaftssystems der **Zusammenhang** zwischen **Verkaufsflächen** und **Absatzmenge** untersucht werden. So könnte z. B. die Frage geklärt werden, ob über die Ausdehnung der Präsentationsfläche der Absatz eines bestimmten Artikels überhaupt gesteigert werden kann. Auch der verkaufswirksamste Standort für einen Artikel oder eine Warengruppe lässt sich ermitteln, indem beispielsweise an verschiedenen Stellen im Verkaufsraum der entsprechende Absatz eines Artikels innerhalb einer bestimmten Zeitspanne experimentell erfasst wird.

Das Warenwirtschaftssystem gibt aber auch Auskunft über den Platzbedarf eines Artikels im Verkaufsraum. Idealerweise sollte jedem Artikel im Verkaufsraum so viel Platz zugemessen werden, dass die Stückzahl für den Verkauf zwischen zwei Nachfüllungen (Lieferungen) gerade ausreicht:

– Eine zu geringe Menge eines Artikels würde entgangenen Umsatz und leere Regale bedeuten.
– Zu hohe Stückzahl eines Artikels heißt dagegen u. a. Verschwendung von kostbarem Platz, der besser anderen Artikeln zugeteilt werden könnte.

Für die Ermittlung des ausreichenden Platzbedarfs für einen Artikel innerhalb einer Nachfüllperiode dient der Vergleich der verkauften Stückzahl mit den Beständen im Verkaufsraum.

> **Beispiel**
>
> Im Regal befinden sich von Artikel „A" nach der Auffüllung 100 Stück. Bis zur nächsten Auffüllung wurden laut Warenwirtschaftssystem 25 Stück verkauft.
>
> Erkenntnis: Es sind zu viele Stück im Regal. Es besteht ein zu hoher Platzbedarf und eine zu große Kapitalbindung.
>
> Oder, im Regal befinden sich nach der Auffüllung 100 Stück von Artikel „B" und bereits einen Tag später meldet das Warenwirtschaftssystem den Verkauf von 80 Stück. Bis zur nächsten Auffüllung vergehen noch einige Tage.
>
> Erkenntnis: Zu wenig Platz, Umsatz- und Kundenverlust und evtl. erhöhter Aufwand für zwischenzeitliches Nachfüllen (Personalkosten!).

Durch Warenwirtschaftssysteme kann zudem der **Einfluss verkaufsfördernder Maßnahmen** wie Displays und Videovorführungen auf die Absatzmenge sowie die Verkaufswirksamkeit unterschiedlicher Werbekonzepte (hinsichtlich Werbebotschaft, Anzeigengröße und -platzierung) festgestellt werden. Es besteht also die Möglichkeit, Zusammenhänge zwischen getroffenen Maßnahmen und dem verwirklichten Absatz zu ermitteln. Im Idealfall ist das computergestützte Warenwirtschaftssystem in der Lage, die gesamte Präsentationspolitik selbstständig vorzunehmen, indem für jeden einzelnen Artikel Platzierungsmenge und Platzierungsstandort vorgeschlagen werden. Außerdem unterbreitet das Warenwirtschaftssystem dem Einzelhändler regelmäßig Vorschläge für Sonderangebote. Dabei werden dann natürlich neben dem Artikel gleichzeitig auch die empfohlene Preissenkung und das geeignete Werbemedium vorgeschlagen.

Weitere aussagekräftige Informationen ergeben sich, wenn die **Zusammensetzung der Artikel**

pro Verkaufsvorgang durch ein Warenwirtschaftssystem verfolgt wird. Beispiele für Kennzahlen derartiger Sortimentsverbundanalysen sind

- Sonderangebotsartikel/Normalartikel pro Verkaufsvorgang:

  Anhand dieses Wertes lässt sich pro Verkaufsvorgang ermitteln, welchen Anteil die Sonderangebote ausmachen. Ferner kann festgehalten werden, ob sich die Sonderangebote relativ gleichmäßig auf alle Verkaufsvorgänge verteilen oder ob es ausgesprochene Sonderangebotskäufer gibt.

- Bedienungsartikel/Selbstbedienungsartikel pro Verkaufsvorgang:

  Es wird ermittelt, wie sich die Bedienungsartikel auf die Summe der Verkaufsvorgänge verteilen. Werden diese Kennzahlen über einen längeren Zeitraum hinweg verfolgt, so bieten sie Entscheidungshilfen bei der Überprüfung der Anbietformen.

- Familien- bzw. Großpackungen/Normalpackungen pro Verkaufsvorgang:

  Anhand dieser Kennzahl lassen sich indirekt Rückschlüsse über die Kundenstruktur ableiten. Werden bevorzugt Groß- und Familienpackungen gekauft, so lässt dies entweder auf Bevorratungskäufe oder Käufe für Gruppen (Großabnehmer, Mehrpersonenhaushalte usw.) schließen. Dies sind Erkenntnisse, die vor allem bei der Sortimentsgestaltung und der werblichen Ansprache zu berücksichtigen sind.

- Zahl der Warengruppen pro Verkaufsvorgang/ Zahl der Artikel pro Warengruppe:

  Aus diesen beiden Kennzahlen leiten sich Informationen ab, wie die Sortimentsbreite und -tiefe vom Nachfrager genutzt wird. Stellt man häufig fest, dass pro Verkaufsvorgang mehrere Warengruppen berührt werden, bedeutet dies, dass die Kunden aus einem breiten Sortiment wählen. Werden pro Verkaufsvorgang mehrere Artikel innerhalb einer Warengruppe registriert, so lässt dies darauf schließen, dass die Kunden nur an bestimmten, tief sortierten Sortimentsteilen Interesse haben.

Unterstützung preispolitischer Entscheidungen

Bei der Kalkulation der Verkaufspreise müssen viele Größen berücksichtigt werden. Es müssen z. B. Kosten, Steuern, Gewinne, Umsätze, Marktchancen usw. beachtet werden, um die richtigen Verkaufspreise zu ermitteln. Zur Begründung preispolitischer Entscheidungen liefern EDV-gestützte Warenwirtschaftssysteme Informationen in mehrfacher Hinsicht.

So informiert das Warenwirtschaftssystem im Rahmen der kurzfristigen Erfolgsrechnung warengruppen- oder artikelgenau über die durchschnittlich erzielte Handelsspanne. Es bietet damit dem Einzelhändler eine **laufende Kontrolle,** ob in der Unternehmung bisher kosten- und gewinndeckend kalkuliert worden ist.

Bei vielen Artikeln besteht ein Kalkulationsspielraum, der nicht immer genutzt wird. Der Einzelhändler muss sich also fragen: Wo liegt die **Obergrenze des Verkaufspreises,** ohne dass Umsatz und Gewinn negativ beeinflusst werden? Der infrage kommende Artikel wird durch das Warenwirtschaftssystem über mehrere Perioden hinweg mit verschiedenen Verkaufspreisen (und Gewinn) ermittelt. Gerade bei hochpreisigen und hochwertigen Artikeln, die nicht so sehr im Preisbewusstsein der Kunden verankert sind, sollte durch Untersuchungen der richtige Preis ausgelotet werden. Jede vertretbare Erhöhung des Verkaufspreises bei gleich bleibenden Kosten bedeutet einen wesentlichen Beitrag zur Erfolgssicherung des Unternehmens.

EDV-gestützte Warenwirtschaftssysteme geben auch wertvolle Hinweise für eine geeignete Mischkalkulation **(Ausgleichskalkulation).** Es wird deutlich, welche Artikel mit einer sehr hohen Stückspanne belegt werden können, um niedrig kalkulierte Artikel (z. B. Sonderangebote oder Ladenhüter, die verramscht werden sollen) zu unterstützen.

Mit EDV-gestützten Warenwirtschaftssystemen lassen sich ferner **Sonderangebote** genau kontrollieren. Sonderangebote sollen Kunden in den Laden ziehen. Sie dienen also hauptsächlich dazu, den Gesamtumsatz eines Betriebes anzuheben. Solche Sonderaktionen müssen gut vorbereitet sein: sorgfältige Auswahl der infrage kommenden Artikel, exakte Preiskalkulation, günstiger Platz, wo die Ware präsentiert wird, und gut vorbereitete Werbeaktion. Über diesen notwendigen Maßnahmen darf jedoch die Rentabilität der Sonderangebote nicht außer Acht gelassen werden. Hier können Verluste entstehen, die auf die Dauer untragbar sind und auch durch Mehrumsatz in anderen Sortimentsgruppen nicht ausgeglichen werden. Der Einzelhändler muss sich daher die Frage stellen: Wie hoch muss die Umsatzzunahme beim betreffenden Artikel sein, um die Verringerung der Handelsspanne bei diesem Artikel wieder auszugleichen? Das Warenwirtschaftssystem kann die erforderliche Umsatzzunahme für jeden Artikel errechnen.

```
SONDERANGEBOTSBERICHT    PERIODE 1                    FILIALE: 0001

ARTIKEL-NR. BEZEICHNUNG  VK-PREIS    VK-STCK    BESTAND VK   UMSATZ    LAG.%
INTERNE NR.              EK-PREIS    BESTAND    BESTAND EK   GEWINN    ERZ.%
                         SOND.PREIS  VK-STCK    UMSATZSONDERPR.

    40128474 DEOSTIFT      2,49        136       34,88      299,64    22,11
       10035               1,689        16       27,17       44,12    14,73
                           2,19        130      284,70

    54490109 COLA          0,49        501       46,01      226,65    22,08
       10025               0,335       107       35,85       48,57    21,43
                           0,45        471      211,95

  4000417029003 SCHOKOLADE 1,19        111       43,29      122,19    19,37
       10015               0,895        39       34,91       15,89    13,00
                           1,09         99      107,91
```

Sonderangebote können auch Umsatz- und Ertragsverluste bei vergleichbaren Artikeln, die nicht in die Aktion einbezogen wurden, mit sich bringen. Es ist deshalb zu empfehlen, bei Sonderaktionen nicht nur den eigentlichen Aktionsartikel zu beobachten, sondern auch die vergleichbare Ware durch ein Warenwirtschaftssystem zu kontrollieren. Dadurch lassen sich evtl. Umsatz- und Ertragsverluste auch des vergleichbaren Sortiments feststellen und somit die Gesamtauswirkung des Sonderangebots besser beurteilen.

Warenwirtschaftssysteme zeigen auch auf, bei welchen Sortimentsteilen bzw. Artikeln **Preisnachlässe** zu gewähren sind, weil z. B. Verderb oder technische bzw. modische Veralterung droht: Es kann eine Liste gedruckt werden, die genau Auskunft gibt über das Alter der Artikel im Sortiment. Der Einzelhändler kann somit eine genaue **Altwarenkontrolle** vornehmen und entsprechende Maßnahmen treffen.

Schließlich lässt sich durch Warenwirtschaftssysteme auch die **Wirksamkeit psychologischer Preisgestaltungsprinzipien** sehr leicht überprüfen. Es wird untersucht, ob glatte Preise (30,00 € z. B.) verkaufswirksamer sind als gebrochene (29,90 €) oder ob die Endziffer des Preises (z. B. 0,95 oder 0,99) Einfluss auf die Verkaufswirksamkeit hat.

Unterstützung personalpolitischer Entscheidungen

Durch die Gewinnung exakter Daten kann ein Warenwirtschaftssystem Grundlagen für eine rationelle Planung des Personaleinsatzes zur Verfügung stellen.

So können die EDV-gestützten Warenwirtschaftssysteme die **Arbeitseinsatzplanung** wesentlich verbessern. Durch Kundenfrequenzuntersuchungen wird genau festgestellt, wo, zu welcher Stunde und an welchem Tag der stärkste Kundenandrang herrscht. Mit den Beobachtungsergebnissen eines längeren Zeitraums lässt sich eine gute Informationsgrundlage erstellen, auf deren Basis der zukünftige Umsatzanfall relativ sicher vorhergesagt werden kann. Damit lässt sich der Personaleinsatz erheblich besser steuern als früher. Es kann nun konsequent versucht werden, die Arbeitszeiten dem Kundenverhalten und der Kundenfrequenz anzupassen. Insbesondere in bedienungsintensiven Branchen – z. B. Textilien/Sportartikel/Elektronik – würde dies in Zeiten starker Nachfrage zu einem Rückgang von Fehlverkäufen infolge mangelnder Kundenbetreuung führen. Andererseits ergeben sich in umsatzschwachen Zeiten Kosteneinsparungen infolge der Reduzierung des zu hohen Personalbestandes.

EDV-gestützte Warenwirtschaftssysteme lassen eine **Leistungskontrolle** der im Einzelhandel Beschäftigten zu. In bedienungsintensiven Branchen, wo der Verkaufsabschluss noch durch den einzelnen Verkäufer herbeigeführt wird, lässt sich beim Inkassovorgang die Nummer des bedienenden Verkäufers erfassen. Man erhält dann verkäufergenaue Informationen über Umsatz, Zahl der bedienten Kunden, Zahl der Reklamationen/Retouren usw. Mit einem solchen Informationsangebot lassen sich sehr schnell verkaufsstarke und verkaufsschwache Mitarbeiter identifizieren. In Branchen dagegen, wo die Selbstbedienung vorherrscht, wird durch Warenwirtschaftssysteme die Leistung der Kassierer beobachtet. So kann z. B. die durchschnittliche Zeit, die ein Kassierer zum „Scannen" eines Artikels benötigt, berechnet werden.

Beim Einsatz computergestützter Warenwirtschaftssysteme im Personalwesen muss beachtet werden, dass die oben geschilderten Maßnahmen zwar betriebswirtschaftliche Vorteile bringen, eventuell jedoch zu einer Störung des Betriebsklimas führen können. Bei zu konsequenter Anwendung der Möglichkeiten besteht die Gefahr, dass bei den Beschäftigten Widerstand gegen zu weit gehende Leistungskontrollen aufkommt bzw. Angst vor Wegrationalisierung von Arbeitsplätzen entsteht.

Aufgaben

1. Was versteht man im Zusammenhang mit den Leistungen eines computergestützten Warenwirtschaftssystems unter den Begriffen „Hardsavings" und „Softsavings"?
2. Welche Leistungen erbringt ein Warenwirtschaftssystem im Bereich der Hardsavings?
3. Was sind Renner- und Pennerlisten?
4. Wie kann ein computergestütztes Warenwirtschaftssystem die Verhandlungsposition des Einkäufers im Einzelhandelsbetrieb verstärken?
5. Wie hilft ein Warenwirtschaftssystem bei der Kalkulation?
6. Wie kann das Warenwirtschaftssystem den verkaufswirksamsten Standort eines Artikels ermitteln?
7. Warenwirtschaftssysteme nehmen auch Sortimentsverbundanalysen vor. Welche Informationen bekommt der Einzelhändler dadurch?
8. Wie können computergestützte Warenwirtschaftssysteme die Arbeitseinsatzplanung im Einzelhandel unterstützen?

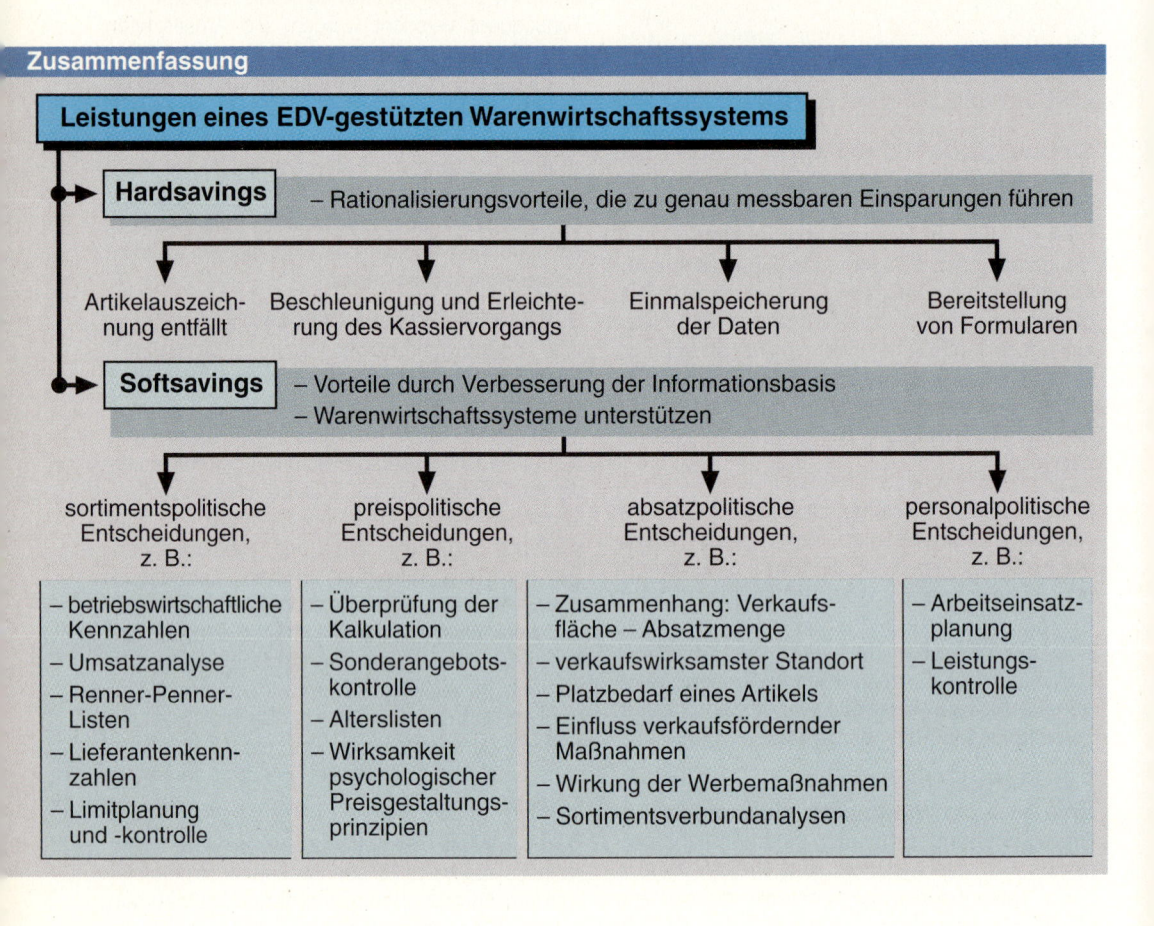

Zusammenfassung

Leistungen eines EDV-gestützten Warenwirtschaftssystems

Hardsavings – Rationalisierungsvorteile, die zu genau messbaren Einsparungen führen

Artikelauszeichnung entfällt	Beschleunigung und Erleichterung des Kassiervorgangs	Einmalspeicherung der Daten	Bereitstellung von Formularen

Softsavings
– Vorteile durch Verbesserung der Informationsbasis
– Warenwirtschaftssysteme unterstützen

sortimentspolitische Entscheidungen, z. B.:	preispolitische Entscheidungen, z. B.:	absatzpolitische Entscheidungen, z. B.:	personalpolitische Entscheidungen, z. B.:
– betriebswirtschaftliche Kennzahlen – Umsatzanalyse – Renner-Penner-Listen – Lieferantenkennzahlen – Limitplanung und -kontrolle	– Überprüfung der Kalkulation – Sonderangebotskontrolle – Alterslisten – Wirksamkeit psychologischer Preisgestaltungsprinzipien	– Zusammenhang: Verkaufsfläche – Absatzmenge – verkaufswirksamster Standort – Platzbedarf eines Artikels – Einfluss verkaufsfördernder Maßnahmen – Wirkung der Werbemaßnahmen – Sortimentsverbundanalysen	– Arbeitseinsatzplanung – Leistungskontrolle

9 Finanzierung und Investition

9.1 Finanzierungs- und Investitionsanlässe, Finanzierungsgrundsätze und -arten

Herr Hermann und Herr Schreiber sind Inhaber der Elektroeinzelhandlung Hermann & Schreiber OHG. Ihre Geschäftstätigkeit liegt im Bereich von Elektroinstallationen, Einbau und Wartung von Nachtstromspeicheranlagen, Alarmanlagen, Antennenbau, Blitzschutz, Steuer- und Regeltechnik.

In einem Gespräch mit seinem Partner über die zukünftigen Unternehmenspläne weist Herr Hermann auf die geänderte Marktsituation und die sich verschlechternde Situation der OHG hin.

Um die Konkurrenzfähigkeit zu verbessern, schlägt er vor die Verkaufsbereitschaft und den Kundenservice des Unternehmens zu erhöhen. Insbesondere der Kundenservice scheint in der letzten Zeit für den Verkauf von Elektroanlagen immer bedeutsamer geworden zu sein.

Dazu sind der

– Ausbau der Lagerräume und

– die Anschaffung eines weiteren Pkw für den Kundendienst

notwendig.

Nach seinen Berechnungen würden diese Maßnahmen 80.000,00 € kosten.

Herr Schreiber gibt zu bedenken, dass die Eigenkapitaldecke des Unternehmens sehr dünn ist. Herr Hermann erwidert, dass der noch nicht ausgezahlte Gewinn des letzten Jahres zur Verfügung stehen würde.

Beide diskutieren noch sehr lange über die beste Finanzierungsmöglichkeit der notwendigen Anschaffungen.

a) Welche Möglichkeit haben die beiden Inhaber der OHG, sich das nötige Geld zu beschaffen?

b) Welche Chancen würden Sie dem Unternehmen Hermann & Schreiber OHG geben, wenn die Anschaffungen nicht vorgenommen werden?

Information

Ein Unternehmen muss ständig finanzielle Mittel einsetzen, um die Produktion von Gütern und Dienstleistungen ermöglichen zu können. Es setzt Geld ein, um möglicherweise seinen Produktionsapparat

– zu erhalten,
– zu verbessern und/oder
– zu erweitern.

Diese Verwendung finanzieller Mittel nennt man Investition.

> Investition bedeutet
> **Geldkapital**
> ↓
> wird umgewandelt in
> ↓
> **z. B. Produktionsgüter**[1]

Investition = Verwendung von finanziellen Mitteln zur Beschaffung von Sachvermögen, immateriellem Vermögen oder Finanzvermögen (Maschinen, Vorräten, Patenten, Lizenzen, Wertpapieren, Beteiligungen).

Die beschafften Vermögenswerte, wie z. B. Gebäude, Maschinen, Rohstoffe, Gabelstapler, EDV-Anlage, werden auf der *Aktivseite* der Bilanz ausgewiesen (= Mittelverwendung).

Auf der *Passivseite* der Bilanz ist abzulesen, woher das Unternehmen die finanziellen Mittel für die betrieblichen Investitionen bekommen hat (= Mittelherkunft).

Kapitalbeschaffung bedeutet Finanzierung.

Der Begriff Kapitalbeschaffung wird üblicherweise gleichgesetzt mit der Beschaffung von Geldmitteln. Meistens denkt man bei dem Begriff

---

[1] Der Begriff Produktionsgüter umfasst Sach-, Finanzinvestitionen und materielle Investitionen.

Kapitalbeschaffung an eine Bilanzverlängerung. Hier werden zusätzliche Geldmittel in der Weise beschafft, dass das Eigen- oder Fremdkapital der Unternehmung in entsprechender Weise erhöht wird. Wenn einer Unternehmung etwa auf dem Kreditwege zusätzliche Geldmittel zufließen, so erhöht sich die Bilanzsumme.

Es ist zu beachten, dass eine Beschaffung von Geldmitteln auch dann vorliegt, wenn ein Aktivtausch zu diesem Zweck vorgenommen wird, d. h., wenn beispielsweise Wertpapiere oder Grundstücke verkauft werden, um so (Vermögensumschichtung) den Kassenbestand zu erhöhen. Die Bilanzsumme bleibt bei einem Aktivtausch unverändert.

Auch ein Passivtausch, d. h. eine Kapitalumschichtung, kann zu Finanzierungszwecken vorgenommen werden, etwa mit dem Ziel, künftige Auszahlungen für das aufgenommene Fremdkapital zu vermeiden oder zu senken. Dieser Fall liegt dann vor, wenn Fremdkapital in eine Beteiligung, d. h. in Eigenkapital umgewandelt wird, oder wenn kurzfristige Verbindlichkeiten durch langfristige abgelöst werden. Die Bilanzsumme bleibt beim Passivtausch unberührt.

> **Finanzierung** = Sämtliche Maßnahmen, die der lang-, mittel- und kurzfristigen Beschaffung von Kapital in allen Formen (Eigen- oder Fremdkapital) dienen.

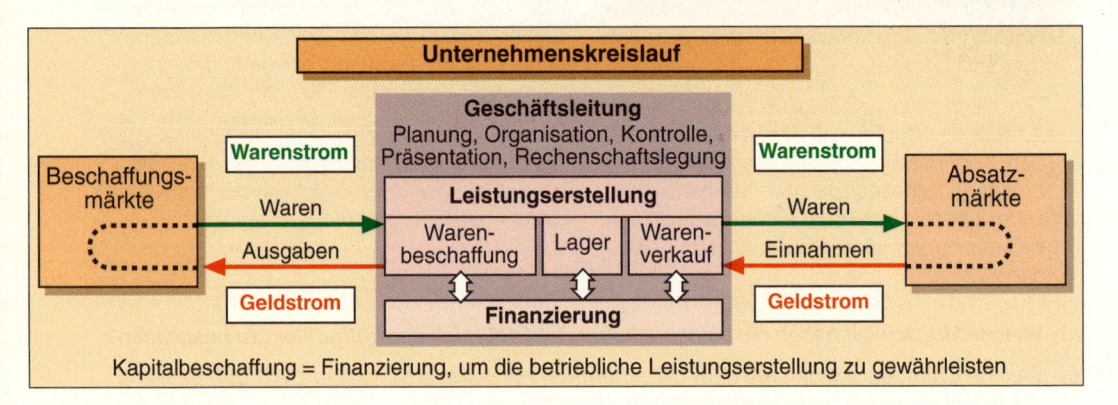

Unternehmenskreislauf

| Beschaffungsmärkte | Warenstrom → Waren → Ausgaben ← Geldstrom | **Geschäftsleitung** Planung, Organisation, Kontrolle, Präsentation, Rechenschaftslegung **Leistungserstellung**: Warenbeschaffung – Lager – Warenverkauf **Finanzierung** | Warenstrom → Waren → Einnahmen ← Geldstrom | Absatzmärkte |

Kapitalbeschaffung = Finanzierung, um die betriebliche Leistungserstellung zu gewährleisten

Einen Überblick, wie Kapital beschafft und verwendet wurde, gibt die Bilanz einer Unternehmung.

Bilanz

AKTIVA (Vermögen)	PASSIVA (Kapital)
Kapitalverwendung = Investition	Kapitalherkunft = Finanzierung
Anlagevermögen	Eigenkapital
Umlaufvermögen	Fremdkapital

Die Bilanz zeigt folglich auf beiden Seiten dieselben Mittel, die lediglich unter den unterschiedlichen Betrachtungsweisen dargestellt werden.

- Kapital**verwendung** = investierte Mittel
- Kapital**herkunft** = finanzielle Mittel

Die Höhe des Kapitals hängt dabei von verschiedenen Einflussgrößen ab, wie z. B. von

- der Betriebsgröße,
- der Betriebsform,
- der Branche,
- der Umschlagshäufigkeit (Kapitalbindung),
- der Rechtsform,
- der eigenen Kreditgewährung:

  Je länger das den Kunden eingeräumte Zahlungsziel ist, desto größer ist der Kapitalbedarf. Längere Kreditfristen haben die gleiche Wirkung wie eine längere Lagerdauer.

- den Lieferekrediten:

  Je länger das Liefererziel ist, desto geringer ist der Kapitalbedarf.

Durch entsprechende Finanzierung muss stets auch der **laufende Betriebsprozess** sichergestellt sein. Regelmäßig zu finanzieren sind dabei z. B.

- Löhne und Gehälter,
- Sozialabgaben des Arbeitgebers,
- Steuern,
- Beschaffung von Roh-, Hilfs- und Betriebsstoffen,
- Reparaturen,
- Miet-, Strom- und Heizungskosten oder
- laufende Ersatzbeschaffungen.

Finanzierungsgrundsätze

Das notwendige Kapital steht dem Unternehmer unterschiedlich lange Zeit zur Verfügung:

- kurzfristig,
- langfristig,
- unbefristet (= Eigenkapital).

Ein Unternehmen muss immer über flüssige Mittel verfügen, um Fremdkapital auch rechtzeitig zurückzahlen zu können.

Dabei gilt es, die **„goldene Finanzierungsregel"** zu beachten. Sie besagt:

> Aufgenommenes Fremdkapital soll erst dann fällig sein, wenn die damit finanzierten Investitionen durch den Umsatzerlös wieder zu Geld geworden sind (= Desinvestition).

Das heißt:

- Anlagevermögen ist mit Eigenkapital bzw. in geringem Umfang mit langfristigem Fremdkapital zu finanzieren;
- Umlaufvermögen sollte mit mittel- und kurzfristigem Fremdkapital beschafft werden.

Die Fristigkeiten sollten sich decken.

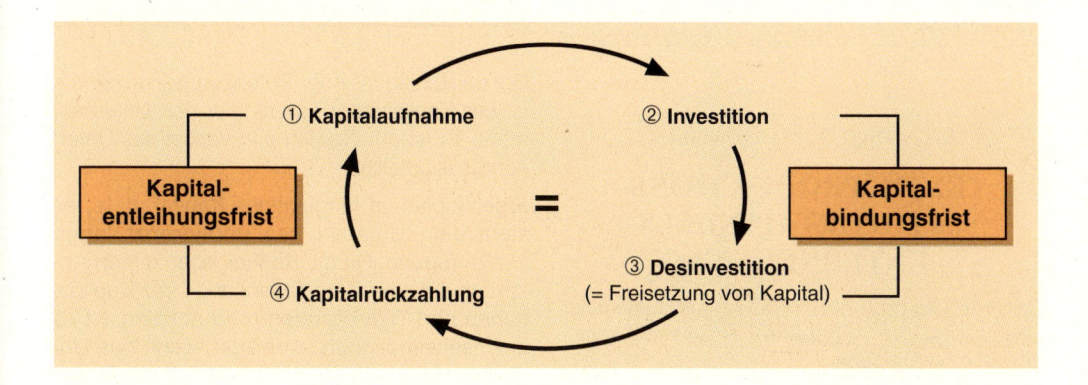

```
Kapital-            ① Kapitalaufnahme        ② Investition            Kapital-
entleihungsfrist                     =                              bindungsfrist
                    ④ Kapitalrückzahlung     ③ Desinvestition
                                             (= Freisetzung von Kapital)
```

Erläuterung: Der Umschlag des Anlagevermögens erfolgt sehr langsam. Die Ausgaben für das Anlagevermögen gelangen über den Verkaufspreis nur allmählich in das Unternehmen zurück. Daher sollte das für das Anlagevermögen notwendige Kapital möglichst langfristig, am besten unbefristet, zur Verfügung stehen.
Das Umlaufvermögen hingegen lässt sich eher mit fremden Mitteln, die in relativ kurzer Zeit zurückzuzahlen sind, finanzieren. Umlaufvermögen, wie z. B. die Waren, wird wesentlich schneller umgeschlagen, sodass auch die eingesetzten Fremdmittel sehr schnell zum Unternehmen zurückfließen.

Dieser Grundsatz sollte eingehalten werden, wenn das Anlagevermögen etwa 40 bis 60 % der Bilanzsumme ausmacht. Wenn das Anlagevermögen geringer ist, sollte das Eigenkapital auch Teile des Umlaufvermögens abdecken.

Silberne Finanzierungsregel

Wegen des überwiegend sehr knappen Eigenkapitals im Handel ist dort die goldene Finanzierungsregel kaum anwendbar. Deshalb ist in der Praxis eher die so genannte „silberne Finanzierungsregel" anzuwenden.

Sie besagt, dass bei ungenügendem Eigenkapital mindestens das Anlagevermögen und etwa $1/3$ des Umlaufvermögens durch Eigenkapital und langfristiges Fremdkapital gedeckt sein soll, während das restliche Umlaufvermögen mit kurzfristigem Fremdkapital finanziert werden kann. Außerdem sollten ein Teil der Kundenforderungen (ca. $1/3$ bis $1/2$) sowie eventuell eine Liquiditätsreserve ($1/12$ der jährlichen Kosten) langfristig finanziert sein.

Finanzierungsarten

Je nachdem, ob die Deckung des ermittelten Kapitalbedarfs mit Eigen- oder Fremdkapital vorgenommen wurde, unterscheidet man zwischen **Eigenfinanzierung** und **Fremdfinanzierung**.

Eigenfinanzierung

Die Eigenfinanzierung umfasst die **Einlagen- oder Beteiligungsfinanzierung** und die **Selbstfinanzierung.** In beiden Fällen wird das Kapital selbst aufgebracht, das Unternehmen erhält eigene Mittel: **Eigenkapital.**

1. Einlagen- oder Beteiligungsfinanzierung

Unternehmensform		Erhöhung des Eigenkapitals durch:
Einzelunternehmung		Einzahlung privater Gelder oder privaten Sachvermögens (Einlagenfinanzierung).
OHG KG		weitere Kapitaleinlagen bzw. Aufnahme neuer Gesellschafter.
GmbH	Einlagen der Gesellschafter:	Erhöhung des Stammkapitals, indem die bisherigen oder neue Gesellschafter Geldmittel zuführen.
AG		Ausgabe neuer Aktien (Grundkapitalerhöhung).
Genossenschaft		Erhöhung der Geschäftsanteile der Genossen und Eintritt neuer Mitglieder

Tätige/r Teilhaber/in

gesucht für bestens eingeführtes Hutmoden-Geschäft (über 50 J. am Ort), konkurrenzlos im weiten Umkreis, 1a-Lage, im süddeutschen Raum (Nähe Bodensee), spätere Übernahme nicht ausgeschlossen.

Bestens in D, A, CH eingeführtes

TEXTIL-PRODUKTIONS- und IMPORT-HANDELS-UNTERNEHMEN

sucht INVESTOR (500.000 Euro), um Liquidität der wachsenden Auftragslage anzupassen, gute Rendite gewährleistet.

Von **Einlagen- oder Beteiligungsfinanzierung** spricht man, wenn
- der bisherige oder die bisherigen Gesellschafter eine zusätzliche Einlage leisten oder
- Kapitalgeber als neue Gesellschafter aufgenommen werden.

Die Arten der Einlagen- oder Beteiligungsfinanzierung sind von der Unternehmensform abhängig. Den Unternehmen wird dabei aber stets Kapital (Geld, Sachleistungen oder Rechte) von **außen (= Außenfinanzierung)** zugeführt.

Bei der Einlagen- oder Beteiligungsfinanzierung ist der Kapitalgeber Eigentümer des Unternehmens. Er ist am Gewinn und Verlust des Unternehmens beteiligt.

Eigenkapital ist langfristiges Kapital, d. h., es steht dem Unternehmen **unbegrenzt lange** zur Verfügung. Da die Kapitalgeber keinen Anspruch auf eine feste Verzinsung ihres Kapitals haben und Tilgungsraten nicht anfallen, ist es in Krisensituationen vorteilhaft, wenn das Unternehmen zu einem großen Anteil mit Eigenkapital finanziert ist.

Darüber hinaus wird die Kreditwürdigkeit des Unternehmens im Falle einer Fremdfinanzierung (z. B. Aufnahme eines Bankkredites) erhöht: Da Eigenkapital haftendes Kapital darstellt, wird die Beschaffung von Fremdkapital erleichtert. Andererseits muss aber bedacht werden, dass
- bei Personengesellschaften die Aufnahme neuer voll haftender Gesellschafter eine Einschränkung in der Geschäftsführung und Vertretung zur Folge hat,
- potenzielle Kapitalgeber (Teilhafter) nur dann zu finden sind, solange das betreffende Unternehmen Gewinne erwirtschaftet, die die Kapitalanlagen höher verzinsen, als es auf dem Kapitalmarkt der Fall wäre.

2. Selbstfinanzierung

Unter Selbstfinanzierung versteht man die Finanzierung des Unternehmens **aus eigener Kraft, ohne Zuführung von Kapital von außen (= Innenfinanzierung).**

> **Selbstfinanzierung ist Finanzierung aus erwirtschafteten, einbehaltenen Gewinnen.**

Es gilt zu unterscheiden zwischen
- offener Selbstfinanzierung und
- stiller oder verdeckter Selbstfinanzierung.

Offene Selbstfinanzierung

a) Nicht entnommene/ausgeschüttete Gewinne fließen bei *Personengesellschaften* dem Eigenkapitalkonto zu:

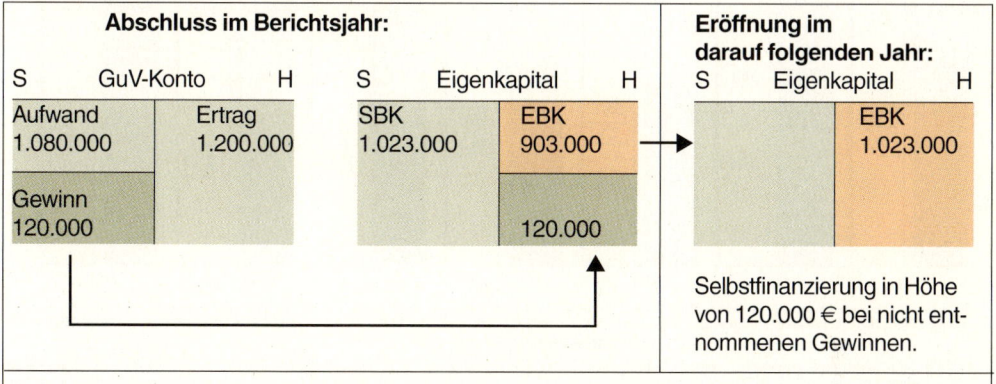

Abschluss im Berichtsjahr:

S	GuV-Konto	H
Aufwand 1.080.000	Ertrag 1.200.000	
Gewinn 120.000		

S	Eigenkapital	H
SBK 1.023.000	EBK 903.000	
	120.000	

Eröffnung im darauf folgenden Jahr:

S	Eigenkapital	H
	EBK 1.023.000	

Selbstfinanzierung in Höhe von 120.000 € bei nicht entnommenen Gewinnen.

Der nicht entnommene Gewinn erhöht das Eigenkapital, das für Investitionen zur Verfügung steht. Eigenkapital macht im Vergleich zu Fremdkapital unabhängiger und krisenfester. Das Anlagevermögen sollte daher grundsätzlich mit Eigenkapital finanziert werden.

b) Bei *Kapitalgesellschaften und Genossenschaften* fließen die Gewinne den Rücklagen zu, ausgewiesen in der Bilanz. Speziell die Aktiengesellschaft ist gemäß Aktiengesetz verpflichtet den zwanzigsten Teil des Jahresüberschusses so lange den Rücklagen zuzuführen, bis die Rücklagen den zehnten Teil (oder den in der Satzung bestimmten höheren Teil) des Grundkapitals betragen.

Neben den gesetzlichen können freie Rücklagen gebildet werden.

Stille oder verdeckte Selbstfinanzierung

Die stille Selbstfinanzierung entsteht durch die **Bildung stiller Reserven** entweder durch:
- Unterbewertung von Vermögensteilen und/oder
- Überbewertung von Schulden.

Die *Unterbewertung der Aktivposten in der Bilanz* kann beispielsweise erfolgen durch *überhöhte* direkte Abschreibungen. Die *Überbewertung der Passiva* wäre möglich z. B. durch hohe Steuerrückstellungen.

Selbstfinanzierung	
Vorteile	**Nachteile**
– keine Kosten für die Kapitalbeschaffung	– Zinsloses Eigenkapital kann zu riskanten Spekulationsgeschäften verleiten (Gefahr der Fehlinvestition).
– unabhängig von fremden Kapitalgebern	– Verdeckte Selbstfinanzierung verschleiert die tatsächliche Rentabilität[1].
– keine Belastung durch Zins- und Tilgungsverpflichtungen	– Sofern die Bedingung des Verkäufermarktes gegeben ist und die Selbstfinanzierung über überhöhte Preise erfolgt, muss der Käufer die Kosten für die Bildung zusätzlichen Eigenkapitals tragen.
– Erhöhung der Kreditwürdigkeit	
– Erhöhung der Krisenfestigkeit	
– Steigerung der Investitionsbereitschaft (z. B. risikoreiche Investitionen) und Investitionstätigkeit	– Werden stille Reserven aufgelöst, wird u. U. trotz wirtschaftlichen Verlusts noch Gewinn ausgewiesen; Verschleierung von Managementfehlern.
– Verringerung des Fremdkapitalanteils	
– durch Eigenkapitalerhöhung zusätzliche Gewinnerzielung	

[1] Den Berechnungen liegt nicht das wirkliche Eigenkapital zugrunde, sondern nur das ausgewiesene.

In beiden Fällen **verdecken** die höher ausgewiesenen Aufwendungen den tatsächlich erzielten **Gewinn** teilweise oder ganz. In Höhe des nicht ausgewiesenen Gewinns entstehen *stille Reserven*, die zur Finanzierung von Investitionsvorhaben verwendet werden können.

Diese Form der Selbstfinanzierung wird „*still*" genannt, weil sie nicht aus der Bilanz ersichtlich ist. Zu einem späteren Zeitpunkt werden diese stillen Reserven aufgelöst, z. B. beim Verkauf der betreffenden Vermögensgegenstände.

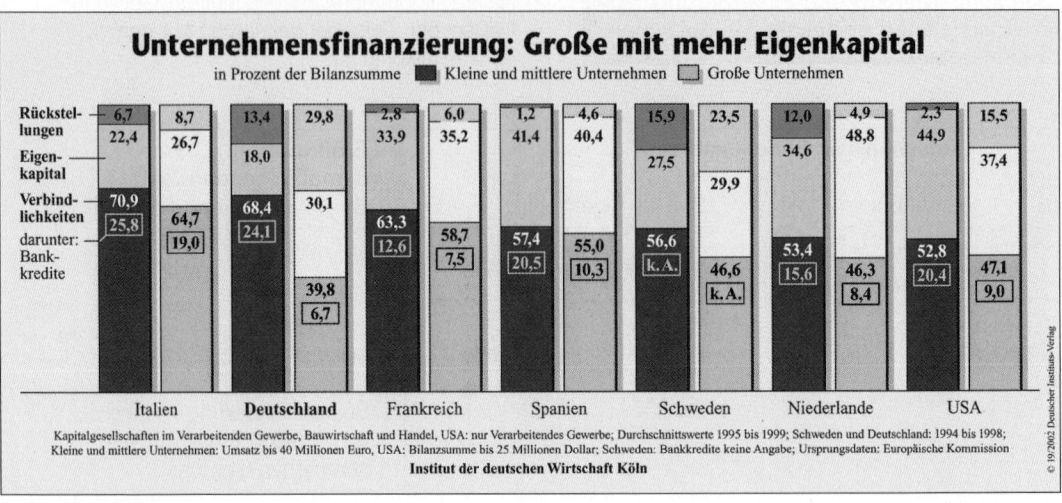

Unternehmensfinanzierung: Große mit mehr Eigenkapital
in Prozent der Bilanzsumme ■ Kleine und mittlere Unternehmen ☐ Große Unternehmen

	Italien	Deutschland	Frankreich	Spanien	Schweden	Niederlande	USA
Rückstellungen	6,7 / 22,4	8,7 / 26,7	13,4 / 18,0	29,8	2,8 / 33,9	6,0 / 35,2	1,2 / 41,4	4,6 / 40,4	15,9 / 27,5	23,5 / 29,9	12,0 / 34,6	4,9 / 48,8	2,3 / 44,9	15,5 / 37,4
Eigenkapital														
Verbindlichkeiten	70,9 / 25,8	64,7 / 19,0	68,4 / 24,1	30,1 / 39,8 / 6,7	63,3 / 12,6	58,7 / 7,5	57,4 / 20,5	55,0 / 10,3	56,6 / k.A.	46,6 / k.A.	53,4 / 15,6	46,3 / 8,4	52,8 / 20,4	47,1 / 9,0
darunter: Bankkredite														

Kapitalgesellschaften im Verarbeitenden Gewerbe, Bauwirtschaft und Handel, USA: nur Verarbeitendes Gewerbe; Durchschnittswerte 1995 bis 1999; Schweden und Deutschland: 1994 bis 1998; Kleine und mittlere Unternehmen: Umsatz bis 40 Millionen Euro, USA: Bilanzsumme bis 25 Millionen Dollar; Schweden: Bankkredite keine Angabe; Ursprungsdaten: Europäische Kommission

Institut der deutschen Wirtschaft Köln

Quelle: iwd Nr. 19 vom 09.05.02

3. Finanzierung durch Ausgabe von Aktien

Unternehmen auf Börsen-Kurs

Zahl der an der Börse notierten inländischen Unternehmen

Aktienemissionen in Milliarden €

Jahr	Unternehmen	Aktienemissionen	davon am 1997 gegründeten Neuen Markt
1995	678	8,8	
1996	681	14,8	
1997	700	9,6	13
1998	741	22,6	54
1999	933	31,3	168
2000	1.035	14,8	268

Unternehmen: Stand jeweils Jahresende; 2000: Unternehmen Ende September, Aktienemissionen Januar bis August
Quellen: Deutsche Börse, Deutsche Bundesbank
Institut der deutschen Wirtschaft Köln

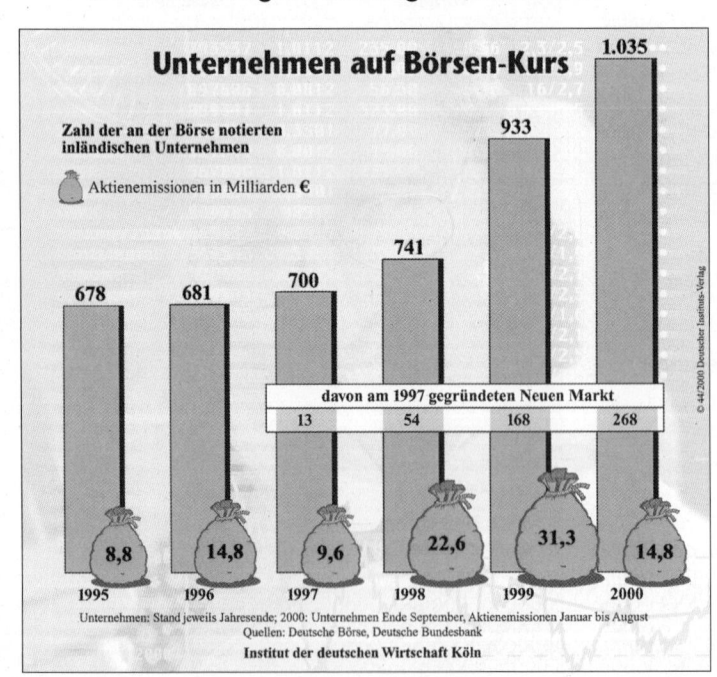

Da traditionelle Finanzierungsquellen wie Bankkredite und einbehaltene Gewinne allein nicht mehr ausreichen, um für Expansion und Globalisierung genügend liquide zu sein, gehen mehr und mehr vornehmlich inländische Aktiengesellschaften an die Börse. Aber auch Steueränderungen und gelockerte Bedingungen für den Börsengang haben die Unternehmen inspiriert. Vor allem der 1997 als neues Börsensegment eingerichtete Neue Markt zieht die Unternehmen an. Dort ist heute rund ein Viertel aller börsenorientierten deutschen Unternehmen gelistet. Allein im Jahr 1999 sind durch die **Finanzierung durch Ausgabe von Aktien** 31 Milliarden Euro in die Kassen deutscher Aktiengesellschaften geflossen.

Fremdfinanzierung

> Bei der Fremdfinanzierung erhält das Unternehmen Kapital in Form von Geld- oder Sachkrediten. Dabei sind die Kreditgeber **unternehmensfremde Gläubiger**; die Überlassung der Mittel ist befristet.

1. Finanzierung aus Rückstellungen

Rückstellungen werden in Unternehmen für Verbindlichkeiten gegenüber Gläubigern gebildet, deren Höhe und/oder Fälligkeit noch nicht bekannt sind. Daher handelt es sich um **Fremdkapital,** das **zu einem späteren Zeitpunkt** zurückgezahlt werden muss **(Fremdfinanzierung).**

Rückstellungen werden als Aufwand in der Buchhaltung erfasst (§ 249 HGB), z. B. für
- zu erwartende Steuernachzahlungen,
- Prozesskosten,
- Garantieverpflichtungen,
- Pensionsverpflichtungen,
- Provisionsverbindlichkeiten,
- drohende Verluste aus schwebenden Geschäften oder
- Kulanzgewährleistungen.

Da Rückstellungen für Aufwendungen gebildet werden, vermindert sich der auszuschüttende Gewinn und damit zugleich auch die zu zahlende Ertragsteuer, wie z. B. Einkommensteuer.

Gleichzeitig fließen dem Unternehmen durch die in der Kalkulation erfassten Rückstellungsaufwendungen liquide Mittel über die Verkaufspreise zu **(Innenfinanzierung).** Diese Mittel verbleiben bis zu ihrer späteren Auszahlung im Unternehmen und können zu Finanzierungszwecken verwendet werden. Allerdings ist dieser Finanzierungseffekt nur dann gegeben, wenn der Zufluss durch Bildung von Rückstellungen größer ist als der Abfluss durch die Auflösung von Rückstellungen.

Da Rückstellungen Schulden sind, zählen sie in der Bilanz zum Fremdkapital. In der Bilanz werden Rückstellungen in den folgenden drei Positionen ausgewiesen:
- Pensionsrückstellungen
- Steuerrückstellungen
- sonstige Rückstellungen

2. Kreditfinanzierung

> Bei der Kreditfinanzierung wird dem Unternehmen (von außen) durch unternehmensfremde Kapitalgeber (Gläubiger) Fremdkapital auf begrenzte Zeit zur Verfügung gestellt (Außenfinanzierung).

Da die Kapitalgeber Gläubiger des Unternehmens sind (es entsteht keine Beteiligung des Kreditgebers am Unternehmen des Schuldners), haben sie Anspruch
- auf Verzinsung und
- pünktliche Rückzahlung ihres Kapitals; am Verlust nehmen sie nicht teil.

Zwar haben die Gläubiger kein Mitspracherecht im Unternehmen. Dennoch besteht die Gefahr erhöhter Abhängigkeit, sollte sich das Unternehmen bei einem Großkreditgeber hoch verschuldet haben.

Des Weiteren ist bei der Aufnahme von **fremden** Geldmitteln zu beachten:
- Unabhängig von der Ertragslage des Unternehmens sind die Zins- und Tilgungsraten zu zahlen.
- Das Fremdkapital steht nur befristet zur Verfügung.
- Bei einem hohen Fremdkapitalanteil nimmt die eigene Kreditwürdigkeit ab.

Bankkredite: Treibstoff für die Wirtschaft

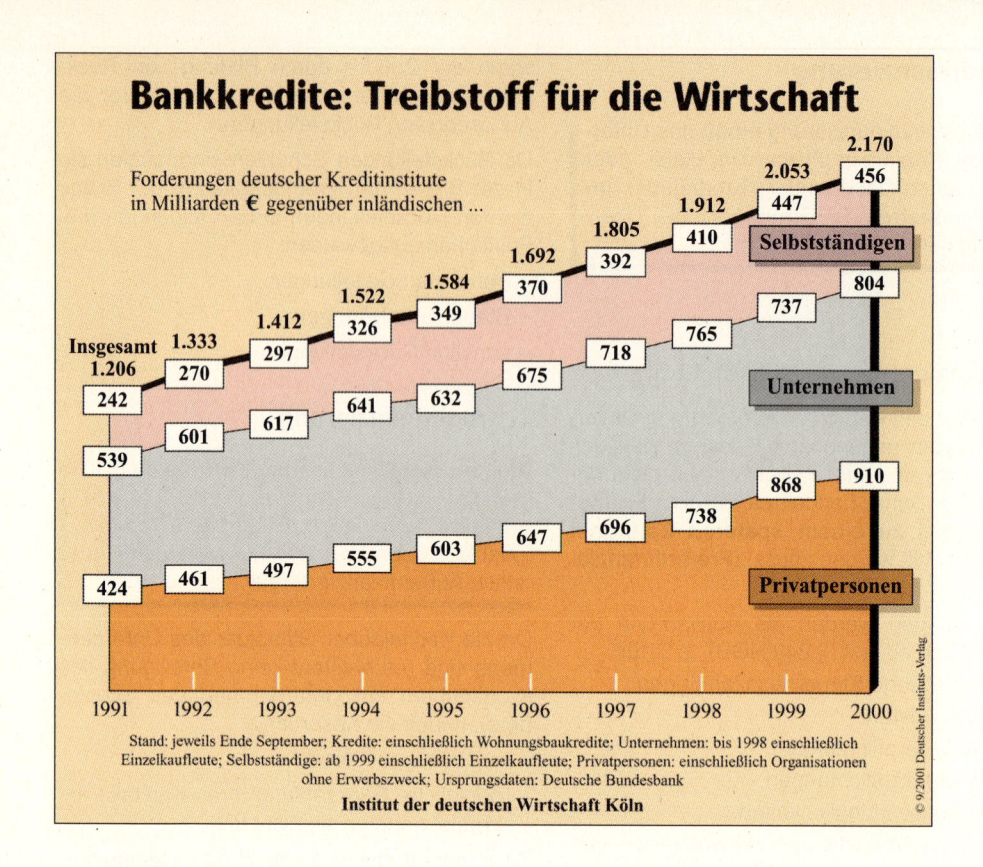

Forderungen deutscher Kreditinstitute in Milliarden € gegenüber inländischen ...

Jahr	Insgesamt	Selbstständigen	Unternehmen	Privatpersonen
1991	1.206	242	539	424
1992	1.333	270	601	461
1993	1.412	297	617	497
1994	1.522	326	641	555
1995	1.584	349	632	603
1996	1.692	370	675	647
1997	1.805	392	718	696
1998	1.912	410	765	738
1999	2.053	447	737	868
2000	2.170	456	804	910

Stand: jeweils Ende September; Kredite: einschließlich Wohnungsbaukredite; Unternehmen: bis 1998 einschließlich Einzelkaufleute; Selbstständige: ab 1999 einschließlich Einzelkaufleute; Privatpersonen: einschließlich Organisationen ohne Erwerbszweck; Ursprungsdaten: Deutsche Bundesbank

Institut der deutschen Wirtschaft Köln

Kreditarten nach der Fristigkeit des Kredits

Nach der Laufzeit unterscheidet man
- langfristige Kredite,
- mittelfristige Kredite und
- kurzfristige Kredite.

• Langfristige Fremdfinanzierung

Die langfristige Fremdfinanzierung ist eine Finanzierung durch **Darlehen** (über vier Jahre Laufzeit).

Darlehen sind Kredite, die an bestimmten, vertraglich vereinbarten Terminen auszuzahlen und zurückzuzahlen sind. Sie werden überwiegend zur Finanzierung des Anlagevermögens aufgenommen (vgl. Teilkapitel „Finanzierungsgrundsätze", S. 385).

• Mittel- und kurzfristige Fremdfinanzierung

Mittelfristige Kredite (von sechs Monaten bis vier Jahren Laufzeit) und kurzfristige Kredite (bis sechs Monate Laufzeit) sind vornehmlich bei der Finanzierung des Umlaufvermögens (Waren und Forderungen) angebracht.

Bedeutsam bei der Beschaffung von kurzfristigen Mitteln sind
- Kredite der Lieferer,
- der Kontokorrentkredit und
- der Wechselkredit.

Zur kurzfristigen Fremdfinanzierung gehört ferner der Kundenkredit.

▶ Finanzierung durch Liefererkredit

Der Liefererkredit entsteht dadurch, dass der Lieferer (z. B. Großhändler) dem Käufer (z. B. Einzelhändler) ein Zahlungsziel einräumt (Kauf von Waren auf Ziel). Der Käufer muss den Rechnungsbetrag erst nach einer bestimmten Frist, z. B. nach 30 oder 60 Tagen, begleichen, beispielsweise „Zahlung innerhalb von 60 Tagen netto Kasse". Ihm wird durch den Zahlungsaufschub ermöglicht seine Schulden aus den Umsatzerlösen der verkauften Waren zu bezahlen, sodass sein sonstiger Kapitalbedarf durch diese Art der Kreditgewährung wesentlich geringer ist.

Allerdings gewährt der Lieferer den Kredit nicht kostenlos. Er kalkuliert den Zins für die Gewährung des Liefererkredits zuvor in seinen Verkaufspreis ein, denn üblicherweise kann bei Barzahlung vom Rechnungspreis Skonto abgezogen werden, z. B. „Zahlbar in 30 Tagen ohne Abzug oder innerhalb von 14 Tagen mit 1 % Skonto".

Das folgende Beispiel zeigt, dass es günstiger ist, den vom Lieferer gewährten Skonto in Anspruch zu nehmen, als den Liefererkredit zu nutzen.

Beispiel

Der Einzelhändler Ulrich Wolf, Hannover, erhält die Rechnung des Großhändlers Arnold Gessner, Peine, vom 6. August .. über 6.000,00 €. Sie enthält die Zahlungsbedingung „Zahlbar innerhalb von 10 Tagen mit 2 % Skonto oder 30 Tage netto".

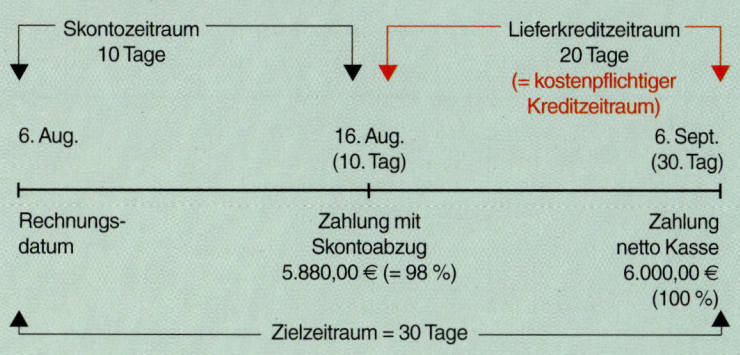

| Skontozeitraum 10 Tage | Lieferkreditzeitraum 20 Tage (= kostenpflichtiger Kreditzeitraum) |

| 6. Aug. | 16. Aug. (10. Tag) | 6. Sept. (30. Tag) |

| Rechnungsdatum | Zahlung mit Skontoabzug 5.880,00 € (= 98 %) | Zahlung netto Kasse 6.000,00 € (100 %) |

Zielzeitraum = 30 Tage

Zahlt der Einzelhändler Wolf spätestens am 10. Tag, so erhält er dafür, dass er 20 Tage vor dem Zahlungsziel zahlt, 2 % = 120,00 € Skonto.

Die ersten 10 Tage des Ziels, während der ein Skontoabzug möglich ist, verursachen noch keine Kreditkosten. Kreditkosten in Höhe von 2 %, die im Verkaufspreis einkalkuliert sind, entstehen ab dem 11. bis zum 30. Tag. Der kostenpflichtige Kreditzeitraum umfasst 20 Tage (Zielzeitraum – Skontozeitraum).

20 Tage Kredit kosten demnach 120,00 €.

Da sich 2 % Skonto auf den kostenpflichtigen Kreditzeitraum von 20 Tagen beziehen, ergibt dies, bezogen auf ein Jahr, einen Jahreszinssatz von

$$\begin{aligned} 20 \text{ Tage} &- 2 \% \\ 360 \text{ Tage} &- x \% \end{aligned} \qquad x = \frac{360 \cdot 2}{20} = \underline{\underline{36 \%}}$$

Die genaue Lösung:

$$p = \frac{Z \cdot 360 \cdot 100}{K \cdot t} = \frac{120 \cdot 360 \cdot 100}{5.880 \cdot 20} = \underline{\underline{36{,}73 \%}}$$

Übersteigt der Skontoertrag (hier 120,00 €) die Kosten für einen Bankkredit, ist es für den Käufer wirtschaftlicher, einen kurzfristigen Bankkredit aufzunehmen, um den Skontoabzug ausnutzen zu können.

Die Finanzierung durch Liefererkredit kann für ein Unternehmen aber dennoch von besonderer Bedeutung sein, wenn sein Eigenkapital und seine Liquidität gering sind und wenn es nicht über genügend Sicherheiten verfügt, um Bankkredite in Anspruch nehmen zu können. Mithilfe des Liefererkredits kann es zumindest teilweise seine Lagerbestände finanzieren.

▶ **Finanzierung durch Kontokorrentkredit**

Der Kontokorrentkredit ist der wichtigste und am häufigsten vorkommende kurzfristige Bankkredit im Handel. Er entsteht bei der Abwicklung des Zahlungsverkehrs über das laufende Konto.

Die Bank gewährt dem Kreditnehmer (z. B. Einzelhändler) einen Kredit bis zu einer bestimmten Höhe. Bis zu dieser Kreditgrenze (= Limit) kann der Kontoinhaber innerhalb einer bestimmten Laufzeit sein Konto überziehen. Durch ständige Ein- und Auszahlungen entsteht eine laufende Rechnung, deren Saldo entweder ein Guthaben oder eine Kreditinanspruchnahme aufweist.

Verzinst wird nur der tatsächlich beanspruchte Kreditbetrag, wobei Überziehungsprovision, Kreditprovision (für die Bereitstellung des Kredits) und Umsatzprovision hinzukommen. Der Sollzinssatz für den Kreditsaldo ist relativ hoch, die

Habenzinsen für den Guthabensaldo dagegen verhältnismäßig niedrig.

Dem Kreditnehmer dient der Kontokorrentkredit zur Sicherung seiner Zahlungsbereitschaft. Er ist besonders bedeutsam für die Ausnutzung von Skonto.

▶ **Finanzierung durch Kundenkredit**

Im Gegensatz zum Liefererkredit tritt bei **Anzahlungen** der Kunde eines Unternehmens als Kreditgeber auf. Der Kunde zahlt bereits, noch bevor das Unternehmen seine Leistung erbracht hat. Kundenanzahlungen zählen zur kurzfristigen Fremdfinanzierung.

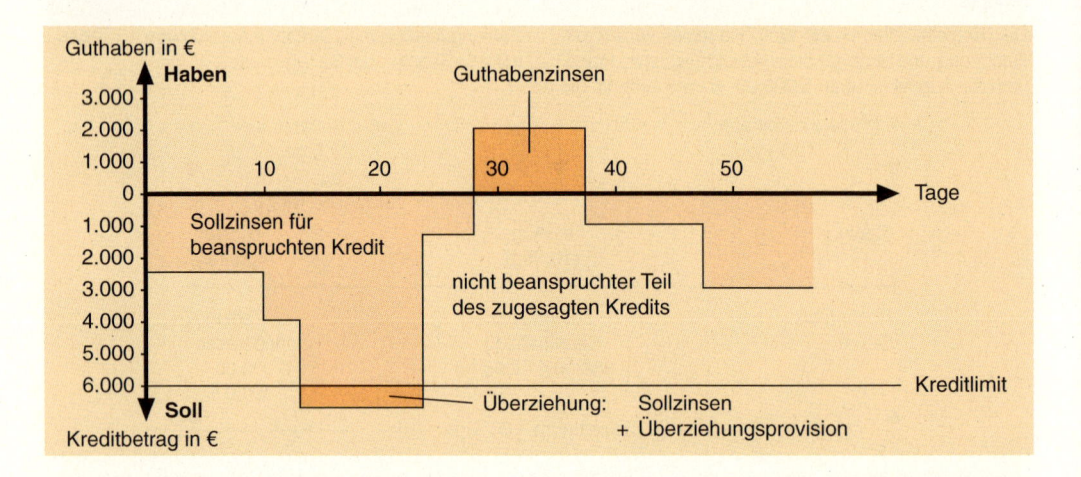

Beispiel für die Finanzierung durch Kundenkredit

Im Einzelhandel kommt es vor, dass Kunden eine Ware zurücklegen lassen und sie dann anzahlen. Aber auch der Einzelhändler verlangt eine Anzahlung beispielsweise bei Änderungen, Sonderbestellungen oder Schaufensterware, die nicht sofort aus dem Fenster genommen werden kann.

Im Einzelhandel hat die Anzahlung nur noch Bedeutung, wenn es sich um Anschaffungen von Einrichtungsgegenständen handelt, wie z. B. bei Möbeln, Rundfunkgeräten, Kochgeräten u. a.

Aufgaben

1. Was versteht man unter den Begriffen „Finanzierung" und „Investition"?

2. Der Unternehmer Fritz Schwerdtfeger, Asternweg 15, 31141 Hildesheim, will aufgrund der Gewinnsituation sein Unternehmen durch die Errichtung einer Filiale in Marienhagen erweitern. Dazu benötigt er umfangreiche Geldbeträge.

   Welche Möglichkeiten der Innen- und der Außenfinanzierung bieten sich Herrn Schwerdtfeger?

3. Welche Finanzierungsart (Einlagenfinanzierung, Selbstfinanzierung, Fremdfinanzierung) wird in den folgenden Beispielen angesprochen?

   a) Kapitaleinlage eines Kommanditisten
   b) Überziehung des Kontokorrentkontos
   c) Ausgabe neuer Aktien
   d) Erhöhung des Eigenkapitals durch Einlagen

4. Entscheiden Sie in den folgenden Fällen, ob

   (1) Innen- oder Außenfinanzierung,
   (2) Selbstfinanzierung, Beteiligungs- oder Fremdfinanzierung vorliegt.

   a) Der Unternehmer Karl-Otto Bodenstein stockt sein Warenlager durch Zieleinkäufe auf.
   b) Die Gesellschafter einer OHG beschließen, ihre Gewinnanteile in Höhe von je 50.000,00 € nicht zu entnehmen, sondern für Investitionszwecke in ihrem Unternehmen zu belassen.
   c) Der Unternehmer Wilfried Bachstein nimmt bei der sparda Bank Hannover e. G. einen Kontokorrentkredit in Höhe von 65.000,00 € auf.

5. Welche Vorteile hat es für den Unternehmer, wenn er sein Unternehmen vornehmlich mit Eigenkapital finanziert?

6. Nennen Sie die Grenzen der Eigenfinanzierung.

7. Worin besteht der Unterschied zwischen Beteiligungsfinanzierung und Selbstfinanzierung?

8. Erklären Sie die goldene Finanzierungsregel.

9. Welche Probleme können sich ergeben, wenn das Eigenkapital im Verhältnis zum Fremdkapital zu niedrig ist?

10. Zur Finanzierung einer besonders günstigen Warenlieferung benötigt ein Teppicheinzelhändler 150.000,00 € für etwa fünf Monate. Eigenkapital steht nicht ausreichend zur Verfügung. Welche Kreditform würden Sie empfehlen?

11. Erklären Sie den Liefererkredit und den Kontokorrentkredit.

12. Heinz Rössing und Gertrud Seeler sind Gesellschafter der Rössing & Seeler OHG. Beide beschließen, dringend notwendige Investitionen vorzunehmen. Herr Rössing setzt sich dafür ein, das notwendige Kapital von 120.000,00 € durch Bankkredite zu beschaffen. Frau Seeler hingegen vertritt die Auffassung, neue Gesellschafter in die OHG aufzunehmen. Wozu würden Sie Rössing und Seeler raten?

13. Welche Folgen ergeben sich aus der Tatsache, dass Fremdkapital stets befristet ist?

14. Welche Arten von Fremdfinanzierung gibt es?

15. Nennen Sie drei Investitionsgründe.

16. Erläuten Sie den Begriff Desinvestition

17. Welcher Zusammenhang besteht zwischen Finanzierung und Investition?

18. Ordnen Sie die folgenden Begriffe entweder der Aktiv- oder der Passivseite der Bilanz zu.

    a) Vermögen
    b) Finanzierung
    c) Kapitalverwendung
    d) Investition
    e) Kapital
    f) Kapitalherkunft

19. Welche Auswirkungen können

    a) Erweiterungsinvestitionen,
    b) Rationalisierungsinvestitionen

    auf eine Volkswirtschaft haben?

20. Welcher Anlass kann eine Ersatzinvestition auslösen?

21. Was verstehen Sie unter Nettoinvestitionen?

Zusammenfassung

Finanzierungsgrundsätze

Goldene Finanzierungsregel
Kapitalentleihungsfrist = Kapitalbindungsfrist

das heißt:

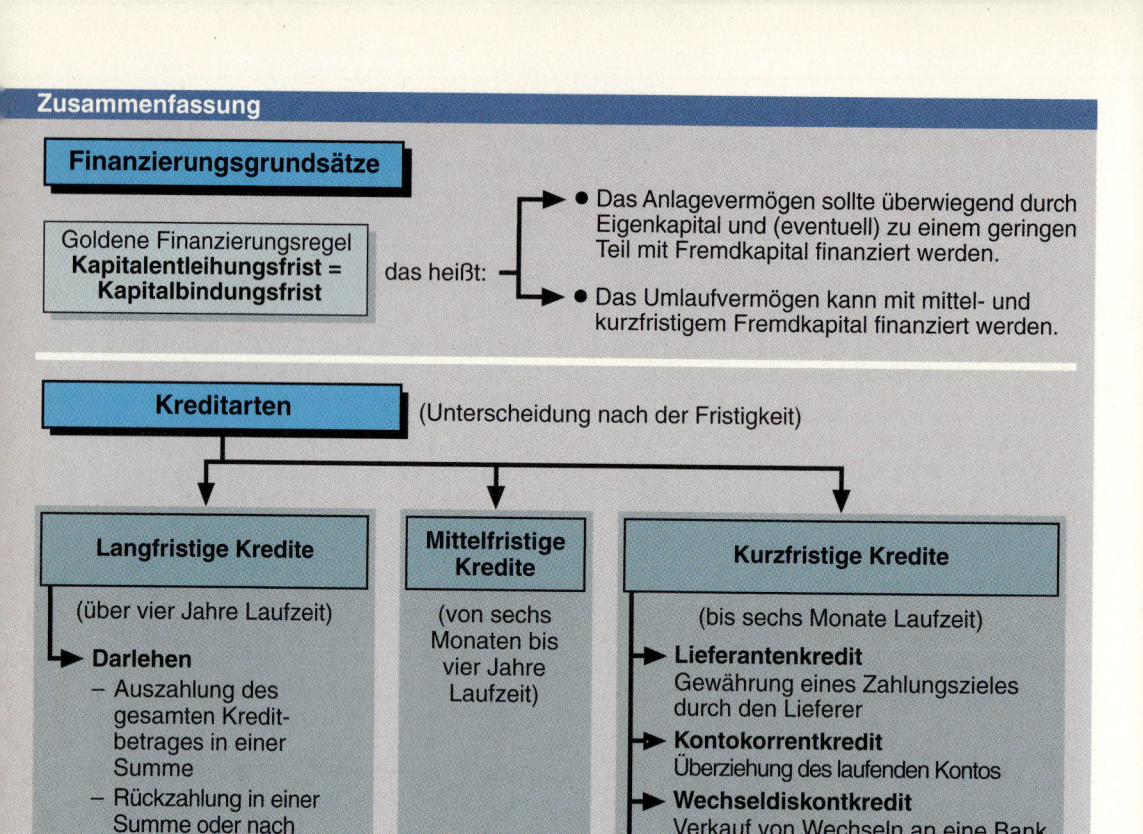

- Das Anlagevermögen sollte überwiegend durch Eigenkapital und (eventuell) zu einem geringen Teil mit Fremdkapital finanziert werden.
- Das Umlaufvermögen kann mit mittel- und kurzfristigem Fremdkapital finanziert werden.

Kreditarten (Unterscheidung nach der Fristigkeit)

Langfristige Kredite
(über vier Jahre Laufzeit)

- **Darlehen**
  - Auszahlung des gesamten Kreditbetrages in einer Summe
  - Rückzahlung in einer Summe oder nach Tilgungsplan

Mittelfristige Kredite
(von sechs Monaten bis vier Jahre Laufzeit)

Kurzfristige Kredite
(bis sechs Monate Laufzeit)

- **Lieferantenkredit**
  Gewährung eines Zahlungszieles durch den Lieferer
- **Kontokorrentkredit**
  Überziehung des laufenden Kontos
- **Wechseldiskontkredit**
  Verkauf von Wechseln an eine Bank (vgl. Kapitel 9.2)
- **Kredit von Kunden**

Zusammenfassung

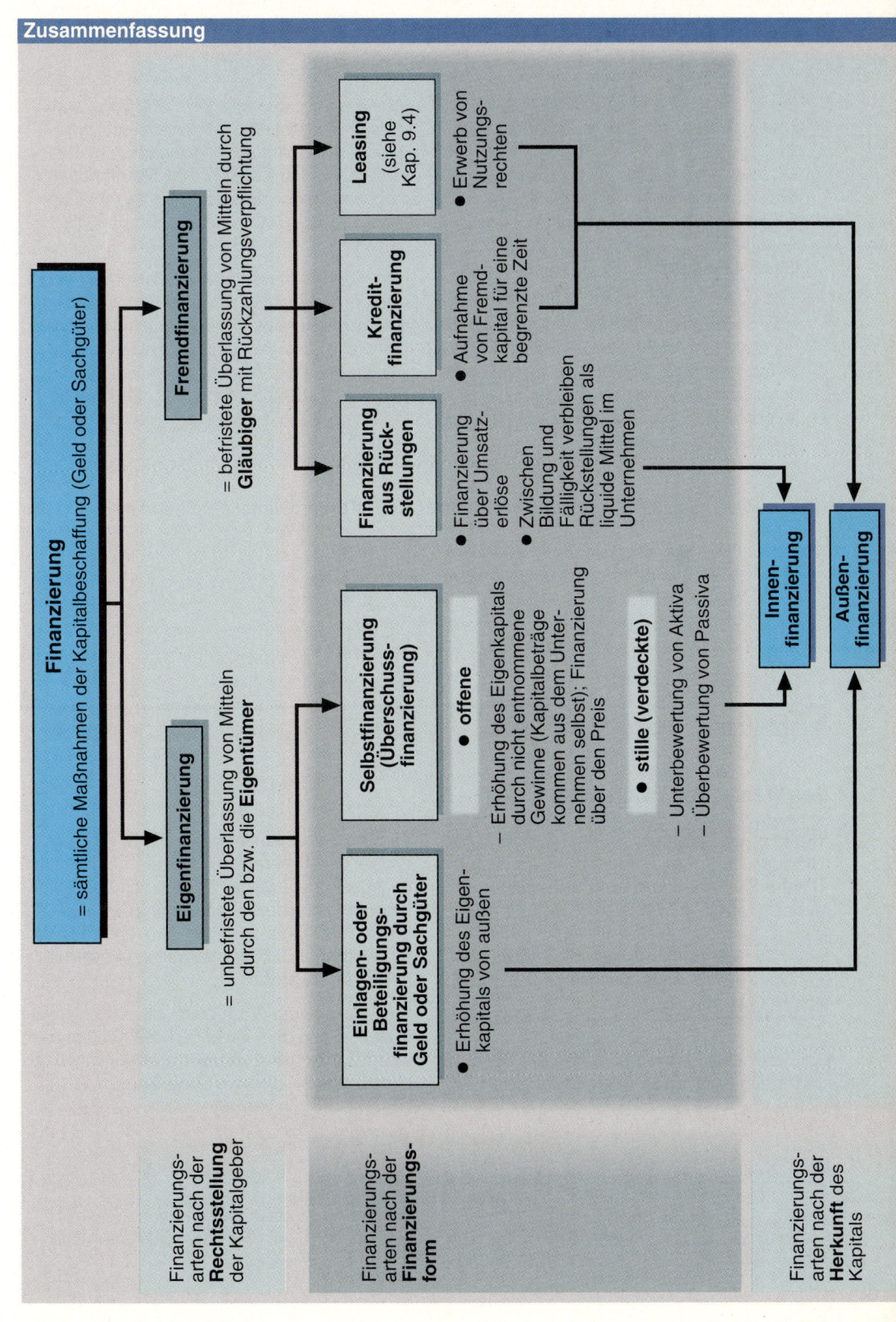

Finanzierung
= sämtliche Maßnahmen der Kapitalbeschaffung (Geld oder Sachgüter)

Finanzierungsarten nach der Rechtsstellung der Kapitalgeber

Eigenfinanzierung
= unbefristete Überlassung von Mitteln durch den bzw. die **Eigentümer**

Fremdfinanzierung
= befristete Überlassung von Mitteln durch **Gläubiger** mit Rückzahlungsverpflichtung

Finanzierungsarten nach der Finanzierungsform

Einlagen- oder Beteiligungsfinanzierung durch Geld oder Sachgüter
- Erhöhung des Eigenkapitals von außen

Selbstfinanzierung (Überschussfinanzierung)
- offene
  - Erhöhung des Eigenkapitals durch nicht entnommene Gewinne (Kapitalbeträge kommen aus dem Unternehmen selbst); Finanzierung über den Preis
- stille (verdeckte)
  - Unterbewertung von Aktiva
  - Überbewertung von Passiva

Finanzierung aus Rückstellungen
- Finanzierung über Umsatzerlöse
- Zwischen Bildung und Fälligkeit verbleiben Rückstellungen als liquide Mittel im Unternehmen

Kreditfinanzierung
- Aufnahme von Fremdkapital für eine begrenzte Zeit

Leasing (siehe Kap. 9.4)
- Erwerb von Nutzungsrechten

Finanzierungsarten nach der Herkunft des Kapitals

Innenfinanzierung

Außenfinanzierung

9.2 Finanzierung durch Wechselkredit

Der in der Goebenstraße 30 in 30163 Hannover ansässige Computerhändler Fred Hennies erhält als Vertragshändler am 15. Juni von dem Großhändler AGU Deutschland GmbH in 20255 Hamburg, Osterstr. 198 ein besonders günstiges Angebot über fünf Personalcomputer zum Gesamtpreis von 7.500,00 €. Die Geräte müssten bar bezahlt werden.

Herr Hennies ist an dem Angebot des Großhändlers sehr interessiert. Allerdings verfügt er momentan weder über die entsprechenden finanziellen Mittel noch über einen entsprechenden Kreditspielraum bei seiner Bank.

Herr Hennies rechnet sich allerdings aus, dass er die seiner Meinung nach recht preisgünstigen Computer spätestens in drei Monaten verkauft haben wird. Mit den dann eingenommenen Beträgen könnte er ohne Probleme die Rechnung des Großhändlers begleichen.

Herr Hennies muss daher ein Zahlungsmittel wählen, das für ihn praktisch einen Kredit darstellt und gleichzeitig für den Großhändler zur Sicherung der Forderung dient. In einem Telefongespräch vereinbart Hennies mit der AGU Deutschland GmbH, dass die Lieferung mit einem Wechsel, der in drei Monaten fällig sein soll, bezahlt wird.

Welche Bedeutung hat die Zahlung mit Wechsel für den Unternehmer Fred Hennies?

Information

Das Wesen des Wechsels

Unter einem Wechsel versteht man eine Urkunde, durch die der Wechselaussteller (Zahlungsempfänger) den Wechselbezogenen (Zahlungspflichtigen) auffordert, zu einem festgesetzten Zeitpunkt eine bestimmte Geldsumme an den Wechselnehmer (= Wechselaussteller oder jemand anderes) zu zahlen.

Ein Einzelhändler kann u. a. mithilfe des Wechselkredits den Kauf seiner Waren finanzieren. Die Zahlung mit einem Wechsel macht es möglich, dass er dem Lieferer die Waren erst dann bezahlt, nachdem er sie wieder verkauft hat. Der Lieferer hingegen kann durch Verwendung des Wechsels sofort über Geld verfügen, um ebenfalls Warenlieferungen, Löhne, Verwaltungskosten usw. bezahlen zu können.

Die Finanzierung durch Wechselkredit entspricht infolgedessen dem Verlangen des Käufers nach einem Zahlungsziel wie auch dem Verlangen des Lieferers nach sofortiger Bezahlung.

Fortführung des Eingangsbeispiels:

Die AGU Deutschland GmbH hat selbst Verbindlichkeiten und will den Wechsel zum teilweisen Ausgleich dieser Schuld an ihren Lieferer, der Machmann Kommunikations-Industrie AG, An der Jakobuskirche 19 in 34123 Kassel weitergeben.

Nach dem Wechselrecht heißt der Schuldner „Bezogener" **(Trassat)**, der Gläubiger „Aussteller" **(Trassant)**.

Die AGU Deutschland GmbH ist Aussteller. Sie stellt auf den Einzelhändler Fred Hennies einen Wechsel aus (zieht = trassiert einen Wechsel), fällig in drei Monaten. Den „gezogenen" Wechsel nennt man **Tratte**.

Der Bezogene, Fred Hennies, nimmt den Wechsel an, indem er den gezogenen Wechsel auf der linken Seite des Wechselformulars quer unterschreibt. Damit verpflichtet er sich, den Wechsel am Fälligkeitstag einzulösen. Der akzeptierte Wechsel wird **Akzept** genannt.

Die AGU Deutschland GmbH gibt den Wechsel, nachdem sie ihn von Hennies zurückerhalten hat, zum Ausgleich ihrer Schulden an die Machmann Kommunikations-Industrie AG weiter.

Die Machmann Kommunikations-Industrie AG legt dem Bezogenen den Wechsel am Fälligkeitstag vor.

Der Bezogene bezahlt dann die Wechselschuld an die Machmann Kommunikations-Industrie AG.

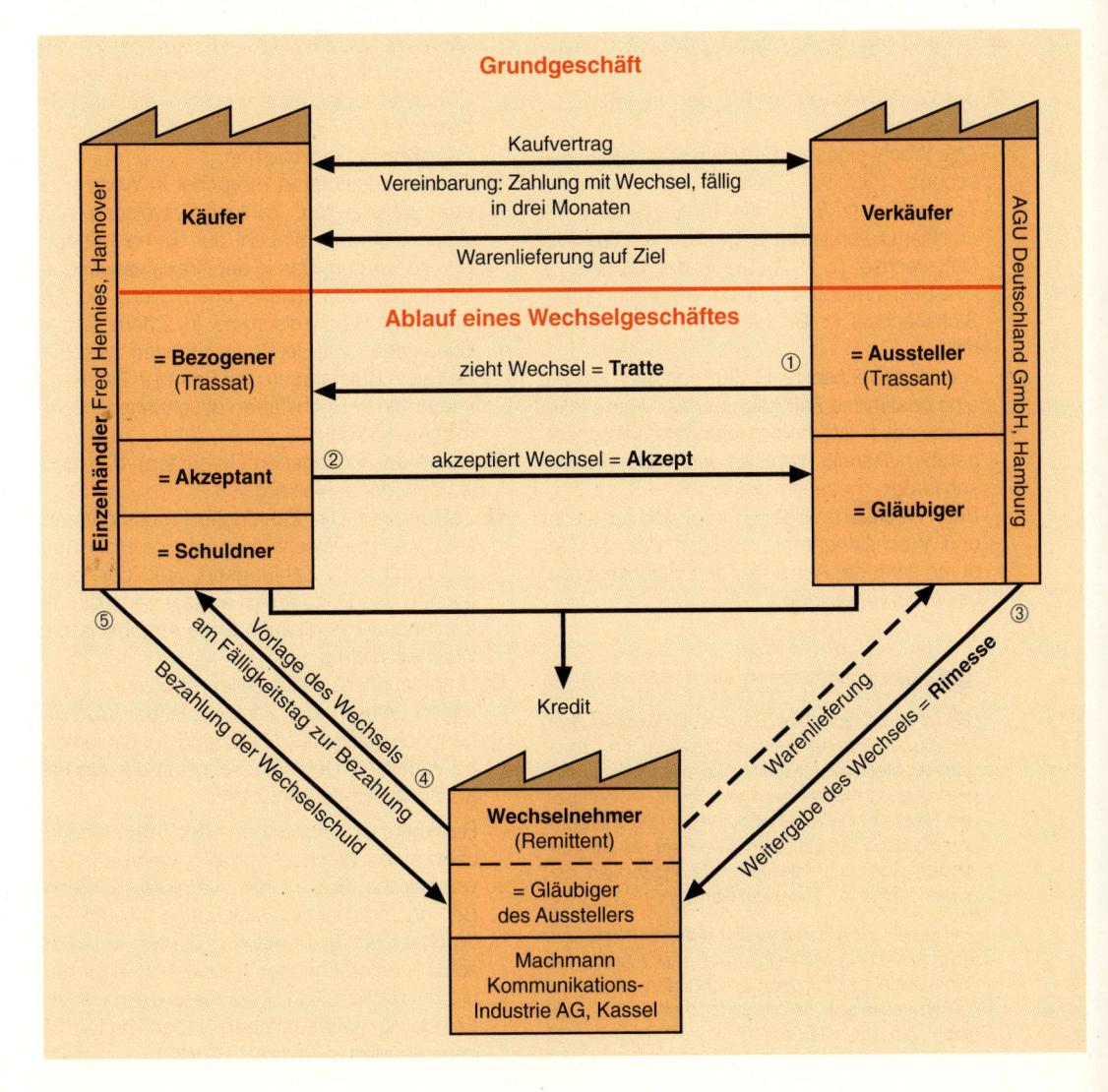

Bestandteile des Wechsels

Die Urkunde muss bestimmte, im Wechselgesetz vorgeschriebene Bestandteile enthalten (Art. 1 WG), wenn sie als Wechsel gelten soll.

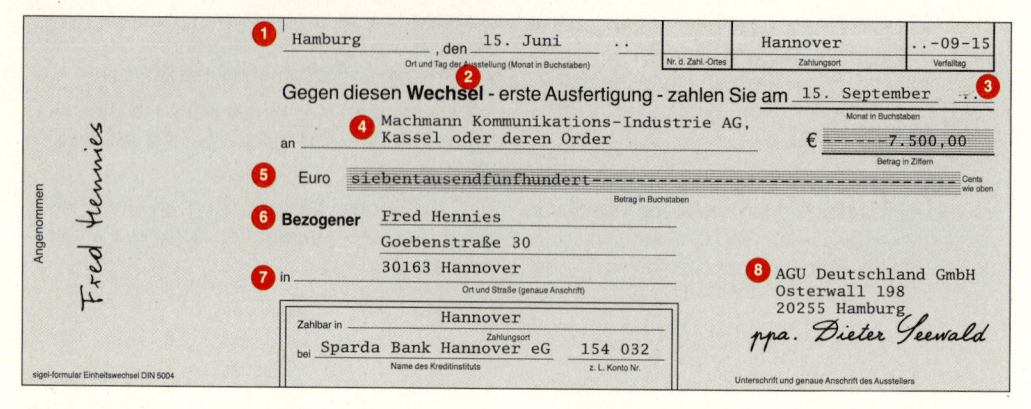

```
┌─────────────────────────────────────────────────────────────────────────────┐
│  ❶ Hamburg        , den  15. Juni  ..  │   Hannover        │  ..-09-15     │
│    Ort und Tag der Ausstellung           │  Nr. d. Zahl.-Ortes │ Zahlungsort │ Verfalltag │
│    (Monat in Buchstaben)                                                    │
│                                                                             │
│  ❷ Gegen diesen Wechsel - erste Ausfertigung - zahlen Sie am  15. September ..  ❸
│                                                            Monat in Buchstaben │
│         ❹  Machmann Kommunikations-Industrie AG,      € ------7.500,00       │
│     an ___Kassel oder deren Order_____         Betrag in Ziffern      │
│                                                                             │
│  ❺  Euro  siebentausendfünfhundert--------------------------     Cents      │
│                        Betrag in Buchstaben                     wie oben     │
│                                                                             │
│  ❻  Bezogener   Fred Hennies                                                │
│                 Goebenstraße 30                                             │
│                 30163 Hannover                         ❽ AGU Deutschland GmbH│
│  ❼  in _____                  Osterwall 198       │
│            Ort und Straße (genaue Anschrift)             20255 Hamburg       │
│                                                                             │
│         Zahlbar in    Hannover                         ppa. Dieter Seewald  │
│                       Zahlungsort                                           │
│                 bei   Sparda Bank Hannover eG   154 032                     │
│                       Name des Kreditinstituts  z. L. Konto Nr.             │
│  sigel-formular Einheitswechsel DIN 5004        Unterschrift und genaue Anschrift des Ausstellers │
└─────────────────────────────────────────────────────────────────────────────┘
```
(Links: "Angenommen Fred Hennies")

❶ Ort und Tag der Ausstellung (Monat in Buchstaben)

❷ das Wort „Wechsel" im Text der Urkunde

❸ die Verfallzeit

Das Wechselgesetz unterscheidet dabei zwischen:

– Tagwechsel (z. B. „… am 15. September .."): an einem kalendermäßig bestimmten Tag fällig
– Datowechsel (z. B. „heute in drei Monaten"): eine bestimmte Zeit nach der Ausstellung fällig
– Sichtwechsel (z. B. „bei Sicht"): bei Vorlage fällig
– Nachsichtwechsel (z. B. „90 Tage nach Sicht"): eine bestimmte Zeit nach der Annahme fällig

❹ Name des Wechselempfängers (Wechselnehmers/Remittenten), an den – oder an dessen Order – gezahlt werden soll.

Beim Wechsel an eigene Order sind Aussteller und Wechselnehmer dieselbe Person. Dadurch kann der Aussteller den Wechsel beliebig weiterverwenden.

Beispiel

Da die AGU Deutschland GmbH den Wechsel zum Ausgleich eigener Verbindlichkeiten an ihren Lieferer Machmann Kommunikations-Industrie AG weitergeben möchte, wird als Wechselempfänger der Hersteller in Kassel eingetragen. Daher liegt im vorliegenden Beispiel ein **„Wechsel an fremde Order"** vor; mögliche Formulierungen: „an die Order der Firma …" oder „an Herrn …".

Sollte sich der Aussteller nicht sicher sein, an wen er den Wechsel weitergibt, setzt er sich selbst als Wechselnehmer ein. Man spricht dann von einem **„Wechsel an eigene Order"** mit dem Vermerk „an mich", „an eigene Order".

Mit dem Wechsel ist ein Orderpapier entstanden, das nur den namentlich genannten Gläubiger oder eine von ihm durch Order bestimmte Person berechtigt, die Zahlung am Fälligkeitstag einzuziehen.

❺ Den Wechselbetrag möglichst in Worten mit der unbedingten Zahlungsanweisung. Die Wechselsumme braucht nur einmal angegeben zu werden. Das in der Praxis verwendete Einheitsformular (siehe oben) sieht die Angabe der Wechselsumme in Ziffern und in Buchstaben vor. Bei Abweichungen zwischen Betrag in Buchstaben und Betrag in Ziffern gilt immer die in Buchstaben geschriebene Summe (Art. 6 WG).

❻ Name des Bezogenen (Trassaten), d. h. desjenigen, der zahlen soll.

❼ Zahlungsort: Der Zahlungsort muss genannt sein, weil die Wechselschuld eine Holschuld ist. Fehlt der Zahlungsort, gilt der beim Namen des Bezogenen angegebene Ort als Zahlungsort. Fehlt auch diese Angabe, ist der Wechsel nichtig.

❽ Unterschrift des Ausstellers: Sollten die Angaben unter 1 oder 7 fehlen, ist der Wechsel dennoch gültig. Das Gleiche gilt für die fehlende Verfallzeit: Der Wechsel gilt in diesem Fall als Sichtwechsel (Art. 2 WG).

Radieren, Durchstreichen oder Zerreißen machen einen Wechsel ungültig, wenn dadurch wesentliche Bestandteile vernichtet werden. Bei nachträglichen Fälschungen bleibt der Wechsel gültig. Personen, die vor der Fälschung unterschrieben haben, haften für den ursprünglichen Text; Personen, die nach der Fälschung unterschrieben haben, haften für den geänderten Text (Art. 69 WG).

Kaufmännische Bestandteile

Die kaufmännischen Bestandteile sind im Einheitswechsel-Vordruck vorgesehen, um die Bearbeitung des Wechsels zu erleichtern. Zu ihnen zählen

a) Ortsnummer des Zahlungsortes,

b) Wiederholung des Zahlungsortes,

c) Wiederholung des Verfalltages,

d) Zusatz „erste Ausfertigung",

e) Wiederholung der Wechselsumme in Ziffern,

f) Zahlstellenvermerk: Die meisten Wechsel werden bei einem Kreditinstitut zahlbar gestellt. Die Deutsche Bundesbank nimmt nur Wechsel an, die an einem Bankplatz (Ort mit Niederlassung einer Landeszentralbank) zahlbar sind.

g) Anschrift des Ausstellers,

h) der Ordervermerk (die Orderklausel).

Verwendungsmöglichkeiten

Der Aussteller hat verschiedene Möglichkeiten, den (Besitz-)Wechsel zu verwenden.

Er kann ihn

- **bis zum Verfalltag aufbewahren** und den Betrag dann selbst oder durch ein Kredit- oder Inkassoinstitut einziehen;

- **vor dem Fälligkeitstag** an ein Kreditinstitut **verkaufen** (diskontieren). Damit erhält er vorzeitig flüssige Mittel. Das Kreditinstitut, das selber den Wechselbetrag erst später, am Verfalltag, einziehen kann, gewährt dem Aussteller somit einen kurzfristigen Kredit (Wechseldiskontkredit). Für diesen Kredit berechnet es Zinsen (Diskont für vorzeitige Zahlung), die es von der Wechselsumme abrechnet (Wechselsumme minus Diskont = Barwert). Der Diskont wird dann meist dem Bezogenen in Rechnung gestellt. Er ist es ja schließlich, der den Wechsel als Kreditmittel nutzt, und Kredit kostet bekanntermaßen Zinsen. Dem zum Diskont eingereichten Wechsel soll ein Waren- oder Dienstleistungsgeschäft zugrunde liegen – damit wird er zu einem guten **Handelswechsel;**

- als Zahlungsmittel an einen seiner Gläubiger (Lieferer) **weitergeben** (vgl. Eingangsbeispiel) zum Ausgleich seiner Verbindlichkeiten. In diesem Fall muss allerdings der Gläubiger sein Einverständnis gegeben haben.

Aussteller und Wechselnehmer haben beide eine Wechselforderung an den Bezogenen. Da sie den Wechsel „in Besitz" nehmen, ist der Wechsel für sie ein **Besitzwechsel.**

Für den Bezogenen entsteht eine Wechselverbindlichkeit, sodass für ihn der Wechsel ein **Schuldwechsel** ist.

Aufgaben des Wechsels

Der Wechsel erfüllt wichtige Aufgaben. Für den Kaufmann ist er in erster Linie

- **Kreditmittel**, da er (der Bezogene) erst zu einem späteren Zeitpunkt – erheblich nach der Warenlieferung – zahlen muss (= Liefererkredit in Wechselform). In der Zwischenzeit hat er die Möglichkeit, die erhaltene Ware „zu Geld zu machen" und aus dem Verkaufserlös den Wechsel einzulösen.

Für den Lieferer hat der Wechsel ebenfalls die Funktion eines Kreditmittels, da er beim Verkauf an ein Kreditinstitut einen kurzfristigen Kredit eingeräumt bekommt.

In zweiter Linie ist er

- **Zahlungsmittel,** da mit der Übergabe des Wechsels Verbindlichkeiten beim Lieferer beglichen werden können, und

- **Sicherungsmittel,** da aufgrund der strengen Vorschriften des Wechselgesetzes Wechselforderungen sicherer sind als gewöhnliche Forderungen (vgl. hierzu die Ausführungen über „Wechselstrenge" Seite 403).

Die Annahme (Akzept) des Wechsels

Der Bezogene (hier Fred Hennies) verpflichtet sich mit seiner Unterschrift quer auf der linken Seite des Wechsels, ihn am Verfalltag einzulösen.

> Sowohl der angenommene Wechsel selbst als auch die schriftliche Annahmeerklärung werden AKZEPT genannt

Da das Akzept kein gesetzlicher Bestandteil ist, ist der Wechsel auch ohne Annahmeerklärung gültig. Solange der Bezogene aber nicht akzeptiert hat, haftet der Aussteller für die Annahme und Zahlung des Wechsels.

Die **Arten des Akzepts** können unterteilt werden nach der *Form,* dem *Inhalt* und nach dem *Anlass* der Annahme.

- Nach der **Form** sind zu unterscheiden das:

Kurzakzept	Vollakzept
Das Kurzakzept besteht lediglich aus der Unterschrift des Bezogenen: *Georg Meyer* Georg Meyer	Das Vollakzept besteht aus der Annahme, dem Ort und Datum sowie der Unterschrift des Bezogenen (es kann auch den Wechselbetrag wiederholen): Angenommen 10.000,00 € Neustrelitz, den 6. Juni 20.. *Detlef Hansen* Detlef Hansen Bei einem Nachsichtwechsel ist ein Vollakzept notwendig, weil der Verfalltag durch das Datum der Annahme bestimmt wird.

- Unterscheidet man nach dem **Inhalt** der Annahme, kann das Akzept erscheinen als:

Teilakzept	Blankoakzept
Durch ein Teilakzept oder beschränktes Akzept (Art. 26, I WG) will der Bezogene mitteilen, dass er nicht den vollen Wechselbetrag zu zahlen bereit ist. Bei einer Wechselsumme über 9.000,00 € könnte das Teilakzept lauten: Angenommen für 6.000,00 € *Alexander Schauer* Alexander Schauer Teilakzepte können z. B. wegen voraussichtlicher Zahlungsschwierigkeiten des Bezogenen oder wegen Lieferung mangelhafter Ware abgegeben werden. Normalerweise wird aber in solchen Fällen ein neuer Wechsel über den niedrigeren Betrag ausgestellt und akzeptiert (Voll- und Kurzakzept).	– Beim Blankoakzept (Art. 10 WG) handelt es sich um ein Voll- und Kurzakzept auf einem unvollständig oder nicht ausgefüllten Wechsel. – Der Bezogene muss auch dann den Wechsel am Verfalltag einlösen, wenn der Aussteller nach der Annahme vertragswidrig beispielsweise einen höheren als den ursprünglich vereinbarten Wechselbetrag eingetragen hat. – Durch ein Blankoindossament wird der Wechsel, der ein „geborenes Orderpapier" ist, zum Inhaberpapier. – Jeder, der einen Wechsel aufgrund eines Blankoindossaments besitzt, gilt als legitimierter Wechselgläubiger und erwirbt das Eigentum an dem Papier (sofern er nicht dabei bösgläubig war).

Der **Wechselinhaber eines blanko indossierten Wechsels** hat folgende Möglichkeiten:

– Er kann den Wechsel mit dem Blankoindossament seines Vormannes weitergeben. Er erscheint jetzt nicht als Wechselverpflichteter und haftet wechselrechtlich nicht.

– Er kann das Indossament vervollständigen, indem er über der Unterschrift des Indossanten den Namen des neuen Indossatars einsetzt. Er selbst erscheint nicht als Wechselverpflichteter und haftet wechselrechtlich nicht.

– Er kann das Blankoindossament vervollständigen, indem er über der Unterschrift des Indossanten seinen Namen einsetzt. Er erscheint jetzt als Wechselinhaber und kann den Wechsel nur durch sein Indossament weiterübertragen.

– Er kann den Wechsel durch Voll- oder Blankoindossament weiterübertragen. Er übernimmt damit die volle wechselrechtliche Haftung.

- Bei der Unterscheidung nach dem **Anlass** der Akzeptierung soll lediglich das **Aval- oder Bürgschaftsakzept** erwähnt werden.

Man findet es in der Praxis als *zusätzliche Sicherheit* auf einem Wechsel. Wird die Zahlungsfähigkeit des Akzeptanten von einem Wechselbeteiligten angezweifelt, so kann ein Bürge mit seiner Unterschrift eine eigene wechselmäßige Verpflichtung übernehmen. Er muss angeben, für wen er die Bürgschaft übernimmt. Fehlt diese Angabe, gilt die Bürgschaft als für den Aussteller übernommen.

Beispiel

Als Bürge angenommen

Manfred Renneberg

Manfred Renneberg

Weitere Zusätze wie die Angabe der Wechselsumme, des Verfalltags, des Orts und des Datums der Annahme sind möglich.

Weitergabe des Wechsels

Bei der Weitergabe des Wechsels durch den Aussteller oder jeden anderen Wechselnehmer muss der Wechsel mit einem **schriftlichen Übertragungsvermerk** auf der Rückseite versehen werden. Den Übertragungsvermerk bezeichnet man als **Indossament** („in dosso" = auf dem Rücken). Das Weitergeben wird indossieren oder girieren, der Weitergebende **Indossant** und der Empfänger **Indossat oder Indossatar** genannt.

Während das **Vollindossament** als die am häufigsten verwendete Übertragungsart den Namen des Indossatars und die Unterschrift des Indossanten enthält, besteht das **Blankoindossament** lediglich aus der Unterschrift des Indossanten. Gibt der Wechselinhaber den Wechsel unverändert weiter, so kann er, da er nicht als Indossant erscheint, wechselrechtlich auch nicht haftbar gemacht werden.

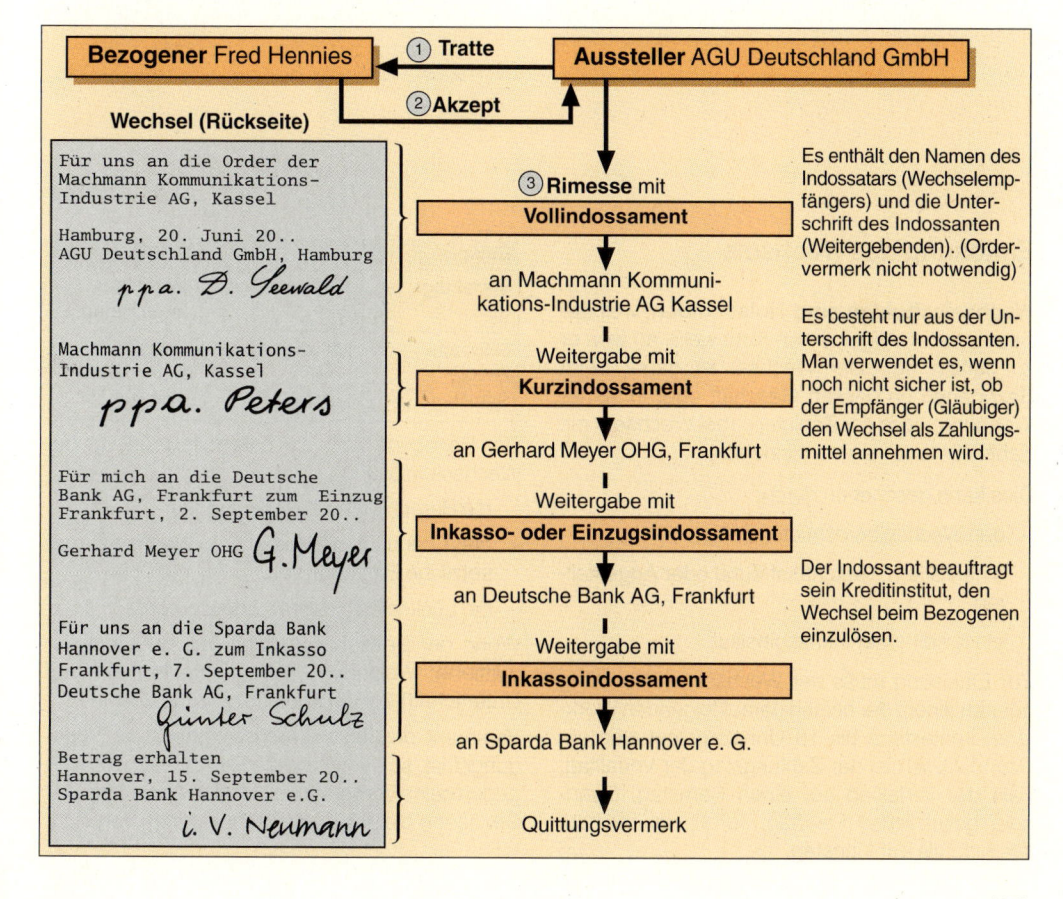

Bezogener Fred Hennies ← ① Tratte — **Aussteller** AGU Deutschland GmbH
② Akzept

Wechsel (Rückseite)

Für uns an die Order der Machmann Kommunikations-Industrie AG, Kassel
Hamburg, 20. Juni 20..
AGU Deutschland GmbH, Hamburg
ppa. D. Seewald

Machmann Kommunikations-Industrie AG, Kassel
ppa. Peters

Für mich an die Deutsche Bank AG, Frankfurt zum Einzug
Frankfurt, 2. September 20..
Gerhard Meyer OHG *G. Meyer*

Für uns an die Sparda Bank Hannover e. G. zum Inkasso
Frankfurt, 7. September 20..
Deutsche Bank AG, Frankfurt
Günter Schulz

Betrag erhalten
Hannover, 15. September 20..
Sparda Bank Hannover e.G.
i. V. Neumann

③ **Rimesse** mit **Vollindossament**

an Machmann Kommunikations-Industrie AG Kassel

Weitergabe mit **Kurzindossament**

an Gerhard Meyer OHG, Frankfurt

Weitergabe mit **Inkasso- oder Einzugsindossament**

an Deutsche Bank AG, Frankfurt

Weitergabe mit **Inkassoindossament**

an Sparda Bank Hannover e. G.

Quittungsvermerk

Es enthält den Namen des Indossatars (Wechselempfängers) und die Unterschrift des Indossanten (Weitergebenden). (Ordervermerk nicht notwendig)

Es besteht nur aus der Unterschrift des Indossanten. Man verwendet es, wenn man noch nicht sicher ist, ob der Empfänger (Gläubiger) den Wechsel als Zahlungsmittel annehmen wird.

Der Indossant beauftragt sein Kreditinstitut, den Wechsel beim Bezogenen einzulösen.

Rektaindossament. Das Vollindossament mit Weitergabeverbot (Rektaindossament) lautet z. B.: „... Für uns an die Firma Gebrüder Reißer, Amberg, nicht an deren Order, Ort, Tag, Unterschrift". Durch die Rektaklausel „nicht an deren Order" kann der Indossant zwar die Weitergabe des Wechsels nicht verbieten, **haftet** jedoch im Fall der Übertragung **nur seinem Nachmann.**

Angstindossament. Das Vollindossament mit Ausschluss der Haftung, auch Angstindossament genannt, lautet z. B.: „Für uns an die Machmann Kommunikations-Industrie AG, Kassel, ohne Obligo. Ort, Datum, Unterschrift". Durch die Angstklausel „ohne Obligo" oder „ohne Gewähr" oder „ohne Haftung" schließt der Indossant seine Haftung für die Nachleute aus, d. h., er **haftet keinem der Nachleute** (z. B. nicht der Machmann Kommunikations-Industrie AG).

Mit dem Indossament erklärt jeder, der einen Wechsel weitergibt, dass der Bezogene nicht an ihn, sondern an einen neuen Zahlungsempfänger zahlen soll.

Das Indossament hat folgende Wirkungen:

– Alle Rechte aus dem Wechsel (z. B. das Recht, Zahlung zu verlangen, das Recht, den Wechsel weiterzugeben) gehen auf den neuen Inhaber (Indossatar) über **(= Übertragungs- oder Transportfunktion);**

– der neue Inhaber kann sich als Wechselberechtigter ausweisen **(= Ausweis- oder Legitimationsfunktion);**

– der Weitergebende (Indossant) haftet durch seine Unterschrift zusätzlich für die Annahme und Einlösung des Wechsels **(= Garantiefunktion),** d. h., er kann bei Nichteinlösung oder Nichtannahme des Wechsels im Wege des Rückgriffs in Anspruch genommen werden.

Einlösung des Wechsels

Wechselschulden sind Holschulden, weil der Bezogene im Allgemeinen nicht weiß, an wen er zu zahlen hat. Der Wechsel ist daher beim Bezogenen (in dessen Geschäft oder in seiner Wohnung) oder der Zahlstelle (bei Wechseln mit Zahlstellenvermerk) einzuziehen.

Dies kann geschehen durch:

– den Wechselberechtigten selbst,
– einen Boten, Geschäftsfreund oder Angestellten,
– ein Kredit- oder Inkassoinstitut.

Zur Einlösung muss der Wechsel am Verfalltag oder an einem der beiden darauf folgenden Werktage, spätestens bis 18 Uhr vorgelegt werden. Grundsätzlich ist der Zahlungstag der Verfalltag. Fällt der Verfalltag auf einen Samstag, Sonn- oder gesetzlichen Feiertag, so gilt der nächste Werktag als Zahlungstag.

Beispiel		
Verfalltag	Zahlungstag	letzter Vorlegungstag
Mittwoch	Mittwoch	Freitag
Freitag	Freitag	Dienstag
Samstag	Montag	Mittwoch

Der Bezogene bzw. die Zahlstelle prüft vor der Wechseleinlösung

– die Berechtigung des Vorlegenden,
– die Ordnungsmäßigkeit des Wechsels (gesetzliche Bestandteile),
– die Lückenlosigkeit der Indossamente.

Wenn der Bezogene gezahlt hat, wird ihm der quittierte Wechsel („Betrag erhalten"/Ort/Tag/Unterschrift) ausgehändigt bzw. zugestellt. Versäumt der letzte Wechselinhaber die Vorlegungsfrist, so erlöschen die Rückgriffsansprüche gegen seine Vorpersonen und den Aussteller. Der Bezogene bleibt jedoch wechselmäßig verpflichtet.

Störungen des Wechselumlaufs („Not leidender Wechsel")

Ein Not leidender Wechsel liegt vor, wenn der Bezogene den Wechsel

- nicht akzeptiert oder
- nicht oder nur teilweise einlöst.

Kann der Bezogene den Wechsel nicht einlösen, sind zwei Möglichkeiten denkbar:

a) Die Laufzeit des Wechsels wird verlängert (prolongiert) oder
b) der Wechsel geht zu Protest.

Prolongation

Der Aussteller stellt auf rechtzeitiges Bitten des Bezogenen einen neuen Wechsel mit einem späteren Verfalltag aus. Er stellt dem Bezogenen gleichzeitig die zur Einlösung des alten Wechsels erforderliche Summe zur Verfügung. Die Kosten der Wechselprolongation trägt der Bezogene.

Wechselprotest

Der letzte Wechselinhaber muss spätestens am zweiten Werktag nach dem Zahlungstag Protest erheben (Protest mangels Zahlung). Versäumt er diese Frist, verliert er sein Rückgriffsrecht auf alle Vorpersonen, die ihre Unterschrift auf den Wechsel gesetzt haben: **Ohne Protest kein Rückgriff!**

Der Protest, der vom Gerichtsvollzieher oder einem Notar vorgenommen wird, ist eine Beweisurkunde, aus der hervorgeht, dass der Bezogene den ordnungsgemäß vorgelegten Wechsel nicht eingelöst hat.

Benachrichtigung

Der letzte Wechselinhaber muss nach Protesterhebung den Aussteller und seine unmittelbare Vorperson innerhalb von vier Werktagen nach dem Protest benachrichtigen (= Notifikation).

Jeder Indossant wiederum muss seine jeweilige Vorperson innerhalb von zwei Werktagen nach Erhalt der Nachricht über den Protest informieren.

Wer die rechtzeitige Benachrichtigung versäumt, verliert nicht sein Rückgriffsrecht, er haftet aber für den durch seine Nachlässigkeit entstandenen Schaden bis zur Höhe der Wechselsumme.

Rückgriff (Regress)

Sämtliche Vorpersonen des letzten Wechselinhabers sind regresspflichtig. Daher kann sich bei rechtzeitiger Protesterhebung der letzte Wechselinhaber an eine **beliebige** Vorperson oder an den Aussteller wenden.

Wird dabei der Reihe nach eine Vorperson nach der anderen in Anspruch genommen, so liegt ein **Reihenrückgriff** vor.

Von **Sprungrückgriff** spricht man, wenn andere Vorpersonen übersprungen und eine beliebige, zahlungskräftige Vorperson in Anspruch genommen wird.

Wechselmahnbescheid und Wechselklage

Jeder Gläubiger, der einen protestierten Wechsel besitzt, kann beim zuständigen Amtsgericht den Erlass eines Wechselmahnbescheides gegen den Bezogenen (Schuldner) beantragen. Formular und Ablauf sind identisch mit dem gerichtlichen Mahnverfahren (vgl. Kapitel 4.22).

Eine andere Möglichkeit, gegen den Bezogenen vorzugehen, besteht darin, Wechselklage zu erheben. Mit der Wechselklage wird der Wechselprozess eingeleitet.

Der Wechselprozess ist ein Urkundenprozess, der den Kläger relativ schnell zu seinem Recht kommen lässt. Gegenüber einem normalen Zivilprozessverfahren hat er folgende Besonderheiten (= **Wechselstrenge):**

- Kurze Ladungsfrist (Einlassungsfrist). Der Zeitraum zwischen Zustellung der Klageschrift und dem Verhandlungstermin beträgt 24 Stunden bis höchstens eine Woche.

- Die Beweismittel sind beschränkt. Zugelassen sind lediglich der Wechsel, die Protesturkunde sowie Kläger und Beklagter.

- Einwendungen des Beklagten gegen die Klage sind beschränkt.

- Das Urteil ist sofort vollstreckbar.

Einem Einzelhändler, der einen Wechsel zu Protest gehen lässt, können nachhaltige wirtschaftliche Folgen entstehen. Neben den Vertrauensverlust tritt der Verlust seiner Kreditwürdigkeit. Kreditinstitute und Auskunfteien führen zentral eine sog. „schwarze Liste", in die er eingetragen wird. Das bedeutet, dass er kaum noch Wechselverbindlichkeiten eingehen kann und kaum noch Kredite erhalten wird.

Die Verjährung des Wechsels (Verjährungsfristen)

Ist der Wechsel verjährt, kann der Wechselberechtigte seinen Anspruch nicht mehr durch den strengen und schnellen Wechselprozess geltend machen. Es bleibt nur noch das langwierige Zivilprozessverfahren wegen ungerechtfertigter Bereicherung (BGB § 812 f.).

Die Verjährungsfristen betragen:

3 Jahre	1 Jahr	6 Monate
nach Verfall des Wechsels für alle Ansprüche **gegen den Bezogenen** (Art. 70 WechselG).	vom Tag der rechtzeitig erhobenen Protesterhebung an – beim Vermerk „ohne Kosten" vom Verfalltag an – für die Rückgriffsansprüche des letzten Wechselinhabers **gegen die Vormänner und den Aussteller.**	vom Tag der Einlösung an für die Rückgriffsansprüche eines Vormannes (Indossanten) gegen andere Indossanten und den Aussteller.

Aufgaben

1. In welchem Fall ist der Wechsel ungültig?
    a) Wechsel ohne Angabe der Verfallzeit.
    b) Wechsel ohne Angabe der Anschrift des Ausstellers.
    c) Der Bezogene Hennies ist im Wechsel ohne Vornamen angegeben.
    d) Wechsel ohne Akzept.
    e) Wechsel mit Angabe der Summe nur in Zahlen.
    f) Wechsel ohne Angabe des Zahlungsortes.
2. Worin besteht der Unterschied zwischen einer Tratte und einem Akzept?
3. Ein Wechsel ist am Freitag fällig. Wann muss er spätestens dem Bezogenen vorgelegt werden?
4. Welche Bedeutung haben die gesetzlichen Bestandteile eines Wechsels?
5. Wer ist berechtigt den Wechsel dem Bezogenen zur Einlösung vorzulegen?
6. Erklären Sie die Bedeutung und Funktion des Indossaments.
7. Wie kann ein Besitzwechsel verwendet werden?
8. Mit welcher auf der Vorderseite einer Tratte bezeichneten Person ist der 1. Indossant identisch, wenn es sich um einen Wechsel an fremde Order handelt?
9. Warum werden Wechsel an eigene Order ausgestellt?
10. Was verstehen Sie unter Wechselprolongation?
11. Begründen Sie, warum der Wechsel für den Einzelhändler ein Kreditmittel ist.
12. In welchem Fall ist der Verfalltag mit dem Zahlungstag nicht identisch?
13. Was verstehen Sie unter Wechselstrenge?
14. Durch wen kann Protesterhebung erfolgen?
15. Der letzte Wechselinhaber hat es versäumt, den Wechsel fristgerecht dem Bezogenen zur Einlösung vorzulegen. Welche Folgen hat das für ihn?
16. Erklären Sie, was unter „Notifikation" zu verstehen ist.
17. Was bedeutet Sprung- und Reihenrückgriff?

Zusammenfassung

Wechsel
= Urkunde zur Zahlungsaufforderung

Bedeutung:
- Kreditmittel
- Zahlungsmittel
- Sicherungsmittel

- Der Wechsel ist ein Orderpapier. Seine Weitergabe geschieht durch einen Übertragungsvermerk (Indossament).
- Wechselschulden sind Holschulden.
- Wechselprotest ist eine Beweisurkunde, dass der Bezogene den Wechsel nicht eingelöst hat.

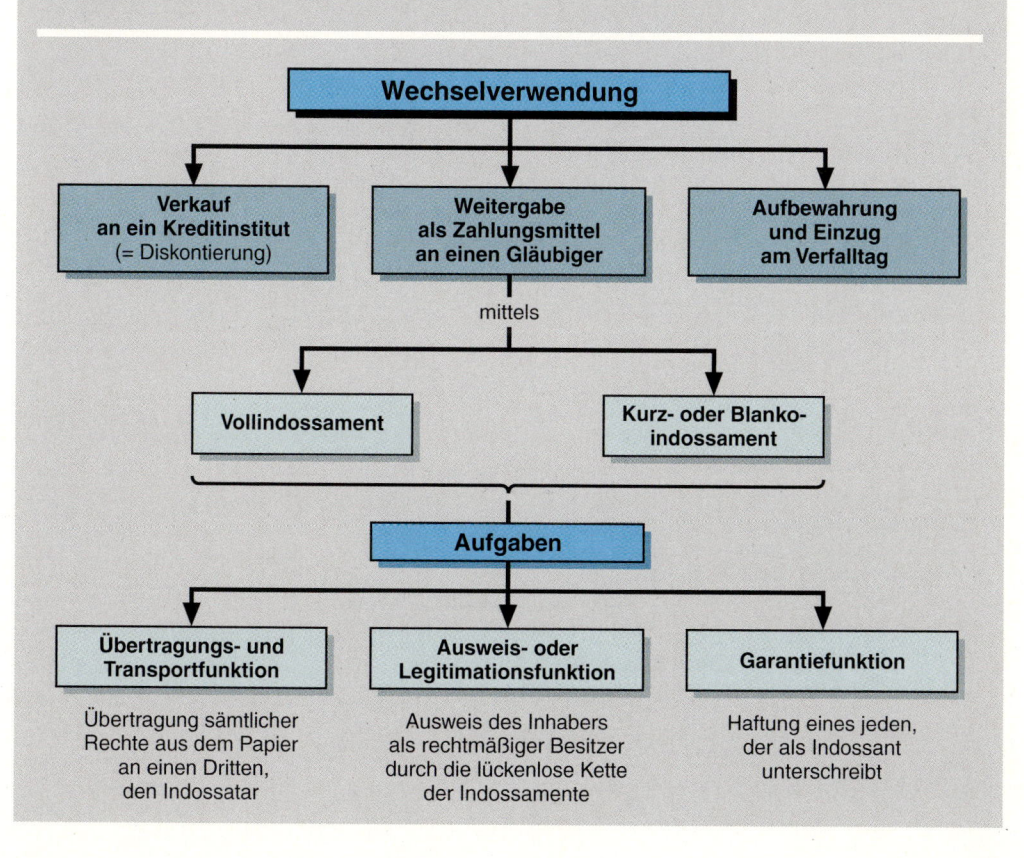

Wechselarten
hinsichtlich der

Art des verbrieften Rechts:
- **Tratte** = gezogener Wechsel
- **Akzept** = vom Bezogenen angenommener Wechsel

Forderung oder Verbindlichkeit:
- Besitzwechsel
- Schuldwechsel

Wechselverwendung

- Verkauf an ein Kreditinstitut (= Diskontierung)
- Weitergabe als Zahlungsmittel an einen Gläubiger
- Aufbewahrung und Einzug am Verfalltag

mittels
- Vollindossament
- Kurz- oder Blankoindossament

Aufgaben

Übertragungs- und Transportfunktion
Übertragung sämtlicher Rechte aus dem Papier an einen Dritten, den Indossatar

Ausweis- oder Legitimationsfunktion
Ausweis des Inhabers als rechtmäßiger Besitzer durch die lückenlose Kette der Indossamente

Garantiefunktion
Haftung eines jeden, der als Indossant unterschreibt

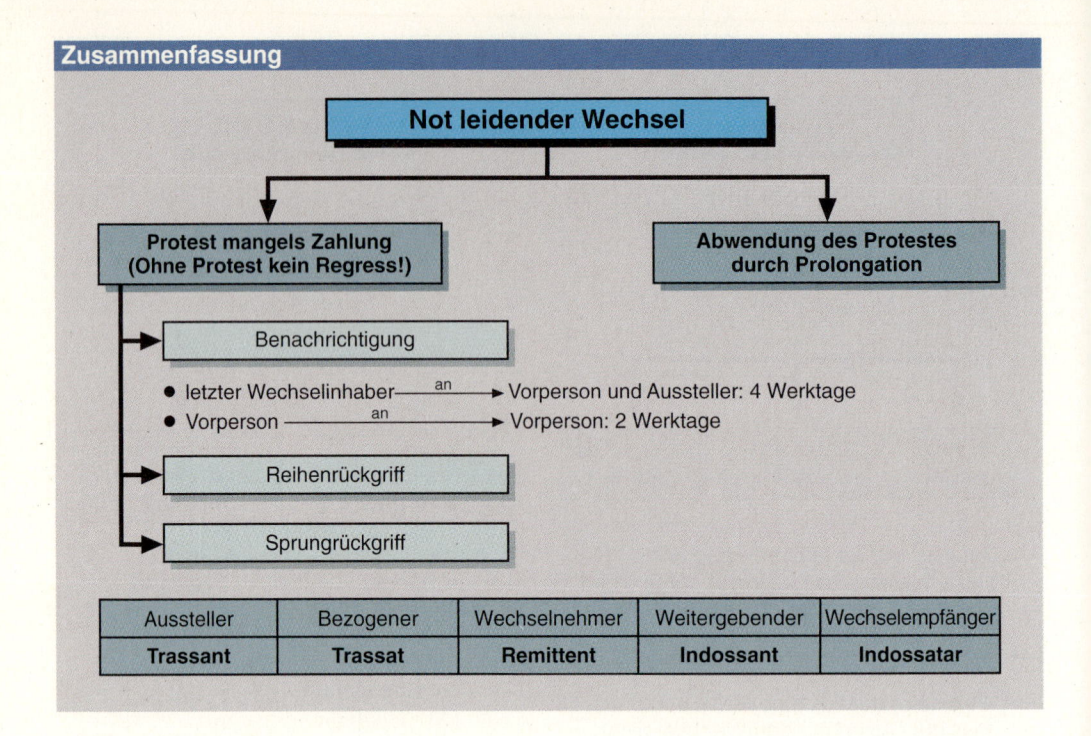

Zusammenfassung

Not leidender Wechsel

- **Protest mangels Zahlung (Ohne Protest kein Regress!)**
  - Benachrichtigung
    - letzter Wechselinhaber —an→ Vorperson und Aussteller: 4 Werktage
    - Vorperson —an→ Vorperson: 2 Werktage
  - Reihenrückgriff
  - Sprungrückgriff
- **Abwendung des Protestes durch Prolongation**

Aussteller	Bezogener	Wechselnehmer	Weitergebender	Wechselempfänger
Trassant	**Trassat**	**Remittent**	**Indossant**	**Indossatar**

9.3 Die Sicherung von Bankkrediten

> **NEUHEIT**
>
> im Auftrag ausländischer Geldgeber
> Ideal-Spezial-Kredit ohne Bankauskunft
>
> Kredite von 2.000 bis 7.800 € für jeden Verwendungszweck, für Selbstständige, Rentner, Arbeitnehmer, ohne Sicherheiten, auch bei Mahnbescheid usw. Zinsen 5 % p. a., effektiver Jahreszins: 9,714 % freibleibend.
>
> Auszahlung: 100 % ohne Abzug

Warum ist es normalerweise bei den Banken nicht üblich, Kredite ohne Sicherheiten zu gewähren?

Information

Kreditprüfung und Kreditvertrag

Kredit bedeutet, dass Geld durch den Kreditgeber an den Kreditnehmer (= Schuldner) gegeben wird. Der Kreditnehmer gibt dabei seine Zusage, das Geld zu einem vereinbarten späteren Zeitpunkt zurückzuzahlen.

Bevor allerdings der Kreditvertrag abgeschlossen wird, findet eine **Kreditprüfung** statt.

Sie umfasst u. a. die Prüfung der **Kreditfähigkeit** und der **Kreditwürdigkeit (Bonität).**

Kreditfähig ist, wer rechtswirksam Kreditgeschäfte abschließen kann. Das sind

- natürliche Personen, die voll geschäftsfähig sind,
- handelsrechtliche Personenvereinigungen (OHG/KG),
- juristische Personen des privaten und öffentlichen Rechts.

Neben der Kreditfähigkeit hat die Kreditwürdigkeit besondere Bedeutung. Geprüft wird hierbei, ob der Kreditsuchende seriös und gewissenhaft ist und ob er pünktlich zahlt. Da Gewissenhaftigkeit und pünktliche Zahlweise nicht vom Gesicht abzulesen sind, bedienen sich Banken bestimmter Grundlagen.

Im Einzelnen können die folgenden Unterlagen herangezogen werden (= **sachliche** Prüfung):

- Handelsregister,
- Grundbuch,
- Steuerunterlagen,
- Bilanz,
- GuV-Rechnung,
- Geschäftsbücher,
- Betriebsbesichtigung (Zustand der Geschäftseinrichtung, Organisation) und
- Auskünfte von z. B. Auskunfteien.

Zur **persönlichen** Kreditwürdigkeitsprüfung zählen:

- charakterliche Eigenschaften (z. B. Fleiß, Tüchtigkeit, Zuverlässigkeit),
- fachliche Qualifikation,
- persönliche Haftung (Rechtsform) und
- unternehmerische Fähigkeiten.

Hat der Kreditsuchende die Kreditprüfung, zu der auch die Prüfung der angebotenen Sicherheiten gehört, bestanden, wird zwischen der Bank als Kreditgeber und dem Kreditnehmer ein **Kreditvertrag** geschlossen.

Die Bestimmungen des BGB zum Verbraucherdarlehen schreiben vor, dass der Kreditvertrag schriftlich abgeschlossen werden muss.

Dieser schriftliche Vertrag **muss** enthalten:

- den effektiven Jahreszins,
- alle sonstigen Kosten des Kredits einschließlich etwaiger Vermittlungskosten,
- den Nettokreditbetrag,
- die Art und Weise der Rückzahlung.

Fehlt auch nur eine der vorgeschriebenen Angaben, ist der Kreditvertrag nichtig.

Anders, wenn dem Kunden der (ungültige) Kredit bereits ausgezahlt wurde. Dann gilt der Vertrag. Versäumnisse gehen zulasten der Kreditinstitute.

Noch strengere Maßstäbe gibt es bei den Zinsen: Werden im Kreditvertrag der effektive Jahreszins oder der Gesamtbetrag (alle zu entrichtenden Teilzahlungen einschließlich Zinsen und sonstiger Kosten) nicht angegeben, ermäßigt sich der im Kreditvertrag zugrunde gelegte Zinssatz auf vier Prozent. Verrechnet sich die Bank aber und schreibt einen zu niedrigen effektiven Zinssatz in den Vertrag, reduziert sich der (nominale) Zinssatz entsprechend.

Kreditsicherungen (Kreditarten)

Kein Kreditgeber kann sicher sein, dass der Kreditnehmer den Kredit zum vereinbarten Termin zurückzahlen und die Zinsen für den gewährten Kredit aufbringen kann.

Daher müssen sich Kreditinstitute durch eine **Kreditsicherung** bei Zahlungsunfähigkeit des Schuldners vor Verlusten schützen.

Einfache Personalkredite (Blankokredite)

Einfache Personalkredite sind fast immer kurzfristige Kredite. Sie werden in Form des Kontokorrentkredits vergeben, gelegentlich als Darlehen.

Für die Gewährung des Personalkredits ist ausschließlich die Kreditwürdigkeit des Schuldners ausschlaggebend. Sie wird in erster Linie nach seiner persönlichen Zuverlässigkeit, seinem guten Ruf und dem Vertrauen in seine wirtschaftliche Leistungsfähigkeit beurteilt. Da besondere Sicherheiten nicht verlangt werden, ist die Kreditwürdigkeit sehr sorgfältig zu prüfen.

Verstärkte (erweiterte) Personalkredite

Ist beim Kreditnehmer keine ausreichende Gewähr für die termingerechte Rückzahlung und Verzinsung des Kredits gegeben, müssen außer dem Schuldner noch weitere Personen haften.

Verstärkte Personalkredite können in Form des Bürgschaftskredits, des Zessionskredits und des Wechseldiskontkredits gewährt werden.

Dem **Bürgschaftskredit** liegen zwei Rechtsgeschäfte zugrunde:

- der Kreditvertrag (zwischen Kreditnehmer = Hauptschuldner und Bank = Gläubiger) und
- der Bürgschaftsvertrag (zwischen Bank und Bürge = Nebenschuldner).

Der Bürgschaftsvertrag (normalerweise ist die Schriftform erforderlich [§§ 766, 126 BGB]; bei Kaufleuten ist die mündliche Form möglich [§ 350 HGB]) ist ein einseitig verpflichtender Vertrag.

Darin verpflichtet sich der Bürge, für die Erfüllung der Verbindlichkeit des Hauptschuldners einzustehen (§ 765 BGB).

Sittenwidrig sind die Verträge allerdings, wenn Bürgen – vor allem junge Erwachsene – beim Scheitern der Kreditrückzahlung die Schulden ein Leben lang nicht abtragen können und die Bank dabei geschäftliche Unerfahrenheit ausnutzt (§ 138 BGB).

> **Beispiele**
> - Eine 21-jährige Arbeitslose bürgt für die Ausweitung der Geschäftskredite ihres Vaters.
> - Ein 23-jähriger Zeitsoldat haftet für den Baukredit des Vaters in Höhe von 1,2 Millionen Euro.
>
> Hier muss ein Gericht allerdings noch prüfen, ob der Sohn als Mitunternehmer einsteigen sollte. Bei großem Eigeninteresse müsste der Bürge den Vertrag dann erfüllen.

Es sind zwei Arten der Bürgschaft zu unterscheiden:

- die Ausfallbürgschaft und
- die selbstschuldnerische Bürgschaft.

Bei der **Ausfallbürgschaft** muss der Bürge erst zahlen, wenn gegen den Hauptschuldner erfolglos die Zwangsvollstreckung betrieben wurde.

Der Bürge hat nämlich in diesem Fall die **Einrede der Vorausklage** (§ 771 BGB), die ihm das Recht gibt, die Zahlung zu verweigern, solange der Gläubiger nicht eine Zwangsvollstreckung in das Vermögen des Hauptschuldners erfolglos versucht hat.

Der Bürge haftet nur für den **Ausfall.** Zahlt demnach der Schuldner lediglich einen Teil seiner Schuld, muss der Bürge in Höhe des noch bestehenden Ausfalls haften. Der Gläubiger muss die Höhe des Ausfalls nachweisen.

Die Einrede der Vorausklage ist ausgeschlossen, wenn der Bürge im Bürgschaftsvertrag ausdrücklich auf sie verzichtet hat. Man spricht dann von einer **selbstschuldnerischen Bürgschaft.**

In diesem Fall kann der Bürge ohne vorherige Zwangsvollstreckung zur Zahlung verpflichtet werden, wenn der Hauptschuldner am Fälligkeitstag nicht zahlt. Er haftet genauso wie der Hauptschuldner.

Die Bürgschaft von Kaufleuten bei einem Handelsgeschäft ist immer selbstschuldnerisch (§ 349 HGB).

Beim **Zessionskredit** wird die Bank durch die Abtretung von Forderungen Eigentümerin der

Forderung. Mit dem Abtretungsvertrag tritt die Bank an die Stelle des alten Gläubigers. Diesen Vorgang nennt man „Zession" (von lat. cedere = abtreten, zurücktreten). Der Zessionsvertrag ist formfrei.

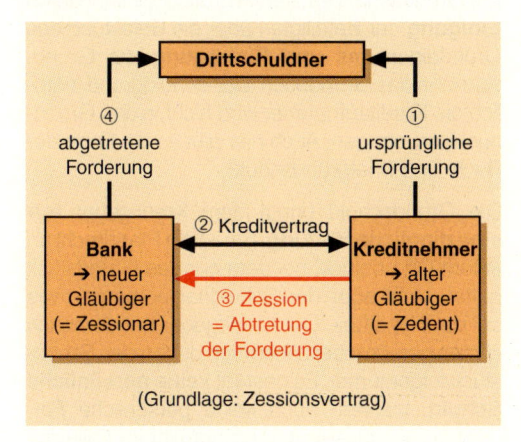

Drittschuldner

④ abgetretene Forderung
① ursprüngliche Forderung

② Kreditvertrag

Bank → neuer Gläubiger (= Zessionar)

Kreditnehmer → alter Gläubiger (= Zedent)

③ Zession = Abtretung der Forderung

(Grundlage: Zessionsvertrag)

Von **stiller Zession** ist immer dann die Rede, wenn der Drittschuldner von der Forderungsabtretung nichts erfährt. Er zahlt nach wie vor an seinen Gläubiger, der das Geld anschließend an die Bank (neuer Gläubiger) weiterleitet.

Wird er allerdings von der Abtretung benachrichtigt, so liegt eine **offene Zession** vor. Hierbei muss der Drittschuldner an die Bank direkt zahlen.

Wechseldiskontkredit (vgl. Kapitel 9.2)

Realkredite

Realkredite sind Kredite, bei denen die Forderung des Kreditgebers durch bewegliche und unbewegliche Sachen (Dinge) abgesichert wird. Daher spricht man auch von **dinglicher Sicherung.**

Zu unterscheiden sind

– der Lombardkredit (Faustpfandkredit),
– der Sicherungsübereignungskredit,
– der Hypothekarkredit und
– der Grundschuldkredit.

Der Lombardkredit (Faustpfandkredit)

Zur Sicherung seiner Forderung schließt der Kreditgeber mit dem Schuldner einen Pfandvertrag. **Das Pfand,** wie z. B. Wertpapiere, Schmuck, Edelmetalle, Bausparverträge und Lebensversicherungen, **geht dabei in den Besitz des Kreditgebers über, während der Schuldner aber Eigentümer bleibt.** Das Pfandrecht erlischt dann, wenn der Schuldner seine Schulden bezahlt hat.

Sollte der Schuldner am Fälligkeitstag jedoch seine Schulden nicht begleichen können, gibt der Pfandvertrag dem Kreditgeber das Recht, die verpfändeten Sachen versteigern zu lassen und seine Forderung aus dem Erlös zu befriedigen.

Der Sicherungsübereignungskredit

Besitzt der Unternehmer zur Sicherung eines Kredits keine Gegenstände, die er verpfänden könnte, so besteht die Möglichkeit, dass er der Bank Vermögensgegenstände als Sicherheit anbietet, z. B. Warenvorräte, Lieferwagen, Geschäftseinrichtung.

Neben dem Kreditvertrag wird zwischen der Bank (Kreditgeber) und Schuldner (Kreditnehmer) ein Sicherungsübereignungsvertrag geschlossen, wodurch **die Bank Eigentümerin wird und der Schuldner Besitzer bleibt.**

Die Sicherungsübereignung ist nach außen von Dritten nicht zu erkennen. Sie hat für den Schuldner den Vorteil, dass er mit den übereigneten Sachen weiterarbeiten kann.

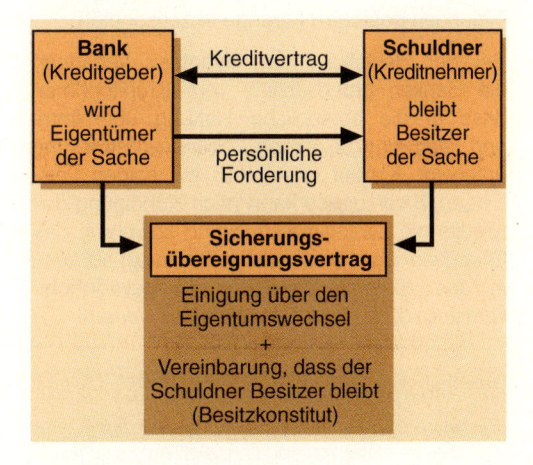

Bank (Kreditgeber) — Kreditvertrag — **Schuldner** (Kreditnehmer)

wird Eigentümer der Sache

persönliche Forderung

bleibt Besitzer der Sache

Sicherungsübereignungsvertrag
Einigung über den Eigentumswechsel
+
Vereinbarung, dass der Schuldner Besitzer bleibt
(Besitzkonstitut)

Grundpfandrechte

Die Absicherung von langfristigen Krediten (Darlehen) erfolgt bei Banken im Allgemeinen durch ein Pfandrecht an einem Grundstück oder Gebäude in Form der **Hypothek** oder der **Grundschuld.**

Kreditinstitute bevorzugen eine solche Kreditsicherung, da Grundstücke wertbeständig sind und meist einen dauernden Ertrag versprechen.

Eingetragen werden die Grundpfandrechte im Grundbuch, einem Verzeichnis (staatlichen Register) aller Grundstücke in einem Amtsgerichtsbezirk. Es gibt Auskunft, wer Eigentümer eines Grundstücks ist und welche Lasten und Beschränkungen auf Grundstücken ruhen.

Das Grundbuch genießt öffentlichen Glauben, sodass sich jeder auf die Richtigkeit der Eintragungen verlassen kann. Einsicht nehmen kann jeder, der ein berechtigtes Interesse nachweist.

Die Hypothek

Die Hypothek entsteht durch **Einigung** der Beteiligten **und Eintragung** in das Grundbuch als **Buchhypothek.** Wird zusätzlich vom Grundbuchamt ein Hypothekenbrief (= öffentliche Urkunde) ausgestellt, so spricht man von einer **Briefhypothek.**

Die Hypothek setzt immer das Bestehen einer Forderung voraus. Daher erwirbt z. B. eine Bank als Gläubiger die Hypothek erst, wenn die Forderung tatsächlich entsteht, also bei Auszahlung des Darlehens. Bei einer Briefhypothek ist zudem die Übergabe des Briefes notwendig. Es wird immer nur **eine bestimmte Forderung** in der ursprünglichen Höhe abzüglich der darauf geleisteten Tilgungen **gesichert** (strenge Akzessorietät).

Bei der Bestellung der Hypothek verlangen die Banken grundsätzlich vom Kreditnehmer, dass er die persönliche Haftung übernimmt und sich der sofortigen Zwangsvollstreckung unterwirft. Kommt er nämlich mit seinen Leistungen in Verzug, so kann nach Kündigung des Kredits die Zwangsvollstreckung sowohl in das Grundvermögen **(= dingliche Haftung)** als auch in das sonstige Vermögen **(= persönliche Haftung)** des Schuldners betrieben werden.

Beispiel

Ein Hauseigentümer nimmt bei seiner Bank ein Darlehen in Höhe von 100.000,00 € auf (≙ tatsächliche Forderung der Bank). Als Sicherheit für den langfristigen Kredit belastet er sein Haus mit einer Hypothek in Höhe von 100.000,00 €. Der Hauseigentümer (= Hypothekenschuldner) haftet nun mit seinem Haus (= dingliche Haftung) sowie mit seinem privaten Vermögen (= persönliche Haftung).

Sollte eine mögliche Zwangsversteigerung einen Betrag von 90.000,00 € erbringen, so müsste der Schuldner die restlichen 10.000,00 € aus seinem sonstigen Vermögen zur Begleichung der Schuld aufbringen.

Die Hypothek erlischt mit der Rückzahlung des Darlehens.

Die Grundschuld

Die Grundschuld entsteht wie die Hypothek durch **Einigung** der Beteiligten über die Belastung des Grundeigentums **und Eintragung** der Grundschuld in das Grundbuch. Der Schuldgrund, nämlich die Kreditaufnahme, wird nicht in das Grundbuch eingetragen. Auch hier gibt es die Form der Buch- und Briefgrundschuld.

Die Grundschuld bringt dem Kreditgeber **nur eine dingliche Haftung.** Sie ist ein Pfandrecht an einem Grundstück, bei dem nur das Grundstück haftet, nicht aber der Schuldner persönlich wie bei der Hypothek. Der Kreditgeber hat demnach keinen persönlichen Anspruch gegen den Grundstückseigentümer. Es besteht **keine persönliche Schuld,** insofern auch keine persönliche Forderung. Aus diesem Grund braucht im Falle der Zwangsvollstreckung eine Forderung auch nicht nachgewiesen werden.

Durch die Grundschuld können somit gegenwärtige und zukünftige Forderungen abgesichert werden. Insbesondere Kredite mit wechselnder Inanspruchnahme, wie Kontokorrentkredite, sind durch ein Grundpfandrecht abzusichern.

Auch bei zeitweiser Rückzahlung aller Verbindlichkeiten durch den Schuldner erlischt die Grundschuld nicht **(Grundschuld ohne Schuldgrund).** Sie bleibt in voller Höhe bestehen, auch wenn die persönliche Forderung aus dem Kreditgeschäft erloschen ist.

Die Grundschuld erlischt erst, wenn sie im Grundbuch gelöscht wird. Zur Löschung muss der Gläubiger eine Löschungsbewilligung ausfertigen.

Beispiel

Die Deutsche Bank AG gewährt dem Einzelhändler Neubarth einen Kontokorrentkredit in Höhe von 20.000,00 €. Zur Sicherung bestellt Herr Neubarth eine Grundschuld in Höhe von 30.000,00 €. Die Grundschuld bleibt nun in unveränderter Höhe bestehen, egal ob auf dem Konto des Einzelhändlers ein Soll-Saldo von 10.000,00 €, 18.000,00 € oder gar ein Guthaben von 5.000,00 € ausgewiesen wird. Die Grundschuld ist unabhängig von einer persönlichen Forderung.

Die Grundschuld ist wesentlich flexibler als die Hypothek. Daher wird die Hypothek von den Banken kaum noch praktiziert.

Beispiel

Ein Hausbesitzer will das Dachgeschoss seines Hauses ausbauen. Für die Ausbauarbeiten rechnet er, verteilt auf die nächsten zwei Jahre, mit Kosten von ca. 40.000,00 €. Über diesen Betrag lässt er eine Grundschuld zugunsten seiner Hausbank in das Grundbuch eintragen.

Je nachdem, wie viel Geld er dann jeweils im Laufe der nächsten zwei Jahre benötigt, kann er zu gegebener Zeit verschieden hohe Darlehen bei der Bank aufnehmen. Die Grundschuld dient für diese Darlehen – und bei Bedarf auch für künftige Kredite – als Sicherheit. Sie bleibt bestehen, auch wenn keine Schuld mehr vorliegt.

Bei einem Hypothekarkredit müsste der Hauseigentümer bei jedem Kredit eine Hypothek in das Grundbuch eintragen lassen. Das würde nicht nur mehr Zeit kosten, sondern auch zu steigenden Notariats- und Grundbuchkosten führen.

Kreditversicherung

Über diese Kreditsicherungsmöglichkeiten hinaus ist eine Kreditsicherung durch den Abschluss einer Kreditversicherung möglich, indem der Kreditnehmer seine Ansprüche gegen die Versicherungsgesellschaft, mit der er den Kreditversicherungsvertrag abgeschlossen hat, an die Kredit gewährende Bank abtritt.

Aufgaben

1. Warum ist es für eine Bank notwendig, die Bonität eines Kreditnehmers zu prüfen?
2. Welche Informationsquellen kann der Kreditgeber bei der Kreditprüfung benutzen?
3. Worin besteht die Kreditsicherung bei einem
   – Personalkredit,
   – verstärkten Personalkredit,
   – Realkredit?
4. Wie kommt eine Bürgschaft zustande?
5. Erklären Sie die „Einrede der Vorausklage".
6. Unterscheiden Sie zwischen selbstschuldnerischer Bürgschaft und Ausfallbürgschaft.
7. Welche Bürgschaftsart kann ein Einzelhändler übernehmen, wenn er
   a) für eine Verbindlichkeit der Heiko Binnewies KG bürgen will,
   b) für seine Tochter die Bürgschaft für die Bezahlung eines neuen Sportwagens übernehmen möchte?
8. Nennen Sie die Merkmale eines Lombardkredits.
9. Beschreiben Sie das Wesen einer Zession.
10. Der Einzelhändler Arnold tritt an die sparda Bank Hannover e. G. zur Sicherung eines Kontokorrentkredits Forderungen gegen seine Kunden über 30.000,00 € ab.
    a) Wer ist Zessionar, Zedent und Drittschuldner?
    b) Wer erhält – bei Begleichung der Schulden durch die Kunden – das Geld bei – stiller Zession, – offener Zession?
11. Welche Vorteile bietet
    a) die offene Zession der Bank,
    b) die stille Zession dem Kreditnehmer?
12. Wie ist der Vorgang der Sicherungsübereignung und was bewirkt sie?
13. Was verstehen Sie unter dinglicher Sicherung?
14. Nennen Sie die entsprechende Kreditart für folgende Kreditsicherungsmittel:
    a) Forderungen aus Warenlieferungen und Leistungen,
    b) Kraftfahrzeuge,
    c) Grundstücke.
15. Welche Vorteile hat die Sicherungsübereignung für den Kreditnehmer?
16. Wer ist beim Faustpfandrecht Eigentümer und wer Besitzer der verpfändeten Sache?
17. Erklären Sie die Bedeutung des Besitzkonstituts im Zusammenhang mit der Sicherungsübereignung.
18. Worin besteht der grundlegende Unterschied zwischen Hypothek und Grundschuld?
19. Wie entsteht eine Hypothek?

Zusammenfassung

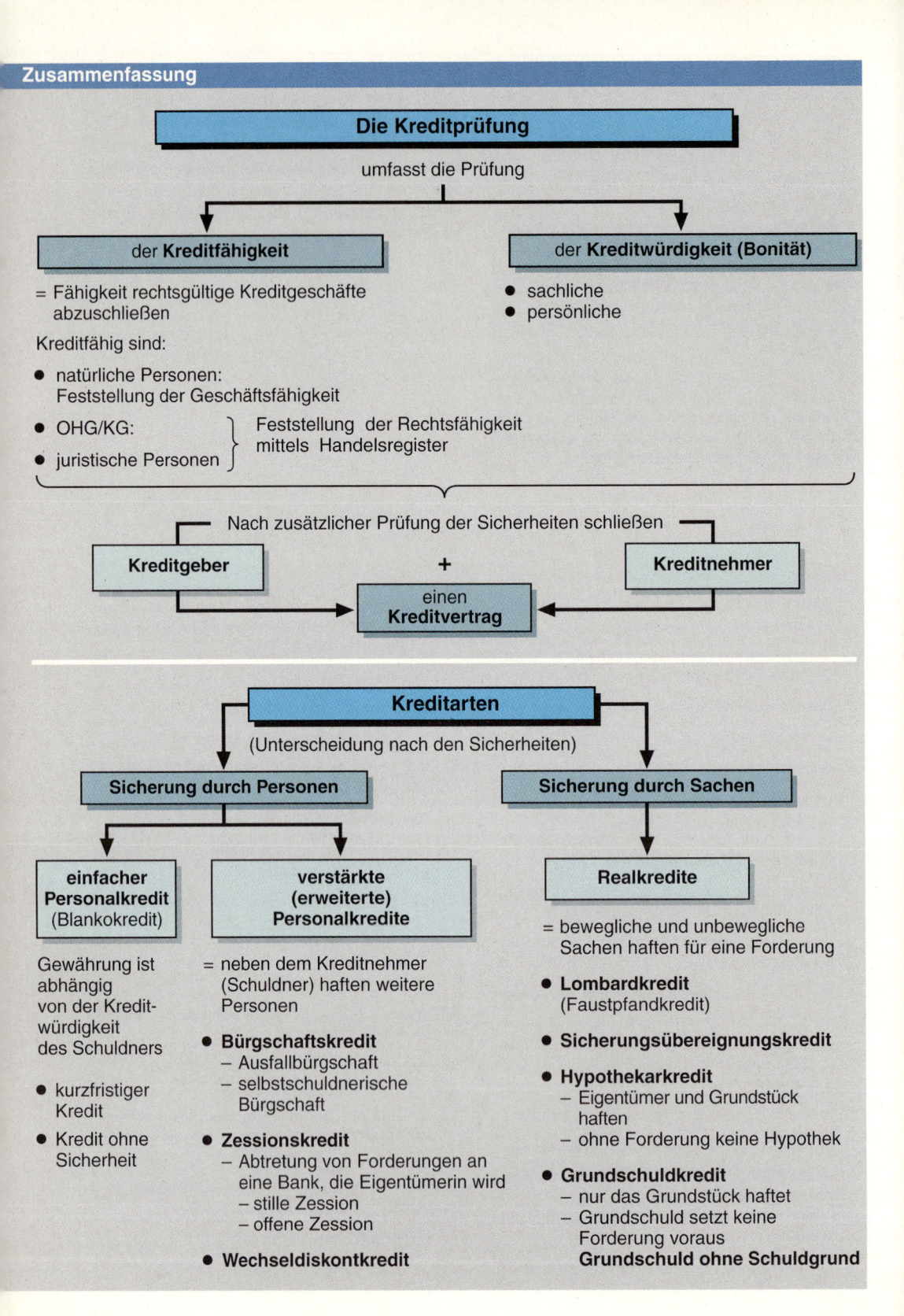

Die Kreditprüfung

umfasst die Prüfung

der Kreditfähigkeit

= Fähigkeit rechtsgültige Kreditgeschäfte abzuschließen

Kreditfähig sind:
- natürliche Personen: Feststellung der Geschäftsfähigkeit
- OHG/KG: } Feststellung der Rechtsfähigkeit mittels Handelsregister
- juristische Personen

der Kreditwürdigkeit (Bonität)
- sachliche
- persönliche

Nach zusätzlicher Prüfung der Sicherheiten schließen

Kreditgeber + **Kreditnehmer** einen **Kreditvertrag**

Kreditarten

(Unterscheidung nach den Sicherheiten)

Sicherung durch Personen

Sicherung durch Sachen

einfacher Personalkredit (Blankokredit)

Gewährung ist abhängig von der Kreditwürdigkeit des Schuldners

- kurzfristiger Kredit
- Kredit ohne Sicherheit

verstärkte (erweiterte) Personalkredite

= neben dem Kreditnehmer (Schuldner) haften weitere Personen

- **Bürgschaftskredit**
  – Ausfallbürgschaft
  – selbstschuldnerische Bürgschaft
- **Zessionskredit**
  – Abtretung von Forderungen an eine Bank, die Eigentümerin wird
    – stille Zession
    – offene Zession
- **Wechseldiskontkredit**

Realkredite

= bewegliche und unbewegliche Sachen haften für eine Forderung

- **Lombardkredit** (Faustpfandkredit)
- **Sicherungsübereignungskredit**
- **Hypothekarkredit**
  – Eigentümer und Grundstück haften
  – ohne Forderung keine Hypothek
- **Grundschuldkredit**
  – nur das Grundstück haftet
  – Grundschuld setzt keine Forderung voraus
  Grundschuld ohne Schuldgrund

9.4 Finanzierung durch Leasing

Die Elektroeinzelhandlung Hermann & Schreiber OHG hat inzwischen sowohl die Lagerräume als auch den nötigen zusätzlichen Pkw für den Kundendienst angeschafft – Gesamtkosten 40.000,00 €.

Das Geschäft läuft durch diese Investitionen wieder gut – so gut, dass unbedingt drei weitere Kunden- bzw. Außendienstfahrzeuge für den Lieferungs-, Wartungs- und Reparaturdienst benötigt werden.

Da die Eigenkapitaldecke mittlerweile aber gering ist, dem jungen wachsenden Unternehmen die banküblichen Sicherheiten fehlen und die nur noch geringen unternehmensbezogenen Kreditmöglichkeiten geschont werden sollen, stehen die beiden Inhaber vor einem Finanzierungsproblem.

Sie möchten auf jeden Fall nach wie vor die OHG in der jetzigen Form, d. h. ohne ein Mitspracherecht von neuen Gesellschaftern, weiterführen.

Wie können Herr Hermann und Herr Schreiber die Anschaffung der drei Fahrzeuge im Gesamtwert von 38.000,00 € finanzieren?

Information

Als eine weitere Möglichkeit zur langfristigen Finanzierung von Anlagevermögen kann das **Leasing** gesehen werden.

Leasing = Mittel- und langfristige Vermietung oder Verpachtung von beweglichen oder unbeweglichen Investitions- sowie langlebigen Konsumgütern durch die Hersteller dieser Güter oder durch besondere Leasinggesellschaften an einen Leasingnehmer.

Der Leasingvertrag kann als eine besondere Art des Miet- wie auch des Pachtvertrages betrachtet werden, bei dem die Anlagegüter während der gesamten Zeit im Eigentum des Leasinggebers bleiben (§ 535 ff. BGB und § 581 ff. BGB). Betrachtet man die Formen des Leasings, so sind folgende Unterscheidungen gebräuchlich:

– nach der wirtschaftlichen Stellung des Leasinggebers

– nach den Mietobjekten

– nach der Anzahl der Objekte

– nach dem Verpflichtungscharakter des Leasing-Vertrages

Abwicklung eines INDIREKTEN Leasing-Geschäftes (Mobilien)

- Hersteller = Verkäufer des Leasingobjektes
- Leasingnehmer = Benutzer = Besitzer
- Leasinggesellschaft als Leasinggeber = Käufer = Eigentümer (übernimmt die Finanzierung und Beschaffung des Leasingobjektes)

① Bestellung
② Leasingvertrag
③ Rechnung
④ Lieferung des Leasingobjektes
⑤ Zahlung der Rechnung
⑥ Zahlung der Leasingraten

- Bei der Unterscheidung des Leasings **nach der wirtschaftlichen Stellung des Leasinggebers** gibt es

a) das **direkte Leasing:**
   Leasinggeber ist der Hersteller oder eine speziell dafür eingerichtete Tochtergesellschaft selbst.

b) das **indirekte Leasing:**
   Leasinggeber ist eine herstellerunabhängige Finanzierungsgesellschaft (Leasing durch Dritte).

- Man unterscheidet **nach den Mietobjekten**

a) das **Investitionsgüter-Leasing in Form des**
   - **Mobilien-Leasing:**
     Vermietung von Ladeneinrichtungen, Computern, Telefonanlagen, EDV-Anlagen, Schreibmaschinen, Auszeichnungsgeräten, Kassensystemen, Regalanlagen, Nutzfahrzeugen u. a.
   - **Immobilien-Leasing:**
     Vermietung von Verwaltungsgebäuden, Lagerhallen u. a.

b) das **Konsumgüter-Leasing:**
   Konsumgüter mit relativ langer Lebensdauer
   Nach Beendigung der Vertragszeit muss der Leasingnehmer den gemieteten Gegenstand zurückgeben. Vertragsverlängerung oder Kauf ist möglich.

- **Nach der Anzahl der Objekte**

a) Equipment-Leasing:
   Geleast wird ein einzelnes bewegliches Wirtschaftsgut.

b) Plant-Leasing:
   Geleast wird eine ganze Betriebsanlage, die aus beweglichen und unbeweglichen Wirtschaftsgütern bestehen kann.

- **Nach dem Verpflichtungscharakter** des Leasingvertrages werden die Verträge in die Leasingformen – Finance-Leasing und Operate-Leasing eingeteilt. Gemeinsam ist die mittel- und langfristige Laufzeit der Verträge, die während der Grundmietzeit **nicht kündbar** sind.

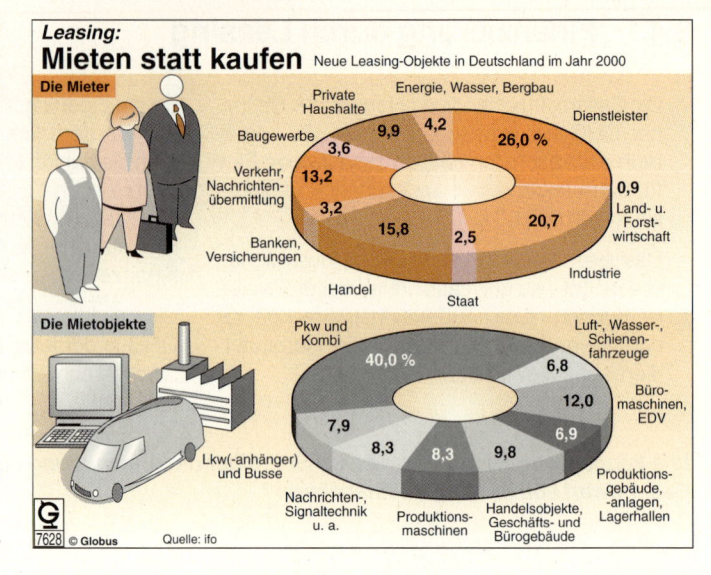

Leasing:
Mieten statt kaufen Neue Leasing-Objekte in Deutschland im Jahr 2000

Die Mieter
- Energie, Wasser, Bergbau: 4,2
- Dienstleister: 26,0 %
- Private Haushalte: 9,9
- Baugewerbe: 3,6
- Verkehr, Nachrichtenübermittlung: 13,2
- Banken, Versicherungen: 3,2
- Handel: 15,8
- Staat: 2,5
- Industrie: 20,7
- Land- u. Forstwirtschaft: 0,9

Die Mietobjekte
- Pkw und Kombi: 40,0 %
- Luft-, Wasser-, Schienenfahrzeuge: 6,8
- Büromaschinen, EDV: 12,0
- Produktionsgebäude, -anlagen, Lagerhallen: 6,9
- Handelsobjekte, Geschäfts- und Bürogebäude: 9,8
- Produktionsmaschinen: 8,3
- Nachrichten-, Signaltechnik u. a.: 8,3
- Lkw(-anhänger) und Busse: 7,9

© Globus 7628 Quelle: ifo

a) **Finance-Leasing**

Es gibt im Leasinggeschäft unterschiedliche Vertragsmodelle. Eine wichtige Grundeinteilung ist die in Vollamortisations- und Teilamortisationsverträge.

Der Vollamortisationsvertrag[1]
(→ Finanzierungsleasing)

Er umfasst Verträge, bei denen

- die Grundmietzeit festgelegt ist
  (die Grundmietzeit beträgt in der Regel zwischen 40 % und 90 % der betriebsgewöhnlichen Nutzungsdauer des Leasinggegenstandes; sie lässt sich nach den amtlichen AfA-Tabellen[2] ermitteln),

Beispiel
EDV-Anlage
– 5 Jahre (= 60 Monate) Abschreibungszeit
– 40 % **mindestens** = 24 Monate ⎫ Laufzeit des Vertrages
– 90 % **höchstens** = 54 Monate ⎭

- während der Grundmietzeit keine Vertragskündigung möglich ist,
- das Investitionsrisiko (Risiko des zufälligen Untergangs, der wirtschaftlichen Entwertung

---

1 Amortisation = a) allgemein: Tilgung einer Schuld
   b) Finanzwirtschaft: Deckung der für ein Investitionsgut aufgewendeten Anschaffungskosten aus dem mit diesem Gut erzielten Ertrag.

2 AfA = Kurzform für **A**bsetzung **f**ür **A**bnutzung. Ein Begriff aus dem Steuerrecht, der gleichzusetzen ist mit Abschreibungen, die die Wertminderungen der Anlagegüter erfassen [Konto „Abschreibungen auf Sachanlagen (SA)"]. Abschreibungen mindern als Aufwand den Gewinn und somit auch die gewinnabhängigen Steuern.

durch technischen Fortschritt) vom Leasingnehmer zu tragen ist,
- die gesamten Leasingzahlungen, die der Leasingnehmer während der unkündbaren Grundmietzeit zu entrichten hat, mindestens die Anschaffungs- oder Herstellungskosten für das Leasinggut sowie alle sonstigen Nebenkosten einschl. der Finanzkosten des Leasinggebers und dessen Gewinnspanne beinhalten,
- der Leasing-Geber das Kapital beschafft und das Kreditrisiko trägt.

Der Vollamortisationsvertrag wird vor allem dann angeboten, wenn der Leasingnehmer nach Ablauf der Grundmietzeit entscheiden möchte, ob er das Leasingobjekt weiter mieten, es kaufen oder es einfach zurückgeben und ein neues mieten möchte.

Finanzierungsleasing ist die Regel bei Leasingverträgen über Maschinen und maschinelle Anlagen sowie ganze Betriebs- und Geschäftsausstattungen.

Der Teilamortisationsvertrag
(→ Non-full-pay-out-Vertrag)

- Der Teilamortisationsvertrag wird auf eine **feste Laufzeit** abgeschlossen. Sie liegt wie beim Vollamortisationsvertrag zwischen 40 % und 90 % der betriebsgewöhnlichen Nutzungsdauer laut amtlicher AfA-Tabelle.
- Die monatliche Leasingrate ist so bemessen, dass der zum Vertragsende vorhandene Verkehrswert durch die gezahlten Leasingraten **nicht ganz gedeckt** wird. Die monatlichen Leasingraten sind daher wesentlich niedriger als beim Vollamortisationsvertrag.

Den noch nicht amortisierten Teil der Kosten kann sich der Leasinggeber durch unterschiedliche Vertragsgestaltungen absichern lassen. Damit wird dann ebenfalls die volle Amortisation erreicht:

- Auf den nicht getilgten Rest kommt bei Vertragsende zunächst der Veräußerungserlös aus der Verwertung des Investitionsgegenstandes zur Anrechnung:
  a) Wird ein höherer Erlös erzielt, so gewähren die meisten Leasinggesellschaften dem Leasingnehmer eine Gutschrift bis zu 75 % des Mehrerlöses. (Teilamortisationsvertrag mit Mehrerlösbeteiligung)
  b) Wäre der Erlös aus dem Verkauf niedriger als der geschätzte Restwert, so werden die Leasinggesellschaften von dem vertraglich vereinbarten **Andienungsrecht** Gebrauch machen, wonach der Leasingnehmer verpflichtet ist, das Investitionsgut zum vertraglich vereinbarten Restwert zu kaufen. Jedoch hat der Leasingnehmer kein Recht, den Leasinggegenstand erwerben zu dürfen. (Teilamortisationsvertrag mit Andienungsrecht) Hieraus ergibt sich, dass das Risiko der Wertminderung ausschließlich der Leasingnehmer trägt.

Teilamortisationsverträge sind im Kfz-Leasing weit verbreitet.

Der leasingtypische Anspruch des Leasinggebers auf Vollamortisation ist auch, obwohl die Bezeichnung täuschen könnte, beim Teilamortisationsvertrag gegeben.

Es handelt sich um den gleichen Amortisationsanspruch wie beim Vollamortisationsvertrag, der lediglich in verschiedenen Zeitabschnitten und jeweils je nach gewählter Vertragsgestaltung durch eine unterschiedliche Absicherung der Restwerte bzw. des Gewinns erfüllt wird.

b) Operate-Leasing
(= Kündbarer Leasingvertrag)

Operate-Leasing lässt sich beschreiben als die Vermietung von Objekten, die einem raschen technischen Fortschritt unterliegen, wie z. B. Fotokopiergeräte, EDV-Anlagen und andere nicht speziell auf den Betrieb des Leasingnehmers abgestellte Güter. Beim Operate-Leasing handelt es sich um normale Mietverträge i. S. d. BGB, die **jederzeit** von beiden Vertragspartnern **gekündigt** werden können. Sie kommen daher zur Anwendung, wenn bei Vertragsabschluss nicht eindeutig abzusehen ist, wie lange die voraussichtliche Nutzungsdauer sein wird.

Im *kündbaren Leasingvertrag* wird
- keine feste Grundmietzeit vereinbart und
- ein Kündigungsrecht in der Regel nur für den Leasingnehmer eingeräumt.

Der Leasinggeber trägt bei diesem Vertragstyp das Investitionsrisiko.

Für den Fall der Kündigung werden Abschlusszahlungen des Leasingnehmers fällig, die bereits bei Vertragsbeginn im Leasingvertrag, gestaffelt nach Kündigungsterminen, festgelegt sind.

Da der Vertrag jederzeit verlassen werden kann, ist mit hohen Leasingraten bzw. einer hohen Abschlusszahlung zu rechnen. Nach Ablauf des Mietverhältnisses werden diese (Universal-)

Leasing in Deutschland

Durch Leasing finanzierte Bruttoanlageinvestitionen 1991–2001 in Mrd €

Leasing insgesamt: 26,7 (1991); 28,9; 28,8; 28,7; 30,0; 34,2; 35,3; 39,8; 42,3; 46,1; 48,4 (2001)

Herstellerunabhängiges Leasing: 16,4; 17,7; 17,8; 16,9; 17,2; 20,5; 20,7; 23,8; 24,6; 28,0; 29,9

Hersteller-Leasing: 10,4; 11,1; 11,0; 11,8; 12,9; 13,8; 14,6; 16,1; 17,7; 18,1; 18,5

Quelle: ifo-Institut 2001: nach Planangaben berechnet

© Erich Schmidt Verlag — ZAHLENBILDER 464 020

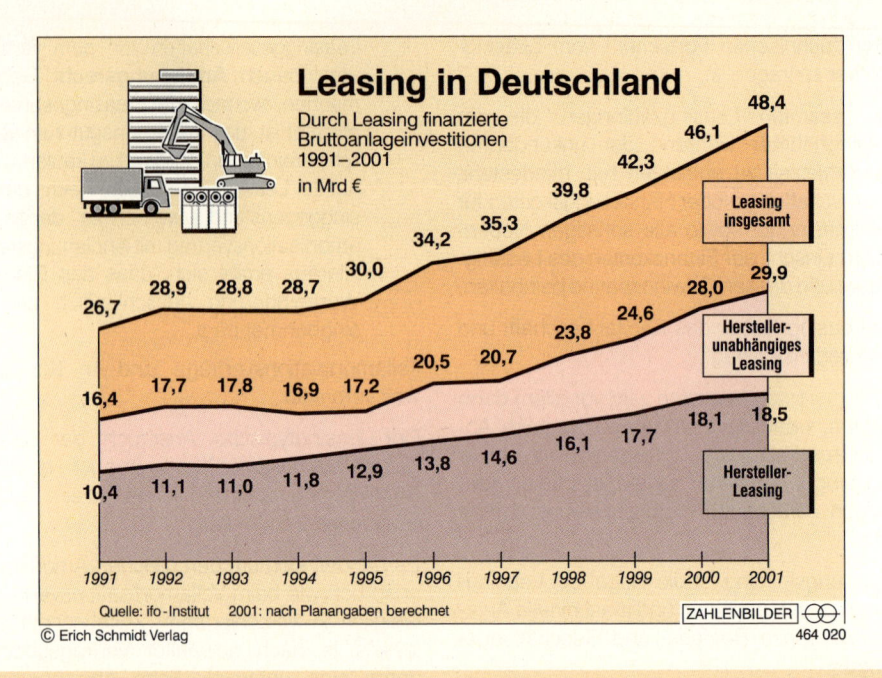

Als Leasingobjekt stehen Kraftfahrzeuge an erster Stelle. Auf sie konzentrierten sich allein 51 % der Leasinginvestitionen des Jahres 1998. Auf dem zweiten Rang folgen EDV-Anlagen und Büromaschinen mit einem Anteil von 10 % vor Geschäfts- und Bürobauten (9 %), Flugzeugen, Schiffen und Schienenfahrzeugen (8 %), Maschinen für die Produktion (8 %), Produktionsgebäuden, Lagerhallen usw. (7 %) und sonstigen Anlagegütern (6 %).

Güter vom Leasinggeber erneut vermietet oder verkauft.

Eine *Sonderform* ist das **„Sale-lease-back"-Verfahren,** bei dem ein Unternehmer seine im Unternehmen vorhandenen Vermögensgegenstände an einen Leasingunternehmer verkauft. Der Leasingunternehmer vermietet dann die Gegenstände sofort im Leasingverfahren an den Unternehmer zurück, sodass sie weiterhin dem Unternehmen zur Verfügung stehen. Der frühere Eigentümer und spätere Leasingnehmer eines Anlagegutes sind in diesem Fall identisch. Dieses Verfahren wird zum Teil dazu benutzt, um dem Unternehmen Liquidität aus stillen Reserven zuzuführen.

Inhalt des Leasingvertrages sind: Mietdauer, Höhe der Mietrate, Leasingobjekt, Versicherungen und Kündigungsfrist.

Allen Leasingarten ist gemeinsam, dass an die Stelle der einmaligen Zahlung des Kaufpreises eine laufende, regelmäßig zu entrichtende Mietzahlung tritt, in die der Leasinggeber einkalkuliert:

– den Abschreibungsbetrag,
– die Verzinsung des von ihm investierten Kapitals,
– eine Risikoprämie, z. B. für schnelles Veralten,
– sonstige Verwaltungs- und Vertriebskosten und
– den Gewinnzuschlag.

Der Leasingvertrag wird erst wirksam, wenn der Leasingnehmer seine Bestellung nicht binnen von zwei Wochen widerruft (§ 7 VerbrKrG i. V. m. § 361 a BGB). Während der Widerrufsfrist ist der Vertrag schwebend unwirksam.

Leasing bietet als langfristige Investitionsform ergänzend zu den bekannten Finanzierungsarten für den Unternehmer die Möglichkeit, die eigenen Mittel zu schonen und sie für eine andere Verwendung freizustellen, ohne dabei auf die notwendige Investition verzichten zu müssen. Seine Anwendung hängt aber letztlich von der jeweiligen betriebswirtschaftlichen Situation ab.

Leasing ist jedoch auf keinen Fall Rettungsanker für Unternehmen, die eine verfehlte Unternehmenspolitik betrieben haben. Voraussetzung für das Leasing ist eine ausreichende Bonität.

Vorteile des Leasings:	Nachteile des Leasings:

– Keine Bindung des Eigenkapitals, da eine 100%ige Fremdfinanzierung möglich ist.
– Eigenkapital kann rentabler eingesetzt werden
  a) im ertragsstarken Umlaufvermögen und
  b) durch Einräumung von Rabatt oder Sonderangeboten.
– Die Liquidität wird geschont bzw. erhöht, da weder eigene noch fremde Mittel benötigt werden. Die Mieten werden aus dem laufenden wirtschaftlichen Ertrag des Mietobjektes bezahlt.
– Leasingraten sind Fremdkapitalkosten, die steuerlich Betriebsausgaben darstellen und daher die Steuerbelastung mindern (wenn wirtschaftlich die Objekte nicht dem Leasingnehmer zugerechnet werden).
– Durch schnelle Anpassung an den technischen Fortschritt schützt Leasing vor Überalterung der Anlagen.
– Leasing bietet einen Servicevorteil durch Beratung, Wartung und Reparatur des Leasingobjektes durch den Leasinggeber.
– Der Finanzierungsspielraum und die Kreditlinien bleiben für den kurz- und mittelfristigen Finanzbedarf erhalten.
– Das Verhältnis zwischen Eigen- und Fremdkapital ändert sich nicht (gleich bleibende Bilanzrelationen).
– Der Leasingnehmer hat feste monatliche Raten, die eine genaue Kalkulation ermöglichen.
– Für die Dauer des Leasingvertrages liegen die monatlichen Leasingraten fest. Sie sind von Preisveränderungen unberührt. Das Risiko trägt der Leasinggeber.
– Leasing erleichtert den Kosten-Nutzen-Vergleich einer Investition, da die anfallenden Kosten genau fixiert sind. Investitionsentscheidungen können so leichter abgeklopft werden, ob sie vorteilhaft sind.
	– Hohe finanzielle Belastung mit fixen Kosten.
	– Das Leasing ist teurer als der Kreditkauf.
	– Die Leasingobjekte müssen ihre Miete erst verdienen, was besonders in Krisenzeiten nicht immer möglich ist.
	– Der Leasingnehmer ist während der Grundmietzeit (beim Finance-Leasing) vertraglich fest gebunden.
	– Investitionsobjekte sind nicht im Eigentum des Nutzers.
	– Sie können deshalb auch nicht – quasi kostenlos – nach der Abschreibungszeit weiterarbeiten.
	– Die eventuell Gewinn bringende Verwertung des Investitionsobjekts nach Ende der betrieblichen Nutzung liegt beim Leasinggeber.

Aufgaben

1. Was verstehen Sie unter „Leasing"?
2. Aus welchen Rechengrößen setzt sich die Leasingrate zusammen?
3. Nennen Sie die Vorteile des Leasingverfahrens für den Leasingnehmer.
4. Welche Nachteile ergeben sich aus dem Leasingverfahren?
5. Beschreiben Sie die Abwicklung eines indirekten Leasinggeschäftes.
6. Worin unterscheidet sich das Finance-Leasing vom Operate-Leasing?
7. Über welche Güter werden in den beiden Vertragstypen der Aufgabe 6 Verträge geschlossen?

Zusammenfassung

Leasing = Langfristige Finanzierung von Anlagevermögen

bedeutet, dass
- vom Leasingnehmer Investitionsgüter gemietet werden;
- der Leasingnehmer eine monatliche Leasingrate zu zahlen hat;
- der Leasinggeber Eigentümer des Leasingobjektes bleibt;
- der Leasinggeber eine Finanzierungsgesellschaft oder der Hersteller ist;
- nach Ablauf der Vertragszeit der gemietete Gegenstand weitergemietet, gekauft oder zurückgegeben werden kann.

10 Steuern und Versicherungen

10.1 Steuern als Einnahmequellen des Staates

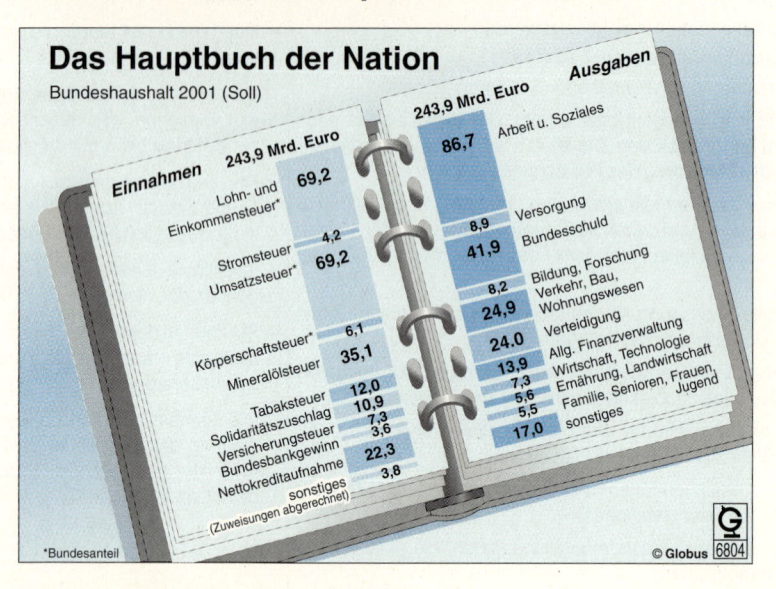

Das Hauptbuch der Nation
Bundeshaushalt 2001 (Soll)

Einnahmen 243,9 Mrd. Euro
- Lohn- und Einkommensteuer*: 69,2
- Stromsteuer: 4,2
- Umsatzsteuer*: 69,2
- Körperschaftsteuer*: 6,1
- Mineralölsteuer: 35,1
- Tabaksteuer: 12,0
- Solidaritätszuschlag: 10,9
- Versicherungsteuer: 7,3
- Bundesbankgewinn: 3,6
- Nettokreditaufnahme: 22,3
- sonstiges (Zuweisungen abgerechnet): 3,8

*Bundesanteil

Ausgaben 243,9 Mrd. Euro
- Arbeit u. Soziales: 86,7
- Versorgung: 8,9
- Bundesschuld: 41,9
- Bildung, Forschung: 8,2
- Verkehr, Bau, Wohnungswesen: 24,9
- Verteidigung: 24,0
- Allg. Finanzverwaltung: 13,9
- Wirtschaft, Technologie: 7,3
- Ernährung, Landwirtschaft: 5,6
- Familie, Senioren, Frauen, Jugend: 5,5
- sonstiges: 17,0

© Globus 6804

1. Welche Einnahmequellen besitzt der Staat?
2. Was finanziert der Staat mit seinen Einnahmen?

Information

Einnahmequellen des Staates

Der Staat erhält die notwendigen Einnahmen aus folgenden Einnahmequellen:

- öffentlich-rechtliche Abgaben, das sind in erster Linie Steuern, Gebühren und Beiträge;
- Erwerbseinkünfte aus öffentlichen Unternehmen, z. B. Erträge aus öffentlichen Verkehrsbetrieben;
- Anleihen (= öffentliche Kreditaufnahme).

Steuern, Gebühren, Beiträge

Steuern sind die wichtigste Einnahmequelle des Staates. Sie sind Geldleistungen, die der Steuerpflichtige an ein öffentliches Finanzwesen (Bund, Länder, Gemeinden, Kirchen) entrichten muss, ohne dass er dafür eine direkte Gegenleistung beanspruchen kann.

Gebühren und Beiträge unterscheiden sich von den Steuern dadurch, dass sie für eine Gegenleistung gezahlt werden.

Gebühren müssen für bestimmte Leistungen öffentlicher Einrichtungen bezahlt werden, z. B. Gebühr für die Ausstellung eines Passes oder Personalausweises, Bibliotheksbenutzungsgebühr, Müllabfuhrgebühr, Zulassung eines Kfz.

Beiträge dienen zur Deckung der Kosten bestimmter öffentlicher Einrichtungen. Der Beitragspflichtige erwirbt durch die Beitragszahlung das Recht, die Leistungen dieser Einrichtungen zu nutzen. Er muss die Beiträge aber auch dann zahlen, wenn er die Leistungen nicht in Anspruch nimmt. Beiträge sind z. B. Sozialversicherungsbeiträge, Kurtaxen, IHK-Beiträge.

Einteilung der Steuern nach dem Gegenstand der Besteuerung

Nach dem Gegenstand der Besteuerung werden die Steuern in Besitzsteuern, Verkehrsteuern, Verbrauchsteuern und Zölle unterschieden.

Besitzsteuern sind Steuern, die von Besitzwerten (z. B. Einkommen, Vermögen, Grundstücken) erhoben werden. Sie werden weiter unterteilt in Personensteuern und Realsteuern.

- Bei der Erhebung der **Personensteuer** werden die persönlichen Verhältnisse (z. B. Familienstand) und die Leistungsfähigkeit (z. B. Einkommen) einer Person zugrunde gelegt.
- Die Entrichtung der **Realsteuern** ist an den Besitz eines bestimmten Objektes (Grundstück, Gewerbebetrieb) gebunden.

Verkehrsteuern sind an rechtliche und wirtschaftliche Vorgänge gebunden. Sie besteuern in erster Linie den Austausch von Gütern und Leistungen.

Verbrauchsteuern sind Steuern, die auf den Verbrauch von bestimmten Gütern erhoben werden.

Zölle sind Steuern, die bei der Einfuhr von Waren aus dem Ausland und der Ausfuhr von Waren in das Ausland anfallen.

Empfänger \ Steuerart	Besitzsteuern – Personensteuern	Besitzsteuern – Realsteuern	Verkehrsteuern	Verbrauchsteuern	Zölle
Bundessteuern			Versicherungsteuer, Kapitalverkehrsteuer	Mineralölsteuer, Tabaksteuer, Einfuhrumsatzsteuer, Kaffeesteuer, Schaumweinsteuer usw.	Einfuhrzölle, Ausfuhrzölle
Landessteuern	Erbschaftsteuer		Grunderwerbsteuer, Lotteriesteuer, Abgaben von Spielbanken, Kraftfahrzeugsteuer	Biersteuer	
Gemeindesteuern		Grundsteuer, Gewerbesteuer, Hundesteuer	Vergnügungsteuer, Schankerlaubnissteuer	Getränkesteuer	
Gemeinschaftsteuern	Einkommensteuer, Lohnsteuer, Körperschaftsteuer, Kapitalertragsteuer		Umsatzsteuer		
Kirchensteuer	Kirchensteuer				

Bundessteuern fließen ausschließlich dem Bund,

Landessteuern ausschließlich den Bundesländern und

Gemeindesteuern ausschließlich den Gemeinden zu.

Gemeinschaftsteuern sind Steuern, die zwischen dem Bund und den Ländern oder dem Bund, den Ländern und den Gemeinden nach einem festgelegten Schlüssel aufgeteilt werden.

Kirchensteuer darf nur von Religionsgemeinschaften erhoben werden, die Körperschaften des öffentlichen Rechts sind.

Einteilung der Steuern nach der Art der Entrichtung

Nach der Art der Entrichtung können die Steuern in direkte und indirekte Steuern unterteilt werden.

Bei einer **direkten Steuer** muss die Person, die die Steuer an das Finanz- oder Zollamt abführen muss, sie auch selbst wirtschaftlich tragen. Das ist z. B. bei der Einkommensteuer, Körperschaftsteuer, Erbschaftsteuer und der Grundsteuer der Fall.

Bei einer **indirekten** Steuer muss die Person, die die Steuer abführen muss, die Steuer nicht selbst wirtschaftlich tragen. Sie kann sie auf eine andere Person abwälzen. Zu den indirekten Steuern gehören u. a. die Umsatzsteuer, alle Verbrauchsteuern, Versicherungsteuer, Kapitalverkehrsteuer und die Zölle.

Aufgaben

1. Wodurch unterscheiden sich Steuern und Gebühren?
2. Welche der folgenden Abgaben sind Beiträge?
   a) Zahlung an die Sozialversicherung
   b) Zahlung für die Ausstellung eines Reisepasses
   c) Zahlung einer Kurtaxe
   d) Zölle
   e) Eintrittskarte für ein öffentliches Hallenbad
3. Nach dem Steuergegenstand unterscheidet man Besitzsteuern, Verkehrsteuern, Verbrauchsteuern und Zölle. Ordnen Sie diesen Gruppen folgende Steuern richtig zu:
   Einkommensteuer, Körperschaftsteuer, Kaffeesteuer, Hundesteuer, Grundsteuer, Tabaksteuer, Grunderwerbsteuer, Mineralölsteuer, Umsatzsteuer, Biersteuer, Erbschaftsteuer, Gewerbesteuer.
4. Wodurch unterscheiden sich direkte und indirekte Steuern?
5. Welche Steuer ist die wichtigste indirekte Steuer?

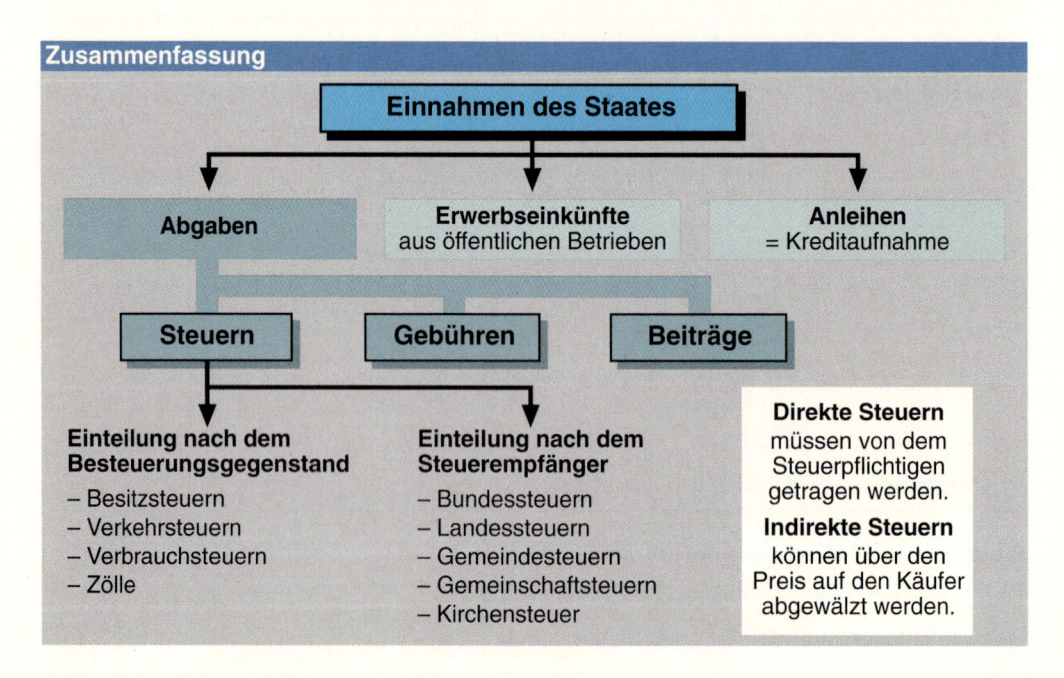

Zusammenfassung

Einnahmen des Staates

- **Abgaben**
- **Erwerbseinkünfte** aus öffentlichen Betrieben
- **Anleihen** = Kreditaufnahme

Abgaben:
- **Steuern**
- **Gebühren**
- **Beiträge**

Steuern:

Einteilung nach dem Besteuerungsgegenstand
- Besitzsteuern
- Verkehrsteuern
- Verbrauchsteuern
- Zölle

Einteilung nach dem Steuerempfänger
- Bundessteuern
- Landessteuern
- Gemeindesteuern
- Gemeinschaftsteuern
- Kirchensteuer

Direkte Steuern müssen von dem Steuerpflichtigen getragen werden.

Indirekte Steuern können über den Preis auf den Käufer abgewälzt werden.

10.2 Einkommensteuer und Lohnsteuer

Georg Franke ist Inhaber eines Bettenfachgeschäftes. Seinen Geschäftsbüchern entnimmt er, dass die Einnahmen seines Betriebes im Kalenderjahr 20.. 500.000,00 € betragen haben. Die Betriebsausgaben beliefen sich in demselben Zeitraum auf 420.000,00 €.
Petra Jung ist bei Georg Franke als Verkäuferin beschäftigt. Sie hat 20.. insgesamt 22.000,00 € Gehalt bezogen.

Welche Steuern müssen Herr Franke und Frau Jung von ihren Einkünften bezahlen?

Information

Die Einkommen natürlicher Personen unterliegen der **Einkommensteuer**.

Die **Lohnsteuer** ist keine eigenständige Steuer. Sie stellt nur eine besondere Erhebungsform der Einkommensteuer bei Einkünften aus nichtselbstständiger Arbeit dar.

Die Einkommensteuer ist eine Personensteuer, bei deren Ermittlung die persönlichen Verhältnisse des Steuerpflichtigen (z. B. Familienstand, Anzahl der Kinder, Alter) und besondere Umstände, die seine wirtschaftliche Leistungsfähigkeit beeinträchtigen (z. B. Unterstützung mittelloser Angehöriger), berücksichtigt werden. Besteuert wird das Einkommen eines Kalenderjahres.

Juristische Personen (z. B. Aktiengesellschaften, Gesellschaften mit beschränkter Haftung, Genossenschaften) sind nicht einkommensteuerpflichtig. Ihr Einkommen unterliegt der **Körperschaftsteuer**.

Einkommensteuerpflichtige Einkunftsarten

Die Einkunftsarten sind dem Einkommensteuergesetz zu entnehmen.

> **Beispiel**
> Herr Franke muss gemäß Einkommensteuergesetz Einkommensteuer bezahlen, weil er Einkünfte aus einem Gewerbebetrieb (= Einnahmen – Betriebsausgaben) hat.
>
> Frau Jung muss Einkünfte aus nichtselbstständiger Arbeit versteuern.

Ermittlung des zu versteuernden Einkommens eines Arbeitnehmers

Bemessungsgrundlage für die Einkommensteuer ist das zu versteuernde Einkommen, das der Steuerpflichtige innerhalb eines Kalenderjahres bezogen hat. Es wird nach folgendem Schema ermittelt:

=	Einkünfte aus nichtselbstständiger Arbeit
–	Werbungskosten
=	Summe der Einkünfte
–	Altersentlastungsbetrag
=	Gesamtbetrag der Einkünfte
–	Sonderausgaben
–	außergewöhnliche Belastungen
=	Einkommen
–	Kinderfreibetrag
–	Sonderfreibeträge
=	zu versteuerndes Einkommen

Werbungskosten

Werbungskosten sind Ausgaben, die für Erwerb, Sicherung und Erhalt der Einnahmen notwendig sind.

Werbungskosten bei Einkünften aus nichtselbstständiger Arbeit sind vor allem

– Aufwendungen für Fahrten zwischen Wohnung und Arbeitsstätte:
  Entfernungspauschale 0,36 € für jeden vollen km der Entfernung zwischen der Wohnung und Arbeitsstätte bei einem Arbeitsweg bis zu zehn Kilometern, ab dem elften Kilometer 0,40 € (Stand: 2002). Die Entfernungspauschale gilt für alle Berufspendler in gleicher Höhe unabhängig von dem Verkehrsmittel, mit dem sie zur Arbeit kommen.

– Beiträge zu Berufsverbänden, z. B. Gewerkschaftsbeiträge,

- Aufwendungen für Arbeitsmittel, z. B. Berufsbekleidung, Werkzeuge, Fachbücher,
- Mehraufwendungen für Verpflegung bei über achtstündiger berufsbedingter Abwesenheit von der Wohnung,
- Mehraufwendungen für eine beruflich bedingte doppelte Haushaltsführung,
- weitere Werbungskosten, z. B. Fortbildungskosten, Reisekosten, beruflich bedingte Umzugskosten.

Pauschbeträge für Werbungskosten

Grundsätzlich müssen alle Werbungskosten, die der Steuerpflichtige absetzen will, einzeln nachgewiesen werden. Aus Gründen der Vereinfachung des Besteuerungsverfahrens wird jedoch bis zu einem bestimmten Gesamtbetrag auf den Einzelnachweis verzichtet.

Bei der Ermittlung der Einkünfte aus nichtselbstständiger Arbeit wird vom Lohn oder Gehalt ein **Arbeitnehmerpauschbetrag** von 1.044,00 € abgezogen, wenn nicht höhere Werbungskosten nachgewiesen werden.

Sonderausgaben

Sonderausgaben sind Aufwendungen der Lebensführung, die aus sozialen, wirtschaftlichen und steuerpolitischen Gründen steuerlich begünstigt werden.

Die größte und wichtigste Gruppe innerhalb der Sonderausgaben bilden die **Vorsorgeaufwendungen.** Das sind

- die Beiträge zur gesetzlichen Renten- und Arbeitslosenversicherung,
- Beiträge zu Kranken-, Unfall-, Lebens- und Haftpflichtversicherungen.

Beiträge zu Sachversicherungen (z. B. Hausrat- und Kaskoversicherungen) sind keine Vorsorgeaufwendungen und damit auch nicht als Sonderausgaben abzugsfähig.

Die Vorsorgeaufwendungen sind nur beschränkt bis zu einem bestimmten Höchstbetrag abziehbar. Steuerpflichtigen mit Einkünften aus nichtselbstständiger Arbeit (Arbeitnehmer) wird eine Vorsorgepauschale abgezogen, sofern sie keine höheren Vorsorgeaufwendungen nachweisen können. Die Vorsorgepauschale ist kein Festbetrag. Sie ist nach der Höhe des Arbeitslohns gestaffelt.

Die **übrigen Sonderausgaben** sind:
- **Unterhaltszahlungen** an den geschiedenen oder dauernd getrennt lebenden Ehegatten;
- **Renten und dauernde Lasten,** zu deren Zahlung sich der Steuerpflichtige verpflichtet hat;
- **Berufsausbildungskosten;**
- die gezahlte **Kirchensteuer;**
- **Steuerberatungskosten;**
- **Spenden und Beiträge für wissenschaftliche, mildtätige und kulturelle Zwecke;**
- **Spenden und Beiträge für kirchliche, religiöse und gemeinnützige Zwecke;**
- **Spenden und Mitgliedsbeiträge an politische Parteien.**

Außergewöhnliche Belastungen

Eine außergewöhnliche Belastung ist gegeben, wenn ein Steuerpflichtiger zwangsläufig größere Aufwendungen bestreiten muss als die überwiegende Mehrzahl der Steuerpflichtigen gleicher Einkommens- und Vermögensverhältnisse. Wenn diese Aufwendungen eine zumutbare Eigenbelastung übersteigen, wird der übersteigende Betrag auf Antrag vom Gesamtbetrag der Einkünfte abgezogen.

Außergewöhnliche Belastungen sind z. B.

- Krankheitskosten (z. B. Zahnersatz, Brillen), soweit sie nicht von dritter Seite (z. B. einer Krankenkasse) ersetzt werden,
- Kurkosten,
- Unterstützung bedürftiger Angehöriger (z. B. Eltern, Geschwister, Kinder),
- Anwalts- und Gerichtskosten bei Ehescheidungen,
- Kinderbetreuungskosten (z. B. Aufwendungen für die Unterbringung von Kindern unter 16 Jahren allein stehender Arbeitnehmer in Kindergärten und Kinderhorten),
- besondere Aufwendungen von Körperbehinderten,
- Aufwendungen, die einem Steuerpflichtigen durch die persönliche häusliche Pflege eines Angehörigen entstehen.

Kinderfreibetrag

Eltern erhalten für Kinder unter 18 Jahren einen Kinderfreibetrag von 3.648,00 € je Kind. Dieser Freibetrag steht ihnen auch für Kinder zwischen 18 und 27 Jahren zu, wenn diese sich in der Berufsausbildung befinden. Ein an die Eltern ausgezahltes Kindergeld wird mit dem Kinderfreibetrag verrechnet.

Haushaltsfreibetrag

Einen Haushaltsfreibetrag erhalten allein stehende Elternteile mit mindestens einem Kind, für das sie einen Kinderfreibetrag oder Kindergeld erhalten.

Der Einkommensteuertarif

Die Einkommensteuer wird von dem zu versteuernden Einkommen des Steuerpflichtigen berechnet. Maßgebend für die Höhe der Einkommensteuer ist der Einkommensteuertarif. Er umfasst drei verschiedene Tarifzonen. (Stand 1. Jan. 2002)

1. **Grundfreibetrag:** Jeder Steuerpflichtige bekommt im Jahr 2002 einen Grundfreibetrag von 7.235,00 €, für den er keine Steuern bezahlen muss.
2. **Progressionszone:** Das den Grundfreibetrag übersteigende Einkommen unterliegt im Jahr 2002 bis 55.007,00 € einem mit der Höhe des Einkommens steigenden Steuersatz von 19,9 bis 48,5 %.
3. **Obere Proportionalzone:** Der die Höchstgrenze der Progressionszone übersteigende Teil des Einkommens wird gleich bleibend mit einem Spitzensteuersatz von 48,5 % belastet.

Für gemeinsam veranlagte Ehepartner verdoppeln sich die vorstehend aufgeführten Euro-Beträge (= Splittingtarif).

Die Einkommensteuer wird im Veranlagungsverfahren, die Lohnsteuer im Abzugsverfahren erhoben.

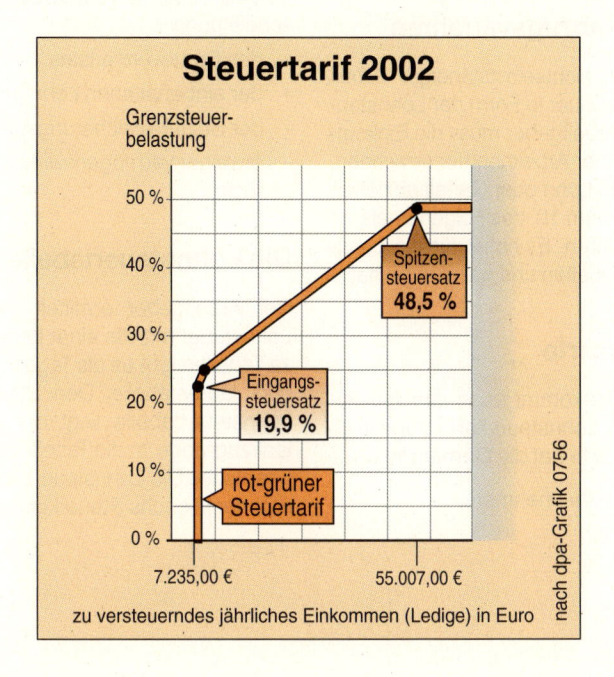

Steuertarif 2002

Grenzsteuerbelastung

Spitzensteuersatz **48,5 %**

Eingangssteuersatz **19,9 %**

rot-grüner Steuertarif

7.235,00 €   55.007,00 €

zu versteuerndes jährliches Einkommen (Ledige) in Euro

nach dpa-Grafik 0756

Einkommensteuererklärungspflicht

Der Einkommensteuerpflichtige muss beim Finanzamt eine jährliche Einkommensteuererklärung für den vergangenen Veranlagungszeitraum (in der Regel das letzte Kalenderjahr) abgeben. Diese Erklärung muss auf einem amtlich vorgeschriebenen Vordruck bis zum 31. Mai des dem Veranlagungszeitraum folgenden Jahres abgegeben werden.

Die Steuerschuld wird vom Finanzamt aufgrund dieser Steuererklärung ermittelt und dem Steuerpflichtigen in einem schriftlichen Steuerbescheid mitgeteilt. Er enthält eine Abrechnung, in der bereits geleistete Vorauszahlungen (vierteljährliche Einkommensteuervorauszahlungen, bezahlte Lohnsteuer) von der ermittelten Steuerschuld abgezogen werden. Übersteigt die Steuerschuld die Vorauszahlungen, so muss der Steuerpflichtige die verbleibende Steuerschuld innerhalb eines Monats nach Erhalt des Steuerbescheids an das Finanzamt nachzahlen. Mit dem Steuerbescheid wird dem Steuerpflichtigen außerdem die Höhe der zukünftigen vierteljährlichen Einkommensteuervorauszahlung mitgeteilt.

Ehegatten können sich getrennt oder gemeinsam zur Einkommensteuer veranlagen lassen. Bei der gemeinsamen Veranlagung werden die Einkünfte der Ehegatten zusammengerechnet und gemeinsam besteuert.

Das Lohnsteuerabzugsverfahren

Bei Einkünften aus nichtselbstständiger Arbeit wird die Einkommensteuer in Form der Lohnsteuer einbehalten. Der Arbeitgeber muss die Einkommensteuerschuld seiner Arbeitnehmer errechnen, den Betrag von deren Lohn oder Gehalt abziehen und in der Regel bis zum 10. des Folgemonats an das Finanzamt abführen. Er haftet für die Lohnsteuer, die er einzubehalten und abzuführen hat.

Die Lohnsteuerkarte

Jeder Arbeitnehmer bekommt jedes Jahr von seiner **Gemeinde** eine Lohnsteuerkarte zugestellt. Auf der Lohnsteuerkarte hat die **Gemeinde** u. a.

– die Anschrift des Arbeitnehmers,
– den Familienstand,
– das Geburtsdatum,
– die Steuerklasse,
– die Religionszugehörigkeit,
– die Zahl der Kinder und
– die Zahl der Kinderfreibeträge

eingetragen.

Das **Finanzamt** trägt auf Antrag des Steuerpflichtigen (= Steuerermäßigungsantrag) einen Freibetrag für

– erhöhte Werbungskosten,
– erhöhte Sonderausgaben und
– außergewöhnliche Belastungen

in die Lohnsteuerkarte ein, wenn diese Aufwendungen insgesamt 600,00 € pro Jahr übersteigen.

Am Jahresende oder bei Beendigung des Arbeitsverhältnisses erhält der Arbeitnehmer die Lohnsteuerkarte vom **Arbeitgeber** mit der Bescheinigung

– des Bruttoverdienstes,
– der einbehaltenen Lohn- und Kirchensteuer,
– der Sozialversicherungsbeiträge und
– etwaiger vermögenswirksamer Leistungen zurück.

Die Lohnsteuertabelle

Der Arbeitgeber ermittelt die einzubehaltende Lohnsteuer mithilfe einer Lohnsteuertabelle. Diese Tabellen gibt es als Tages-, Wochen-, Monats- und Jahrestabelle. Den Steuerbeträgen in der Lohnsteuertabelle liegt der Einkommensteuertarif zugrunde. In die Tabelle sind Freibeträge eingearbeitet. Die Lohnsteuertabelle reiht die Arbeitnehmer in sechs Steuerklassen ein.

Die Steuerklassen

Steuerklasse	Personenkreis
I	– Ledige und geschiedene Arbeitnehmer, – verheiratete Arbeitnehmer, die von ihrem Ehegatten dauernd getrennt leben oder deren Ehegatte im Ausland lebt, – verwitwete Arbeitnehmer, wenn der Ehegatte vor dem vorangegangenen Kalenderjahr gestorben ist. Steuerklasse I gilt nicht für Arbeitnehmer, denen ein Haushaltsfreibetrag zusteht.

II[1]	– Ledige und geschiedene Arbeitnehmer, – verheiratete Arbeitnehmer, die von ihrem Ehegatten dauernd getrennt leben oder deren Ehegatte im Ausland lebt, – verwitwete Arbeitnehmer, wenn der Ehegatte vor dem vorangegangenen Kalenderjahr gestorben ist, wenn ihnen ein Haushaltsfreibetrag zusteht.

III	– Verheiratete Arbeitnehmer, wenn der Ehegatte
	  – keinen Arbeitslohn bezieht oder
	  – auf Antrag beider Ehegatten in die Steuerklasse V eingereiht wird.
	– Verwitwete Arbeitnehmer, wenn der Ehegatte im vorangegangenen Kalenderjahr gestorben ist.

IV	Verheiratete Arbeitnehmer, wenn beide Ehegatten Arbeitslohn beziehen.
V	Verheiratete Arbeitnehmer, – wenn der Ehegatte ebenfalls Arbeitslohn bezieht und – auf Antrag beider Ehegatten in die Steuerklasse III eingereiht wird.
VI	Sie wird auf der zweiten und jeder weiteren Lohnsteuerkarte für Arbeitnehmer eingetragen, die aus mehreren Arbeitsverhältnissen gleichzeitig von verschiedenen Arbeitgebern Arbeitslohn beziehen.

Ehegatten, die beide Arbeitslohn beziehen, können zwischen der Steuerklassenkombination IV/IV und III/V wählen. Sie sollten die Kombination III/V nur dann wählen, wenn der Arbeitslohn des einen Ehegatten wesentlich höher ist als der des anderen. Der Ehegatte mit dem höheren Einkommen sollte sich dann in die günstigere Steuerklasse III, der mit dem niedrigeren Einkommen in die Steuerklasse V einstufen lassen.

Antrag auf Einkommensteuerveranlagung

Häufig übersteigt die von einem steuerpflichtigen Arbeitnehmer im Laufe des Kalenderjahres einbehaltene Lohnsteuer die auf den gesamten Jahresarbeitslohn entfallende Steuer. Die zu viel gezahlte Lohnsteuer wird vom Finanzamt erstattet, wenn der steuerpflichtige Arbeitnehmer einen Antrag auf Einkommensteuerveranlagung stellt.

Der Antrag auf Einkommensteuerveranlagung ist freiwillig. Er kann nur von Arbeitnehmern gestellt werden, für die keine Einkommensteuererklärungspflicht besteht.

Ein Antrag auf Einkommensteuerveranlagung lohnt sich für den steuerpflichtigen Arbeitnehmer insbesondere, wenn

– ihm Werbungskosten, Sonderausgaben oder außergewöhnliche Belastungen entstanden sind, für die kein Freibetrag auf seiner Lohnsteuerkarte eingetragen war,
– sein Gehalt im Laufe des Jahres gestiegen ist,
– Nach- oder Sonderzahlungen (z. B. Weihnachtsgeld, Gehaltsnachzahlungen) zu überproportionalen Steuerabzügen geführt haben,
– er nicht das ganze Jahr in einem Arbeitsverhältnis beschäftigt war (z. B. wegen Arbeitslosigkeit),
– auch sein Ehegatte Arbeitslohn bezogen hat,
– sich seine persönlichen Verhältnisse im Laufe des Jahres geändert haben (z. B. Heirat, Geburt eines Kindes).

Einkommensteuererklärungspflicht von Arbeitnehmern

Arbeitnehmer sind nur unter besonderen Voraussetzungen zur Abgabe einer Einkommensteuererklärung verpflichtet, z. B. wenn

- sie noch andere Einkünfte, die nicht Lohneinkünfte sind, von mehr als 410,00 € bezogen haben,
- auf ihrer Lohnsteuerkarte ein Freibetrag eingetragen ist.

Arbeitnehmer, die erklärungspflichtig sind, müssen eine Einkommensteuererklärung abgeben. Die im Laufe des Jahres einbehaltene Lohnsteuer rechnet das Finanzamt auf ihre Einkommensteuerschuld an.

---

1 Die Steuerklasse II entfällt evtl. ab dem Jahr 2005.

Aufgaben

1. Unterscheiden Sie Einkommen-, Lohn- und Körperschaftsteuer.
2. Martina Kluge ist Verkäuferin in einem Warenhaus. Welche der folgenden Aufwendungen kann sie als Werbungskosten von der Steuer absetzen?
   - Gewerkschaftsbeitrag,
   - Versicherungsbeiträge,
   - Fahrtkosten vom Wohnort zum Arbeitsplatz,
   - Beiträge zur Sozialversicherung.
3. Welche der folgenden Aufwendungen kann Frau Kluge als Sonderausgaben absetzen?
   - Lebensversicherungsbeiträge,
   - Hausratversicherungsbeitrag,
   - Haftpflichtversicherungsbeitrag,
   - Schuldzinsen für einen Anschaffungskredit,
   - Sozialversicherungsbeiträge.
4. Welche der folgenden Ausgaben kann Frau Kluge als außergewöhnliche Belastungen absetzen?
   - Kosten für eine neue Brille (Eigenleistung),
   - Miete für eine Zweitwohnung,
   - monatliche Unterstützungszahlung an ihre mittellose Mutter,
   - Beitrag zu einer privaten Unfallversicherung.
5. Ein lediger Angestellter hatte ein zu versteuerndes Jahreseinkommen von 36.000,00 €. Wie viel € seines Einkommens sind
   a) steuerfrei?
   b) werden progressiv versteuert?
6. Welche Angestellten müssen eine Einkommensteuererklärung abgeben?
7. Wählen Sie jeweils die richtige Steuerklasse.
   a) lediger Angestellter ohne Kinder,
   b) berufstätiges Ehepaar, wenn der Ehemann 40.000,00 € brutto und die Ehefrau 24.000,00 € brutto jährlich verdient,
   c) allein stehende Frau mit einem schulpflichtigen Kind,
   d) lediger Angestellter mit zwei Arbeitsverhältnissen.

Zusammenfassung

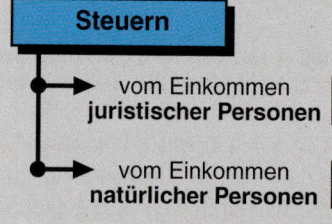

Steuern
- vom Einkommen **juristischer Personen** → **Körperschaftsteuer**
- vom Einkommen **natürlicher Personen** → **Einkommensteuer** / **Lohnsteuer**

Einkommensteuer wird durch Veranlagung erhoben.

Lohnsteuer wird bei Einkünften aus nichtselbstständiger Tätigkeit durch Abzug erhoben.

- Bei der **Ermittlung des steuerpflichtigen Einkommens** werden die Einkünfte vermindert um
  - den Altersentlastungsbetrag,
  - Sonderausgaben,
  - außergewöhnliche Belastungen,
  - Kinderfreibeträge,
  - Sonderfreibeträge.

- Der **Einkommensteuertarif** gliedert sich in
  - Grundfreibetrag = steuerfreies Einkommen,
  - Progressionszone = ansteigender Steuersatz,
  - obere Proportionalzone = gleich bleibender Spitzensteuersatz.

- **Lohnsteuer** wird vom Arbeitgeber aufgrund der Lohnsteuerkarte mithilfe der Lohnsteuertabelle ermittelt.
- Die **Lohnsteuerkarte** wird von der zuständigen Gemeinde zugestellt.
- Die **Lohnsteuertabelle** reiht die Arbeitnehmer in sechs **Steuerklassen** ein.
- Auf Antrag wird **zu viel gezahlte Lohnsteuer** vom Finanzamt **erstattet**.

10.3 Umsatzsteuer

Helmut Langer hat beim Teppichhaus Strathmann einen Teppichboden gekauft. Das Teppichhaus schickt ihm folgende Rechnung.

```
Verkäufer   Ihr Auftrag Nr./Auftragsdatum   Lieferdatum   Kunden-Nr.   Rechnungs-Nr.   Rechnungsdatum
042         099248/..-07-20                               0025864      000494          ..-07-30

POS     ART-NR      ARTIKELBEZEICHNUNG       MENGE        PREIS            €
                                                                           MWSt
*************************************************************************************
1       G440        TEPPICHBODEN MELAS       18,40        48,42          890,93
                                                                         INCL

Netto-      Fracht/
Warenwert   Porto    Verpackung    steuerpflichtiger Wert   MWSt %   MWSt €   Rechnungsendbetrag €
774,72      6,85     0,00          781,57                   16       125,05   906,62

            ZAHLUNGSBEDINGUNGEN: 10 Tage 3,0 % Skonto - 30 Tage NETTO

Die Ware bleibt bis zur vollständigen Bezahlung unser Eigentum. Erfüllungsort und Gerichtsstand ist Überall.

Hausanschrift       Telefon           Bankverbindungen
Schulstraße 1       01234 56789       Kreissparkasse Überall   Konto 000 000 001   (BLZ 123 456 78)
12345 Überall                         Deutsche Bank Überall    Konto 000 000 2     (BLZ 987 654 32)
                    Telefax           Sparkasse Überall        Konto 000 003       (BLZ 456 789 12)
                    01234 56799       Volksbank Überall        Konto 000 004       (BLZ 789 123 45)
                                      Postbank Überall         Konto 00 00-005     (BLZ 123 789 45)
```

Welche wirtschaftlichen Auswirkungen hat die Mehrwertsteuer (= Umsatzsteuer)
a) für das Teppichhaus Strathmann und b) für Herrn Langer?

Information

Die Umsatzsteuer ist eine der wichtigsten Einnahmequellen des Staates. 1998 betrugen die Einnahmen des Staates aus der Umsatzsteuer (inklusive Einfuhrumsatzsteuer) insgesamt 137,18 Mrd. €.

Schuldner und Träger der Umsatzsteuer

Die Umsatzsteuer ist eine indirekte Steuer, weil Steuerschuldner und wirtschaftlicher Träger der Steuer verschiedene Personen sind. Steuerschuldner ist der Unternehmer. Er ist verpflichtet die Umsatzsteuer an das Finanzamt zu zahlen. Er trägt sie aber nicht selbst, sondern wälzt sie über den Verkaufspreis auf seine Kunden ab.

Beispiel

Das Teppichhaus Strathmann muss die Umsatzsteuer an das Finanzamt abführen. Wirtschaftlicher Träger der Umsatzsteuer ist aber der Kunde, Herr Langer, der für den Teppichboden den Bruttoverkaufspreis von 906,62 € einschließlich 125,05 € Umsatzsteuer bezahlen muss.

Steuerbare und steuerfreie Umsätze

Die Umsatzsteuer ist eine **Verkehrsteuer,** weil sie wirtschaftliche Vorgänge (Umsätze) erfasst.

Der Umsatzsteuer unterliegen u. a.

- Lieferungen und sonstige Leistungen, die ein Unternehmer im Inland gegen Entgelt im Rahmen seines Unternehmens ausführt,
- der Eigenverbrauch eines Unternehmers für private Zwecke,
- die Einfuhr von ausländischen Gütern in das Inland (Einfuhrumsatzsteuer).

Von der Umsatzsteuer sind z. B. befreit

- Ausfuhrlieferungen,
- Umsätze im Geld- und Kapitalverkehr, z. B. Gewährung von Krediten,
- Versicherungsumsätze,
- Einnahmen aus Vermietungen und Verpachtungen.

Die Berechnung der Umsatzsteuer

Für die Berechnung der Umsatzsteuer benötigt der Unternehmer die Bemessungsgrundlage und den Steuersatz.

Die **Bemessungsgrundlage** bei Warenumsätzen ist der Nettowarenwert (= Nettoverkaufspreis).

Der **allgemeine Steuersatz** beträgt zurzeit 16 % der Bemessungsgrundlage.

Bestimmte Umsätze unterliegen einem **ermäßigten Steuersatz** von 7 %. Dazu gehören z. B.

– alle Lebensmittel mit Ausnahme von Kaviar, Langusten, Hummer, Austern, Schnecken sowie Zubereitungen aus diesen Waren,

– Wasser, Milch und Milchmischgetränke mit einem Milchanteil von mindestens 75 %,

– Kaffee und Tee,

– Bücher, Zeitschriften und Noten,

– die Personenbeförderung in Taxis.

Ermittlung der Zahllast

Der Unternehmer muss die Umsatzsteuer, die er seinen Kunden in Rechnung stellt, nicht vollständig an das Finanzamt abführen. Er darf die Umsatzsteuer, die er an seine Vorlieferer gezahlt hat, als Vorsteuer abziehen. An das Finanzamt muss er nur den Differenzbetrag zwischen der den Kunden in Rechnung gestellten Umsatzsteuer und der an die Vorlieferer gezahlten Vorsteuer abführen.

Umsatzsteuer
– Vorsteuer
= Zahllast

Durch den Vorsteuerabzug wird erreicht, dass der Unternehmer nur die Umsatzsteuer an das Finanzamt abführt, die auf den von ihm erzielten **Mehrwert** entfällt. Deshalb wird die Umsatzsteuer auch **Mehrwertsteuer** genannt.

In dem Schaubild erhöht sich der Warenwert auf jeder Produktions- bzw. Handelsstufe um 100,00 €. Von diesem Mehrwert werden auf jeder Stufe 16 % = 16,00 € als Zahllast an das Finanzamt abgeführt. Jedes Unternehmen stellt seinem Abnehmer auf der folgenden Stufe die Vorsteuer, die ihm von seinem Vorlieferer berechnet wurde, und die Zahllast, die es an das Finanzamt bezahlen muss, in Rechnung. So muss letztlich der Endverbraucher die gesamte Umsatzsteuerbelastung von 64,00 € (= 16 % von 400,00 € Warenwert) bezahlen. Für die Unternehmer ist die Umsatzsteuer kein Kostenfaktor, sondern nur ein **durchlaufender Posten.**

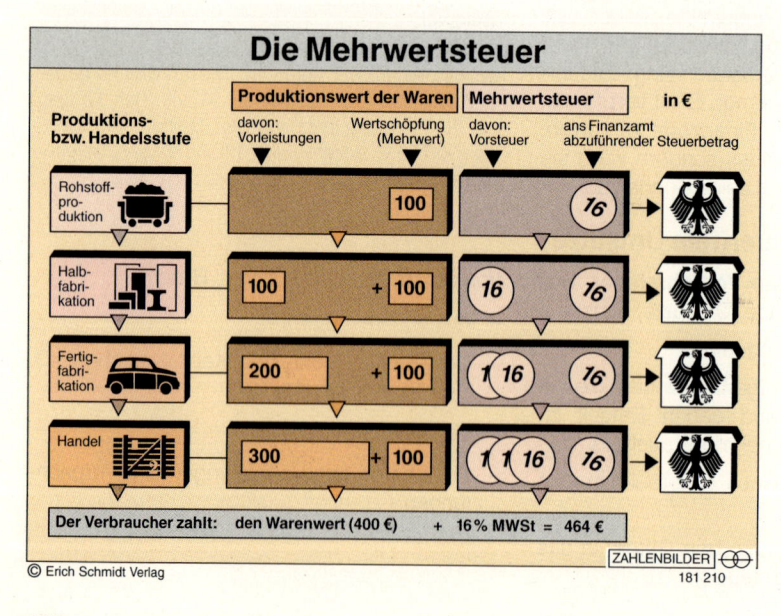

Die Mehrwertsteuer

Produktions- bzw. Handelsstufe	Produktionswert der Waren		Mehrwertsteuer		in €
	davon: Vorleistungen	Wertschöpfung (Mehrwert)	davon: Vorsteuer	ans Finanzamt abzuführender Steuerbetrag	
Rohstoffproduktion		100		16	
Halbfabrikation	100	+ 100	16	16	
Fertigfabrikation	200	+ 100	16	16	
Handel	300	+ 100	16 16	16	

Der Verbraucher zahlt: den Warenwert (400 €) + 16 % MWSt = 464 €

Voranmeldung und Vorauszahlung

Der Unternehmer muss innerhalb von zehn Tagen nach Ablauf eines Kalendermonats (= Voranmeldezeitraums) beim Finanzamt eine **Umsatzsteuervoranmeldung** einreichen, wenn die Umsatzsteuerschuld für das vorangegangene Kalenderjahr mehr als 12.000,00 € betrug. Sonst beträgt der Voranmeldezeitraum drei Monate.

Die für den Voranmeldezeitraum von ihm errechnete Zahllast muss er gleichzeitig als **Umsatzsteuervorauszahlung** leisten.

Umsatzsteuererklärung

Nach Ablauf eines Kalenderjahres muss der Unternehmer eine Umsatzsteuererklärung abgeben. Wenn die in der Steuererklärung errechnete Steuerschuld die Summe der geleisteten Umsatzsteuervorauszahlungen übersteigt, muss er eine Umsatzsteuernachzahlung (= Abschlusszahlung) an das Finanzamt leisten. Übersteigt die Summe der Umsatzsteuervorauszahlungen die Steuerschuld, so wird der Unterschiedsbetrag (= Erstattungsanspruch) an ihn zurückgezahlt.

Rechnungsausstellung

In Rechnungen, die ein Unternehmer für umsatzpflichtige Leistungen an Privatpersonen ausstellt, muss die Umsatzsteuer nicht gesondert ausgewiesen werden.

Für umsatzsteuerpflichtige Leistungen an andere Unternehmer muss ein Unternehmer auf Wunsch Rechnungen ausstellen, die die Umsatzsteuer gesondert ausweisen.

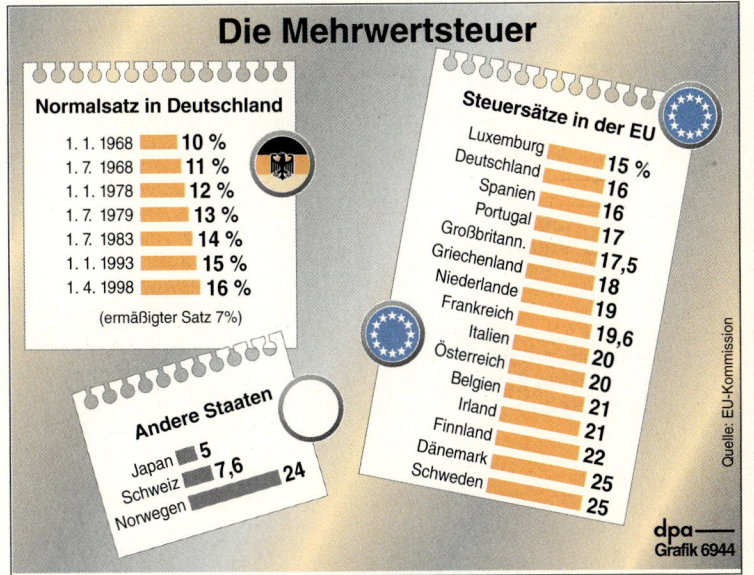

Die Mehrwertsteuer

Normalsatz in Deutschland

Datum	Satz
1. 1. 1968	10 %
1. 7. 1968	11 %
1. 1. 1978	12 %
1. 7. 1979	13 %
1. 7. 1983	14 %
1. 1. 1993	15 %
1. 4. 1998	16 %

(ermäßigter Satz 7%)

Steuersätze in der EU

Luxemburg	15 %
Deutschland	16
Spanien	16
Portugal	17
Großbritann.	17
Griechenland	17,5
Niederlande	18
Frankreich	19
Italien	19,6
Österreich	20
Belgien	20
Irland	21
Finnland	21
Dänemark	22
Schweden	25
	25

Andere Staaten

Japan	5
Schweiz	7,6
Norwegen	24

Quelle: EU-Kommission
dpa Grafik 6944

Aufgaben

1. Für welche der folgenden Vorgänge muss Umsatzsteuer gezahlt werden?
   a) Ein Textileinzelhändler verkauft an einen Kunden einen Anzug.
   b) Ein Einzelhändler gibt bei der Post ein Paket auf.
   c) Ein Einzelhändler vermietet eine Wohnung in seinem Geschäftshaus.
   d) Der Verkäufer Klaus Reimann kauft einen gebrauchten Pkw von einem Kollegen.
   e) Ein Lebensmitteleinzelhändler nimmt aus seinem Geschäft eine Kiste Wein für eine Familienfeier mit.

2. Wie hoch ist in folgenden Fällen die Umsatzsteuer?
   a) 1/2 kg Kaffee: Nettopreis 4,00 €
   b) 1 Videorekorder: Nettopreis 500,00 €
   c) 1 Brot: Nettopreis 1,50 €

3. Der Großhändler Bayer liefert an Franz Göbel, Inhaber eines Rundfunk- und Fernsehfachgeschäftes, ein Fernsehgerät zum Nettoverkaufspreis von 1.000,00 € + 16 % Umsatzsteuer.

   Der Einzelhändler Göbel verkauft das Fernsehgerät an einen Kunden zum Nettoverkaufspreis von 1.400,00 € + 16 % Umsatzsteuer.

   Ermitteln Sie die Zahllast, die Göbel an das Finanzamt abführen muss.

4. Warum ist die Umsatzsteuer für Unternehmer ein durchlaufender Posten?

5. Bis zu welchem Termin muss ein Unternehmer die Zahllast für den Monat Mai an das Finanzamt abgeführt haben?

6. In welchen Fällen ist ein Unternehmer nicht verpflichtet, die Umsatzsteuer in einer Rechnung gesondert aufzuführen?

7. Warum zählt die Umsatzsteuer zu den indirekten Steuern?

Zusammenfassung

Umsatzsteuer

Steuerbare Umsätze	alle Lieferungen und sonstige Leistungen eines Unternehmens im Inland gegen Entgelt, Eigenverbrauch der Unternehmer und Wareneinfuhren, die nicht steuerbefreit sind.
Steuerschuldner	Unternehmer (Einzelhändler)
Steuerträger	Endverbraucher
Steuersätze	allgemeiner Steuersatz: 16 % – ermäßigter Steuersatz: 7 %
Berechnung	Bemessungsgrundlage · Steuersatz = Umsatzsteuer (Traglast) − abziehbare Vorsteuer = Zahllast (abzuführende Umsatzsteuer) bzw. Erstattungsanspruch
Verfahren der Steuererhebung	– Umsatzsteuervoranmeldung und Umsatzsteuervorauszahlung grundsätzlich bis zum 10. des Folgemonats, – Umsatzsteuererklärung nach Ablauf des Kalenderjahres, bis zum 31. Mai des Folgejahres.
Wirtschaftliche Bedeutung für den Einzelhandel	Die Umsatzsteuer ist wettbewerbsneutral, weil sie ein durchlaufender Posten ist.

10.4 Gewerbesteuer

Die negativen Folgen einer Gewerbesteuererhöhung werden offensichtlich häufig nicht gesehen oder zu gering eingeschätzt. Natürlich käme es bei einer Gewerbesteuererhöhung nicht zu einer schlagartigen massiven Abwanderung von Unternehmen. für größere Unternehmen mit mehreren Betriebsstätten; auch sie können ihre Produktion verlagern. Die Gefahr der Verlagerung ist besonders groß bei Unternehmensverwaltungen und Dienstleistungen, die nicht standortgebunden sind.

Abschreckung und Abwanderung

Ansiedlungswillige Unternehmen aber würden abgeschreckt, denn sie beziehen die Gewerbesteuer als wichtigen Kostenfaktor in ihr Standortkalkül ein und können sich ja für eine Kommune mit geringerer Steuerbelastung entscheiden. Bei bereits ansässigen Unternehmen besteht die Gefahr, dass sie bei grundsätzlichen Überlegungen über einen Neubau oder eine Produktionserweiterung ganz oder teilweise abwandern. Dasselbe gilt

Erosion der Wirtschaftskraft

Von einer Gewerbesteuererhöhung getroffen werden vor allem mittlere und kleinere Unternehmen, die ihren Standort nicht verlagern können. Besonders zu erwähnen ist hier der Einzelhandel in der Innenstadt, der gegenüber den Einkaufszentren „auf der grünen Wiese" an Wettbewerbsfähigkeit verlieren würde.

aus: Industrie- und Handelskammer Hannover-Hildesheim, Bericht '87, S. 8

Welche Auswirkung hat eine Gewerbesteuererhöhung auf die wirtschaftliche Situation von Einzelhandelsbetrieben?

Information

Die Gewerbesteuer ist die zurzeit wichtigste eigenständige Steuer der Gemeinden. Sie zählt innerhalb der Besitzsteuern zur Gruppe der Realsteuern, weil durch sie keine Person, sondern der Gewerbebetrieb besteuert wird.

Grundlage für die Festsetzung der Gewerbesteuer ist der Gewerbeertrag des Gewerbebetriebes.

Der Gewerbeertrag

Der Gewerbeertrag wird auf der Grundlage des nach den Vorschriften des Einkommensteuergesetzes oder des Körperschaftsteuergesetzes ermittelten Gewinns des Gewerbebetriebes errechnet. Dieser Gewinn wird um bestimmte im Gewerbesteuergesetz aufgeführte Posten vermehrt (= Hinzurechnungen) und vermindert (= Kürzungen).

```
  Gewinn des Gewerbebetriebes
+ Hinzurechnung
− Kürzungen
= Gewerbeertrag
```

Hinzugerechnet werden z. B.
- 50 % der Zinsen für Dauerschulden,
- Gewinnanteile eines stillen Gesellschafters,
- die Hälfte der Miete und Pacht für die Benutzung fremder beweglicher Anlagegüter (z. B. gemietete Geschäftseinrichtungen).

Gekürzt wird der Gewinn u. a. um
- 1,2 % des Einheitswertes der betrieblichen Grundstücke,
- Anteile am Gewinn anderer Personengesellschaften und ausländischer Betriebe.

Steuermessbetrag und Hebesatz

Zur Ermittlung der Gewerbesteuerschuld eines Betriebes wird vom zuständigen Finanzamt der Steuermessbetrag nach dem Gewerbeertrag festgesetzt. Dieser Steuermessbetrag wird mithilfe von Steuermesszahlen errechnet.

Bei Gewerbebetrieben, die von natürlichen Personen oder Personengesellschaften (z. B. OHG, KG) betrieben werden, bleibt ein Gewerbeertrag von 24.500,00 € jährlich steuerfrei. Die Steuermesszahl für den Gewerbeertrag beträgt bei diesen Betrieben

1 % für die ersten	12.000,00 €
2 % für die zweiten	12.000,00 €
3 % für die dritten	12.000,00 €
4 % für die vierten	12.000,00 €
5 % für alle weiteren Beträge.	

Bei anderen Gewerbebetrieben beträgt die Steuermesszahl unabhängig von der Höhe des Gewerbeertrags einheitlich 5 % des auf volle 100,00 € nach unten abgerundeten Gewerbeertrags.

Durch die Multiplikation des Steuermessbetrages mit dem von den einzelnen Gemeinden festgesetzten Hebesatz erhält man die fällige Gewerbesteuerschuld.

Der **Hebesatz** wird vom Stadtrat bzw. Gemeinderat der einzelnen Städte und Gemeinden festgesetzt. Dadurch kann jede Stadt oder Gemeinde die Höhe der Gewerbesteuer unmittelbar beeinflussen.

Auf diese Weise können von Gemeinde zu Gemeinde unterschiedliche Gewerbesteuerbelastungen der Betriebe entstehen.

Beispiel für die Ermittlung der Gewerbesteuerschuld

einer Personengesellschaft		einer Kapitalgesellschaft	
Gewerbeertrag	50.000,00 €	Gewerbeertrag	50.000,00 €
− Freibetrag	24.500,00 €		
verbleiben	25.500,00 €		
• Steuermesszahl	1 – 5 %	• Steuermesszahl	5 %
= Steuermessbetrag	365,00 €	= Steuermessbetrag	25.000,00 €
• Hebesatz der Gemeinde	400 %	• Hebesatz der Gemeinde	400 %
= Gewerbesteuerschuld	1.460,00 €	= Gewerbesteuerschuld	10.000,00 €

Vorauszahlung der Gewerbesteuer

Die Gewerbebetriebe sind verpflichtet vierteljährlich am 15. Februar, 15. Mai, 15. August und 15. November Gewerbesteuervorauszahlungen zu entrichten. Die in einem Erhebungszeitraum gezahlten Vorauszahlungen werden auf die Gewerbesteuerschuld für den Erhebungszeitraum angerechnet.

Aufgaben

1. Warum zählt die Gewerbesteuer zu den Realsteuern?
2. Wovon ist es abhängig, wie viel Gewerbesteuer ein Einzelhandelsbetrieb bezahlen muss?
3. Welche Überlegungen können einen Gemeinderat veranlassen
   a) den Hebesatz für die Gewerbesteuer zu senken?
   b) den Hebesatz für die Gewerbesteuer zu erhöhen?
4. Ermitteln Sie den Steuermessbetrag für eine KG mit 240.000,00 € Gewerbeertrag.
5. Ermitteln Sie den Steuermessbetrag für eine Aktiengesellschaft mit 850.000,00 € Gewerbeertrag.

Zusammenfassung

Gewerbesteuer

Ermittlung der Gewerbesteuerschuld

Gewinn aus dem Gewerbebetrieb
+ Hinzurechnungen
− Kürzungen
= Gewerbeertrag
− Freibetrag
verbleibender Gewerbeertrag
• Steuermesszahl (bis 5 %)
= Steuermessbetrag
• Hebesatz der Gemeinde
= Gewerbesteuerschuld

- Die Gewerbesteuer ist eine Gemeindesteuer und Realsteuer.
- Die Gewerbesteuer ist eine bedeutende Einnahmequelle für die Gemeinden.
- Gewerbesteuerpflichtig ist jeder inländische Gewerbebetrieb.
- Vorauszahlungen sind vierteljährlich zu leisten.

10.5 Versicherungen im Einzelhandel

Herr Baumann ist Inhaber eines Elektrofachgeschäftes. Er beschäftigt zehn Verkäufer, zwei Büroangestellte und vier Auslieferungsfahrer. Die Verkaufs- und Lagerräume befinden sich im eigenen Geschäftshaus. Die Waren an seine Kunden liefert er mit zwei eigenen Lieferwagen aus.

Um gegen große Schäden gesichert zu sein, achtet Herr Baumann darauf, dass er gegen

– Schäden, die ihm, seinem Personal oder seinem Betrieb zugefügt werden können, und

– Schäden, die durch seinen Betrieb oder seine Angestellten verursacht werden können,

ausreichend versichert ist.

Welche Versicherungen musste Herr Baumann im Einzelnen abschließen?

Information

Kein Einzelhändler kann aus eigenen Mitteln so viel Geld zurücklegen, um dadurch gegen alle Risiken finanziell gesichert zu sein. Das ist nur mithilfe von Versicherungen möglich. Eine umfassende Risikovorsorge bieten die verschiedenen Zweige der **Individualversicherung**. Sie zahlen bei auftretenden Schäden eine Entschädigung für den aufgetretenen Schaden.

Der Versicherungsvertrag

Individualversicherungen sind private Versicherungen, die durch Abschluss eines Versicherungsvertrags zwischen einem Versicherer (= privates Versicherungsunternehmen) und einem Versicherungsnehmer (z. B. Einzelhandelsbetrieb) zustande kommen.

Die verschiedenen Zweige der Individualversicherung versichern

– Sachen (z. B. Gebäude, Geschäfts- und Lagereinrichtungen, Maschinen, Fahrzeuge, Warenbestände),

– Vermögen (z. B. Kundenkredite),

– Personen (z. B. gegen Unfallschäden und Krankheit).

Sachversicherungen

Die **Betriebs-Feuerversicherung** deckt Schäden, die an Gebäuden und deren Inhalt (Einrichtungsgegenstände, Warenvorräte, Maschinen usw.) durch

– Brand,

– Blitzschlag,

– Explosion und durch

– Anprall oder Absturz eines bemannten Flugkörpers, seiner Teile oder seiner Ladung

verursacht werden.

Die Betriebs-Feuerversicherung ersetzt auch den Schaden, der durch die Brandbekämpfung (Löschen, Niederreißen, Ausräumen) entstanden ist.

Die **Leitungswasserversicherung** ersetzt Schäden, die an Gebäuden und deren Inhalt dadurch entstehen, dass Wasser aus Zu- oder Ableitungsrohren der Wasserversorgung, Warmwasserversorgungs-, Dampfheizungs- oder Klimaanlagen austritt. Schäden durch Regen-, Schnee-, Grund- und Hochwasser werden durch diese Versicherung nicht ersetzt.

Die **Sturmversicherung** deckt Schäden, die an Gebäuden und ihrem Inhalt durch Stürme ab Windstärke acht entstehen.

Durch die **Glasversicherung** sind Scheiben und Verglasungen aller Art versichert, z. B. Schaufenster, Wandbekleidungen, Schilder, Transparente und Leuchtröhrenanlagen.

Die **Einbruchdiebstahlversicherung** bezahlt die durch Einbruchdiebstahl entstandenen Schäden und Verluste an Vorräten, Bargeld und sonstigen Sachen.

Durch eine **Transportversicherung** kann sich ein Einzelhändler gegen Gefahren versichern, denen seine Waren auf einem Transport zu Lande, zu Wasser und in der Luft ausgesetzt sind.

Bei Sachversicherungen soll die Versicherungssumme dem Wert der versicherten Gegenstände (= Versicherungswert) entsprechen. Wenn die Versicherungssumme geringer als der Versicherungswert ist, liegt eine **Unterversicherung** vor. In diesem Fall werden Schäden nur anteilig ersetzt.

> **Beispiel**
>
> Der Versicherungswert beträgt 100.000,00 €, die Versicherungssumme nur 70.000,00 €. Bei einem Schaden von 20.000,00 € ersetzt die Versicherung nur 14.000,00 €, weil die Versicherungssumme nur 70 % des Versicherungswertes ausmacht.

Wenn die Versicherungssumme höher ist als der Versicherungswert **(= Überversicherung),** wird jedoch keine höhere Entschädigung als die Erstattung des tatsächlichen Schadens bezahlt.

Vermögensversicherungen

Die **Betriebshaftpflichtversicherung** tritt ein, wenn gegen

- den Inhaber eines Einzelhandelsbetriebes,
- die gesetzlichen Vertreter eines Einzelhandelsbetriebes (z. B. Vorstandsmitglieder einer Aktiengesellschaft, Geschäftsführer) und
- Betriebsangehörige

Schadensersatzansprüche geltend gemacht werden, die sich aus ihrer betrieblichen Tätigkeit ergeben.

Die **Firmen-Rechtsschutzversicherung** umfasst

- Schadensersatz-Rechtsschutz zur Durchsetzung von Schadensersatzansprüchen,
- Straf-Rechtsschutz für die Verteidigung in einem Straf- oder Bußgeldverfahren,
- Arbeits-Rechtsschutz für alle gerichtlichen und außergerichtlichen Streitigkeiten aus Arbeitsverhältnissen, z. B. Kündigungsschutzklagen,
- Sozialversicherungs-Rechtsschutz für gerichtliche Streitigkeiten mit den Trägern der Sozialversicherung.

Die Rechtsschutzversicherung zahlt u. a. die Rechtsanwaltskosten, alle Gerichtskosten und die Kosten des Prozessgegners, sofern sie erstattet werden müssen.

Die Firmen-Rechtsschutzversicherung schützt auch die Arbeitnehmer des Betriebes bei rechtlichen Auseinandersetzungen, die sich aus ihrer Berufstätigkeit ergeben. Beim Arbeits-Rechtsschutz ist jedoch nur der Arbeitgeber versichert.

Die **Warenkreditversicherung** zahlt, wenn ein Käufer einer auf Kredit erworbenen Ware zahlungsunfähig wird. Die Warenkreditversicherung begleicht den Schaden jedoch nicht in voller Höhe. Insofern muss der Einzelhändler einen Teil des Forderungsausfalls immer selbst tragen (= Selbstbeteiligung).

Die **Betriebsunterbrechungsversicherung** ersetzt die wirtschaftlichen Folgeschäden, die entstehen, wenn die betriebliche Tätigkeit eines Einzelhandelsbetriebes durch einen Sachschaden (Brand, Maschinenschaden) unterbrochen wird. Sie ersetzt den entgangenen Geschäftsgewinn und die fortlaufenden Geschäftskosten.

Die **Betriebsschließungsversicherung** ersetzt die Schäden, die entstehen, wenn ein Betrieb wegen Seuchengefahr schließen muss. Sie ist für den Lebensmitteleinzelhandel von Bedeutung.

Kraftfahrzeugversicherungen

Jeder Halter eines Kraftfahrzeugs ist verpflichtet eine **Kraftfahrzeug-Haftpflichtversicherung** abzuschließen. Sie ersetzt den Schaden, den ein Kraftfahrer anderen Personen oder deren Sachen mit einem Kraftfahrzeug zufügt.

Gegen Beschädigung und Zerstörung des eigenen Fahrzeugs kann er sich durch eine **Kraftfahrzeug-Fahrzeugversicherung** (Teil- oder Vollkaskoversicherung) versichern.

Durch die **Kraftfahrzeug-Unfallversicherung** sind alle Insassen eines Kraftfahrzeugs (auch der Fahrzeughalter und Familienangehörige) gegen die wirtschaftlichen Folgen von Personenschäden geschützt. Für Berufsfahrer und Berufsbeifahrer, die bei dem Versicherungsnehmer (= Einzelhändler) angestellt sind, muss eine besondere Berufsfahrerversicherung abgeschlossen werden.

Personenversicherungen

Selbstständige sichern ihre Versorgung für ihr Alter und für ihre Angehörigen vorwiegend durch eine private **Lebensversicherung.**

In der **privaten Krankenversicherung** können sich Personen, die nicht in der gesetzlichen Krankenversicherung pflichtversichert sind (Selbstständige, Beamte, Angestellte und Arbeiter, deren

Einkommen die gesetzliche Pflichtversicherungsgrenze überschreitet), gegen die finanziellen Folgen einer Erkrankung schützen.

Gegen die Folgen eines Arbeitsunfalls oder eines Unfalls auf dem Weg von und zu ihrer Arbeitsstätte sind die Beschäftigten eines Einzelhandelsbetriebes bei der Berufsgenossenschaft des Einzelhandels gesetzlich versichert. Einen umfassenden Unfallschutz auch für den privaten Bereich bietet die **private Unfallversicherung.**

Aufgaben

1. Gegen welche Risiken kann sich ein Einzelhandelskaufmann versichern?
2. Welche Versicherungen können in folgenden Fällen in Anspruch genommen werden?

    a) Eine Ware, die an einen Kunden mit eigenem Lieferfahrzeug zugestellt wird, ist auf dem Transport beschädigt worden.

    b) Der Auslieferungsfahrer eines Möbelfachgeschäfts verursacht mit dem betriebseigenen Möbelwagen einen Verkehrsunfall. Dabei wird ein fremder Pkw beschädigt und dessen Fahrer verletzt. Auch der Möbelwagen weist erhebliche Schäden auf.

    c) Ein Feuer zerstört den Verkaufsraum einer Boutique. Sie kann erst nach zwei Monaten wieder eröffnet werden.

    d) Von Randalierern werden die Schaufensterscheiben eines Kaufhauses eingeschlagen.

    e) Aus dem Schaufenster eines Radiofachgeschäftes wurden nachts drei Videorekorder entwendet. Die Schaufensterscheibe wurde mit einem Ziegelstein eingeschlagen.

    f) Der Inhaber eines Einzelhandelsbetriebes bricht sich beim Volleyballspiel ein Bein.

    g) Im Lager eines Textilfachgeschäftes wird eine Heizungsleitung undicht. Das austretende Wasser beschädigt einen Teil der gelagerten Waren.

    h) Der Inhaber eines Eisenwarengeschäftes muss wegen Herz-Kreislauf-Beschwerden einen Arzt aufsuchen.

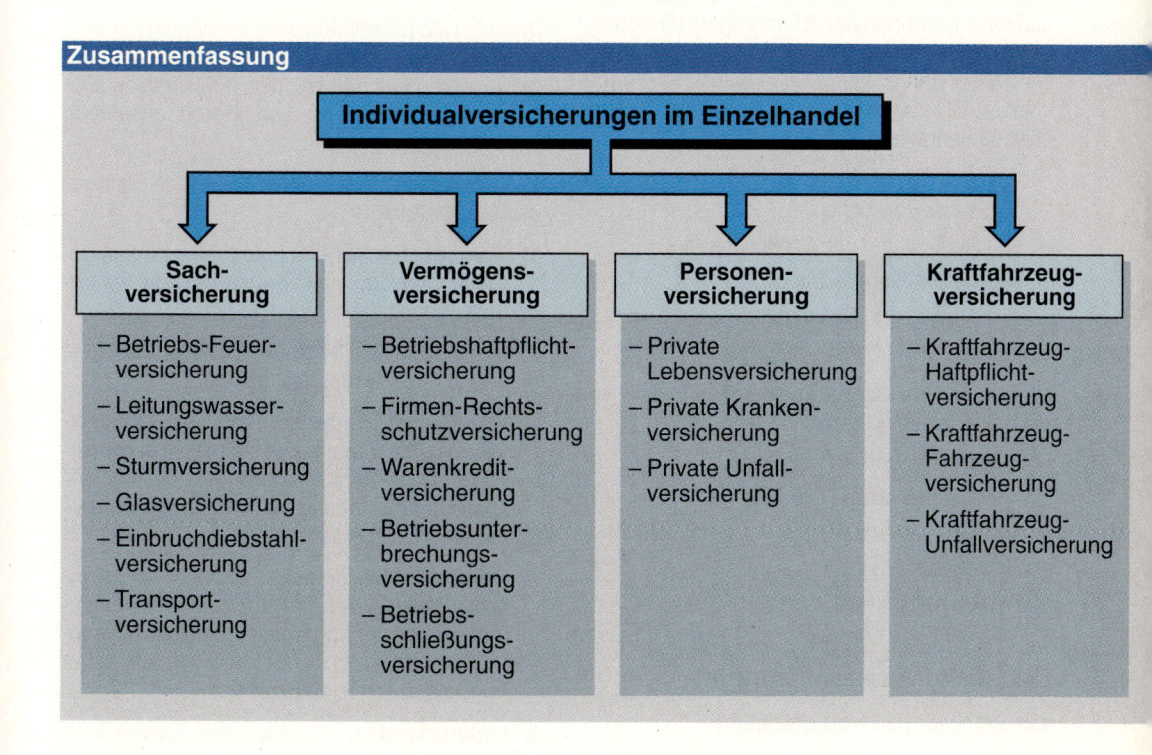

Zusammenfassung

Individualversicherungen im Einzelhandel

Sach-versicherung	Vermögens-versicherung	Personen-versicherung	Kraftfahrzeug-versicherung
– Betriebs-Feuerversicherung	– Betriebshaftpflichtversicherung	– Private Lebensversicherung	– Kraftfahrzeug-Haftpflichtversicherung
– Leitungswasserversicherung	– Firmen-Rechtsschutzversicherung	– Private Krankenversicherung	– Kraftfahrzeug-Fahrzeugversicherung
– Sturmversicherung	– Warenkreditversicherung	– Private Unfallversicherung	– Kraftfahrzeug-Unfallversicherung
– Glasversicherung	– Betriebsunterbrechungsversicherung		
– Einbruchdiebstahlversicherung	– Betriebsschließungsversicherung		
– Transportversicherung			

11 Unternehmung im Einzelhandel

11.1 Voraussetzungen für die Gründung eines Einzelhandelsunternehmens

> Herr Schreiner ist seit zehn Jahren im Textilkaufhaus Mauritz als Abteilungsleiter in der Herrenoberbekleidungsabteilung tätig. In den letzten Jahren konnte er etwas Geld zurücklegen. Als ihm Geschäftsräume in der Innenstadt günstig angeboten werden, beschließt er sich selbstständig zu machen und ein Herrenbekleidungsfachgeschäft zu eröffnen.

Worauf muss er bei der Gründung des Einzelhandelsunternehmens achten?

Information

Persönliche Voraussetzungen

Wer ein Einzelhandelsunternehmen gründen oder übernehmen will, muss voll geschäftsfähig sein, damit er Rechtsgeschäfte selbstständig abschließen kann (siehe Kapitel 4.3).

Um sein Einzelhandelsunternehmen erfolgreich führen zu können, muss der zukünftige selbstständige Einzelhändler Erfahrungen im Verkauf und umfassende Warenkenntnisse in der Branche mitbringen, in der er sich selbstständig machen will. Darüber hinaus sollte er über ausreichende Kenntnisse

- des Vertragsrechts,
- der Handelsbräuche,
- des Rechnungs- und Steuerwesens,
- des Wettbewerbsrechts und
- des Arbeits- und Sozialrechts

verfügen.

Ein besonderer **Sachkundenachweis** wird von ihm verlangt, wenn er mit

- freiverkäuflichen Arzneimitteln,
- unedelen Metallen (z. B. Eisen),
- Milch,
- Hackfleisch oder
- Waffen handeln will.

Sachliche Voraussetzungen

Der Standort des Unternehmens

Die Wahl des Standorts ist eine Grundsatzentscheidung bei der Gründung eines Einzelhandelsunternehmens, die dessen späteren wirtschaftlichen Erfolg maßgeblich bestimmt. Der Standort beeinflusst den zukünftigen Umsatz und die Kosten des Unternehmens. Deshalb muss die Standortentscheidung unter Berücksichtigung der Standortfaktoren sorgfältig geplant werden (siehe Kapitel 3.5).

Kapital

Wer sich als Einzelhändler selbstständig machen will, benötigt ein ausreichendes Startkapital, damit er sein Geschäft mit den notwendigen Einrichtungsgegenständen und Waren ausstatten kann.

Der Kapitalbedarf ist u. a. von folgenden Einflussgrößen abhängig:

1. **Branche:** Ein Rundfunk- und Fernsehfachgeschäft benötigt mehr Kapital als ein Papierwarengeschäft.
2. **Größe:** Ein Textilkaufhaus benötigt mehr Kapital als ein Textilfachgeschäft.
3. **Anbietform:** Für die Geschäftsausstattung eines Selbstbedienungsgeschäftes ist normalerweise mehr Kapital erforderlich als für die Geschäftsausstattung eines Einzelhandelsbetriebes mit Vollbedienung.
4. **Umschlagshäufigkeit:** Je höher die Umschlagshäufigkeit ist, desto niedriger kann normalerweise der Lagerbestand sein. Ein geringer Lagerbestand bindet nur wenig, ein hoher Lagerbestand viel Kapital.
5. **Liefererkredite:** Je länger das Zahlungsziel des Lieferers ist, desto weniger Kapital benötigt der Einzelhändler zur Finanzierung seiner Warenbestände.

6. **Kundenkredite:** Einzelhandelsbetriebe, die ihren Kunden Ware auf Kredit verkaufen, haben einen höheren Kapitalbedarf als Betriebe, die ihre Ware nur gegen sofortige Zahlung abgeben.

Das für die Unternehmensgründung nötige Kapital stammt zum Teil aus dem privaten Vermögen des Unternehmers (= Eigenkapital). Das zusätzlich erforderliche Kapital kann von außen beschafft werden.

Rechtliche Voraussetzungen

Die Gewerbeordnung erlaubt es jedermann, ein selbstständiges Gewerbe zu betreiben. Einzelhandelsbetriebe dürfen bis auf die Ausnahmen, in denen ein besonderer Sachkundenachweis erforderlich ist, ohne besondere Genehmigung betrieben werden.

Meldepflichten bei der Unternehmensgründung

Die Eröffnung eines Einzelhandelsbetriebes muss der zuständigen Ortsbehörde (Gewerbeamt) unverzüglich angezeigt werden (= Gewerbeanzeige).

Außerdem muss der Einzelhandelsbetrieb bei folgenden Stellen angemeldet werden:

– dem zuständigen Finanzamt,
– der zuständigen Berufsgenossenschaft,
– der zuständigen Industrie- und Handelskammer,
– dem zuständigen Arbeitsamt, wenn für Mitarbeiter Fördermittel aus der Arbeitslosenversicherung bezogen werden können.

Kaufleute müssen sich beim Amtsgericht zur Eintragung in das Handelsregister anmelden (siehe Kapitel 11.3).

Kaufmannseigenschaften

Istkaufmann (= Kaufmann kraft Gesetzes)

Kaufmann im Sinne des Handelsgesetzbuches ist, wer ein Handelsgewerbe betreibt. Handelsgewerbe ist jeder Gewerbebetrieb, der nach Art und Umfang einen in kaufmännischer Weise eingerichteten Geschäftsbetrieb erfordert.

Personen, die ein Handelsgewerbe betreiben, **sind** auch ohne Eintragung in das Handelsregister **Kaufleute**.

Personen, die einen Gewerbebetrieb betreiben, der keine kaufmännische Organisation erfordert (Kleingewerbebetriebe, z. B. Kioske) und Inhaber von land- und forstwirtschaftlichen Betrieben sind keine Istkaufleute.

Kannkaufmann

Inhaber von Gewerbebetrieben, die keine kaufmännische Organisation erfordern (Kleingewerbetreibende) sowie Inhaber land- und forstwirtschaftlicher Betriebe und deren Nebenbetriebe (z. B. Mühlen, Brennereien, Molkereien) **können** sich in das Handelsregister eintragen lassen. Sie werden dadurch Kaufleute.

Formkaufmann (= Kaufmann kraft Rechtsform)

Alle Kapitalgesellschaften und Genossenschaften sind unabhängig von der Art ihrer Tätigkeit Kaufleute.

Aufgaben

1. Welche persönlichen Voraussetzungen muss jemand erfüllen, der einen Einzelhandelsbetrieb gründen will?
2. Für welche Waren muss ein Einzelhändler einen besonderen Sachkundenachweis erbringen?
3. Wovon ist der Kapitalbedarf eines Einzelhandelsbetriebes abhängig?
4. Welcher Zusammenhang besteht zwischen Kapitalbedarf und Umschlagshäufigkeit?
5. Wo muss ein neu gegründeter Einzelhandelsbetrieb angemeldet werden?
6. Welche Kaufmannseigenschaft hat der Inhaber eines Fachgeschäftes?

Zusammenfassung

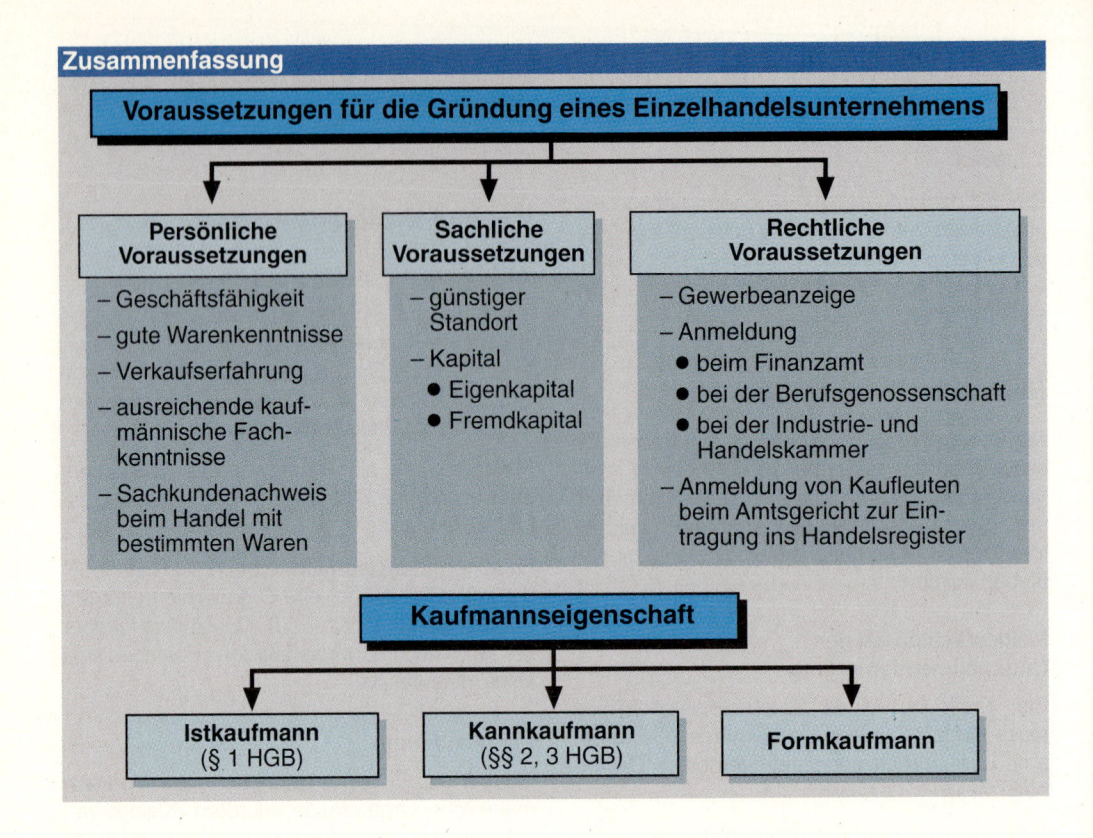

Voraussetzungen für die Gründung eines Einzelhandelsunternehmens

- **Persönliche Voraussetzungen**
  - Geschäftsfähigkeit
  - gute Warenkenntnisse
  - Verkaufserfahrung
  - ausreichende kaufmännische Fachkenntnisse
  - Sachkundenachweis beim Handel mit bestimmten Waren

- **Sachliche Voraussetzungen**
  - günstiger Standort
  - Kapital
    - Eigenkapital
    - Fremdkapital

- **Rechtliche Voraussetzungen**
  - Gewerbeanzeige
  - Anmeldung
    - beim Finanzamt
    - bei der Berufsgenossenschaft
    - bei der Industrie- und Handelskammer
  - Anmeldung von Kaufleuten beim Amtsgericht zur Eintragung ins Handelsregister

Kaufmannseigenschaft
- Istkaufmann (§ 1 HGB)
- Kannkaufmann (§§ 2, 3 HGB)
- Formkaufmann

11.2 Firma

Frau Emmi Schütte, Hannover, Braunstr. 17, benötigt für ihr neu gegründetes Süßwarengeschäft sowie für die von ihr selbst gebackenen Schokoladenkekse noch einen Namen.

In der Hoffnung auf einen besseren Absatz wirbt sie – ungeachtet des in Hannover bestehenden und bekannten Süßwarengeschäftes von Herrn Fritz Schütte – für ihre Kekse auf den Packungen wie nebenstehend:

"PIKANT" Schüttes Schokoladenkekse nach Hausmacherart. Hergest. in Schüttes Keks-Fabrik Hannover Braunstr. 17

Was halten Sie von dem Entwurf für Frau Schüttes Kekspackungen?

Information

Die **Firma** ist der Name eines Kaufmanns, unter dem er
- seine Geschäfte betreibt,
- die Unterschrift abgibt,
- klagen und verklagt werden kann (§ 17 HGB).

Der Begriff Firma darf also nicht verwechselt werden mit dem Begriff Unternehmen.

Alle Kapitalgesellschaften, Personengesellschaften und Einzelkaufleute haben die **freie Wahl** einer aussagekräftigen und werbewirksamen Firma.

Die Firma muss dabei
- von anderen Gewerbetreibenden zu **unterscheiden** sein,
- die Gesellschafts- und Handelsverhältnisse offen legen und
- wahr (nicht irreführend) sein (§ 18 HGB).

Firmenarten

Zur Firma können **Firmenkern** (zwingend vorgeschrieben) und **Firmenzusatz** gehören.

Der Firmenkern ist jeweils für die verschiedenen Unternehmensformen gesetzlich geregelt:

Zwingend zu beachten ist bei der Firmenwahl gem. § 19 HGB bei:					
Einzelkaufleuten	Offener Handelsgesellschaft (OHG)	Kommanditgesellschaft (KG)	Gesellschaft mit beschränkter Haftung (GmbH)	Aktiengesellschaft (AG)	Kommanditgesellschaft auf Aktien (KGaA)
Enthaltene[1] Bezeichnung „eingetragener Kaufmann", „eingetragene Kauffrau" oder eine allgemein verständliche Abkürzung dieser Bezeichnung, insbesondere „e. K.", „e. Kfm.", oder „e. Kffr." (§ 19 Abs. 1 HGB)	Enthaltene Bezeichnung „offene Handelsgesellschaft" oder eine allgemein verständliche Abkürzung dieser Bezeichnung (§ 19 Abs. 1 Nr. 2 und 3 HGB)	Enthaltene Bezeichnung „Kommanditgesellschaft" oder eine allgemein verständliche Abkürzung dieser Bezeichnung	Enthaltene Bezeichnung „Gesellschaft mit beschränkter Haftung" oder eine allgemein verständliche Abkürzung dieser Bezeichnung	Enthaltene Bezeichnung „Aktiengesellschaft" oder eine allgemein verständliche Abkürzung dieser Bezeichnung	Enthaltene Bezeichnung „Kommanditgesellschaft auf Aktien" oder eine allgemein verständliche Abkürzung dieser Bezeichnung

Kleinbetriebe (kleingewerbetreibende Personenhandelsgesellschaften), deren Unternehmen keinen kaufmännischen Geschäftsbetrieb erfordert, können ebenfalls die Rechtsform einer OHG oder KG wählen (§ 105 Abs. 2 HGB).

Der Firmenkern wird häufig um einen Firmenzusatz ergänzt. Darunter sind diejenigen Angaben der Firma zu verstehen, die über den gesetzlich vorgeschriebenen Mindestinhalt – den Firmenkern – hinausgehen.

Alle Kapitalgesellschaften, Personengesellschaften und Einzelkaufleute haben ansonsten die **freie Wahl** einer aussagekräftigen und werbewirksamen Firma. Sie können zwischen einer **Personenfirma**, einer dem Unternehmensgegenstand entnommenen **Sachfirma**, einer **gemischten Firma** (Person des Kaufmanns und Unternehmensgegenstand) und einer „**Fantasiefirma**" wählen.

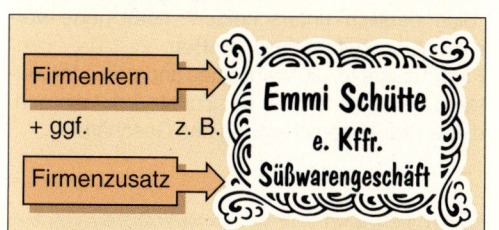

Personenfirma

Der Firmenname besteht aus einem oder mehreren bürgerlichen Namen.

> **Beispiele**
> - Klaus Grundstedt e. K.
> - Grundstedt & Wichmann KG
> - E. Schütte e. Kffr.

Firmenkern + ggf. Firmenzusatz z. B. Emmi Schütte e. Kffr. Süßwarengeschäft

Sachfirma

Bei einer Sachfirma ist der Firmenname aus dem Gegenstand des Unternehmens abgeleitet.

---

[1] Durch den zwingenden Hinweis auf die Kaufmannseigenschaft in der Firma des Einzelkaufmanns wird der Kaufmann von dem nichtkaufmännischen Gewerbetreibenden, dem sog. Kleingewerbetreibenden i. S. von § 1 Abs. 2 HGB, abgegrenzt.

> **Beispiele**
>
> Rheinische Weinkellerei KG
> Deutsche Industriewartung GmbH
> sparda Bank Hannover e. G.
> ABC-Handels GmbH
> Transport KG

Gemischte Firma

Sie beinhaltet neben dem Personennamen den Gegenstand des Unternehmens.

> **Beispiele**
>
> Richard Weibke, Fahrradkontor e. Kfm.
> Fotostudio Michael Scholz OHG
> Werner Grigat – Immobilien KG
> Blumenlädchen Bärbel Stobbe e. Kfr.
> Helen Villanueva, Textileinzelhandel KG

Fantasiefirma

Sie kann aus Abkürzungen oder Firmenzeichen entstehen.

> **Beispiele**
>
> Pelikan AG   Getränkehandlung
> adidas AG   Kalt und Spritzig OHG
> Büroreinigung   Hartlen KG
> Blitzblank, e. Kffr.   Pharos e. K.

Firmengrundsätze

Die Firma des einzelnen Unternehmers kann sich in der Öffentlichkeit und bei Geschäftspartnern durch z. B. besonders gute Qualitätsware, vorzüglichen Kundenservice, großzügige Kulanzregelungen, Zuverlässigkeit, Kreditwürdigkeit usw. ein besonderes Ansehen erwerben.

Aus diesem Grund unterliegt der Gebrauch der Firmenbezeichnung besonderem Schutz und besonderen Grundsätzen.

Firmenöffentlichkeit.

Jeder Kaufmann ist verpflichtet seine Firma in das Handelsregister eintragen zu lassen. Er hat seine Namensunterschrift unter Angabe der Firma bei dem Gericht, in dessen Bezirk sich seine Handelsniederlassung befindet, zu zeichnen (§ 29 HGB).

Firmenwahrheit

Bei der Unternehmensgründung muss die Firma wahr sein. Für den Unternehmer bedeutet das, dass die Firma den zwingenden Hinweis auf die Kaufmannseigenschaft enthalten muss.

Nicht zwingend vorgeschrieben, aber erlaubt sind Zusätze, die über den Geschäftszweig Auskunft geben, wie beispielsweise „Süßwarengeschäft" oder „Möbelzentrale". Auch sie müssen wahr sein.

> **Beispiele**
>
> Der Einzelunternehmer Gerhard Volker Bodenstein kann z. B. seine Firma nennen:
> – Gerhard Bodenstein, eingetragener Kaufmann
> – Volker Bodenstein e. K.
> – GeVoBo e. Kfm.

Firmenklarheit

Die Firma muss klar sein. Sie darf den Außenstehenden nicht über wesentliche geschäftliche Verhältnisse irreführen (§ 18 Abs. 2 HGB).

> **Beispiele[1]**
>
> – „Markt": Ein kleines Schuhgeschäft darf sich nicht „Schuhmarkt" nennen, weil die Bezeichnung „Markt" auf ein Einzelhandelsgeschäft mit einer gewissen Größe und Angebotsvielfalt hinweist.
> – „Kinderladen" ist für ein bloßes Kinderbekleidungsgeschäft unzulässig. Beim „Kinderladen" erwartet man ein Geschäft, das vielerlei Gegenstände des kindlichen Bedarfs, z. B. auch Spielwaren, führt.
> – Gebiets- oder Stadtnamen sind nur zulässig für führende Unternehmen des Gebiets (Orts) und Geschäftszweiges.
>   Beispiele: „Frankfurter Sitzmöbel",
>   „Buchvertrieb Europa".

Firmenausschließlichkeit

Nach den §§ 18 und 30 HGB muss sich jede neue Firma von allen an demselben Ort oder in derselben politischen Gemeinde bereits bestehenden und in das Handelsregister eingetragenen Firmen deutlich unterscheiden (§ 30 HGB)[2].

„Sich deutlich unterscheiden" heißt, jede Verwechslungsgefahr ausschließen.

Firmenzusätze, die Wahl eines anderen oder weiteren Vornamens oder der Zusatz jun. oder sen. dienen zur Unterscheidung des Geschäfts.

---

1   Wegen des reduzierten Überprüfungsmaßstabes nach § 18 Abs. 2 HGB werden die in den Beispielen genannten Firmenbestandteile nicht mehr durch die Registergerichte abgelehnt werden können. Die Registergerichte müssen insoweit berücksichtigen, dass eine abstrakte, vielleicht täuschungsgeeignete Firma im Geschäftsverkehr tatsächlich nicht missverstanden wird. Sollte es dann im Rechtsverkehr zu Missverständnissen kommen, so bleibt die Klärung dem Wettbewerbsrecht vorbehalten.

2   Die Eintragung ins Handelsregister gibt in diesem Fall aber keine Garantie für die wettbewerbsrechtliche Zulässigkeit der Firma. Falls ein Unternehmen eine überregionale Tätigkeit beabsichtigt, empfiehlt es sich, auch hier eine entsprechende Recherche vorzunehmen.

> **Beispiel**
> **bereits bestehende Firma**
> Klaus R. Fasold e. Kfm.
> **neue Firma**
> Richard Fasold e. Kfm.
> Klaus R. Fasold, e. K. Feinkostgeschäft
> Klaus Fasold, jun. e. K.

Gesellschafterzusätze allein, z. B. „GmbH", sind kein genügendes Unterscheidungsmerkmal.

Die örtliche Begrenzung gilt nicht für Unternehmen, deren Bedeutung über den Ort hinausgeht. Sein Schutz kann sich auf das gesamte Inland beziehen, wie z. B. bei adidas, IBM oder Mercedes.

Firmenübertragbarkeit

Dieser Grundsatz besagt, dass eine Firma nur mit dem dazugehörigen Handelsgeschäft verkauft werden kann (§ 23 HGB).

Firmenbeständigkeit

Die bisherige Firma kann fortgeführt werden,

– bei Änderung des in der Firma enthaltenen Namens des Geschäftsinhabers oder eines Gesellschafters, d. h. ohne eine Änderung der Person, z. B. bei Heirat oder Adoption (§ 21 HGB),

– beim Erwerb eines bestehenden Handelsgeschäftes (z. B. Kauf, Erbschaft, Schenkung), und zwar mit oder ohne einer Beifügung eines Zusatzes, der das Nachfolgeverhältnis andeutet (§ 22 HGB),

– bei Änderung des Gesellschafterbestandes, auch wenn sie den Namen des bisherigen Geschäftsinhabers oder Namen von Gesellschaftern enthält (§ 24 HGB).

In den beiden letztgenannten Fällen ist die ausdrückliche Einwilligung des bisherigen Geschäftsinhabers, des Gesellschafters oder deren Erben notwendig.

> **Beispiele**
> – Frau Schramm hat der Schramm OHG ihren Namen gegeben. Die Firma kann diesen Namen behalten, auch wenn die Namensgeberin heiratet und nunmehr Grundmann heißt.
> – Frau Elke Zimmermann erwirbt das Textilfachgeschäft Olaf Brennecke e. K. Mögliche Firmenbezeichnungen wären:
>   „Elke Zimmermann e. Kffr." mit oder ohne Zusatz „Textilfachgeschäft",
>   „Elke Zimmermann e. Kffr." vorm. Olaf Brennecke
>   „Olaf Brennecke, e. K., Nachfolgerin Elke Zimmermann"
>   „Olaf Brennecke, e. K., Nachf."
>   „Olaf Brennecke, e. K., Inh. Elke Zimmermann"

Durch die Fortführung der Firma bleibt der Firmenwert (= Goodwill) erhalten, der durch den guten Ruf des Unternehmens entstanden ist.

Die Kunden müssen sich nicht umstellen und das Unternehmen kann weiter mit seinem bekannten und seriösen Namen werben. Nur weil geheiratet wird oder der Inhaber sein Geschäft verkauft, ist ein Umsatzrückgang nicht zu befürchten.

Bei Verstößen gegen die Firmengrundsätze kann der geschädigte Kaufmann auf Unterlassung klagen und Schadenersatz verlangen.

Haftung bei Firmenübernahme

a) Einzelunternehmung

Wer *ein Handelsgeschäft erwirbt oder erbt* und unter der bisherigen Firma fortführt, haftet für alle betrieblichen Verbindlichkeiten des früheren Inhabers (§ 25, 27 HGB).

Der alte Inhaber hat für seine Verbindlichkeiten noch fünf Jahre aufzukommen (§ 26 HGB).

Wer *als persönlich haftender Gesellschafter oder als Kommanditist in das Geschäft eines Einzelkaufmanns eintritt,* übernimmt die Haftung für die Verbindlichkeiten der ehemaligen Einzelunternehmung, unabhängig davon, ob die Firma fortgeführt wird (§ 28 HGB).

Ein **Haftungsausschluss** ist einem Dritten (Gläubiger bzw. Schuldner) gegenüber nur wirksam, wenn er in das Handelsregister eingetragen und bekannt gemacht oder ihm mitgeteilt wurde (§ 25 Abs. 2 HGB).

b) Personengesellschaft

Wer **in eine bestehende Gesellschaft** eintritt, haftet gleich den anderen Gesellschaftern *persönlich als Gesamtschuldner* für die vor seinem Eintritt begründeten Verbindlichkeiten der Gesellschaft. Die Haftung ist unabhängig davon, ob die Firma fortgeführt wird oder nicht (§ 130 HGB).

Ein **Haftungsausschluss** *ist nicht möglich, wenn jemand in eine Personengesellschaft eintritt* (§ 130 Abs. 2 HGB).

Pflichtangaben auf Geschäftsbriefen

Um eine eindeutige Identifizierung des Kaufmanns zu ermöglichen, **werden sämtliche kaufmännischen Unternehmen** verpflichtet **handelsrechtliche Angaben auf Geschäftsbriefen und Bestellscheinen** vorzunehmen. So besteht insbesondere für den Kaufmann die Pflicht, auf seinen Geschäftsbriefen die **Firma** – einschließlich des Zusatzes über die Kaufmannseigenschaft (vgl. § 19 Abs. 1 Nr. 1 HGB) –, den **Ort seiner Handelsniederlassung,** das **Registergericht** sowie die **Nummer, unter der die Firma in das Handelsregister eingetragen ist,** anzugeben (§ 37 a HGB; zur entsprechenden Verpflichtung der Personenhandelsgesellschaften vgl. § 125 a HGB). Bei *Aktiengesellschaften* sind ferner alle Vorstandsmitglieder und der Vorsitzende des Aufsichtsrates mit dem Familiennamen und mindestens einem ausgeschriebenen Vornamen anzugeben (§ 80 AktG.). Die gleichen Bestimmungen gelten für die *Gesellschaft mit beschränkter Haftung* bezogen auf ihre Geschäftsführer und den Aufsichtsratsvorsitzenden, sofern die Gesellschaft einen Aufsichtsrat gebildet hat.

Sind die Angaben auf den Geschäftsbriefen oder Bestellscheinen nicht enthalten, so kann der Kaufmann hierzu vom Registergericht durch Festsetzung von Zwangsgeld gezwungen werden (§ 37 a Abs. 4 HGB).

Aufgaben

1. Für welche Unternehmen gilt die Firmenschildvorschrift?
2. Was verstehen Sie unter dem Begriff „Firma"?
3. Welche Vorschrift besteht für die Firma eines Einzelunternehmens?
4. Welchen Sinn hat der Grundsatz der Firmenwahrheit?
5. Welcher Firmengrundsatz wird angesprochen, wenn sich Unternehmen an demselben Ort voneinander unterscheiden müssen?
6. Frau Engelmann eröffnet unter der Firmenbezeichnung „Lieselotte Engelmann, Weinhandlung e. Kffr." ein Einzelhandelsgeschäft. Im Nachbarort befindet sich ein sehr angesehenes Weingeschäft, die Firma „Lieselotte Tengelmann, Weinhandlung e. Kffr.". Was kann Frau Tengelmann gegen die Firmenwahl ihrer Konkurrentin unternehmen?
7. Wer kann eine Firma führen?
8. Herr Steinhoff erwirbt ein Einzelhandelsgeschäft, das er unter der bisherigen Firma weiterführt. Wie ist die Haftung für die alten Verbindlichkeiten geregelt?
9. Suchen Sie aus der Tageszeitung, den Gelben Seiten und weiteren Quellen je vier Personen-, Sach-, Fantasie- und gemischte Firmen.
10. Horst Frank hat ein Computerfachgeschäft übernommen, das zuvor Roland Waak gehörte und unter der Firma „Roland Waak, Computer Software e. Kfm." geführt wurde. Welche Firma ist rechtlich zulässig? Nennen Sie drei Möglichkeiten.
11. Warum kann aus dem Firmennamen allein nicht ohne weiteres auf den dahinter stehenden Inhaber geschlossen werden?

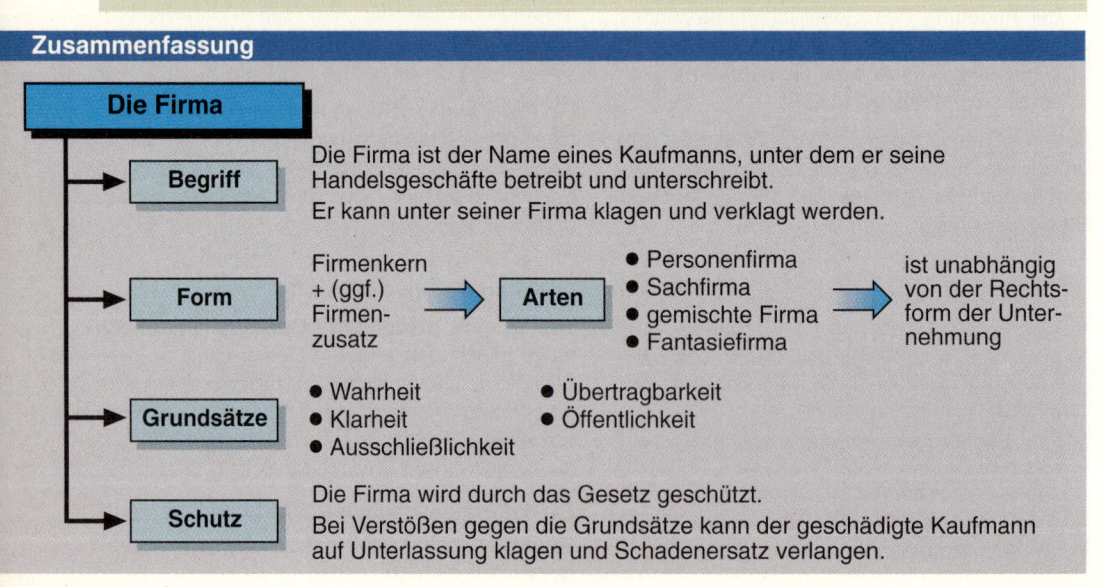

Zusammenfassung

Die Firma

- **Begriff**: Die Firma ist der Name eines Kaufmanns, unter dem er seine Handelsgeschäfte betreibt und unterschreibt. Er kann unter seiner Firma klagen und verklagt werden.

- **Form**: Firmenkern + (ggf.) Firmenzusatz → **Arten**:
  - Personenfirma
  - Sachfirma
  - gemischte Firma
  - Fantasiefirma

  → ist unabhängig von der Rechtsform der Unternehmung

- **Grundsätze**:
  - Wahrheit
  - Klarheit
  - Ausschließlichkeit
  - Übertragbarkeit
  - Öffentlichkeit

- **Schutz**: Die Firma wird durch das Gesetz geschützt. Bei Verstößen gegen die Grundsätze kann der geschädigte Kaufmann auf Unterlassung klagen und Schadenersatz verlangen.

11.3 Handelsregister

Herr Springer tritt als Kommanditist mit einer Kapitaleinlage in Höhe von 20.000,00 € in die Firma Giesselmann KG ein. Der Eintritt wird ordnungsgemäß beim Handelsregister gemeldet und daraufhin im Register eingetragen.

Infolge eines Versehens des Registergerichts wird Herr Springer in der Bekanntmachung als persönlich haftender Gesellschafter bezeichnet.

Der Einzelhändler Probst verlässt sich bei seiner Einsicht in das Handelsregister auf die fehlerhafte Eintragung und gewährt der Giesselmann KG im Vertrauen auf die ihm bekannten Vermögensverhältnisse von Herrn Springer einen Kredit in Höhe von 50.000,00 €.

Als er wegen Zahlungsschwierigkeiten der KG Herrn Springer als persönlich haftenden Gesellschafter in Anspruch nimmt, wendet dieser ein, er sei gar nicht Komplementär, sondern Kommanditist und hafte daher nur in Höhe seiner Kapitaleinlage.

Welche Auswirkungen hat in diesem Fall die Eintragung der unrichtigen Tatsache in das Handelsregister für den Einzelhändler Probst?

Information

Aufgabe und Inhalte des Handelsregisters

Das Handelsregister ist ein **öffentliches Verzeichnis** beim Amtsgericht, in das alle Kaufleute des betreffenden Amtsgerichtsbezirks einzutragen sind.

Jeder Kaufmann ist verpflichtet seine Firma und den Ort der Handelsniederlassung bei dem Gericht, in dessen Bezirk sich die Niederlassung befindet, zur Eintragung in das Handelsregiser anzumelden; er hat seine Namensunterschrift unter Angabe der Firma zur Aufbewahrung bei dem Gericht zu zeichnen (§ 29 HGB).

Das Registergericht kann vorgeschriebene Anmeldungen durch Ordnungsstrafen erzwingen.

Andererseits kann in das Register nur eingetragen werden, was das Gesetz als eintragungsfähig bestimmt. Der Kaufmann kann daher nicht beliebige Tatsachen, die er der Öffentlichkeit mitteilen möchte, in das Handelsregister eintragen lassen.

Das Handelsregister besteht aus zwei Abteilungen.

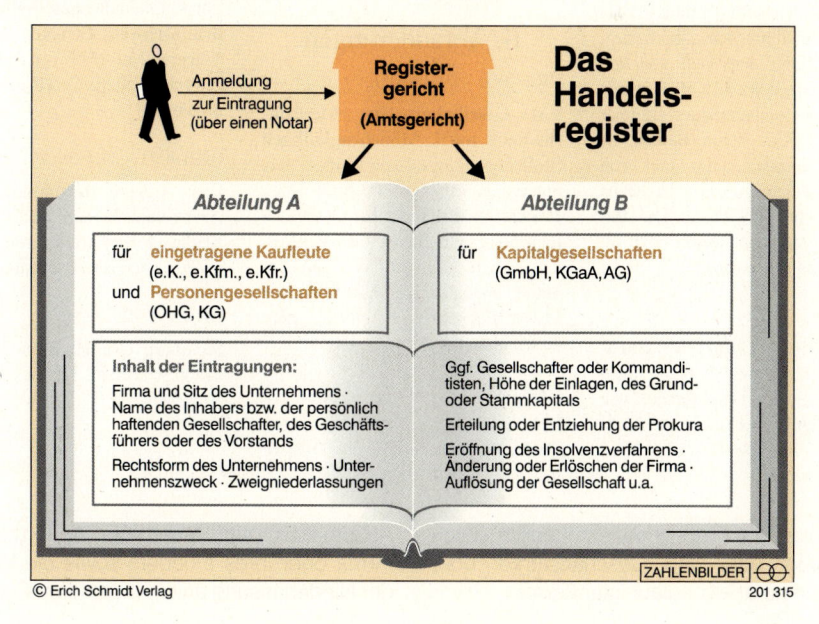

Das Handelsregister

Anmeldung zur Eintragung (über einen Notar) → **Registergericht (Amtsgericht)**

Abteilung A
für **eingetragene Kaufleute** (e.K., e.Kfm., e.Kfr.)
und **Personengesellschaften** (OHG, KG)

Inhalt der Eintragungen:
Firma und Sitz des Unternehmens · Name des Inhabers bzw. der persönlich haftenden Gesellschafter, des Geschäftsführers oder des Vorstands
Rechtsform des Unternehmens · Unternehmenszweck · Zweigniederlassungen

Abteilung B
für **Kapitalgesellschaften** (GmbH, KGaA, AG)

Ggf. Gesellschafter oder Kommanditisten, Höhe der Einlagen, des Grund- oder Stammkapitals
Erteilung oder Entziehung der Prokura
Eröffnung des Insolvenzverfahrens · Änderung oder Erlöschen der Firma · Auflösung der Gesellschaft u.a.

© Erich Schmidt Verlag

Die Eintragungen in das Handelsregister werden in einer örtlichen Zeitung sowie in einer Beilage des Bundesanzeigers veröffentlicht. Die Bekanntmachung ist wirksam mit Ablauf des Tages, an dem das letzte der beiden Veröffentlichungsblätter erschienen ist.

Beispiele für Eintragungen im Handelsregister

I. Neueintragungen

HRB 5402 – 22. Dez. 20..:

D. K. Warenhandel und Vertrieb GmbH, 28832 Achim-Baden (Badener Holz 26). Gegenstand des Unternehmens ist der Handel und Vertrieb von Waren jeglicher Art. Die Gesellschaft kann alle Geschäfte betreiben, die dem Gesellschaftszweck unmittelbar oder mittelbar dienen können, und/oder mit ihm im Zusammenhang stehende Aufgaben übernehmen. Sie kann Zweigniederlassungen errichten und sich an gleichartigen oder ähnlichen Unternehmen beteiligen. Stammkapital: 50.000,00 €;. Geschäftsführer: Dietmar Korreck, 28832 Achim-Baden. Gesellschaft mit beschränkter Haftung. Der Gesellschaftsvertrag ist am 20. November 2001 abgeschlossen. Die Gesellschaft hat einen oder mehrere Geschäftsführer. Ist nur ein Geschäftsführer bestellt, vertritt er die Gesellschaft allein. Sind mehrere Geschäftsführer bestellt, wird die Gesellschaft gemeinschaftlich durch zwei Geschäftsführer oder durch einen Geschäftsführer zusammen mit einem Prokuristen vertreten. Durch Gesellschafterbeschluss können Geschäftsführer zur Alleinvertretung ermächtigt und auch von den Beschränkungen des § 18 BGB befreit werden. Der Geschäftsführer, Dietmar Korreck, 28832 Achim-Baden, ist alleinvertretungsberechtigt und von den Beschränkungen des § 181 BGB befreit. Nicht eingetragen: Die Bekanntmachungen der Gesellschaft erfolgen im Bundesanzeiger.

HRB 6013 – 29. Jan. 20..:

Back & Friends GmbH, Mönchengladbach (Karstraße 70). Gegenstand des Unternehmens: der Vertrieb von und der Handel mit Brot- und Backwaren aller Art. Die Gesellschaft ist berechtigt, Zweigniederlassungen zu errichten und sich an anderen Unternehmen, insbesondere als persönlich haftende Gesellschafterin zu beteiligen. Stammkapital: 100.000,00 €. Geschäftsführer: Frank Büttgenbach, geb. am 27. Juli 1961, wohnhaft in Mönchengladbach. Gesellschaft mit beschränkter Haftung. Der Gesellschaftsvertrag ist am 11. Dezember 01 abgeschlossen worden. Die Gesellschaft hat einen oder mehrere Geschäftsführer. Ist nur ein Geschäftsführer bestellt, so vertritt er die Gesellschaft allein. Sind mehrere Geschäftsführer bestellt, so wird die Gesellschaft durch zwei Geschäftsführer oder durch einen Geschäftsführer in Gemeinschaft mit einem Prokuristen vertreten. Die Gesellschafterversammlung kann einzelnen Geschäftsführern Einzelvertretungsbefugnis und/oder Befreiung von den Beschränkungen des § 181 BGB erteilen. Frank Büttgenbach ist stets einzelvertretungsbefugt und von den Beschränkungen des § 181 BGB befreit. Als nicht eingetragen wird noch veröffentlicht: Die Bekanntmachungen der Gesellschaft erfolgen im Bundesanzeiger.

II. Veränderungen

HRB 4089 – 29. Jan. 20..:

VME-Gesellschaft für Medizinelektronik mbH, Mönchengladbach (Rollberg 1). Ingrid von Gehlen, geb. Fuhrmann, geb. am 30. April 1944, Mönchengladbach, ist zur Geschäftsführerin bestellt. Sie ist stets alleinvertretungsberechtigt und von den Beschränkungen des § 181 BGB befreit. Maria Fuhrmann ist nicht mehr Geschäftsführerin.

HRA 3380 – 4. Febr. 20..:

R & S Fenster e. Kfm., Mönchengladbach (Dahlener End 69). Dietmar Josef Wevers, geb. am 23. November 1961, Mönchengladbach, ist als persönlich haftender Gesellschafter eingetreten. Dadurch offene Handelsgesellschaft, die am 1. Januar begonnen hat. Die Firma ist entsprechend geändert. Sie lautet nun: R & S Fenster OHG.

HRB 676 – 25. Jan. 20..:

SMG – Schlosserei Metallbau Gerwien Gesellschaft mit beschränkter Haftung, Wolfsburg. Die Prokura Margret Bekemeier ist erloschen.

HRB 5266 – 22. Dez. 20..:

Seeger Bauunternehmen GmbH, 28870 Ottersberg. Stammkapital: 200.000,00 €. Die Gesellschafterversammlung vom 19. Oktober 01 hat die Erhöhung des Stammkapitals um 150.000,00 € auf 200.000,00 € und die Änderung des § 3 der Satzung (Stammkapital/Stammeinlagen) beschlossen.

III. Löschungen

HRB 3383 – 24. Febr. 20..:

Lord Spielhallengesellschaft mbH, Braunschweig. Gemäß § 141 a FGG (früher § 2 LöschG) von Amts wegen gelöscht, weil die Gesellschaft vermögenslos ist.

HRB 4091 – 24. Febr. 20..:

City Cargo Termingut GmbH Zweigniederlassung Braunschweig, Braunschweig (Sudetenstr. 8). Die Zweigniederlassung ist aufgehoben.

HRB 161 – 27. Jan. 20..:

Steinberg GmbH, Elze. Die Liquidation ist beendet. Die Gesellschaft ist erloschen.

Die Anmeldung erfolgt entweder mündlich durch den Inhaber oder den Geschäftsführer oder schriftlich in notariell beglaubigter Form. Anzumelden sind auch die Änderungen der Firma oder ihres Inhabers sowie die Verlegung der Niederlassung an einen anderen Ort.

Wiedergabe eines Blattes aus dem Handelsregister

Amtsgericht Hannover

Blatt **HRA 3**

Nummer der Eintragung	a) Firma b) Ort der Niederlassung (Sitz der Gesellschaft) c) Gegenstand des Unternehmens	Geschäftsinhaber persönlich haft. Ges. Abwickler	Prokura	Rechtsverhältnisse	a) Tag der Eintragung und Unterschrift b) Bemerkungen
1	2	3	4	5	6
1	a) Klaus Kubel e. Kfm. b) Hannover c) Haus für Herren- und Damenbekleidung	<u>Diplomkaufmann Klaus Kubel Hannover</u>	Herrn Walter Gerwien, Hannover-Linden, ist Einzelprokura erteilt.	Einzelkaufmann	a) 14. August 20.. *Seidel* (Justizinspektor)
2		Alfred Bruns Kaufmann Hannover	Die Einzelprokura des Walter Gerwien ist geblieben.	Geschäftsübergang auf Kaufmann Alfred Bruns. Firmenfortführung	a) 15. Januar 20.. *Weitmann* (Justizinspektor)

Aus oben stehendem Registerauszug sind folgende Rechtsvorgänge erkennbar:

1) 14. August 20.. Eintragung der Einzelfirma Kubel e. Kfm., Inhaber ist Klaus Kubel; Walter Gerwien hat Prokura;

2) 15. Januar 20.. Übergang auf Alfred Bruns; Prokura Gerwien bleibt erhalten.

Ungültig gewordene Eintragungen werden im Handelsregister nicht durchgestrichen, sondern **rot unterstrichen** („gerötelt").

Genossenschaften werden in einem besonderen Genossenschaftsregister geführt.

Zweck des Handelsregisters ist es,

– die Firma des Kaufmanns zu schützen sowie

– der Allgemeinheit, insbesondere aber den Geschäftspartnern des Kaufmanns, die Möglichkeit zu verschaffen, sich über die kaufmännischen Verhältnisse eines Kaufmanns zuverlässig zu informieren (Gläubigerschutz).

Das Handelsregister steht daher jedermann zur Einsicht offen. Jeder darf ferner vom Registerauszug Abschriften oder Ablichtungen verlangen.

Die Wirkung der einzelnen Eintragungen

- Manche Eintragungen haben **konstitutive** (= rechtsbegründende oder rechtserzeugende) Wirkung. In solch einem Fall ist die Eintragung notwendig, damit eine bestimmte Rechtslage überhaupt entsteht.

Beispiele

– Land- und Forstwirte oder Kleinbetriebe, die keinen nach Art und Umfang in kaufmännischer Weise eingerichtetem Geschäftsbetrieb erfordern, erwerben erst mit der Eintragung in das Handelsregister die Kaufmannseigenschaft.

– Die Aktiengesellschaft und die GmbH entstehen ebenfalls erst durch die Eintragung.

- Die meisten Eintragungen haben **deklaratorische** (= rechtsbezeugende) Wirkung. Der Rechtsvorgang ist dabei **ohne** die Eintragung wirksam, die Eintragung bestätigt ihn lediglich.

Beispiele

– Die Erteilung und der Widerruf der Prokura sind ohne Eintragung rechtswirksam. Die Eintragung ist zwar vorgeschrieben. Sie hat aber nur die Aufgabe, die Prokuraerteilung kundzugeben.

– Derjenige, der ein Handelsgewerbe betreibt – ohne Rücksicht auf die Branche –, wird automatisch Kaufmann, wenn sein Geschäftsbetrieb einen gewissen Umfang überschreitet; die Eintragung gibt das nur kund.

- In den Fällen der **freigestellten Anmeldung** ergibt sich die Wirkung aus der jeweiligen Bestimmung, die dem Betreffenden die Eintragung erlaubt.

> **Beispiel**
>
> Für Herrn Bruns als Erwerber der Firma Klaus Kubel e. Kfm., Haus für Herren- und Damenbekleidung, der die Firma unverändert fortführt, gilt folgende gesetzliche Regelung des HGB:
>
> § 25 Haftung des Erwerbers bei Firmenfortführung
>
> (1) Wer ein unter Lebenden erworbenes Handelsgeschäft unter der bisherigen Firma mit oder ohne Beifügung eines das Nachfolgeverhältnis andeutenden Zusatzes fortführt, haftet für alle im Betrieb des Geschäfts begründeten Verbindlichkeiten des früheren Inhabers.
>
> Bruns kann nun aber die Haftung für die Verbindlichkeiten des bisherigen Inhabers gegenüber den Gläubigern ausschließen, wenn der Haftungsausschluss im Handelsregister eingetragen und bekannt gemacht worden ist.

Der Schutz des Vertrauens auf das Handelsregister

Das Handelsregister genießt **öffentlichen Glauben**, d. h. dass sämtliche eingetragenen und veröffentlichten Tatsachen als bekannt gelten und ein Dritter darauf vertrauen kann, dass diese Eintragungen gültig sind. Er braucht daher nur das zu glauben, was im Handelsregister eingetragen ist.

Das gilt auch für den Fall, dass eine in das Handelsregister einzutragende Tatsache **nicht eingetragen und bekannt gemacht** wurde. Auch hier gilt der Schutz des Vertrauens auf das Register: Auf das Schweigen des Handelsregisters kann man sich verlassen.

> **Beispiel**
>
> Herr Hentschel scheidet aus der Liebig OHG als Gesellschafter aus. Sein Ausscheiden wird nicht zum Handelsregister angemeldet und deshalb auch nicht eingetragen und bekannt gemacht. Die Gesellschaftsgläubiger könnten Herrn Hentschel weiterhin als Gesellschafter behandeln und auch für ihre nach dem Ausscheiden begründeten Forderungen persönlich in Anspruch nehmen.

Das Risiko liegt insofern bei demjenigen, in dessen Angelegenheit eine Eintragung vorzunehmen ist. Durch den Zwang der möglichst schnellen Anmeldung von anmeldepflichtigen Tatsachen wird die Vollständigkeit des Handelsregisters gewährleistet.

Andererseits kann sich ein Kaufmann auf eine von ihm ordnungsgemäß vorgenommene Eintragung berufen.

> **Beispiel**
>
> Herr Bruns, der die Firma Klaus Kubel e. Kfm., Haus für Herren- und Damenbekleidung e. Kfm., unverändert fortführt, schließt die Haftung für alle vor der Übernahme des Geschäftes entstandenen Verbindlichkeiten des früheren Inhabers, Herrn Kubel, aus.
>
> Gemeinsam mit Herrn Kubel lässt er diese vertragliche Regelung in das Handelsregister eintragen und bekannt machen. Drei Wochen nach der Übernahme fordert der Gläubiger Homann von Herrn Bruns einen noch ausstehenden Betrag seiner Rechnung von vor zwei Monaten in Höhe von 4.300,00 €. Herr Bruns braucht nicht zu zahlen, da Herr Homann über die Eintragung durch z. B. die örtliche Zeitung hätte informiert sein müssen; er hat fahrlässig gehandelt.

Letztlich kann sich ein Dritter auf eingetragene und bekannt gemachte Tatsachen im Handelsregister verlassen, auch wenn diese unrichtig sind.

> **Beispiel**
>
> Der Einzelhändler Probst (vgl. Eingangsbeispiel) kann auf die Eintragung des Herrn Springer als Vollhafter vertrauen und seine Forderung in Höhe von 50.000,00 € gegen ihn persönlich geltend machen.

Eine Ausnahme besteht nur dann, wenn der Dritte die Unrichtigkeit kannte.

Aufgaben

1. Wer ist für die Führung des Handelsregisters zuständig?
2. Aus welchen Abteilungen besteht das Handelsregister und welche unterschiedlichen Informationen kann man ihnen entnehmen?
3. Wer kann Einsicht in das Handelsregister nehmen?
4. Welche Bestimmungen bestehen hinsichtlich der Veröffentlichung von Handelsregistereintragungen?

5. Warum ist es für einen Einzelhändler sinnvoll, die Veröffentlichung von Eintragungen im Handelsregister in der Tageszeitung laufend zu verfolgen?
6. Nennen Sie Gründe für die Notwendigkeit des Handelsregisters.
7. Welche Bedeutung haben Eintragungen im Handelsregister, die rot unterstrichen sind?
8. Welche Eintragung ins Handelsregister hat
   a) rechtserzeugende (konstitutive),
   b) rechtsbezeugende (deklaratorische) Wirkung?
   – Eintragung der Hannoverschen Papierfabrik AG
   – Ein Hotelbesitzer lässt sich als Kaufmann eintragen
   – Eintragung eines Handelsgewerbes
   – Eintragung der Bauunternehmung Frank Neumann OHG
   – Eintragung von Herrn Adam als Prokurist
   – Eintragung der Kaufmannseigenschaft eines Kleingewerbetreibenden
   – Eintragung eines Landwirtschaftsbetriebes mit kaufmännischem Geschäftsbetrieb
9. Wie kann die Anmeldung zum Handelsregister erfolgen?
10. Wer muss die Eintragung der Firma ins Handelsregister beantragen?
11. Eine neu eröffnete Boutique wird ins Handelsregister eingetragen. Nennen Sie die Angaben, die die Anmeldung enthalten muss.
12. Wann muss die Firma oder Firmenänderung zur Eintragung ins Handelsregister angemeldet werden?
13. Der Unternehmer Flach hat seinem Prokuristen Adam die Prokura entzogen. Die Löschung der Prokura im Handelsregister hat er versäumt. Welche Folgen hat sein Vergessen?

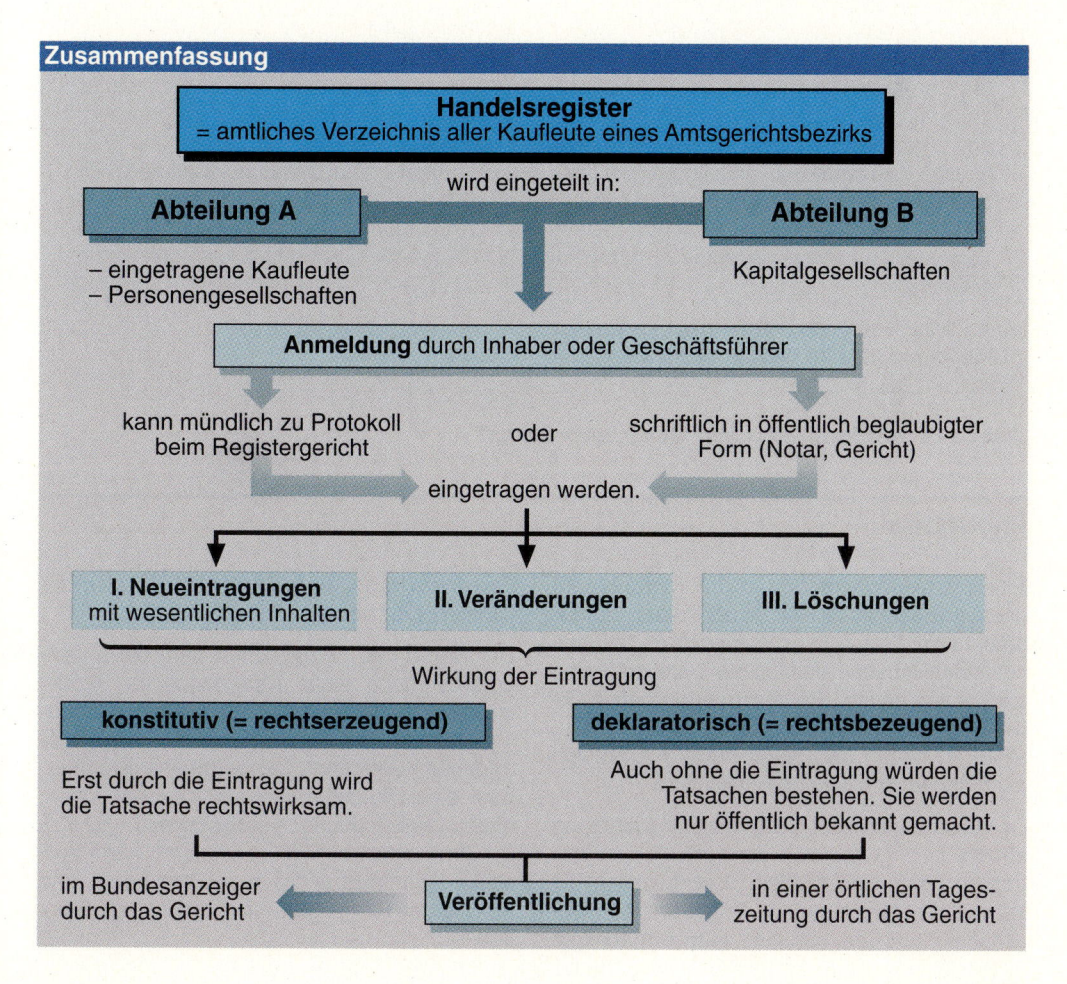

Zusammenfassung

Handelsregister
= amtliches Verzeichnis aller Kaufleute eines Amtsgerichtsbezirks

wird eingeteilt in:

Abteilung A
– eingetragene Kaufleute
– Personengesellschaften

Abteilung B
Kapitalgesellschaften

Anmeldung durch Inhaber oder Geschäftsführer

kann mündlich zu Protokoll beim Registergericht **oder** schriftlich in öffentlich beglaubigter Form (Notar, Gericht)

eingetragen werden.

| I. Neueintragungen mit wesentlichen Inhalten | II. Veränderungen | III. Löschungen |

Wirkung der Eintragung

konstitutiv (= rechtserzeugend)
Erst durch die Eintragung wird die Tatsache rechtswirksam.

deklaratorisch (= rechtsbezeugend)
Auch ohne die Eintragung würden die Tatsachen bestehen. Sie werden nur öffentlich bekannt gemacht.

Veröffentlichung
im Bundesanzeiger durch das Gericht ← → in einer örtlichen Tageszeitung durch das Gericht

Zusammenfassung

Bedeutung

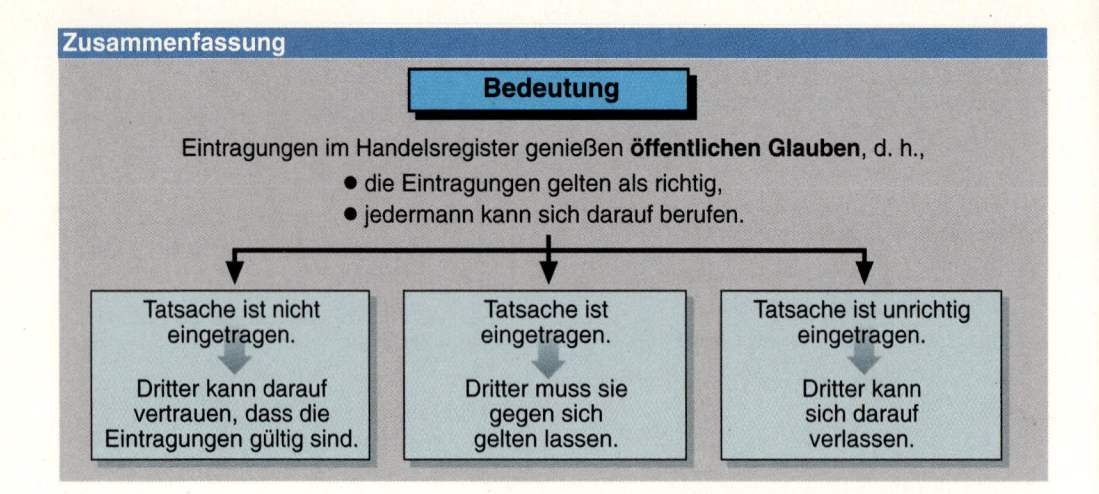

Eintragungen im Handelsregister genießen **öffentlichen Glauben**, d. h.,
- die Eintragungen gelten als richtig,
- jedermann kann sich darauf berufen.

Tatsache ist nicht eingetragen.	Tatsache ist eingetragen.	Tatsache ist unrichtig eingetragen.
Dritter kann darauf vertrauen, dass die Eintragungen gültig sind.	Dritter muss sie gegen sich gelten lassen.	Dritter kann sich darauf verlassen.

11.4 Die Einzelunternehmung

Heinz Müller arbeitet seit einigen Jahren in der Feinkostabteilung eines großstädtischen Lebensmittelsupermarktes. Er ist fachkundig und tatkräftig. So macht er beispielsweise häufig Verbesserungsvorschläge, um die Umsatzsituation seiner Abteilung zu verbessern. Aufgrund von Widerständen seiner Vorgesetzten kann er seine Ideen nicht verwirklichen.

An seinem Wohnort – einer Mittelstadt – hat Müller eine Marktlücke entdeckt. Dort fehlt den Verbrauchern eine Einkaufsgelegenheit für Lebensmittel des gehobenen Bedarfs. Er beschließt sich selbstständig zu machen. Nachdem er eine Erbschaft gemacht hat, verfügt er über das notwendige Startkapital. Er mietet ein Ladenlokal in günstiger Lage, das er einzurichten beginnt. Doch bevor sein Unternehmen die Geschäftstätigkeit aufnimmt, muss er noch einige rechtliche Probleme überprüfen.

Welche Sachverhalte muss Herr Müller zuvor klären?

Information

Eine Einzelunternehmung ist ein Unternehmen, dessen Eigenkapital von einer Person aufgebracht wird. Diese Unternehmensform hat also nur einen Inhaber, der für die Unternehmung mit seinem ganzen Privatvermögen haftet. Da der Eigentümer daher das Unternehmensrisiko allein zu tragen hat, steht ihm als Ausgleich auch der gesamte erzielte Gewinn zu.

Der Eigentümer leitet die Einzelunternehmung sowohl im Innenbereich als auch in der Vertretung nach außen allein verantwortlich. Er kann aber verschiedene Aufgaben der Geschäftsführung an von ihm dazu ermächtigte Personen (Handlungsbevollmächtigte oder Prokuristen) übertragen.

Der Name (die Firma), unter dem die Einzelunternehmung eines Kaufmanns im Handel ihre Geschäfte betreibt, muss einen eindeutigen Rechtsformzusatz führen, d. h. „eingetragener Kaufmann", „eingetragene Kauffrau" oder eine allgemein verständliche Abkürzung dieser Bezeichnung, insbesondere „e. K.", „e. Kfm." oder „e. Kffr.". Ansonsten kann zwischen Fantasie-, Sach-, Personen- und gemischter Firma gewählt werden (vgl. Seite 439 f.).

Beispiel

Für die Einzelunternehmung Müller wäre also möglich:
„Heinz Müller e. Kfm."
„Heinz Müller e. K. – Feinkostgroßhandlung"
„(…) Delikatesse e. K."

Die meisten Betriebe in der Bundesrepublik (ca. 90 %) sind Einzelunternehmungen. Sie beschäftigen aber nur ungefähr ein Drittel aller Arbeitnehmer. Es handelt sich dabei in der Regel um Kleinbetriebe mit wenigen Beschäftigten. Die Bedeutung dieser Unternehmungsform geht – auch im Einzelhandel – stark zurück. Dies ist auch auf den Hauptnachteil der Einzelunternehmungen zurückzuführen. Ihre mangelnde Kapitalstärke bewirkt oft, dass notwendige Betriebsinvestitionen nicht durchgeführt werden können, die eventuell für die Zukunft des Unternehmens sehr wichtig sind. Ebenfalls negativ wirkt sich aus, dass das Geschick des Betriebes unlösbar mit dem Schicksal des Einzelunternehmers verbunden ist.

Die Einzelunternehmung hat aber auch Vorteile. Der Unternehmer kann seine Entscheidungen selbstständig, frei und vor allem schnell treffen. Das hat für das Marktgeschehen positive Auswirkungen. Der Einzelunternehmer ist unabhängig von kontrollierenden Organen und ist niemandem Rechenschaft schuldig. Es gibt auch keine Meinungsverschiedenheiten in der Geschäftsführung, wie es bei Gesellschaftsunternehmen häufig der Fall ist.

Aufgaben

1. Durch welche Merkmale ist eine Einzelunternehmung gekennzeichnet?
2. Welche Vorteile bringt die Gründung einer Einzelunternehmung?
3. Wodurch könnte ein Einzelhändler veranlasst sein, seine Einzelunternehmung in eine Gesellschaft umzuwandeln?
4. Welche Bedeutung hat die Einzelunternehmung?
5. Können Einzelunternehmungen folgendermaßen firmieren?
   a) „E. Surmann – Haushaltwaren"
   b) „Max Büsing – Spirituosen"
   c) „4812 – Parfümerie"?
   d) „Gänseblümchen e. K."

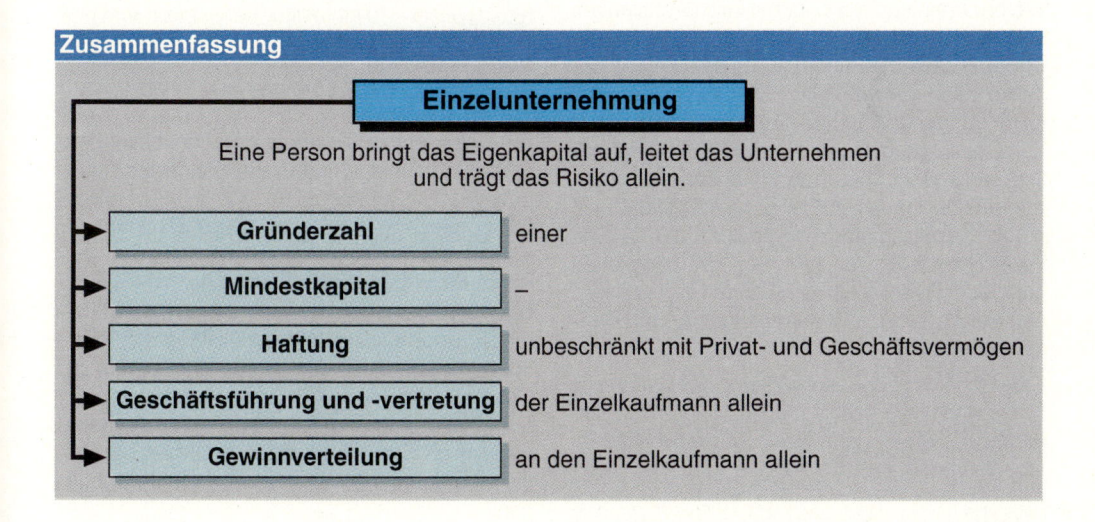

Zusammenfassung

Einzelunternehmung

Eine Person bringt das Eigenkapital auf, leitet das Unternehmen und trägt das Risiko allein.

Gründerzahl	einer
Mindestkapital	–
Haftung	unbeschränkt mit Privat- und Geschäftsvermögen
Geschäftsführung und -vertretung	der Einzelkaufmann allein
Gewinnverteilung	an den Einzelkaufmann allein

11.5 Personengesellschaften

> Herr Müller klagt über die große Arbeitsbelastung. Sein Unternehmen „Heinz Müller e. K. – Feinkost" ist sehr erfolgreich. Aus Gesprächen mit Kunden erfährt Herr Müller, dass diese zu den hochwertigen Lebensmitteln auch gern die passenden Weine und Spirituosen kaufen möchten.
>
> Eines Tages trifft er zufällig Erwin Kurz. Dieser sucht, nachdem er mehrere Jahre in einer Weinhandlung gearbeitet hat, eine neue, anspruchsvolle Beschäftigung. Da Herr Kurz sehr sparsam ist, verfügt er über ein Kapital von 120.000,00 €.
>
> Herr Müller möchte sein Unternehmen auf eine breitere Kapitalbasis stellen und außerdem um eine Abteilung für Weine und Spirituosen ergänzen. Daher schlägt er Erwin Kurz die Gründung einer offenen Handelsgesellschaft vor.

Welche Überlegungen führen zur Gründung einer offenen Handelsgesellschaft?

Information

Die offene Handelsgesellschaft

Ist die Kapitalgrundlage einer Einzelunternehmung zu schwach, kommt es oft zur Gründung einer offenen Handelsgesellschaft (abgekürzt OHG). Die OHG ist eine vertragliche Vereinigung von mindestens zwei Personen, die Eigenkapital zum Betrieb eines Handelsgewerbes zur Verfügung stellen. Alle Gesellschafter sind zur Geschäftsführung berechtigt und verpflichtet.

Die Inhaber der OHG haften für die Verbindlichkeiten der Gesellschaft mit ihrem gesamten Privatvermögen und nicht nur mit ihren Anteilen am Gesellschaftsvermögen. Die Haftung ist also **unbeschränkt**. Darüber hinaus haftet jeder Gesellschafter **unmittelbar**. Die Gläubiger der OHG können ihn daher direkt, ohne zuvor bei der Gesellschaft einen Ausgleich der Verbindlichkeiten gesucht zu haben, in Anspruch nehmen. Dabei liegt es im Ermessen der Gläubiger, ob ein Gesellschafter die Schulden der OHG in voller Höhe oder nur zu einem Teil begleichen soll. Jeder Gesellschafter haftet mit den anderen Gesellschaftern als Gesamtschuldner **(solidarische Haftung)**.

Eine Regelung zur Beschränkung der Haftung ist zwar im Innenverhältnis möglich (Gesellschaftsvertrag), Dritten gegenüber (Außenverhältnis) jedoch unwirksam.

Beispiel

Die Gesellschafter einer OHG schließen einen Gesellschaftsvertrag. Einer der Gesellschafter soll im Falle einer Insolvenz nicht mit seinem Privatvermögen haften.

Rechtliche Wirkung:

Dieser Gesellschafter haftet gegenüber den Gläubigern weiterhin unbeschränkt.

Bei der Firmenwahl sind Sachfirmen, gemischte Firmen und Fantasiefirmen erlaubt. Der Zusatz (z. B. „OHG") muss allerdings auf die konkrete Rechtsform hinweisen (vgl. Seite 439 f.).

Beispiel

Delikatessen OHG

Die Unternehmensform der OHG hat besondere Bedeutung für klein- und mittelständische Unternehmen. Sie ist vor allem geeignet, wenn ein überschaubarer Kreis von Gesellschaftern ihr Kapital und ihre volle Arbeitskraft einsetzen wollen. Zwischen ihnen muss ein enges Vertrauensverhältnis bestehen. Wegen der strengen Haftungsgrundsätze genießt die OHG in der Regel hohen Kredit. Das volle Haftungsrisiko, das die Gesellschafter einer OHG zu tragen haben, ist der Hauptgrund dafür, dass Gesellschaftsgründer oft nach Unternehmensformen suchen, die eine geringere Haftungsgefahr mit sich bringen.

Wegen der unbeschränkten Haftung wird das Risiko der Gesellschafter nicht von den Kapitaleinlagen, sondern von der Höhe des vorhandenen Privatvermögens bestimmt. Deshalb ist eine Gewinnverteilung nur nach Kapitalanteilen i. d. R. nicht angemessen. Falls nichts anderes vereinbart wurde, gilt die gesetzliche Regelung, wonach sowohl die Kapitaleinlage als auch die Arbeitsleistung der Teilhaber bei der Verteilung der Gewinne berücksichtigt werden sollen. Die Gesellschafter erhalten zunächst vom Reingewinn der OHG 4 % ihrer Einlage als Kapitalverzinsung. Der sich ergebende Gewinnrest wird als Entgelt für die Arbeitsleistung nach Köpfen verteilt.

Die OHG wird aufgelöst

a) durch den Ablauf der Zeit, für die sie eingegangen worden ist;

b) durch den Beschluss der Gesellschafter;

c) durch die Eröffnung des Insolvenzverfahrens über das Vermögen der Gesellschaft;

d) durch den Tod eines Gesellschafters, sofern nicht aus dem Gesellschaftsvertrag sich anderes ergibt.

Die Kündigung eines Gesellschafters kann, wenn die Gesellschaft für unbestimmte Zeit eingegangen ist, nur für den Schluss eines Geschäftsjahres erfolgen. Sie muss mindestens sechs Monate vor diesem Zeitpunkt stattfinden.

Die Ansprüche gegen einen Gesellschafter aus Verbindlichkeiten der Gesellschaft verjähren in fünf Jahren nach dem Ausscheiden des Gesellschafters.

Die Kommanditgesellschaft

Beispiel

Die Verkaufsräume von Müller und Kurz haben sich als zu klein erwiesen. Für die Anmietung und Einrichtung eines neuen, größeren Geschäftes benötigen Müller und Kurz Kapital, das sie allein nicht aufbringen können. Zwei Bekannte von Müller, der Rechtsanwalt Naumann und die Steuerberaterin Anneliese Otto, sind bereit sich zu beteiligen. Sie möchten allerdings im Geschäft nicht mitarbeiten und auch nicht mit ihrem Privatvermögen haften. Müller schlägt die Gründung einer Kommanditgesellschaft vor.

Die Kommanditgesellschaft (abgekürzt KG) unterscheidet sich von der OHG dadurch, dass bei einem oder einem Teil der Gesellschafter die Haftung gegenüber den Gesellschaftsgläubigern auf den Betrag einer bestimmten Vermögenseinlage beschränkt bleibt. Es gibt daher in einer KG zwei Arten von Gesellschaftern, von denen mindestens je einer vorhanden sein muss:

– Die **Komplementäre** (= Vollhafter) haben als persönlich haftende Gesellschafter die gleiche Stellung wie die Gesellschafter einer OHG. Sie haften mit ihrem ganzen Vermögen. Das Recht, Entscheidungen im Unternehmen zu treffen, liegt allein bei ihnen. Auch nach außen vertreten nur die Komplementäre die Gesellschaft.

– **Kommanditisten** (= Teilhafter) heißen die Gesellschafter, deren Haftung den Gesellschaftsgläubigern gegenüber auf den Betrag ihrer Kapitaleinlage beschränkt ist. Ihnen stehen gewisse Kontrollrechte zu. Sie dürfen Bilanzabschriften und Bucheinsichten verlangen.

Bei der Gewinnverteilung bekommt zunächst einmal jeder Gesellschafter 4 % seines Kapitalanteils. Der Gewinnrest wird in einem angemessenen Verhältnis, das in dem Gesellschaftsvertrag festgelegt wird, verteilt. Dabei steht den Komplementären, die die Geschäftsführung innehaben und zudem mit ihrem ganzen Vermögen haften, im Allgemeinen ein größerer Gewinnanteil zu als den Kommanditisten.

Die Verteilung eines Verlustes wird im Gesellschaftsvertrag geregelt. An dem Verlust darf der Kommanditist aber nur bis zum Betrag seines Kapitalanteils beteiligt werden.

Eine Kommanditgesellschaft muss sich durch den eindeutigen Zusatz KG identifizieren lassen. Auch bei der Kommanditgesellschaft sind marktgerechte und werbewirksame Unternehmensnamen (Fantasiefirmen) möglich.

Beispiel

Gänseblümchen KG für einen Bücherladen oder ein Bekleidungsgeschäft für Kindertextilien.

Die Kommanditgesellschaft hat im Wirtschaftsleben ständig an Bedeutung gewonnen. Die Möglichkeit der Aufnahme neuer Gesellschafter ist größer als bei der OHG. Kommanditisten gehen nicht das Risiko ein auch ihr Privatvermögen bei Verlusten der Gesellschaft zu verlieren. Durch den Eintritt von Kommanditisten erhöht sich das Eigenkapital des Unternehmens, wodurch die Kreditwürdigkeit gestärkt wird.

Die stille Gesellschaft

Beispiel

Der Rechtsanwalt Naumann, Kommanditist der Müller KG, ist mit einer Kapitaleinlage noch an einem anderen Unternehmen beteiligt. In einem Vertrag mit dem Einzelunternehmer Gerd Vesper wurde vereinbart, dass Naumann in keiner Weise haften und das Verhältnis zu der Firma „Gerd Vesper – Eisenwaren e. Kfm." nach außen nicht in Erscheinung treten soll.

Viele Einzelunternehmungen haben zur Erweiterung ihrer Kapitalgrundlage einen stillen Gesellschafter aufgenommen. Dieser ist nur mit einer Kapitaleinlage, die in das Vermögen der Firma übergeht, an der Einzelunternehmung beteiligt. Er muss kein Kaufmann sein. Der stille Gesellschafter haftet nicht persönlich, auch nicht mit seiner Einlage. Gläubiger können sich nicht an den stillen Gesellschafter, sondern nur an den Geschäftsinhaber wenden.

Die Einlage des stillen Gesellschafters bildet einen Teil des langfristigen Fremdkapitals. Da der stille Gesellschafter – im Gegensatz zum Kommanditisten – nicht Mitinhaber, sondern lediglich Darlehensgeber ist, kann er selbst als Insolvenzgläubiger auftreten.

Der stille Gesellschafter hat keinen Einfluss auf die Geschäftsführung. Er ist nicht befugt unternehmerische Entscheidungen zu treffen. Er hat auch bei außergewöhnlichen Geschäften kein Widerspruchsrecht, sondern ist bei Pflichtverletzungen auf Schadensersatzansprüche gegen den tätigen Teilhaber oder notfalls auf die Kündigung der Gesellschaft angewiesen. Da die stille Gesellschaft nach außen hin nicht in Erscheinung tritt, wird auch keine neue Firma gegründet.

Beispiel

Auch nach Hereinnahme des stillen Gesellschafters Naumann lautet die Firma „Gerd Vesper – Eisenwaren e. Kfm.".

Bei einer stillen Gesellschaft muss der stille Gesellschafter am Gewinn beteiligt sein. Die Gewinnverteilung erfolgt nach Vereinbarung. Die Beteiligung am Verlust kann dagegen ausgeschlossen werden.

Die stille Gesellschaft bietet sich als Unternehmensform an, wenn jemand mit seiner Beteiligung nach außen unerkannt bleiben will. Sie dient dem Zweck, mittels einer Vermögenseinlage Gewinn zu erzielen. Stille Gesellschafter sind auch bei einer OHG oder KG denkbar.

Aufgaben

1. Was ist eine OHG?
2. Die OHG „Schulz & Otto" hat einen Jahresgewinn von 90.000,00 € erwirtschaftet. Schulz hat sich mit 400.000,00 €, Otto mit 150.000,00 € am Unternehmen beteiligt. Wie viel € erhält jeder der beiden Gesellschafter vom Gewinn, wenn der Gesellschaftsvertrag über die Gewinnverteilung nichts aussagt?
3. Erläutern Sie am Beispiel der OHG die Begriffe
   a) unbeschränkte Haftung,
   b) unmittelbare Haftung,
   c) solidarische Haftung.
4. Wie firmiert eine KG?
5. Was sind
   a) Komplementäre,
   b) Kommanditisten?
6. Welche Stellung hat ein stiller Gesellschafter im Insolvenzfall seiner Gesellschaft?

Zusammenfassung

Personengesellschaften	Offene Handelsgesellschaft alle Gesellschafter haften persönlich	Kommanditgesellschaft mindestens ein Vollhafter (Komplementär) und mindestens ein Teilhafter (Kommanditist)	Stille Gesellschaft Beteiligung an einer Einzelunternehmung, OHG oder KG, ohne dass dies öffentlich bekannt wird
Mindestgründerzahl	zwei	zwei	zwei
Mindestkapital	–	–	–
Haftung	alle Gesellschafter unbeschränkt, unmittelbar, solidarisch	Komplementär wie bei der OHG, Kommanditist mit Einlage	stiller Gesellschafter nur mit Einlage
Geschäftsführung und -vertretung	jeder Gesellschafter	nur Komplementäre	nur Geschäftsinhaber
Gewinnverteilung	falls keine vertragliche Regelung: 4% der Kapitaleinlage, Rest nach Köpfen	falls keine vertragliche Regelung: 4% der Kapitaleinlage, Rest im angemessenen Verhältnis	angemessene Anteile

11.6 Kapitalgesellschaften

Herr Müller, Komplementär der Müller KG, hat Sorgen. In der Nachbarschaft hat sich ein Warenhaus eine Feinkostabteilung zugelegt. Vor der Stadt bieten zwei neu gegründete Verbrauchermärkte ebenfalls Lebensmittel des gehobenen Bedarfs an. Die Umsatzzahlen des bisher erfolgreichen Unternehmens gehen stark zurück.

Da die Situation momentan nicht gerade rosig ist, macht sich Müller vorsichtshalber Gedanken um die Zukunft. Im Insolvenzfall würde er als Komplementär wegen der vollen Haftung sein ganzes Privatvermögen aufs Spiel setzen.

Müller sucht eine Unternehmensform, bei der er als Gesellschafter nicht persönlich haften muss. Nachdem er einige Erkundigungen eingezogen hat, wandelt er mit Zustimmung der übrigen Gesellschafter die bisherige Firma in die Müller GmbH um.

Warum wählt Müller die Unternehmensform der GmbH?

Information

Die Gesellschaft mit beschränkter Haftung

Die Gesellschaft mit beschränkter Haftung (abgekürzt GmbH) ist eine Kapitalgesellschaft, die nicht nur zum Betrieb eines Handelsgewerbes, sondern zu jedem gesetzlich zulässigen Zweck errichtet werden kann. Die GmbH hat eine eigene Rechtspersönlichkeit. Sie ist eine juristische Person, die selbstständig ihre Rechte und Pflichten hat. Sie kann beispielsweise Eigentum und Rechte an Grundstücken erwerben, vor Gericht klagen und verklagt werden.

Das Gesellschaftskapital wird Stammkapital genannt und muss mindestens 25.000,00 Euro betragen. Stammeinlagen sind die Beiträge der einzelnen Gesellschafter zum Stammkapital. Die Höhe der Stammeinlage kann für die einzelnen Gesellschafter unterschiedlich groß sein. Jeder Gesellschafter muss sich aber mit mindestens 100,00 Euro beteiligen.

Für die Verbindlichkeiten der Gesellschaft haftet den Gläubigern grundsätzlich nur die GmbH mit ihrem Gesellschaftsvermögen. Die Gesellschafter haften nicht mit ihrem Privatvermögen. Die Gesellschafter haben Anspruch auf den von der GmbH erzielten Reingewinn. Falls der Gesellschaftsvertrag nichts anderes bestimmt, wird dieser nach dem Verhältnis der Geschäftsanteile verteilt.

Die gesetzlich vorgesehenen Organe zur Vertretung, Überwachung und Beschlussfassung der GmbH sind Geschäftsführer, Gesellschafterversammlung und Aufsichtsrat:

– Durch die Geschäftsführer handelt die GmbH.

– Die Gesellschafterversammlung, die in der Regel durch die Geschäftsführer einberufen wird, ist das oberste Organ der GmbH. Hier entscheiden die Gesellschafter über alle grundsätzlichen Angelegenheiten.

– Ein Aufsichtsrat kann als Kontrollorgan eingerichtet werden. Gesetzlich vorgeschrieben ist er nur für Gesellschaften mit beschränkter Haftung, die mehr als 500 Arbeitnehmer beschäftigen.

Die Firma der GmbH muss sich durch einen eindeutigen Zusatz „GmbH" identifizieren lassen.

Wie bei anderen Rechtsformen sind auch bei der Gesellschaft mit beschränkter Haftung Fantasiefirmen möglich.

Die GmbH wird als Unternehmensform oft gewählt, wenn eine einzelne Person oder ein überschaubarer Kreis mehrerer Personen ein kaufmännisches Unternehmen führen wollen, bei dem keiner die volle Haftung übernehmen will. Sie ist daher hauptsächlich bei kleineren und mittleren Unternehmen anzutreffen. Auch die meisten Neugründungen erfolgen als Gesellschaften mit beschränkter Haftung. Neben der eingeschränkten Haftung hat die GmbH weitere Vorzüge:

– Die Zahl der Gesellschafter ist unbegrenzt.

– Das zur Gründung notwendige Mindestkapital beträgt lediglich 25.000,00 Euro.

– Die gesetzlichen Vorschriften, die für eine GmbH gelten, sind relativ einfach zu erfüllen. Daher kann die GmbH über den Gesellschaftsvertrag den Besonderheiten des Einzelfalles besonders gut angepasst werden.

Eine spezielle Unternehmensform stellt die **GmbH & Co KG** dar. Sie ist eine Personengesellschaft, als deren Komplementär eine Kapitalgesellschaft – nämlich die GmbH – auftritt. Der Unterschied zur KG liegt darin, dass in dieser Gesellschaft eine juristische Person die Unternehmung führt. Dadurch gelingt es, die unmittelbare und unbeschränkte Haftung des Komplementärs in eine mittelbare und beschränkte Haftung zu verwandeln.

Die Firma der GmbH & Co KG muss die volle Bezeichnung der GmbH enthalten. Außerdem ist ein das Vorhandensein eines Gesellschaftsverhältnisses andeutender Zusatz („& Co KG") enthalten.

Beispiel
Müller GmbH & Co KG

Die Aktiengesellschaft

> **Beispiel**
>
> Herr Müller hat erneut eine Marktlücke entdeckt, die viel Gewinn abzuwerfen verspricht: die Gründung eines Unternehmens, das hormonfreies Kalbfleisch produziert und vertreibt. Vier seiner Bekannten sind von dieser Idee begeistert und möchten sich beteiligen. Die Aufzucht von Kälbern verursacht jedoch zunächst einmal riesige Kosten. Da Müller und die anderen Gesellschafter den für die nötigen Investitionen erforderlichen Kapitalbetrag nicht allein aufbringen können, suchen sie eine große Zahl weiterer Kapitalgeber, die zur Finanzierung des Vorhabens beitragen wollen. Zu diesem Zweck gründen sie eine Aktiengesellschaft.

Die Aktiengesellschaft (abgekürzt AG) ist eine Kapitalgesellschaft. Die Anteilseigner haften – im Gegensatz zu einer Personengesellschaft – nicht mit ihrem persönlichen Vermögen für die Verbindlichkeiten des Unternehmens, sondern ausschließlich mit ihrer Kapitaleinlage. Das Kapital der AG wird durch den Verkauf von Aktien aufgebracht: Aktien sind Urkunden über Anteils- und Besitzrechte an einer Aktiengesellschaft. Der Aktionär – der Inhaber von Aktien – ist somit Teilhaber am Vermögen und den Erträgen einer Aktiengesellschaft.

Die Aktien können einen unterschiedlichen **Nennwert** haben. Der Nennwert ist der auf einer Aktie aufgedruckte Betrag in Euro. Er drückt aus, mit welchem Euro-Betrag ein Aktionär am Grundkapital der AG beteiligt ist. Zum Nennwert wird eine Aktie meistens bei der Gründung der Aktiengesellschaft ausgegeben. Der Mindestnennwert beträgt 1,00 Euro.

> **Beispiel**
>
> Die Nordwestdeutsche Kalbfleisch AG hat ihr Grundkapital in Höhe von 5.000.000,00 € in 100 000 Aktien zum Nennwert von je 50,00 € aufgestückelt. Herr Otte besitzt eine dieser Aktien. Dadurch ist er zu 1/100 000 am Vermögen und an den Erträgen des Unternehmens beteiligt. Außerdem hat er dadurch eine von insgesamt 100 000 Stimmen auf der Hauptversammlung, dem jährlichen Treffen der Aktionäre.

Ein Aktionär erhält den auf ihn entfallenden Gewinn nur zum Teil in Form der Dividende ausbezahlt. Die Dividende ist der auf die einzelne Aktie entfallende Anteil des Jahresüberschusses der AG. Sie ist das Entgelt dafür, dass der Aktionär dem Unternehmen Geld zur Verfügung stellt, mit dem es arbeiten kann.

Der größere Teil des Gewinns wird jedoch einbehalten und wieder in die AG investiert, um deren wirtschaftliche Leistungsfähigkeit zu verbessern. Werden ständig finanzielle Mittel in eine Aktiengesellschaft investiert, so wird das Unternehmen natürlich immer wertvoller. Dadurch steigt jedoch in der Regel auch der tatsächliche Wert der Aktie über den Nennwert. Der Preis der an der Börse gehandelten Aktie steigt. Dieser Börsenpreis wird auch Kurs oder **Kurswert** genannt. Für den Kapitalanleger hat die Aktie den Vorteil, dass er immer am Gewinn des Unternehmens beteiligt ist. Einerseits fließt ihm der Gewinn in Form der Dividende zu. Werden Jahresüberschüsse aber einbehalten, dann steigt in der Regel der Kurs der Aktie. In diesem Fall lässt sich ein Gewinn erzielen, indem der Aktionär seine Aktien verkauft.

Die in der Bundesrepublik Deutschland übliche Form der Aktie ist die **Inhaberaktie.** Bei ihr sind alle Rechte aus der Aktie (z. B. auf Dividendenzahlung) allein an den Besitzer der Aktie und nicht an eine namentlich bestimmte Person geknüpft. Eine Inhaberaktie kann jederzeit wie eine bewegliche Sache veräußert werden. Seltener ist die Ausgabe von Namensaktien, bei denen der Name des Inhabers auf der Aktie vermerkt ist. An der Ausgabe von **Namensaktien** kann die Aktiengesellschaft ein Interesse haben, wenn sie anhand des Aktienbuches den Bestand der Aktionäre überwachen will. Nur der im Aktienbuch eingetragene Besitzer einer Aktie gilt als Aktionär.

Zur Gründung einer AG ist nur eine Person nötig. In der Satzung (dem Gesellschaftsvertrag) wird die Höhe des Grundkapitals festgelegt, das mindestens 50.000,00 Euro betragen muss.

Eine Aktiengesellschaft muss über folgende Organe verfügen:

– Die **Hauptversammlung** ist die Zusammenkunft aller Aktionäre, die regelmäßig alle Jahre mindestens einmal einberufen wird. Die Aktionäre üben überwiegend hier ihre Rechte aus. Sie entscheiden u. a. über die Verwendung des ausgewiesenen Jahresgewinns oder über die Änderung von Grundkapital und Satzung. Die Hauptversammlung wählt mindestens die

Hälfte der Mitglieder des Aufsichtsrates sowie den Aufsichtsratsvorsitzenden. Der Vorstand hat über die geschäftliche Lage zu berichten und sich vor den Aktionären zu verantworten.

- Der **Aufsichtsrat** soll als Kontrollorgan der AG den Vorstand überwachen. Er wird auf vier Jahre gewählt. Der Aufsichtsrat besteht aus mindestens drei Personen, die nicht im Vorstand sein dürfen. Zu seinen Pflichten gehört die Berufung bzw. Entlassung des Vorstandes. Zusätzlich hat er den Jahresabschluss und den Geschäftsbericht zu prüfen.

Für die Zusammensetzung des Aufsichtsrats gilt das Betriebsverfassungsgesetz von 1952 für alle Unternehmen mit Ausnahme von Großunternehmen sowie Unternehmen des Bergbaus und der Eisen- und Stahlindustrie. Es sieht vor, dass in jeder AG mit mehr als 500 Beschäftigten 2/3 der Aufsichtsratmitglieder von den Aktionären, 1/3 von den Belegschaftsangehörigen gewählt werden. Für Großunternehmen mit über 2 000 Beschäftigten gilt das Mitbestimmungsgesetz von 1976. Dort stehen den Aktionärsvertretern im Aufsichtsrat ebenso viele Arbeitnehmervertreter (darunter ein Vertreter der leitenden Angestellten) gegenüber.

- Der **Vorstand** führt als Leitungsorgan der Gesellschaft die Geschäfte. Er wird auf höchstens fünf Jahre bestellt, wobei aber eine wiederholte Bestellung zulässig ist. Der Vorstand vertritt die AG gerichtlich und außergerichtlich. Der Vorstand kann aus einer oder mehreren Personen bestehen, die nicht Aktionäre zu sein brauchen. Im Allgemeinen gehören dem Vorstand Fachleute („Manager") an, die keine Aktien des Unternehmens besitzen.

Es gehört zu den wesentlichen Merkmalen der Aktiengesellschaft, dass die Unternehmensleitung und die Mitgliedschaft an der Aktiengesellschaft grundsätzlich getrennt sind: Der einzelne Aktionär trägt zwar das wirtschaftliche Risiko – das allerdings auf den bei Erwerb der Aktien erbrachten Kapitaleinsatz beschränkt ist –, er ist aber nicht an der Unternehmensleitung beteiligt.

Die Firma muss den Zusatz „Aktiengesellschaft" enthalten.

Beispiele
Nordwestdeutsche Kalbfleisch AG
Bayerische Motoren Werke AG
DaimlerChrysler AG, Inktomi AG
Bookmark AG

Die Aktiengesellschaft ist die geeignete Unternehmensform für Großunternehmen. Durch den Verkauf von Aktien an mehrere Personen kann der hohe Kapitalbedarf gedeckt werden. Das Vermögen Einzelner würde dafür nicht ausreichen. Der Erwerb von Aktien wird für diese Personen interessant durch

- die einfache Form der Beteiligung,
- das geringe Risiko,
- die freie Übertragbarkeit der Aktien,
- den geringen Preis der einzelnen Aktie,
- die Möglichkeit, sich ohne kaufmännische Fähigkeiten an einem Wirtschaftsunternehmen zu beteiligen.

Aufgaben

1. Welche Organe hat eine GmbH?
2. Welche Vorteile sprechen für die Unternehmensform der GmbH?
3. Was ist eine Einmann-GmbH?
4. Was ist eine GmbH & Co KG?
5. Erklären Sie die folgenden Begriffe:
   a) Aktie, b) Nennwert, c) Kurs, d) Grundkapital, e) Dividende.
6. Geben Sie fünf Beispiele für die Firma einer Aktiengesellschaft. Orientieren Sie sich an den Ausführungen im Kapitel 11.2, Seite 438 f.
7. In welcher Situation wird die Unternehmensform der AG gewählt?

Zusammenfassung

Kapitalgesellschaften	Gesellschaft mit beschränkter Haftung (GmbH) Eine Person (Einmann-GmbH) oder mehrere Personen beteiligen sich am Stammkapital, das mindestens 25.000,00 € betragen muss.	Aktiengesellschaft (AG) Eine oder mehrere Personen (Aktionäre) beteiligen sich an dem in Aktien zerlegten Grundkapital, das mindestens 50.000,00 € betragen muss.
Mindestgründerzahl	einer	einer
Mindestkapital	mindestens 25.000,00 € Stammkapital	mindestens 50.000,00 € Stammkapital
Haftung	Nur die Gesellschaft haftet mit ihrem Vermögen.	Nur die AG haftet.
Geschäftsführung und -vertretung	Geschäftsführer	Vorstand
Gewinnverteilung	im Verhältnis der Geschäftsanteile	im Verhältnis der Aktienanteile

11.7 Die Genossenschaft

Das Feinkostunternehmen von Herrn Müller bekommt beim Einkauf von den Lieferanten weitaus schlechtere Konditionen eingeräumt als die Verbrauchermärkte vor der Stadt, die als Großabnehmer auftreten. Auf längere Sicht, so glaubt Herr Müller, kann deshalb sein Unternehmen mit den Großunternehmen nicht mehr konkurrieren. Auf einer Fachmesse kommt er mit Feinkosthändlern aus Nachbarstädten ins Gespräch, die vor ähnlichen Problemen stehen. Ein Unternehmensberater, der eingeschaltet wird, schlägt die Gründung einer Genossenschaft vor. Sie soll den gemeinsamen Einkauf der beteiligten Feinkosthändler durchführen.

Wodurch unterscheidet sich eine Genossenschaft von den anderen Unternehmensformen?

Information

Alle bisher angesprochenen Unternehmensformen werden verwendet, wenn es darum geht, Geschäfte zu betreiben, die letzten Endes Gewinn erwirtschaften sollen.
Die Genossenschaft dagegen ist ein wirtschaftlicher Zweckverband, der lediglich kostendeckend arbeiten soll. Die Genossenschaft ist ein Verein, der die Förderung der wirtschaftlichen Interessen seiner Mitglieder – der Genossen – durch einen gemeinschaftlichen Geschäftsbetrieb zum Gegenstand hat. Im Wege des genossenschaftlichen Zusammenschlusses und der genossenschaftlichen Selbsthilfe soll die Selbstständigkeit kleinerer Unternehmen durch Vorteile gestärkt werden, die sonst überwiegend nur Großbetriebe in Anspruch nehmen können. Dazu zählen beispielsweise der billige Einkauf von Waren, eine bessere Organisation des Absatzes und die Inanspruchnahme günstiger Kredite.

Für die Genossenschaft sind die unbestimmte Zahl und der freie Wechsel der Mitglieder kennzeichnend. Die Gründung und Existenz einer Genossenschaft erfordert aber immer mindestens sieben Gesellschafter. Im Einzelhandel treten hauptsächlich Einkaufsgenossenschaften auf, von denen die Mitgliedsbetriebe ihre Waren beziehen. Die Selbstständigkeit der einzelnen Mitglieder bleibt jedoch in jedem Fall erhalten.

> Dass man Widerstände leichter überwinden kann,
> liegt an einer großen Idee.

> Wenn viele gemeinsam eine Sache anpacken – und das mit „Köpfchen" –, kann man ungeahnte Kräfte entwickeln. Gemeinsamkeit macht stark.
>
> **Die genossenschaftliche Idee: Wir helfen uns selbst.**

> **Beispiel**
> Eine Genossenschaft im Einzelhandel ist die EDEKA-Gruppe. Sie besteht aus über 16 000 selbstständigen Einzelhandelsunternehmen, deren Waren von EDEKA auf nationaler und internationaler Ebene (durch eine von den Genossen gegründete AG) zentral beschafft werden. Die dadurch erreichten Kostenvorteile tragen zur Wettbewerbsfähigkeit der Mitglieder bei.

Die Organe der Genossenschaft ähneln denen der Aktiengesellschaft, sind jedoch alle von Genossen besetzt:

– Der **Vorstand** muss aus mindestens zwei Genossen bestehen, die die Genossenschaft unter eigener Verantwortung leiten und sie nach außen hin vertreten.

– Die **Generalversammlung** setzt sich aus allen Mitgliedern zusammen und ist oberstes Organ der Genossenschaft. Sie wählt den Aufsichtsrat und Vorstand, entlastet diese Organe und beschließt über eine eventuelle Gewinn- oder Verlustverteilung. Da eine Genossenschaft eigentlich nicht auf Gewinn angelegt ist, kann das Statut (die Satzung) eine Überführung des Gewinns in einen Reservefonds vorsehen. Dieser Reservefonds dient der Deckung eines vielleicht später auftretenden Verlustes. Ansonsten wird der Gewinn auf die Genossen entsprechend ihrem Geschäftsanteil verteilt. Dies ist der in der Satzung festgelegte Betrag, mit dem sich ein Mitglied an der Genossenschaft beteiligen kann.

– Den **Aufsichtsrat** bilden mindestens drei Genossen. Diese haben den Vorstand bei der Geschäftsführung zu überwachen, Kontrollen vorzunehmen und der Generalversammlung Bericht zu erstatten.

Für die Verbindlichkeiten haftet die Genossenschaft nur mit dem Vermögen der Genossenschaft.

Die Firma der Genossenschaft muss vom Gegenstand des Unternehmens abgeleitet sein. Der Name von Genossen darf in die Firma nicht aufgenommen werden. Außerdem ist die Bezeichnung „eingetragene Genossenschaft" oder die Abkürzung „eG" anzufügen. Ein Zusatz, der darauf hindeutet, ob und in welchem Umfang die Genossen zur Leistung von Nachschüssen verpflichtet sind, darf der Firma nicht beigefügt werden.

> **Beispiel**
> Vedes Vereinigung der Spielwaren-Fachgeschäfte eG

Aufgaben

1. Prüfen Sie in den folgenden Fällen, um welche Unternehmensform es sich handelt.

   a) Vierzehn selbstständige Winzer haben sich zusammengeschlossen. Durch einen gemeinsamen Verkauf ihrer Produkte und gemeinschaftliche Werbung erhoffen sie sich bessere Absatzmöglichkeiten. Andere Winzer des Weinanbaugebietes sind aufgerufen sich ebenfalls zu beteiligen.

   b) Christine Errath beabsichtigt die Eröffnung einer Modeboutique. Mit einem angesparten Kapital von 45.000,00 € richtet sie ihr Geschäft ein. Als zusätzliche Hilfe stellt sie die Verkäuferin Helga Herzhorn ein.

   c) Herr Schmidt und Herr Rössig betreiben zehn Lebensmittelsupermärkte. Herr Schmidt haftet mit seinem Geschäfts- und Privatvermögen, Herr Rössig nur mit seiner Einlage in Höhe von 700.000,00 €.

   d) Fünf Hotelbesitzer in einem Alpendorf wollen eine Seilbahn bauen, um die Attraktivität des Feriengebietes zu erhöhen. Von den veranschlagten Kosten in Höhe von 7.000.000,00 € können sie nur 2.000.000,00 € aufbringen. Deshalb sollen sich auch andere Bewohner des Ortes sowie interessierte Feriengäste beteiligen. Der Mindestanteil beträgt 50,00 €.

   e) Hans Ebensen beteiligt sich am Sportartikelgeschäft „Franz Feuerstein". Er hat das Recht auf einen angemessenen Gewinnanteil, ist jedoch von der Geschäftsführung ausgeschlossen.

   f) Göttmann, Schimanski und Marlowe betreiben eine Privatdetektei. Die drei Gesellschafter haften aber nur mit ihrem Geschäftsanteil von 40.000,00 €, 10.000,00 € und 50.000,00 €.

   g) Erwin Bodenburg und Matthias Groß vereinbaren die Gründung eines Fotogeschäftes. Bodenburg übernimmt die Verwaltungsarbeiten, Groß den Verkauf. Beide sind bereit auch mit ihrem Privatvermögen zu haften.

2. Welcher Grundgedanke liegt den Genossenschaften zugrunde?

3. Was spricht für genossenschaftliches Wirtschaften?

4. Welche Organe hat eine Genossenschaft?

5. Vergleichen Sie eine Aktiengesellschaft mit einer Genossenschaft.

Zusammenfassung

Genossenschaft = Selbsthilfeorganisation mit mindestens sieben Mitgliedern zur Förderung wirtschaftlicher Ziele der Mitglieder

Mindestgründerzahl	sieben
Mindestkapital	–
Haftung	nur das Vermögen der Genossenschaft (evtl. Nachschusspflicht)
Geschäftsführung und -vertretung	Vorstand
Gewinnverteilung	laut Statut oder im Verhältnis der Geschäftsguthaben

11.8 Vollmachten

Herr Schweizer ist Abteilungsleiter der Haushaltswäscheabteilung des Textilkaufhauses Berger. Als ihm der Vertreter der Wäschefabrik Lücke einen größeren Sonderposten Geschirrtücher zu einem besonders günstigen Preis anbietet, bestellt er, ohne die Inhaberin des Kaufhauses zu fragen.

Ist der Kaufvertrag über den Sonderposten Geschirrtücher gültig?

Information

Die Führung eines größeren Einzelhandelsbetriebes macht es erforderlich, dass der Geschäftsinhaber einen Teil seiner Aufgaben und Vollmachten an qualifizierte Mitarbeiter abgibt.

Prokura

Die weitestgehende Vollmacht ist die Prokura. Sie kann nur von einem Kaufmann (Inhaber des Handelsgeschäftes) oder seinem gesetzlichen Vertreter erteilt werden.

Die Prokura ermächtigt zu allen gerichtlichen und außergerichtlichen Geschäften und Rechtshandlungen, die ein Handelsgewerbe mit sich bringt (§ 49 HGB).

Der Prokurist darf z. B.

- Ware einkaufen und verkaufen,
- Mitarbeiter einstellen und entlassen,
- Rechnungen bezahlen,
- Wechsel unterschreiben,
- Darlehen aufnehmen,
- Bürgschaften eingehen,
- Prozesse für das Unternehmen führen,
- Grundstücke kaufen.

Für den Verkauf oder die Belastung von Grundstücken benötigt er jedoch eine besondere Vollmacht.

Der Prokurist darf nicht

- Bilanzen unterschreiben,
- Steuererklärungen unterschreiben,
- Eintragungen im Handelsregister vornehmen lassen,
- Insolvenzverfahrenseröffnung beantragen,
- Prokura erteilen,
- einen Eid für den Unternehmer leisten,
- Gesellschafter aufnehmen,
- das Geschäft auflösen oder verkaufen.

Der Prokurist unterschreibt, indem er der Firma seinen Namen mit einem Zusatz, der die Prokura andeutet (z. B. ppa.), hinzufügt.

Die Prokura muss ausdrücklich (schriftlich oder mündlich) erteilt und in das Handelsregister eingetragen werden.

Sie kann zwischen dem Geschäftsinhaber und dem Prokuristen eingeschränkt werden. Diese Einschränkungen im Innenverhältnis gelten jedoch nicht nach außen.

Beispiel
Der Geschäftsinhaber verbietet seinem Prokuristen, Wechsel zu unterschreiben. Der Prokurist hält sich nicht an die Anweisung und akzeptiert einen auf das Geschäft gezogenen Wechsel. Das Akzept ist voll wirksam.

Eine Prokura mit Außenwirkung in der Form, dass nur der Prokurist gemeinsam mit dem Einzelkaufmann vertretungsberechtigt ist, ist unwirksam.

Die Prokura erlischt

- wenn sie der Kaufmann oder sein gesetzlicher Vertreter widerruft,
- wenn der Prokurist aus dem Unternehmen ausscheidet,
- wenn das Geschäft aufgelöst oder verkauft wird.

Sie erlischt nicht beim Tod des Firmeninhabers.

Die Aufhebung der Prokura muss in das Handelsregister eingetragen und bekannt gemacht werden (z. B. durch die öffentliche Bekanntmachung der Handelsregistereintragung in der Zeitung). Erst dadurch ist die Prokura auch im Außenverhältnis gegenüber Dritten gelöscht.

Arten der Prokura sind
- Einzelprokura,
- Gesamtprokura,
- Filialprokura.

Bei der **Einzelprokura** darf der Prokurist Rechtsgeschäfte allein abschließen.

Bei der **Gesamtprokura** dürfen nur zwei oder mehrere Prokuristen die Vollmacht gemeinsam ausüben.

Bei der **Filialprokura** beschränkt sich die Vollmacht nur auf einen Filialbetrieb eines Unternehmens.

Handlungsvollmacht

Die Handlungsvollmacht erstreckt sich nur auf Rechtsgeschäfte, die in dem jeweiligen Handelsgewerbe **gewöhnlich** vorkommen. Im Gegensatz zur Prokura kann ihr Umfang beliebig eingegrenzt werden.

Arten der Handlungsvollmacht sind die
- allgemeine Handlungsvollmacht,
- Artvollmacht und
- Einzelvollmacht.

Die **allgemeine Handlungsvollmacht** berechtigt zur Ausübung aller gewöhnlichen Rechtsgeschäfte, die in dem Betrieb vorkommen, z. B.
- übliche Zahlungsgeschäfte erledigen,
- Ware verkaufen,
- einkaufen,
- Mitarbeiter einstellen und entlassen.

Filialleiter und Abteilungsleiter haben meist eine allgemeine Handlungsvollmacht.

Die **Artvollmacht** berechtigt Angestellte, bestimmte Rechtsgeschäfte dauernd zu erledigen. Eine Artvollmacht besitzen z. B. Verkäufer, Einkäufer, Kassierer.

Wer eine **Einzelvollmacht** erhält, darf den erhaltenen Auftrag nur einmal ausführen.

> **Beispiel**
>
> Ein Verkäufer wird beauftragt als Bote eine Ware in die Wohnung eines Kunden zu bringen und dort den Rechnungsbetrag zu kassieren.

Eine Handlungsvollmacht kann formlos (schriftlich, mündlich oder stillschweigend) von Kaufleuten und Prokuristen erteilt werden. Jeder Bevollmächtigte kann innerhalb seiner Vollmacht Untervollmachten erteilen, d. h.,
- ein Angestellter mit allgemeiner Handlungsvollmacht darf innerhalb seiner Vollmacht Artvollmacht,
- ein Artbevollmächtigter innerhalb seiner Artvollmacht Einzelvollmachten erteilen.

Handlungsvollmachten werden nicht in das Handelsregister eingetragen.

Handlungsbevollmächtigte versehen ihre Unterschrift mit dem Zusatz „i. V." (in Vollmacht) oder „i. A." (im Auftrag).

Aufgaben

1. Wer darf Prokura erteilen?
2. Welche der folgenden Tätigkeiten darf der Prokurist ausführen?
   a) Wechsel unterschreiben,
   b) Eröffnung des Insolvenzverfahrens beantragen,
   c) Mitarbeiter entlassen,
   d) Grundstücke kaufen,
   e) Grundstücke verkaufen,
   f) Bilanzen unterschreiben,
   g) Eintragungen zum Handelsregister anmelden,
   h) Bürgschaften eingehen,
   i) Handlungsvollmacht erteilen.
3. In welcher Form muss die Prokura erteilt werden?
4. Wann erlischt die Prokura?
5. Wodurch unterscheiden sich
   a) Einzelprokura,
   b) Gesamtprokura und
   c) Filialprokura?
6. Welche Vollmacht ist für folgende Tätigkeiten mindestens erforderlich?
   a) Ware verkaufen,
   b) Einlösen eines Schecks bei einer Bank,
   c) Angestellte einstellen und entlassen,
   d) Tätigkeit als Kassiererin,
   e) Wechsel unterschreiben.

Zusammenfassung

Vollmachten

	Prokura	Handlungsvollmacht
Wesen	Prokura ermächtigt zu allen gerichtlichen und außergerichtlichen Geschäften und Rechtshandlungen, die der Betrieb eines Handelsgewerbes mit sich bringt (§ 49 HGB). Prokura darf nach außen nicht eingeschränkt werden.	Allgemeine Handlungsvollmacht erstreckt sich auf die branchenüblichen Rechtsgeschäfte. Handlungsvollmacht kann beliebig eingegrenzt werden.
Arten	– **Einzelprokura:** 　Ein Prokurist kann entscheiden, ohne eine andere Person einzuschalten. – **Gesamtprokura:** 　Zwei oder mehrere Prokuristen können nur zusammen entscheiden. – **Filialprokura:** 　Sie bezieht sich nur auf eine Zweigstelle.	– **Allgemeine Handlungsvollmacht:** 　Sie berechtigt zur Ausübung aller üblichen Rechtsgeschäfte, die der Betrieb mit sich bringt. – **Artvollmacht:** 　Sie berechtigt zu einer bestimmten Art von Rechtsgeschäften (z. B. Verkaufen). – **Einzelvollmacht:** 　Sie berechtigt zur einmaligen Ausübung eines einzelnen Rechtsgeschäfts.
Erteilung	– nur durch Kaufleute – ausdrückliche Erteilung – Eintragung in das Handelsregister	– durch Kaufleute und Personen mit einer höheren Vollmacht – formlose Erteilung – keine Eintragung in das Handelsregister

11.9 Unternehmerische Zielsetzungen

Im Einzelhandel überwiegen kleine und mittlere Unternehmen. Wie mittelständische Unternehmen unternehmerische Ziele bewerten, zeigt folgende Tabelle:

	Note 1	Note 2	Note 3	Note 4	Note 5
Qualitätsstreben		x			
Gewinnmaximierung					x
Kundennähe	x				
Kostenminimierung			x		
Innovationsstärke	x				

aus: Kleiner Wirtschaftsspiegel

Welche Ziele spielen im Einzelhandel eine Rolle?

Information

Das Streben nach Gewinn

Jeder Einzelhandelsunternehmer strebt durch seine selbstständige Tätigkeit einen möglichst hohen Gewinn an (= Gewinnmaximierung), da er sein Einkommen und damit seinen Lebensstandard sichert.

Häufig findet dieses Streben nach einem maximalen Gewinn in dem Ziel einer möglichst hohen Rentabilität des eingesetzten Kapitals seinen Ausdruck.

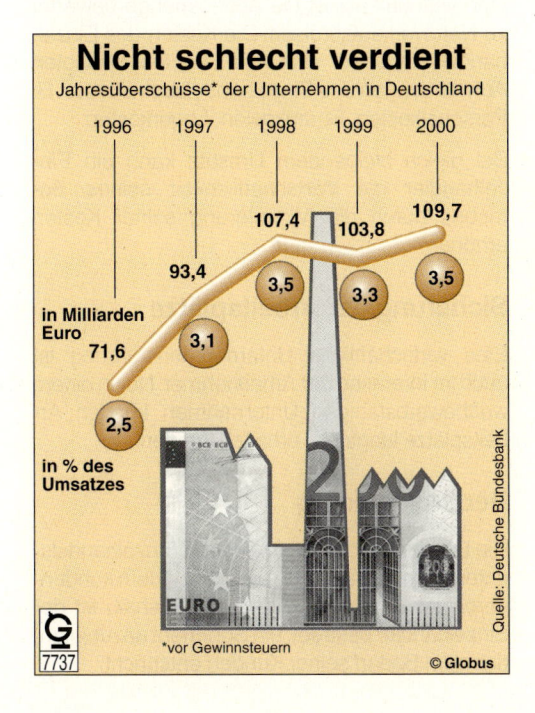

Nicht schlecht verdient
Jahresüberschüsse* der Unternehmen in Deutschland

1996	1997	1998	1999	2000
		107,4	103,8	109,7
	93,4	3,5	3,3	3,5
71,6	3,1			
2,5				

in Milliarden Euro

in % des Umsatzes

*vor Gewinnsteuern

Quelle: Deutsche Bundesbank
© Globus

Rentabilität

Die Rentabilität gibt die Verzinsung des in einem Unternehmen eingesetzten Kapitals an. Bei der Ermittlung der Rentabilität unterscheidet man

– Eigenkapitalrentabilität (= Unternehmerrentabilität),
– Gesamtkapitalrentabilität (= Unternehmungsrentabilität) und
– Umsatzrentabilität.

Bei der Ermittlung der **Eigenkapitalrentabilität** wird der erzielte Unternehmergewinn ins Verhältnis zum Eigenkapital gesetzt. *Der Unternehmergewinn ist der Reingewinn vermindert um den kalkulatorischen Unternehmerlohn.*

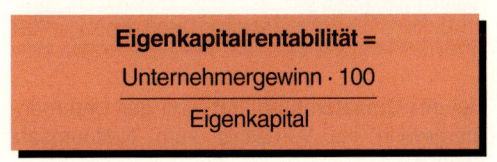

$$\text{Eigenkapitalrentabilität} = \frac{\text{Unternehmergewinn} \cdot 100}{\text{Eigenkapital}}$$

Die Eigenkapitalrentabilität gibt an, mit wie viel Prozent sich das eingesetzte Eigenkapital verzinst hat.

Die **Gesamtkapitalrentabilität** gibt an, mit wie viel Prozent sich das gesamte eingesetzte Kapital verzinst hat. Der Reingewinn eines Unternehmens wird mit dem Gesamtkapital (Eigenkapital + Fremdkapital) erzielt. Für das Fremdkapital müssen Zinsen gezahlt werden, die bei der Berechnung des Reingewinnes als Aufwand abgezogen werden. Bei der Berechnung der Gesamtkapitalrentabilität müssen diese Fremdkapitalzinsen (als Rendite des Fremdkapitals) deshalb dem Unternehmergewinn wieder zugezählt werden. (Gesamtkapitalgewinn = Unternehmergewinn + Fremdkapitalzinsen).

$$\text{Gesamtkapitalrentabilität} = \frac{(\text{Unternehmergewinn} + \text{Fremdkapitalzinsen}) \cdot 100}{\text{Eigenkapital} + \text{Fremdkapital}}$$

Durch einen Vergleich der Eigenkapitalrentabilität mit der Gesamtkapitalrentabilität kann der Einzelhandelsunternehmer feststellen, ob sich der Einsatz von Fremdkapital in seinem Unternehmen gelohnt hat. Er hat sich immer dann gelohnt, wenn die Eigenkapitalrentabilität höher als die Gesamtkapitalrentabilität ist. Der Einzelhändler hat in diesem Fall durch den Einsatz von Fremdkapital einen zusätzlichen Gewinn erwirtschaftet, der die Zinsen übersteigt, die er für das Fremdkapital bezahlen muss.

Beispiel

Unternehmergewinn: 100.000,00 €
Eigenkapital: 500.000,00 €
Fremdkapital: 500.000,00 €
Zinssatz für das Fremdkapital: 12 %
→ Zinsen für das Fremdkapital: 60.000,00 €

$$\text{Eigenkapitalrentabilität} = \frac{100.000 \cdot 100}{500.000} = \underline{20\,\%}$$

$$\text{Gesamtkapitalrentabilität} = \frac{(100.000 + 60.000) \cdot 100}{500.000 + 500.000} = \underline{16\,\%}$$

Bei der **Umsatzrentabilität** wird der Unternehmergewinn ins Verhältnis zum Nettoumsatz gesetzt.

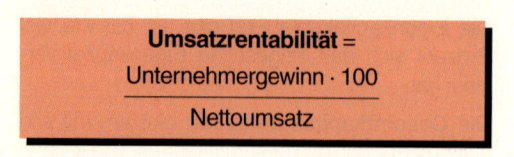

$$\text{Umsatzrentabilität} = \frac{\text{Unternehmergewinn} \cdot 100}{\text{Nettoumsatz}}$$

Sie gibt den im Nettoumsatz enthaltenen Gewinn in Prozent an.

Eine geringe Umsatzrentabilität führt bei gleichem Umsatz zu einem geringeren Gewinn als eine hohe Umsatzrentabilität.

Streben nach Umsatz

Viele Einzelhändler versuchen über einen möglichst hohen Umsatz auch einen möglichst hohen Gewinn zu erzielen.

Erhaltung des Betriebes

Gewinn- und Umsatzziele können auf Dauer nur in einem lebensfähigen Unternehmen erzielt werden. Um im Wettbewerb bestehen zu können, reicht es nicht aus, nur hohe Umsätze zu erzielen. Diese Umsätze müssen vielmehr auf möglichst wirtschaftliche Weise erzielt werden.

Ein Unternehmer handelt wirtschaftlich, wenn er versucht
– eine bestimmte Leistung mit möglichst geringem Aufwand

oder

– eine möglichst große Leistung mit einem gegebenen Aufwand zu erzielen (= ökonomisches Prinzip).

Die **Wirtschaftlichkeit** eines Einzelhandelsbetriebes lässt sich aus dem Verhältnis seines Nettoumsatzes zu seinen Kosten ermitteln.

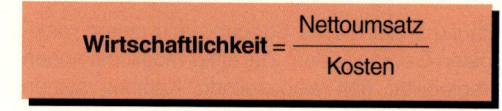

$$\text{Wirtschaftlichkeit} = \frac{\text{Nettoumsatz}}{\text{Kosten}}$$

Der Nettoumsatz ist die Absatzmenge bewertet zu Nettoverkaufspreisen. Die Kosten des Einzelhandelsbetriebes sind alle betriebsbedingten Aufwendungen des Einzelhandelsbetriebes, z. B. Personalkosten, Raumkosten, Lagerkosten.

Bei gleich bleibendem Umsatz kann ein Einzelhändler die Wirtschaftlichkeit seines Betriebes durch die Minimierung seiner Kosten erhöhen.

Sicherung der Arbeitsplätze

Eine wirtschaftliche Unternehmensführung ist auch im Interesse der Arbeitnehmer. Nur in einem wettbewerbsfähigen Unternehmen können Arbeitsplätze langfristig erhalten werden.

Bedarfsdeckung

Die Umsatz- und Gewinnziele der Einzelhandelsunternehmung lassen sich nur mit einem kundengerechten Sortiment erreichen. Deshalb ist der Einzelhändler bestrebt, ein Sortiment anzubieten, das dem Bedarf seiner Kunden entspricht.

Beispiel

vor der Kostensenkung:

Umsatz: 100.000,00 €

Kosten: 40.000,00 €

$$\text{Wirtschaftlichkeit} = \frac{100.000}{40.000} = \underline{\underline{2,5}}$$

nach der Kostensenkung:

Umsatz: 100.000,00 €

Kosten: 20.000,00 €

$$\text{Wirtschaftlichkeit} = \frac{100.000}{20.000} = \underline{\underline{5}}$$

Umweltverträglichkeit

In der Bevölkerung hat das Umweltbewusstsein in den letzten Jahren stark zugenommen. Dies hat Auswirkungen auf ihr Einkaufsverhalten. Einzelhandelsbetriebe können diesem Bewusstseinswandel durch die Aufnahme umweltfreundlicher Waren in ihr Sortiment Rechnung tragen. Sie können z. B. Waren, die umweltschädigende Substanzen enthalten, und Einwegflaschen aus ihrem Sortiment herausnehmen.

Aufgaben

1. Warum streben Einzelhändler nach einem möglichst hohen Gewinn?
2. Unterscheiden Sie Rentabilität und Wirtschaftlichkeit.
3. Weshalb streben Einzelhändler häufig einen möglichst hohen Umsatz an?
4. Ein Einzelhändler erwirtschaftet in einem Jahr einen Unternehmergewinn von 100.000,00 €. Sein Eigenkapital betrug in diesem Jahr 50.000,00 €. Das Fremdkapital betrug 100.000,00 €, der Fremdkapitalzinssatz 12 %.

   Ermitteln Sie, ob sich der Fremdkapitaleinsatz für den Einzelhändler gelohnt hat.
5. Weshalb sind
   a) der Inhaber eines Einzelhandelsunternehmens,
   b) die Arbeitnehmer eines Einzelhandelsunternehmens an einer hohen Wirtschaftlichkeit ihres Unternehmens interessiert?
6. Weshalb ist ein Einzelhändler bestrebt den Bedarf seiner Kunden bestmöglich zu decken?
7. Durch welche Maßnahmen kann ein Einzelhändler zum Umweltschutz beitragen?
8. Ein Textileinzelhändler besitzt eine Filiale in Bielefeld und eine Filiale in Münster. In beiden Filialen wird das gleiche Sortiment verkauft.

   In der Bielefelder Filiale wurden in einem Jahr 2.000.000,00 € Nettoumsatz erzielt. Im gleichen Zeitraum entstanden in dieser Filiale Kosten in Höhe von insgesamt 1.200.000,00 €.

   Die Filiale in Münster erzielte im gleichen Jahr einen Nettoumsatz von 1.400.000,00 €. In dieser Filiale entstanden im gleichen Zeitraum insgesamt 800.000,00 € Kosten.

   Beurteilen Sie die Wirtschaftlichkeit der beiden Filialen.

Zusammenfassung

Unternehmerische Zielsetzungen

- **Gewinnstreben** → Rentabilität
  - Eigenkapitalrentabilität
  - Gesamtkapitalrentabilität
  - Umsatzrentabilität

- **Umsatzstreben** →
  - Bedarfsdeckung der Bevölkerung
  - Berücksichtigung des zunehmenden Umweltbewusstseins

- **Erhaltung des Betriebes und Sicherung der Arbeitsplätze** → Wirtschaftlichkeit

11.10 Konzentration im Einzelhandel

Rewe wächst dank Touristik-Sparte
Preisverfall bei Lebensmitteln belastet Ergebnis/Reisebereich soll börsenfähig werden

Die Handelsgruppe Rewe hat ihren Umsatz 1999 in Europa um 5,5 Prozent auf mehr als 67 Milliarden DM gesteigert. Im laufenden Jahr habe Rewe ein Ergebnis von 75 Mrd. DM „im Visier". Diese Prognose machte Vorstandschef Hans Reischl am Mittwoch in Köln. Das Betriebsergebnis der Gruppe vor Steuern bezifferte er für 1999 auf 500 Millionen DM – rund 100 Mio. DM weniger als im Vorjahr. Der Rückgang hängt nach Darstellung von Rewe mit dem Preisverfall bei Lebensmitteln zusammen, der für 1999 auf drei bis vier Prozent beziffert wird.

Dass die Rewe-Gruppe beim Betriebsergebnis über dem vergleichbarer Wettbewerber liege, sei damit zu erklären, dass die Gruppe neben dem Lebensmittelhandel noch andere, renditeträchtigere Geschäftsfelder aufgebaut habe. Bei Rewe sind das Fachmärkte im In- und Ausland und das Touristik-Geschäft. Gemessen an den Lebensmittelumsätzen liegt die Rewe-Gruppe mit ihren Marken Rewe, Penny, Mini-MAL, Otto Mess, Stüssgen und Toom laut Reischl in Europa an dritter Stelle – nach den französischen Konzernen Carrefours/Pro-modes und Intermarche.

Nach Investitionen von 1,3 Mrd. DM im Jahr 1999 habe die Rewe-Gruppe ihr Investitionsbudget für 2000 auf 2 Mrd. DM aufgestockt. Zusätzliche Mittel sollen vor allem in die Umsetzung neuer Vertriebskonzepte, in die Touristik und in künftige Aktivitäten im E-Commerce fließen. Beim Internet-Geschäft werde der Reisesektor eine herausragende Rolle spielen. Die Möglichkeiten des World Wide Web sollen aber auch im Business-to-Business-Geschäft mit Lieferanten genutzt werden.

Allein in diesem Jahr will Rewe rund 100 Millionen Mark in diesem Bereich investieren.

In der Touristikbranche gehört Rewe nach dem Erwerb der DER-Touristik zu den drei größten deutschen Anbietern. Den boomenden Touristikbereich will Reischl innerhalb von zwei bis drei Jahren börsenfähig machen und damit den Weg für eine Allianz mit einem internationalen Partner frei machen. Dabei habe Rewe mehr Interesse an einem Reiseveranstalter mit Hotelkapazitäten als am Erwerb einer Fluglinie.

Eine offensive Wachstumsstrategie verfolgt der Konzern auch auf den osteuropäischen Märkten. Erstmals hat Rewe 1999 Märkte in Rumänien und Kroatien eröffnet, zu Beginn des Jahres auch in der Ukraine. Insgesamt sollen im europäischen Ausland im laufenden Jahr weitere 300 Märkte eröffnet werden. Die Schließungen betreffen dagegen im Wesentlichen die Bundesrepublik: Etwa 100 Märkte stehen auf der Streichliste. Bereits in 1999 hatte der Handelskonzern die Zahl der Märkte in Deutschland um 140 auf 9 470 reduziert. Entsprechend ist der Auslandsanteil am gesamten Rewe-Einzelhandelsumsatz (rund 60 Mrd. DM) in Europa von 18,5 auf 19,7 Prozent gestiegen.

In seinem Kerngeschäft, dem deutschen Lebensmitteleinzelhandel, litt Rewe dagegen Reischl zufolge unter dem Verdrängungswettbewerb und den dadurch ausgelösten Preisschlachten. „Noch nie konnte man in Deutschland so billig Lebensmittel einkaufen wie derzeit. Nirgendwo auf der Welt sind Lebensmittel so billig", klagte der Manager.

Quelle: Hannoversche Allgemeine Zeitung vom 9. März 2000

Welche Vorteile hat die Handelsgruppe Rewe durch den Aufkauf von anderen Unternehmen?

Information

Der Zusammenschluss von Unternehmen zu großen Wirtschaftseinheiten wird als **Konzentration** bezeichnet. Sie kann durch vertragliche oder kapitalmäßige Bindungen erfolgen. Die wirtschaftliche Selbstständigkeit der einzelnen Unternehmen wird dadurch eingeschränkt oder völlig aufgegeben.

Ziele der Konzentration

Zweck der Konzentration ist häufig die Erhöhung des Marktanteils mit dem Ziel, die Stellung gegenüber Lieferern und Mitwettbewerbern zu stärken.

Die Handelsriesen

Umsatz im deutschen Lebensmittelhandel 2001
in Milliarden Euro (z.T. geschätzt)

Gruppe	Food-Umsatz	insgesamt
Metro-Gruppe	14,3	32,2
Rewe-Gruppe	19,7	29,3
Edeka/AVA-Gruppe	21,3	25,5
Aldi-Gruppe	21,6	21,6
Schwarz-Gruppe	17,5	13,7
Tengelmann-Gruppe	11,0	12,0
Karstadt	7,4	9,3
SPAR-Gruppe	1,3	
	7,2	7,9
Lekkerland-Tobaccoland	6,0	6,7
Schlecker	4,5	4,8
Globus	1,9	3,4
Dohle-Gruppe	2,4	2,9
Wal-Mart	1,4	2,9
Norma	1,9	2,2
Bartels-Langness	1,7	2,1

Quelle: M+M Eurodata © Globus

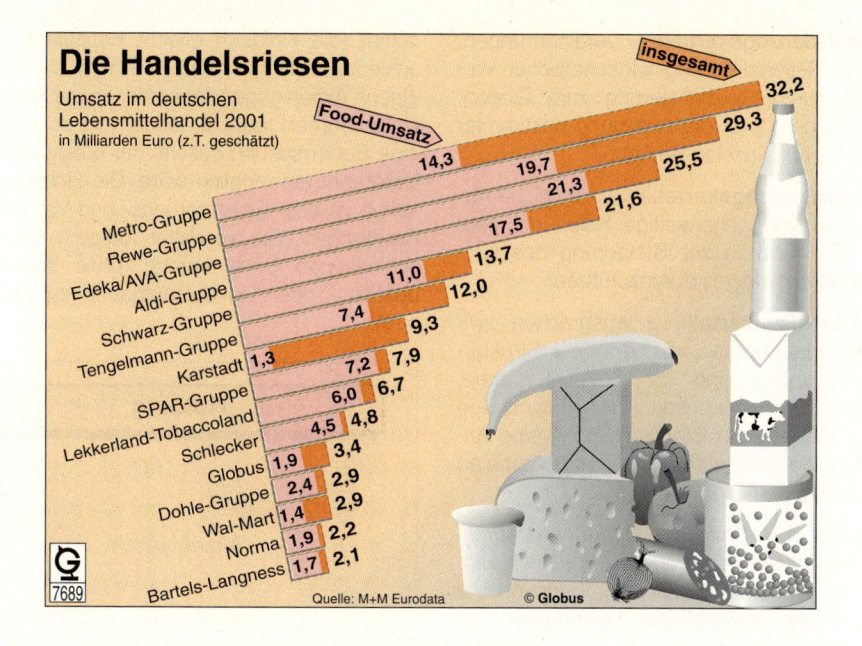

Diese Entwicklung ist besonders im Einzelhandel weit fortgeschritten. Die zehn Größten des deutschen Handels hatten 1993 bereits einen Anteil von fast einem Drittel am gesamten Einzelhandelsumsatz von 760 Milliarden DM. In einzelnen Branchen des Einzelhandels ist die Machtzusammenballung sogar noch weit größer. Im Lebensmitteleinzelhandel beispielsweise erwirtschafteten 2001 die drei größten Firmengruppen (Edeka/AVA, Rewe und Aldi) fast 30 % aller Umsätze. Weitere Ziele, die Unternehmen durch Konzentration anstreben, sind:

– die Vergrößerung der Kapitalbasis und Vorteile bei der Kapitalbeschaffung, z. B. günstigere Kreditzinssätze,
– Beschränkung des Wettbewerbs, z. B. durch Vereinbarung einheitlicher allgemeiner Geschäftsbedingungen für alle Unternehmen einer Branche,
– Einkaufsvorteile, z. B. Mengenrabatte und günstigere Konditionen durch Einkauf in großen Mengen,
– Umsatzsteigerung durch den Einsatz überregionaler Werbung und Erweiterung des Verkaufsstellennetzes,
– Risikoverteilung durch Angliederung branchenfremder Unternehmen (= Diversifikation),
– Sortimentsbereinigung durch Handelsmarken (= Markenartikel, die von Handelsunternehmen gestaltet werden).

Kartelle

Kartelle sind Zusammenschlüsse zwischen Unternehmen der gleichen Produktions- oder Handelsstufe (= horizontale Zusammenschlüsse), bei denen nur vertragliche Absprachen erfolgen. Die beteiligten Unternehmen bleiben rechtlich und wirtschaftlich selbstständig. Die wirtschaftliche Entscheidungsfreiheit der dem Kartell angehörenden Unternehmen ist jedoch je nach Art des Kartells mehr oder weniger stark eingeschränkt.

Ziel von Kartellen ist häufig die Marktbeherrschung durch Ausschaltung oder zumindest Beschränkung des Wettbewerbs.

Wegen ihrer wettbewerbsbeschränkenden Wirkungen sind Kartelle in der Bundesrepublik Deutschland grundsätzlich verboten. Das Gesetz gegen Wettbewerbsbeschränkung (Kartellgesetz) lässt allerdings folgende Ausnahmen zu:

– **Konditionenkartelle** = Verabredungen über gleichartige Lieferungs- und Zahlungsbedingungen.
– **Normen- und Typenkartelle** = Vereinbarungen über die einheitliche Anwendung von Normen und Typen. Unter Normung wird die einheitliche Festlegung von Formen, Arten und Größen verstanden. Bei einer Beschränkung der Gestaltung hinsichtlich Größe, Art und Form der Ausführung spricht man von Typen.

- **Spezialisierungskartelle** = Vereinbarungen, die die Rationalisierung wirtschaftlicher Vorgänge durch Spezialisierung zum Gegenstand haben, z. B. die Aufteilung bestimmter Produkte auf einzelne Betriebe.
- **Rationalisierungskartelle** = vertragliche Absprachen und gegenseitige Hilfen mit dem Ziel, Maßnahmen zur Steigerung des wirtschaftlichen Erfolges durchzuführen.
- **Strukturkrisenkartelle** = Absprachen zwischen Unternehmen, die von einer Strukturkrise betroffen sind (z. B. Stahlindustrie, Werften). Sie bezwecken eine gleichmäßige Einschränkung der Produktion bzw. eine Anpassung der Größe der einzelnen Betriebe an die veränderte Marktlage.
- **Mittelstandskartelle** = z. B. Vereinbarungen und Beschlüsse, die den gemeinsamen Einkauf von Waren oder die gemeinsame Beschaffung gewerblicher Leistungen zum Gegenstand haben.

Verboten sind
- **Preiskartelle** = Vereinbarungen über eine einheitliche Preisstellung.
- **Kalkulationskartelle** = Vereinbarungen einer gleichartigen Preisermittlung.
- **Produktionskartelle** (Quotenkartelle) = Festlegung einer bestimmten Produktionsmenge für jedes Mitglied.
- **Gebietskartelle** = vertragliche Vereinbarungen, die eine räumliche Aufteilung des Marktes zwischen den Vertragspartnern vorsehen.

Konzern

Ein Konzern ist ein Zusammenschluss von rechtlich selbstständigen Unternehmen, die ihre wirtschaftliche Selbstständigkeit unter einer einheitlichen wirtschaftlichen Leitung aufgeben.

Beispiel
Durch die Übernahme der DER-Touristik durch die REWE-Gruppe verliert die DER-Touristik die wirtschaftliche Unabhängigkeit an die REWE-Gruppe. Die rechtliche Selbstständigkeit bleibt jedoch erhalten, da die DER-Touristik unter der bisherigen Firma weitergeführt wird.

Die **Holdinggesellschaft** stellt eine besondere Form der Konzernbildung dar. Eine Dachgesellschaft (die Holding) erwirbt Kapitalanteile verschiedener Unternehmen, indem sie holdingeigene Aktien gegen Aktien der angeschlossenen Unternehmen tauscht, jedoch nie so viel, dass eine Beherrschung seitens der untergeordneten Unternehmen möglich wäre. Die Holdinggesellschaft ist eine Finanzierungs- und Verwaltungsgesellschaft. Sie verwaltet lediglich die angeschlossenen Unternehmen, ohne selbst Produktions- oder Handelsaufgaben zu übernehmen.

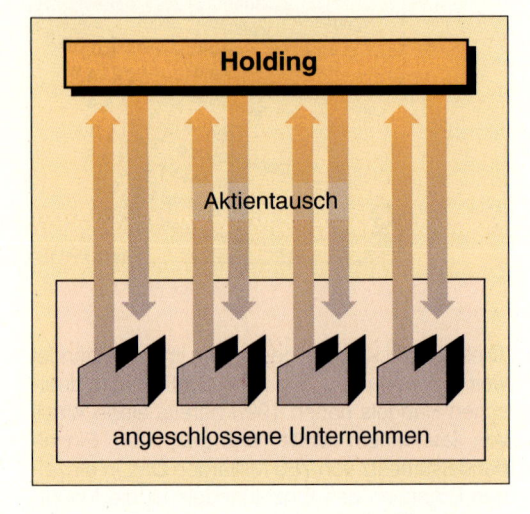

Nach der Richtung des Zusammenschlusses unterscheidet man horizontale, vertikale und Mischkonzerne.

Ein **horizontaler Konzern** ist ein Zusammenschluss von Unternehmen derselben Produktions- oder Handelsstufe, z. B. der Zusammenschluss mehrerer Verbrauchermärkte.

Ein **vertikaler Konzern** ist ein Zusammenschluss von Unternehmen aufeinander folgender Produktions- oder Handelsstufen. Rohstoffe werden z. B. in konzerneigenen Betrieben be- und verarbeitet und die fertigen Konsumgüter über eigene Handelsunternehmen an die Verbraucher verkauft.

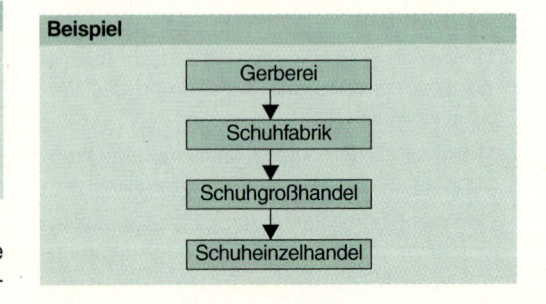

Beispiel
Gerberei → Schuhfabrik → Schuhgroßhandel → Schuheinzelhandel

In einem **Mischkonzern** (anorganischer Konzern) sind Unternehmen der verschiedensten Wirtschaftsstufen und Branchen zusammengeschlossen. Diese Zusammenschlüsse werden häufig aus Gründen der Risikostreuung gebildet. Verluste in einer Branche können durch Gewinne in einer anderen Branche aufgefangen werden.

> **Beispiel**
> Die Metro betreibt Großhandelsbetriebe, Warenhäuser, Lebensmittel-, Verbraucher- und Baumärkte.

Trust

Ein Trust ist eine Verschmelzung (= Fusion) von Unternehmen, die ihre rechtliche und wirtschaftliche Selbstständigkeit aufgeben. Es besteht nur noch ein rechtlich und wirtschaftlich selbstständiges Unternehmen.

> **Beispiel**
> Die Werkzeugmaschinenfabrik Pollmann GmbH wird von dem Inhaber der Werkzeugmaschinenfabrik Busse GmbH gekauft. Beide Fabriken werden in Zukunft unter dem gemeinsamen Namen Busse GmbH betrieben.

Fusionskontrolle

Der Zusammenschluss von Unternehmen muss dem Bundeskartellamt vor dem Vollzug gemeldet werden, wenn im letzten Geschäftsjahr vor dem Zusammenschluss

1. die beteiligten Unternehmen insgesamt weltweit mehr als 500 Millionen Euro Umsatzerlöse und

2. mindestens ein beteiligtes Unternehmen im Inland Umsatzerlöse von mehr als 25 Millionen Euro

erzielt haben (§ 35 Abs. 1 GWB).

Das Kartellamt kann einen Zusammenschluss untersagen, wenn zu erwarten ist, dass durch den Unternehmenszusammenschluss eine marktbeherrschende Position entsteht.

Durch diese vorbeugende Zusammenschlusskontrolle (= Fusionskontrolle) soll der Wettbewerb in der Bundesrepublik Deutschland durch Verhinderung einer marktbeherrschenden Stellung einzelner Unternehmen erhalten bleiben.

Überschreiten die Umsatzerlöse der Beteiligten die Schwelle von 5 Millionen Euro, ist die Europäische Kommission für die Prüfung des Zusammenschlussvorhabens zuständig.

> **Aufgaben**
>
> 1. Welche Unternehmenszusammenschlüsse werden im Folgenden beschrieben?
>   a) Die beteiligten Unternehmen verlieren ihre wirtschaftliche und rechtliche Selbstständigkeit.
>   b) Unternehmen übertragen Kapitalanteile an eine Dachgesellschaft.
>   c) Die beteiligten Unternehmen behalten ihre rechtliche und wirtschaftliche Selbstständigkeit.
>   d) Die beteiligten Unternehmen behalten ihre rechtliche Selbstständigkeit, verlieren aber ihre wirtschaftliche Selbstständigkeit.
>
> 2. Welche Richtungen des Zusammenschlusses liegen in folgenden Fällen vor?
>   a) Ein Textilkaufhaus in Bielefeld erwirbt Anteile an einem Textilkaufhaus in Münster.
>   b) Ein Lebensmittelfilialist beteiligt sich an einer Wurstfabrik.
>   c) Ein Großversandhaus beteiligt sich an einer Arzneimittelgroßhandlung.
>   d) Eine Mäntelfabrik beteiligt sich an mehreren Textilfachgeschäften.
>
> 3. Welche Kartellarten sind in folgenden Beispielen beschrieben?
>   a) Unternehmen einer Branche vereinbaren die Anwendung gemeinsamer allgemeiner Geschäftsbedingungen.
>   b) Die Rundfunk- und Fernsehfachgeschäfte in einer Stadt vereinbaren einen neu auf den Markt gekommenen DVD-Player zum einheitlichen Preis von 998,00 € anzubieten.
>   c) Die Hersteller von Videokassetten einigen sich auf ein einheitliches Kassettenformat.
>   d) Rechtlich und wirtschaftlich selbstständige Unternehmen beschaffen ihre Waren über eine gemeinsame Einkaufsorganisation.
>   e) Zwei Textilgroßhandlungen teilen ihr Absatzgebiet auf. Eine Großhandlung beliefert nur noch Textilgeschäfte in der Innenstadt. Die andere Großhandlung beliefert nur noch Textilgeschäfte in den Vororten und im Landkreis.
>
> 4. Welche Aufgaben hat eine Holdinggesellschaft?
>
> 5. Unter welcher Voraussetzung muss ein Unternehmenszusammenschluss beim Bundeskartellamt angemeldet werden?

Zusammenfassung

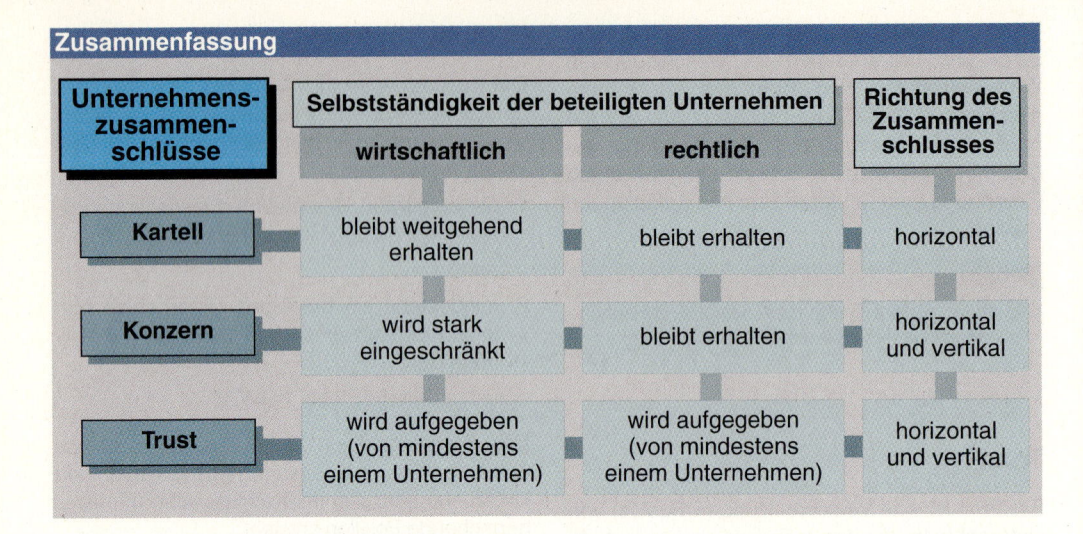

Unternehmens-zusammen-schlüsse	Selbstständigkeit der beteiligten Unternehmen		Richtung des Zusammen-schlusses
	wirtschaftlich	rechtlich	
Kartell	bleibt weitgehend erhalten	bleibt erhalten	horizontal
Konzern	wird stark eingeschränkt	bleibt erhalten	horizontal und vertikal
Trust	wird aufgegeben (von mindestens einem Unternehmen)	wird aufgegeben (von mindestens einem Unternehmen)	horizontal und vertikal

11.11 Kooperation im Einzelhandel

Karikatur: Erik Liebermann

In welchen Bereichen ist eine engere Zusammenarbeit von Einzelhandelsbetrieben sinnvoll?

Information

Kooperation ist die freiwillige, vertraglich geregelte Zusammenarbeit rechtlich unabhängiger und wirtschaftlich weitgehend selbstständig bleibender Unternehmen. Sie dient der Verbesserung der Leistungsfähigkeit der kooperierenden Unternehmen.

Möglichkeiten der Zusammenarbeit gibt es zwischen

- Einzelhandelsbetrieben untereinander = **horizontale Kooperation,**
- Einzelhandelsbetrieben und den vorgelagerten Wirtschaftsstufen (Großhandelsbetrieben und Herstellern) = **vertikale Kooperation.**

Einkaufsgenossenschaften

Einkaufsgenossenschaften des Einzelhandels sind Zusammenschlüsse rechtlich und wirtschaftlich selbstständiger Einzelhandelsbetriebe, die ursprünglich zum Zweck einer gemeinsamen Warenbeschaffung – unter Ausschaltung des traditionellen Großhandels – gebildet wurden.

Beispiel

Einkaufsgenossenschaften

- im Lebensmitteleinzelhandel: Edeka, Rewe,
- im Textileinzelhandel: Sütex,

- im Schuheinzelhandel: Nord-West-Ring,
- im Spielwareneinzelhandel: Vedes.

Mittlerweile hat sich die Zusammenarbeit auf fast alle Leistungsbereiche der Einzelhandelsbetriebe ausgedehnt **(= Full-Service-Kooperation).**

Leistungsbereiche der **Einkaufsgenossenschaften** sind u. a.

- gemeinsame Warenbeschaffung,
- gemeinsame Werbung unter einem einheitlichen Zeichen,
- Entwicklung von Handelsmarken,
- Errichtung eigener Verkaufsstellen,
- Gewährung mittel- und langfristiger Investitionskredite an die Mitglieder,
- gemeinsame Nutzung von EDV-Anlagen,
- Betriebsberatung und Betriebsvergleiche,
- Aus- und Weiterbildungsprogramme.

Ziele der Einkaufsgenossenschaften

Hauptziel der Einkaufsgenossenschaften des Einzelhandels ist die Marktbehauptung des mittelständischen Handels gegenüber den Großbetriebsformen des Einzelhandels (Warenhauskonzernen, Filialunternehmen).

Ihre Teilziele sind u. a.

- **Verringerung der Beschaffungskosten:**

  Der zentrale Einkauf ermöglicht eine größere Mengenabnahme, bei der die Hersteller höhere Rabatte gewähren. Außerdem wird durch den Direkteinkauf beim Hersteller die Großhandelsspanne gespart.

- **wirtschaftlichere Werbung:**

  In den Einkaufsgenossenschaften werden die Werbemittel gezielt und für den Einzelnen kostengünstiger eingesetzt.

- **Sortimentsbereinigung**

  durch den Einsatz von Handelsmarken.

- **Entlastung der Mitglieder von Verwaltungsaufgaben**

  Zum Beispiel die Übernahme des Rechnungswesens durch zentrale Rechnungsstellen.

Einkaufsverbände

Sie sind Kooperationen von Einzelhandelsbetrieben mit den gleichen Zielen wie die Einkaufsgenossenschaften. Sie unterscheiden sich von den Einkaufsgenossenschaften durch die Rechtsform.

Beispiele

Einkaufsverbände

- im Textileinzelhandel: Katag AG, Kaufring AG, Südbund,
- im Schuheinzelhandel: Garant Schuh AG.

Shoppingcenter

Ein Shoppingcenter (= Einkaufszentrum) ist eine Zusammenfassung von mehreren selbstständigen Einzelhandelsbetrieben, Dienstleistungsbetrieben und (vereinzelt) kulturellen Einrichtungen in einem oder mehreren miteinander verbundenen Gebäuden.

Gemeinschaftswarenhaus

In einem Gemeinschaftswarenhaus sind mehrere unabhängige Fach- und Spezialeinzelhändler in einem Gebäude mit einer gemeinsamen Verwaltung unter einem einheitlichen Namen tätig.

Das Shop-in-the-Shop-Konzept

Beim „Shop-in-the-Shop-Konzept" handelt es sich ursprünglich nicht um eine Kooperationsform zwischen selbstständigen Einzelhändlern, sondern um ein Prinzip der Verkaufsraumgestaltung. Beim Shop-in-the-Shop-Konzept werden die Artikel des Sortiments räumlich zu Bedarfsgruppen zusammengefasst. Beispiele sind der Young-Fashion-Shop in Warenhäusern und Kosmetik- oder Drogerie-Shops in Verbrauchermärkten.

Kooperationsmöglichkeiten zwischen Einzelhändlern ergeben sich beim Shop-in-the-Shop-System durch die Übernahme einzelner Shops durch Spezialhändler.

Beispiel

Der Drogerie-Shop in einem Verbrauchermarkt wird von einem selbstständigen Drogisten betrieben.

Verschiedentlich kooperieren hier auch Einzelhändler und Hersteller, die derartige Shops für ihre Waren gestalten und oft mit eigenem Personal betreiben.

Erfahrungsaustauschgruppen

In Erfahrungsaustauschgruppen (Erfa-Gruppen) finden sich ca. 15 – 20 gleichartige Einzelhandelsbetriebe, die nicht direkt miteinander konkurrieren, zusammen. Im Rahmen der Erfa-Gruppen werden die betrieblichen Daten und Zahlen ausgetauscht und offen diskutiert. Bei der Betriebswirtschaftlichen Beratungsstelle für den Einzelhandel (BBE) in Köln besteht eine Erfa-Leitstelle, die die Erfa-Gruppen-Arbeit koordiniert und die Bildung neuer Erfa-Gruppen fördert.

Freiwillige Ketten

Die freiwillige Kette ist eine Form der Kooperation, bei der sich rechtlich und wirtschaftlich selbstständig bleibende Groß- und Einzelhandelsbetriebe meist gleichartiger Branchen zur gemeinsamen Durchführung unternehmerischer Aufgaben zusammenschließen.

Jeder Kettengroßhändler arbeitet mit einer größeren Anzahl selbstständiger Einzelhändler zusammen, die von ihm einen möglichst großen Teil ihrer Waren beziehen. Die Kettengroßhändler sind wiederum Mitglieder einer Zentrale, die ihre gemeinsame Beschaffung organisiert.

Zusätzliche Leistungen dieser Zentrale sind u. a.

- die Durchführung überregionaler Werbemaßnahmen unter einem gemeinsamen Organisationszeichen (z. B. die Tanne bei der freiwilligen Kette „Spar"),
- die Gestaltung von gemeinsamen Handelsmarken,
- Betriebsberatung und Betriebsvergleiche.

Die Einzelhandelsbetriebe kommen durch die Mitgliedschaft in der freiwilligen Kette u. a. in den Genuss folgender Vorteile:

- gemeinschaftliche Werbung,
- gemeinsame Handelsmarken,
- Zusammenarbeit auf den Gebieten der Verkaufsraumgestaltung, der verkaufsfördernden Maßnahmen (z. B. Sonderangebotsaktionen) und der Verwaltung (z. B. im Rechnungswesen und der Verkäuferschulung).

Freiwillige Ketten sind besonders im Lebensmittelhandel verbreitet (z. B. SPAR, VIVO – „Ihre Kette"). Man findet sie aber auch in anderen Branchen, z. B. im Textilhandel die Seldis.

Franchising

Franchising ist eine langfristige vertragliche Bindung zwischen selbstständig bleibenden Unternehmen. Hierbei wird einem Einzelhändler von einem Franchisegeber gegen Bezahlung das Recht eingeräumt, bestimmte Waren und Dienstleistungen unter genau festgelegten Bedingungen zu vertreiben.

Der Einzelhändler erhält als Franchisenehmer das Recht, den Namen, Warenzeichen, Symbole, Ausstattung und Schutzrechte des Franchisegebers sowie dessen technische und gewerbliche Erfahrung zu nutzen. Dafür ist er verpflichtet, die betreffenden Waren beim Franchisegeber zu beziehen und die vertraglich vereinbarten Absatzvorschriften, wie z. B. die Art der Warenpräsentation, zu beachten. Der Franchisegeber hat das Recht, die Einhaltung dieser Vorschriften zu überwachen.

Typische Franchisegeber sind Hersteller (z. B. WMF, Salamander), Großhändler (z. B. Obi), Filialunternehmen (z. B. Ihr Platz) und Einkaufsgenossenschaften des Einzelhandels (z. B. Rewe, Edeka).

> **Beispiele für Franchise-Systeme im Einzelhandel:**
>
> WMF (Haushaltswaren), Salamander (Schuhe), Benetton, Rodier (Textilien), Nordsee (Fisch), Obi-Heimwerkermärkte (Baumärkte), Foto-Porst (Fotoartikel), Edeka (Lebensmittel), Lekkerland (Süßwaren), QuickSchuh (System der Nord-West-Ring eG), Ihr Platz (Drogeriewaren).

Vorteile der Franchise-Systeme für den Einzelhändler als Franchisenehmer sind u. a.

- Teilhabe am Ruf und Wissen des Franchise-Systems,
- Absatzunterstützung durch den Franchisegeber (abgerundetes Sortiment, Gemeinschaftswerbung, Verkaufsförderungsmaßnahmen, Verkaufsraumgestaltung),
- Dienstleistungen des Franchisegebers (z. B. Übernahme der Buchführung, Erstellung von Betriebsvergleichen und laufende Überprüfung der Kalkulationsunterlagen).

Rackjobber

Ein Rackjobber (= Regalgroßhändler) ist ein Großhändler oder Hersteller, dem in Einzelhandelsbetrieben Verkaufsraum oder Regalflächen zur Verfügung gestellt wird. Dort bietet der Rackjobber für eigene Rechnung Waren an, die das Sortiment des Einzelhandelsbetriebes ergänzen. Die für den Rackjobber reservierten Regalflächen werden von ihm selbst verwaltet. Er füllt die Regale regelmäßig mit Ware nach, rechnet die verkaufte Ware mit dem Einzelhandelsbetrieb ab und nimmt unverkaufte Ware zurück.

Durch die Regalvermietung an Rackjobber hat der Einzelhändler den **Vorteil,** sein Sortiment risikolos zu erweitern, ohne sich um Einkauf und Sortimentsgestaltung dieser Warengruppe zu kümmern.

Rackjobber findet man besonders im Non-Food-Bereich (Schreibwaren, kleine Spielwaren, Batterien usw.) von Lebensmittelgeschäften.

Aufgaben

1. Wodurch unterscheiden sich Kooperation und Konzentration?
2. Welche Kooperationsformen werden in folgenden Fällen beschrieben?
   a) Selbstständig bleibende Einzelhandelsbetriebe schließen sich mit einem Großhandelsbetrieb zusammen.
   b) Selbstständig bleibende Einzelhandelsbetriebe schließen sich zum Zweck des gemeinsamen Einkaufs zusammen.
   c) In der Hamburger Einkaufspassage „Hanse-Viertel" finden Kunden Fachgeschäfte verschiedener Branchen und Gastronomiebetriebe.
   d) Ein Schuheinzelhändler erhält von einem Schuhhersteller das Recht, sein Schuhgeschäft unter dem Namen des Herstellers zu führen. Der Schuheinzelhändler verpflichtet sich in seinem Geschäft nur Schuhe dieses Herstellers zu führen.
   e) Ein Warenhausunternehmen überträgt den Geschenkartikelshop einem selbstständigen Fachhändler.
3. Welche Leistungen bieten Einkaufsgenossenschaften ihren Mitgliedern?
4. Wodurch unterscheiden sich Shoppingcenter und Gemeinschaftswarenhaus?
5. Wodurch unterscheiden sich freiwillige Ketten von Einkaufsgenossenschaften?
6. Welchen Vorteil hat ein Einzelhändler durch die Regalvermietung an einen Rackjobber?

Zusammenfassung

Kooperation

= freiwillige vertragliche Zusammenarbeit rechtlich und wirtschaftlich selbstständig bleibender Unternehmen mit dem Ziel, ihre Leistungsfähigkeit zu verbessern.

Horizontale Kooperation

Unternehmen **derselben** Wirtschaftsstufe kooperieren (Einzelhändler untereinander)
- Einkaufsgenossenschaften
- Einkaufsverbände
- Shoppingcenter
- Shop-in-the-Shop-Konzept
- Erfahrungsaustauschgruppen

Vertikale Kooperation

Unternehmen **unterschiedlicher** Wirtschaftsstufen kooperieren (Einzelhändler mit Großhändlern oder Herstellern)
- freiwillige Ketten
- Franchisesystem
- Rackjobber

11.12 Krise der Unternehmung

Mittelständler vor der Pleite
Jedem dritten Unternehmer mangelt es an Eigenkapital

Berlin (dpa). Ein Drittel der 3,2 Millionen deutschen Mittelstandsbetriebe ist wegen einer zu geringen Eigenkapitaldecke nach Einschätzung der Wirtschaftsauskunftei Creditreform in ihrer Existenz gefährdet. Das sagte Hauptgeschäftsführer Helmut Rödl am Mittwoch bei der Vorstellung der Frühjahrsumfrage in Berlin. Untersuchungen der Deutschen Bundesbank hätten ergeben, dass von 1985 bis 1990 in 82 Prozent der Konkursfälle die Eigenkapitalquote unter zehn Prozent gelegen habe. Nach diesen Kriterien sei in diesem Frühjahr ein gutes Drittel insolvenzgefährdet, sagte Rödl. Wegen des neuen Insolvenzrechts werde für 1999 eine Zunahme der Zahlungsunfähigkeit auf knapp 40 000 Fälle nach 34 000 im Vorjahr erwartet. Die Steigerung werde vor allem von Kleingewerbetreibenden und Verbrauchern kommen, die sich nach dem neuen Insolvenzrecht von der Restschuld befreien könnten. Bei den Unternehmensinsolvenzen werde nur eine leichte Steigerung auf rund 29 000 Fälle erwartet.

Die Geschäftslage wird vom Mittelstand derzeit schlechter als vor einem Jahr bewertet. Dabei kommen die Rückgänge eher von westdeutschen Betrieben. Im Osten bewege man sich auf dem Niveau des Vorjahrs. Insgesamt stagniere der Mittelstand, sagte Rödl.

Die Umfrage der Creditreform Wirtschafts- und Konjunkturforschung umfasst 5 058 Firmen mit weniger als 500 Beschäftigten und höchstens 100 Millionen DM Umsatz. Während im Frühjahr 1998 noch 30,4 Prozent die Geschäftslage als „sehr gut" oder „gut" beurteilten, fiel die Bewertung jetzt nur bei 27,2 Prozent positiv aus. Deutlich zugenommen haben die durchschnittlichen Urteile. Nach 50,7 Prozent im Vorjahr halten nun 55 Prozent die Auftragslage für „befriedigend".

Quelle: Hannoversche Allgemeine vom 15. April 1999

Welche Gründe können zur Insolvenz eines Unternehmens führen?

Information

Gründe für Unternehmenskrisen

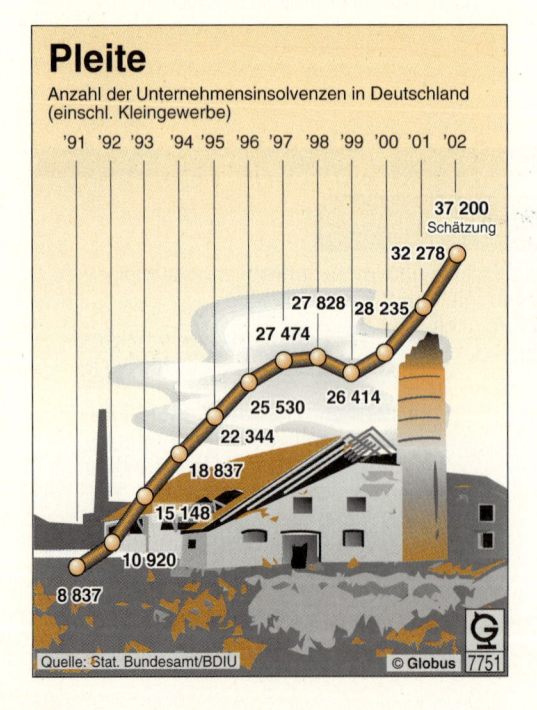

Pleite
Anzahl der Unternehmensinsolvenzen in Deutschland (einschl. Kleingewerbe)

Jahr	Anzahl
'91	8 837
'92	10 920
'93	15 148
'94	18 837
'95	22 344
'96	25 530
'97	27 474
'98	27 828
'99	28 235
'00	32 278
'01	37 200 Schätzung

Quelle: Stat. Bundesamt/BDIU © Globus 7751

Anzeichen für Unternehmenskrisen sind
- Umsatzrückgang,
- immer geringer werdende Gewinne,
- Verluste und Schrumpfen des Eigenkapitals,
- eine zunehmende Verschuldung und als Folge
- Zahlungsschwierigkeiten und schließlich
- Zahlungsunfähigkeit.

Für eine solche Entwicklung können personelle, sachliche, organisatorische und finanzielle Gründe verantwortlich sein.

Personelle Gründe sind z. B.
- Entscheidungsfehler der Geschäftsleitung bei der Sortimentsgestaltung und Umsatzplanung,
- Verluste durch Fehlplanungen beim Einkauf,
- Streitigkeiten unter den Gesellschaftern eines Unternehmens,
- Ausscheiden eines Gesellschafters aus dem Unternehmen,
- Nachlässigkeit des Verkaufspersonals im Umgang mit den Kunden.

Sachliche Gründe sind z. B.
- Nachfragerückgang durch
  - eine allgemeine Verschlechterung der Wirtschaftslage (Konjunktur),
  - Rückgang der Kaufkraft infolge steigender Arbeitslosigkeit,
  - Änderungen der Verbrauchergewohnheiten,
- Verschärfung des Wettbewerbs,
- Verschlechterung der Standortbedingungen, z. B. durch Straßenbauarbeiten vor dem Geschäftshaus oder Änderung der Verkehrsführung.

Organisatorische Gründe sind z. B.
- veraltete Betriebsorganisation,
- zu hohe Lagerbestände, hoher Schwund und Verderb infolge einer mangelhaften Organisation der Warenwirtschaft (Beschaffung, Lagerung und Verkauf),
- versäumte Rationalisierung durch Verzicht auf den Einsatz von EDV-gestützten Warenwirtschaftssystemen,
- zu viel Personal durch mangelhafte Personaleinsatzplanung.

Finanzielle Gründe sind u. a.
- zu geringes Eigenkapital,
- falsche Kapitalverwendung, z. B. Verwendung kurzfristiger Kredite zur Beschaffung von Anlagevermögen (Geschäftsausstattung, Geschäftsfahrzeuge usw.),
- zu großzügige Kreditvergabe an Kunden,
- hohe Forderungsausfälle,
- zu hohe Privatentnahmen.

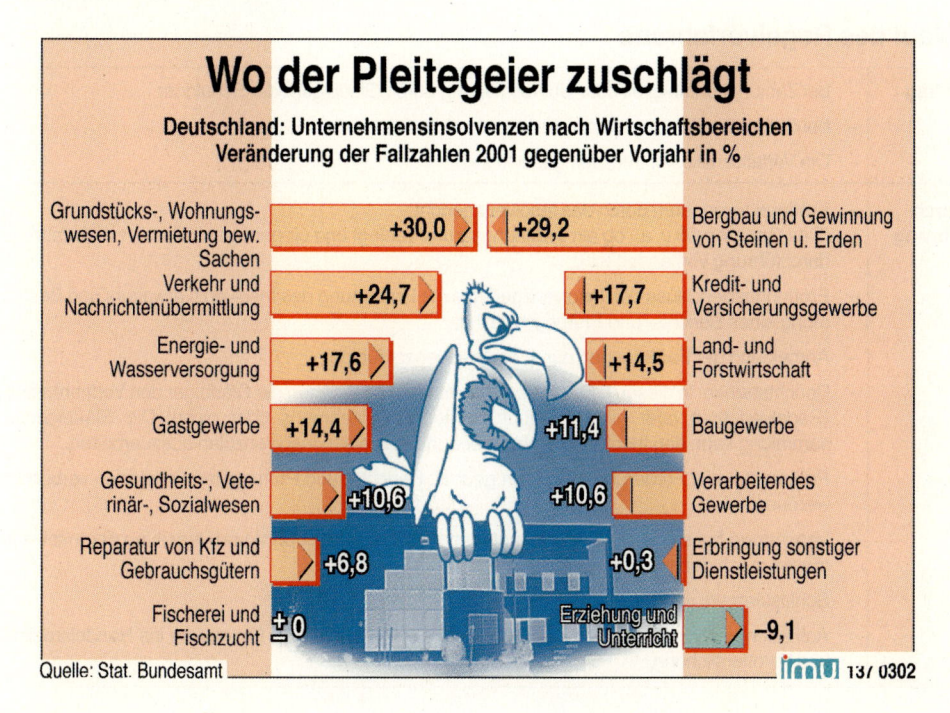

Wo der Pleitegeier zuschlägt

Deutschland: Unternehmensinsolvenzen nach Wirtschaftsbereichen
Veränderung der Fallzahlen 2001 gegenüber Vorjahr in %

Wirtschaftsbereich	%	%	Wirtschaftsbereich
Grundstücks-, Wohnungswesen, Vermietung bew. Sachen	+30,0	+29,2	Bergbau und Gewinnung von Steinen u. Erden
Verkehr und Nachrichtenübermittlung	+24,7	+17,7	Kredit- und Versicherungsgewerbe
Energie- und Wasserversorgung	+17,6	+14,5	Land- und Forstwirtschaft
Gastgewerbe	+14,4	+11,4	Baugewerbe
Gesundheits-, Veterinär-, Sozialwesen	+10,6	+10,6	Verarbeitendes Gewerbe
Reparatur von Kfz und Gebrauchsgütern	+6,8	+0,3	Erbringung sonstiger Dienstleistungen
Fischerei und Fischzucht	±0	−9,1	Erziehung und Unterricht

Quelle: Stat. Bundesamt

Maßnahmen zur Lösung der Unternehmenskrise

Eine Unternehmenskrise kann
- durch die Auflösung des Unternehmens oder
- durch Sanierung des Unternehmens

gelöst werden.

Die Auflösung eines Unternehmens wird als **Liquidation** bezeichnet.

Unter **Sanierung** versteht man die Gesamtheit aller Maßnahmen, die der Wiederherstellung der Leistungsfähigkeit eines in Zahlungsschwierigkeiten geratenen Unternehmens dienen. Sie erfolgt auf Kosten der Eigentümer des Unternehmens.

Insolvenzverfahren

Die **Insolvenz** eines Schuldners liegt vor, wenn sein Vermögen nicht mehr ausreicht, um alle seine Gläubiger zu befriedigen oder er überschuldet ist.

> Das **Insolvenzverfahren** ist ein Verfahren, bei dem das Vermögen eines Schuldners verwertet (z. B. Gebäude, Geschäftsausstattung, Waren des Unternehmens verkauft) und der Erlös nach den Vorschriften der Insolvenzordnung an die Gläubiger verteilt wird (Regelverfahren) oder in einem Insolvenzplan eine abweichende Regelung insbesondere zum Erhalt des Unternehmens getroffen wird.

Um ein Insolvenzverfahren eröffnen zu können, muss ein Insolvenzgrund vorliegen. **Insolvenzgründe** sind

- **Zahlungsunfähigkeit** (§ 17 Abs. 2 InsO): Der Schuldner ist zahlungsunfähig, wenn er nicht in der Lage ist die fälligen Zahlungsverpflichtungen zu erfüllen.
- **Überschuldung** (§ 19 Abs. 2 InsO): Bei einer juristischen Person (z. B. AG, GmbH) ist auch die Überschuldung ein Insolvenzgrund. Sie liegt vor, wenn das Vermögen des Schuldners die bestehenden Verbindlichkeiten nicht mehr deckt.
- **Drohende Zahlungsunfähigkeit** (§ 18 InsO): Die drohende Zahlungsunfähigkeit liegt vor, wenn der Schuldner voraussichtlich nicht in der Lage sein wird, die bestehenden Zahlungsverpflichtungen zum Zeitpunkt der Fälligkeit zu erfüllen. Dieser Insolvenzgrund ist allerdings nur bei einem Eigenantrag des Schuldners und nicht bei einem Gläubigerantrag anzuwenden.

Ablauf des Regelverfahrens

Antrag	– bei Zahlungsunfähigkeit oder Überschuldung durch Gläubiger oder Schuldner – bei drohender Zahlungsunfähigkeit nur durch Schuldner – Die Verfahrenskosten müssen gedeckt sein.
Durchführung	– Eröffnungsverfahren durch das Insolvenzgericht (Das Gericht prüft u. a., ob ein Eröffnungsgrund vorliegt und ob genügend Masse zur Verfahrensdurchführung vorhanden ist.), – Eröffnungsbeschluss des Insolvenzgerichts mit Ernennung des Insolvenzverwalters und Bestimmung eines Berichts- und Prüfungstermins, – Anmeldung der Forderungen durch die Insolvenzgläubiger, – Berichtstermin: In dieser 1. Gläubigerversammlung bestimmen die Gläubiger den Verfahrensweg (Regelverfahren oder nicht, Fortführung des Unternehmens oder nicht). Die Gläubigerversammlung kann den Insolvenzverwalter beauftragen einen Insolvenzplan auszuarbeiten. – Prüfungstermin: Forderungen werden geprüft; Berichts- und Prüfungstermin können verbunden werden, – Verwertung (es sei denn, das Unternehmen wird noch fortgeführt) und Verteilung der Insolvenzmasse durch den Insolvenzverwalter, – Schlusstermin, – Aufhebung des Insolvenzverfahrens durch das Insolvenzgericht: Eintragung ins Handelsregister und Veröffentlichung.

Feststellen der Insolvenzmasse

Die Insolvenzmasse ist das gesamte Vermögen, das dem Schuldner zum Zeitpunkt der Eröffnung des Verfahrens gehört und das er während des Verfahrens erwirbt.

Nicht zur Insolvenzmasse gehören

- unpfändbare Gegenstände, die dem persönlichen Gebrauch und der Berufsausübung dienen, z. B. notwendiger Hausrat, Bekleidungsstücke, Schreibmaschine.
- Gegenstände, die sich bei der Eröffnung des Insolvenzverfahrens im Besitz des Schuldners befinden, ihm aber nicht gehören, z. B. unter Eigentumsvorbehalt gelieferte Waren, geliehene oder gemietete Gegenstände. Sie werden den Eigentümern zurückgegeben (= **Aussonderung;** § 47 InsO).

Verteilung der Insolvenzmasse

Die Insolvenzmasse muss im Regelverfahren nach einer genau vorgeschriebenen Reihenfolge verteilt werden:

I. Absonderung	Gläubigerforderungen, die durch ein Pfandrecht, eine Sicherungsübereignung oder eine Hypothek besonders gesichert sind, werden bevorzugt befriedigt.
II. Aufrechnung	Wenn ein Gläubiger nicht nur Forderungen, sondern auch Schulden gegenüber dem Gemeinschuldner hat, kann er sie gegeneinander aufrechnen.
III. Kosten des Insolvenzverfahrens und sonstige Masseverbindlichkeiten	Kosten des Insolvenzverfahrens sind – die Gerichtskosten für das Insolvenzverfahren, – Ausgaben für die Verwaltung, Verwertung und Verteilung der Insolvenzmasse (z. B. Ausgaben für den Gläubigerausschuss, Vergütung des Insolvenzverwalters). Sonstige Masseverbindlichkeiten sind Schulden, die erst nach der Insolvenzeröffnung entstanden sind, z. B. Käufe, Miete, Löhne und Gehälter.
IV. Forderungen der (nicht nachrangigen) Insolvenzgläubiger	Insolvenzgläubiger sind die Gläubiger, die bei der Eröffnung des Insolvenzverfahrens eine Forderung gegen den Schuldner haben.
V. Forderungen nachrangiger Insolvenzgläubiger	1. Die seit der Eröffnung des Insolvenzverfahrens laufenden Zinsen der Forderungen der Insolvenzgläubiger. 2. Die Kosten, die den einzelnen Insolvenzgläubigern durch die Teilnahme am Verfahren entstehen. 3. Geldstrafen, Geldbußen, Ordnungsgelder und Zwangsgelder sowie solche Nebenfolgen einer Straftat oder Ordnungswidrigkeit, die zu einer Geldzahlung verpflichten. 4. Forderungen auf eine unentgeltliche Leistung des Schuldners 5. Forderungen auf Rückgewähr des kapitalersetzenden Darlehens eines Gesellschafters oder gleich stehende Forderungen

Nachdem die bevorrechtigten Ansprüche (I bis III) aus der Insolvenzmasse voll befriedigt worden sind, werden die Forderungen der (nicht nachrangigen) Gläubiger aus der Restmasse beglichen. Die Insolvenzgläubiger werden dabei insgesamt gleich behandelt. Bei nicht ausreichender Masse werden sie also anteilig befriedigt.

Beispiel

Forderungen der (nicht nachrangigen)
Insolvenzgläubiger   50.000,00 € ≙ 100 %
Restmasse   5.000,00 € ≙ 100 %

$$x = \frac{100\,\% \cdot 5.000\,€}{50.000\,€} = 10\,\%$$

Da die Restmasse nur 10 % der Forderungen ausmacht, erhält jeder (nicht nachrangige) Insolvenzgläubiger nur 10 % seiner Forderungen beglichen.

Die Ansprüche der nachrangigen Insolvenzgläubiger werden erst nach den Ansprüchen der (nicht nachrangigen) Insolvenzgläubiger befriedigt. Das heißt, die Forderungen der nachrangigen Insolvenzgläubiger werden nur dann ganz oder teilweise beglichen, wenn noch eine Restvermögensmasse übrig bleibt, nachdem die Forderungen aller (nicht nachrangigen) Gläubiger zu 100 % befriedigt sind.

Insolvenzplanverfahren

In einem **Insolvenzplan** können

– die Befriedigung der absonderungsberechtigten Gläubiger und der Insolvenzgläubiger,

– die Verwertung der Insolvenzmasse und die Verteilung an die Beteiligten sowie

- die Haftung des Schuldners nach Beendigung des Insolvenzverfahrens

abweichend von den gesetzlichen Vorschriften der Insolvenzordnung (Regelverfahren) geregelt werden.

Die inhaltliche Gestaltung des Insolvenzplans kann von den Gläubigern selbstständig vorgenommen werden.

Die Insolvenzordnung enthält daher nur grobe Vorgaben zur Gestaltung des Insolvenzplans.

Arten des Insolvenzplans

Es gibt drei Grundtypen des Insolvenzplans:

- den **Liquidationsplan:** Die Vermögensgegenstände werden abweichend vom Gesetz veräußert.
- den **Übertragungsplan:** Das Unternehmen geht auf einen anderen Rechtsträger über.
- den **Sanierungsplan:** Das Unternehmen wird saniert und bleibt erhalten.

Diese Grundtypen können auch als Mischform auftreten, z. B. Liquidation eines Betriebsteils, Übertragung eines zweiten und Sanierung eines dritten Betriebsteils.

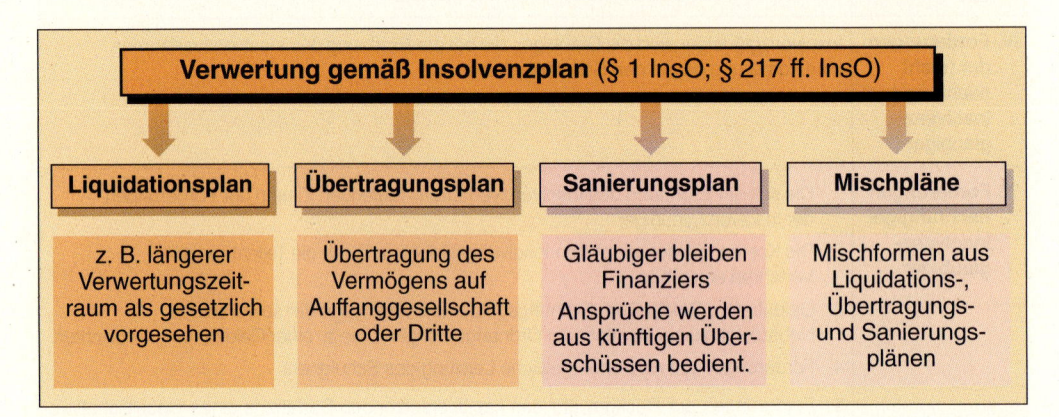

Verwertung gemäß Insolvenzplan (§ 1 InsO; § 217 ff. InsO)

Liquidationsplan	Übertragungsplan	Sanierungsplan	Mischpläne
z. B. längerer Verwertungszeitraum als gesetzlich vorgesehen	Übertragung des Vermögens auf Auffanggesellschaft oder Dritte	Gläubiger bleiben Finanziers Ansprüche werden aus künftigen Überschüssen bedient.	Mischformen aus Liquidations-, Übertragungs- und Sanierungsplänen

Ablauf des Insolvenzplanverfahrens

• **Vorlage des Insolvenzplans**

Zur Vorlage eines Insolvenzplans sind nur der Schuldner und der Insolvenzverwalter berechtigt.

Der Schuldner kann den Insolvenzplan bereits mit der Antragstellung auf Insolvenzeröffnung vorlegen.

Der Insolvenzverwalter muss einen Insolvenzplan ausarbeiten und vorlegen, wenn dies die Gläubigerversammlung so beschließt.

Gliederung des Insolvenzplans

Der Insolvenzplan besteht aus dem darstellenden Teil und dem gestaltenden Teil.

Im **darstellenden Teil** des Insolvenzplans wird beschrieben, welche Maßnahmen nach der Eröffnung des Insolvenzverfahrens getroffen sind oder noch getroffen werden sollen, um die Grundlagen für die geplante Gestaltung der Rechte der Beteiligten zu schaffen (§ 220 Abs. 1 InsO). Er hat die Grundlagen und die Auswirkungen des Plans so zu beschreiben und darzustellen, dass sich der Gläubiger sowohl ein Urteil über die Lage des Unternehmens als auch über den Sinn der im gestaltenden Teil für ihn getroffenen Regelungen bilden kann.

Im **gestaltenden Teil** des Insolvenzplans wird festgelegt, wie die Rechtsstellung der Beteiligten durch den Plan z. B. die Regelungen über die Verteilung der Insolvenzmasse geändert werden soll (§ 221 InsO).

• **Vorprüfung des Insolvenzplans durch das Insolvenzgericht**

Das Insolvenzgericht muss den Insolvenzplan im Rahmen einer Vorprüfung prüfen. Es weist den Plan gegebenenfalls wegen Mängel zurück, wenn z. B.

- der vom Schuldner oder Insolvenzverwalter eingereichte Plan formal und inhaltlich nicht dem Gesetz entspricht,

- der vom Schuldner eingereichte Plan offensichtlich keine Aussicht auf Annahme durch die Gläubiger oder auf Bestätigung durch das Gericht hat,
- der vom Schuldner eingereichte Plan Ansprüche enthält, die den Beteiligten nach dem gestaltenden Teil des Plans zustehen, die aber offensichtlich nicht erfüllt werden können.

Wird der Insolvenzplan zugelassen, leitet ihn das Insolvenzgericht dem Gläubigerausschuss, dem Betriebsrat, dem Sprecherausschuss der leitenden Angestellten sowie dem Schuldner (wenn der Insolvenzverwalter den Plan vorgelegt hat) bzw. dem Insolvenzverwalter (wenn der Schuldner den Plan vorgelegt hat) zur Stellungnahme zu.

- **Erörterungs- und Abstimmungstermin**

Das Insolvenzgericht bestimmt einen Erörterungs- und Abstimmungstermin, zu dem die Insolvenzgläubiger, die absonderungsberechtigten Gläubiger, der Insolvenzverwalter, der Schuldner, der Betriebsrat und der Sprecherausschuss der leitenden Angestellten eingeladen werden.

Im Erörterungs- und Abstimmungstermin wird
- der Insolvenzplan mit den Beteiligten erörtert,
- das Stimmrecht der Insolvenzgläubiger und Absonderungsberechtigten festgestellt und anschließend
- über den Plan abgestimmt.

Die Abstimmung über den Plan wird in Gruppen durchgeführt. Jede Gruppe und jede Untergruppe der stimmberechtigten Gläubiger stimmt gesondert über den Insolvenzplan ab.

Welche Gruppen und Untergruppen abstimmen, hängt davon ab, welche Gruppen im vorgelegten Insolvenzplan gebildet wurden. Wurde die Gruppenbildung entsprechend den beispielhaft erwähnten Gläubigergruppen des § 222 InsO vorgenommen, so erfolgt die Abstimmung in den folgenden Gruppen:
- den **absonderungsberechtigten** Gläubigern, wenn durch den Plan in deren Rechte eingegriffen wird,
- den **nicht nachrangigen Insolvenzgläubigern,**
- den einzelnen **Rangklassen der nachrangigen Insolvenzgläubiger,** soweit deren Forderungen nicht nach § 225 InsO als erlassen gelten sollen (hier ist für jede Rangklasse eine eigene Gruppe zu bilden),
- der **Arbeitnehmergruppe,**
- der **Kleingläubigergruppe.**

Der **Insolvenzplan ist angenommen,** wenn in jeder Gruppe eine Mehrheit der abstimmenden Gläubiger **(Kopfmehrheit)** zustimmt und eine Mehrheit der Ansprüche (Forderungen) der abstimmenden Gläubiger **(Summenmehrheit)** besteht.

Die Erzielung einer Mehrheit wird durch das **Obstruktionsverbot** des § 245 InsO erleichtert. Danach gilt die Zustimmung einer Abstimmungsgruppe auch dann als erteilt, wenn die erforderlichen Mehrheiten nicht erreicht worden sind, sofern
- die Gläubiger dieser Gruppe durch den Plan nicht schlechter gestellt werden, als sie ohne Plan (also nach dem Regelverfahren) stünden,
- die Gläubiger dieser Gruppe angemessen an dem wirtschaftlichen Wert beteiligt werden, d. h., dass sie gegenüber den anderen Gruppen nicht benachteiligt sind, und
- die Mehrheit der abstimmenden Gruppen dem Plan mit den erforderlichen Mehrheiten zugestimmt hat.

- **Gerichtliche Bestätigung**

Nach der Annahme des Insolvenzplans durch die Gläubiger und der Zustimmung des Schuldners muss der Plan durch das Insolvenzgericht bestätigt werden. Der Beschluss, durch den der Insolvenzplan bestätigt oder abgelehnt wird, muss im Abstimmungstermin oder in einem alsbald zu bestimmenden besonderen Termin bekannt gegeben werden.

Auf Antrag eines Gläubigers ist die Bestätigung des Insolvenzplans zu verweigern, wenn der Gläubiger nachweist, dass er durch den Plan schlechter als ohne Insolvenzplan gestellt ist **(Minderheitenschutz).**

- **Aufhebung des Insolvenzverfahrens**

Sobald die Bestätigung des Insolvenzplans rechtskräftig ist, beschließt das Insolvenzgericht die Aufhebung des Insolvenzverfahrens. Damit erlöschen die Ämter des Insolvenzverwalters und des Gläubigerausschusses. Mit der Aufhebung des Insolvenzverfahrens erhält der Schuldner das Recht zurück über die Insolvenzmasse frei zu verfügen.

Ist die **Überwachung** der Planerfüllung im Insolvenzplan vorgesehen, besteht jedoch zu diesem Zweck das Amt des Insolvenzverwalters, des Gläubigerausschusses und des Insolvenzgerichts fort.

Das Verbraucherinsolvenzverfahren

Wenn der Schuldner eine natürliche Person ist und keine oder nur geringfügige selbstständige Tätigkeit ausübt, kann das Verbraucherinsolvenzverfahren angewandt werden (§ 304 InsO).

Für Privatpersonen, die sich finanziell übernommen haben, eröffnet das Verbraucherinsolvenzverfahren die Chance auf einen wirtschaftlichen Neubeginn. Es eröffnet Privatleuten die Möglichkeit, ihre Schulden nach Ablauf einer Wohlverhaltenszeit, in der das gesamte pfändbare Einkommen an die Gläubiger gezahlt werden muss, loszuwerden.

Ablauf des Verbraucherinsolvenzverfahrens

1. Phase: Außergerichtlicher Einigungsversuch

Der Schuldner muss zunächst versuchen mit seinen Gläubigern auf der Grundlage eines **Schuldenbereinigungsplanes** einen außergerichtlichen Vergleich zu schließen. Beim Zustandekommen einer solchen Einigung verpflichtet sich der Schuldner, z. B. sein pfändbares Einkommen für einen bestimmten Zeitraum an seine Gläubiger zu zahlen. Bei pünktlicher Ratenzahlung verzichten die Gläubiger im Gegenzug auf die Restforderungen und auf Zwangsvollstreckungsmaßnahmen.

Der Schuldenbereinigungsplan wird mithilfe eines Anwalts oder einer Schuldnerberatungsstelle aufgestellt. In ihm muss der Schuldner aufführen, welche Vermögenswerte, welches Einkommen und welche Schulden er hat und wie er sich einen mindestens teilweisen Abbau der Schulden und eine Einigung mit seinen Gläubigern vorstellen kann.

2. Phase: Gerichtliches Schuldenbereinigungsplanverfahren

Falls der außergerichtliche Einigungsversuch trotz aller Bemühungen nicht erfolgreich war und die beratende Stelle dies bescheinigt, kann der Schuldner innerhalb von sechs Monaten beim Insolvenzgericht einen Antrag auf Eröffnung des Insolvenzverfahrens stellen.

Das Insolvenzgericht wird nach einer ersten Prüfung nicht sofort mit dem Insolvenzverfahren beginnen, sondern zunächst versuchen, die Gläubiger zum Einverständnis mit dem Schuldenbereinigungsplan des Schuldners zu bewegen (Schuldenbereinigungsplanverfahren). Das Gericht schickt dazu den Schuldenbereinigungsplan an alle Gläubiger. Diese haben einen Monat Zeit, um zu dem Schuldenbereinigungsplan des Schuldners Stellung zu nehmen. Melden Sie sich danach nicht beim Insolvenzgericht, gilt der Schuldenbereinigungsplan als genehmigt. Stimmt die Mehrheit der Gläubiger zu, kann das Gericht den Schuldenbereinigungsplan auch gegen den Willen der störrischen Gläubiger in Kraft setzen, wenn diese dadurch nicht unangemessen benachteiligt werden.

3. Phase: Vereinfachtes Insolvenzverfahren

Erst wenn das gerichtliche Schuldenbereinigungsplanverfahren gescheitert ist, beginnt das eigentliche Insolvenzverfahren. Dieses gegenüber dem Regelinsolvenzverfahren vereinfachte Verfahren ist insbesondere dadurch gekennzeichnet, dass statt eines Insolvenzverwalters ein Treuhänder tätig wird und eine vereinfachte Verteilung (§ 314 InsO) erfolgen kann. Die Aufgabe des Treuhänders besteht zunächst darin, das Vermögen des Schuldners zu verwerten und den Erlös an die Gläubiger zu verteilen.

4. Wohlverhaltensphase

Auf das vereinfachte gerichtliche Insolvenzverfahren folgt eine lange Phase, in der der Schuldner diszipliniert haushalten muss, wenn er eine Restschuldbefreiung erlangen will.

Für einen Zeitraum von sieben Jahren muss er sein pfändbares Einkommen an den Treuhänder abgeben, der es unter den Gläubigern aufteilt.

Wenn der Schuldner arbeitslos ist, muss er sich ständig um eine Erwerbstätigkeit bemühen. Außerdem muss er eine Reihe weiterer Vorschriften einhalten.

Nach Ablauf der sieben Jahre muss der Schuldner dem Insolvenzgericht und den Gläubigern Auskunft darüber erteilen, ob er alle seine Pflichten erfüllt hat und auf Antrag der Gläubiger die Richtigkeit dieser Aussage an Eides statt versichern. Beschließt das Insolvenzgericht daraufhin die Restschuldbefreiung, können die Gläubiger noch ein Jahr lang den Widerruf dieser Entscheidung beantragen, wenn sich nachträglich das Gegenteil herausstellt. Nach zwölf Monaten ohne Widerruf ist der Schuldner von allen Schulden frei, die er vor Beginn des Insolvenzverfahrens hatte.

Fünf Schritte zur Schuldenfreiheit

Stufe 1
Versuch außergerichtlicher Einigung mit Gläubigern
- erfolgreich: private Entschuldung ohne Gericht.
- nicht erfolgreich: Stufe 2 beantragen (vor Gericht).

Stufe 2
Verfahren über gerichtlichen Schuldbereinigungsplan
- **Gläubiger stimmen dem Plan vor Gericht zu: Fortan läuft die Entschuldung nach diesem Plan.**
- **Gericht ersetzt die Zustimmung der Gläubiger: Die Entschuldung läuft ebenfalls nach diesem Plan.**

Stufe 3
Gericht macht aufgrund des Entschuldungsplans ein vereinfachtes Insolvenzverfahren; ein Treuhänder verwaltet das Vermögen des Schuldners und teilt es unter die Gläubiger auf.
- **Antrag auf Restschuldbefreiung wird im Insolvenzverfahren abgelehnt: Alles war umsonst.**
- **Antrag auf Restschuldbefreiung wird angenommen: Es beginnt Stufe 4.**

Stufe 4
Wohlverhaltensperiode
- Sieben Jahre lebt der Schuldner vom pfändungsfreien Teil seines Einkommens, nimmt jede zumutbare Arbeit an und meldet alle persönlichen Veränderungen dem Treuhänder und dem Gericht.

Stufe 5
Entscheidung über Restschuld
- **Der Schuldner hält die sieben Jahre nicht durch: Restschuldversagung.**
- **Der Schuldner hält die sieben Jahre durch: Restschuldbefreiung.**

Aufgaben

1. Welche personellen, sachlichen, organisatorischen und finanziellen Gründe können zu einer Unternehmenskrise führen?
2. Wodurch unterscheiden sich Liquidation und Sanierung?
3. Wer kann einen Antrag auf Eröffnung eines Insolvenzverfahrens stellen?
4. Warum wird der Eröffnungsbeschluss über ein Insolvenzverfahren veröffentlicht?
5. Welche Gegenstände gehören nicht zur Insolvenzmasse?
6. In welcher Reihenfolge müssen folgende Forderungen in einem Insolvenzverfahren befriedigt werden?
    a) Die Gerichtskosten für das Insolvenzverfahren,
    b) unter Eigentumsvorbehalt gelieferte Ware,
    c) ungesicherte Forderungen eines Lieferers,
    d) rückständige Gewerbesteuerzahlung,
    e) eine durch Sicherungsübereignung gesicherte Forderung,
    f) die Forderung eines Arztes gegenüber dem Schuldner.
7. Welche Vorteile bietet das Insolvenzplanverfahren gegenüber dem Regelverfahren
    a) dem Schuldner?
    b) den Gläubigern?
8. Der Inhaber der Jeans-Mode KG ist nicht mehr in der Lage, seine Zahlungsverpflichtungen zu erfüllen. Welche Maßnahmen kann er ergreifen, um sein Unternehmen vor der Auflösung zu bewahren?
9. Der Angestellte Frank Bussath ist nicht mehr in der Lage, seine Schulden zu bezahlen. Was muss er tun, um eine Restschuldbefreiung zu erlangen?

Zusammenfassung

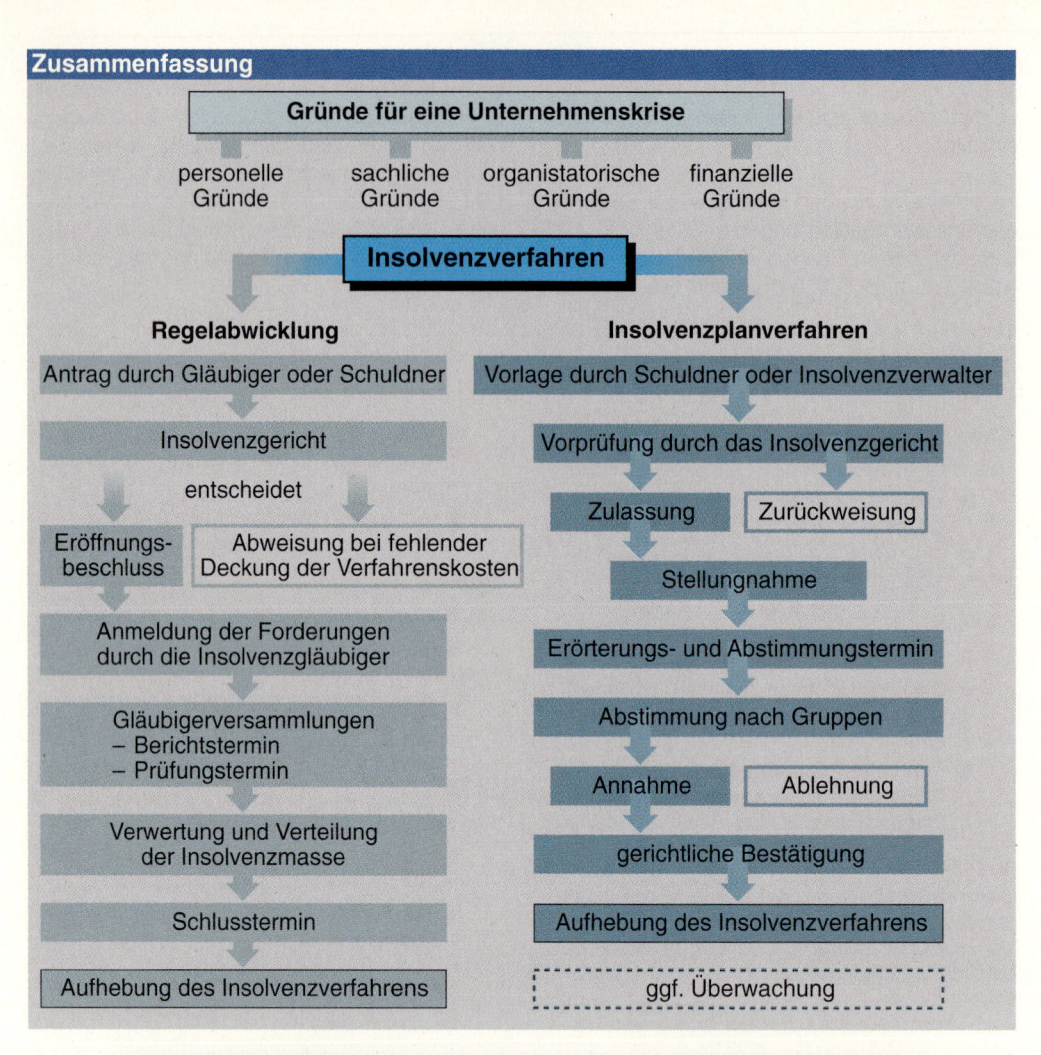

Gründe für eine Unternehmenskrise

- personelle Gründe
- sachliche Gründe
- organistatorische Gründe
- finanzielle Gründe

Insolvenzverfahren

Regelabwicklung

- Antrag durch Gläubiger oder Schuldner
- Insolvenzgericht entscheidet
  - Eröffnungsbeschluss
  - Abweisung bei fehlender Deckung der Verfahrenskosten
- Anmeldung der Forderungen durch die Insolvenzgläubiger
- Gläubigerversammlungen
  - Berichtstermin
  - Prüfungstermin
- Verwertung und Verteilung der Insolvenzmasse
- Schlusstermin
- Aufhebung des Insolvenzverfahrens

Insolvenzplanverfahren

- Vorlage durch Schuldner oder Insolvenzverwalter
- Vorprüfung durch das Insolvenzgericht
  - Zulassung
  - Zurückweisung
- Stellungnahme
- Erörterungs- und Abstimmungstermin
- Abstimmung nach Gruppen
  - Annahme
  - Ablehnung
- gerichtliche Bestätigung
- Aufhebung des Insolvenzverfahrens
- ggf. Überwachung

Verbraucherinsolvenzverfahren

❶ Außergerichtliche Schuldenregulierung

Schuldner → Schuldnerberatung → Schuldenbereinigungsplan → Versuch einer gütlichen Einigung mit den Gläubigern

❷ Gerichtliches Verbraucherinsolvenzverfahren

Kommt keine Einigung zustande, beantragt der Schuldner die Eröffnung eines Insolvenzverfahrens → Insolvenzgericht (Amtsgericht) → Schuldenbereinigungsplan → Das Gericht versucht nochmals, eine gütliche Einigung zwischen Schuldner und Gläubigern herbeizuführen

Scheitert auch dieser Versuch, wird das Insolvenzverfahren eröffnet → Nach Abschluss des Verfahrens zahlt der Schuldner sein pfändbares Einkommen an einen Treuhänder, der das Geld an die Gläubiger verteilt → Nach 7 Jahren kann das Gericht den Schuldner von seiner Restschuld befreien

12 Berufstätigkeit im Einzelhandel

12.1 Grundlagen für die Einstellung von Mitarbeitern

Wir sind ein junges Team in einem dynamischen Unternehmen der Depotkosmetik.

Wir haben ehrgeizige Ziele und sind an aktiven Mitarbeitern interessiert.

Wir suchen heute

eine Kosmetik-Verkäuferin
einen Kosmetik-Verkäufer

für ein Warenhaus in

Bielefeld

Wir erwarten von unseren neuen Mitarbeitern
- überdurchschnittliche Einsatzbereitschaft
- die Fähigkeit, vorhandene Fachkenntnisse in verkäuferische Argumente umzusetzen
- weitgehend selbstständiges, kreatives Arbeiten
- sicheres Auftreten, Durchsetzungsvermögen

Wir bieten Ihnen teamorientiertes Arbeiten, leistungsgerechte Bezahlung und interessante Sozialleistungen.

Ihre Bewerbung sollte uns bereits von der Notwendigkeit eines Vorstellungsgespräches überzeugen. Bei evtl. Fragen wenden Sie sich bitte an unsere Gebietsverkaufsleitung

Herrn Klepzig, Telefon 0511 636261

zu erreichen montags in der Zeit zwischen 09:00 und 13:00 Uhr.

Oder schriftlich an: Herrn Manfred Klepzig
Vahrenheider Markt 8, 30179 Hannover

Wir suchen für unsere Boutique in Hannover

1. Verkäuferin
1. Verkäufer

Gute Fachkenntnisse, modisches Feeling und Selbstständigkeit sind Voraussetzung.

Bewerbung mit Lebenslauf, Zeugnissen und Lichtbild richten Sie bitte an:

Textilhandels GmbH
38103 Braunschweig
Heinrich-Büssing-Ring 14

Substitutin/Substituten
Abt.-Leiterin/Abt.-Leiter

für die Abteilungen
Geschenkartikel/Glas/Porzellan, Haushaltswaren, Möbel, Rundfunk/Fernsehen, Computer/Bürotechnik, Teppiche/Gardinen, Süßwaren, Lebensmittel.

Wir erwarten
- eine abgeschlossene Ausbildung als Einzelhandelskauffrau/Einzelhandelskaufmann
- Berufserfahrung als Verkäufer/in, 1. Kraft oder Substitut/in
- gute Fachkenntnisse, Einsatzbereitschaft und Engagement für Ihre berufliche Weiterbildung

Wir bieten
- eine anspruchsvolle systematische Einarbeitungszeit durch erfahrene Führungskräfte in unseren Filialen
- eine Vertiefung der Kenntnisse durch fachbezogene und fachübergreifende Seminare
- den Einsatz als Substitut/in oder Abteilungsleiter/in nach erfolgreichem Abschluss der Einarbeitung

---

Stellen Sie die Unterlagen zusammen, die Sie benötigen, wenn Sie sich für eine der angebotenen Stellen bewerben wollen.

Information

Qualifikationsanforderungen an Mitarbeiter im Einzelhandel

Im Einzelhandel nehmen kaufmännische Angestellte unterschiedliche Aufgabenbereiche wahr. Sie sind u. a. als Verkäufer/in, erste/r Verkäufer/in, Substitut/in und Abteilungsleiter/in tätig. Diese Aufgabenbereiche stellen an die Qualifikation der Angestellten unterschiedliche Anforderungen.

Von einer **Verkäuferin** oder einem **Verkäufer** werden die Kenntnisse und Verhaltensweisen erwartet, die sie/ihn befähigen die Waren ihres/seines Betriebes zu verkaufen. Dazu muss sie/er über gute Warenkenntnisse verfügen. Sie/er muss in der Lage sein diese Fachkenntnisse in überzeugende Verkaufsargumente umzusetzen. Von ihr/ihm wird darüber hinaus Kontaktfreudigkeit gegenüber Kunden und Mitarbeitern, sicheres Auftreten, Selbstständigkeit und eine positive Einstellung zur eigenen Tätigkeit erwartet.

Angestellte, die eine Aufstiegsposition im Einzelhandel, z. B. als erste/r Verkäufer/in, Substitut/in sowie Abteilungsleiterin oder Abteilungsleiter, anstreben, müssen zusätzliche Anforderungen erfüllen. Sie müssen u. a. die in ihrem Aufgabenbereich notwendigen Fachkenntnisse vorweisen, über ausreichende Berufserfahrung verfügen und entsprechende Führungsqualitäten besitzen.

Die **erste Verkäuferin** oder der **erste Verkäufer** ist für einen abgegrenzten Warenbereich verantwortlich, z. B. für Röcke in einer Damenoberbekleidungsabteilung.

Die **Substitutin** oder der **Substitut** ist Stellvertreterin bzw. Stellvertreter der Abteilungsleiterin oder des Abteilungsleiters. Sie/er hilft dem Abteilungsleiter beim Einkauf und unterstützt ihn bei dessen Verwaltungsarbeit. Außerdem überwacht er/sie die Tätigkeit der Verkäufer/in in seiner/ihrer Abteilung.

Der **Abteilungsleiterin** oder dem **Abteilungsleiter** untersteht eine Abteilung in einem Einzelhandelsbetrieb, z. B. die Lebensmittelabteilung oder die Sportartikelabteilung in einem Warenhaus. Abteilungsleiter und Abteilungsleiterin müssen den reibungslosen Ablauf des Verkaufs in ihrer Abteilung organisieren, das Verkaufspersonal führen und den Wareneinkauf bis zu einem von der Geschäftsleitung festgesetzten Limit selbstständig durchführen. Damit sie ihre Aufgaben erfolgreich durchführen können, benötigen sie sehr gute kaufmännische Fähigkeiten, ausgezeichnete Warenkenntnisse, Erfahrung im Umgang mit Menschen und das notwendige Durchsetzungsvermögen.

Bewerbungsunterlagen

Bei den meisten Bewerbungen ist eine schriftliche Bewerbung üblich. Die Bewerbung soll Informationen enthalten, die dem Arbeitgeber bzw. dessen Personalbeauftragten eine Vorauswahl unter den Bewerbern erleichtert.

Zu den schriftlichen Bewerbungsunterlagen gehören:

- das Bewerbungsschreiben,
- ein Lichtbild (mit Namen und Anschrift auf der Rückseite),
- Lebenslauf,
- beglaubigte Zeugnisabschriften oder -kopien (schulische Zeugnisse, Zeugnis der Abschlussprüfung, Zeugnisse der bisherigen Arbeitgeber, Zeugnisse über zusätzlich erworbene Qualifikationen, z. B. Tastschreiben- oder Stenokurs).

Das Bewerbungsschreiben

In seinem Bewerbungsschreiben sollte der Bewerber

- den Anlass der Bewerbung (z. B. Bezug auf Zeitungsanzeige) nennen,
- auf die besonderen Fähigkeiten, Erfahrungen, Kenntnisse und Qualifikationen, die für die neue Stelle gefordert werden, möglichst genau eingehen,
- seine bisherige Arbeitsstelle,
- den Grund der Bewerbung und
- den möglichen Arbeitsbeginn nennen,
- um Berücksichtigung der Bewerbung und persönliche Vorstellung bitten.

Gehaltsforderungen sollte er in seinem Bewerbungsschreiben nur stellen, wenn es in der Stellenanzeige ausdrücklich gewünscht wurde. Angaben zur Person sind nur dann zu machen, wenn sie im Lebenslauf nicht oder nicht ausführlich genug enthalten sind. Die dem Bewerbungsschreiben beigefügten Unterlagen werden unter „Anlagen" aufgeführt.

Das Bewerbungsschreiben kann mit der Maschine oder mit der Hand geschrieben werden.

Es sollte

- auf weißem, unliniertem A4-Papier,
- mit einem breiten Rand links und Rändern am rechten Rand, Blattanfang und Blattende,
- äußerlich klar gegliedert,
- in sauberer äußerer Form ohne zu radieren geschrieben sein.

Da das Bewerbungsschreiben ein erstes positives Bild von dem Bewerber zeichnen soll, ist besonders auf fehlerfreie Rechtschreibung und Zeichensetzung zu achten.

Renate Langer
Düsseldorfer Straße 8
33647 Bielefeld

Bielefeld, 20. Juni ..

Modemarkt
Jürgen Flessner
Arndtstraße 4

33602 Bielefeld

Bewerbung

Sehr geehrter Herr Flessner,

aufgrund Ihrer Anzeige in der „Neuen Westfälischen" vom 18. und 19. Juni d. J. bewerbe ich mich um die Stelle als 1. Verkäuferin in Ihrer DOB-Abteilung.

Zurzeit bin ich noch bei der Firma „Modecenter" in Bielefeld, Obernstraße 18, als Verkäuferin in der Damenoberbekleidungsabteilung tätig. Hier konnte ich mir die Warenkenntnisse und Verkaufserfahrungen aneignen, die für die von Ihnen ausgeschriebene Stelle erforderlich sind.

Nähere Einzelheiten über meine Person und meinen beruflichen Werdegang können Sie meinem Lebenslauf und den beigefügten Zeugnissen entnehmen.

Meine jetzige Stelle möchte ich aufgeben, um einen Tätigkeitsbereich mit größerer Verantwortung zu übernehmen.

Ich könnte die Stelle in Ihrem Geschäft frühestens am 1. Oktober d. J. antreten.

Ich wäre Ihnen dankbar, wenn Sie meine Bewerbung berücksichtigen würden. Zu einer persönlichen Vorstellung bin ich jederzeit bereit.

Mit freundlichem Gruß

Renate Langer
Renate Langer

Anlagen
1 Lebenslauf
1 Lichtbild
2 Zeugnisse (Kopien)

Der Lebenslauf

Ein Lebenslauf wird normalerweise auf einem weißen, unlinierten A4-Blatt handschriftlich geschrieben. Er kann in Tabellenform oder in Aufsatzform verfasst werden, wobei sich der tabellarische Lebenslauf gegenüber dem Lebenslauf in Aufsatzform immer stärker durchsetzt. Die Abfassung in Maschinenschrift ist auch möglich.

Der Lebenslauf soll zeitlich lückenlos sein und solche Dinge hervorheben, die für die angestrebte Stelle wichtig sind. Er sollte nach folgenden Gesichtspunkten gegliedert sein:

- Name und Vorname,
- Tag und Jahr der Geburt,
- Geburtsort,
- Familienstand,
- Name und Beruf der Eltern,
- Schulbildung,
- Berufsausbildung,
- Berufstätigkeit,
- Besonderes (Fortbildung, besondere Fähigkeiten und Interessen),
- Ort und Datum,
- eigenhändige Unterschrift (Vor- und Zuname).

Renate Langer
Düsseldorfer Straße 8
33647 Bielefeld

Lebenslauf

Name:	Renate Langer
Geburtsdatum:	18. Juli 1966
Geburtsort:	Bielefeld
Familienstand:	ledig
Eltern:	Jürgen Langer, Maschinenschlosser Jutta Langer geb. Fricke, Verkäuferin
Schulbildung:	vom 1. August 1972 bis 31. Juli 1976 Grundschule Brackwede vom 1. August 1976 bis 31. Juli 1982 Realschule Brackwede
Berufsausbildung:	vom 1. August 1982 bis 31. Januar 1985 Ausbildung zur Einzelhandelskauffrau bei der Firma „Modecenter", Obernstraße 18, 33602 Bielefeld
Berufstätigkeit:	seit dem 1. Februar 1985 bei der Firma „Modecenter" als Verkäuferin in ungekündigter Stellung beschäftigt
Besonderes:	Tastschreibkurs an der Volkshochschule Bielefeld

Bielefeld, 20. Juni ..

Renate Langer

Renate Langer
Düsseldorfer Straße 8
33647 Bielefeld

Bielefeld, 20. Juni ..

Lebenslauf

Am 18. Juli 1966 wurde ich als Tochter des Maschinenschlossers Jürgen Langer und seiner Ehefrau Jutta Langer geb. Fricke in Bielefeld geboren.

Vom August 1972 bis Juli 1976 besuchte ich die Grundschule in Brackwede. Vom August 1976 bis Juli 1982 war ich Schülerin der Realschule Brackwede.

Am 1. August 1982 begann ich eine Ausbildung als Verkäuferin bei der Firma „Modecenter" in Bielefeld. Nach eineinhalbjähriger Ausbildung legte ich die Verkäuferprüfung ab. Nach einem weiteren Jahr bestand ich die Prüfung als Einzelhandelskauffrau.

Seit dem 1. Februar 1985 bin ich in meinem Ausbildungsbetrieb in ungekündigter Stellung als Verkäuferin in der Damenoberbekleidungsabteilung beschäftigt.

Im letzten Jahr nahm ich an einem Tastschreibkurs der Volkshochschule Bielefeld mit Erfolg teil.

Renate Langer
Renate Langer

Das Einstellungsgespräch

Nach einer Vorauswahl werden die Bewerber von dem einstellenden Betrieb zu einem Einstellungsgespräch eingeladen. In diesem Gespräch will der zukünftige Arbeitgeber einen persönlichen Eindruck von dem Bewerber gewinnen. Er will sich davon überzeugen, inwieweit die Kenntnisse und Fähigkeiten des Bewerbers den Anforderungen der ausgeschriebenen Stelle entsprechen.

Fragebogen

In vielen Betrieben ist es üblich, dass Arbeitnehmern vor ihrer Einstellung ein Fragebogen vorgelegt wird. Das Fragerecht des Arbeitgebers ist jedoch beschränkt. Grundsätzlich darf er nur nach solchen Tatsachen fragen, die mit dem angebotenen Arbeitsplatz zusammenhängen.

Erlaubt sind Fragen nach
- beruflichem Werdegang,
- vorheriger Gehaltshöhe,
- chronischen Krankheiten oder Berufskrankheiten.

Verboten sind Fragen nach
- Gewerkschaftszugehörigkeit,
- bevorstehender Heirat,
- Krankheiten allgemeiner Art,
- Religions- und Parteizugehörigkeit,
- einer Schwangerschaft.

Erlaubte Fragen muss der Arbeitnehmer wahrheitsgemäß beantworten.

Aufgaben

1. Welche Anforderungen werden an einen Verkäufer gestellt?
2. Welche besonderen Anforderungen muss ein/e Substitut/in oder ein/e Abteilungsleiter/in erfüllen?
3. Welche Unterlagen müssen einem Bewerbungsschreiben beigefügt werden?
4. Verfassen Sie ein Bewerbungsschreiben auf eine der Stellenanzeigen (S. 483).
5. Schreiben Sie Ihren Lebenslauf in tabellarischer und in Aufsatzform.
6. Welche der folgenden Fragen muss ein Bewerber in einem Fragebogen oder Einstellungsgespräch wahrheitsgemäß beantworten?
    a) Was haben Sie bisher verdient?
    b) Wo arbeitet Ihr Ehepartner?
    c) Sind Sie Gewerkschaftsmitglied?
    d) Sind Sie schwanger?
    e) Welche Kinderkrankheiten haben Sie gehabt?
    f) In welchem Betrieb haben Sie gelernt?

Zusammenfassung

Die Einstellung von Mitarbeitern

- Die **Qualifikation des Bewerbers** muss den Anforderungen der angebotenen Stelle entsprechen.

- **Schriftliche Bewerbungen** enthalten:
    - Bewerbungsschreiben,
    - Lebenslauf,
    - Zeugniskopien,
    - Lichtbild des Bewerbers.

- Im **Einstellungsgspräch** versucht der Einstellende festzustellen, ob die Qualifikation des Bewerbers den Anforderungen der angebotenen Stelle genügt.

- **Fragen** nach Tatsachen, die mit der angebotenen Stelle zusammenhängen, muss der Bewerber wahrheitsgemäß beantworten.

12.2 Individualarbeitsvertrag (Einzelarbeitsvertrag)

Petra Rötger hat sich beim Kaufhaus Schreiber als Kauffrau im Einzelhandel beworben. Während des Vorstellungsgesprächs vereinbart die Personalleiterin des Kaufhauses Schreiber lediglich, dass Petra ab dem 1. Oktober 20.. als Kauffrau beschäftigt werden soll.

Welche weiteren Punkte hätten Petra und die Personalleiterin während des Vorstellungsgespräches unbedingt klären sollen?

Information

Abschluss des Arbeitsvertrages

Der Arbeitsvertrag wird zwischen einem Arbeitgeber und einem Arbeitnehmer abgeschlossen.

Minderjährige benötigen für den Abschluss eines Arbeitsvertrages grundsätzlich die Zustimmung ihres gesetzlichen Vertreters.

Der Arbeitsvertrag wird in der Regel schriftlich abgeschlossen. Gesetzlich ist der Abschluss eines unbefristeten Arbeitsvertrages jedoch an keine Form gebunden. Es genügt auch eine mündliche Einigung zwischen Arbeitnehmer und Arbeitgeber über die wichtigsten Arbeitsbedingungen (Eintrittstermin, Art der Arbeitsleistung und Höhe der Vergütung). In vielen Bereichen ist die Schriftform von Arbeitsverträgen jedoch durch Tarifverträge vorgeschrieben.

In Betrieben mit mehr als zwanzig Arbeitnehmern muss der Arbeitgeber beim Abschluss des Arbeitsvertrages die Zustimmung des Betriebsrats einholen (siehe Kapitel 12.5).

Vertragsfreiheit

Grundsätzlich besteht beim Abschluss eines Arbeitsvertrages Abschlussfreiheit; d. h., die Beteiligten können frei darüber entscheiden, ob sie einen Arbeitsvertrag abschließen wollen. Die inhaltliche Gestaltungsfreiheit eines Arbeitsvertrages ist jedoch stark eingeschränkt durch

– gesetzliche Vorschriften (Gesetze und Rechtsverordnungen),
– Tarifverträge,
– Betriebsvereinbarungen.

Gesetze werden von den Parlamenten beschlossen: Bundesgesetze also vom Bundestag unter Mitwirkung des Bundesrates, Landesgesetze der einzelnen Bundesländer von deren Landtagen.

Rechtsverordnungen können von der Bundesregierung, einem Bundesminister oder einer Landesregierung erlassen werden, wenn diese durch ein Gesetz dazu ermächtigt sind.

Tarifverträge sind Vereinbarungen, die zwischen Gewerkschaften und Arbeitgeberverbänden oder einzelnen Arbeitgebern abgeschlossen werden.

Betriebsvereinbarungen sind Vereinbarungen zwischen dem Arbeitgeber und dem Betriebsrat über die Ordnung und die Arbeitsverhältnisse des einzelnen Betriebes.

Die gesetzlichen Bestimmungen, Tarifverträge und Betriebsvereinbarungen sollen den einzelnen Arbeitnehmer vor Benachteiligungen schützen. Ihre Inhalte stellen Mindestbedingungen dar,

[Diagramm: Gesetze und Rechtsverordnungen → Tarifverträge → Betriebsvereinbarungen → Individueller Arbeitsvertrag]

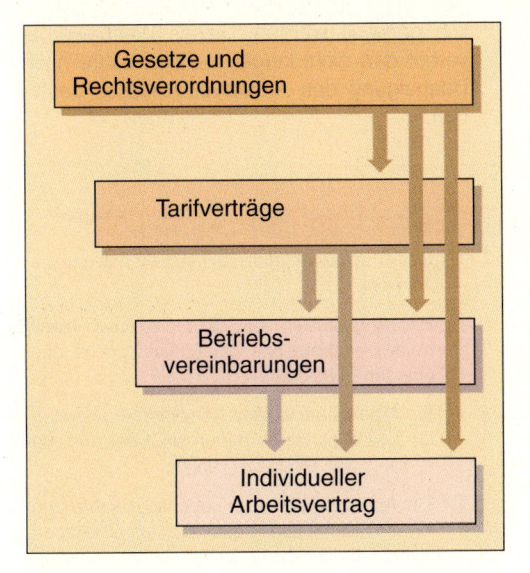

die durch den Arbeitsvertrag nicht unterschritten werden dürfen. Vertragsinhalte, die den Arbeitnehmer schlechter stellen, sind nichtig. Günstigere Vereinbarungen dürfen im individuellen Arbeitsvertrag jederzeit getroffen werden.

> **Beispiel**
>
> Einem Arbeitnehmer stehen laut Gesetz im Krankheitsfall sechs Wochen Gehaltsfortzahlung zu. Eine Vereinbarung im Arbeitsvertrag über acht Wochen Gehaltsfortzahlung ist gültig, weil sie den Arbeitnehmer besser stellt als die gesetzliche Regelung. Eine vertragliche Vereinbarung von vier Wochen Gehaltsfortzahlung wäre nichtig, weil sie den Arbeitnehmer schlechter stellt als das Gesetz.

Pflichten von Arbeitgeber und Arbeitnehmer

Mit dem Abschluss des Arbeitsvertrages übernehmen der Arbeitgeber und der Arbeitnehmer eine Reihe von Pflichten. Die **Pflichten des Arbeitgebers** sind:

- **Vergütungspflicht:** Der Arbeitgeber muss für die erbrachte Arbeitsleistung des Arbeitnehmers eine Vergütung bezahlen. Der Arbeitgeber muss das Gehalt an seine kaufmännischen Angestellten spätestens am letzten Werktag des Monats bezahlen. Das Gehalt muss auch bei Arbeitsunfähigkeit wegen Krankheit bis zu sechs Wochen weiterbezahlt werden.
- **Beschäftigungspflicht:** Der Arbeitgeber ist verpflichtet dem Arbeitnehmer nicht nur Gehalt zu zahlen, sondern ihn auch tatsächlich zu beschäftigen.
- **Urlaubsgewährungspflicht:** Der Arbeitgeber muss dem Arbeitnehmer in jedem Kalenderjahr bezahlten Erholungsurlaub gewähren. Den Urlaub regelmäßig durch Geldzahlungen abzugelten ist unzulässig.
- **Fürsorgepflicht:** Der Arbeitgeber muss alle Arbeitsbedingungen so gestalten, dass der Arbeitnehmer gegen Gefahren für Leben und Gesundheit so weit wie möglich geschützt ist.
- **Zeugnispflicht:** Der Arbeitnehmer kann von seinem Arbeitgeber bei Beendigung des Arbeitsverhältnisses ein schriftliches Zeugnis verlangen (siehe Kapitel 12.11).

Die **Pflichten eines kaufmännischen Angestellten (= Handlungsgehilfen)** sind:

- **Arbeitspflicht:** Der Arbeitnehmer muss die im Arbeitsvertrag vereinbarte Arbeitsleistung erbringen.
- **Verschwiegenheitspflicht:** Der Arbeitnehmer darf Geschäfts- und Betriebsgeheimnisse nicht an Dritte mitteilen.
- **Verbot der Annahme von „Schmiergeldern":** Der Arbeitnehmer darf keine „Schmiergelder" annehmen.

> **Beispiel**
>
> Ein Bürobedarfsgroßhändler verspricht einem Einkäufer eines Einzelhandelsbetriebes eine größere Geldsumme, wenn der Einkäufer den Bürobedarf des Einzelhandelsbetriebes nur noch bei ihm einkauft.

- **Gesetzliches Wettbewerbsverbot:** Solange das Arbeitsverhältnis besteht, darf ein kaufmännischer Angestellter ohne Einwilligung des Arbeitgebers
  - nicht selbstständig ein Handelsgewerbe betreiben,
  - in dem Handelszweig des Arbeitgebers keine Geschäfte für eigene oder fremde Rechnung betreiben.
- **Nachvertragliches Wettbewerbsverbot:** Nach Beendigung des Arbeitsverhältnisses darf ein kaufmännischer Angestellter seinem bisheri-

gen Arbeitgeber grundsätzlich Konkurrenz machen. Soll ein Wettbewerbsverbot auch nach Beendigung des Arbeitsverhältnisses bestehen, muss dieses ausdrücklich vertraglich geregelt werden. Dieses Wettbewerbsverbot darf nicht länger als zwei Jahre nach Beendigung des Arbeitsverhältnisses bestehen.

Aufgaben

1. Zwischen welchen Personen wird ein Arbeitsvertrag abgeschlossen?
2. Durch welche Regelungen wird die Gestaltungsfreiheit der Arbeitsvertragsinhalte eingeschränkt?
3. Zwischen einem Arbeitnehmer und einem Arbeitgeber wird ein vertraglicher Jahresurlaub von 30 Werktagen vereinbart. In einer Betriebsvereinbarung zwischen Betriebsrat und Arbeitgeber wurde für alle Betriebsangehörigen ein Jahresurlaub von 28 Werktagen vereinbart. Wie viel Tage Urlaub stehen dem Arbeitnehmer zu?
4. Welche Pflichten aus dem Arbeitsvertrag werden in folgenden Fällen verletzt?
   a) Eine Verkäuferin weigert sich einen Kunden zu bedienen, mit dem sie schon einmal Schwierigkeiten gehabt hat.
   b) Der Aufenthaltsraum für die Verkäufer eines Fachgeschäfts wird im Winter nicht geheizt.
   c) Der Arbeitgeber zahlt das März-Gehalt erst am 15. April.
   d) Ein Angestellter teilt dem Einkäufer eines Konkurrenzbetriebes die Einkaufspreise des eigenen Betriebes mit.
   e) Ein Arbeitgeber weigert sich einer Angestellten für zwei Wochen, in denen sie arbeitsunfähig erkrankt war, Gehalt zu zahlen.
   f) Ein Verkäufer, der in der Lebensmittelabteilung eines Warenhauses beschäftigt ist, arbeitet an seinem freien Tag in einem Lebensmittelsupermarkt.
   g) Ein Arbeitgeber weigert sich einem Angestellten, der gekündigt hat, ein schriftliches Zeugnis auszustellen.
5. Unter welchen Voraussetzungen darf ein Angestellter auch nach Beendigung eines Arbeitsverhältnisses seinem bisherigen Arbeitgeber keine Konkurrenz machen?

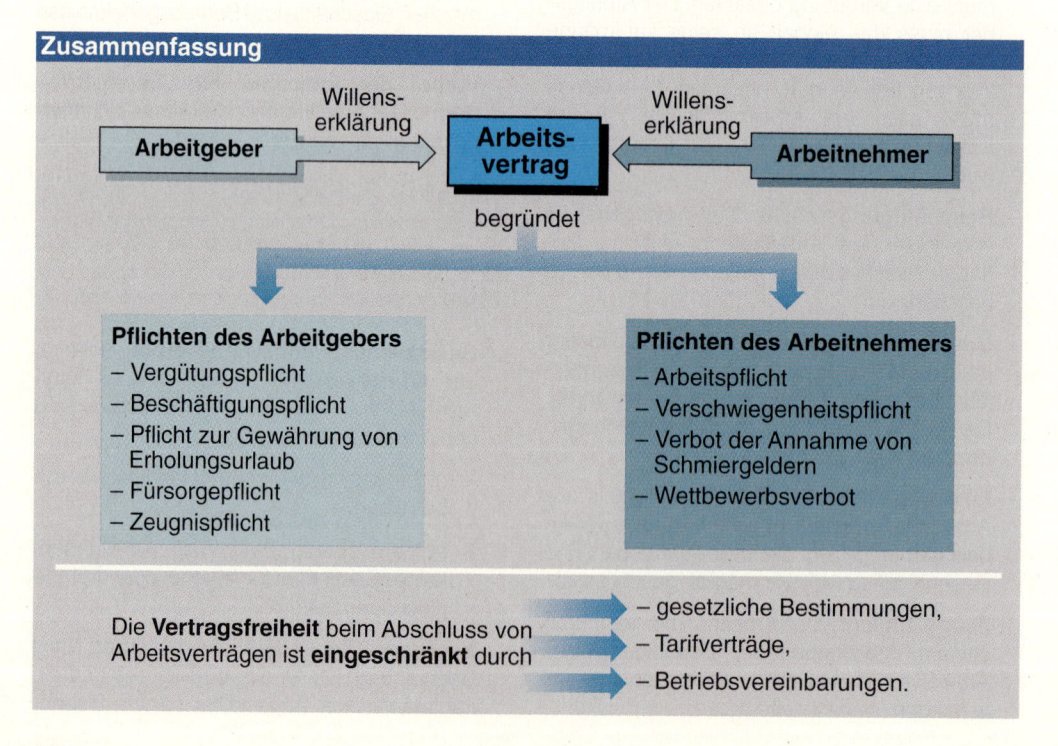

Zusammenfassung

Arbeitgeber —Willenserklärung→ **Arbeitsvertrag** ←Willenserklärung— Arbeitnehmer

begründet

Pflichten des Arbeitgebers
- Vergütungspflicht
- Beschäftigungspflicht
- Pflicht zur Gewährung von Erholungsurlaub
- Fürsorgepflicht
- Zeugnispflicht

Pflichten des Arbeitnehmers
- Arbeitspflicht
- Verschwiegenheitspflicht
- Verbot der Annahme von Schmiergeldern
- Wettbewerbsverbot

Die **Vertragsfreiheit** beim Abschluss von Arbeitsverträgen ist **eingeschränkt** durch
- gesetzliche Bestimmungen,
- Tarifverträge,
- Betriebsvereinbarungen.

12.3 Gesetzlicher Arbeitszeitschutz

Frau Gebhard und Herr Fritsch arbeiten als Angestellte in einem Lebensmittelsupermarkt. Von dienstags bis freitags arbeiten sie jeweils von 07:00 bis 16:00 Uhr (einschließlich Pausen von 10:30 bis 11:00 Uhr und 13:00 bis 13:30 Uhr). An den Sonnabenden sind sie von 07:00 bis 13:30 Uhr (einschließlich einer Pause von 10:30 bis 11:00 Uhr) beschäftigt. Der Montag ist ihr freier Tag.

Eine Kollegin von Frau Gebhard und Herrn Fritsch meldet sich am Wochenanfang wegen Krankheit für mindestens 14 Tage arbeitsunfähig. Der Marktleiter des Supermarkts bittet Frau Gebhard, solange die Kollegin arbeitsunfähig ist zusätzlich auch am Montag von 07:00 bis 16:00 Uhr zu arbeiten. Herr Fritsch wird gebeten, in dieser Zeit von Dienstag bis Donnerstag jeweils zwei Stunden länger bis zum Geschäftsschluss um 18:00 Uhr zu arbeiten.

Dürfen Frau Gebhard und Herr Fritsch diese Mehrarbeit leisten?

Information

Die Bedeutung des gesetzlichen Arbeitszeitschutzes

Bei der Festlegung der Arbeitszeit müssen Arbeitgeber und Arbeitnehmer zahlreiche gesetzliche Schutzvorschriften beachten. Gesetzliche Arbeitszeitregelungen für Arbeitnehmer enthalten vor allem

- das Arbeitszeitgesetz [ArbZG],
- das Mutterschutzgesetz [MuSchG],
- das Jugendarbeitsschutzgesetz [JArbSchG] (siehe Kapitel 1.4),
- das Ladenschlussgesetz [LadSchlG].

Gültigkeitsbereich des Arbeitszeitgesetzes

Die Bestimmungen des Arbeitszeitgesetzes gelten in der Industrie, im Handwerk (außer in Bäckereien und Konditoreien), im Handel und in sonstigen Dienstleistungsbetrieben für alle Arbeiter, Angestellten und Auszubildenden über 18 Jahre.

Sie gelten nicht für

- leitende Angestellte,
- Chefärzte,
- Leiter öffentlicher Dienststellen und deren Vertreter,
- Arbeitnehmer im öffentlichen Dienst, die selbstständig in Personalangelegenheiten entscheiden dürfen.

Für Beschäftigte unter 18 Jahren gelten die Bestimmungen des Jugendarbeitsschutzgesetzes (siehe Kapitel 1.4).

Höchstarbeitszeit

Das Arbeitszeitgesetz bestimmt, dass die regelmäßige Arbeitszeit an Werktagen die Dauer von acht Stunden nicht überschreiten darf. Dabei sind die Ruhepausen nicht Bestandteil der täglichen Arbeitszeit.

Das Arbeitszeitgesetz erlaubt eine Verlängerung der täglichen Höchstarbeitszeit auf bis zu zehn Stunden nur, wenn dadurch die durchschnittliche werktägliche Arbeitszeit innerhalb von sechs Monaten oder vierundzwanzig Wochen nicht überschritten wird.

> **Beispiel**
>
> Herr Fritsch arbeitet zwölf Wochen hintereinander täglich zehn Stunden. In den folgenden zwölf Wochen arbeitet er nur sechs Stunden täglich. Damit hat er innerhalb dieser vierundzwanzig Wochen durchschnittlich acht Stunden täglich gearbeitet. Dies ist laut ArbZG zulässig.

Ohne Ausgleich kann der 8-Stunden-Tag durch Tarifvertrag an höchstens 60 Werktagen auf bis zu zehn Stunden verlängert werden.

Ruhezeiten und Ruhepausen

Die Beschäftigten haben bei einer täglichen Arbeitszeit von mehr als sechs Stunden Anspruch auf mindestens eine halbstündige oder zwei viertelstündige Ruhepausen.

Bei einer täglichen Arbeitszeit von mehr als neun Stunden müssen die Ruhepausen mindestens 45 Minuten betragen.

Die einzelnen Ruhepausen müssen mindestens fünfzehn Minuten lang sein.

Zwischen zwei Arbeitstagen muss die ununterbrochene Ruhezeit für die Beschäftigten mindestens elf Stunden betragen. Im Hotel- und Gaststättengewerbe, im Verkehrsgewerbe, in Krankenhäusern und anderen Behandlungs-, Pflege- und Betreuungseinrichtungen, beim Rundfunk, in der Landwirtschaft und in der Tierhaltung darf die ununterbrochene Ruhezeit auf zehn Stunden verkürzt werden.

Diese Ruhezeitverkürzung muss allerdings innerhalb eines Monats oder innerhalb von vier Wochen durch eine Verlängerung einer anderen Ruhezeit auf mindestens zwölf Stunden ausgeglichen werden.

Sonn- und Feiertagsruhe

An Sonn- und Feiertagen dürfen Arbeiter, Angestellte und Auszubildende grundsätzlich nicht beschäftigt werden. Ausnahmen lässt das Arbeitszeitgesetz jedoch u. a. für das Verkehrsgewerbe, das Gast- und Schankgewerbe, Krankenhäuser und die Landwirtschaft zu.

Bestimmungen des Mutterschutzgesetzes

Schwangere Frauen dürfen nicht mit
- schweren körperlichen Arbeiten,
- Arbeiten, bei denen sie schädlichen Einwirkungen (z. B. Staub, Gasen, Hitze) oder der Gefahr einer Berufskrankheit ausgesetzt sind,
- Akkord- oder Fließbandarbeit

beschäftigt werden.

Werdende und stillende Mütter dürfen nicht mit Mehrarbeit beschäftigt werden. Ihre tägliche Arbeitszeit darf,

- wenn sie unter 18 Jahre alt sind, acht Stunden,
- wenn sie über 18 Jahre alt sind, 8,5 Stunden

nicht überschreiten.

Außerdem dürfen werdende und stillende Mütter nicht
- in der Nacht zwischen 20:00 und 06:00 Uhr und
- an Sonn- und Feiertagen

beschäftigt werden.

Werdende Mütter dürfen in den letzten sechs Wochen vor der voraussichtlichen Niederkunft nicht beschäftigt werden, es sei denn, dass sie ausdrücklich arbeiten wollen.

Bis zum Ablauf von acht Wochen nach der Entbindung dürfen Frauen nicht beschäftigt werden. Bei Früh- oder Mehrlingsgeburten verlängert sich diese Frist auf zwölf Wochen.

Die Bestimmungen des Ladenschlussgesetzes

Das Ladenschlussgesetz regelt die Öffnungszeiten von Verkaufsstellen (Ladengeschäfte, Apotheken, Tankstellen usw.).

Verkaufsstellen dürfen geöffnet sein:
- montags bis freitags von 06:00 bis 20:00 Uhr,
- am Sonnabend von 06:00 bis 16:00 Uhr,
- an den vier Sonnabenden vor dem 24. Dezember von 06:00 bis 18:00 Uhr,
- am 24. Dezember, wenn dieser auf einen Werktag fällt, von 06:00 bis 14:00 Uhr.

An Sonn- und Feiertagen müssen Verkaufsstellen geschlossen sein. Ausnahmeregelungen gelten für Apotheken, Tankstellen, Verkaufsstellen auf Personenbahnhöfen, Flughäfen und Fährhäfen, Verkaufsstellen für frische Milch, Backwaren, Konditorwaren, Blumen und Zeitungen, Kur- und Erholungsorte, Märkte und Messen.

Aufgaben

1. Wie viele Stunden pro Woche darf ein Arbeitnehmer normalerweise höchstens arbeiten?
2. Susanne Müller, 20 Jahre alt, arbeitet von Montag bis Donnerstag acht Stunden täglich und am Freitag sechs Stunden. Darf sie ihre tägliche Arbeitszeit von Montag bis Donnerstag auf 9,5 Stunden erhöhen, um am Freitag frei zu haben?
3. Jürgen Berger arbeitet am Donnerstag neun Stunden. Wie viele Minuten Ruhepausen stehen ihm lt. Arbeitszeitgesetz mindestens zu?
4. Wie viele Wochen nach der Niederkunft darf Frau Seiler nicht arbeiten?
5. Frau Grabert möchte fünf Wochen vor dem voraussichtlichen Termin ihrer Niederkunft weiter in ihrem Betrieb arbeiten. Darf ihr Arbeitgeber das gestatten?
6. Welche Öffnungszeiten gelten nach dem Ladenschlussgesetz für Verkaufsstellen?

Zusammenfassung

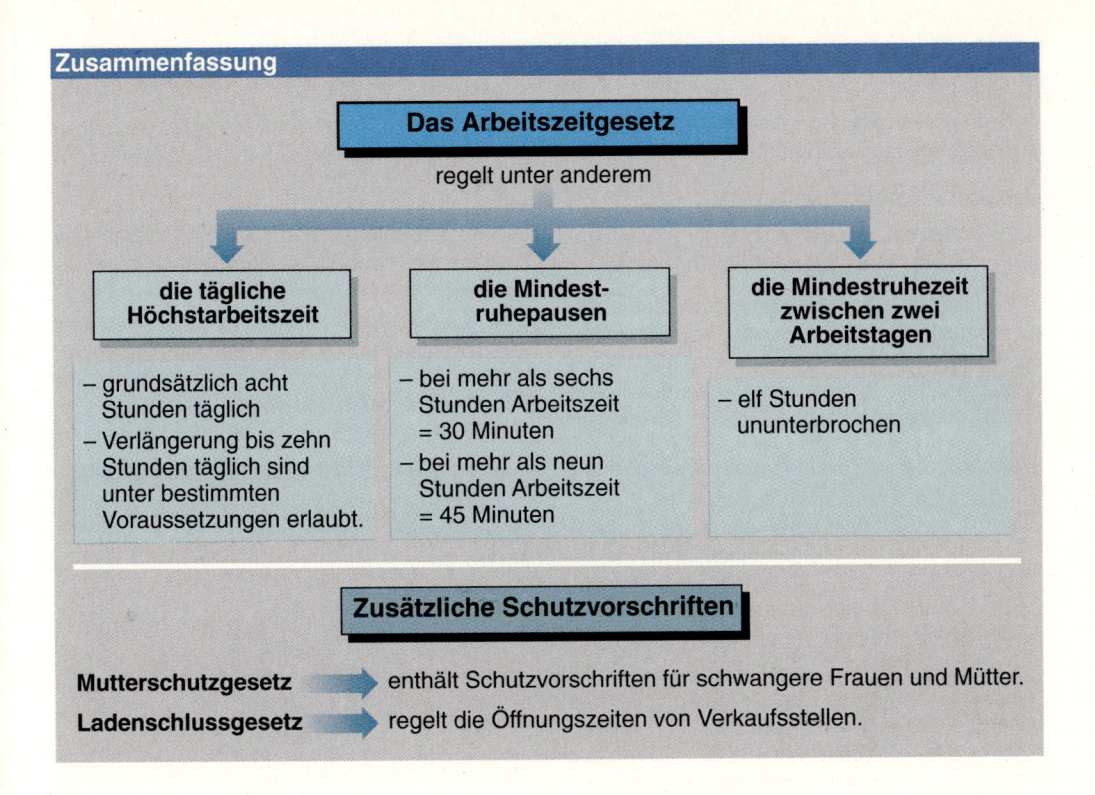

Das Arbeitszeitgesetz

regelt unter anderem

die tägliche Höchstarbeitszeit
- grundsätzlich acht Stunden täglich
- Verlängerung bis zehn Stunden täglich sind unter bestimmten Voraussetzungen erlaubt.

die Mindestruhepausen
- bei mehr als sechs Stunden Arbeitszeit = 30 Minuten
- bei mehr als neun Stunden Arbeitszeit = 45 Minuten

die Mindestruhezeit zwischen zwei Arbeitstagen
- elf Stunden ununterbrochen

Zusätzliche Schutzvorschriften

Mutterschutzgesetz ➔ enthält Schutzvorschriften für schwangere Frauen und Mütter.

Ladenschlussgesetz ➔ regelt die Öffnungszeiten von Verkaufsstellen.

12.4 Bestimmungen des Betriebsverfassungsgesetzes

Warum läuft der Arbeitnehmer zum Betriebsrat?

Information

Im **Betriebsverfassungsgesetz** von 1972 sind die Mitwirkungs- und Mitbestimmungsrechte der einzelnen Arbeitnehmer, des Betriebsrats und der Jugend- und Auszubildendenvertretung im Betrieb geregelt.

Die Wahl des Betriebsrats

Der Betriebsrat ist die wichtigste Interessenvertretung der Arbeitnehmer in einem Betrieb.

Er wird von allen Arbeitnehmern eines Betriebes, die mindestens 18 Jahre alt sind, gewählt. In den Betriebsrat können alle Arbeitnehmer eines Betriebes über 18 Jahre gewählt werden, wenn sie seit mindestens sechs Monaten in diesem Betrieb beschäftigt sind. Die Amtsdauer des Betriebsrates beträgt vier Jahre. Betriebsräte dürfen in allen Betrieben gewählt werden, die mindestens fünf Arbeitnehmer über 18 Jahre beschäftigen. Die Mitgliederzahl des Betriebsrates ist abhängig von der Anzahl der wahlberechtigten Arbeitnehmer eines Betriebes.

Bei fünf bis zwanzig wahlberechtigten Arbeitnehmern wird nur ein einzelner Betriebsobmann gewählt. Der Betriebsrat besteht in Betrieben mit

21 bis 50	wahlberechtigten Arbeitnehmern aus		3 Mitgliedern
51 wahlberechtigten Arbeitnehmern bis			
	100	Arbeitnehmern aus	5 Mitgliedern,
101 bis	200	Arbeitnehmern aus	7 Mitgliedern,
201 bis	400	Arbeitnehmern aus	9 Mitgliedern,
401 bis	700	Arbeitnehmern aus	11 Mitgliedern,
701 bis	1 000	Arbeitnehmern aus	13 Mitgliedern,
1 001 bis	1 500	Arbeitnehmern aus	15 Mitgliedern,
1 501 bis	2 000	Arbeitnehmern aus	17 Mitgliedern,
2 001 bis	2 500	Arbeitnehmern aus	19 Mitgliedern,
2 501 bis	3 000	Arbeitnehmern aus	21 Mitgliedern,
3 001 bis	3 500	Arbeitnehmern aus	23 Mitgliedern,
3 501 bis	4 000	Arbeitnehmern aus	25 Mitgliedern,
4 001 bis	4 500	Arbeitnehmern aus	27 Mitgliedern.
4 501 bis	5 000	Arbeitnehmern aus	29 Mitgliedern.
5 001 bis	6 000	Arbeitnehmern aus	31 Mitgliedern.
6 001 bis	7 000	Arbeitnehmern aus	33 Mitgliedern.
7 001 bis	9 000	Arbeitnehmern aus	35 Mitgliedern.

In Betrieben mit mehr als 9 000 Arbeitnehmern erhöht sich die Zahl der Betriebsratsmitglieder um zwei Mitglieder je weitere angefangene 3 000 Arbeitnehmer.

Die Mitglieder des Betriebsrates wählen aus ihrer Mitte den Betriebsratsvorsitzenden und seinen Stellvertreter. Für ihre Tätigkeit müssen die Betriebsratsmitglieder so viele Stunden von ihrer beruflichen Arbeit befreit werden, wie zur Erfüllung ihrer Betriebsratsaufgaben notwendig sind. Sind in einem Betrieb mindestens zweihundert Arbeitnehmer beschäftigt, muss mindestens ein Betriebsratsmitglied ganz von der Arbeit freigestellt werden.

Allgemeine Aufgaben des Betriebsrats

Zu den Aufgaben des Betriebsrates gehört es, darüber zu wachen, dass im Betrieb alle zum Schutz der Arbeitnehmer erlassenen Gesetze, Verordnungen, Unfallverhütungsvorschriften und Tarifverträge eingehalten werden. Darüber hinaus hat der Betriebsrat eine Reihe von Mitwirkungs- und Mitbestimmungsrechten.

Mitbestimmung des Betriebsrats bedeutet: Die betriebliche Maßnahme wird erst mit Zustimmung des Betriebsrates wirksam.

Mitwirkung des Betriebsrats bedeutet: Der Betriebsrat hat ein Informations-, Beratungs- oder Anhörungsrecht. Durch seinen Widerspruch wird die vom Arbeitgeber angeordnete Maßnahme jedoch nicht unwirksam.

Mitbestimmung in sozialen Angelegenheiten

Ein volles Mitbestimmungsrecht hat der Betriebsrat in sozialen Angelegenheiten. Dazu gehören

- Kurzarbeit und Überstunden,
- Beginn und Ende der täglichen Arbeitszeit,
- Errichtung betrieblicher Sozialeinrichtungen (z. B. Kantinen und Aufenthaltsräume),
- Entscheidung über Arbeitsplätze mit leistungsbezogenem Entgelt (Akkordlöhne o. Prämien),
- Einführung von Arbeitskontrollen.

Verweigert der Betriebsrat in diesen Angelegenheiten seine Zustimmung, so entscheidet eine Einigungsstelle. Sie setzt sich aus der gleichen Anzahl von Vertretern des Arbeitgebers und des Betriebsrates und einem unparteiischen Vorsitzenden zusammen.

Mitwirkung und Mitbestimmung in personellen Angelegenheiten

Ein Zustimmungsverweigerungs- oder Widerspruchsrecht hat der Betriebsrat bei folgenden personellen Angelegenheiten: Arbeitsplatzgestaltung, Beurteilungsfragen, Berufung und Abberufung von Ausbildern, Versetzungen, Umgruppierungen und Einstellungen.

In einem Unternehmen mit mehr als zwanzig wahlberechtigten Arbeitnehmern dürfen Einstellungen und Versetzungen grundsätzlich nur durchgeführt werden, wenn der Betriebsrat vorher zugestimmt hat **(= volles Mitbestimmungsrecht).** Verweigert der Betriebsrat die Zustimmung, kann der Arbeitgeber das Arbeitsgericht anrufen. Das Arbeitsgericht ersetzt die Zustimmung des Betriebsrates, wenn die Verweigerung der Zustimmung unbegründet war.

Bei Kündigungen von Arbeitnehmern hat der Betriebsrat nur ein **Anhörungsrecht.** Wird der Betriebsrat vor einer Kündigung nicht gehört, ist die Kündigung unwirksam. Ein Widerspruch des Betriebsrates kann eine Kündigung jedoch nicht verhindern; der Arbeitgeber kann den Arbeitnehmer trotzdem entlassen. Hat der Betriebsrat einer ordentlichen Kündigung binnen einer Woche widersprochen und hat der Arbeitnehmer Kündigungsschutzklage erhoben, so muss der Arbeitnehmer jedoch auf sein Verlangen bis zum rechtskräftigen Abschluss des Rechtsstreites weiterbeschäftigt werden.

Mitwirkung in wirtschaftlichen Angelegenheiten

In wirtschaftlichen Angelegenheiten hat der Betriebsrat nur ein Informations-, Unterrichtungs- und Beratungsrecht.

In Unternehmen mit mehr als einhundert Arbeitnehmern wird ein Wirtschaftsausschuss eingerichtet. Die Mitglieder dieses Ausschusses werden vom Betriebsrat bestimmt. Die Unternehmensleitung ist verpflichtet den Wirtschaftsausschuss umfassend über die wirtschaftliche und finanzielle Lage des Unternehmens zu unterrichten.

Ein Widerspruch des Betriebsrates in wirtschaftlichen Angelegenheiten bleibt ohne Folgen. Letztlich kann hier der Arbeitgeber alleine entscheiden.

Betriebsvereinbarungen

Zwischen dem Betriebsrat und dem Arbeitgeber können Vereinbarungen geschlossen werden, die für die Arbeitnehmer eines Betriebes unmittelbar gelten. Diese Betriebsvereinbarungen müssen in schriftlicher Form getroffen und von Arbeitgeber und Betriebsrat unterzeichnet werden. Der Arbeitgeber ist verpflichtet Betriebsvereinbarungen durch Auslegen oder Aushang an einer geeigneten Stelle im Betrieb bekannt zu machen.

Eine Sonderform der Betriebsvereinbarung ist der **Sozialplan.** Er soll die wirtschaftlichen Nachteile, die dem Arbeitnehmer infolge einer geplanten Betriebsänderung (z. B. Stilllegung oder Verlegung des Betriebes) entstehen, ausgleichen oder mildern.

Betriebsversammlungen

Der Betriebsrat muss einmal in jedem Kalendervierteljahr auf einer Betriebsversammlung alle Arbeitnehmer (einschließlich der Auszubildenden) über seine Tätigkeit informieren und sich zur Diskussion stellen. Der Arbeitgeber, der ebenfalls eingeladen werden muss, hat das Recht, auf den Betriebsversammlungen zu sprechen. Mindestens einmal im Jahr muss der Arbeitgeber oder sein Vertreter in einer Betriebsversammlung über das Personal- und Sozialwesen, einschließlich des Stands der Gleichstellung von Frauen und Männern im Betrieb sowie der Integration der im Betrieb beschäftigten ausländischen Arbeitnehmer, die wirtschaftliche Lage und Entwicklung des Betriebes sowie über den betrieblichen Umweltschutz berichten.

An den Betriebsversammlungen können Beauftragte der im Betrieb vertretenen Gewerkschaften beratend teilnehmen. Der Arbeitgeber kann Vertreter seines Arbeitgeberverbandes hinzuziehen, wenn er an einer Betriebsversammlung teilnimmt.

Die Jugend- und Auszubildendenvertretung

Die besonderen Belange der jugendlichen Arbeitnehmer unter 18 Jahren und Auszubildenden unter 25 Jahren werden durch die Jugend- und Auszubildendenvertretung wahrgenommen.

Eine Jugend- und Auszubildendenvertretung kann in Betrieben gewählt werden, in denen mindestens fünf Arbeitnehmer bis 18 Jahre oder Auszubildende bis 25 Jahre beschäftigt sind.

Sie wird von allen Arbeitnehmern unter 18 Jahren und allen Auszubildenden unter 25 Jahren gewählt. In die Jugend- und Auszubildendenvertretung können alle Arbeitnehmer des Betriebes gewählt werden, die noch nicht 25 Jahre alt sind. Die Amtsdauer der Jugend- und Auszubildendenvertretung beträgt zwei Jahre.

Die Zahl der Vertreter in der Jugend- und Auszubildendenvertretung richtet sich nach der Zahl der in dem Betrieb beschäftigten Jugendlichen bis 18 und Auszubildenden bis 25 Jahre.

Ansprechpartner für die Jugend- und Auszubildendenvertretung ist der Betriebsrat. An allen Sitzungen des Betriebsrates kann ein Vertreter der Jugend- und Auszubildendenvertretung teilnehmen. Stehen besondere Probleme der Jugendlichen und Auszubildenden im Betrieb zur Debatte, kann die gesamte Jugend- und Auszubildendenvertretung an der Betriebsratssitzung teilnehmen.

Die Jugend- und Auszubildendenvertreter haben im Betriebsrat dann Stimmrecht, wenn die Beschlüsse des Betriebsrates überwiegend jugendliche Arbeitnehmer oder Auszubildende betreffen.

Vertretung in der JAV	
Jugendliche bis 18 Jahre bzw. Azubis bis 25 Jahre im Betrieb:	Zahl der Vertreter in der neuen JAV:
5 bis 20	1
21 bis 50	3
51 bis 200	5
201 bis 300	7
301 bis 600	9
601 bis 1000	11
über 1000	13

Mitwirkungs- und Beschwerderechte des einzelnen Arbeitnehmers

Bei den im Betriebsverfassungsgesetz aufgeführten Rechten des einzelnen Arbeitnehmers handelt es sich in erster Linie um Informations- und Anhörungsrechte in Angelegenheiten, die die Person des Arbeitnehmers und seinen Arbeitsplatz betreffen.

Der Arbeitnehmer kann verlangen, dass ihm die Berechnung und die Zusammensetzung seines Gehaltes erläutert wird. Seine Leistungsbeurteilung und seine beruflichen Entwicklungsmöglichkeiten im Betrieb müssen mit ihm erörtert werden, wenn er es wünscht. Dazu kann er ein Mitglied des Betriebsrats hinzuziehen.

Der Arbeitnehmer hat das Recht, sich über den Inhalt der vom Arbeitgeber über ihn geführten Personalakte zu informieren. Auch dazu kann er ein Betriebsratsmitglied hinzuziehen. Er hat die Möglichkeit, zum Inhalt der Personalakte Erklärungen abzugeben. Er kann verlangen, dass diese Erklärungen der Personalakte beigefügt werden.

Der Arbeitnehmer darf sich bei der zuständigen Stelle des Betriebes (z. B. Geschäftsinhaber, Geschäftsführer) beschweren, wenn er sich benachteiligt oder ungerecht behandelt fühlt. Dabei kann er ein Betriebsratsmitglied zu seiner Unterstützung hinzuziehen.

Aufgaben

1. Wie viele wahlberechtigte Arbeitnehmer müssen in einem Betrieb beschäftigt sein, damit ein Betriebsrat gewählt werden darf?
2. In welchen Fällen ist eine Entscheidung des Arbeitgebers ohne Zustimmung des Betriebsrats ungültig?
3. In welchen Angelegenheiten hat der Betriebsrat nur ein Informationsrecht?
4. Welche Folgen hat es, wenn einem Angestellten ohne Einschaltung des Betriebsrats gekündigt wurde?
5. Ein Einzelhändler will einen zusätzlichen Verkäufer einstellen. Der Betriebsrat stimmt der Einstellung nicht zu. Kann der Verkäufer trotzdem eingestellt werden? Begründen Sie Ihre Antwort.
6. Welche Personen dürfen zu Jugend- und Auszubildendenvertretern gewählt werden?
7. An wen muss sich die Jugend- und Auszubildendenvertretung in Streitfällen wenden?
8. Zwischen wem werden Betriebsvereinbarungen abgeschlossen?
9. Wie oft müssen Betriebsversammlungen in einem Jahr mindestens stattfinden?
10. Ein Angestellter liest in seiner Personalakte, dass er häufig zu spät gekommen sei. Tatsächlich ist er bisher nur zweimal verspätet zur Arbeit gekommen. Was kann er tun?
11. Was kann durch Betriebsvereinbarungen geregelt werden?

Zusammenfassung

Wahl des Betriebsrates

- Er kann in Betrieben mit mindestens fünf wahlberechtigten Arbeitnehmern für vier Jahre gewählt werden.
- Wahlberechtigt sind alle Arbeitnehmer über 18 Jahre.
- Wählbar sind alle wahlberechtigten Arbeitnehmer, die seit mindestens sechs Monaten in dem Betrieb beschäftigt sind.

Aufgaben des Betriebsrates

Mitwirkung (= Anhörung oder Unterrichtung) + **Mitbestimmung** (= Mitentscheiden)

bei wirtschaftlichen Angelegenheiten — bei personellen Angelegenheiten — bei sozialen Angelegenheiten

Der Betriebsrat
- achtet auf Gleichbehandlung aller Betriebsangehörigen,
- überwacht die Einhaltung von Arbeitsgesetzen, Verordnungen, Tarifverträgen und Betriebsvereinbarungen,
- schließt mit dem Arbeitgeber Betriebsvereinbarungen ab,
- führt regelmäßig Betriebsversammlungen durch.

Jugend- und Auszubildendenvertretung (JAV)

- Sie vertritt in Betrieben mit mindestens fünf Arbeitnehmern unter 18 Jahren oder Auszubildenden unter 25 Jahren die Interessen der Jugendlichen und Auszubildenden im Betrieb.
- Sie wird von allen Arbeitnehmern unter 18 Jahren und Auszubildenden unter 25 Jahren für zwei Jahre gewählt.
- Wählbar sind Arbeitnehmer und Auszubildende, die noch nicht 25 Jahre alt sind.

Rechte des einzelnen Arbeitnehmers

- Informations- und Anhörungsrecht in Angelegenheiten, die seine Person oder seinen Arbeitsplatz betreffen,
- Recht, seine Personalakte einzusehen,
- Beschwerderecht.

12.5 Der Tarifvertrag

Welche Gründe gibt es für Streitigkeiten zwischen Gewerkschaften und Arbeitgebern?

Information

Die Tarifparteien

Zwischen Gewerkschaften und Arbeitgeberverbänden – den so genannten Tarifparteien – werden die Höhe von Löhnen und Gehältern, Arbeitszeit, Urlaub, Arbeitsbedingungen und anderes mehr ausgehandelt. Die Ergebnisse dieser Verhandlungen werden in Tarifverträgen festgehalten. Die Gewerkschaften und die Arbeitgeberverbände haben das Recht, diese Tarifverträge ohne Einmischung des Staates auszuhandeln. Dieses Recht wird als **Tarifautonomie** bezeichnet.

In der Bundesrepublik Deutschland haben sich annähernd zehn Millionen Arbeitnehmer in Gewerkschaften zusammengeschlossen. Gewerkschaften sind Selbsthilfeorganisationen der Arbeitnehmer, die sich für die Verbesserung der Situation der arbeitenden Menschen einsetzen. Die Mitgliedschaft in einer Gewerkschaft ist freiwillig. Der größte Gewerkschaftsdachverband ist der Deutsche Gewerkschaftsbund (DGB). Im Rahmen dieses Dachverbandes vertritt die Gewerkschaft ver.di die Interessen der Arbeitnehmer im Einzelhandel.

Arbeitnehmer im Einzelhandel können sich aber auch im Christlichen Gewerkschaftsbund (CGB) organisieren.

Die Arbeitgeber haben sich in Arbeitgeberverbänden zusammengeschlossen. Der Bundesvereinigung der Deutschen Arbeitgeberverbände gehören direkt oder indirekt über 800 Einzelverbände an. Auch die Mitgliedschaft in Arbeitgeberverbänden ist freiwillig. Der Dachverband der Arbeitgeber im Einzelhandel ist die Hauptgemeinschaft des Deutschen Einzelhandels (HDE).

Der Ablauf von Tarifverhandlungen

Zu Beginn der Tarifverhandlungen zwischen Gewerkschaften und Arbeitgeberverbänden stellen die Gewerkschaften ihre Forderungen auf. Die Arbeitgeber machen ein Angebot, das niedriger ist als die Gewerkschaftsforderungen. Im Laufe der Verhandlungen versucht man einen Kompromiss zu erreichen, dem beide Tarifparteien zustimmen können. Kommt es zu keiner Einigung, können die Tarifparteien das Scheitern der Tarifverhandlungen erklären. Lässt eine der Tarifparteien die Verhandlungen scheitern, so schließt sich ein Schlichtungsverfahren nur dann an, wenn dieses zwischen den Tarifparteien zuvor in einem Abkommen vereinbart worden ist. An dem Schlichtungsverfahren nehmen die gleiche Anzahl Gewerkschafts- und Arbeitgebervertreter teil. Die Schlichtung wird von einem unparteiischen Vorsitzenden geleitet. Am Ende der Schlichtung steht ein mehrheitlich gefasster Einigungsvorschlag. Stimmen beide Tarifparteien dem Einigungsvorschlag zu, wird dieser als neuer Tarifvertrag abgeschlossen. Wird der Einigungsvorschlag von einer der beiden Tarifparteien abgelehnt, beginnt entweder eine neue Schlichtungsrunde oder es kommt zum Arbeitskampf.

Die Arbeitskampfmaßnahme der Gewerkschaften ist der **Streik.** Bei einem Streik legen die gewerkschaftlich organisierten Arbeitnehmer für einen vorübergehenden Zeitraum die Arbeit nieder. Bevor die Gewerkschaft einen Streik erklärt, stellt sie die Streikbereitschaft durch eine Abstimmung unter ihren Mitgliedern fest. Diese Abstimmung wird als Urabstimmung bezeichnet. Die Gewerkschaft ruft offiziell zum Streik auf, wenn bei der **Urabstimmung** mindestens 75 % der Gewerkschaftsmitglieder für einen Streik gestimmt haben. Ein Streik kann auf einzelne Betriebe beschränkt sein, aber auch ganze Wirtschaftszweige, z. B. alle Einzelhandelsbetriebe, umfassen. Ziel des Streiks ist es, durch Produktionsausfall oder Umsatzeinbußen die Arbeitgeber zu zwingen, auf die Forderungen der Gewerkschaften einzugehen.

Die Arbeitskampfmaßnahme der Arbeitgeber ist die **Aussperrung.** Als Reaktion auf einen Streik verweigern die Arbeitgeber gewerkschaftlich organisierten und nicht organisierten Arbeitnehmern die Möglichkeit zu arbeiten.

Während des Arbeitskampfes erhalten die Arbeitnehmer weder Gehalt, Urlaub noch Gehaltsfortzahlung im Krankheitsfall. Die gewerkschaftlich organisierten Arbeitnehmer erhalten jedoch Streikgeld von ihrer Gewerkschaft. Die Höhe des Streikgeldes richtet sich nach dem monatlichen Gewerkschaftsbeitrag des Einzelnen. Arbeitnehmer, die nicht in einer Gewerkschaft organisiert sind, bekommen kein Streikgeld. Die bestreikten Arbeitgeber werden aus dem Arbeitskampffonds ihres Arbeitgeberverbandes unterstützt.

Der Arbeitskampf wird beendet, wenn sich die beiden Tarifparteien in neuen Verhandlungen oder im Rahmen eines besonderen Schlichtungsverfahrens einigen. Es kommt zu einem neuen Tarifvertrag, wenn beide Seiten der in der Verhandlung oder dem Schlichtungsverfahren erzielten Einigung zustimmen. Aufseiten der Gewerkschaften, die Arbeitnehmer des Einzelhandels vertreten, müssen dazu in einer erneuten Urabstimmung mindestens 25 % der Gewerkschaftsmitglieder zustimmen. Solange der neue Tarifvertrag gültig ist, besteht für die beiden Tarifparteien **Friedenspflicht,** d. h., dass während der Gültigkeitsdauer des Tarifvertrages von den vertragschließenden Gewerkschaften und Arbeitgeberverbänden keine Arbeitskampfmaßnahmen (Streik und Aussperrung) durchgeführt werden dürfen.

Die Bindung des Tarifvertrages

Tarifverträge gelten nur für die Mitglieder der Tarifparteien (Gewerkschaften und Arbeitgeberverbände). Für die nicht organisierten Arbeitnehmer gilt der Tarifvertrag nur dann, wenn er für allgemein verbindlich erklärt wurde. Der Bundesminister für Wirtschaft und Arbeit kann einen Tarifvertrag auf Antrag einer Tarifpartei für allgemein verbindlich erklären. Damit ist der Tarifvertrag auch für nicht organisierte Arbeitgeber und Arbeitnehmer gültig.

Inhalt der Tarifverträge

Nach dem Inhalt werden Mantel- oder Rahmentarifverträge und Lohn- und Gehaltstarifverträge unterschieden.

Manteltarifverträge regeln allgemeine Arbeitsbedingungen, wie z. B. Kündigungsfristen, Urlaubsregelungen, Dauer der täglichen und wöchentlichen Arbeitszeit, Nachtarbeit, Mehrarbeit, Sonn- und Feiertagszulagen, Vorschriften über Schlichtungsverfahren.

In **Lohn- und Gehaltstarifverträgen** sind die getroffenen Vereinbarungen über Lohn- bzw. Gehaltshöhen enthalten. In diesen Verträgen werden sehr häufig Tätigkeitsmerkmale für verschiedene Lohn- und Gehaltsgruppen beschrieben, nach denen die Arbeitnehmer eingruppiert werden.

Beispiel

Gehalts- und Lohntarifvertrag Einzelhandel Niedersachsen (Auszug) Gehaltsgruppe II

Ab 1. Mai 1991 erstmals eingruppierte Angestellte mit einer abgeschlossenen Verkäuferausbildung werden in das 2. Berufsjahr eingestuft. Ab 1. Mai 1988 wurden entsprechende Angestellte in das 1. Berufsjahr eingestuft.

Nach abgeschlossener Berufsausbildung nach dem Berufsbild zum Kaufmann im Einzelhandel/Kauffrau im Einzelhandel vom 14. Januar 1987 oder nach dem Berufsbild Einzelhandelskaufmann vom 27. März 1968 bzw. nach der Ausbildungsordnung Reiseverkehrskaufmann/-kauffrau, Schaufenster-/Schauwerbegestalterinnen, Bürokaufmann/-kauffrau oder bei sonstiger einschlägiger dreijähriger Ausbildung gilt bei erstmaliger Eingruppierung ab 1. Mai 1991 nach erfolgreicher Abschlussprüfung das 2. Berufsjahr als zurückgelegt. Diese Angestellten werden in das 3. Berufsjahr der Gehaltsgruppe II eingestuft. Im Übrigen werden mit Wirkung vom 1. Mai 1988 die Eingruppierungen nach der Zahl der tatsächlich zurückgelegten Berufsjahre durchgeführt.

	Ortsklassen I ab 1. Mai 1996 bis 30. April 1997		Ortsklassen II ab 1. Mai 1997 bis 30. April 1998	
	DM pro Mon.	DM pro Std.	DM pro Mon.	DM pro Std.
2. Berufsjahr	2.240,00 (≙ 1.145,29 €)	13,74 (≙ 7,03 €)	2.272,00 (≙ 1.161,66 €)	13,94 (≙ 7,13 €)
3. Berufsjahr	2.485,00 (≙ 1.270,56 €)	15,25 (≙ 7,80 €)	2.521,00 (≙ 1.288,97 €)	15,47 (≙ 7,91 €)
4. Berufsjahr	2.506,00 (≙ 1.281,30 €)	15,37 (≙ 7,86 €)	2.543,00 (≙ 1.300,22 €)	15,60 (≙ 7,98 €)
5. Berufsjahr	2.567,00 (≙ 1.312,49 €)	15,75 (≙ 8,05 €)	2.605,00 (≙ 1.331,92 €)	15,98 (≙ 8,17 €)
6. Berufsjahr	2.795,00 (≙ 1.429,06 €)	17,15 (≙ 9,08 €)	2.836,00 (≙ 1.450,02 €)	17,40 (≙ 8,90 €)
7. Berufsjahr	3.232,00 (≙ 1.652,50 €)	19,83 (≙ 10,14 €)	3.280,00 (≙ 1.677,04 €)	20,12 (≙ 10,29 €)

Berufsjahre sind einschlägige Tätigkeitsjahre nach Abschluss der Berufsausbildung.

Die Bestimmungen der Tarifverträge sind Mindestbedingungen. Abmachungen in Einzelarbeitsverträgen zwischen Arbeitgeber und Arbeitnehmer dürfen die Normen des Tarifvertrages nicht unterschreiten. Die Vereinbarungen im Einzelarbeitsvertrag dürfen den Arbeitnehmer jedoch besser stellen als es die Bestimmungen des Tarifvertrages regeln.

Aufgaben

1. Wer sind die beiden Tarifparteien?
2. Für wen gelten die Bestimmungen eines Tarifvertrages, wenn er nicht für allgemein verbindlich erklärt wurde?
3. Wer darf Tarifverträge für allgemein verbindlich erklären?
4. Beschreiben Sie den möglichen Ablauf von Tarifverhandlungen.
5. Welche Voraussetzung muss erfüllt sein, damit eine Gewerkschaft den Streik erklären kann?
6. Welche Regelungen enthält
   a) ein Manteltarifvertrag?
   b) ein Lohn- und Gehaltstarifvertrag?
7. Welche Auswirkungen haben Arbeitskampfmaßnahmen auf Arbeitgeber, gewerkschaftlich organisierte und nicht organisierte Arbeitnehmer?

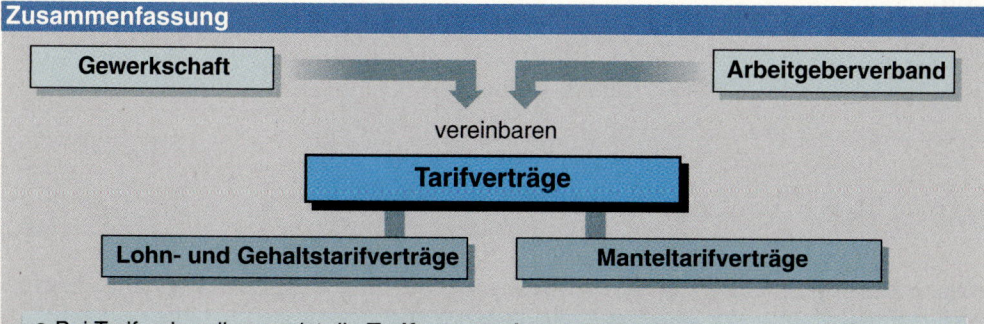

Zusammenfassung

Gewerkschaft → vereinbaren ← Arbeitgeberverband

Tarifverträge
- Lohn- und Gehaltstarifverträge
- Manteltarifverträge

- Bei Tarifverhandlungen ist die **Tarifautonomie** gewährleistet.
- Arbeitskampfmaßnahmen sind **Streik** und **Aussperrung.**
- Tarifverträge sind **Kollektivverträge:**
  Grundsätzlich gelten die Bestimmungen nur für Mitglieder der beteiligten Tarifparteien.
- Durch **Allgemeinverbindlichkeitserklärung** des zuständigen Arbeitsministers wird der Tarifvertrag für alle Arbeitnehmer und Arbeitgeber der betroffenen Branche gültig.
- Während der Laufzeit des Tarifvertrages gilt für die Tarifparteien die **Friedenspflicht.**

12.6 Die Sozialversicherung

Stellen-Nr. *005173*	Stamm-Nr. 000191L4	Name, Vorname Mertens, Karl	Religion 00	St.-Kl. IV/0,5	Freibetrag	AOK-Nr. SVK 132-09	Monat/Jahr 06/02
Gehaltsabrechnung	Lohnart Gehalt Juni 2002		Tage/Std.	Lohnersatz	sozialverspfl. 2.070,00	steuerpfl. 2.070,00	Gesamt 2.070,00

Gesamt Gesetzl. Abzüge	Lohnst.	Solidaritätszuschl.[1]	Kirchenst.	Krankenvers.	Rentenvers.	Pflegevers.	Arbeitsl.-Vers.	SV-Abzüge	Steuer-Brutto	Gesamt-Brutto Nettolohn
Lfd. Monat	179,75	9,88	0,00	139,73	197,05	17,60	67,28	424,31	2.070,00	1.454,05
Sonstige Abzüge		Schl./Betrag 041 78,00	Schl./Betrag	Schl./Betrag	Schlüssel Betrag		Schlüssel Betrag		Gesamt 78,00	
					Bankverbindung Sparkasse 0815				Ausgez. Betrag 1.369,23	

Welche Sozialversicherungsbeiträge wurden vom Gehalt des Angestellten Mertens einbehalten?

Information

Die Sozialversicherung ist in der Bundesrepublik Deutschland der weitaus wichtigste Teil der sozialen Sicherung. Die fünf Zweige der Sozialversicherung sind

- die gesetzliche Rentenversicherung,
- die gesetzliche Krankenversicherung,
- die soziale Pflegeversicherung,
- die Arbeitslosenversicherung und
- die gesetzliche Unfallversicherung.

Die Sozialversicherung ist eine gesetzliche Pflichtversicherung, der die Mehrheit der Bevölkerung zwangsweise angehören muss. Sie wird durch Beiträge finanziert, die von den versicherten Arbeitnehmern und den Arbeitgebern aufgebracht werden müssen.

Die Arbeitgeber sind verpflichtet Arbeitnehmer innerhalb von vierzehn Tagen, nachdem sie sie eingestellt haben, bei der gesetzlichen Krankenkasse zur Sozialversicherung anzumelden.

Die Beiträge zur Kranken-, Pflege-, Renten- und Arbeitslosenversicherung müssen von den Arbeitgebern an die gesetzliche Krankenkasse abgeführt werden. Die Krankenkasse leitet dann die Beiträge, die nicht für sie bestimmt sind, an die gesetzliche Rentenversicherung und die Arbeitslosenversicherung weiter.

Die gesetzliche Rentenversicherung

In der gesetzlichen Rentenversicherung sind alle Arbeiter, Angestellten, kaufmännischen und gewerblichen Auszubildenden pflichtversichert.

Die wichtigsten Träger der gesetzlichen Rentenversicherung sind die Bundesversicherungsanstalt für Angestellte und die Landesversicherungsanstalten. In der Bundesversicherungsanstalt für Angestellte (BfA) sind bundesweit alle Angestellten versichert. Für die Arbeiter sind die Landesversicherungsanstalten (LVA) zuständig.

Der Beitrag des einzelnen Arbeitnehmers zur gesetzlichen Rentenversicherung ist abhängig

---

[1] Seit 1998 zieht der Arbeitgeber von Lohn- und Gehaltszahlungen 5,5 % der monatlichen Lohnsteuer als Solidaritätszuschlag ab. Dieser Zuschlag wurde zur Finanzierung des wirtschaftlichen Aufbaus in den neuen Bundesländern eingeführt.

von seinem Bruttogehalt oder Bruttolohn. Im Jahr 2002 waren 19,1 % des Bruttogehalts oder Bruttolohns als Rentenversicherungsbeitrag zu entrichten. Die Hälfte des Beitrages (9,55 %) wird dem Versicherten vom Lohn oder Gehalt abgezogen. Die andere Hälfte muss der Arbeitgeber bezahlen. Bei der Ermittlung des Rentenversicherungsbeitrages wird der Bruttoverdienst jedoch nur bis zu einer festgesetzten Höchstgrenze berücksichtigt. Diese Beitragsbemessungsgrenze steigt jährlich. Im Jahr 2002 lag diese Grenze in den alten Bundesländern bei 4.500,00 € und in den neuen Bundesländern bei 3.750,00 € monatlich.

Die gesetzliche Krankenversicherung

In der gesetzlichen Krankenversicherung sind Arbeiter, Angestellte, Auszubildende, Arbeitslose, Rentner und Studenten pflichtversichert. Angestellte und Arbeiter sind nur dann pflichtversichert, wenn ihr monatliches Gehalt eine bestimmte Grenze nicht übersteigt. Diese Versicherungspflichtgrenze (Stand 2002) beträgt in den alten Bundesländern und in den neuen Bundesländern 3.375,00 € monatlich. Sie steigt jährlich mit dieser Beitragsbemessungsgrenze an. Angestellte und Arbeiter, deren Gehalt die Versicherungspflichtgrenze überschreitet, können der gesetzlichen Krankenversicherung freiwillig beitreten oder sich freiwillig bei einer privaten Krankenversicherung versichern. Selbstständige und Freiberufler, wie z. B. Architekten oder Rechtsanwälte, können der gesetzlichen Krankenversicherung freiwillig beitreten.

Träger der gesetzlichen Krankenversicherung sind die Allgemeinen Ortskrankenkassen (AOK), Ersatzkassen, Betriebskrankenkassen, Innungskrankenkassen, landwirtschaftliche Krankenkassen, Bundesknappschaft und die Seekasse.

Die Beiträge der einzelnen Arbeitnehmer richten sich nach ihren Einkommen. Die Beitragssätze sind bei den verschiedenen Krankenkassen unterschiedlich. Im Durchschnitt liegen sie 2002 bei 13,8 % vom monatlichen Bruttoverdienst.

Die Beiträge zur gesetzlichen Krankenversicherung bezahlen Arbeitnehmer und Arbeitgeber je zur Hälfte. Die Beitragsbemessungsgrenze der gesetzlichen Krankenversicherung entspricht der Versicherungspflichtgrenze für Angestellte und Arbeiter (Stand 2002: 3.375,00 € in den alten und in den neuen Bundesländern monatlich).

Die soziale Pflegeversicherung

In der sozialen Pflegeversicherung sind seit dem 1. Januar 1995 alle Personen versichert, die in der gesetzlichen Krankenversicherung versichert sind (Arbeiter, Angestellte, Auszubildende, Arbeitslose, Rentner und Studenten).

Träger der sozialen Pflegeversicherung sind die bei den gesetzlichen Krankenversicherungen errichteten Pflegekassen.

Die soziale Pflegeversicherung gewährt den versicherten Pflegebedürftigen Leistungen zur Verbesserung der häuslichen Pflege (ambulanten Pflege) und Leistungen bei stationärer Pflege von Pflegebedürftigen (z. B. in einem Pflegeheim).

Die Beiträge zur sozialen Pflegeversicherung betragen 1,7 Prozent des monatlichen Einkommens. Arbeitnehmer und Arbeitgeber zahlen jeweils die Hälfte der genannten Beiträge.[1] Die Beitragsbemessungsgrenze der sozialen Pflegeversicherung entspricht der Beitragsbemessungsgrenze der gesetzlichen Krankenversicherung.

Die Arbeitslosenversicherung

Der gesetzlichen Arbeitslosenversicherung gehören alle Arbeiter, Angestellten und Auszubildenden an.

Der Träger der Arbeitslosenversicherung ist die Bundesanstalt für Arbeit mit Sitz in Nürnberg. Die örtlichen Arbeitsämter sind Zweigstellen der Bundesanstalt für Arbeit.

Ebenso wie bei der gesetzlichen Krankenversicherung und Rentenversicherung werden die Beiträge zur Arbeitslosenversicherung je zur Hälfte von Arbeitnehmern und Arbeitgebern bezahlt. Im Jahr 2002 beträgt der Beitrag zur Arbeitslosenversicherung 6,5 % des Bruttoverdienstes. Die Beitragsbemessungsgrenze der Arbeitslosenversicherung entspricht der Beitragsbemessungsgrenze der Rentenversicherung (Stand 2002: 4.500,00 € in den alten und 3.750,00 € in den neuen Bundesländern), d. h., der Verdienst eines Arbeitnehmers in den alten Bundesländern, der 4.500,00 € monatlich übersteigt, wird bei der Berechnung des Beitrags zur Arbeitslosenversicherung nicht berücksichtigt.

---

[1] Dies gilt nur in den Bundesländern, in denen zum Ausgleich ein Feiertag abgeschafft wurde.

Für Arbeitnehmer, deren monatlicher Verdienst aus allen Arbeitseinkommen zusammen unter 325,00 € liegt und die keinerlei sonstige Einkünfte erhalten, muss der Arbeitgeber einen Pauschbetrag von 22 % an die Rentenversicherung (12 %) und die gesetzliche Krankenversicherung (10 %) allein bezahlen.

Die gesetzliche Unfallversicherung

In der gesetzlichen Unfallversicherung sind alle Arbeitnehmer und Auszubildenden gegen Arbeitsunfälle und Berufskrankheiten versichert.

Träger der gesetzlichen Unfallversicherung für Arbeitnehmer und Auszubildende sind die Berufsgenossenschaften für die einzelnen Berufszweige.

Die Beiträge zur gesetzlichen Unfallversicherung werden allein vom Arbeitgeber aufgebracht.

Aufgaben

1. Nennen Sie die Träger der einzelnen Versicherungszweige.
2. Wer zahlt die Beiträge zur Sozialversicherung?
3. Welche Angestellten sind in der gesetzlichen Krankenkasse pflichtversichert?
4. Wer ist in der Rentenversicherung pflichtversichert?
5. An welchen Versicherungsträger werden die einbehaltenen Sozialversicherungsbeiträge der Arbeitnehmer überwiesen?
6. Im Jahr 2002 wurde die Beitragsbemessungsgrenze für die Rentenversicherung von 4.448,0 € auf 4.500,00 € monatlich erhöht. Für welche Arbeitnehmer bedeutet diese Erhöhung eine Beitragserhöhung?
7. Aus welchen Gründen wurde 1995 die soziale Pflegeversicherung eingeführt?

Zusammenfassung

Die Sozialversicherungszweige	Versicherungsträger	Versicherungspflicht	Beiträge (Stand: 2001)
Krankenversicherung	Allgemeine Ortskrankenkassen, Ersatzkassen, Betriebskrankenkassen usw.	für alle Auszubildenden, Rentner; für Angestellte und Arbeiter bis zur Versicherungspflichtgrenze	Ø 13,8 % des Bruttoverdienstes*, Arbeitnehmer und Arbeitgeber zahlen je die Hälfte.
Pflegeversicherung	Pflegekassen	für alle in der gesetzlichen Krankenversicherung Versicherten	1,7 % des Bruttoverdienstes*, Arbeitnehmer und Arbeitgeber zahlen je die Hälfte.
Unfallversicherung	Berufsgenossenschaften	für alle Beschäftigten	Beitrag zahlt der Arbeitgeber.
Rentenversicherung	Bundesversicherungsanstalt für Angestellte (BfA), Landesversicherungsanstalten (LVA)	für alle Arbeiter, Angestellten, Auszubildenden	19,1 % d. Bruttoverdienstes*, Arbeitnehmer und Arbeitgeber zahlen je die Hälfte.
Arbeitslosenversicherung	Bundesanstalt für Arbeit	für alle Arbeiter, Angestellten, Auszubildenden	6,5 % des Bruttoverdienstes*, Arbeitnehmer und Arbeitgeber zahlen je die Hälfte.

* Die Beiträge werden vom Lohn und Gehalt bis zu einem monatlichen Höchstbetrag (Beitragsbemessungsgrenze) berechnet. Die Beitragsbemessungsgrenze wird jährlich angehoben.

12.7 Leistungen der gesetzlichen Krankenversicherung

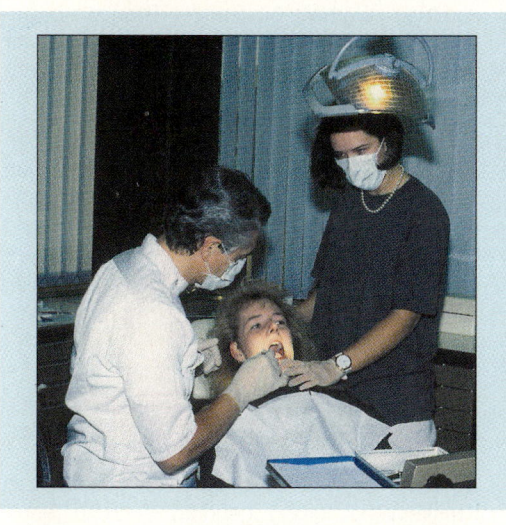

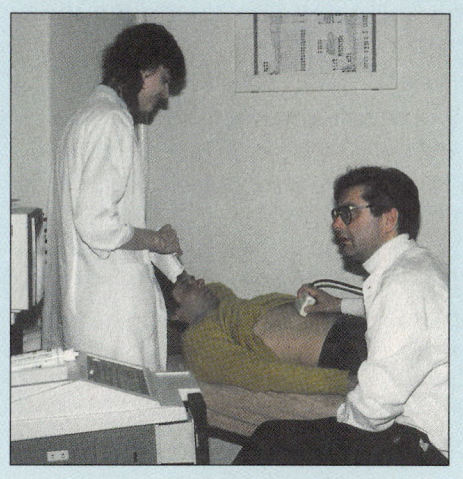

Welche Leistungen bezahlt die Krankenkasse für die erkrankten Arbeitnehmer?

Information

Die Träger der gesetzlichen Krankenversicherung (AOK, Ersatzkassen usw.) zahlen bei Erkrankung eines Arbeitnehmers Krankenpflege und Krankengeld.

Krankenpflege

Die Krankenpflege beinhaltet u. a.

- die kostenlose ärztliche und zahnärztliche Behandlung,
- die Versorgung mit Arznei-, Verbands-, Heilmitteln, Brillen, Körperersatzstücken (Prothesen), orthopädischen und anderen Hilfsmitteln,
- Zuschüsse zu den Kosten für Zahnersatz und Zahnkronen,
- Krankenhauspflege,
- häusliche Krankenpflege,
- das Stellen einer Haushaltshilfe.

Krankengeld

Ist ein Arbeitnehmer wegen Krankheit arbeitsunfähig, so zahlt die Krankenkasse Krankengeld ab der siebenten Woche. In den ersten sechs Wochen hat der Arbeitnehmer Anspruch auf Lohn- oder Gehaltsfortzahlung durch seinen Arbeitgeber. Das Krankengeld beträgt 70 % des durchschnittlichen Bruttoverdienstes. Es darf jedoch nicht höher sein als der letzte Nettoverdienst. Krankengeld wird innerhalb eines Zeitraums von drei Jahren für höchstens 78 Wochen bezahlt.

Maßnahmen zur Früherkennung von Krankheiten

Die gesetzliche Krankenversicherung gewährt ihren Mitgliedern nicht nur Schutz bei Krankheiten, sondern auch Schutz vor Krankheiten durch kostenlose Maßnahmen zur Früherkennung.

Frauen ab dem 20. und Männer ab dem 45. Lebensjahr können einmal im Jahr auf Kosten ihrer Krankenkasse zur Krebsvorsorge gehen.

Versicherte können ihre Kinder bis zum vierten Lebensjahr in regelmäßigen Abständen untersuchen lassen. Durch diese Früherkennungsuntersuchungen sollen angeborene Leiden oder Entwicklungsschäden schon in den ersten Lebensjahren festgestellt werden, weil sie dann meist besser geheilt werden können.

Mutterschaftshilfe

Die gesetzliche Krankenkasse gewährt Schwangeren Mutterschaftshilfe. Zur Mutterschaftshilfe gehören:

- Mutterschaftsvorsorgeuntersuchungen,
- Hilfe bei der Entbindung durch eine Hebamme und, falls erforderlich, durch einen Arzt,
- Pflege in einer Entbindungsklinik oder Hauspflege,
- die Zahlung eines einmaligen Betrages von 51,00 € für Mehrkosten bei der Entbindung.

Außerdem erhalten Mütter, die Mitglieder in der gesetzlichen Krankenversicherung sind, Mutterschaftsgeld. Es wird innerhalb der Mutterschutzfrist von sechs Wochen vor und acht bzw. zwölf Wochen nach der Entbindung gezahlt.

Familienhilfe

Die Leistungen der gesetzlichen Krankenversicherung erhält nicht nur der Versicherte selbst, sondern auch seine Familienangehörigen. Ehegatten und unterhaltsberechtigte Kinder sind mitversichert, wenn sie kein eigenes Einkommen oberhalb bestimmter Grenzen beziehen. Für diese Familienangehörigen muss der Versicherte keine besonderen Beiträge bezahlen.

Die mitversicherten Familienangehörigen haben Anspruch auf Krankenpflege und Maßnahmen zur Früherkennung von Krankheiten in demselben Umfang wie der Versicherte. Krankengeld bekommen sie nicht. Mitversicherte Familienangehörige erhalten auch Mutterschaftshilfe.

Sonstige Hilfen

Ebenfalls zu den Leistungen der gesetzlichen Krankenversicherung gehören ärztliche Beratungen über Empfängnisverhütung und Familienplanung und Leistungen bei Sterilisation und bei Schwangerschaftsabbruch.

Aufgaben

1. Welche Leistungen gewährt die gesetzliche Krankenversicherung im Rahmen der Krankenpflege?
2. Wie lange muss ein Arbeitgeber einem Angestellten im Krankheitsfall das Gehalt weiterbezahlen?
3. Welche Leistungen erhalten schwangere Frauen im Rahmen der Mutterschaftshilfe?
4. Für welche Personengruppen zahlt die gesetzliche Krankenkasse Früherkennungsuntersuchungen?
5. Wann hat ein Mitglied einer gesetzlichen Krankenversicherung Anspruch auf Krankengeld?
6. Welche Personen sind im Rahmen der Familienhilfe in der gesetzlichen Krankenversicherung mitversichert?

Zusammenfassung

Versicherungsschutz der gesetzlichen Krankenversicherung

umfasst

- Krankenpflege (ärztliche Versorgung, Krankenhauspflege, Versorgung mit Arzneimitteln usw.),
- Krankengeld – bei Arbeitsunfähigkeit nach Ablauf der Lohn- und Gehaltsfortzahlung durch den Arbeitgeber,
- Maßnahmen zur Früherkennung von Krankheiten,
- Mutterschaftshilfe,
- Leistungen für mitversicherte Familienangehörige (Familienhilfe).

12.8 Leistungen der gesetzlichen Rentenversicherung

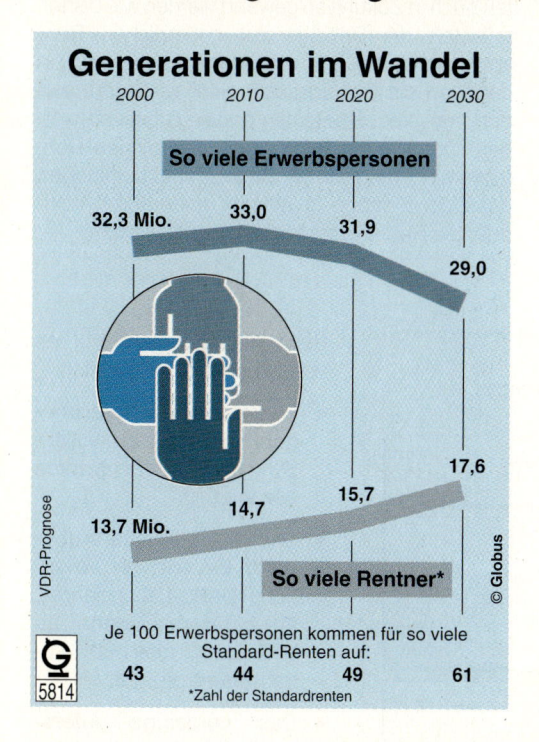

Generationen im Wandel

2000 | 2010 | 2020 | 2030

So viele Erwerbspersonen
- 32,3 Mio.
- 33,0
- 31,9
- 29,0

VDR-Prognose

So viele Rentner*
- 13,7 Mio.
- 14,7
- 15,7
- 17,6

Je 100 Erwerbspersonen kommen für so viele Standard-Renten auf:
43 | 44 | 49 | 61

*Zahl der Standardrenten

Welches Problem kommt in der Zukunft auf Rentner und Beitragszahler zu?

Information

Der Generationenvertrag

Die Leistungen der gesetzlichen Rentenversicherung werden aus den Beiträgen der Versicherten (Arbeitnehmer- und Arbeitgeberanteil) und einem Bundeszuschuss aus Steuermitteln bezahlt. Die Altersruhegelder, Hinterbliebenenrenten und Erwerbsminderungsrenten für die jetzigen Rentner werden also im Wesentlichen aus den Beiträgen der heute Berufstätigen bezahlt. Die heutigen Beitragszahler verlassen sich darauf, dass ihre Rente später durch die Beiträge der nachfolgenden Generation bezahlt werden. Dieses Finanzierungsverfahren wird als Umlageverfahren oder Generationenvertrag bezeichnet.

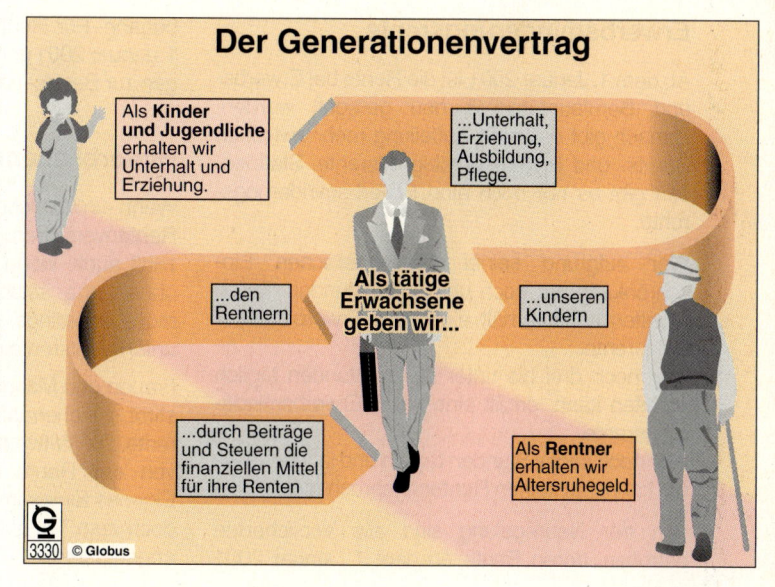

Der Generationenvertrag

- Als **Kinder und Jugendliche** erhalten wir Unterhalt und Erziehung.
- ...Unterhalt, Erziehung, Ausbildung, Pflege.
- Als **tätige Erwachsene** geben wir...
- ...den Rentnern
- ...unseren Kindern
- ...durch Beiträge und Steuern die finanziellen Mittel für ihre Renten
- Als **Rentner** erhalten wir Altersruhegeld.

Der Generationenvertrag ist durch die Bevölkerungsentwicklung in der Bundesrepublik Deutschland gefährdet. Durch den seit Mitte der 60er-Jahre zu verzeichnenden Geburtenrückgang schrumpft die deutsche Bevölkerung und beginnt zu überaltern. In Zukunft werden deshalb weniger Erwerbstätige für mehr Rentner aufkommen müssen. Im Jahr 2030 müssen drei Erwerbstätige voraussichtlich zwei Altersrenten finanzieren, während sie heute nur für eine Altersrente aufkommen müssen. Sollen die Altersrenten auch in Zukunft so gewährt werden wie bisher, müssten die Beiträge zur gesetzlichen Rentenversicherung fast verdoppelt werden. Sollen dagegen die Beitragssätze nicht verändert werden, müssten die Renten drastisch gekürzt werden. Durch eine Reform der gesetzlichen Rentenversicherung will der Gesetzgeber verhindern, dass die Beiträge in Zukunft unerträglich hoch oder die Renten unerträglich niedrig werden.

Das Altersruhegeld

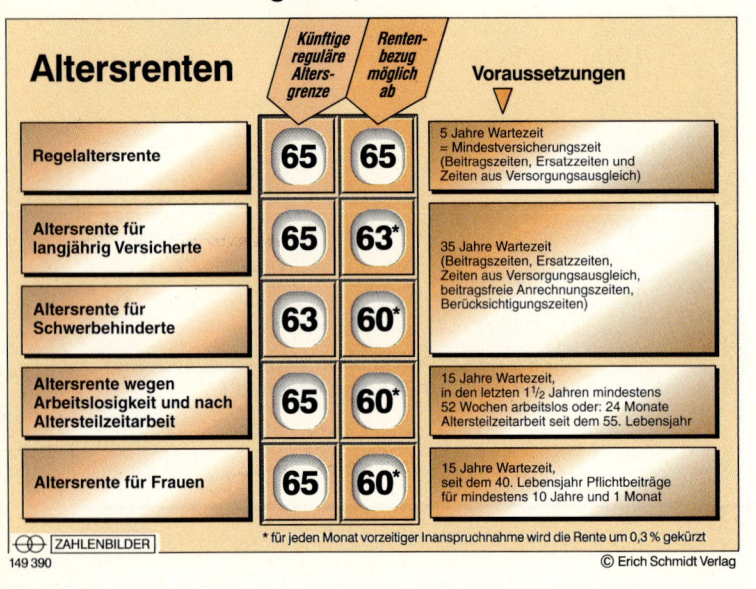

Altersrenten	Künftige reguläre Altersgrenze	Rentenbezug möglich ab	Voraussetzungen
Regelaltersrente	65	65	5 Jahre Wartezeit = Mindestversicherungszeit (Beitragszeiten, Ersatzzeiten und Zeiten aus Versorgungsausgleich)
Altersrente für langjährig Versicherte	65	63*	35 Jahre Wartezeit (Beitragszeiten, Ersatzzeiten, Zeiten aus Versorgungsausgleich, beitragsfreie Anrechnungszeiten, Berücksichtigungszeiten)
Altersrente für Schwerbehinderte	63	60*	
Altersrente wegen Arbeitslosigkeit und nach Altersteilzeitarbeit	65	60*	15 Jahre Wartezeit, in den letzten 1½ Jahren mindestens 52 Wochen arbeitslos oder: 24 Monate Altersteilzeitarbeit seit dem 55. Lebensjahr
Altersrente für Frauen	65	60*	15 Jahre Wartezeit, seit dem 40. Lebensjahr Pflichtbeiträge für mindestens 10 Jahre und 1 Monat

* für jeden Monat vorzeitiger Inanspruchnahme wird die Rente um 0,3 % gekürzt

ZAHLENBILDER 149 390 © Erich Schmidt Verlag

Beim Altersruhegeld gibt es verschiedene Möglichkeiten.

- Das **normale Altersruhegeld:** Es wird ab Vollendung des 65. Lebensjahres bezahlt.

- Das **flexible Altersruhegeld:** Es wird ab Vollendung des 63. Lebensjahres, an Schwerbehinderte ab Vollendung des 60. Lebensjahres gezahlt.

- Das **vorzeitige Altersruhegeld:** Ab Vollendung des 60. Lebensjahres können Frauen vorzeitiges Frauen-Altersruhegeld und Arbeitslose vorzeitiges Arbeitslosen-Altersruhegeld beziehen.

Erwerbsminderungsrente

Ab dem 1. Januar 2001 ist die Rente bei Erwerbs- und Berufsunfähigkeit neu geregelt worden. Danach gibt es keine Aufteilung mehr zwischen Berufs- und Erwerbsunfähigkeitsrente. Stattdessen gibt es nur noch eine Erwerbsminderungsrente.

Wer aufgrund seiner gesundheitlichen Einschränkung nur noch unter drei Stunden täglich arbeiten kann, erhält eine volle Erwerbsminderungsrente.
Wer noch drei bis unter sechs Stunden täglich arbeiten kann, erhält eine halbe Erwerbsminderungsrente.
Wer noch sechs Stunden täglich und länger arbeiten kann, hat keinen Rentenanspruch mehr.

Von der Neuregelung sind alle Versicherten betroffen, deren Rente ab dem 1. Januar 2001 begann. Für Renten mit einem Beginn vor dem 1. Januar 2001 gelten weiterhin die alten Regelungen zur Berufs- und Erwerbsunfähigkeitsrente.

Hinterbliebenenrenten

Wenn ein Versicherter stirbt, zahlt die gesetzliche Rentenversicherung Hinterbliebenenrente. Sie zahlt auch, wenn der Versicherte gestorben ist, ohne vorher selbst Rentner gewesen zu sein. Er muss allerdings die Wartezeit für die Berufsunfähigkeitsrente erfüllt haben.

Frauen und Männer erhalten, wenn der Ehegatte stirbt, gleichermaßen eine Witwen- oder Witwerrente. Die Witwe oder der Witwer bekommt 60 % von der Rente des verstorbenen Ehegatten. Eigenes Einkommen des Hinterbliebenen wird jedoch zum Teil auf die Witwen- oder Witwerrente angerechnet.

Kinder des Verstorbenen erhalten Waisenrente bis zur Vollendung des 18. Lebensjahres. Bis zur Vollendung des 25. Lebensjahres können sie Waisenrente beziehen, wenn sie sich noch in einer Schul- oder Berufsausbildung befinden. Wenn die Schul- oder Berufsausbildung durch Wehr- oder Ersatzdienst unterbrochen wird, kann die Waisenrente noch über das 25. Lebensjahr hinaus gezahlt werden.

Sonstige Leistungen

Die Beiträge der Rentner zur gesetzlichen Krankenversicherung zahlen die Träger der gesetzlichen Rentenversicherung zur Hälfte. Die andere Hälfte wird den Rentenempfängern von ihrer Rente abgezogen.

Die Rentenversicherungsträger zahlen jedoch nicht nur Renten. Zu ihren Aufgaben gehört es auch, die Erwerbsfähigkeit der Versicherten zu erhalten, zu bessern und wiederherzustellen. In diesem Rahmen bieten die Rentenversicherungsträger Heilbehandlungen (besonders Kuren) und Berufsförderungsmaßnahmen an.

Die dynamische Rente

Die Renten werden i. d. R. den jährlichen Lohn- und Gehaltssteigerungen der rentenversicherungspflichtigen Arbeitnehmer angepasst. Die Anhebung der Renten richtet sich dabei nach dem prozentualen Anstieg der durchschnittlichen Nettoarbeitsverdienste aller rentenversicherungspflichtigen Arbeitnehmer im Vorjahr. Stieg dieser Verdienst z. B. im Vorjahr um 2 %, so werden alle Renten um diesen Prozentsatz erhöht.

Aufgaben

1. Warum wird das System der gesetzlichen Rentenversicherung als Generationenvertrag bezeichnet?
2. Welche Formen des Altersruhegeldes gibt es?
3. Welche Personen haben Anspruch auf Erwerbsminderungsrente?
4. Welche Personen haben Anspruch auf eine Hinterbliebenenrente?
5. Welche Leistungen gewährt die gesetzliche Rentenversicherung einem Arbeitnehmer, der noch berufstätig ist?
6. Weshalb ist die Rente in der Bundesrepublik Deutschland eine dynamische Rente?

Zusammenfassung

Die gesetzliche Rentenversicherung

zahlt:
- Altersruhegeld
  - normales Altersruhegeld
  - flexibles Altersruhegeld
  - vorzeitiges Frauen-Altersruhegeld
  - vorzeitiges Arbeitslosen-Altersruhegeld
- Erwerbsminderungsrente
- Hinterbliebenenrenten für Witwen, Witwer und Waisen
- Beiträge für die Krankenversicherung der Rente
- Heilbehandlungen (z. B. Kuren)
- Berufliche Förderung (z. B. Umschulung)

- Die Rente ist eine **dynamische Rente**.
- Das Finanzierungsverfahren der Rente wird als **Generationenvertrag** bezeichnet.

12.9 Leistungen der Arbeitslosenversicherung

> Der kaufmännische Angestellte Mertens wird im Alter von 39 Jahren nach fünfzehnjähriger ununterbrochener Berufstätigkeit arbeitslos. Er ist verheiratet und hat zwei schulpflichtige Kinder im Alter von zwölf und fünfzehn Jahren. Sein Nettogehalt betrug im letzten Jahr vor der Entlassung monatlich 1.700,00 €.

Welche Hilfen kann er von der Arbeitslosenversicherung beanspruchen?

Information

Arbeitslosengeld

Ein arbeitsloser Arbeitnehmer muss sich beim zuständigen Arbeitsamt arbeitslos melden. Dort kann er Arbeitslosengeld beantragen. Träger der gesetzlichen Arbeitslosenversicherung ist die Bundesanstalt für Arbeit; die Arbeitsämter sind lediglich Außenstellen.

Die Arbeitslosenversicherung zahlt an Arbeitnehmer, die unfreiwillig arbeitslos geworden sind, Arbeitslosengeld. Anspruch auf Arbeitslosengeld hat ein Arbeitsloser, der in den letzten drei Jahren vor Beginn der Arbeitslosigkeit mindestens 52 Wochen (360 Kalendertage) versicherungspflichtig beschäftigt war. Außerdem muss er arbeitsfähig und arbeitswillig sein. Er muss jede zumutbare Arbeit annehmen, die er ausüben kann.

Das Arbeitslosengeld beträgt für Arbeitslose, die mindestens ein Kind haben, für das sie noch unterhaltspflichtig sind, 67 % vom durchschnittlichen Nettoverdienst der letzten zwölf Monate. Für Arbeitslose ohne unterhaltspflichtige Kinder beträgt das Arbeitslosengeld 60 % vom durchschnittlichen Nettoverdienst.

Die Dauer der Arbeitslosengeldzahlung ist von sechs Monaten (= 156 Wochentage) bis 32 Monaten (= 832 Wochentage) gestaffelt. Sie ist abhängig von der Dauer der vorhergehenden versicherungspflichtigen Beschäftigungszeit und dem Lebensalter des Arbeitslosen. Wer mindestens zwölf Monate beschäftigt war, erhält sechs Monate Arbeitslosengeld. Arbeitslosen, die jünger als 45 Jahre sind, wird höchstens zwölf Monate Arbeitslosengeld gezahlt. Ältere Arbeitslose haben einen längeren Anspruch auf Arbeitslosengeld.

Die Höchstanspruchsdauer für den Bezug von Arbeitslosengeld beträgt:
- ab dem vollendeten 45. Lebensjahr 18 Monate,
- ab dem vollendeten 47. Lebensjahr 22 Monate,
- ab dem vollendeten 52. Lebensjahr 26 Monate,
- ab dem vollendeten 57. Lebensjahr 32 Monate.

Arbeitslosenhilfe

Wenn die Bezugsdauer für Arbeitslosengeld abgelaufen ist, wird vom Arbeitsamt nur noch Arbeitslosenhilfe gewährt. Sie wird nicht aus den Beiträgen zur Arbeitlosenversicherung, sondern aus Mitteln der Bundesregierung finanziert.

Arbeitslosenhilfe wird nur an bedürftige Arbeitslose bezahlt. Ein Arbeitsloser ist dann bedürftig, wenn das Vermögen und das Einkommen des Arbeitslosen und seiner Familienangehörigen für den Lebensunterhalt nicht ausreichen. Auch das Einkommen und Vermögen einer Person, mit der ein Arbeitsloser in eheähnlicher Gemeinschaft lebt, wird bei der Prüfung der Bedürftigkeit berücksichtigt.

Die Arbeitslosenhilfe beträgt für Arbeitslose mit mindestens einem unterhaltspflichtigen Kind 57 % vom Nettoverdienst. Für Arbeitslose ohne unterhaltspflichtige Kinder beträgt die Arbeitslosenhilfe 53 % vom Nettoverdienst.

Arbeitslosenhilfe wird nicht automatisch gezahlt. Sie muss beim Arbeitsamt beantragt werden. Ebenso wie beim Arbeitslosengeld wird die Arbeitslosenhilfe gesperrt, wenn der Arbeitslose eine zumutbare Arbeit, die ihm vom Arbeitsamt angeboten wird, nicht annimmt.

Sonstige Leistungen für Arbeitslose

Die Arbeitslosenversicherung bezahlt für die Bezieher von Arbeitslosengeld und -hilfe die Beiträge zur gesetzlichen Kranken- und Rentenversicherung.

Arbeitnehmer, die bei Eröffnung des Insolvenzverfahrens über das Vermögen ihres Arbeitgebers oder Abweisung des Antrags auf Eröffnung des Insolvenzverfahrens mangels Masse noch Arbeitsentgelt für die vorausgegangenen drei Monate beanspruchen können, erhalten vom Arbeitsamt **Insolvenzgeld** als Ausgleich für das nicht gezahlte Arbeitsentgelt.

Maßnahmen zur Arbeits- und Berufsförderung

Die Leistungen der Arbeitslosenversicherung beschränken sich nicht nur auf die Unterstützungszahlungen bei Arbeitslosigkeit. Damit es erst gar nicht zu lang andauernder Arbeitslosigkeit kommt, werden von der Bundesanstalt für Arbeit Maßnahmen zur Arbeits- und Berufsförderung angeboten. Dazu gehören

- die Arbeitsvermittlung,
- die Berufsberatung,
- die Gewährung von berufsfördernden Leistungen zur Rehabilitation (= Wiederherstellung) körperlich, geistig und seelisch Behinderter.

Die Bundesanstalt für Arbeit fördert die berufliche Ausbildung, Umschulung und Einarbeitung: An Auszubildende zahlt sie unter bestimmten Voraussetzungen eine **Berufsausbildungsbeihilfe**.

In **beruflichen Umschulungen** werden Arbeit Suchenden Kenntnisse und Fähigkeiten vermittelt, die ihnen den Wechsel in einen anderen, aussichtsreicheren Beruf ermöglichen.

Leistungen zur Erhaltung und Schaffung von Arbeitsplätzen

Durch Zahlung von Kurzarbeitergeld und durch Maßnahmen zur Arbeitsbeschaffung versucht die Bundesanstalt für Arbeit Arbeitsplätze zu erhalten und neue Arbeitsplätze zu schaffen.

Kurzarbeitergeld erhalten Arbeitnehmer als Ausgleich für den Verdienstausfall, der durch eine vorübergehende Verkürzung ihrer Arbeitszeit verursacht wird.

Aufgaben

1. Welche Voraussetzungen muss ein arbeitsloser Arbeitnehmer erfüllen, damit er von der Arbeitslosenversicherung Arbeitslosengeld erhält?
2. Die fünfundvierzigjährige Frau Rosemeier wird nach zwanzigjähriger Berufstätigkeit arbeitslos. Sie ist verheiratet und hat eine siebzehnjährige Tochter, die sich noch in der Ausbildung befindet. Ihr Nettogehalt betrug im letzten Jahr durchschnittlich 1.400,00 € monatlich.
   a) Wie viel Euro Arbeitslosengeld kann sie beanspruchen?
   b) Wie lange hat sie höchstens Anspruch auf Arbeitslosengeld?
3. Welche Personen haben Anspruch auf Arbeitslosenhilfe?
4. Welche Maßnahmen zur Arbeits- und Berufsförderung bietet die Bundesanstalt für Arbeit an?
5. Aus welchen Gründen verhängt das Arbeitsamt eine Sperrzeit?

Zusammenfassung

Die Leistungen der Arbeitslosenversicherung umfassen

Leistungen an Arbeitslose
- Arbeitslosengeld (aus Mitteln der Arbeitslosenversicherung)
- Arbeitslosenhilfe (aus Mitteln des Bundes)
- Insolvenzgeld
- Beiträge zur Kranken- und Rentenversicherung

Arbeits- und Berufsförderung
- Arbeitsvermittlung
- Berufsberatung
- Berufsausbildungsbeihilfe
- Umschulung
- Einarbeitungszuschüsse
- Berufsfördernde Leistungen zur Rehabilitation

Maßnahmen zur Erhaltung und Schaffung von Arbeitsplätzen
- Kurzarbeitergeld
- Maßnahmen zur Arbeitsbeschaffung

12.10 Leistungen der gesetzlichen Unfallversicherung

Was kann die Unfallversicherung für den Verunglückten tun?

Information

Die Leistungen nach Eintritt eines Arbeitsunfalls

Die gesetzliche Unfallversicherung bietet Versicherungsschutz nach **Arbeitsunfällen.** Darunter sind Unfälle zu verstehen, die im Zusammenhang mit der Berufsausübung eintreten, wie Unfälle während der Arbeit, Wegeunfälle und Berufskrankheiten.

Berufskrankheiten
Angezeigte Verdachtsfälle 2000

- Obstruktive Atemwegserkrankungen 6 331
- Hautkrankheiten 20 984
- Sehnenscheidenerkrankungen 1 323
- Infektionskrankheiten, Tropenkrankheiten 3 449
- Sonstige 4 751
- Lärmschwerhörigkeit 12 728
- Erkrankungen durch Schwermetalle, Chemikalien 2 637
- Staublunge, Lungenkrebs 11 501
- Bandscheibenschäden 15 413
- Meniskusschäden 2 425

Quelle: BMA

Wegeunfälle sind Unfälle, die sich auf dem Weg von und zur Arbeit ereignen.

Berufskrankheiten sind Krankheiten, die durch besonders schädigende Einflüsse am Arbeitsplatz (z. B. Schadstoffe, Lärm) verursacht wurden.

Die zuständige Berufsgenossenschaft leistet als Träger der gesetzlichen Unfallversicherung nach einem Arbeitsunfall

– Heilbehandlung des Unfallverletzten (ärztliche und zahnärztliche Behandlung, Arznei- und Verbandsmittel, Heilmittel, Ausstattung mit Prothesen und Gewährung von Pflege bei Hilflosigkeit),

– Berufshilfe für den Unfallverletzten (z. B. Umschulungen),

– finanzielle Entschädigung für Unfallfolgen (Verletztenrente, Witwen- und Waisenrente, Verletztengeld, das dem Krankengeld entspricht).

Unfallverhütungsvorschriften

Zur Verhütung von Arbeitsunfällen erlassen die Berufsgenossenschaften Unfallverhütungsvorschriften. Sie sind für Arbeitgeber und Arbeitnehmer gleichermaßen verbindlich.

Die Durchführung der Unfallverhütung wird durch

die zuständige Berufsgenossenschaft überwacht. Sie führt in regelmäßigen Zeitabständen Betriebsbesichtigungen durch. Festgestellte Mängel muss der Arbeitgeber in einer angemessenen Frist beseitigen. Bei schweren Verstößen gegen die Unfallverhütungsvorschriften kann die Berufsgenossenschaft gegen Arbeitgeber und versicherte Arbeitnehmer Geldbußen verhängen.

Erste Hilfe und Verhalten bei Unfällen

1. Beachten Sie die ausgehängte Anleitung zur ersten Hilfe bei Unfällen mit den Angaben über Notrufeinrichtungen sowie Personal der ersten Hilfe, Arzt und Krankenhaus.
2. Informieren Sie sich, wo Erste-Hilfe-Material bereitgehalten wird und wer erste Hilfe leisten kann.
3. Denken Sie bei einem Unfall daran, nicht nur den Verletzten zu retten und erste Hilfe zu leisten, sondern erforderlichenfalls auch die Unfallstelle abzusichern.
4. Lassen Sie auch Ihre kleineren Verletzungen sofort versorgen.
5. Suchen Sie einen Durchgangsarzt auf, wenn aufgrund der Verletzung mit Arbeitsunfähigkeit zu rechnen ist.
6. Melden Sie jeden Unfall unverzüglich Ihrem Vorgesetzten.
7. Achten Sie darauf, dass über jede Erste-Hilfe-Leistung Aufzeichnungen gemacht werden, z. B. in einem Verbandbuch.
8. Lassen Sie sich zum Ersthelfer ausbilden, damit Sie auch anderen helfen können.

aus: Berufsgenossenschaft für den Einzelhandel, Sicherheitsratschläge

Aufgaben

1. In welchen der folgenden Fälle ist die gesetzliche Unfallversicherung zuständig?
   a) Ein Angestellter verstaucht sich bei der Arbeit einen Knöchel.
   b) Eine Angestellte verletzt sich bei der Hausarbeit.
   c) Ein Arbeiter ist durch den Maschinenlärm an seinem Arbeitsplatz schwerhörig geworden.
   d) Ein Angestellter verunglückt auf der Fahrt von seiner Wohnung zu seiner Arbeitsstelle mit dem Auto.
   e) Nach Betriebsschluss besucht ein Angestellter mit Kollegen noch eine Gaststätte. Auf dem Heimweg von der Gaststätte hat er einen Unfall.
2. Ein Angestellter hat einen schweren Arbeitsunfall. Welche Leistungen erhält er von der gesetzlichen Unfallversicherung?
3. Welche Leistungen gewährt die gesetzliche Unfallversicherung bei einem tödlichen Arbeitsunfall?
4. Durch welche Maßnahmen versucht die Berufsgenossenschaft, Arbeitsunfälle zu verhüten?
5. Welche Maßnahmen müssen Sie ergreifen, wenn Sie sich während der Arbeit verletzen?

Zusammenfassung

Die gesetzliche Unfallversicherung

hilft bei
- Arbeitsunfällen
  - Unfälle während der Arbeit
  - Wegeunfälle
  - Berufskrankheiten

ist zuständig für
- Unfallverhütung
  - Erlass und Überwachung der Unfallverhütungsvorschriften

bezahlt
- Heilbehandlung
- Berufshilfe
- Verletztengeld
- Verletztenrente
- Witwen- und Waisenrente

12.11 Die Beendigung des Arbeitsverhältnisses

Frau Claudia Rösner, 30 Jahre alt, ist seit zehn Jahren bei der Moritz KG als Sachbearbeiterin beschäftigt. Eines Tages erhält sie von der Personalabteilung des Unternehmens folgendes Schreiben:

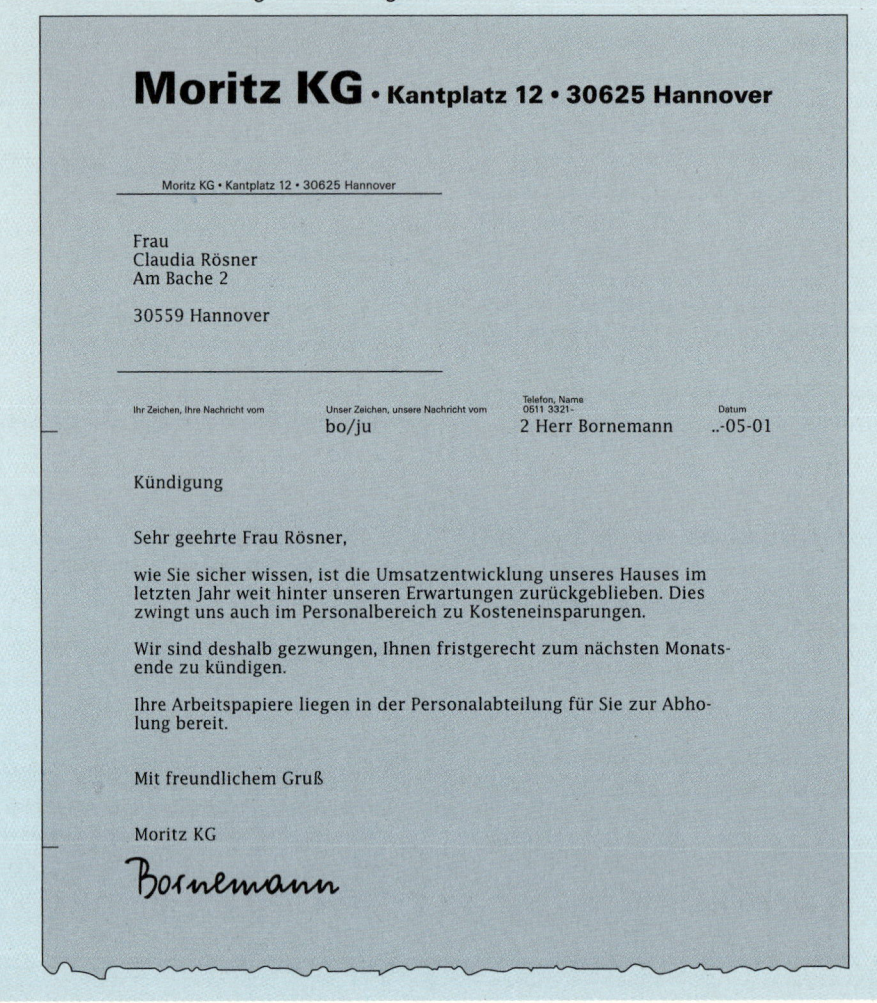

Moritz KG • Kantplatz 12 • 30625 Hannover

Moritz KG • Kantplatz 12 • 30625 Hannover

Frau
Claudia Rösner
Am Bache 2

30559 Hannover

Ihr Zeichen, Ihre Nachricht vom	Unser Zeichen, unsere Nachricht vom	Telefon, Name 0511 3321-	Datum
	bo/ju	2 Herr Bornemann	..-05-01

Kündigung

Sehr geehrte Frau Rösner,

wie Sie sicher wissen, ist die Umsatzentwicklung unseres Hauses im letzten Jahr weit hinter unseren Erwartungen zurückgeblieben. Dies zwingt uns auch im Personalbereich zu Kosteneinsparungen.

Wir sind deshalb gezwungen, Ihnen fristgerecht zum nächsten Monatsende zu kündigen.

Ihre Arbeitspapiere liegen in der Personalabteilung für Sie zur Abholung bereit.

Mit freundlichem Gruß

Moritz KG

Bornemann

Prüfen Sie, ob das Arbeitsverhältnis von Frau Rösner mit diesem Schreiben tatsächlich beendet ist.

Information

Arten der Beendigung des Arbeitsverhältnisses

Ein Arbeitsverhältnis kann durch Kündigung, Auflösungsvertrag oder Vertragsablauf beendet werden.

Die **Kündigung** ist eine einseitige, empfangsbedürftige Willenserklärung, durch die das Arbeitsverhältnis beendet wird. Ein auf unbestimmte Zeit eingegangenes Arbeitsverhältnis kann vom Arbeitgeber, aber auch vom Arbeitnehmer gekündigt werden. Die Kündigung muss in schriftlicher Form erfolgen (gesetzlich vorgeschrieben seit dem 1. Mai 2000; § 623 BGB).

Die Schriftform gilt sowohl für die Kündigung durch den Arbeitgeber als auch für die Kündigung durch den Arbeitnehmer. Zur Rechtswirksamkeit der schriftlichen Kündigung ist gemäß § 126 BGB die eigenhändige Unterschrift notwendig. Schriftliche Kündigungen, die entweder nicht eigenhändig oder nicht von einer kündigungsberechtigten Person unterzeichnet wurden, sind nichtig. Eine zwar eigenhändig unterzeichnete, aber per Telefax übermittelte Kündigung entspricht ebenfalls nicht dem gesetzlichen Schriftformerfordernis des § 126 BGB.

In der betrieblichen Praxis wird die Kündigung in vielen Fällen durch eine Beendigung des Arbeitsverhältnisses im gegenseitigen Einvernehmen ersetzt. Diese Einigung zwischen Arbeitgeber und Arbeitnehmer wird als **Aufhebungsvertrag** bezeichnet. In diesem Fall endet das Arbeitsverhältnis zu dem von Arbeitgeber und Arbeitnehmer vereinbarten Zeitpunkt.

Wenn ein **Arbeitsvertrag** nur **befristet** abgeschlossen wurde (max. Laufzeit zwei Jahre), endet das Arbeitsverhältnis nach Vertragsablauf, ohne dass eine Kündigung ausgesprochen wurde.

Befristete Arbeitsverträge und Aufhebungsverträge müssen schriftlich abgeschlossen werden (§ 623 BGB).

Die ordentliche Kündigung

Bei einer ordentlichen Kündigung müssen bestimmte Kündigungsfristen eingehalten werden, die sich aus dem Gesetz und aus den Tarif- bzw. Einzelarbeitsverträgen ergeben.

Die **gesetzlichen Kündigungsfristen** gelten, wenn zwischen Arbeitgeber und Arbeitnehmer keine Kündigungsfristen vereinbart wurden und auch keine tarifvertraglichen Vereinbarungen gelten.

Für **Arbeiter und Angestellte** beträgt die gesetzliche Kündigungsfrist vier Wochen zum 15. eines Monats oder vier Wochen zum Monatsende. Diese Frist muss bei Kündigungen durch den Arbeitgeber und auch bei Kündigungen durch den Arbeitnehmer eingehalten werden. Wird die Frist nicht eingehalten, ist die Kündigung unwirksam.

Für langjährig beschäftigte Arbeiter und Angestellte gelten bei der Kündigung durch den Arbeitgeber längere Kündigungsfristen:

Beschäftigungsdauer	Kündigungsfrist	
2 – 5 Jahre (ab Vollend. 25. Lebensjahr)	1 Monat	zum Monatsende
5 – 8 Jahre "	2 Monate	zum Monatsende
8 – 10 Jahre "	3 Monate	zum Monatsende
10 – 12 Jahre "	4 Monate	zum Monatsende
12 – 15 Jahre "	5 Monate	zum Monatsende
15 – 20 Jahre "	6 Monate	zum Monatsende
20 Jahre und mehr "	7 Monate	zum Monatsende

Bei der Berechnung der Beschäftigungsdauer werden allerdings nur die Jahre berücksichtigt, die der Arbeitnehmer nach Vollendung des 25. Lebensjahres im Betrieb verbracht hat.

Die Tarifparteien können Kündigungsfristen vereinbaren, die von den gesetzlichen Kündigungsfristen abweichen.

Zwischen dem einzelnen Arbeitgeber und dem einzelnen Arbeitnehmer können im Einzelarbeitsvertrag die gesetzlichen Kündigungsfristen verlängert, aber nicht verkürzt werden (Ausnahme: Bei Aushilfstätigkeiten bis zu drei Monaten Dauer darf die Grundkündigungsfrist vertraglich verkürzt werden).

Tabelle der gesetzlichen Kündigungsfristen

Betriebs-zugehörig-keit[1] →	unter 2 Jahren	2 Jahre	5 Jahre	8 Jahre	10 Jahre	12 Jahre	15 Jahre	20 Jahre
Kündigungs-frist →	4 Woch. zum 15. oder ME	1 Mon./ ME	2 Mon./ ME	3 Mon./ ME	4 Mon./ ME	5 Mon./ ME	6 Mon./ ME	7 Mon./ ME
Spalte 1 ↓	Letzter Tag, an dem die Kündigung zugehen muss, um zu dem Termin in Spalte 1 wirksam zu werden[2]							
zum	am	am	am	am	am	am	am	am
15. Jan.	18. Dez.	—[2]	—	—	—	—	—	—
31. Jan.	3. Jan.	31. Dez.[3]	30. Nov.	31. Okt.	30. Sept.	31. Aug.	31. Juli	30. Juni
15. Febr.	18. Jan.	—	—	—	—	—	—	—
28. Febr.[4]	31. Jan.[5]	31. Jan.	31. Dez.	30. Nov.	31. Okt.	30. Sept.	31. Aug.	31. Juli
15. März	15. Febr.	—	—	—	—	—	—	—
31. März	3. März	28. Febr.[6]	31. Jan.	30. Dez.	30. Nov.	31. Okt.	30. Sept.	31. Aug.
15. April	18. März	—	—	—	—	—	—	—
30. April	2. April	31. März	28. Febr.[6]	31. Jan.	31. Dez.	30. Nov.	31. Okt.	30. Sept.
15. Mai	17. April	—	—	—	—	—	—	—
31. Mai	3. Mai	30. April	31. März	28. Febr.[6]	31. Jan.	31. Dez.	30. Nov.	31. Okt.
15. Juni	18. Mai	—	—	—	—	—	—	—
30. Juni	2. Juni	31. Mai	30. April	31. März	28. Febr.[6]	31. Jan.	31. Dez.	30. Nov.
15. Juli	17. Juni	—	—	—	—	—	—	—
31. Juli	3. Juli	30. Juni	31. Mai	30. April	31. März	28. Febr.[6]	31. Jan.	31. Dez.
15. Aug.	18. Juli	—	—	—	—	—	—	—
31. Aug.	3. Aug.	31. Juli	30. Juni	31. Mai	30. April	31. März	28. Febr.[6]	31. Jan.
15. Sept.	18. Aug.	—	—	—	—	—	—	—
30. Sept.	2. Sept.	31. Aug.	31. Juli	30. Juni	31. Mai	30. April	31. März	28. Febr.[6]
15. Okt.	17. Sept.	—	—	—	—	—	—	—
31. Okt.	3. Okt.	30. Sept.	31. Aug.	31. Juli	30. Juni	31. Mai	30. April	31. März
15. Nov.	18. Okt.	—	—	—	—	—	—	—
30. Nov.	2. Nov.	31. Okt.	30. Sept.	31. Aug.	31. Juli	30. Juni	31. Mai	30. April
15. Dez.	17. Nov.	—	—	—	—	—	—	—
31. Dez.	3. Dez.	30. Nov.	31. Okt.	30. Sept.	31. Aug.	31. Juli	30. Juni	31. Mai

[1] Die Kündigungsfristen werden auch verlängert, wenn der Arbeitnehmer nicht im selben Betrieb lang genug beschäftigt war, sondern in einem anderen Betrieb des **Unternehmens**.

[2] Da ab zweijähriger Betriebszugehörigkeit eine Kündigung nur zum Monatsende zulässig ist, kommt in diesen Fällen der **15. eines Monats** als Kündigungstermin nicht mehr in Betracht.

[3] Eine **zum Monatsende mit Monatsfrist** ausgesprochene Kündigung muss spätestens bis zum Ablauf des letzten Tages des vorangehenden Monats (24 Uhr) zugegangen sein. Eine wenn auch nur kurz nach Mitternacht, d. h. im neuen Monat, zugegangene Kündigung wirkt erst am Schluss des folgenden Monats. Dies gilt auch, wenn ein Arbeitnehmer in Spätschicht arbeitet, die erst nach Mitternacht endet (BAG, Urteil vom 15. Juli 1969, DB 1969 S. 1851).

[4] im Schaltjahr zum 29. Februar [5] im Schaltjahr am 1. Februar [6] im Schaltjahr am 29. Februar

Allgemeiner Kündigungsschutz

In Betrieben, die mehr als fünf Arbeitnehmer beschäftigen (die Auszubildenden nicht mitgerechnet), genießen die Arbeitnehmer den Kündigungsschutz nach den Vorschriften des Kündigungsschutzgesetzes, sofern

- sie das 18. Lebensjahr vollendet haben und
- länger als sechs Monate ohne Unterbrechung in demselben Betrieb oder Unternehmen beschäftigt sind.

Sie dürfen nicht entlassen werden, wenn die Kündigung sozial ungerechtfertigt ist. Eine Kündigung gilt als sozial ungerechtfertigt,

- wenn sie nicht in der Person oder dem Verhalten des Arbeitnehmers begründet ist oder
- wenn es für die Kündigung keine dringenden betrieblichen Erfordernisse gibt.

Gründe in der Person des Arbeitnehmers, die eine Kündigung rechtfertigen können, sind z. B. mangelnde Eignung und mangelnde Ausbildung. Eine lang andauernde oder häufig auftretende Krankheit ist dann ein Kündigungsgrund, wenn die krankheitsbedingten Fehlzeiten zu einer unzumutbaren Beeinträchtigung der betrieblichen Interessen führen.

Gründe im Verhalten des Arbeitnehmers sind z. B. wiederholte Unpünktlichkeit, mehrfaches Fehlen ohne ausreichenden Grund, Beleidigungen, Verstöße gegen die Gehorsams- und Verschwiegenheitspflicht. Eine Kündigung aus Gründen im Verhalten des Arbeitnehmers ist im Allgemeinen nur gerechtfertigt, wenn der Arbeitnehmer wiederholt seine Pflichten verletzt hat und deshalb schon verwarnt worden ist (so genannte **Abmahnung).**

Dringende betriebliche Erfordernisse, die eine Kündigung rechtfertigen können, sind z. B. Absatzschwierigkeiten, Einsparen von Arbeitsplätzen durch Rationalisierungsmaßnahmen, Stilllegung des Betriebes oder einer Abteilung.

Das Vorliegen eines Kündigungsgrundes muss vom Arbeitgeber nachgewiesen werden.

Mitwirkung des Betriebsrates bei der Kündigung

Gibt es in einem Betrieb einen Betriebsrat, so muss der Arbeitgeber den Betriebsrat vor jeder beabsichtigten Kündigung anhören (siehe Kapitel 12.4). Zur Anhörung gehört, dass der Arbeitgeber dem Betriebsrat auch die Kündigungsgründe mitteilt. Eine Kündigung ohne vorherige Anhörung des Betriebsrats ist unwirksam. Der Betriebsrat kann einer ordentlichen Kündigung innerhalb einer Woche, nachdem ihn der Arbeitgeber unterrichtet hat, widersprechen. Der Widerspruch verhindert die Kündigung jedoch nicht. Sie bleibt trotzdem wirksam.

Das Kündigungsschutzverfahren

Hält ein Arbeitnehmer die Kündigung seines Arbeitsverhältnisses für sozial ungerechtfertigt, kann er das Arbeitsgericht anrufen. Er kann innerhalb von drei Wochen nach Zustellung der Kündigung Klage beim Arbeitsgericht erheben (= Kündigungsschutzklage). Lässt der Arbeitnehmer die Klagefrist verstreichen, ist die Kündigung wirksam.

Stellt das Arbeitsgericht im Klagefall fest, dass die Kündigung sozial ungerechtfertigt war, muss der Arbeitnehmer weiterbeschäftigt werden. Häufig haben sich Arbeitnehmer und Arbeitgeber durch die Führung des Arbeitsgerichtsprozesses jedoch so zerstritten, dass die Fortsetzung des Arbeitsverhältnisses für die Beteiligten nicht zumutbar ist. In solchen Fällen kommt es meistens zu einem Vergleich:

- Der Arbeitnehmer verzichtet auf die Weiterbeschäftigung.
- Der Arbeitgeber zahlt an den Arbeitnehmer eine gerichtlich festgesetzte Abfindung.

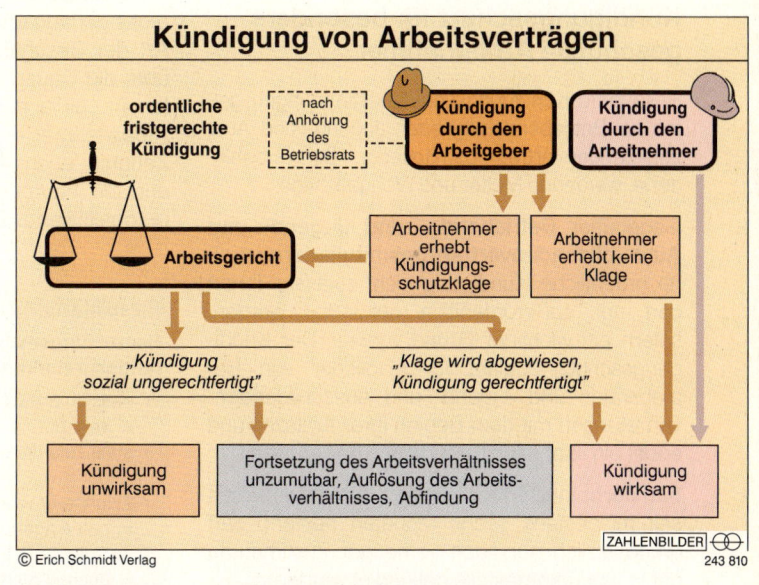

Außerordentliche Kündigung

Bei einer außerordentlichen Kündigung wird das Arbeitsverhältnis ohne Einhaltung einer Kündigungsfrist (= fristlos) gekündigt. Eine fristlose Kündigung darf nur aus wichtigem Grund erfolgen. Ein wichtiger Grund liegt vor, wenn dem Arbeitgeber oder dem Arbeitnehmer die Fortsetzung des Arbeitsverhältnisses bis zum Ablauf der ordentlichen Kündigungsfrist nicht mehr zugemutet werden kann. Der wichtige Grund muss auf Tatsachen beruhen, die der Kündigende nachweisen muss. Vermutungen oder Verdächtigungen reichen nicht aus.

Anlässe für eine außerordentliche Kündigung durch den Arbeitgeber sind z. B. beharrliche Arbeitsverweigerung, dauernde Verspätungen, Diebstahl, Unterschlagungen, Beleidigungen, Tätlichkeiten, Verrat von Geschäftsgeheimnissen, Gefährdung des Betriebsfriedens durch Streitigkeiten mit Arbeitskollegen.

Anlass für eine außerordentliche Kündigung durch den Arbeitnehmer ist z. B. die Weigerung des Arbeitgebers, das vereinbarte Gehalt zu zahlen.

Eine außerordentliche Kündigung ist nur wirksam, wenn sie innerhalb von vierzehn Tagen nach Bekanntwerden des wichtigen Grundes erfolgt ist.

Auch vor einer außerordentlichen Kündigung muss der Betriebsrat gehört werden.

Kündigungsschutz für besonders geschützte Arbeitnehmer

Besondere Kündigungsschutzbestimmungen gelten für Betriebsratsmitglieder, Jugend- und Auszubildendenvertretungsmitglieder, Schwerbehinderte, werdende Mütter und Wehrpflichtige.

Gegenüber **Betriebsrats- und Jugend- und Auszubildendenvertretungsmitgliedern** ist eine ordentliche Kündigung nicht zulässig. Ihnen darf nur außerordentlich gekündigt werden, sofern ein wichtiger Grund vorliegt. Der Kündigungsschutz beginnt für Mitglieder von Betriebsräten und Jugend- und Auszubildendenvertretungen mit dem Beginn ihrer Amtszeit und endet ein Jahr nach Beendigung der Amtszeit.

Schwerbehinderten, deren Arbeitsverhältnis seit mindestens sechs Monaten besteht, darf grundsätzlich nur nach vorheriger Zustimmung der Hauptfürsorgestelle gekündigt werden.

Frauen darf während einer Schwangerschaft und bis zu vier Monaten nach der Entbindung nicht gekündigt werden. Der Kündigungsschutz für werdende Mütter gilt auch dann, wenn dem Arbeitgeber zum Zeitpunkt der Kündigung die Schwangerschaft der Arbeitnehmerin nicht bekannt war. Wenn die Arbeitnehmerin den Arbeitgeber bis spätestens zwei Wochen nach Zugang der Kündigung über die Schwangerschaft informiert, muss sie weiterbeschäftigt werden.

Schwangeren und jungen Müttern darf während der Kündigungsschutzfrist ausnahmsweise gekündigt werden, wenn die für den Arbeitsschutz zuständige oberste Landesbehörde (z. B. in Niedersachsen das Ministerium für Frauen, Arbeit und Soziales) oder die von ihr beauftragte Stelle die Kündigung für zulässig erklärt.

Arbeitnehmern, die Erziehungsurlaub in Anspruch nehmen, darf der Arbeitgeber während des Erziehungsurlaubs nicht kündigen.

Einem **wehrpflichtigen Arbeitnehmer** darf in der Zeit von der Zustellung des Einberufungsbescheides bis zur Beendigung des Grundwehrdienstes und während einer Wehrübung nicht ordentlich gekündigt werden.

Die Erteilung eines Zeugnisses

Jeder Arbeitnehmer kann bei Beendigung des Arbeitsverhältnisses von seinem Arbeitgeber ein schriftliches Zeugnis verlangen. Das Zeugnis muss genaue und zutreffende Angaben über die Art der Beschäftigung des Arbeitnehmers und über die Dauer des Arbeitsverhältnisses enthalten (= „einfaches Zeugnis"). Nur wenn es der Arbeitnehmer ausdrücklich verlangt, darf das Zeugnis auch Angaben über die Leistungen und die Führung des Arbeitnehmers enthalten (= „qualifiziertes Zeugnis").

Beispiele für Zeugniscodes:
Beurteilungsmaßstäbe des RKW (Rationalisierungskuratorium der Deutschen Wirtschaft)

→ stets zu unserer vollsten Zufriedenheit erledigt
  = sehr gut
→ stets zu unserer vollen Zufriedenheit erledigt
  = gut
→ zu unserer vollen Zufriedenheit erledigt
  = befriedigend
→ zu unserer Zufriedenheit erledigt
  = ausreichend
→ im Großen und Ganzen zur Zufriedenheit erledigt
  = mangelhaft
→ hat sich bemüht, die ihm übertragenen Arbeiten zur Zufriedenheit zu erledigen
  = ungenügend

Die Herausgabe der Arbeitspapiere

Bei der Beendigung des Arbeitsverhältnisses muss der Arbeitgeber alle Arbeitspapiere (Lohnsteuerkarte, Rentenversicherungsnachweisheft usw.) an den Arbeitnehmer herausgeben.

Aufgaben

1. Ein Arbeitgeber will einem Angestellten, der zwei Jahre bei ihm beschäftigt war, zum 31. März kündigen. Mit dem Angestellten wurde keine vertragliche Kündigungsfrist vereinbart. Wann muss er dem Angestellten die Kündigung spätestens mitteilen?

2. Eine Angestellte will am 1. Oktober die Stelle wechseln. Wann muss sie spätestens kündigen, wenn in ihrem Arbeitsvertrag über die Kündigung keine besondere Vereinbarung getroffen wurde?

3. Ein Angestellter arbeitet seit zehn Jahren in einem Textilfachgeschäft. Er ist 32 Jahre alt. Der Geschäftsinhaber will ihm zum 30. September kündigen. Wann muss er dem Angestellten die Kündigung spätestens mitteilen?

4. Welche Mindestfrist darf bei einzelvertraglich vereinbarten Kündigungsfristen nicht unterschritten werden?

5. Nennen Sie Gründe für eine außerordentliche Kündigung.

6. Eine Angestellte, der fristgerecht zum 31. März gekündigt wurde, ist mit der Kündigung nicht einverstanden. Was kann sie tun?

7. In welchem Zeitraum darf Mitgliedern von Betriebsräten und Jugend- und Auszubildendenvertretungen nicht ordentlich gekündigt werden?

8. Welchen besonderen Kündigungsschutz genießen Schwerbehinderte?

9. In welchem Zeitraum darf weiblichen Angestellten nicht gekündigt werden?

10. Welche Unterschiede bestehen zwischen einem einfachen und einem qualifizierten Zeugnis?

11. Welche Arbeitspapiere muss der Arbeitgeber bei Beendigung eines Arbeitsverhältnisses an den Angestellten herausgeben?

Zusammenfassung

Beendigung des Arbeitsverhältnisses durch
- Vertragsablauf
- Kündigung
- Aufhebungsvertrag

= einseitige schriftliche Auflösung eines Arbeitsverhältnisses

- **ordentliche Kündigung** = Kündigung unter Einhaltung von Kündigungsfristen
- **außerordentliche Kündigung** = fristlose Kündigung bei Pflichtverletzungen von Arbeitnehmer oder Arbeitgeber

Kündigungsfristen

- **gesetzliche Kündigungsfrist**
  - für Arbeiter und Angestellte: vier Wochen zum 15. eines Monats oder zum Monatsende
- **vertragliche Kündigungsfrist**
  - tarifvertraglich: Abweichung von gesetzlichen Kündigungsfristen erlaubt.
  - einzelvertraglich: Verlängerung der gesetzlichen Kündigungsfristen erlaubt.
- **verlängerte Kündigungsfrist**
  - für langjährige Mitarbeiter bei Kündigung durch den Arbeitgeber

Allgemeiner Kündigungsschutz

(= Schutz gegen sozial ungerechtfertigte Kündigung)

Er gilt für Arbeitnehmer in Betrieben, die mehr als fünf Arbeitnehmer beschäftigen.

- Nach mindestens sechsmonatiger Betriebszugehörigkeit darf Arbeitnehmern über 18 Jahre nur gekündigt werden:
  - aus wichtigem betrieblichen Grund oder
  - wenn die Person oder das Verhalten des Arbeitnehmers dazu Anlass gibt.
- Gegen eine sozial ungerechtfertigte Kündigung kann der Arbeitnehmer innerhalb von drei Wochen nach Eingang des Kündigungsschreibens Kündigungsschutzklage beim Arbeitsgericht erheben.

Besonders geschützte Arbeitnehmergruppen sind

- werdende Mütter und Arbeitnehmer im Erziehungsurlaub,
- Betriebsrats- und Jugend- und Auszubildendenvertretungsmitglieder,
- Schwerbehinderte,
- Wehrpflichtige.

12.12 Berufstätigkeit und Persönlichkeitsentwicklung

Welches Verhalten erwarten Kunden und Mitarbeiter
a) *vom Abteilungsleiter und*
b) *vom Verkäufer?*

Information

Die Berufsrolle

Die Berufsrolle ist die Summe aller Erwartungen, die an eine Person im Rahmen ihrer Berufstätigkeit gestellt werden.

Von jedem Arbeitnehmer wird erwartet, dass er die Rechte und Pflichten, die sich aus seinem Tätigkeitsbereich ergeben, wahrnimmt. Es wird von ihm verlangt, dass er in seinem Betrieb die ihm zugewiesene Rolle erfüllt. Dabei sind die Erwartungen an das Verhalten eines Abteilungsleiters andere als die Erwartungen an das Verhalten eines Verkäufers oder Kassierers.

Der Geschäftsführer oder Inhaber eines Einzelhandelsbetriebes möchte, dass seine **Verkäufer**

– den Umsatz durch eine fachgerechte Kundenberatung fördern,
– die Betriebsordnung einhalten und
– die Weisungen ihrer Vorgesetzten ausführen.

Von seinen **Kassierern** wird er vor allem Zuverlässigkeit, Genauigkeit und Ehrlichkeit erwarten.

Bei seinen **Abteilungsleitern** wird er u. a. voraussetzen, dass sie

– die Umsatzziele ihrer Abteilung erreichen,
– richtig disponieren,
– kostengünstig wirtschaften,
– das Personal ihrer Abteilung angemessen führen und wirtschaftlich einsetzen.

Nicht alle Erwartungen, die an eine Person gestellt werden, sind immer eindeutig. Unterschiedliche Personengruppen haben unterschiedliche Auffassungen darüber, wie sich eine bestimmte Person in ihrer Berufsrolle zu verhalten hat:

Kunden erwarten von einem Verkäufer, dass er sie

– freundlich bedient,
– fachlich richtig berät,
– nicht unnötig warten lässt,
– die Ware sorgfältig behandelt.

Häufig stellen sie auch bestimmte Anforderungen an die äußere Erscheinung.

Kollegen erwarten von ihm kollegiales Verhalten. Dazu gehören u. a.

– Hilfsbereitschaft bei großem Kundenandrang,
– Vertretung bei kurzfristiger Abwesenheit (z. B. Toilettengang) und
– pünktliche Ablösung.

Rollenkonflikte

Wenn ein Arbeitnehmer die in ihn gesetzten Erwartung nicht erfüllt oder wenn Personen unterschiedliche Erwartungen an ihn stellen, kann es zu Konflikten kommen. Diese Rollenkonflikte sind häufig unvermeidlich, weil sich die an ihn gerichteten Erwartungen widersprechen.

Wird er diesen Erwartungen nicht gerecht, muss er mit negativen **Sanktionen,** z. B. Tadel oder Strafe rechnen. Umgekehrt wird er belohnt, wenn er den Anforderungen besonders gerecht wird.

Erfüllt z. B. ein Verkäufer nicht die Anforderungen, die seine Vorgesetzten an ihn stellen, so werden ihn diese für sein Fehlverhalten tadeln und schlecht beurteilen. Erfüllt er ihre Erwartungen überhaupt nicht, muss er damit rechnen, gekündigt zu werden.

Andererseits versuchen Vorgesetzte ihre Mitarbeiter häufig durch Lob, Umsatzprämien, Beförderungen usw. für überdurchschnittliche Leistungen zu belohnen.

Um negative Sanktionen zu vermeiden, versuchen Arbeitnehmer meist, ihr Verhalten an die an sie gestellten Erwartungen anzupassen.

Motivation

Die Leistungsbereitschaft des Einzelnen kann durch zusätzliche Leistungsanreize erhöht werden.

Motivation (Anreiz) für eine Leistungssteigerung sind u. a.
- höheres Einkommen,
- bessere Aufstiegschancen,
- interessantere Tätigkeit,
- mehr Selbstständigkeit,
- mehr Urlaub.

Die obige Abbildung zeigt die vom Emnid-Institut ermittelte Rangfolge der Leistungsanreize.

Stärkster Leistungsanreiz ist danach noch immer ein höheres Einkommen. An zweiter Stelle stehen die Selbstständigkeit am Arbeitsplatz und die Karriere. Immerhin würde sich jeder vierte Arbeitnehmer im Beruf mehr engagieren, wenn er bessere Aufstiegschancen hätte.

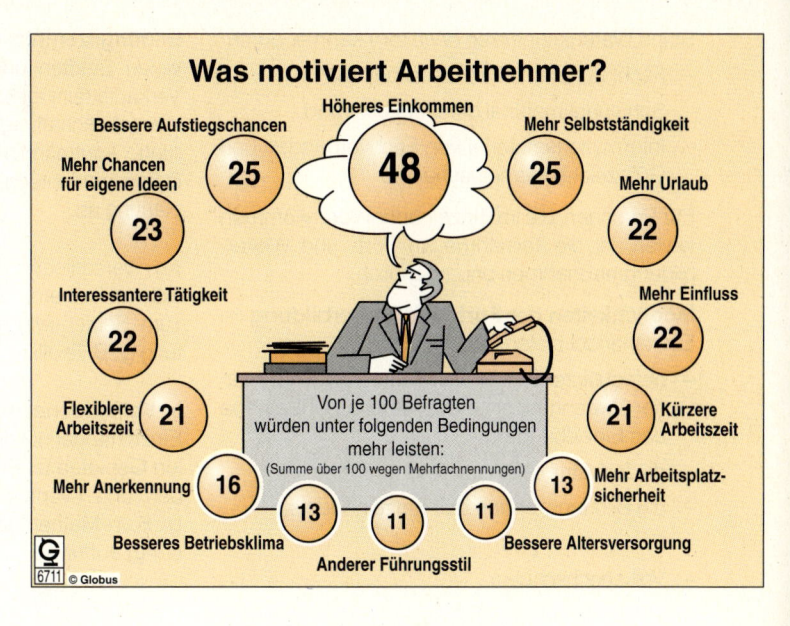

Fort- und Weiterbildung im Einzelhandel

Die in der Ausbildung zum Kaufmann bzw. zur Kauffrau im Einzelhandel erworbenen **Qualifikationen** (Kenntnisse, Fertigkeiten und Fähigkeiten) reichen nicht aus, um ein ganzes Berufsleben lang im Einzelhandel bestehen zu können. Veränderungen und neue Entwicklungen in der Arbeitswelt führen zu veränderten Anforderungen an die Qualifikation der Mitarbeiter im Einzelhandel.

Qualifikationsänderungen ergeben sich u. a. aus

- der Einführung neuer Techniken im Einzelhandel, z. B. EDV-gestützter Warenwirtschaftssysteme und des POS-Banking,
- steigenden Ansprüchen der Kunden, z. B. nach mehr Beratung und mehr Service,
- häufigen Veränderungen im Sortiment, z. B. durch Modeänderungen oder neue technische Entwicklungen.

Einen Teil der neuen Kenntnisse und Fertigkeiten kann sich der Arbeitnehmer im Einzelhandel am Arbeitsplatz aneignen, z. B.

- durch innerbetriebliche Schulungen,
- durch Fragen an erfahrene Arbeitskollegen und Vorgesetzte,
- durch Studium von Produkt- und Verkaufsinformationen, Prospekten und Katalogen der Hersteller.

Seine Warenkenntnisse erweitern kann er durch
- Fachbücher und Fachzeitschriften,
- Schulungsmaterial der Hersteller und
- Informationsmaterial von Fachverbänden und Gütezeichengemeinschaften.

Für Personen, die im Einzelhandel vorankommen wollen, ist die Teilnahme an Fort- und Weiterbildungmaßnahmen unumgänglich.

Möglichkeiten der Fort- und Weiterbildung im Einzelhandel bieten u. a.
- betriebsinterne Weiterbildungsmaßnahmen der Warenhäuser und anderer Großbetriebe des Einzelhandels,
- die Industrie- und Handelskammern,
- die Bildungszentren des Einzelhandels,
- Fachschulen und
- Volkshochschulen.

Bildungszentren des Einzelhandels gibt es in vielen Städten und Regionen. Sie bieten u. a. Verkaufstrainingskurse, Lehrgänge zu Fragen der Warenbeschaffung, Gesprächstechnik, Buchführung, kaufmännischem Rechnen, Steuerrecht, Datenverarbeitung, Personalwesen und Absatzplanung an.

An verschiedenen **Fachschulen** kann man sich in einem bis zu zweijährigen Studium zum Betriebswirt in einer bestimmten Fachrichtung (z. B. Textilien, Eisenwaren) ausbilden lassen.

In **Volkshochschulen** können Arbeitnehmer im Einzelhandel nützliche Zusatzkenntnisse auf vielen Gebieten (z. B. Fremdsprachen, EDV) erwerben und eventuell vorhandene Wissenslücken (z. B. in Mathematik, Buchführung, Rechtschreibung) auffüllen.

Aufgaben

1. Welche unterschiedlichen Anforderungen stellen Vorgesetzte, Kollegen und Kunden an einen Verkäufer?
2. Wodurch können für Angestellte Rollenkonflikte entstehen?
3. Welche Folgen kann es haben, wenn ein Arbeitnehmer nicht den Erwartungen seiner Vorgesetzten entspricht?
4. Durch welche Anreize lässt sich die Leistungsbereitschaft der Arbeitnehmer im Einzelhandel erhöhen?
5. Warum ist es notwendig, dass sich die Kauffrau und der Kaufmann im Einzelhandel auch nach Abschluss der Berufsausbildung weiterbilden?
6. Welche Möglichkeiten gibt es, neue Kenntnisse und Fertigkeiten am Arbeitsplatz zu erwerben?
7. Welche Fort- und Weiterbildungseinrichtungen kann ein Arbeitnehmer im Einzelhandel nutzen?

Zusammenfassung

Die Berufsrolle

ergibt sich aus der Summe der Erwartungen, die an eine Person im Rahmen ihrer Berufstätigkeit gestellt werden:
- Erwartungen der Vorgesetzten
- Erwartungen der Kollegen und Mitarbeiter
- Erwartungen der Kunden

Rollenkonflikte

entstehen, wenn
- eine Person eine Erwartung nicht erfüllt,
- widersprüchliche Erwartungen an eine Person gestellt werden.

Qualifikationsänderungen

im Einzelhandel erfordern
- Aneignen neuer Kenntnisse und Fertigkeiten am Arbeitsplatz **(Lernen am Arbeitsplatz)**,
- Teilnahme an **Fort- und Weiterbildungsmaßnahmen.**

Motivation

für Arbeitnehmer sind besonders
- höheres Einkommen,
- eine interessantere Tätigkeit,
- bessere Aufstiegschancen.

13   Electronic Commerce

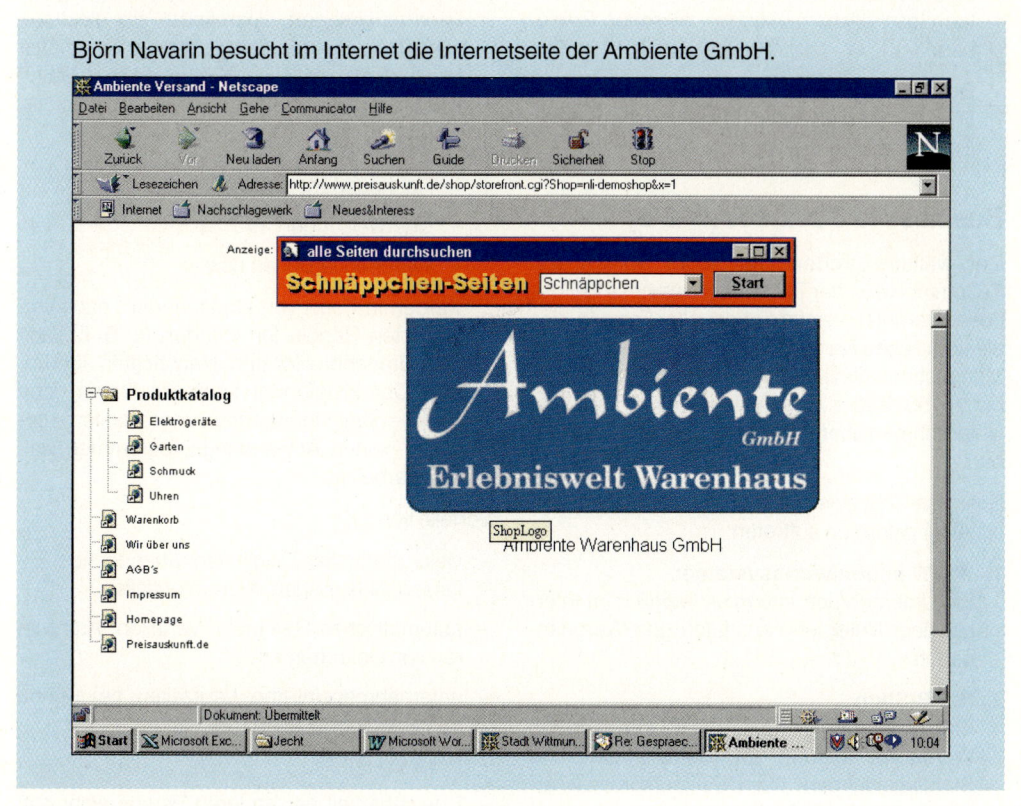

Björn Navarin besucht im Internet die Internetseite der Ambiente GmbH.

Über welche Funktionen verfügt dieser Internetshop?

Information

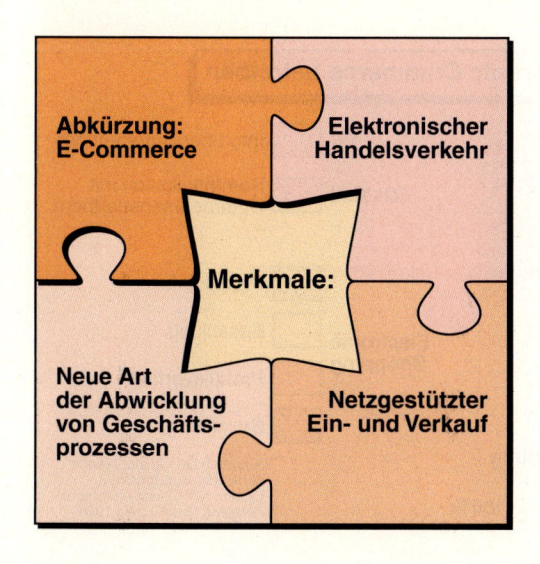

Electronic Commerce verändert die Geschäftswelt immer schneller und nachhaltiger. Die Entwicklung des Electronic Commerce steht gerade erst am Anfang, doch die neu entstehenden elektronischen Marktplätze werden bereits unter den Einsteigern aufgeteilt. Durch Electronic Commerce werden traditionelle Geschäftstätigkeiten völlig neu gestaltet. Die Teilnahme am globalen Wettbewerb wird für Unternehmen erleichtert und die Bedeutung der geografischen Lage eines Unternehmens reduziert.

Unter Electronic Commerce wird die elektronische Geschäftsabwicklung über das Internet verstanden: Dazu zählen also alle Formen des Einkaufs und Verkaufs von Waren und auch Dienstleistungen auf der Basis von Rechnernetzen. Es gibt zwei Arten des Electronic Commerce:

Puzzle:
- Abkürzung: E-Commerce
- Elektronischer Handelsverkehr
- Merkmale:
- Neue Art der Abwicklung von Geschäftsprozessen
- Netzgestützter Ein- und Verkauf

- **Business to Business (B-2-B)**
  Darunter fallen alle elektronisch durchgeführten Geschäftstransaktionen zwischen Betrieben.

- **Business to Consumer (B-2-C)**
  Dies ist der elektronische Versandhandel mit Endkunden (Teleshopping).

Business to Business (B-2-B)

Der weitaus größere Teil (über 90 %!) von E-Commerce ist der Teilbereich Business to Business. Darunter versteht man alle Formen des elektronischen Handels zwischen *Unternehmen*. Man rechnet damit, dass in den nächsten Jahren bis zu 50 % der Geschäftsprozesse zwischen Unternehmen über das Internet abgewickelt werden.

Business to Business kann in verschiedenen Erscheinungsformen auftreten:

1. **WWW-Informationssysteme:**
   Ein Unternehmen *informiert* lediglich im Internet über Unternehmensdaten und Warenangebot.

2. **B-2-B-Shop:**
   Ein Unternehmen bietet anderen Firmen Waren im Internet an. Bestellungen und Statusmeldungen beim Einkaufsprozess erfolgen über E-Mail oder über einen eigenen, nur dem Kunden zuständigen Bereich im Internetshop.

3. **EDI:**
   EDI (Electronic Data Interchange) ist die rechnergestützte Zusammenarbeit von Geschäftspartnern, die sich immer mehr von anderen Formen der Datenübertragung ins Internet verlagert. Hier findet ein elektronischer Dokumentenaustausch über Geschäftstransaktionen zwischen Betrieben statt. Daten wie z. B.

   - Bestellungen,
   - Rechnungen,
   - Überweisungen,
   - Warenerklärungen usw.

   werden in Form von strukturierten, nach vereinbarten Regeln formatierten (z. B. Edifact- oder Branchen-Normen) Nachrichten übertragen. Der Empfänger kann die Daten dann direkt – ohne eigene Erfassungsarbeiten – sofort in seinen Anwendungsprogrammen weiterverarbeiten.

Vorteile von EDI:

- viele manuelle Tätigkeiten (mehrfaches Erfassen, Nachfragen, Klären) entfallen
- automatisches Sammeln, Verteilen, Archivieren von Dokumenten
- unternehmensinterne Laufzeiten bei Kunde und Händler entfallen
- Postweg entfällt
- Erreichbarkeit der anderen Person nicht notwendig
- Missverständnisse und Sprachbarrieren entfallen
- keine wiederholten Erfassungsfehler (Flüchtigkeitsfehler).

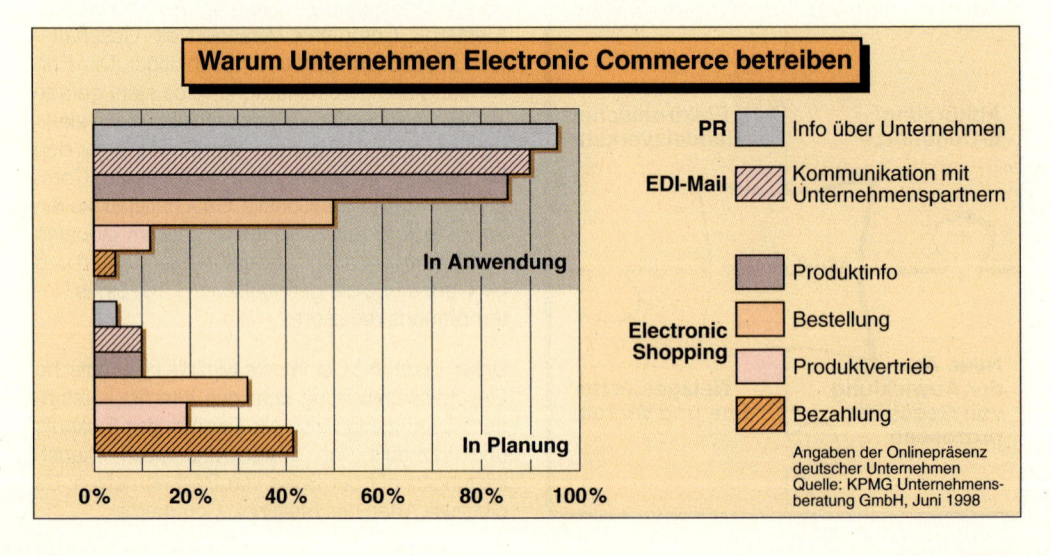

Warum Unternehmen Electronic Commerce betreiben

PR – Info über Unternehmen
EDI-Mail – Kommunikation mit Unternehmenspartnern

Electronic Shopping:
- Produktinfo
- Bestellung
- Produktvertrieb
- Bezahlung

In Anwendung / In Planung

Angaben der Onlinepräsenz deutscher Unternehmen
Quelle: KPMG Unternehmensberatung GmbH, Juni 1998

Business to Consumer (B-2-C)

Hierunter versteht man die elektronischen Handelsbeziehungen zu *Endkunden*. Erscheinungsformen sind:

- **WWW-Informationssysteme** für internetgestützte Marketingmaßnahmen, wo Konsumenten z. B. über neue Produkte *informiert* werden.
- **Webshops:** Onlineangebot von Produkten an Endverbraucher, die über das Internet Waren bestellen können.

Vorteile von Electronic Commerce im Bereich Business to Consumer für den Kunden:

- Bestellung „vom Lehnstuhl aus"
- stets aktuelle elektronische Kataloge, eventuell in multimedialer Form
- variable Präsentationsformen
- Sonderwünsche: einfache Artikulation und rasche Beantwortung
- einfachere Angebotsvergleiche
- Transparenz und Preis
- ständige Verfügbarkeit der Waren
- Kaufen rund um die Uhr (keine Ladenschlusszeiten)
- kein Gedränge und Warten an den Kassen
- kein Stau und keine Parkplatzprobleme
- bei Waren immaterieller Natur: Auslieferung elektronisch

Durch den Einstieg in Electronic Commerce bieten sich für Unternehmen zahlreiche Vorteile:

- Es ist eine Möglichkeit, neue Märkte zu erschließen.
- Die wichtige Zielgruppe der Internetnutzer kann direkt angesprochen werden.
- Die vielfältigen multimedialen Möglichkeiten des Internets können zur optimalen Information und Angebotspräsentation genutzt werden.
- Durch die Interaktivität ergibt sich eine optimale Kundenorientierung.
- Die Vertriebsprozesse werden verkürzt und weitgehend automatisiert.
- Kundenprofile und Vertriebsdaten lassen sich kontinuierlich und automatisch sammeln und stehen aufbereitet jederzeit aktuell zur Verfügung.
- Die erhöhte Markttransparenz führt aber auch zu einer Erhöhung des Wettbewerbs.

Die **Nachteile** von Electronic Commerce im Bereich Business to Consumer entsprechen jenen des Versandhandels:

- Produkte können nicht real betrachtet und physisch geprüft werden.
- Einkaufsspaß geht verloren.
- Impulskäufe werden provoziert.
- Unzureichende Schutzmaßnahmen gegen Irreführung und Missbrauch.

Onlineshop

Der Handel von Waren und Dienstleistungen über das Internet erfordert eine dem realen Geschäft vergleichbare Verkaufsstelle, die „Onlineshop" genannt wird. Damit der Kunde – egal ob Endverbraucher oder Unternehmen – eine solche Verkaufsstelle annimmt und dort Waren oder Dienstleistungen bestellt, sollte ein möglichst umfassendes Sortiment angeboten werden. Auch die angebotene Zahlungsweise sollte kundenfreundlich sein und auf möglichst bekannten Verfahren basieren.

Im Gegensatz zu einer realen Verkaufsstelle ist ein Onlineshop nur über das Internet zu erreichen, sodass sein Standort für den Kunden nicht transparent ist. Dies wirkt sich insbesondere bei Lieferproblemen und sonstigen Reklamationen aus. Werden die Onlineshops von den Betreibern als Ergänzungen zu realen Verkaufsstellen und als zusätzlicher Verkaufskanal eingesetzt, so entsteht kein zusätzliches Problem. Ein Onlineshop ist eine virtuelle Verkaufsstelle, die sich vom Angebot und vom Kundenservice her möglichst nicht von einem realen Geschäft unterscheiden sollte.

Ein Onlineshop besteht aus einer Software, die auf einem Server installiert ist. Die für einen Onlineshop benötigte Software kann eine modulare und anpassbare Standardsoftware oder eine speziell für das Unternehmen erstellte sein. Sie unterstützt die Präsentation der angebotenen Waren/Dienstleistungen, die Bestellung der ausgewählten Angebote und gegebenenfalls auch die Zahlungsabwicklung.

Gerade bei dem Bestellvorgang unterscheiden sich die Systeme in starkem Maß. Um den Kunden einen möglichst großen Komfort anzubieten, sollte ein Warenkorbsystem integriert sein. Ein solches System präsentiert einerseits das angebotene Sortiment und erlaubt andererseits eine komfortable Zusammenstellung der bestellten Waren, sodass nach Plausibilitätskontrollen, Aggregationen und sonstigen Überprüfungen ein Gesamtbestellvorgang vom Kunden ausgelöst wird.

Der nach außen sichtbare Teil („front end") eines Onlineshops beinhaltet dann ein großes Rationalisierungspotenzial für das Unternehmen, wenn dieser in das im Unternehmen installierte Warenwirtschafts-, Lagerhaltungs- oder Fakturierungssystem („back end") integriert ist.

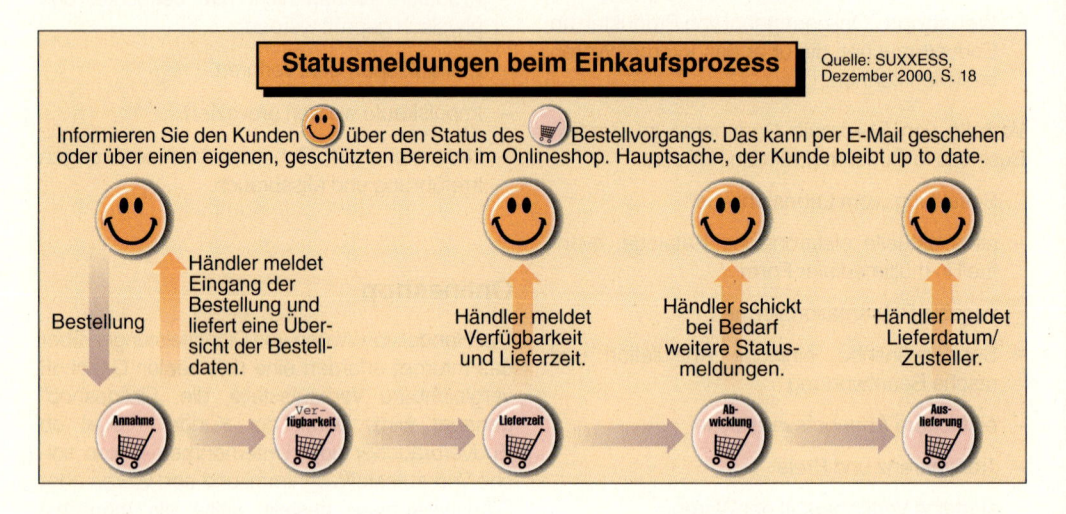

Statusmeldungen beim Einkaufsprozess

Quelle: SUXXESS, Dezember 2000, S. 18

Informieren Sie den Kunden über den Status des Bestellvorgangs. Das kann per E-Mail geschehen oder über einen eigenen, geschützten Bereich im Onlineshop. Hauptsache, der Kunde bleibt up to date.

Bestellung	Händler meldet Eingang der Bestellung und liefert eine Übersicht der Bestelldaten.	Händler meldet Verfügbarkeit und Lieferzeit.	Händler schickt bei Bedarf weitere Statusmeldungen.	Händler meldet Lieferdatum/Zusteller.
Annahme	Verfügbarkeit	Lieferzeit	Abwicklung	Auslieferung

Ein idealer Shop umfasst folgende Funktionen:

- Begrüßung
- News
- Firmenpräsentation
- Sonderangebote
- Feststellung und Prüfung der Kundenidentität
- Produktkatalog mit weitgehenden Informationen, z. B. Testberichte, Produktverfügbarkeit
- Warenkorb und Preisberechnung
- Bestellung
- Bestellbestätigung
- Zahlungsabwicklung
- AGB

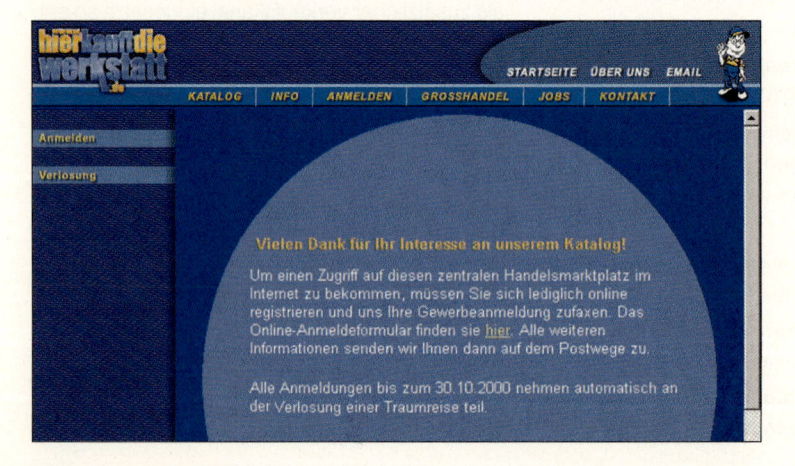

Erste Hürde:

Vor dem Einkaufen steht die Registrierung – wichtig im B-2-B-Geschäft, damit sich nicht Endkunden in den B-2-B-Shop verirren.

Übersichtlich:

In einem eigenen Kundeninformationszentrum sind detaillierte Bestellinformationen zu finden.

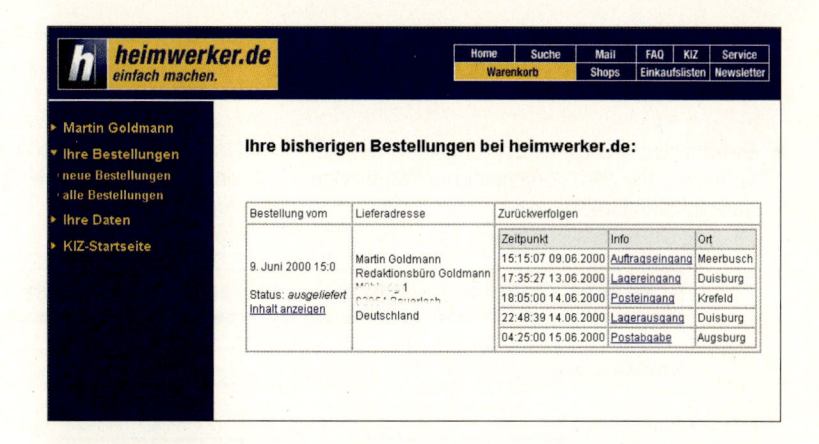

Klare Aussage:

So wie industrialweb sollten alle B-2-B-Plattformen klar verständlich ihre Geschäftsbedingungen erklären.

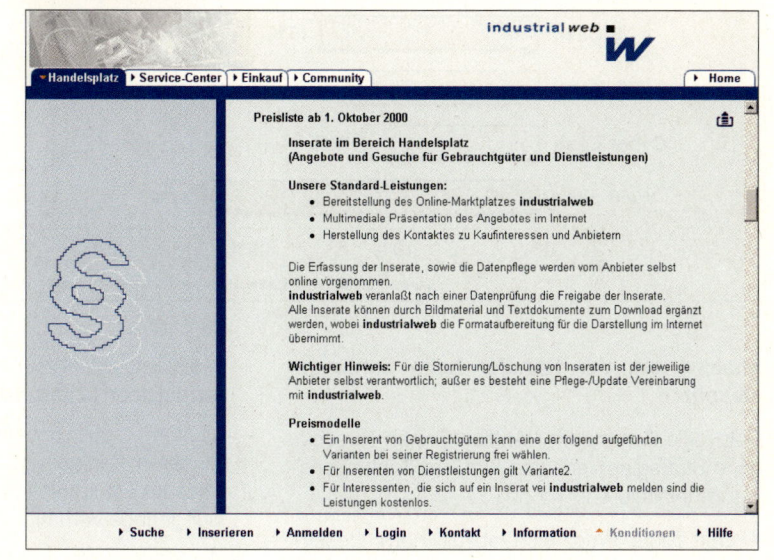

Verschiedene Zahlungsmittel und -methoden im Internet

Die Probleme bei Zahlungen im Internet sind: Wie kann sich ein Käufer gegenüber dem Verkäufer ausweisen und wie bezahlt er die bestellte Ware? Der Verkäufer kann grundsätzlich nicht automatisch wissen, wer Besucher seiner Internetseiten und damit potenzieller Käufer ist. Als Zahlungsalternativen stehen zur Auswahl:

- **Kreditkarten:** Ihr größter Vorteil ist, dass sie weltweit verbreitet sind und sich deshalb auch für die Onlineabrechnung anbieten. Vor allem das unverschlüsselte Versenden von Kreditkartennummern und Kontoangaben über das Internet gilt aber vielen Nutzern als zu unsicher, was Electronic Commerce nicht unwesentlich einschränkt.

- **Per Nachnahme:** Diese Variante ist oft umständlich, da der Käufer anwesend sein muss, wenn die Ware geliefert wird.

- **Auf Rechnung:** Eine Lieferung auf Rechnung birgt ein größeres Risiko für den Verkäufer als für den Käufer.

- **Per Bankeinzug** (elektronisches Lastschriftverfahren): Der Käufer teilt dem Verkäufer seine Bankinformationen mit und der Betrag wird abgebucht.
Gibt es Probleme mit der Lieferung, kann der Käufer die Abbuchung innerhalb von sechs Wochen rückgängig machen. Der Verkäufer weiß jedoch weder, ob das Konto existiert, noch, ob es mit dem Kunden in Zusammenhang steht.

- **Auf Vorkasse:** Diese Variante ist sehr gefährlich für den Käufer (vor allem, wenn der Lieferant nicht bekannt ist).

- **Elektronisches Geld:** Zahlungsform der Zukunft werden die verschiedenen Methoden des digitalen Geldes sein.

Da sich viele dieser Zahlungssysteme aber noch in der Test- und Entwicklungsphase befinden, hat sich ein allgemeiner Standard noch nicht durchsetzen können. Ein weiterer Nachteil: Elektronische Zahlungen dieser Art sind nur zwischen Mitgliedern des gleichen Verfahrens möglich.

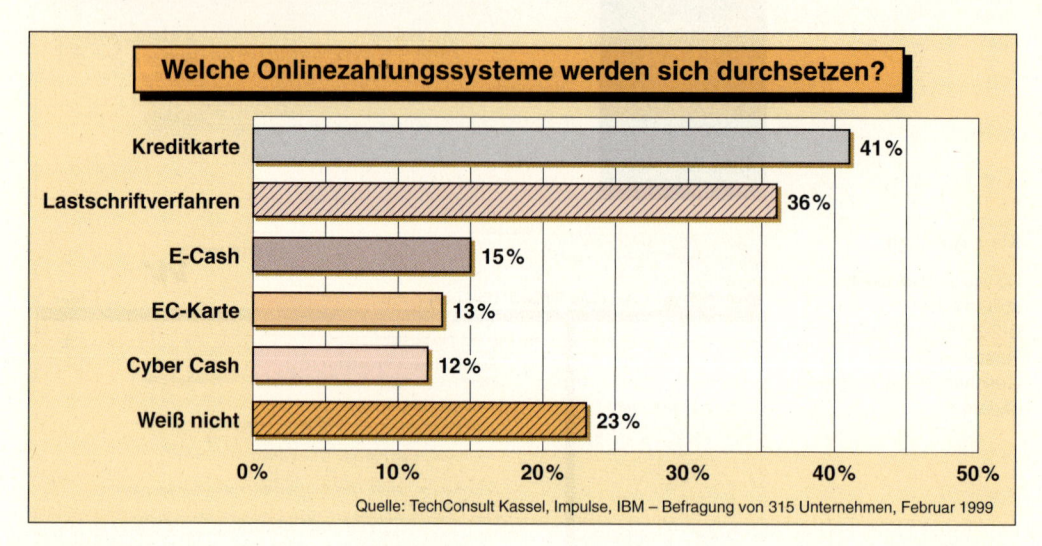

Welche Onlinezahlungssysteme werden sich durchsetzen?

System	Prozent
Kreditkarte	41%
Lastschriftverfahren	36%
E-Cash	15%
EC-Karte	13%
Cyber Cash	12%
Weiß nicht	23%

Quelle: TechConsult Kassel, Impulse, IBM – Befragung von 315 Unternehmen, Februar 1999

Absicherung der Händler beim Zahlungsverkehr

Electronic-Commerce-Händler können verschiedene Strategien verfolgen, um ihre Zahlungsrisiken zu minimieren:

- Der beste Weg, sich abzusichern, besteht darin, seine Kunden kennen zu lernen. So ist in vielen Internetshops Voraussetzung für die Benutzung des Bankeinzugs (elektronischer Lastschrifteinzug), dass sich der Kunde beim ersten Einkauf registrieren lässt und zunächst einmal mit einer für den Händler relativ sicheren Zahlungsform bezahlt. Wer beim ersten Kauf korrekt bezahlt hat, genießt zukünftig einen gewissen Zuverlässigkeitsbonus.

- Zur Identifizierung des bezahlenden Käufers eignen sich aber auch so genannte „Dual-Channel-Shopping"-Verfahren, bei denen der Kauf etwa durch eine SMS bestätigt wird. Der Kunde muss sich zunächst mit seiner Mobiltelefonnummer und einem Passwort für dieses Verfahren anmelden. Sein Handy ist dann der zweite Kanal, der ihn identifiziert.

- Kunden und Verkäufer können auch das Protokoll SSL (Secure Socket Layer) zur sicheren Datenübertragung verwenden. Sensible Informationen wie Personen- oder Kreditkarteninformationen sind so vor Hackern geschützt.

- Weitere sehr hochwertige Varianten des sicheren Zahlens im Internet wie z. B. SET (Secure Electronic Transactions) haben bisher nur geringe Verbreitung gefunden.

- Ab 2001 ist die digitale Signatur rechtsgültig. Sie erlaubt das Unterschreiben beim Onlineeinkaufen, sodass dem Händler eine echte Zahlungsgarantie geboten wird. Voraussetzung hierfür ist, dass genügend Nutzer über Kartenleser und Signaturkarte verfügen.

Entwicklung von Electronic Commerce

In der Detailbetrachtung zeigt sich, dass der Gesamtablauf der Geschäftsprozesse konventionell wesentlich anders aussieht als im Electronic Commerce. Auch im Bereich Marketing müssen neue Produkt-, Preis-, Distributions- und Kommunikationskonzepte gefunden werden.

Momentan liegt der weitaus größere Teil von Electronic Commerce im Business-to-Business-Bereich. Nach Ansicht aller Experten wird sich jedoch auch das Teleshopping (Business to Consumer) als neuartige Form des Einkaufens als **eine** echte Alternative zum herkömmlichen Einkaufen etablieren. Der heutige Kunde möchte

- seine Wünsche schneller als bisher erfüllt haben,
- die Produkte billiger einkaufen,
- bessere Qualität für Waren und Dienstleistungen bekommen.

Durch die Möglichkeit, diese Forderung zu erfüllen, werden Electronic Commerce und das Internet populär. Auf den Einzelhandel hat dies mit Sicherheit große Auswirkungen.

Die Abwicklung von Geschäften über das Internet wird also sicherlich schneller vorankommen als gegenwärtig prognostiziert wird. Gleichwohl ist festzuhalten, dass einige Fragen noch ungeklärt sind. Dies sind vor allem Themengebiete, die die Versteuerung von Internetumsätzen, die Sicherheit von Daten, Standards des elektronischen Zahlungsverkehrs sowie die Eigentumsrechte von Onlineinhalten betreffen.

Aufgaben

1. Was versteht man unter Electronic Commerce?
2. Wodurch unterscheiden sich die Electronic-Commerce-Varianten Business to Business und Business to Consumer?
3. In welchen Erscheinungsformen kann Business to Business auftreten?
4. Erläutern Sie Begriff und Vorteile von EDI.
5. Welche Vorteile hat die Einführung von Electronic Commerce im Bereich Business to Consumer
   a) für den Kunden,
   b) für ein Unternehmen?
6. Erläutern Sie Begriff und Funktionen eines Onlineshops.
7. Welche Probleme treten bei Zahlungen im Internet auf?
8. Welche Zahlungsalternativen stehen dem Käufer bei Electronic-Commerce-Geschäften zur Auswahl?
9. Um sich über die Abläufe und Geschäftsprozesse im E-Commerce (Business to Consumer/Teleshopping) zu informieren, besuchen Sie den für Sie eingerichteten Shop unter der Adresse:

   http://www.preisauskunft.de/shops/nli-demoshop

   im Internet.

   (Sie können dort jede Art geschäftlicher Transaktion vornehmen, ohne zu befürchten für einen Artikel zahlen zu müssen.)

   a) Kaufen Sie drei Artikel Ihrer Wahl.
   b) Vergleichen Sie die AGBs mit normal üblichen AGBs. Gibt es Unterschiede?
   c) Unter welchen möglichen Zahlungsalternativen kann der Kunde dort auswählen? Erläutern Sie jeweils Vor- und Nachteile für Kunde und Unternehmen.
   d) Erkunden Sie, welche Chancen und Risiken sich für Kunden beim Einkauf im Internet ergeben.

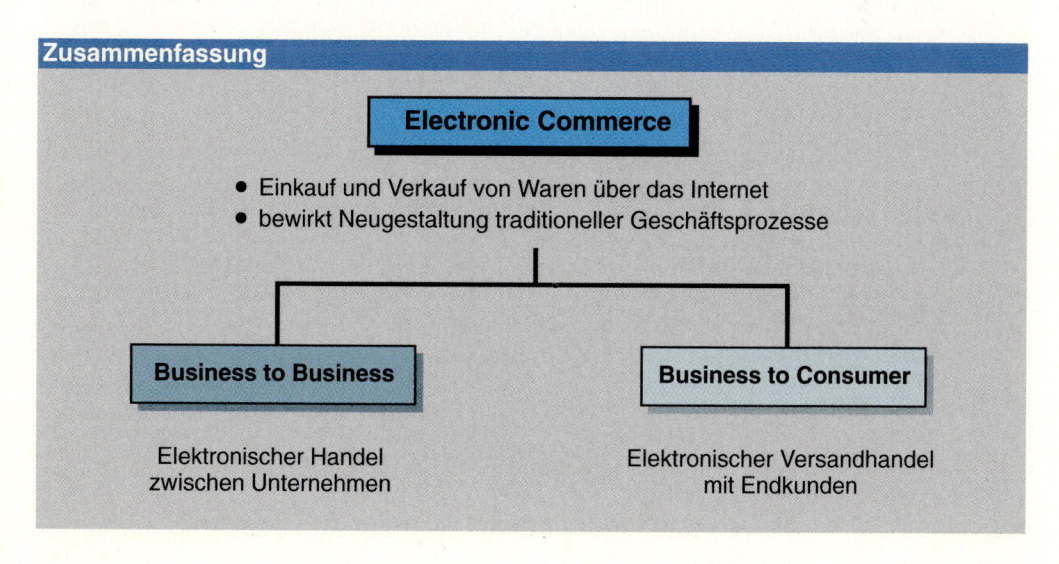

Zusammenfassung

Electronic Commerce

- Einkauf und Verkauf von Waren über das Internet
- bewirkt Neugestaltung traditioneller Geschäftsprozesse

Business to Business
Elektronischer Handel zwischen Unternehmen

Business to Consumer
Elektronischer Versandhandel mit Endkunden

14 Lern- und Arbeitstechniken in Einzelhandelsfachklassen

Die Einzelhandelsklasse von Frank Berblinger bekommt vom Klassenlehrer den Arbeitsauftrag, ein Kapitel des Schulbuchs durchzulesen. Gleichzeitig verteilt er den folgenden Text und fordert zum aktiven Lesen auf.

Aktives Lesen

Über 80 % unseres Wissens eignen wir uns durch das Lesen an. Wenn das Lesen ein so zentraler Informationsweg ist, werden sich schlechte Lesegewohnheiten umso nachteiliger auswirken. Sie werden also um die Frage, wie gut Ihr Leseverhalten ist, nicht herumkommen. Unwirksam ist es vor allem dann, wenn Sie einen passiven Lesestil praktizieren. Passiv bedeutet einen Text lediglich mit dem Auge zu bearbeiten und ihn so ein oder mehrere Male durchzulesen. Dadurch wird das Gedächtnis unterversorgt, die Konzentration belastet und weniger gelernt.

Die Alternative zum passiven ist das *aktive Lesen*: Sie nehmen dabei den Lesestoff auf mehreren Lernwegen auf. Es wird mehr getan als nur gelesen. Wissenschaftliche Untersuchungen haben gezeigt, dass ein aktives Leseverhalten zu deutlich besseren Aufnahme-, Verarbeitungs- und Behaltensleistungen führt als das übliche passive Leseverhalten. Darüber hinaus wird auch Zeit gespart.

Zum aktiven Lesen gehört:

1. das Unterstreichen und Markieren wichtiger Textstellen.
2. das Anbringen von Merk- und Arbeitszeichen. Bringen Sie dort, wo Textstellen eine bestimmte Bedeutung haben, am Rand Zeichen oder Buchstaben an.
3. das systematische und schrittweise Herangehen an den Text mit der 5-Schritt-Methode:

   – **Schritt 1:** Überfliegen Sie den Text grob.

   Sie verschaffen sich durch diagonales Lesen einen ersten Überblick über den Inhalt des Gesamttextes. Um eine gewisse Vorinformation zu bekommen, lesen Sie rasch – ohne Zeile für Zeile durchzugehen – Überschriften, Einleitungen und Zusammenfassungen. Dadurch wird eine spätere Einordnung der Informationen erleichtert.

   – **Schritt 2:** Stellen Sie Fragen an den Text.

   Grundlage sind die Informationen, die Sie im ersten Schritt gesammelt haben. Solche Fragen können sein:
   - Welche Kapitel, Absätze, Begriffe sind unbekannt, unverständlich?
   - Wo kann auf gründliches Lesen verzichtet werden?
   - Wo kann auf Vorkenntnisse zurückgegriffen werden?
   - Welche Informationsquellen müssen bereitgelegt werden?
   - Können alte Aufzeichnungen verwendet werden?

   – **Schritt 3:** Lesen Sie den Text gründlich und konzentriert.

   Schritt 1 und 2 waren nur die Vorbereitung für das eigentliche Lesen, das dadurch jedoch aktiver, konzentrierter und mit dem Blick auf das Wesentliche erfolgt.
   - Lesen Sie den Text Absatz für Absatz intensiv durch.
   - Unterteilen Sie diese Lesephase in kleine Schritte.

   Überlegen Sie nach jedem Schritt, ob die an den Text gestellten Fragen hinreichend beantwortet sind.
   - Schenken Sie Zeichnungen, Abbildungen, Tabellen besondere Aufmerksamkeit. Diese können zum besseren Verständnis des Textes beitragen.
   - Werten Sie andere Informationsquellen aus, um unbekannte Fachausdrücke und Definitionen kennen zu lernen.

   – **Schritt 4:** Verkürzen Sie den Textinhalt auf das Wesentliche.

   Durch Unterstreichen wichtiger Textstellen und das Anbringen von Merk- und Arbeitszeichen sollen Sie die wichtigsten Aussagen sichtbar machen. Dieser Schritt ist auch eine Art Selbstkontrolle. Sie überprüfen, ob Sie den eigentlichen Inhalt verstanden haben.

   – **Schritt 5:** Wiederholen Sie den Gesamttext.

   Ohne alles gründlich zu lesen, wiederholen Sie vor allem die unterstrichenen bzw. markierten Stellen.

   Optimal wäre es, wenn Sie die wichtigsten Aussagen in einer Struktur darzustellen versuchen.

Auch wenn Ihnen das aktive Lesen zunächst etwas zeitraubend und umständlich erscheint, werden Sie nach einiger Übung damit sicherlich merken, wie viel schneller und besser Sie sich den Lernstoff einprägen und behalten können.

Warum vermittelt der Klassenlehrer von Frank Berblinger nicht nur Fachwissen?

Information

Nach Ihrer Ausbildung in der Berufsschule und Ihrem jetzigen Ausbildungsbetrieb werden Sie als Kaufmann/Kauffrau im Einzelhandel in ein Einzelhandelsunternehmen eintreten. Dort werden in Zukunft folgende Anforderungen an Sie gestellt werden:

Qualifikationsprofil

Kaufmännische Angestellte

Auf die Frage „Worauf kommt es bei Ihrer Arbeit an?" antworteten so viel Prozent der kaufmännischen Angestellten (Mehrfachnennungen):

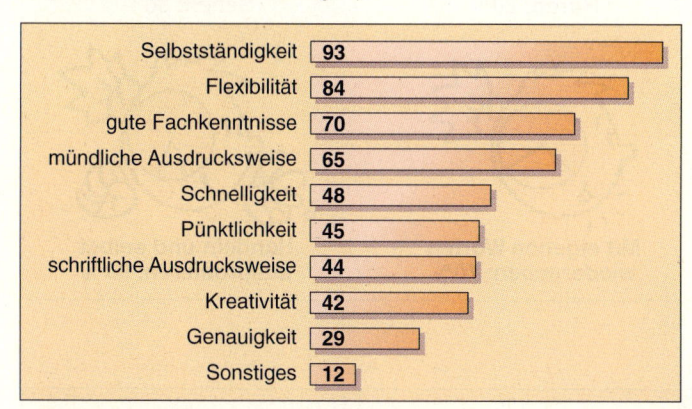

Merkmal	Prozent
Selbstständigkeit	93
Flexibilität	84
gute Fachkenntnisse	70
mündliche Ausdrucksweise	65
Schnelligkeit	48
Pünktlichkeit	45
schriftliche Ausdrucksweise	44
Kreativität	42
Genauigkeit	29
Sonstiges	12

Deutlich wird, dass nicht mehr allein nur Fachkenntnisse (die im Laufe der Zeit durch neue Entwicklungen relativ rasch veralten) von Ihnen erwartet werden. Als immer wichtiger wird die Beherrschung von *Schlüsselqualifikationen* durch Arbeitnehmer angesehen.

Schlüsselqualifikationen

Schlüsselqualifikationen ermöglichen Ihnen eine *umfassende Handlungsfähigkeit* in Ihrem zukünftigen Beruf. Um die Arbeit in Ihrem späteren Berufsleben selbstständig planen, ausführen und kontrollieren zu können, sollten Sie also bereits in der Berufsausbildung – von konkreten Handlungssituationen ausgehend – die Möglichkeit haben neben Fachkompetenz auch Methoden- und Sozialkompetenz zu erwerben. Sie sollten sich also mit den wichtigsten Lern-, Arbeits-, Gesprächs- und Kooperationstechniken vertraut machen. Dies soll Sie in die Lage versetzen an die mehr oder weniger komplexen Arbeitsaufgaben, die in Ihrer beruflichen Zukunft auf Sie warten, routiniert und kompetent heranzugehen.

- Neue Technologien
- Globale Wissensexpansion
- Sinkende Halbwertszeit des Wissens
- Rasanter Strukturwandel
- Moderne Arbeitskonzepte
- Veränderte Unternehmensstrategien
- Globaler Wettbewerb
- Internationale Wirtschaftsverflechtung
- Stärkere Vernetzung aller Teilbereiche in den Betrieben
- Veränderte gesellschaftliche und familiäre Lebenssituationen

↓

Veränderte kaufmännische Arbeitssituationen

↓

Zunahme der Bedeutung von Schlüsselqualifikationen

Sie werden erfolgreich sein, wenn Sie die Bereitschaft mitbringen

- neue Inhalte, aber auch neue Methoden kennen zu lernen und *offen* und vorurteilsfrei an diese heranzugehen,
- die Arbeitsaufträge (gemeinsam mit Ihren Mitschülern und Mitschülerinnen) *selbstständig* zu bearbeiten,
- selbst *aktiv* im Unterricht zu *handeln* (statt passiv eine Informationsvermittlung nur durch den Lehrer zu „erdulden").

Um in der zukünftigen Arbeitswelt bestehen zu können, müssen Sie eine Vielzahl von Methoden beherrschen, mit denen Sie unterschiedliche Aufgaben z. B. im Betrieb optimal erfüllen können. Wir halten neben *anderen* die auf den nächsten Seiten aufgeführten Arbeitstechniken und Methoden für so wichtig, dass sie Ihnen bereits in der Schule vermittelt werden sollten.

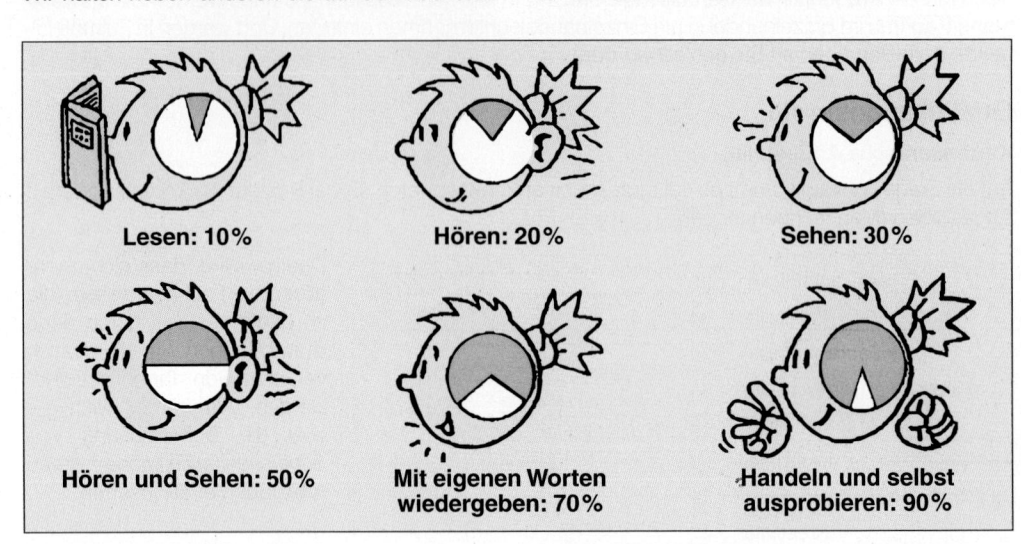

Lesen: 10%

Hören: 20%

Sehen: 30%

Hören und Sehen: 50%

Mit eigenen Worten wiedergeben: 70%

Handeln und selbst ausprobieren: 90%

Schlüsselqualifikationen

Dimension	I Organisation und Ausführung der Übungsaufgabe	II Kommunikation und Kooperation	III Anwenden von Lerntechniken und geistigen Lerntechniken	IV Selbstständigkeit und Verantwortung	V Belastbarkeit
Zielbereich	Arbeitsplanung, Arbeitsausführung, Ergebniskontrolle	Verhalten in der Gruppe, Kontakt zu anderen, Teamarbeit	Lernverhalten, Auswerten und Weitergeben von Informationen	Eigen- und Mitverantwortung bei der Arbeit	Psychische und und physische Beanspruchung
Wesentliche Einzelqualifikationen	Zielstrebigkeit Sorgfalt Genauigkeit Selbststeuerung Selbstbewertung Systematisches Vorgehen Rationelles Arbeiten Organisationsfähigkeit Flexibles Disponieren Koordinationsfähigkeit	Schriftliche und mündliche Ausdrucksfähigkeit Sachlichkeit in der Argumentation Aufgeschlossenheit Kooperationsfähigkeit Einfühlungsvermögen Integrationsfähigkeit Kundengerechtes Verhalten Soziale Verantwortung Fairness	Weiterbildungsbereitschaft Einsatz von Lerntechniken Verstehen und Umsetzen von Zeichnungen und Schaltplänen Analogieschlüsse ziehen können Formallogisches Denken Abstrahieren Vorausschauendes Denken Transferfähigkeit Denken in Systemen, zum Beispiel in Funktionsblöcken Umsetzen von theoretischen Grundlagen in praktisches Handeln Problemlösendes Denken Kreativität	Mitdenken Zuverlässigkeit Disziplin Qualitätsbewusstsein Eigene Meinung vertreten Umsichtiges Handeln Initiative Entscheidungsfähigkeit Selbstkritikfähigkeit Erkennen eigener Grenzen und Defizite Urteilsfähigkeit	Konzentrationsfähigkeit Ausdauer zum Beispiel bei Langzeitaufgaben, wiederkehrenden Aufgaben, Unterforderung und Schwierigkeiten Vigilanz, das heißt Aufmerksamkeit bei abwechslungsarmen Beobachtungstätigkeiten Frustrationstoleranz Umstellungsfähigkeit

Methoden zur selbstständigen Informationsgewinnung

Eine der wichtigsten Schlüsselqualifikationen, die von Arbeitnehmern in Zukunft verlangt werden, ist die Fähigkeit zur selbstständigen Informationsgewinnung. In Ihrer Ausbildung, erst recht aber in Ihrem späteren Arbeitsleben, müssen Sie daher alle Methoden beherrschen, um rasch und sinnvoll an wichtige Informationen heranzukommen. Wichtigste Methoden in diesem Bereich sind:

- Aktives Lesen (vgl. Einstiegsfall)
- Kritisches Lesen
- Exzerpieren
- Notizen und Mitschriften machen
- Erkundung
- Interview/Sachverständigenbefragung

Methoden zur selbstständigen Informationsverarbeitung

Sowohl in der Schulpraxis als auch im Berufsleben müssen gewonnene Informationen verarbeitet werden. Sie müssen also alle Methoden beherrschen, um Informationen aufbereiten zu können. Diese Methoden befähigen Sie Inhalte

- zu reduzieren,
- zu strukturieren,
- wiederzugeben,
- darzustellen.

Zu den wichtigsten Methoden in diesem Bereich zählen:

- Inhalte reduzieren und Wesentliches erkennen
- Informationen ordnen und strukturieren
- Bericht schreiben
- Protokoll
- Erstellen und Auswerten von Tabellen und Schaubildern

Visualisieren, Präsentieren, Moderieren

In Ihrem späteren Berufsleben – aber auch schon jetzt in der Schule – werden Sie häufig gefordert sein in bestimmten Situationen frei zu sprechen bzw. auch zu argumentieren. Manch einer hat jedoch Hemmungen, vor anderen Personen aufzutreten.
Kundenorientiertes Verhalten und die Fähigkeit, sich selbst mitzuteilen, werden im Berufsleben immer wichtiger. Dazu gehören auch die Bereitschaft und die Fähigkeit zur Teamarbeit. Diese Qualifikationen verlangen von Ihnen die Beherrschung von Methoden, die für eine gedeihliche Zusammenarbeit und Diskussion unabdingbar sind.

Methoden zur Unterstützung der Visualisierung, Präsentation und Moderation sind:

- Präsentation
- Visualisierung
- Diskussion
- Rollenspiel

Innere und äußere Vorbereitung

Nicht optimale Lernbedingungen können den Lernprozess beträchtlich stören. Deshalb sollten Sie einmal genauer untersuchen, wie Ihre Lernumwelt aussieht und wie sie sich auf Ihr Lernverhalten auswirkt. Vielleicht müssen Sie als Konsequenz daraus einiges lernfördernder gestalten und ändern.

Wenn Sie sich innerlich auf eine bestimmte Arbeits- bzw. Lernsituation vorbereiten, werden Sie diese erfolgreich bestehen. Sie sollten also

– Ziele, die Sie anstreben, festlegen;
– versuchen sich zu motivieren die festgelegten Ziele zu erreichen;
– konzentriert an der Zielerreichung arbeiten;
– für die Zielerreichung störenden Stress abbauen.

Denkverfahren

Denkverfahren sind Lösungsstrategien für Probleme. Man benötigt sie zur erfolgreichen Bearbeitung von Aufgaben. In vielen Fällen ist es günstig, unterschiedliche Denkverfahren zu kombinieren. Anwendung finden z. B. Verfahren wie das

- Definieren,
- Verallgemeinern.

Ideenfindung und Kreativität

Ein wichtiger Baustein zur Wettbewerbsfähigkeit und zum wirtschaftlichen Erfolg von Unternehmen sind Innovationen. Besondere Wertschätzung werden Mitarbeiter erfahren, die eigene Ideen entwickeln und umsetzen, aber auch an der Gestaltung ihrer Arbeitsplätze mitwirken können. Deshalb fordern die Unternehmen in den kaufmännischen Berufen Kreativität als Bestandteil des Qualifikationsprofils ein. Es ist für Sie daher sinnvoll, sich Methoden anzueignen, die Ihr kreatives Potenzial steigern: Einfallsreichtum, Improvisationsfähigkeit und schöpferische Fähigkeiten werden in kaufmännischen Berufen eine immer wichtigere Rolle spielen. Dazu können solche Methoden führen wie z. B.:

- Brainstorming
- Mindmap
- Kartenabfrage

Sozialformen

Abhängig von der Art der Aufgabe, die an Sie gestellt wird, können Sie unterschiedlich bei der Problemlösung vorgehen: einzeln, zu zweit oder in der Gruppe.

Lernen für Prüfungen

Die Unternehmen sind in der Wirtschaft einem ständigen Veränderungsprozess ausgesetzt. Neue Entwicklungen, Positionen, Herausforderungen und Ansprüche, die man an Sie stellt, werden Sie dazu zwingen, sich neue Inhalte anzueignen. Mit der Schule hört das Lernen also nicht auf, sondern es fängt erst richtig an: Jeder Berufstätige muss heute während seiner Berufslaufbahn häufig Weiterbildungsmaßnahmen besuchen. Nur so kann er den Entwicklungen an seinem Arbeitsplatz oder an neuen Arbeitsplätzen folgen oder ihnen voranschreiten.

Deshalb ist es für Sie entscheidend, über geeignete Strategien zu verfügen, um

- Inhalte effektiv zu üben und zu wiederholen,
- sich auf Prüfungen angemessen vorzubereiten,
- selbstständig und ohne Druck zu lernen.

Exemplarische Erläuterung einiger Methoden

Gruppenarbeit:

Die ideale Gruppengröße liegt bei 4 – 6 Teilnehmer/-innen. Bilden Sie die Gruppen selbst nach Sympathie. Nur bei Problemen bitten Sie den Lehrer um sein Eingreifen. Die Gruppen sollen *selbstständig* arbeiten: Die Gruppenmitglieder planen selbst die Herangehensweise an die jeweiligen Handlungsanweisungen oder Arbeitsaufträge, deren Lösung bzw. Durchführung und die sich eventuell anschließende Präsentation. Dabei kann die Gruppe entscheiden, Teilaufgaben in Einzel- oder Partnerarbeit durchzuführen. Die Ergebnisse sollten zu einem gemeinsamen Endergebnis zusammengeführt werden.

Als selbstverständliche Regeln in der Gruppenarbeit gelten:

- Jedes Gruppenmitglied ist für das Ergebnis mitverantwortlich.
- Die Gruppendiskussionen sollten sich immer am Sachziel orientieren.
- Jedes Gruppenmitglied darf sich frei äußern und ausreden. Alle Meinungen werden gegenseitig akzeptiert. Diskussionsbeiträge dürfen allerdings nicht persönlich verletzend sein.
- Vereinbarte Termine werden eingehalten.
- An der Ergebnispräsentation sollten möglichst alle Gruppenmitglieder teilnehmen oder diese zumindest gemeinsam vorbereiten und dann einen Sprecher wählen.
- Jedes Gruppenmitglied ist für die von ihm übernommenen Aufgaben gegenüber der Gruppe verantwortlich.

Mindmap

Das Mindmapping ist eine Arbeitstechnik, Notizen und Gedanken, Gespräche und Ideen auf einfache Weise aufzuschreiben.

Eine Mindmap (wörtlich übersetzt: Gedankenlandkarte) lässt sich in unterschiedlichen Situationen anwenden:

- Zur Zusammenfassung eines Vortrags, eines Artikels, eines Buches,
- zur Ergebnisdokumentation einer Gesprächsrunde: Arbeitsergebnisse können sichtbar gemacht werden,
- für die Planung, Durchführung und Kontrolle von Projekten,
- zur Vorbereitung auf Prüfungen und Tests,
- als Visualisierungstechnik für Besprechungen und Konferenzen,
- zur Kreativität und Ideenfindung: Einfälle und Ideen können festgehalten werden.

Für die Erstellung einer Mindmap sollte man sich an die folgende Ablauffolge halten:

1. Schreiben Sie ein **Schlüsselwort** für das Thema in die Mitte eines Blattes.
   Statt des Themas kann auch ein Symbol dafür ins Zentrum des Papiers gezeichnet werden.

2. Zeichnen Sie – vom Zentrum ausgehend – **Linien** („Äste"), die in verschiedene Richtungen gehen.
   - Versuchen Sie die Linien so anzuordnen, dass Sie weitgehend waagrecht schreiben können.
   - Schreiben Sie auf jede Linie nur wenige Wörter in Druckschrift.
   - Verwenden Sie nur solche Begriffe, die eine Vielzahl von Fakten und Assoziationen zum Thema beinhalten.

3. Um Unterbegriffe aufzunehmen, werden bestehenden Linien neue („dünnere **Nebenzweige**") hinzugefügt.

4. Zur Verbesserung des Arbeitsergebnisses können Sie evtl. Symbole, Pfeile, Zeichen und Farben verwenden.

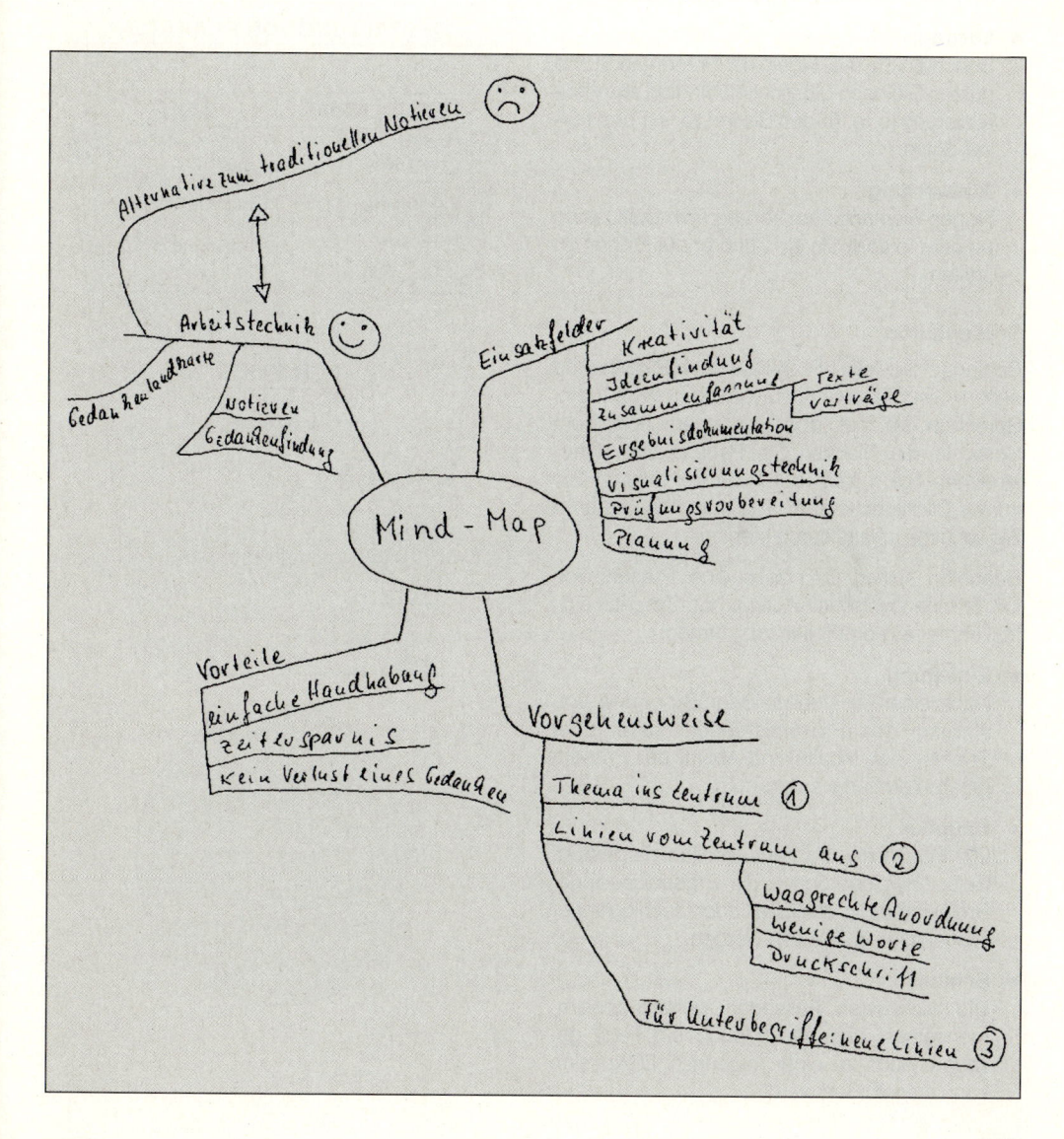

Referat

Die Vorbereitung und Durchführung eines Referates erfolgt in verschiedenen Phasen:

- **Information**
  Zunächst einmal müssen Sie sich zum Thema des Referates kundig machen. Mögliche Informationsquellen können Bücher, Lexika, Zeitschriften, das Internet oder Experten sein.

- **Erarbeitung**
  Wählen Sie zunächst die wesentlichen Informationen aus, ordnen diese und erstellen anschließend eine Gliederung. Dann formulieren Sie das Referat aus. Legen Sie parallel einen Stichwortzettel für den Vortrag an. Überlegen Sie, ob Sie ein Handout an die Zuhörer verteilen wollen.

- **Vortrag**
  Beachten Sie die Regeln der Präsentation und nutzen Sie nach Möglichkeit Medien zur Visualisierung (s. u.). Tragen Sie frei vor in Form kurzer Sätze.

- **Auswertung**
  Regen Sie nach dem Vortrag eine Diskussion an oder fordern Sie die Zuhörer auf Fragen zu stellen.

Präsentation

Beginnen Sie eine Präsentation pünktlich und halten Sie die eventuell vereinbarte Zeit ein. Sprechen Sie laut, aber mit einem normalem Sprechtempo. Machen Sie Pausen und unterstreichen Sie Inhalte durch Gestik. Halten Sie immer Blickkontakt zum Publikum. Visualisieren Sie wichtige Inhalte durch Medien.

Beachten sollten Sie, dass eine Präsentation i. d. R. einen typischen Aufbau hat. Sie setzt sich fast immer aus drei Teilen zusammen:

- **Einleitung**
  Nach einer eventuellen Begrüßung und Vorstellung des Präsentierenden sollte über Thema, Ziel, Inhalte und Ablauf der Präsentation informiert werden.

- **Hauptteil**
  Die Inhalte des Vortrags werden dargestellt: Beispielsweise können die Ergebnisse einer Projektarbeit in zeitlicher oder sachlogischer Reihenfolge präsentiert werden.

- **Schluss**
  Die wichtigsten Aussagen werden zusammengefasst und häufig auch ein Fazit gezogen. Auch zu einer folgenden Diskussion kann aufgefordert werden.

Visualisierung

Für die Visualisierung gilt:

- Stellen Sie nur Wesentliches prägnant dar.
- Die Inhalte müssen für Zuhörer leicht erkennbar und lesbar sein.
- Gliedern Sie deutlich.
- Zeigen Sie nicht mit dem Finger auf Sachverhalte, sondern mit Stift, Zeigestock oder Laserpointer.

Beispiel einer Visualisierung

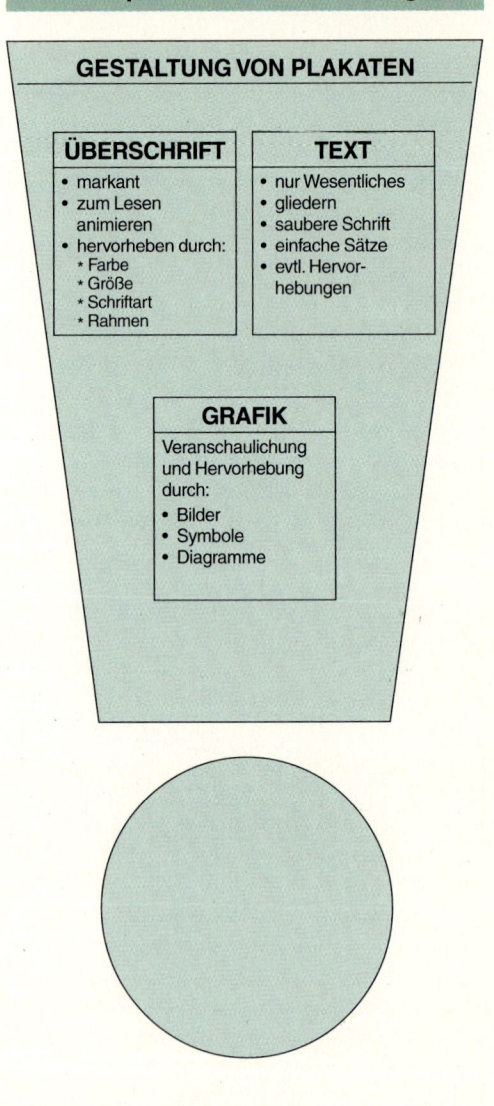

GESTALTUNG VON PLAKATEN

ÜBERSCHRIFT	TEXT
• markant • zum Lesen animieren • hervorheben durch: 　* Farbe 　* Größe 　* Schriftart 　* Rahmen	• nur Wesentliches • gliedern • saubere Schrift • einfache Sätze • evtl. Hervorhebungen

GRAFIK

Veranschaulichung und Hervorhebung durch:
- Bilder
- Symbole
- Diagramme

Visualisierungsbeispiele

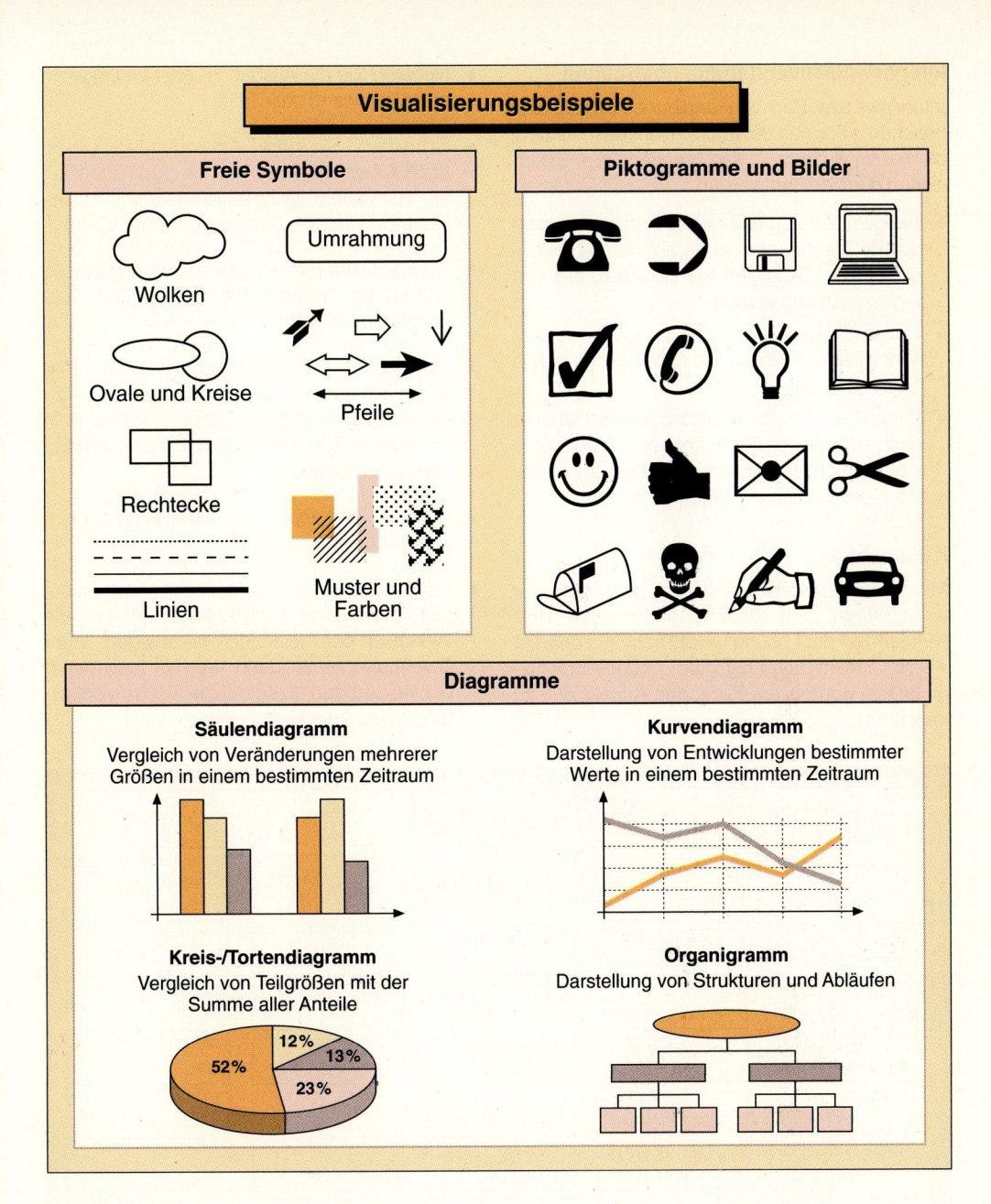

Freie Symbole

- Wolken
- Umrahmung
- Ovale und Kreise
- Pfeile
- Rechtecke
- Muster und Farben
- Linien

Piktogramme und Bilder

Diagramme

Säulendiagramm
Vergleich von Veränderungen mehrerer Größen in einem bestimmten Zeitraum

Kurvendiagramm
Darstellung von Entwicklungen bestimmter Werte in einem bestimmten Zeitraum

Kreis-/Tortendiagramm
Vergleich von Teilgrößen mit der Summe aller Anteile

12% 13% 23% 52%

Organigramm
Darstellung von Strukturen und Abläufen

Exkursion

Eine Exkursion bietet Ihnen die Chance, anschauliche Informationen direkt vor Ort (und nicht in der abgeschlossenen Lernumwelt Schule) aus erster Hand zu erhalten. Sie wird für Sie und die besuchte Institution erfolgreich sein, wenn Sie sich und die Gastinstitution vorbereiten.

- Formulieren Sie das Ziel Ihrer Exkursion.
- Überlegen Sie sich die wichtigsten Fragen.
- Führen Sie eventuell ein Vorbereitungsgespräch.
- Klären Sie die organisatorischen Rahmenbedingungen wie Treffpunkt, Uhrzeit, Wegbeschreibung rechtzeitig und genau ab.
- Informieren Sie alle Beteiligten rechtzeitig über die getroffenen organisatorischen Verabredungen.

Interview/Sachverständigenbefragung

Interviews bzw. Sachverständigenbefragung sind besondere Formen der Informationsbeschaffung, die häufig auch in Zusammenhang mit Exkursionen durchgeführt werden.

- Bereiten Sie sich gründlich auf das zu behandelnde Thema, aber auch auf den Interviewpartner vor. Besorgen Sie sich dazu alle verfügbaren Informationen.
- Halten Sie alle Fragen, die Sie stellen wollen, schriftlich fest. Klären Sie den Einstieg in das Gespräch.
- Versuchen Sie Ihr Interview abwechslungsreich zu gestalten. Dazu können Sie beispielsweise unterschiedliche Fragearten wie offene oder geschlossene Fragen verwenden.

Kartenabfrage

Mit einer Kartenabfrage sollen alle Mitglieder einer Gruppe (z. B. Klasse, Arbeitsgruppe, Projektteam) an der Lösung eines Problems beteiligt werden, indem möglichst viele Lösungsvorschläge erfasst werden. Die folgenden Regeln sind zu beachten:

- Notieren Sie die Ausgangs- oder Leitfrage an einer Pinnwand oder Tafel.
- Schreiben Sie Ihre Antworten in *Druckbuchstaben* mit möglichst wenig Worten auf die zur Verfügung gestellten Karten. Formulieren Sie nur eine Aussage auf einer Karte.
- Die Karten werden eingesammelt, vorgelesen und an die Pinnwand bzw. Tafel mit der Ausgangsfrage befestigt.
- Die Karten werden in gemeinsamer Diskussion nach akzeptierten Merkmalen – zu denen Oberbegriffe gefunden werden – in Gruppen zusammengefasst. Diesen Vorgang nennt man Clustern.
- Anschließend erfolgt eine Diskussion der einzelnen Lösungsansätze.
- Falls sehr viele Äußerungen vorhanden, bietet sich eine Punktabfrage an, um die Wertigkeit der Meinungen festzulegen. Jeder Teilnehmer erhält dann drei bis fünf Klebepunkte und darf diese auf die für ihn wichtigsten Cluster oder Karten kleben.

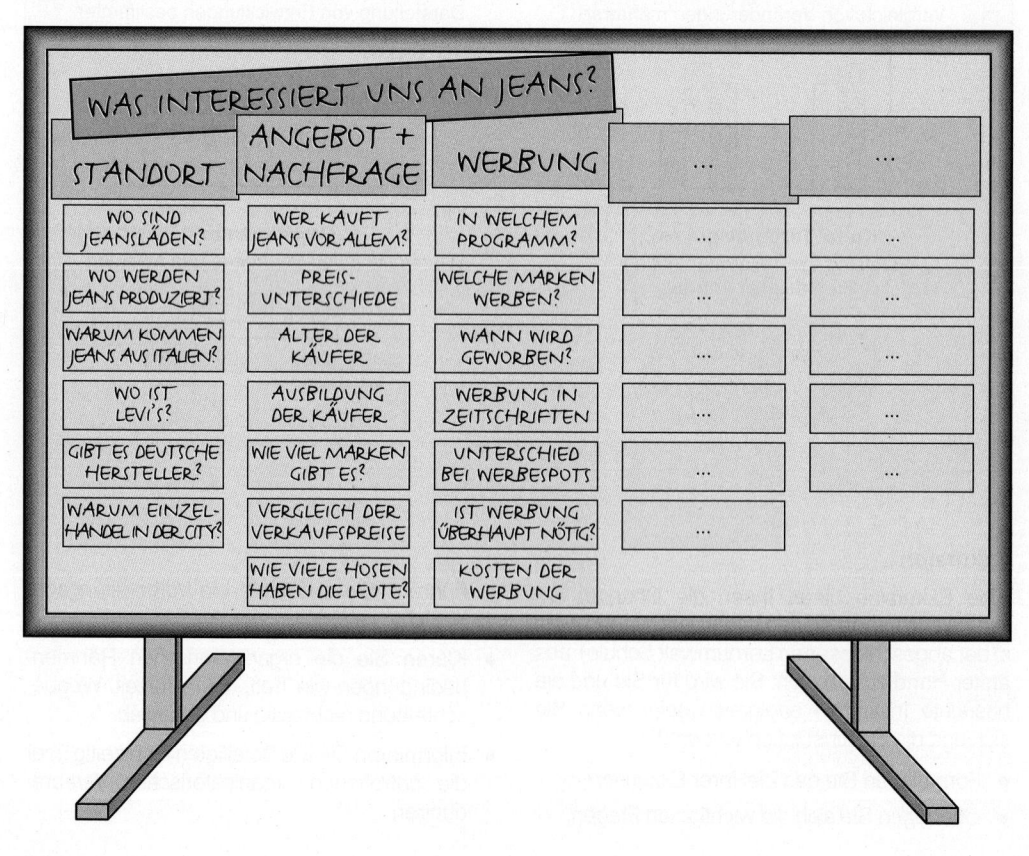

WAS INTERESSIERT UNS AN JEANS?

STANDORT	ANGEBOT + NACHFRAGE	WERBUNG	...	...
WO SIND JEANSLÄDEN?	WER KAUFT JEANS VOR ALLEM?	IN WELCHEM PROGRAMM?	...	...
WO WERDEN JEANS PRODUZIERT?	PREISUNTERSCHIEDE	WELCHE MARKEN WERBEN?	...	...
WARUM KOMMEN JEANS AUS ITALIEN?	ALTER DER KÄUFER	WANN WIRD GEWORBEN?	...	...
WO IST LEVI'S?	AUSBILDUNG DER KÄUFER	WERBUNG IN ZEITSCHRIFTEN	...	...
GIBT ES DEUTSCHE HERSTELLER?	WIE VIEL MARKEN GIBT ES?	UNTERSCHIED BEI WERBESPOTS	...	...
WARUM EINZELHANDEL IN DER CITY?	VERGLEICH DER VERKAUFSPREISE	IST WERBUNG ÜBERHAUPT NÖTIG?	...	
	WIE VIELE HOSEN HABEN DIE LEUTE?	KOSTEN DER WERBUNG		

Brainstorming

Das Brainstorming ist ein Verfahren zur Problemlösung und zur Ideenfindung: In einer Gruppe wird versucht zu einer vorher festgelegten Fragestellung möglichst kreative Antworten zu erhalten. Dabei gelten folgende Regeln:

- Jede Idee ist erwünscht und sei sie noch so ausgefallen.
- Die geäußerten Ideen können aufgegriffen und abgeändert werden.
- Eine Bewertung und Kritik der Beiträge ist nicht zugelassen, um den Ideenfluss nicht einzuschränken.
- Die Ideen müssen festgehalten werden.
- *Im Nachhinein* erfolgt eine Auswertung im Rahmen einer Diskussion durch Beurteilung.

Kopfstandmethode

Diese Methode führt nicht immer zu völlig neuen Lösungen, aber hilft i. d. R. Denkblockaden aufzubrechen. Dabei wird eine interessierende Problemstellung in ihr Gegenteil verkehrt und anschließend ein Brainstorming durchgeführt. Zu jeder genannten Idee wird eine Gegenlösung gesucht, die zur Lösungsfindung führen soll.

Beispiel für Kopfstandmethode

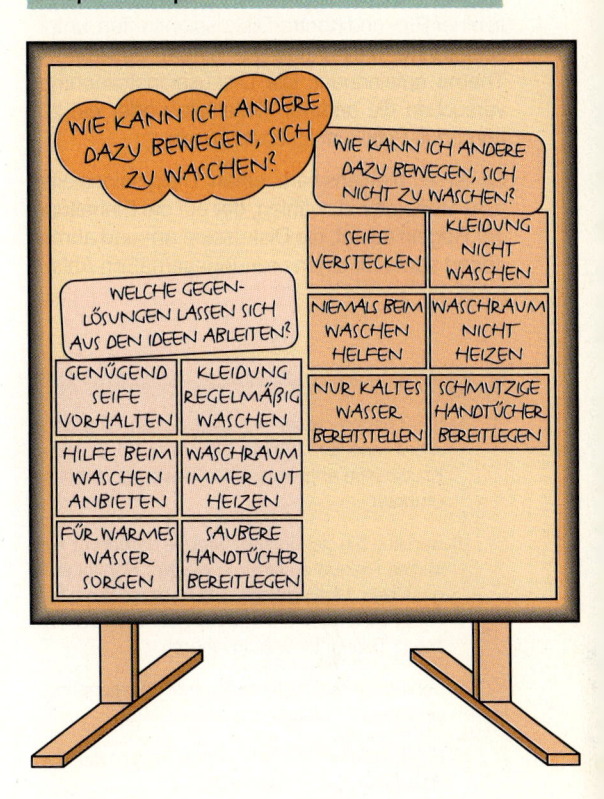

Rollenspiel

Mit einem Rollenspiel können Sie ein als vorteilhaft oder konstruktiv empfundenes Verhalten einüben (was erheblich effizienter ist als über das gewünschte Verhalten nur zu sprechen): Durch die spielerische Ausgestaltung eines Problems kann das Problem häufig simulierend gelöst werden. Sie versetzen sich ausgehend von einem vorgeben Fall in die Rolle einer Person. Gelernt wird sowohl durch das direkte Erleben als auch durch die Rückmeldungen der vielen Beobachter.

Beispiel

Eine Schülerin spielt eine verärgerte Kundin, die wütend eine Reklamation vorbringt, ein anderer Schüler übt sich trotz arger Angriffe der Kundin, freundlich und kundenorientiert zu verhalten. In einer der Realität angenäherten Situation wird ein Vorgang bzw. Verhalten beliebig oft wiederholbar und analysierbar gemacht. Die Handelnden werden von den Beobachtern mit zusätzlichen Tipps zur Verhaltensverbesserung versehen. Eine Wiederholung macht eine systematische Veränderung in Details möglich.

Für die erfolgreiche Durchführung eines Rollenspiels sollten Sie folgende Phasen einhalten:

- Aufstellen und Bekanntmachen der Spielregeln
- Problemstellung
- Verteilung der Rollen

  Die Spieler erhalten häufig auf Rollenkarten eine Vorgabe der Rolle, die Nichtmitspieler übernehmen.

- Beobachtungsaufgaben
- Vorbereitung des Rollenspiels

  Besorgen Sie sich wichtige Sachinformationen und denken Sie sich in Ihre Rolle ein.

- Spielphase
- Reflexionsphase

  Nach dem Spiel wird die Konfliktsituation bewusst gemacht und analysiert. Spieler und Beobachter werden nach ihren Eindrücken gefragt.

Pro- und Kontra-Diskussion

In einer Pro- und Kontra-Diskussion treffen unterschiedliche Meinungen zu einem bestimmten Thema aufeinander. Die Diskussionsteilnehmer versuchen die anderen Beteiligten oder ein zuhörendes Publikum zu überzeugen.

Es ist empfehlenswert, einen Diskussionsleiter bzw. Moderator zu wählen, der auf die Einhaltung der Regeln achtet, die Diskussion an- und abmoderiert sowie für einen ordnungsgemäßen Ablauf sorgt.

Als Diskussionsteilnehmer sollten Sie auf folgende Punkte achten:

- Tragen Sie Ihre Meinung eindeutig und begründet vor.

- Setzen Sie sich mit den Meinungen der Gegenseite argumentativ auseinander.

Vermeiden Sie nach Möglichkeit Killerphrasen oder andere rhetorische Tricks.

Aufgaben

1. a) Die Lösung dieser Aufgabe soll in Gruppenarbeit erfolgen. Bilden Sie deshalb in Ihrer Klasse eine angemessene Anzahl von Arbeitsgruppen.

   b) Bereiten Sie sich in Ihrer Gruppe darauf vor, ein kurzes Referat zu einer in diesem Kapitel aufgeführten Methode zu halten. Versuchen Sie dabei auch andere Informationsquellen zu nutzen (z. B. aus der Schulbücherei).

   c) Versuchen Sie Ihr Referat unter Zuhilfenahme verschiedener Medien zu visualisieren.

   d) Halten Sie Ihr Referat unter Beachtung der Regeln für eine Präsentation.

2. Führen Sie ein Brainstorming durch und wenden Sie dabei die Kopfstandmethode an. Die Problemstellung lautet:

   „Was muss ich tun, um bei einer Bewerbung erfolgreich zu sein?"

3. Führen Sie eine Pro- und Kontra-Diskussion als Rollenspiel durch. Diskutiert werden soll über die „Ausweitung der Ladenschlusszeiten".

4. Versuchen Sie das Lehrbuchkapitel zum nächsten Thema, das der Lehrer mit Ihnen durchnimmt, nach der Methode des aktiven Lesens durchzuarbeiten.

   Schildern Sie Ihre Erfahrungen.

Zusammenfassung

Anforderungen an die Beschäftigten in der Zukunft

⬇

Neben Fachkenntnissen wird die Beherrschung von Schlüsselqualifikationen immer wichtiger.

⬇

Schlüsselqualifikationen ermöglichen eine umfassende Handlungsfähigkeit im Beruf.

⬇

Konsequenz: in der Schule eine Vielzahl von Methoden beherrschen lernen

Sachwortverzeichnis

A

Abbuchungsverfahren 243
Ablaufhemmung 158, 213
Abmahnung 517
Absatzweg
–, direkter 58
–, indirekter 58
Absatzwerbung 277
Abschluss des Kaufvertrags 91
Abschlussprüfung 12
Absonderung 477
Abteilungsbildung 36
Abzahlungskauf 137
AG 455
AGB 127
–, -Gesetz 128
AIDA 289
Airportshopping 73
Aktien 455
Aktiengesellschaft 455
Akzept 397, 399, 401
–, Arten 400
Akzeptant 397
Alleinwerbung 280
Allgemeine Geschäftsbedingungen 127
–, Gesetz zur Regelung des Rechts der 128
Allgemeine Handlungsvollmacht 461
Allgemeinwerbung 281
Altersruhegeld 508
Ambulanter Handel 67
Amtsgericht 201 f.
Anfechtbare Willenserklärungen 96
Anfechtung von Rechtsgeschäften 95
Anfrage 99 ff.
Angaben, irreführende 303 f.
Angebot 47 f., 91, 101
–, Form 102
–, Inhalt 104
–, Widerruf 103
Angebotsvergleich 107
Angestellte
–, Bestechung 304
–, Pflichten 489
Angstindossament 402
Annahme 91
–, Folgen 186
Annahmeverzug 185
–, Voraussetzungen 185
Anpreisungen 101
Anrechnung des Berufsschulbesuchs auf die Arbeitszeit 14
Antrag 91
Anzahlungen 392
Arbeit 31
–, Humanisierung 40
Arbeitgeber, Pflichten 489
Arbeitgeberverbände 498
Arbeitnehmerpauschbetrag 422
Arbeitsbereicherung 40
Arbeitserweiterung 40
Arbeitsförderung 511
Arbeitsgericht 517
Arbeitsgruppen 41
Arbeitskampfmaßnahme 499
Arbeitsleben, Humanisierung 40
Arbeitslosengeld 510
Arbeitslosenhilfe 510
Arbeitslosenversicherung 503, 510
Arbeitspapiere 518
Arbeitsplatzwechsel 40
Arbeitsproduktivität 32
Arbeitstechniken 530
Arbeitsteilung 34 f.
–, Auswirkungen 39
–, betriebliche 36
–, gesellschaftliche 35
–, horizontale 36
–, internationale 37
–, überbetriebliche 35
–, vertikale 36
Arbeitsunfälle 512
Arbeitsvertrag, befristeter 515
Arbeitszeitregelungen 13
Arbeitszeitschutz, gesetzlicher 493
Arbeitszerlegung 36
Arten der Mängel 142 ff.
Arten des Geldes 222
Artikel 81
Artikelnummer 359
–, Codierung 360
Artikelnummerierung, europäische 359
Artvollmacht 461
Aufbau eines EDV-gestützten Warenwirtschaftssystems 370
Aufbauorganisation 77
Aufbau von Einzelhandelsbetrieben 76
Aufbewahrungspflicht 146
Aufgaben des Einzelhandels 58
Aufgaben des Geldes 226
Aufhebungsvertrag 515
Aufrechnung 477
Aufsichtsrat
–, AG 456
–, Genossenschaft 458
–, GmbH 454
Aufwendungen, Ersatz vergeblicher 153, 178, 191
Ausbildender 7
–, Pflichten 8
Ausbildungsberufsbild 11
Ausbildungsbetrieb 10
Ausbildungsdauer 11
Ausbildungsordnung 11
Ausbildungsrahmenplan 10 f.
Ausbildungsvertrag 7
Ausfallbürgschaft 408
Ausfuhr 37
Außergerichtliches Mahnverfahren 196
Außergewöhnliche Belastungen 422
Aussonderung 475
Aussperrung 499

Aussteller 397
Austauschpfändung 205
Auszubildender 7
–, Pflichten 8

B
B-2-B 524
B-2-B-Shop 524
B-2-C 525
Bahn
–, Güterversand 351
–, Haftung 352
Bahnhofshopping 73
Bankkredite, Sicherung 407
Bargeldlose Zahlung 228, 240
Barkauf 136
Barscheck 236
–, Verwendung 236
Barzahlung 228 f.
–, Bedeutung 231
Bedarf 21
Bedarfsermittlung 86
Bedürfnisarten 20
Bedürfnisebenen 16
Bedürfnisse 16, 21
Beglaubigung
–, notarielle 124
–, öffentliche 124
Beiträge 418
Belastungen, außergewöhnliche 422
Berufsausbildung 7
Berufsausbildungsverhältnis
–, Ende 9
–, Kündigung 8
Berufsbildung 35
Berufsbildungsgesetz 7
Berufsförderung 511
Berufskrankheiten 512
Berufsschule 10
Berufsschulunterricht 10
Berufsspaltung 35
Berufstätigkeit 520
Beschaffungskosten 86
Beschaffungsplanung 85
Beschäftigungsverbot 14
Besitz 113
Besitzsteuer 419
Besitzwechsel 399
Bestand, eiserner 255
Bestandskontrolle 256
– im Lager 255
Bestandteile des Schecks 235
Bestechung der Angestellten 304
Bestellmenge, optimale 86
Bestellung 109
–, Online- 325
Bestellungsannahme 109
Bestellzeitpunkt 256
Bestimmungskauf 135
Beteiligungsfinanzierung 386
Betrieb 31 f.
Betriebsfaktoren des Einzelhandels 81

Betriebsformen des Einzelhandels 62
Betriebshierarchie 78
Betriebsrat 494
–, Aufgaben 494
–, Wahl 494
Betriebsvereinbarungen 495
Betriebsverfassungsgesetz 493 f.
Betriebsversammlungen 495
Beugehaft 206
Beurkundung 124
Beweislastumkehr 156
Bewerbungsschreiben 484
Bewerbungsunterlagen 484
Bezogener 397
Bezugsquellenermittlung 88
Bezugsquellenkartei 88
BfA 502
Bilanz 384
Bindungsfristen 102
–, gesetzliche 102
–, vertragliche 102
Blankoakzept 400
Blankoindossament 401
Blankokredit 408
Blockunterricht 10
Boden 31
Bonität 407
Bonus 105
Börse 45
Brainstorming 539
Brief 348
Büchersendung 348
Buchgeld 224
Bundessteuer 419
Bundesversicherungsanstalt für Angestellte 502
Bürgerlicher Kauf 138
Bürgschaft 408
–, selbstschuldnerische 408
Bürgschaftskredit 408
Business to Business 524
Business to Consumer 525

C
CEFF-Shopping 74
Chargecards 246
Club-/Event-/Fun-/Fan-Shop (CEFF-Shopping) 74
Co-Branding-Karte 246
Cocooning 71
Codierung der Artikelnummer 360
Convenienceshopping 73
Corporate Identity 276
Creditcards 246

D
Darlehensvertrag 92
Datenerfassungsgeräte, mobile 367
Datenkassen 364
Dauerauftrag 242
Desinvestition 385
Dienstleistungen 24
Dienstleistungsbereich 36
Dienstvertrag 92

Dingliche Sicherung 409
Direktes Leasing 414
Direktwerbung 281
Discount-Catalogue-Showroom 73
Discountgeschäft 64
Distribution 36
Dividende 455
Draufgabe 105
Dreingabe 105
Dritte Produktionsstufe 36
Duales Berufsausbildungssystem 10
Duales System 336
Dynamische Rente 509

E
EAN 359
EAN-Code 361
E-Commerce 74, 324, 523
Edc-Service 239
EDV-Anlage 368
Eidesstattliche Versicherung 206
Eigenfinanzierung 386
Eigenhändig 348
Eigenkapitalrentabilität 463
Eigenschaften des Geldes 222
Eigentum 113
Eigentumsübertragung 113
Eigentumsvorbehalt 120
–, einfacher 120
–, erweiterter 120
–, verlängerter 120
Einfuhr 37
Einführungswerbung 274
Einigungsstelle 495
Einkaufsgenossenschaft 470
Einkaufssystem 371
Einkaufsverbände 471
Einkaufszentrum 471
Einkommen 43
Einkommensteuer 421
Einkommensteuererklärungspflicht 423, 425
Einkommensteuertarif 423
Einkommensteuerveranlagung 425
Einkunftsarten 421
Einlagenfinanzierung 386
Einrede der Vorausklage 408
Einschreiben 348
– Einwurf 348
Einseitige Rechtsgeschäfte 90
Einstellungsgespräch 487
Einzelhandel
–, Aufgaben 58 f.
–, Betriebsfaktoren 81
–, Betriebsformen 62
–, Stellung 58
–, Strukturwandel 69
Einzelhandelsbetrieb, Aufbau 76
Einzelunternehmung 448 f.
Einzelvollmacht 461
Einzelwerbung 281
Einzugsermächtigungsverfahren 242
Einzugsindossament 401

Eiserner Bestand 255
Electronic Cash 237
Electronic Commerce 74, 324, 523
Empfangsbedürftige Willenserklärungen 90
Ende des Berufsausbildungsverhältnisses 9
Erfahrungsaustauschgruppen 472
Erfüllungsgeschäft 111
Erfüllungsort 110
Erinnerungsschreiben 198
Erinnerungswerbung 274
Erlebnis-Strategie 73
Ersatz des Verzögerungsschadens 191
Ersatz des Verzugsschadens 179, 191 f.
Ersatz vergeblicher Aufwendungen 153, 178, 191
Erste Produktionsstufe 36
Erstuntersuchung 14
Erwerbsminderungsrente 508
Europäische Artikelnummerierung 359
Existenzbedürfnisse 20
Exkursion 537
Expansionswerbung 274
Express Brief 230, 348

F
Fabrikläden 73
Fachgeschäft 62
Fachmärkte 73
Factory-Outlet-Center 73
Faktorleistungen 43
Falschlieferung 144
Familienhilfe 506
Fantasiefirma 440
Faustpfand 204
Faustpfandkredit 409
Fehlverkäufe 264
Fernabsatzhandel 320 ff.
Fernkauf 138
Finance-Leasing 414
Finanzierung 383 ff.
– aus Rückstellungen 389
– durch Kontokorrentkredit 391
– durch Kundenkredit 392
– durch Lieferkredit 390
Finanzierungsarten 385
Finanzierungsgrundsätze 385
Firma 438
–, gemischte 440
Firmenarten 439
Firmenausschließlichkeit 440
Firmenbeständigkeit 441
Firmengrundsätze 440
Firmenkern 439
Firmenklarheit 440
Firmenöffentlichkeit 440
Firmenübernahme, Haftung 441
Firmenübertragbarkeit 441
Firmenwahrheit 440
Firmenzusatz 439
Fixgeschäft 176
Fixkauf 107, 136, 177
Form des Angebots 102
Formkaufmann 437

Fortbildung 521
Frachtbrief 351
Frachtführer 346
Franchising 472
Freie Güter 23
Freiwillige Ketten 472
Freizeichnungsklauseln 102
Fremdfinanzierung 389
Friedenspflicht 499
Fusion 469
Fusionskontrolle 469

G

Ganzheitlicher Lebensstil 71
Garantie 153
Gattungskauf 135
Gebietskartell 468
Gebrauchsgüter 24
Gebühren 418
Gehaltstarifvertrag 500
Geld
–, Arten 222
–, Aufgaben 226
–, Eigenschaften 222
Geldstrom 43, 44
Geldwirtschaft 224
Gemeindesteuer 419
Gemeinschaftsbedürfnisse 20
Gemeinschaftsteuer 420
Gemeinschaftswarenhaus 471
Gemeinschaftswerbung 280
Gemischtwarengeschäft 63
Generalversammlung 458
Generationenvertrag 507
Genossenschaft 457
gerichtliches Mahnverfahren 201
Gerichtsstand 115, 118
Gerichtsvollzieher 204
Gesamtkapitalrentabilität 463
Geschäftsbedingungen, allgemeine 127
Geschäftsbriefe, Pflichtangaben 442
Geschäftsfähigkeit 93 f.
–, beschränkte 94
–, unbeschränkte 94
Geschäftsführer (GmbH) 454
Geschäftsunfähigkeit 94
Gesellschaft mit beschränkter Haftung 454
Gesellschaft, stille 452
Gesetze
– gegen den unlauteren Wettbewerb 302
– zur Regelung des Rechts der Allgemeinen Geschäftsbedingungen 128
Gesetzliche
– Krankenversicherung 503, 505
– Kündigungsfristen 514
– Rentenversicherung 507
– Unfallversicherung 504, 512
Gewährleistungsfristen 221
Gewerbeertrag 431
Gewerbesteuer 430
Gewerbesteuervorauszahlung 432
Gewerkschaften 498

Gewinnmaximierung 48
Giralgeld 224
Gläubigerverzug 185
Gleichgewichtsmenge 49
Gleichgewichtspreis 49
–, Aufgaben 53
–, Funktionen 53
GmbH 454
GmbH & Co KG 454
Grenzanbieter 50
Grenznachfrager 49
Grundbedürfnisse 17
Grundkapital 455
Grundpfandrechte 409
Grundpreis 316
Grundschuld 409 f.
Grüner Punkt 336
Gruppenwerbung 281
Güter 23
–, freie 23
–, immaterielle 24
–, knappe 23
–, materielle 24
–, wirtschaftliche 23
Güterarten 24
Güterknappheit 23
Güterstrom 43, 44
Güterverkehrsarten 351
Güterversand
– mit der Bahn 351
– mit der Post 347
Güterwandel 24
Gutschrift 241

H

Haftung der Bahn 352
Haftung, Firmenübernahme 441
Haftungsausschluss 154
Halbbare Zahlung 228, 232
Handelsgesellschaft, offene 450
Handelskauf
–, einseitiger 138
–, zweiseitiger 138
Handelsmarken 82
Handelsregister 443 ff.
–, Aufgaben und Inhalte 443 ff.
Handkauf 112, 116, 138
Handlungsvollmacht 461
–, allgemeine 461
Handzettel 285
Hardsavings 376
Hauptversammlung (AG) 455
Haushalte 43
Haushaltsfreibetrag 423
Haushaltsprinzip 27
Hausierhandel 67
Hebesatz 431
Hemmung der Verjährung 211
Hinterbliebenenrente 508
Höchstarbeitszeit 491
Höchstbestand 256
Höhere Gewalt (verspätete Lieferung) 177

544

Holding 468
Holdinggesellschaft 468
Humanisierung
– der Arbeit 40
– des Arbeitslebens 40
Hypothek 409 f.

I
IC-Kuriergut 351
Identkartengeräte 368
Immaterielle Güter 24
Immobilien-Leasing 414
Impulskauf 278, 295
Indirektes Leasing 413 f.
Individualarbeitsvertrag 488
Individualbedürfnisse 20
Individualwerbung 280
Indossament 401
Indossat 401
Indossatar 401
Infobrief 348
Infopost 348
Inhaberaktie 455
Inhaberscheck 236
Inhalt des Angebotes 104
Inkassoindossament 401
Insolvenz 476
Insolvenzmasse 476
Insolvenzplan 477
Insolvenzplanverfahren 477
Insolvenzverfahren 476
–, vereinfachtes 480
Instanzen 78
Internet (Werbung) 306
Interview 538
Investition 383 ff.
Investitionsgüter 24
– Leasing 414
Irreführende Angaben 303 f.
Istkaufmann 437

J
JAV 496
Jobenlargement 40
Jobenrichment 40
Jobrotation 40
Jubiläumsverkäufe 307
Jugendarbeitsschutzgesetz 13
Jugend- und
 Auszubildendenvertretung 496
Juristische Personen 93
Just-in-time-System 41

K
Kalkulationskartell 468
Kannkaufmann 437
Kapitalausstattung 31
Kapitalbindungsfrist 385
Kapitalentleihungsfrist 385
Kapitalgesellschaften 453
Kartelle 467
Kartenabfrage 538

Kassenanordnung 328
Kassenarten 327
Kassensysteme 327
Katalog-Spezialhandel 65
Kauf
– auf Abruf 136
– auf Probe 135
–, bürgerlicher 138
–, Fern- 138
– gegen Anzahlung 136
–, Hand- 138
– nach Probe 135
–, Privat- 138
–, Verbrauchsgüter- 138, 155, 172
–, Versendungs- 138
– zur Probe 135
Käufermarkt 49
Kaufhaus 64
Kaufkraft 21
Kaufmännisches Mahnverfahren 196
Kaufmannseigenschaften 437
Kaufvertrag 91
–, Abschluss 91
–, Arten 134
–, Pflichten 111
–, Rechte 111
Kernsortiment 82
KG 451
Kinderfreibetrag 423
Kirchensteuer 420
Kleingutverkehr 351
Kleinpreisgeschäft 64
Knappe Güter 23
Kollektivbedürfnisse 20
Kombination der Produktionsfaktoren 31
Kommanditgesellschaft 451
Kommanditist 451
Kommissionskauf 136
Kommissionsvertrag 137
Komplementär 451
Komplementärgüter 52 f.
Konditionenkartell 467
Konditionenpolitik 271
Konsumausgaben 43
Konsumentenrente 49
Konsumgüter 24, 43
Konsumgüter-Leasing 414
Kontokorrentkredit 391
–, Finanzierung durch 391
Konzentration 467
Konzern 468
–, horizontaler 468
–, vertikaler 468
Kooperation 470
Kopfstandmethode 539
Körperschaftsteuer 421
Kraftfahrzeugversicherungen 434
Krankengeld 505
Krankenpflege 505
Krankenversicherung
–, gesetzliche 503, 505
–, private 434

Kreditarten 408
Kreditfinanzierung 389
Kreditkarte 245
–, Vor- und Nachteile 247
–, Zahlung 245
Kreditkartenarten 246
Kreditprüfung 407
Kreditsicherung 408
Kreditvertrag 407
Kreislaufwirtschaft 340
Kreislaufwirtschafts- und Abfallgesetz 28, 339
Kreuzpreiselastizität 53
Krise der Unternehmung 474
Kulanz 272
Kulturbedürfnisse 20
Kundenberatung 60
Kundendienst 60
Kundendienstleistungen 272
–, warenabhängige 272
–, warenunabhängige 272
Kundenkarte 246
Kundenkredit 392
–, Finanzierung durch 392
Kündigung 514 ff.
–, außerordentliche 517
Kündigung des Berufsausbildungsverhältnisses 8
Kündigungsfristen 515
Kündigungsschutz
–, allgemeiner 516
– für besonders geschützte Arbeitnehmer 518
Kündigungsschutzgesetz 516 ff.
Kündigungsschutzklage 517
Kündigungsschutzverfahren 517
Kurantmünzen 224
Kurs 455
Kurswert 455
Kurzakzept 400
Kurzarbeitergeld 511
Kurzindossament 401

L

Ladenhandel 62
Ladenkauf 116
Ladenschlussgesetz 492
Lager 249
–, Anforderungen 251
–, Bestandskontrolle im 255
Lagerarten 249
Lagerbestand 253
–, durchschnittlicher 258
–, optimaler 253
Lagerdauer, durchschnittliche 260
Lagereinrichtung 252
Lagerhaltung 59, 249
–, Aufgaben 249
Lagerkennziffern 258
–, Bedeutung 265
Lagerkosten 86, 253
Lagerwirtschaftssystem 372
Lagerzinssatz 260
Landessteuer 419
Landesversicherungsanstalt 502

Lastschrift 241
Lastschriftverfahren 239, 242
Leanadministration 41
Leanproduction 41
Leasing 413
–, direktes 414
–, Finance- 414
–, Immobilien- 414
–, indirektes 414
–, Investitionsgüter- 414
–, Konsumgüter- 414
–, Mobilien- 414
–, Operate- 415
Lebenslauf 485
Lebensstil, ganzheitlicher 71
Lebensversicherung 434
Leihvertrag 92
Leitbildwerbung 294
Lerntechniken 530
Lesegeräte 365
Lesepistole 365
Lesestift 365
Lieferantenauswahl 88
Liefererkartei 88
Liefererkredit 390
–, Finanzierung durch 390
Liefererkreditzeitraum 391
Liefertermin
–, kalendermäßig genau festgelegt 176
–, kalendermäßig nicht genau festgelegt 176
Lieferung
– (Mahnung) 176
–, mangelhafte 141, 170
–, Nicht-Rechtzeitig- 175
–, Schadensersatz wegen verspäteter 177
–, Unmöglichkeit der 180
–, verspätete (höhere Gewalt) 177
Lieferungsverzug 175
–, unverschuldeter 175
–, Voraussetzungen 175
Lieferzeit 107
Limitrechnung 87
Liniensystem 78 f.
Liquidation 475
Liquidationsplan 478
Lockvogelwerbung 303
Lohnpfändungsbeschluss 206
Lohnsteuer 421
Lohnsteuerabzugsverfahren 424
Lohnsteuerkarte 424
Lohnsteuertabelle 424
Lohntarifvertrag 500
Lombardkredit 409
Luftreinhaltung 28
Luxusbedürfnisse 20
LVA 502

M

Mahnbescheid 198, 201
Mahnung 198
–, Lieferung 176
Mahnverfahren

–, außergerichtliches   196
–, gerichtliches   201
–, kaufmännisches   196
Mängel
–, arglistig verschwiegene   145
–, Arten   142 ff.
–, offene   145
–, verdeckte   145
–, versteckte   145
Mängelansprüche, Verjährung von   215
Mangelhafte Lieferung   141, 170
Mängelrüge   145
Manteltarifvertrag   500
Marke   82
Markenartikel   82
Marketing   297 ff.
Marketingmix   299
Markt   45 f.
Marktanalyse   299
Marktarten   45, 47
–, Merkmale   47
Marktbeobachtung   299
Markterkundung   298
Markterschließung   60
Marktformenschema   267
Marktforschung   297 ff.
–, Methoden   299
Markthandel   67
Marktplätze, Online-   46
Marktprognose   299
Marktstruktur   267
Massenwerbung   281
–, gestreute   281
–, gezielte   281
Materielle Güter   24
Maximalprinzip   27
Mehrfachmärkte   73
Mehrseitige Rechtsgeschäfte   91
Mehrwertsteuer   428
Meldebestand   256
Mengenplanung   86
Mengenrabatt   105
Messen   45
Mietvertrag   91
Minderlieferung   144
Minderung   146, 150
Mindestbestand   255
Mindmap   534
Minimalkostenkombination   32
Minimalprinzip   27
Minutenservice der Postbank   230
Mischkalkulation   267
Mitbestimmung (Betriebsrat)   494
Mittelstandskartell   468
Mitwirkung (Betriebsrat)   494
Mobile Datenerfassungsgeräte   367
Mobilien-Leasing   414
Mogelpackungen   341
Monopol   267
Montagefehler   144
Motivation   521
Münzgeld   224

–, Vorteile   224
Mutterschaftsgeld   506
Mutterschaftshilfe   506
Mutterschutzgesetz   492

N
Nacherfüllung   146, 170
Nachfrage   21, 47 f.
Nachfrist, angemessene   176
Nachnahme   348
Nachuntersuchung   14
Namensaktie   455
Namensscheck   236
Natur   31
Naturaltausch   223
Naturalwirtschaft   223
Natürliche Personen   93
Nennwert   455
Neubeginn der Verjährung   214
Nicht empfangsbedürftige Willenserklärungen   90
Nichtige Willenserklärungen   96
Nichtigkeit von Rechtsgeschäften   95
Nicht-Rechtzeitig-Lieferung   175
Nicht-Rechtzeitig-Zahlung   189
Nichtverkäufe   264
Nichtverkaufskontrolle   264
Normenkartell   467
Not leidender Wechsel   403, 406
Notverkauf   186
Nutzenmaximierung   48

O
OCR-Code   361
Offene Handelsgesellschaft   450
Öffentlichkeitsarbeit   275
Off-Price-Geschäfte   73
OHG   450
Ökonomisches Prinzip   26
Oligopol   267
Online-Bestellungen   325
Online-Marktplätze   46
Onlineshop   525
Operate-Leasing   415
Optimale Bestellmenge   86
Ordentliche Kündigung   515

P
Pachtvertrag   92
Päckchen   347
Packung   330 ff., 344
–, Aufgaben   330
Paket   347
Papiergeld   224
Partiediscounter   73
Pausen   13
Personalkredite
–, einfache   408
–, erweiterte   408
–, verstärkte   408
Personalplanung   83
Personenfirma   439
Personengesellschaften   450

Personensteuer 419
Personenversicherungen 434
Persönlichkeitsentwicklung 520
Pfand 409
Pfandsachen 205
Pfandsiegel 204
Pfändung 204
Pfändungsfreigrenze 205
Pfandverwertung 206
Pflegeversicherung 503
Pflichten
– des Angestellten 489
– des Arbeitgebers 489
– des Ausbildenden 8
– des Auszubildenden 8
Pflichtuntersuchung 14
Platzkauf 105, 116
Polypol 48, 267
Post
–, Güterversand 347
–, Haftung 349
–, Sendungsarten 347
Postbank, Minutenservice 230
Postnachnahme 198
Postpakete 347
Postwurfsendung 348
Präsentation 536
Preisabrufverfahren 362
Preisabzüge 105
Preisangabenverordnung 315
Preisbildung 48
Preisbindung 267
–, verbindliche 267
Preisdifferenzierung 268 f.
Preisempfehlungen 267
Preisfestsetzung, psychologische 269
Preisgestaltung 266
Preiskartell 468
Preismechanismus 50
Preisnachlass 105
Preispolitik 266
–, Einflussgrößen 266
Preisspaltung 303
Preis-Strategie 72
Preisvergleiche 305
Primärbereich 36
Primärer Wirtschaftssektor 36
Primärforschung 299
Prinzip des ökonomischen Handelns 26
Privatkauf 138
Probezeit 8
Productplacement 294
Produkthaftung 174
Produkthaftungsgesetz 160 ff.
Produkthaftungsrecht 160 ff.
Produktion 31
Produktionsfaktoren 31
–, Kombination 31
–, Substitution 32
Produktionsgüter 24
Produktionskartell 468
Produzentenrente 49, 50

Prokura 460
Prokurist 460
Prolongation 403
Pro- und Kontra-Diskussion 540
Publicrelations 275

Q

Qualifikationen 521
Quittung 229

R

Rabatte 105, 310
Rabattgesetz 309
Rabattgewährung 269
Rackjobber 472
Ramschkauf 136
Randsortiment 82
Ratenkauf 137
Rationalisierung 33
Rationalisierungskartell 468
Raumüberbrückung 59
Räumungsverkäufe 308
Realkapital 31
Realkredit 409
Realsteuer 419
Rechte 24
Rechtsfähigkeit 93
Rechtsgeschäfte 89
–, Anfechtung 95
–, einseitige 90
–, mehrseitige 91
–, Nichtigkeit 95
Rechtsmangel 144, 170
Recycling 27, 335, 338
Referat 536
Regress, Unternehmer- 173
Reihenrückgriff 403
Reklamationsfristen 145
Reklame 278
Rektaindossament 402
Remittent 397
Rentabilität 463
Rente, dynamische 509
Rentenversicherung 502
–, gesetzliche 507
Restschuldbefreiung 481
Rimesse 401
Rollenspiel 539
Rückschein 348
Rückstellungen, Finanzierung aus 389
Rücktritt vom Vertrag 148
Rügefristen 145
Ruhepausen 491
Ruhezeiten 491

S

Sachfirma 439
Sachgüter 24
Sachkapital 31
Sachmängel 142, 170
Sachversicherungen 433
Sachverständigenbefragung 538

„Sale-lease-back"-Verfahren 416
Salespromotion 277
Sammelspediteur 351
Sammelüberweisungsauftrag 242
Sammelwerbung 281
Sanierung 475
Sanierungsplan 478
SB-Warenhaus 64
Scanner 365
Schaden
–, abstrakter 180
–, konkreter 179
Schadensersatz 150
– statt der ganzen Lieferung 178
– statt der Zahlung 191
– wegen verspäteter Lieferung 177
Scheck 235
–, Bestandteile 235
Scheckeinlösung 236
Scheidemünzen 224
Schenkung 91
Schlechtleistung 140
Schuldnerverzeichnis 206
Schuldwechsel 399
Secondhandshopping 74
Sekundärbereich 36
Sekundärer Wirtschaftssektor 36
Sekundärforschung 299
Selbstfinanzierung 387
–, stille 387
–, verdeckte 387
Selbsthilfeverkauf 186
Selbstinverzugsetzung 177
Selbstschuldnerische Bürgschaft 408
Sendungsarten der Post 347
Service 71
Shop-in-the-Shop-Konzept 471
Shoppingcenter 471
Sicherung, dingliche 409
Sicherungsübereignungskredit 409
Skonto 105, 391
Skontoabzug 391
Skontoertrag 391
Skontozeitraum 391
Sofortkauf 136
Softsavings 377
Sommerschlussverkauf 307
Sonderangebote 268
Sonderausgaben 422
Sonderveranstaltungen 307
Sorte 81
Sortierung 28
Sortiment 59, 86
Sortimentsbereinigung 265
Sortimentsbildung 59
Sortimentsbreite 82
Sortimentserweiterung 265
Sortimentskontrolle 264
Sortimentsplanung 86
Sortimentspolitik 263
–, Bestimmungsgrößen 263
Sortimentstiefe 82

Sortimentsumfang 82
Sortimentsveränderungen 265
–, Möglichkeiten 267
Sortiments-Versandhandel 65
Sortimentsvertiefung 265
Sozialplan 495
Sozialversicherung 502
Spediteur 346
Spezialgeschäft 62
Spezialisierungskartell 468
Spezifikationskauf 135
Sponsoring 275
Sprungrückgriff 403
SSV 307
Stabilisierungswerbung 274
Stabliniensystem 78 f.
Stabsstellen 79
Stand-alone-Terminal 364
Standort 83
Standortfaktor 31, 84
Stelle 80
Steuer/n 418
–, direkte 420
–, indirekte 420
Steuerklassen 424
Steuermessbetrag 431
stille Gesellschaft 452
Straßenhandel 67
Streik 499
Streugebiet 288
Streukreis 288
Streuweg 288
Streuzeit 288
Strichcode 360
Strukturkrisenkartell 468
Stückkauf 135
Substitution der Produktionsfaktoren 32
Substitutionsgüter 52
Supermarkt 63

T

Tageskauf 136
Tarifautonomie 498
Tarifparteien 498
Tarifverhandlungen 499
Tarifvertrag 498
–, Inhalt 500
Tauschvertrag 91
Teamarbeit 41
Teilakzept 400
Teilamortisationsvertrag 415
Teilautonomie 41
Teilzahlungsverkauf 272
Teleshopping 74
Termingeschäft 176
Terminkauf 136
Tertiärbereich 36
Tertiärer Wirtschaftssektor 36
Trading-up 265
Transportversicherung 348
Trassant 397
Trassat 397

Tratte 397, 401
Trust 469
Typenkartell 467

U

Übertragungsplan 478
Überweisung 241
Überweisungsauftrag 241
Überweisungsfristen 242
Umsatzrentabilität 464
Umsatzsteuer 427
Umsatzsteuererklärung 429
Umsatzsteuervoranmeldung 429
Umsatzsteuervorauszahlung 429
Umschlagshäufigkeit 259
Umschulung 512
Umtausch 154
Umverpackungen 336
Umwelt 27
Umweltschutz 333
Umweltzeichen 339
Unfallverhütungsvorschriften 512
Unfallversicherung
–, gesetzliche 504, 512
–, private 435
Unlauteren Wettbewerb, Gesetz gegen den 302
Unmöglichkeit der Lieferung 180
Unternehmen 43
Unternehmensgründung 437
Unternehmenskrisen 474
Unternehmerische Zielsetzungen 463
Unternehmerregress 173
Unternehmerrückgriff 157
Urabstimmung 499
Urban Entertainment Center 73
Urlaub 14
Urproduktion 36
UWG 301

V

Verbraucherinsolvenzverfahren 480
Verbrauchermarkt 64
Verbrauchsgüter 24
Verbrauchsgüterkauf 138, 155, 172, 215
Verbrauchsteuer 419
Verbundsystem Waage/Kasse 368
Verfalltag (Wechsel) 402
Vergleichende Werbung 305
Verjährung 208
– bei Baustoffen 216
– bei Bauwerken 216
–, Hemmung 211
–, Hemmungsgründe 211
–, Höchstfristen 210
–, höhere Gewalt 211
–, Leistungsverweigerungsrecht des Schuldners 211
–, Neubeginn 214
–, Rechtsfolgen 217
– von Mängelansprüchen 215
Verjährungsfristen 208 f.
–, besondere 212, 216
–, dreißigjährige 209

–, regelmäßige 209, 212
–, zehnjährige 209
Verjährungsrecht 208
Verkäufermarkt 49
Verkaufsförderung 277
Verkaufsverpackungen 336
Verkehrsteuer 419
Vermögensversicherungen 434
Verordnung über die Vermeidung von Verpackungsabfällen 335
Verpackung 330 ff.
Verpackungskosten 340
Verpackungsverordnung 338
Verpflichtungsgeschäft 111
Verrechnungsscheck 236
Versandhandel 65
Versandkosten 105
Versendungskauf 106, 116, 138
Versicherung, eidesstattliche 206
Versicherungen 433
Versicherungsvertrag 433
Vertrag, Rücktritt 148
Verträge 91
Vertragsarten 91
Vertragsfreiheit 123 f.
Verzögerungsschadens, Ersatz des 191
Verzugsschadens, Ersatz des 179, 191 f.
Visualisierung 536
Vollakzept 400
Vollamortisationsvertrag 414
Vollindossament 401
Vollmachten 460
Vollstreckungsbescheid 202
Vollstreckungsklausel 204
Vollstreckungstitel 204
Vorausklage, Einrede der 408
Vorsorgeaufwendungen 422
Vorsorgepauschale 422
Vorstand
– AG 456
– Genossenschaft 458

W

Waage/Kasse, Verbundsystem 368
Wagenladungsverkehr 351
Wanderhandel 67
Ware 81
–, Art 105
–, Beschaffenheit 105
–, Güte 105
–, Menge 105
–, Preis 105
Warenabsatz 263
Warenannahme 140
Warenausgangssystem 373
Warenbeschaffung 85
Wareneingangssystem 372
Warengeld 223
Warengruppe 81
Warenhaus 63
Warenkartei 88
Warenplatzierung 294

Warensendung 347
Warenverteilung 60
Warenwirtschaft 353
Warenwirtschaftssystem 354 ff.
–, Aufbau eines EDV-gestützten 370
Wechsel 396, 405
–, Aufgaben 399
–, Bestandteile 398
–, Verjährung 404
Wechselarten 405
Wechseleinlösung 402
Wechselklage 403
Wechselkredit 396
Wechselmahnbescheid 403
Wechselnehmer 397
Wechselprotest 403
Wechselschulden 402
Wechselstrenge 403
Wechselverwendung 405
Wegeunfälle 512
Weiterbildung 521
Weiterverarbeitung 36
Werbearten 280 f.
Werbebotschaft 283
Werbebrief 285
Werbedurchführung 289
Werbeerfolgskontrolle 290
Werbeetat 288
Werbegrundsätze 289
Werbemittel 283
Werbemittelgestaltung 288
Werbeplanung 288
Werbepräsentation 284
Werbeträger 283
Werbeziel 288
Werbung 273 f.
–, Gefahren 293
– im Internet 306
–, suggestive 293
–, vergleichende 305
Werbungskosten 421
Werklieferungsvertrag 92
Werkvertrag 92
Widerruf 109
Widerruf des Angebots 103
Willenserklärungen 89
–, anfechtbare 96
–, empfangsbedürftige 90
–, nicht empfangsbedürftige 90
–, nichtige 96
Winterschlussverkauf 307
Wirtschaftliche Güter 23
Wirtschaftliches Prinzip 26

Wirtschaftlichkeit 464
Wirtschaftskreislauf 43, 44
–, einfacher 43
Wirtschaftssektor
–, primärer 36
–, sekundärer 36
–, tertiärer 36
Wirtschaftswerbung 274
Wohlfühl-Strategie 73
Wohlverhaltensphase 480
WSV 307

Z
Zahllast 428
Zahlschein 232
Zahlung
–, bargeldlose 228, 240
–, halbbare 228, 232
– mit Bargeld 229
– mit Kreditkarten 245
–, Nicht-Rechtzeitig- 189
–, Schadensersatz statt der 191
Zahlungsanweisung 234
Zahlungsarten 228
Zahlungsbedingungen 107
Zahlungserinnerung 198
Zahlungsverkehr 222
Zahlungsverzug 189
–, Voraussetzungen 189
Zapping 71
Zeitplanung 88
Zession 409
–, offene 409
–, stille 409
Zeugnis 518
–, einfaches 518
–, qualifiziertes 518
Zielgruppe 288
Zielkauf 137
Zielsetzungen, unternehmerische 463
Zielverkauf 272
Zölle 419
Zugaben 309
Zugabeverordnung 309
Zustellung 345
–, firmeneigene 345
–, firmenfremde 345 f.
Zwangsversteigerung 206
Zwangsverwaltung 206
Zwangsvollstreckung 202, 204
Zweckkauf 178
Zweite Produktionsstufe 36
Zwischenprüfung 11

Bildquellen

Benno 294
Birgit von Bertrab 223 (1)
Hans Biedermann 358
Bundesminister für wirtschaftliche Zusammenarbeit, Bonn 30
Deutscher Instituts-Verlag, Köln 70, 277, 388 (2), 390
Deutscher Sparkassen Verlag, Stuttgart 237
di Graph – Maryse Forget, Lahr 229, 274, 304
Alfred Fischer GmbH, Karlsruhe 35
Peter Gaymann 261
GLOBUS Infogragik GmbH, Hamburg 18, 19, 23, 29, 33, 69, 70, 71, 197, 225, 321, 333, 335, 337, 338 (1), 342, 414, 418, 423, 429, 467, 474, 499, 507 (2), 521
Horst Haitzinger 37
Hartmann Verpackung GmbH, Eschborn 338 (1)
Heimwerker 320
Hartwig Heinemeier 10 (2), 15 (2), 62 (2), 67, 101 (1), 140, 226 (2), 268, 283 (4), 284 (2), 295, 305, 309, 351
Bettina Herm 127
CS Identcode-Systeme, Neu-Anspach 367, 368

imu-bildinfo, Essen 245, 475
Keystone Pressedienst, Hamburg 505 (2)
H. E. Köhler 498
KPMG Unternehmungsberatung 524
Peter Leger, Haus der Geschichte der BRD, Bonn 493, 512
Erik Liebermann 273, 283, 330, 364, 470
NCR 328
Vladimir Rencin 222
Erich Schmidt Verlag, Berlin 37, 39, 66, 243, 286, 340, 428, 443, 482, 508, 517, 547
Schroedel Verlag, Hannover 58
SOAK Verlag, Wunstorf 223, 293
Friedrich Streich 375
Tech Consult, Kassel 528
Stefan Trux, Großkarolinenfeld 226 (1)
Manfred von Papen 67
Jacek Wilk 66
Fritz Wolf 7
Infografiken: Claudia Hild, Angelburg-Gönnern